SPINK

LONDON
1666

Arthur Maury
Paris 1860

www.spinkmaurycatalogues.com

Timbres de France

121ème Edition

2018

SOMMAIRE

SPINK

LONDON
1666

Arthur Maury
Paris 1860

DES CENTAINES DE COTES REVUES, DES CENTAINES DE NOUVELLES PRECISIONS ET VARIETES REQUERANT MAINTENANT DEUX VOLUMES. UNE EDITION RADICALEMENT DIFFERENTE DE LA PRECEDENTE

Cher lecteur, Chère lectrice,

Vous avez entre les mains la 121eme édition du catalogue SPINK/Maury en deux volumes.

Toujours attendu avec impatience, ce catalogue vient encore de franchir une nouvelle étape de son histoire. En effet, le Maury, nommé ainsi par référence à la maison éponyme fondée à Paris en 1860, était lui même le fruit de l'évolution et de la fusion de catalogues très novateurs en leur temps comme le Cérès, le Dallay et le Maury en 1889. Une nouvelle page s'est tournée en Mai 2015 avec le rachat par la société Spink, fondée à Londres en 1666, de ce catalogue, pour créer le nouveau SPINK/ Maury. Un travail énorme a été accompli cette année encore, avec de nouvelles monographies, une partie classique entièrement revue avec des centaines de cotes revues principalement a la hausse, et la continuation du travail exceptionnel sur les timbres d'usage courant (TUC) de 1960 à la période contemporaine . Il s'agit sans doute du travail le plus avancé jamais fait sur ce thème dans un catalogue général. Grande nouveauté cette année, comme les classiques, les timbres au Type Blanc, Mouchon, Merson et Semeuses lignées acquièrent leurs lettres de noblesse avec une page pour chaque timbre et de nombreuses nouvelles variétés recensées! Nous présentons également une nouvelle section sur l'utilisation des cachets sardes sur lettres afranchies avec un 20 c. de France dans les régions Comté de Nice, Savoie et Haute Savoie.

La vocation de ce catalogue est vraiment de faire bouger les lignes habituelles. Le role des collectionneurs y est primordial, les prix sont transparents et ne servent aucun intérêt particulier. A travers plus de 70 ventes aux enchères annuelles, la maison Spink sait mieux que quiconque que les prix évoluent en permanence, en fonction des acheteurs potentiels notamment. Rien n'est jamais figé. Pour les pièces rares nous avons commencé à mettre quelques prix atteints en vente sur offres ou aux enchères. Les prix mentionnés dans ce catalogue, ne servent qu'à donner une indication de la rareté et de la popularité relative des timbres. Le prix est toujours fonction de l'offre et de la demande au moment de la transaction. De manière générale, il est souvent preferable d'acheter une pièce unique, ou très peu commune, plutôt que 100 pièces courantes ayant la même cote totale. Les marchands ou maison de vente sur offres sont donc des acteurs très importants pour vous conseiller et vous guider dans ces achats de pièces peu communes.

Nous nous attarderons au fil des éditions à venir sur ce que les collectionneurs affectionnent le plus. Les monographies, les variétés (anciennes et modernes sans aucun préjugé, d'ailleurs un grand nombre de contributeurs de cette seconde édition collectionnent les spécialités après 1900, et parfois même après 2000), les fins de catalogues, et évidemment l'histoire postale, source de tant de belles découvertes...

Mais évidemment, les marchands sont au coeur de l'écosystème de la philatélie, car ceux sont eux, avec les clubs, qui forment et éduquent les nouveaux collectionneurs, et nous tenons à remercier tous les annonceurs qui nous ont fait confiance. Ils soutiennent l'innovation dans la philatélie et la folle aventure de la reprise d'un catalogue.

La version électronique est disponible en eBook auprès des principaux distributeurs de livres électroniques sur internet. Cela permettra de se rendre aux expositions et bourses philatéliques avec ce catalogue sur votre tablette ou portable préféré.

La philatélie française, et celle de ses anciens bureaux et colonies, est, aux dires des plus grands collectionneurs étrangers, l'une des plus passionantes au monde. Par ce catalogue nous espérons apporter notre modeste contribution afin de redonner à la philatélie française la place qu'elle mérite dans la philatélie mondiale . En vous remerciant de votre confiance et en vous souhaitant une très belle année philatélique,

L'equipe rédactionnelle du SPINK/Maury 2018

Remerciements tout particuliers à :

M. Joseph Hackmey pour nous avoir permis d'utiliser les illustrations de sa collection de classiques de France, moult fois primée. MM Jean-Pierre Magne, Jean Jacques Rabineau, Olivier Saintot de l'Académie de Philatélie, MM Philippe Loeuillet, Alexandre Roumet, Gwenael Roumet, Eric Charbonnier, Olivier Gervais, Alain Ménard, Christian Pagnoux, Fernando Martinez, Guido Craveri, Olivier Stocker, Bernard Calmette, Gérard Chapot, Patrick Fevai, Laurent Fouquart, Bernard Peroche, Thierry Souyri.

Si vous remarquez des erreurs, omissions, ou avez des informations supplémentaires, qui méritent de figurer dans un catalogue général, ou souhaitez apporter vos connaissances pour une des monographies de la prochaine édition, n'hésitez pas a nous contacter par courriel a **tdf@spink.com** (tdf pour "timbres de France"). Tous vos courriels seront lus et considérés sérieusement pour inclusion par l'équipe rédactionnelle. Nous ne pouvons évoluer que par le dialogue permanent avec les meilleurs spécialistes de chaque domaine. Sans les collectionneurs il n'y a pas de philatélie!

CLÉ DU CATALOGUE

CARACTERES : les timbres-poste de base sont décrits et cotés en caractères gras. Les descriptions des couleurs, types ou variétés sont décrits et cotés précédés d'une lettre a), b), etc.

PHOTOS : les reproductions photographiques ne sont pas toujours à la même échelle, notamment les blocs feuillets, carnets qui sont réduits de manière beaucoup plus importante e raison de leur grande taille

COTES : Une cote n'est pas le prix du marché, mais constitue un indicateur ou une base de transaction sur laquelle est pratiqué un tarif plus ou moins élevés, selon la qualité et/ou la rareté des timbres-poste. La qualité d'un timbre peut faire varier le prix de vente dans des proportion considérables (facteur de 1 à 20).

Jusqu'au numéro 106, vous trouverez 5 ou 6 colonnes de cotes :

- Neuf (gomme d'origine) sans charnière pour les numéros 61 à 106
- Neuf (gomme d'origine) avec charnière. Moins-value à prévoir pour une forte charnière. Plus-value pour les timbres sans charnière ou bon à très bon centrage.
- Neuf sans gomme
- Oblitérés
- Sur lettre (avec ou plusieurs autres timbres). Pour coter la lettre : prendre la cote sur lettre la plus importante et ajouter les cotes des timbres oblitérés détachés, et les plus-value éventuelles attribuables selon l'oblitération et/ou la destination.
- Seul sur lettre (au tarif de l'époque)

A partir du numéro 107 jusqu'à fin 1959, la colonne de gauche indique la cote des timbres neufs sans charnière, la colonne du milieu celle des timbres neuf avec charnière, la 3e colonne de droite celles des oblitérés, la colonne de droite indique la cote des timbres sur document. Cette cote s'applique à des timbres oblitérés correctement pendant la période de vente.

A partir de 1960, la colonne de gauche s'applique à des timbres neufs sans charnière, la colonne du milieu à des timbres oblitérés, et celle de droite à des timbres sur documents (pendant la période de vente).

Nos cotes s'appliquent pour des timbres authentiques.

Nous conseillons vivement à tous les philatélistes de faire expertiser leurs timbres de valeur, auprès des experts reconnus par l'AIEP et/ou la profession. A minima, la signature d'experts reconnus par la profession garantie l'authenticité d'un timbre et devrait être demandé systématiquement dès lors que l'on acquiert un ou des timbres de forte cote, où dès qu'une ambiguïté est possible quant à l'authenticité de l'objet.

ATTENTION aux fausses signatures, en cas de doute, se rapprocher de l'expert ayant signé le timbre-poste.

QUALITE DES TIMBRES-POSTE NEUFS

Classiques

Sage et après 1900

Qualité ST (standard): timbre avec petit défaut, mais digne de figurer dans une collection (prévoir une très forte décote).

Qualité TB (1er choix): ce sont les timbres dont nous donnons la cote. Les marges doivent être larges d'au moins ½mm.

Qualité luxe: ce sont les timbres dont nous donnons les plus-values sur la cote TB.

Qualité ST (fortement décentré ou petit aminci, ou autre petit défaut).

Qualité TB (centrage courant, sans défaut). Ce sont les timbres dont nous donnons la cote

Qualité luxe (très bien centré, aucun défaut). Compter la plus-value pour très bon centrage.

QUALITE DES TIMBRES OBLITERES

Classiques

Qualité ST (standard): timbre avec petit défaut: petit aminci, ou filet touché, ou autre petit défaut (prévoir une très forte décote). Note: un timbre rare avec défaut ne vaut pas zéro, il ne faut donc pas le jeter car il n'est pas sans aucune valeur.

Qualité TB (1er choix): l'oblitération est propre, les marges sont confortables (minimum ½mm de large), il n'y a pas de défaut. Ce sont les timbres dont nous donnons la cote.

Qualité luxe: l'oblitération est légère, les marges sont très grandes (dans cet exemple, le timbre comporte 3 voisins à gauche et en haut), il n'y a aucun défaut. Ce sont les timbres dont nous donnons les plus-values sur la cote TB.

Timbres sage et après 1900

Qualité ST (standard): timbre avec oblitération lourde et date illisible, ou avec vagues, ou timbre avec oblitération non d'époque. Ces timbres justifient une moins-value sur la cote. **La cote de timbres ainsi oblitérés ne peut en aucun cas être supérieure à celle d'un timbre neuf avec charnière.**

Qualité TB: longtemps, les collectionneurs ont préféré une oblitération légère dans le coin du timbre, laissant le sujet bien dégagé. L'inconvénient étant que même si l'oblitération est d'époque, la date n'est pas lisible. Dans le deuxième exemple, l'oblitération est un peu lourde, mais elle est d'époque (période d'affranchissement) et la date est lisible. Ces deux exemples sont les timbres que nous cotons.

Qualité luxe: oblitération légère, d'époque, bien lisible. Une collection de timbres ainsi oblitérés est **très difficile** à constituer **y compris pour des timbres très récents.** Une forte plus-value est amplement justifiée. Il serait même normal de payer ces timbres pleine cote.

TARIFS INTERIEURS FRANÇAIS LETTRE ORDINAIRE

DE BUREAU A BUREAU / A L'INTERIEUR DE L'ARRONDISSEMENT POSTAL D'UN MÊME BUREAU

A partir du	DE BUREAU A BUREAU 1er échelon Poids	Taxe	2e échelon Poids	Taxe	3e échelon Poids	Taxe	Progression Poids	Taxe	ARRONDISSEMENT 1er échelon Poids	Taxe	2e échelon Poids	Taxe	3e échelon Poids	Taxe	Progression Poids	Taxe	
1.1.49	7,5 g	20 c	15 g	40 c	100 g	1 F	100 g	1 F	7,5 g	10 c	15 g	20 c	30 g	30 c	30 g	10 c	Aff.
	«	«	«	«	«	«	«	«	«	«	«	«	«	«	«	«	N. aff
1.7.50	«	25 c	«	50 c	«	1 F	«	1 F	«	«	«	«	«	«	«	«	Aff.
	«	«	«	«	«	«	«	«	«	«	«	«	«	«	«	«	N. aff
1.7.53	«	«	«	«	«	«	«	«	«	«	«	«	«	«	«	«	Aff.
	«	«	«	«	«	«	«	«	«	«	«	«	«	«	«	«	N. aff
1.7.54	«	20 c	«	40 c	«	80 c	«	80 c	«	«	«	«	«	«	«	«	Aff.
	«	30 c	«	60 c	«	1,20 F	«	1,20 F	«	«	«	«	«	«	«	«	N. aff
1.1.62	«	20 c	«	40 c	«	80 c	«	80 c	«	«	«	«	«	«	«	«	Aff.
	«	30 c	«	60 c	«	1,20 F	«	1,20 F	«	«	«	«	«	«	«	«	N. aff
1.1.63	«	«	«	«	«	«	«	«	10 g	10 c	20 g	20 c	100 g	40 c	100 g	40 c	Aff.
	«	«	«	«	«	«	«	«	«	15 c	«	30 c	«	60 c	«	60 c	N. aff
1.9.71	10 g	25 c	20 g	40 c	50 g	70 c	50 g	50 c	10 g	15 c	20 g	25 c	50 g	40 c	50 g	25 c	Aff.
	«	40 c	«	60 c	«	1 F	«	75 c	«	25 c	«	40 c	«	60 c	«	40 c	N. aff
1.1.76	15 g	25 c	30 g	50 c	50 g	75 c	50 g	50 c	15 g	15 c	30 g	30 c	50 g	45 c	50 g	25 c	Aff.
	«	30 c	«	80 c	«	1,20 F	«	75 c	«	25 c	«	50 c	«	75 c	«	40 c	N. aff
1.5.78	15 g	15 c	30 g	30 c	45 g	45 c	15 g	15 c	15 g	15 c	30 g	30 c	45 g	45 c	15 g	15 c	Aff.
	«	30 c	«	60 c	«	90 c	«	30 c	«	30 c	«	60 c	«	90 c	«	30 c	N. aff

A L'INTERIEUR DE LA MEME VILLE / DE PARIS POUR PARIS

A partir du	MEME VILLE 1er échelon Poids	Taxe	2e échelon Poids	Taxe	3e échelon Poids	Taxe	Progression Poids	Taxe	PARIS 1er échelon Poids	Taxe	2e échelon Poids	Taxe	3e échelon Poids	Taxe	Progression Poids	Taxe	
1.1.49	15 g	10 c	30 g	20 c	60 g	30 c	30 g	10 c	15 g	15 c	30 g	25 c	60 g	35 c	30 g	10 c	Aff.
	«	«	«	«	«	«	«	«	«	«	«	«	«	«	«	«	N. aff
1.7.50	«	«	«	«	«	«	«	«	«	«	«	«	«	«	«	«	Aff.
	«	«	«	«	«	«	«	«	«	«	«	«	«	«	«	«	N. aff
1.7.53	«	«	«	«	«	«	«	«	15 g	10 c	30 g	20 c	60 g	30 c	30 g	10 c	Aff.
	«	«	«	«	«	«	«	«	«	15 c	«	25 c	«	35 c	«	10 c	N. aff
1.7.54	«	«	«	«	«	«	«	«	«	«	«	«	«	«	«	«	Aff.
	«	«	«	«	«	«	«	«	«	«	«	«	«	«	«	«	N. aff
1.1.62	«	«	«	«	«	«	«	«	«	«	«	«	«	«	«	«	Aff.
	«	«	«	«	«	«	«	«	«	«	«	«	«	«	«	«	N. aff
1.1.63	10 g	10 c	20 g	20 c	100 g	40 c	100 g	40 c	«	«	«	«	«	«	«	«	Aff.
	«	15 c	«	30 c	«	60 c	«	60 c	«	«	«	«	«	«	«	«	N. aff
1.9.71	10 g	15 c	20 g	25 c	50 g	40 c	50 g	25 c	15 g	15 c	30 g	30 c	60 g	45 c	30 g	15 c	Aff.
	«	25 c	«	40 c	«	60 c	«	40 c	«	25 c	«	50 c	«	75 c	«	25 c	N. aff
1.1.76	15 g	25 c	30 g	50 c	50 g	75 c	50 g	50 c	15 g	15 c	30 g	30 c	50 g	45 c	50 g	25 c	Aff.
	«	30 c	«	80 c	«	1,20 F	«	75 c	«	25 c	«	50 c	«	75 c	«	40 c	N. aff
1.5.78	15 g	15 c	30 g	30 c	45 g	45 c	15 g	15 c	15 g	15 c	30 g	30 c	45 g	45 c	15 g	15 c	Aff.
	«	30 c	«	60 c	«	90 c	«	30 c	«	30 c	«	60 c	«	90 c	«	30 c	N. aff

Aff. = Affranchie   N. aff = Non affranchie

Ce document sur les tarifs postaux est extrait du catalogue MARIANNE

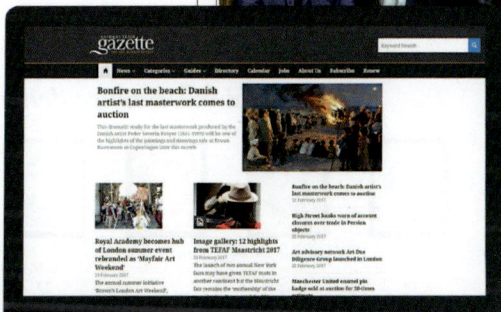

TABLEAU RÉCAPITULATIF DES ÉMISSIONS CLASSIQUES
DANS LEUR VÉRITABLE ORDRE CHRONOLOGIQUE

1849 Cérès

20c noir	40c orange	1f vermillon	1f carmin
3	5	7	6

1850 Cérès

10c bistre	15c vert	25c bleu
1	2	4

1852 Présidence

10c bistre	25c bleu
9	10

1853 Empire non dentelé

10c bistre	25c bleu	40c orange	1f carmin
13 I, II	15	16	18

1854 Empire non dentelé

5c vert	20c bleu	80c carmin
12A, B, C	14 I, II	17A, B

1860 Empire non dentelé

1c olive s azuré
11

1862 Empire dentelé

1c olive s az	5c vert	10c bistre	20c bleu	40c orange	80c carmin
19	20	21	22	23	24

1862-63 Empire Lauré

2c brun-rge	4c gris
26 I, II	27 I, II

1867-68 Empire Lauré

10c bistre	20c bleu	30c brun	40c orange	80c rose
28 I, II	29 I, II	30	31	32

1869 Empire Lauré

5f gris-violet
33

1870 Empire Lauré

1c olive s az
25

1870 Siège de Paris

10c bistre	20c bleu	40c orange
36	37	38

1870 Emission de Bordeaux

1c olive s az	2c brun-rge	4c gris	5c vert	10c bistre	20c bleu	20c bleu II	20c bleu III	30c brun	40c orange	80c rose
39	**40**	**41**	**42**	**43**	**I 44**	**45**	**46**	**47**	**48**	**49**

1871-72 Empire - Cérès

1872-73 Cérès IIIᵉ République

5c vert s az	15c bistre petits ch	25c bleu 60 I, II, III	1c olive s az	2c br-rge	4c gris	5c vert	10c br s rose petits ch	10c br s rose gros ch	15c bistre gros ch	30c brun	80c rose
35	**59**		**50**	**51**	**52**	**53**	**58**	**54**	**55**	**56**	**57**

1876 Sage 1ᵉʳᵉ émission

1c vert	2c vert	4c vert	5c vert	10c vert	15c gris	20c brun	25c outrem.	30c brun	75c rose	1f bronze
61	**62, 74**	**63**	**64, 75**	**65, 76**	**66, 77**	**67**	**68, 78**	**69, 80**	**71, 81**	**72, 82**

1877 Sage 2ᵉ émission

1c noir s az	2c brun-rge	4c violet-br	10c noir s lil	25c bleu	40c vermillon	5f violet
83, 84	**85**	**88**	**89, 103**	**79**	**70, 94**	**95**

1878 Sage 3ᵉ émission

3c bistre	15c bleu	25c noir s rge	35c noir s jne
86	**90**	**91**	**93**

1879-84 Sage 4ᵉ émission

3c gris	20c rge s vert	25c bistre
87	**96**	**92**

1886-92 Sage 5ᵉ émission

15c bl quadr	25c noir s rose	50c rose	75c noir s jne
101	**97**	**98, 104**	**99**

1898-1900 Sage 6ᵉ ém.

5c vert-jaune	2f bistre s azuré
106, 102	**105**

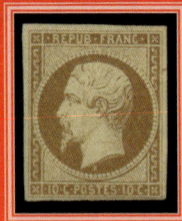

ÉMISSION CÉRÈS

10 c. bistre jaune

Type: CÉRÈS
Légende: REPUB FRANC
Type d'impression: TYPOGRAPHIQUE

Date de création: 18 MAI 1850
Date de fabrication: 4 SEPTEMBRE 1850
Date d'émission: 12 SEPTEMBRE 1850

	Neuf ☆	Neuf s/g (☆)	Obl. ☉	Seul s.✉
1 10c bistre-jaune	**2 800**	**1 150**	**350**	**800**
a - bistre-brun	3 000	1 450	375	850
b - bistre-brun foncé	3 250	1 650	500	1 000
c - bistre verdâtre	3 850	2 000	800	1 600
d - bistre verdâtre foncé	5 600	2 775	1 050	1 500
e - réimpression, bistre clair (1862)	700	400		
f - tirage de Londres, impression fine		1 650		

	Neuf ☆	Obl. ☉	Seule s.✉	Neuf ☆	Obl. ☉	Seule s.✉	Neuf ☆	Obl. ☉	Seule s.✉	Neuf ☆	Obl. ☉	Seul s.✉
1 10c Bistre jaune	6 000	975	1 850	9 000	1 850	3 500	12 000	3 250	5 000	13 000	13 000	23 000
a - bistre-brun	6 500	1 050	1 900	9 750	1 950	3 600	13 000	3 400	5 250	14 000	14 000	23 500
c - bistre verdâtre	8 000	1 450	2 400	12 000	2 850	4 500	16 000	4 350	7 000	18 000	16 750	29 500

ÉMISSION CÉRÈS

15 c. vert

Type: CÉRÈS
Légende: REPUB FRANC
Type d'impression: TYPOGRAPHIQUE

Date de création: 18 MAI 1850
Date de fabrication: 23 JUILLET 1850
Date d'émission: 29 JUILLET 1850

	Neuf ☆	Neuf s/g (☆)	Obl. ⊙	Seul s.⊠
2 15c vert	**28 500**	**14 000**	**1 100**	**2 100**
a - vert clair	29 500	14 500	1 250	2 200
b - vert-jaune	28 500	14 000	1 200	2 100
c - vert foncé	33 000	16 250	1 300	2 350
d - vert très foncé	36 000	17 750	2 500	4 300
e - vert-bouteille	41 500	20 500	3 250	6 350
f - réimpression vert vif clair (1862)	900	450		
g - tirage de Londres impression fine		22 000		

	Neuf ☆	▭▭ Obl. ⊙	Seule s.⊠	Neuf ☆	▭▭▭ Obl. ⊙	Seule s.⊠	Neuf ☆	▭▭▭▭ Obl. ⊙	Seule s.⊠	Neuf ☆	⊞ Obl. ⊙	Seul s.⊠
2 15c vert	**60 000**	**2 950**	**30 000**		**6 500**			**16 000**		**175 000**	**100 000**	**175 000**
c - vert foncé	70 000	3 550	35 000		7 500			18 000		190 000	110 000	195 000

ÉMISSION CÉRÈS

20 c. noir sur jaune

Type: CÉRÈS
Légende: REPUB FRANC
Type d'impression: TYPOGRAPHIQUE

Date de création: 24 AOÛT 1848
Date de fabrication: 4 DÉCEMBRE 1848
Date d'émission: 1 JANVIER 1849

	Neuf ☆	Neuf s/g (☆)	Obl. ◉	Seul s.✉
3 20c noir sur jaune (1er janvier 1849)	**500**	**275**	**55**	**120**
a - noir sur blanc	600	300	80	170
b - noir sur chamois clair	1 450	725	200	375
c - noir sur chamois foncé	2 200	1 100	300	625
d - noir sur fauve			650	1 600
e - noir sur ivoire	900	450	150	210
f - noir sur teinté	500	275	55	120
g - noir intense sur blanc	1 000	500	95	190
h - noir intense sur teinté	700	350	75	150
i - gris			1 900	3 750
j - gris-noir	4 250	2 100	500	825
k - réimpression noir sur blanc (1862)	550	250		
l - tirage de Londres impression fine		400		

	□□			□□□			□□□□			⊞		
	Neuf ☆	Obl. ◉	Seule s.✉	Neuf ☆	Obl. ◉	Seule s.✉	Neuf ☆	Obl. ◉	Seule s.✉	Neuf ☆	Obl. ◉	Seul s.✉
3 20c noir sur jaune	**1 100**	**150**	**320**	**1 650**	**400**	**900**	**2 300**	**1 000**	**1 550**	**2 500**	**6 250**	**14 500**
a - noir sur blanc	1 300	175	400	2 000	525	1 100	2 750	1 150	2 100	3 250	7 750	16 500

ÉMISSION CÉRÈS
25 c. bleu

Type: CÉRÈS
Légende: REPUB FRANC
Type d'impression: TYPOGRAPHIQUE

Date de création: 18 MAI 1850
Date de fabrication: 13 JUIN 1850
Date d'émission: 1 JUILLET 1850

	Neuf ☆	Neuf s/g (☆)	Obl. ⊙	Seul s.⊠
4 25c bleu	**8 600**	**4 300**	**50**	**80**
a - bleu clair	8 600*	4 300	50	80
c - bleu foncé	10 000	5 000	70	125
d - bleu sur jaune	10 150	5 000	60	95
e - bleu foncé sur jaune	10 650	5 300	100	160
f - réimpression, bleu (1862)	600	300		
g - tirage de Londres, impression fine		6 500		

*Prix atteint chez Roumet en Sept. 2016: 7 403

	▢▢ Neuf ☆	Obl. ⊙	Seule s.⊠	▢▢▢ Neuf ☆	Obl. ⊙	Seule s.⊠	▢▢▢▢ Neuf ☆	Obl. ⊙	Seule s.⊠	⊞ Neuf ☆	Obl. ⊙	Seul s.⊠
4 25c bleu	18 000	130	300	27 000	425	625	36 000	1 050	1 550	44 000	7 000	12 500
c - bleu foncé	22 000	165	350	33 000	600	875	44 000	1 450	2 100	50 000	9 500	16 000

ÉMISSION CÉRÈS

40 c. orange

Type: CÉRÈS
Légende: REPUB FRANC
Type d'impression: TYPOGRAPHIQUE

Date de création: 24 AOÛT 1848
Date de fabrication: 14 AVRIL 1849
Date d'émission: 3 FÉVRIER 1850

	Neuf ☆	Neuf s/g (☆)	Obl. ⊙	Seul s.⊠
5 40c orange	**5 000**	**2 400**	**600**	**900**
a - orange pâle	4 450	2 200	750	1 200
b - orange vif	5 550	2 750	750	1 200
c - orange foncé	6 100	3 000	1 000	1 750
d - gomme brunâtre	3 500			
e - vermillon orangé	5 050	2 500	700	900
f - 4 retouchés	33 500	16 750	8 500	16 250
fa - tenant à normal	49 000	25 000	20 500	28 500
g - paire de 4 retouchés	140 000	70 000	68 500	114 000
h - réimpression orange (1862)	875	425		
i - tirage de Londres impression fine		3 700		
j - réimpression 4 retouchés	17 750	6 100		
ja - tenant à normal	23 750	8 100		
k - réimpression paire de 4 retouchés	50 500	17 750		
l - impression défectueuse	6 400	3 200	2 250	3 000

gomme blanche

	▢▢			▢▢▢			▢▢▢▢			⊞ (gomme blanche)		
	Neuf ☆	Obl. ⊙	Seule s.⊠	Neuf ☆	Obl. ⊙	Seule s.⊠	Neuf ☆	Obl. ⊙	Seule s.⊠	Neuf ☆	Obl. ⊙	Seul s.⊠
5 40c orange	**10 500**	**1 375**	**1 850**	**16 000**	**2 550**	**3 150**	**22 000**	**4 150**	**5 750**	**30 000**	**24 000**	**36 000**
b - orange vif	12 000	1 500	2 250	18 000	2 750	3 900	25 000	4 500	6 500	34 000	27 500	40 000

ÉMISSION CÉRÈS

1 f. carmin

Type: CÉRÈS
Légende: REPUB FRANC
Type d'impression: TYPOGRAPHIQUE

Date de création:
Date de fabrication:
Date d'émission: DÉCEMBRE 1849

	Neuf ☆	Neuf s/g (☆)	Obl. ☉	Seul s.⊠
6 1f carmin	**15 500**	**7 600**	**1 100**	**1 750**
a - carmin foncé	20 000	9 850	1 750	2 500
b - carmin-brun	16 500	8 100	1 200	1 850
c - carmin clair	16 500	8 000	1 150	1 750
d - carmin-cerise			3 300	4 550
e - carmin vif	18 000	8 850	1 375	2 200
f - retouche cercle burelage nord-est			2 000	3 650
g - réimpression carmin (1862)	900	450		
h - tirage de Londres impression fine		12 000		

	▭▭			▭▭▭			▭▭▭▭			⊞		
	Neuf ☆	Obl. ☉	Seule s.⊠	Neuf ☆	Obl. ☉	Seule s.⊠	Neuf ☆	Obl. ☉	Seule s.⊠	Neuf ☆	Obl. ☉	Seul s.⊠
6 1f carmin	32 000	2 750	4 650	48 000	5 300	6 800	64 000	9 500	10 500	80 000	17 750	35 000
b - carmin-brun	35 000	3 100	5 000	52 500	5 700	7 350	70 000	9 500	13 750	87 500	19 000	35 500

ÉMISSION CÉRÈS

1 f. vermillon

Type: CÉRÈS
Légende: REPUB FRANC
Type d'impression: TYPOGRAPHIQUE

Date de création: 24 AOÛT 1848
Date de fabrication: 30 DÉCEMBRE 1848
Date d'émission: 2 JANVIER 1849

	Neuf ☆	Neuf s/g (☆)	Obl. ☉	Seul s.⊠
7 1f vermillon	**150 000**	**72 500**	**22 500**	**34 000**
a - vermillon vif	175 000	80 000	25 500	37 000
b - vermillon terne	77 500*	37 500	20 000	25 000
c - vermillon foncé	155 000	75 000	27 500	45 000
d - rouge-brun	38 500	18 500	6 500	14 000
e - à la barbiche	225 000		35 000	

Prix atteint chez Roumet en Juin 2017: 51 051*

| **7D 1f vermillon pâle "Vervelle"** | | | **32 500** | |

	Neuf ☆	Obl. ☉	Seule s.⊠	Neuf ☆	Obl. ☉	Seule s.⊠	Neuf ☆	Obl. ☉	Seule s.⊠	Neuf ☆	Obl. ☉	Seul s.⊠
1f vermillon		77 500	130 000		130 000	285 000		177 500				
a - vermillon vif		90 000	150 000		160 000			195 000				
1f Vervelle										215 000		

VENTES SUR OFFRES
VENTES A PRIX NETS

(Catalogues adressés sur simple demande)

ACHAT - VENTE - EXPERTISE - SUCCESSIONS

ROUMET
Maison fondée en 1896

17, rue Drouot - 75009 PARIS - Tél : 01 47 70 00 56 - Fax : 01 47 70 41 17
e-mail : roumet@roumet.fr - Internet : www.roumet.fr

TÊTE-BÊCHE

	☆	◉	✉

Le tête-bêche du 10c se trouve aux cases 27, 58, 145

T1 - 10c bistre-jaune — 115 000 — 23 500 — 52 500
7ex connus neufs, 5 ✉ connues

T1b - 10c bistre-brun — 127 500 — 26 500 — 52 500
4ex connus neufs, sur ✉ pour les U.S.A.: 2ex connus

T1c - 10c bistre verdâtre — 150 000 — 30 000 — 52 500
5 ✉ connues

T2 - 15c vert — — — 400 000
(case 80), 1ex connu sur ✉

T3 - 20c noir sur jaune — 15 000 — 10 500 — 18 000

T3a - 20c noir sur blanc — 19 000 — 12 000

T3j - 20c gris-noir — 20 000 — 15 000

T4 - 25c bleu — 250 000 — 20 000 — 45 000
(case 131): 3ex connus neufs, 30 ✉ connues

T6 - 1f carmin foncé — 325 000 — 37 500 — 80 000
(case 35): 4ex connus neufs, 12 ✉ connues

T6b - 1f carmin-brun — 375 000
(case 35): 1ex connu neuf

T7a - 1f vermillon vif (⊞) — 1 200 000 — 325 000
Le tête-bêche du vermillon vif n'est connu qu'à un seul exemplaire dans un bloc de quatre (sans gomme) et un exemplaire défectueux dans une bande de trois oblitérée sur fragment.

Note: la cote du tête-bêche neuf du 1f vermillon vif est donnée pour l'unique bloc de 4 avec tête-bêche connu (pas d'addition tête-bêche + bloc de 4). Cette cote tient compte des plus récents résultats de vente

T7b - 1f vermillon terne — — 375 000 — 415 000
Le tête-bêche du vermillon terne n'est connu qu'à un seul exemplaire dans une bande de trois oblitérée et 1 seul exemplaire sur ✉

T7d - 1f rouge-brun — — — 325 000
Tête-bêche du 1f rouge-brun (case 35): 1ex connu sur ✉

T7D - 1f Vervelle (⊞) — 750 000
Le tête-bêche du 1f Vervelle n'est connu qu'à un seul exemplaire dans un bloc de quatre sans gomme (le Vervelle est toujours sans gomme). La cote est donnée pour ce bloc de quatre (même remarque que pour le 1f vermillon vif).

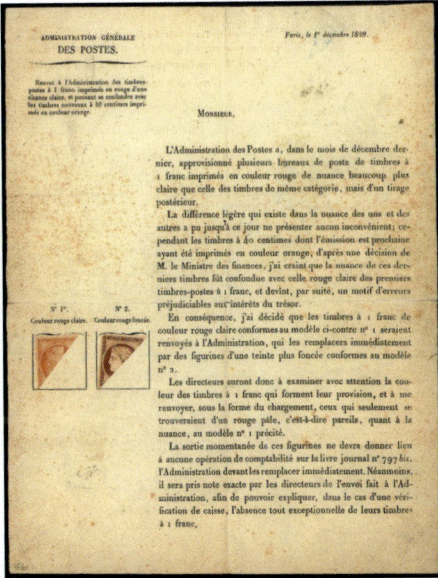

CIRCULAIRE DE RETRAIT DU 1F VERMILLON

Le 1er décembre 1849, une circulaire précisant les modalités de retrait du 1f vermillon -dont la couleur était jugée trop proche du 40c orange- a été envoyée par le directeur des postes E. J. Thayer. 3 000 timbres coupés en deux ont été utilisés afin de servir d'illustration. Les stocks ainsi que les timbres coupés ont été détruits le 21 juillet 1851.

Feuillet double	75 000
circulaire simple	45 000
Fragment	9 500

TIMBRES COUPÉS SUR LETTRE

5 40c orange – une moitié verticale sur deux lettres connues   350 000

ÉMISSION CÉRÈS

20 c. bleu non émis

Le 20 c. bleu naît de la décision du 9 Mars 1849 du Conseil d'Administration des Postes: «Les timbres postes à 20 c. actuellement imprimés en noir seront à l'avenir imprimés en bleu». Les stocks de la même valeur en noir étant suffisants, on diffère l'émission du 20 c. bleu.

	Neuf ☆	Neuf s/g (☆)	▭	▭▭	▭▭▭	⊞
8 20c bleu sur jaunâtre						
a - bleu sur jaunâtre (Durrieu)	4 500	4 000	9 000	13 500	18 000	21 750
b - bleu clair sur azuré (Astruc)	3 300	3 000	7 000	10 500	14 000	17 250
c - bleu foncé (Marquelet)	3 300	3 000	7 000	10 500	14 000	17 250
d - réimpression (1862)	500	225	1 100	1 650	2 200	2 400

8A 25c sur 20c bleu	37 500	25 000
8b 40c bleu, non émis		RR
a - 4 retouchés		RRR

TÊTE-BÊCHE

	☆			☆
T8 - 20c bleu s jaunâtre	125 000		T8b - 20c bl clair s azuré	87 500
T8a - 20c bleu foncé	97 500		T8c - 20c bleu sur azuré	110 000

OBLITÉRATIONS

		gros points		grille sans fin		étoile		petits chiffres	
		□	✉	□	✉	□	✉	□	✉
1	10 c........	380	2 000	475	1 500	400	800	350	750
2	15 c......	1 100	2 200	1 100	2 000	1 100	2 000	4 000	23 000
3	20 c......	-	-	1 150	20 000	225	18 500	700	6 000
4	25 c......	90	600	90	300	50	75	50	75
5	40 c......	600	850	600	1 000	600	850	600	850
6	1 f.	1 100	1 750	1 100	1 750	1 100	1 750	1 100	1 750
7	1 f.	22 000	40 000	22 000	» »	» »	» »	24 000	50 000

		gros chiffres		petits cachet à date Type 15 (ø extérieur 20mm)		moyen cachet à date Type 14 (ø extérieur 25mm)		grand cachet à date Type 13 (ø extérieur 29mm)	
		□	✉	□	✉	□	✉	□	✉
1	10 c.	-	-	1 100	5 750	1 400	10 000	1 850	16 000
2	15 c.	-	-	3 975	» »	4 300	-	-	-
3	20 c........	4 600	33 000	*	*	*	*	*	*
4	25 c........	4 000	28 500	650	4 000	-	-	-	-
5	40 c........	-	-	1 400	5 000	5 250	-	-	-
6	1 f.	-	-	3 700	» »	» »	» »	3 750	» »
7	1 f.	-	-	29 500	60 000	31 500	» »	34 500	115 000

* Les cotes des cachets à date sont indiquées dans le tableau ci-dessous (types de l'"Oblitération Française" de Jean Pothion)

		R dans un cercle		OR en rouge dans un cercle	
		□	✉	□	✉
1	10 c.	625	4 250	1 500	8 500

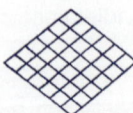

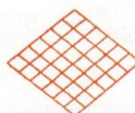

		Etoile bleu		Grille bleu		Grille rouge	
		□	✉	□	✉	□	✉
2	15 c.	2 750	9 200	3 450	15 000	5 750	32 000

OBLITÉRATIONS SUR LE TIMBRE « 20 C. NOIR » NO 3

Oblitérations sur le timbre		□ ou fragment	✉
Petit cachet à date, noir (type 15) du 1er janvier 1849		1 200	16 500
Petit cachet à date, noir (type 15) du 2 au 5 janvier 1849 ....à partir de		475	3 450
Petit cachet à date, noir (type 15) autres dates ....à partir de		220	850
Petit cachet à date, rouge (type 15) du 1er janvier 1849..........................		5 000	75 000
Petit cachet à date, rouge (type 15) du 2 au 5 janvier 1849 ....à partir de		1 500	24 500
Petit cachet à date, rouge (type 15) autres dates ....à partir de		1 000	14 300
Petit cachet à date, bleu (type 15)		1 500	28 000
Cachet à un seul cercle (bloc dateur) du 1er janvier 1849		3 000	93 500
Cachet à un seul cercle (bloc dateur) autres dates ....à partir de		1 500	33 000
Moyen cachet à date, noir (type 14) du 1er janvier 1849		1 850	39 000
Moyen cachet à date, noir (type 14) du 2 au 5 janvier 1849 ....à partir de		900	14 300
Moyen cachet à date, noir (type 14) autres dates..................................à partir de		400	3 450
Grand cachet à date (type 13) du 1er janvier 1849..................................		2 150	49 000
Grand cachet à date, noir (type 13) du 2 au 5 janvier 1849 ....à partir de		1 500	20 000
Grand cachet à date, noir (type 13) autres dates ....à partir de		800	8 250
Grand cachet à date, avec ½ fleuron (type 12) du 1er janvier 1849		2 400	71 500
Grand cachet à date, avec ½ fleuron (type 12) du 2 au 5 janvier 1849 ...à partir de		1 400	23 500
Grand cachet à date, avec ½ fleuron (type 12) autres dates ....à partir de		750	10 000
Grand cachet à date, avec fleuron (type 11) du 1er janvier 1849		» »	» »
Grand cachet à date, avec fleuron (type 11) du 2 au 5 janvier 1849 ......à partir de		2 300	75 000
Grille noire, cachet à date à côté du timbre du 10 janvier 1849			14 750
Grille noire, cachet à date à côté du timbre du 11 janvier 1849			8 750
Grille noire, cachet à date à côté du timbre du 12 janvier 1849			5 000
Grille noire, cachet à date à côté du timbre du 13 janvier 1849			2 250
Grille noire, cachet à date à côté du timbre du 14 janvier 1849			1 000
Grille rouge		1 000	20 000
Grille bleue		1 250	50 000
Grille spéciale de châteauroux		1 000	11 650
A la plume seulement et à côté cachet à date Type 15........................à partir de		250	1 600
A la plume seulement et à côté cachet à date Type 14 ou 13.............à partir de		400	2 750
A la plume seulement et à côté cachet à date Type 12 ....à partir de		1 300	13 200
A la plume et cachet à date Type 15 ....à partir de		250	1 250
A la plume et cachet à date Type 14 ....à partir de		300	2 300
A la plume et cachet à date Type 13 ....à partir de		350	4 750
A la plume et cachet à date Type 12 ....à partir de		1 000	6 900
Cursive noire..		2 000	35 500
A la plume et cursive noire		1 000	16 500
Cursive bleue ou rouge et plume		2 500	74 000
Grande lettre dans un cercle (c-d ou G) bureau de Paris		1 500	25 000
Cachet d'un bureau annexe de Paris cs – cs2 – es2		2 000	35 000
Feston du bureau K de Paris		2 300	30 000
Marque Port Payé en noir PP dans un rectangle		1 850	28 000
Narque Port Payé en rouge PP dans un rectangle		1 300	31 000
Chiffre taxe 1(Paris)		1 700	38 500
Chiffre taxe 1 frappé 2 fois en croix (autun et Langeac)		1 600	38 500
Chiffre taxe 2(Paris bureau J)		1 800	44 000
Chiffre taxe 2 frappé 2 fois (montereau et château-du-Loir)		2 100	44 000
Rectangle noir (béziers)		1 800	31 500
Une barre noir épaisse (cherbourg)		1 200	23 500
Une barre amincie en croix (La magistère, La rochelle et Toul)		2 200	66 000
4 barres parallèles (Lille, auch)		3 000	40 000
Une croix épaissse (Troyes)		2 100	46 750
Une rosette à 5 branches (Paris bureau J)		1 500	20 000
10 barres en cercle (Lille)		1 500	20 000
Gros points carrés (crépy-en-Valois)		4 000	40 000
Une croix de malte à 5 branches (Paris bureau J)		3 000	77 000
Losange de 49 gros points (soultz-sous-Forêts et Vendôme..................		4 000	55 000

ÉMISSION 1849-50: TARIFS DES LETTRES SIMPLES POUR L'ÉTRANGER ET LES DOM-TOM

Dans ce cas, il faut ajouter une plus-value pour la grille rouge

Le tableau ci-dessous donne le tarif des lettres comportant uniquement des timbres de l'émission 1849-1850, pour des destinations hors de France en port simple. Doivent être considérées avec plus-values les oblitérations et timbres rares sur lettre (nuances, tête-bêche, etc.), les tarifs au-delà du deuxième échelon de poids, les affranchissements tricolores, quadricolores, etc.

Depuis le 1er août 1849, il existait :
 - *Un tarif pour les lettres à destination des pays d'outremer sans distinction de parages, par la voie d'Angleterre: 1fr50 par 7,5g (on voit parfois des lettres pour le Pacifique sud avec ce tarif, mais par la voie du cap Horn ou Magellan).*
 - *Un tarif pour les lettres à destination des pays d'outremer sans distinction de parages par la voie des Bâtiments de Commerce; partant des ports de France: 0,30fr par 7,5g du port d'embarquement; 0,60fr depuis les autres villes de France.*

Pour des affranchissements mixtes avec l'émission suivante, voir aussi les tarifs des lettres pour l'étranger de l'émission "Présidence".

Valeurs d'affranchissement :

0,10 - 10 CENTIMES
10 c. (seul)
Entre villes frontières et Berne, Genève,
 Neuchâtel, Vaud et Bavière   RR

0,20 - 20 CENTIMES
20 c. (seul), ou 10 c. (2):
Colonies françaises par bâtiment de commerce
 du port d'embarquement   30 000
Rayon Frontière
Belgique   4 000
Suisse   3 000

0,25 - 25 CENTIMES
25 c. (seul)
Rayon Frontière
Etats Sardes,   3 000
Luxembourg   3 500
Prusse (30 km France et 10 milles Allemagne)   8 500

0,30 - 30 CENTIMES
10 c. (3)
Colonies françaises par bâtiment de commerce partant
 d'un port de France   25 000
Pays d'Outre-mer par bâtiment de commerce
 du port d'embarquement   à partir de 7 000
                                                            (sauf Etats-Unis)
Etats Unis depuis Le Havre   5 000
Depuis les départements du Doubs et du Jura pour
 Neuchâtel (Suisse)   7 000
Bade et Bavière, rayon frontière   6 500

0,35 - 35 CENTIMES
10 c. + 25 c.
Colonies Françaises par bâtiment de commerce   25 000

0,40 - 40 CENTIMES – *Voies de Terre*
10 c. (4)
Bade   3 000
Belgique   2 000
Luxembourg   3 500
Etats Sardes, rayon frontière   4 000
Suisse   2 000

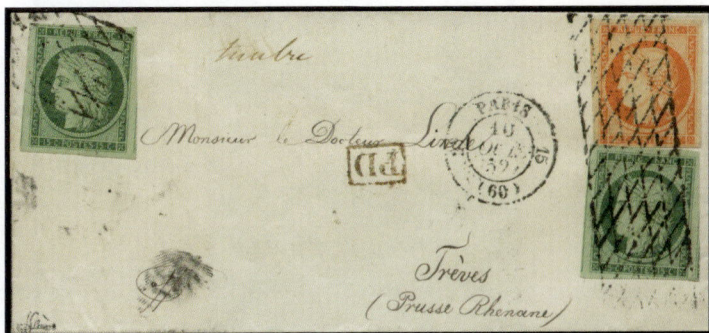

20 c. (2)		Canaries	7 000
Bade	5 000	Cap Vert	8 000
Belgique	2 000	Grenade	10 000
Suisse, Cantons de Berne, Neuchâtel, Zurich	1 500	Saint-Vincent	10 000
Suisse, Canton de Vaud	3 500	Sainte-Lucie	10 000
15 c. + 25 c.		Trinité	10 000
Belgique	5 500	Portugal	4 000
Luxembourg	6 000	*Voie de Paquebot des Etats Unis*	
Suisse	5 500	Etats Unis depuis Le Havre ou Southampton	3 000
40 c. (seul)		**20 c. (3)**	
Bade	900	*Voie des Paquebots Français*	
Belgique	800	Etats Unis	6 000
Luxembourg	1 500	Uruguay	20 000
Suisse	800		
Suisse, Cantons de Berne, Neuchâtel, Zurich	1 000	**0,70 - 70 CENTIMES**	
Suisse, Canton de Vaud	1 500	**10 c. (2) + 25 c. (2)**	
		Altona (Danemark), voie de Tour et Taxis	5 000
		Etats Sardes, voie des paquebots français	3 500
0,50 - 50 CENTIMES		Iles Anglo-Normandes, voie des paquebots français	6 000
25 c. (2)		Prusse, troisième rayon de toute la France à toute	
Etats Sardes par voie de terre	1 500	la Prusse	4 000
Bavière, Hesse, Saxe-Weimar, Royaume de Wurtemberg	2 500		
Suisse, Canton de Fribourg	1 500	**0,80 - 80 CENTIMES**	
		10 c. (3) + 25 c. (2)	
0,60 - 60 CENTIMES		Brunswick, Hanovre, Mecklembourg, Oldenbourg,	
10 c. + 25 c. (2)		Saxe; voie de Tour et Taxis	3 000
Pays d'outremer par bâtiment de commerce		Etats Unis, voie d'Angleterre par paquebot des	
partant des ports de France	à partir de 4 500	Etats Unis	2 000
Toutes les Voies Terrestres		Grande Bretagne	1 200
Pays-Bas	3 500	Iles Anglo-Normandes, voie d'Angleterre	5 000
Toscane	3 000	Irlande par paquebot français	2 000
Voie de Tour et Taxis		Malte, voie de Marseille	4 000
Brême	3 500	**20 c. (4)**	
Hambourg	3 500	Etats Sardes, voie de terre	3 000
Lübeck	3 250	Grande Bretagne	2 000
Norvège	4 000	**40 c. (2)**	
Suède	5 000	Etats Sardes, voie de terre	2 500
Voie de Paquebot Français		Brunswick, Hanovre, Mecklembourg, Oldenbourg,	
Açores	5 500	Saxe; voie de Tour et Taxis	2 500
Amérique du Sud (autre que le port d'embarquement)		Etats Unis voie d'Angleterre par paquebot des	
Argentine	4 500	Etats Unis	2 000
Brésil	4 500	Grande Bretagne	1 400
Mexique	4 500	Iles Anglo-Normandes voie d'Angleterre	5 000
Pérou	4 500	Irlande par paquebot français	1 750
Uruguay	5 000	Malte voie de Marseille	3 500
Venezuela	4 500		

0,90 - 90 CENTIMES
10 c. + 40 (2)

Toscane, voie de Sardaigne	3 000

1,00 - 1 FRANC
25 c. (4)
Voie de Suisse ou Sardaigne

Autriche	2 000

Voie d'Autriche

Deux-Siciles, Modène et Parme	2 000
Grèce et Iles Ioniennes	3 000

Voie de Paquebot Français

Bureaux Français à l'Etranger en Levant	3 000
Établissements français dans l'Inde	5 000

Voie de Suez et Paquebot Anglais

Aden	6 000
Ceylan, Hong-Kong et Singapour	5 500
Chine	5 000
Indes	4 000
Maurice	3 500
Penang	6 000
Réunion	3 500
Seychelles	3 500

1 fr. (seul)
Voie de Suisse ou Sardaigne

Autriche	3 500

Voie d'Autriche

Deux-Siciles, Modène et Parme	3 500
Grèce et Iles Ioniennes	3 500

Voie de Paquebot Français

Bureaux Français à l'Etranger en Levant	5 000
Etats Sardes	3 000
Établissements français dans l'Inde	8 500

Voie de Suez et Paquebot Anglais

Aden	9 000
Ceylan	9 000
Hong-Kong	9 000
Chine	8 500
Indes	7 500
Macao	12 500
Maurice	6 000
Penang	9 000
Réunion	6 000
Seychelles	6 000

1,10 - 1 FRANC 10 CENTIMES
10 c. + 25 c. (4)

10 c. (3) + 40 c. (2): <u>plus-value de 2 000</u>	
Deux-Siciles, Modène, Parme et Toscane;	
voie de Sardaigne	3 500
Danemark, voie de Tour et Taxis	4 000
Schleswig-Holstein, voie de Tour et Taxis	5 000

1,20 - 1 FRANC 20 CENTIMES
10 c. (2) + 25 c. (4)
40 c. (3): <u>plus-value de 1 000</u>

Autriche et Lombardie	4 500
Belgrade, Carinthie, Cracovie, Dalmatie, Illyrie;	
voie d'Autriche	8 500
Trieste, voie d'Autriche	6 000
Etats Pontificaux et Toscane par paquebot français	4 500
Grèce par paquebot français	7 500
Saint-Marin par paquebot français	6 000

10 c. (2) + 1 fr. carmin
Destinations et valeurs comme l'affranchissement 0,40 (3)
et plus-value de 2 500
20 c. + 1 fr. carmin

Autriche	6 500

20 c. + 1 fr. vermillon

Lombardie et Toscane	250 000

1,30 - 1 FRANC 30 CENTIMES
10 c. (3) + 1 fr. carmin

Pologne et Russie méridionale, voie autrichienne	7 000

15 c. (2) + 1 fr. carmin

Etats Unis par paquebot anglais	7 000

1,50 - 1 FRANC 50 CENTIMES			**1,60 - 1 FRANC 60 CENTIMES**	
25 c. (2) + 1 fr. carmin			**40 c. (4), ou 10 c. + 25 c. (2) + 1 fr. carmin**	
Saxe	2 500		Moldavie et Valachie, voie d'Autriche	12 000
Voie de Sardaigne				
Carinthie, Dalmatie, Illyrie et Trieste	8 500		**1,70 - 1 FRANC 70 CENTIMES**	
Lombardie et Tyrol	5 000		**10 c. (2) + 25 c. (2) + 1 fr. carmin**	
Voie de Paquebot Français			*Voie Anglaise*	
Deux-Siciles	4 000		Canada	12 500
Voie de Paquebot Anglais			Canada: Colombie Britannique, Nouveau-	
Açores	5 000		Brunswick, Nouvelle-Ecosse, Prince Edouard,	
Argentine	4 500		Terre-Neuve, Vancouver	15 000
Brésil	5 000		Jamaïque	12 000
Canaries	5 000			
Cap Vert	7 000		**1,80 - 1 FRANC 80 CENTIMES**	
Chine	6 000		**10 c. (3) + 25 c. (2) + 1 fr. carmin**	
Colombie, côte Atlantique	6 500		Turquie d'Europe, voie d'Autriche	8 000
Colonies Anglaises (Antigua, Bahamas, Barbade,			**40 c. (2) + 1 fr. carmin**	
Bermudes, Dominique, Honduras Britannique,			Turquie d'Europe, voie d'Autriche	7 000
Montserrat, Nevis, St.-Kitts, St.-Thomas,				
St-Vincent, St.-Lucie, Tobago, Trinité, Turks,			**2,10 - 2 FRANCS 10 CENTIMES**	
Vierges)	10 500		**10 c. + 1 fr. carmin (2)**	
Colonies Anglaises (autres destinations, à l'exception			*Voie Anglaise*	
des précédents pays, Gibraltar et Guyane – voir			Amérique du Sud: Bolivie, Chili, Colombie côte	
ci-dessous-)	6 500		Pacifique, Equateur, Pérou	6 500
Cuba	6 500		Iles de la Société, Marquises et Tahiti	16 000
Etats-Unis	3 000			
Gibraltar	5 000		**2,50 - 2 FRANCS 50 CENTIMES**	
Guadeloupe	7 500		**25 c. (2) + 1 fr. carmin (2)**	
Guyane Britannique	12 500		*Voie Anglaise (1.9.1851)*	
Guyane Français	11 000		Californie et Oregon	
Inde (Établissements Français)	10 000		8 000	
Martinique	7 000			
Mexique (Atlantique)	4 000		**2,80 - 2 FRANCS 80 CENTIMES**	
Porto-Rico	10 000		**10 c. (3) + 25 c. (2) + 1 fr. carmin (2)**	
Portugal	3 500		*Voie Anglaise (6.3.1851)*	
Réunion	8 000		Californie et Oregon	10 000
Sénégal	10 000		Mexique (côte Pacifique)	9 000
Sierra-Leone	8 500		**40 c. (2) + 1 fr. carmin (2)**	
Uruguay	5 500		Californie et Oregon	8 500
Vénézuela	5 000		Mexique (côte Pacifique)	7 500

ÉMISSION PRÉSIDENCE

10 c. bistre

Type: LOUIS NAPOLÉON
Légende: REPUB FRANC
Type d'impression: TYPOGRAPHIQUE

Date de création: 27 JANVIER 1852
Date de fabrication: 3 DÉCEMBRE 1852
Date d'émission: DÉCEMBRE 1852

	Neuf ☆	Neuf s/g (☆)	Obl. ⊙	Seul s.✉
9 10c bistre	**48 500**	**13 250**	**700**	**1 150**
a - bistre-jaune	48 500	13 250	700	1 150
b - bistre-brun	52 500	15 250	900	1 500
c - bistre-brun foncé	61 500	17 750	1 350	2 000
d - ligne d'encadrement	61 500	22 250	10 150	18 000
e- réimpression bistre clair (1862)	850	400		

9d - ligne d'encadrement

	⬚⬚ Neuf ☆	⬚⬚ Obl. ⊙	⬚⬚ Seule s.✉	⬚⬚⬚ Neuf ☆	⬚⬚⬚ Obl. ⊙	⬚⬚⬚ Seule s.✉	⬚⬚⬚⬚ Neuf ☆	⬚⬚⬚⬚ Obl. ⊙	⬚⬚⬚⬚ Seule s.✉	⊞ Neuf ☆	⊞ Obl. ⊙	⊞ Seul s.✉
9 10c bistre		1 800	3 000		3 900	5 650		6 300	8 250	275 000	71 000	112 500
b - bistre-brun		2 300	3 900		4 850	7 200		7 750	11 400			
c - bistre-brun foncé		2 850	4 600		6 200	8 750		9 750	13 400			

ÉMISSION PRÉSIDENCE

25 c. bleu

Type: LOUIS NAPOLÉON
Légende: REPUB FRANC
Type d'impression: TYPOGRAPHIQUE

Date de création: 27 JANVIER 1852
Date de fabrication: 7 AOÛT 1852
Date d'émission: 16 SEPTEMBRE 1852

	Neuf ☆	Neuf s/g (☆)	Obl. ⊙	Seul s.⊠
10 25c bleu	**4 750**	**1 300**	**50**	**80**
c - bleu verdâtre	5 750	1 600	130	250
c - bleu foncé	5 500	1 500	75	120
d - ligne d'encadrement	7 000	2 000	1 800	3 350
e - réimpression 1862	650	275		

	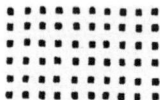 Neuf ☆	Obl. ⊙	Seule s.⊠	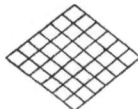 Neuf ☆	Obl. ⊙	Seule s.⊠	 Neuf ☆	Obl. ⊙	Seule s.⊠	Neuf ☆	Obl. ⊙	Seul s.⊠
10 25c bleu	10 000	135	350	15 000	350	675	20 000	850	1 450	23 000	3 100	5 150
c - bleu foncé	11 500	160	420	17 500	420	800	23 000	1 000	1 725	25 000	3 800	6 000

OBLITÉRATIONS

gros points

grille

grille sans fin

	□	⊠	□	⊠	□	⊠
9 10 c........	750	2 250	1 450	11 750	1 100	7 500 ⊠
10 25 c.	120	725	265	2 750	200	1 200

petit cachet à date

étoile

Or dans un cercle

	□	⊠	□	⊠	□	⊠
9 10 c........	1 450	12 500	725	1 150	1 500	7 750 ⊠
10 25 c.	1 200	6 000	70	100		

ÉMISSION 1852 "PRÉSIDENCE": TARIFS DES LETTRES SIMPLES POUR L'ÉTRANGER ET LES DOM-TOM

Le tableau ci-dessous donne le tarif des lettres destinées hors de France en port simple, composés des timbres de l'émission 1852 "Présidence", ou en combinaison avec la première émission 1849-1850 "Cérès" (indiqué).

On rencontre également des affranchissements à 30 centimes avec les émissions Présidence pour le tarif des bâtiments de commerce. Ils présentent une plus value de 1 000€ par rapport aux cotes indiquées sur les émissions Cérès.

0,20 - 20 CENTIMES
10 c. (2)
Belgique et Suisse, rayon frontière ... 5 000

0,25 - 25 CENTIMES
25 c. (seul)
Rayon Frontière
Etats Sardes ... 4 000
Luxembourg ... 4 500
Prusse ... 5 500

0,35 - 35 CENTIMES
10 c. + 25 c.
Colonies Françaises par bâtiment de commerce ... 25 000

0,40 - 40 CENTIMES
10 c. (4)
Voie de terre française
Bade ... 4 000
Belgique ... 3 500
Suisse ... 3 500
Luxembourg ... 5 000
25 c. + 15 c. CÉRÈS
Belgique ... 5 500
Suisse ... 5 500

0,45 - 45 CENTIMES
10 c. (2) + 25 c.
Prusse, voie prussienne ... 5 000

0,50 - 50 CENTIMES
25 c. (2)
10 c. (2) + 40 c. Cérès: plus-value de 1 500
Bavière ... 3 500
Autres Etats Allemands ... 4 500
Etats Sardes, voie sarde ... 4 000

0,55 - 55 CENTIMES
10 c. (3) + 25 c.
Prusse, 2ème Rayon ... 5 000

0,60 - 60 CENTIMES
10 c. + 25 c. (2), ou 10 c. Cérès + 25 c. Présidence (2)
10 c. (2) + 40 c. Cérès: plus-value de 1 500
Pays-Bas et Toscane, toutes les voies de terre ... 4 500
Voie de Tour et Taxis
Brême, Hambourg, Lübeck ... 4 500
Norvège ... 5 000
Suède ... 5 000
Voie de Paquebot Français
Açores ... 7 500
Argentine ... 5 500
Brésil ... 5 500
Canaries ... 9 000
Cap Vert ... 10 000
Grenade ... 12 500
Saint-Vincent ... 12 500
Sainte-Lucie ... 12 500
Madère ... 5 500

Mexique (Atlantique) ... 5 500
Pérou ... 5 000
Portugal ... 4 000
Uruguay ... 5 000
Venezuela ... 5 000
Voie de Paquebot des Etats-Unis
Etats-Unis ... 4 000

0,70 - 70 CENTIMES
10 c. (2) + 25 c. (2)
10 c. Présidence (3) + 40 c. Cérès: plus-value de 1 000
Voies de Terre (toutes)
Pays-Bas ... 4 500
Toscane ... 4 500
Voie de Prusse
Brunswick, Hanovre, Mecklembourg, Oldenbourg, Prusse
(2ème Rayon) et Saxe ... 4 500
Voie de Paquebot Français
Iles Anglo-Normandes
    Alderney ... 11 000
    Guernesey ... 8 000
    Jersey ... 5 000
Etats Sardes ... 4 000

0,80 - 80 CENTIMES
10 c. (3) + 25 c. (2)
10 c. (3) + 25 c. Cérès (2): plus-value de 3 000
25 c. (2) + 15 c. Ceres (2): plus-value de 6 000
Voie de Tour et Taxis
Brunswick, Hanovre, Mecklembourg, Oldenbourg et Saxe ... 5 000
Voie de Paquebot Français
Ecosse ... 5 000
Grande-Bretagne ... 3 000
Irlande ... 5 000
Malte ... 4 500
Voie de Paquebot Anglais
Iles Anglo-Normandes
    Alderney ... 10 000
    Guernesey ... 7 000
    Jersey ... 5 000
Voie de Paquebot des Etats-Unis
Etats-Unis ... 4 000

1,00 - 1 FRANC
25 c. (4)
Etats Pontificaux et Saint-Marin, toutes voies ... 2 500
Autriche, voie sarde ... 2 500
Voie d'Autriche
Deux-Siciles ... 2 500
Grèce ... 3 000
Iles Ioniennes ... 4 000
Modène et Parme ... 3 000
Voie de Paquebot Français
B.F.E. Levant ... 4 000
Inde Française ... 6 000
Voie de Paquebot Anglais
Aden ... 8 500
Ceylan ... 7 500
Chine ... 6 000

Indes	5 000
Maurice	4 500
Penang	8 500
Réunion	4 500
Seychelles	4 500
Singapour	7 500

1,10 - 1 FRANC 10 CENTIMES
10 c. + 25 c. (4)
10 c. (3) + 40 c. Cérès (2): plus-value de 2 000
10 c. + 1 fr. carmin Cérès: plus-value de 3 500
Voie de Sardaigne

Deux-Siciles	4 500
Modène et Parme	5 500

Voie de Tour et Taxis

Danemark	6 000
Schleswig-Holstein	6 500

Voie de Prusse

Pologne septentrionale	8 000
Russie septentrionale	7 000

1,20 - 1 FRANC 20 CENTIMES
10 c. (2) + 25 c. (4)
10 c. (2) + 1 fr. carmin Cérès: plus-value de 1 500

Autriche, voie allemande	5 000

Voie d'Autriche

Autriche	5 000
Belgrade, Carinthie, Cracovie, Dalmatie et Illyrie	10 000
Lombardie	8 000
Trieste	7 500
Tyrol	6 000

Voie de Paquebot Français

Etats Pontificaux	4 500
Grèce	8 000
Saint-Marin	6 000

1,30 - 1 FRANC 30 CENTIMES
10 c. (3) + 1 fr. carmin Cérès, ou 10 c. (3) + 25 c. (4) Cérès
Voie d'Autriche

Pologne méridionale	9 000
Russie méridionale	8 000

Voie de Prusse

Suède	5 000

Voie Anglaise

Etats-Unis	4 500

1,50 - 1 FRANC 50 CENTIMES
25 c. (2) + 1 fr. carmin Cérès
Voie Française

Deux-Siciles	5 000

Voie Anglaise

Acores	7 000
Antigua	12 000
Argentine	7 000
Bahamas	13 000
Barbade	13 000
Bermudes	15 000
Brésil	7 000
Canaries	7 000
Cap Vert	8 000
Cariacou	16 500
Chine	9 000
Colombie (Atlantique)	10 000
Colonies Anglaises (non mentionnés dans cette liste)	10 000
Cuba	8 500
Dominique	12 000
Etats-Unis	3 500

Gibraltar	7 000
Grenade	13 000
Guadeloupe	12 000
Guyane Britannique	20 000
Guyane Française	17 000
Honduras Britannique	15 000
Inde Française	17 000
Madère	7 000
Martinique	11 000
Mexique Atlantique	7 000
Montserrat	15 000
Nevis	15 000
Porto-Rico	12 000
Portugal	3 000
Réunion	10 000
Saint-Kitts	12 000
Saint-Pierre et Miquelon	22 000
Saint-Thomas	12 000
Saint-Vincent	12 000
Sainte-Lucie	12 000
Sénégal	16 000
Sierra-Leone	16 000
Tobago	16 000
Tortola	16 000
Trinité	15 000
Turks	15 000
Uruguay	9 000
Vénézuela	8 500
Vierges	16 000
Zanzibar Anglais	30 000

1,60 - 1 FRANC 60 CENTIMES
10 c. + 25 c. (2) + 1 fr. carmin Cérès

Moldavie et Valachie, voie d'Autriche	17 000

1,70 - 1 FRANC 70 CENTIMES
10 c. (2) + 25 c. (2) + 1 fr. carmin Cérès
Voie Française

Canada	16 000
Colombie Britannique	19 000
Jamaïque	16 000
Nouveau-Brunswick	20 000
Nouvelle-Ecosse	20 000
Prince Edouard	22 000
Terre-Neuve	19 000
Vancouver	22 000

1,80 - 1 FRANC 80 CENTIMES
10 c. (3) + 25 c. (2) + 1 fr. carmin Cérès

Turquie d'Europe, voie autrichienne	10 000

2,10 - 2 FRANCS 10 CENTIMES
10 c. + 1 fr. carmin Cérès (2)
Voie Anglaise

Amérique du Sud: Bolivie, Chili, Colombie –Pacifique-, Equateur, Pérou	15 000
Marquises	30 000
Tahiti	30 000

2,50 - 2 FRANCS 50 CENTIMES
25 c. (2) + 1 fr. carmin Cérès (2)

Californie et Orégon, par paquebot anglais	15 000

2,80 - 2 FRANCS 80 CENTIMES
10 c. (3) + 25 c. (2) + 1 fr. carmin Cérès (2)

Mexique (Pacifique), par paquebot anglais	17 000

EMPIRE NON DENTELÉ

1 c. vert olive

Type: NAPOLÉON III
Légende: EMPIRE FRANC
Type d'impression: TYPOGRAPHIQUE

Date de création: 17 OCTOBRE 1859
Date de fabrication: JUILLET 1860
Date d'émission: 1 NOVEMBRE 1860

	Neuf ☆	Neuf s/g (☆)	Obl. ⊙	Seul s.⊠
11 1c vert olive	**250**	**125**	**100**	**500**
a - vert-olive clair	250	125	100	500
b - vert bronze	250	125	105	525
c - vert-olive foncé	350	175	120	600
d - mordoré (1865)	400	200		18 250
e - carrés de repère	11 750	4 500	7 000	
f - losange de repère (1ex connu dans un bloc de 9)	26 500			

	⊞⊟			⊞⊟⊟			⊞⊟⊟⊟			⊞		
	Neuf ☆	Obl. ⊙	Seule s.⊠	Neuf ☆	Obl. ⊙	Seule s.⊠	Neuf ☆	Obl. ⊙	Seule s.⊠	Neuf ☆	Obl. ⊙	Seul s.⊠
11 1c vert olive	550	245	600	825	400	750	1 100	700	1 000	1 200	1 430	3 100

EMPIRE NON DENTELÉ

5 c. vert

Type: NAPOLÉON III
Légende: EMPIRE FRANC
Type d'impression: TYPOGRAPHIQUE

Date de création: 31 AOÛT 1854
Date de fabrication: SEPTEMBRE 1854
Date d'émission: 19 NOVEMBRE 1854

	Neuf ☆	Neuf s/g (☆)	Obl. ☉	Seul s.✉
12 5c vert	**1 250**	**500**	**100**	**300**
b - vert-jaune	1 250	550	110	235
c - vert foncé	1 850	975	220	335
d - vert foncé sur vert	3 000	1 200	275	450
e - ligne d'encadrement	8 150	3 550	3 300	7 250
f - tirage "arts & métiers" (1855) (impression très fine)		750		
g - carré de repère	18 000	7 150		

	Neuf ☆	☐☐ Obl. ☉	Seule s.✉	Neuf ☆	☐☐☐ Obl. ☉	Seule s.✉	Neuf ☆	☐☐☐☐ Obl. ☉	Seule s.✉	Neuf ☆	⊞ Obl. ☉	Seul s.✉
12 5c vert	2 700	245	300	4 000	400	700	5 400	685	1 250	5 000	1 600	3 000
c - vert foncé	4 000	500	600	6 000	750	1 300	8 000	1 200	2 000	9 000	2 500	4 000

EMPIRE NON DENTELÉ

10 c. bistre

Type: NAPOLÉON III
Légende: EMPIRE FRANC
Type d'impression: TYPOGRAPHIQUE

Date de création: 2 JANVIER 1853
Date de fabrication: 17 OCTOBRE 1853
Date d'émission: DÉCEMBRE 1853

Type I

La mèche temporale présente trois cheveux: celui du milieu est formé par un double trait plus épais, dont le trait de droite est légèrement plus long que celui de gauche qui a sensiblement le même longueur que les autres cheveux de la mèche.

Type II

La mèche est formée par quatre cheveux, nettement séparés, et toujours d'égale longueur.

	Neuf ☆	Neuf s/g (☆)	Obl. ◉	Seul s.⊠
13 I 10c bistre type I	**750**	**275**	**10**	**15**
a - bistre-jaune	800	400	45	65
b - bistre-brun	900	360	30	50
c - bistre-orange	1 000	500	30	50
d - citron impression défectueuse	2 000	1 000	60	100
e - jaune-citron	2 500	1 250	75	120
f - ligne d'encadrement	2 200	850	900	2 000
g - surcharge "Ducel" (bleu)			500	4 000
h - tirage "arts & métiers" (1855) (impression très fine)		550		
13 II 10c brun clair type II	**900**	**350**	**30**	**50**
a - bistre	925	360	30	50
b - brun	1 000	425	40	60
c - brun foncé	1 200	550	75	120

	☐☐ Neuf ☆	☐☐ Obl. ◉	☐☐ Seule s.⊠	☐☐☐ Neuf ☆	☐☐☐ Obl. ◉	☐☐☐ Seule s.⊠	☐☐☐☐ Neuf ☆	☐☐☐☐ Obl. ◉	☐☐☐☐ Seule s.⊠	⊞ Neuf ☆	⊞ Obl. ◉	⊞ Seul s.⊠
13 I 10c bistre type I	**1 600**	**25**	**30**	**2 450**	**50**	**70**	**3 400**	**100**	**135**	**3 750**	**375**	**660**
b - bistre-brun	2 000	100	150	3 000	150	300	4 000	300	550	4 200	1 600	2 900
c - bistre-orange	2 200	70	100	3 400	110	225	4 500	220	425	3 850	1 000	1 850
e - jaune-citron	5 250	165	250	7 900	250	500	10 500	500	950	11 500	3 350	5 850
13 II 10c bistre type II	**2 000**	**80**	**115**	**3 000**	**145**	**210**	**4 000**	**250**	**325**	**4 000**	**600**	**880**
c - brun foncé	2 500	175	250	3 850	275	450	5 200	400	700	5 200	1 650	3 100

20 c. bleu

Type: CÉRÈS
Légende: EMPIRE FRANC
Type d'impression: TYPOGRAPHIQUE

Date de création: 20 MAI 1854
Date de fabrication: MAI 1854
Date d'émission: 1 JUILLET 1854

Type I

La mèche temporale présente trois cheveux: celui du milieu est formé par un double trait plus épais, dont le trait de droite est légèrement plus long que celui de gauche qui a sensiblement le même longueur que les autres cheveux de la mèche.

Type II

La mèche est formée par quatre cheveux, nettement séparés, et toujours d'égale longueur.

	Neuf ☆	Neuf s/g (☆)	Obl. ⊙	Seul s.⊠
14 I 20c bleu type I	**400**	**120**	**2**	**4**
a - bleu laiteux	450	180	16	22
c - bleu foncé	500	175	2	4
d - bleu très foncé	550	250	10	20
e - bleu-noir	2 000	925	100	350
f - bleu sur azuré	600	300	16	22
g - bleu sur lilas	8 500	3 400	100	135
h - bleu laiteux sur vert	10 000	4 000	150	250
i - bleu foncé sur vert	11 000	4 100	200	360
j- ligne d'encadrement	1 350	600	425	1 000
k - légende: "POSTFS" (F)	1 550	770	80	125
l - idem en paire tenant à normal	2 000	1 000	100	175
m - Paire POSTFS (F)	2 500	1 250	125	250
n - carré de repère	14 000	5 650	6 400	
o - papier filigrané "Lacroix"			2 100	
p - tirage "arts & métiers" (1855) (impression très fine)		1 000		
14 II 20c bleu type II	**500**	**225**	**6**	**9**
a - bleu sur lilas pâle	1 400	700	75	110
b - bleu sur lilas	9 000	3 500	500	770
c - bleu sur vert	9 000	4 000	225	330
d- double filet intérieur	800	300		

		⊡⊡			⊡⊡⊡			⊡⊡⊡⊡			⊞	
	Neuf ☆	Obl. ⊙	Seule s.⊠	Neuf ☆	Obl. ⊙	Seule s.⊠	Neuf ☆	Obl. ⊙	Seule s.⊠	Neuf ☆	Obl. ⊙	Seul s.⊠
14 I 20c bleu type I	850	6	7	1 300	13	20	1 750	40	90	1 850	120	220
d - bleu très foncé	1 300	22	35	1 900	45	75	2 500	135	275	2 600	400	700
f - bleu sur azuré	1 300	35	45	2 000	70	120	2 600	225	475	3 250	550	1 000
g - bleu sur lilas		200	275		400	700		1 150	2 300		1 150	1 850
h - bl laiteux s vert		300	450		600	1 000		1 750	3 550		1 900	3 250
14 II 20c bleu type II	1 000	17	18	1 500	45	75	2 000	100	175	2 400	600	880
c - bleu sur vert		600	675		1 000	1 500		1 750	2 000		3 900	6 200

EMPIRE NON DENTELÉ
25 c. bleu

Type: NAPOLÉON III
Légende: EMPIRE FRANC
Type d'impression: TYPOGRAPHIQUE

Date de création: 2 JANVIER 1853
Date de fabrication: SEPTEMBRE 1853
Date d'émission: 3 DÉCEMBRE 1853

	Neuf ☆	Neuf s/g (☆)	Obl. ☉	Seul s.✉
15 25c bleu	**3 200***	**1 600**	**270**	**525**
a - bleu clair (1er tirage)	3 250	1 600	300	525
b - bleu laiteux (2ème tirage)	3 250	1 600	300	525
c - bleu foncé	3 350	1 650	315	535
d - ligne d'encadrement	6 600	3 500	3 500	8 250
e - M et I plus petit retouche Dela-courcelle (cases 3, 4, 5)	4 200	2 100	700	1 000
f - réimpression, bleu (1862)	650	250		

*Prix atteint chez Roumet en Jan 2017: 3 631

	Neuf ☆	Obl. ☉	Seule s.✉	Neuf ☆	Obl. ☉	Seule s.✉	Neuf ☆	Obl. ☉	Seule s.✉	Neuf ☆	Obl. ☉	Seul s.✉		
15 25c bleu	6 700	725	1 400	10 000	1 500	2 750	13 500	2 700	4 650	15 500	3 400	5 150		

EMPIRE NON DENTELÉ

40 c. orange

Type: NAPOLÉON III
Légende: EMPIRE FRANC
Type d'impression: TYPOGRAPHIQUE

Date de création: 2 JANVIER 1853
Date de fabrication: SEPTEMBRE 1853
Date d'émission: DÉCEMBRE 1853

	Neuf ☆	Neuf s/g (☆)	Obl. ⊙	Seul s.⊠
16 40c orange	**3 300**	**1 500**	**15**	**25**
a - orange clair	3 300	1 500	15	25
b - orange vif	4 600	2 200	25	40
c - orange sur gris	5 350	2 600	45	60
d - orange sur paille	4 700	2 300	35	50
e - ligne d'encadrement	11 250	4 600	1 650	4 100
f - carré de repère	26 000	11 000	7 750	
g - grande barbe			200	
h - fond ligné	4 100	2 000	27	45
j - tirage "arts & métiers" (1855) (impression très fine)		2 450		

	Neuf ☆	Obl. ⊙	Seule s.⊠	Neuf ☆	Obl. ⊙	Seule s.⊠	Neuf ☆	Obl. ⊙	Seule s.⊠	Neuf ☆	Obl. ⊙	Seul s.⊠
16 40c orange	6 700	40	70	10 000	70	100	13 500	150	225	16 000	1 000	1 650
b - orange vif	9 500	60	110	14 500	100	150	19 000	200	300	18 000	1 500	2 500

EMPIRE NON DENTELÉ

80 c. carmin

Type: NAPOLÉON III
Légende: EMPIRE FRANC
Type d'impression: TYPOGRAPHIQUE

Date de création: 20 MAI 1854
Date de fabrication: NOVEMBRE 1854
Date d'émission: 4 DÉCEMBRE 1854

	Neuf ☆	Neuf s/g (☆)	Obl. ☉	Seul s.⊠
17A 80c carmin	**4 500**	**2 250**	**60**	**95**
a - carmin-rose	2 900	1 450	60	95
b - carmin foncé	7 000	3 250	100	145
c - carmin foncé sur paille	6 350	3 150	165	250
d- vermillonné			550	825
e - vermillonné foncé			1 250	1 775
f - ligne d'encadrement	14 250	6 350	4 600	10 500
g - réimpression, carmin (1862)	2 750	1 250		
h - tirage "arts & métiers" (1855) (impression très fine)		2 250		
17B 80c rose	**3 000**	**1 500**	**60**	**110**
a - rose vif	3 500	1 750	85	150
b - rose terne	3 000	1 500	60	110
c - rose clair	3 250	1 600	60	110
d - groseille	6 600	3 250	300	440
e - ligne d'encadrement	14 250	6 350	4 600	10 500
f - carré de repère	31 500	13 000		

	☐☐ Neuf ☆	Obl. ☉	Seule s.⊠	☐☐☐ Neuf ☆	Obl. ☉	Seule s.⊠	☐☐☐☐ Neuf ☆	Obl. ☉	Seule s.⊠	⊞ Neuf ☆	Obl. ☉	Seul s.⊠
17A 80c carmin	**9 500**	**155**	**250**	**14 250**	**265**	**400**	**19 000**	**500**	**600**	**23 000**	**770**	**1 375**
b - carmin foncé	15 000	275	375	22 000	440	600	29 000	700	800	34 000	1 200	1 980
f - vermillonné		1 350	1 750		2 000	3 850	2 750	4 650				
17B 80c rose	**6 500**	**155**	**250**	**9 850**	**265**	**400**	**13 000**	**450**	**550**	**15 500**	**770**	**1 375**
a - rose vif	7 500	200	350	11 000	375	500	15 000	600	700	18 000	1 250	2 100

EMPIRE NON DENTELÉ

1 f. carmin

Type: NAPOLÉON III
Légende: EMPIRE FRANC
Type d'impression: TYPOGRAPHIQUE

Date de création: 2 JANVIER 1853
Date de fabrication: 17 AOÛT 1853
Date d'émission: SEPTEMBRE 1853

	Neuf ☆	Neuf s/g (☆)	Obl. ⊙	Seul s.✉
18 1f carmin	**12 000**	**5 000**	**4 000**	**12 000**
a - carmin clair	12 000	4 500	3 500	11 000
b - carmin vif	14 000	6 500	5 500	13 000
c - carmin "velours"	17 500	7 500	6 000	14 500
d - ligne d'encadrement	22 500	10 000	13 500	21 500
e - réimpression, carmin (1862)	2 300	1 100		

	Neuf ☆	Obl. ⊙	Seule s.✉	Neuf ☆	Obl. ⊙	Seule s.✉	Neuf ☆	Obl. ⊙	Seule s.✉	Neuf ☆	Obl. ⊙	Seul s.✉
18 1f carmin	25 750	10 000	28 500	40 000	17 500	40 000	60 000	25 000	55 000	80 000	45 000	70 000

TÊTE-BÊCHE

	☆	⊙	✉
T14 II - 20c bleu type II	250 000		
T17A - 80c carmin foncé	550 000	35 000	40 000
T17B - 80c rose	80 000	15 000	50 000
T18 - 1f carmin	475 000	215 000	315 000
T18e - 1f carmin réimpression		40 000	

T14 II: 3ex connus neufs, dont un dans un bloc de 9 et un dans un bloc de 30.
T17A: 1ex connu neuf, sur ✉ pour Lima: 2ex
T17B (case 150): 3ex connus neufs dont 1 dans un ⊞. Ce tête-bêche a aussi été utilisé par le bureau français
d'Alexandrie (1 ✉ connue).
T18: 3ex connus neufs, 2 ✉ connues pour les Etats-Unis.
T18e: tirage: 40.

TIMBRES COUPÉS SUR LETTRE

Origine: Marines

13 10c bistre sur ✉ **de nangis** (7 mai 1855) (1 ✉ connue)		220 000
14 20c bleu sur ✉ **de bordeaux** (février 1856)		27 000
14 20c bleu sur ✉ **de marines** (septembre 1856)		35 000
14 20c bleu sur ✉ **de méru** (septembre 1856)		35 000
14 20c bleu sur ✉ **de sainte-sigolène** (septembre 1856)		36 000
14 20c bleu sur ✉ **de Vebron** (juin 1861 à janvier 1862)		37 000
14 20c bleu sur ✉ **de Villars-de-lans** (janvier 1858)		36 000
16 40c sur ✉ **de mostaganem (mai 1860) ou tlemcen** (juill 1856) (2 ✉ connues)		190 000
17 80c sur ✉ **de Givors** (petit fragment)		82 000

Origine: Mostaganem (Algérie)

PIQUAGES

P1: percé en ligne
P2: percé en scie ou en arc
P3: piquage susse
P4: autun
P5: avallon (sur bordeaux)
P6: avignon (sur bordeaux)
P7: bayonne (sur bordeaux)
P8: besançon
P9: carignan

P10: chéroy
P11a: clamecy
P11b: chauny
P12: corbigny
P13: cosne
P14: etampes (sur bordeaux)
P15: evreux
P16: Guer
P17: Hesdin

P18: Libourne (bordeaux)
P19: Lisieux (sur bordeaux)
P20: marseille
P20a: marseille place centrale
P20b: marseille - st-marcel
P21: melun (sur bordeaux)
P22: morez-du-Jura
P23: nantes (sur bordeaux)
P24: Palluau (sur bordeaux)

P25: Paris
P26: Poitiers
P27: saint-Jean d'angély
P28: sancerre
P29: sées (sur bordeaux)
P30: Tarascon-sur-rhône
P31: Villard-de-Lans

	11: 1c olive			12C: 5c vert-jaune			13 I: 10c type I			13 II: 10c type II		
	☆	⊙	✉	☆	⊙	✉	☆	⊙	✉	☆	⊙	✉
P1: percé en ligne	250	150	825	900	120	385	550	70	330	650	60	145
P2: percé en scie ou en arc	250	150	825	900	225	650				650	80	325
P3: piquage Susse	220	1 300	6 750	850	450	2 650	550	110	650	700	100	300
P4: Autun											1 750	10 000
P10: Chéroy								3 000	22 500		3 000	20 000
P11A: Clamecy			30 000		1 500	20 000					1 000	10 500
P11B: Chauny								1 750	10 000			

	14 I: 20c type I			14 II: 20c type II			16: 40c orange			17B: 80c rose		
	☆	⊙	✉	☆	⊙	✉	☆	⊙	✉	☆	⊙	✉
P1: percé en ligne	250	60	300	550	50	130	3 250	50	200	2 500	70	350
14 P1: bleu sur vert		250	1 100		275	700						
14 P1: bleu sur lilas		130	525									
P2: percé en scie ou en arc				550	50	150	3 250	55	250	2 500	125	525
14 P2: bleu sur vert					1 000	5 000						
P3: piquage Susse	235	100	600	550	50	150	2 500	90	600	2 000	250	1 650
14 P3: bleu sur vert		550	3 850		385	2 000						
P4: Autun												
P8: Besançon					600	3 850						
P9: Carignan					1 250	10 500						
P10: Chéroy		1 400	20 000		1 500	21 000						
P11A: Clamecy					600	7 700		1 750	20 500		2 000	35 000
14 P11A: bleu sur vert					950	10 000						
P11B: Chauny												
P12: Corbigny					900	7 000						
P13: Cosne					3 000	23 000						
P15: Evreux		1 250	10 000		1 350	11 000						
P16: Guer					1 500	11 000						
P17: Hesdin					1 250	7 000						
P20: Marseille					700	3 850						
P22: Morez-du-Jura					1 350	8 000						
P25: Paris					1 500	15 000						
P26: Poitiers					1 000	3 850			8 000			
P27: Saint-Jean d'Angély								2 500	20 000			
P28: Sancerre					1 350	18 000						
P30: Tarascon-sur-Rhône					1 100	5 000						
P31: Villard-de-Lans					2 000	30 000						

FERRARIO
Casa d'Aste

Result € 97.500

Result € 45.000

Result € 55.000

Result € 91.500

The new Italian Auction House

Casa d'Aste Ferrario
Via Vallazze, 78 - 20131 Milano - Italy
Tel. +39.0249535720 - Fax +39.0249535722 - info@ferrarioaste.com - www.ferrarioaste.com

COMTÉ DE NICE

Le Plébiscite du 16 Avril 1860 approuva le rattachement du Comté de Nice à la France.

De juin à octobre 1860, les timbres français furent oblitérés avec les cachets Sardes. Ensuite les timbres Français ont été oblitérés petits chiffres. La collection du Comté de Nice comprend tous les bureaux du département actuel des Alpes-Maritimes, ainsi que le bureau de Monaco.

Les cotes s'entendent pour des **lettres entières**, affranchies avec un timbre-poste 20 centimes de l'Empire non dentelé **non touché**, et avec **oblitération lisible**.

Antibes		Puget-Theniers (Pogetto)	**8 000**
Bar sur le Loup		Roquebillière (Roccabigliera C)	**18 000**
Breil (Breglio)	**18 000**	Roquesteron (Roccasterone D)	**18 000**
Broc (Le)		Roquette Saint Martin du Var	
Cagnes		Rossiglione (Rossiglione C)	**15 000**
Cannes		Saint Auban	
Clans (Clanzo C)	**17 000**	Saint Etienne de Tinée (S. Stefano Monta D)	**16 000**
Colle (La).		Saint Laurent du Var	
Contes (Contes D)	**18 000**	Saint Martin du Var (S Martino del Varo)	**17 000**
Coursegoules		Saint Martin Lantosque (S Martino Lantosca D)	**18 000**
La Croix Saint Léger (La Croix Pogetto Then C)	**18 000**	Saint Sauveur (S. Salvatore C)	**18 000**
Drap (Drappo C)	**18 000**	Saint Vallier de Thiey	
Escarène (L') (Scarena)	**18 000**	Saorge (Saorgio C)	**18 000**
Escragnolles		Seranon	
Eze (Eza C)	**18 000**	Sospel (Sospello)	**7 000**
Fontan		Tende (Tenda)	
Gilette (Giletta C)	**17 000**	Touet du Var (Toetto-Varo)	**18 000**
Grasse		Tourettes (Torretta C)	**18 000**
Guillaumes	**14 000**	Trinité-Victor (La) (Trinita' Vittorio C)	**18 000**
Isola (Isola C)	**18 000**	Turbie(La) (Turbia C)	**18 000**
Lantosque (Lantosca C)	**18 000**	Utelle	**15 000**
Levens (Levenzo D)	**15 000**	Vallauris	
Menton (Mentone)	**5 000**	Vence	
Mouans-Sartoux		Villars du Var (Villar del Varo D)	**18 000**
Nice (Nizza Maritta ou Nizza Mara)	**500**	Villefranche-sur-mer (VillaFranca Mara)	**18 000**
Pont-Var (Ponte del Varo C)	**15 000**		
Monaco	**18 000**		

1er jour de vente des timbres-poste français (14 juin 1860), 1 pièce référencée à ce jour   **+ 8 000**

SAVOIE ET HAUTE-SAVOIE

Le 14 juin 1860, la Savoie a été rattachée à la France, deux départements ont été formés. A partir du 14 juin 1860, l'usage des timbres-poste Sardes est supprimé. Du 14 juin 1860 au 1er octobre 1860, les timbres-poste français furent oblitérés par des cachet daté Sarde.

Les cotes s'entendent pour des **lettres entières**, affranchies avec un timbre-poste 20 centimes de l'Empire non dentelé **non touché**, et avec **oblitération lisible**.

Savoie

Aiguebelle	1 600	Meltaverne	
Aime	6 500	Marches (Les)	9 500
Aix-les-Bains	1 000	Modane	3 500
Albens	5 000	Montmeillan	2 200
Albertville	1 100	Motte (La)	10 000
Beaufort-sur-Doron	6 000	Moutiers	2 200
Bourg-Saint-Maurice	2 000	Notre-Dame-de-Briançon	
Bourget du Lac	12 000	Novalaise	8 500
Bozel	10 000	Pont de Beauvoisin	5 000
Brides-les-Bains	9 000	Queige	
Bridoire (La)		Rochette (La)	3 000
Cevins	6 500	Ruffieux	4 000
Chambéry	700	Saint-Félix	10 000
La Chambre (La)	5 000	Sainte-Foy de Tignes	
Chamoux	6 000	Sainte-Foy de Tarentaise	
Chapelle blanche (La)	10 000	Saint-Génix	10 000
Chateauneuf	6 500	Saint-Jean-d'Arves	
Chatelard (Le)	9 000	Saint-Jean-de-Chevely	10 000
Chindrieux	10 000	Saint-Jean-de-Maurienne	1 600
Cognin	12 000	Saint-Jeoire Challes	10 000
Ecole	8 000	Saint-Michel	3 000
Echelles (Les)	1 600	Saint-Pierre d'Albigny	3 000
Epierre	6 500	Saint-Pierre-d'Entremont	
Esseillon (L')	10 000	Saint-Tibaud de Coux	10 000
Flumet	12 000	Ugine	6 000
Frontenex		Villard de Beaufort	10 000
Gresy	6 500	Vogland	10 000
Lanslebourg	2 500	Yenne	7 000
Lescheraines			

1er jour de vente des timbres-poste français (14 mai 1860)   + 7 000

(6 pièces référencées à ce jour)

Bureau de Beaufort-sur-Doron (voir page précédente)

Haute-savoie

Abondance	10 000	Marignier	10 000
Alby	10 000	Megève	
Annecy	800	Menthon Saint-Bernard	
Annemasse	4 000	Morzine	
Balme (La)		Plot (Le)	10 000
Biot (Le)	9 500	Reignier	3 500
Boege	7 500	Roche (La)	3 000
Bonne-sur-Ménoge	10 000	Rumilly	1 600
Bonneville	1 300	Sallanches	2 500
Bons	11 000	Samoens	3 000
Chable (Le)	11 000	Saint-Gervais	2 500
Chamonix	3 000	Saint Gingolph	10 000
Cluses	6 000	Saint-Jeoire-Faucigny	5 000
Contamines	6 000	Saint-Julien-Genevoix	2 500
Cruseilles	6 000	Seyssel	3 500
Douvaine	4 000	Taninge	3 500
Duing .	11 000	Thones	3 500
Evian	1 200	Thonon	2 300
Faverges	1 800	Thorens Sales	11 000
Frangy	3 500	Valleiry	
Grand Bornand		Viuz-en-Sallaz	11 000
Magland	9 000		

OBLITÉRATIONS

		petits chiffres		petits chiffres rouge		petit chiffres bleu		gros chiffres	
		□	⊠	□	⊠	□	⊠	□	⊠
11	1 c.	120	440	300	» »	285	» »	120	525
12	5 c.	100	205	260	1 200	240	1 375	100	230
13	10 c.	10	17	160	600	120	550	17	50
14	20 c.	2	4	175	770	135	660	14	38
15	25 c.	270	525						
16	40 c.	15	27	240	930	130	1 210	20	72
17	80 c.	60	100	275	1 100	230	825	75	180
18	1 f.	3 500	8 000						

		étoile		étoile bleue		étoile rouge		étoile avec numéro	
		□	⊠	□	⊠	□	⊠	□	⊠
11	1 c.	100	245	270	1 750	315	2 650	190	660
12	5 c.	100	135	250	1 480	260	1 480	130	465
13	10 c.	10	17	185	1 100	170	1 210	23	175
14	20 c.	2	4	150	660	180	1 760	20	125
15	25 c.	270	525						
16	40 c.	15	27	275	1 760	310	4 950	90	440
17	80 c.	60	95	320	2 475	» »	» »	100	600
18	1 f.	3 500	8 000						

  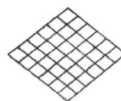 

		roulette d'étoiles		grands points carrés		grille		grille sans fin	
		□	⊠	□	⊠	□	⊠	□	⊠
11	1 c.	230	1 430			335	RR		
12	5 c.	200	930	130	1 000	295	1 375		
13	10 c.	75	440	60	355	60	500	235	» »
14	20 c.	65	275	60	330	60	500	125	660
15	25 c.			285	1 100	625	5 000	285	880
16	40 c.	80	1 210	35	220	140	1 000	150	950
17	80 c.	125	1 320	100	625	285	1 650	240	1 430
18	1 f.			4 000	8 500	4 500	9 500	4 500	9 000

		petit cachet à date type 15		cachet à date rouge des imprimés		cercle de points		cachet à date type 22	
		□	⊠	□	⊠	□	⊠	□	⊠
11	1 c.	100	275	135	1 075			100	300
12	5 c.	100	250	160	1 100	110	440 X	100	330
13	10 c.	12	100	150	880	20	70 X	15	145
14	20 c.	15	60	170	1 000	10	35 X	25	155
15	25 c.	450	2 450						
16	40 c.	75	330	175	1 475	60	300 X	100	750
17	80 c.	200	1 000	230	1 750	100	550 X	165	1 000
18	1 f.	5 500	13 000						

		pointillé fin		PP ou PD		OR dans cercle		cachet de boîte rurale	
		□	✉	□	✉	□	✉	□	✉
11	1 c.	200	715	285	» »	225	» »	210	» »
12	5 c.	150	550	270	» »	225	1 050	210	1 050
13	10 c.	25	85	155	1 000	85	475	135	770
14	20 c.	20	80	155	1 000	160	1 375	160	1 050
15	25 c.								
16	40 c.	30	125	150	1 325				
17	80 c.	75'	330	175	1 650				
18	1 f.	5 250	12 100						

		ancre		ambulant lettres bâtons		cachet anglais		cachet espagnol	
		□	✉	□	✉	□	✉	□	✉
11	1 c.	400	» »	100	330				
12	5 c.	275	1 000 X	100	185				
13	10 c.	45	120 X	10	17	165	1 875 X	115	1 100
14	20 c.	40	110 X	3	6	150	1 760 X	65	715
15	25 c.			285	600				
16	40 c.	24	75 X	15	40	125	1 430 X	65	525
17	80 c.	75	235 X	60	110	185	2 200 X	160	1 430

X à partir de

Toutes les cotes des oblitérations ci-dessous sont pour le timbre 20 c. bleu no. 14. Pour les autres valeurs, il y a toujours une plus-value (No 11 à 13 et 15 à 18).

Cachet sur la lettre	couleur	Cachet sur le timbre	couleur	□	✉
OBLITERATIONS DE PARIS (Sélection)					
Cachet à date 2/09/55 au 4/09/55	N	Losange 81 pts	N	165	8 800
Cachet à date	N	Etoile tronquée	N	110	3 850
Cachet à date Paris 12	N	Roulett accordéon	N		495
Cachet à date Paris J (sur No 13)	N	Carré de 26 pts (Essai)	N	275	7 700
Cachet à date Lettre Affie, de Paris pour Paris	N	Etoile	N		80
Idem	N	Etoile	B		1 825
Idem	B	Etoile	N		1 825
Idem	B	Etoile	B		3 300
Idem	N	Même cachet sur le timbre	N	165	3 575
Idem	N	Grille	N		440
Idem	B	Grille	B		3 300
Idem	B	Grille	N		2 200
OBLITERATIONS DE PROVINCE					
Cachet à date de Bayonne	N	Grille	N		500
Cachet à date de Cailly ou cursive	N	Grille	N		6 050
Cachet à date de St-Mamert-du-Gard ou cursive	N	Grille	N		4 400
Cachet à date de Lyon	N	1818 (caractères gras)	N	190	850
Cachet à date de Lyon	N	1818 (caractères déliés)	N	385	3 025
Cachet à date de Lyon	N	PC 1817	N	220	5 500
BUREAUX SPECIAUX					
Cachet à date du Palais de St-Cloud	R	Losange PSC	R	275	6 050
Cachet à date de Vichy (3)	R	PC 3 564	N		10 000
Cachet à date Service de l'Empereur Vichy	R	Même cachet sur le timbre	R		17 600
Cachet à date Service de l'Empereur Vichy	R	PC 4 189 ou Etoile	R		14 300
Cachet à date Bau du Palais de Biarritz	R	Etoile	R		13 200
Cachet à date du Palais de Compiègne	R	Etoile	R		6 325

Cachet sur la lettre	couleur	Cachet sur le timbre	couleur	☐	✉
Cachet à date du Palais de Fontainebleau	R	Etoile	R		6 325
Cachet à date Plombières (82)	R	Etoile	R		20 350
Cachet à date Bureau special de l'Empereur	R	Losange BSE	R		11 000

OBLITERATIONS ITALIENNES

Francia via di Mare	N	Francia via di Mare	N	77	385
Francia via di Mare	R	Francia via di Mare	R	110	575
Via di Mare	N	Via di Mare	N	125	1 320
Via di Mare	R	Via di Mare	R	165	2 000
	N	Grille de Livourne	N	165	3 250
Cachet à date Sarde	N	Grille Sarde	N	70	550
Cachet à date Napoli	N	Petite grille	N	330	11 500
Cachet à date Italien	N	PD (grand format)	N	110	1 880

CACHETS DE CAMPS

Cachet à date Aix Camp du Midi	N	Losange ACM	N	300	21 000
Cachet à date Toulon Camp de Porquerolles	N	Losange 3 382/CP	N	300	20 300
Cachet à date Camp de Châlons	N	Losange C. Ch.	N	95	1 000
Cachet à date Camp de Châlons Quart. Imp.	N	Losange C. Ch. QI..	R	130	3 500
Cachet à date Lyon Camp de Satonay	N	Losange C. d. S.	N	80	1 750
Cachet à date Lyon Camp de Sathonay	N	Losange C. d. S.	N	80	1 100
Cachet à date Versailles 1 Camp de Satory 1	N	Losange PC 3 537	N		23 650

OCCUPATION DE ROME

Cachet Corps Exp. D'Italie 1ere ou 2e div.	N	Grille	N		575
Cachet Corps Exp. D'Italie Qer Général	N	Grille	N		880
Cachet Brigade française d'Italie	N	Grille	N		1 000
Cachet Brigade française d'Italie	N	Grille des Etats pontificaux	N	130	4 900

GUERRE D'ORIENT

Cachet Armée d'Orient Bureau sédentaire	N	Losange AOBS	N	75	660
Cachet Armée d'Orient Bureau Central	N	Losange AOBC	N	60	330
Cachet Armée d'Orient Quartier General	N	Losange AOQG	N	70	495
Cachet Armée d'Orient 1er corps (ou 2e, 3e)	N	Losange AOIC (2 C ou 3 C)	N	150	2 915
Cachet Armée d'Orient Bureau (A à R)	N	Losange AOA (B à R)	N	60	275
Cachet Kamiesch Armée d'Orient	N	Losange KhAO	N	220	10 500
Cachet Kamiesch Armée d'Orient	N	Losange AOM	N	60	5 000
Cachet Kamiesch Crimée	N	Losange AOM	N	60	6 000
Cachet Armée d'Orient Garde Impériale	N	Losange AOGI	N	135	2 500

EXPEDITION DE SYRIE

Cachet Corps expéditionnaire de Syrie Bureau A.	N	Losange CESA	N	110	1 760
Cachet Corps expéditionnaire de Syrie Bureau A.	N	Losange CESB	R	R	10 000
Cachet Corps expéditionnaire de Syrie Bureau B.	N	Losange CESB	N	R	RR

EXPEDITION DE CHINE

Cachet Corps exp. de Chine Bur. Central	N	Losange CECBC1	N	70	1 000
Cachet Corps exp. de Chine Bur. A, B, C	N	Losange CECA (ou B, C)	N	65	2 000
Cachet Corps exp. de Chine Bur. D	N	Losange CECD	N	155	30 000

CAMPAGNE D'ITALIE

Cachet Armée des Alpes G.Q. Général	N	Losange AAQG	N	125	1 325
Cachet Armée des Alpes Bureau Central	N	Losange AABCal	N	120	1 225
Cachet Armée des Alpes Q.G. 1er à 5e Corps	N	Losange AA 1C (à 5C)	N	165	4 400
Cachet Armée des Alpes Bureau (A à T)	N	Losange AAA (A à T)	N	55	880
Cachet Armée d'Italie G.Q. Général	N	Losange AAQG	N	80	1 100
Cachet Armée d'Italie Bureau Central	N	Losange AABCal195	N	110	1 650
Cachet Armée d'Italie Q.G. 1er à 5e Corps	N	Losange AA 1C (à 5C)	N	165	2 750
Cachet Armée d'Italie Bureau (A à Z)	N	Losange AAA (A à Z)	N	55	385
Cachet Armée d'Italie Bureau (A à Z)	N	Même cachet sur le timbre	N	55	1 100
Cachet Garde Impériale Quartier Général	N	Cachet GIQG	N	135	2 200
Cachet Garde Impériale 1e Don ou 2e Don	N	Cachet GI 1e Don	N	125	1 825
Cachet Garde Impériale 1ere cavalerie	N	Cachet GI 1C	N	125	2 000
Cachet Armée d'Italie Alexandrie	N	Losange ALEX	N	235	3 575
Cachet Armée d'Italie Brescia	N	Losange A BRE	N	245	4 950
Cachet Armée d'Italie Crémone	N	Losange A CRE	N	245	3 850

Cachet sur la lettre	couleur	Cachet sur le timbre	couleur	□	⊠
Cachet Armée d'Italie Milan	N	Losange A MIL	N	235	3 575
Cachet Armée d'Italie Livourne	N	Losange A LIV	N	235	3 575
Cachet Armée de la Poste Civile Sarde NOVI	N	Même cachet sur le timbre	N	440	19 250
....	N	Cachet à date MAGENTA	N	550	33 000
....	N	Cachet linéaire CHIARI	N	440	16 500
Cachet Armée de la Poste Civile Sarde NOVARA	N	Même cachet sur le timbre	N	440	19 250
Cachet Armée de la Poste Civile Sarde SUSA	N	Cachet Sarde SUSA	N	330	5 500
Cachet ALEXANDRIE ETATS SARDES	N	Losange AAZ	N	55	17 000

EXPEDITION DE MEXIQUE

Cachet corps expéd. Mexique Bur. (A à M)	N	Losange CEMA (A à M)	N	45	275
Cachet corps expéd. Mexique Bur. (A à M)	R	Losange CEMA (A à M)	R	145	2 200
Cachet corps expéd. Mexique Bur. (A à M)	N	Même cachet sur le timbre	N	88	1 325
Cachet corps expéd. Vera Cruz	N	Même cachet sur le timbre	N	135	3 500

ÉMISSION « EMPIRE » 1853-62 : TARIF DES LETTRES POUR L'ÉTRANGER ET LES DOM-TOM

De Septembre 1853 à Août 1862 en utilisant uniquement les timbres de l'émission EMPIRE NON DENTELE en port simple.
Les cotes indiquées représentent la plus-value à appliquer aux timbres sur lettres. Exemple: lettres pour les Canaries en 1857; cote du timbre à 80 c. seul sur lettre: 95 € + cote de la lettre pour les Canaries: 1 000 €. Total : 1 095 €.
Pour les lettres composes, prendre la cote du timbre la plus élevée sur lettre + cote du ou des autres timbres détachés + cote de la destination. Ex. Pologne : 1f.10 : 80 c. sur lettre + 20 c. + 10 c. + destination soit 95 € + 2 € + 10 € + 1 000 €. Total : 1 107 €. Le calcul doit bien entendu tenir compte de l'oblitération des timbres (exemple : gros points carrés).
Prévoir aussi une plus-value pour les affranchissements tricolores ou quadricolores (doubles, triples ports...)
Les périodes qui apportent une plus value aux lettres à destination des pays d'outremer vont du 1er août 1849 au 30 juin 1854, avec en particulier pour les valeurs de l'Empire à 25 centimes et 1 franc; puis dans une deuxième mesure, celles qui se situent dans la période du 1er juillet 1854 et 31 décembre 1856, avant l'application du tarif du 1er janvier 1857, suite à la conclusion de la nouvelle convention de poste entre la France et l'Angleterre.

La cote des lettres par bâtiment de commerce est donnée dans le tableau ci-après pour un affranchissement à 60 centimes (de toute la France sauf le port d'embarquement), mais elle s'applique aussi à celles affranchies à 30 centimes (du port d'embarquement). Leurs estimations sont équivalentes.

AÇORES	01/08/49	0c V. Française 850	
	01/08/49	1f50 V. Anglaise 2 000	
	01/01/57	80c V. Anglaise 1 200	
	Mai 1860	60c V. Française 1 000	
ADEN (voir possessions anglaises)			
ANGLO-NORMANDES			
	01/08/49 70c	Voie Française :	
Alderney 1 500		Jersey.....................500	
Guernesey 880			
	01/08/49 80c	Voie Anglaise :	
Alderney 1 500		Jersey.....................400	
Guernsey...................770			
	01/01/57 40c	Paquebot Anglais :	
Alderney 1 250		Jersey.....................450	
Guernsey...................800			
ANNAM	01/01/57	80c Voie de Suez 3 000	
ANTIGUA	01/08/49	60c Paquebot Français 2 000	
	01/08/49	1f50 V. Anglaise 4 000	
	01/01/57	80c V. Anglaise 2 500	
ASCENSION	Tarifs et cotes idem ANTIGUA		
ARGENTINE	01/08/49	60c V. Française 1 000	
	01/08/49	1f50 V. Anglaise 1 200	
	01/01/57	80c V. Anglaise 600	
	01/10/60	80c Paq. Angl. ou Franc 750	
AUSTRALIE	01/01/57	80c V. Anglaise 1 000	
	15/04/59	1f60 V. Anglaise 1 650	
	01/04/62	80c V. Anglaise 1 550	
AUTRICHE	01/07/51	1f V. de Suisse ou Sardaigne .750	
	01/07/51	1f20 V. d'Allemagne 550	
	01/08/56	1f20 Toutes voies 500	
	01/01/58	60c Toutes voies 400	
BADE	01/08/49	30c 1er Rayon 150	
	01/08/49	40c Tout la France 160	
	01/01/57	20c Rayon frontière	
		30km en France 140	
		30c de toute la France 120	

BARBADE	Tarifs et cotes idem ANTIGUA		
BAVIÈRE	01/08/49	50c de toute la France 250	
	01/08/49	Palatinat Bavarois............................200	
	01/07/58	20c Rayon frontière	
		30km en France 175	
		40c de toute la France 150	
BELGIQUE	01/10/49	20c Rayon frontière 125	
		40c de toute la France 150	
BELGRADE	01/08/49	1f20 800	
	01/01/58	60c 600	
BERMUDES	Tarifs et cotes idem ANTIGUA		
BOLIVIE	01/08/49	2f10 ....2 500	
	01/01/57	1f20 ....1 200	
BRÊME	Tarifs et cotes idem BRUNSWICK		
BRÉSIL	01/08/49	60c V. Française 550	
	01/08/49	1f50 V. Anglaise 800	
	01/01/57	80c Paquebot Sarde.........................750	
	01/10/60	80c Paq' Franç. ou V. Angl. 550	
BRUNSWICK	01/08/49	80c V. Tour et Taxis.........................450	
	01/07/53	3ème Rayon de Prusse......................400	
	01/07/58	50c V. Prussienne 275	
	01/04/62	50c V. Tour et Taxis.........................400	
CALIFORNIE	01/09/51	2f50 V. Anglaise 4 500	
	01/09/51	80c V. Angl. Paq' des USA............2 500	
CANADA	01/08/49	1f70 V. Anglaise 2 000	
	01/01/57	80c V. d'Halifax 1 200	
	01/01/57	1f V. des USA 1 300	
CANARIES	01/08/49	60c Paquebot Français 1 200	
	01/08/49	1f50 Paquebot Anglais 2 500	
	01/01/57	80c 1 000	
	01/01/60	40c 600	
CAP VERT	01/08/49	60c Paquebot Français 1 750	
	01/08/49	1f50c Paquebot Français 4 000	
	01/08/49	1f50 ....3 850	
	01/01/57	80c V. d'Angleterre 2 200	
	Mai 60	80c Paquebot Français 3 300	

CEYLAN	01/08/49	1f00 ....**1 300**
	01/01/57	80c **1 500**
	01/07/60	70c **1 600**
CHILI	01/08/49	2f10 V. Angl. et Panama **2 500**
	01/01/57	1f20 ....**900**
CHINE	01/08/49	1f00 Paq. Anglais V.de Suez...........**1 000**
		ou 1f50 ....**1 430**
	01/08/49	1f50 Paquebot Anglais **1 500**
	01/01/57	80c **950**
COLOMBIE	01/08/49	1f50 Côte Atlantique **1 700**
	01/08/49	2f10 Côte Pacifique......................**3 000**
	01/01/57	80c Côte Atlantique.........................**800**
	01/01/57	1f20 Côte Pacifique.........................**750**

(Ce tarif français pour les côtes Pacifiques reste théorique, car les correspondances pour la Colombie, quelque soit leur destination, étaient débarquées sur la côte Atlantique.)

COLOMBIE BRITANNIQUE		Tarifs et cotes idem TERRE NEUVE
COMTE DE NICE		25c tarif frontalier **660**
		50c de toute la France **500**
CUBA	01/08/49	1f50 Paquebot Anglais **2 000**
	01/04/57	1f20 Voie USA **1 000**
Mars à	12/08/62	80c **1 500**
DANEMARK	01/08/49	1f10 V. Tour et Taxis **1 000**
	01/03/54	80c 1er Rayon Danois **450**
	01/03/54	90c 2ème Rayon Danois.....................**700**
	01/04/62	80c 1er Rayon Danois....................**1 100**
	01/04/62	90c 2ème Rayon Danois **1 300**
DEUX SICILES	01/08/49	1f00 V. d'Autriche.........................**1 000**
	01/08/49	1f10 Voie Sarde **1 250**
	01/08/49	1f50 Paquebot Français **1 750**
	01/01/54	1f40 Toutes voies **400**
DOMINIQUE		Tarifs et cotes idem ANTIGUA
EGYPTE	01/01/58	1f00 V. d'Autriche **375**
	01/01/62	50c V. Angl. ou Français **650**
EQUATEUR	01/08/49	2f10 ....**2 500**
	01/01/57	1f20 ....**1 200**
ESPAGNE	01/01/60	40c Toute la France **150**
	01/01/60	20c Rayon frontière.........................**175**
ETATS PONTIFICAUX	01/08/49	1f20 Paquebot Français **400**
	01/10/53 à 01/12/53	1f00 ....**RR**
	03/12/53 à 31/12/53	....**R**
	01/01/54	1f00 ....**300**
ÉTATS SARDES	01/08/49	70c Paquebot Français **350**
	01/07/51	25c Rayon Frontière......................**1 200**
	01/07/51	50c Voie de terre..............................**550**
	01/07/51	50c Voie de Terre.............................**300**
	01/07/51	70c Voie de mer...............................**400**
	01/07/51	25c Rayon frontière..........................**800**
	01/01/61	10c Pour imprimé **400**
	01/01/61	40c Voie de mer................................**300**
ÉTATS-UNIS	01/08/49	60c Voie Française **350**
	01/10/51	60c du Havre **450**
	01/12/51	1f30 Voie Anglaise...........................**750**
	01/01/57	80c Voie Anglaise **700**
	01/01/56	1f30 Paquebot USA **450**
	01/01/57	80c Paquebot Anglaise......................**700**
	01/01/57	50c Voie Anglaise Paq USA **375**
	01/04/57	80c Toutes voies **300**
FEROÉ (ILES)	01/04/62	90c **2 500**
GABON	25/02/61	80c Voie Anglaise **1 350**
	25/02/61	50c Paquebot Français **1 750**
GIBRALTAR	01/08/49	1f50 Voie Anglaise **1 000**
	01/01/57	60c Voie Anglaise **750**
	01/01/60	40c Toutes Voies **500**
	01/01/60	60c Bat. De commerce Fr. **850**
GRANDE BRETAGNE		
	01/08/49	80c **350**
	01/01/55	40c **125**
GRÈCE	01/08/49	1f00 V. d'Autriche **500**
	01/08/49	1f00 Paquebot Français **700**
	01/01/58	1f50 V. d'Autriche **750**
GRENADE (La)		Tarifs et cotes idem ANTIGUA
GROENLAND	01/04/62	90c **2 500**
GUADELOUPE	01/08/49	1f50 Voie Anglaise **1 500**
	01/09/53	1f20 Voie Anglaise **600**
	01/01/57	50c V. Angl. sac clos **550**
	01/01/57	80c id. sac à découvert **700**
	01/07/62	50c V. Prussienne **700**

GUYANE ANGLAISE		
	01/08/49	1f50 ....**4 000**
	01/01/57	80c **1 500**
GUYANE FRAN.		
	01/08/49	1f50 Voie Anglaise **2 000**
	01/01/54	1f20 V. Angl. sac clos **750**
	01/01/57	50c. V. Angl. sac clos **650**
	01/01/57	80c id. sac à découvert **900**
HAMBOURG	01/08/49	60c **300**
	01/04/62	50c **700**
HANOVRE	01/08/49	80c V. Tour et Taxis..........................**400**
	01/07/53	70c 3ème rayon de Prusse **500**
	01/01/62	55c 2ème rayon de Prusse **1 300**
	01/04/62	50c V. Tour et Taxis..........................**750**
	01/04/62	50c V. Prussienne..............................**400**
HAWAÏ	01/04/57	80c **4 500**
HELIGOLAND	01/04/62	90c 2ème rayon Danois **1 500**
HESSE (Grand Duché)		
	01/08/49	50c Voie Tour et Taxis **500**
	01/04/62	40c idem **750**
HONDURAS		Tarifs et cotes idem ANTIGUA
HONG-KONG	01/08/49	1f00 Voie de Suez **1 300**
	01/01/57	80c idem **1 400**
	01/07/60	70c Paquebot français **1 500**
INDES ANGLAISES		
	01/08/49	1f00 Voie de Suez.............................**800**
	01/01/57	80c Idem **800**
	01/07/60	70c Paquebot français **1 000**
INDES FRANÇAISES		
	01/08/49	1f00 Paquebot Français **850**
	01/08/49	1f50 Voie Anglaise **2 000**
	01/09/53	1f50 Voie de Suez **1 500**
	01/01/57	60c Voie Anglaise sac clos **750**
	01/01/57	80c Voie Anglaise sac découvert **600**
IONIENNES (ILES)		
	01/08/49	1f00 jusqu'à 7½ g **900**
	01/01/58	1f00 jusqu'à 10 g **950**
ISLANDE	01/04/62	90c **2 000**
ITALIE	01/10/61	40c Toute la France **100**
	01/10/61	20c Rayon frontière............................**90**
JAMAÏQUE	01/08/49	1f70 ....**1 500**
	01/01/57	80c **750**
LEVANT (B.F.E.)	01/08/49	1f00 Paquebot Français **600**
	01/01/57	50c Paquebot Anglais.......................**400**
LÜBECK		Tarifs et cotes idem BRUNSWICK
LUXEMBOURG	01/03/52	40c Toute la France **350**
	01/03/52	25c Rayon frontière...........................**450**
MADÉRE	01/08/49	60c Paquebot Français **850**
	01/08/49	1f50 V. Anglaise **1 250**
	01/04/56	20c V. Espagne Front. Fr **1 000**
	01/01/57	80c V. Anglaise **1 000**
	Mai 1860	60c Paquebot Français **850**
MALACCA	01/01/57	80c **2 200**
MALAISIE	01/01/57	80c **2 000**
MALTE	01/08/49	80c **500**
	01/01/57	40c **300**
MARIANNES	01/01/57	80c **4 500**
MARQUISES (ILES)		Tarifs et cotes idem TAHITI
MARTINIQUE		Tarifs et cotes idem GUADELOUPE
MAURICE	01/08/49	60c de ports de France **450**
	01/10/51	1f00 Voie de Suez.............................**700**
	01/01/57	80c Voie Anglaise **650**
	01/07/61	70c Voie de Suez **800**
MAYOTTE	01/08/49	1f50 ....**1 000**
	01/01/57	50c V. Anglaise sac clos **750**
	01/01/57	80c V. Anglaise a découvert **800**
MECKLEMBOURG		
	01/08/49	80c V. Tour et Taxis..........................**450**
	01/07/53	70c 3ème Rayon de Prusse **450**
	01/07/58	50c V. de Prusse **300**
	01/04/62	50c V. Tour et Taxis..........................**300**
MEXIQUE	01/08/49	1f50 Voie Anglaise **1 500**
	06/03/51	2f80 V. Angl. et Panama **3 500**
	01/01/57	80c V. Anglaise **500**
	01/04/57	1f20 V. des USA **600**
	Mars 1862	80c Paq. Français ou Anglais **750**

MODÈNE	01/08/49	1f00 Voie d'Autriche	400
	01/08/49	1f10 Voie Sarde	650
	01/03/55	80c. Voie Sarde	500
	01/07/60	50c Voie Sarde	300
MOLDAVIE	01/08/49	1f60	2 000
	01/01/58	1f00	1 000
MONTENEGRO	01/01/58	60c	700
MONTSERRAT	Tarifs et cotes idem ANTIGUA		
NEVIS	Tarifs et cotes idem ANTIGUA		
NORVÈGE	01/08/49	60c V. Tour et Taxis	500
	01/08/56	1f20 V. de Tour et Taxis	800
	01/04/62	1f50	1 200
Nlle. BRUNSWICK	Tarifs et cotes idem TERRE NEUVE		
Nlle. CALEDONIE			
	01/08/49	1f50	800
	01/01/57	80c	700
	01/01/60	50c	500
Nlle. ECOSSE	Tarifs et cotes idem TERRE NEUVE		
Nlle. GALLES du SUD			
	01/01/57	80c	1 500
	01/04/62	70c	2 000
Nlle. ZÉLANDE	Idem Nlle. GALLES du SUD		
OLDENBOURG	01/08/49	80c V. Tour et Taxis	450
	01/07/53	70c 3eme rayon de Prusse	500
	01/07/58	55c 2eme rayon de Prusse	1 000
	01/04/62	50c V. Tour et Taxis	500
OREGON	Tarifs et cotes idem CALIFORNIE		
PARME	Tarifs et cotes idem MODÈNE		
PAYS-BAS	01/04/52	60c	400
PÉROU	01/08/49	60c V Française	1 000
	01/08/49	2f10 V. Anglaise	2 000
	01/01/57	1f20 V. Anglaise	600
POLOGNE	01/08/49	1f30 V. d'Autriche	750
	01/07/53	1f10 V. de Prusse 7 ½ g	850
	01/01/58	1f00 V. d'Autriche	900
	01/07/58	1f10 V. de Prusse 10 g	700
PORTO-RICO	01/08/49	1f50 V. Anglaise	2 500
PORTUGAL	01/08/49	60c V. Française	600
	01/08/49	1f50 V. Anglaise	500
	01/01/57	80c V. Française	350
	Mai 1860	60c	400
POSSESSIONS ANGLAISES d'ASIE			
(Autres que celles désignées et tarifées individuellement)			
	01/08/49	1f00 à partir de	700
	01/01/57	80c à partir de	800
	01/07/60	70c à partir de	1 100
PRINCE EDOUARD	Tarifs et cotes idem TERRE NEUVE		
PRUSSE	01/07/51	25c Rayon Frontière	2 500
	01/07/51	25c Rayon Frontière (après 01/07/54)	350
	01/07/53	45c 1er rayon	2 000
	01/07/53	45c 1er rayon (après 01/07/54)	300
	01/07/53	55c 2eme rayon	2 500
	01/07/53	55c 2eme rayon (après 01/07/54)	450
	01/07/53	70c 3eme rayon	500
	01/07/58	40c 1er rayon	200
	01/07/58	50c 2eme rayon	250
REUNION	01/08/49	1f50 V. Anglaise	2 000
	01/10/51	1f Paquebot anglais	800
	01/01/57	50c Anglais sac clos	600
	01/01/57	80c Angl. à découvert	750
RUSSIE			
Méridionale	01/08/49	1f30 V. d'Autriche	1 000
	01/08/58	1f V. d'Autriche	950
Septentrionale			
	01/07/53	1f10 V. de Prusse 7 ½ g	800
	01/07/58	1f10 V. de Prusse 10 g	700
ROUMANIE	01/07/51	80c	1 200
	01/01/58	1f Voie d'Autriche	1 200
SAINT-MARIN	Tarifs et cotes idem MODÈNE		
ST. PIERRE et M.	01/08/49	1f50 Voie anglaise	2 500
	01/01/54	1f20 V. Anglaise - sac clos	1 500
	01/01/57	50c V. Anglaise - sac clos	1 000
	01/01/57	80c Anglaise - à découvert	1 000

SAINT-THOMAS	Tarifs et cotes idem ANTIGUA		
SAINT-VINCENT	Tarifs et cotes idem ANTIGUA		
SAINTE-LUCIE	Tarifs et cotes idem ANTIGUA		
SAXE	01/08/49	80c V. Tour et Taxis	450
	01/07/53	70c 3eme rayon de Prusse	400
	01/01/57	50c 3eme rayon de Wurtemberg	400
	01/07/58	50c 2eme rayon de Prusse	300
	01/04/62	50c V. de Tour et Taxis	500
SCHLESWIG	01/08/49	1f10 V. Tour et Taxis	850
	01/03/54	90c V. Tour et Taxis	800
SENEGAL	01/08/49	1f50 V. Anglaise - à découvert	2 000
	01/09/53	1f20 V. Anglaise - sac clos	1 000
	01/01/57	50c V. Anglaise - sac clos	800
	01/01/57	80c V. Anglaise - à découvert	750
	25/02/61	50c Paquebot Français	1 000
SERBIE	01/08/58	60c	550
SEYCHELLES	01/10/51	1f00 Voie de Suez	3 000
	01/01/57	80c Voie de Suez	3 500
	01/07/60	70c Voie de Suez	2 500
SIAM	01/01/56	1f50	3 000
	01/01/57	80c	2 500
SIERRA LEONE	01/08/49	1f50 V. Anglaise	3 000
	01/01/57	80c V. Anglaise	1 500
SINGAPOUR	01/08/49	1f00 Voie de Suez	1 500
	01/01/57	80c Voie de Suez	1 500
	01/07/60	70c Voie de Suez	1 750
SOCIÉTÉ (ILES)	Tarifs et cotes idem TAHITI		
SUÈDE	01/08/49	60c V. Tour et Taxis	450
	01/07/53	1f30 V. de Prusse	700
	01/02/55	1f00 V Suédoise	500
	01/07/58	1f40 V. de Prusse	600
SUISSE	01/07/50	40c Toute la France	90
	01/07/50	20c Rayon Frontière	100
TASMANIE	01/01/57	80c V. de Suez ou Panama	2 000
	15/04/59	1f60	2 300
	01/04/62	80c	2 500
TAHITI	01/08/49	2f10 P. Anglais voie de Panama	5 000
	01/08/49 ?	80c P. Anglais voie de Panama	4 000
TOBAGO	Tarifs et cotes idem ANTIGUA		
TERRE NEUVE	01/08/49	1f70 Paquebot Anglais	2 000
	01/01/57	80c P. Anglais V. de Halifax	1 600
	01/01/57	1f00 V des USA	1 750
TOSCANE	01/07/51	90c V. Sarde	750
	01/10/51	60c Toutes voies	300
	01/07/60	50c V. de terre	350
	01/07/60	60c V. de mer	400
TRINITÉ	Tarifs et cotes idem ANTIGUA		
TURQUES (Iles)	Tarifs et cotes idem ANTIGUA		
TURQUIE D'EUROPE			
	01/08/49	1f80 V. d'Autriche	1 200
	01/08/49	1f00 Paquebot Français	600
	01/01/57	50c Paq. Français ou Anglais	400
	01/01/58	1f00 Par Poste Autriche	700
	01/01/58	60c	450
URUGUAY	01/08/49	60c V. Française	1 200
	01/08/49	1f50 V. Anglaise	1 800
	01/01/57	80c Paquebot Sarde	1 500
	01/01/57	80c Paquebot Anglais	800
	01/10/60	80c Paquebot Français ou Anglais	800
VANCOUVER	Tarifs et cotes idem TERRE NEUVE +100%		
VALACHIE	Tarifs et cotes idem MOLDAVIE		
VÉNÉZUELA	01/08/49	60c V. Française	1 500
	01/08/49	1f50 V. Anglaise	1 500
	01/01/57	80c V. Anglaise	700
VICTORIA	Tarifs et cotes idem TASMANIE		
VIERGES (Iles)	Tarifs et cotes idem ANTIGUA		
WURTEMBERG	01/08/49	50c Voie Tour et Taxis	300
	01/01/57	20c 1er rayon de W depuis Rayon frontière France	400
		30c id 2eme rayon de W.	350
		40c id 3eme rayon de W.	250
	01/01/57	30c 1er rayon de W. de France	200
		40c 2eme rayon de W. de France	175
		50c 3eme rayon de W. de France	200

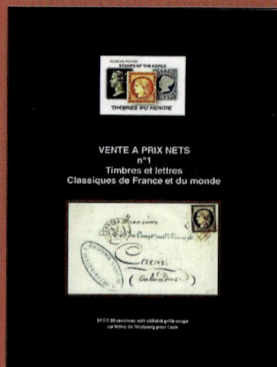

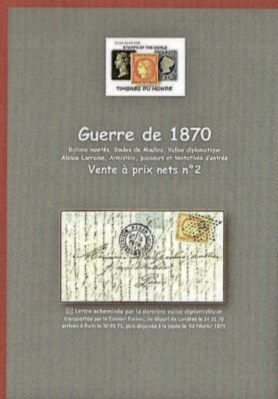

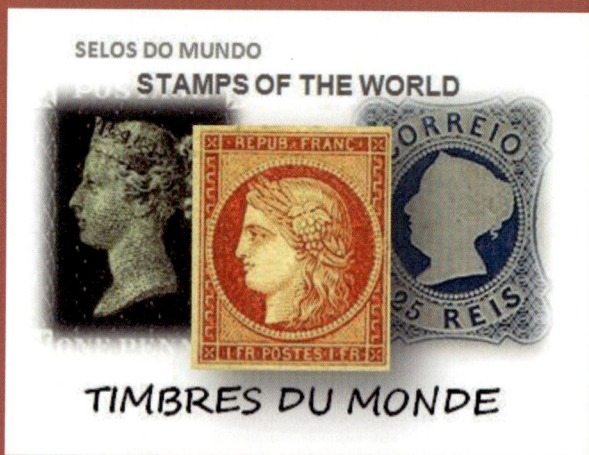

EMPIRE DENTELÉ

1 c. vert olive

Type: NAPOLÉON III
Légende: EMPIRE FRANC
Type d'impression: TYPOGRAPHIQUE

Date de création: 13 DÉCEMBRE 1861
Date de fabrication: 22 AOÛT 1862
Date d'émission: SEPTEMBRE 1862

	Neuf ☆	Neuf s/g (☆)	Obl. ☉	Seul s.✉
19 1c vert olive	**200**	**80**	**45**	**160**
a - vert-olive foncé	250	110	55	185
b - vert bronze	210	90	50	170
c - mordoré (1865)	425	135		
d - "C" de "Franc" plus grand	2 000	600	1 500	2 350
da - idem tenant à normal	3 000	850	1 850	

	⊞ Neuf ☆	Obl. ☉	Seule s.✉	⊞⊞⊞ Neuf ☆	Obl. ☉	Seule s.✉	⊞⊞⊞⊞ Neuf ☆	Obl. ☉	Seule s.✉	⊞ Neuf ☆	Obl. ☉	Seul s.✉
19 1c vert olive	**450**	**100**	**500**	**675**	**160**	**650**	**900**	**260**	**900**	**950**	**500**	**850**
b - vert bronze	475	110	550	735	185	710	1 000	290	1 000	1 100	675	950

EMPIRE DENTELÉ

5 c. vert

Type: NAPOLÉON III
Légende: EMPIRE FRANC
Type d'impression: TYPOGRAPHIQUE

Date de création: 13 DÉCEMBRE 1861
Date de fabrication: 22 AOÛT 1862
Date d'émission: SEPTEMBRE 1862

	Neuf ☆	Neuf s/g (☆)	Obl. ⊙	Seul s.✉
20 5c vert	**300**	**110**	**12**	**75**
a - vert pâle	300	110	12	75
b - vert-jaune sur verdâtre	450	60	20	80
c - vert foncé	375	130	17	85

	▯▯			▯▯▯			▯▯▯▯			⊞		
	Neuf ☆	Obl. ⊙	Seule s.✉	Neuf ☆	Obl. ⊙	Seule s.✉	Neuf ☆	Obl. ⊙	Seule s.✉	Neuf ☆	Obl. ⊙	Seul s.✉
20 5c vert	**650**	**28**	**45**	**975**	**48**	**70**	**1 300**	**110**	**165**	**1 600**	**300**	**475**
c - vert foncé	800	37	60	1 200	64	93	1 600	145	220	1 900	400	630

EMPIRE DENTELÉ

10 c. bistre

Type: NAPOLÉON III
Légende: EMPIRE FRANC
Type d'impression: TYPOGRAPHIQUE

Date de création: 13 DÉCEMBRE 1861
Date de fabrication: 22 AOÛT 1862
Date d'émission: AOÛT 1862

	Neuf ☆	Neuf s/g (☆)	Obl. ⊙	Seul s.⊠
21 10c bistre	**2 000**	**500**	**5**	**7**
a - bistre-jaune	2 000	500	5	7
b - bistre-brun	2 600	700	12	18
c - bistre-gris pâle	2 000	500	6	9

	▢▢			▢▢▢			▢▢▢▢			⊞		
	Neuf ☆	Obl. ⊙	Seule s.⊠	Neuf ☆	Obl. ⊙	Seule s.⊠	Neuf ☆	Obl. ⊙	Seule s.⊠	Neuf ☆	Obl. ⊙	Seul s.⊠
21 10c bistre	**4 250**	**12**	**14**	**6 350**	**30**	**40**	**8 500**	**65**	**85**	**9 500**	**185**	**375**
b - bistre-brun	5 350	25	40	8 000	60	80	10 700	130	170	12 500	365	800

EMPIRE DENTELÉ

20 c. bleu

Type: NAPOLÉON III
Légende: EMPIRE FRANC
Type d'impression: TYPOGRAPHIQUE

Date de création: 13 DÉCEMBRE 1861
Date de fabrication: 22 AOÛT 1862
Date d'émission: AOÛT 1862

	Neuf ☆	Neuf s/g (☆)	Obl. ☉	Seul s.✉
22 20c bleu	**350**	**100**	**1**	**2**
b - bleu ciel	400	135	2	2
c - bleu foncé	450	150	1	2

	☐☐ Neuf ☆	Obl. ☉	Seule s.✉	☐☐☐ Neuf ☆	Obl. ☉	Seule s.✉	☐☐☐☐ Neuf ☆	Obl. ☉	Seule s.✉	⊞ Neuf ☆	Obl. ☉	Seul s.✉
22 20c bleu	750	4	6	1 150	7	12	1 600	18	30	1 600	100	175
c - bleu foncé	950	6	8	1 450	10	17	1 950	25	42	2 000	140	245

EMPIRE DENTELÉ

40 c. orange

Type: NAPOLÉON III
Légende: EMPIRE FRANC
Type d'impression: TYPOGRAPHIQUE

Date de création: 13 DÉCEMBRE 1861
Date de fabrication: 22 AOÛT 1862
Date d'émission: SEPTEMBRE 1862

	Neuf ☆	Neuf s/g (☆)	Obl. ⊙	Seul s.⊠
23 40c orange	**2 250**	**550**	**10**	**14**
a - jaune-orange	2 350	575	11	15
b - orange clair	2 250	550	10	14
c - orange vif	2 700*	800	13	18

*Prix atteint chez Roumet en Jan 2017: 3 239

	▭▭ Neuf ☆	Obl. ⊙	Seule s.⊠	▭▭▭ Neuf ☆	Obl. ⊙	Seule s.⊠	▭▭▭▭ Neuf ☆	Obl. ⊙	Seule s.⊠	⊞ Neuf ☆	Obl. ⊙	Seul s.⊠
23 40c orange	**4 750**	**25**	**35**	**7 250**	**45**	**75**	**10 000**	**80**	**125**	**11 000**	**350**	**650**
c - orange vif	5 600	38	50	8 500	65	110	12 000	120	190	13 500	600	1 000

EMPIRE DENTELÉ

80 c. rose

Type: NAPOLÉON III
Légende: EMPIRE FRANC
Type d'impression: TYPOGRAPHIQUE

Date de création: 13 DÉCEMBRE 1861
Date de fabrication: 22 AOÛT 1862
Date d'émission: SEPTEMBRE 1862

	Neuf ☆	Neuf s/g (☆)	Obl. ⊙	Seul s.✉
24 80c rose	**2 000**	**550**	**45**	**80**
a - rose pâle	2 000	550	55	105
b - rose foncé	2 300	650	50	100
c - rose carminé	2 500	800	90	130

	▢▢			▢▢▢			▢▢▢▢			⊞		
	Neuf ☆	Obl. ⊙	Seule s.✉	Neuf ☆	Obl. ⊙	Seule s.✉	Neuf ☆	Obl. ⊙	Seule s.✉	Neuf ☆	Obl. ⊙	Seul s.✉
24 80c rose	4 250	115	175	6 500	220	300	8 750	440	600	9 000	525	850
b - rose foncé	4 900	140	210	7 500	280	380	10 500	550	730	11 500	645	1 050

TÊTE-BÊCHE

	☆	◉	✉		☆	◉	✉
T22 - 20c bleu	5 300	1 500	3 000	T24 - 80c rose	26 000	12 000	30 000
T22a - 20c bleu terne	5 350	1 500	3 000	T24a - 80c rose pâle	26 000	14 000	35 000
T22b - 20c bleu foncé	5 850	1 500	3 000	T24b - 80c rose-rouge	35 000	16 000	40 000
T22c - 20c bleu ciel	5 600	1 600	3 250	T24c - 80c rose foncé	30 000	13 000	34 250
T22d - 20c bleu-gris	5 300	1 500	3 000	T24d - 80c rose terne	26 000	12 000	30 250
T22e - 20c bleu ciel vif	6 000	1 500	3 000				
T22f - 20c bleu sur azuré	6 500	1 650	3 250				

TIMBRES COUPÉS SUR LETTRE

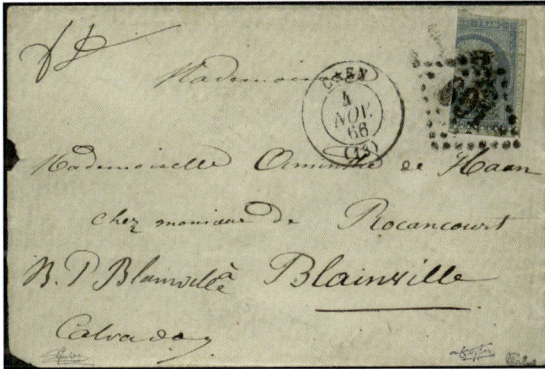

22 20c bleu (une lettre connue)   **300 000**

OBLITÉRATIONS

		étoile rouge		étoile		cachet à date Type 15		cachet à date des imprimés	
		□	✉	□	✉	□	✉	□	✉
19	1 c.	» »	» »	65	185,5	45	150	65	475
20	5 c.	135	4 450	12	44	12	42	30	225
21	10 c.	120	3 750	5	8	5	9	60	495
22	20 c.	85	2 000	2	3	3	10	55	475
23	40 c.	150	2 650	10	13,5	10	32	75	605
24	80 c.	215	3 675	45	75	50	130	135	1 375

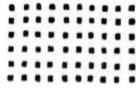

		gros points		petits chiffres des gros chiffres		gros chiffres		cachet à date Type 22 ou 24	
		□	⊠	□	⊠	□	⊠	□	⊠
19	1 c.	160	» »	60	285	55	155	75	630
20	5 c.	200	1 675	20	70	14	31	50	365
21	10 c.	85	1 450	6	9	7	33	20	105
22	20 c.	55	630	3	16	2	3	12	70
23	40 c.	64	800	10	33	10	14	40	270
24	80 c.	150	1 500	50	135	50	80	140	630

		pointillés		cachet de boîte rurale		cachet E.U.		cachet à date noir des imprimés	
19	1 c.	105	» »	105	1 600	» »	» »	100	950
20	5 c.	95	» »	80	840	100	1 900	35	315
21	10 c.	25	110	45	475	45	900	85	800
22	20 c.	20	100			40	900	130	1 950
23	40 c.	28	125			63	1 350		
24	80 c.	80	290			120	2 500		

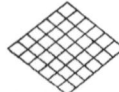

		cachet à date Versailles Assemblée Nationale		grille		cachet à date de bureau de passe		OR	
		□	⊠	□	⊠	□	⊠	□	⊠
19	1 c.	» »	» »			135	2 350	135	1 800
20	5 c.	210	1 900			95	675	80	850
21	10 c.	135	1 250	50	750	50	350 x	40	375
22	20 c.	90	1 200	45	525	30	135 x	50	700
23	40 c.	210	1 700	105	1 400	55	420 x		
24	80 c.	» »	» »	150	1 800	105	1 450		

		cachet anglais		cachet espagnol		ancre bleue		ancre noir	
		□	⊠	□	⊠	□	⊠	□	⊠
19	1 c.	» »	» »	» »	» »	» »	» »	210	800 x
20	5 c.	75	1 575	385	4 200	160	1 525 x	185	650 x
21	10 c.	50	1 250	85	840	27	75 x	27	65 x
22	20 c.	120	1 500	50	375	27	90 x	27	75 x
23	40 c.	130	1 650	60	420	22	75 x	22	45 x
24	80 c.	200	2 000	115	575	65	250 x	60	230 x

x à partir de

Toutes les cotes des oblitérations ci-dessous se rapportent exclusivement au timbre 20 c. bleu No 22 (sauf indication contraire).

Pour les autres valeurs de la même émission, il y a toujours une plus-value (No **19** à **24**).

Cachet sur la lettre	couleur	Cachet sur le timbre	couleur	☐	✉
BUREAUX SPECIAUX					
Bureau du Palais de St-Cloud	R	Losange PSC	R	200	5 250
Bureau du Palais de Biarritz	R	Etoile	R		12 600
Bureau du Palais de Fontainebleau	R	Etoile	R		6 500
Bureau du Palais de Compiègne	R	Etoile	R		6 500
Plombières (82)	R	Etoile	R		14 750
CACHETS DE CAMPS					
Camp de Châlons, Quartier Impérial	R	Losange C Ch Q.I.	R	185	3 750
Camp de Châlons, Quartier Impérial	R	Etole	R		6 000
OCCUPATION DE ROME					
Corps expéditionnaire d'Italie 1er ou 2e Division	N	Grille	N		600
Corps expéditionnaire d'Italie Quartier Général	N	Grille	N		600
Corps expéditionnaire d'Italie 2e Division	N	Grille	N		900
Corps expéditionnaire d'Italie 2e Division	N	Répété sur le timbre	N	70	2 000
Corps expéditionnaire d'Italie 2e Division	R	Répété sur le timbre	R	100	3 000
Brigade française Italie	N	Grille	N		900
Brigade française Italie	N	Brigade française Italie	N	135	2 000
Corps expéditionnaire d'Italie Rome	N	Losange CER 2	N	100	950
Corps expéditionnaire d'Italie Rome	R	Losange CER 2	R	135	1 600
Corps expéditionnaire 2 Rome 2	N	Losange CER	N	135	1 000
Corps expéditionnaire 2 Rome 2	R	Losange CER	R	150	3 300
Corps expéditionnaire 2 Rome 2	N	Losange CER 2	N	100	1 000
Corps expéditionnaire 2 Rome 2	R	Losange CER 2	R	135	3 000
Corps expéditionnaire 1 Rome 1	N	Losange CER 1	N	450	R R
EXPÉDITION DU MEXIQUE					
Corps exp. du Mexique bureau A à N	N	Losange CEM (A à N)	N	60	300
Corps exp. du Mexique bureau A à N	R	Losange CEM (A à N)	R	60	1 300
Corps exp. du Mexique bureau A à N	N	Répété sur le timbre	N	90	850
Corps exp. du Mexique bureau A ou L	N	Cachet en S manuel	N	115	16 500
Corps exp. Vera Cruz	N	Répété sur le timbre	N	160	3 300
Corps exp. Vera Cruz	N	Losange CEMC	N	60	1 800
Corps exp. du Mexique V. FRANÇ	N	Répété sur le timbre	N	60	1 700
Corps exp. du Mexique V. FRANÇ	R	Répété sur le timbre	R	135	3 500
Corps exp. du Mexique V. ANGL.	N	Répété sur le timbre	N	60	2 500
Corps exp. du Mexique V. ANGL.	R	Répété sur le timbre	R	135	3 000
Corps exp. du Mexique V. ANGL.	R	Corps Exp. Vera Cruz	N	160	5 000
....		Franquéado Vera Cruz	N	250	6 000
OBLITÉRATIONS DIVERSES					
Bain de Bretagne, c. 15, 1867	N	Grille	N	-	
....		PP dans un rectangle	N	75	1 375
....		PP dans un rectangle	R	80	1 650
....		PD dans un rectangle	N	80	1 650
....		PD dans un rectangle	R	110	2 200
OBLITÉRATIONS ÉTRANGÈRES					
Cachet rond ADMON DE CAMBIO BARCELONA	N ou B	Répété sur le timbre	N ou B	60	350 x
....		FRANCIA VIA DI MARE	N	40	500
....		FRANCIA VIA DI MARE	R	45	850
....		VIA DI MARE (petit)	N	140	2 750
....		VIA DI MARE (grand)	N	100	1 750
....		Cachet à la date italien	N	125	1 650 x
....		GC italien (rect. de pts)	N	70	1 100 x
....		Grille des Etats Pontificaux	N	75	1 375
....		Barres de Livorne	N	110	2 475

EMPIRE DENTELÉ

1 c. vert bronze

Type: NAPOLÉON III LAURÉ
Légende: EMPIRE FRANÇAIS
Type d'impression: TYPOGRAPHIQUE

Date de création: 7 JUIN 1861
Date de fabrication:
Date d'émission: MAI 1870

	Neuf ☆	Neuf s/g (☆)	Obl. ⊙	Seul s.⊠
25 1c vert bronze	**60**	**25**	**25**	**100**
a - vert olive	65	30	25	100
b - à la cigarette (novembre 1871)	3 400	1 600	1 250	2 400
ba - ídem tenant à normal	4 200	2 000	1 700	
c - réimpression Granet, vert-bronze (1887)		1 350		
d - émission rothschild	1 700	700		

	⊞⊞			⊞⊞⊞			⊞⊞⊞⊞			⊞		
	Neuf ☆	Obl. ⊙	Seule s.⊠	Neuf ☆	Obl. ⊙	Seule s.⊠	Neuf ☆	Obl. ⊙	Seule s.⊠	Neuf ☆	Obl. ⊙	Seul s.⊠
25 1c vert bronze	150	55	120	210	85	200	270	115	285	265	210	325
a - vert olive	165	60	130	230	95	220	300	135	315	295	230	350

EMPIRE DENTELÉ

2 c. rouge brun

Type: NAPOLÉON III LAURÉ
Légende: EMPIRE FRANÇAIS
Type d'impression: TYPOGRAPHIQUE

Date de création: 7 JUIN 1861
Date de fabrication:
Date d'émission: DÉCEMBRE 1862

Type I

Type II

	Neuf ☆	Neuf s/g (☆)	Obl. ⊙	Seul s.✉
26 I 2c rouge-brun, type I	**165**	**75**	**40**	**140**
a - rouge-brun foncé	175	80	45	95
b - chocolat	220	85	50	100
c - boule blanche sous le cou	2 400	1 200	1 500	3 500
d - idem tenant à normal	3 750	1 850	2 350	
e - émission rothschild	320	115		
26 II 2c rouge-brun, type II	**180**	**85**	**50**	**95**
a - rouge-brun clair	180	85	50	95
b - rouge-brun foncé	200	100	55	100
c - non dentelé accidentel	550	250	550	

	⬚⬚			⬚⬚⬚			⬚⬚⬚⬚			⊞		
	Neuf ☆	Obl. ⊙	Seule s.✉	Neuf ☆	Obl. ⊙	Seule s.✉	Neuf ☆	Obl. ⊙	Seule s.✉	Neuf ☆	Obl. ⊙	Seul s.✉
26 I 2c rouge-brun, type I	415	85	175	580	130	225	745	175	300	800	450	640
26 II 2c rouge-brun, type II	450	110	200	630	165	250	810	225	350	950	550	750

EMPIRE DENTELÉ

4 c. gris

Type: NAPOLÉON III LAURÉ
Légende: EMPIRE FRANC
Type d'impression: TYPOGRAPHIQUE

Date de création: 7 JUIN 1861
Date de fabrication:
Date d'émission: AOÛT 1863

Type I

Type II

	Neuf ☆	Neuf s/g (☆)	Obl. ⊙	Seul s.⊠
27 I 4c gris, type I	**340**	**150**	**70**	**425**
a - gris-lilas pâle	75	60	5	475
b - gris-lilas foncé	465	185	110	500
27 II 4c gris, type II	**265**	**85**	**55**	**400**
a - gris jaunâtre	275	85	60	400
b - gris pâle	330	125	75	450
c - gris foncé	440	200	100	500
d - émission rothschild	300	90		

	⊓⊓ Neuf ☆	Obl. ⊙	Seule s.⊠	⊓⊓⊓ Neuf ☆	Obl. ⊙	Seule s.⊠	⊓⊓⊓⊓ Neuf ☆	Obl. ⊙	Seule s.⊠	⊞ Neuf ☆	Obl. ⊙	Seul s.⊠
27 I 4c gris, type I	850	155	250	1 190	375	525	1 530	365	550	1 600	900	1 500
b - gris-lilas foncé	1 165	210	345	1 630	515	720	2 100	500	750	2 150	1 230	2 050
27 II 4c gris, type II	665	125	225	930	180	325	1 195	280	500	1 250	800	1 300
c - gris foncé	1 100	210	375	1 545	300	540	2 000	465	900	2 000	1 400	2 200

EMPIRE DENTELÉ

10 c. bistre

Type: NAPOLÉON III LAURÉ
Légende: EMPIRE FRANC
Type d'impression: TYPOGRAPHIQUE

Date de création: 25 JANVIER 1865
Date de fabrication:
Date d'émission: OCTOBRE 1867

Type I

Petits points

Type II

Gros points

	Neuf ☆	Neuf s/g (☆)	Obl. ☉	Seul s.✉
28 I 10c bistre, type I	**650**	**200**	**10**	**13**
a - bistre-brun	700	245	14	18
b - émission rothschild	250	90		
28 II 10c bistre, type II	**340**	**100**	**7**	**10**
a - bistre clair	340	100	7	10
b - bistre foncé	440	155	9	12

	Neuf ☆	Obl. ☉	Seule s.✉	Neuf ☆	Obl. ☉	Seule s.✉	Neuf ☆	Obl. ☉	Seule s.✉	Neuf ☆	Obl. ☉	Seul s.✉
28 I 10c bistre, type I	**1 625**	**23**	**25**	**2 275**	**35**	**45**	**2 925**	**50**	**80**	**3 000**	**140**	**215**
a - bistre-brun	1 790	25	28	2 500	40	50	3 250	55	90	3 300	155	235
28 II 10c bistre, type II	**850**	**16**	**18**	**1 190**	**25**	**35**	**1 530**	**44**	**60**	**1 600**	**105**	**180**
b - bistre foncé	1 050	20	22	1 465	31	43	1 880	54	75	1 950	130	220

EMPIRE DENTELÉ

20 c. bleu

Type: NAPOLÉON III LAURÉ
Légende: EMPIRE FRANÇAIS
Type d'impression: TYPOGRAPHIQUE

Date de création: 25 JANVIER 1865
Date de fabrication:
Date d'émission: AVRIL 1867

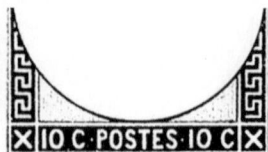

Type I

Petits points

Type II

Gros points

	Neuf ☆	Neuf s/g (☆)	Obl. ⊙	Seul s.⊠
29 I 20c bleu, type I	**400**	**200**	**2**	**3**
a - bleu pâle	425	215	3	5
b - bleu foncé	450	225	3	5
c - "ab see" au verso			115	500
d - émission rothschild	400	165		
29 II 20c bleu, type II	**280**	**90**	**2**	**3**
a - bleu pâle	330	110	3	5
b - bleu foncé	400	125	3	5
c - anneau-lune	375	115	50	
d - à la corne	2 200	800	115	150
e - aux abeilles	3 800	1 900	265	400
f - à la pipe (complète)	5 000	2 000	1 500	3 000
g - non dentelé Lebaudy, bleu laiteux	2 800	1 250	4 200	26 000
h - "Ld see" au verso			150	600

	Neuf ☆	⊡ Obl. ⊙	Seule s.⊠	Neuf ☆	⊡⊡ Obl. ⊙	Seule s.⊠	Neuf ☆	⊡⊡⊡ Obl. ⊙	Seule s.⊠	Neuf ☆	⊞ Obl. ⊙	Seul s.⊠
29 I 20c bleu, type I	1 000	5	6	1 400	10	15	1 800	23	35	1 900	85	130
29 II 20c bleu, type II	700	4	6	1 200	10	15	1 260	23	30	1 350	75	130
b - bleu foncé	790	5	7	1 350	11	17	1 425	26	35	1 500	85	145

EMPIRE DENTELÉ

30 c. brun

Type: NAPOLÉON III LAURÉ
Légende: EMPIRE FRANÇAIS
Type d'impression: TYPOGRAPHIQUE

Date de création: 31 MARS 1866
Date de fabrication:
Date d'émission: JANVIER 1867

	Neuf ☆	Neuf s/g (☆)	Obl. ⊙	Seul s.✉
30 30c brun	**1 000**	**300**	**20**	**30**
a - brun pâle	1 100	375	30	45
b - brun clair	1 000	300	20	30
c - brun-foncé	1 600	600	45	70
d - gris-brun	1 200	400	40	55
e - fond ligné	1 650	400	45	70
f - émission rothschild	300	100		
g - "Lafontaine" au verso			50	150

	⊓⊓ Neuf ☆	Obl. ⊙	Seule s.✉	⊓⊓⊓ Neuf ☆	Obl. ⊙	Seule s.✉	⊓⊓⊓⊓ Neuf ☆	Obl. ⊙	Seule s.✉	⊞ Neuf ☆	Obl. ⊙	Seul s.✉
30 30c brun	**2 500**	**48**	**100**	**3 500**	**90**	**165**	**4 500**	**160**	**225**	**4 600**	**430**	**775**
c - brun-foncé	3 625	80	166	5 800	150	275	7 500	260	375	7 700	715	1 285

EMPIRE DENTELÉ

40 c. orange

Type: NAPOLÉON III LAURÉ
Légende: EMPIRE FRANÇAIS
Type d'impression: TYPOGRAPHIQUE

Date de création: 25 JANVIER 1865
Date de fabrication:
Date d'émission: JUILLET 1868

	Neuf ☆	Neuf s/g (☆)	Obl. ⊙	Seul s.⊠
31 40c orange	**1 500**	**300**	**12**	**16**
b - orange clair	1 500	300	12	16
a - orange vif	1 750	400	7	30
d - émission rothschild	350	125		
e - "ab see" au verso			250	1 000

	⊓⊓			⊓⊓⊓			⊓⊓⊓⊓			⊞		
	Neuf ☆	Obl. ⊙	Seule s.⊠	Neuf ☆	Obl. ⊙	Seule s.⊠	Neuf ☆	Obl. ⊙	Seule s.⊠	Neuf ☆	Obl. ⊙	Seul s.⊠
31 40c orange	**3 250**	**27**	**50**	**5 000**	**65**	**90**	**7 000**	**130**	**185**	**7 000**	**510**	**875**
a - orange vif	3 750	37	70	5 750	100	115	8 000	170		8 000	600	1 000

EMPIRE DENTELÉ

80 c. rose

Type: NAPOLÉON III LAURÉ
Légende: EMPIRE FRANÇAIS
Type d'impression: TYPOGRAPHIQUE

Date de création: 25 JANVIER 1865
Date de fabrication:
Date d'émission: DÉCEMBRE 1867

	Neuf ☆	Neuf s/g (☆)	Obl. ☉	Seul s.✉
32 80c rose	**1 600**	**360**	**30**	**45**
a - rose clair	1 600	360	30	45
b - rose vif	1 800	500	35	50
c - rose carminé	2 000	650	45	65
e - émission rothschild (nd), rose	650	250		
f - "ab see" au verso			250	
g - "Langer" au verso	1 550	450	250	1 000

	☐☐ Neuf ☆	☐☐ Obl. ☉	☐☐ Seule s.✉	☐☐☐ Neuf ☆	☐☐☐ Obl. ☉	☐☐☐ Seule s.✉	☐☐☐☐ Neuf ☆	☐☐☐☐ Obl. ☉	☐☐☐☐ Seule s.✉	⊞ Neuf ☆	⊞ Obl. ☉	⊞ Seul s.✉
32 80c rose	3 600	70	120	5 200	115	160	7 000	185	240	7 000	345	640
b - rose vif	3 900	100	175	5 750	150	200	7 750	250	325	7 750	475	800

EMPIRE DENTELÉ

5 f. gris violet

Type: NAPOLÉON III LAURÉ
Légende: EMPIRE FRANÇAIS
Type d'impression: TYPOGRAPHIQUE

Date de création: 31 MARS 1866
Date de fabrication: JUILLET 1869
Date d'émission: NOVEMBRE 1869

	Neuf ☆	Neuf s/g (☆)	Obl. ⊙	Seul s.✉
33 5f gris-violet	**8 000***	**2 800**	**1 000**	**28 500**
a - gris-bleu	8 400	2 800	1 000	28 500
b - gris-bleu sur rosé	8 000	2 800	1 200	29 000
c - burelage doublé	14 000	3 250	1 700	
d - "5F" en bleu	11 000	3 200	1 300	30 000
e - "5F" en noir	12 500	3 750	4 750	
f - "5F" plus grand (4,3mm)			2 250	
g - "5F" absent connu à 8 exemplaires, présentant tous des défauts ou des restaurations RR				

*Prix atteint chez Roumet en Sept 2016: 6 943

h - 1/2 timbre au verso d'un 2c brun   80 000

	⬛⬛			⬛⬛⬛			⬛⬛⬛⬛			⊞		
	Neuf ☆	Obl. ⊙	Seule s.✉	Neuf ☆	Obl. ⊙	Seule s.✉	Neuf ☆	Obl. ⊙	Seule s.✉	Neuf ☆	Obl. ⊙	Seul s.✉
33 5f gris-violet	20 000	2 400	3 500	28 000	4 500	6 250	36 000	6 500	8 500	37 000	11 000	17 500

EMPIRE DENTELÉ

10 c. sur 10 c. bistre non émis

Le changement de tarif du 1 Septembre 1871 avait porté de 5 à 10 c. l'affranchis-sement des cartes du Nouvel An. Comme la pénurie de timbres était grande, on songea à utilser le stock restant du 10c. Pour éviter la confusion avec le 15c. (n° 59) on apposa la surchage 10 en bleu. Il ne fut jamais mis officiellement en cours.

	Neuf ☆	Neuf s/g (☆)	Obl. ⊙	Seul s.✉
34 10c sur 10c bistre	**2 500**	**1 200**		
a - surcharge bleu pâle	2 700	1 300		

	Neuf ☆	Obl. ⊙	Seule s.✉	Neuf ☆	Obl. ⊙	Seule s.✉	Neuf ☆	Obl. ⊙	Seule s.✉	Neuf ☆	Obl. ⊙	Seul s.✉
34 10c sur 10c	6 250			8 750			11 250			12 500		

EMPIRE DENTELÉ

5 c. vert pâle sur bleu

Type: NAPOLÉON III
Légende: EMPIRE FRANC
Type d'impression: TYPOGRAPHIQUE

Date de création:
Date de fabrication:
Date d'émission: NOVEMBRE 1871

	Neuf ☆	Neuf s/g (☆)	Obl. ⊙	Seul s.✉
35 5c vert pâle sur bleu	**3 800**	**750**	**175**	**500**

	Neuf ☆	Obl. ⊙	Seule s.✉	Neuf ☆	Obl. ⊙	Seule s.✉	Neuf ☆	Obl. ⊙	Seule s.✉	Neuf ☆	Obl. ⊙	Seul s.✉
35 5c	8 000	350	500	12 000	500	650	16 000	750	900	20 000	1 300	2 200

TIMBRES COUPÉS SUR LETTRE

26 I   2c rouge-brun clair, type I **55 000**
27   4c gris coupé en ½ **80 000**
27 II   4c gris coupé en ¼ (14 janvier 1871) (oblitéré typo sur bulletin de la guerre) **135 000**
28   10c bistre seul sur lettre **35 000**
28   10c bistre en complément d'affranchissement sur lettre **6 000**
29   20c bleu seul sur lettre **100 000**
31   40c orange coupé en ½ **55 000**
31   40c orange coupé en ¼ sur lettre de Grandvilliers (15 janvier 1871) **200 000**
32   80c rose coupé en ½ **70 000**
32   80c rose coupé en ¼ **75 000**

TÊTE-BÊCHE

	☆	☉	✉		☆	☉	✉
T27 II - 4c gris	27 500	17 000	47 500	T27 IIc - 4c gris terne	27 500	17 000	47 500
T27 IIa - 4c gris foncé	35 000	20 000	52 500	T27 IId - 4c gris jaunâtre	28 000	17 500	47 500
T27 IIb - 4c gris pâle	29 000	18 500	50 000	T27 IIe - 4c gris mordoré		25 000	

OBLITÉRATIONS

étoile

cachet à date rouge
des imprimés

cachet à date noir
des imprimés

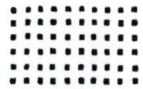
gros points

		□	✉	□	✉	□	✉	□	✉
25	1 c.	30	88	40	900	40	300		
26	2 c.	35	95	55	880	50	600	125	
27	4 c. (II)	55	110	100	935	100	1 100	140	770
28	10 c. (II)	7	10	55	935	65	880	85	715
29	20 c. (II)	2	4	55	910	100	1 100	85	495
30	30 c.	20	28	95	990	110	1 485	85	600
31	40 c.	12	19	100	1 100	110	1 210	90	600
32	80 c.	30	50	115	1 650	130	1 650	90	600
33	5f.	975	1 650	2 500	8 800	» »	» »	1 500	» »

petit chiffres
des gros chiffres

cachet à date
Type 15 ou 17

cachet à date
Type 22 ou 24

OR

		□	✉	□	✉	□	✉	□	✉
25	1 c.	45	160	25	25	35	220	85	700
26	2 c.	50	165	30	60	45	220	90	600
27	4 c. (II)	70	275	55	110	70	300	125	660
28	10 c. (II)	9	17	8	11	10	110	45	330
29	20 c. (II)	6	11	5	8	12	65	70	550
30	30 c.	30	72	24	93	35	135		
31	40 c.	20	50	22	100	37	145		
32	80 c.	30	100	30	110	45	250		
33	5f.	1 300	3 150	975	1 650	» »	» »		

AS. NA.
petit et gros lettres

cachet à date de
bureau de passe

cachet anglais

ancre

		□	✉	□	✉	□	✉	□	✉
25	1 c.	125	1 375	70	715 xx	200	» »		
26	2 c.	125	1 500	75	930 xx	250	3 300 xx		
27	4 c. ...(II)	150	1 650	250	2 500 xx	250	2 750 xx		
28	10 c. (II)	100	1 210	20	190 xx	100	2 050	15	275 xx
29	20 c. (II)	90	1 100	10	77 xx	70	1 815	20	355 xx
30	30 c.	125	1 500	50	500 xx	100	2 200	35	450 xx
31	40 c.	140	1 750	40	385 xx	90	2 050	15	140 xx
32	80 c.	250	3 300	80	580 xx	40	330 xx		
33	5 f.	9 000	» »	1 400	3 575 xx				

xx à partir de

Toutes les cotes des oblitérations ci-dessous sont pour les timbres 20 c. bleu No 29. Pour les autres valeurs, il y a toujours une plus-value (sauf si le numéro du timbre est indiqué).

SIÈGE DE PARIS

10 c. bistre

Type: CÉRÈS
Légende: REPUB FRANC
Type d'impression: TYPOGRAPHIQUE

Date de création: 28 SEPTEMBRE 1870
Date de fabrication:
Date d'émission: OCTOBRE 1870

		Neuf ☆	Neuf s/g (☆)	Obl. ☉	Seul s.✉
36	**10c bistre**	**850**	**280**	**90**	**200**
	a - bistre-jaune	900	300	95	210
	b - bistre-brun	950	350	100	225
	c - papier jaunâtre	1 350	400	135	275
	d - un filet manquant	1 100	375	125	250
	e - cachet "contrôle TP" sur bord de feuille	1 200	400		
	f - réimpression Granet	450	185		

	Neuf ☆	Obl. ☉	Seule s.✉	Neuf ☆	Obl. ☉	Seule s.✉	Neuf ☆	Obl. ☉	Seule s.✉	Neuf ☆	Obl. ☉	Seul s.✉
36 10c bistre	2 125	190	250	2 975	370	450	3 825	600	750	4 000	1 500	2 550
b - bistre-brun	2 390	213	280	3 345	416	500	4 300	675	845	4 500	1 690	2 870

20 c. bleu

Type: CÉRÈS
Légende: REPUB FRANC
Type d'impression: TYPOGRAPHIQUE

Date de création: 28 SEPTEMBRE 1870
Date de fabrication:
Date d'émission: OCTOBRE 1870

	Neuf ☆	Neuf s/g (☆)	Obl. ⊙	Seul s.⊠
37 20c bleu	**450**	**150**	**8**	**12**
a - bleu pâle	450	175	9	15
b - bleu foncé	550	200	10	16
c - papier jaunâtre	650	250	18	25
d - réimpression Granet	475	175		

	⊓⊓ Neuf ☆	Obl. ⊙	Seule s.⊠	⊓⊓⊓ Neuf ☆	Obl. ⊙	Seule s.⊠	⊓⊓⊓⊓ Neuf ☆	Obl. ⊙	Seule s.⊠	⊞ Neuf ☆	Obl. ⊙	Seul s.⊠
37 20c bleu	950	20	30	1 450	45	65	2 000	90	135	2 000	150	325
b - bleu foncé	1 250	9	43	1 850	64	93	2 500	128	194	2 500	210	465

SIÈGE DE PARIS

40 c. orange

Type: CÉRÈS
Légende: REPUB FRANC
Type d'impression: TYPOGRAPHIQUE

Date de création: 28 SEPTEMBRE 1870
Date de fabrication:
Date d'émission: OCTOBRE 1870

	Neuf ☆	Neuf s/g (☆)	Obl. ☉	Seul s.✉
38 40c orange	**750**	**300**	**8**	**15**
a - orange clair	750	300	8	15
b - jaune-orange	800	375	10	16
c - orange vif	900	400	12	20
e - orange sur papier jaunâtre	800	375	10	16
f - 4 retouchés (tirage: 360 000)	4 250	1 350	165	325
fa - idem tenant à normal	8 500	2 550	550	1 200
g - paire de 4 retouchés	26 500	7 750	3 250	3 750
h - coin supérieur droit fendu (case 8)			100	
i - coin inférieur droit défectueux (case 143)			90	
j - coin inférieur gauche absent (case 144)	1 200	550	125	
k - "ab see" au verso			60	125
l - "Lafontaine" au verso			50	100
m - "Langer" au verso			150	250

	⊟ Neuf ☆	Obl. ☉	Seule s.✉	⊟⊟ Neuf ☆	Obl. ☉	Seule s.✉	⊟⊟⊟ Neuf ☆	Obl. ☉	Seule s.✉	⊞ Neuf ☆	Obl. ☉	Seul s.✉
38 40c orange	1 875	22	25	2 625	35	55	3 375	55	85	3 500	140	285
c - orange vif	2 250	26	30	3 150	42	66	4 050	66	102	4 200	168	340

TÊTE-BÊCHE

	☆	◉	✉
T36 - 10c bistre	8 500	3 100	7 500
T36a - 10c bistre-jaune	9 000	3 500	7 650
T36b - 10c bistre-brun	9 500	3 600	7 750
T36c - 10c pap jaunâtre	12 000	4 000	8 500

	☆	◉	✉
T37 - 20c bleu	5 500	2 000	5 500
T37a - 20c bleu pâle	5 750	2 050	5 650
T37b - 20c bleu terne	5 500	2 000	5 500
T37c - 20c bleu foncé	6 000	2 100	5 650
T37d - 20c bl pap jaunâtre	7 000	2 400	5 850

TIMBRES COUPÉS SUR LETTRE

36	10c bistre	6 250
37	20c bleu coupé en ½	125 000
37	20c bleu coupé en ¼	115 000
38	40c orange sur lettre	67 500
38	40c orange sur affiche de vente	36 000

OBLITÉRATIONS

		étoile		cachet à date rouge des imprimés		gros chiffres		cachet à date	
		□	✉	□	✉	□	✉	□	✉
35	5 c.	175	225	200	1 200	175	220	175	225
36	10 c.	90	135	145	1 450	90	125	90	155
37	20 c.	8	13	125	1 550	8	13	12	40
38	40 c.	8	11	60	550	8	11	9	22

		gros points		AS.NA.		ancre		petits chiffres des gros chiffres	
		□	⊠	□	⊠	□	⊠	□	⊠
35	5 c.	» »	» »	» »	» »	190	» »	175	225
36	10 c.	145	1100	160	2500	175	1100	100	150
37	20 c.	80	725	75	1500	75	1000	15	50
38	40 c.	70	650	85	1650	35	150	13	30

Toutes les cotes des obliterations ci-dessous sont pour le timbre 40 c. orange No 38. Sauf indication contraire.

Cachet sur la lettre	couleur	Cachet sur le timbre	couleur	□	⊠
OBLITERATIONS DIVERSES					
Cachet affranchissements	N	Même cachet sur le timbre	N	40	450
Cachet chargement	N	Même cachet sur le timbre	N	30	275
Cachet Paris Etranger	N	Même cachet sur le timbre	N	35	385
Cachet de gare (20 c.)	N	Même cachet sur le timbre	N	15	190
BORDEAUX SPECIAUX					
Cachet Versailles Chambre des deputes	N	Même cachet sur le timbre	N	70	875
Cachet Versailles Sénat	N	Même cachet sur le timbre	N	70	875
Cachet Exposition universelle 1878	N	Même cachet sur le timbre	N	100	1 650
Bureau de Passe	N	Même cachet sur le timbre	N	15	250 x
GUERRE CONTRE LA PRUSSE (20 c. No 37)					
Armée du Rhin Bureau AL	N	Losange AR 13e C	N	180	2 750
Armée du Rhin Q.G. 13e Corps	N	Losange ARAL	N	170	2 500
Armée Française Bureau (A à M)	N	Losange AF (A à M)	N	200	3 000
Armée Française Bureau (A à M)	R	Losange AF (A à M)	R	300	3 850
Armée Française 14e Corps	R	Même cachet sur le timbre	R	280	3 000
Armée Française Quartier Général	N	Même cachet sur le timbre	N	180	2 200
OBLITERATION ANGLAISE					
Cachet de Malte A 25	N	Même cachet sur le timbre	N	100	3 300
OBLITERATIONS ESPAGNOLES					
....		Cachet Admon de Cambio	N	40	475 x
....		Cachet Admon de Cambio	B	45	725 x
....		Chiffre taxe 3 (Valence)	N	70	1 550 x
Cachet à date de Madrid (1875)		Grille de points	N	250	4 150
OBLITERATIONS ITALIENNES					
....		FRANCIA VIA DI MARE	N	40	475
....		VIA DI MARE (E)	N	70	2 100
Cachet à date italien	N	Chiff. dans un rect. de points	N	50	1 550 x
....	N	Cachet à date Napoli même coul.			
		que sur le timbre	N		2 500
....		Loi postale Francesi même coul.			
		que sur le timbre	N		2 500

x à partir de

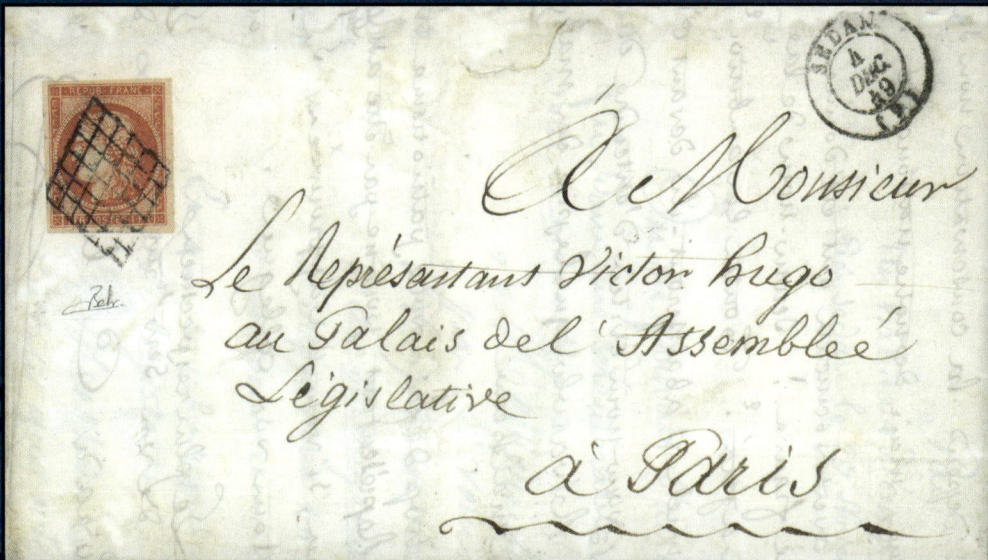

ÉMISSION DE BORDEAUX

1 c. olive

Type: CÉRÈS
Légende: REPUB FRANC
Type d'impression: LITHOGRAPHIQUE

Date de création: 19 OCTOBRE 1870
Date de fabrication: 30 NOVEMBRE 1870
Date d'émission: 5 DÉCEMBRE 1870

Report I	*Report II et III (1e état)*	*Report III (2e état)*

Ombres sous l'oeil formées par des points. Les impressions usées présentent un léger contour blanc derrière la tête.

Ombres sous l'oeil formées par des pointillés.
Report II: une ligne blanche derrière la tête souligne le contour des cheveux.
Report III: pas de contour blanc derrière la tête

Ombres sous l'oeil formées par des traits

		Neuf ☆	Neuf s/g (☆)	Obl. ⊙	Seul s.⊠	paire seule s.⊠
39 1c olive		**160**	**80**	**160**	**1 600**	**1 900**
	Report I: 04.12.1870					
1er état	a - vert - olive foncé	240	120	240	1 700	
	b - olive sombre	240	120	240	1 700	
2e état	c - vert - olive	190	95	205	2 000	
	d - gris - olive foncé	320	160	325	220	
	Report II: 12.1870					
	e - olive	160	80	160	1 600	1 900
	f - vert olive foncé	185	90	185	1 700	
	g - olive sombre	275	140	275	2 000	2 450
	h - petit chiffre dans la marge	2 500	1 250			
	Report III: 12.1870					
	i - "b" et cadre sup. brisé	580	170	160	1 800	
1er état	j - olive	150	75	150	1 600	1 900
	k - impression usée (1er état)	225	110	190	1 700	
2e état	l - olive	155	80	150	1 600	
	m - olive clair (2ème état)	170	85	175	1 650	
	n - olive-noir (2ème état)	360	180	330	1 950	3 000
	o - olive-bronze	320	160	325	1 900	2 800

	▢▢			▢▢▢			▢▢▢▢			⊞		
	Neuf	Obl.	⊠	Neuf	Obl.	⊠	Neuf	Obl.	⊠	Neuf	Obl.	⊠
39 1 c. Report I	400	480	600	600	735	900	800	1 150	1 400	900	1 360	3 500
39 1 c. Report II	350	420	550	525	650	825	700	950	1 300	850	1 200	3 200
39 1 c. Report III	330	330	500	500	520	750	660	720	900	700	1 000	3 700

ÉMISSION DE BORDEAUX

2 c. brun rouge

Type: CÉRÈS
Légende: REPUB FRANC
Type d'impression: LITHOGRAPHIQUE

Date de création: 19 OCTOBRE 1870
Date de fabrication: 5 DÉCEMBRE 1870
Date d'émission: 14 DÉCEMBRE 1870

← Perles reliées

Report I

Report II

*Toutes les lignes ondulées sont
formées par des points, notamment
celles entre le cadre et la boucle du 2
qui sont peu visibles.*

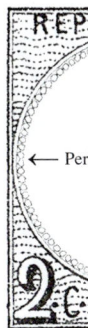

*La plupart des lignes ondulées sont
formées par des traits. Trois lignes
horizontales séparées se trouvent
entre le cadre et la boucle du 2.*

	Neuf ☆	Neuf s/g (☆)	Obl. ⊙	Seul ✉	paire seule ✉
40 2c brun rouge					
Report I: 2c chocolat clair 14.12.1870	**1 600**	**420**	**1 000**	**4 400**	**14 000**
b - chocolat	1 900	540	1 150	3 900	
c - chocolat foncé	2 600	1 000	2 000	5 100	
d - brun-rouge	7 550	3 300	9 000	42 000	
d - impression fine dite "de Tours"	2 100	850	6 000	33 000	
Report II: brun - rouge 18.12.1870	**345**	**175**	**345**	**3 600**	**10 000**
a - brun-rouge clair	350	180	345	3 600	
b - brun-rouge foncé	450	200	360	3 650	
c - rouge-brique	1 150	450	1 000	3 800	
d - rouge-brique foncé	2 750	1 100	1 900	4 300	
e - brun clair	570	250	420	4 300	
f - marron	1 950	780	1 000	3 800	
g - chocolat	1 800	660	1 450	4 500	
h - chocolat foncé	6 600	2 800	4 000	8 700	
i - petite boule blanche sous le cou		600			

	▯▯ Neuf ☆	Obl. ⊙	✉	▯▯▯ Neuf ☆	Obl. ⊙	✉	▯▯▯▯ Neuf ☆	Obl. ⊙	✉	⊞ Neuf ☆	Obl. ⊙	✉
40 2 c. Report I : chocolat	**3 500**	**2 350**	**3 500**	**5 000**	**4 000**	**5 750**	**6 750**	**5 800**	**7 500**	**7 500**	**10 500**	
c - chocolat foncé	5 250	4 500	6 000	8 000	7 500	10 500	10 500	10 500	15 000	13 250		
40 2 c. Report II : brun - rouge	**750**	**850**	**1 200**	**1 150**	**1 350**	**1 850**	**1 600**	**2 100**	**2 900**	**1 900**	**3 150**	**7 000**
d - rouge brique	2 500	2 250	3 000	3 850	3 500	4 650	5 150	5 500	7 000	5 250	8 500	12 500
f - marron	4 000	2 500	3 500	6 250	4 000	5 350	8 250	6 500	8 000	9 000	8 500	13 000

ÉMISSION DE BORDEAUX

4 c. gris

Type: CÉRÈS
Légende: REPUB FRANC
Type d'impression: LITHOGRAPHIQUE

Date de création: 19 OCTOBRE 1870
Date de fabrication: 30 NOVEMBRE 1870
Date d'émission: 13 DÉCEMBRE 1870

Report I

Impression fine du burelage constitué par des points. Le trait formant les ombres sous l'oeil sont plus ou moins reliés entre eux.

Report II

Impression plus lourde du burelage constitué de traits irréguliers dont certains se touchent.

	Neuf ☆	Neuf s/g (☆)	Obl. ☉	Seul ✉	paire seule ✉
41 4c gris					
Report I: gris 13.12.1870	**5 000**	**2 000**	**3 000**		
a - gris - jaunâtre	4 500	1 800	2 900		
Report II: gris 12.1870	**375**	**175**	**310**	**20 000**	**25 000**
b - gris clair	375	175	310		
c - gris jaunâtre	400	200	310	20 000	
d - gris-lilas	600	300	450	20 000	
e - gris foncé	700	350	650	20 000	
f - gris très foncé	2 500	1 250	1 550		

	Neuf ☆	Obl. ☉	✉	Neuf ☆	Obl. ☉	✉	Neuf ☆	Obl. ☉	✉	Neuf ☆	Obl. ☉	✉
41 4c Report I : gris	12 000	6 500			10 000			17 000			22 000		
41 4c Report II : gris	800	800	1 150	1 200	1 350	1 850	1 600	2 000	2 850	2 100	3 350	8 000
e - gris foncé	1 500	1 500	2 500	2 250	2 400	3 350	3 000	3 200	4 650	3 500	5 000	10 000

ÉMISSION DE BORDEAUX

5 c. vert jaune

Type: CÉRÈS
Légende: REPUB FRANC
Type d'impression: LITHOGRAPHIQUE

Date de création: 19 OCTOBRE 1870
Date de fabrication: 24 NOVEMBRE 1870
Date d'émission: DÉCEMBRE 1870

report 1　　　　　　　report 2

Report 1, pas de ligne derrière la tête Impression fine, dépouilée dans les angles.
Report 2, ligne blanche derrière la tête plus ou moins marquée

REPORTS DU 5 CENTIMES

1er état　　　　2e état　　　　3e état　　　　4e état

1er état : impression très fine au début du tirage, forte-ligne blanche derrière la tête. Ombres sous l'œil constituées par les petits traits nettement séparés les uns des autres. Dans la suite du tirage quelques traits se rejoignent et la signe blanche est moins accentuée.

2e état : impression moins fine. Ombre sous l'œll formant des lignes continues ou presque continues. Faible ligne blanche derrière la tête.

3e état : les ombres sous l'œll sont plus faibles et réduites en volume. Légère ligne blanche derrière la tête.

4e état : cadre intérieur de l'imbriquement à droite et à gauche « épais » nettement visible ; ligne blanche derrière la tête irrégulière et peu marquée,

	Neuf ☆	Neuf s/g (☆)	Obl. ⊙	Seul ✉	Paire seule ✉

42 5c vert

	Report I: vert 12.1870	5 000	1 875	5 000	43 000	RR
	Report II: vert 22.12.1870	**350**	**175**	**250**	**6 000**	**1 400**
1er état	a - vert-jaune	350	175	250	6 000	1 400
	b - vert-jaune foncé	450	225	275	6 250	1 400
	c - vert-gris	1 250	625	550	6 250	1 500
	d - vert-émeraude clair	1 800	900	725	6 500	3 500
	e - vert-émeraude foncé	5 600	2 800	1 875	3 150	8 500
	f - vert sauge	2 000	1 000	600	6 300	2 200
2er état	g - vert-jaune	350	175	250	6 000	1 400
	h - vert-jaune foncé	450	225	275	6 250	1 400
	i - vert-gris	1 000	500	475	6 250	2 000
	j - vert foncé	850	425	350	6 250	1 700
	k - vert-émeraude clair	1 900	950	775	6 500	3 500
	l - vert-émeraude foncé	5 300	2 650	1 750	8 150	10 000
	m - vert sauge	1 000	500	400	4 300	
3ème état	n - vert-jaune	400	200	275	6 000	1 400
	o - vert-jaune foncé	500	250	275	6 250	1 600
	p - vert foncé	1 500	725	875	6 500	1 800
	q - vert-émeraude clair	1 800	900	785	6 750	3 500
	r - vert-émeraude foncé	5 400	2 600	1 700	8 125	5 250
4ème état	s - vert-jaune	625	325	400	7 000	1 600
	t - vert-franc	1 800	900	700	7 500	4 000
	u - vert foncé	1 600	800	600	7 250	2 000
	v - vert-émeraude clair	2 000	1 000	800	7 500	3 800

	☐☐ Neuf ☆	Obl. ⊙	✉	☐☐☐ Neuf ☆	Obl. ⊙	✉	☐☐☐☐ Neuf ☆	Obl. ⊙	Seule ✉	⊞ Neuf ☆	Obl. ⊙	Seul ✉
42 5 c. Report I : vert		12 500	32 000		21 000	40 000		33 000	47 000	30 000		
42 5 c. Report II : vert jaune	750	625	850	1 100	975	1 400	1 500	1 425	2 000	1 950	2 500	5 500
i - vert foncé	3 000	1 300	1 800	4 500	1 900	2 850	6 000	2 850	4 000	7 250	8 000	
j - vert-émeraude clair	3 750	1 650	2 500	5 600	2 350	3 500	7 650	3 500	5 150	8 750		

ÉMISSION DE BORDEAUX

10 c. bistre

Type: CÉRÈS
Légende: REPUB FRANC
Type d'impression: TYPOGRAPHIQUE

Date de création: 29 OCTOBRE 1870
Date de fabrication: 15 NOVEMBRE 1870
Date d'émission: 4 DÉCEMBRE 1870

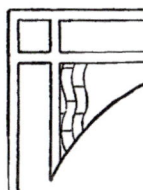

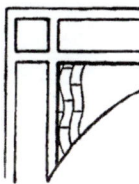

Report I

*Le cadre triangulaire intérieur est
formé de traits égaux en épaisseur.*

Report II

*Le filet intérieur du cadre est plus
épais que les autres traits.*

	Neuf ☆	Neuf s/g (☆)	Obl. ⊙	Seul ⊠
43 10c bistre				
Report I: 13.12.1870	1 250	625	90	200
a - bistre foncé	1 400	675	125	250
b - bistre-brun	1 750	875	130	260
c - bistre verdâtre	2 000	1 000	625	1 150
d - bistre rougeâtre			450	1 250
Report II: 02.02.1871	1 250	625	135	200
e - bistre-jaune	1 250	625	135	200
f - bistre orangé	1 850	925	150	250
g - bistre-brun	1 750	875	175	275
h - brun	1 850	925	175	300
i - bistre verdâtre	1 825	925	575	850
j - citron	2 500	1 250	1 000	1 600

	▭▭ Neuf ☆	Obl. ⊙	Seule ⊠	▭▭▭ Neuf ☆	Obl. ⊙	Seule ⊠	▭▭▭▭ Neuf ☆	Obl. ⊙	Seule ⊠	⊞ Neuf ☆	Obl. ⊙	Seul ⊠
43 10c Report I : bistre	2 800	215	250	4 200	380	425	5 600	760	900	6 000	2 200	4 000
a - bistre foncé	3 080	236	275	4 620	418	468	6 160	836	990	6 600	2 420	4 400
43 10c Report II : bistre	2 800	285	325	4 200	500	600	5 600	900	1 100	6 000	2 400	4 800
f - bistre orangé	4 300	440	500	6 500	770	925	8 600	1 400	1 700	9 200	3 700	7 400
i - bistre verdâtre	4 000	1 250	1 650	6 000	2 150	2 650	8 000	4 000	4 850	9 000	6 000	8 500

ÉMISSION DE BORDEAUX

20 c. bleu - type I

Type: CÉRÈS
Légende: REPUB FRANC
Type d'impression: LITHOGRAPHIQUE

Date de création: 19 OCTOBRE 1870
Date de fabrication: 6 NOVEMBRE 1870
Date d'émission: 13 NOVEMBRE 1870

20 CENTIMES

 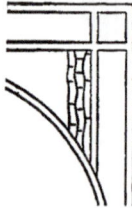    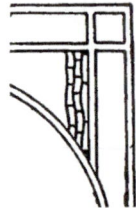

Report I

*Dans la partie supérieure droite du
timbre l'imbrication est normal*

Report II

*Dans la partie supérieure droite
du timbre, un point de couleur
réunit la ligne intérieure du cadre
au premier trait horizontal de
l'imbrication*

	Neuf ☆	Neuf s/g (☆)	Obl. ⊙	Seul ✉
44 20c bleu : type I				
Report I : 13.11.1870	**33 000**	**16 500**	**825**	**1 250**
a - bleu clair	33 000	16 500	825	1 250
b - bleu foncé	40 000	20 000	1 150	1 650
c - bleu outremer	44 000	22 000	1 750	2 350
Report II : 18.11.1870	**33 000**	**16 500**	**1 000**	**1 450**
a - bleu pâle	33 000	16 500	1 000	1 450
b - bleu foncé	40 000	20 000	1 200	1 875

	Neuf ☆	⊡⊡ Obl. ⊙	Seule ✉	Neuf ☆	⊡⊡⊡ Obl. ⊙	Seule ✉	Neuf ☆	⊡⊡⊡⊡ Obl. ⊙	Seule ✉	⊞ Neuf ☆	Obl. ⊙	Seul ✉
44 20c Report I : bleu	**72 000**	**2 200**	**3 750**		**4 100**	**5 750**		**8 100**	**11 000**	**200 000**	**57 000**	
b - bleu foncé	85 000	2 500	4 400		4 800	6 700		9 500	12 900			
44 20c Report II : bleu	**72 000**	**2 700**	**4 250**		**4 700**	**6 250**		**9 000**	**13 500**	**200 000**	**65 000**	
e - bleu foncé	85 000	2 700	4 250		4 700	6 250		9 000	13 500			

ÉMISSION DE BORDEAUX

20 c. bleu - type II

Type: CÉRÈS   Date de création:
Légende: REPUB FRANC   Date de fabrication:
Type d'impression: LITHOGRAPHIQUE   Date d'émission: 15 NOVEMBRE 1870

Report I   Report II   Report III

Les seconds grains de raisin des 1ʳᵉ et 3ᵉ rangées de la grappe sont blancs. Le premier lobe de la feuille de vigne de droite est à peine indiqué.

Les seconds grains de raisin des 1ʳᵉ et 3ᵉ rangées de la grappe sont ombrés par un trait courbe. La feuille de vigne est franchement découpée.

Mêmes caractéristiques que le Report II. De plus, le contour des cheveux est souligné par une ligne blanche.

	Neuf ☆	Neuf s/g (☆)	Obl. ⊙	Seul ✉
45 20c bleu : type II				
Report I : 15.11.1870	**1 800**	**900**	**125**	**170**
a - bleu foncé	1 800	900	125	170
b - bleu-noir	3 600	1 800	1 500	2 150
c - impression fine	2 500	1 100	425	650
Report II : 06.12.1870	**1 800**	**900**	**175**	**225**
d - bleu foncé	1 800	900	175	225
e - bleu verdâtre foncé	2 600	1 300	175	250
Report III : 13.12.1870	**1 600**	**800**	**75**	**125**
f - bleu terne	1 600	800	75	125
g - bleu foncé	2 000	950	150	185
h - bleu verdâtre	2 600	1 300	175	250
i - outremer	30 000	15 000	4 750	6 500
g - boule blanche dans la grecque		200		
F45 II - faux pour tromper la poste	**650**	**235**	**650**	**7 250**
F45 II - faux de marseille			**450**	**5 250**

	Neuf ☆	Obl. ⊙	Seule ✉	Neuf ☆	Obl. ⊙	Seule ✉	Neuf ☆	Obl. ⊙	Seule ✉	Neuf ☆	Obl. ⊙	Seul ✉
45 20c Report I : bleu	3 900	220	275	5 900	440	585	7 900	900	1 300	7 900	2 200	4 450
45 20c Report II : bleu	3 900	220	275	5 900	440	585	7 900	900	1 300	7 900	2 200	4 450
45 20c Report III : bleu	3 500	200	265	5 200	400	565	7 000	800	1 200	7 000	2 000	4 300
g - bleu foncé	4 250	425	500	6 350	850	1 200	8 500	1 750	2 500	9 500	4 000	6 650

ÉMISSION DE BORDEAUX

20 c. bleu - type III

Type: CÉRÈS
Légende: REPUB FRANC
Type d'impression: LITHOGRAPHIQUE

Date de création:
Date de fabrication:
Date d'émission: 13 DÉCEMBRE 1870

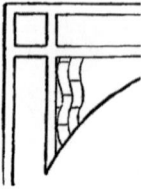

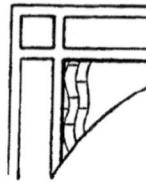

Report I

Le cadre triangulaire intérieur est
formé de traits égaux en épaisseur.
De plus, le contour des cheveux
est souligné par une légère ligne
blanche

Report II

Le filet intérieur du cadre est plus
épais que les autres traits.
Pas de contoir blanc derrière la tête.

	Neuf ☆	Neuf s/g (☆)	Obl. ☉	Seul ✉
46 20c bleu : type III				
Report I : 13.12.1870	**1 800**	**875**	**120**	**225**
a - bleu pâle	1 800	875	120	225
b - bleu-gris	2 000	975	325	450
c - bleu foncé	2 200	1 000	200	325
d - bleu outremer	3 300	1 650	900	1 150
e - outremer nuance vive			3 000	5 000
Report II : 14.01.1871	**1 500**	**600**	**25**	**30**
f - bleu pâle	1 500	600	25	30
g - bleu-gris	1 750	800	90	125
h - bleu foncé	1 800	800	45	60
i - bleu outremer			1 500	2 000

	Neuf ☆	⊟ Obl. ☉	Seule ✉	Neuf ☆	⊟⊟ Obl. ☉	Seule ✉	Neuf ☆	⊟⊟⊟ Obl. ☉	Seule ✉	Neuf ☆	⊞ Obl. ☉	Seul ✉
46 20c Report I : bleu	3 800	420	500	5 800	880	1 200	7 800	1 600	2 000	8 400	3 700	8 000
46 20c Report II : bleu	3 250	70	110	4 900	120	175	6 600	240	325	6 900	1 900	4 500

ÉMISSION DE BORDEAUX

30 c. brun

Type: CÉRÈS
Légende: REPUB FRANC
Type d'impression: LITHOGRAPHIQUE

Date de création: 19 OCTOBRE 1870
Date de fabrication: 30 DÉCEMBRE 1870
Date d'émission: 30 DÉCEMBRE 1870

	Neuf ☆	Neuf s/g (☆)	Obl. ⊙	Seul ⊠
47 30c brun	**480**	**240**	**300**	**500**
a - brun clair	480	240	300	500
b - brun foncé	575	285	340	625
c - brun-noir	2 750	1 350	1 000	1 550
d - "impression fine" brun verdâtre	3 750	1 850	3 500	5 500
e - "r" relié au cadre (case 2)	750	375	500	780
ea - idem tenant à normal	1 375	685	900	1 450
f - ligne blanche derrière la tête	1 000	500	450	800

	▭▭ Neuf ☆	Obl. ⊙	Seule ⊠	▭▭▭ Neuf ☆	Obl. ⊙	Seule ⊠	▭▭▭▭ Neuf ☆	Obl. ⊙	Seule ⊠	⊞ Neuf ☆	Obl. ⊙	⊠
47 30c brun	1 000	800	1 300	1 500	1 400	2 350	2 000	2 450	3 750	2 400	4 500	12 000
c - brun-noir	5 750	2 500	4 000	6 500	4 500	7 750	11 500	8 250	12 000	13 000	16 000	

ÉMISSION DE BORDEAUX

40 c. orange

Type: CÉRÈS
Légende: REPUB FRANC
Type d'impression: LITHOGRAPHIQUE

Date de création: 19 OCTOBRE 1870
Date de fabrication: 22 NOVEMBRE 1870
Date d'émission: 9 DÉCEMBRE 1870

	Neuf ☆	Neuf s/g (☆)	Obl. ☉	Seul ✉
48 40c orange	**600**	**300**	**155**	**240**
a - orange clair	600	300	180	240
b - jaune-orange	1 800	900	350	530
d - orange vif	975	485	290	375
e - orange foncé	875	440	280	410
f - rouge clair	2 000	1 000	1 100	1 450
g - rouge-sang	1 750	850	950	1 250
h - rouge-sang foncé	7 500	3 750	2 500	3 000
i - ocre	11 000	5 500	2 500	3 500
j - jaune-citron	15 000	7 500	5 000	10 000
k - boule sous le cou			600	
l - rouge	5 600	3 800	2 500	3 500
m - orange vermillonné	1 550	780	440	560
n - vermillon vif			2 000	3 000
o - "4" large (pseudo-retouché, cases 2-3 du bloc report)	5 000	2 000	2 500	3 500

	⬛⬛			⬛⬛⬛			⬛⬛⬛⬛			⊞		
	Neuf ☆	Obl. ☉	Seule ✉	Neuf ☆	Obl. ☉	Seule ✉	Neuf ☆	Obl. ☉	Seule ✉	Neuf ☆	Obl. ☉	✉
48 40c orange	1 300	450	1 000	2 000	900	1 800	2 700	1 900	3 000	2 900	4 850	12 000
d - orange vif	2 000	870	1 500	3 000	1 700	3 400	4 000	3 500	5 250	5 000	7 000	15 000
g - rouge sang	3 750	2 250	3 750	5 750	4 500	9 000	7 750	10 000	15 000	8 750	11 000	

ÉMISSION DE BORDEAUX

80 c. rose

Type: CÉRÈS
Légende: REPUB FRANC
Type d'impression: LITHOGRAPHIQUE

Date de création: 19 OCTOBRE 1870
Date de fabrication: 22 NOVEMBRE 1870
Date d'émission: 7 DÉCEMBRE 1870

	Neuf ☆	Neuf s/g (☆)	Obl. ⊙	Seul ✉
49 80c rose	**725**	**365**	**400**	**1 100**
a - rose clair	725	365	400	1 100
b - rose vif	1 100	545	440	1 250
c - rose carminé	1 450	725	560	1 250
d - rose carminé foncé	1 800	900	1 000	2 000
e - groseille	3 250	1 600	1 600	2 400
f - saumon	7 000	3 350	3 000	5 000
g - "88" au lieu de "80"	25 000	12 500	10 000	15 000
ga - idem tenant à normal	30 000	15 000	12 500	
h - boule blanche sous le cou	29 400	14 700	8 150	
ha - idem tenant à normal	37 500	20 000	11 500	

	⬜⬜			⬜⬜⬜			⬜⬜⬜⬜			⊞		
	Neuf ☆	Obl. ⊙	Seule ✉	Neuf ☆	Obl. ⊙	Seule ✉	Neuf ☆	Obl. ⊙	Seule ✉	Neuf ☆	Obl. ⊙	✉
49 80c rose	**1 600**	**875**	**3 000**	**2 400**	**1 550**	**5 000**	**3 200**	**2 350**	**7 500**	**3 750**	**4 700**	**12 000**
b - rose vif	2 400	1 330	3 500	3 600	2 350	5 500	4 900	3 600	8 000	5 700	7 100	15 000
d - rose carminé	3 000	1 250	3 500	4 500	2 250	5 500	6 000	3 500	8 000	7 250	5 750	

TIMBRES COUPÉS SUR LETTRE

40	2c brun-rouge	100 000
43	10c bistre	20 000
46	20c bleu coupé en ½	45 000
46	20c bleu coupé en ¼	57 500
48	40c orange	85 000
49	80c rose coupé en ½	100 000
49	80c rose coupé en ¼	90 000

PIQUAGES

	39: 1c olive			40 II: 2c rep 2			41 II: 4c rep 2			42 II: 5c rep 2			43: 10c bistre			44: 20c type I		
	☆	⊙	✉	☆	⊙	✉	☆	⊙	✉	☆	⊙	✉	☆	⊙	✉	☆	⊙	✉
P1: percé en ligne	125	200	2 200	285	300	2 200	300	300	1 800	300	250	1 100	1 000	150	825		700	2 900
41 I P1: report 1							1 900	2 000	3 600									
P5: Avallon														3 000	22 000			
P18: Libourne														750	3 850			
P20A: Marseille							900	7 000										
P20B: Marseille														1 000	8 000			

	45: 20c type II			46: 20c type III			47: 30c brun			48: 40c orange			49: 80c rose		
	☆	⊙	✉	☆	⊙	✉	☆	⊙	✉	☆	⊙	✉	☆	⊙	✉
P1: percé en ligne	1 200	55	260	1 100	50	255	400	425	1 950	500	165	770	575	475	2 400
P5: Avallon		3 000	16 500												
P6: Avignon					1 000	2 400									
P7: Bayonne					450	2 400									
P14: Etampes					500	2 900									
P19: Lisieux					450	2 500									
P20A: Marseille															
P20B: Marseille															
P21: Melun					1 000	4 675									
P23: Nantes					1 000	4 675									
P24: Palluau					500	2 750									
P29: Sées					1 000	4 750									

BLOCS REPORT DE 15

Face à la difficulté de reconstitution des blocs reports, on considère des timbres de bel aspect mais pouvant présenter de légers défauts. Ceci est surtout valable pour les 2c I, 4c I, 5c I, 20c TI.

	☆	⊙ reconstitué		☆	⊙ reconstitué
39 I 1c report 1	5 500	3 500	44 I 20c t. I r1		17 000
39 II 1c report 2	5 000	3 100	44 II 20c t. I r2		21 000
39 III 1c report 3	4 500	2 850	45 I 20c t. II r1	62 500	1 275
40 I 2c report 1	45 000	22 500	45 II 20c t. II r2	62 500	1 275
40 II 2c report 2	10 500	6 500	45 III 20c t. II r3	62 500	1 200
41 I 4c report 1	70 000	58 500	46 I 20c t. III r1	60 000	2 450
41 II 4c report 2	11 000	6 000	46 II 20c t. III r2	54 000	450
42 I 5c report 1	150 000	90 000	47 30c	14 500	6 000
42 II 5c état 1 1ᵉʳ t	10 500	4 700	48 40c	18 000	3 150
43 I 10c report 1	37 500	1 700	49 80c	21 500	7 950
43 II 10c rep 2	37 500	2 600			

OBLITÉRATIONS

		PC du GC		c. à d. T17		c. à d. T24		Etoile chiffrée		Ambulant		Ancre		OR	
		□	✉	□	✉	□	✉	□	✉	□	✉	□	✉	□	✉
39I, 39II, 39III	1c.	300	950	170	300	450	1 000	800	RR	200	400	700	» »	800	» »
40I	2c.	1 350	2 600	1 100	1 300	2 300	» »	2 200	» »	1 150	1 300	2 200	» »	RR	» »
40II	2c.	450	1 400	380	500	8 500	1 750	950	3 200	400	650	750	» »	950	» »
41I	4c.	3 000	» »	2 700	RR	» »	7 000	7 000	» »	2 700	» »	RR	» »	» »	» »
41II	4c.	450	1 500	375	800	1 050	2 200	1 050	RR	380	700	800	» »	1 100	5 700
42I	5c.	5 700	» »	5 200	» »	» »	» »	RRR	» »	5 400	» »	RR	» »	» »	» »
42II	5c.	340	1 400	300	450	900	1 700	700	1 200	300	400	650	» »	700	3 850
43I	10c.	130	350	110	240	350	800	280	1 000	130	280	350	900*	300	2 200
43II	10c.	180	400	150	300	450	850	300	1 050	150	300	400	1 000*	350	2 300
44I, 44II	20c.	1 150	2 850	1 600	3 300	2 300	» »	2 500	RR	950	1 800	1 500	2 700*	» »	» »
45I, 45II	20c.	95	300	140	400	900	1 300	200	700	85	150	200	500*	500	2 750
45III	20c.	85	260	130	370	800	1 200	180	600	80	140	180	450*	450	2 550
46I	20c.	260	440	250	480	1 100	1 700	450	1 000	170	300	400	750*	900	» »
46II	20c.	50	120	120	350	800	1 200	130	550	45	120	170	450*	450	2 550
47	30c.	450	1 250	650	1 850	1 050	3 300	800	3 200	380	650	500	850*		
48	40c.	230	850	600	1 750	1 050	» »	650	2 700	220	350	225	500*		
49	80c.	470	1 350	850	2 200	1 400	» »	1 000	5 200	450	950	500	1 000*		

*Ancre à partir de…

Etoiles chiffrées : les cotes indiquées sont des "Minima". Celles-ci peuvent être majorées suivant la rareté de l'étoile.

Moins value pour l'Etoile pleine du Bureau Central.

Cotes sur ✉ du T24 utilisé seul sur valeurs du 1c au 10c (tarif des imprimés).

39 RI.R2.R3	4 000–9 000 (en paire)
40 RI chocolat clair	Inconnu à ce jour
40 R2	11 500–35 000 (en paire. 1 pièce connue)
41 RI	Inconnu à ce jour
41 R2	65 000 (2 pièces connues)
42 RI	Inconnu à ce jour
42 R2	20 000 (1 pièce connue)
43 RI.R2.R3	1 200

AFFRANCHISSEMENTS DE SEPTEMBRE 1871
AVEC UNIQUEMENT DES TIMBRES DE L'EMISSION DE BORDEAUX.
POUR DE LETTRES DU PREMIER ECHELON EN FRANCE ET ALGERIE SAUF PARIS,
APPLICATION DU CHANGEMENT DE TARIF (LOI DU 24 AOUT 1871).

I – PORT LOCAL. Affranchissement à 15 centimes.

✉ 4 c.	Rep II x 4 (1c. en trop)..3 000		
✉ 5 c.	Rep II x 3 (ou bande de 3) 5 000		
✉ 5 c.	Rep II + 10 c. Rep I ou II..6 000		
✉ 10 c.	Rep I ou II + 1 c. Rep I, II ou III x 5 (ou bande de 5) ....RR		
✉ 10 c.	Rep I ou II + 2 c. Rep II x 2 + 1 c. Rep I, II ou III (Tricolore)...................(à partir de) 13 500	RR avec 2 c. Rep I	
✉ 10 c.	Rep I ou II + 4 c. Rep II + 1 c. Rep I, II ou III (Tricolore) ....(à partir de) 11 500	RR avec 4 c. Rep I	

II – PORT TERRITORIAL. Affranchissement à 25 centimes.

✉ 5 c.	Rep II x 3 + 10 c. Rep I ou II...5 250	
✉ 5 c.	Rep II x 5 (ou bande de 5) 5 250	
✉ 10 c.	Rep I ou II x 2 + 1 c. Rep I, II ou III x 5 (ou bande de 5). 6 250	
✉ 10 c.	Rep I ou II x 2 + 5 c. Rep II...4 250	
✉ 20 c.	Type I Rep I ou II + 5 c. Rep II...R	
✉ 20 c.	Type II Rep I, II ou III + 1 c. Rep I, II ou III x 5 (ou bande de 5)..........................4 250	
✉ 20 c.	Type II Rep I, II ou III + 5 c. Rep II 3 350	
✉ 20 c.	Type III Rep I + 1 c. Rep I, II ou III x 5 (ou bande de 5) 4 800	
✉ 20 c.	Type III Rep I + 5 c. Rep II...3 500	
✉ 20 c.	Type III Rep II + 1 c. Rep I, II ou III x 5 (ou bande de 5) 3 750	
✉ 20 c.	Type III Rep II + 5 c. Rep II 3 250	

Affranchissement tricolore

✉ 10 c.	Rep I ou II x 2 + 2 c. Rep II x 2 + 1 c. Rep I, II ou III(à partir de) 9 000	RR avec 2 c. Rep I	
✉ 10 c.	Rep I ou II x 2 + 4 c. Rep II + 1 c. Rep I, II ou III (à partir de) 8 250	RR avec 4 c. Rep I	
✉ 20 c.	Type III Rep I + 2 c. + 1 c. Rep I, II ou III(à partir de).....................................9 000	RR avec 2 c. Rep I	
✉ 20 c.	Type III Rep I + 4 c. Rep II + 1 c. Rep I, II ou III.................................(à partir de) 8 500	RR avec 4 c. Rep I	
✉ 20 c.	Type III Rep II + 2 c. Rep II x 2 + 1 c. Rep I, II ou III ....(à partir de) 9 000	RR avec 2 c. Rep I	
✉ 20 c.	Type III Rep II + 4 c. Rep II + 1 c. Rep I, II ou III................................(à partir de) 7 600	RR avec 4 c. Rep I	

Même cote pour le 20 c. Type II Rep I, II ou III que pour le Type III Rep II

* Plis affranchise du 1 er Septembre 1871   Plus value importante

Prévoir une plus-value pour les plis affranchise d'ALGERIE et de la CORSE.
Les cotes s'appliquent aux plis don't les timbres sont oblitérés G.C.
Les cachets à date d'accompagnement étant aux types 16 ou 17.
Le cas du 5 c. Rep I est volontairement non traité ici. Il s'agit toujours de plis RR.

ANNULATIONS TYPOGRAPHIQUES DES JOURNAUX

	Timbres detachés		Timbres sur Journal Entier	
	□	□□	□	□ ou □ □
39 R1. R2. R2	300	700	4 500	3 200
40c R1	1 500		5 000	
40d R1	13 000		50 000	
40d R1	9 500		45 000	
40 R2	600	1 400	4 000	16 000
41 R2	900		35 000	

	Provenant d'Affiches		Sur Affiches (Entières)	
	□	□□		
42 R2	900		42 R2	RR
43 R1 ou R2	1 200	RR	43 R1 ou R2	RR

ÉMISSION CÉRÈS DENTELÉS

1 c. vert olive

Type: CÉRÈS
Légende: REPUB FRANC
Type d'impression: TYPOGRAPHIQUE

Date de création: 8 OCTOBRE 1870
Date de fabrication:
Date d'émission: NOVEMBRE 1872

	Neuf ☆	Neuf s/g (☆)	Obl. ⊙	Seul ✉
50 1c vert-olive	**90**	**20**	**30**	**120**
non dentelé	400	200		
a - vert-olive clair	90	20	30	120
b - vert-bronze	100	25	32	125
d - fond ligné	100	40	40	130
e - cadre inférieur brisé	200	80	70	165
f - trait supérieur du cadre brisé	550	275	275	425

	Neuf ☆	Obl. ⊙	Seule ✉	Neuf ☆	Obl. ⊙	Seule ✉	Neuf ☆	Obl. ⊙	Seule ✉	Neuf ☆	Obl. ⊙	Seul ✉
50 1c vert-olive	**190**	**35**	**60**	**290**	**55**	**90**	**390**	**90**	**115**	**400**	**220**	**350**
b - vert-bronze	210	40	70	320	60	100	430	100	150	425	230	375

ÉMISSION CÉRÈS

2 c. rouge brun

Type: CÉRÈS - GRANDS CHIFFRES
Légende: REPUB FRANC
Type d'impression: TYPOGRAPHIQUE

Date de création: 8 OCTOBRE 1870
Date de fabrication: 2 MAI 1872
Date d'émission: 7 MAI 1872

	Neuf ☆	Neuf s/g (⊹)	Obl. ⊙	Seul ✉
51 2c rouge-brun	**175**	**70**	**20**	**130**
non dentelé	500	250		
a - brun-rouge pâle	175	75	20	130
b - rouge-brun foncé	190	80	25	140
c - fond ligné	170	85	33	135
d - cadre inférieur brisé	330	165	150	195
e - trait sous le cadre inférieur	380	190	210	300

	⊏⊐ Neuf ☆	Obl. ⊙	Seule ✉	⊏⊓⊐ Neuf ☆	Obl. ⊙	Seule ✉	⊏⊓⊓⊐ Neuf ☆	Obl. ⊙	Seule ✉	⊞ Neuf ☆	Obl. ⊙	Seul ✉
51 2c rouge-brun	**370**	**45**	**80**	**500**	**80**	**135**	**690**	**120**	**200**	**750**	**255**	**450**
b - rouge-brun foncé	400	55	90	600	100	165	800	150	250	825	275	500

ÉMISSION CÉRÈS

4 c. gris

Type: CÉRÈS - GRANDS CHIFFRES
Légende: REPUB FRANC
Type d'impression: TYPOGRAPHIQUE

Date de création: 8 OCTOBRE 1870
Date de fabrication: 2 MAI 1872
Date d'émission: JUIN 1872

	Neuf ☆	Neuf s/g (☆)	Obl. ⊙	Seul ⊠
52 4c gris	**450**	**190**	**55**	**390**
non dentelé	850	425		
a - gris clair	450	190	55	390
b - gris jaunâtre	460	200	55	390
c - gris-noir	700	350	125	475
d - fond ligné	675	300	70	375

	Neuf ☆	☐☐ Obl. ⊙	Seule ⊠	Neuf ☆	☐☐☐ Obl. ⊙	Seule ⊠	Neuf ☆	☐☐☐☐ Obl. ⊙	Seule ⊠	Neuf ☆	⊞ Obl. ⊙	Seul ⊠
52 4c gris	**925**	**120**	**200**	**1 400**	**200**	**325**	**1 900**	**285**	**400**	**2 000**	**700**	**1 150**
c - gris-noir	1 500	300	400	2 250	500	750	3 000	700	1 000	3 250	1 400	2 500

ÉMISSION CÉRÈS

5 c. vert jaune

Type: CÉRÈS - GRANDS CHIFFRES
Légende: REPUB FRANC
Type d'impression: TYPOGRAPHIQUE

Date de création: 8 OCTOBRE 1870
Date de fabrication: 2 MAI 1872
Date d'émission: JUIN 1872

	Neuf ☆	Neuf s/g (☆)	Obl. ⊙	Seul ⊠
53 5c vert jaune	**240**	**120**	**10**	**25**
non dentelé	400	200		
a - vert-jaune sur verdâtre	250	125	11	27
b - vert-jaune sur jaunâtre	240	200	10	25
c - vert sur blanc	250	125	11	27
d - vert clair sur blanc	320	160	15	30
e - vert sur crème	280	140	12	27
f - fond ligné	340	170	15	35
g - papier filigrané Lacroix	1 300	650	150	250
h -cadre inférieur brisé	360	180	90	180
i - trait sous le cadre inférieur	430	215	110	190

	⊟ Neuf ☆	⊟ Obl. ⊙	⊟ Seule ⊠	⊟⊟ Neuf ☆	⊟⊟ Obl. ⊙	⊟⊟ Seule ⊠	⊟⊟⊟ Neuf ☆	⊟⊟⊟ Obl. ⊙	⊟⊟⊟ Seule ⊠	⊞ Neuf ☆	⊞ Obl. ⊙	⊞ Seul ⊠
53 5c vert jaune	**500**	**25**	**40**	**750**	**45**	**60**	**1 000**	**80**	**115**	**1 100**	**140**	**275**
a - vert-jaune sur verdâtre	550	28	50	825	50	80	1 100	90	130	1 150	150	300

ÉMISSION CÉRÈS

ÉMISSION CÉRÈS

10 c. brun sur rose

Type: CÉRÈS - GROS CHIFFRES
Légende: REPUB FRANC
Type d'impression: TYPOGRAPHIQUE

Date de création: 8 OCTOBRE 1870
Date de fabrication:
Date d'émission: MARS 1873

	Neuf ☆	Neuf s/g (☆)	Obl. ⊙	Seul ⊠
54 10c brun sur rose	**650**	**275**	**15**	**30**
a - brun foncé sur rose	750	385	18	35
b - fond ligné	800	320	22	40

	⊓⊓ Neuf ☆	Obl. ⊙	Seule ⊠	⊓⊓⊓ Neuf ☆	Obl. ⊙	Seule ⊠	⊓⊓⊓⊓ Neuf ☆	Obl. ⊙	Seule ⊠	⊞ Neuf ☆	Obl. ⊙	Seul ⊠
54 10c brun sur rose	1 350	35	40	2 100	60	80	2 800	90	125	3 250	190	330

ÉMISSION CÉRÈS

15 c. bistre

Type: CÉRÈS - GROS CHIFFRES
Légende: REPUB FRANC
Type d'impression: TYPOGRAPHIQUE

Date de création: 8 OCTOBRE 1870
Date de fabrication:
Date d'émission: JUIN 1873

	Neuf ☆	Neuf s/g (☆)	Obl. ⊙	Seul ✉
55 15c bistre	**625**	**275**	**5**	**10**
a - bistre-jaune	675	300	6	11
b - bistre-brun	675	300	6	11
c - "ab see" au verso			90	

d - erreur: 15c brun sur rose	6 000	3 000	6 500	40 000
e - erreur: 15c tenant à 10c	13 000	6 500	16 000	100 000
55 + 55d sur une lettre connue				–

	Neuf ☆	Obl. ⊙	Seule ✉	Neuf ☆	Obl. ⊙	Seule ✉	Neuf ☆	Obl. ⊙	Seule ✉	Neuf ☆	Obl. ⊙	Seul ✉
55 15c bistre	1 300	15	30	1 950	25	45	2 650	50	85	2 900	190	330

ÉMISSION CÉRÈS
30 c. brun

Type: CÉRÈS - GROS CHIFFRES
Légende: REPUB FRANC
Type d'impression: TYPOGRAPHIQUE

Date de création: 8 OCTOBRE 1870
Date de fabrication:
Date d'émission: SEPTEMBRE 1872

	Neuf ☆	Neuf s/g (☆)	Obl. ⊙	Seul ⊠
56 30c brun	**950**	**475**	**8**	**15**
non dentelé	750	375		
a - brun clair	950	475	8	15
b - brun foncé	1 100	550	10	18
c - brun-gris	1 200	600	10	18
d - fond ligné	1 100	550	20	40
e - "ab see" au verso			135	225
f - "Lafontaine" au verso			150	240
g - "Langer" au verso	1 100	550	165	

	▭▭ Neuf ☆	Obl. ⊙	Seule ⊠	▭▭▭ Neuf ☆	Obl. ⊙	Seule ⊠	▭▭▭▭ Neuf ☆	Obl. ⊙	Seule ⊠	⊞ Neuf ☆	Obl. ⊙	Seul ⊠
56 30c brun	2 000	20	50	3 000	35	85	4 000	65	125	4 350	240	440

ÉMISSION CÉRÈS

80 c. rose

Type: CÉRÈS - GROS CHIFFRES
Légende: REPUB FRANC
Type d'impression: TYPOGRAPHIQUE

Date de création: 8 OCTOBRE 1870
Date de fabrication:
Date d'émission: SEPTEMBRE 1872

	Neuf ☆	Neuf s/g (☆)	Obl. ⊙	Seul ⊠
57 80c rose	**1 100**	**550**	**15**	**45**
non dentelé	1 100	550		
a - carmin-rosé	1 100	550	17	50
b - carmin vif	1 400	700	22	70
c - fond ligné	1 500	750	35	90
d - "Langer" au verso	1 500	750	250	

	▢▢ Neuf ☆	Obl. ⊙	Seule ⊠	▢▢▢ Neuf ☆	Obl. ⊙	Seule ⊠	▢▢▢▢ Neuf ☆	Obl. ⊙	Seule ⊠	⊞ Neuf ☆	Obl. ⊙	Seul ⊠
57 80c rose	2 300	35	75	3 400	60	110	4 500	90	150	4 700	230	400

ÉMISSION CÉRÈS

10 c. brun sur rose

Type: CÉRÈS - PETITS CHIFFRES
Légende: REPUB FRANC
Type d'impression: TYPOGRAPHIQUE

Date de création: 4 JANVIER 1873
Date de fabrication: 11 JANVIER 1873
Date d'émission: 15 JANVIER 1873

	Neuf ☆	Neuf s/g (☆)	Obl. ⊙	Seul ✉
58 10c brun sur rose petits chiffres	**480**	**210**	**15**	**25**
non dentelé	650	325		
a - brun clair sur rose foncé	550	275	16	30
b - brun foncé sur rose pâle	520	260	16	30
c - fond ligné	580	290	22	35

	⊓⊓ Neuf ☆	Obl. ⊙	Seule ✉	⊓⊓⊓ Neuf ☆	Obl. ⊙	Seule ✉	⊓⊓⊓⊓ Neuf ☆	Obl. ⊙	Seule ✉	⊞ Neuf ☆	Obl. ⊙	Seul ✉
58 10c brun sur rose petits chiffres	1 000	32	40	1 500	55	75	2 000	80	110	2 200	170	300

ÉMISSION CÉRÈS

15 c. bistre

Type: CÉRÈS - PETITS CHIFFRES
Légende: REPUB FRANC
Type d'impression: TYPOGRAPHIQUE

Date de création: 24 AOÛT 1871
Date de fabrication: 28 AOÛT 1871
Date d'émission: 1 SEPTEMBRE 1871

	Neuf ☆	Neuf s/g (☆)	Obl. ⊙	Seul ⊠
59 15c bistre, petits chiffres	**625**	**265**	**5**	**10**
non dentelé		275		
a - bistre-jaune	625	265	5	10
b - bistre-brun	650	300	6	12
c - retouche cadre inférieur droit	675		330	550

		⊡⊡			⊡⊡⊡			⊡⊡⊡⊡			⊞	
	Neuf ☆	Obl. ⊙	Seule ⊠	Neuf ☆	Obl. ⊙	Seule ⊠	Neuf ☆	Obl. ⊙	Seule ⊠	Neuf ☆	Obl. ⊙	Seul ⊠
59 15c bistre, petits chiffres	1 300	15	20	1 950	25	40	2 600	50	80	2 750	170	330

ÉMISSION CÉRÈS

25 c. bleu

Type: CÉRÈS - PETITS CHIFFRES
Légende: REPUB FRANC
Type d'impression: TYPOGRAPHIQUE

Date de création: 24 AOÛT 1871
Date de fabrication: 28 AOÛT 1871
Date d'émission: 1 SEPTEMBRE 1871

Type I (1er état)

Fleurons des angles supérieurs
normaux.

Type II (2e état)

*Encoche de couleurs devant le
fleuron supérieur droit.
Pont blanc dans la cartouche du
fleuron inférieur droit.*

Type III (3e état)

*Point de couleur dans le fleuron
supérieur gauche.
Deux points de couleur dans le
fleuron supérieur droit.*

	Neuf ☆	Neuf s/g (☆)	Obl. ⊙	Seul ⊠
60 I 25c bleu type I	**180**	**90**	**2**	**3**
a - bleu foncé	220	110	2	3
b - bleu vif	220	110	2	3
c - impression doublée			850	6 000
d - "ab see" au verso			100	
e - "Lafontaine" au verso			100	150
f - réimpression Granet (nd), bleu laiteux (1887)	650	325		
60 II 25c bleu type II	**3 300**	**1 650**	**30**	**40**
a - bleu pâle	3 500	1 750	32	45
b - bleu foncé	3 800	1 900	35	50
c - bleu vif	3 800	1 900	35	50
60 III 25c bleu type III	**180**	**90**	**2**	**3**
a - bleu clair	180	90	2	3
b - bleu foncé	240	120	2	3
c - bleu vif	240	120	2	3
d - types II & III se tenant	8 750	4 350	2 000	4 500
faux d'Oran	450	185	625	2 150

		□□			□□□			□□□□			⊞		
	Neuf	Obl.	Seule	Neuf	Obl.	Seule	Neuf	Obl.	Seule	Neuf	Obl.	Seul
	☆	☉	⊠	☆	☉	⊠	☆	☉	⊠	☆	☉	⊠
60 I 25c bleu type I	400	5	6	600	9	13	800	22	35	850	50	75
a - bleu foncé	450	5	6	675	9	13	900	22	35	1 000	50	75
60 II 25c bleu type II	7 000	75	125	10 500	125	185	14 000	195	275	16 000	650	1 400
a - bleu pâle	7 200	80	130	10 500	135	200	14 500	215	300	17 000	675	1 450
b - bleu foncé	7 800	85	135	11 750	150	220	15 600	235	335	18 500	700	1 500
60 III 25c bleu type III	400	5	6	600	9	13	800	22	35	850	50	75
a - bleu clair	400	5	6	600	9	13	800	22	35	850	50	75
b - bleu foncé	500	5	6	750	9	13	1 000	22	35	1 050	50	75

TIMBRES COUPÉS SUR LETTRES ENTIÉRES NON TAXÉE

59 15c bistre (2 ⊠ connues)   **100 000**

TÊTE-BÊCHE

	☆	☉	⊠
T58 - 10c petits chiffres	6 000	2 650	5 000
T58a - 10c brun clair	6 750	2 650	5 250
T58b - 10c brun foncé	6 600	2 650	5 250
T59 - 15c petits chiffres	70 000	23 500	55 000
T59a - 15c bistre-jaune	70 000	23 500	55 000
T59b - 15c bistre-brun	75 000	25 000	57 500
T59c - 15c bistre-orange	80 000	26 500	58 500
T59d - 15c bistre terne	70 000	23 500	55 000
T60 I - 25c type I	11 000	5 000	13 500
T60 I - 25c bleu foncé	12 000	5 000	13 500
T60 I - 25c bleu vif	12 000	5 000	13 500
T60 I - 25c bleu terne	11 000	5 000	13 500

OBLITÉRATIONS

		petits chiffres des gros chiffres		gros points		cachet à date rouge des imprimés		ancre	
		□	✉	□	✉	□	✉	□	✉
50	1 c.	25	115 x	»»»	»»»	20	80	150	525 x
51	2 c.	25	115 x	»»»	»»»	20	80	125	60 x
51	4 c.	60	250 x	»»»	»»»	55	750	165	690 x
53	5 c.	12	30 x	215	1 100	20	210	65	265 x
54	10 c.	16	35 x	85	625	25	175	45	155 x
55	15 c.	7	17 x	80	550	25	145	45	155 x
56	30 c.	10	23 x	80	625	50	430	45	140 x
57	80 c.	20	57 x	80	550	60	460	25	85 x
58	10 c.	15	46 x	80	575	18	155	45	45 x
59	15 c.	8	23 x	80	575	25	190	40	140 x
60	25 c.	3	6 x	65	550	30	375	25	70 x

		OR		gros chiffres bleus		cachet à date bureau de passe		grand cachet AS. NA.	
		□	✉	□	✉	□	✉	□	✉
50	1 c.	50	» »	80	305 x	» »	» »	-	-
51	2 c.	50	» »	80	345 x	» »	» »	190	» »
51	4 c.	100	» »	120	525 x	» »	» »	225	» »
53	5 c.	50	625	80	345 x	60	755 x	175	1 900
54	10 c.	50	345	50	175 x	20	190 x	125	1 500
55	15 c.	50	345	50	230 x	20	205 x	100	1 250
56	30 c.		-	60	240 x	100	920 x	145	1 900
57	80 c.		-	60	285 x	125	1 300 x	165	2 150
58	10 c.	50	375	50	210 x	15	160 x	100	1 150
59	15 c.	50	375	50	175 x	25	275 x	100	1 150
60	25 c.	100	600	35	215 x	12	130 x	45	30

X à partir de

ÉMISSION TYPE SAGE

Sage 1876-78

Type: SAGE
Groupe: allégorique paix et commerce
Légende: REPUBLIQUE FRANÇAISE

Type d'impression: TYPOGRAPHIQUE
Papier: TEINTÉ
Type I: N sous B

Type I

N sous B.

Type I
N Sous B
Le coin (plaque gravée) se fendit pendant une trempe et le graveur dut refaire tout l'angle inférieur gauche du timbre, la signature J.A. SAGE INV. ne fut pas disposée exactement de la même façon que sur le cliché original et ceci donna naissance aux deux types

	Neuf ☆☆	Neuf ☆	Neuf s/g	oblitéré ⊙	sur doc	seul s.✉
61 1c vert	**260**	**130**	**65**	**100**	**300**	**850**
non dentelé	225	140	70			
a - vert foncé	280	145	75	100	300	850
62 2c vert	**2 350**	**1 200**	**520**	**300**	**500**	**800**
non dentelé	1 350	1 000	520			
a - vert foncé	2 450	1 250	560	320	500	800
63 4c vert	**260**	**130**	**65**	**80**	**280**	**850**
non dentelé	225	140	75			
a - vert foncé	290	145	65	90	280	850
64 5c vert	**1 000**	**500**	**260**	**55**	**70**	**100**
non dentelé	850	600	300			
a - vert foncé sur vert pâle	1 100	550	270	60	75	110
65 10c vert	**1 250**	**630**	**300**	**30**	**40**	**55**
non dentelé	850	660	330			
a - vert foncé sur vert pâle	1 350	660	330	30	45	60

	⊓⊓				⊓⊓⊓				⊓⊓⊓⊓				⊞			
	Neuf ☆☆	Neuf ☆	Obl. ⊙	s.✉	Neuf ☆☆	Neuf ☆	Obl. ⊙	s.✉	Neuf ☆☆	Neuf ☆	Obl. ⊙	s.✉	Neuf ☆☆	Neuf ☆	Obl. ⊙	s.✉
61 1c vert	550	275	270	350	825	415	360	500	1 100	550	515	750	1 225	700	450	1 000
62 2c vert	4 800	2 400	720	1 000	7 200	3 600	1 140	1 500	9 800	5 000	1 470	2 150	12 500	6 500	2 650	4 000
63 4c vert	550	275	165	235	825	415	270	350	1 100	550	425	600	1 225	700	525	2 000
64 5c vert	2 200	1 100	165	235	3 300	1 650	220	275	4 400	2 200	325	400	5 500	3 000	450	750
65 10c vert	2 500	1 250	65	80	3 775	1 875	130	150	5 000	2 500	170	225	6 500	4 000	425	700

	Neuf ☆☆	Neuf ☆	Neuf s/g	oblitéré ⊙	sur doc	seul s.✉
66 15c gris (1876)	**1 450**	**740**	**360**	**25**	**30**	**60**
non dentelé	850	650	325			
a - gris foncé	1 550	800	385	30	35	65
67 20c brun-lilas (1876)	**900**	**460**	**227**	**25**	**40**	**100**
non dentelé	600	400	200			
a - brun-rouge foncé	1 000	505	250	30	45	110
68 25c outremer	**12 000**	**6 400**	**3 200**	**70**	**100**	**110**
a - outremer vif	13 500*	6 850	3 400	70	100	110
69 30c brun	**780**	**400**	**200**	**10**	**15**	**20**
non dentelé	400	260	130			
a - brun foncé (1876)	825	420	210	10	15	20
b - brun sur chamois	850	450	255	13	20	28
70 40c rouge-orange (1876)	**900**	**460**	**230**	**45**	**55**	**70**
non dentelé	400	260	130			
a - vermillon	950	485	245	50	60	75
71 75c carmin	**1 500**	**750**	**370**	**15**	**25**	**45**
non dentelé	850	550	275			
a - carmin-rose vif	1 600	800	390	17	30	50
72 1f vert-bronze	**1 600**	**800**	**400**	**15**	**50**	**120**
non dentelé	625	425	210			
a - vert-bronze foncé	1 700	850	425	20	60	120

* Prix atteint chez Roumet en Sept. 2016: 12 719

	▢▢				▢▢▢				▢▢▢▢				⊞			
	Neuf ☆☆	Neuf ☆	Obl. ⊙	s.✉	Neuf ☆☆	Neuf ☆	Obl. ⊙	s.✉	Neuf ☆☆	Neuf ☆	Obl. ⊙	s.✉	Neuf ☆☆	Neuf ☆	Obl. ⊙	s.✉
66 15c gris (1876)	3 000	1 500	55	75	4 500	2 250	88	25	6 000	3 000	130	220	6 500	3 850	425	700
67 20c brun-lilas (1876)	2 000	1 000	55	80	3 000	1 500	90	130	4 000	2 000	140	210	4 500	2 750	425	850
68 25c outremer		13 000	165	200		20 000	260	300		27 000	375	450	70 000	42 500	2 850	3 850
69 30c brun	1 700	850	35	50	2 550	1 275	55	70	3 400	1 700	80	115	4 000	2 250	200	425
70 40c rouge-orange (1876)	2 000	1 000	100	160	2 550	1 275	55	70	3 400	2 000	265	400	4 500	2 700	350	525
71 75c carmin	3 200	1 600	38	65	4 800	2 400	65	100	6 400	3 200	95	140	7 000	3 850	200	365
72 1f vert-bronze	3 300	1 650	32	60	5 000	2 500	60	100	6 600	3 300	95	140	7 750	4 100	225	515

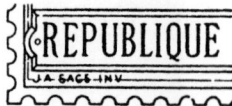

Type II

N Sous U

Le coin (plaque gravée) se fendit pendant une trempe et le graveur dut refaire tout l'angle inférieur gauche du timbre, la signature J.A. SAGE INV. ne fut pas disposée exactement de la même façon que sur le cliché original et ceci donna naissance aux deux types

N sous U.

	Neuf ☆☆	Neuf ☆	Neuf s/g	oblitéré ⊙	sur doc	seul s.⊠
73 20 c bleu (non émis)		**50 000**	**40 000**			
non dentelé (type II N sous U)	1 250	600	450			
74 2c vert	**190**	**110**	**40**	**22**	**70**	**110**
a - vert foncé	210	125	45	25	75	120
b - impression recto-verso				450		
5c						

75 5c vert type IIA : 29.11.1876	**170**	**110**	**40**	**20**	**45**	**120**
75 5c vert type IIB : 29.11.1876	**45**	**22**	**9**	**1**	**2**	**5**
non dentelé	260	180	90			
a - vert sur vert-jaune	45	28	12	1	2	5
b - vert-noir sur vert	75	37	15	2	3	5
c - "s" de "Poste" fermé	200	100	50	25	45	120
d - impression recto-verso	275	160	80			
e - teinte de fond partielle	425	215	110			
f - teinte de fond au verso	300	140	70			
g - piquage à cheval	85	45	22			
h - piquage double	225	120	60	135		
i - dentelé 1 ou 3 côtés	300	150	75			
j - dentelé tenant à non dentelé	350	175	85			
k - piquage oblique (pliage)	200	100	50			
l - pli accordéon	375	190	95	225		
m - impression sur raccord	450	300	150	250		

	▢▢				▢▢▢				▢▢▢▢				⊞			
	Neuf ☆☆	Neuf ☆	Obl. ⊙	s.⊠	Neuf ☆☆	Neuf ☆	Obl. ⊙	s.⊠	Neuf ☆☆	Neuf ☆	Obl. ⊙	s.⊠	Neuf ☆☆	Neuf ☆	Obl. ⊙	s.⊠
74 2c vert	400	250	50	80	600	375	95	135	800	500	145	210	850	600	200	375
75 5c vert type IIA: 29.11.1876	380	190	8	12	565	280	12	20	750	375	20	30	850	450	50	90
75 5c vert type IIB: 29.11.1876	100	50	2	3	150	75	3	5	200	100	5	7	225	120	13	19

	Neuf ☆☆	Neuf ☆	Neuf s/g	oblitéré ⊙	sur doc	seul s.✉
76 10c vert	**1 650**	**1 000**	**400**	**310**	**340**	**450**
77 15c gris						
77IIA 15c gris type IIA : 10.1876	**1 000**	**600**	**240**	**3**	**5**	**7**
a - gris foncé	1 100	700	250	3	5	7
b - dentelé 1 ou 3 côtés	1 600	1 100	375			7
c - "ab see" au verso				100	400	
25c						
77IIB 15c gris type IIB : 02.1878	**1 500**	**900**	**360**	**14**	**18**	**35**
78 25 c outremer						
78IIA 25c outremer type IIA : 06.1876	**1 150**	**580**	**290**	**3**	**5**	**7**
a - types I & IIa se tenant		110 000	55 000	27 500	90 000	
b - piquage à cheval	1 200	600	300			
c - dentelé 3 côtés tenant à piquage double		1 750				
d - "Lafontaine" au verso				125	180	
e - "Langer" au verso				150	350	
78IIB 25c outremer type IIB : 30.10.1876	**1 150**	**580**	**290**	**3**	**5**	**7**
f - outremer sur verdâtre				950	1 300	1 850

	▢▢				▢▢▢				▢▢▢▢				⊞			
	Neuf ☆☆	Neuf ☆	Obl. ⊙	s.✉	Neuf ☆☆	Neuf ☆	Obl. ⊙	s.✉	Neuf ☆☆	Neuf ☆	Obl. ⊙	s.✉	Neuf ☆☆	Neuf ☆	Obl. ⊙	s.✉
76 10c vert	3 600	1 300	715	900	5 400	3 450	1 150	1 400	7 200	4 600	1 750	2 250	9 250	5 000	2 600	3 650
77IIA 15c gris type IIA : 10.1876	2 300	1 300	6	10	3 450	1 900	9	13	4 600	2 650	17	25	5 500	3 300	800	125
77IIB 15c gris type IIB : 02.1878	3 060	1 730	8	13	4 580	2 500	12	20	6 200	3 500	25	50	7 300	4 400	1 065	180
78IIA 25c outremer type IIA : 06.1876	1 600	900	5	7	3 600	1 800	11	15	4 800	2 400	17	25	5 300	4 150	150	285
78IIB 25c outremer type IIB : 30.10.1876	1 600	900	5	7	3 600	1 800	11	15	4 800	2 400	17	25	5 300	4 150	150	285
79 25c bleu-gris	1 600	900	5	7	2 400	1 350	8	11	3 200	1 800	12	16	3 850	2 250	150	235

	Neuf ☆☆	Neuf ☆	Neuf s/g	oblitéré ⊙	sur doc	seul s.✉
79 25c bleu-gris	**730**	**430**	**180**	**2**	**3**	**5**
a - bleu vif	775	475	200	3	4	6
b - "ab see" au verso				100	400	
80 30c brun-jaune	**160**	**90**	**30**	**2**	**3**	**5**
non dentelé	750	500	250			
a - sépia-brun	165	95	35	2	3	5
b - impression recto-verso	175	110	45			
c - teinte de fond partielle	400	250	125			
d - piquage à cheval	200	125	40			
e - dentelé 1 ou 3 côtés	800	450	185			
f - piquage oblique (pliage)	750	450	185			
81 75c rose	**3 000**	**1 600**	**660**	**150**	**75**	**600**
non dentelé		50 000				
a - rose carminé svif	3 000	1 600	750	160	285	650
82 1f vert-olive	**230**	**135**	**50**	**9**	**70**	**120**
non dentelé	1 850	300	650			
a - vert-bronze	240	150	55	10	75	120
b - piquage oblique (pliage)	750	450	250			

	▢▢				▢▢▢				▢▢▢▢				⊞			
	Neuf ☆☆	Neuf ☆	Obl. ⊙	s.✉	Neuf ☆☆	Neuf ☆	Obl. ⊙	s.✉	Neuf ☆☆	Neuf ☆	Obl. ⊙	s.✉	Neuf ☆☆	Neuf ☆	Obl. ⊙	s.✉
80 30c brun-jaune	350	180	5	7	525	270	8	12	700	360	12	17	700	400	120	200
81 75c rose	6 500	3 400	290	375	9 750	5 100	450	650	13 000	6 800	700	900	15 000	8 000	1 400	3 600
82 1f vert-olive	500	300	20	30	750	450	35	50	1 000	600	50	75	1 250	700	90	250

ÉMISSION TYPE SAGE

Sage 1877-90

Type: SAGE
Groupe: allégorique paix et commerce
Légende: REPUBLIQUE FRANÇAISE

Type d'impression: TYPOGRAPHIQUE
Papier: TEINTÉ
Type II: N sous U

Type II
N Sous U

| | IIA | IIB | IIC |

1c

	Neuf ☆☆	Neuf ☆	Neuf s/g	oblitéré ⊙	sur doc	seul s.⊠
83 1c noir sur azuré						
83IIA 1c noir sur azuré type IIA : 7.06.1877	**18**	**12**	**4**	**1**	**2**	**3**
non dentelé	90	70	30			
a - ardoise sur bleu	18	12	4	1	2	3
b - noir sur bleu	24	15	6	1	2	3
c - noir sur cobalt	2 500	1 750	750	1 100	2 850	
83IIB 1c noir sur azuré type IIB : 21.05.1888	**14**	**9**	**3**	**1**	**2**	**3**
d - gris clair sur bleu pâle	15	10	4	1	2	3

	Neuf ☆☆	Neuf ☆	Neuf s/g	oblitéré ⊙	sur doc	seul s.⊠
83IIC 1c noir sur azuré type IIC : 28.11.1900	**8**	**5**	**2**	**1**	**1**	**2**
e - noir intense sur bleu	9	6	3	2	1	2

variétés:

f - impression recto-verso	75	45	15			
g - impression double				11 500		
h - impression double partielle				800		
i - piquage à cheval	275	180	65	150		
j - dentelé 1 ou 3 côtés	300	200	100			
k - dentelé tenant à non dentelé	400	250	125			
l - piquage oblique (pliage)	325	210	75			
m - piquage double	350	175	60	165		

	Neuf ☆☆	Neuf ☆	Neuf s/g	oblitéré ⊙		seul s.⊠
84 1c noir sur bleu de Prusse	**20 000**	**16 000**	**7 000**	**6 000**	**RR**	**32 500**

	☐☐				☐☐☐				☐☐☐☐				⊞			
	Neuf ☆☆	Neuf ☆	Obl. ⊙	s.⊠	Neuf ☆☆	Neuf ☆	Obl. ⊙	s.⊠	Neuf ☆☆	Neuf ☆	Obl. ⊙	sur doc s.⊠	Neuf ☆☆	Neuf ☆	Obl. ⊙	s.⊠
83IIA 1c noir sur azuré type IIA : 7.06.1877	35	22	2	3	52	33	3	5	70	44	6	9	80	50	20	75
83IIB 1c noir sur azuré type IIB : 21.05.1888	27	17	2	2	41	26	2	4	55	34	5	7	62	40	16	60
83IIC 1c noir sur azuré type IIC : 28.11.1900	16	10	1	1	22	14	2	2	31	20	3	4	35	22	8	33
84 1c noir sur bleu de Prusse	13 750				23 100				32 350				115 000	75 000		

IIA　　　　IIB　　　　IIC

2c

	Neuf ☆☆	Neuf ☆	Neuf s/g	oblitéré ⊙	sur doc	seul s.⊠
85IIA 2c brun-rouge type IIA : 2.05.1877	**14**	**6**	**3**	**3**	**8**	**16**
non dentelé	90	70	30			
a - brun-rouge foncé	19	8	4	4	9	18
85IIB 2c brun-rouge type IIB : 11.10.1884	**28**	**12**	**6**	**6**	**16**	**32**
b - brun foncé sur jaune foncé	35	15	8	8	20	40
85IIC 2c brun-rouge type IIC : 11.10.1884	**9**	**5**	**2**	**2**	**4**	**9**
c - brun rouge violacé	11	6	2	3	3	6
variétés:						
d - teinte de fond partielle	200	130	60	150		
e - impression recto-verso	50	35	16			
f - piquage à cheval	85	60	25			
g - dentelé 1 ou 3 côtés	300	200	100			
h - piquage double	200	130	60			
86 3c bistre sur jaune	**320**	**190**	**80**	**60**	**550**	**1 100**
non dentelé	200	140	60			
a - bistre-jaune clair	300	185	75	60	550	1 100
b - bistre-brun	385	230	100	65	600	1 100
87 3c gris	**10**	**4**	**2**	**2**	**25**	**90**
non dentelé	100	75	35			
a - gris clair	11	5	2	2	25	90
b - gris foncé	20	9	3	4	28	95
c - gris jaunâtre	12	5	2	2	25	90
d - impression recto-verso	65	40	20			
e - piquage à cheval	110	70	35			
f - dentelé 1 ou 3 côtés	350	225	100			
g - dentelé tenant à non dentelé	450	300	135			
h - piquage oblique (pliage)	325	210	100			

	⊡⊡				⊡⊡⊡				⊡⊡⊡⊡				⊞			
	Neuf ☆☆	Neuf ☆	Obl. ⊙	s.⊠	Neuf ☆☆	Neuf ☆	Obl. ⊙	s.⊠	Neuf ☆☆	Neuf ☆	Obl. ⊙	s.⊠	Neuf ☆☆	Neuf ☆	Obl. ⊙	s.⊠
85IIA 2c brun-rouge type IIA : 2.05.1877	25	12	6	12	40	20	10	18	50	25	15	25	55	27	25	60
85IIB 2c brun-rouge type IIB : 11.10.1884	50	24	12	24	80	40	20	36	100	50	30	50	110	54	50	120
85IIC 2c brun-rouge type IIC : 11.10.1884	16	8	4	8	26	13	6	12	32	16	10	16	35	17	16	38
86 3c bistre sur jaune	650	400	140	250	975	600	210	350	1 300	800	300	500	1 600	950	500	750
87 3c gris	24	10	6	12	36	17	8	16	48	24	13	20	45	18	20	75

	Neuf ☆☆	Neuf ☆	Neuf s/g	oblitéré ⊙	sur doc	seul s.✉
88 4c lilas-brun	**12**	**6**	**2**	**3**	**25**	**130**
non dentelé	100	75	35			
a - brun-rouge sur chamois	30	14	5	7	28	
b - brun-violet sur azuré	20	9	3	5	27	150
c - lilas brun sopmbre sur azuré	18	8	3	5	27	150
d - impression recto-verso	70	40	20			
e - piquage à cheval	225	150	50			
f - piquage oblique (pliage)	180	120	35			
g - pli accordéon				225		
89 10c noir sur lilas	**60**	**40**	**14**	**2**	**3**	**3**
non dentelé	120	90	40			
a - noir sur violet	68	45	17	2	4	3
b - teinte de fond partielle	128	82	40			
c - impression recto-verso	105	60	30			
d - impression double	800	500	225			
e - piquage à cheval	150	75	35			
f - dentelé tenant à dentelé 3 côtés		300				
g - piquage oblique (pliage)	200	135	60			

	☐☐ Neuf ☆☆	Neuf ☆	Obl. ⊙	s.✉	☐☐☐ Neuf ☆☆	Neuf ☆	Obl. ⊙	s.✉	☐☐☐☐ Neuf ☆☆	Neuf ☆	Obl. ⊙	s.✉	⊞ Neuf ☆☆	Neuf ☆	Obl. ⊙	s.✉
88 4c lilas-brun	25	12	6	12	40	20	10	18	50	25	15	25	55	27	25	60
89 10c noir sur lilas	140	90	4	7	210	135	6	10	280	180	9	16	300	210	18	30

	IIA (n°77)	IIB (n°77 & 90)	IIC (n°90 & 101)	IID (n°101)	IIE (n°101)

15c

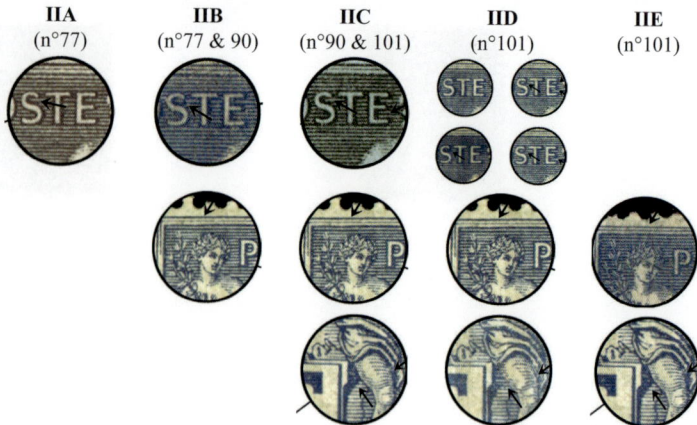

	Neuf ☆☆	Neuf ☆	Neuf s/g	oblitéré ⊙	sur doc	seul s.✉
90IIB 15c bleu type IIB : **12.06.1878**	**82**	**40**	**16**	**2**	**4**	**4**
non dentelé	130	100	45			
a - bleu vif sur bleu (1880)	650	425	225	7		15
90IIC 15c bleu type IIC : **19.06.1881**	**46**	**22**	**9**	**1**	**2**	**2**
b - bleu foncé sur azuré	50	24	10	1	2	2
variétés:						
c - chiffre "15" maigre				50		
d - impression recto-verso	90	55	20	35		
e - impression double				400		
f - piquage à cheval				80		
g - dentelé 1 ou 3 côtés	300	200	90			
h - piquage oblique (pliage)	300	200	90	135		
i - pli accordéon				300		
j - papier filigrané lettre cursive	6 000	4 000	2 000			
faux de belfort (1890)	115	75	25	275	1 200	
faux de chalon (oct 1886 région lyonnaise)	140	90	35	300	1 350	
faux de Paris (1886 & 1888)	90	60	20	125	325	
91 25c noir sur rouge	**1 500**	**1 000**	**400**	**28**	**50**	**60**
non dentelé	900	600	275			
a - noir sur rouge foncé	1 700	1 100	400	35	60	70
b - "Langer" au verso				350	900	
92 25c bistre sur jaune	**550**	**330**	**140**	**7**	**12**	**16**
non dentelé	425	375	175			
a - jaune vif sur bistre-jaune	650	425	150	9	15	18
b - bistre sur jaune foncé	575	350	140	7	12	16

	Neuf ☆☆	Neuf ☆	Neuf s/g	oblitéré ⊙	sur doc	seul s.⊠
90IIB 15c bleu type IIB : 12.06.1878	**82**	**40**	**16**	**2**	**4**	**4**
non dentelé	130	100	45			
a - bleu vif sur bleu (1880)	650	425	225	7		15
90IIC 15c bleu type IIC : 19.06.1881	**46**	**22**	**9**	**1**	**2**	**2**
b - bleu foncé sur azuré	50	24	10	1	2	2
variétés:						
c - chiffre "15" maigre				50		
d - impression recto-verso	90	55	20	35		
e - impression double				400		
f - piquage à cheval				80		
g - dentelé 1 ou 3 côtés	300	200	90			
h - piquage oblique (pliage)	300	200	90	135		
i - pli accordéon				300		
j - papier filigrané lettre cursive	6 000	4 000	2 000			
faux de belfort (1890)	115	75	25	275	1 200	
faux de chalon (oct 1886 région lyonnaise)	140	90	35	300	1 350	
faux de Paris (1886 & 1888)	90	60	20	125	325	
91 25c noir sur rouge	**1 500**	**1 000**	**400**	**28**	**50**	**60**
non dentelé	900	600	275			
a - noir sur rouge foncé	1 700	1 100	400	35	60	70
b - "Langer" au verso				350	900	
92 25c bistre sur jaune	**550**	**330**	**140**	**7**	**12**	**16**
non dentelé	425	375	175			
a - jaune vif sur bistre-jaune	650	425	150	9	15	18
b - bistre sur jaune foncé	575	350	140	7	12	16

	▯▯ Neuf ☆☆	Neuf ☆	Obl. ⊙	s.⊠	▯▯▯ Neuf ☆☆	Neuf ☆	Obl. ⊙	s.⊠	▯▯▯▯ Neuf ☆☆	Neuf ☆	Obl. ⊙	s.⊠	⊞ Neuf ☆☆	Neuf ☆	Obl. ⊙	s.⊠
90IIB 15c bleu type IIB : 12.06.1878	180	100	4	5	270	134	5	9	360	180	8	15	360	200	23	40
90IIC 15c bleu type IIC : 19.06.1881	100	55	2	3	150	75	3	5	200	100	4	7	200	110	13	20
91 25c noir sur rouge	3 300	2 200	70	125	5 000	3 000	115	200	6 700	4 400	190	325	8 500	5 500	750	1 350
92 25c bistre sur jaune	1 100	700	14	20	2 700	1 650	180	300	3 600	2 200	280	500	2 750	1 750	475	900

	Neuf ☆☆	Neuf ☆	Neuf s/g	oblitéré ⊙	sur doc	seul s.⊠
93 35c violet-gris sur jaune	**800**	**525**	**200**	**40**	**120**	**200**
non dentelé	375	265	125			
a - violet-rouge sur orange	900	600	225	55	135	215
b - violet-noir sur orange	850	575	215	50	130	210
94 40c rouge orange	**180**	**100**	**2**	**3**	**15**	**20**
non dentelé	375	300	125			
a - vermillon	200	115	40	4	16	20
b - rouge-orange sur jaune	225	130	45	10	25	30
c - rouge terne sur jaune	175	100	35	3	15	
d - impression recto-verso	275	185	80			
e - piquage à cheval				150		
f - dentelé 1 ou 3 côtés	450	300	135			
g - dentelé tenant à non dentelé	750	500	225			
h - pli accordéon	500	325	110			
95 5f violet sur lilas	**740**	**480**	**240**	**100**	**550**	**7 000**
non dentelé	1 000	700	325			
a - violet pâle sur lilas clair	725	475	250	100	525	7 000
b - lilas-rose sur lilas	1 000	650	350	130	575	7 000
c - lilas vif sur lilas	1 600	1 000	450	130	7 000	

	⊓ Neuf ☆☆	Neuf ☆	Obl. ⊙	s.⊠	⊓⊓ Neuf ☆☆	Neuf ☆	Obl. ⊙	s.⊠	⊓⊓⊓ Neuf ☆☆	Neuf ☆	Obl. ⊙	s.⊠	⊞ Neuf ☆☆	Neuf ☆	Obl. ⊙	s.⊠
93 35c violet-gris sur jaune	1800	1 100	90	175	2 700	1 650	180	300	3 600	2 200	280	500	4 200	2 850	475	900
94 40c rouge orange	375	220	6	10	565	330	9	16	750	440	13	20	750	500	55	165
95 5f violet sur lilas	1 600	1 000	220	400	2 400	1 500	375	550	3 200	2 000	550	800	3 950	2 600	675	

	Neuf ☆☆	Neuf ☆	Neuf s/g	oblitéré ⊙	sur doc	seul s.✉
96 20c brique sur vert	**70**	**40**	**20**	**7**	**35**	**150**
non dentelé	140	100	45			
a - brique sur vert foncé	100	60	30	9	40	160
b - garance sur vert	90	50	25	8	40	160
c - impression recto-verso	175	115	50	50		
d - teinte de fond partielle	175	125	45	60		
e - teinte de fond au verso	275	185	80	80		
f - dentelé 1 ou 3 côtés	350	225	100	150		
g - piquage oblique (pliage)	750	550	265	275	325	
97 25c noir sur rose	**120**	**72**	**26**	**2**	**5**	**5**
non dentelé	250	180	85			
a - noir sur rose foncé	125	80	30	2	6	7
b - impression recto-verso	200	135	55			
c - teinte de fond partielle	250	170	80	200		
d - piquage à cheval	350	225	100	60		
e - dentelé 1 ou 3 côtés	450	325	150			
f - dentelé tenant à non dentelé	800	550	225			
g - piquage double	325	210	70			
h - piquage oblique (pliage)	475	300	105			
98 50c rose	**330**	**200**	**76**	**4**	**15**	**30**
non dentelé		2 350				
a - rose carminé sur rose	350	225	85	4	15	30
b - rose pâle sur rose	335	215	80	4	15	40
c - rose foncé sur rose pâle	375	240	90	5	18	40
d - rose terne sur jaunâtre	350	225	85	4	15	40
e - rose vif sur rose pâle	375	240	90	5	18	
f - piquage double	700	475	185			
g - piquage oblique (pliage)	650	425	150			
99 75c violet sur orange	**350**	**220**	**100**	**40**	**175**	**350**
a - violet sur jaune	375	240	110	50	185	350
b - impression recto-verso		500				
c - teinte de fond au verso		700				

	▭▭				▭▭▭				▭▭▭▭				⊞			
	Neuf ☆☆	Neuf ☆	Obl. ⊙	s.✉	Neuf ☆☆	Neuf ☆	Obl. ⊙	s.✉	Neuf ☆☆	Neuf ☆	Obl. ⊙	s.✉	Neuf ☆☆	Neuf ☆	Obl. ⊙	s.✉
96 20c brique sur vert	150	90	14	20	225	135	22	30	300	180	32	50	330	210	45	185
97 25c noir sur rose	250	160	4	7	375	240	6	10	500	320	9	16	600	360	35	90
98 50c rose	700	450	8	40	1 050	675	12	50	1 400	900	20	65	1 750	990	50	235
99 75c violet sur orange	750	450	100	250	1 150	675	170	375	1 500	900	270	500	1 850	1 100	440	1 000

Sage 1892 à 1900

Type: SAGE
Groupe: allégorique paix et commerce
Légende: REPUBLIQUE FRANÇAISE

Type d'impression: TYPOGRAPHIQUE
Papier: TEINTÉ et QUADRILLÉ (n°101)
Type I, II et III

Type II
N Sous U

	Neuf ☆☆	Neuf ☆	Neuf s/g	oblitéré ⊙	sur doc	seul s.✉
101 15c bleu type IIC	**24**	**14**	**5**	**1**	**2**	**6**
non dentelé	280	200	90			
a - bleu clair	24	14	5	1	2	6
b - bleu foncé	26	17	6	1	2	7
c - impression recto-verso	80	52	20			
d - impression sur raccord	175	100	45	60		
e - piquage à cheval	125	75	35	45		
f - dentelé 1 ou 3 côtés	275	185	80			
g - dentelé tenant à non dentelé	350	225	100			
h - piquage double	140	85	40			
i - piquage triple		225				
j - piquage oblique (pliage)	300	200	90			
k - pli accordéon				135		
101 15c bleu type IID	**27**	**18**	**7**	**1**	**2**	**7**
101 15c bleu type IIE	**24**	**14**	**5**	**1**	**2**	**6**

Type III
N Sous B
Pour les n° 102 à 105 on utilisa un troisième poinçon, il est peu différent du Type I

	Neuf ☆☆	Neuf ☆	Neuf s/g	oblitéré ⊙	sur doc	seul sur doc s.✉
102 5c vert-jaune	**30**	**15**	**5**	**3**	**4**	**5**
non dentelé	750	540	250			
a - vert-jaune vif	35	18	6	3	4	6
b - impression recto-verso	75	50	22			
c - piquage à cheval	135	90	35	50		
d - dentelé 1 ou 3 côtés	275	185	80			
e - piquage oblique (pliage)		225	110			
f - impression sur raccord		400				
g - pli accordéon		275		175		
h - types III & II se tenant (102 + 106)	125	150	270			

	⊡⊡				⊡⊡⊡				⊡⊡⊡⊡				⊞			
	Neuf ☆☆	Neuf ☆	Obl. ⊙	s.✉	Neuf ☆☆	Neuf ☆	Obl. ⊙	s.✉	Neuf ☆☆	Neuf ☆	Obl. ⊙	s.✉	Neuf ☆☆	Neuf ☆	Obl. ⊙	s.✉
101 15c bleu	55	32	2	3	80	48	3	5	110	64	4	7	95	65	10	
102 5c vert-jaune	65	28	6	7	100	28	9	11	135	60	12	15	95	65	12	35

Type III
N Sous B
Pour les n° 102 à 105 on utilisa un troisième poinçon, il est peu différent du Type I

	Neuf ✰✰	Neuf ✰	Neuf s/g	oblitéré ⊙	sur doc	seul s.⊠
103 10c noir sur lilas (1898)	**45**	**22**	**7**	**3**	**4**	**5**
non dentelé	350	240	110			
a - noir sur lilas rose	47	22	8	3	5	6
b - noir foncé sur violet	50	25	9	3	5	6
c - impression recto-verso	140	90	40	35		
d - impression double	1 200	750	250			
e - piquage à cheval	175	115	50			
f - dentelé 1 ou 3 côtés	250	150	70			
g - dentelé tenant à non dentelé	400	275	135			
h - pli accordéon				300		
i - types II & III se tenant (89 + 103)	210	140	70	175	275	
j - types III & II se tenant (103 + 89)	400	250	125	375	550	
104 50c rose	**350**	**195**	**70**	**45**	**75**	**120**
a - rose carminé	375	210	75	50	80	130
b - impression recto-verso	600	380	150			
c - piquage à cheval	500	330	140	200		
105 2f bistre sur azuré	**190**	**115**	**45**	**45**	**750**	**8 000**
non dentelé	4 000	3 000	1 250	45		
a - bistre clair sur azuré	200	117	50		750	8 000
106 vert-jaune type IIB	**45**	**17**	**5**	**1**	**3**	**7**
non dentelé	150	100	45			
a - vert-jaune pâle	45	17	5	1	3	7
b - impression recto-verso	85	60	25			
c - dentelé 1 ou 3 côtés	275	185	85			
d - dentelé tenant à non dentelé	400	275	125			
e - piquage oblique (pliage)	350	250	120			
f - types III & II se tenant (102 + 106)	270	150	125			

	☐ Neuf ✰✰	Neuf ✰	Obl. ⊙	s.⊠	☐☐ Neuf ✰✰	Neuf ✰	Obl. ⊙	s.⊠	☐☐☐ Neuf ✰✰	Neuf ✰	Obl. ⊙	s.⊠	⊞ Neuf ✰✰	Neuf ✰	Obl. ⊙	s.⊠
103 10c noir sur lilas	100	50	8	15	150	75	12	20	200	100	18	30	150	100	18	40
104 50c rose	750	410	90	150	1 125	600	135	225	1 475	800	190	300	1 825	925	330	700
105 2f bistre sur azuré	450	250	100	750	675	375	175	900	900	500	260	1 100	800	500		
106 5c vert-jaune	100	40	3	5	150	60	4	6	200	6	9	250	135	70	16	40

OBLITÉRATIONS DU JOUR DE L'AN SUR TIMBRES DE 5 C TYPE SAGE

(Plus value sur les autres valeurs)

Pendant la période de renouvellement de l'année, les bureaux de Poste recevaient des dépots imporants de cartes de visite. Pour faire face à ce trafic l'administration engageait du personnel supplémentaire. Mais le nombre de cachets à date était insuffisant, aussi toutes les griffes disponibles durent utilisées. Les cartes de visite ne pouvant la surcharge de travail être toutes acheminées le jour de leur dépôt, beaucoup de bureaux suppreimèrent le bloc dateur.

N.B. Le GC 5 104 n'est pas un cachet de Jour de l'am (Bureau de Shanghai)

	□	✉
Petits chiffres noirs	à partir de 85	à partir de 525
Petits chiffres rouges	200	R
Gros chiffres	de 8 à 75	de 75 à 260
Gros chiffres rouges	160	1 700
Gros chiffres bleus	110	575
Etoile pleine ou évidée	18	180
Etoile chiffres	à partir de 25	à partir de 250
Losange de points muet	20	180
Ancre	12	100
P.P. encadré	32	280
Chiffres dans un cercle	2 à 60	à partir de 50
Griffes linéaires (differents modèles)	à partir de 15	à partir de 120
Cachet à date évidé (sans dateur)	à partir de 8	à partir de 150
Cachet à date de levée Exceptionnelle hexagonal ou octogonal (sans dateur)	60	500

OBLITÉRATIONS EXPOSITIONS UNIVERSELLES

I - 1878	□	✉
- Cachet à date EXPOS[N] UNIV[E] POST ET TELGRAPHE	55	600
- Cachet à date de Levée Exceptionnelle	185	4 000

II - 1889	□	✉
- Cachet à date PARIS EXPOSITION	45	315
- Idem Levée Exceptionnelle (E)	160	R
- Cachet à date EXPOSITION UNIV[ELLE] 1889	15	160
- Idem Levée Exceptionnelle	175	R

III - 1900

CACHETS MECANIQUES	✉
- Cachet à date PARIS EXPOSITION universelle et Drapeau RF	19

CACHETS MANUELS sur Cartes Postales (plus value sur lettres)

	□	✉
- Cachet à date PARIS EXPOSITION-ALMA	5	37
- Cachet à date PARIS EXPOSITION-BEAUX-ARTS	5	37
- Cachet à date PARIS EXPOSITION-IENA	5	37
- Cachet à date PARIS EXPOSITION-INVALIDES	5	37
- Cachet à date EXPOSITION-PRESSE	7	42
- Idem en rouge	16	290
- Cachet à date PARIS EXPOSITION-RAPP	5	37
- Cachet à date PARIS EXPOSITION-SUFFREN	7	42
- Cachet à date ANNEXE EXPOSITION-VINCENNES	16	210

IV BUREAU AMÉRICAIN - Un bureau de Poste Américain était installé dans le Pavillon des États-Unis de l'Exposition Universelle de 1900

OBLITÉRATIONS MANUELLES ✉

1- Cachet américain U.S. POSTAL EXPOSITION et cachet ovale type Américain avec 1900 au centre (Killer) 630
2- Drapeau seul : UNITED STATES POSTAL STATION PARIS EXPOSITION et 3 barres verticales 1 850

OBLITÉRATIONS MECANIQUES

3- Cachet américain UNITED STATES POSTAL STATION et drapeua AMERICAIN PARIS EXPOSITION 1900 210
4- Cachet américain U.S. POSTAL STA. PARIS-EXPN avec drapeau UNITED suivi de 6 barres verticales 1 000
5- Cachet américain U.S. POSTAL STA. PARIS-EXPN avec drapeau UNITED suivi de 6 barres horizontales........................ 850
6- 5 barres aved au début 1er et 5e barre : PARIS EXPOSITION/US POSTAL STA 1 400

CACHETS D'ESSAI PARIS DEPART (Bureau Central)

	□	✉
1- Carré de points avec		
Cachet à date PARIS DEPART		1 400
a) Carré de points seul	25	
2- Cachet à date (cercle central en tirets)................................	150	3 300
3- Idem (centre aved barres verticales)...................................	150	3 300
4- Frappe jumelée (Daguin) de 2 et 3		2 750
5- Cachet à date avec cercle central......................................	315	R
6- Cachet à date avec PARIS DEPART		
entre deux traits au centre................................	315	RR
a) existe à l'arrivée..		R
7- Petit drapeau ombré RF		550
8- Grand drapeau ombré RF		550
Il existe de nombreuses lettres addressées àA.MAURY valeur:		205

CACHETS D'ESSAI du bureau de PARIS 1
Place de la bourse

	□	✉
1- Grand Type..	20	220
2- Petit Type..	15	200
3- Pas de cercle. Date horizontale (1 ligne)	45	1 200
4- Cercle extérieur pointillé	8	65
5- Cercle extérieur épais	45	935
6- Id N°5 cercle interrompu	25	200
7- Cercle extérieur pointellé avec barres horizontales............		
et verticales avec le dateur	40	880

ESSAIS

On regroupe sous le terme général "ESSAIS"

-Les ÉPREUVES. Elles sont imprimées à partir d'un poinçon à l'unité sur de petits feuillets. On trouve quelque fois, côte à côte deux ou plusieurs empreintes du poinçon sur le même feuillet. Découpées format timbre, elles perdent 50% de leur valeur.

-Les ESSAIS proprement dits. Ils sont obtenus à partir d'un outil destiné à imprimer directement les timbres. Ils servent principalement à choisir les couleurs, ou à vérifier le résultat de l'impression.

- Les FEUILLES DE PASSE ET REBUT qui servent à la mise en train et ont souvent reçu plusieurs impressions. Les papiers utilisés vont de pelure au carton et les couleurs sont très diverses. Lorsqu'il n'est pas fait mention de la nature du papier ou de la couleur, c'est que la valeur de la pièce est la même dans toutes les présentations.

Les ESSAIS sont dits "officiels" lorsqu'ils sont réalisés à la demande de l'Administration et privés lorsqu'ils sont exécutés à l'initiative d'un particulier qui les propose à l'Administration.

⚠ **La valeur des épreuves est sujette à de très importantes variations en fonction de la qualité de l'impression, du papier et de la grandeur du feuillet support.**

EMISSION CÉRÈS

Epreuves

Effigie seule en noir	6 500	20c noir	5 000
Sans valeur noir sur chine	6 500	20c bleu sur chine	3 500
Sans valeur noir sur carmin	6 000	25c noir	3 650
Sans valeur bleu	5 000	25c bleu	3 500
10c noir	6 000	40c noir	5 650
15c noir	5 650	1f noir	5 000

Essais

10c noir papier quadrillé	775	25c brun-rouge	150
10c bleu fil de soie	775	25c autres couleurs	75
10c autres couleurs et papiers	100	40c bistre sur couleur papier pelure	185
15c vert papier carton	225	40c bleu	150
15c vert papier pelure	850	40c autres couleurs	90
15c bleu	150	40c 4 retouchés (toutes nuances)	5 000
15c autres couleurs	135	40c paire de deux "4 retouchés"	11 000
20c bleu foncé sur bleu	215	1f carmin sur verdâtre	1 100
20c papier avec fil de soie	425	1f noir	625
20c autres couleurs	100	1f autres couleurs	475
20c bleu de Prusse	165	1f à droite, 25c à gauche bleu	2 150

Essais tête-bêche

10c bistre	4 000	20c bleu foncé sur azuré	4 000
15c vert	15 000	20c rouge	4 500
15c bleu	16 500	25c bleu	5 000
20c brun foncé sur bistre	4 000	1f bleu	5 000
20c bleu	4 000		

Feuilles de passe

20c impressions multiples	100

Impression sur papier fil de soie

10c bleu très pâle ou gris	550
20c noir	650
25c vert gommé en haut et en bas	850

Essai pour nouvelle fabrication au balancier monétaire

Epreuve en noir sur feuillet	300
Essais 1858, noir	80
Essais 1858, vert, bleu ou bistre	22
Sans légende, bleu	120
Sans légende, rose	120

EMISSION PRÉSIDENCE

Epreuves

Sans valeur noir	2 350	10 noir sur chine	2 350
Sans valeur bleu sur chine	3 000	25c bleu sur chine	1 750
Noir s chine, emplacem^{nt} de val en blanc	1 750	25c Noir sur chine	1 000

Essais

10c couleurs diverses	125	25c bleu papier pelure	150
25c bleu	125	25c noir papier carton	175

EMISSION EMPIRE NAPOLÉON III

Epreuves

Effigie seule au type II	1 600	1f violet en paire	3 250
1c violet ou rouge	900	1f violet et bleu en paire	4 650
5c noir sur chine	1 150	1f violet et vert en paire	4 650
10c type I noir sur chine	1 150	1f vert et violet en paire	4 650
20c type II bleu	1 850	1f bleu et violet en paire	4 650
40c noir sur chine	800	1f rouge et vert en paire	5 000
1f bleu	1 750	1f rouge et bleu en paire	4 650
1f noir sur chine	2 150	1f bleu et vert en paire	5 000
1f vert en paire	3 250	1f vert et violet dans un bloc de 9+3	24 000

Essais

1c mordoré	175	20c bleu sur rose	40
1c rose sur rose	100	20c bleu sur rose tête-bêche	2 150
1c autres couleurs	40	20c autres couleurs	35
5c avec fil de soie	775	20c autres couleurs tête-bêche	1 100
5c rose carminé	45	25c couleurs diverses	25
5c autres couleurs	40	40c brun	950
10c bbleu ou vert	100	40c bleu sur verdâtre	925
10c noir type I	95	80c noir	110
10c noir type II	110	80c jaune-citron	100
10c bistre	125	80c autres valeurs	60
20c noir type I	50	1f vert	900
20c noir type II	75		

Essais pour nouvelle fabrication

5c avec gros fil de soie à gauche	775

Impr. du cadre nette, effigie floue

20c bleu non dentelé	45
20c bleu dentelé	45

Impression et- gommage au revers sur baudruche

1c non dentelé couleurs diverses	50
1c dentelé couleurs diverses	50

Impression lithographique

1c couleurs diverses	100
20c couleurs diverses	100

EMISSION EMPIRE LAURÉ

Epreuves

Effigie seule sans valeur	1 200	2c brun-rouge	475
avec cadre ou aplat noir ou bleu ss valeur	1 700	4c bleu sur azuré type II	575
Noir sur chine sans valeur	1 000	4c noir type II	390
Bleu sans valeur	360	4c noir type I	475
0c noir	390	5c noir	750
1c noir sur chine	610	20c noir sur chine	1 200
2c noir sur chine	610	40c noir sur chine	1 200
2c bleu	475		

Essais

1c vert-olive	950	4c vert ou olive	33
2c bleu	100	4c couleurs diverses	27
2c brun-rouge sur toile	95	30c bleu	95
4c bleu	40	30c orange ou rose	45
4c bleu tête-bêche	4 750	30c autres couleurs	18
4c brun-rouge ou brun	27	80c rose carminé	320
4c gris	27		

Feuilles de passe

sur toile valeurs diverses	40

5f Empire lauré

Epreuve sans valeur pour timbres fiscaux	650
avec encadrement partiel des Warrants	1 350

5f Empire épreuve terminée

Sans valeur noir sur chine	1 350
Sans valeur bleu sur chine	3 100
Sans valeur violet sur chine	4 800
Sans valeur gris-noir sur chine	1 200
Sans valeur brun-rouge sur chine	4 800
5f noir	1 850

5f Empire essai

5f lilas sur teinté	1 350
5f noir	1 350
5f vert	1 350

Essais en noir

Essai Augé Delille (lettres dans les angles)	10 000	20c type I report I	3 850
Essai Augé Delille tenant à 20c	25 000	bloc-report de 15	115 000
1c report I	480	20c type I report II	3 850
bloc-report de 15	15 000	bloc-report de 15	115 000
1c report II	360	20c type II report I	780
bloc-report de 15	11 000	bloc-report de 15	24 000
1c report III	360	20c type II report II	660
bloc-report de 15	11 000	bloc-report de 15	20 000
2c report I	1 000	20c type II essai en bleu sur papier glacé	3 000
bloc-report de 15	30 000	20c type II report III	660
2c report II	385	bloc-report de 15	20 000
bloc-report de 15	11 500	20c type III report I	480
4c report I	1 000	bloc-report de 15	15 000
bloc-report de 15	30 000	20c type III report II	500
4c report II	385	bloc-report de 15	15 000
bloc-report de 15	11 500	30c	480
5c report I	1 200	bloc-report de 15	15 000
bloc-report de 15	35 000	40c	480
5c report II	385	bloc-report de 15	15 000
bloc-report de 15	11 500	80c	480
10c report I	480	bloc-report de 15	15 000
bloc-report de 15	15 000	deux valeurs différentes en paire	15 000
10c report II	385	trois valeurs différentes en bande de trois	45 000
bloc-report de 15	11 500		

EMISSION CÉRÈS IIIÈME RÉPUBLIQUE

Epreuves

Sans valeur, noir sur carton	400	15c violet ou brique	170
Sans valeur, noir sur rose	300	30c noir	220
1c bronze ou bleu sur vert	700	30c bronze	190
2c noir	250	40c noir	380
5c noir	250	40c bleu sur jaune	380
5c bleu	180	80c noir	250
10c noir	260	80c bronze	280
15c noir	170	5c à gauche et 15c noir à droite	1 100
15c rose sur gris	170		

Essais

1c bleu	110	5c jaune	25
2c brun sur azuré	130	5c vert sur rose ou gris sur rose	30
2c bleu	90	10c bistre	110
4c gris sur rose	30	30c rose	80
5c bleu	90	80c rose	90

EMISSION SAGE

Epreuves

Sans valeur, t. I cartouche évidé noir	570	10c t. I olive ou noir sur carton ou chine	450
Sans valeur, t. I cartouche évidé carmin	570	15c t. I olive ou noir sur carton ou chine	450
Sans valeur, t. I cartouche plein noir	750	20c t. I olive ou noir sur carton ou chine	450
Ss val, t. I cart. plein vert s chine ou carton	750	25c t. I olive ou noir sur carton ou chine	450
Sans valeur, t. II cartouche évidé noir	750	30c t. I olive ou noir sur carton ou chine	450
Sans valeur, t. II cartouche évidé vert	750	40c t. I olive ou noir sur carton ou chine	450
Ss val, t. II cart. évidé or^e s chine ou carton	750	75c t. I olive ou noir sur carton ou chine	450
"Ne pas livrer le dimanche" noir	1 500	1f t. I olive ou noir sur carton ou chine	620
"Ne pas livrer le dimanche" vert	1 500	5f t. I olive ou noir sur carton ou chine	620
Type I avec mappemonde noir	750	2c t. II brun-lilas sur carton ou chine	570
Type I avec mappemonde vert	750	15c t. II noir sur carton ou chine	420
Type I avec mappemonde autres couleurs	570	25c t. II noir sur carton ou chine	450
t. I mappemonde brun, rose ou rge s bristol	50	25c t. II vert-bl ou olive s carton ou chine	450
Fond quadrillé, couleurs diverses	450	30c t. II noir sur rose sur carton ou chine	450
1c t. I olive ou noir sur carton ou chine	450	40c t. II noir sur carton ou chine	450
2c t. I olive ou noir sur carton ou chine	450	75c t. II noir sur carton ou chine	450
4c t. I olive ou noir sur carton ou chine	450	5f t. II lilas sur carton ou chine	900
5c t. I olive ou noir sur carton ou chine	450		

Essais

1c noir sur bleu t. II papier pelure	220	5c vert-jaune t. II papier normal	150
2c brun-rouge t. II papier pelure	60	15c bleu t. II papier normal	150
5c vert t. II papier pelure	100	20c brique sur vert t. II papier normal	240
15c bleu t. II papier pelure	120	25c noir sur rose t. II papier normal	150
1f vert-olive t. II papier pelure	570	30c brun t. II papier normal	150
5f lilas t. II papier pelure	750	40c orange t. II papier normal	150
1c t. I papier carton couleurs diverses	270	50c rose t. II papier normal	150
2c t. I papier carton couleurs diverses	370	1c noir sur bleu surcharge "Spécimen"	60
3c t. I papier carton couleurs diverses	230	1c noir sur bleu avec oblitération d'essai	60
10c t. I papier carton couleurs diverses	230	Sans teinte de fond t. II 1c, 2c, 3c, 4c,	
15c t. I papier carton couleurs diverses	230	5c, 10c, 15c, 20c, 25c, 30c, 40c, 50c,	
25c t. I papier carton couleurs diverses	270	75c, 1f, 5f: la série	1 500
4c t. I papier pelure couleurs diverses	180	3c brun type I, papier légèrement glacé	450
5c t. I papier pelure couleurs diverses	180	5c vert type I, papier légèrement glacé	450
25c t. I papier pelure couleurs diverses	180	10c noir type I, papier légèrement glacé	500
30c t. I papier pelure couleurs diverses	220	2c coul. diverses t. II, papier lég. glacé	450
40c t. I papier pelure couleurs diverses	220	1c gris s azuré ou rose dent. pap normal	150
1c noir sur bleu t. II papier normal	150	10c noir s vert ou rose dent. pap normal	120
3c gris t. II papier normal	150	25c gris sur rose dentelé pap normal	120
4c lilas-brun t. II papier normal	150	Feuilles de passe, 5c vert	70

TIMBRES-TAXE CARRÉS

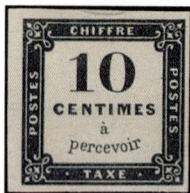

Epreuves

Essais

TIMBRES POUR JOURNAUX

Epreuves

Sans valeur, noir	1 250	5c bleu et rose	1 600
2c bleu, lilas ou rose	620	5c noir et rose	1 600
5c noir	1 250		

TIMBRES-TÉLÉGRAPHE

Epreuves

25c noir	750	1f noir	750
50c noir	750	2f noir	750

Essais

Sans valeur	300	1f brun	180
25c couleurs diverses	150	2f couleurs diverses	180

PROJETS PRIVÉS

Projets Meillet et Pichot (1850)

Guillochage teinté, 20c noir, tête à droite	60	Sans guill, 20c coul diverses, tête à droite	10
Guill. teinté, 20c coul diverses, tête à droite	10	Sans guill, 25c coul diverses, tête à gauche	10
Guill. teinté, 25c coul diverses, tête à gauche	10	25c impression à l'envers	65
Sans Guillochage, 20c noir, tête à droite	15	25c impression à l'envers tête-bêche	220

Projets Morel (1850)

25c noir papier pelure	290	Effigie de l'Empereur 0c bleu (1864)	40
20c bleu foncé partie sup gommée	175	Effigie de l'Empereur 0c vert (1864)	150
20c bleu perforé partie sup gommée	175		
20c bleu percé en ligne partie sup gommée	175		

Projet Renard gravé par Barroux

0c noir

Projet Sparre

Epreuve en noir   RR

Projets Bordes (1867) (barré ou dentelé: mêmes cotes)

Sans valeur, noir	35	Sans valeur, carmin-rose	50
Sans valeur, bleu	35	Sans valeur, vermillon	60

Projets Joubert (1869) (Prince impérial)

175x175mm centre rouge sur chine	300	papier un peu glacé, couleurs diverses	
175x175mm centre vert sur chine	300	bloc de 4	17
80x85mm centre bleu-violet très foncé	90	bloc de 253	110
80x85mm centre noir	90		

Projets Joubert (1872) (déesse) — Projet Gaiffe (1876)

		Projet Gaiffe (1876)	35
10c papier carton couleurs diverses	5	1c couleurs diverses	310
10c papier pelure couleurs diverses	35	1c cadre bleu, effigie rose ou grise	310
15c papier carton bistre	35	1c cadre rose, effigie grise	220
		10c couleurs diverses	

Essai de l'Imprimerie Nat^ale — Projet Chazal - Banque de france

10c noir ou rouge	260	30c bleu	35
15c noir ou rouge	260	30c autres couleurs	165
Paire verticale interpanneau 10c & 15c	800		

⚠ *La valeur des épreuves est sujette à de très importantes variations en fonction de la qualité de l'impression, du papier et de la grandeur du feuillet support.*

BUREAUX FRANÇAIS À L'ÉTRANGER

1ère colonne: timbres oblitérés détachés
2ème colonne: timbres oblitérés sur ⊠
(afft cpsé: tbre le plus cher sur ⊠ + autres tbres oblitérés détachés)

Note: ici, seules les émissions les plus utilisées ont été cotées (empire non dentelé et empire lauré), mais les autres émissions ont également servi pour les bureaux à l'étranger: Bordeaux, Cérès IIIème République, Sage, etc.

Losanges petits chiffres (cotes sur ⊠: combinaison 40c+10c pour la France).

Bureaux		1 c. (11) □	⊠	5 c. (12) □	⊠	10 c. (13) □	⊠	20 c. (14) □	⊠	40 c. (16) □	⊠	80 c/ (17) □	⊠
3 704	Alexandrie	135	825	125	725	30	200	35	225	30	200	125	725
3 706	Beyrouth	»	»	165	900	40	250	40	235	40	250	135	800
3 707	Constantinople	125	600	115	425	30	95	30	105	30	95	100	550
3 708	Dardanelles	»	»	265	1 800	170	1 200	170	1 350	170	1 200	260	2 200
3 709	Smyrne	»	»	125	550	35	150	35	150	35	150	100	600
3 766	Alexandrette	»	»	160	880	60	470	60	500	60	470	165	1 200
3 767	Gallipoli	»	»	»	»	290	2 360	290	2 600	290	2 350	375	3 300
3 768	Jaffa	»	»	475	5 500	365	3 150	385	4 950	365	3 300	535	6 250
3 768	Jaffa (Jerusalem)	»	»	500	6 000	365	5 575	450	4 950	365	3 575	535	6 250
3 769	Lattaquié	»	»	»	»	450	3 000	425	3 500	450	3 000	565	4 950
3 770	Mersina	»	»	335	2 300	200	1 300	200	1 500	200	1 300	350	1 900
3 771	Metelin	»	»	340	2 530	220	1 485	220	1 650	220	1 500	350	2 475
3 772	Tripoli (Syrie)	»	»	385	5 500	325	3 500	325	3 300	325	3 300	400	5 775
4 008	Galatz	»	»	325	3 750	285	2 750	285	3 150	285	2 750	315	3 850
4 009	Ibeaïla	»	»	»	»	525	8 800	585	8 800	585	8 750	»	»
4 010	Ineboli	»	»	»	»	950	17 500	950	17 500	950	17 500	1 150	20 000
4 011	Kerassunde	»	»	»	»	700	9 350	700	8 800	700	8 750	825	13 750
4 012	Salonique	»	»	125	725	60	245	60	275	60	270	120	715
4 013	Samsoun	»	»	»	»	115	1 200	115	1 200	115	1 200	200	1 900
4 014	Sinope	»	»	»	»	1 150	24 750	»	»	1 150	24 750	»	»
4 015	Sulina	»	»	»	»	1 250	16 500	1 250	16 500	1 250	16 500	1 450	17 500
4 016	Trébizonde	»	»	140	1 750	95	1 100	95	1 100	95	1 100	140	1 925
4 017	Tulscha	»	»	»	»	825	9 350	925	9 359	825	9 350	1 000	12 650
4 018	Varna	»	»	»	»	170	1 200	170	1 200	170	1 200	285	2 350
4 222	Monaco	1 900	»			800	10 725	750	7 750	1 650	20 000	2 500	23 650

Pour coter une lettre, prendre la cote du timbre s. lettre la plus élevée et ajouter les cotes des autres timbres « isolés » qui complètent l'affranchissement.
Exemple : LES DARDANELLES : lettre avec N° 13 et un N° 16 = 1 50 + 1 000 = 1 150 la lettre.
Pour les oblitérations de MONACO, voir aussi MONACO Tome II.

Losanges gros chiffres (40c lauré) *(cotes sur ⊠: combinaison 40c+10c pour la France).*

Le losange 5 153 d'Enos n'est connu qu'à un seul exemplaire sur timbre détaché. Le losange 5 081 de Bâle n'est connu qu'à deux exemplaires sur lettre.

Losange gros chiffres 5 080, bureau d'Alexandrie

2 387	Monaco (29)	150	400	5 097	Ordou (38)	850	26 950
5 079	Alexandrette	35	240	5 097	Sinope	800	2 500
5 080	Alexandrie	17	88	5 098	Smyrne	18	88
5 081	Bâle	R	27 000	5 099	Sulina	750	12 650
5 082	Beyrouth	18	100	5 100	Trébizonde	80	770
5 083	Constantinople	14	55	5 101	Tripoli (Syrie)	210	1 650
5 084	Dardanelles	60	660	5 102	Tulscha	265	2 900
5 085	Galatz	145	880	5 103	Varna	85	900
5 086	Gallipoli	240	2 200	5 104	Shanghaï	50	600
5 086	Rodosto (38)	650	16 500	5 105	Suez	165	1 480
5 087	Ibraïla	225	2 000	5 106	Tanger	»	»
5 088	Inéboli	725	18 500	5 107	Tunis	60	250
5 089	Jaffa	130	1 600	5 118	Yokohama	105	1 000
5 089	Jaffa (Jérusalem)	130	2 200	5 119	Le Caire	80	660
5 090	Kerassunde	200	2 200	5 121	La Goulette	185	1 200
5 091	Lattaquié	200	2 500	5 129	Port Saïd	125	650
5 092	Mersina	105	825	5 139	Kustendje	850	11 500
5 093	Metelin (1862-72)	165	1 000	5 153	Enos (38)	3 500	»
5 094	Rhôdes	210	1 500	5 154	Lagos (38)	1 750	»
5 095	Salonique	27	165	5 155	Dédéagh (38)	1 750	20 000
5 096	Samsoun	100	1 000	5 156	Cavelle (38)	1 750	22 000

Burea de Ourdou ayant succédé à celui de Sinope à partir de mai 1869.

Les cotes de base (valeur minimum) données ici concernent pour les gros chiffres le 40 c. Empire lauré, dentelé (No 31) à de rares exceptions près auquel cas le No du timbre est indiqué entre parenthèsés (38) après le nom du Bureau correspondant.

Bureaux d'Algérie:
losanges petits chiffres (20c bleu empire non dentelé)

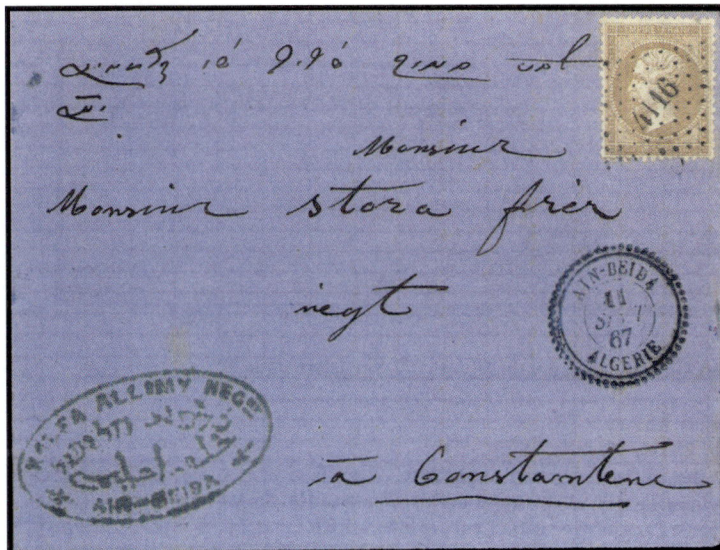

Losange petits chiffres 4 116, bureau d'Ain-Benïda

3 710 Alger	3	12	3 736 Sidi-Bel-Abbès	6	35	4 005 Soukaras	70	825
3 711 l'Arba	75	675	3 737 Stora	215	4 000	4 007 Laghouat	100	950
3 712 Arzew	50	425	3 738 Tenez	20	300	4 104 Jemmapes	50	500
3 713 Aumale	28	185	3 739 Tlemcen	7	50	4 106 La Reghaïa	250	3 250
3 714 Batna	25	125	3 751 El Arrouch	90	1 100	4 116 Ain-Beïda	45	500
3 715 Blidah	5	30	3 752 Biskra	50	425	4 120 Pont de l'Oued Djer	90	1 250
3 716 Bône	5	25	3 753 Boghar	70	850	4 122 Staouéli	100	1 350
3 717 Bouffarick	50	350	3 754 La Calle	50	500	4 187 Gastonville	100	1 200
3 718 Bougie	25	135	3 755 Gudiel	275	6 750	4 189 Lalla Maghrnia	100	1 200
3 719 Cherchell	30	160	3 756 Guelma	20	175	4 190 Tizi-Ouzou	80	900
3 720 Coléah	60	500	3 757 Lambèse	175	2 000	4 361 Bou Tlélis	100	1 200
3 721 Constantine	4	18	3 759 Saïda	80	950	4 362 Le Tlélat	125	1 500
3 722 Dellys	45	325	3 760 Smendou	100	1 000	4 363 Ain-Temouchen	70	750
3 723 Dély-Ibrahim	70	700	3 761 St-Denis-du-Sig	25	185	4 364 Relizane	100	1 000
3 724 Djidjelli	50	350	3 762 Tébessa	65	625	4 365 Assi-Ameur	125	1 900
3 725 Douéra	50	350	3 763 Téniet-el-Haad	65	850	4 366 Aboukir	375	5 250
3 726 Mascara	16	125	3 764 Tiaret	60	575	4 367 Ain Tédelès	100	1 000
3 727 Médéah	16	125	3 774 El Affroun	150	5 750	4 368 La Stidia	275	5 000
3 728 Mers-el-Kébir	55	435	3 774 Mouzaïaville	135	1 100	4 369 Le Fondouck	125	1 500
3 729 Milianah	20	125	3 776 Bou-Medfa	110	1 100	4 370 Kouba	250	3 750
3 730 Mostaganem	6	35	3 777 Marengo	45	425	4 371 Fort-Napoléon	100	1 200
3 731 Nemours	30	185	3 793 Miserghin	80	1 000	4 372 Dra-el-Mizan	150	1 900
3 732 Oran	4	18	3 794 St-Cloud-d'Algérie	80	850	4 373 Rouiba	235	3 750
3 733 Orléansville	20	150	3 795 Valmy d'Algérie	100	950	4 373 Chéragas	235	6 500
3 734 Philippeville	6	30	3 846 Penthièvre	135	1 500	4 446 Géryville	325	5 750
3 735 Sétif	15	85	3 912 La Maison-Carrée	70	1 250	4 447 Oued-el-Hammam	300	5 750

Bureaux d'Algérie: losanges gros chiffres

Losange gros chiffres 5120, bureau d'El Kantours

5 000 Aboukir	75	950	5 044 Mers-el-Kébir	45	350	5 116 Birtouta	75	1 250
5 001 Aïn-Beida	100	1 200	5 045 Col des Beni Aïcha	100	1 350	5 117 Berrouaghia	100	1 250
5 002 Saint-Charles	100	1 350	5 046 Milianah	7	30	5 117 Gué de Constantine	100	3 500
5 003 Aïn-Tedelès	50	600	5 047 Miserghin	50	500	5 120 El Kantours	100	1 200
5 004 Aïn Temouchen	25	175	5 048 Mostaganem	6	25	5 120 Bou Sfer	100	1 300
5 005 Alger	3	7	5 049 Mouzaïaville	60	850	5 122 Les Trembles	100	1 100
5 006 l'Arba	25	200	5 050 Nemours	15	70	5 123 Perrégaux	100	1 200
5 007 El Arrouch	30	215	5 051 Oran	3	8	5 124 Bizot	55	700
5 008 Arzew	25	185	5 052 Orléansville	6	25	5 125 Bordj Bou-Arreridj	55	600
5 009 Assi-Ameur	100	575	5 053 Oued-el-Hammam	90	1 000	5 126 Lamoricière	100	1 500
5 010 Aumale	18	80	5 054 Penthièvre	85	950	5 126 Ouled Mimoun	100	900
5 011 Batna	6	30	5 055 Philippeville	3	13	5 127 Gar Rouban	100	1 500
5 012 Biskra	16	70	5 056 Pont de l'Oued Djer	70	1 000	5 128 Daya	70	1 100
5 013 Blidah	4	25	5 056 Bou Medfa	70	1 000	5 130 Oued-el-Halleg	70	875
5 014 Boghar	45	350	5 057 La Reghaïa	80	1 000	5 131 El Affroun	115	5 000
5 015 Bône	6	20	5 057 L'Alma	80	1 250	5 131 Bou Saada	100	1 250
5 016 Bou-Tlélis	70	825	5 058 Relizane	18	125	5 133 Kroubs	100	950
5 017 Bouffarick	16	70	5 059 Rouiba	55	1 100	5 134 Bouguirat	100	950
5 018 Bougie	6	25	5 060 Saïda	20	180	5 135 L'Hillil	70	900
5 019 La Calle	35	300	5 061 Sebdou	80	900	5 136 Ammi-Moussa	100	950
5 020 Cheragas	80	1 500	5 062 Sétif	6	25	5 137 Sidi-Ali-Ben-Youb	90	1 200
5 020 Palestro	80	900	5 063 Sidi-Bel-Abbès	5	20	5 138 Oued-Zenati	75	1 200
5 021 Cherchell	20	95	5 064 Smendou	70	950	5 140 Affreville	80	1 100
5 022 Coléah	30	185	5 065 Soukaras	30	185	5 141 Duperré	80	1 100
5 023 Constantine	4	15	5 066 Staoueli	80	875	5 142 Boghari	100	1 200
5 024 Dellys	20	125	5 067 La Stidia	85	1 250	5 143 Akbou	125	1 350
5 025 Dély-Ibrahim	50	425	5 068 Stora	350		5 144 Khenchela	100	1 250
5 026 Djidjelli	25	150	5 069 St-Cloud-d'Algérie	45	625	5 145 Zemmorah	110	1 350
5 027 Douéra	30	200	5 070 St-Denis-du-Sig	20	110	5 146 Bordj Menaiel	100	1 250
5 028 Dra-el-Mizan	70	800	5 071 Tébessa	45	500	5 147 La Chiffa	100	1 350
5 029 Le Fondouck	55	750	5 072 Ténez	20	100	5 148 Rébeval	110	1 750
5 030 Fort-Napoléon	50	500	5 073 Teniet-el-Haad	35	300	5 150 Oued-Athmenia	100	1 300
5 030 Fort-National	50	350	5 074 Le Tlélat	50	550	5 151 Birkadem	110	1 400
5 031 Gastonville	60	750	5 075 Tlemcen	6	25	5 152 Ponteba	110	1 400
5 031 Robertville	60	825	5 076 Tiaret	13	100	5 157 Oued-Slyt	125	1 650
5 032 Géryville	80	950	5 077 Tizi Ouzou	30	200	5 158 Oued-Fodda	125	1 650
5 033 Guyotville	80	1 250	5 078 Valmy	80	825	5 159 Azib-Zamoun	225	2 250
5 034 Guelma	13	50	5 081 Beni Mancour	100	1 400	5 160 Attatba	150	2 150
5 035 Jemmapes	15	80	5 093 Aïn el Arba	100	1 300	5 162 Sidi-Brahim	125	1 850
5 036 Kouba	50	500	5 108 Sidi-Moussa	125	1 500	5 163 Oued-Riou	150	2 850
5 037 Laghouat	45	350	5 109 Djelfa	25	350	5 164 Henneya	325	5 750
5 038 Lalla Maghrnia	45	425	5 110 Bou Kanifis	80	875	5 165 Aïn Fekarin	225	4 500
5 039 Lambèse	50	500	5 111 Collo	60	625	5 166 Bourkika	150	2 500
5 040 la Maison Carrée	45	400	5 112 Duzerville	60	875	5 168 Blad-el-Hadjadj	175	3 250
5 041 Marengo	40	325	5 113 Mondovi	100	950	5 169 Bordj-Bouira	375	7 250
5 042 Mascara	6	25	5 114 Barral	100	1 500	5 171 Beni Saf	525	8 250
5 043 Médéah	6	25	5 115 Hussein Dey	75	950	5 172 Bir Rabalou	525	8 250

Timbres d'occupation

1870 - Timbres d'occupation (timbres d'Alsace-Lorraine).

Burelage droit: pointes en haut

Burelage renversé: pointes en bas

	☆☆	☆	(☆)	⊙	✉	seul s ✉
✠1 1c vert-bronze	**150**	**100**	**50**	**135**	**265**	
a - vert-olive	155	105	55	135	265	
b - vert-olive foncé	225	140	70	185	325	
c - vert-gris		325	160			
d - burelage renversé (vert-bronze ou olive)	750	475	235	875	1 500	
e - réimpression (burelage renversé)	15	12	5			
f - réimpression (burelage droit)		1 400	650			
✠2 2c brun-rouge	**235**	**160**	**80**	**235**	**385**	**1 150**
a - brun-lilas	250	170	85	235	385	1 150
b - brun-rouge-noir	475	300	150	375	625	1 500
c - burelage renversé (brun-rouge ou lilas)	350	210	105	750	1 300	2 500
d - réimpression	15	12	5			
✠3 4c gris-lilas	**265**	**185**	**90**	**140**	**265**	**800**
a - gris-violet	265	185	90	140	265	800
b - gris-noir	300	200	100	160	300	850
c - burelage renversé (gris-lilas ou violet)	350	210	105	275	425	1 000
d - burelage recto et verso				850		
e - réimpression	15	12	5			
✠4 5c vert-jaune	**250**	**175**	**85**	**19**	**100**	**185**
a - vert foncé	260	180	90	20	110	200
b - burelage renversé (neuf: 10ex connus)		8 000	5 000	800	2 100	3 150
c - burelage doublé		700	350	350		
d - réimpression	15	12	5			

✱5 10c bistre-brun	**215**	**150**	**75**	**8**	**50**	**55**
a - bistre-orange	225	155	80	9	55	60
b - burelage renversé	350	210	105	26	125	140
c - burelage citron	275	190	95	13	110	125
d - burelage citron renversé	425	300	150	70	250	300
e - burelage incomplet		450	225	185		
f - piquage double		285	140			
g - réimpression	15	12	5			
✱6 20c bleu	**235**	**160**	**80**	**21**	**80**	**95**
a - bleu laiteux	235	160	80	23	85	100
b - bleu foncé	250	170	85	25	90	110
c - burelage renversé	425	300	150	125	300	350
d - burelage incomplet		500	250	250		
e - réimpression	15	12	5			
✱7 25c brun-noir	**285**	**200**	**100**	**135**	**335**	**400**
a - brun clair	300	210	105	140	350	425
b - burelage renversé	900	600	300	400	800	1 000
d - réimpression	15	12	5			

PAIRES, BANDES ET BLOCS DE 4

	□□				□□□				□□□□				□□□□□				⊞			
	☆☆	☆	⊙	✉	☆☆	☆	⊙	✉	☆☆	☆	⊙	✉	☆☆	☆	⊙	✉	☆☆	☆	⊙	✉
✱1 1c	350	250	325	475	525	375	550	800	700	500	750	1 100	875	625	900	1 350	650	450	750	1 250
c - vert-gris		700				1 100				1 500				2 000				1 500		
d - burelage renv	1 600	1 000	2 500	4 250	2 400	1 500	4 000	5 500	3 200	2 000	5 500	7 000	4 000	2 500	7 000	9 000	3 500	2 250	5 750	10 000
e - réimpression	35	25			50	38			65	50			85	65			75	60		
✱2 2c	500	350	500	750	750	525	750	950	1 000	700	1 100	1 500	1 250	875	1 500	2 000	1 200	700	1 750	2 250
b - brun-rge-noir	1 000	700	800	1 200	1 500	1 050	1 200	1 500	2 000	1 400	1 600	1 500	2 500	1 750	2 250	3 000	2 500	1 400	2 150	2 750
c - burelage renv	750	450	2 250	3 750	1 125	675	3 500	5 500	1 500	900	4 500	2 250	1 900	1 125	5 500	7 500	2 000	1 250	5 000	8 000
d - réimpression	35	25			50	38			65	50		6 500	85	65			75	60		
✱3 4c	550	400	300	500	825	600	500	800	1 100	800	850	1 100	1 400	1 000	1 000	1 400	1 300	825	1 550	2 000
c - burelage renv	750	450	600	900	1 125	675		1 350	1 500	900	1 200	1 750	1 900	1 125	1 500	2 150	2 000	1 250	2 500	3 500
e - réimpression	35	25			50	38	900		65	50			85	65			75	60		
✱4 5c	550	400	40	125	825	600	70	225	1 100	800	165	300	1 350	1 100	225	400	1 250	750	465	1 550
b - burelage renv		2 000																	4 500	
d - réimpression	35	25			50	38			65	50			85	65			75	60		
✱5 10c	450	350	20		675	525	50	110	900	700	100	200	1 125	875	175	300	1 100	875	175	300
b - burelage renv	750	450	60	65	1 125	675	115	225	1 500	900	200	375	1 900	1 125	325	500	2 000	1 250	600	1 000
d - bur citron renv	900	650	150	150	1 350	975	300	550	1 800	1 300	550	1 000	2 250	1 250	900	1 650	2 400	1 450	750	1 250
g - réimpression	35	25		325	50	38			65	50			85	65			75	60		
✱6 20c	500	350	45	175	750	525	90	275	1 000	700	200	550	1 250	875	400	800	1 200	700	650	1 350
c - burelage renv	900	650	300	450	1 350	975	450	700	1 800	1 300	700	1 100	2 250	1 625	1 000	1 500	2 400	1 450	1 650	2 750
e - réimpression	35	25			50	38			65	50			85	65			75	60		
✱7 25c	600	450	285	750	900	675	450	1 000	1 200	900	600	1 350	1 500	1 125	800	1 600	1 450	850	750	1 450
b - burelage renv	2 000	1 300	850	1 500	3 000	1 950	1 300	2 000	4 000	2 600	1 750	2 750	5 000	3 250	2 250	3 500	4 000	2 750	2 400	4 000
d - réimpression	35	25			50	38			65	50			85	65			75	60		

TIMBRES POUR JOURNAUX

1868 *- Non dentelés (feuilles de 101). Dessin: Oudiné. Les n° 1 à 3 existent avec burelage de sécurité.*

	☆	(☆)	⊙ s ✉ <5-9-70	s ✉ >5-9-70	
1 2c lilas, non dentelé	400	200	80	250	
a - impression sur la gomme	900				
b - réimpression PEXIP	225	110			
1A 2c essai en noir nd, sch "Epreuve" en rge	2 250	950	950	2 250 (sur ▲)	
a - essai en noir sans la surcharge "Epreuve"	2 250	950	950	3 500 (sur ▲)	
2 2c bleu, non dentelé	750	350	350	950	3 400
a - réimpression PEXIP	225	110			
3 2c rouge, non dentelé		1 800			
a - réimpression PEXIP	225	110			

1869 *- Non dentelés (feuilles de 101). Dessin: Oudiné.*

4 5c lilas, non dentelé		22 000
épreuve du cadre (existe en différentes couleurs)		500
a - réimpression de Gand, lilas ou violet-noir	450	225
b - réimpression de Gand, surchargé "épreuve"	1 700	850
c - réimpression PEXIP	450	225
5 5c bleu, non dentelé		11 000
a - réimpression de Gand	450	225
b - réimpression de Gand, surchargé "épreuve"	1 700	850
c - réimpression PEXIP	450	225

6 5c rouge, non dentelé   **11 000**

a - réimpression de Gand   450   225

b - réimpression de Gand, surchargé "épreuve"   1 700   850

c - réimpression PEXIP   450   225

Les timbres non dentelé ont fait l'objet d'un feuillet officiel de présentation (2 feuillets connus).   **50 000**

7 2c lilas, dentelé	**55**	**17**	**22**	**65**	**1 000**
a - 101ème timbre tenant à timbre blanc	1 500				
b - essai en noir surchargé "Epreuve" en rouge	2 250	950			
8 2c bleu, dentelé	**85**	**30**	**38**	**105**	**950**
a - 101ème timbre tenant à timbre blanc	1 500				
9 2c rouge, dentelé	**285**	**80**	**120**	**400**	**2 500**
a - 101ème timbre tenant à timbre blanc	2 500				

10 5c lilas, dentelé	**1 600**	**500**	**675**	**2 850**
a - réimpression de Gand, lilas ou violet-noir	450	225		
b - réimpression de Gand, surchargé "épreuve"	1 700	850		
11 5c bleu, dentelé	**2 500**	**750**		
a - réimpression de Gand	450	225		
b - réimpression de Gand, surchargé "épreuve"	1 700	850		
12 5c rouge, dentelé	**2 500**	**750**		
a - réimpression de Gand	450	225		
b - réimpression de Gand, surchargé "épreuve"	1 700	850		

PAIRES, BANDES ET BLOCS DE 4

	☆	⊙	✉	☆	⊙	✉	☆	⊙	✉	☆	⊙	✉	☆	⊙	✉
1 2c lil nd	900			1 350			1 800			2 225			1 800		
2 2c bl nd	1 600			2 400			3 200			4 000			3 400		
3 2c rge nd sg	4 000			6 000			8 000			10 000			9 000		
7 2c lil dt	130			200			270			340			260		
a - 101ème timbre	1 500			1 700			1 900			2 150			2 000		
8 2c bl dt	185			275			365			450			415		
a - 101ème timbre	1 500			1 700			1 900			2 150			2 000		
9 2c rge dt	600			900			1 200			1 500			1 400		
a - 101ème timbre	2 500			2 900			3 300			3 750			3 000		
10 5c lil dt	3 300			5 000			6 650			8 300			7 000		
11 5c bl dt	5 500			8 250			11 000			14 000			11 500		
12 5c rge dt	5 500			8 250			11 000			14 000			11 500		

TIMBRES-TÉLÉGRAPHE

Au début de 1868, des timbres ont été créés pour matérialiser les taxes sur les dépêches télégraphiques (déposées dans les bureaux de poste). Après leur suppression en 1871, les télégrammes ont pu être payés en numéraire.

Plus tard, la possibilité d'affranchir ses dépêches télégraphiques avec des timbres fut rétablie mais utilisée de manière relativement exceptionnelle.

Le tarif se compose d'une taxe simple (jusqu'à 20 mots), puis pour chaque 10 mots supplémentaires, on rajoute la moitié de la taxe simple.

1868 *- Aigle d'Oudiné. Émis le 1ᵉʳ janvier 1868. Dessin & gravure: Oudiné.*

	☆	(☆)	☉	▨
1 25c carmin non dentelé	**750**	**375**	**170**	
a - rose	750	375	160	
b - essai en marron		400		
c - réimpression PEXIP	350	175		
d - réimpression PEXIP surchargé "Epreuve"	350	175		
2 50c vert non dentelé	**675**	**340**	**160**	
a vert pâle	725	360	260	
b - réimpression PEXIP	350	175		
c - réimpression PEXIP surchargé "Epreuve"	350	175		
3 1f orange non dentelé	**1 300**	**650**	**280**	**2 100**
a - orange foncé	1 400	700	300	2 250
b - réimpression PEXIP	380	190		
c - réimpression PEXIP surchargé "Epreuve"	380	190		
4 2f violet non dentelé	**1 300**	**650**	**240**	
a - violet foncé	1 400	700	250	
b - réimpression PEXIP	400	200		
épreuve double gommée	3 250			
c - réimpression PEXIP surchargé "Epreuve"	400	200		

1868 *- Aigle d'Oudiné. Émis le 14 janvier 1868. Dentelés. Dessin & gravure: Oudiné.*

5 25c carmin dentelé	**1 100**	**550**	**120**	
a - rose pâle	1 100	550	120	
b - rose vif	1 200	600	130	
c - réimpression de Gand		300	140	
d - réimpression PEXIP		275	130	
e - réimpression PEXIP surchargé "Epreuve"		275	130	
6 50c vert dentelé	**300**	**150**	**17**	**675**
a - vert pâle	300	150	17	675
b - vert foncé	375	185	22	725
c - vert-bleu	425	210	28	775
d - réimpression de Gand	175	85		
e - réimpression PEXIP	120	60		
f - réimpression PEXIP surchargé "Epreuve"	120	60		
7 1f orange dentelé	**350**	**175**	**16**	**675**
a - orange clair	350	175	20	675
b - jaune-orange	375	185	22	700
c - rouge-orange	425	210	25	775
d - réimpression de Gand	175	85		
e - réimpression PEXIP	180	90		
f - réimpression PEXIP surchargé "Epreuve"	180	90		
8 2f violet dentelé	**500**	**250**	**27**	**675**
a - violet pâle	500	250	27	675
b - violet vif	500	250	40	800
c - lilas	500	250	40	800
d - lilas-rose	600	300	45	1 050
e - réimpression de Gand	300	150		
f - réimpression PEXIP	200	100		
g - réimpression PEXIP surchargé "Epreuve"	200	100		

PAIRES, BANDES ET BLOCS DE 4

	☆	☉	☆	☉	☆	☉	☆	☉	☆	☉
1 25c nd	1 600	800	2 400	1 200	3 200	1 800	4 000	2 500	3 500	2 200
2 50c nd	1 400	800	2 100	1 250	2 800	1 700	3 500	2 250	3 300	2 100
3 1f nd	2 800	625	4 200	1 000	5 600	1 500	7 000	2 250	6 250	2 500
4 2f nd	2 800	800	4 200	1 350	5 600	2 000	7 000	2 850	6 250	2 000
5 25c dt	2 400	275	3 600	450	4 800	700	6 000	1 000	5 000	750
6 50c dt	650	45	975	75	1 300	125	1 625	200	1 400	500
7 1f dt	800	40	1 200	70	1 600	130	2 000	23	1 400	525
8 2f dt	1 100	70	1 650	115	2 200	175	2 750	275	2 200	525

TIMBRES-TÉLÉPHONE

Les timbres-téléphone sont les ancêtres des jetons de téléphone et de nos actuelles télécartes.

Le 1er réseau d'État fut installé à Reims où des tickets provisoires furent émis et utilisés pendant deux mois (juin-juillet 1883). L'usager remettait alors le ticket au préposé de la cabine, et une fois la communication établie, celui-ci oblitérait le ticket, conservait le talon de droite et remettait le talon de gauche à l'usager. Ces timbres, peu utilisés pendant cette période expérimentale, sont plus rares oblitérés que neufs. Le temps de communication était fixé à 5mn pour un ticket, celui-ci n'étant oblitéré qu'une fois la communication établie (pas de complaisance possible). Les réseaux se sont ensuite développés, d'où l'apparition de tarifs spéciaux pour les communications longues distances (à partir de 1885) et à l'étranger (service téléphonique international à partir de 1888: liaison Paris-Bruxelles). Le 16 juillet 1889, le service du téléphone, jusque là assuré par des concessions laissées aux compagnies privées, est nationalisé et les tarifs sont simplifiés. Un tarif de nuit à 30c est également créé. A noter que les timbres-téléphone ont aussi été utilisés en Algérie et en Tunisie. Le 1er janvier 1911, les timbres-téléphone sont supprimés et remplacés par des timbres-poste courants ou plus simplement de la monnaie.

<u>Note</u>: les timbres-téléphone ont toujours été émis sans gomme.

1883 - (juin-juillet). Provisoires de Reims.

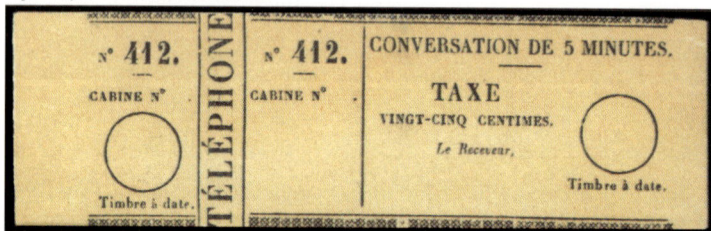

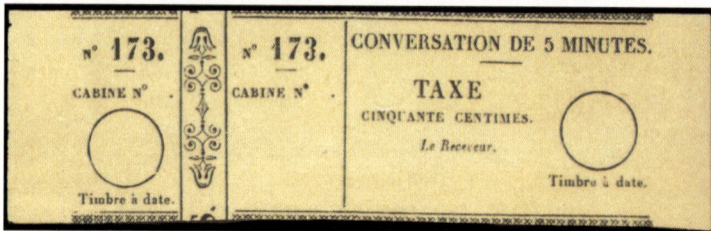

Le tarif à 50c, plus tardif que celui de 25c, a fait que le 50c noir n'est connu qu'oblitéré de 1884. Cependant, il a été recensé 3 exemplaires de ce timbre oblitéré de 1883 et portant une surcharge manuscrite à 25 centimes. Cette surcharge, vraisemblablement due à une initiative privée du receveur, a sans doute été réalisée afin de palier un manque de timbres à 25c, à l'exemple de la surcharge manuscrite portée sur le timbre-taxe carré à 15c. Une expertise et un certificat sont bien évidemment indispensables.

		(✭)	⊙
1	**Vingt-cinq centimes noir**	2 150	10 000
2	**Cinquante centimes noir**	2 150	4 500
	a - oblitéré de 1883, surch manuscrite: 25c		15 000
	b - papier filigrané		

1885-87 - *Légende "Ministère des Postes et des Télégraphes - Téléphones". Dessin: J.-C. Chaplain, d'après la maquette présentée au concours de 1875 destiné à remplacer les Cérès (la maquette de Jules-Auguste Sage avait été retenue, celle de Chaplain ayant été conservée pour les timbres-téléphone et les pneumatiques). Ces timbres comprennent un fond de sûreté formé des mêmes mots que la légende. Typographie (feuilles de 36).*

3 25c bleu sur chamois	250	14
a - surchargé "Spécimen"	1 000	
4 50c rouge sur rose	325	32

5 1f rouge sur azuré (longue distance)	860	37
6 3f noir sur vert (international)	740	85

1888-96 - *Légende "Postes et Télégraphes-Téléphones". Dessin: J.-C. Chaplain. Avec fond de sûreté. Typographie (feuilles de 36).*

7 25c bleu sur chamois	300	25
8 30c noir sur lilas (service de nuit)	175	20
a - noir sur violet pâle	190	25
8A 30c vert sur gris (service de nuit)	240	105

9 50c rouge sur rose   **185**   **20**

    non dentelé   300

    a - couleur noire au lieu de rouge (non dentelé)   325

    b - fond absent   235

    c - impression double (non dentelé)   800

10 1f rouge s azuré (longue distance)   **175**   **21**

    a - surcharge "SPECIMEN"   475

11 3f noir sur vert (international)   **510**   **30**

*1896 - Timbres surchargé: "5 Minutes dans le service local - 3 Minutes dans le service interurbain".
Dessin: J.-C. Chaplain. Avec fond de sûreté. Typographie (feuilles de 36).*

"Ministère des Postes et des Télégraphes - Téléphones"   *"Postes et Télégraphes - Téléphones"*

12 25c bleu sur chamois   **2 850**   **1 100**

13 25c bleu sur chamois   **560**   **200**

*Surcharge au tampon "Téléphone-
Poste central - Service interurbain"*

14 25 sur 50c rouge sur rose   390   210

15 25c bleu s chamois (5 minutes-3 minutes)   210   85
  a - surcharge Poste central au tampon   275

*189 7 - Légende "Postes et Télégraphes". Dessin: J.-C.
Chaplain. Avec fond de sûreté. Typographie (feuilles de 36).*

16 25c bleu sur chamois   100   11
  a - surchargé "Télép."   200

17 30c sépia sur lilas   150   55
  a - brun-violet sur mauve   160   60
  b - piquage à cheval   165

17A 30c vert sur gris   285   95

18 50c rouge sur rose   135   12

19 1f rouge sur azuré   160   35
  a - fond gris au lieu d'azuré   180   60

POSTES & TÉLÉGRAPHES

20 3f noir sur vert   **900**   **185**

    non dentelé   1 050   285

189 7 - Timbre surchargé "Taxe réduite à 0,15 centimes".

21 25c bleu sur chamois   **110**   **20**

    a - surcharge couleur noire au lieu de rouge   250

    b - surcharge doublée   325

    c - surcharge doublée dont une renversée   425

1900-06 - Légende "Postes et Télégraphes". Dessin: J.-C. Chaplain. Sans fond de sûreté. Typographie (feuilles de 36 sauf 40c: carnets de 10).

22 10c violet   **90**   **8**

    non dentelé   190

23 15c noir   **120**   **13**

    non dentelé   300

    a - impression doublée   575

24 25c bleu	55	7
non dentelé	190	
25 30c brun-gris	120	15
non dentelé	300	175

26 40c brun-rouge	90	8
non dentelé	240	165
a - impression doublée	525	
27 50c orange	75	8
non dentelé	475	335

28 75c rose	185	30
29 1f rouge	155	30

30 3f vert	8 500	925

TIMBRES-TAXE

1859-78 - Timbres-taxe carrés, dessinés et gravés par un artiste dont le nom n'est pas parvenu jusqu'à nous.

Type I (lithographié)
(inscriptions fines)

Type II (typographié)
(inscriptions épaisses)

Type I

Type IIA
(extrémités du"1"
droite)

Type IIB
(extrémités du"1"
arrondie)

	☆	(☆)	⊙	✉
1 10c noir, type I	38 500	9 000	320	900
2 IIA 10c noir, type IIA	750	220	50	100
2 IIB 10c noir, type IIB	40	10	20	40

Type I (typographié)
(accent sur le "à" presque
vertical, "p" de "percevoir"
net)

Type II (lithographié)
(accent sur le "à" presque
horizontal, "p" fin)

Type IA ("à" avec
défaut en haut)

Type IB ("à" net
et sans défaut)

Type II ("à"
modifié)

3 IA 15c noir, type IA	200	55	25	55
3 IB 15c noir, type IB	45	12	17	32
a - surcharge manuscrite: 25c sur ✉ (1er septembre 1871)				4 000
				5 500
b - surcharge au tampon: 25c				35 000
4 15c noir, type II	170	50	300	1 500
a - pli accordéon	550	200	750	
b - surcharge manuscrite: 25c			350	5 250
sur ✉ (1er septembre 1871)				8 000
c - surcharge tampon			1 000	10 000

Type I
(volute
intact)

Type II
(volute
brisé)

5 I 25c noir, type I	320	100	85	180
5 II 25c noir, type II	175	60	70	130
6 30c noir	300	90	150	320

7 40c bleu	**450**	**130**	**550**	**2 750**
a - bleu de Prusse	3 300	1 600		
b - bleu outremer	8 750	4 000	8 000	30 000
c - bleu foncé	650	300	750	3 300
8 60c jaune-bistre	**600**	**275**	**1 450**	**12 000**
a - bistre foncé	800	330	1 500	13 000
9 60c bleu	**80**	**24**	**165**	**1 700**
oblitéré > 1ᵉʳ octobre 1882			100	1 000
a - bleu foncé	725	275	900	2 500

PAIRES, BANDES ET BLOCS DE 4

	☆	⊙	☆	⊙	☆	⊙	☆	⊙	☆	⊙
2 IIA 10c IIA	1 600	115	2 400	200	3 200	325	4 000	500	3 800	700
2 IIB 10c IIB	90	50	140	85	200	135	300	200	180	450
3 IA 15c IA	450	65	675	115	900	185	1 150	275	900	550
3 IB 15c IB	100	45	150	80	200	150	250	235	210	300
4 15c II	375	750	550	1 750	750	3 000	1 000	5 500	800	9 250
5 I 25c I	700	225	1 050	350	1 400	550	1 750		1 600	
5 II 25c II	400	150	600	375	800	650	1 000	1 000	900	2 500
6 30c	650	375	1 000	625	1 350	950	1 700	1 650	1 500	3 500
7 40c	1 000	1 250	1 500	2 000	2 000		2 500		2 250	
a - bleu de Prusse	7 000									
b - bleu outremer	19 000									
c - bleu foncé	1 400	1 500	2 100	2 500	2 800		3 500		3 250	
8 60c jaune	1 400	3 500	2 100		2 800		3 500		3 000	
a - bistre foncé	1 600	3 750	2 700		3 600		4 500		4 000	
9 60c bleu	175	375	265	600	350	850	450	1 200	400	1 350
a - bleu foncé	1 600	2 000	375		375		375		3 750	

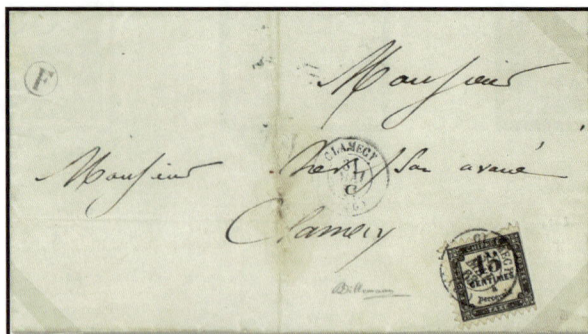

PIQUAGES

	Frag	✉		Frag	✉
2 IIB P1 - 10c percé	105	350			
2 IIB P10A - 10c Clamecy	1 000	6 600	5 II P1 - 25c percé	160	650
3 IB P1 - 15c percé	115	525	6 P1 - 30c percé	210	950
3 IB P10A - 15c Clamecy	800	6 250	7 P1 - 40c percé	850	5 250
3 IB P10B - 15c Chauny	800	6 000	8 P1 - 60c jaune percé	1 350	10 000
4 P1 - 15c percé	340	2 200	9 P1 - 60c bleu percé	1 200	6 500

NON-ÉMIS

 *Date d'émission: novembre 1876. Ce timbre, prévu dans l'espoir d'une baisse future des tarifs (proposée par le ministre des finances Léon Say), resta -bien qu'imprimé- non émis suite aux nouveaux tarifs du 1er juin 1878.*

 *Timbre non émis, dont l'origine reste obscure. Il pourrait s'agir d'un essai.*

	☆	(☆)
9A 20c noir	6 000	4 000
9B 60c noir	3 500	2 000

PAIRES, BANDES ET BLOCS DE 4

	☐☐	☐☐☐	☐☐☐☐	☐☐☐☐☐	⊞
	☆	☆	☆	☆	☆
9A 20c	13 000	20 000	27 000	34 000	26 000
9B 60c	8 000	12 000	16 000	20 000	18 000

1881-92 - Duval: timbres-taxe. Dessin: G. Duval. Le tirage sur bristol avec dentelure figurée a été réalisé pour l'exposition philatélique de 1900 à Paris (très rare). Typographie (feuilles de 150).

Centrage parfait P 50%

	☆☆	☆	(☆)	⊙	✉
10 1c noir	5	2	1	2	25
sur bristol, dentelure figurée			350		
11 2c noir	60	35	15	30	550
sur bristol, dentelure figurée			350		
12 3c noir	100	60	25	32	700
sur bristol, dentelure figurée			350		
13 4c noir	130	65	20	50	650
sur bristol, dentelure figurée			350		

	☆☆	☆	(☆)	⊙	✉
14 5c noir	250	135	40	35	75
a - impression recto-verso				225	
sur bristol, dentelure figurée			350		

	☆☆	☆	(☆)	⊙	⊠
15 10c noir	225	120	35	2	25
sur bristol, dentelure figurée			350		
16 15c noir	175	90	30	14	30
sur bristol, dentelure figurée			350		
17 20c noir	750	400	150	165	500
sur bristol, dentelure figurée			350		

18 30c noir	450	225	90	2	30
obl <30 septembre 1882				30	275
sur bristol, dentelure figurée			350		
19 40c noir	275	150	55	75	180
sur bristol, dentelure figurée			350		
20 50c noir	1 250	700	230	215	475
non dentelé	1 750	1 250	400		
a - piquage à cheval	2 500	1 500	550	375	
sur bristol, dentelure figurée			500		

⚠ *Ne pas confondre le non dentelé avec le timbre des colonies générales.*

21 60c noir	1 250	700	230	65	325
sur bristol, dentelure figurée			350		

22 1f noir	1 400	850	400	450	3 500
sur bristol, dentelure figurée			350		
23 2f noir	2 350	1 500	600	1 000	8 500
sur bristol, dentelure figurée			500		
24 5f noir	4 750	3 250	1 300	2 000	
sur bristol, dentelure figurée			500		

	☆☆	☆	(☆)	⊙	✉
25 1f marron	800	500	200	110	1 800
sur bristol, dentelure figurée			600		
26 2f marron	350	200	100	165	8 000
sur bristol, dentelure figurée			600		
27 5f marron	850	525	200	425	
sur bristol, dentelure figurée			600		

PAIRES, BANDES ET BLOCS DE 4

	☐☐			☐☐☐			☐☐☐☐			☐☐☐☐☐			⊞		
	☆☆	☆	⊙	☆☆	☆	⊙	☆☆	☆	⊙	☆☆	☆	⊙	☆☆	☆	⊙
10 1c noir	10	4	4	15	6	7	20	8	10	27	12	15	25	12	14
11 2c noir	150	70	80	225	115	120	300	150	160	375	185	200	330	175	200
12 3c noir	230	130	80	365	200	120	500	270	160	625	340	200	500	285	350
13 4c noir	280	135	125	420	200	200	560	270	275	700	335	350	575	290	325
14 5c noir	550	280	90	825	420	140	1 100	560	190	1 400	700	250	1 250	600	400
15 10c noir	500	280	6	800	375	13	1 100	600	20	1 500	700	30	1 250	500	45
16 15c noir	380	200	30	575	300	50	775	400	80	1 000	500	125	850	425	100
17 20c noir	1 600	900	385	2 500	1 350	625	3 250	1 800	950	4 250	2 250	1 350	3 500	1 800	1 300
18 30c noir	1 000	550	6	1 500	825	13	2 000	1 100	22	2 600	1 450	40	2 200	1 250	60
19 40c noir	600	350	175	900	525	275	1 250	750	400	1 650	950	550	1 350	650	450
20 50c noir	3 000	1 500	450	4 500	2 250	700	6 000	3 000	1 000	7 500	4 000	1 450	6 500	3 500	1 750
non dentelé	4 000	3 500			5 500			7 500			9 500			8 000	
21 60c noir	3 000	1 500	165	4 500	2 250	285	6 000	3 000	475	7 500	4 000	800	6 500	3 000	1 350
22 1f noir	3 200	2 000	1 000	4 800	3 000	1 750	6 500	4 000	2 750	8 500	5 000	4 000	7 000	4 500	3 500
23 2f noir	5 000	3 200	2 500	7 500	4 800	3 750	10 000	6 500	5 000	12 500	8 000	6 500	11 000	7 000	5 750
24 5f noir	10 000	7 000	5 000	15 000	10 500	8 000	20 000	14 000	11 500	25 000	17 500	16 000	22 500	15 000	15 000
25 1f marron	1 750	1 100	250	2 650	1 750	400	3 500	2 300	700	4 500	2 850	1 000	3 750	2 350	1 300
26 2f marron	750	500	375	1 150	750	550	1 500	1 000	800	2 250	1 250	1 150	1 500	950	1 100
27 5f marron	1 800	1 100	900	2 700	1 750	1 500	3 600	2 300	2 150	4 500	2 850	3 000	3 800	2 100	2 350

GUERRE DE 1870-1871
SIEGE DE PARIS
BALLONS MONTES

Ces prix s'entendent pour des plis dont l'identification est certaine. Lorsque tel n'est pas le cas, les prix sont à diminuer de 30 % à 50 %. Un ballon est certain, si la date d'oblitération de départ est postérieure à celle du ballon précédent et si la date d'arrivée est antérieure à la date d'atterrissage du ballon suivant. Si les dates chevauchent, seuls les plis confiés peuvent garantir qu'un ballon est certain.

La lettre **A** placée après le nom du ballon signifie que certains plis confiés aux aéronautes ont reçu au verso le cachet de la compagnie des Aérostiers.

Pour obtenir la cote d'un document transporté par Ballon monté, il faut tenir compte du nom du ballon,
de la nature du pli expédié, des oblitérations et de la destination.
Les affranchissements spéciaux peuvent aussi donner lieu à une plus value.
Exemple : une gazette des absents n°7 transportée par le ballon « Général Uhrich » pour Amsterdam avec cachet d'arrivée,
timbre oblitéré étoile n°33 cote donc : 60 + 250 + 375 + 650 = 1 335.

Nom des ballons	Cachets de départ Dates	Cachets d'arrivée ou transit Dates	Prix
Le Neptune A	19 au 22.9.70	23 au 25 septembre	15 000
	plis confiés :	C. à d. Amb. Paris à Caen (23.9.70)	39 000
		C. à d. Amb. Bordeaux à Paris 1ᵉ(24.9.70)	40 000
		C. à d. Amb. Paris à Bordeaux PB 2ᵉ(24.9.70)	40 000
La Ville-de-Florence	23 au 25.9.70 (1ʳᵉ levée)	25 au 29 septembre 70	1 000
	plis confiés :	Rosny-sur-Seine 25.9.70 ou 26.9.70	4 500
		Tours C. à d. 27.9 au 29.9.70 ou GC 3997	3 900
		Bayeux 27.9.70	3 900
		Caen 28.9.70	3 900
Les Etats-Unis	25 au 28.9.70	29.9 au 2.10.70	775
	plis confiés :	Gare de Mantes PC ou GC 2190 (29.9)	4 750
		Amb. Paris-Caen (29.9)	3 150
		G.C. 691 de Caen	3 150
		Tours GC ou C. à d. (1ᵉʳoct.)	3 000
		C. à d. Amb. PB (2 oct.)	3 000
		Amb. Paris-Calais CP 2ᵉ(2 oct.)	4 750
Le Céleste	29.9.70	antérieures au 7.10.70	625
	plis confiés :	Dreux PC du GC ou GC 1352 ou C. à d. (30.9)	4 000
		Tours c-à-d (2 oct.)	2 850
		Amb PH 2° C. à d. Paris au Havre (4.10)	2 850
Le non dénommé n°1	27 au 29.9.70	sans ou du 15 au 24.10.70	450
L'Armand-Barbès A	1 au 7.10.70	8 au 11.10.70	375
	plis confiés :	Amiens 8 et 9.10	4 250
		Magny-en-Vexin GC 2161 (8.10)	4 250
		Tours GC 3997 ou C. à d. 9 et 10.10	2 500
		Amb. Calais à Paris CP 2ᵉ(8.10.70)	3 000
Le George-Sand	7.10.70	plis confiés : Cachet Lille à Paris 8.10.70	4 000
Le non dénommé n°2	28.9 au 7.10.70	19 au 22.10.70	500
	avec griffe :	Trouvé à La Courneuve le 10.10.70	4 500
Le Washington	7 au 11.10.70	12 au 14.10.70	400
	plis confiés :	Douai PC du GC 1334 (13.10.70)	3 850
		Douai C. à d. 13 au 15.10.70	3 900
		C. à d. Lille et GC 2048, 14.10.70	3 850
Le Louis-Blanc A	7 au 11.10.70.	12 au 14.10.70	400
	plis confiés :	Amb. LIL. P. ou P. LIL. 12.10	2 650
		Amb. Paris-Calais 13.14.10	2 650
		Tours C. à d. 15.10	2 650
Le Godefroy-Cavaignac	12 et 13.10.70	15 au 18.10.70	450
Le Jean-Bart n°1	11 au 14.10.70.	plis confiés : Chaumont en B, GC 978 (15 au 18.10)	3 600
		15 au 17.10.70	625
		plis confiés : royes GC 4034, 16 au 22.10	3 750
		Plancy 17.10	4 500
Le Jules-Favre N°1	14 et 15.10.70	17 au 23.10.70	350
		plis confiés : Chimay (Belgique) 16.10	4 500
Le Jean-Bart N°2	14 et 15.10.70	17 au 23.10.70 et 28.10	350
	plis confiés :	Ambulant Ouest 19.10	3 250
		Tours GC 3997 (18-10)	2 900
	Cachets de passage :	Crécy-sur-Serre 17 oct.	1 750
		Anizy-le-Château, 18 oct.	3 750
		Vic-sur-Aisne. 17-18 oct.	3 900
		Sains. 17 oct.	6 750
Le Victor-Hugo A	16 au 18 (1ʳᵉ levée) 10.70	19 au 22.10.70	450
		plis confiés : ours C. à d. ou GC 3997 (20-22 oct.)	4 500
Le Lafayette	18.10.70 (2ᵉet autres levées)	19 au 22.10.70	500
	plis confiés :	F. Renwez GC et Rocroy GC (19-20 oct.)	4 500
		Tours GC et C. à d. 25-26 oct.	2 900
		Dijon GC 1307 (22 oct.)	3 250
		C. à d. Amb. Givet à Paris 22 oct.	3 250
Le Garibaldi A	19 au 22.10.70 (1ʳᵉ levée)	23.10 au 4.11.70	450
	plis confiés :	Coulommiers 23 oct.	4 500
		Provins PC du GC 3031 C. à d. 25 au 30 oct.	4 250
		Sens GC, Tours GC 29-30 oct.	3 600
		Ambulant HP 2°	4 500

Le Montgolfier	22 au 24.10.70	sans arrivée	3 500
		plis confiés : cachet convoyeur Pontarlier 30.10	29 000
		cachet Bur. Amb. Sud-Ouest (31 oct.)	16 500
Le Vauban	24 au 26.10.70	27.10 au 4.11	450
		plis confiés : Arcis-sur-Aube GC 141 (27.10)	4 250
		Bar-le-Duc GC ou PC du GC 305 (28.10)	4 000
Le Normandie A	.... plis confiés : Fresnes en W. 29 octobre		23 000
Le Colonel-Charras A	27 au 29.10.70 (1re levée)	30.10 au 2.11.70	450
		Chaumont en B. GC 978 (30.10)	3 000
		Langres GC 1947 (30.10)	3 850
		Tours C. à d. 1er et 2.11	3 000
		Gare de Rouen GC 3219 (1.11)	4 250
Le Fulton	29.10 (2e levée) au 1.11.70..........	3 au 4.11.70	450
		plis confiés : Gare d'Angers GC et C.à.d. 2.11	4 000
		Amb P. la R. 2.11	4 000
		Amb. Rennes-Paris (2 et 3-11)	3 750
		Amb. Paris-Bordeaux 2e(4-11)	3 750
		Tours 3.11	2 900
Le Ferdinand-Flocon A	2 et 3.11.70	5 au 8.11.70	400
		Cachet de passage : Nantes (5-11)	950
		plis confiés : Nantes GC 2602 (5.11)	3 250
		Tours GC 3997 (5 et 6.11)	2 750
Le Galilée	2 au 4.11 (1re levée)	sans arrivée	600
		5-6 novembre et 9 novembre	1 000
		plis confiés : Amb. Paris-Cherbourg, 5 nov.	4 500
		Pont Audemer PC 2491 (6 nov.)	5 750
		Evreux GC 1454 (7 nov.)	4 500
La Ville-de-Châteaudun A	4 au 6.11 (1re levée)	7 au 10.11.70	400
		plis confiés : Amb Paris-Cherbourg 8.11	2 850
		Amb. Ouest 9.11	2 650
		Tours GC 3997 7 au 9.11	3 000
		Amb. Paris - La Rochelle 10.11	2 850
Le Non dénommé N° 3	.... plis confiés : Brie-Comte-Robert GC 627		15 000
La Gironde	6 au 8.11 (1re levée)	9 au 11.11	500
		plis confiés : Evreux GC 1454 (8.11)	3 250
		Tours GC 3997 (10.11)	2 750
		Amb. Paris à Cherbourg 8-9.11	2 750
Le Daguerre	8, 2e levée au 11.11.70	sans arrivée	475
		20 au 29.11	550
		plis confiés : Fontainebleau GC 1539	4 500
		Cachet de passage : Fontainebleau C. à d. (17.11)	2 000
Le Niepce	.... plis confiés : Arcis-sur-Aube GC 141 (16.11)		8 000
		Auxerre (16.11)	13 500
		Tours GC 3997 (1er décembre)	16 500
Le Général-Uhrich A	12 au 18.11.70	20 au 28.11.70	400
		plis confiés : Luzarche 20.11	2 500
		Cachet de passage : Luzarche 20.11	875
L'Archimède	19 et 20.11.70	21 au 30.11.70	450
		plis confiés : Turnhout 21 au 22.11	10 000
		Tours GC 3997 (25.11)	2 900
		C. à d. T17 Poitiers (26.11)	5 000
La Ville-d'Orléans A	21 au 24.11.70	2.12.70 au 15.12.70	700
		Cachet de passage : Londres 2.12.70	1 750
		plis confiés : Tours 8 au 10 décembre	2 750
L'Egalité	.... plis confiés : Le Havre GC 1769 (25-26 novembre)		11 000
		Fresnes en Woevre GC 1589 (26.11)	11 000
		Fécamp PC du GC 1478	11 000
Le Jacquard	24 (6e levée) au 28.11.70	Décembre 70	3 250
		Cachet de passage : Falmouth 2-3 décembre	10 000
		La Rochelle 21 décembre	8 500
		Londres 22 et 24 décembre	8 500
		C. à d. Angl. 1 Boulogne 1 25 décembre	9 000
Le Jules-Favre N° 2 A	28 au 30.11.70	2 au 7.12.70	425
		plis confiés : Lorient GC 2084 (2 décembre)	2 650
		Rennes C. à d. et GC 3112 (3 décembre)	2 650
		Pau GC 2795 (3 décembre)	3 500
Volta	.... plis confiés : C. à d. Bureau de Passe 3112 (2-12)		70 000
Le Franklin	1er au 4.12.70	5 au 7.12.70	500
		plis confiés : Nantes GC 2602, C. à d. 5.12	2 650
La Bataille-de-Paris A	.... plis confiés : Tours GC 3997 (3 décembre)		8 000
		Amb. Paris-Calais (4 décembre)	8 500
		Amb. PT (3.12)	8 000
Le Denis-Papin	5 et 6.12.70	7 au 12.12.70	575
		plis confiés : Amb. Paris-Brest (7 décembre)	6 000
		Amb. Nantes à Quimper (9 décembre)	5 250
		Amb. Paris à Bordeaux (9 décembre)	5 250
L'Armée-de-Bretagne A	1er au 4.12.70 plis confiés : Saumur 6-12		3 500

Le Général-Renault A	7 au 10.12.70	11 au 21.12.70	500
		plis confiés : Foucarmont GC 1556 ou C. à d. (11-12 déc.)	4 750
		Amb. LIL. P (12.12)	3 500
		Abbeville PC 1. (12.12)	4 500
La Ville-de-Paris A	10 au 14.12.70	sans arrivée	650
		Paris 26.7.71	1 600
Le Parmentier	14 au 16.12.70	22 au 28 déc. et 1er janv. dans le Nord	475
		plis confiés : Bourges GC 574 (19.12)	4 500
		Bordeaux GC 532 (20-21 décembre)	3 000
Le Davy	16 et 17.12.70	18 au 22.12.70	700
		plis confiés : Beaune C. à d. (18.12)	4 000
		Bordeaux GC 532 (20.12)	3 000
Le Gutenberg	.... plis confiés :	Amb. Auxerre-Paris (21 déc.) A.P.	5 500
		Nevers GC 2654 (22 déc.)	4 750
		GC 2565 (Moulins)	4 850
Le Général-Chanzy A	18 - 19 déc	sans arrivée	1 200
Le Lavoisier	18 au 21.12.70	22 et 26.12.70	450
		plis confiés : Amb. Nantes à Paris NP ou c. à d. (22 déc.)	3 250
La Délivrance A	22.12.70	23 au 26.12.70	500
		plis confiés : Bordeaux GC 532 (24-25 décembre)	4 000
Le Tourville	23 au 26.12.70	27 au 29 et 31 déc. (Nord et Bretagne)	450
		plis confiés : Eymoutiers GC 1462 (27.12)	4 500
		Limoges GC 2049 (28.12)	4 000
		Bordeaux GC 532 (28.12)	3 600
Le Rouget-de-l'Isle	.... plis confiés :	La Ferté Macé GC 1494 (24.12)	8 000
Le Bayard	27-28.12.70	30.12 au 3.1	500
		plis confiés : Nantes GC 2602, (30.12 et 1.1)	3 500
		Bordeaux GC 532 (1.1)	3 500
L'Armée-de-la-Loire A	29 au 30.12.70	1 au 5 janvier	500
		plis confiés : Bordeaux GC 532 (2.1.71)	3 000
		Amb. Granv/Paris (1.1.71)	3 150
		Le Mans GC 2188	3 000
		GC 2084 Lorient (3.1.71)	3 000
		GC 2602 Nantes (3.1.71)	3 250
Le Merlin-de-Douai A	Griffe ballon Merlin de Douai CAP. Grizeaut, Lieut, Tarbe		55 000
Le Newton	31.12.70 au 3.1.71	5 au 9.1.71	475
		plis confiés : Amb. Caen-Paris 6.1	3 500
		Alençon (5.1) et Mortagne-sur-Huisne (5.1)	5 000
		Bordeaux GC 532 (5.1.71)	4 250
Le Duquesne	4 au 8.1.71	11 au 18.1.71	450
		plis confiés : Bordeaux 532 (14.1)	3 000
		Valenciennes (12.1)	4 000
Le Gambetta A	9.1.71	11 au 20.71	500
		plis confiés : Amb. Auxerre-Paris	4 850
Le Kepler	10.1.71	11 au 14.1.71	500
		plis confiés : Laval GC 1987 (12.1)	4 000
		Bordeaux GC 532 (13.1)	4 500
Le Général-Faidherbe A	11-12.1.71	14 et 15.1.71	500
		Cachet de passage : Ste-Foy-la-Grande (14-1)	1 350
		plis confiés : Ste-Foy-la-Grande C.a.d. 14.1.	3 500
		GC 532 Bordeaux (14.1.71)	3 000
Le Vaucanson	13-14.1.71	15 au 25.1.71	450
		plis confiés : Lille c à d (15.1)	8 000
		Calais GC 698 (16.1).	13 500
		Bordeaux GC 532 (17.1)	16 500
La Poste-de-Paris A	5 au 17.1.71	21 au 30.1.71	550
		plis confiés : Thuin (Belgique) 21.1	5 000
		Amb Lille-Calais LC 1° et LC 2° (21.1)	3 750
		Lille GC 2046 (21-22.1).	3 500
		Amb. Paris-Arras P.A.R. (20.1.71)	3 750
Le Général-Bourbaki A	18-19.1	23 au 29.1	500
		plis confiés : C.a.d. Amb Paris-Givet 23.1	3 500
		Bordeaux GC 532 (23.1)	4 500
Le Général-Daumesnil	20-21.1.	22-23.1	475
		plis confiés : Lille GC 2046 (23 au 26.1)	3 500
		Amb Erquelines Paris 23.1	4 000
Le Torricelli	22-23.1.	25 au 31.1	600
		plis confiés : Lille GC 2046 (26.1)	3 000
		Abbeville PC 1, 25-26.1	3 850
		Amb Lille à Calais 27.1	3 000
		Bordeaux GC 532 (27.1)	4 250
Le Richard-Wallace A	24 au 26.1	à partir du 12.2	3 750
		cachet de passage : La Rochelle 12-14-15-20.2 et 8.4.	6 750
		La Tremblade 12-13.2	6 750
		Ars-en-Ré (20.2)	6 750
Le Général-Cambronne	27.1	28.1 au 4.2	1 600
		plis confiés : Villaines-la-Juhel GC 4212 (1.2)	4 250
		Amb Rennes à Paris 29.1	3 750
		Amb Brest à Paris 30.1	3 750
		Bordeaux GC 532 (30.1)	4 250

II. NATURE DU PLI TRANSPORTE (PLUS VALUE donnée à la cote du ballon sauf indication contraire)

A) CARTES POSTALES

– Sans mention imprimée (27 au 29 septembre 1870)	150
– Sans mention imprimée (1er au 8 octobre 1870).	100
– Sans mention imprimée (17 au 29 novembre)	100
– Avec mention imprimée : « PAR BALLON NON MONTE », emplacement du timbre à gauche avec 4 lignes pointillées pour l'adresse 1re ligne : M... ; 2e ligne : à... ; 3e ligne : par... ; 4e ligne : dépt.... Aucune impression au verso.	675
– Avec mention manuscrite : « Par ballon monté »	40
– Avec mention imprimée : « Par ballon libre »	190
– Avec mention imprimée en italique sur 2 lignes : « Par ballon libre », emplacement du timbre à droite avec 5 lignes pointillées pour l'adresse. « Imp. Bouquillard » en bas à gauche. Le verso est quadrillé et porte dans un coin : Paris le ... octobre 1870	175
– Sans mention imprimée, avec emplacement du timbre à gauche et 5 lignes pointillées pour l'adresse	60

– Avec mention imprimée : « REPUBLIQUE FRANÇAISE » et 5 lignes pointillées pour l'adresse. Emplacement du timbre à droite.
   « Lith ORLANDI et Cie R. St-Denis Paris » en bas à droite. Rien au verso 400
– Avec mention imprimée « REPUBLIQUE FRANÇAISE » et 5 lignes pointillées pour l'adresse. Emplacement du timbre à droite.
   « Lith ORLANDI et Cie R. St-Denis » en bas à gauche. Au verso « CORRESPONDANCE AERIENNE » 480
– Avec mention imprimée « PAR BALLON NON MONTE », emplacement du timbre à droite.. 90
– Avec mention imprimée « Par Ballon non monté », emplacement du timbre à droite 90
– Avec mention imprimée « Par Ballon libre », emplacement du timbre à droite 135

B) FORMULES DES LETTRES

– Lettre formule ordinaire avec mention imprimée « PAR BALLON MONTE » de 27 mm à 48 mm. Emplacement du timbre à droite.
   Sans le nom de l'imprimeur 140
– Lettre formule ordinaire avec mention imprimée « REPUBLIQUE FRANÇAISE » 370
– Lettre formule ORLANDI, papier blanc ou gris. Emplacement du timbre à droite 175
– Lettre formule Papeterie Maquet, avec instructions de pliage. Papier blanc. Timbre à droite 150
– Lettre formule BOUQUILLARD, timbre à droite, papier blanc 275
– Lettre formule BOUQUILLARD, timbre à droite, papier bleu 90
– Lettre formule sur papier gris-vert quadrillé, timbre à droite 140
– Lettre formule « Aux drapeaux », papier azuré 3 850
– Enveloppe papier pelure avec formule imprimée en oblique « PAR BALON MONTE » (1 seul L à balon). Au verso : F. Vogel et Cie
   Paris 425

C) LES JOURNAUX LETTRES. Une partie est imprimée, l'autre réservée à la correspondance.

La Gazette des Absents : 32 numéros différents sauf 1-10-11-31-32 70

N° 1 transporté par Le Montgolfier 1 750
N° 1 transporté par d'autres ballons 1 500
N° 10 provenant du sac accidenté de la « Ville-d'Orléans » (cachet PP) 3 600
N° 10 provenant des autres sacs de la « Ville-d'Orléans » 1 100
N° 11 transporté par le « Jacquard » (25 au 28.11.70) 2 600
N° 11 transporté par d'autres ballons 1 500
N° 31 transporté par le « Général-Cambronne » (arrivée jusqu'au 4 février) 1 800
N° 32 transporté par le « Richard-Wallace » (avec ou sans cachet d'arrivée) 3 000
N° 32 transporté par le « Général-Cambronne » (arrivée jusqu'au 4 février. 1 850
Lorsque les numéros 4, 7, 13, 14, 15, 20 contiennent un supplément imprimé 650

Chaque numéro à l'état neuf 60

	neuf	ayant volé
Il existe divers suppléments à La Gazette des Absents :		
Gravures en noir (quatre différentes)	425	20 000

	neuf	ayant volé
Petit plan de Paris intra-muros en couleur	525	50 000
Grand plan de Paris intra-muros en couleur	575	50 000
Plan de Paris en noir	575	» »

La Dépêche ballon : 27 numéros différents .... à partir de   450

sauf : N° 1 .... 2 250
       N° 2 925
       N° 8 provenant du sac accidenté de « La Ville-d'Orléans » (cachet PP) 2 450
       N° 8 provenant des autres sacs de « La Ville-d'Orléans » 1 500
       N° 9 transporté par le « Jacquard » 3 250
       N° 26 transporté par le « Richard-Wallace » 3 250
       N° 27 transporté par le « Général-Cambronne » 2 250
       Chaque numéro à l'état neuf .... à partir de   65

D) JOURNAUX-LETTRES divers :.

	neuf	ayant volé
Le Ballon Poste, sur papier rose (21 numéros) ....chacun	25	800
sauf N° 1 à 4 ....chacun	25	1 850
N° 8 transporté par le « Jacquard » (sans cachet de passage)		4 000
Le Ballon-Poste, sur papier saumon (1 numéro 31 octobre)	45	5 350
La Cloche (2 numéros, 26 et 30 novembre) ....chacun	45	5 500
L'Echo des Etrangers (5 numéros) ....chacun	55	6 250
L'Electeur libre (1 numéro, 29 novembre)	55	6 500
L'Enveloppe-Gazette (13 numéros, 7 au 19 décembre) ....chacun	50	5 750
Le Journal-Ballon (4 numéros) ....chacun	50	2 850
Le Journal-Poste (17 numéros) ....chacun	45	1 150
N° 3 et 7 avec supplément	55	4 000
N° 12, 13, 14, 16 sous enveloppe avec griffe du journal ou de la mention Télégramme Privé	70	9 500
Le Moniteur Aérien (2 numéros)	85	11 000
Le Montgolfier (1 numéro)	45	2 500
Le Soir (17 numéros) ....chacun	45	3 550

E) LES JOURNAUX : aucune place n'y est réservée à la correspondance.

La Chronique illustrée (1 numéro) sous enveloppe	150	6 500
La Chronique illustrée sans enveloppe	150	8 000
Les Dernières Nouvelles (3 numéros) sous enveloppe ....chacun	–	5 000
Le Gaulois, grand format (8 numéros) ....chacun	150	7 000
Le Gaulois, petit format (2 numéros) sous enveloppe, 2 et 5 oct. ....chacun	150	7 500
Le Gaulois, petit format sans enveloppe, 31 octobre	150	8 500
La liberté, 2 novembre, sous enveloppe	150	6 750
Le Journal des Débats (5 numéros) sous enveloppe ....chacun	150	7 500
Journal Le Français (3 numéros connus) sous enveloppe ....chacun	150	8 000
Le Journal Officiel de la République Française (7 numéros) sous bande ....chacun	125	8 500
Le National (1 numéro) sous enveloppe	200	4 250
Les Nouvelles du Matin (1 numéro)	200	9 500
Les Nouvelles du Soir (1 numéro)	200	8 500
L'Opinion Nationale	250	" "
Paris-Journal	200	10 000
Le Petit-Journal (7 numéros) sous enveloppe ....chacun	–	4 500
Le Petit-Journal ayant circulé sans enveloppe	250	7 000
Le Petit-Journal, réduction photo (7 numéros) sous enveloppe ....chacun	–	5 500
La Revue des Deux Mondes, sous enveloppe	250	6 000
Le Siècle (2 numéros) sous enveloppe ....chacun	250	6 500

F) CORRESPONDANCES DE PRESSE

Agence Fournier, sous enveloppe	5 000
Agence Havas, édition française	1 000
Agence Havas, édition allemande sans cachet d'arrivée	1 600
Agence Havas, édition allemande avec cachet d'arrivée	4 000
Gazette de Francfort (sans cachet d'arrivée)	4 500
Nouvelle Presse libre de Vienne	6 000
Les Dernières Nouvelles sous enveloppe 20-23-26 septembre ....chacun	4 250

G) LES CIRCULAIRES

a) Circulaires officielles :

Chemins de fer P.L.M.	6 500
Administration Générale des Hospices du Département de la Seine	7 500
Ministère des Finances aux Directeurs des Manufactures	5 750
Directeur Général des Manufactures de l'Etat	5 500
Assistance Publique	6 000
Directeur Général des Domaines	5 000

b) Circulaires privées :

Assurance « La Nationale »	6 250
Circulaire du Directeur de l'Ecole Albert-le-Grand	8 000
Société Générale	6 500
La Providence	7 000
L'Union	8 000
Banque Vernes, sur papier libre	7 500
Banque Vernes, sur Gazette n° 7	8 000
Maison Paul Dupont	10 000
Maison Decugis	7 500
Compagnie des Courriers	7 500
Alliance Républicaine	7 500
Société des Enfants de la Drôme	10 000
Le Breton au siège de Paris	7 000
Une nuit sous le Fort du Mont-Valérien	11 000
Convoyeurs de Paris	7 500
L'Illustration	11 500
Le Crédit Viager	7 000
Lettre aux Electeurs	9 500
Les Républicains Périgourdins de Paris	10 000
Les Artésiens habitant Paris aux Républicains du Dpt du Pas-de-Calais	8 000
Lettre aux Electeurs de Corrèze	10 000
Lettre aux Electeurs de l'Aisne	9 000
Lettre aux Electeurs de Dordogne	9 000
Manifeste des Loges	20 000
Les Tambours de la compagnie	25 000
The Ambulance Anglaise at Paris	11 500
Liste de souscription de la Société Ph. Van der Haegen et Cie	9 500

III. LES CACHETS OBLITERANTS ils donnent une plus-value au document :

BUREAU DE PARIS Etoile 19, bd Richard-Lenoir, Et. 36, bd Voltaire, Et. 38, rue des Feuillantines	175
Et. 23, rue d'Aligre, Et. 33, bd de l'Hôpital, Et. 39, rue des Ecluses-St-Martin	265
Et. 28, rue du Cardinal-Lemoine, Et. 29, rue Pascal	425
Etoile évidée	1 100
Etoile muette rouge (Paris RC)	13 000
Etoile muette bleue ou cachet à date Paris Etranger	11 000
Cachet à date Paris SC en rouge ....à partir de	1 100
Losange 24, rue de Cléry	12 000
Cachet à date Paris (60) Rayon 1	11 000
Cachet à date Paris (sauf Cardinal Lemoine) ....à partir de	325

BUREAU DE BANLIEUE intra-muros

GC 347 Les Batignolles, GC 2488 Montmartre, GC 2523 Montrouge Paris	135
GC 2793 Passy les Paris, GC 4116 Vaugirard	135
GC 432 Belleville, GC 1715 Grenelle, GC 3921 Les Ternes	175
GC 241 Auteuil, GC 4277 La Villette	175
GC 445 Bercy, GC 892 La Chapelle-Saint-Denis	225
GC 904 Charonne, GC 2170 La Maison-Blanche, GC 3739 St-Mandé Paris	350
GC 1625 La gare d'Ivry	570

Les plis oblitérés cad valent 4 fois celui du GC correspondant

PC du GC 432 Belleville, 2170 La Maison-Blanche, 2523 Montrouge, 3739 St-Mandé Paris	3 750

BUREAUX DE BANLIEUE extra-muros

GC 2516 Montreuil-sous-Bois, à côté cachet T.17.	575	GC 3568 St-Denis-sous-Seine, à côté cachet T.17.......	375
2635 Neuilly-sur-Seine, à côté cachet T.17..................	325	4097 Vanves, à côté cachet T.17	2 350
3189 Les lilas, à côté cachet T.17	525	4290 Vincennes à côté cachet T. 16	475
3240 Rueil, à côté cachet T. 15	2 100	Id. timbre oblit. cachet type 16	750
		4290 à côté cachet T17	325

Cachet à date, avec mention de la **Taxe à Payer**, 15 c ou 30 c des bureaux de quartier ou intra-muros ou extra-muros

Lettres non affranchies	1 500	Lettres affranchies	750

CACHETS DE LA POSTE MILITAIRE

Armée du Rhin Bau AL. Timbre annulé de la griffe AR/13eC......................................	2 850
Armée du Rhin. Quartier Général 13ecorps. Timbre annulé de la griffe ARAL..............	2 750
Armée du Rhin Bureau (AL ou AM ou AN) Timbre annulé de la griffe ARAL, ARAM, ou ARAN	2 650
Cachet à date Armée Française. Quartier Général noir ou rouge sur le timbre	2 350
Cachet à date Armée Française, Griffe AFA à AFJ et AFM en noir sur le timbre	3 250
Idem en rouge	3 750
Cachets à date Armée Française, Bureau A, C, G, H sur le timbre	1 500
Cachet à date Armée Française 14eCorps (A à D), en rouge ou noir sur le timbre	3 000

IV. CACHETS ANNEXES : ils donnent une plus-value au document lorsqu'ils oblitèrent le timbre

Petit cachet PD encadré	- en noir	4 750
Petit cachet PD encadré	- en rouge	5 250
Grand cachet PD encadré	- en noir	6 500
Cachet PP encadré	- en noir	4 750
Cachet PP encadré	- en rouge	5 750

V. LES AFFRANCHISSEMENTS ET DESTINATIONS EXCEPTIONNELS

à 20 c. pour la France occupée, sans cachet d'arrivée	325	à 50 c. pour la Réunion	35 000
à 20 c. pour la France occupée, avec cachet d'arrivée français	1 650	à 50 c. pour Valachie (Roumanie, Bulgarie)	25 000
à 20 c. pour la France occupée, avec cachet d'arrivée allemand	4 750	à 50 c. pour le Sénégal	30 000
à 20 c. pour la Corse	2 500	à 60 c. pour l'Empire Autrichien	3 500
à 20 c. pour l'Algérie	1 850	à 60 c. pour la Grèce (voie de mer)	40 000
à 20 c. pour Monaco	8 000	à 60 c. Liechtenstein, Monténégro	30 000
à 25 c. pour le Luxembourg	12 000	à 60 c. Suède (voie danoise)	15 000
à 30 c. pour la Grande-Bretagne	200	à 70 c. Danemark (voie Tour et Taxis)	15 000
à 30 c. pour l'île de Jersey	1 250	à 70 c. Etats-Unis (voie Angleterre et E.U.)	7 500
à 30 c. pour l'île de Wight	2 500	à 70 c. Antilles (voie anglaise)	25 000
à 30 c. pour l'Ecosse	3 600	à 70 c. Norvège, Suède (voie Tour et Taxis)	20 000
à 30 c. pour l'Irlande	3 500	à 80 c. Australie	60 000
à 30 c. pour la Belgique	250	à 80 c. Brésil - Argentine	20 000
à 30 c. pour la Suisse	175	à 80 c. Canada	60 000
à 30 c. pour le Grand Duché de Bade	4 000	à 80 c. Canaries (voie anglaise)	15 000
à 40 c. pour l'Allemagne du Nord	4 500	à 80 c. Cap de Bonne-Espérance	50 000
à 40 c. pour la Bavière	3 500	à 80 c. Cuba, Amérique Centrale et Haïti	25 000
à 40 c. pour les Canaries (voie franç.)	20 000	à 80 c. Chili, Paraguay, Venezuela, Uruguay.....	25 000
à 40 c. pour Constantinople (voie de mer)	8 000	à 80 c. Chine (voie anglaise)	85 000
à 40 c. pour l'Egypte	7 000	à 80 c. Ceylan - Les Indes	40 000
à 40 c. pour l'Espagne	5 000	à 80 c. Constantinople (voie de terre)	7 500
à 40 c. pour Gibraltar	25 000	à 80 c. Gabon	50 000
à 40 c. pour l'Italie	1 750	à 80 c. Jamaïque, Philippine, Porto-Rico	30 000
à 40 c. pour Malte, Chypre	22 500	à 80 c. Japon	60 000
à 40 c. pour les Pays-Bas	850	à 80 c. Malaisie, Maurice	35 000
à 40 c. pour le Portugal	5 000	à 80 c. Madère	17 500
à 40 c. pour la Prusse (Rayon 1)	4 000	à 80 c. Mexique (voie anglaise)	22 500
à 40 c. pour Rhodes, Tanger	25 000	à 80 c. Pologne	25 000
à 40 c. pour la Roumanie (voie de mer)	25 000	à 80 c. Roumanie (voie de terre)	35 000
à 40 c. pour la Tunisie	22 500	à 80 c. Russie septent. (voie de Prusse)	2 500
à 50 c. pour Brème, Brunswick, Saxe	5 000	à 80 c. Syrie	45 000
à 50 c. pour le Danemark (voie danoise)	12 000	à 80 c. Terre-Neuve	32 500
à 50 c. pour les Etats Romains	4 000	à 80 c. Turquie (voie de terre)	8 000
à 50 c. pour Guadeloupe, Martinique	22 500	à 1 f. Bolivie, Pérou	35 000
		à 1 f. Etats-Unis au centre	10 000
		à 1 f. Mexique (voie de Panama)	25 000
		à 1 f. Norvège (voie danoise)	25 000
		à 1 f. Russie méridionale (voie d'Autriche)	4 000
			(30 000 avec cachet d'arrivée)

Tous ces prix s'entendent avec cachet d'arrivée et donnent la plus-value par rapport au prix du ballon transporteur.

VI. COMPAGNIE DES AEROSTIERS

Certains de ces plis portent en outre, généralement au verso, le grand cachet de la Compagnie des Aérostiers dont il existe deux types :

Nadar, Dartois, Duruof, en rouge .... plus-value **8 000**

Dartois et Yon, en rouge (seulement avec ballon Général-Uhrich) .... plus-value **27 500**

Dartois et Yon, en bleu .... plus-value **12 000**

VII. TIMBRES UTILISES POUR L'AFFRANCHISSEMENT

Les timbres Laurés 10 c., 20 c., 30 c., 80 c. et siège 10 c., 20 c., 40 c. sont utilisés normalement pour l'affranchissement des plis à destination de la France et de l'étranger.

Les autres valeurs ainsi que les timbres Empire non dentelés et dentelés non lauré donnent une plus-value au document.

Empire non dentelé	20 c. (14)	**8 500**	Empire dentelé	40 c. (23)	**1 850**
	40 c. (16)	**10 000**	Empire Lauré	1 c. (25)	**3 750**
Empire dentelé	1 c. (19)	**4 750**		2 c. (26)	**4 250**
	5 c. (20)	**1 400**		4 c. (27)	**4 250**
	10 c. (21)	**1 000**	Siège tête-bêche	10 c. (T 36)	**16 000**
	20 c. (22)	**500**		20 c. (T 37)	**16 000**

LA COMMUNE DE PARIS

La France et la Prusse étaient en guerre depuis le 19 Juillet 1870. La France subissant plusieurs défaites, abandonna l'Alsace et la Lorraine. Le 2 septembre 1870 ce fut la réddition de l'Empereur. Le 4 Septembre la République a été proclamée et un gouvernement de la Défense Nationale a été formé. La guerre continua et l'Armistice fut signé le 28 Janvier 1871 avec la capitulation de PARIS.

L'Assemblée Nationale élue le 8 Février 1871 signa la Paix le 10 Mai 1871 par le traité de Francfort.

Opposés aux élections du 8 Février les parisiens s'insurgèrent le 18 Mars et un Comité Central prit le pouvoir pour le transmettre le 28 Mars à une Assemblée qui prit le nom de «COMMUNE DE PARIS». Le gouvernement élu le 8 Février se replia à VERSAILLES y compris les Administrations. Le Directeur des Postes RAMPONT-LECHIN regagna aussi Versailles le 30 Mars 1871 avec preque tout son matériel et son stock.

Le blocus postal de PARIS était ordonné le 31 Mars. Délégué par la COMMUNE, Monsieur THEISZ tenta de réorganiser le sevice postal du 31 Mars au 23 Mai 1871 en utilisant les timbres restant et en réussissant avec le matériel trouvé à imprimer des timbres à l'Hôtel de la Monnaie.

Les timbres dits du Siege de Paris furent imprimés sur du papier bistre grisâtre (10 c, 20 c, et 40 c) au lieu du papier blanc.

Le 21 Mai l'armée des Versaillais commença son entrée dans Paris. Elle mis une semaine pour reprendre la Capitale après les derniers combats du Père-Lachaise. Le Service Postal utilisa les cachets provisoires jusqu'au 29 Mai. Certains bureaux les utilisèrent jusqu'à la mi-juin.

Dans la période du 18 au 30 Mars le service postal est resté à peu près normal. Pendant toute la période du 31 Mars 1871 au 29 Mai, des parti-culiers ou des maisons de Commerce étaient rétribués pour transporter du courrier de PARIS affranchi, mais non oblitéré afin de le déposer dans des bureaux hors PARIS dont St-Denis, Versailles, Enghien, Beaumont sur Oise, Andresy, St Mandé etc. La Commission versée était de 50 centimes au début pour tomber à 10 centimes réglés en numéraire.

Dans le sens Province-PARIS l'Arrêté du 26 avril indique que toutes les lettres affranchies par l'expéditeur de France ou de l'Etranger pour PARIS doivent recevoir un affranchissement complémentaire à 10 centimes (timbre Empire Lauré ou Siège de Paris ou très rarement avec 10 c émis-sion de Bordeaux).

Plusieurs agences particulières furent autorisées a assurer le transport du courrier moyennant une commission à ajouter aux 10 c en timbre. L'agence ajoutait donc le timbre à 10 centimes et postait la lettre dans un bureau de Poste qui oblitérait le timbre avec le cachet à date PARIS (60). Elle pouvait aussi oblitérer le timbre à 10 centimes avec son cachet privé et en assurait elle même la distribution.
L'Agence LORIN-MAURY a émis des vignettes ultilisées du 5 au 24 Mai et oblitérées du cachet C.IX. Sur ces vignettes figurait le décompte de la somme à percevoir.
Pour les correspondances de PARIS pour PARIS le tarif était de 10 centimes avec des oblitérations diverses : cachet à date de Paris, ancre noire ou bleue, GC 892 ou GC432, ancien cachets de route ou Etoile numérotée.

A) Du 18 au 30 mars 1871 (Gestion par l'Administration des Postes)

1. – Plis de Paris pour Paris affranchis à 10 centimes. Timbres Lauré ou Siège de Paris

Lettre affranchie avec oblitération Etoile et à côté cachet à date de l'Etoile	à partir de	100
Idem ci-dessus avec timbre de l'Emission de Bordeaux	à partir de	1 300
Lettre taxée avec cachet de Paris		200
Lettre en franchise avec cachet militaire de Paris		400
Lettre en franchise avec P.P. et cachet de Paris		225

2. _ Plis partant de Paris affranchis à 20 centimes. Timbres Lauré ou Siège de Paris

Avec timbres oblitérés de Paris pour la Province	100
Avec timbres oblitérés de Paris pour l'étranger	225
Avec émission de Bordeaux pour la Province (20c N° 45 ou 46 II)	1 000

3. – Plis destinés à Paris affranchis à 20 centimes

De province avec cachet à date d'arrivée	175
De l'étranger avec cachet à date d'arrivée	225

B) Du 31 mars au 23 mai 1871 (Gestion par l'Administration des Postes de Paris)

1. _ Plis de Paris pour Paris affranchis à 10 centimes. Timbres Lauré ou Siège de Paris

Sans timbre, avec cachet P.P. et cachet à date Paris (60)		1 000
Avec timbres oblitérés cachet à date de Paris	à partir de	600
Avec timbres oblitérés Etoile à n° et à côté cachet à date du bureau de l'Etoile		475
Avec timbres oblitérés Etoile à n° et à côté cachet à date de route PARIS (60)		3 750
Idem ci-dessus avec timbres oblitérés cachet à date de route PARIS (60		4 750
Idem avec timbre à 10 c de Bordeaux oblitéré Etoile à N° et à côté cachet à date du bureau de l'Etoile		2 250
Avec timbres oblitérés « ancre noire » et à côté cachets à date divers de bureaux de banlieue		7 750
Avec timbres oblitérés GC 892 et grille linéaire «CHAPELLE ST-DENIS» à côté		18 000
Avec timbres oblitérés GC 892 et cachet à date PARIS (60) à côté		7 500
Idem avec timbre à 10 c émission de Bordeaux oblitéré d'un bureau de Paris		13 500
Avec timbres oblitérés GC 432 et cachet à date PARIS (0) à côté		7 500

2. – Plis partant de Paris affranchis, transportés par un particulier ou une Agence hors de Paris

Affranchis à 20 centimes pour la province avec cachet de Saint-Denis ou Versailles 400
Idem avec d'autres cachets de banlieue (ex. : St-Mandé, Pontoise, Epinay s/Seine, etc.)...............................*à partir de* 700
Idem avec 20c Bordeaux (N° 45 ou 46 R II) ....*à partir de* 1 750
Idem timbre oblitéré GC et à côté cachet de banlieue..*à partir de* 950
Idem timbre oblitéré GC 892 et à côté griffe linéaire Chapelle St-Denis 22 000

3. – Plis destinés à Paris

De province passés par un voyageur affranchis à PARIS à 10 c oblitérés Etoile à N°. Cachet du bureau ....*à partir de* 2 000
Idem affranchis à 20 centimes oblitérés à PARIS ....*à partir de* 1 500
Affranchis de province avec timbre supplémentaire à 10 c. oblitéré de Paris avec ou sans nom de l'agence 15 000
Idem ci-dessus avec étiquette de l'agence 19 000
Affranchis à l'étranger avec timbre suppl. à 10 c. obl. de Paris avec ou sans griffe ou étiquette de l'agence 28 000
Affranchis de province avec timbre supplémentaire à 10 c. oblitéré par cachet de l'agence 18 000
Sans timbre venant de Province affranchis à Paris à 10 c., oblitéré par cachet de l'agence 13 000
Idem ci-dessus. Oblitération Etoile à N°. A côté cachet à date de route PARIS (60) 4 250
Idem ci-dessus. Oblitération par le cachet à date de route PARIS (60... 5 000
Enveloppe-Réponse avec griffe de l'agence affranchie à 20 c, oblitérée en Province avec timbre supplémentaire
à 10 c oblitéré à Paris avec cachet de l'agence... 15 000

C) 24 mai au 29 mai (semaine sanglante)

1. – Plis de Paris pour Paris :

Idem que pour la période 31 mars/23 mai ....plus-value de 25 %
Avec timbre oblitéré « Ancre bleue» avec cachet à date bleu. Timbre à 10 c Lauré ou 10 c Siège 17 000
Avec 10 c émission de Bordeaux, oblitération «Ancre bleue», cachet à date bleu PARIS (60.............................. 24 000

2. – Plis pour la province. Affranchis à 20 centimes

Avec cachet de banlieue (Rueil, Versailles, Beaumont s/Oise, etc...*à partir de* 525
Idem avec 20 c Bordeaux (N° 45 ou 46 R II) ....*à partir de* 1 950
Avec cachet de Paris du 27 mai (1erjour de reprise du service postal dans quelques bureaux) 950
Affranchis avec timbre type Lauré ou Siège de Paris oblitéré Ancre bleue et avec cachet à date bleu 22 500
Idem avec timbre Empire dentelé... 26 000
Idem oblitéré Ancre noire avec cachet à date noir 9 500
Idem ancre noire avec cachet à date du 30 Mai au 12 Juin (utilisation tardive) 4 750
Avec oblitération Etoile bleue et à côté cachet à date bleu PARIS (60 .... 9 500
Idem oblitération G.C. et à côté cachet à date du bureau de banlieue correspondant ....*à partir de* 1 000

BOULES DE MOULINS

Pendant le Siège de PARIS , au début du mois de Janvier 1871 une tentative d'envoi des lettres destinées à Paris a été faite.

Les lettres venant de France devaient être affranchies à UN FRANC avec le nom du destinataire et son adresse à PARIS. En plus l'expéditeur devait ajouter sur la lettre la mention «PAR MOULINS (ALLIER)».

A Moulins ces lettres étaient rassemblées et mises dans des boules de zinc de 20 centimètres environ de diamètre. Ensuite 55 de ces boules furent mises à l'eau dans la Seine aux environs de BRAY SUR SEINE.

L'administration espérait pouvoir récupérer les boules, qui avaient des ailettes pour être entrainées par le courant, grâce à des filets tendus dans la Seine à PARIS.

Aucune boule n'a été repêchée avant la fin du Siège. Le premier repêchage a eu lieu aux ANDELYS le 6 Mars 1871 et le dernier le 14 avril 1982. L'administration apposa une griffe spéciale sur un certain nombre de lettres.

Exemples : - correspce contenue dans une boule «de MOULINS» repêchée près de St-Wandrille le 6 août 1968. - Trouvée dans une boîte échouée sur les bords de la Seine à Quillebeuf (Eure) le 26 mars 1871.

A la fin du Siège de PARIS beaucoup de lettres restaient encore à MOULINS. Une grande partie a été mise dans des sacs destinés au ravitaillement et furent ainsi introduites à PARIS a partir du 12 février 1871. On leur donne le nom de «SAC DE RIZ». Elles sont en général très propres. La distribution régulière par la poste a débuté le 14 Février et les lettres parvenues par la voie de terre por-tent le cachet d'arrivée du 17 ou 18 Février 1871. (Lettres de Cosnes)

La plupart des lettres mises dans les boules portent des traces plus ou moins importantes d'humidité et ont souvent perdu une partie ou la totalité de leur affranchissement.

Les affranchissements sont très divers puisque l'on rencontre même des timbres de l'Empire NON DENTELÉS 20 c et 80 c. Elles sont très rares ainsi que celles portant des timbres du Siège (10 c ou 20 c).

Les lettres portant des timbres de l'Empire dentelé 5 c ou 80 c ou de l'Emission de Bordeaux 5 c ou 20 c (N° 46 toujours RI) sont aussi très rares.

Affranchissement absent (décollé) sans arrivée .... *à partir de*	**200**
Affranchissement absent (décollé) avec arrivée en mars 1871 et après .... *à partir de*	**2 500**
Affranchissement incomplet sans arrivée .... *à partir de*	**500**
Affranchissement incomplet avec arrivée en Mars 1871 et après .... *à partir de*	**3 500**
Affranchissement complet sans arrivée .... *à partir de*	**1 500**
Affranchissement complet avec arrivée 12/13 février 1871 (Sac de Riz) .... *à partir de*	**3 250**
Affranchissement complet (voie de terre) arrivée 17/18 février 1871 (Lettres de Cosnes) .... *à partir de*	**3 500**
Affranchissement complet avec arrivée en Mars 1871 et après .... *à partir de*	**RR**
Lettre en franchise avec cachet «PP» sans arrivée.. *à partir de*	**5 500**
Lettre en franchise avec cachet «PP» et avec arrivée en mars 1871 et après .... *à partir de*	**RR**

COMBINAISONS D'AFFRANCHISSEMENT (PLUS-VALUES)

Le poids maximum des lettres ne devant pas dépasser 4g, les petites valeurs étaient quasiment exclues d'office.

petites valeurs:

avec 5c empire dentelé	20 000
avec 5c Bordeaux	8 000
avec 10c empire dentelé	6 650
avec 10c lauré	3 650
avec 10c Bordeaux	3 650

combinaisons:

empire non dent. 20c + 80c	20 000
empire dentelé 20c + 80c	6 650
empire dentelé 40c x2 + Bordeaux 20c	5 000
empire dentelé 80c + lauré 20c	2 850
lauré 20c x5	1 400
lauré 20c + 80c	1 000
lauré 20c + 40c x2	1 600
lauré 20c + Bordeaux 80c	1 500
lauré 40c x2 + Bordeaux 20c	1 900
lauré 80c + Bordeaux 20c	1 250
Bordeaux 20c (type I) x5	15 000
Bordeaux 20c + 80c	1 600

LETTRES ENVOYÉES DE L'ÉTRANGER

lettre centralisée à Bordeaux (losange 532)	2 500
lettre centralisée à Marseille (losange 2240)	3 750
lettre centralisée à Moulins (losange 2565)	2 850
lettre postée à la frontière	3 000
lettre de Grande-Bretagne affranchie en France 26 500 lettre avec afft mixte (avec Suisse ou Belgique)	45 000

LETTRES AVEC AFFRANCHISSEMENTS COMPLETS
DATE DU REPECHAGE ET CACHET A DATE D'ARRIVEE

Date du repéchage   Date d'arrivée

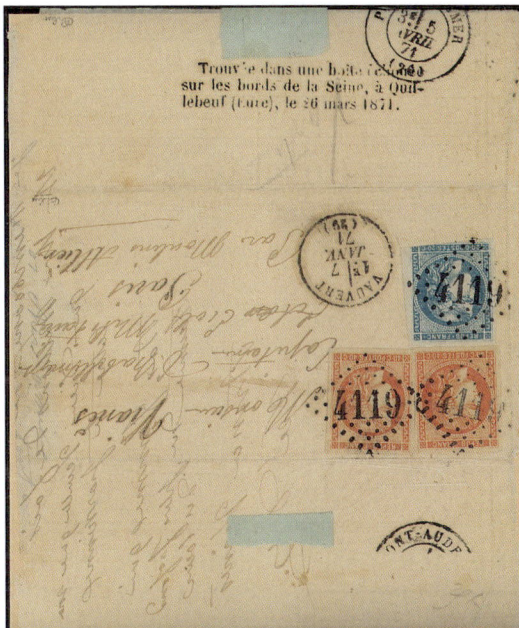

26 Mars 1871	Griffe : Trouvée à Quillebeuf 26 Mars 1871 et	
	Cachet à date Pont-Audemer 5 Avril	20 000
15 Mai 1871	Cachet à date Paris 2 Poste Restante 2 Juin 1871	12 000
8 Juin 1871	Cachet à date Ponthierry 8 Juin 1871	18 500
Juin 1871	Cachet à date Paris 2 Poste Restante 22 Juin 1871	15 000
	Cachet à date Paris RC 29 Juin 1871	12 000
13 Juillet 1871	Cachet à date Paris RC 13 Juillet 1871	12 000
Août 1871	Cachet à date Paris 2 Poste Restante 26 Août 1871	10 000
Janvier 1872	Cachet à date Paris RC 13 Janvier 1872	15 000
Mars 1872	Cachet à date Paris RC 18 Mars 1872	15 000
Mai 1872	Cachet à date Paris RC 2 Mai	15 000
Novembre 1872	Cachet à date Paris (60) 29 Novembre	10 000
Mai 1873	Cachet à date Mantes-sur-Seine 13 Mai 1873 et	
	cachet à date PARIS RC 15 Mai ou Paris (60) 16 Mai	15 000
Juin 1873	Cachet à date Paris RC 5 Juin 1873	12 000
Juin 1873	Cachet à date Paris RC 25 Juin 1873	12 000
Décembre 1875	Cachet à date Paris RC 10 Décembre	15 000
6 Août 1968	Griffe rouge de Saint-Wandrille	
	repêchée le 6 Août 1968	35 000

PAPILLON DE METZ (septembre, octobre 1870)

L'inventeur est le docteur PAPILLON Médecin Major de la Garde Impériale. C'est M. JEANNEL Pharmacien Major de l'Armée qui construisit de petits ballons en papier gonflés au gaz d'éclairage pouvant transporter environ 40 grammes de lest. On les nomma «Ballons des Pharmaciens» et furent utilisés du 5 au 14 septembre 1870. Ils ont transporté à peu près 3 000 missives écrites sur papier pelure appelés «Papillon». Actuellement 17 papillons des pharmaciens sont connus.

I Papillons des pharmaciens (5 ou 14 septembre)	sans arrivée	11 000
	avec cachet d'arrivée	27 500
	avec enveloppe de réexpédition	23 000

Ensuite le Génie fit construire des ballons plus importants pouvant transporter environ 45 000 missives. On les nomma «Ballons du Génie». De 10 à 13 ballons ont été lancé du 16 septembre au 3 octobre.

II Papillons du Génie (16 septembre au 3 octobre)	sans arrivée	1 000
	avec cachet PP	5 000
	avec cachet à date d'atterrissage de Neuf-Château	9 500
	idem sous enveloppe de réexpédition et cachet de Neuf-Château	24 500
	avec cachet à date d'atterrissage de Fresne en Woëvre	15 000
	idem sous enveloppe de réexpédition (1 seul connu)	RR
	avec cachet de LYON 28 septembre	8 000
	sous enveloppe. Cachet de Lille 4 octobre	RR
	Papillons avec autres dates de passage : Gisors, Dijon	
	Bruxelles, Charleroi, Saint Genis Laval	7 500
	Papillons sans cachet de réexpédition sous enveloppe avec	
	cachet postaux divers	22 000
III Autres sièges (Octobre)	Papillon de Selestat avec cachet de passage	
	de Mulhouse 17 octobre	RR
	Papillon de Neuf Brisach avec cachet de passage de Mulhouse	RR
	idem avec cachet de passage de Muntzenheim 14 octobre	RR

PIGEONGRAMMES

Avec l'investissement de PARIS, un service de reproduction des dépêches officielles fut organisé à TOURS où l'on avait transporté des pigeons voyageurs.

Copiées au début à la main, elle furent ensuite typographiées et photographiées. On réalisa enfin des pellicules avec une reproduction microphotographique.

Les dépêches manuscrites, photographiques et pellicules furent introduites dans un tube fabriqué avec l'extrémité d'une grosse plume et fixé dans les plumes de la queue du pigeon. Avec une douzaine de pellicules on pouvait expédier 30 000 dépêches.

Dépêches manuscrites	850
Pigeongrammes typographiés et photographiés réalisés du 20 octobre au 10 décembre sur papier	
Dépêche non numérotée	650
Dépêche numérotée	450
Service replié à Bordeaux du 11 au 15 décembre	
Dépêche officielle numérotée sur papier	450
Pigeongramme sur pellicule micrographique	625

BALLONS DES GRAVILLIERS

Pendant le siège, Alfred Roseleur, qui habitait rue des Gravilliers dans le 3ème, pour écrire à son épouse Léonie réfugiée à Aubusson (Creuse), utilisa des ballons d'enfant en baudruche auxquels il suspendait ses lettres avec un bout de ficelle. Tous les jours, du 18 septembre jusqu'à fin novembre, il écrivit à sa bien aimée, chaque lettre étant numérotée et datée, ce qui ne l'empêchait pas d'utiliser les ballons montés, deux précautions valant mieux qu'une.

COURRIER ENTRÉ OU SORTI PAR PASSEURS

En dehors du système des ballons montés, des tentatives ont été faites, à Paris comme dans les autres villes assiégées pour faire sortir, mais surtout pour faire entrer du courrier, par des passeurs.

Courrier de passeur, sortie de Paris	12 500
Courrier de passeur, entrée dans Paris	18 500

courrier ayant voyagé par valise diplomatique

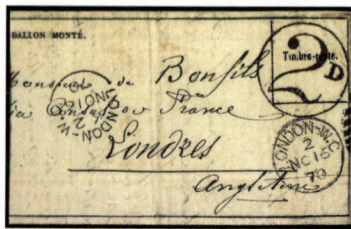

Lettre expédiée par un capitaine d'état major de la Garde Nationale à destination du vice-consul de France à Londres. Le pli, non affranchi, a été taxé en Angleterre. Le voyage par valise diplomatique est certain (la cote est donnée pour des plis certains).

Courrier de valise diplomatique	27 500

MILITAIRES FRANÇAIS INTERNÉS EN SUISSE

	☆	◎	▢
1 Vignette "Gratis"	180	450	3 500
sur lettre, mais sans oblitération			1 250
tête-bêche		1 200	

2 Secours aux victimes de la guerre "Paix"	425	675
sur lettre, mais sans oblitération		3 850
3 Com. de secours pour Strasbourg, Lausanne	450	700

4 Com. de secours aux blessés, Lausanne	500	800
sur lettre, mais sans oblitération		4 000

5 Agence internationale, Bâle	450	675
sur lettre, mais sans oblitération		2 650
6 Hilfscomité für Kriegsgefangene (10ex connus)	6 000	7 000

7 Comité international de Genève	300	475
sur lettre, mais sans oblitération		2 150

OFFICE LORIN-MAURY

Seul l'office Lorin-Maury (des noms de M. Lorin, employé à la gare du Nord et transporteur des lettres centralisées par M. Maury, négociant en timbres) a émis des timbres qui furent utilisés du 5 au 24 mai 1871.

6 timbres ont été émis en paires se tenant: 3 timbres-poste (avec faciale) tenant à 3 timbres-taxe (sans faciale). Les timbres-poste se composaient de deux parties dont l'une était gommée et restait sur l'enveloppe (il s'agit du quart supérieur comprenant la valeur faciale), et l'autre conservée par M. Lorin.

Les timbres-poste ne servaient que dans le sens Paris-province, tandis que les timbres-taxe étaient utilisés pour les plis venant de province. Ces timbres étaient collés à côté du timbre supplémentaire à 10c, puis oblitérés du cachet C IX (bureau C IXème arrondissement). des enveloppes avec timbre rond en relief furent également imprimées, mais n'ont pas été admises.

Ces timbres ont tous été réimprimés (les cotes des neufs sont données pour ces réimpressions).

	☆☆	☆
1 5 centimes imprimé	15	12
2 10 centimes lettre	15	12
3 50 centimes chargement	15	12
4 imprimé, sans faciale	15	12
a - en paire avec le timbre-poste	35	27
5 lettre, sans faciale	15	12
a - en paire avec le timbre-poste	35	27
6 chargement, sans faciale	15	12
a - en paire avec le timbre-poste	35	27

TABLEAUX RÉCAPITULATIFS DES SÉRIES COURANTES APRÈS 1900

Blanc

1c surchargé ½c 157 *(1919)*	surchargé ANNULE	cours d'instr 28	surch Affranchts poste	préoblitéré 47
surchargé SPECIMEN	cours d'instr 61	surchargé SPECIMEN	cours d'instr 63	surch Spécimen bleue	spécimen 73
surch Spécimen carmin	spécimen 69	surch Spécimen bleue	spécimen 71	**5c vert-jaune** 111 *(1900)*
		Guerre 14-16 Croix-Rge	guerre 1914-18 4A	**5c vert** 111A *(1900)*
1c gris 107 *(1900)*	Guerre 14-16 Orphelins	guerre 1914-18 5A	surch Affranchts poste	préoblitéré 52
surchargé ANNULE	cours d'instr 1	Réoccupation française	guerre 1914-18 2B	préo surch SPECIMEN	cours d'instr 84
Réoccupation française	guerre 1914-18 2A	**3c orange** 109 *(1900)*	surchargé SPECIMEN	cours d'instr 65
1c ardoise 107A *(1900)*	surch Affranchts poste	préoblitéré 46	surch Spécimen bleue	spécimen 74
surchargé ANNULE	cours d'instr 27	surchargé ANNULE	cours d'instr 3	**5c vert-bleu** 111B *(1900)*
surchargé SPECIMEN	cours d'instr 62	surchargé ANNULE	cours d'instr 29	**7½c Affts poste** préo 57 *(1926)*
surch Spécimen carmin	spécimen 70	surchargé SPECIMEN	cours d'instr 64	**10c violet** 233 *(1929)*
		surch Spécimen bleue	spécimen 72	Affranchts poste	préoblitéré 62
2c brun-lilas 108 *(1900)*	Réoccupation française	guerre 1914-18 2C		
surchargé ANNULE	cours d'instr 2	**4c brun** 110 *(1900)*		

Notes: *Les années de référence des timbres-type sont indiquées entre parenthèses après le numéro du timbre.*

Mouchon

10c rouge type I 111 *(1900)*	**15c rge retouché** 124 *(1902)*	**25c bleu type II** 117 *(1900)*
10c rouge type II 115 *(1900)*	surchargé FM	franchise mil 2	**25c bleu retouché** 126 *(1902)*
10c rge retouché 123 *(1902)*	**20c brun-lilas** 112 *(1900)*	**30c lilas** 114 *(1900)*
15c orange 116 *(1900)*	**20c brun retouché** 125 *(1902)*	**30c violet retouché** 127 *(1902)*
surchargé FM	franchise mil 1	**25c bleu type I** 113 *(1900)*		

Merson

40c rouge et bleu 119 *(1900)*	**60c violet et bleu** 144 *(1920)*	surchargé ANNULE	cours d'instr 8
surchargé ANNULE	cours d'instr 4	surchargé ANNULE 2x	cours d'instr 32	**3f lilas et carmin** 240 *(1927)*
surchargé ANNULE 2x	cours d'instr 30	**1f rouge et olive** 121 *(1900)*	surch Spécimen noire	spécimen 79
Poste serbes	postes serbes 8	surchargé ANNULE	cours d'instr 7	**3f violet et bleu** 206 *(1925)*
S. P. du M. Bordeaux	Monténégro 8	surchargé ANNULE 2x	cours d'instr 33	surchargé SPECIMEN	cours d'instr 67
surch Spécimen bleue	spécimen 75	surch Congrès de Bordeaux 182	surch Spécimen noire	spécimen 78
		Guerre 14-16 Croix-Rge	guerre 1914-18 4G	**5f bleu et jaune** 123 *(1900)*
45c vert et bleu 143 *(1906)*	Guerre 14-16 Orphelins	guerre 1914-18 5D, G	surchargé ANNULE	cours d'instr 9
surch Affranchts poste	préoblitéré 45	Poste serbes	postes serbes 11	surchargé ANNULE 2x	cours d'instr 35
préo surch ANNULE 2x	cours d'instr 28	Pro patria	guerre 1914-18 3C, E, G	Guerre 14-16 Croix-Rge	guerre 1914-18 4H
surchargé ANNULE	cours d'instr 5	S. P. du M. Bordeaux	Monténégro 11	Guerre 14-16 Orphelins	guerre 1914-18 5E
surchargé ANNULE 2x	cours d'instr 31	surch Spécimen bleue	spécimen 76	surchargé Poste aérienne	poste aérienne 2
Poste serbes	postes serbes 9			surchargé SPECIMEN	cours d'instr 68
S. P. du M. Bordeaux	Monténégro 9	**2f orange et vert** 145 *(1920)*	surch Spécimen carmin	spécimen 80
		surchargé ANNULE 2x	cours d'instr 34	**10f vert et rouge** 207 *(1926)*
50c brun et gris 120 *(1900)*	surch Exposition Le Havre	257A	surch Spécimen noire	spécimen 81
surchargé ANNULE	cours d'instr 6	surchargé Poste aérienne	poste aérienne 1	**20f lilas et vert** 208 *(1925)*
Guerre 14-16 Croix-Rge	guerre 1914-18 4F	surchargé SPECIMEN	cours d'instr 66	surch Spécimen noire	spécimen 82
Guerre 14-16 Orphelins	guerre 1914-18 5C, F	surch Spécimen bleue	spécimen 77		
Poste serbes	postes serbes 10	**2f violet et jaune** 122 *(1900)*		
Pro patria	guerre 1914-18 3B, D, F			
S. P. du M. Bordeaux	Monténégro 10			

Semeuse lignée

10c rose *surchargé FM*	**129** *(1903)* *franchise mil 3*	**25c bleu**	**132** *(1903)*
15c vert	**130** *(1903)*	**0,30 bleu et noir**	**1234A** *(1960)*
surch Affranchts poste	*préoblitéré 41*	**30c violet**	**133** *(1900)*
préo surch ANNULE	*cours d'instr 44*	**45c violet**	**197** *(1926)*
préo sch Spécimen carmin	*spécimen préo 1*	*surch Affranchts poste*	*préoblitéré 64*
surchargé ANNULE	*cours d'instr 10*	**50c bleu**	**161** *(1921)*
surchargé ANNULE	*cours d'instr 36*	*surchargé ANNULE*	*cours d'instr 37*
surchargé FM	*franchise mil 4*	**50c rouge**	**199** *(1926)*
surch Poste France 1921	*préoblitéré 32*	*Caisse d'amortissement*	*250*
surch Poste France 1922	*préoblitéré 38*	*Caisse d'amortiss., rose*	*254*
surch Poste Paris 1920	*préoblitéré 26*	*Caisse d'amortiss., brun*	*267*
surch Poste Paris 1921	*préoblitéré 29*	*Caisse d'amortiss., violet*	*276*
surch Poste Paris 1922	*préoblitéré 35*	*Congrès de B.I.T.*	*264*
Guerre 14-16 Croix-Rge	*guerre 1914-18 4C*	*surchargé FM*	*franchise mil 6*
Guerre 14-16 Orphelins	*guerre 1914-18 5B*	**50c turquoise**	**362** *(1937)*
Poste serbes	*postes serbes 3*	**50c vert-olive**	**198** *(1927)*
Réoccupation française	*guerre 1914-18 2F*	*Caisse d'amortissement*	*247*
S. P. du M. Bordeaux	*Monténégro 3*	*surchargé SPECIMEN*	*cours d'instr 69*
20c brun-lilas	**131** *(1903)*	*surch Spécimen carmin*	*spécimen 83*
0,20 rge et turqu.	**1233** *(1960)*		

60c violet	**200** *(1924)*
surchargé =50	*223*
surch =55 Affranchts poste	*préoblitéré 59*
surchargé SPECIMEN	*cours d'instr 70*
surch Spécimen bleue	*spécimen 84*
65c rose	**201** *(1924)*
surchargé =50	*224*
surch Affranchts poste	*préoblitéré 61*
surch Spécimen bleue	*spécimen 85*
65c vert-olive	**234** *(1927)*
surch Affranchts poste	*préoblitéré 65*
75c lilas-rose	**202** *(1926)*
80c rouge	**203** *(1925)*
surchargé =50	*220*
surchargé SPECIMEN	*cours d'instr 71*
85c rouge	**204** *(1924)*
surchargé =50	*221*
surch Spécimen bleue	*spécimen 86*
1f bleu	**205** *(1926)*

Semeuse camée

1c brun sch ½c	**279B** *(1932)*	**15c brun**	**189** *(1926)*
1c olive sch ½c	**279A** *(1932)*	*surch Affranchts poste*	*préoblitéré 54*
1c bistre-brun	**277B** *(1932)*	*préo surch SPECIMEN*	*cours d'instr 86*
1c bistre-olive	**277A** *(1932)*	*surchargé SPECIMEN*	*cours d'instr 73*
2c vert foncé	**278** *(1932)*	**20c lilas-brun**	**139** *(1907)*
3c rouge-orange	**278A** *(1932)*	*surch Affranchts poste*	*préoblitéré 42*
5c orange	**158** *(1920)*	*préo surch ANNULE*	*cours d'instr 47*
surch Affranchts poste	*préoblitéré 40*	*préo surch ANNULE*	*cours d'instr 87*
préo surch ANNULE	*cours d'instr 46*	*préo sch Spécimen bleue*	*spécimen préo 3*
surchargé ANNULE	*cours d'instr 38*	*surchargé ANNULE*	*cours d'instr 13*
surch Poste France 1921	*préoblitéré 31*	*surchargé ANNULE*	*cours d'instr 40*
surch Poste France 1922	*préoblitéré 37*	*surchargé SPECIMEN*	*cours d'instr 74*
surch Poste Paris 1921	*préoblitéré 28*	*surch Spécimen bleue*	*spécimen 88*
surch Poste Paris 1922	*préoblitéré 34*	*Poste serbes*	*postes serbes 4*
5c rose	**278B** *(1932)*	*Réoccupation française*	*guerre 1914-18 2G*
5c vert	**137** *(1907)*	*S. P. du M. Bordeaux*	*Monténégro 4*
surchargé ANNULE	*cours d'instr 11*	**20c lilas-rose**	**190** *(1926)*
surch Poste Paris 1920	*préoblitéré 25*	*surch Affranchts poste*	*préoblitéré 67*
surch Poste Paris 1921	*préoblitéré 27*	**25c bleu**	**140** *(1907)*
Guerre 14-16 Croix-Rge	*guerre 1914-18 4B*	*surch Affranchts poste*	*préoblitéré 60*
Poste serbes	*postes serbes 1*	*surchargé ANNULE*	*cours d'instr 14*
Réoccupation française	*guerre 1914-18 2D*	*surchargé ANNULE*	*cours d'instr 41*
S. P. du M. Bordeaux	*Monténégro 1*	*surchargé SPECIMEN*	*cours d'instr 75*
10c outremer	**279** *(1932)*	*surch Spécimen carmin*	*spécimen 89*
surch Affranchts poste	*préoblitéré 66*	*Guerre 14-16 Croix-Rge*	*guerre 1914-18 4D*
10c rge avec sol	**134** *(1906)*	*Poste serbes*	*postes serbes 5*
10c rouge maigre	**135** *(1906)*	*Pro patria*	*guerre 1914-18 3A*
10c rouge camée	**138** *(1907)*	*Réoccupation française*	*guerre 1914-18 2H*
surchargé ANNULE	*cours d'instr 12*	*S. P. du M. Bordeaux*	*Monténégro 5*
surchargé FM	*franchise mil 5*	**25c jne-brun**	**235** *(1927)*
Poste serbes	*postes serbes 2*	*surch Affranchts poste*	*préoblitéré 63*
Réoccupation française	*guerre 1914-18 2E*	**30c bleu**	**192** *(1925)*
S. P. du M. Bordeaux	*Monténégro 2*	*surchargé =25*	*217*
10c rge sch +5	**146** *(1914)*	*surch Affranchts poste*	*préoblitéré 56*
Réoccupation française	*guerre 1914-18 2I*	*surchargé SPECIMEN*	*cours d'instr 76*
10c vert maigre	**188B** *(1926)*	*surch Spécimen carmin*	*spécimen 91*
10c vert camée	**159** *(1922)*	**30c brun-rouge**	**360** *(1937)*
surch Affranchts poste	*préoblitéré 53*	*surch Affranchts poste*	*préoblitéré 71*
préo surch SPECIMEN	*cours d'instr 85*	**30c orange**	**141** *(1907)*
préo sch Spécimen carmin	*spécimen préo 2*	*surchargé ANNULE*	*cours d'instr 15*
surchargé ANNULE	*cours d'instr 39*	*surch Poste France 1921*	*préoblitéré 33*
surchargé SPECIMEN	*cours d'instr 72*	*surch Poste Paris 1921*	*préoblitéré 29*
surch Spécimen bleue	*spécimen 87*	*Poste serbes*	*postes serbes 6*
10c+5c Croix-Rge	**147** *(1914)*	*S. P. du M. Bordeaux*	*Monténégro 6*
Réoccupation française	*guerre 1914-18 2J*	**30c rose**	**191** *(1925)*
		surch Affranchts poste	*préoblitéré 55*
		préo surch SPECIMEN	*cours d'instr 88*
		préo sch Spécimen bleue	*spécimen préo 4*
		surch Spécimen bleue	*spécimen 90*

30c rouge	**160** *(1922)*
surch Affranchts poste	*préoblitéré 43*
préo surch ANNULE	*cours d'instr 48*
surchargé ANNULE	*cours d'instr 42*
surch Poste France 1922	*préoblitéré 39*
surch Poste Paris 1922	*préoblitéré 36*
35c vert	**361** *(1937)*
surchargé =30	*476*
surch Affranchts poste	*préoblitéré 72*
35c violet maigre	**136** *(1906)*
35c violet camée	**142** *(1907)*
surchargé =25	*218*
surch Affranchts poste	*préoblitéré 44*
préo surch ANNULE	*cours d'instr 49*
préo sch Spécimen carmin	*spécimen préo 5*
surchargé ANNULE	*cours d'instr 16*
surchargé ANNULE	*cours d'instr 43*
surchargé SPECIMEN	*cours d'instr 77*
surch Spécimen carmin	*spécimen 92*
Guerre 14-16 Croix-Rge	*guerre 1914-18 4E*
Poste serbes	*postes serbes 7*
S. P. du M. Bordeaux	*Monténégro 7*
40c brun-olive	**193** *(1925)*
surchargé SPECIMEN	*cours d'instr 78*
surch Spécimen carmin	*spécimen 93*
40c outremer	**237** *(1928)*
Caisse d'amortissement	*246*
40c vermillon	**194** *(1926)*
surch Affranchts poste	*préoblitéré 58*
40c violet	**236** *(1927)*
Caisse d'amortissement	*249*
Caisse d'amortiss., olive	*275*
Caisse d'amortiss., rose	*266*
Caisse d'amortiss., vert	*253*
1f 05 vermillon	**195** *(1925)*
surchargé =50	*225*
surchargé =90	*227*
surchargé SPECIMEN	*cours d'instr 79*
1f 10 rose	**238** *(1927)*
1f 40 rose	**196** *(1926)*
surchargé =1f 10	*228*
1f 50 caisse, rouge	**277** *(1931)*
1f 50 caisse, violet	**268** *(1930)*
2f vert	**239** *(1931)*
5f bleu	**241** *(1927)*
10f rouge	**242** *(1927)*

Paix

30c vert	**280** *(1932)*	*surchargé =50*	*479*	**1f lilas-rose**	**369** *(1937)*
surch Affranchts poste	*préoblitéré 68A*	*surchargé FM*	*franchise mil 8*	*surch Affranchts poste*	*préoblitéré 77*
40c lilas	**281** *(1932)*	**65c violet-brun**	**284** *(1932)*	**1f orange**	**286** *(1932)*
surch Affranchts poste	*préoblitéré 73*	*surch Affranchts poste*	*préoblitéré 70*	*surchargé =80*	*359*
45c bistre	**282** *(1932)*	**75c olive**	**284A** *(1932)*	*surch Affranchts poste*	*préoblitéré 75*
surch Affranchts poste	*préoblitéré 69*	*surchargé =50*	*480*	**1f 25 olive**	**287** *(1932)*
50c rouge	**283** *(1932)*	**80c orange**	**366** *(1937)*	*surchargé =50*	*298*
surchargé FM	*franchise mil 7*	*surchargé =50*	*481*	**1f 25 rose-rouge**	**370** *(1937)*
Coudekerque	*guerre 1939-45 9*	*surch Affranchts poste*	*préoblitéré 76*	*surchargé =1f*	*483*
Dunkerque	*guerre 1939-45 4*	**90c outremer**	**368** *(1937)*	**1f 40 lilas**	**371** *(1937)*
55c violet	**363** *(1937)*	*surchargé =50*	*482*	*surchargé =1f*	*484*
surchargé =50	*478*	*surchargé F*	*franchise mil 10*	*surch Affranchts poste*	*préoblitéré 78*
60c bistre	**364** *(1937)*	*surchargé FM*	*franchise mil 9*	**1f 50 bleu**	**288** *(1932)*
surch Affranchts poste	*préoblitéré 74*	**90c rouge**	**285** *(1932)*	*surchargé =1f*	*485*
65c bleu	**365** *(1937)*	**90c vert**	**367** *(1937)*	**1f 75 rose-lilas**	**289** *(1932)*

Mercure

1c olive	**404** *(1938)*	**30c rouge "poste"**	**547** *(1942)*	**50c bleu "poste"**	**549** *(1942)*
2c vert foncé	**405** *(1938)*	*surchargé RF*	*658*	*surchargé RF*	*660*
5c rose	**406** *(1938)*	*Festung Lorient*	*Festung Lorient 2*	*Festung Lorient*	*Festung Lorient 4*
10c bleu "poste"	**546** *(1942)*	**30c "République"**	**412** *(1938)*	**50c "République"**	**538** *(1942)*
surchargé RF	*657*	*surch Affranchts poste*	*préoblitéré 80*	*surch Affranchts poste*	*préoblitéré 84*
Festung Lorient	*Festung Lorient 1*	*Intelligence Service*	*Faux de l'I.S. 2*	**50c bleu foncé**	**414A** *(1938)*
10c "république"	**407** *(1938)*	**40c violet "poste"**	**548** *(1942)*	*Coudekerque*	*guerre 1939-45 8*
15c vermillon	**408** *(1938)*	*surch Affranchts poste*	*préoblitéré 83*	*Dunkerque*	*guerre 1939-45 3*
15c brun	**409** *(1938)*	*surchargé RF*	*659*	**50c vert**	**414B** *(1938)*
20c lilas	**410** *(1938)*	*Festung Lorient*	*Festung Lorient 3*	**60c rouge**	**415** *(1938)*
surch Affranchts poste	*préoblitéré 79*	**40c "République"**	**413** *(1938)*	*surch Affranchts poste*	*préoblitéré 82*
25c vert	**411** *(1938)*	*surch Affranchts poste*	*préoblitéré 81*	**70c lilas-rose**	**416** *(1938)*
Dunkerque	*guerre 1939-45 1*	*Coudekerque*	*guerre 1939-45 7*	**75c brun-rouge**	**416A** *(1938)*
Intelligence Service	*Faux de l'I.S. 1*	*Dunkerque*	*guerre 1939-45 2*	*surchargé =30*	*477*
		45c vert	**414** *(1938)*	*bâtiment de ligne*	*Richelieu 1*

Marianne de Gandon

1f 50 rose	**712** *(1945)*	**5f bleu**	**719B** *(1947)*	**12f orange**	**885** *(1951)*
2f vert	**713** *(1945)*	**5f rose**	**719A** *(1947)*	*surch Affranchts poste*	*préoblitéré 108*
surch Affranchts poste	*préoblitéré 91*	*surchargé -10%*	*719AA*	**12f outremer**	**812** *(1949)*
2f 40 vermillon	**714** *(1945)*	**5f vert clair**	**809** *(1948)*	*surch Affranchts poste*	*préoblitéré 105*
2f 50 brun préo	**préoblitéré 101** *(1948)*	**5f vert foncé**	**719** *(1945)*	**15f lilas-rose**	**724** *(1945)*
3f rose	**716** *(1946)*	**5f violet**	**883** *(1951)*	**15f lilas gravé**	**727** *(1946)*
surch Affranchts poste	*préoblitéré 95*	**6f outremer**	**720** *(1945)*	**15f outremer**	**886** *(1951)*
3f rose-lilas	**806** *(1948)*	**6f rose**	**721A** *(1947)*	**15f rouge**	**813** *(1949)*
3f sépia	**715** *(1945)*	*surchargé =5f*	*827*	*surch Affranchts poste*	*préoblitéré 104*
3f vert	**716A** *(1947)*	*surch Affranchts poste*	*préoblitéré 100*	**15f rouge gravé**	**832** *(1949)*
3f 50 brun-rouge	**716B** *(1947)*	*surchargé "Jérusalem"*	*Jérusalem 4*	**18f rose carminé**	**887** *(1951)*
4f bleu	**717** *(1945)*	**6f rouge**	**721** *(1946)*	*surchargé =15f*	*968*
4f bleu gravé	**725** *(1946)*	**6f vert**	**884** *(1951)*	**20f vert gravé**	**728** *(1946)*
4f orange	**808** *(1948)*	**8f turquoise**	**810** *(1948)*	**20f grand format**	**730** *(1945)*
surch Affranchts poste	*préoblitéré 103*	*surch Affranchts poste*	*préoblitéré 106*	**25f bleu gravé**	**833** *(1949)*
4f vert-bleu	**807** *(1948)*	**10f bleu**	**723** *(1946)*	**25f rouge gravé**	**729** *(1946)*
surch Affranchts poste	*préoblitéré 99*	**10f bleu gravé**	**726** *(1946)*	**25f grand format**	**731** *(1945)*
4f violet	**718** *(1946)*	**10f lilas**	**811** *(1948)*	**50f grand format**	**732** *(1945)*
surch Affranchts poste	*préoblitéré 97*	*surch Affranchts poste*	*préoblitéré 102*	**100f grand format**	**733** *(1945)*
4f 50 bleu	**718A** *(1947)*	**10f orange**	**722** *(1945)*		

* * * * *

Nous conseillons vivement à tous les philatélistes de faire expertiser leurs timbres de valeur notamment auprès des experts reconnus par l'AEIP. La signature d'expert reconnu par la profession garantie l'authenticité d'un timbre et devrait être demandée systématiquement dès lors que l'on acquiert un ou des timbres de forte cote, où dès qu'un doute ou une ambiguïté est possible quant à l'authenticité.

Pour les pièces les plus rares, le prudent est de faire établir un certificat photographique.

ATTENTION aux fausses signatures.

* * * * *

Sémantique en Philatélie : Aspect d'un timbre ou variété

Le timbre-poste bien qu'issu d'une petite œuvre d'art, le poinçon gravé de la main de l'artiste, est un produit industriel. A ce titre, il est constitué de différents composants industriels: papier, gomme, encre de couleur, encre phosphorescente, type de gravure, dentelure, etc…

La variation d'un seul de ces composants de façon volontaire de la part de l'Imprimerie, que la raison en soit technique, administrative ou financière, génère un nouvel aspect du timbre.

Si cette variation est accidentelle, donc tout à fait involontaire, ce n'est pas un nouvel aspect qui est généré, mais une variété.

Dans une étude monographique d'un timbre ou d'une série de timbres, il est indispensable d'avoir bien identifié tous les différents aspects du timbre ou de la série considérée. Il est alors assez facile d'en apprécier l'importance, donc la valeur.

L'étude des variétés appelle beaucoup moins à l'exhaustivité. Il est très difficile d'être certain de toutes les avoir identifiées et d'en connaitre l'importance imprimée. Souvent très spectaculaires, elles agrémentent la présentation d'une collection.

Autres agrémentations d'une collection monographique, ce sont les timbres étudiés sur plis. Il faut, bien sûr, rechercher les tarifs les plus originaux possibles…

Émission : «Type BLANC»

1 c. gris

Dessinateur : Joseph Blanc
Graveur : Emile Thomas
Type d'impression : Typographie à plat de 1900 à 1919

Date d'émission : 04/12/1900
Date de retrait : fin 1919 (non officielle)
Tirage : Inconnu

	Neuf ☆☆	Neuf ☆	Obl. ⊙	Sur ✉
107 1c gris type IA ou B	**1,2**	**0,7**	**0,5**	**1**
non dentelé	115	75		
tirage sur bristol, dentelure figurée	350			
centrage parfait + 150%				
a - types IA et IB en paire horizontale	38	22	15	
b - types IA et IB en paire inter panneau	500	375		
c - papier GC jaunâtre ou gris (1916)	2	1		
d - papier GC chamois	6	3		
e - papier X (1916)	65	30		
f - déesse sans nombril	75	37	25	
g - "1" touchant le cadre (case 127)	75	37	25	
h - impression recto-verso	55	30	15	
i - impression incomplète	250	150		
j - piquage à cheval	75	45	25	
k - piquage partiel	65	40	15	
l - dentelé 1 ou 3 côtés	120	65		
m - dentelé tenant à non dentelé	350	200		
n - piquage double	175	105		
o - piquage oblique par pliage	180	110		
p - pli accordéon	125	75	40	
q - coussinet d'impression	800			
r - imprimé ou recto et verso	1 200			
tirages spéciaux				
surchargé ½c (1903)	1 300	850		

Type IA
le trait blanc qui souligne
"française" s'amenuise sous
le "s" et le "e"

Type IB
(mêmes cotes) le trait blanc
reste d'épaisseur égale

	0 1900	1 1901	2 1902	3 1903	4 1904	5 1905	6 1906	7 1907	8 1908	9 1909	0 1910	1 1911	2 1912	3 1913	4 1914	5 1915	6 1916	7 1917	8 1918	9 1919
Paire mill. Type 1a	15	19												385	24	1300	30	35	35	60
Idem. Manchette GC																		85	85	160
Paire mill. Type 1b			12	12	12	21	21	17	23		35	17	15	23	19	19		30		
Idem. Manchette GC																45				

Sans millésime	375	
Millésime 6 de 1916 sur papier X	300	200

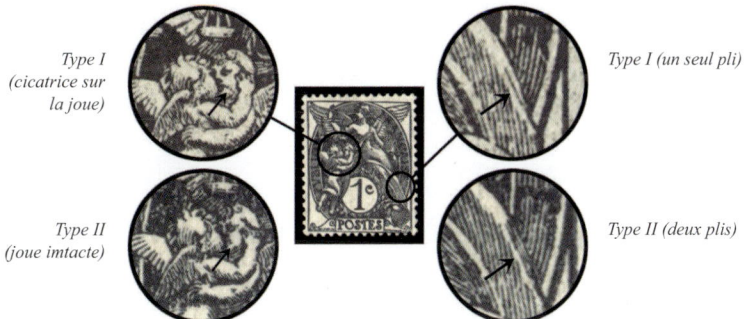

Type I
(cicatrice sur
la joue)

Type I (un seul pli)

Type II
(joue imtacte)

Type II (deux plis)

Émission : « Type BLANC »

1 c. ardoise

Dessinateur : Joseph Blanc   Date d'émission :fin 11/1919
Graveur : Emile Thomas   Date de retrait : 30/03/1932
Type d'impression : Typographie à plat de 1919 à 1926   Tirage : Inconnu
puis typographie rotative du 17/11/1926 au 26/02/1932

	Neuf ☆☆	Neuf ☆	Obl. ⊙	Sur ✉
107A I 1c ardoise type IA ou B	**1,2**	**0,6**	**0,5**	**1**
non dentelé	215	150		
centrage parfait + 150%	350			
a - types IA et IB en paire horizontale	30	20	15	
b - types IA et IB en paire inter panneau	600	525	360	
c - types I & II se tenant (1925, 1926)	5 350			
d - papier GC crème ou gris	2	1		
e - papier GC chamois	15	10		
f - queue du "1" touchant le cadre (case 127)	34	24	18	
g - impression recto-verso	75	45	30	
h - impression double	5 350	4 000	3 000	
i - piquage à cheval	70	40	25	
j - dentelé 1 ou 3 côtés	250	160		
k - dentelé tenant à non dentelé	1 050	720		
l - piquage oblique par pliage	180	110		
m - pli accordéon	120	70	40	
n - jeton monnaie 'Berlan-Lederlin'	1 000			

	9 1919	0 1920	1 1921	2 1922	3 1923	4 1924	5 1925	6 1926
Paire millésimée Type	21	45	14	17	13			
Idem. Manchette **GC**	65	110						
Paire millésimée Type	21	40		17	13	12	12	30
Idem. Manchette **GC**	65	110	·					

k

107A II 1c ardoise type II	**1,2**	**0,6**	**0,5**	**1**
a - anneau-lune	55	35	20	
b - impression recto-verso		95	65	35
c - impression sur raccord		180	110	
d - piquage à cheval	80	55	30	
e - pli accordéon	95	58	35	
f - avec bord publicitaire "Aiglon"		200	135	

Coins datés

1926	1927	1928	1929	1930	1931	1932
50	8	8	8	8	8	95

Date en ardoise (4, 5, 8, 9 mai 1928)   150

n

Émission : «Type BLANC»

2 c. violet-rose

Dessinateur : Joseph Blanc
Graveur : Emile Thomas
Type d'impression : Typographie à plat de 1900 à 1923
puis typographie rotative du 03/05/1924 au 28/11/1931

Date d'émission : 04/12/1900
Date de retrait : 30/03/1932
Tirage : Inconnu

	Neuf ☆☆	Neuf ☆	Obl. ⊙	Sur ⊠
108 I 2c brun-lilas t. IA ou B	**1,6**	**0,8**	**0,5**	**1,5**
non dentelé	135	90		
Essai de couleur	85			
tirage sur bristol, dentelure figurée	350			
centrage portrait + 150%				
a - papier GC (1917)	4	2,5		
b - papier épais		25	14	7
c - brun-lilas très foncé		3,5	2	
d - impression recto-verso	70	45	25	
e - impression incomplète	170	100		
f - impression double	600	425		
g - piquage partiel	135	80	40	
h - piquage à cheval	160	110	60	
i - piquage oblique par pliage	185	115		
j - piquage double	210	140		
k - dentelé 1 ou 3 côtés		240	145	
l - dentelé tenant à non dentelé		900	600	
la - non dentelé accidentel (GC)		150	105	
m - pli accordéon	135	80	40	
n - IA et IB se tenant	600	400		
(paire intergalvano)				
o - coussinet d'impression	800			

	0 1900	1 1901	2 1902	3 1903	4 1904	5 1905	6 1906	7 1907	8 1908	9 1909	0 1910	1 1911	2 1912	3 1913	4 1914	5 1915	6 1916	7 1917	8 1918	9 1919	0 1920	1 1921	2 1922	3 1923
Paire millésimée Type 1a	19	13	12																		50		19	19
Idem. Manchette GC																					140			
Paire millésimée Type 1b			12	12	12	15	17		12	12	12	19	19	12		40		67	45	14	19	19		
Idem. Manchette GC																	110		165	135				

8 renversé 75
Sans millésime 500

108 II 2c lilas-rose t. II	**1,6**	**0,8**	**0,5**	**1,5**
a - couleur marron	3	1		
b - couleur grenat	4	2		
c - signature de droite absente	10	6	4	
d - piquage à cheval	150	110	60	
e - impression sur raccord	180	110		
f - pli accordéon	135	80	40	
g - avec bord publicitaire "Aiglon"	200	135		
h - non dentelé accidentel	–	–		800
i - impression très defectueuse (1928)	100	50		

Coins datés

1924	1925	1926	1927	1928	1929	1930	1931	1932
15	80	10		10		10	15	

Émission : « Type BLANC »

3 c. rouge vermillon

Dessinateur : Joseph Blanc
Graveur : Emile Thomas
Type d'impression : Typographie à plat de 1900 à 1923
puis typographie rotative du 14/05/1930 au 01/02/1932

Date d'émission : 04/12/1900
Date de retrait : 30/03/1932
Tirage : Inconnu

	Neuf ☆☆	Neuf ☆	Obl. ⊙	Sur ✉
109 I 3c orange t. IA ou B	**1**	**0,6**	**0,5**	**3**
non dentelé	115	75		
tirage sur bristol, dentelure figurée	350			
centrage parfait + 150%				
a - types IA et IB se tenant	1 200			
b - papier GC (1917)	1,5	1		
c - couleur rouge vif (1906)	38	20	10	27
d - couleur rouge écarlate (1907)	70	40	20	55
e - impression défectueuse	8	5		
f - impression recto-verso	75	45	27	
g - impression double (GC, 5 connus)	5 350	3 500		
h - piquage à cheval	115	75	35	
i - piquage oblique par pliage	225	140		
j - dentelé 1 ou 3 côtés			300	200
k - pli accordéon	115	70	45	
l - Bdf avec essai de numerotation (1915)	200			
m - coussinet d'impression	800			
n - impression multiple sur feuille de passe	300	200		

*Type IA
3 encoché, boucle
du "c" épaisse et
droite*

*Type IB
(mêmes cotes)
3 régulier boucle
du "c" fine et
courbe*

	0 1900	...	6 1906	7 1907	8 1908	9 1909	0 1910	1 1911	2 1912	3 1913	4 1914	5 1915	6 1916	7 1917	8 1918	9 1919	0 1920	1 1921	2 1922	3 1923
Paire millésimée Type 1a	14		180	180	25															
Paire millésimée Type 1b				235	19	13	13	13	12			12	12	15		15	14	14		14
Idem. Manchette GC														55		55				

Sans millésime (à sec)   515

109 II 3c rouge-orange t. II	**3**	**2**	**0,8**	**4**
a - impression défectueuse	9	6	3	
b - piquage déplacé	35	25		

Coins datés

1930	1931	1932
35		45

tirages spéciaux
surchargé ½c (1903)   1 300   850

m   l

Émission : « Type BLANC »

4 c. brun havane

Dessinateur : Joseph Blanc
Graveur : Emile Thomas
Type d'impression : Typographie à plat de 1900 à 1907
puis 1924 et 1925

Date d'émission : 04/12/1900
Date de retrait : 27/07/1925
Tirage : Inconnu

	Neuf ☆☆	Neuf ☆	Obl. ⊙	Sur ✉
110A 4c brun type I	**9**	**7**	**2,4**	**6**
non dentelé	285	200		
tirage sur bristol, dentelure figurée centrage parfait + 150%	350			
a - couleur chocolat (1904)	23	14	7	14
b - point devant ou après le 4	15	8	6	
c - tâche sur la robe	15	8	6	
d - tâche entre A et N	8	4	2	
e - les trois variétés se tenant (30/40/50)	75	30		
f - impression recto-verso	100	60	45	
g - impression incomplète	350	210		
h - piquage à cheval	100	70	45	
i - piquage oblique par pliage	190	125		
j - dentelé 1 ou 3 côtés	300	190	125	
k - pli accordéon	140	85	45	
l - variété de piquage				
110B 4c brun-jaune type I	**5**	**3**	**2**	**4**
a - point devant ou après le 4	25	10	6	
b - tâche sur la robe	25	10	6	
c - tâche entre A et N	10	4	2	
d - les trois variétés se tenant (30/40/50)	120	60		
e - Non dentelé accidentel	500			
f - impression partielle par pliage	400	300		

	0 1900	**1** 1901	**2** 1902	**3** 1903	**4** 1904	**5** 1905	**6** 1906	**7** 1907	**4** 1924
Paire millésimée	45	40	50	35	30	70	70	70	30

Sans millésime (à sec - 1924)   600

g   1

Émission : « Type BLANC »

5 c. vert d'eau foncé

Dessinateur : Joseph Blanc
Graveur : Emile Thomas
Type d'impression : Typographie à plat de 1900 à 1907
puis typographie rotative 19/01/1925 au 02/02/1932

Date d'émission : 04/12/1900
Date de retrait : 30/03/1932
Tirage : Inconnu

	Neuf ☆☆	Neuf ☆	Obl. ⊙	Sur ✉
111 5c vert-jaune type IA	**5**	**2,2**	**0,3**	**1**
non dentelé	150	100		
tirage sur bristol, dentelure figurée	350			
a - impression recto-verso	65	45	25	
b - impression double	525	350		
c - impression recto et verso	835	535		
d - piquage à cheval	75	45	30	
e - piquage double	180	110		
f - piquage triple	360	220		
g - piquage oblique par pliage	210	140		

Millésimes

	0 1900	1 1901	2 1902	3 1903	4 1904
Paire millésimée	80	25	30	35	30

Sans millésime   600   300

111A 5c vert type IA	**12**	**7,5**	**1,5**	**3**
non dentelé	170	110		
tirage sur bristol, dentelure figurée	350			
a - impression défectueuse	13	8		
b - impression recto-verso	60	40	25	
c - piquage à cheval	80	50	30	
d - piquage double	150	90		
e - piquage oblique par pliage	170	100		
f - impression absente par pliage	1 000	500		

Millésimes

	2 1902	3 1903	4 1904	5 1905	6 1906	7 1907
Paire millésimée	150				40	45

Sans millésime   600   300
Millésime renversé (1ex. connu en 1902)   3 000

k

	Neuf ☆☆	Neuf ☆	Obl. ⊙	Sur ⊠
111B 5c vert bleu type IA	**8**	**4**	**0,6**	**1,5**
non dentelé	135	90		
tirage sur bristol, dentelure figurée	350			
a - couleur vert-émeraude foncé (1904)	10	6		
b - impression recto-verso	50	30	25	
c - impression double	535	325		
d - impression sur papier jaune (1906)	6 000	4 000		

Note: la variété "impression sur papier jaune" concerne un papier avec teinte de fond imprimée, comme pour les Sage.

	Neuf ☆☆	Neuf ☆	Obl. ⊙	Sur ⊠
e - piquage à cheval	100	65	30	
f - piquage partiel	110	65	30	
g - piquage double	150	85	75	
h - piquage oblique par pliage	150	90		
i - dentelé 1 ou 3 côtés	160	90		
j - dentelé tenant à non dentelé	535	315		
k - pli accordéon	140	85		

Millésimes

	3 1903	**4** 1904	**5** 1905	**6** 1906	**7** 1907
Paire millésimée	30	30	30	30	30

	Neuf ☆☆	Neuf ☆
Sans millésime	600	300
Millésime 6 sur papier jaune (2 ex. connu)	15 000	

Type IB (carnets de 40)
la plume du haut se termine en pointe

	Neuf ☆☆	Neuf ☆	Obl. ⊙	Sur ⊠
111 IB 5c vert type IIB (issu de carnet)	**50**	**33**	**13**	**20**
Paire avec marge en haut et en bas	120	60	30	100
Première date connue Nov. 1906				

	Neuf ☆☆	Neuf ☆	Obl. ⊙	Sur ⊠
111 IIA 5c vert type IIA	**5**	**2,3**	**0,3**	**1**
a - isolé au type 1 (case 1)	5 000	2 000	1 500	5 000
b - anneau-lune	50	30	20	
c - impression défectueuse	8	5		
d - impression incomplète	185	115		
e - impression double	650	450		
f - impression sur raccord	180	110		
g - piquage à cheval	75	40	30	
h - non dentelé accidentel	2 000	1 000		
i - avec bord publicitaire "Aiglon"	200	135		

Coins datés

1925	1926	1927	1928	1929	1930	1931	1932
45	30	30	30	30	30	30	35

	Neuf ☆☆
Erreur de date	120

	Neuf ☆☆	Neuf ☆	Obl. ⊙	Sur ⊠
111 IIB 5c vert t. IIB (issu de roulette)	**115**	**75**	**10**	**30**
Coins datés à gauche de 1925	1100			

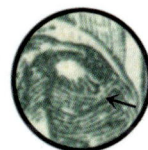

Type IIB (roulettes) le trait sous le pied est discontinu et avec un petit point.

issu de carnet   issu de roulette

Émission: «Droits de l'Homme ou «Type MOUCHON»

10 c. rouge-rose

Dessinateur: L-E Mouchon
Graveur: L-E Mouchon
Type d'impression: Typographie à plat de 1900 à 1902

Date d'émission: 04/12/1900
Date de retrait: Juin 1902
Tirage: type1: 13 500 000 en 1900
type 2: 85 500 000 en 1900

Type I base du "1" droite

Type II base du "1" incurvée

	Neuf ☆☆	Neuf ☆	Obl. ⊙	Sur ⊠
112 10c rose, type I	**95**	**30**	**10**	**18**
centrage **parfait +100%**				
non dentelé	635	400	225	
a - couleur rose pâle	110	50		
b - couleur rose vif aniline	110	50		
c - cadre brisé	175	65	30	
d - impression défectueuse	175	105	22	
e - chiffres très déplacés	200	135	55	
f - impression recto-verso (chiffres)	175	105	25	
g - un chiffre hors cartouche	875	630		
h - chiffres absents (pliage)	12 000	7 750		
i - dentelé 1 ou 3 côtés	465	300		
j - piquage à cheval	175	110	45	
k - piquage oblique par pliage	315	185		
116 10c rouge, type II	**160**	**40**	**2**	**10**
centrage **parfait +100%**				
non dentelé	500	325	185	
tirage sur bristol, dentelure figurée	350			
a - couleur rose carminé foncé	170	55		
b - impression défectueuse	190	90	30	
c - impression recto-verso	200	100	30	
d - piquage à cheval	220	115	30	
e - piquage oblique par pliage	285	160		
f - dentelé 1 ou 3 côtés	300	175		
g - dentelé tenant à non dentelé	850	560		
h - pli accordéon	330	175	65	

Millésimes

	0 1900 Type I	1 1901 Type II	2 1902 Type II
Paire millésimée	275	275	250

f

Émission : «Droits de l'Homme ou «Type MOUCHON»

15 c. rouge-orange

Dessinateur : L-E Mouchon
Graveur : L-E Mouchon
Type d'impression : Typographie à plat de 1900 à 1902

Date d'émission : 04/12/1900
Date de retrait : Décembre 1902
Tirage : 1 425 000 000 ex.

	Neuf ☆☆	Neuf ☆	Obl. ⊙	Sur ✉
117 15c orange (II)	**32**	**9**	**1**	**2**
centrage **parfait +100%**				
non dentelé	400	265	165	
Essai de couleur	135			
Essai de couleur sur bristol	85			
Essai de couleur en noir sur bristol	235			
EPL sur feuillet	825			
tirage sur bristol, dentelure figurée	350			
a - couleur orange foncé (rougeâtre)	40	18		
b - impression défectueuse	45	28		
c - impression recto-verso	50	27	18	
d - chiffre "1" touchant le cadre	100	60	17	
e - chiffres épais (sur encrage)	110	75	20	
f - impression incomplète	210	130	40	
g - impression recto et verso	4 000	2 600		
h - piquage à cheval	100	65	18	
i - piquage double	180	100		
j - piquage oblique par pliage	265	160		
k - dentelé 1 ou 3 côtés	200	130		
l - dentelé tenant à non dentelé	775	500		
m - pli accordéon	100	60	25	

c

Millésimes

	0 1900	1 1901	2 1902
Paire millésimée	85	85	85

Émission: «Droits de l'Homme ou «Type MOUCHON»

20 c. brun-lilas

Dessinateur: L-E Mouchon
Graveur: L-E Mouchon
Type d'impression: Typographie à plat de 1900 à 1902

Date d'émission: 04/12/1900
Date de retrait: Mai 1902
Tirage: 5 100 000 en 1900

	Neuf ☆☆	Neuf ☆	Obl. ☉	Sur ✉
113 20c brun-lilas (I)	**200**	**75**	**10**	**20**
centrage **parfait +100%**				
non dentelé	750	500	325	
Essai de couleur	110			
EPL sur feuillet	825			
tirage sur bristol, dentelure figurée	350			
a - couleur brun-lilas pâle	235	100	14	
b - couleur brun-lilas très foncé	250	130	14	
c - impression défectueuse	285	165	25	
d - impression recto-verso (timbre)	325	190	55	
e - impression double (totale)	5 500			
f - chiffres très pâle (presque absent)	335	235	65	
g - chiffres très foncés (timbre pâle)	265	140	35	
h - chiffres très déplacés	325	210	150	
i - chiffres doublés	4 500	3 000		
j - chiffres absents	14 500			
k - piquage à cheval	375	250	70	
l - piquage oblique par pliage	450	300		
m - dentelé 1 ou 3 côtés	735	515		
n - pli accordéon	535	350	80	

h

Millésime

	0 1900
Paire millésimée	525

Émission: «Droits de l'Homme ou «Type MOUCHON»

25 c. bleu

Dessinateur: L-E Mouchon
Graveur: L-E Mouchon
Type d'impression: Typographie à plat de 1900 à 1902

Date d'émission: 04/12/1900
Date de retrait: Juillet 1902
Tirage: type1 : 25 080 000 en 1900
type 2 : 71 250 000 en 1900/1901

	Neuf ☆☆	Neuf ☆	Obl. ⊙	Sur ⊠
114 25c bleu, type I	**400**	**135**	**10**	**15**
centrage **parfait +100%**				
non dentelé	975	650	425	
a - couleur bleu pâle	425	210	15	
b - couleur bleu très foncé	450	240	17	
c - impression recto-verso (timbre)	475	260	65	
d - chiffres très pâle (et timbre foncé)	450	240	65	
e - chiffres très foncés (timbre pâle)	50	240	65	
f - boucle du "2" fermée	500	300	100	
g - boucle du "5" fermée	500	300	100	
h - chiffres très déplacés	1 300	900	475	
i - chiffres absents	16 000	12 000		
j - piquage à cheval	600	400	70	
k - piquage oblique par pliage	675	450		
l - dentelé 1 ou 3 côtés	825	500		
m - dentelé tenant à non dentelé	1 600	1 050		
n - pli accordéon	775	485	80	
118 25c bleu, type II	**520**	**150**	**2**	**5**
centrage **parfait +100%**				
non dentelé	1 100	700	400	
EPL sur feuillet	825			
tirage sur bristol, dente[lure figurée	350			
a - couleur bleu clair	560	175		
b - couleur bleu foncé	560	175		
c - couleur bleu-noir	620	325	75	
d - "5" fermé	580	325	70	
e - anneau-lune	580	300		
f - impression défectueuse	620	300		
g - impression recto-verso	620	340	37	
h - piquage à cheval	680	435	65	
i - piquage oblique par pliage	700	435		
j - piquage partiel	700	435		
k - dentelé 1 ou 3 côtés	950	600		
l - piquage double	1 050	600		

*Type I
base du "p" nette,
ligne verticale
continue*

*Type II
base du "p" presque
inexistante, ligne
verticale brisée en
plusieurs endroits*

Millésimes

	0 1900 Type I	0 1901 Type II	1 1902 Type II
Paire millésimée	875	925	1 000

Émission: «Droits de l'Homme ou «Type MOUCHON»

30 c. violet

Dessinateur: L-E Mouchon

Graveur: L-E Mouchon

Type d'impression: Typographie à plat de 1900 à 1902

Date d'émission: 04/12/1900

Date de retrait: Avril 1902

Tirage: 11 400 000 ex. en 1900

	Neuf ☆☆	Neuf ☆	Obl. ⊙	Sur ⊠
115 30c lilas (I)	**325**	**90**	**6**	**20**
centrage **parfait** +100%				
non dentelé	375			
Essai de couleur	120			
EPL sur feuillet	825			
tirage sur bristol, dentelure figurée	350			
a - couleur violet vif	355	125	30	
b - impression recto-verso (timbre)	430	235	55	
c - "3" fermé	390	220	65	
d - chiffres très déplacés	480	300	150	
e - impression incomplète	930	675		
f - chiffres doublés	17 000			
g - piquage oblique par pliage			650	400
h - dentelé 1 ou 3 côtés			730	475
i - pli accordéon			90	325

Millésimes

	0 1900
Paire millésimée	650

Émission : **République assise gardienne de la Paix ou Type « Merson »**

40 c. rouge et bleu

Dessinateur : L.O. Merson
Graveur : A. Thévenin

Type d'impression : Typographie à plat de 1900 à 1906,
puis de juillet 1908 à 1924

Date d'émission : 04/12/1900
Supprimé le : 02/04/1906,
rétabli par le 18 mars 1908,
Date de retrait : 08/12/1924
Tirage : Inconnu

	Neuf ☆☆	Neuf ☆	Obl. ⊙	Sur ⊠
119 40c rouge et bleu	**70**	**15**	**1**	**2**
centrage **parfait +50%**	425	260		
non dentelé	225			
Essai de couleur	1 350			
EPL sur feuillet	350			
tirage sur bristol, dentelure figurée				
a - couleur rouge foncé vif et bleu	85	25	27	70
b - papier GC jaunâtre ou gris (1916)	85	32	4	
c - papier GC blanc	90	40	5	
d - impression défectueuse	90	55	11	
e - impression recto-verso	165	110	42	
f - centre très déplacé	150	85	27	70
fa – idem, papier GC	150	85	27	70
g - centre absent	850	565	130	
ga - idem, papier GC	800	525	110	
h - piquage à cheval	215	130	65	
i - piquage oblique par pliage	300	180		
j - dentelé 1 ou 3 côtés	375			
k - dentelé tenant à non dentelé	800	500		
l - non dentelé	425	265	160	
m - pli accordéon	300	180	70	

b

Émission :   **République assise gardienne de la Paix ou Type « Merson »**

50 c. brun et gris

Dessinateur : L.O. Merson
Graveur : A. Thévenin
Type d'impression : Typographie à plat de 1900 à 1920

Date d'émission : 04/12/1900
Remplacé en 1921
Tirage : Inconnu

	Neuf ☆☆	Neuf ☆	Obl. ⊙	Sur ⊠
120 50c brun et gris	**450**	**120**	**2**	**4**
centrage **parfait** +100%				
non dentelé	900	565	400	
Essai de couleur	325			
EPL sur feuillet	1 350			
EPC en bloc de 9 avec au verso	11 000			
d'un panneau d'essai du 2c de Monaco				
tirage sur bristol, dentelure figurée	350			
a - couleur brun foncé et gris-bleu	500	160	6	
b - papier GC jaunâtre ou gris (1916)	510	250	6	
c - papier GC blanc	560	300	8	
e - centre très déplacé	730	450	325	
d - centre absent	950	600	175	
f - impression recto-verso	750	515	55	
g - piquage à cheval	850	565	70	
h - piquage oblique par pliage	1 100	675		
i - piquage double	1 200	725		
j - dentelé 1 ou 3 côtés	1 300	900		
k - dentelé tenant à non dentelé	2 100	1 400		
l - pli accordéon	1 100	675	70	

1 Fr. lie de vin et olive

Dessinateur : L.O. Merson   Date d'émission : 04/12/1900
Graveur : A. Thévenin   Remplacé en 1926
Type d'impression : Typographie à plat de 1900 à 1926   Tirage : Inconnu

	Neuf ☆☆	Neuf ☆	Obl. ☉	Sur ✉
121 1f lie-de-vin et olive	**115**	**30**	**1**	**3**
centrage **parfait +50%**				
non dentelé	600	375		
Essai de couleur	325			
EPL sur feuillet	1 350			
a - papier GC jaunâtre ou gris (1916)	165	65	6	
b - papier GC blanc	165	80	7	
c - couleur carmin vif et jaune-olive foncé	150	55	6	
d - impression défectueuse	150	55		
e - impression recto-verso	375	240	55	
f - centre très déplacé (normal ou GC)	365	225	55	100
g - centre très déplacé, piquage à cheval	925	600		
h - centre absent	900	615	140	425
ha - idem, papier GC	850	565	130	
i - centre doublé	775	535	210	
j - centre doublé dont un renversé	1 400	835		
k - piquage à cheval	335	210	55	
l - piquage oblique par pliage	385	250		
m - dentelé 1 ou 3 côtés	500	320		
n - dentelé tenant à non dentelé	1 050	650		
o - pli accordéon	385	250	65	

h

f

Émission : République assise gardienne de la Paix ou Type « Merson »

2 Fr. violet et jaune

Dessinateur : L.O. Merson
Graveur : A. Thévenin
Type d'impression : Typographie à plat de 1900 à 1906

Date d'émission : 04/12/1900
Remplacé en 1906
Tirage : Inconnu

	Neuf ☆☆	Neuf ☆	Obl. ⊙	Sur ⊠
122 2f violet et jaune	**2 600**	**950**	**90**	**325**
centrage **parfait +100%**				
non dentelé	1 750			
EPL sur feuillet	3 350			
tirage sur bristol, dentelure figurée	3 500			
a - couleur violet foncé et jaune vif	3 000	950	100	400
b - impression recto-verso	6 000	3 850	1 000	
c - piquage à cheval (1 ex connu)	16 500			
d - piquage oblique par pliage	6 250	4 000		

Émission: République assise gardienne de la Paix ou Type «Merson»

5 Fr. bleu et chamois

Dessinateur: L.O. Merson
Graveur: A. Thévenin
Type d'impression: Typographie à plat de 1900 à 1902,
puis de 1922 à 1929

Date d'émission: 04/12/1900
Remplacé en 1929
Tirage: Inconnu

	Neuf ☆☆	Neuf ☆	Obl. ⊙	Sur ⊠
123 5f bleu et jaune	**345**	**98**	**5**	**42**
centrage **parfait +100%**				
EPL sur feuillet	1 500			
tirage sur bristol, dentelure figurée	350			
non dentelé	1 900	1 300	575	
a - papier crème	375	140		
b - couleur bleu-noir et chamois	450	200	20	125
c - centre très déplacé	700	450	110	425
d - centre absent	1 500	775	210	
e - impression recto-verso	750	485	135	
f - piquage à cheval	725	425	110	
h - piquage oblique par pliage	1 050	550		
g - piquage double	1 050	550		
i - dentelé 11	2 400	1 450		
j - dentelé tenant à non dentelé (5 connus)	7 750	6 000		
123A 5f bleu et olive	**450**	**220**	**20**	**150**

Émission : Droits de l'Homme ou Type «MOUCHON RETOUCHE»

10 c. rose

Dessinateur : L-E Mouchon
Graveur : L-E Mouchon
Type d'impression : Typographie à plat de 1902 à 1903

Date d'émission : 18/06/1902
Date de retrait : Mai 1903
Tirage : Inconnu

	Neuf ☆☆	Neuf ☆	Obl. ⊙	Sur ⊠
124 10c rose	**200**	**42**	**1**	**2**
centrage **parfait +100%**				
non dentelé	850	600	350	
EPL couleur papier pelure	285			
EPL couleur non adoptée	600			
EPL en noir sur feuillet	750			
EPL sur feuillet	1 100			
tirage sur bristol, dentelure figurée	350			
a - impression recto-verso	265	85	50	
b - impression oscillée	635	385	45	
c - impression double	2 750	1 800		
d - piquage à cheval	300	100	55	
e - piquage oblique par pliage	315	160		
f - dentelé 1 ou 3 côtés	425	265		
g - piquage double	475	285		
h - pli accordéon	465	275	75	

Millésimes

	2 1902	3 1903
Paire millésimée	325	325

Émission : Droits de l'Homme ou Type «MOUCHON RETOUCHE»

15 c. vermillon

Dessinateur : L-E Mouchon
Graveur : L-E Mouchon
Type d'impression : Typographie à plat de 1902 à 1903

Date d'émission : 18/12/1902
Date de retrait : 2 avril 1903
Tirage : Inconnu

	Neuf ☆☆	Neuf ☆	Obl. ⊙	Sur ✉
125 15c vermillon	**50**	**11**	**1**	**2**
centrage **parfait +100%**				
EPL couleur papier pelure	285			
EPL couleur non adoptée	700			
EPL sur feuillet	1 500			
non dentelé	800	535	375	
tirage sur bristol, dentelure figurée	350			
a - couleur orange	70	20	6	
b - queue du "5" touchant le cadre (c.49)	120	70	50	
c - impression oscillée	130	75		
d - impression recto-verso	105	50	40	
e - impression sur raccord	315	180	80	
f - piquage à cheval	130	75	40	
g - piquage double	180	100		
h - piquage oblique par pliage	145	90		
i - piquage partiel	180	100		
j - dentelé 1 ou 3 côtés	400	245		
k - pli accordéon	190	105	65	

Millésimes

	2 1902	3 1903
Paire millésimée	100	100

Émission : **Droits de l'Homme ou Type «MOUCHON RETOUCHE»**

20 c. brun-lilas

Dessinateur : L-E Mouchon   Date d'émission : Mai 1902
Graveur : L-E Mouchon   Date de retrait : Juin 1903
Type d'impression : Typographie à plat de 1902 à 1903   Tirage : Inconnu

	Neuf ☆☆	Neuf ☆	Obl. ⊙	Sur ✉
126 20c brun-lilas	**325**	**100**	**15**	**28**
centrage **parfait +100%**				
EPL sur feuillet	1 500			
non dentelé	1 600	900	600	
tirage sur bristol, dentelure figurée	350			
a - couleur brun clair	320	105	18	
b - couleur brun foncé	330	115	20	38
c - impression recto-verso	500	310	70	
d - impression oscillée	580	385		
e - piquage à cheval	620	385	65	
f - dentelé 1 ou 3 côtés	**505**			
g - piquage oblique par pliage	650	400		
h - pli accordéon	650	400	80	

Millésimes

	2 1902
Paire millésimée	775

Émission: Droits de l'Homme ou Type «MOUCHON RETOUCHE»

25 c. bleu

Dessinateur: L-E Mouchon
Graveur: L-E Mouchon
Type d'impression: Typographie à plat de 1902 à 1903

Date d'émission: Juillet 1902
Date de retrait: Avril 1903
Tirage: Inconnu

	Neuf ☆☆	Neuf ☆	Obl. ⊙	Sur ✉
127 25c bleu	**460**	**102**	**2**	**7**
centrage **parfait +100%**				
EPL sur feuillet	1 500			
non dentelé	1 750	1 150	750	
tirage sur bristol, dentelure figurée	350			
a - couleur bleu foncé	520	235		
b - impression recto-verso	635	285	65	
c - piquage à cheval	800	425	65	
d - dentelé 1 ou 3 côtés	750	425		
e - piquage double	800	425		
f - piquage oblique par pliage	800	425		
g - pli accordéon	950	475	130	

Millésimes

	2 1902	3 1903
Paire millésimée	775	925

Émission :   **Droits de l'Homme ou Type «MOUCHON RETOUCHE»**

30 c. violet

Dessinateur : L-E Mouchon   Date d'émission : 24/04/1902
Graveur : L-E Mouchon   Date de retrait : Avril 1903
Type d'impression : Typographie à plat de 1902 à 1903   Tirage : Inconnu

	Neuf ☆☆	Neuf ☆	Obl. ⊙	Sur ✉
128 30c violet	**1 000**	**285**	**17**	**28**
centrage **parfait +100%**				
EPL sur feuillet	1 500			
non dentelé	2 500	1 650	850	
tirage sur bristol, dentelure figurée	350			
a - couleur violet vif	1 000	435	20	37
b - violet très foncé	1200			
c - impression recto-verso	1 200	675	110	
d - impression incomplète	1 650	900		
e - piquage à cheval	1 650	800	120	
f - dentelé 1 ou 3 côté	1 300			
g - piquage oblique par pliage	1 500	900		

Millésimes

	2 1902
Paire millésimée	1 750

Émission : République en marche semant ses idées ou type « Semeuse lignée »

10 c. rose

Dessinateur : O. Roty
Graveur : L-E Mouchon
Type d'impression : Typographie à plat de 1903 à novembre 1906

Date d'émission : 06/05/1903
Remplacé : avril 1906
Tirage : Inconnu

	Neuf ☆☆	Neuf ☆	Obl. ☉	Sur ✉
129 I 10c rose, type I	**30**	**8**	**0,4**	**1**
EPL couleur non adoptée	525			
EPL sur feuillet	650			
EPL en noir sur feuillet	1 600			
a - "R" sans ombre (tenant à normal)	90	60	45	
129 II 10c rose, type II	**135**	**62**	**3**	**5**
non dentelé	350			
a - rose très pâle (1904)	160	80	9	
129 III 10c rose, type III	**30**	**8**	**0,3**	**1**
non dentelé	350	230	125	
EPL sur feuillet, papier chine	675			
tirage sur bristol, dentelure figurée	350			
a - papier crème	32	16		
b - papier filigrané "Aussedat"	3 300	2 000		
c - couleur rose carminé vif (1906)	42	17		
d - signature "Roty" absente	85	50	22	
e - anneau-lune	150	90		
f - impression recto-verso	96	50	27	
g - impression incomplète	320	175		
h - piquage à cheval	170	100	45	
i - piquage double	230	150		
j - dentelé 1 ou 3 côtés	428	265		
k - dentelé tenant à non dentelé	800	500		
l - piquage oblique par pliage	310	190		
m - pli accordéon 190	110	45		
faux pour tromper la poste	450	300	675	
idem non dentelé	675	450		

Millésimes

	3 1902 TYPE I	4 1903 TYPE II	4 1904 TYPE III	5 1905 TYPE III	6 1906 TYPE III
Paire millésimée	51	300	51	56	60

Type II : "R" sans ombre

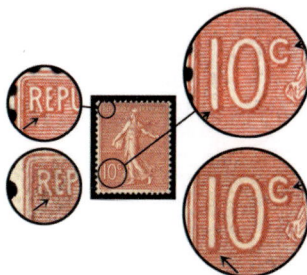

Type II : "R" sans ombre

Type III : base du "1" inclinée à droite, 2 lignes roses à l'intérieur du "c"

Type III : base du "1" inclinée à droite, 2 lignes roses à l'intérieur du "c"

Émission :   République en marche semant ses idées ou type « Semeuse lignée »

15 c. vert

Dessinateur : O. Roty
Graveur : L-E Mouchon
Type d'impression : Typographie à plat de 1903 à 1906,
puis de 1916 à 1924.
Typographie rotative pour le type VI en 1923

Date d'émission : 02/03/1903
Remplacé : septembre 1924
Tirage : Inconnu

	Neuf ☆☆	Neuf ☆	Obl. ⊙	Sur ⊠
130 I 15c vert-gris, type I	**10**	**5**	**0,4**	**1**
centrage **parfait +100%**				
EPL couleur non adoptée	165			
Essai sur papier jaune	1 400	850		
non dentelé	450	300		
a - impression recto-verso	60	37	22	
b - piquage à cheval	130	85	40	

Millésimes

	3 1902	4 1903	5 1905	6 1906
Paire millésimée	30	45	33	36

130 II 15c vert-gris, type II	**45**	**19**	**0,8**	**2**
non dentelé	90			
Essai de couleur vert sur jaune	100			
Essai de couleur vert sur vert	185			
a - impression recto-verso	85	50	35	

Millésimes

	3 1903	4 1904
Paire millésimée	100	135

Types I, VI
(pas de trait)

Types II, III, V
(trait parasite)

*Type IV (trait
réduit à 2 points)*

*Types I à IV
(ombre sous
le "R")*

*Types I à V
(5 traits sur
le coude)*

130 III 15c vert-gris, type III	**65**	**30**	**2,5**	**6**

Millésime

	4 1904
Paire millésimée	180

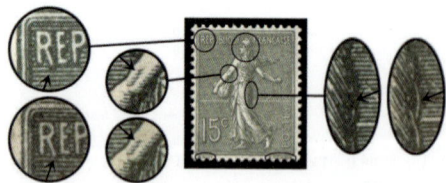

*Type V & VI
(pas d'ombre)*

*Type VI
(4 traits)*

*Types I & II
(ligne brisée)*

*Types III à VI
(ligne continue)*

Type I

*Type II
(o brisé)*

*Type III
(h bouché)*

Type IV

130 IV 15c olive, type IV

	10	5	0,4	1
non dentelé	235	160	75	
non dentelé (mise en train)	145	95		
tirage sur bristol, dentelure figurée	350			

a - papier GC crème ou gris (1916)	12	5,5	0,5
b - papier GC blanc	15	7	
c - papier GC chamois foncé	23	10	
d - papier X (1917)	110	70	
e - couleur vert pâle (1920)	11	5	
f - couleur vert-jaune (1921-22)	11	5	
g - couleur vert-bronze foncé	14	8	
h - impression défectueuse	19	14	
i - signature "Roty" absente	28	17	6
j - anneau-lune	50	30	20
k - impression recto-verso	55	35	16
l - impression incomplète	275	170	100
m - timbre non imprimé (tàn)	650	425	
n - impression recto et verso (papier X)	2 350	1 500	
o - piquage à cheval	160	105	30
p - piquage double	190	125	
q - piquage oblique par pliage	225	150	
r - piquage partiel	235	160	
s - dentelé 1 ou 3 côtés	275	175	125
t - dentelé tenant à non dentelé	465	285	
u - dentelé tenant à non dentelé (GC)	450	275	
v - pli accordéon	185	125	95

	4 1904	5 1905	6 1906	...	6 1916	7 1917	8 1918	9 1919	0 1920	1 1921	2 1922	3 1923	4 1924
Paire millésimée	60	25	35		40	37	37	40	36	28	28	28	28
Idem. Manchette GC					160	110	110	40					

Millésime 7 de 1917 sur papier X   280

Millésime 7 de 1917 (issu de roulette B6)   2 500
Millésime 8 de 1918 (issu de roulette B6)   2 500

130 V 15c vert, type V (carnet)

	65	30	4,5	6
centrage **parfait +100%**				
non dentelé	450	300		

a - papier GC	35	17	
b - papier X	315	210	
c - piquage à cheval	225	150	50

130 VI 15c bronze, type VI (roulette)

	7 000	215	475	6
centrage **parfait +100%**				

Émission :   République en marche semant ses idées ou type « Semeuse lignée »

20 c. brun-lilas

Dessinateur : O. Roty
Graveur : L-E Mouchon
Type d'impression : Typographie à plat de 1903 à 1906

Date d'émission : 29/06/1903
Remplacé : Décembre 1907
Tirage : Inconnu

	Neuf ☆☆	Neuf ☆	Obl. ⊙	Sur ⊠
131 20c brun-lilas	**200**	**75**	**2,2**	**1**
centrage **parfait +100%**				
EPL couleur non adoptée	600			
EPL sur feuillet, papier chine	900			
EPL en noir sur feuillet	1 500			
tirage sur bristol, dentelure figurée	350			
Essai de couleur brun sur jaunâtre	110			
non dentelé	575	335	140	
a - papier crème	200	100		
b - couleur brun-lilas très pâle	235	100		
c - couleur brun-lilas foncé	250	110		
d - couleur chocolat (1906)	280	130	10	25
e - impression recto-verso	375	235	85	
f- impression incomplète	525	350		
g - piquage à cheval	375	235	85	
h - piquage oblique par pliage	550	350		
i - dentelé tenant à non dentelé	1 650	1 050		
j - pli accordéon	550	350	100	

Millésimes

	3 1903	4 1904	5 1905	6 1906
Paire millésimée	500	575	550	515

Émission: République en marche semant ses idées ou type «Semeuse lignée»

25 c. bleu

Dessinateur: O. Roty
Graveur: L-E Mouchon
Type d'impression: Typographie à plat de 1903 à 1906

Date d'émission: 28/04/1903
Remplacé: Juin 1907
Tirage: Inconnu

	Neuf ☆☆	Neuf ☆	Obl. ⊙	Sur ✉
132 25c bleu	**230**	**82**	**2**	**5**
centrage **parfait +100%**				
EPL couleur non adoptée	650			
EPL sur feuillet, papier chine	900			
EPL en noir sur feuillet	1 500			
tirage sur bristol, dentelure figurée	350			
non dentelé	625	425	130	
a - papier crème	270	120		
b - papier mince (transparent)	270	120		
c - couleur bleu foncé	280	135	8	
d - couleur bleu-noir (1906)	610	315	45	75
e - impression incomplète	265			
f - impression recto-verso	380	185	55	
g - anneau-lune	390	225		
h - impression recto et verso	1 650	900	1 000	
i - piquage à cheval	680	440	115	
j - dentelé 1 ou 3 côtés	710	475		
k - piquage double	740	465		
l - piquage oblique par pliage	765	475		
m - dentelé tenant à non dentelé	1 650	1 050		
n - pli accordéon	640	385	115	

Millésimes

	3 1903	4 1904	5 1905	6 1906
Paire millésimée	535	575	600	575

Émission : République en marche semant ses idées ou type « Semeuse lignée »

30 c. lilas

Dessinateur : O. Roty
Graveur : L-E Mouchon
Type d'impression : Typographie à plat de 1903 à 1906

Date d'émission : 27/06/1903
Remplacé : Mai 1907
Tirage : Inconnu

	Neuf ☆☆	Neuf ☆	Obl. ⊙	Sur ⊠
133 30c violet	**530**	**210**	**6**	**16**
centrage **parfait +100%**				
non dentelé	1 150	775	285	
EPL en noir sur feuillet	1 500			
EPL couleur non adoptée	650			
tirage sur bristol, dentelure figurée	350			
a - papier crème	700	350	35	
b - couleur violet foncé (1906)	585	230	8	
c - couleur violet rougeâtre très foncé	700	325	22	45
d - couleur violet-noir	800	415	30	65
e - impression recto-verso	750	475	425	
f - impression incomplète	1 700	1 150		
g - dentelé tenant à non dentelé	2 400	1 575		
h - piquage oblique par pliage	1 400	800		
i - impression sur raccord	1 600	960		
j - pli accordéon	1 400	800		

Millésimes

	3 1903	4 1904	5 1905	6 1906
Paire millésimée	1 250	1 300	1 300	1 400

1906- Semeuse fond uni (semeuse camée) avec sol.

Typo. Dessin: Louis Oscar Roty. Gravure: Louis Eugène Mouchon.

Type I (plus ombré)
13 avril

Type II (plus blanc et plus
contrasté)
(f 150)

134 I 10c rouge, type I	**4,5**	**3**	**2**	**7**
non dentelé	450	275	165	
tirage sur bristol, dentelure figurée		350		
tirage sur bristol, dentelure non figurée		350		
a - couleur rouge clair	7	4		
b - couleur rouge-brun	9	5		
c - "I" et "Q" soudés	32	21	13	
d - impression défectueuse (lourde)	10	7	4	
e - impression incomplète	250	175	150	
f - impression recto-verso	135	85	45	
g - papier jaunâtre	10	7		
h - piquage à cheval	140	90	50	
i - piquage double	300	185		
j - piquage oblique par pliage	315	200		
134 II 10c rouge, type II	**7**	**3,5**	**2**	**6**
non dentelé		210		
a - couleur rouge clair	9	5		
b - couleur rouge-sang	17	9	5	10

Ce non émis provient aussi d'un poinçon gravé par L.-E. Mouchon et
imprimé début avril 1906 afin de préparer le remplacement de la semeuse
lignée. C'est finalement la semeuse avec sol qui aura été retenue.

134A avec soleil levant, non émis	**225**
EPL en noir sans faciale	4 250
a - tenant à un 10c rouge avec sol (nd)	1 000

1906 - Semeuse camée chiffres maigres et Merson.

Typo. Dess: L. Oscar Roty. Grav: L. Eugène Mouchon
(Semeuse). Dessin: Luc Olivier Merson. Gravure: Auguste
Thévenin (Merson).

28 juillet   type I (f 150)
type IIA & III) (f 150, ↻20)

*Pour reconnaître avec
certitude une semeuse chiffres
maigres d'une semeuse
chiffres gras, il suffit de
regarder les trois points
signalés par les flèches: ils
n'existent que sur les semeuses
maigres.*

Type I
(pas de trait dans
le bonnet)

Type IIA
(trait dans le
bonnet)

Type III
("E" relié au
bonnet)

chiffres
maigres

chiffres
gras
(tbre de
1907)

t. I

IIA
&
III

135 I 10c rouge, type I	**35**	**10**	**1**	**4**
EPL sur feuillet, papier pelure		1 200		
tirage sur bristol, dentelure figurée		350		
tirage sur bristol, dent non figurée		350		
135 IIA 10c rouge, t. IIA	**50**	**18**	**1,5**	**4**
non dentelé	400	235		
a - couleur rouge foncé	55	23		
b - légende effacée (surencrage)	175	125	35	
c - impression défectueuse (lourde)	70	35		
d - impression (très) incomplète	265	160	25	
e - impression recto-verso	120	75	45	
f - piquage à cheval	180	120		
g - piquage double	200	130		
h - piquage oblique par pliage	300	200		
i - pli accordéon	200	130	65	
j - "S" final de "Postes" absent	100	55	30	

Le type IIB est le type des entiers postaux.

135 III 10c rouge, t. III (↻)	**40**	**16**	**5**	**9**
centrage **parfait**	56	23	7	

8 novembre   (f 150)

1907 - *Semeuse camée, chiffres gras.*

5 mars   (f 150)

Chiffres maigres

T. I (dos peu marqué)

Chiffres gras (timbre de 1907)   *T. II (dos net et bien détaché)*

Type I

point sous le "q"

Type IIA

queue du "q" en forme de barre

136 I 35c violet, type I	**710**	**310**	**30**	**120**
centrage **parfait**	994	434	45	
136 II 35c violet, type II	**430**	**170**	**8**	**25**
centrage **parfait**	602	238	11	
non dentelé			450	
tirage sur bristol, dentelure figurée		350		
a - anneau-lune	650	435	85	
b - couleur violet foncé	475	235	11	32
c - impression double	900	575		
d - papier crème	450	270	11	

8 novembre   (f 75)

143 45c vert et bleu	**123**	**35**	**2,5**	**9**
centrage **parfait**	215	49	3,5	
non dentelé	525	365	235	1 000
EPL sur feuillet		1 350		
tirage sur bristol, dentelure figurée		350		
a - centre absent (normal ou GC)	1 100	700		
b - centre à cheval	325	200	85	
c - centre doublé	750	485	115	
d - centre très déplacé	250	140	45	100
e - centre très déplacé, papier GC	335	200	50	110
f - couleurs vert-noir et bleu foncé	150	65		
g - impression défectueuse	160	75	20	
h - impression recto-verso	185	100	50	
i - papier GC	135	55		12
j - piquage à cheval	340	215		
k - piquage double	350	225		
l - piquage oblique par pliage	325	210		
m - pli accordéon	300	185	50	

137 I 5c vert foncé, t. I	**3,5**	**1,8**	**0,2**	**1**
non dentelé	35	22		
EPL sur feuillet, papier pelure		900		
tirage sur bristol, dentelure figurée		350		
a - anneau-lune	50	32	13	
b - "c" de "5c" absent	60	35	15	
c - couleur vert-bleu (1910)	5	3		
non dentelé	45	32		
d - couleur vert-jaune	5	3		
e - couleur vert-noir	7	4,5		
f - dentelé 1 ou 3 côtés	120	80	50	
g - dentelé tenant à non dentelé	240	150		
h - impression (très) défectueuse	15	9		
i - impression double (oscillée)	12	7		
j - impression incomplète	190	120		
k - impression recto-verso	25	15	11	
non dentelé	40	27		
l - impression recto-verso, papier GC	37	25	16	
m - légende partielle (surencrage)	10	6	4	
n - papier GC (1916)	6	4		
non dentelé	40	27		
o - papier X	100	65		
p - papier mince (transparent)	6	4		
q - piquage à cheval	80	50	20	85
r - piquage double	120	75		
s - piquage oblique par pliage	100	60		
t - pli accordéon	135	85	50	95
u - "S" final de "Postes" absent	50	30	10	
v - semeuse amputée (surencrage)	45	28	6	
w - signature "Roty" absente	12	7	3	6
x - timbre non imprimé (ten à normal)	750	450		
137 IIA 5c vert, type IIA	**7**	**4**	**1,5**	**3**
non dentelé	285	200		
a - impression incomplète	250	160		
b - papier GC	16	9		5
c - papier X	300	185		
d - piquage à cheval	120	70		
e - piquage oblique par pliage	140	85		
surchargé "+5" en rouge (non dentelé)	500	350		
tenant à non surchargé	825	550		

mars   (f 150, ✄20, ✄30, ✍)

Type I
(filet à
filet:
22mm)

Types
III &
IV (filet
à filet:
22,5mm)

(taille
réelle)

18 décembre   (f 150, f 100, ✍)

Types IA & IC (barre)   *Types IA & II*

Type II (point)   Type IC (hachure absente)

T. I & IV
pas de point

Type III:
un point
supplémentai
re se trouve
à l'endroit
indiqué par la
flèche

138 IA 10c rouge, t. IA	3,5	1,6	0,2	1
non dentelé (3ème col: oblitéré)	30	20	60	
Essai de couleur			65	
tirage sur bristol, dentelure figurée		350		
a - anneau-lune	50	32	13	
b - "c" de "10c" absent	60	35	15	
c - couleur rouge-orange (1907 à 1909)	4,5	2,5		
d - couleur rouge-sang	85	50	17	40
e - couleur rouge écarlate (1907)	385	265	60	100
f - dentelé 1 ou 3 côtés	90	55		
g - dentelé 11	450	325		
h - dentelé tenant à non dentelé	210	135		
i - impression incomplète	325	210		
j - impression recto-verso	25	15	11	
non dentelé	40	27		
k - impression recto-verso (X)	185	125		
l - impression sur raccord	165	95	65	
m - "P" ou "S" final de "Postes" absent	50	32	11	
n - papier GC (1916)	25	15	3	4,5
o - papier X	110	65		
p - piquage à cheval	50	32	17	
q - piquage double	110	65		
r - piquage oblique par pliage	100	60		
s - pli accordéon	120	80	35	
t - semeuse à la chandelle	65	40		

138 IC 10c rouge, t. IC (✄20)	27	15	6	12
non dentelé	350	240		
a - dentelé tenant à non dentelé	1 400	825		
b - papier GC	200	135	27	45
c - papier X	400	230		
d - types IA et IC se tenant (pap normal)	185	120		
e - types IA et IC se tenant (GC)	1 150	675		
f - types IA et IC se tenant (papier X)	2 650	1 450		

138 II 10c rge, t. II (✄30)	140	68	55	100
centrage **parfait**	168	82	66	
a - bande de trois avec bords	430			
faux Lorulot (dentelé ou non dentelé)	75	40		
faux de Turin	30	17	140	850
faux des Russes (1911)	110	70		

139 I 20c lilas-brun, t. I	11	3,8	0,7	3
non dentelé (3ème col: oblitéré)	60	45	55	
Essai de couleur en rouge			135	
tirage sur bristol, dentelure figurée		350		
a - anneau-lune	50	35	20	35
b - "c" de "20c" absent	60	37	16	
c - couleur brun pâle	11	5		
d - couleur brun foncé (1907-08)	12	6		
e - couleur brun-noir (1917, GC)	16	8		5
f - couleur brun-roux (1920-21)	12	6		
g - dentelé 1 ou 3 côtés	185	120		
h - dentelé 11	450	325		
i - dentelé tenant à non dentelé	425	265		
j - légende partielle (surencrage)	20	13		
k - impression défectueuse	16	8		
l - impression incomplète	160	95		
m - impression recto-verso	80	50	40	
n - impression sur raccord	240	145		
o - papier GC (1917)	15	9		
non dentelé	80	55		
p - papier épais	13	7		
q - piquage à cheval	60	35	25	
r - piquage oblique par pliage	135	80		
s - pli accordéon	95	60	30	
t - semeuse amputée (surencrage)	25	15	5	
u - signature "Roty" absente	22	12	7	15

139 III 20c brun, type III	11	3	0,7	3
non dentelé	525	385		
a - anneau-lune	60	40	23	
b - impression double (oscillée)	22	13		
c - impression recto-verso	70	45		
d - impression sur raccord	165	100	65	
e - piquage à cheval	60	40		

139 IV 20c brun, t. IV (✍)	38	20	12	45

19 juin   (f 150, f 100, ☝20, ✎)

Autres types   **Type I**

Type IIIA (six traits)   *Type IIIB (cinq traits)*

Type IIIC (R encoché)

(R normal) (autres types)

(Autres types)

Type IV

Type IA   *Type IB*

Type II   *Type IIIA*   *Type IV*

140 IA 25c bleu, t. IA	6	3	0,2	1
non dentelé (3ème col: oblitéré)	45	30	40	
Essai de couleur		65		
tirage sur bristol, dentelure figurée		350		
a - anneau-lune	50	30	17	
b - "c" de "25c" absent	60	37	16	
c - couleur bleu foncé	6	3		
non dentelé	45	30	40	
d - couleur bleu métallique (1908-09)	8	4		
e - couleur bleu-noir (1907)	37	17	6	22
f - dentelé 1 ou 3 côtés	170	110		
g - dentelé 11	450	325		
h - dentelé tenant à non dentelé	250	140	400	
i - impression défectueuse	12	8	2	
j - impression double	825	535		
k - impression incomplète	215	130	75	200

m - impression recto-verso	40	20	12	
non dentelé	85	55		
n - impression recto et verso	725	435		
o - légende partielle (surencrage)	18	11		
p - papier GC (1917)	10	5		3
non dentelé	60	40		
q - papier X (1915, 1916)	26	15		
non dentelé	175	100		
r - papier épais	7	3		
s - papier mince (transparent)	7	3		
t - piquage à cheval	75	50	30	
u - piquage oblique par pliage	120	75		
v - pli accordéon	180	120	40	
w - semeuse amputée (surencrage)	20	12	8	
x - une signature absente	20	12	8	
140 IB 25c bleu, t. IB (☝)	**340**	**210**	**55**	**135**
centrage **parfait**	408	252	66	
a - impression incomplète	750	485		
b - impression recto-verso	700	465		
c - piquage oblique par pliage	775	525		
d - timbre non imprimé (ten à normal)	2 000	1 300		
140 II 25c bleu, t. II (☝)	**28**	**16**	**3**	**11**
non dentelé	160	100		
a - dentelé 1 ou 3 côtés	385	235		
b - impression défectueuse	80	50	17	
c - impression incomplète	440	275		
d - impression recto-verso	160	110	40	
e - piquage à cheval	160	110	55	
f - pli accordéon	235	150	70	
g - timbre non imprimé (ten à normal)	850	550		
140 IIIA 25c bleu, t. IIIA	**36**	**20**	**3**	**8**
non dentelé	285	185		
a - anneau-lune	100	65	30	
b - impression recto-verso	160	110		
c - piquage à cheval	125	75	40	
140 IIIB 25c bleu, t. IIIB	**5,5**	**2,5**	**0,2**	**1**
non dentelé	465	315		
a - anneau-lune	45	30	20	
b - impression défectueuse	37	25	14	
c - impression incomplète	185	120		
d - impression sur raccord	165	100	65	
e - papier jaunâtre	7	4		
f - piquage à cheval	65	40	20	
g - semeuse retouchée (1924)	50	30	13	
140 IIIC 25c bleu, t. IIIC (✎)	**70**	**45**	**16**	**60**
centrage **parfait**	84	58	21,5	
140 IV 25c bleu, t. IV (☝)	**185**	**105**	**10**	**55**
centrage **parfait**	222	126	12	
a - bleu (très) foncé	240	165	35	85
b - impression incomplète	675	400		
c - papier GC	285	170	200	
d - papier créme	210	120	17	
e - piquage à cheval	500	315		
f - timbre non imprimé (ten à normal)	1 200	700		
faux de Nice	90	50	50	575
faux de Paris	620	360	360	

janvier 1907   (f 150)

141 30c orange	40	16	1,7	3
non dentelé	175	120	85	
EPL sur feuillet, papier pelure		950		
EPL en bistre sur feuillet		1 700		
EPL en noir sur feuillet		950		
tirage sur bristol, dentelure figurée		350		
a - anneau-lune	57	35	25	40
b - couleur orange pâle	41	22		
c - couleur orange foncé	46	25		
d - dentelé 1 ou 3 côtés	235	140		
e - dentelé 11	450	325		
f - impression recto-verso	120	65	35	
g - papier GC (1916)	43	19		
h - papier X (1916)	85	50		
non dentelé	365	250		
i - papier épais	43	18		
j - papier mince (transparent)	43	18		
k - piquage à cheval	170	110	50	
l - piquage à cheval (papier GC)	185	120		
m - piquage double	200	130	60	
n - pli accordéon	190	120	50	

T. I

T. II

"s" retouché (le 35c surchargé de 1926 et le 35c vert de 1937 sont toujours au type II)

novembre 1907   (f 150, f 100)

142 I 35c violet, type I	18	9	1	2,5
non dentelé	150	100		
tirage sur bristol, dentelure figurée		350		
a - "c" de "35c" absent	85	50	55	
b - couleur violet pâle	21	12		
c - couleur violet très foncé	26	14		5
d - dentelé 1 ou 3 côtés	210	140		
e - dentelé tenant à non dentelé	400	265		
f - impression défectueuse	38	27	11	
g - impression double (papier GC)	750	465		
h - impression incomplète	275	175		
i - impression recto-verso	90	60	35	
j - papier GC (1918)	28	15		
non dentelé	170	110		
k - piquage à cheval	140	90	40	
l - piquage oblique par pliage	185	120		
m - pli accordéon	160	100	45	

142 II 35c violet, type II	103	65	45	175

Série 137 à 142 (6 timbres)	82	35	4

Essai Haegelin sur papier en bloc de 9
Existe avec ou sans faciale (même cote)

Essai de couleur Haegelin, bande de 5 sur carton	4 000
Essai de couleur Haegelin, bloc de 9 sur papier	1 250
unité découpée (bloc ou bande)	100
Essai de couleur Haegelin, unité seule avec marges	550
EPL sans faciale, chaque	850

MERSON 1906-20

143 45c vert et bleu	🕮 1906	123	35	2,5
144 60c violet et bleu	🕮 1920	2	1,2	1
145 2f orange et vert	🕮 1920	155	53	0,5

3 ao×t 1914: déclaration de guerre à l'Allemagne

1914 - Croix-Rouge. Semeuse surchargée et Semeuse modifiée.

18 août   T 600 000 (f 150, ✂20)

146 P5c s 10c rouge foncé	7,5	6	6	12
a - couleur rouge-orange	12	7		
b - papier crème	12	7		
c - piquage double	180	115		
d - surcharge à cheval (inversée 5c +)	180	115		
e - surcharge déplacée	26	18	18	

147 10c+5c rouge	100	40	4	14
centrage **parfait**	150	60	6	
a - rouge-orange (✂) (juillet 1915)	130	58	8	17

1917–19 - *Orphelins de la guerre (1ère série).*
Typographie. Dessin: Louis Dumoulin. Gravure: Léon Ruffé,
sauf "Deux orphelins": Dessin: Surand. Gravure: Jarraud..
Emission: ao×t 1917 (sauf Deux orphelins: mars 1919).

153 50c+50c Lion de Belfort   950   290   220   385

centrage parfait	1 140	363	275
non dentelé	1 500	900	
Essai de couleur en noir sur feuillet			800
a - dentelé 3 côtés	1 350	750	
b - dentelé tenant à non dentelé	2 650	1 850	
c - piquage oblique par pliage			1 650

148 2c+3c Veuve au cimetière   25   5   5   9

Essai de couleur en noir sur feuillet			200
Essai de couleur en noir sans valeur faciale			250
a - piquage à cheval	160	90	

149 5c+5c Deux orphelins   80   25   13   15

centrage **parfait**	100	30	16
EPL en brun sur feuillet		225	
a - impression recto-verso	135	80	
b - piquage à cheval	168	100	

154 1f+1f Marseillaise   1 600   525   465   700

centrage **parfait**	2 000	655	580
non dentelé (sans gomme)			1 500
Essai de couleur en noir sur feuillet			1 000
Essai de couleur en noir, coq sur la faciale			1 250
Essai de couleur en noir collectif avec le 35c			1 750

(f 150)   *(f 150)*

150 15c+10c Femme au labour   125   37   30   45

centrage **parfait**	155	45	37,5
Essai de couleur en noir sur feuillet			200
Essai de couleur en noir ss val dans le cartouche			300
Essai de couleur en noir tête-bêche			450
a - impression double	625	400	
b - impression recto-verso	190	115	100
c - piquage à cheval	230	140	

151 25c+15c Femme au labour   230   98   67   110

centrage **parfait**	288	122	85
EPL en noir sur feuillet		350	
a - papier mince (transparent)	235	110	
b - piquage à cheval	450	290	

155 5f+5f Marseillaise   5 500   2 000   1 950   2 500

centrage **parfait**	6 875	2 500	2 438
non dentelé (sans gomme)			3 250
Essai de couleur en noir sur feuillet			4 000
Essai de couleur en noir, coq sur la faciale			4 000
Essai de couleur en noir, coq sans faciale			4 000
Essai de couleur coll noir coq avec et sans faciale			7 500

Série 148 à 155 (8 timbres)   8 980   3 160   2 900

EPL datées		32 500	

152 35c+25c Tranchées   470   180   150   250

centrage parfait	585	225	190
Essai de couleur en noir sur feuillet			500
EPL sur feuillet		900	
EPL en brun et violet sur feuillet		900	

VENTES SUR OFFRES
VENTES A PRIX NETS

(Catalogues adressés sur simple demande)

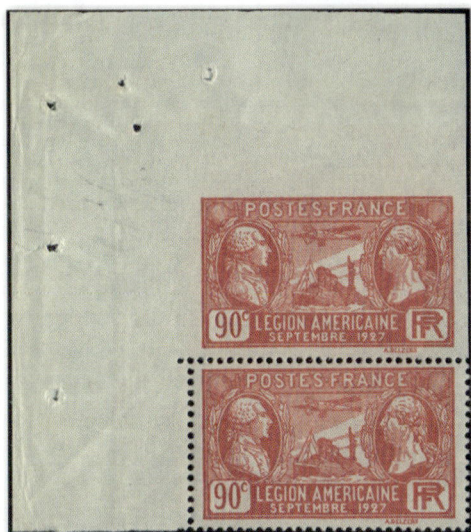

Essais en noir sans valeur faciale

Essai du 50c + 50c   *Essai avec coq sur la faciale*

Epreuve de luxe datée de 1917 (quelques séries connues)

1918 - *Au profit de la Croix-Rouge: infirmière et navire-hôpital "Asturia". Typographie. Dessin: Louis Dumoulin. Gravure: Léon Ruffé. 8 ao×t (f75).*

156 15c+5c Infirmière	310	140	70	100
centrage **parfait**	465	218	105	
non dentelé (3ᵉᵐᵉ col = sg)	3 150	1 900	850	
EPL en noir sur feuillet		2 250		
a - couleur rouge très déplacée	1 400	875		

11 novembre 1918: armistice

1919 - *Blanc surchargé (imprimé en 2 fois, puis en 1 fois à partir de 1930). Typo. Dessin: Joseph Blanc. Gravure: Emile Thomas. Dec (f150) et (f100).*

157 I ½c sur 1c, type I	0,8	0,3	0,3	45
a - dentelé 1 ou 3 côtés	265	165		
b - impression recto-verso (timbre)	160	100	40	
c - papier GC créme ou gris	1	0,5		50
d - papier GC chamois foncé	7	3		
e - piquage oblique par pliage	200	130		
f - surcharge à cheval (horizontale)	160	110	55	
g - surcharge sans "centime"	1 000	625		
h - surcharge doublée (papier GC)			9 500	
i - surcharge intervertie (centime en haut)	775	525		
j - surcharge recto-verso	5	3	2	
k - surcharge renversée (papier GC)	1 750	1 200	1 400	
l - types IA & IB se tenant (GC)	70	45	32	
m -. types IA & IB se tenant surcharge renversée (GC)	8 000*			

* Prix atteint chez Roumet (545ème VSO) €9 009.

157 II ½c sur 1c, type II	0,8	0,3	0,3	45
a - anneau-lune	85	45	30	
b - avec bord publicitaire "Aiglon"	200	135		
c - impression sur raccord	235	140		
d - piquage à cheval	85	55		
e - surcharge défectueuse	3	2		
f - surcharge déplacée	17	9	6	

1920 ✈ - *Précurseur "Guynemer" (f 75). Typographie. Dessin: Léon Ruffé. Gravure: Sureaud.*

mai 1920

✈**Précurseur Guynemer**	35	20	20	80

10 octobre 1920 T (f 75)

✈**Précurseur Guynemer surch.**	50	30	30	110

1920–22 - *Semeuse camée, lignée, Merson.*
Typographie. Dessin: Louis Oscar Roty. Gravure:
Louis Eugène Mouchon (retouché par Jean-Baptiste Lhomme:
Semeuse camée, et par Guillemain: Semeuse lignée).
Dessin: Luc Olivier Merson. Gravure: Auguste Thévenin.

Types I et IIA

(hauteur de filet à filet: 22mm)

Type IIB (hauteur de filet à filet:

22,5mm)

(taille réelle)

15 juillet 1921 (f 150, ✄40, ⬦)

Type I point sous le "q"

Types I & IIA hachure à l'épaule

Types IIA & IIB queue du "q" en forme de barre

Type IIB la hachure a disparu

février 1922   (f 150, f 100, ✄20, ⬦)

Type IA   Type IB

"S" normal

"S" retouché

Type IA

Type IC

Type IA   Type IB   Type III   Type IV

158 I 5c orange type I	3	1,5	0,3	1
non dentelé	90	65		
a - anneau-lune	65	38	23	
b - dentelé 1 ou 3 côtés	110	65		
c - dentelé tenant à non dentelé	215	130		
d - impression défecteueuse	8	5		
e - impression incomplète	315	200		
f - impression recto-verso	110	65		
g - légende partielle (surencrage)	13	8	6	
h - papier épais	4	3		
i - papier mince (transparent)	3,5	2		
j - piquage à cheval	60	40	30	
k - piquage double	110	60		
l - piquage oblique par pliage	140	90		
m - piquage partiel	110	60		
n - pli accordéon	150	100	45	
o - "S" final de "Postes" absent	15	9	6	10
p - signatures absentes	13	8	5	
158 IIA 5c orange t. IIA (✄)	**3,8**	**2,4**	**0,3**	**1**
a - dentelé tenant à non dentelé	700	475		
b - piquage oblique par pliage	160	100		
158 IIB 5c orange t. IIB (⬦)	**32**	**22**	**12**	**26**

159 IA 10c vert t. IA	2	1	0,5	1
non dentelé	275	190	100	
a - avec bord publicitaire "Aiglon"	200	135		
b - dentelé tenant à non dentelé	525	350		
c - impression défecteueuse	7	5		
d - impression incomplète	160	100	50	
e - impression recto-verso	115	70	30	
f - piquage à cheval	75	50	30	
g - piquage double	100	60		
h - pli accordéon	75	50	35	
i - semeuse amputée (surencrage)	18	10	5	
j - signatures absentes	13	8	5	10
159 IB 10c vert type IB	**3**	**1,8**	**0,7**	**1,5**
non dentelé	550	375		
a - dentelé tenant à non dentelé	1 000	615		
b - impression sur raccord	200	120		
c - papier X	65	38		
159 IC 10c vert t. IC (✄)	**11**	**7**	**2,2**	**6,5**
a - piquage à cheval	75	55		
159 III 10c vert type III	**1,4**	**1**	**0,5**	**1**
non dentelé	475	325		
a - anneau-lune	55	33	20	
b - couleur vert-jaune	2,5	1,5		
c - couleur vert pâle	2,5	1,5		
d - dentelé tenant à non dentelé	1 500	900		
e - impression défecteueuse	6	4		
f - impression sur raccord	180	120		
g - légende partielle (surencrage)	21	14	7	
h - 1er "S" de "Postes" retouché	400	250	150	300
i - timbre non imprimé (ten à normal)	1 150	700		
159 IV 10c vert t. IV (⬦)	**10**	**6**	**4**	**30**

31 janvier 1922 (f 150,)   *30 juin 1921 (f 150, ✧)*

4 juin 1920   (f 75)

timbre de 1922		timbre de 1937 (IIA & III)

160 30c rouge	**17**	**7,5**	**2**	**9**
a - impression recto-verso	100	60	35	
b - papier épais	20	10		
c - piquage à cheval	85	55	45	
d - piquage oblique par pliage	210	130		
e - pli accordéon	170	110	50	
161 50c bleu	**82**	**30**	**1,2**	**8,5**
centrage **parfait**	123	45	1,8	
non dentelé	235	160		
Essai de couleur			20	
a - couleur bleu-noir	120	65	5	13
b - couleur bleu métallique	120	65	5	13
c - impression défectueuse	125	70	13	
d - impression recto-verso	315	200		
e - impression sur raccord	300	180	90	
f - piquage à cheval	150	90		
g - piquage oblique par pliage	235	150		
h - pli accordéon	235	150		

Série 158 à 161 (4 timbres)	**104**	**40**	**4**

1er juin 1920 (f 75)

144 60c violet et bleu	**2**	**1,2**	**1**	**6**
centrage parfait	2,5	1,5	1,2	
non dentelé	1 300	725	550	
a - centre absent	1800	1 250		
b - centre très déplacé	180	110	40	90
c - couleur violet foncé	9	3		8
d - dentelé tenant à non dentelé	1 850	1 300		
e - impression incomplète	475	300		
f - impression recto-verso	235	150	60	
g - papier crème	9	3		
h - piquage à cheval	200	125		
i - piquage double	225	140		
j - piquage oblique par pliage	265	160		
k - pli accordéon	240	150	60	

Normal			Ecusson brisé

145 2f orange et vert	**155**	**53**	**0,5**	**11**
centrage **parfait**	272	93	1	
non dentelé	1 250	675	485	
a - centre absent	550	325	160	
b - centre doublé	825	500	100	
c - centre doublé dont un à cheval	1 100	600		
d - centre triplé	1 300	780		
e - centre très déplacé	375	225	60	150
f - couleur orange foncé et vert foncé	200	75		
g - dentelé 1 ou 3 côtés	525	300	365	
h - dentelé tenant à non dentelé	2 350	1 400		
i - écusson brisé	2 000	1 200	320	475
j - impression défectueuse (lourde)	185	65		
k - impression recto-verso	335	210	60	
l - papier mince (transparent)	185	65		
m - piquage à cheval	475	290	75	
n - piquage double	500	300		
o - piquage oblique par pliage	475	290		
p - pli accordéon	475	290	75	

1922- Orphelins de la guerre (2ème série).

Petits formats (f 150), grands formats (f 75)
Emission: 1er septembre 1922 d'abord avec les timbres de 1917
(impression en 2 fois, impression fine), ensuite avec un 2ème tirage
(sauf le 15c gris-vert) (impression en 1 fois, impression lourde).

162 =+1c sur 2c + 3c br-rge fcé	**1**	**0,6**	**0,6**	**2**
a - 1er tirage (1917), brun-lilas	4	2,5	2,5	5
b - impression recto et verso (timbre)	850	540		
c - piquage à cheval	200	130		
d - surcharge déplacée	15	9	7	
e - surcharge recto-verso	10	6	5	
163 +2c ½ sur 5c + 5c vert fcé	**1,5**	**0,7**	**0,7**	**2,5**
a - 1er tirage (1919), vert	4	2	3	5
b - surcharge à cheval	85	50	55	
c - surcharge déplacée	20	15	11	
d - surcharge recto-verso	12	8	7	
e - piquage double	225	140		

164 =+5c s 15c+10c gris-vert	**3,2**	**1,2**	**1,2**	**3**
a - surcharge à cheval	100	65	55	
b - surcharge (très) déplacée	70	45		
c - surcharge recto-verso	12	8	7	
165 =+5c s 25c+15c bleu fcé	**5**	**2,5**	**2,5**	**4,5**
a - 1er tirage (1917), bleu	9	4	4	9
b - impression double	1 400	800		
c - piquage à cheval	165	100		
d - surcharge à cheval	110	70	70	
e - surcharge déplacée	35	25	22	
f - surcharge recto-verso	25	16		

166 =+5c s 35c+25c violet fcé	**35**	**15**	**15**	**32**
a - 1er tirage (1917), violet clair	60	35	30	40
centrage **parfait**	44	19	19	
b - surcharge barres omises	1 050	650		
c - surcharge "c" fermé	70	45		
d - surcharge à cheval	515	325		
e - surcharge (très) déplacée	100	60		
f - surcharge recto-verso	60	40		

167 =+10c s 50c+50c br fcé	**60**	**25**	**25**	**35**
centrage **parfait**	75	31	31	
non dentelé	485	315	250	
a - 1er tirage (1917), brun-jaune	80	46	46	70
centrage **parfait**	120	65	65	
b - centre très déplacé			650	
c - dentelé tenant à non dentelé	1 000	600		
d - surcharge déplacée	100	70	50	
e - surcharge recto-verso	65	40	35	

168 =+25c sur 1f+1f carmin	**74**	**35**	**35**	**60**
centrage **parfait**	93	44	48	
a - 1er tirage (1917), rose	120	70	63	120
centrage **parfait**	175	100	110	
b - centre très déplacé	1 150	650		
c - couleur carmin et orange	3 250	2 100		
d - papier mince (transparent)	90	55	60	
e - pli accordéon	435	260		
f - surcharge (très) déplacée	135	80		
g - surcharge recto-verso	90	60	55	

169 =+1f sur 5f+P5f bleu-gris	**350**	**170**	**170**	**300**
centrage **parfait**	420	212	212	
a - 1er tirage (1917), bleu clair	410	235	265	350
centrage **parfait**	512	294	331	
b - centre très déplacé	2 000	1 300		
c - contour du "5f" brisé (blanc)	475	315		
d - dentelé 1 ou 3 côtés	675	425		
e - impression défectueuse	435	300	225	400
f - surcharge déplacée	475	315		
g - surcharge recto-verso	425	285		
h - papier chamois	475	315		
i - piquage multiple	1 350	750		

Série 162 à 169 (8 timbres)	**530**	**250**	**250**	
EPL datées		27 500		

1923- *Pasteur. Typographie.*
Dessin et gravure: Georges Henri Prud'homme, d'après une
médaille qu'il avait réalisé.

Série Pasteur 1923-26

170 10c vert	📖	1923	1,5	0,7	0,3
171 15c vert	📖	1924	3,5	1,8	0,3
172 20c vert	📖	1926	5,5	3,2	1
173 30c rouge	📖	1923	1,5	1	1,5
174 30c vert	📖	1926	1,5	0,7	0,5

175 45c rouge	📭 1924	**4,5**	**2,2**	**2,5**	
176 50c bleu	📭 1923	**9**	**5,2**	**0,5**	
177 75c bleu	📭 1924	**8**	**4,5**	**1,2**	
178 90c rouge	📭 1926	**24**	**13,5**	**4,2**	
179 1f bleu	📭 1925	**50**	**25**	**0,5**	
180 1f 25 bleu	📭 1926	**53**	**31**	**10**	
181 1f 50 bleu	📭 1926	**24**	**6,2**	**0,5**	
Série 170 à 181 (12 timbres)		**186**	**98**	**23**	

25 mai   (f 100, ↻20, ✎)   *25 mai (f 150)*

170 10c vert	**1,5**	**0,7**	**0,3**	**1**
non dentelé	1 750	1 250		
EPL sur feuillet		525		
a - anneau-lune	60	30	20	
b - couleur vert-bleu	2	1,3		
c - couleur vert-jaune	2	1,3		
d - couleur vert foncé	2	1,3		
e - impression défectueuse	13	9		
f - impression recto-verso	150	90	40	
g - impression sur raccord	180	110		
h - papier mince (transparent)	2	1		
i - piquage à cheval	85	55	30	
j - pli accordéon	180	115	85	
k - tête de nègre	75	45	20	

173 30c rouge	**1,5**	**1**	**1,5**	**4,5**
non dentelé	1 850	1 350		
EPL sur feuillet		525		
a - impression défectueuse	10	8		
b - papier épais	3	2		
c - piquage à cheval	115	70		
d - piquage double	180	115		
e - pli accordéon	115	70	35	

Type I
(hauteur de
filet à filet:
21,5mm)

Type II
(hauteur de
filet à filet:
22mm)
(même
hauteur que le
1f 25)

Emission: 25 mai 1923   *(f 150, ✎)*   *(taille réelle)*

176 I 50c bleu type I	**9**	**5,2**	**0,5**	**5,5**
EPL sur feuillet		500		
a - anneau-lune	60	30	20	
b - couleur bleu pâle	11	7		
c - impression défectueuse	22	16		
d - impression incomplète	160	90		
e - impression recto-verso	85	55	40	
f - papier carton (1923)	28	18	12	
g - papier mince (transparent)	11	7	2	
h - piquage à cheval	165	95	40	
i - piquage oblique par pliage	215	130		
j - pli accordéon	135	75	40	

176 II 50c bleu t. II (✎)	**540**	**350**	**265**	**350**
centrage **parfait**	650	420	320	
EPC 10c, 30c, 50c			2 500	
EPC vert, rouge, bleu, sans faciale			2 750	

1923 - *Congrès philatélique de Bordeaux (f75).*

*Merson de 1900 surchargé. Typographie. Dessin: Luc Olivier
Merson. Gravure: Auguste Thévenin.*

15 juin. Vendus: 25 000.

182 1f lie-de-vin et olive	**1 000**	**550**	**620**	**700**
centrage **parfait**	1 500	825	930	
a - "E" tronqué (BORDFAUX)	15 000	9 000	9 000	

1924 - *Jeux Olympiques de Paris. Typographie.*

1ᵉʳ avril. (f 75)

183 10c vert	**7**	**2,5**	**1**	**3,5**
non dentelé	2 200	1 400		
EPL sur feuillet		1 600		
a - bague au doigt	120	42	48	60
b - centre très déplacé	325	200	125	
c - centre doublé	1 500	900		
d - impression incomplète par pliage	265	150		
e - papier crème	12	6		
f - papier mince (transparent)	10	5		
g - piquage oblique par pliage	215	140		

1ᵉʳ avril. (f 75)

184 25c rouge	**10**	**3,5**	**1**	**3,5**
non dentelé	2 200	1 400	900	
EPL sur feuillet		1 700		
a - centre très déplacé	325	200	125	
b - couleur rose unicolore	27	15		
c - dentelé 1 ou 3 côtés	525	350		
d - dentelé tenant à non dentelé	4 600	3 000		
e - impression défectueuse	15	10		
f - "France" absent (surencrage)	400	275		
g - piquage à cheval	425	290		
h - piquage oblique par pliage	215	140		

1er avril   (f 75)   *23 mai   (f 75)*

185 30c brun-rouge

	25	10	13	35
non dentelé	1 900	1 250		
EPL sur feuillet		1700		
a - centre doublé (moins de 10 connus)	3 600	2 340		
b - centre très déplacé	460	300	180	
c - impression défectueuse	40	27	20	
d - impression incomplète	185	120		
e - impression recto-verso du cadre	60	40		
f - pli accordéon	210	140		

186 50c bleu

	113	30	5	45
non dentelé (sur ✉: 5 connus)	1 900	1 250	1 250	8 000
a - centre très déplacé	460	300	180	
b - dentelé tenant à non dentelé	2 600	1 700		
c - impression défectueuse	150	100		
d - impression recto-verso du cadre	135	90	35	
e - papier mince (transparent)	135	90	35	
f - piquage à cheval	175	120		
g - piquage oblique par pliage	210	140		

Série 183 à 186 (4 timbres)

	155	46	20
EPC de la série (T 135)		5 850	
flamme-annonce: cote minimale		20	
flammes Paris X, Le Havre		40	
flammes Bordeaux, Marseille, Paris gare de l'Est, Paris XIV, Paris 5		90	
flamme-annonce Lyon gare		220	
flamme-annonce Paris 24 rue de Cléry		325	
flamme-annonce Colombes Seine		750	
cachet d'un des deux bureaux spéciaux		750	
griffe d'un des deux bureaux spéciaux		850	
cachet commémoratif carré		2 500	

Carte postale avec cachet du bureau spécial "Colombe - Stade Olympique" et cachet commémoratif carré.

Non émis "Arènes de Nîmes". Ce timbre, prévu à la place du 50c "Prestation de serment" en est resté à l'état d'épreuve.

186A EPL Non émis Arènes de Nîmes   **700**

Semeuse Phéna-Minéraline 1926-27

188 10c vert Phéna	1927	65	45	50
188A 10c vert Minéraline	1926	780	450	600
188B 10c vert sans pub	1927	60	40	45

Série Semeuse camée 1924-26

189 15c brun-lilas	1926	0,5	0,3	0,2
190 20c lilas-rose	1926	0,5	0,3	0,3
191 30c rose	1925	2,5	1,3	0,9
192 30c bleu	1925	7,5	4,6	0,5
193 40c brun-olive	1925	4	1,5	0,5
194 40c vermillon	1926	5,5	3	0,7
195 1f 05 vermillon	1925	22	10	5
196 1f 40 rose	1926	49	22	24
Série 189 à 196 (8 timbres)		87,5	44	32

Série Semeuse lignée 1924-26

197 45c violet	1926	13,5	7	2,2
198 50c vert-olive	1926	14	7,5	1,5
199 50c rouge	1926	2,5	1,5	0,2
200 60c violet	1924	14	7	2
201 65c rose	1925	6	3	1,5
202 75c lilas-rose	1926	12	6	0,6
203 80c rouge	1925	62	30	9,2
204 85c vermillon	1924	28	15	3
205 1f bleu	1926	15	7	0,8
Série 197 à 205 (9 timbres)		175	86	21

Merson 1925-26

206 3f violet et bleu	1925	65	32	8
207 10f vert et rouge	1926	360	140	18
208 20f lilas-rose et vert	1926	600	230	40

1924–25 - *Semeuse camée, lignée et Pasteur.*

juin 1924   (f 100, ⊘)

171 15c vert

171 15c vert	3,5	1.8	0.3	1
a - anneau-lune	60	30	20	
b - avec bord publicitaire "Aiglon"	200	135		
c - "c" de "15c" absent	25	18	8	
d - couleur vert-bleu	4	**2**		
e - couleur vert-jaune	4	**2**		
f - couleur vert très foncé	5	2,5		
g - impression défectueuse	11	**8**		
h - impression recto-verso	65	40		
i - impression sur raccord	180	180		
j - piquage à cheval	70	40	30	
k - pli accordéon	125	70	40	
l - "S" final de "Postes" absent	50	30	18	
m - tête de nègre	75	45	20	

6 janvier 1925   (f 150, f 100, ♺20)

Type I
*"3" étroit
éloigné
du cadre*

IIA & IIB
*"3" plus
large*

I & IIA

IIB

191 I 30c rose type I

191 I 30c rose type I	2,5	1,3	0,9	4,5
non dentelé	500	325		
a - anneau-lune	60	30	17	
b - avec bord publicitaire "Aiglon"	200	135		
c - couleur rose pâle	4	2		6
d - impression défectueuse	17	12		
e - impression incomplète	160	90		
f - impression recto-verso	55	35	22	
g - semeuse amputée (surencrage)	15	9		
h - signature "Roty" absente	10	6	4	

191 IIA 30c rose t. IIA

191 IIA 30c rose t. IIA	5,5	4	1,7	7
non dentelé	485	315		
a - impression sur raccord	165	100		
b - papier crème	8	5		

191 IIB 30c rose t. IIB (♺)

191 IIB 30c rose t. IIB (♺)	8	4	2	9
a - papier chamois	20	13	7	

7 aout 1924   (f 100)

175 45c rouge

175 45c rouge	4,5	2,2	2,5	5,5
a - anneau-lune	60	30	20	
b - couleur rouge vif	6	4		
c - impression défectueuse	17	12		
d - impression double (oscillée)	40	20	20	
e - impression recto-verso	80	55		
f - impression sur raccord	180	110		
g - pli accordéon	130	70	40	
h - tête de nègre	80	45	2	

17 juin 1924   (f 100)

200 60c violet

200 60c violet	14	7	2	7
a - anneau-lune	70	35	25	
b - couleur violet-noir	25	15	4	10
c - impression sur raccord	190	115		
d - papier épais	18	12	3,5	
e - pli accordéon	160	95	50	

octobre 1924   (f 100)

201 65c rose

201 65c rose	6	3,3	1,5	7
non dentelé	600	385		
Essai de couleur			25	
a - anneau-lune	75	38	27	
b - couleur rose carminé foncé	8	5		
c - gomme en nid d'abeille (1924)	70	42		
d - impression défectueuse	18	13		
e - impression sur raccord	180	110		
f - papier mince (transparent)	8	5		
g - rose très pâle	10	6		

juillet 1924   (f 150, ✎)

177 75c bleu	**8**	**4,5**	**1,2**	**4**
non dentelé (3ème col: oblitéré)	265	150	175	
a - anneau-lune	60	30	20	
b - couleur bleu très foncé	11	7		
c - dentelé tenant à non dentelé	1 350	750		
d - impression défectueuse	35	25	6	
e - impression recto-verso	70	40		
f - papier épais	11	5		
g - papier mince (transparent)	10	5		
h - piquage à cheval	150	95		
i - piquage oblique par pliage	200	135		
j - pli accordéon	140	85		
k - tête de nègre	110	65		

juillet 1924   (f 100)

204 85c rouge	**28**	**15**	**3**	**7**
a - impression (très) défectueuse	60	37	15	
b - impression sur raccord	200	120		

1924 - *400ème anniversaire de la naissance du poète Pierre de Ronsard (1524-1585). Typographie. Dessin: Dautel. Gravure: Antonin Delzers. 6 octobre (f 150)*

209 75c Ronsard	**3,5**	**2,2**	**1,7**	**13**
EPL	250			
a - impression recto-verso	210	140		
b - piquage à cheval	375	225	235	

1924–25 - *Exposition internationale des arts décoratifs modernes de 1925 à Paris. Typographie (f 75).*

15 juin 1925   D&G: Schmidt   22 avril 1925   D&G: Berdon

210 10c La lumière	**1,4**	**0,6**	**0,6**	**2,5**
non dentelé (sans gomme)			150	
a - centre très déplacé	285	150	90	
b - dentelé 1 ou 3 côtés	3 600	2 800		
c - impression recto-verso (centre)	16	11		
d - papier épais	10	7		
e - papier mince (transparent)	1,5	1		

211 15c Poterie	**1,6**	**0,7**	**0,7**	**2,5**
non dentelé	800	500		
a - centre très déplacé	240	140	70	
b - dentelé tenant à non dentelé	1 100	675		
c - impression incomplète (pliage)	190	115		
d - impression recto-verso (centre ou cadre)	16	11		
e - papier épais	10	7		
f - piquage à cheval	80	50		
g - piquage oblique par pliage	110	65		

8 décembre 1924   D: E. Becker, G: A. Mignon

212 25c Potier	**2**	**0,9**	**0,5**	**3**
⊠ dent. bicolore de 1936, chaque	400	300		
a - centre très déplacé	235	140	75	
b - dentelé 1 ou 3 côtés	1 600	1 000		
c - dentelé tenant à non dentelé	3 600	2 800		
d - impression recto-verso (centre)	24	17		
e - papier carton	25	18	12	
f - piquage à cheval	70	40		
g - piquage oblique par pliage	120	70		

11 avril 1925   D: H. Rapin, G: L. Ruet

213 25c **Architecture**	**3**	**1,8**	**0,9**	**3**
non dentelé	900	575	200	
a - centre très déplacé	165	110	55	
b - dentelé tenant à non dentelé	1 200	750		
c - impression défectueuse	7	5		
d - piquage à cheval	120	80	45	
e - piquage oblique par pliage	120	75		

8 décembre 1924   D: E. Becker G: Abel Mignon

214 75c **Potier**	**8**	**4**	**2,8**	**8**
non dentelé (sans gomme)			200	
a - centre très déplacé	500	325	75	
b - impression recto-verso (cadre)	27	22		
c - papier épais	30	25	15	

15 juin 1925   D&G: Schmidt

215 75c **La lumière**	**45**	**20**	**7,5**	**23**
non dentelé	800	500		
a - centre très déplacé	485	335	85	
b - dentelé tenant à non dentelé	1 350	725		
c - impression recto-verso (centre)	90	50		
d - pli accordéon	210	135		

Série 210 à 215 (6 timbres)	**61**	**27**	**13**	
EPC 6 valeurs + 45c			2 250	

215A Essai de couleur **Architecture**, essai 75c
carmin et bleu, nd, non émis, sg   500

1925 - Sage, issu du bloc-feuillet émis à l'occasion de l'exposition philatélique internationale de Paris. Dimensions: 14 x 22 cm. Typographie. Dessin: Jules Auguste Sage. Gravure: Louis Eugène Mouchon. 2 mai 1925.
   Cote du bloc: 3ème colonne = sans gomme.

T 50 000 blocs-feuillets

216 5f rouge **Sage**	**280**	**150**	**150**	**300**
non dentelé	1 600	1 100		

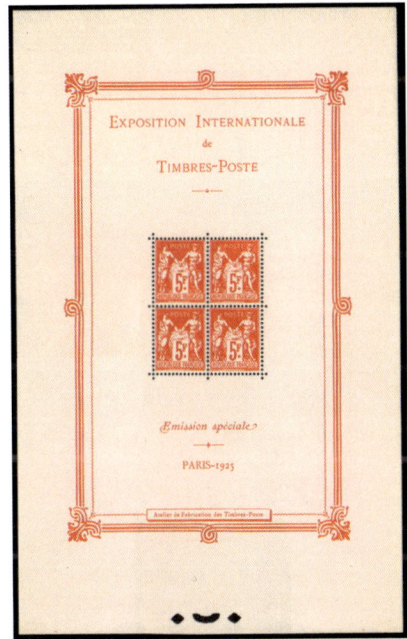

BF1 **Bloc Paris 1925**	**4 900**	**1 400**	**1 400**	
avec oblitération hors timbres	2 850	1 350	1 350	
avec oblitération sur les timbres	2 500	1 200	1 200	
non dentelé	9 500	6 000		
EPL		3 850		

1925–26 - *Semeuse camée, lignée, Pasteur et Merson.*

janvier 1926 (f 100, ↻10, ↻20, ✆)

juillet 1925 (f 100, ↻20, ✆)

Type I: la queue du "5" a une forme
de triangle la boucle inférieure du
"c" est prolongée vers le haut

Type II: la queue du "5" est en
forme de barre verticale. Le creux de
la boucle du "5" est plus marqué

Types
IIA & II   *IIA & IIC*

IIC
2ème hachure   *IIB*
absente

189 I 15c brun-lilas t. I	**0,5**	**0,3**	**0,2**	**0,5**
non dentelé	825	550		
a - anneau-lune	60	35	17	
b - avec bord publicitaire "Aiglon"	185	125		
c - avec bord publicitaire "Janipoline"	185	125		
d - av bord pub "Tarifs postaux 1929"	215	140	250	
e - "c" de "15c" absent	35	22	10	
f - couleur brun pâle	1	0,5	0,5	
g - couleur chocolat	4	2		
h - impression défectueuse	8	5		
i - impression double (oscillée)	16	11		
j - impression incomplète	180	120		
k - impression recto-verso	55	35	22	
l - impression sur raccord	165	100		
m - légende partielle (surencrage)	5	2,5		
n - papier crème	1,5	1		
o - papier mince (transparent)	2	1,5		
p - piquage à cheval	65	40	20	
q - piquage double	185	125		
r - pli accordéon	115	70	35	
s - semeuse amputée (surencrage)	6	3		
t - signatures absentes	17	9	7	12

189 II 15c brun-lilas t. II	**1**	**0,6**	**0,5**	**0,5**
a - couleur brun-lilas foncé	2	1,5	1	
b - impression défectueuse	9	5	3	
c - impression sur raccord	165	100		

22 janvier 1926 (f 100)

172 20c vert	**5,5**	**3,2**	**1**	**4**
a - anneau-lune	60	30	20	
b - "c" de "20c" absent	35	22	12	
c - couleur vert pâle (tir du 15-1-25)	9	6		7
d - couleur vert-bleu	7	4		
e - couleur vert-jaune	7	4		
f - couleur vert-noir	9	6		7
g - impression défectueuse	16	12	7	
h - impression recto-verso	65	45		
i - impression sur raccord	165	100		
j - légende partielle (surencrage)	22	16	10	
k - papier épais	7	4	2	
l - tête de nègre	100	65	18	

192 IIA 30c bleu t. IIA	**7,5**	**4,6**	**0,5**	**3**
non dentelé		1 300		
a - anneau-lune	60	30	20	
b - couleur bleu pâle	9	6		
c - dentelé 1 ou 3 côtés	400	265		
d - dentelé tenant à non dentelé	850	550		
e - impression dépouillée (écrasée)	80	50		
f - impression recto-verso	55	35		
g - impression sur raccord	165	100	60	
h - papier épais	10	6	4	
i - papier mince (transparent)	9	5		
j - piquage à cheval	80	50	35	
k - pli accordéon	100	60	35	
l - signature absente	13	8	4	

192 IIB 30c bleu t. IIB (↻)	**8**	**5**	**0,8**	**3**
a - piquage oblique par pliage	180	115		

192 IIC 30c bleu t. IIC (✆)	**360**	**250**	**60**	**125**

Type I
la boucle
finale du
"c"
remonte

Type II
la boucle
finale du
"c" reste
horizontale

juillet 1925 (f 150, f 100, ↻20)

193 I 40c brun-olive t. I	**4**	**1,5**	**0,5**	**3**
non dentelé	725	435		
a - anneau-lune	40	30	20	
b - dentelé tenant à non dentelé	1 000	635		
c - impression recto-verso	85	50		
d - piquage à cheval	120	75		
e - pli accordéon	190	120		
f - signature "Mouchon" absente	15	10	7	

193 II 40c brun-olive t. II	**4,2**	**2,8**	**0,5**	**3**
a - impression sur raccord	180	115	80	

janvier 1926   (f 150, f 100)

198 I 50c vert-olive t. I	14	7,5	1,5	3,5
non dentelé	225	150		
a - anneau-lune	75	40	22	
b - couleur vert-gris	15	8		5
c - couleur vert foncé	17	9		5
d - couleur vert extra pâle	20	11		
e - dentelé tenant à non dentelé	700	450		
f - impression recto-verso	135	85	40	
g - légende partielle "F nçaise"	70	45		
h - piquage à cheval	120	70	37	
i - piquage oblique par pliage	160	90		
j - pli accordéon	140	80	35	
k - signature "Roty" absente	50	32	22	35

198 IIA 50c vert-olive t. IIA	16	9,5	1,2	5
a - "c" fermé (50°)	315	210	120	
b - impression défectueuse (lourde)	100	70		
c - impression sur raccord	180	110		

novembre 1925   (f 100)

203 80c rouge	62	30	9,2	17
centrage **parfait**	93	45	15	
a - "80" coloré en partie (8C)	210	140	55	
b - impression recto-verso	225	165		
c - impression sur raccord	300	180		
d - pli accordéon	285	185	80	

30 nov 1925   (f 100, ✎)

179 1f bleu	50	25	0,5	5,5
a - anneau-lune	100	50	25	
b - couleur bleu foncé	62	30		
c - impression défectueuse	95	65	8	
d - impression sur raccord	250	150		
e - papier mince (transparent)	60	35		
f - pli accordéon	185	120		
g - tête de nègre	205	130	45	

juillet 1925   (f 100)

195 1f 05 vermillon	22	10	5
a - anneau-lune	80	40	25
b - couleur vermillon pâle	27	14	9
c - impression sur raccord	200	120	
d - piquage à cheval	125	75	
e - pli accordéon	190	120	
f - signature absente	40	25	15

7 décembre 1925   (f 75)

206 3f violet et bleu	65	32	8	25
centrage **parfait**	105	50	15	
non dentelé (3ème col = oblitéré)	1 600	1 000	850	
a - centre absent	1 600	950		
b - centre très déplacé	400	265	90	185
c - couleurs violet et bleu foncés	80	55	14	35
d - dentelé 1 ou 3 côtés	800	500		
e - impression défectueuse (lourde)	80	50	14	
f - piquage à cheval	325	220		

1926 - *Semeuse camée, lignée, Pasteur et Merson.*

Types III, IV, V (hauteur de filet à filet: 22,5mm)

Type VI (hauteur de filet à filet: 23mm) (taille réelle)

20 juillet 1926   (f 100, ↻20, ⊘)

Types III, IV, VI

Types IV, V, VI pas de point

Type V

Type III point supplémentaire

190 III 20c lilas-rose t. III	0,5	0,3	0,3	0,6
a - anneau-lune	38	22	13	
b - avec bord publicitaire "Aiglon"	200	135	150	
c - "2" et "c" de "20c" absents	65	45	25	
d - "c" de "20c" absent	35	22	15	
e - impression sur raccord	165	100		
f - légende partielle (surencrage)	10	6		
g - papier carton	30	20	15	
h - papier crème	1,5	1	0,5	
i - pli accordéon	100	65	40	
j - semeuse amputée (surencrage)	12	7	4	
k - signature "Roty" absente	10	6	3	
l - types III et V se tenant verticalement	525	350	350	
190 IV 20c lilas-rose t. IV (⊘)	**28**	**19**	**7,5**	**17**
190 V 20c lilas-rose t. V	**1**	**0,5**	**0,5**	**1**
a - couleur rose vif	2	1		
b - impression sur raccord	190	115		
190 VI 20c lilas-rose t. VI (↻)	**1,8**	**1**	**0,3**	**6**

Type I la boucle finale du "c" remonte

Type II la boucle finale du "c" reste horizontale

mai 1926   (f 100, ↻20, ⊘)

194 I 40c vermillon t. I	5,5	3	0,7	3
194 II 40c vermillon t. II	**6,5**	**3**	**0,5**	**3**
a - anneau-lune	50	25	15	
b - "4" de "40c" absent	105	75	45	
c - "c" de "40c" absent	75	50	30	
d - impression défectueuse	11	7		
e - impression sur raccord	180	110		
f - légende partielle (surencrage)	14	9		
g - "P" ou 1er "S" de "Postes" absent	50	32	15	
h - pli accordéon	160	100	45	
i - piquage à cheval	95	60		
j - semeuse amputée (surencrage)	14	9	4	
k - timbre non imprimé (tên à normal)	335	210		

7 août 1926   (f 100)

205 1f bleu	15	7	0,8	5
non dentelé	1 700	1 200		
a - anneau-lune	70	40	25	
b - couleur bleu pâle	17	8		
c - couleur bleu métallique	150	100	22	55
d - couleur bleu-noir (tir du 27-9-28)	185	140	30	80
e - dentelé 1 ou 3 côtés	525	350		
f - dentelé tenant à non dentelé	2 350	1 500		
g - impression défectueuse	42	28		
h - impression sur raccord	190	115		
i - pli accordéon	165	100	40	

mars 1926   (f 100)

180 1f 25 bleu	53	31	10	27
a - anneau-lune	130	65	35	
b - couleur bleu foncé	60	35	12	
c - couleur bleu-noir	310	160	40	125
d - papier mince (transparent)	60	35	13	
e - impression défectueuse	95	60	16	
f - impression sur raccord	300	180		

6 août (f 100)

juillet (f 75)

196 1f 40 rose	**49**	**22**	**24**	**145**
a - anneau-lune	115	70		
b - couleur rose vif	55	30	26	
c - papier mince (transparent)	55	30	26	
d - signature de gauche absente	85	52		
e - signature de droite absente	85	52		

207 10f vert et rouge	**360**	**140**	**18**	**45**
centrage **parfait**	540	210	27	
a - couleur vert foncé et rouge	425	170	22	50
b - impression recto-verso (centre)	575	375		

13 août (f 75)

208 20f lilas-rose et vert	**600**	**230**	**40**	**160**
centrage **parfait**	900	345	60	
a - couleur lilas-rose fcé et vert fcé	650	275	55	180
b - impression défectueuse (lourde)	750	385	70	

1926–27 - Semeuse camée chiffres maigres ($\circlearrowleft$ 10).

juin 1926 20 000

mars 1927 12 800

188B 10c vert-bleu (ch. maigres)	**60**	**40**	**45**	**90**
a - couleur vert-jaune (Minéraline)	165	80	90	200
centrage **parfait**	84	56	56	
b - "R" brisé: Pépublique, vert-bl	75	45	45	
c - "R" brisé: Pépublique, vert-jne	175	95	95	

188A 10c vert-jne "Minéraline"	**780**	**450**	**600**	**950**
centrage **parfait**	1 092	630	840	
a - "R" brisé: "Pépublique"	1 000	500	925	

188 10c vert-bleu "Phéna"	**65**	**45**	**50**	**165**
a - "R" brisé: "Pépublique"	85	60	95	

1926- Semeuse lignée et Pasteur.

novembre (f 100, $\mathscr{O}$)

174 30c vert	**1,5**	**0,7**	**0,5**	**4**
a - anneau-lune	60	30	18	
b - avec bord publicitaire "Aiglon"	200	135		
c - av bord pub "Janipoline"	225	150		
d - av bord pub "Tarifs postaux 1929"	200	135		
e - "c" de "30c" absent	45	25	15	
f - chiffres verts	45	30		
g - couleur vert-jaune	2	1		
h - couleur vert-gris	2	1		
i - couleur vert foncé	2	1		
j - impression défectueuse	12	8		
k - impression double	110	60	40	
l - impression recto-verso	60	35	27	
m - impression sur raccord	180	110		
n - "P" ou "S" final de "Postes" absent	27	15	11	
o - piquage à cheval	140	90		
p - pli accordéon	110	65	40	
q - tête de nègre	80	45	20	

novembre (f 100)

197 45c violet	**13,5**	**7**	**2,2**	**8,5**
a - avec bord publicitaire "Aiglon"	200	135		
b - couleur lilas	15	9		
c - couleur violet-rouge	17	10		
d - couleur violet foncé	19	12		
e - impression défectueuse	22	15		
f - impression recto-verso	75	50		
g - impression sur raccord	180	110		
h - papier épais	16	10		
i - papier crème	15	9		
j - papier mince (mai 1929)	20	13		
k - pli accordéon	160	95	50	

septembre 1926   (f100, ↻20, ⊘)

199 I 50c rouge t. I	**4,5**	**2,2**	**0,4**	**6**
non dentelé			90	
a - dentelé tenant à non dentelé	525	335		
b - piquage oblique par pliage	115	70		

199 IIA 50c rouge t. IIA	**2,5**	**1,5**	**0,2**	**1**
non dentelé	150	90		
a - anneau-lune	55	33	20	
b - avec bord publicitaire "Aiglon"	175	115	125	
c - "c" de "50" absent (surcharge)	55	35	20	
d - "c" fermé (50°)	85	50	25	
e - couleur orange vif	3,5	2		
f - impression défectueuse	7	5		
g - impression incomplète	140	85		
h - impression recto-verso	75	50		
i - impression sur raccord	165	100		
j - légende partielle (surcharge)	6	4		
k - papier carton	27	15	10	
l - papier mince (transparent)	4	1		
m - piquage à cheval	42	25	25	
n - pli accordéon	160	100	35	
o - signature absente	12	7	4	

Type IIA
lignes horizontales régulières

Type IIB
lignes horizontales espacées

Type III

Types IIA, IIB

Type I

Normal: cadre fin

Type IV: cadre épais

Normal: fond ligné

Type IV: fond plein

Type I

autre

199 IIB 50c rouge t. IIB	**4,5**	**2,2**	**0,6**	**0,5**
non dentelé			60	
a - dentelé tenant à non dentelé	465	285		
b - piquage oblique par pliage	95	55		
c - "R" sans ombre (tenant à normal)	50	35	15	

199 III 50c rouge t. III (⊘)	**40**	**25**	**9**	**20**
199 IV 50c rouge t. IV	**8**	**4,5**	**2**	**7**
non dentelé	170	120		
a - impression défectueuse	23	15		
b - impression incomplète	100	65		
c - timbre non imprimé (ten à normal)	225	140		
d - types IIA et IV se tenant	400	275		
e - types IIB et IV se tenant	465	300		
faux de Marseille	55	30		
a - dentelé 3 côtés	300	200		

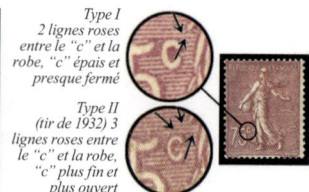

Type I
2 lignes roses entre le "c" et la robe, "c" épais et presque fermé

Type II
(tir de 1932) 3 lignes roses entre le "c" et la robe, "c" plus fin et plus ouvert

novembre 1926   (f 100)

202 I 75c lilas-rose t. I	**12**	**6**	**0,6**	**3**
non dentelé	825	550		
a - "5" coloré en partie	37	22	7	
b - "7" coloré	315	210	140	
c - "ç" cédille			285	
d - anneau-lune	105	65	30	55
e - couleur lilas-violet foncé	14	9		
f - couleur lilas-rose très pâle	20	11		
g - dentelé 1 ou 3 côtés	425	270		
h - dentelé tenant à non dentelé	1 350	900		
i - impression défectueuse (lourde)	19	12		
j - impression recto-verso	170	115	65	
k - impression sur raccord	180	110		
l - paire verticale avec timbre décalé	80	55		
m - piquage à cheval	75	50	35	
n - pli accordéon	110	65	40	
o - semeuse amputée (surcharge)	22	14	6	
p - signature absente	17	10	6	

202 II 75c lilas-rose t. II	**1 300**	**900**	**165**	**300**
centrage **parfait**	1 560	1 080	198	

novembre 1926   (f 100)

178 90c rouge	**24**	**13,5**	**4,2**	**6,5**
a - anneau-lune	80	45	22	
b - couleur rouge foncé	28	15		
c - impression défectueuse	70	45	17	
d - impression double	385	265		
e - impression sur raccord	250	150		
f - légende partielle (surcharge)	45	27	15	
g - "P" de "Postes" absent	40	22	11	
h - pli accordéon	210	135	80	
i - tête de nègre	160	90	40	

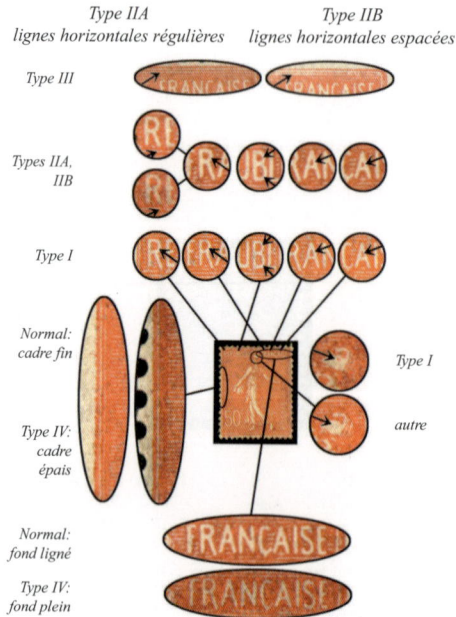

ao×t 1926 (f 100, ✍)

181 1f 50 bleu	24	6,2	0,5	2,5
a - anneau-lune	70	45		
b - couleur bleu foncé	25	11		
c - couleur bleu métallique	27	13		
d - impression défectueuse	30	20	6	
e - impression incomplète	210	125	85	
f - impression recto-verso	70	45		
g - impression sur raccord	300	180		
h - légende partielle (surencrage)	58	35	20	
i - "P" de "Postes" absent	58	35	20	
j - papier crème	25	12		
k - piquage à cheval	115	69	40	
l - pli accordéon	250	150		
m - tête de nègre	140	84	40	
faux de Marseille	55	33		

1926–27 - Surchargés. Typographie.

Type
IIA

Type
IIB

octobre 1926   *(f 100, f☺120)*

217 IIA =25c s 30c t. IIA	0,5	0,2	0,5	4
a - anneau-lune	60	40		
b - impression sur raccord	130	78		
c - pli accordéon	190	135		
d - surcharge "2" absent	485	290	150	
e - surcharge "5" fermé	90	55	35	
f - surcharge barres omises	625	415		
g - surcharge barres seules	575	335		
h - surcharge à cheval	32	21	40	
i - surcharge en haut	65	40		
j - surcharge incomplète	20	13	8	
k - surcharge recto-verso	10	6	4	
l - surcharge à sec	185	120		
m - surcharge tenant à non surchargé	1 850	1 200	900	
n - surcharge très déplacée	9	6	4	
o - valeur sur valeur avec barres	180	115	70	
p - valeur sur valeur sans les barres	575	350		

217 IIB =25c s 30c t. IIB	3,4	2,2	1,5	4,5
a - anneau-lune	60	40		
b - surcharge "2" absent	125	80		
c - surcharge "5" fermé	105	65	40	
d - surcharge "5" & "c" reliés	15	9	6	
e - surcharge barres omises	675	425		
f - surcharge barres seules	625	415		
g - surcharge à cheval (inversée)	55	33	20	
h - surcharge incomplète	180	115		
i - surcharge recto-verso	11	7	5	
j - surcharge très déplacée	18	11	7	

Surcharge
doublée

*(1 seule
feuille
connue)*

novembre 1926   *(f 100)*

218 Semeuse =25c s 35c	0,5	0,2	0,5	4,5
a - anneau-lune	60	40	18	
b - impression sur raccord	130	78		
c - pli accordéon	125	80		
d - surcharge "5" fermé	80	50	30	
e - surcharge "5" & "c" reliés	15	9	6	
f - surcharge à cheval	27	15	10	
g - surcharge doublée	925	650	425	
h - surcharge incomplète	130	80		
ha - tenant à normal	400	240		
i - surcharge recto-verso	10	6	4	
j - surchargé tenant à non surchargé	1 050	610		
k - surcharge très déplacée	9	6	4	
l - valeur sur valeur avec barres	165	110	70	
m - valeur sur valeur sans les barres	310	185		

nov 1926 (f 150)   *janvier 1927 (f 100)*   *13 févr 1927 (f 100)*

219 Pasteur =50c s 75c	6	3,5	1,8	5
a - impression incomplète (du timbre)	300	200		
b - pli accordéon	130	80	45	
c - surcharge barres omises	5 000	3 000		
d - surcharge à cheval	37	23	10	
e - surcharge doublée	725	465		
f - surcharge recto-verso	22	13	8	
g - valeur sur valeur avec barres	235	140	90	
h - valeur sur valeur sans les barres	375	225		

220 Semeuse =50c s 80c	2,5	1,5	1,2	6,5
a - surcharge "0" encoché	12	7	4	
b - surcharge "5" fermé	130	78	45	
c - surcharge "5" encoché	15	9	6	
d - surcharge "5" & "0" reliés	13	8	5	
e - surcharge à cheval	30	18	10	
f - surcharge recto-verso	13	8	5	
g - surchargé tenant à non surchargé	850	510		
h - surcharge très déplacée	25	15		
i - valeur sur valeur avec barres	160	100	60	
j - valeur sur valeur sans les barres	250	150		

221 Semeuse =50c s 85c	7	2,2	1,1	5
a - impression sur raccord	200	120		
b - surcharge "0" & "c" reliés	14	8	5	
c - surcharge "5" encoché	15	9	6	
d - surcharge "5" fermé	185	110	65	
e - surcharge barres omises	200	120	80	
f - surcharge à cheval	30	18	12	
g - surcharge très déplacée	15	9	6	
h - valeur sur valeur avec barres	160	100	60	
i - valeur sur valeur sans les barres	385	230	140	

nov 1926 (f100)   *11 juill 1927 (f100)*   *18 août 1927 (f100)*

15 avr 1927 (f100)   *octobre 1926 (f100)*   *octobre 1926 (f100)*

222 Pasteur =50c s 1f 25	6	3	2,2	6
a - anneau-lune	65	40	20	
b - couleur bleu-noir	50	30	20	
c - impression sur raccord	200	120		
d - surcharge "5" encoché	17	10	6	
e - surcharge barres omises	240	150		
f - surcharge à cheval	35	24	13	
g - surcharge recto-verso	15	9	6	
h - surchargé tenant à non surchargé	950	625		
i - surcharge très déplacée	15	9	6	

223 Semeuse =50c s 60c	3	1,5	1,2	5
a - impression sur raccord	200	120		
b - surcharge "5" & "0" reliés	15	9	6	
c - surcharge barres omises	210	135	78	
d - surcharge à cheval	27	16	10	
e - surcharge recto-verso	11	6	4	
f - surchargé tenant à non surchargé	1 100	675		
g - surcharge très déplacée	11	6	4	
h - valeur sur valeur avec barres	185	125	80	
i - valeur sur valeur sans les barres	315	190	115	

224 Semeuse =50c s 65c	1,8	0,8	0,8	4,5
a - gomme en nid d'abeille	60	36		
b - impression sur raccord	200	120	85	
c - pli accordéon	135	85	42	
d - surcharge "0" & "c" reliés	11	7	5	
e - surcharge barres omises	210	135	70	
f - surcharge barres et "5" absents	700	420		
g - surcharge à cheval	27	16	10	
h - surcharge en haut	110	75		
i - surcharge recto-verso	12	8	5	
j - surcharge renversée	2 300	1 550	1 750	
k - surchargé tenant à non surchargé	1 400	850		
l - surcharge très déplacée	11	7	4	
m - valeur sur valeur avec barres	160	100	60	
n - valeur sur valeur sans les barres	300	180	110	

225 Semeuse =50c s 1f 05	2,5	1,5	0,8	5
a - anneau-lune	60	40	22	
b - impression sur raccord	200	120		
c - surcharge barres omises	210	135	80	
d - surcharge "c" absent	85	55		
e - surcharge à cheval	27	16	10	
f - surcharge défectueuse	12	7	4	
g - surcharge recto-verso	11	6	4	
h - surchargé tenant à non surchargé	900	600		
i - surcharge très déplacée	11	6	4	
j - valeur sur valeur avec barres	185	125	80	
k - valeur sur valeur sans les barres	315	200	120	

227 Semeuse =90c s 1f 05	4,4	2,5	2,8	6
a - impression défectueuse	17	10	6	
b - impression sur raccord	200	120		
c - surcharge "9" fermé	80	50	30	
d - surcharge barres omises	285	175	90	
e - surcharge barres seules	325	195	98	
f - surcharge à cheval	35	21	12	
g - surcharge en haut	85	50	30	
h - surchargé tenant à non surchargé	1 850	1 250		
i - surcharge très déplacée	18	11	6	
j - valeur sur valeur avec barres	160	100	60	
k - valeur sur valeur sans les barres	300	180	100	

228 Semeuse =1f 10 s 1f 40	2,3	1,1	1,1	9
a - anneau-lune	70	45	22	
b - impression défectueuse (timbre)	13	7	5	
c - signature absente	16	10	6	
d - surcharge barres omises	210	135	80	
e - surcharge à cheval	30	18	10	
f - surcharge doublée			3 650	
g - surcharge recto-verso	15	9	6	
h - surchargé tenant à non surchargé	1 000	700		
i - surcharge très déplacée	15	9	6	
j - valeur sur valeur avec barres	200	120	72	
k - valeur sur valeur sans les barres	350	235	150	

Série 217 à 228 (11 timbres)	37	18	14

1926-27 - Orphelins de la guerre (3ème série) (f75) Sanf 2H (f 150).

1ᵉʳ février 1927

1ᵉʳ février 1927

229	2c+1c Veuve au cimetière	5	2	1	5,5
	non dentelé (sans gomme)		1 050		
a -	papier mince (transparent)	6	4	2	
b -	piquage oblique par pliage		215		

230	50c+10c Lion de Belfort	90	24	16	30
	centrage **parfait**	135	36	24	
a -	centre très déplacé	925	585		
b -	impression défectueuse	75	35	22	
c -	impression recto-verso partielle	650	425		

30 janvier 1927   (f 75)

231	1f+25c Marseillaise	190	62	50	100
a -	centre très déplacé	1 500	1 000		
b -	impression défectueuse	210	93	75	

27 décembre 1927   (f 75)

232	5f+1f Marseillaise	310	122	113	200
	centrage **parfait**	465	183	170	
a -	centre très déplacé	1 200	750	330	
b -	"E" tronqué: REPUBLIQUF	670	385	300	
c -	impression incomplète (pliage)	720	420		

Série 229 à 232 (4 timbres)	**595**	**210**	**180**	

Blanc, Semeuse 1927-31

233	10c violet	🔖 1929	7,5	4,5	0,5	
234	65c vert-olive	🔖 1927	17	8	2,3	
235	25c jaune-brun	🔖 1927	0,3	0,2	0,2	
236	40c violet	🔖 1927	4,5	2,3	1	
237	40c outremer	🔖 1928	2,7	1,5	0,5	
238	1f 10 rose	🔖 1927	27	13	2,5	
239	2f vert-bleu	🔖 1931	29	15	1,6	
Série 233 à 239 (7 timbres)			**87**	**43,5**	**8,5**	

1927 - Semeuse lignée. janvier (f 100)

234	65c vert-olive	17	7	2,2	12
a -	couleur vert très foncé	20	11	4	
b -	impression défectueuse	27	19	5	
c -	impression sur raccord	200	135		
d -	papier jaunâtre	20	11	4	

1927 - Semeuse camée et Merson.

Type IIIB   Type IIIC "R" encoché

11 juin   (f 100, ✎)

235	IIIB 25c jne-brun t. IIIB	0,3	0,2	0,2	1
a -	anneau-lune	45	27	10	
b -	avec bord publicitaire "Aiglon"	165	115		
c -	avec bord publicitaire "Janipoline"	165	115	115	
d -	av bord pub "Tarifs postaux 1929"	150	100	100	
e -	"c" de "25c" absent	75	45	25	
f -	couleur brun-jaune pâle	1	0,5		
g -	couleur brun-roux	1	0,5		
h -	couleur jaune-orange	1,5	1		
i -	couleur moutarde	1,5	1		
j -	dentelé 1 ou 3 côtés	200	140		
k -	impression défectueuse	11	7	4	
l -	impression double (oscillée)	7	5		
m -	impression incomplète	180	120		
n -	impression recto-verso	60	40		
o -	impression sur raccord	165	100		
p -	papier épais	1	0,5		
q -	piquage à cheval	60	40	22	
r -	pli accordéon	140	85	50	
s -	semeuse amputée (surencrage)	28	17	8	

235	IIIC 25c jne-br t. IIIC (✎)	90	60	25	50
	centrage **parfait**	110	72	30	

septembre (f 100, ✧)

236 40c violet	4,5	2,3	1	2
non dentelé	1 400	875		
a - anneau-lune	60	40	20	
b - "c" de "40c" absent	120	75	38	
c - couleur violet-gris	6	4	2	
d - couleur violet-noir	8	5	2	3
e - dentelé tenant à non dentelé	2 100	1 400		
f - impression défectueuse	13	8	4	
g - impression recto-verso	60	36	22	
h - impression sur raccord	165	100		
i - "P" ou 1ᵉʳ "S" de "Postes" absent	30	18	10	
j - piquage à cheval	100	60	35	
k - pli accordéon	150	90	45	
l - signature "Roty" absente	27	16	8	

mars (f 100)　　　　　　　*20 août* (f 75)

238 1f 10 rose	28	13	2,5	11
a - anneau-lune	75	50	25	
b - couleur rose vif foncé	35	20	5	
c - impression défectueuse	45	30	10	
d - impression sur raccord	200	120		
e - piquage à cheval	125	80		
f - semeuse amputée (surencrage)	65	40	20	
g - signatures absentes	55	33	16	

240 3f lilas et carmin	180	62	2,2	32
centrage **parfait**	270	93	3	
non dentelé	900	625		
a - centre doublé	700	420		
b - couleurs lilas foncé et rouge	215	130	5	50
c - dentelé 1 ou 3 côtés	750	450		
d - dentelé tenant à non dentelé	1 800	12 000		
e - impression défectueuse	250	150	9	
f - piquage oblique par pliage	1 400	875		
g - pli accordéon	525	300	150	

1927- Semeuse camée, issue du bloc-feuillet.

241 Semeuse 5f bleu	525	300	300	300
centrage parfait	578	330	330	

242 Semeuse 10f rouge	525	300	300	300
centrage parfait	578	330	330	

242A Paire avec intervalle	1 200	800	800	

4 juin 1927　T 50 000 blocs-feuillets

BF2 Bloc Strasbourg 1927	3 000	1 300	1300	
avec oblitération hors timbres	1 950	1 300	1 300	
avec oblitération sur les timbres	1 950	1 400	1 400	
EPL	3 500			

1927　✈ - *Merson surchargés lors d'une exposition philatélique qui a eu lieu à Marseille (f75). Vendus 60 000.*

✈1 Merson 2f surchargé	550	275	275	350
centrage **parfait**	1 100	550	550	
a - écusson brisé	2 650	1 600	1 700	
b - hauban de droite brisé	800	375	375	500

✈2 Merson 5f surchargé	550	275	275	350
centrage **parfait**	1 100	550	550	
a - hauban de droite brisé	800	375	375	500
paire, EPC			3 000	

1927 - *100ième ann. de la naissance du chimiste Marcelin Berthelot (1827-1907). Typo. D: J.-M. Chaplain. G: A. Mignon*

7 septembre 1927   (f 100)

243 90c Marcelin Berthelot	3,5	2,2	0,6	4
EPA en taille-douce	375			
EPL		150		
a - anneau-lune	27	16		
b - impression défectueuse	10	6		
c - impression recto-verso	30	18		
d - impression sur raccord	165	100		
e - papier mince (transparent)	5	3		
f - piquage à cheval			185	

1927 - *En hommage à la Légion Américaine (f 75). Emission: 15 septembre 1927.T 14 000 000 de paires. Typographie(feuilles de 75). Dessin & gravure: Antonin Delzers.*

244 90c Légion Américaine	3	1,3	1,8	7
non dentelé	12 500	8 500		
a - "90c" en haut	2 400	1 750	1 750	
b - dent. tenant à non dent. (10 connus)	23 500	19 500		
c - impression recto-verso	60	40		
d - papier mince (transparent)	5	3		
e - pli accordéon	140	85	60	
f - sans valeur dans le cartouche	3 650	2 650	2 300	

245 1f 50 Légion Américaine	9	4,5	2,2	7
non dentelé	1 300	850	850	
a - dentelé 1 ou 3 côtés			950	
b - dentelé tenant à non dentelé	2 000	1 350		
c - impression recto-verso	70	45		
d - papier épais	13	8		
e - papier mince (transparent)	11	6		
f - piquage à cheval			300	
g - piquage double		325		
h - piquage oblique par pliage	875	550		
i - pli accordéon	170	100	60	
j - sans valeur dans le cartouche	2 800	1 900		
paire, EPL sans faciale / EPC			950	800

1927 - *Caisse d'amortissement (1ère série) (f 100).*

Vdus: 488 530   Vdus: 449 260   Vdus: 374 430

246 40c+10c bleu	11	6	6	15
EPL d'essai de sch n° 1 à 99: chaque		550		
a - "amortiss ment" (sans le 1er "e")	350	210	180	
b - "i" de "caisse" sans point	110	65	60	
247 50c+25c vert-bleu	14	9	9	20
EPL d'essai de sch n° 1 à 99: chaque		550		
a - "i" de "amortissement" sans point	160	110	100	
b - impression sur raccord	1 000	700		
c - pli accordéon	325	200		
248 1f 50+50c rouge-orange	45	18	15	30
EPL d'essai de sch n° 1 à 99: chaque		550		
a - surchargé tenant à non surchargé		14 000		
série, EPC				1 100

1928 - *Caisse d'amortissement: allégorie du travail. Taille-douce. 1er timbre français imprimé en taille-douce par l'Institut de Gravure. Dessin: Albert Turin. Gravure: Abel Mignon. 15 mars. Vendus 163 700.*

Type I   Type II   Type III

252 I 1f 50+8f 50 Le travail t. I	275	175	175	250
centrage **parfait**	303	193	193	
Essai de couleur dentelé ou nd (I, II, ou III)			300	
EPL		700		
a - bleu-vert au lieu de bleu	875	625	625	
252 II 1f 50+8f 50 Le travail t. II	470	260	260	400
centrage **parfait**	517	286	286	
a - bleu-vert au lieu de bleu	900	650	650	
252 III 1f 50+8f 50 Le travail t. III	275	175	175	275
centrage **parfait**	303	193	193	
non dentelé	1 000	650		
a - bleu-vert au lieu de bleu	875	625	560	
b - signature incomplète "TUR N"	425	285	260	
c - types III, II, I se tenant	1 550	1 050		
centrage **parfait**	1 705	1 155		
d - idem bleu-vert (III, II, I)	4 500	3 000		

1928 - Caisse d'amortissement (2ᵉᵐᵉ série).
Typographie. Emission: 1ᵉʳ octobre 1928 (f 100).

| Vdus: 287 520 (f 100) | Vdus: 260 750 (f 100) | Vdus: 223 670 (f 100) |

249 40c+10c violet-gris	**40**	**13**	**11**	**30**
a - "amortiss ment" (sans le 1ᵉʳ "e")	375	210	190	
b - "i" de "caisse" sans point	110	60	54	
250 50c+25c rouge-brun	**70**	**35**	**30**	**70**
a - "i" de "amortissement" ss point	215	140	125	
251 1f 50+50c lilas	**120**	**65**	**45**	**90**
La série centrage **parfait P30%**				
série, EPC			1 200	
252 1f 50+8f 50 travail	🖼 1928	**275**	**175**	**175**

3ème série Caisse d'amortissement

253 40c+10c vert	🖼 1929	**45**	**20**	**18**
254 50c+25c rose-lilas	🖼 1929	**70**	**35**	**30**
255 1f 50+50c rouge	🖼 1929	**155**	**65**	**65**
256 1f 50+3f 50 Reims	🖼 1930	**165**	**100**	**100**

1928 ✈ *- Marcelin Berthelot et Pasteur, surchargés*
=10f afin de payer la surtaxe du transport par hydravion
catapulté depuis le paquebot "Ile de France". 16 ao×t (f 100).

Berthelot (T 3 000)   Pasteur (T 1 000)

Surcharge normale:
hauteur entre la
base du "1" et
le trait inférieur:
6mm

Surcharge espacée:
hauteur entre la base
du "1" et le trait
inférieur: 8mm

✈3 **Berthelot "Ile de France"**	**4 300**	**3 000**	**2 250**	**3 000**
centrage **parfait**	5 160	3 600	2 700	
a - surcharge normale renversée	30 000	20 000	20 000	75 000
b - surcharge espacée	6 250	4 250	3 750	4 750
c - sch espacée et renv (5 connus)		75 000		
d - sch espacée ten à sch normale	12 000	10 000	8 000	

✈4 **Pasteur "Ile de France"**	**17 500**	**13 200**	**11 000**	**13 000**
centrage **parfait**	21 000	15 840	13 200	
a - surcharge espacée	22 000	16 000	13 000	16 000
b - sch espacée ten à sch normale	45 000	36 500		

Aéro-poste: paquebot "Ile de France", essai non émis.
Existe en plusieurs couleurs, dentelé ou non, sans gomme

✈4A **Aéro-poste "Ile de France"**	**200**
non dentelé	125

1928 - Semeuse camée.

décembre 1928   (f100, ✎)

237 40c outremer	**2,7**	**1,5**	**0,5**	**1,5**
a - anneau-lune	45	28	17	
b - avec bord publicitaire "Aiglon"	275	200		
c - "4" ou "0" de "40c" absent	75	45	27	
d - "c" de "40c" absent	70	42	25	
e - couleur bleu-gris	4	2		
f - couleur outremer foncé	5	3		
g - impression défectueuse	8	5		
h - impression incomplète	160	100		
i - impression sur raccord	165	100		
j - légende partielle (surencrage)	17	10		
k - papier carton	17	10		
l - papier mince (transparent)	5	3		
m - piquage à cheval	100	60	36	
n - pli accordéon	150	90	50	
o - semeuse amputée (surencrage)	17	10	6	
p - signatures absentes	14	8	4	

1929 - 500ᵉᵐᵉ anniversaire de la délivrance d'Orléans par
Jeanne d'Arc en 1429. Typographie. Dessin: Gabriel-Antoine
Barlangue. Gravure: Abel Mignon.

Type   Type
I   II

1ᵉʳ mars 1929   (f 100, ✎20)

257 I 50c Jeanne d'Arc t. I	**3,5**	**2,2**	**0,3**	**1,5**
non dentelé	260	175		
Essai de couleur			80	
a - avec bord publicitaire "Aiglon"	175	120	120	
b - couleur bleu clair	4	2,5		
c - couleur bleu foncé	5	3		
d - impression défectueuse	8	5		
e - impression recto-verso	35	21	13	
f - impression sur raccord	165	100		
g - papier épais	9	6		
h - pli accordéon	130	80		

257 II 50c Jeanne d'Arc t. II	5	3,5	0,5	7
non dentelé	300	225		
EPL		250		

1929 - *Exposition phil. du Havre.*
Merson de 1900 surchargé 18 mai (f 75).T 40 000

Blanc.Typo. D: J. Blanc. G: É. Thomas. (f 100) juin.

257A 2f orange et vert	1 600	800	800	1 000
centrage **parfait**	2 500	1 250	1 250	
EPL		2 000		

233 10c violet	7,5	4,5	0,5	8
a - avec bord publicitaire "Aiglon"	200	135		
b - couleur violet très pâle	11	6		
c - couleur violet foncé	12	7		
d - impression défectueuse	18	11		
e - impression sur raccord	165	100		
f - papier épais	12	7		
g - papier mince (transparent)	10	6		

1929 - *Série touristique. Taille-douce.*

258 2f Arc de triomphe	🔖 1931	100	45	1,5
259 3f Cathédrale de Reims	🔖 1930	140	75	3

Mont Saint-Michel.

29 juin 1929

T 8 000 000 (f 25, f 50)

D: Fernand Bivel
G: Abel Mignon

Type I
clocher brisé

Type II
impression plus nette et plus foncé

260 I 5f Mont St-Michel t. I	50	28	5	8
centrage **parfait**	55	31	5,5	

260 II 5f Mont St-Michel t. II	45	25	1	7
EPA / EPL	750	265		
a - pli accordéon	210	140		

Port de La Rochelle.

18 juillet 1929

T 4 500 000 (f 25, f 50)
D&G: Henry Cheffer

Type I   Types II & III   Type II   Type III

261 I 10f La Rochelle t. I, outremer pâle	180	100	20	30
EPL		475		
EPL en noir sur feuillet		1 200		

261 II 10f La Rochelle t. II, bleu	280	180	25	50
a - outremer	400	275	40	55

261 III 10f La Rochelle t. III, bleu	170	100	8	23
Essai de couleur			300	
EPA / EPL	1 000	400		

Tirages spéciaux

Le 10f chaudron est en fait un tirage de démonstration réalisé à l'intention du président Raymond Poincaré, lors de sa visite à l'Atelier du Timbre. Le tirage en noir a été réalisé pour le ministre des P.T.T. (Germain Martin) quelques mois plus tard.

261A (261C) YT, 10f La Rochelle, outremer vif
(type II, 3 feuilles connues)   22 500 16 000

261B (261A) YT, 10f La Rochelle, chaudron	6 000	4 250		
non dentelé	5 000	3 850		

261C (261B) YT, 10f
La Rochelle, noir   **6 000   4 250**
  non dentelé   5 000   3 850
Pont du Gard.

15 mai   *T 2 600 000 (f 25, f 50)*
                    Dess & grav: Henry Cheffer

| Type I | T. IIA & IIB | T. I & IIA | Type IIB |

262 I (262A) YT Gomme
blanche, 20f Pont du Gard t. I,
chaudron, dentelé 13½ x 13   **630   350   45   125**
  EPL en noir sur feuillet   1 800
  ■ sur carte d'abonn^{mt} 🔎   15 mai 29 ↦ nov 31   450
  a - chaudron clair   2 400   1 500   425

262 IIA (262c) YT, 20f Pont
du Gard chaudron, dent. 13   **650   350   45   125**
  EPA / EPL / Essai de couleur   1 750   1 100   550
  ■ sur carte d'abonn^{mt} 🔎   nov 31 ↦ 11 juil 37   450
  a - chaudron foncé   615   400   57   135
  b - chaudron clair   785   485   65   150

Normal   *Rivière blanche (timbre*
                      plus contrasté)

262 IIB (262) YT, 20f Pont
du Gard chaudron, dent. 13   **600   350   40   100**
  ■ sur carte d'abonn^{mt} 🔎   nov 31 ↦ 11 juil 3   450

a - chaudron foncé	625	350	50	100
b - chaudron clair	650	390	50	100
c - rivière blanche	675	435	70	140
d - types IIA & IIB, paire horizontale	2 500	1 800	1 800	2 650
e - types IIA & IIB, paire verticale	1 500	900	450	1 000

dentelé 11
262A (262B) YT, 20f Pont du
Gard TI chaudron, dentelé 11 2 450 1 280   440   900
  non dentelé   5 500   4 000
  a - dentelé 1 ou 3 côtés (5ex connus) 11 500   8 500
Essai de couleur collectif Pont du
Gard - La Rochelle   12 000
EPL Pont du Gard impression incomplète   1 200

Essai collectif Pont du Gard - La Rochelle Existe en trois
couleurs (quelques exemplaires connus)

1929 - *Caisse d'amortissement (3ième série). (f 100)*
Typo. 1er octobre.

| *Vdus: 211 125* | *Vdus: 198 150* | *Vdus: 166 065* |

253 40c+10c vert   **45   20   18   35**
  a - "amortiss ment" (sans le 1er "e")   400   225   205
  b - "i" de "caisse" sans point   160   100   90
254 50c+25c rose-lilas   **70   35   30   65**
  a - "i" de "amortissement" sans point   225   165   165
255 1f 50+50c rouge   **155   65   65   115**
  La série centrage **parfait +30%**
  série, EPC   1 200

1930 - *Centenaire de l'Algérie française. Typographie.*
Dessin: Charles Brouty. Gravure: Georges Hourriez. 1er janvier
1930. T (f 75)

263 50c Centenaire de l'Algérie	**7**	**3**	**0,5**	**1,5**
non dentelé	385	275	170	
Essai de couleur			225	
EPL		175		
a - centre très déplacé	340	215		
b - centre doublé	525	375		
c - dentelé 1 ou 3 côtés	415	250		
d - dentelé tenant à non dentelé		1 750		
e - "G" tronqué (ALCERIE)	220	135	85	200
f - autre lettre tronquée	165	100	80	
g - impression défectueuse	15	9		
h - papier épais	16	10		
i - piquage à cheval	110	70	50	120
j - piquage oblique par pliage	**525**	**375**		
k - pli accordéon	160	100	60	

1930 *- Caisse d'amortissement: détail d'une des statues du porche septentrional de la cathédrale de Reims. Taille-douce. D: Louis Pierre Rigal. G: Antonin Delzers. (f 25, ✈)*

16 mars 1930. Vendus: 256 965

256 1f 50+3f 50 Ange au sourire	**165**	**100**	**100**	**160**
EPA non adoptée "sourire satanique"	950			
EPL		700		
a - paire verticale avec bords blancs	340	210		
b - piquage à cheval	450	285		

1930 *- Session du conseil d'administration du B.I.T. Typographie. 23 avril (f 100)*

T 600 000

T 500 000

264 Semeuse 50c rouge	**7**	**3**	**2,5**	**10**
a - "1980" au lieu de "1930"	435	300		
b - "C NGRES" (sans le "O")	275	165	165	
c - sans accent sur le "E" (tir: 6 000)	150	90	80	
d - sans point après le "T" de "B.I.T."	55	35	32	
265 Pasteur 1f 50 bleu	**48**	**22**	**16**	**35**
a - "1980" au lieu de "1930"	535	375		
b - sans accent sur le "E" (tir: 5 000)	285	200	200	
c - sans point après le "T" de "B.I.T."	160	100	100	
paire, EPC			700	

1930 *✈ - Avion survolant le port de Marseille. Taille-douce. Dessin: Paul-Albert Laurens. Gravure: Abel Mignon (f 25).*

8 juin T environ 4 000 000

✈5 1f 50 carmin	**48**	**25**	**5**	**7**
EPA / EPL	1 500	575		
EPL en noir		650		
a - impression défectueuse	85	50		
b - impression recto-verso	190	115		
c - impression sur raccord	300	180		
d - papier mince	55	33	7	

6 novembre T 1 000 000

✈6b 1f 50 outremer	**145**	**65**	**25**	**40**
a - outremer vif	780	520	400	475
■ sur ... 6 nov 30 ➳ 31 déc 31				+400

Perforés de l'exposition EIPA 30.

7 novembre 1930

✈5A EIPA 30, carmin	**5 500**	**3 750**	**5 000**	
a - perforé tenant à non perforé	7 000	4 750		

7 novembre T 30 000 (outremer)

✈6A EIPA 30, outremer	**865**	**565**	**460**	**575**
a - perforé tenant à non perforé	1 850	900		

1930 - *Caisse d'amortissement (4ème série).*
Typo. 1er octobre (f 100).

Vdus: 209 940	Vdus: 191 435	Vdus: 163 435

266 40c+10c rose	**90**	**25**	**25**	**40**
a - "i" de "caisse" sans point	145	95	95	
267 50c+25c brun	**128**	**45**	**41**	**75**
a - "i" de "amortissement" sans point	225	160	145	
b - "i" de "Caisse" sans point	225	160	145	
268 1f 50+50c violet	**220**	**75**	**75**	**125**
a - "C" de "caisse" au dessus de "t"	350	265	265	
série, EPC			1 200	
La série parfaite + 30%				

1930 - *Cathédrale de Reims.Taille-douce. Dessin: A. Vérecque.*
Gravure: A. Dezarrois et A. Delzers (3ème poinçon) (f 25).

17 nov 1930   T 9 000 000 (f 25)

259 I 3f Cathédrale de Reims I	**140**	**73**	**3**	**7,5**
EPL		400		
EPL en noir sur feuillet		700		
259 II 3f Cathédrale de Reims II	**280**	**150**	**5**	**12**
a - piquage à cheval	1 050	650		
259 III 3f Cath. de Reims III	**800**	**450**	**26**	**55**
non dentelé	5 750	4 500		
a - dentelé 1 ou 3 côtés	3 150	2 100		
b - dentelé tenant à non dentelé	11 500	7 500		

259 IV 3f Cath. de Reims IV	**140**	**75**	**3**	**7,5**
a - impression sur raccord	2 000	1 400		

Année 1930 26

à 268 (6 timbres)	**500**	**170**	**160**
✈5 à 6b (2 timbres)	**193**	**90**	**30**

269 1f 50+3f 50 Provinces	✉1931	**360**	**165**	**165**

1930–31- *Exposition Coloniale Internale Paris - 1931.*
Typographie. Dessin: Louis Pierre Rigal. Gravure: Abel Mignon
(femme Fachi) (f 100). Héliogravure (réalisée par Hélio-
Vaugirard). Dessin: J. de la Nézière (les races) (f 75).

270 15c gris-noir	**2,5**	**1,3**	**0,4**	**1**
a - impression défectueuse	8	6		
b - impression incomplète	200	135		
c - impression sur raccord	165	100		
271 40c sépia	**5**	**2,4**	**0,4**	**1**
a - impression défectueuse	14	9		
b - impression incomplète	200	120		
c - impression sur raccord	165	100		
d - papier mince (transparent)	9	5		

Type I

Type II
les 3
petites
mèches
ont
disparu

17 novembre 1930   T (f 100, ↻20)

272 I 50c rouge type I	**1,5**	**0,8**	**0,2**	**1**
a - couleur rouge pâle	2			
b - dentelé 1 ou 3 côtés	170	110		
c - impression défectueuse	8			
d - impression recto-verso	70	42		
e - impression sur raccord	165	100		
f - papier mince (transparent)	5	3		
g - piquage à cheval	85	48		
h - pli accordéon	115	70		
272 II 50c rouge t. II (↻)	**1,6**	**0,9**	**0,2**	**1**
non dentelé	160	110		
a - couleur rouge pâle	2,5			
b - impression défectueuse	12			
c - impression dépouillée	75	45		
d - impression sur raccord	165	100		
e - papier mince (transparent)	5	3		
f - types I & II se tenant	210	140		

Type I

Type II

Types
I, II & III

Type
IV

Types
III & IV

décembre 1930   25 avril 1931 T (f 2x25 = f 50)

273 1f 50 bleu	26	10,5	0,7	3,5
a - impression défectueuse	35	19		
b - impression incomplète	200	120		
c - impression sur raccord	200	120		
d - pli accordéon	140	85		
274 1f 50 bleu héliogravé	**110**	**50**	**2,3**	**5**
EPA / EPL	650	275		
a - "R.F." sans point derrière le "F"	1 400	850	500	
b - piquage à cheval	265	165		
c - pli accordéon	375	225		
Série 270 à 274 (5 timbres)	**145**	**65**		**4**
EPL sans faciale, chaque		350		
EPC femme Fachi 15c, 40c, 50c, 1f 50				585

274A EPL **50c, non émis**   **550   400**

1931 - *Semeuse camée. Typographie. 1ᵉʳ janvier (f 100)*

239 2f vert-bleu	29	15	1,6	20
a - anneau-lune	75	45	22	
b - couleur vert pâle	35	21		
c - couleur vert-noir	40	24		
d - "f" de "2f" absent	85	50		
e - impression défectueuse	40	24		
f - impression recto-verso	80	48	27	
g - impression sur raccord	200	120		
h - piquage à cheval	120	75		
i - pli accordéon	160	100	60	
j - sans nom du graveur	66	40	30	

1931 - *Caisse d'amortissement: coiffe des provinces françaises (arlésienne, boulonnaise, alsacienne et bretonne). Taille-douce. D& G: Abel Mignon. 1ᵉʳ mars 1931 (f 25) Vendus: 129 785*

269 1f 50+3f 50 Provinces françaises	360	165	165	300
non dentelé	1 500	1 000		
EPA non adoptée "au panier de fruits"	1 100			
EPA / EPL	1 250	700		

1931 - *Arc de Triomphe de l'Etoile à Paris. 29 Avril (f 25). T 6 000 000.Taille-douce. D: Fernand Bivel. G: Antonin Delzers.*

258 2f Arc de Triomphe	100	45	1,5	6
Essai de couleur			300	
EPA / EPL	850	325		
EPL en bleu sur feuillet		800		
a - dentelé 1 ou 3 côté	2 500	1 500		
b - impression défectueuse	150	90		
c - piquage à cheval	375	225		
d - pli accordéon	235	140		

258A Arc de triomphe, 2f noir	1 600	1 200	
non dentelé	1 600	1 200	

1931 - Caisse d'amortissement (5ème série).
Typo. Emission: 1er octobre (f 100).

Vdus: 141 335	Vdus: 126 480	Vdus: 109 820

275 40c+10c olive	**135**	**50**	**55**	**95**
a - "i" de "caisse" sans point	280	150	135	
276 50c+25c violet	**295**	**135**	**120**	**215**
a - "i" de "amortissement" sans point	430	255	230	

"C" de caisse au dessus de "t"

277 1f 50+50c rouge	**240**	**120**	**135**	**200**
a - "C" de "caisse" au dessus de "t"	385	290	290	
série, EPC			1 200	
la série centrage parfait +30%				

1931 ✈ - Avion survolant le port de Marseille. (f25)

1er décembre   37 000 000

✈6 **1f 50 bleu**	**48**	**23**	**3**	**6**
EPA / EPL	1 500	575		
EPL en bleu et outremer		675		
a - couleur bleu-noir	65	39		10
b - impression défectueuse	75	45		
c - impression sur raccord	300	180		
d - piquage à cheval			285	

Année 1931 269			
à 277 (9 timbres) PA6	**1 175**	**545**	**450**
(1 timbre)	**48**	**23**	**3**

1932–34 - Semeuse camée (f 100).

Normal

1er "S" de "Postes" retouché (boucle supérieure plus large), et "E" avec jambages plus courts

Bistre-olive	Bistre-brun

277A 1c bistre-olive	**0,3**	**0,2**	**0,2**	**4**
a - "S" de poste retouché	125	60	36	
b - impression défectueuse	3	2		
c - impression sur raccord	165	100		
d - papier mince (transparent)	1	0,5		
e - piquage à cheval	70	42		
f - pli accordéon	85	51	30	
g - signatures absentes	13	7	4	
277B 1c bistre-brun	**0,3**	**0,2**	**0,2**	**4**
a - anneau-lune	40	25	15	
b - impression défectueuse	3	2		
c - impression double (oscillée)	6	4		
d - impression sur raccord	165	100		
e - papier mince (transparent)	1	0,5		
f - signatures absentes	12	7	4	

mars 1933	septembre 1933

278 2c vert foncé	**0,3**	**0,2**	**0,2**	**3**
a - impression défectueuse	3	2		
b - impression sur raccord	165	100		
c - papier crème	2	1,5		
d - pli accordéon	185	110		
e - signature "Roty" absente	12	7	3	
278A 3c rouge-orange	**0,3**	**0,2**	**0,2**	**22**
a - couleur rouge vif	3	2		
b - couleur orange très pâle	4	3		
c - impression défectueuse	7	5		
d - impression sur raccord	165	100		
e - papier mince (transparent)	1	0,5		
f - piquage à cheval	60	36	24	
g - pli accordéon	110	70	40	

déc 1934

278B 5c rose   **0,6   0,2   0,2   5**

a - anneau-lune	40	25	15
b - impression défectueuse	3	2	
c - impression recto-verso	65	40	
d - impression sur raccord	165	100	
e - piquage à cheval	60	36	
f - signature "Roty" absente	12	7	3

Type III

*Type IV
le "c" est
plus épais
et la boucle
inférieure est
prolongée*

septembre 1932   T (f 100, ✎)

279 III 10c outremer t. III   **2,8   1,6   0,3   2**

a - anneau-lune	35	21	13
b - couleur bleu clair	3	2	
c - impression défectueuse	6	4	
d - impression sur raccord	165	100	
e - papier crème	3	2	
f - papier mince (transparent)	3	2	
g - piquage à cheval	60	36	
h - piquage oblique par pliage	200	130	
i - pli accordéon	110	66	33

279 IV 10c outremer t. IV (✎)   **11   7   3   55**

a - impression sur raccord	225	140

Bistre-olive   *Bistre-brun*
décembre 1933

279A ½c s 1c bistre-olive   **0,7   0,4   0,7   250**

▪ sur ✉ routé ⟳	déc 33 ➔ mai 37		600
a - "S" de poste retouché	135	75	50
b - impression défectueuse	3	2	
c - signatures absentes	13	7	4
d - surcharge défectueuse	3	2	
e - surcharge lettre brisée ou fermée	8	5	3
f - surcharge recto-verso	5	3	2

279B ½c s 1c bistre-brun   **2,2   1   2   550**

▪ sur ✉ routé ⟳	mai 37 ➔ 3 ao×t 37		1 000
a - surcharge défectueuse	5	3	2

Série 277A à 279B (8 timbres)   7,5   4   4
EPC 1c, 2c, 3c, 5c, 10c   600

1932-33 - *Paix (f 100).*
Typographie. Dess: Paul Albert Laurens. Grav: Antonin Delzers.

mars 1933 (✎)

280 30c vert   **2,5   1,2   0,6   3**

a - anneau-lune	40	25	15
b - cadre vert gauche retouché	20	12	7,5
c - couleur vert foncé	3,5	2,2	
d - impression défectueuse	5	3	
e - impression sur raccord	165	100	
f - pli accordéon	90	55	33

*Type I
"F" épais,
barre du
"R" amincie.*

*Type II
"F" fin,
barre du "R"
normale.*

janvier 33   T (f100, ✎)

281 I 40c lilas type I   **0,5   0,4   0,3   1,5**

non dentelé	575	385	
a - anneau-lune	55	35	17
b - dentelé 1 ou 3 côtés	190	110	
c - impression défectueuse	7	5	
d - impression incomplète	170	105	
e - impression sur raccord	165	100	
f - papier mince (transparent)	2	1	
g - piquage à cheval	45	27	15
h - pli accordéon	110	65	30

281 II 40c lilas t. II (✎)   **130   80   34   65**

mars 1933

282 45c bistre   **4,3   2,1   1,1   12**

a - anneau-lune	40	25	15
b - couleur brun foncé	5	3	2
c - impression défectueuse	13	8	3
d - impression sur raccord	165	100	

8 sept 1932 (↻20, ✎)

Types I, III, IV
boucle du "c" en
forme de pointe

Types IIA & IIB
boucle du "c" en
forme de boule

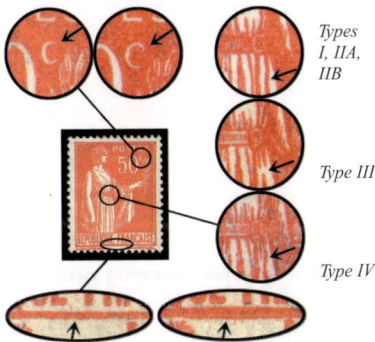

Types
I, IIA,
IIB

Type III

Type IV

Type IIA
la ligne du cadre du bas est
mince et régulière

Types IIB
la ligne du cadre du bas est
enflée en son milieu

283 I 50c rouge type I	0,3	0,2	0,2	0,5
non dentelé	130	80		
a - anneau-lune	50	32	16	
b - "c" de "50c" absent	50	32	16	
c - couleur rose très pâle	2	1		
d - impression défectueuse	6	4		
e - impression incomplète	150	85		
f - impression sur raccord	165	100		
g - papier épais	2	1		
h - papier mince (transparent)	2	1		
i - piquage à cheval	23	13	10	
j - pli accordéon	150	80	30	
k - signature absente	8	5	4	
l - types I & III, paire verticale	50	30	20	
m - types I & IIA, paire horizontale	140	100	50	
n - types I & III, paire horizontale	300	200	140	
283 IIA 50c rouge t. IIA	**5,5**	**3,3**	**0,4**	**5**
non dentelé	190	130	120	
a - impression (très) défectueuse	75	50	20	
b - types IIA & I, paire verticale	250	150	100	
c - types IIA & III, paire horizontale	350	210	140	
283 IIB 50c rouge t. IIB (✎)	**165**	**110**	**10**	**40**
283 III 50c rouge t. III	**0,3**	**0,2**	**0,2**	**0,5**
a - impression défectueuse	8	5		
b - impression sur raccord	165	100		
c - piquage à cheval	30	18	8	
d - types III & I, paire verticale	140	84	60	
283 IV 50c rouge t. IV	**38**	**22**	**3**	**8**
a - impression défectueuse	50	30	9	
faux de Barcelone	45	25		
faux de Samoreau	95	60		

novembre 1933

septembre 1932

284 65c violet-brun	1	0,6	0,5	1
a - anneau-lune	40	22	13	
b - couleur brun-violet rosé	2,5	1		
c - impression défectueuse	5	3		
d - impression sur raccord	165	100		
e - légende partielle (surencrage)	9	6		
f - pli accordéon	100	60	25	
284A 75c olive	**0,4**	**0,2**	**0,3**	**1**
a - anneau-lune	40	26	13	
b - impression défectueuse	5	3		
c - impression sur raccord	165	100		
d - papier mince (transparent)	1	0,5		
e - piquage à cheval	50	30	16	
f - pli accordéon	100	60	25	

sept 1932

285 90c rouge carminé	75	38,5	2,5	7
a - impression défectueuse	110	75	11	
b - papier épais	90	55	4	
c - papier mince (transparent)	90	55	4	

Type I
ceinture
ombrée

Type II
ceinture
claire

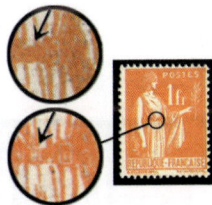

mars 1933

286 I 1f orange type I	7,5	3,5	0,3	3
a - impression défectueuse	12	8		
b - impression sur raccord	165	100		
c - papier mince (transparent)	9	6		
d - piquage à cheval	45	30	16	
e - pli accordéon	100	65	25	
286 II 1f orange type II	**8**	**3,5**	**0,3**	**3**
a - impression sur raccord	165	100		

octobre 1932   juillet 1932   octobre 1932

287 1f 25 olive	230	86	5,4	8
Centrage parfait	296			
a - impression défectueuse	275	170	12	
b - impression sur raccord	600	360		
c - signature absente	250	160	12	
288 1f 50 bleu	**0,5**	**0,3**	**0,3**	**1**
EPL en noir sur feuillet		250		
a - anneau-lune	40	26	13	
b - couleur bleu-noir	1,5	1		
c - couleur bleu métallique	1,5	1		
d - impression défectueuse	6	4		
e - impression sur raccord	165	100		
f - piquage à cheval	50	30	16	
g - pli accordéon	120	70	25	
289 1f 75 rose-lilas	**20**	**5**	**0,5**	**1**
a - anneau-lune	40	26	13	
b - impression sur raccord	165	100		
c - légende partielle (surencrage)	30	20	7	
d - pli accordéon	110	70	35	

Série 280 à 289 (11 timbres)	350	140	12
à l'unité sans la valeur		650	
sur feuillet, chaque		475	
30c à 1f, et 1f 50 bleu			850
1f, 1f 25, 1f 75			625

Timbres non émis du projet PEXIP:
se présentent se tenant en un bloc-feuillet

292A 50c rose	1 000
292B 50c vert-olive	1 000
292C 50c bleu-violet	1 000
292D 50c orange	1 000
BF 292E Bloc non émis	12 500

Année 1932
277 á 289 (19 timbres)	349	144	16

1933 - Le Puy-en-Velay. 12 Sept (f 25, f50)
Taille-douce. Dessin: René Prade. Gravure: Abel Mignon.

290 90c Le Puy-en-Velay	7	3,5	1	3
EPA / EPL	350	135		
a - impression (très) défectueuse	150	95		
b - impression sur raccord	165	100		
c - papier crème	10	6	4	
d - papier jaune (tir du 28-1-36)	25	17	10	

1933 - Personnages célèbres. Typographie.
Dessin & gravure: Henry Cheffer (Briand); Georges Hourriez
(Doumer); Jules Piel (Hugo). 11 Dec (f 100).

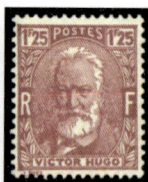

T: 2 300 000   T: 6 825 000   T: 5 000 000

291 30c Aristide Briand	43	20	9	13
EPA / EPL	550	160		
a - impression sur raccord	200	120		
292 75c Paul Doumer	**90**	**30**	**1,5**	**3,5**
Centrage parfait	117			
non dentelé		1 050		
EPA non adoptée 50c par Aubagne	400			
EPA / EPL	500	160		
a - impression sur raccord	250	150		
b - pli accordéon	200	130		
293 1f 25 Victor Hugo	**13**	**6,5**	**2,5**	**7**
EPA / EPL / EPC rouge, bleu, lilas	550	175	875	
a - anneau-lune	60	35		
b - impression sur raccord	165	100		
série, EPC par multiple			1 250	

Année 1933
290 á 293 (4 timbres)	153	60	14

1934 *- Colombe de la paix de Daragnès. Typographie. D&G: JeanMichel Daragnès. 20 février (f 100).*

Joseph Marie Jacquard (1752-1834), inventeur du métier à tisser. Achille Ouvré (d'après C. Bonnefond). 19 mars (f50).

1934 ✈ *- 25ème anniv. de la 1ère traversée de la Manche en avion par Louis Blériot. Taille-douce. Dessin & gravure: Achille Ouvré.*

1934 *- Paix surchargé. Typographie.*

T: 6 000 000　　　　*T: 20 750 000*

septembre T 8 000 000　　*novembre T 10 000 000*

294 1f 50 Colombe de la Paix	**120**	**58**	**16**	**35**
Essai de couleur dentelé (sg)			750	
EPA / EPL	1 250	260		
295 40c Jacquard	**6**	**3,5**	**1**	**2**
EPA / EPL	350	115		
a - piquage double	235	150		
b - pli accordéon	160	100		

✈ **7 2f 25 Monoplan de Blériot**	**48**	**24**	**6**	**15**
EPA / EPL	1 000	385		
a - dentelé 1 ou 3 côtés	265	160		
298 =50c sur 1f 25 olive	**9,5**	**4,5**	**1**	**4**
a - "50" à gauche par rapport aux barres	60	40	20	
b - "c" de la surcharge absent	80	50	27	65
c - "c" fermé (50°)	30	15	7	
d - signature absente	15	8	3	
e - surcharge barres seules	700	450		
f - surcharge à cheval	60	40	25	
g - surcharge très déplacée	28	16	6	

1934 *- 400ème anniv. de l'arrivée de Jacques Cartier au Canada (1534). Taille-douce. Dessin & gravure: Achille Ouvré.*

Tir: 2 500 000 (f 25)

296 75c Jacques Cartier	**110**	**32**	**2,5**	**6**

20 juillet T 2 500 000

Type I (voile avant avec contour; "O" de "Poste" normal)

Type II (voile sans contour; "O" de "Poste" encoché)

297 I 1f 50 J. Cartier t. I	**190**	**60**	**4,5**	**8**
paire, EPA / EPL / EPC	1 750	565	650	
297 II 1f 50 J. Cartier t. II	**245**	**95**	**15**	**24**

Année 1934

294 á 298 (5 timbres)	**436**	**158**	**25**
✈ **7 (1 timbre)**	**50**	**24**	**7**

1935 *- Emis à l'occasion du lancement du paquebot "Normandie". Taille-douce. Dessin & gravure: Albert Decaris. T 20 000 000 (foncé + clair). 23 Avril.*

299 1f 50 bleu foncé "Normandie"	**33**	**15**	**2,3**	**6**
a - papier crème	35			
non dentelé	375	250		
EPA / EPL	550	175		
EPL petit format	450			
300 1f 50 bleu clair 📧 1936	**190**	**72**	**20**	
300A 1f 50 bl-vert non émis 📧 1936	**37 500**	**24 000**		

1935 - *La rivière bretonne.*
Taille-dce. D: J. E. Laboureux
G: A. Delzers. 14 avril 1935
(f 50).

Cloître de Saint-Trophime à
Arles. Taille-douce. Dessin &
gravure: Albert Decaris.
2 mai (f 50).

1935 - *300ième ann. de*
l'Académie Française. Portrait
de son fondateur: Richelieu
(1585-1642), d'ap. un tableau de
Philippe de Champaigne.
Taille-dce. Dess & grav:
A. Ouvré. 11 juin (f 50)

300ième anniversaire de la mort
du graveur Jacques Callot
(1592-1635). Portrait d'après
un tableau de Van Dick. Taille-
douce. Dess & grav: A. Ouvré.
16 novembre (f 100)

T 20 000 000   Vendus: 8 000 000

301 2f Rivière bretonne	**85**	**40**	**1,2**	**6**
EPA / EPL	550	165		
a - couleur ardoise au lieu de vert	11 000	9 000		
b - impression recto-verso	275	175		
c - papier crème	90			
302 3f 50 Saint-Trophime	**90**	**35**	**4,5**	**11**
a - papier crème	100			
EPA / EPL	500	160		

T 10 000 000   T 8 000 000

305 1f 50 Richelieu	**90**	**25**	**1,5**	**4**
EPA / EPL	500	160		
a - impression lourde	120	72		
b - papier crème	100			
306 75c Jacques Callot	**22**	**12**	**1**	**3**
EPA / EPL	475	150		
a - impression dépouillée	85	50		
b - impression recto-verso	120	72		
c - impression sur raccord	200	120		

1935 - *Congrès internat des*
caisses d'épargne. Benjamin
Delessert. Taille-dce. D: René
Grégoire. G: Antonin Delzers. 20
mai (f 50)

50ième anniversaire de la mort
de Victor Hugo (18021885).
Taille-douce. D&G: Achille
Ouvré. 20 mai (f 50, f100).

1935 - *Chômeurs intellectuels. Taille-douce. 9 décembre*
(f 50).

D: René Grégoire. G: Omer Désiré Bouchery

T 10 000 000   T 5 000 000

303 75c Benjamin Delessert	**60**	**22**	**1,5**	**5**
EPA / EPL	475	150		
a - piquage à cheval		185		
b - piquage double	315	190		
c - papier crème	65			
304 1f 25 Victor Hugo	**9**	**5**	**2**	**7**
EPA / EPL	550	175		
a - impression défectueuse	27	16		
b - impression recto-verso	90	54		
c - papier crème (1937)	14	8		

307 50c+10c La Mansarde	**5**	**3**	**3**	**6**
EPA / EPL	350	115		

Dessin & G: Achille Ouvré. Timbre surch. en 1936 (+20c)

308 50c+2f Art et pensée	**140**	**65**	**55**	**80**
EPA / EPL	650	210		
EPL petit format		275		

Année 1935
299 à 308 (10 timbres)   722   295   91

1936 ✈ - *Avion survolant Paris (f25). sauf 3F (f 50).*
Taille-douce. Dessin & gravure: Achille Ouvré.
Emission: 17 févr. 1936 (sauf 50f vert: 30 juillet 1936).

T 2 400 000 (f 25)

✈8 **85c vert foncé**	**10**	**3**	**2,5**	**7**
a - couleur vert clair au lieu de vert foncé	25	15	5	9
b - impression sur raccord	200	120		
c - piquage à cheval	130	78		
d - pli accordéon	160	96		

T 5 000 000 (f 25)

✈9 **1f 50 bleu**	**23**	**12**	**6**	**11**

T 1 100 000 (f 25)

✈10 **2f 25 violet**	**40**	**23**	**8**	**15**

T 1 400 000

✈11 **2f 50 rose carminé**	**52**	**32**	**9**	**20**

T 6 000 000 (f 50)

✈12 **3f outremer**	**45**	**30**	**2,5**	**7**
a - impression sur raccord	250	150		
b - pli accordéon	170	110		

T 1 000 000 (f 25)

✈13 **3f 50 brun-jaune**	**130**	**80**	**27**	**40**
Série ✈8 à 13 (6 timbres)	**300**	**180**	**55**	
EPA / EPL	4 200	1 800		

T118 000 ex (f 25)

✈14 **50f vert clair**	**2 200**	**1 000**	**400**	**650**
EPA / EPL		3 000		
a - couleur vert foncé	2 500	1 200	640	900

1936 ✈ - *Avion survolant Paris, burelé. Taille-douce.*
Dessin & gravure: Institut de gravure. 10 juilett (f 25)

T 210 000

✈15 **50f burelé**	**1 700**	**800**	**385**	**650**
EPL de l'Institut de Gravure		3 350		
EPL du burelage seul		3 500		
a - burelage renversé	2 100	1 000	500	

100f non émis,
existe avec ou sans burelage et en plusieurs couleurs

✈ **15A** Essai de couleur **100f burelé, non émis 12 000**
    EPA   12 000

1936 - Aide aux réfugiés;
statue de la liberté à New-
York. (Bartholdi). Taille-douce.
D&G: Ouvré. 25 février (f 50)

100ème anniv. de la mort du
physicien A.-M. Ampère
(1775-1836) Taille-douce.
D&G: Antonin Delzers.
27 mars (f 50)

309 75c+50c Aide aux réfugiés	**25**	**12**	**12**	**20**
EPA / EPL	575	185		
a - tenant à bdf "Rotary International"	325	225	200	300
310 75c Ampère	**45**	**22**	**2,5**	**4**
EPA / EPL	475	150		
a - dentelé 1 ou 3 côtés	475	285		

1936 - Moulin d'Alphonse Daudet. Taille-douce. Dessin &
gravure: Antonin Delzers. 27 avril (f 50).

T 6 000 000 (f 50)

311 2f Moulin de Daudet	**6**	**4**	**0,5**	**4**
EPA / EPL	375	120		
a - fond blanc	190	108	72	
b - impression sur raccord	165	100		
c - papier épais	14	8		
d - piquage à cheval	130	78		
e - pli accordéon	170	102	68	
f - papier crème	7			

1936 - Emis lorsque le Normandie a obtenu le ruban bleu
(record de la traversée la plus rapide de l'Atlantique).
Taille-douce. Dessin & gravure: Albert Decaris. T 20 000 000
(foncé P clair). 26 mai (f 25)

300 1f 50 bleu clair "Normandie"	**190**	**72**	**20**	**50**
EPL		375		
EPL petit format		600		
a - couleur turquoise	500	300	50	110

Timbre non émis, imprimé en bleu-vert sur un papier différent (tir: 25)

300A 1f 50 bleu-vert non émis   **37 500**   **23 500**

1936 - Aide aux enfants
des chômeurs. Taille-dce.
Dessin: René Grégoire.
Gravure: Jules Piel. 28 mai.

150ème anniv. de la mort de
François Pilâtre de Rozier
(1756-1785). Vue de la
cathédrale de Metz. Taille-dce.
Dess: Kieffer. Grav: J. Piel.
4 juin (f 50)

T 6 000 000   T 8 100 000

312 50c+10c Enfants des chômeurs	**8**	**5**	**5**	**10**
EPA / EPL	375	120		
313 75c Pilâtre de Rozier	**45**	**20**	**3**	
EPA / EPL	750	375		
a - impression sur raccord	165	100		

1936 - *Claude Rouget de Lisle (1760-1836, auteur de la Marseillaise). Statue à Lons-le-Saunier (Bartholdi) et Marseillaise de Rude (Arc de Triomphe à Paris). Taille-douce. Dessin & gravure: Antonin Delzers, Jules Piel (40c). 27 juin (f 50).*

314 20c Rouget de Lisle	6	4	2,5	4
EPA / EPL	475	150		
315 40c La Marseillaise	**13**	**6**	**3,5**	**6**
EPA / EPL	475	150		
a - pli accordéon	170	102		
b - chiffres blancs	60	36		

1936 - *A la mémoire des Canadiens tombés au cours de la guerre de 1914-18, émis à l'occasion de la venue des Canadiens lors de l'inauguration du monument à Vimy. Taille-douce. Dessin & gravure: Henry Cheffer. 26 juillet 1936 (f 50).*

T 7 000 000

316 75c Vimy	33	10	2,5	7
EPA / EPL	335	110		
EPL petit format		160		

T 5 000 000

317 1f 50 Vimy	38	18	10	20
EPA / EPL	335	110		
EPL petit format		160		

1936 - *A la mémoire de Jean Jaurès. Taille-douce. Dessin: René Grégoire. Gravure: Jules Piel (40c).Dessin & gravure: Achille Ouvré (1f 50). 30 juillet 1936 (f 50).*

T 15 000 000

318 40c Jean Jaurès	6	4	1,5	3
EPA / EPL	450	150		
tirage spécial sur bristol		340		
a - impression sur raccord	165	100		
b - piquage à cheval	130	78		

T 8 000 000

319 1f 50 Jean Jaurès	40	15	4	7
EPA / EPL	450	150		
tirage spécial sur bristol		340		
a - impression sur raccord	165	100		
b - impression (très) défectueuse	**225**	**135**		

1936 - *Conquête aérienne de l'Atlantique-Sud (100ème traversée). Taille-douce. Dessin: Gabriel Antoine Barlangue. Gravure: Pierre Munier. 14 ao×t 1936 - 1F50 (f 50), 10F (f 25).*

T 8 000 000   *T 500 000*

320 1f 50 Atlantique-Sud	40	20	5,5	10
EPA / EPL	750	365		
a - impression dépouillée	225	138		
321 10f Atlantique-Sud	**820**	**370**	**150**	**210**
EPA / EPL	2 500	1 500		

1936 - *Exposition Internationale des Arts & Techniques-Paris - 1937. Typographie. Dessin & gravure: Démétrius Galanis (20c à 50c). Dessin: Jean Gabriel Daragnès. Gravure: Gabriel Antoine Barlangue (90c & 1f 50). 15 septembre 1936 (f 100) petits formats, (f 75) grands formats.*

322 20c lilas	**1**	**0,5**	**0,5**	**3**
EPA / EPL sans la valeur faciale	300	225		
323 30c vert-bleu	**4**	**3**	**2**	**4**
324 40c outremer	**3,5**	**1,5**	**0,5**	**2**
a - impression défectueuse	11	7		
b - impression recto-verso	27	16		
c - impression sur raccord	130	78		

325 50c orange	**2,5**	**1,5**	**0,5**	**1**
Essai de couleur dentelé (sg)			175	
EPA	300			
a - couleur rouge carminé	14 000	9 000		
b - impression incomplète		160		
c - impression recto-verso	35	21		
d - piquage à cheval	50	30	20	
faux pour tromper la poste	190	100	220	
326 90c rose carminé	**29**	**13**	**8,5**	**18**
EPA	400			
a - impression défectueuse	60	36		
b - impression sur raccord	300	180		
c - pli accordéon	170	105		

327 1f 50 outremer	**80**	**35**	**5**	**9**
Essai de couleur sur carton			250	
a - impression sur raccord	350	200		
327A 1f 50 bleu ciel ou bleu de Prusse	**2 800**	**1 850**		
Série 322 à 327 (6 timbres)	**121**	**55**	**17**	
EPC 20c à 50c		315		
EPC 90c et 1f 50		325		

1936 - *Rassemblement international pour la paix à Paris. Taille-douce. D & G: Antonin Delzers. 1ᵉʳ oct (f 50).*

T 6 000 000 (f 50)

328 1f 50 Rassembl. pour la paix	**38**	**17**	**4**	**9**
a - papier crème	40			
EPA / EPL	450	125		

1936 - *Pour l'art et la pensée. Taille-douce. Dessin & gravure: Achille Ouvré. 14 octobre (f 50)*

329 +20c s 50c Art et pensée	**6**	**4**	**4**	**7**
EPL		110		
EPL petit format		175		
a - surcharge "c" fermé	30	20		
b - surcharge déplacée	30	20		
c - surcharge recto-verso	23	14		
d - surch ten. à non surch (1 ex connu)	22 500			
e - "o" et "c" reliés	25			

1936 - *Chômeurs intellectuels (2ᵉᵐᵉ série). Taille-douce. Dessin & gravure: Achille Ouvré et Georges Hourriez (1f 50+50c). 16 novembre (f 25).*

T 1 600 000

330 20c+10c Jacques Callot	**4,5**	**2,5**	**3**	**8**
a - papier mince	8	5		
b - papier crème	5			

T 1 600 000

331 40c+10c L.-H. Berlioz	**5,5**	**2,5**	**3**	**9**
a - pli accordéon	160	96		
b - papier crème	6			

332 50c+10c Victor Hugo　　11　　5　　4　　9
　　a - couleur brun-noir au lieu de rouge　1 500　1 100

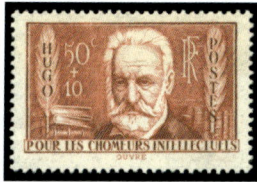

T 1 300 000

333 1f 50+50c Louis Pasteur　　48　　23　　22　　37
　　a - papier mince　　　　55　　33
　　b - papier crème　　　　50

T 1 600 000

Série 330 à 333 (4 timbres)　　64　　33　　33
　　EPA / EPL　　　　1 600　575

Année 1936

309 á 333 (25 timbres)　1 355　604　273
✈ **8 à 15 (8 timbres)**　4 200　1 980　840

1937 - *Championnats du monde de ski à Chamonix. Taille-douce. Dessin & gravure: Georges Léo Degorce. 18 janvier (f 50).*

Pierre Corneille. Portrait d'ap. un tableau de Charles Le Brun. Taille-dce. D&G: A. Delzers. 15 février (f 50)

T 4 000 000

T 6 000 000

334 1f 50 Chamonix　　15　　7　　1,7　　5
　　non dentelé　　　　625　　440
　　EPA / EPL　　　　800　　365
　　a - chiffres blancs　　28　　17
　　b - dentelé 1 ou 3 côtés　475　285
　　c - impression défectueuse　125　75
　　d - papier crème　　20

335 75c Pierre Corneille　　4　　2　　1,5　　4
　　EPA / EPL　　　　335　　110
　　a - piquage à cheval　230　　150
　　b - papier crème　　5

1937 - *Exposition Internationale des Arts & Techniques - Paris - 1937. Taille-douce. Dessin: & gravure: Jules Piel. 13 mars (f 50).*

T 8 000 000 (f 50)

336 1f 50 Exposition Paris 1937　　4,5　　2,8　　1,2　　4
　　EPA / EPL　　　　335　　110
　　a - impression défectueuse　35　　21
　　b - impression recto-verso　110　66
　　c - piquage à cheval　110　　66
　　d - pli accordéon　160　　96
　　e - papier crème　　5

336A ☐ du non émis gd format (Palais de Chaillot)　　825

1937 - *Jean Mermoz. Taille-douce. Dessin & gravure: Henry Cheffer (30c); Gabriel-Antoine Barlangue (3f). 22 avril (f 50).*

T 9 000 000　　　　*T 5 750 000*

337 30c Jean Mermoz　　1　　0,5　　0,6　　4
　　EPA / EPL
　　a - vert-jaune au lieu de vert-gris　12 500　9 000

338 3f Jean Mermoz　　15　　7,5　　4　　15
　　EPA / EPL　　　　675　　250
　　a - violet au lieu de lilas　18　　11
　　b - violet-gris (tirage du 14 janvier 1938)　　425　　255

1937 - *13ème congrès international des chemins de fer. Taille-douce. 31 mai (f 50).*

T 3 000 000   D & G: Achille Ouvré

339 30c Locomotive électrique　　1,5　　1　　1,4　　4
　　a - papier crème　　2
　　EPA / EPL　　　　700　　325

T 2 400 000   D& G: Georges-Léo Degorce

340 1f 50 Pacific carénée	17,5	8	8	17
EPA / EPL	750	350		
a - impr defectueuse, loco en flammes	235	140		
b - impression sur raccord	200	120		
c - piquage à cheval	210	136		
e - chiffres blancs	30			

1937 - *300ième anniv. du "Discours de la Méthode" de René Descartes. Portrait d'après un tableau de Frans Hals. Taille-douce. Dessin & gravure: Henry Cheffer. 30 juin 1937 (f 50).*

T: 4 400 000

341 90c Descartes (Discours sur..)	3,5	2	1,5	4
a - papier crème	5			
EPA / EPL	300	100		

T: 5 000 000

342 90c Descartes (Discours de...)	13	6,5	2	4
EPA / EPL	300	100		
a - impression recto-verso	80	48		
b - piquage à cheval	135	80		
c - pli accordéon	160	96		
d - chiffres blancs	25			
e - tâche rouge entre les yeux	45			

1937 - *Chômeurs intellectuels (3ème série). Taille-douce. Dessin & Gravure: Antonin Delzers (30c+10c); Henry Cheffer (90c+10c). 16 juin 1937 (f 25).*

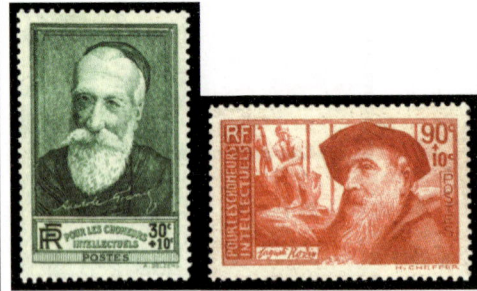

T 1 500 000

343 30c+10c Anatole France	5	2,5	3	7
EPA / EPL	300	100		
a - impression sur raccord	200	120		
b - piquage à cheval	750	455		
c - papier crème	7			

344 90c+10c Auguste Rodin	16	7	7,5	11
a - chiffres blancs	25			
b - barbe rouge	30			
EPA / EPL	300	100		

1937 - *P.T.T. Sports & Loisirs. Taille-douce. Dess & grav: J. Piel. Emission: 16 juin 1937 (f 25).*

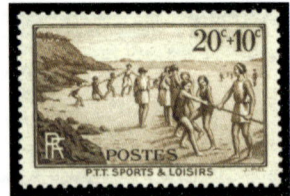

T 1 500 000

345 20c+10c Sports & Loisirs	3,5	1,8	2,1	6
a - pli accordéon	135	80		
b - papier crème	5			

T 1 500 000   *T 1 500 000*

346 40c+10c Sports & Loisirs	3,5	1,8	2,1	6
a - papier crème	5			
non dentelé	875	585		

347 50c+10c Sports & Loisirs	3,5	1,8	2,1	6
b - papier crème	5			
série, EPA / EPL	750	300		

1937 *- Exposition Philatélique Internationale de Paris (PEXIP) - 1937. Typo. Reprise de la Cérès de Barre. 18 juin.*

348 5c outremer et brun	100	60	60	150
349 15 c rouge et rose	100	60	60	150

350 30c outremer et rose	100	60	60	150
351 50c rouge et brun	100	60	60	150

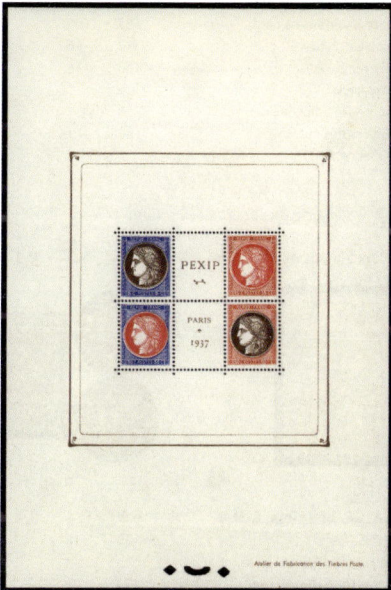

T 175 000 blocs

BF3 Bloc PEXIP 1937	**900**	**450**	**400**
non dentelé	3 650	2 850	
EPL		1 300	
a - couleurs décalées (timbres)	1 800	1 080	
b - légende et cadre très décalés à gauche	8 750	5 500	
c - sans la perforation de l'Atelier	1 000	500	
d - perforation en haut	1 200	720	
e - double piquage			

1937 *- Aide aux réfugiés. Taille-douce. D & G: Achille Ouvré. 1ᵉʳ juillet (f 25).*

Vendus: 787 500

352 50c+25c Aide aux réfugiés	8	4	4,5	11
EPA non adoptée 1f + 9f	625			
EPA / EPL	475	165		
EPL sans texte		250		
EPL en rouge petit format		400		
tirage spécial sur bristol		400		
a - impression recto-verso	180	110		
b - impression sur raccord	200	120		
c - piquage à cheval	210	126		
d - signatures doublées	36			

1937 *- Pour l'érection d'un monument à Pierre Loti à Rochefort: Portrait et vue d'Istambul. Taille-douce. Dessin & gravure: Gabriel-Antoine Barlangue. 15 août (f 25).*

Vendus: 500 000

353 50c+20c Pierre Loti	8	4	4,5	13
a - papier crème	10			
EPA / EPL	325	110		

Il existe un très rare tirage en noir du timbre "Pierre Loti", dont bien peu d'exemplaires sont parvenus jusqu'à nous.

353A Pierre Loti, 50c+20c noir   RR

1937 - *Pour les musées nationaux: Victoire de Samothrace. Taille-douce. D & G: Antonin Delzers. 20 ao×t (f 50).*

T 150 000

354 30c Victoire de Samothrace	220	85	48	85
EPA sans valeur dans le cartouche	1 200			
a - rouge (4 ex. connus)		125 000		
b - chiffres blancs	260			

355 55c Victoire de Samothrace	220	85	48	85
paire, EPA / EPL	1 500	685		

354/55 Feuillet du Louvre	220	170		

1937 - *Pour sauver la race. Taille-douce. Dessin & gravure: Achille Ouvré. 1er septembre (f 25)*

T 2 000 000

356 65c+25c Lutte contre la syphilis	6	4	3	7
non dentelé	625	415		
EPA non adoptée 50c + 25c	565			
EPA / EPL	275	90		
a - impr dble dont une renv (10 connus)			5 750	
b - impression recto-verso	135	80		
c - pli accordéon	200	120		
d - papier crème	8			
e - RF et chiffres blancs	36			

1937 - *Constitution fédérale des Etats-Unis d'Amérique (150ème ann). Taille-dce. Dess: G.-A. Barlangue. Grav: A. Delzers. 17 septembre (f 50).*

T 10 600 000

357 1f 75 Constitution des Etats-Unis	5	3	2,5	4
EPA sans légende ni faciale	300			
EPA / EPL	300	125		
a - dentelé 3 cotés b de f	1 250	750		
b - piquage à cheval	130	78		
c - pli accordéon	400	240		
d - papier mince	7			
e - impression défectueuse	20			
f - papier crème	7			

1937 - *Route du col de l'Iseran . Taille-douce. Dessin & gravure: Antonin Delzers. 4 octobre (f 50).*

T 30 000 000

358 90c Col de l'Iseran	4	2	0,3	2
non dentelé	4 000	3 000		
EPA / EPL	275	100		
a - "90c" et "RF" en blanc	135	80		
b - dentelé ten. à non dentelé (10 connus)	6 750	4 500		
c - impression incomplète	180	108		
d - impression sur raccord	165	100		
e - piquage à cheval	110	66		
f - pli accordéon	160	96		
g - vert-jaune	5			
h - impression défectueuse	6			
i - traînées de couleur	20			
j - papier crème	5			

1937 - *Semeuse camée, Paix surchargé et Paix. Typo.*

359 Paix 80c sur 1f	1937	0,6	0,3	0,4

Type IIA

Type III

T (f 100, ♻20)

360 IIA 30c brun-rge t. IIA	0,9	0,4	0,4	1
a - anneau-lune	30	18	12	
b - impression défectueuse	5	3		
c - impression sur raccord	130	78		
d - légende partielle (surencrage)	10	6	4	
e - papier mince (transparent)	1			
f - piquage à cheval	37	22		
g - pli accordéon	100	60	40	
h - signature "Roty" absente	9	6	4	

360 III 30c br-rge t. III (♻)	2,1	1,5	1	2

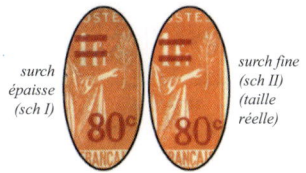

surch épaisse (sch I)

surch fine (sch II) (taille réelle)

nov (f 100) *18 oct (f 100)* *nov (f 100)* *novembre   (f 100)*

361 35c vert	**1,3**	**0,6**	**0,5**	**4**
non dentelé	420	280		
a - couleur vert-bleu	2			
b - couleur vert vif métallique	3			
c - impression défectueuse	9			
d - impression double (oscillée)	5			
e - impression sur raccord	130	78		
f - papier mince (transparent)	2			
g - piquage à cheval	55	33		
h - vert-jaune	2			
362 Semeuse 50c turquoise 📕 1938	**2.5**	**1,5**	**0,5**	
363 55c violet	**1,2**	**0,6**	**0,3**	**1**
a - anneau-lune	35	21	14	
b - impression défectueuse	12	7		
c - impression sur raccord	130	78		
d - pli accordéon	130	78	52	
364 60c bistre	**0,4**	**0,3**	**0,3**	**6**
Essai de couleur en noir			110	
a - anneau-lune	35	21	14	
b - "c" de "60c" absent	50	30	20	
c - couleur brun foncé	1,5			
d - impression sur raccord	160	96		
e - papier mince (transparent)	1			
f - branche sans tige	6			
g - tige extra pâle	1,5	33		

I

II & III

I & II

III

septembre Tirage : (f 100, ✄20, ✎)

365 I 65c outremer type I	**0,5**	**0,3**	**0,2**	**1**
▪ sur ✉ flamme de Lille		juin 38		250
a - anneau-lune	60	36	24	
b - couleur bleu-noir	3			
c - impression défectueuse	9	5	3	
d - impression incomplète	250	150		
e - impression recto-verso	65	39		
f - impression sur raccord	130	78		
g - papier mince (transparent)	1			
h - piquage à cheval	80	48		
i - pli accordéon	95	57	38	
365 II 65c outremer t. II (✄)	**3,5**	**1,5**	**0,6**	**4**
a - "c" de "65c" absent	105	62	41	
b - impression double (oscillée)	9	5		
c - impression incomplète	110	66		
365 III 65c outremer t. III (✎)	**50**	**32**	**8**	**75**

359 I =80c s 1f type I sch I	**2,2**	**1**	**1**	**6**
▪ sur ✂✉📕	nov 37 ↦ 16 nov 38			225
▪ sur ✉ 📕	nov 37 ↦ 16 nov 38			225
359 IIA =80c s 1f. II sch I	**2,2**	**1**	**1**	**6**
▪ sur ✂✉📕	nov 37 ↦ 16 nov 38			**225**
▪ sur ✉ 📕	nov 37 ↦ 16 nov 38			225
359 IIB =80c s 1f t. II sch II	**0,6**	**0,3**	**0,4**	**9**
▪ sur ✂✉📕	mai 38 ↤ déc 37			225
▪ sur ✉ 📕	mai 38 ↤ déc 37			225
a - anneau-lune	25	18	12	
b - impression sur raccord	130	78		
c - pli accordéon	105	63	41	
d - surcharge "0" et "c" reliés	10	6	4	
e - surcharge "c" fermé	22	15	10	
f - surcharge barres omises	265	160		
g - surcharge barres seules	265	160		
h - surcharge à cheval	75	45	30	
i - surcharge renversée	1 500	900		
j - surchargé tenant à non surchargé	2 100	1 260		
k - surcharge très déplacée	35	21	14	
l - surch I & II se tenant	65	39	26	
m - valeur sur valeur	150	90	60	
n - surcharge doublée	1 500			
366 Paix 80c orange 📕 1938	**0,2**	**0,2**	**0,2**	
367 Paix 90c vert 📕 1938	**0,2**	**0,2**	**0,2**	
368 Paix 90c bleu 📕 1938	**1,5**	**1**	**0,2**	

décembre

369 1f lilas-rose	**6,5**	**4**	**0,5**	**2**
a - anneau-lune	45	27	18	
b - impression défectueuse	10	6		
c - impression sur raccord	130	78		
d - chenille	20			
370 Paix 1f 25 rose-rouge 📕 1939	**4,5**	**2**	**2,1**	
371 Paix 1f 40 lilas 📕 1939	**14**	**6,5**	**6**	

Série Paix 1937-39

Série 363 à 371 (9 timbres)	29	15	11
EPL, chaque		60	
EPC 55c, 60c, 65c			375

Année 1937

334 á 371 (38 timbres)	1010	495	406
BF3 (1 bloc)	900	450	400

Série Cérès Retouchée 1938-40

372 1f 75 bleu	1938	1,3	0,7	0,6
373 2f rose-rouge	1939	0,2	0,2	0,3
374 2f 25 outremer	1939	18	9	1,1
375 2f 50 vert	1939	3,2	1,6	0,7
375A 2f 50 outremer	1940	1	0,8	0,8
376 3f lilas-rose	1939	1,3	0,7	0,5
Série 372 à 376 (6 timbres)		25	13	4
EPL			300	

1938 - Semeuse lignée et Cérès modifiée. Typographie. (f. 100)

15 février   *2 février*

362 50c bleu-turquoise	2,5	1,5	0,5	3
non dentelé	130	80		
a - anneau-lune	40	25	11	
b - couleur bleu-vert métallique	5	3		
c - couleur turquoise très foncé	5	3		
d - impression défectueuse (lourde)	8	5		
e - impression sur raccord	130	78		
f - papier épais	5	3		
g - piquage à cheval	70	42	28	80
h - pli accordéon	105			
EPC Semeuse 30c, 35c, 50c		350		
372 1f 75 bleu	1,3	0,7	0,6	2
a - couleur bleu vif métallique	3	2		
b - couleur bleu-noir	3	2		
c - impression défectueuse	8	5		
d - impression sur raccord	130	78		
e - papier crème	6	4		

1938 - Pour les oeuvres de mer. Portrait de Jean Charcot (1867-1936). Taille-douce. Dessin & Gravure: Georges Emile Goruel et Jules Piel. 25 mars (f 25).

T 2 000 000

377 65c+35c Charcot	3,50	2	3	7
a - papier crème		4		
non dentelé	425	250		
EPA / EPL	425	165		
377A 90c+35c Charcot	1939	32	12	13

1938 - Léon Gambetta. Taille-douce. Dessin & Gravure: Antonin Delzers. 2 avril (f 50).

Saisons nationales d'art lyrique français. Vue de la cour d'honneur du château de Versailles. Taille-dce. Dess & grav: Georges Léo Degorce. 9 mai (f 25)

T 4 500 000   *Vendus: 540 000*

378 55c Gambetta	0,5	0,4	0,5	2
non dentelé	450	315		
EPA / EPL	250	80		
a - dentelé 1 ou 3 côtés	475	285		
b - impression recto-verso	110	66		
c - impression sur raccord	180	110		
d - piquage à cheval	110	70		
e - papier crème	1			
379 1f 75+75c Versailles	43	22	22	37
EPA / EPL	350	125		

1938 - *Chômeurs intellectuels (4ème série). 9 mai (f 25).*

T 1 500 000 D&G:
Antonin Delzers

T 1 500 000
D & G: Achille Ouvré

380 30c+10c Anatole France — 3 — 2 — 2 — 5
- a - impression sur raccord — 180 — 110
- b - papier crème — 4

381 35c+10c Jacques Callot — 4,5 — 3 — 3 — 8
- a - impression sur raccord — 180 — 110
- b - papier crème — 5
- c - postes blanc — 13

T 1 400 000. D & G: Achille Ouvré

382 55c+10c L.-H. Berlioz — 13,5 — 7 — 5 — 8
- a - impression recto-verso — 110 — 66
- b - papier crème — 15
- c - impression défectueuse — 40

T 1 400 000. D & G: Achille Ouvré

383 65c+10c Victor Hugo — 14 — 7 — 5 — 8
- a - impression recto-verso — 110 — 66
- b -légende blanche — 18

T 1 250 000. D & G: Henry Cheffer

384 1f+10c Auguste Rodin — 9 — 5 — 5 — 9
- a - pli accordéon — 200 — 120

T 1 250 000. D & G: Georges Hourriez

385 1f 75+25c Louis Pasteur — 42 — 21 — 21 — 30
- a - papier crème — 47
- b - chiffres blancs — 52

Série 380 à 385 (6 timbres) — 86 — 43 — 41
- EPA / EPL — 1 800 — 600

1938 -*L'infanterie française. Taille-douce.*
Dessin & Gravure: Jules Piel. 16 mai (f 25).

Vendus: 560 000 paires

386 55c+70c Infanterie — 9 — 5,5 — 5,5 — 12
- a - impression recto-verso — 135 — 80
- b - impression sur raccord — 180 — 110
- c - piquage à cheval — 185 — 103
- d - papier crème — 10

387 65c+1f 10 Infanterie — 10 — 5,5 — 5,5 — 12
- a - papier crème — 10
- b - chiffres blancs — 12
- c - reentry cadre et sign — 30
- paire, EPA / EPL — 450 — 170

1938 - *Série touristique. Taille-douce.Champagne.*
13 juin (f 50).

T 3 500 000. D: André Spitz. G: Antonin Delzers

388 1f 75 Champenoise

	9	4	5	8
a - dentelé 3 côtés	315	190		
b - piquage à cheval	110	66		
c - papier crème	10			

1938 - *Arc de triomphe d'Orange.*
Taille-douce. Dessin & gravure: Pierre Munier. 15 dec (f 50)

T 10 000 000 (f 50)

389 2f Arc de triomphe d'Orange

	1,5	1	1,5	5
⊠⊙ dentelé	300	200		
⊠⊙ non dentelé	225	135		
a - impression sur raccord	215	140		

T 15 000 000
(dont 14 500 000 surch)
D&G: Henry Cheffer

T 8 000 000
D: André Spitz. G: Jules Piel

390 2f 15 Mineurs

	13	6	1,2	2
non dentelé	475	315		
a - dentelé 3 côtés	350	210		
b - impression recto-verso	70	42		
c - impression sur raccord	180	110		
d - piquage à cheval	110	66		
e - piquage double	385	275		
f - papier crème	15			

391 3f Avignon

	32	15	5	13

Carcassonne: les remparts. 20 avril (f 50).

T 50 000 000 (dont 3 000 000 de surch)
D: Roger Chapelain-Midy. G: Jules Piel.

392 5f Carcassonne

	1,5	0,5	0,5	3,5
non dentelé	750	500		
a - impression sur raccord	165	100		
b - piquage à cheval	80	50		
c - RF blanc	14			

Vincennes: le donjon.
16 mai (f 50).
D &G: Pierre Munier.

Port de Saint-Malo. 16 mail (f 25).
D & G: Henry Cheffer.

T 15 500 000
(dont 980 000 surch)

T 1 500 000, dont environ
1 400 000 de surchargés (f 25)

393 10f Vincennes

	5	1,5	2	5
Essai de couleur en lilas dentelé				
a - impression métallique	800	500		
b - impression sur raccord	200	120		
c - légende blanche	16			

394 20f Saint-Malo

	93	46	21	35
a - papier épais	120	65	30	
b - papier crème	100			

Série 388 à 394 (7 timbres)

	155	74	36	
EPA / EPL	1 500	600		

Timbre non émis du projet Mistler, du nom de Jean Mistler, ministre des P.T.T. qui avait initié ce projet en 1933. Ce timbre dessiné par R. Chapelain-Midy et gravé par E. Feltesse, est resté à l'état d'épreuves (plusieurs couleurs existent).

394A Essai de couleur Non émis, projet Mistler   750

1938 - *Service de santé militaire. Taille-douce. D: P. Monis. G: A. Ouvré. 28 mai (f 25).*

3ème coupe du monde de football - 1938. Taille-douce. D: J. Bridge. G: G. L. Degorce. 1er juin (f 50).

Vendus: 500 000   T 3 500 000 (f 50)

395 55c+45c Service de santé militʳ	**24**	**13**	**15**	**25**
EPA / EPL	300	100		
a - impression incomplète	265	160		
b - impression sur raccord	180	120		
c - papier crème	27			
396 1f 75 Football	**33**	**16**	**16**	**32**
EPA / EPL	1 100	365		
a - impression sur raccord	180	120		

1938 - *Clément Ader, précurseur de l'aviation: avion n° 3. Taille-douce. Dess & grav: A. Ouvré. 16 juin (f 25).*

Tir: 570 000 (430 000 surch)

398 50f Clément Ader	**180**	**105**	**80**	**250**
EPA / EPL	1 000	350		
a - papier épais (à partir de 1940)	215	130	86	

1938 - *Jean de la Fontaine (1621-1695), scène du loup et de l'agneau. Taille-douce. Dessin & Gravure: Achille Ouvré. 8 juillet (f 50).*

Cathédrale de Reims restaurée, le 10 juillet 1938. Taille-douce. Dess: Vérecque. Grav: Antoine Dezarrois. (reprise du timbre de 1930). 8 juillet (f 50).

T 6 000 000   Vendus: 660 000

397 55c Jean de la Fontaine	**1,2**	**0,5**	**1**	**2**
EPA / EPL	200	70		
a - dentelé 3 côtés	215	130		
b - impression sur raccord	165	100		
c - piquage à cheval	80	48		
d - piquage double	175	105		
399 65c+35c Cathédrale de Reims	**20**	**10**	**11**	**24**
EPA / EPL	225	80		

1938 - *Emis à l'occasion de la visite des souverains britanniques. Taille-douce. D & G: Henry Cheffer. 19 juillet (f 50).*

Aide aux Français rapatriés d'Espagne. Taille-douce. D: René Grégoire. G: Antonin Delzers. 8 avril (f 25).

T 4 000 000   Vendus: 720 000

400 1f 75 Souverains britanniques	**1,3**	**0,6**	**1**	**4**
EPA / EPL	200	70		
EPL petit format		130		
a - impression dépouillée	140	84		
401 65c+60c Rapatriés d'Espagne	**9**	**4,5**	**5**	**13**
EPA / EPL	225	80		

1938 - *40ème anniversaire de la découverte du radium par Pierre & Marie Curie. Taille-douce. D: Jean de la Nézière. G: Jules Piel. 1er septembre (f 25).*

Vendus: 830 000

402 1f 75+50c Pierre & Marie Curie	**25**	**11**	**12**	**26**
EPA / EPL	550	225		

1938 - *20ème anniversaire de l'armistice. Taille-douce. Dessin: René Grégoire. Gravure: Antonin Delzers. 8 oct (f 25).*

Vendus: 1 000 000

403 65c+35c Anniv. de l'armistice	**6**	**3,5**	**4**	**11**
EPA / EPL	225	80		
a - piquage double	335	205		

1938 - *Paix. Typographie (f 100).*

12 octobre 1938   27 octobre 1938

366 80c orange		0,2	0,2	0,2	1
a - couleur orange pâle		1,5			
b - impression défectueuse		5	3		
c - impression incomplète		170	102		
d - impression sur raccord		130	78		
e - légende partielle (surencrage)		11	6		
f - piquage double		125	75		

367 90c vert		0,2	0,2	0,2	1
a - anneau-lune		35	21	14	
b - couleur vert émeraude		2			
c - impression défectueuse		9	5		
d - impression sur raccord		130	78		
e - papier mince (transparent)		1			
f - signature absente		8	5		

1938 - *Mercure. (f 100)*
Typographie. Dessin & gravure: Georges Hourriez.

404 1c olive	📇 1939	0,2	0,1	0,1
405 2c vert foncé	📇 1939	0,2	0,1	0,1

fin oct. T 216 000 000   17 oct. T 450 000 000

406 5c rose		0,2	0,1	0,1	13
a - couleur rose très pâle		1			
b - impression défectueuse		9	6		
c - impression sur raccord		130	78		

407 10c bleu		0,2	0,1	0,1	3,5
non dentelé		140	85		
a - anneau-lune		25	15	10	
b - couleur bleu très foncé		3			
c - dentelé 1 ou 3 côtés		130	78		
d - dentelé tenant à non dentelé		265	160		
e - impression défectueuse		6	4		
f - impression incomplète		160	96		
g - impression recto-verso		45	27	16	
h - impression sur la gomme		160	96		
i - impression sur raccord		130	78		
j - légende absente (surencrage)		45	27		
k - papier épais		2			
l - piquage à cheval		45	27		
m - pli accordéon		80	48	22	
n - repiquage "Dijon", pr interpanneau		70	42		
o - timbre non imprimé (ten à partiel)		250	160		
p - visage blanc		4			

8 dec. T 118 000 000   17 oct. T 200 000 000   1er nov T 240 000 000

408 15c vermillon orangé		0,2	0,1	0,1	4,5
EPA non adoptée "sans cartouche"		325			
a - couleur orange pâle		2	1		5
b - couleur rouge		2	1		5
c - impression défectueuse		10	6		
d - impression sur raccord		130	78		
e - pli accordéon		80	48	32	

409 15c brun	📇 1939	1,1	0,7	0,6

410 20c lilas		0,2	0,1	0,1	4,5
a - anneau-lune		35	21	14	
b - impression défectueuse		7	4		
c - impression sur raccord		130	78		
d - papier épais		1,5	1		
e - papier mince (transparent)		1,5	1		
f - piquage à cheval		45	27		
g - pli accordéon		80	48	32	

411 25c vert		0,2	0,1	0,1	8,5
a - couleur vert foncé métallique		2	1		
b - impression défectueuse		9	6		
c - impression sur raccord		130	78		
d - légende partielle (surencrage)		20	12		
e - signature absente		10	6		

412 30c rouge	📇 1939	0,2	0,1	0,1
413 40c violet	📇 1939	0,2	0,1	0,1
414 45c vert	📇 1939	0,8	0,5	0,5
414A 50c bleu foncé	📇 1939	4,5	2,5	0,5
414B 50c vert	📇 1941	0,8	0,4	0,5
415 60c rouge-orange	📇 1939	0,2	0,2	0,2
416 70c lilas-rose	📇 1939	0,3	0,2	0,1
416A 75c brun-rouge	📇 1939	9	4,3	3

Série Mercure 1938-41

Série 404 à 416A (16 timbres)	19,5	9,5	6.5
EPL	525		
EPL sans faciale, chaque	200		

1938 - *Paix.Typographie. Dec. 1938*

Type I

Type II

T (f 100, ↻20, ✐)

368 **90c outremer type I**	**1,5**	**1,5**	**0,5**	**1**
non dentelé	550	330		
a - "0" de "90c" absent (carnet)	735	470		
b - anneau-lune	32	19	12	
c - couleur bleu-noir	3	2		
d - impression défectueuse	14	8		
e - impression recto-verso	30	18		
f - impression sur raccord	130	78		
g - papier mince (transparent)	2,5			
h - piquage à cheval	75	45		
i - signature absente	10	6	3	
368 II **90c outremer t. II** (✐)	**90**	**65**	**18**	**75**

1938 - *Oeuvres sociales en faveur des étudiants. Taille-douce. Dess & grav: Georges Munier. 1er dec (f 25)*

La radio aux aveugles. Taille-douce. Dessin & gravure: Jules Piel. 26 dec (f 25)

Vendus: 660 000   *Vendus: 750 000 (f 25)*

417 **65c+60c Etudiants**	**20**	**9**	**10**	**18**
EPA / EPL	225	80		
a - impression sur raccord	200	120		
418 **90c+25c La radio aux aveugles**	**20**	**9**	**10**	**18**
EPA / EPL	225	80		

Année 1938
372 á 418 (52 timbres)   **720 356 300**

1939 - *Mercure, Iris, Paix, Cérès (f 100).*

Typo. D&G: Georges Hourriez (Mercure, Iris). Dessin: Paul Albert Laurens. G: Antonin Delzers (Paix). Gravure de l'Atelier du Timbre, d'après dessin de J.J. Barre.

10 mai. T 41 400 000   *9 mars 1939. T 51 000 000*

404 **1c olive**	**0,2**	**0,1**	**0,1**	**13**
a - anneau-lune	35	21	14	
b - couleur brun clair	0,5			
c - impression recto-verso	50	30		
d - impression sur raccord	130	78		
e - papier mince (transparent)	1			
f - piquage à cheval	60	36		
405 **2c vert foncé**	**0,2**	**0,1**	**0,1**	**32**
a - anneau-lune	35	21	14	
b - couleur vert-noir	0,5			
c - impression dépouillée	6	3		
d - impression sur raccord	130	78		
e - papier mince (transparent)	1	0,5		
f - pli accordéon	80	48	32	

3 avril 1939   *mars 39 T 485 000*   *17 fév 39*
Tir: 61 300 000 (f 100)   *000 (f100, ✐)*   *T: 400 000 000 (f 100)*

409 **15c brun**	**1,1**	**0,7**	**0,6**	**5**
a - couleur brun-jaune clair	2	1		
b - impression défectueuse	9	6		
c - impression sur raccord	130	78		
d - pli accordéon	110	66	44	
412 I **30c rouge, type I**	**0,2**	**0,1**	**0,1**	**1**
a - 2ème "S" de "postes" retouché				
∫∫ 33, 83	45	30	18	
b - anneau-lune	35	21	18	
c - avec bord publicitaire "Neyrac"	165	100		
d - couleur rouge foncé	0,5			
e - impression défectueuse	7	4		
f - impression sur la gomme	35	21		
g - impression sur raccord	130	78		
h - papier épais	1			
i - papier mince (transparent)	1			
j - piquage à cheval	45	27		
k - pli accordéon	85	51	34	
412 II **30c rouge, t. II Mars** (✐)	**75**	**50**	**16**	**45**

413 40c violet   **0,2**   **0,1**   **0,1**   **1**

a - anneau-lune	35	21	14
b - couleur violet-noir	2,5	1,5	
c - impression défectueuse	8	5	
d - impression incomplète	185	103	
e - impression recto-verso	45	27	
f - impression sur raccord	130	78	
g - légende partielle (surencrage)	9	5	
h - papier épais	1		
i - papier mince (transparent)	1		
j - piquage à cheval	45	27	
k - pli accordéon	95	57	38

17 janv   *24 juin*   *14 mars*

414 45c vert   **0,8**   **0,5**   **0,5**   **10**

a - anneau-lune	55	33	22
b - couleur vert pâle	2	1	
c - dentelé tenant à non dentelé	1 300	780	
d - impression sur raccord	130	78	
e - papier épais	2,5	1,5	
f - piquage double	385	250	

414A 50c bleu foncé   **4,5**   **2,5**   **0,5**   **5**

a - anneau-lune	45	27	18
b - couleur bleu clair	6	3	5
c - couleur bleu métallique	7	4	5
d - impression défectueuse	17	10	
e - impression recto-verso	45	27	
f - impression sur raccord	165	100	

415 60c rouge-orange   **0,2**   **0,2**   **0,2**   **4**

a - anneau-lune	45	27	18
b - couleur orange pâle	1	0,5	
c - impression sur raccord	130	78	
d - papier mince (transparent)	1	0,5	

17 janvier (⌀)   *20 juillet*

416 I 70c lilas-rose, type I   **0,3**   **0,2**   **0,1**   **1**

a - anneau-lune	40	24	16
b - état II: coin en haut à droite limé	2	1	
c - impression défectueuse	10	6	
d - impression sur raccord	130	78	
e - papier mince (transparent)	1	0,5	

416 II 70c lilas-rose, t. II (⌀)   **110**   **75**   **32**   **75**

416A 75c brun-rouge   **9**   **4,3**   **3**   **40**

▪ sur ♣ ↻ Canada Lux	20 juil 39 ➠ 31 déc 39			300
▪ sur ♣⋔ ↻ ⋐❀	20 juil 39 ➠ 31 déc 39			300
a - anneau-lune	60	36	24	50
b - couleur chocolat	15	10		
c - impression sur raccord	165	100		
d - papier mince (transparent)	12	7		

16 mai

432 1f vert   **1,4**   **0,8**   **0,2**   **1**

a - couleur vert clair	2	1	
b - couleur vert métallique	3	2	
c - couleur vert-noir	5	3	
d - impression défectueuse	4	3	
e - impression sur raccord	130	78	
f - papier épais	3	2	
g - piquage à cheval	35	21	
h - pli accordéon	90	54	

17 janvier   *22 février*

370 1f 25 rose-rouge   **4,5**   **2**   **2,1**   **5**

a - anneau-lune	40	24	12
b - impression défectueuse	7	4	
c - impression sur raccord	165	100	
d - pli accordéon	140	84	40

371 1f 40 lilas   **13**   **7**   **6**   **16**

a - anneau-lune	65	40	26

20 mars   *24 janv*

373 2f rose-rouge   **0,2**   **0,2**   **0,3**   **1**

a - cadre inférieur brisé	27	16	
b - impression défectueuse	4	3	
c - impression double	1 350	810	
d - impression double partielle	425	255	
e - impression recto-verso	55	33	
f - impression sur raccord	130	78	
g - papier épais	1	0,5	
h - piquage à cheval	45	27	

374 2f 25 outremer   **18**   **9**   **1,1**   **2**

a - anneau-lune	55	33	22
b - couleur outremer très pâle	22	13	
c - impression défectueuse	25	17	
d - impression sur raccord	165	100	
e - papier mince (transparent)	20	14	

Type   *Type*
I   *II*

17 janvier   *18 avril*

421A Cézanne, t. II bleu foncé	6 500	3 650

375 2f 50 vert	3,2	1,6	0,7	2
a - impression défectueuse	11	7		
b - impression sur raccord	130	78		
c - papier crème	6	4		

421B Cézanne, t. II bleu-vert	7 000	3 800
EPA	2 000	

376 3f lilas-rose	1,3	0,7	0,5	2
a - anneau-lune	45	27	18	
b - couleur violet-lilas	2,5	1,5		
c - impression défectueuse	8	5		
d - impression recto-verso	45	27		
e - impression sur raccord	130	78		
f - papier mince (transparent)	2	1		
g - pli accordéon	110	66	44	

1939 - *75ème anniversaire de la fondation de la Croix-Rouge (1864). Taille-douce. Dessin: André Spitz. Gravure: Antonin Delzers. 24 mars (f 25)*

1939 - *Pour sauver la race (lutte contre la syphilis). Taille-douce. D&G: Achille Ouvré. (f 25) 20 janvier*

Vendus: 700 000 (f 25)

20 janvier

419 90c+30c Lutte contre la syphilis	4,5	2,3	2,5	5
non dentelé	400	285		
EPA / EPL	225	80		
a - couleur bleu-vert métallisé	350	210		
b - impression sur raccord	200	120		
c - pli accordéon	210	126		

422 90c+35c Croix-Rouge	15	7,5	8	14
EPA / EPL	650	240		

422A Croix-Rouge, non émis outremer au lieu de noir (tir: 50)	22 500	17 500		
oblitéré sur carte du congrès de Versailles (5 avril 1939)				27 500

1939 - *A Lille. Léon Trulin. Taille-dce. D&G: G.A.. Barlangue. 1er fev (f 25)*

Paul Cézanne (1839-1906), peintre. Taille-douce. D&G: A. Ouvré. 15 mars (f 5)

1939 - *Pour un monument à la gloire du génie, à Verdun. Taille-douce. Dessin & gravure: Jules Piel. 4 avil (f 25)*

Vendus: 720 000 (f 25)

423 70c+50c A la gloire du génie	15	7,5	8	14
EPA / EPL	225	80		

Vendus: 730 000 (f 25)   *T 3 300 000 (f 50)*

420 90c+35c Victimes civiles	20	9	10	18
EPA / EPL	235	85		

421 2f 25 Cézanne, t. I bleu-vert	10	4	4	7
EPA / EPL	450	165		
a - impression sur raccord	265	175		

1939 - *Pour les orphelins des P.T.T. Nouveau bâtiment du ministère des Postes à Paris. Taille-dce. Dess: Schultz. Grav: J. Piel. 8 avil (f 25)*

Vendus: 670 000

424 90c+35c Ministère des P.T.T.	45	22	22	20
EPA / EPL	235	85		
a - chiffres blancs	120	72		

1939-*Cuirassé Clemenceau. Taille-douce. Dessin & gravure: Albert Decaris. 18 avril (f 50)*

T 3 600 000

425 90c Cuirassé Clemenceau	1	0,5	0,6	3
EPA / EPL	225	80		
a - impression sur raccord	200	120		

1939 - *Exposition internationale de New-York. Taille-douce. Dessin & gravure: Pierre Munier. Timbre repris en 1940 (2f 50). 18 avril (f 50)*

Vendus: 2 000 000

426 2f 25 Exposition de New-York	19	9	7,5	12
non dentelé	325	235		
EPA / EPL	400	150		

1939 - *100ème anniversaire de la photographie. Portraits des inventeurs: Niepce et Daguerre. Taille-douce. Dessin & gravure: Antonin Delzers. 24 avril (f 50)*

Vendus: 2 000 000

427 2f 25 Niepce et Daguerre	17	8	7	12
EPA / EPL	325	110		

1939 - *Aide aux enfants des chômeurs. Taille-douce. Dessin: D. Grégoire Gravure: J. Piel. 24 avril (f 25)*

Fêtes du 50ème anniv. de la Tour-Eiffel.Taille-douce. Dessin & gravure: Henry Cheffer. 5 mai (f 25)

T 1 100 000 (f 25)	*Vendus: 800 000 (f 25)*

428 90c+35c Enfants des chômeurs	4	2,5	3	5
EPA / EPL	200	70		

429 90c+50c Tour Eiffel	16	8,5	9	16
centrage **parfait**	21	11	12	
EPA / EPL	350	125		
a - impression sur raccord	250	150		
b - pli accordéon	185	110		

1939 - *Exposition de l'eau à Liège en Belgique. Taille-douce. D&G: Henry Cheffer. 22 mai (f 50)*

Vendus 1 200 000

430 2f 25 Exposition de l'eau	34	13	6	9
centrage **parfait**	38	15	6,5	
EPA / EPL	235	85		

Série Iris 1939-41

431 80c brun	1940	0,2	0,1	0,2
432 1f vert	1939	1,4	0,8	0,2
433 1f rouge	1940	0,5	0,3	0,2
434 1f 30 outremer	1940	0,2	0,2	0,2
435 1f 50 orange	1941	0,2	0,1	0,2
Série 431 à 435 (5 timbres)		**2,5**	**1,5**	**1**
EPL			250	

1939 - *Chômeurs intellectuels (5ème série). 5 juin 1939.*
Vendus: 750 000 séries. Taille-douce (feuilles de 25).

D: A. Spitz. G: A. Delzers, D&G: Jules Piel

436 40c+10c P. Puvis de Chavannes	**2**	**1**	**1**	**5**
437 70c+10c C. Debussy	**10**	**5**	**3**	**6**
a - impression sur raccord	325	195		

D&G: Antonin Delzers

438 90c+10c H. de Balzac	**8**	**4**	**3**	**6**

D&G: G.-A. Barlangue

439 2f 25+25c C. Bernard	**30**	**16**	**13**	**20**
Série 436 à 439 (4 timbres)	**50**	**26**	**20**	
EPA /	900	380		

1939 - *Alliance nationale pour l'accroissement de la population. Taille-douce. D: A Spitz. G: E Feltesse. (f 25)*

20 juin, Vendus: 600 000   15 juin, Vendus: 600 000

---

440 70c+80c Pour la natalité	**6**	**4**	**4,5**	**8**
a - couleur: bleu au lieu de violet	375	250		
441 90c+60c Pour la natalité	**9**	**5,5**	**6**	**8**
paire, non dentelé / Ess. Multi	350	230		600
paire,EPA / EPL	700	270		

1939 - *1 400ème anniv. de la naissance de Grégoire de Tours (env 538 - 594). Taille-douce. D&G: C-P Dufresne. 10 juin (f 50)*

500ème anniversaire de l'achèvement de la cathédrale de Strasbourg (1439). Taille-douce. D: A Spitz. G: G Gandon (père) 23 juin (f 50)

T 3 650 000   Vendus: 4 200 000

442 90c Grégoire de Tours	**1**	**0,5**	**0,6**	**2**
EPA / EPL	225	80		
a - impression sur raccord	200	120		
443 70c Cathédrale de Strasbourg	**1,5**	**0,9**	**1,3**	**2**
EPA / EPL	250	90		
a - impression recto-verso	85	51		
b - impression sur raccord	200	120		
c - piquage à cheval	110	66		

1939 - *150ème anniversaire de la Révolution Française (1789). Tableau de Jacques Louis David: Le serment du jeu de paume. Taille-douce. D: André Spitz. G: Antonin Delzers. 20 juin (f 50)*

T 4 000 000

444 90c Révolution Française	**4**	**2,5**	**2**	**4**
EPA / EPL	250	90		
a - piquage à cheval	110	66		

1939 - *Verdun: la porte Chaussée. Taille-douce. D&G: Achille Ouvré. 23 juin (f 50)*

Pour les oeuvres de mer Jean Charcot (1867-1936). Taille-douce. D&G: G E Goruel et J Piel. 26 juin (f 25)

T 3 900 000   *T 1 200 000*

445 90c Verdun	**1,2**	**1**	**1**	**2**
EPA / EPL	225	80		
377A 90c+35c Charcot	**32**	**12**	**13**	**22**
EPA / EPL	550	210		
a - impression recto-verso	185	110		
b - impression sur raccord	250	150		

1939 - *Pour le musée postal. Tableau de J. Honoré Fragonard. Taille-douce. D&G: Jules Piel. 6 juillet (f 25)*

Pour un monument aux marins perdus en mer à Boulogne-sur-Mer. Taille-dce. D: Desruelles. G: G.-L. Degorce. 20 juillet (f 25)

Vendus: 1 000 000   *Vendus: 730 000*

446 40c+60c Musée postal	**4**	**3**	**3,5**	**7**
non dentelé / ▨ ✿	425	300		450
EPA / EPL	350	135		
EPL petit format		300		
EPL en violet petit format		310		
a - faciale et légende en carmin	675	400		
447 70c+30c Marins perdus en mer	**33**	**14**	**15**	**22**
EPA / EPL	235	85		

3 septembre 1939:

déclaration de guerre à l'Allemagne

1939 - *Touristiques. Taille-douce. (f 50) Languedocienne et vue de la cathédrale de Béziers.*

Fête nationale des vins de France. 25 dec.

T 4 100 000., Dessin: Jean Julien. Gravure: Pierre Munier

448 70c Languedoc	**0,6**	**0,5**	**0,6**	**5**
a - piquage à cheval	85	51		

Château d'Henri IV, à Pau. 25 ao×t

T 4 000 000. Dessin & gravure: A. Rivaud.

449 90c Pau	**1,5**	**1**	**1,5**	**5**

Lyon: pont de la Guillotière. 25 decembre

T 4 000 000. Dessin & gravure: Achille Ouvré.

450 90c Lyon	**1,2**	**0,8**	**1**	**6**
série, EPA / EPL	600	225		
a - impression sur raccord	165	100		

Année 1939
419 á 450 (32 timbres)	**316**	**155**	**144**

Guerre & reconstruction: 1940-59

1940 - *Pour nos soldats. (f 25)*
Taille-douce. Dessin & gravure: Raoul Serres (40c+60c), Henry Cheffer (1f+50c). 12 février.

T 1 800 000

451 40c+60c Fantassin	**5**	**2,5**	**3**	**7**
a - piquage à cheval	210	140		

T 2 100 000

452 1f+50c Marsouin	**5,5**	**2,5**	**3**	**7**
a - piquage à cheval	110	66		
paire, EPA / EPL	400	150		

1940 - *La France d'outre-mer. Taille-douce. Dessin & gravure: Jules Piel. 15 avril. (f 25)*

Vendus: 920 000

453 1f+25c France d'outre-mer	**3**	**2**	**2,5**	**6**
EPA / EPL	225	80		
a - piquage à cheval	125	75		

1940 - *Pour les oeuvres de guerre. Taille-douce. Emission: 1er mai. Vendus: 800 000 séries. D&G: H. Cheffer (f 25).*

M[al] Joffre (1852-1931)

454 80c+45c M[al] Joffre	**10**	**5**	**7**	**11**
a - papier carton	25	15		

D&G: A Ouvre   D&G: Julies Piel
F. Foch (1851-1929)   Gal Gallieni et vue de Paris.

455 1f+50c Maréchal Foch	**9**	**4**	**7**	**11**
EPA non adoptée "tête à droite"	300			
a - papier carton	25	15		
b - piquage à cheval	140	90		
c - papier crème	10			
456 1f 50+50c Gal Gallieni	**9**	**4**	**5**	**11**
EPA non adoptée 40c + 60c	450			
a - pli accordéon	140	90		
b - papier crème	10			

Femme au labour. D: A. Spitz. G A. Delzers

457 2f 50+50c Femme au labour	**20**	**10**	**12**	**20**
a - piquage à cheval	200	120		
Série 454 à 457 (4 timbres)	**48**	**25**	**31**	
non dentelé (tirage 200)	475	350		
EPA/ EPL	900	325		

1940 - *Exposition internationale de New York. 10 juin (f 50)*

Vendus: 1 000 000

458 2f 50 Expo. de New-York	**34**	**10**	**10**	**16**
EPA / EPL	350	130		
a - papier carton	27	16		
b - piquage à cheval	210	126		

1940 - *Croix-Rouge: Pour nos blessés.Taille-douce. Dessin & gravure: Pierre Munier (80c+1f), Antonin Delzers (1f+2f). Emission: 10 juin 1940. (f 25)*

Vendus: 960 000

459 80c+1f Sauvé	12	6	7	15
a - impression recto-verso (croix rouge)	50	30		
b - croix déplacée	60	36		
c - papier carton	40	21	14	

Vendus: 690 000

460 1f+2f Pour nos blessés	15	6	7	13
a - impression recto-verso (croix rouge)	125	75		
b - croix absente, annulation hexagonale			4 650	
c - croix déplacée	65	40		
d - papier carton	40	21	14	
paire, EPA / EPL	900	400		

1940 - *Iris et Cérès retouchée. (f 100)*

2 décembre   20 juin

431 Iris, 80c brun	0,2	0,1	0,2	1
a - couleur brun pâle	0,5			
b - impression défectueuse	4	3		
c - impression incomplète	100	60		
d - impression sur raccord	130	78		
e - papier mince (transparent)	0,5			
f - piquage à cheval	35	21		

433 Iris, 1f rouge	0,5	0,3	0,2	1
a - anneau-lune	30	18	12	
b - couleur rouge vif	1,5	1		
c - impression défectueuse	4	3		
d - impression incomplète	85	51		
e - impression recto-verso	27	16	10	
f - impression sur raccord	130	78		
g - papier épais	3	2		
h - piquage à cheval	40	24		
i - pli accordéon	95	57	38	
j - signature absente	4	3		

8 janvier   20 juin

434 Iris, 1f 30 outremer	0,2	0,2	0,2	5
a - anneau-lune	40	24	16	
b - couleur bleu foncé	0,5			
c - impression défectueuse	6	4		
d - légende partielle (surencrage)	10	6		
e - papier épais	2	1		
f - papier mince (transparent)	1	0,5		
g - pli accordéon	95	57	38	
h - signature du graveur absente	9	5		

375A Cérès, 2f 50 outremer	1	0,8	0,8	2
a - anneau-lune	40	24	16	
b - impression défectueuse	7	4	3	
c - impression sur raccord	165	100		
d - papier mince (transparent)	2	1		
e - pli accordéon	100	60	40	

Etat Français *(10 juillet 1940)*

1940 - *Guynemer (1894-1917). Taille-douce. Dessin & gravure: Achille Ouvré. 12 octobre (f 25)*

T 940 000

461 50f bleu G. Guynemer	18	9	9	100
non dentelé (tirage 375)	365	250		
EPA non adoptée 1f + 50c	900			
EPA / EPL	700	265		
■ sur carte d'abonn^m TP	5 janv 42 ➤ 25 juil 42			300
a - outremer au lieu de bleu	23	13		110
b - impression sur raccord (papier carton)	600	400		
c - papier carton	25	15	10	
d - piquage à cheval	315	200		

1940 - *Chômeurs intellectuels (6ème série). Taille-douce. 12 novembre 1940. (f 25)*

T 1 635 000

462 80c+10c C. Debussy 11   6   8   13

T 1 610 000

463 1f+10c H. de Balzac 11   6   8   13
a - piquage à cheval   170   102

T 1 607 000

464 2f 50+25c C. Bernard 11   6   8   13
a - papier carton   15   9   11
série, EPA / EPL   600   240

1940 - Pour nos victimes de la guerre (réalisé à partir d'une vignette P.T.T.). Taille-douce. Dessin: André Spitz. Gravure: Jules Piel. 12 novembre (d 25)

Vendus: 1 040 000

465 1f+2f Victimes de la guerre 1,5   1   1,5   4
EPA / EPL   200   70
a - impression sur raccord   165   100
b - double signature   50

1940 - Secours national. Taille-douce. 2 décembre. (f 25)

T 1 250 000

466 80c+2f Moissons 4,5   2   2,5   6

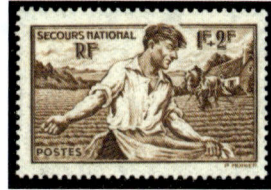

D&G: Pierre Munier. T 1 265 000

467 1f+2f Semailles 3,5   2   2,5   6

D&G: Georges-Léo Degorce. T 1 230 000

468 1f 50+2f Vendanges 4,5   2   2,5   6

D&G: Henry Cheffer. T 1 250 000

469 2f 50+2f Elevage 5,5   3   2,5   6
a - impression sur raccord   200   120

Série 466 à 469 (4 timbres) 17   9   10
EPA / EPL   550   175

Année 1940
451 à 469 (19 timbres)   193   93   108

*1941 - Portrait du maréchal Pétain, chef de l'Etat Français.
Taille-douce. D&G: J Piel. 25 janvier (f 50) Tirage 20 000 000*

Le premier projet de Jules Piel, qui avait servi sous le commandement du Mⁿˡ Pétain pendant la grande guerre, le représentait dans son uniforme de 1914-1918. De ce premier projet, il n'est connu qu'un seul exemplaire du timbre fini. Les épreuves ne sont connues qu'à un très petit nombre d'exemplaires.

470 40c Maréchal Pétain	**0,5**	**0,3**	**0,3**	**8**
a - couleur marron au lieu de brun	2			
b - dentelé 1 ou 3 côtés	130	78		
c - dentelé tenant à non dentelé	215	130		
d - impression défectueuse	7	4		
e - piquage à cheval	70	42		
471 80c Maréchal Pétain	**0,6**	**0,4**	**0,5**	**8**
a - couleur du fond bleuté	3			
b - impression défectueuse	8	5		
c - papier mince (transparent)	2			
d - piquage à cheval	75	4		

472 1f Maréchal Pétain	**0,2**	**0,1**	**0,2**	**2**
a - impression défectueuse	6	4		
b - impression recto-verso	65	39		
c - impression sur raccord	165	100		
d - piquage double	110	66		
e - pli accordéon	100	60		
473 2f 50 Maréchal Pétain	**1,8**	**1,2**	**1,5**	**10**
a - impression défectueuse	8	5		
b - impression sur raccord	165	100		
c - papier mince (transparent)	3			
d - piquage à cheval	90	54		
e - piquage double	135	80		
Série 470 à 473 (4 timbres)	**3**	**2**	**2,5**	
non dentelé	300	200		
EPA / EPL/ EPC	675	250	500	

473A Mⁿˡ Pétain en 1914-18   RRR
   EPA en noir, 40c à 2f 50, chaque: 3 000

*1941 - Pour nos prisonniers de guerre. Taille-douce.
1ᵉʳ janvier (f 25)*

T 1 169 000. D&G: P Munier   T 1 167 000. D&G: G L Degorce

474 80c+5f Prisonniers	**2**	**1**	**2**	**6**
a - impression sur raccord	200	120		
b - piquage à cheval	90	60		
c - pli accordéon	100			
475 1f+5f Prisonniers	**2**	**1**	**2**	**6**
a - impression sur raccord	200	120		
paire, EPA / EPAL	350	110		

*1941 - Mercure et Iris. 25 janvier (f 100)
Typographie. Dessin & gravure: Georges Hourriez.*

414B Mercure, 50c vert	**0,8**	**0,4**	**0,5**	**5**
a - couleur vert vif	2			
b - impression défectueuse	9	6		
c - impression sur raccord	130	78		
d - papier épais	2			
435 Iris, 1f 50 orange	**0,2**	**0,1**	**0,2**	**2**
a - couleur orange très pâle	2			
b - impression défectueuse	3,5			
c - impression dépouillée	5,5	4		
d - impression sur raccord	130	78		

1940-41 - *Surchargés. (f 100)*
Typographie (petits formats), taille-douce (grands formats).

25 janvier | *15 avril*

4 mars 1941 | *4 mars 1941* | *8 mars 1941*

476 Semeuse, =30c s 35c 0,2 0,1 0,1 3
a - impression sur raccord	130	78		
b - surcharge barres omises	160	96		
c - surcharge barres seules	340	204		
d - surcharge doublée	1 250	750		
e - surcharge à cheval	45	27		
f - surcharge recto-verso	21	14	9	
g - surchargé tenant à non surchargé	1 650	1 000		
h - surcharge très déplacée	20	12		
i - valeur sur valeur avec barres	135	80	52	
j - valeur sur valeur sans les barres	215	130	85	

477 Mercure, =50c s 75c 0,2 0,1 0,1 2
a - impression sur raccord	165	100	
b - papier mince (transparent)	2,5	1,5	
c - surcharge barres omises	200	120	
d - surcharge barres seules	425	270	
e - surcharge à cheval	45	27	
f - surcharge inversée (barres en haut)	90	54	36
g - surcharge recto-verso	12	7	
h - surchargé tenant à non surchargé	900	540	
i - surcharge très déplacée	20	12	8

25 janvier 1941 | *25 janvier 1941*

478 Paix, =50c sur 55c 0,3 0,1 0,1 2
a - impression sur raccord	165	100	
b - surcharge barres omises	175	105	70
c - surcharge à cheval	45	27	18
d - surcharge recto-verso	11	7	
e - surcharge renversée	1 300	780	
f - surchargé tenant à non surchargé	1 250	750	
g - "50" décalé plus à gauche	135	80	
h - valeur sur valeur avec barres	235	140	
i - valeur sur valeur sans les barres	450	270	

479 Paix, =50c sur 65c 0,2 0,1 0,1 2
a - surcharge doublée	950	570	
b - surcharge doublée dont 1 verticale	1 200	720	
c - surcharge à cheval	45	27	
d - surcharge recto-verso	11	7	5
e - surcharge renversée	750	450	
f - surchargé tenant à non surchargé	1 350	800	
g - surcharge très déplacée	5	3	
h - valeur sur valeur avec barres	185	110	
i - valeur sur valeur sans les barres	340	205	

480 Paix, =50c sur 75c 0,2 0,1 0,1 2
a - impression sur raccord	130	78	
b - surcharge barres omises	200	120	
c - surcharge à cheval	50	30	
d - surcharge recto-verso	11	8	
e - surchargé tenant à non surchargé	1 500	900	
f - surcharge très déplacée	8	5	3
g - valeur sur valeur avec barres	240	144	
h - valeur sur valeur sans les barres	450	270	

481 Paix, =50c sur 80c 0,3 0,1 0,1 2
a - impression défectueuse (timbre)	12	7	
b - impression sur raccord	130	78	
c - surcharge doublée	1 200	720	
d - surcharge défectueuse		3	
e - surcharge à cheval	50	30	20
f - surcharge recto-verso	20	13	7
g - surcharge très déplacée	11	7	4

482 Paix, =50c sur 90c 0,2 0,1 0,1 2
a - anneau-lune	45	30	15
b - impression sur raccord	165	100	
c - papier mince (transparent)	1		
d - pli accordéon	95	60	35
e - chiffres intervertis "05" au lieu de "50"	11 500	8 250	8 250
f - chiffre "5" ou "0" manquant	675	435	
g - surcharge barres omises	175	115	55
h - surcharge barres seules	450	300	
i - surcharge à cheval	32	20	13
j - surcharge recto-verso	21	13	7
k - surcharge renversée	700	465	
l - surchargé tenant à non surchargé	1 600	1 100	
m - timbre non imprimé (surch seule)	360	235	
n - valeur sur valeur avec barres	150	90	
o - valeur sur valeur sans les barres	300	200	

18 mars 1941 | *18 mars 1941* | *8 mars 1941*

483 Paix, =1f sur 1f 25 0,3 0,2 0,3 2
a - anneau-lune	45	32	20
b - impression sur raccord	200	120	
c - surcharge barres omises	210	140	65
d - surcharge barres seules	400	265	
e - surcharge doublée	725	475	
f - surcharge à cheval	36	25	20
g - surcharge recto-verso	22	16	10
h - surchargé tenant à non surchargé	2 650	1 650	
i - surcharge très déplacée	8	5	5
j - valeur sur valeur avec barres	250	175	
k - valeur sur valeur sans les barres	475	300	

484 Paix, =1f sur 1f 40 0,5 0,2 0,5 2
a - surcharge barres omises	185	120	
b - surcharge barres seules	400	260	
c - surcharge doublée	1 900	1 400	
d - surcharge à cheval	50	32	
e - surcharge recto-verso	23	17	12

f - surchargé tenant à non surchargé	2 150	1 450		
g - surcharge très déplacée	9	6	6	
h - valeur sur valeur avec barres	300	200		
i - valeur sur valeur sans les barres	600	400		

485 Paix, =1f sur 1f 50   1,4   0,7   1,3   2

a - anneau-lune	25	15	10	
b - impression défectueuse	5	3		
c - impression sur raccord	130	78		
d - surcharge barres omises	200	135		
e - surcharge barres seules	350	215		
f - surcharge à cheval	30	22	18	
g - surcharge recto-verso	20	13	10	
h - surchargé tenant à non surchargé	1 650	1 200		
i - surcharge très déplacée	10	6	4	

2 déc. 1940   28 janv 1941   T: 3 000 000   18 mars 1941

486 Cérès, =1f sur 1f 75   0,3   0,2   0,2   2

a - anneau-lune	45	32	20	
b - surcharge à cheval	30	20	11	
c - surcharge recto-verso	22	16	9	
d - surchargé tenant à non surchargé	1 900	1 350		
e - surcharge très déplacée	8	5	4	

487 Cérès, =1f sur 2f 25   0,3   0,2   0,3   2

a - impression défectueuse	6	4	3	
b - impression sur raccord	165	100		
c - surcharge à cheval	32	21	17	
d - surcharge recto-verso	22	16	10	
e - surchargé tenant à non surchargé	1 900	1 400		
f - surcharge très déplacée	12	8	5	

488 Cérès, =1f sur 2f 50   1,5   0,8   1,3   2

a - impression sur raccord	200	120		
b - surcharge doublée	800	500		
c - surcharge à cheval	40	25	20	
d - surcharge défectueuse	4	3		
e - surcharge recto-verso	30	20	17	
f - surchargé tenant à non surchargé	2 100	1 500		
g - surcharge très déplacée	9	6	6	

2 décembre 1940   17 mai 1941

489 Mineurs, =1f s 2f 15   0,4   0,3   0,4   2

a - impression sur raccord	165	100		
b - surcharge avec 3ème barre verticale	200	130		
c - surcharge barres omises	200	130		
d - surcharge barres seules	200	130		
e - surcharge à cheval	30	20	16	
f - surcharge déplacée	12	7	5	
g - surcharge recto-verso	15	10	8	
h - surcharge renversée (2 ✉ connues)	18 000		5 500	13 500
i - surchargé tenant à non surchargé	1 250	750		

490 Carcassonne, =2f 50 s 5f   0,4   0,3   0,4   7

non dentelé	750	525		
a - surcharge barres omises	400	265		
b - surcharge déplacée	15	10	7	
c - surcharge doublée	450	300	225	
d - surcharge à cheval	30	22	15	
e - surcharge recto-verso	17	11	10	
f - surchargé tenant à non surchargé	25 000			
g - surch tenant à sch barres omises	25 000			

15 avril 1941   4 mars 1941
T 1 400 000

491 Vincennes, =5f s 10f   2,3   1,2   2,1   8

a - impression sur raccord	200	120		
b - surcharge à cheval	42	25	15	
c - surcharge déplacée	32	19	13	

492 Saint-Malo, =10f s 20f   2   1,2   2   115

a - surcharge très déplacée	40	25	17	
b - surcharge recto-verso	30	20	15	

24 janvier 1941.   dont 100 000 livrés à Limoges
T 430 000 (f 25)   250 000 livrés en zone occupée
      80 000 livrés en zone libre

493 Clément Ader, =20f s 50f   80   40   42,5   150

a - papier mince	88	53	60	
b - surcharge doublée	3 350	2 000		
c - surcharge recto-verso	145	87	58	
d - surcharge très déplacée	250	175	150	

Série des surchargés de 1940-41

Série 476 à 493 (18 timbres)   93   46   52

EPL des petits formats surchargés	485	
EPL monuments surchargés	300	
EPL Clément Ader surchargé	265	

1941 - *M⁹ Pétain. Surtaxe au profit du Secours National. Taille-douce. Dessin & gravure: Jules Piel. (f 50) 4 mars*

Frédéric Mistral (18301914). Taille-dce. Dess: M. E. Fabre. Grav: Ch. Mazelin. (f 50) 20 février

1941 - *Secours National: Entraide d'hiver du Maréchal. Taille-douce. 4 mars.Vendues: 600 000 paires. (f 25)*

T 2 000 000

T 3 000 000

T 1 160 000. Dessin & gravure: Achille Ouvré

494 +10c s 1f Mᵃˡ Pétain	0,3	0,1	0,2	4
non dentelé	45	25		
EPA / EPL	200	80		
a - impression sur raccord	165	100		
b - piquage à cheval	45	27		
4951f Frédéric Mistral	0,3	0,1	0,2	2
non dentelé	60	45		
EPA / EPL	185	75		
EPL grand format		120		
EPL grand format papier rose		150		
a - impression recto-verso	45	27		
b - piquage à cheval	50	30		

497 f Transport du charbon	3	1,5	1,3	4
a - piquage à cheval	80	48		

T 1 225 000. Dessin & gravure: Raoul Serres

498 2f 50+7f 50 France aidant les pauvres	10	5,5	2,7	7
paire, non dentelé (tirage 400)	275	160		
paire, EPA / EPL / EPC	600	275	375	

1941 - *Touristiques. Taille-douce. Hôtel-Dieu de Beaune 17 mai (f 50)*

Dessin & gravure: Emile Feltesse.

499 5f Hôtel-Dieu de Beaune	0,4	0,3	0,3	4
non dentelé	50	35		
a - couleur mordoré au lieu de brun-noir	32	19	13	
b - couleur noire au lieu de brun-noir	45	27	18	
c - dentelé 1 ou 3 côtés	160	96		
d - impression sur raccord	165	100		
e - papier épais	7	4		
f - piquage à cheval	85	51		

1941 - *Lutte contre le cancer. Taille-douce. Dessin & gravure: Gabriel-Antoine Barlangue. 20 février. (f 25)*

T 1 230 000

496 2f 50+50c Lutte contre le cancer	2	1	1,5	8
non dentelé / Es.Multi (tirage 375)	165	125		225
EPA / EPL	350	165		
a - impression sur raccord	180	110		

Ce second timbre, à 2f, était prévu avec une surtaxe de 3f pour être émis en 1942. Reporté en 1943, le projet a finalement été abandonné.

496A 2f+50c Lutte contre le cancer, non émis   **RR**

Angers. 17 mai (f 50) Dess & grav: G.-A. Barlangue

500 10f Angers 0,8 0,5 0,6 3
non dentelé (tirage 375) 50 35
■ sur 🖂 17 mai 41 ⇸ 23 janv 43 ...600
a - piquage à cheval 85 51
b - piquage double 215 140
c - pli accordéon 170 110

Aigues-Mortes. 4 mars (f 25)

Dessin & gravure: Charles Mazelin

501 20f Aigues-Mortes 1,4 0,7 1,1 6
non dentelé 215 150
■ s carte d'abonn^mt réduit 🖂 4 mars 41 ⇸ 4 janv 42 215
a - impression recto-verso 60 36
b - impression sur raccord 165 100
c - piquage à cheval 80 48
d - piquage double 165 100
e - pli accordéon 160 96
série, EPA / EPL 600 250

1941 - Paquebot Pasteur. Taille-dce. Dess & grav: A. Decaris. 17 mai (f 50)

T 3 350 000

502 1f+1f s 70c Paquebot Pasteur 0,4 0,3 0,4 2
non dentelé 70 50
EPA / EPL 275 115
EPL en noir sans la surcharge 5 650
a - piquage à cheval 200 100
b - surcharge absente 75 000 55 000
c - surcharge recto-verso 15 9
d - surcharge doublée (1 ex connu) 75 000

1941 - La France d'outre-mer. Taille-dce. D&G: Jules Piel. 17 juillet (f 25)

Société des oeuvres de mer. Taille-douce. D: P-P Lemagny. G: P Gandon. 23 octobre (f 25)

Tirage: 1 260 000   *Tirage: 1 200 000*

503 1f+1f France d'outre-mer 0,8 0,5 0,6 3
non dentelé / 🖂 ⊕ (tirage 400) 60 45 150
EPA / EPL 185 75
a - impression (très) défectueuse 140 84

504 1f+9f Oeuvres de mer 1,1 0,5 0,9 5
non dentelé (tirage 350) 115 80
EPA / EPL 275 115
a - piquage à cheval 150 90

1941 - Pétain. Typographie.
Série démonétisée le 1er novembre 1944. (f 100)

4 déc   *25 oct*   *30 oct*

Dessin & gravure: Jean Vital Prost.

505 20c lilas-rose 0,1 0,1 0,1 50
■ sur 👁❷ 5 janv 42 ⇸ 14 mars 42 325
■ sur 👁 ↻ 🐿 4 déc 41 ⇸ 31 janv 42 400
a - "c" fermé (20°) 3 2
b - couleur du fond rosée 6
c - impression défectueuse 4 2
d - impression sur raccord 130 78

506 30c rouge 0,1 0,1 0,1 5
■ sur 👁 ↻ 🐿 1er fév 42 ⇸ 2 mars 42 400
a - impression défectueuse (lourde) 2
b - impression sur raccord 130 78
c - papier mince (transparent) 1
d - piquage à cheval 40 24

507 40c outremer 0,1 0,1 0,1 5
a - "c" fermé (40°) 3 2
b - impression défectueuse 3 2
c - impression double (oscillée) 3 2
d - impression recto-verso 90 54
e - impression sur raccord 130 78
f - papier épais 1,5
g - piquage à cheval 40 24

26 nov   *4 déc*   *13 sept*

Dessin: Paul-Pierre Lemagny. Gravure: Georges Hourriez.

508 50c vert 0,1 0,1 0,1 2
a - impression incomplète 140 84
b - impression sur raccord 130 78
c - légende partielle (surencrage) 3 2
d - papier carton 3
e - piquage à cheval 35 21

509 60c violet 🐿 1942 0,1 0,1 0,1

510 70c bleu 0,1 0,1 0,1 2
a - anneau-lune 25 15 10
b - "ç" avec cédill 6 4
c - couleur bleu foncé métallique 1,5
d - dentelé 1 ou 3 côtés 90 54
e - dentelé tenant à non dentelé 280 168
f - impression défectueuse 3 2
g - impression recto-verso 37 22

h - impression sur raccord	130	78		
i - légende partielle (surencrage)	8	5		
j - piquage à cheval	40	24		
k - piquage double	75	45		
l - pli accordéon	80	48		
511 70c orange ✉ 1942	**0,1**	**0,1**	**0,1**	
512 80c brun	**0,1**	**0,1**	**0,1**	**2**
Essai de couleur		50		
a - anneau-lune	25	15	10	
b - "c" fermé (80°)	10	6	4	
c - dentelé tenant à non dentelé	380	228		
d - impression défectueuse	3	2		
e - impression recto-verso	40	24		
f - impression sur raccord	1	84		
g - légende partielle (surencrage)	3	2		
h - papier épais	1,5			
i - papier mince (transparent)	2,5			
j - piquage à cheval	40	24		
k - pli accordéon	135	80		
513 80c vert ✉ 1942	**0,1**	**0,1**	**0,1**	

12 aoûst   *17 déc*

514 1f rouge	**0,1**	**0,1**	**0,1**	**1**
a - anneau-lune	25	15	10	
b - dentelé 1 ou 3 côtés	135	80		
c - dentelé tenant à non dentelé	285	172		
d - "f" de "1f" absent	20	12	8	
e - impression dépouillée	150	90		
f - impression incomplète	75	45		
g - impression recto-verso	25	15		
h - impression sur raccord	130	78		
i - légende partielle (surencrage)	6	4		
j - papier mince (transparent)	1			
k - piquage à cheval	35	21		
l - pli accordéon	85	51		
m - visage tout rouge	300	180		
515 1f 20 brun ✉ 1942	**0,1**	**0,1**	**0,1**	
516 1f 50 rose	**0,1**	**0,1**	**0,1**	**1**
a - impression défectueuse	6	4		
b - impression incomplète	120	72		
c - impression sur raccord	130	78		
d - légende partielle (surencrage)	6	4		
e - papier jaune	2			
f - papier mince (transparent)	1	0,5		
g - pli accordéon	80	48		
517 1f 50 brun ✉ 1942	**0,1**	**0,1**	**0,1**	

27 déc   *20 oct*
Dessin: Jean Bersier. Gravure: Jules Piel.

518 2f vert	**0,1**	**0,1**	**0,1**	**1**
a - anneau-lune	25	15	10	
b - impression défectueuse	3	2		
c - impression recto-verso	27	17		
d - impression sur raccord	130	78		
e - légende partielle (surencrage)	10	6		
f - papier carton	5			
g - papier mince (transparent)	1			
h - piquage à cheval	35	21		
i - pli accordéon	80	48		
519 2f 40 rouge ✉ 1942	**0,2**	**0,1**	**0,1**	
520 2f 50 outremer	**1**	**0,4**	**0,7**	**8**
a - impression sur raccord	130	78		
b - papier mince (transparent)	2,5	1,5		
c - pli accordéon	150	90		

14 octobre

521 3f orange	**0,1**	**0,1**	**0,1**	**5**
a - anneau-lune	25	15	10	
b - dentelé tenant à non dentelé	315	220		
c - impression défectueuse	4	3		
d - impression sur raccord	130	78		
e - légende partielle (surencrage)	7	4		
f - piquage à cheval	35	21		
g - pli accordéon	75	45	30	
521A 4f bleu typo ✉ 1942	**0,2**	**0,1**	**0,1**	
521B 4f 50 vert typo ✉ 1942	**1**	**0,6**	**0,8**	
522 4f bleu gravé ✉ 1942	**0,2**	**0,1**	**0,1**	
523 4f 50 vert gravé ✉ 1942	**0,2**	**0,1**	**0,1**	
524 5f vert-bleu ✉ 1942	**0,2**	**0,1**	**0,1**	
525 50f noir ✉ 1942	**4**	**3**	**4**	

Série Pétain 1941-42

Série 505 à 525 (23 timbres)	**8,5**	**6**	**7,5**	
non dentelé (tirage 425)	385	250		
EPL sauf 50f		450		
EPL 50f		150		
EPC 20c, 30c, 40c			450	
EPC 50c à 1f 20			450	
EPC 1f 50 à 3f			450	
EPC 4f et 4f 50 typo			450	
EPC 4f et 4f 50 typo papier bistre			575	
EPC 4f et 4f 50 gravés, 5f			500	
EPC 5f, 4f 50 et 4f gravés			500	

1941 - *Armoiries de villes (1ère série). Surtaxe au profit du Secours National. 15 décembre. Vendus: 600 000 séries (f 50)Taille-douce.*

D&G: G.-A. Barlangue — *D&G: H. Cheffer* — *D&G: G. L. Degorce*

526 20c+30c Nancy	2,8	2	2,8	15
527 40c+60c Lille	2,8	2	2,8	13
528 50c+70c Rouen	2,8	2	2,8	11
a - papier carton	10	5		

D&G: Emile Feltesse — *D&G: J. Piel* — *D&G: R. Serres*

529 70c+80c Bordeaux	2,8	2	2,8	15
530 80c+1f Toulouse	2,8	2	2,8	15
531 1f+1f Clermont-Ferrand	2,8	2	2,8	11

D&G: R. Cottet. — *D&G: A. Ouvré.* — *D&G: C.-P. Dufresne*

532 1f 50+2f Marseille	3	2	2,8	11
a - papier carton	10	5		
533 2f+2f Lyon	3	2	3	16
534 2f 50+3f Rennes	3	2	3,5	17

D&G: P. Gandon — *D&G: P. Munier* — *D&G: J. Piel*

535 3f+5f Reims	3	2	3	17
536 5f+6f Montpellier	3,2	2	3,2	18
537 10f+10f Paris	3,5	2	3,2	25
Série 526 à 537 (12 timbres)	35	24	3,5	
non dentelé	300	200		
EPA / EPL/ EPC	1 350	500	1 000	
EPC unicolore grand format			1 750	

Année 1941
470 á 537 (70 timbres)   164   91   111

1942 - *Mercure, légende "République Française". (f 100) Typographie. D&G: Georges Hourriez. 7 février*

538 50c turquoise (République)	0,2	0,1	0,1	1
a - anneau-lune	20	12	8	
b - avec bord publicitaire "Neyrac"	175	105		
c - "c" de "50c" absent	12	8	5	
d - impression défectueuse	11	6		
e - impression sur raccord	130	78		
f - papier carton	6			
g - papier mince (transparent)	1	0,5		
h - piquage à cheval	35	21		

1942 - *Pétain. Typographie et taille-douce. (f 100) Sauf 50F (f 25)*

19 fév — *1 janv* — *27 janv*

509 60c violet	0,1	0,1	0,1	2
a - anneau-lune	20	12		
b - impression défectueuse	3	2		
c - impression incomplète	150	90		
d - impression sur raccord	130	78		
e - légende partielle (surencrage)	6	4	3	
f - papier carton	3			
g - papier mince (transparent)	1	0,5		
h - pli accordéon	100	60		
511 70c orange	0,1	0,1	0,1	2
a - "c" de "70c" absent	32	19	12	
b - "ç" avec cédille	6	4		
c - impression défectueuse	3	2		
d - impression sur raccord	130	78		
e - légende partielle (surencrage)	5	3		
f - papier mince (transparent)	1			
g - perforé "EXP. P" de Saumur	60	40		
h - piquage à cheval	35	21		
i - pli accordéon	85	51		
513 80c vert	0,1	0,1	0,1	2
a - "c" fermé (80°)	10	6	4	
b - impression défectueuse	3	2		
c - impression recto-verso	37	22		
d - impression sur raccord	130	78		
e - légende partielle (surencrage)	6	4		
f - papier mince (transparent)	1			
g - perforé "E. P. N." de Nancy	17	10		
h - pli accordéon	120	72		

21 janv   *14 fév (↻20)*   *20 mars*

515 1f 20 brun	**0,1**	**0,1**	**0,1**	**1**
a - anneau-lune	23	14	9	
b - dentelé tenant à non dentelé	280	168		
c - "f" de "1f 20" absent	14	8	5	
d - impression défectueuse	3	2		
e - impression recto-verso	25	15		
f - impression sur raccord	130	78		
g - légende partielle (surencrage)	6	4		
h - papier mince (transparent)	1			
i - piquage à cheval	35	21		
j - pli accordéon	85	51		
517 1f 50 brun	**0,1**	**0,1**	**0,1**	**1**
a - anneau-lune	20	12	8	
b - dentelé 1 ou 3 côtés	120	72		
c - dentelé tenant à non dentelé	180	98		
d - impression défectueuse	3	2		
e - impression double	625	375		
f - impression incomplète	75	45		
g - impression recto-verso	60	36		
h - impression sur raccord	130	78		
i - légende partielle (surencrage)	8	5		
j - papier mince (transparent)	1			
k - piquage à cheval	30	18		
l - pli accordéon	80	48	32	
m - signature absente	4	3		
519 2f 40 rouge	**0,2**	**0,1**	**0,1**	**8**
a - anneau-lune	25	15	10	
b - impression défectueuse	4	3		
c - impression sur raccord	130	78		
d - papier mince (transparent)	1			

31 mars   *12 mai*
Taille-douce. Dess: P.-P. Lemagny. Grav: P. Gandon.

522 4f bleu, gravé	**0,2**	**0,1**	**0,1**	**3**
a - impression défectueuse	8	5		
b - impression recto-verso	65	39		
c - piquage à cheval	80	48		
d - pli accordéon	125	75		
523 4f 50 vert, gravé	**0,2**	**0,1**	**0,1**	**2**
a - dentelé 1 ou 3 côtés	200	120		
b - dentelé tenant à non dentelé	375	225		
c - impression défectueuse	8	5		

Taille-douce. Dessin: Bouguenec. Gravure: Charles Mazelin.
T 1 350 000

524 5f vert-bleu	**0,2**	**0,1**	**0,1**	**8**
a - chiffre de la faciale en blanc	10	6		
b - dentelé 1 ou 3 côtés	210	136		
c - impression recto-verso	50	30		
d - impression sur raccord	130	78		
e - piquage à cheval	55	33		
f - pli accordéon	130	78		
525 50f noir	**4**	**3**	**4**	**50**
a - chiffre de la faciale en blanc	27	18	12	
b - impression défectueuse	11	7		
c - impression sur raccord	200	120		
d - pli accordéon	185	110		

Non émis

525A 1f 20 bleu	**150**	**100**		
non dentelé	160	100		
525B 3f brun	**1 350**	**900**		
non dentelé	900	600		
525C 4f rouge-rose (nd)	**115**	**75**		
a - impression recto-verso	150	90		

1942 - *Hôtel-Dieu de Beaune. Reprise du timbre de 1941.*
Taille-douce. D&G: E Feltesse. 23 mars (f50)

T 20 000 000

539 15f Hôtel-Dieu de Beaune	**0,8**	**0,3**	**0,5**	**3**
non dentelé	45	30		
EPA / EPL	150	50		
a - chiffres ou légende blancs	13	8		
b - impression (très) défectueuse	80	48		
c - papier carton	12	7	4	
d - piquage à cheval	130	78		
e - papier crème	2,5			

1942 - *Oeuvres de l'air. Avion de reconnaissance Potez 6311 en vol. Taille-douce. D&G: Henry Cheffer. 4 avril (f 25)*

Vendus: 1 200 000

540 1f 50+3f 50 Oeuvres de l'air	2,5	1,5	2,5	6
non dentelé	250	160		
EPA / EPL	385	215		
a - reentry signature	45	27		

Timbre non surchargé, en couleur bleu-gris (25 ex connus)

540A Oeuvres de l'air, gris-bleu   10 000   6000

1942 - *200ième ann. de la naissance de Jean-François de Galaup. Taille-douce. Dess: P. P. Lemagny. Grav: P. Munier. 23 mars (f 25)*

T 1 230 000

541 2f 50+7f 50 La Pérouse	1,5	1	1,5	5
non dentelé (tirage 425)	215	150		
EPA / EPL	350	185		
a - impression sur raccord	165	100		

1942 - *100ième ann. de la naissance du compositeur Emmanuel Chabrier. Taille-douce. Dessin & gravure: Achille Ouvré. 18 Mai (f. 25) Tirage 1 200 000.*

542 2f+3f Emmanuel Chabrier	1,4	0,6	1,4	4
non dentelé (tirage 400)	215	150		
EPA / EPL	350	185		
a - piquage à cheval	85	50		
b - papier crème	2			

1942 - *Quinzaine impériale. Taille-douce. Dessin & gravure: Pierre Gandon. 18 mai (f 25)*

T 1 270 000

543 1f 50+8f 50 Quinzᵉ impériale	1,3	0,6	1,3	4
a - papier crème	2			
b - non dentelé (tirage 400)	175	125		
EPA / EPL	350	185		

1942 - *600ième ann. de la naissance de Jean de Vienne (1341-1396). Taille-douce. Dessin & gravure: Raoul Serres. 16 juin (f 25)*

100ième ann. de la naissance du compositeur Jules Massenet (1842-1912). Taille-douce. Dessin: P.-P. Lemagny. Gravure: A. Delzers. 22 juin (f 50)

T 1 250 000   *T 2 170 000*

544 1f 50+8f 50 Jean de Vienne	1,4	0,6	1,4	4
non dentelé (tirage 400)	175	125		
EPA / EPL	350	185		
545 4f Jules Massenet	0,2	0,1	0,2	3
non dentelé	35	23		
EPA / EPL	135	65		
a - impression sur raccord	165	100		
b - piquage à cheval	85	50		

1942 - *Mercure (2ième série), légende "Postes françaises". Surchargé "RF" en 1944. Typo. D&G: G. Hourriez. (f 100)*

1er novembre   *15 décembre*

546 10c outremer	0,2	0,1	0,1	5
a - anneau-lune	20	12	8	
b - "c" de "10c" absent	10	6	4	
c - dentelé 3 côtés	150	90		
d - dentelé tenant à non dentelé	215	129		
e - impression sur la gomme	340	204		
f - impression sur raccord	130	78		
g - légende partielle (surencrage)	3	2		
h - piquage à cheval	35	20		
i - pli accordéon	50	30	20	
non dentelé	585	360		

547 30c rouge   **0,2**   **0,1**   **0,1**   **2**

a - anneau-lune	20	12	8
b - impression défectueuse	3	2	
c - impression recto et verso	350	210	
d - impression sur la gomme	350	210	
e - impression sur raccord	130	78	
f - légende effacée surencrage	4	3	
g - papier mince	1		
h - piquage à cheval	40	24	
i - pli accordéon	65	39	26

15 décembre   *6 ao×t*

548 40c violet   **0,2**   **0,1**   **0,1**   **5**

a - anneau-lune	20	12	8
b - dentelé 3 côtés	110	66	
c - dentelé tenant à non dentelé	265	159	
d - impression défectueuse	3	2	
e - impression sur raccord	130	78	
f - légende effacée (surencrage)	4	3	
g - papier crème	3		
h - piquage à cheval	45	27	
i - pli accordéon	60	36	24
j - papier carton	2		

549 50c turquoise   **0,2**   **0,1**   **0,1**   **1**

a - anneau-lune	20	12	8
b - avec bord publicitaire "Neyrac"	175	115	
c - "c" de "50c" absent	10	6	4
d - dentelé tenant à non dentelé	265	160	
e - impression défectueuse	3	2	
f - impression incomplète	340	214	
g - impression recto-verso	35	21	
h - impression sur raccord	130	78	
i - légende effacée (surencrage)	3	2	
j - papier filigrané Japon sur bdf	55	30	
k - piquage à cheval	40	24	
l - pli accordéon	65	39	26
m - signature absente	3	2	

Série 546 à 549 (4 timbres)   **0,8**   **0,4**   **0,4**

non dentelé	60	40
EPL		165

1942 - *100ème ann. de la mort de l'écrivain Henri Beyle dit Stendhal (17831842). Taille-dce. D: P-P Lemagny. G: G. Hourriez. 14 sept (f 50)*

André Blondel (1863-1938). physicien ayant mis au point l'oscillographe. Taille-douce. Dessin & gravure: Jules Piel. 14 sept (f 50)

T 2 000 000   *T 2 000 000*

550 4f Stendhal   **0,5**   **0,3**   **0,5**   **3**

non dentelé / Es.Multi (tirage 425)	95	65		150
EPA / EPL	200	100		
a - couleur rouge absente	1 700	1 020		
b - impression sur raccord	165	100		
c - signature en rouge tenant à normal	12	5		

551 4f Blondel   **0,5**   **0,3**   **0,5**   **3**

non dentelé	95	57
EPA / EPL	200	100
a - papier épais	9	
b - piquage à cheval	75	45
c - pli accordéon	110	66

1942 - *Pétain surch. Surtaxe Poute le Secours (f 100) National. Typographie. D: J Bersier G: J Piel. 14 sept*

Vendus: 5 000 000   *Non émis*

552 +50c sur 1f 50 outremer   **0,2**   **0,1**   **0,1**   **2**

non dentelé	25	16	
EPL		50	
EPL d'essai de surcharge	1 000		
a - couleur bleu laiteux	30	18	
b - piquage à cheval	65	39	
c - surcharge absente	285	170	
non dentelé	265	160	

552A +50c sur 1f 50 brun   **2 650**   **2 000**

a - avec surcharge rouge (3 ex connus)	6 750	4 750

1942 - Armoiries de villes (2ème série). Surtaxe au profit du Secours National. 5 octobre. Vendus: 560 000 séries (f50)Taille-douce.

D&G: Pierre Munier   D: Favre. G: J. Piel   D&G: R. Serres

553 50c+60c Chambéry	6	2,8	4	12
554 60c+70c La Rochelle	4,5	2	4	14
555 80c+1f Poitiers	4,5	2	4	15

D&G: Emile Feltesse   D&G: C. P. Dufresne   D&G: G.-L. Degorce

556 1f+1f 30 Orléans	4,5	2,6	3,5	12
557 1f 20+1f 50 Grenoble	4,5	2	3,5	14
558 1f 50+1f 80 Angers	4,5	2	3,5	11

D&G: Henry Cheffer   D&G: Charles Mazelin   D&G: Antonin Delzers

559 2f+2f 30 Dijon	5	2	4	15
560 2f 40+2f 80 Limoges	5	2	4	18
561 3f+3f 50 Le Havre	5	2	4	16

D&G: G.-A. Barlangue   D&G: Achille Ouvré   D&G: Pierre Gandon

562 4f+5f Nantes	6	2,8	4,5	18
563 4f 50+6f Nice	5	2,7	4,5	18
564 5f+7f Saint-Etienne	5,5	2,7	4,5	20
Série 553 à 564 (12 timbres)	**60**	**27**	**50**	
non dentelé	300	200		
EPA / EPL/ EPC	1 350	500	1 000	
EPC unicolore grand format			1 750	

1942 - Légion tricolore. Démonétisés le 1er novembre 1944. Taille-douce. D: Eric. G: P Gandon. 12 octobre (f de 5 Bandes)

Vendus: 48 000 feuilles

565 1f 20+8f 80 bleu Légion tricolore	**11**	**6**	**10**	**25**
566 1f 20+8f 80 rge Légion tricolore	**11**	**6**	**10**	**25**
paire, non dentelé	700	475		
paire, EPA / EPL / EPC	700		300	
566A Triptyque	**25**	**15**	**25**	
a - pli accordéon	365	220		
566B Bande de 4 + vignette à sec	**50**	**30**	**50**	
non dentelé (tirage 200)	1 800	1 400		

Timbre non émis, tricolore, réalisé à l'intention du maréchal Pétain (1 feuille, soit 25 exemplaires connus). Il a aussi été émis une feuille de 25 exemplaires, du timbre bleu, sans la vignette blanche, et une feuille de 25 du timbre rouge, également sans la vignette. Les timbres issus de ces deux feuilles ne peuvent se reconnaître que s'ils se présentent en bande verticale de trois ou plus, ou avec bdf inférieur (bleu), ou bdf supérieur (rouge).

566C Légion tricolore, non émis	5 750	3 500
566D Timbre issu du tirage spécial, bleu ou rouge	13 000	9 000

1942 - Arras: le beffroi. 1er dec (f 50)
Taille-douce. Dessin & gravure: Gabriel-Antoine Barlangue.

T 17 400 000

567 10f Arras, le beffroi　0,2　0,1　0,2　2

non dentelé	85	60
EPA / EPL	150	75
a - chiffres blancs	70	42
b - impression incomplète	160	96
c - impression sur raccord	165	100
d - pli accordéon	100	60
e - légende et signature dédoublées t à n	65	

1942 - Pétain. Typo et taille-douce.
Série démonétisée le 1ᵉʳ novembre 1944. 15 decembre (f 100)

T 200 000 000　　　*T 54 500 000*

521A 4f bleu, typographié　0,2　0,1　0,1　2

a - anneau-lune	25	15	10
b - couleur bleu-gris clair	1		
c - couleur bleu-noir	1		
d - dentelé 3 côtés	90	54	
e - dentelé tenant à non dentelé	365	219	
f - impression défectueuse	5	3	
g - impression recto-verso	40	24	
h - impression recto et verso	315	189	
i - impression sur raccord	130	78	
j - légende partielle (surencrage)	12	7	
k - "P" de "Postes" absent	10	6	
l - piquage à cheval	30	18	
m - pli accordéon	80	48	

521B 4f 50 vert, typographié　1　0,6　0,8　2

a - anneau-lune	30	18	12
b - dentelé tenant à non dentelé	400	240	
c - impression défectueuse	8	5	
d - impression incomplète	100	60	
e - impression sur raccord	130	78	
f - légende partielle (surencrage)	20	12	
g - piquage à cheval	40	24	
h - piquage partiel	45	27	
i - pli accordéon	80	48	

Année 1942
538 á 567 (30 timbres)	**93,5**	**48**	**78**
Triptyque 576A Bande	**25**	**15**	**25**
576B	**50**	**30**	**50**

1943 - *Surtaxe au profit du Secours National. Taille-douce. Dessin & gravure: Charles Mazelin (1f+10f et francisque), Jules Piel (2f+12f). 8 février (f de 5 bandes)*

Tir: 5 000 000

568 2f+12f bleu Mᵃˡ Pétain	3	1,5	3	10
569 1f+10f bleu Mᵃˡ Pétain	3	1,5	3	10
570 1f+10f rouge Mᵃˡ Pétain	3	1,5	3	10
571 2f+12f rouge Mᵃˡ Pétain	3	1,5	3	10
571A Bande francisque	16	10	16	25
non dentelé (tirage 200)	1 800	1 350		
série, EPA / EPL / EPC	700	300	500	
a - francisque imprimée à sec, nd	4 500	2 700		
b - piquage à cheval	1 400	840		
c - piquage à cheval surch "ANNULE"	1 550	1 050		
d - pli accordéon	600	360		

1943 - *Blasons des provinces françaises (1ᵉʳᵉ série). Typo. Dessin. & gravure: C.-P. Dufresne & A. Ouvré (5f), J. Piel (10f), H. Cortot (15f), R. Louis & H. Cortot (20f). (f 100)*

15 mai　　　*25 mars*

572 5f Lyonnais　0,4　0,2　0,4　1

a - anneau-lune	22	13	8
b - couleur jaune absente	375	225	
c - couleur rouge absente	485	290	
d - couleurs jaune et rouge absentes	735	440	
e - couleurs très décalées	160	96	64
f - impression défectueuse	3	2	
g - impression sur raccord	130	78	
h - lion emputé (surencrage)	12	7	
i - piquage à cheval	45	27	
j - piquage double	90	54	

573 10f Bretagne　0,5　0,3　0,5　1

a - signature tronquée "EL" pour "PIEL"	35	21	14
b - couleur jaune très décalée	50	30	20
c - dentelé tenant à non dentelé	1 150	700	
d - impression défectueuse	5	3	
e - impression incomplète	130	78	
f - impression sur raccord	130	78	
g - piquage à cheval	50	30	

15 mai　　　*1ᵉʳ mai*

574 15f Provence	2,3	1,3	1,5	3
a - couleur bleue absente	365	220		
b - couleur bleue partielle	130	78		
c - couleurs jaune et rouge très décalées	160	96		
d - inscriptions absentes	525	315		
e - impr dépouillée, piquage à cheval	600	360		
f - impression sur raccord	130	78		
575 20f Ile de France	**1,8**	**0,9**	**1,6**	**3**
a - couleurs très décalées	130	78		
b - impression sur raccord	130	78		
Série 572 à 575 (4 timbres)	**5**	**2,7**	**4**	
non dentelé	75	55		
EPL /EPC	125	300		
EPL de décomposition, chaque	500			

1943 *- Secours National "travail, famille, patrie". Taille-douce. Dessin & gravure: Charles Mazelin (Maréchal Pétain 1f20 +1f40 et 5f+15f), Paul-Pierre Lemagny & Raoul Serres (Travail), Robert Cami & Pierre Munier (Famille), Robert Cami & Henri Feltesse (Patrie). 7 juin. Tirage 5 000 000 bandes*

576 1f 20+1f 40 M[al] Pétain	20	12	18	35
577 1f 50+2f 50 Travail	**20**	**12**	**18**	**35**
578 2f 40+7f Famille	**20**	**12**	**18**	**35**
579 4f+10f Patrie	**20**	**12**	**18**	**35**
580 5f+15f M[al] Pétain	**20**	**12**	**18**	**35**
580A Bande T.F.P.	**150**	**75**	**120**	
non dentelé (tirage 425)	1 800	1 350		
série, EPA / EPL / EPC	700	300	800	
EPC en violet		900		

1943 *- Antoine-Laurent de Lavoisier (1743-1794). Taille-douce. D&G: A. Ouvré, d'ap. David. 5 juillet (f 100)*

T 2 600 000

581 4f Lavoisier	0,2	0,1	0,2	5
non dentelé	25	16		
EPA / EPL	125	50		
a - impression sur raccord	130	78		
b - pli accordéon	200			

1943 *- Le lac Lérié et la Meije (Dauphiné). Taille-douce. D&G: Pierre Gandon. 5 juillet (f 25)*

582 20f Lac Lérié et la Meije	1	0,7	1	6
non dentelé (tirage 400)	100	75		

1943 *- L'Hôtel-Dieu de Beaune (500ème ann). Taille-dce. Dess & grav: Henry Cheffer 21 juillet (f 50)*

Villes bombardées. Taille-douce. Dessin & gravure: Pierre Gandon. 23 août (f 25)

T 2 460 000   T 1 150 000

583 4f N. Rolin et G. de Salins	0,2	0,1	0,2	5
non dentelé	70	50		
EPA / EPL	175	80		
a - couleur bleu-gris	3	2		11
b - coul. bleu-gris, impr. très défectueuse	550	330		
c - couleur bleu-noir	2	1		9
d - impression recto-verso	65	39		
e - impression sur raccord	165	100		
f - pli accordéon	110	66		
584 1f 50+3f 50 Villes bombardées	**0,5**	**0,4**	**0,5**	**3**
non dentelé (tirage 450)	85	65		
EPA / EPL	200	95		
a - impression sur raccord	165	100		

1943 *- Famille du prisonnier. Taille-douce. Emission: 27 septembre 1943. (f 25) T 1 000 000 de paine*

D: E. Fauré. G: J. Piel   *D: R. H. Munsch. G: J. Piel*

585 1f 50+8f 50 Famille du prisonnier	1	0,7	1	5
586 2f 40+7f 60 Famille du prisonnier	**1,1**	**0,8**	**1,2**	**6**
paire, non dentelé (tirage 450)	185	135		
paire, EPA / EPL / EPC	350	165	375	

4 octobre 1943: libération de la Corse

1943 - Personnages célèbres du XVIème siècle.
Taille-douce. Emission: 25 octobre.Vendues: 900 000 séries (f 25).

Montaigne (1533-1592)
(moraliste)

François Clouet (1520-1572)
(peintre, d'ap. son autoportrait)

D&G: G.-A. Barlangue

D&G: Achille Ouvré

587 60c+80c Montaigne	2,3	1,3	2,3	8
a - dentelé 3 côtés	160	100		
b - impression sur raccord	165	100		
c - piquage à cheval	85	50		

588 1f 20 +1f 50 Clouet	2	1,3	2	8
a - dentelé 3 côtés	160	96		
b - piquage à cheval	85	50		

A. Paré (1510-1590)
(chirurgien)

Bayard (1476-1524) (chevalier)

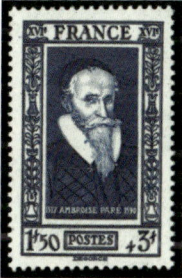

Dess & grav: G. L. Degorce

Dessin & gravure: Raoul Serres

589 1f 50 +3f Ambroise Paré	2	1,3	2	8
a - dentelé 3 côtés	160	96		
b - piquage à cheval	85	50		

590 2f 40+4f Bayard	2	1,3	2	11
a - dentelé 3 côtés	160	96		
b - piquage à cheval	85	50		

Baron de Rosny, duc de Sully
(1560-1641) (ministre)

Henri IV (1553-1610) (roi de
France en 1589)

Dess & grav: Pierre Munier

Dess & grav: Achille Ouvré

591 4f+6f Sully	2,3	1,4	2,3	10
a - dentelé 3 côtés	160	96		
b - piquage à cheval	85	50		

592 5f+10f Henri IV	2,4	1,4	2,4	10
a - dentelé 3 côtés	160	96		
b - piquage à cheval	85	50		

Série 587 à 592 (6 timbres)	13	8	13	
non dentelé (tirage 425)	335	250		
EPA/ EPL /EPC	700	300	600	

1943 - Coiffes régionales du XVIIIème siècle. Taille-douce.
Emission: 27 décembre 1943. T 1 000 000 séries (f 25).

D: A. Delzers. G: G.-A. Barlangue   *Dess: A. Decaris. Grav: E. Feltesse*

593 60c+1f 30 Picardie	2	1,5	2	8
a - dentelé 3 côtés	160	96		
b - impression métallique, mordoré	250	150		

594 1f 20+2f Bretagne	2	1,5	2	8
a - dentelé 3 côtés	160	96		

Dess & grav: Charles Mazelin   *D: P. P. Lemagny. G: C. P. Dufresne*

595 1f 50+4f Ile de France	2	1,5	2	8
a - dentelé 3 côtés	160	96		

596 2f 40+5f Bourgogne	2	1,5	2	11
a - dentelé 3 côtés	160	96		
b - impression sur raccord	**165**	**100**		

Dess & grav: René Cottet   *Dess & grav: Albert Decaris*

597 4f+6f Auvergne	3	1,7	3	10
a - dentelé 3 côtés	160	96		

598 5f+7f Provence	3	1,8	3	10
a - dentelé 3 côtés	160	96		
Série 593 à 598 (6 timbres)	**14**	**9,5**	**14**	
non dentelé (tirage 425)	325	250		
EPA/ EPL /EPC	700	300	600	
598A EPA non émis Limousin	**525**			
598B EPA non émis Normandie	**525**			
598C EPA non émis Touraine	**525**			

Année 1943

568 à 598 (31 timbres)	**1`48**	**91**	**147**
Bandes (2 bandes)	**166**	**98**	**136**

1944 - *Edouard Branly (1844-1940. Taille-dce. D. & g.: A. Decaris. 21 fév (f 100)*

Comte de Tourville (1642-1701). Taille-douce. Dess: P.P. Lemagny. Grav: J. Piel. 21 fév (f 25)

T 2 550 000

T 1 200 000

599 4f Branly	0,2	0,1	0,2	5
non dentelé	35	25		
EPA / EPL	125	50		
a - impression sur raccord	130	78		
b - papier rose	325	200		
c - piquage à cheval	60	36		
d - pli accordéon	180	108		
600 4f+6f Tourville	0,8	0,4	0,8	6
non dentelé (tirage 450)	85	60		
EPA / EPL	200	95		
a - dentelé 3 côtés b. def.	220	132		
b - impr défectueuse (visage pâle)	10	6		
c - impression sur raccord	165	100		
d - imprimé sur feutre	400			

1944 - *50ème anniversaire de la mort du compositeur Charles Gounod (1818-1893).Taille-dce. Dess: Michel Giry. Grav: C. P. Dufresne. 27 mars (f 100)*

Vendus: 1 200 000

601 1f 50+3f 50 Gounod	1	0,5	0,8	4
non dentelé	70	50		
EPA / EPL	150	80		
a - chiffres effacés	65	39		
b - impression sur raccord	210	140		

1944 - *Blasons des provinces françaises (2ème série). (f 100) Typopographie. Dessin: Robert Louis. Gravure: Henri Cortot .*

27 mars

602 5f Flandre	0,2	0,1	0,1	1
a - couleur jaune absente	450	270		
b - couleur noire absente	415	250		
c - couleurs très décalées	50	30	20	
d - écu de travers	650	390		
e - impression défectueuse	3	2		
f - impression sur raccord	130	78		
g - piquage à cheval	45	27		

27 mars

603 10f Languedoc	0,2	0,1	0,1	1
a - couleur jaune absente	625	375		
aa - jne absent, rge partiellement absent	700	420		
b - couleur rouge absente	600	360		
ba - coul. rge et jne absentes, noir seul	700	420		
c - couleur noire au lieu de rouge	800	480		
d - couleurs très décalées	50	30	20	
e - impression défectueuse	3	2		
f - impression double (oscillée)	3	2		

24 avril

604 15f Orléanais	0,8	0,5	0,7	1
a - anneau-lune	50	30	20	
b - avec écu du Languedoc (1 ex connu)	16 500			
c - couleur jaune absente	625	375		
d - couleurs très décalées	60	36	24	
e - impression défectueuse	4	3		
f - impression sur raccord	130	78		
g - piquage à cheval	55	33		

24 avril

605 20f Normandie	1,3	0,8	1,1	2
a - couleur jaune absente	525	315		
b - couleur jaune absente, piquage à cheval	675	405		
c - jne et rge absents, piquage à cheval	665	400		
d - couleur jaune absente, rouge à cheval	600	360		
e - couleurs très décalées	60	36	24	
f - impression défectueuse	4	3		
g - impression double du bleu (oscillée)	10	6		
h - impression sur raccord	130	78		
i - piquage à cheval	55	33		

Série 602 à 605 (4 timbres)	2,5	1,5	2
non dentelé	85	65	
EPL /EPC		150	300
EPL de décomposition, chaque		500	

Epreuve de décomposition des poinçons des blasons "Orléanais et "Normandie".

1944 - *88ème anniversaire du maréchal Pétain. 24 avril. T 1 220 000 séries (f 25). Taille-douce.*

Dess & grav: Charles Mazelin.

606 1f 50+3f 50 Buste du m^al Pétain	4	2,2	4	9
non dentelé (tirage 475)	175	125		
a - couleur brun-rosé	10	6	5	20
b - pli accordéon	160	105		

Dessin & gravure: Pierre Gandon

607 2f+3f Corporation paysanne	0,8	0,5	0,7	5
non dentelé (tirage 475)	70	50		

Dessin & gravure: Albert Decaris

608 4f+6f Charte du travail	0,8	0,5	0,7	6
non dentelé(tirage 475)	70	50		
a - impression sur raccord	165	100		
b - pli accordéon	160	96		
série, EPA / EPL / EPC	700	275	500	

6 juin 1944: débarquement de Normandie

1944 - *100ème anniversaire de la création du service postal ambulant. Taille-douce. D: M. Pelletan. G: Pierre Gandon. 10 juin (f 50)*

T 3 000 000

609 1f 50 Service ambulant	0,7	0,4	0,6	3
non dentelé	70	50		
EPA / EPL	150	80		
a - impression recto-verso	50	30		
b - impression sur raccord	165	100		
c - piquage à cheval	70	42		

1944 - *Château de Chenonceau (situé dns le village de Chenonceaux). Taille-douce. D&: G. A. Barlangue. 10 juin (f 50)*

T 2 500 000

610 15f Chenonceau	0,8	0,3	0,6	3
non dentelé	50	35		
EPA / EPL	150	80		
a - couleur brun-noir	14	9		
b - couleur noire	135	80		
c - impression sur raccord	165	100		

30 octobre. T 3 740 000

Oblitérations sur télégramme radio EFM

barres noires   cachet US Army   grand cachet noir   double ovale
(rouge ou violet)

611 25f Chenonceau		**1**	**0,4**	**0,7**	**3**
non dentelé (tirage 500)		90	70		
EPA / EPL		150	80		
■ s 🖃 E.F.M. barres noires	30 oct 44 ➡ 12 mai 45	75	350		
■ s 🖃 E.F.M. cach US Army	30 oct 44 ➡ 12 mai 45	75	350		
■ s 🖃 E.F.M. gd cachet noir	30 oct 44 ➡ 12 mai 45	75	350		
■ s 🖃 E.F.M. double ovale	30 oct 44 ➡ 12 mai 45	80	375		
a - couleur gris pâle		9	6	5	
b - impression recto-verso		55	33		
c - impression sur raccord		165	100		

1944 - *Personnages célèbres du XVIIᵉᵐᵉ siècle. Taille-douce.*

Emission: 31 juillet 1944. T 1 050 000 séries (f 25).

Molière (1622-1673)   Hardouin-Mansart (1646-1708)

D: M. Ciry. Grav: Ch. Mazelin   *D&G: Pierre Gandon*

612 50c+1f 50 Molière	**2,2**	**1,2**	**2,2**	**10**
a - impression recto-verso	55	33		
b - piquage à cheval	120	72		
c - pli accordéon	110	66		

613 80c+2f 20 Hardouin-Mansart	**1,6**	**1**	**1,6**	**10**
a - dentelé 3 côtés	875	575		
b - impression recto-verso	55	33		
c - piquage à cheval	120	72		
d - pli accordéon	110	66		
e - impression dépouillée	40			

Blaise Pascal (1623-1662)   Louis II, prince de Condé

D: G. Edelinck. G: P. Munier   *D&G: Albert Decaris*

614 1f 20+2f 80 Blaise Pascal	**1,6**	**1,2**	**1,6**	**9**
a - impression recto-verso	55	35		
b - piquage à cheval	120	72		
c - pli accordéon	110	65		

615 1f 50 + 3f 50 Le Grand Condé	**1,6**	**1,2**	**1,6**	**8**
a - dentelé tenant à non dentelé	265	156		
b - impression défectueuse	45	27		
c - impression recto-verso	55	33		
d - piquage à cheval	120	72		
e - pli accordéon	110	66		

D&G: Pierre Munier   *D&G: Pierre Gandon*

616 2f+4f Colbert	**2**	**1,2**	**2**	**8**
a - impression recto-verso	55	33		
b - piquage à cheval	120	72		
c - pli accordéon	110	65		

617 4f+6f Louis XIV	**2**	**1,2**	**2**	**10**
a - impression recto-verso	55	33		
b - piquage à cheval	120	72		
c - pli accordéon	110	66		

Série 612 à 617 (6 timbres)	**11**	**7**	**11**	
non dentelé (tirage 450)	335	250		
EPA / EPL/EPC	700	300	600	

1944 - *100ᵉᵐᵉ ann. du Paris-Orléans et du Paris-Rouen. Taille-douce. Dess & grav: P. P. Lemagny & R. Serres. 14 août. (f 50)*

Claude Chappe (1763-1805). Taille-douce. Dessin & gravure: Raoul Serres. 14 août (f 100)

T 1 160 000   T 2 530 000

618 4f+6f Paris-Orléans	**2**	**1,3**	**2**	**11**
non dentelé	90	54		
EPA / EPL	225	100		
a - impression recto-verso	45	27		
b - piquage à cheval	110	66		
619 4f Chappe	**0,2**	**0,1**	**0,2**	**4**
non dentelé	35	25		
EPA / EPL	140	65		
a - impression sur raccord	130	78		
b - pli accordéon	85	50		

15 août 1944: débarquement de Provence
20 août -7 sept, transfert de Vichy à Sigmaringen.
Gouvernement provisoire

1944 - *1ère série Arc de Triomphe. Imprimés aux Etats-Unis sur la demande de Roosevelt.Emission: 9 octobre 1944. Lithographie offset. Dessin: W. A. Roach. Gravure: C. A. Brooks, A.W. Christensen, T. Vail et J. S. Edmondson. (f 100)*

620 5c lilas-rose	**0,1**	**0,1**	**0,1**	**8**
a - dentelé 1 ou 3 côtés	45	27		
b - impression (très) défectueuse	50	30		
c - impression double	110	66		
d - piquage à cheval	40	24		
621 10c gris	**0,1**	**0,1**	**0,1**	**8**
▪ sur ✉❷ routé ↻	9 oct 44 ➳ 12 mai 45			425
▪ sur ◉	9 oct 44 ➳ 12 mai 45			225
a - dentelé 1 ou 3 côtés	45	27		
b - piquage à cheval	40	24		
c - anneau lune sur la voûte	25			
622 25c brun	**0,1**	**0,1**	**0,1**	**8**
▪ sur ✉ routé ↻	9 oct 44 ➳ 12 mai 45			265
a - dentelé 1 ou 3 côtés	45	27		
b - impression double	120	72		
c - piquage à cheval	40	24		

623 50c jaune-olive	**0,1**	**0,1**	**0,1**	**8**
a - impression défectueuse	4			
b - piquage à cheval	40	24		
c - anneau lune	25			
624 1f vert-bleu	**0,1**	**0,1**	**0,1**	**10**
a - impression défectueuse (lourde)	3			
b - piquage à cheval	40	24		
c - piquage oblique par pliage	140	84		
625 1f 50 rose	**0,1**	**0,1**	**0,1**	**7**
a - gros éclat sur l'arc	55	30		
b - anneau lune sur la voûte	25			

626 2f 50 violet	**0,1**	**0,1**	**0,1**	**28**
a - impression incomplète	85	50		
b - piquage à cheval	45	27		
c - anneau lune sur la voûte	25			
627 4f bleu	**0,1**	**0,1**	**0,1**	**18**
a - impression défectueuse	4			
b - piquage à cheval	45	27		

628 5f gris-noir	**0,2**	**0,2**	**0,2**	**37**
a - dentelé 3 côtés	50	30		
b - piquage à cheval	45	30		
c - anneau lune sur la voûte	25			
629 10f orange	**36**	**20**	**28**	**275**
a - dentelé 1 ou 3 côtés	170	102		
b - impression double	615	370		
c - piquage à cheval	200	120		

Série 620 à 629 (10 timbres)	**37**	**21**	**29**

1944 - *Coq et Marianne d'Alger. Emission: 15 novembre 1944. Lithographie. Dessin: Henry Razous (coq), Louis Fernez (Marianne). Report: Charles Hervé. (f 100)*

Tir: 3 010 000   Tir: 2 010 000   Tir: 3 010 000

630 Coq, 10c vert-jaune	**0,2**	**0,1**	**0,1**	**25**
a - fond blanc	3			
b - impression double	120	72		
non dentelé	80	55		
c - impression recto-verso	20	12		
d - piquage à cheval	40	24		
631 Coq, 30c lilas foncé	**0,4**	**0,2**	**0,5**	**25**
a - fond blanc	2			
b - impression double	120	72		
non dentelé	80	55		
c - impression (très) défectueuse	7	4		
d - impression recto-verso	22	14		
non dentelé	65	45		
e - piquage à cheval	45	27		
632 Coq, 40c bleu	**0,2**	**0,1**	**0,1**	**25**
a - impression double	120	72		
non dentelé	80	55		
b - impression recto-verso	25	15		
non dentelé	65	45		
c - piquage à cheval	50	30		
d - pli accordéon	70	42		
e - signatures absentes	5	3		

Tir: 3 010 000   Tir: 2 035 000   Tir: 3 060 000

633 Coq, 50c rouge	**0,2**	**0,1**	**0,1**	**25**
a - "c" fermé (50°)	13	8	6	
b - impression défectueuse	3			
c - impression double	120	72		
non dentelé	80	55		
d - impression recto-verso	25	15		
non dentelé	65	45		
e - piquage à cheval	55	33		
f - pli accordéon	70	42		
634 Marianne, 60c sépia	**0,2**	**0,1**	**0,1**	**35**
a - impression défectueuse	3			
b - impression double	120	72		
non dentelé	80	55		
c - impression recto-verso	40	24		
d - piquage à cheval	65	39		
635 Marianne, 70c rose	**0,2**	**0,1**	**0,1**	**25**
a - impression défectueuse	4			
b - impression double	120	72		
non dentelé	80	55		
c - piquage à cheval	45	27		
d - bonnet à pointe tàn	55	27		

Tir: 1 540 000   Tir: 3 050 000   Tir: 2 050 000

636 Marianne, 80c vert	**1,2**	**0,8**	**1,2**	**25**
a - impression défectueuse	4	2		
b - impression recto-verso	25	15		
c - piquage à cheval	55	33		
637 Marianne, 1f violet	**0,2**	**0,1**	**0,2**	**20**
a - dentelé tenant à non dentelé	210	140		
b - impression défectueuse	3	2		
c - impression double	120	72		
non dentelé	80	55		
d - impression recto-verso	25	15		
e - piquage à cheval	65	39		
f - pli accordéon	70	42		
638 Marianne, 1f 20 rouge	**0,2**	**0,1**	**0,2**	**20**
a - impression défectueuse	3	2		
b - impression double	120	72		
non dentelé	80	55		
c - impression recto-verso	25	15		
d - piquage à cheval	45	27		
e - pli accordéon	70	42		

Tir: 10 200 000   Tir: 2 015 000   Tir: 1 040 000

639 Marianne, 1f 50 bleu	**0,2**	**0,1**	**0,1**	**7**
a - couleur bleu-vert	2	1		
b - impression défectueuse	10	6		
c - impression double	120	72		
non dentelé	80	55		
d - impression recto-verso	25	15		
e - piquage à cheval	45	27		
f - signatures absentes	4	2		
640 Coq, 2f bleu	**0,2**	**0,1**	**0,1**	**16**
a - fond blanc	4	2		
b - impression défectueuse	4	2		
c - impression double non dentelé	80	48		
d - impression recto-verso	27	16		
non dentelé	75	50		
e - piquage à cheval	45	27		
641 Marianne, 2f 40 rouge	**1,5**	**0,9**	**1,5**	**90**

■ sur 🖼❸ ↻ 🎯	15 nov 44 ⇢ 12 mai 45			750
■ sur ▭❷ ↻ 🎯	15 nov 44 ⇢ 12 mai 45			750
■ sur ▭ ↻ 🎯	17 avr 44 ⇢ 14 nov 44			1 050
■ sur ▭ ↻ 🎯	15 nov 44 ⇢ 12 mai 45			750
■ sur ▭ ↻ Canada	15 nov 44 ⇢ 12 mai 45			825
■ sur ▭🖊 ↻ 🎯	15 nov 44 ⇢ 12 mai 45			875

Tir: 2 030 000	*Tir: 2 040 000*	*Tir: 3 050 000*

642 Marianne, 3f vert fcé 0,2 0,1 0,2 20

a - impression défectueuse	3	2
b - impression double non dentelé	80	48
c - impression recto-verso	22	13
non dentelé	75	55
d - piquage à cheval	45	27
e - signature absente	7	4

643 Marianne, 4f bleu clair 0,2 0,1 0,2 16

a - impression double non dentelé	80	48
b - impression recto-verso	25	15
c - piquage à cheval	45	27
d - signature absente	7	4

644 Marianne, 4f 50 noir 0,2 0,1 0,2 16

a - anneau-lune	12	7
b - impression double	125	75
non dentelé	80	55
c - impression recto-verso	25	15
d - piquage à cheval	40	24

T 1 010 000	*T 1 009 000)*

645 Marianne, 5f bleu 5 3 5 130

■ sur ✉ ↝	15 nov 44 ➤ 28 fév 45	385
■ sur ✉❷®	17 avr 44 ➤ 14 nov 44	475
■ sur ✉❷®	15 nov 44 ➤ 28 fév 45	365
■ sur ✉ ❸	15 nov 44 ➤ 28 fév 45	425
■ sur ✉ ✈ ♂ AOF	1ᵉʳ mars 45 ➤ 9 mars 45	525
■ sur ✉ ✈ ♂ AOF	17 avr 44 ➤ 14 nov 44	475
■ sur ✉ ✈ ♂ AOF	15 nov 44 ➤ 28 fév 45	365
■ sur ✉ ✈ ♂ Indo	1ᵉʳ mars 45 ➤ 12 mai 45	375
■ sur ✉ ✈ ♂ Lib Syr	1ᵉʳ mars 45 ➤ 12 mai 45	375
■ sur ✉❷✈ ♂ AFN	1ᵉʳ mars 45 ➤ 12 mai 45	385
a - impression double non dentelé	80	48
b - pli accordéon	130	78

646 Coq, 10f violet 6 3,5 5,5 85

■ sur ✉ ↝	1ᵉʳ mars 45 ➤ 12 mai 45	350
■ sur ✉❹ ⊶	15 nov 44 ➤ 28 fév 45	425
■ sur ✉ ❸	1ᵉʳ mars 45 ➤ 12 mai 45	425
■ sur ⚓	15 nov 44 ➤ 12 mai 45	750
■ sur ✉❷✈ ♂ Suède	10 mars 45 ➤ 12 mai 45	425
■ sur ✉❸✈ ♂ USA	15 nov 44 ➤ 9 mars 45	400
■ sur ✉® ✈ ♂ ⊶	15 nov 44 ➤ 12 mai 45	300
■ sur ✉❷® ✈ ♂ Lib Syr	1ᵉʳ mars 45 ➤ 9 mars 45	525
a - fond blanc	10	6	4
b - impression double non dentelé	80	48
c - impression recto-verso	45	27
non dentelé	70	50
d - piquage à cheval	100	60
e - signature absente	17	11	11

T 1 007 000	*T 1 008 000*

647 Coq, 15f sépia 5,5 3,1 5,5 85

■ sur ✉® ✈ ♂ Australie	15 nov 44 ➤ 12 mai 45	425
■ sur ✉® ✈ ♂ Col fr	10 mars 45 ➤ 12 mai 45	300
■ sur ✉❸® ✈ ♂ AOF	15 nov 44 ➤ 28 fév 45	350
■ sur ✉❸® ✈ ♂ Indo	1ᵉʳ mars 45 ➤ 12 mai 45	365
■ sur ✉❸® ✈ ♂ Lib Syr	10 mars 45 ➤ 12 mai 45	365
a - impression double non dentelé	80	48
b - impression recto-verso	35	21
non dentelé	70	45
c - piquage à cheval	70	42
d - pli accordéon	130	78

648 Coq, 20f vert-noir 5 3,5 5 100

abonnᵗ réduit TP	15 nov 44 ➤ 28 fév 45	325
■ sur ✉ ✈ ♂ USA	juil 44 ➤ 14 nov 44	425
■ sur ✉ ✈ ♂ USA	15 nov 44 ➤ 28 fév 45	325
■ sur ✉❷✈ ♂ Col fr	10 mars 45 ➤ 12 mai 45	365
■ sur ✉❷✈ ♂ ⊶	10 mars 45 ➤ 12 mai 45	425
■ sur ✉❸✈ ♂ AOF	10 mars 45 ➤ 12 mai 45	365
■ sur ✉❹✈ ♂ Açores	15 nov 44 ➤ 12 mai 45	550
■ sur ✉® ✈ ♂ USA	juil 44 ➤ 14 nov 44	425
■ sur ✉® ✈ ♂ USA	15 nov 44 ➤ 28 fév 45	325
■ sur ✉❸® ✈ ♂ Açores	15 nov 44 ➤ 12 mai 45	550
■ sur ✉❹®✈ ♂ AOF	1ᵉʳ mars 45 ➤ 9 mars 45	575
a - impression double non dentelé	80	48
b - impression recto-verso non dent.	70	42
c - piquage à cheval	75	45
d - pli accordéon	125	75

Série 630 à 648 (19 timbres) 27 16,5 25,5

non dentelés (tirage 200)	750	550

Timbres non émis

648A **Marianne dentelé, chaque**	**340**	**240**
648B Marianne essai nd sf 50f, chaque	170	110
648C **Marianne, 50f nd**	**140**	**80**
a - "50f" renversé	550	330
tenant à normal	1 150	690

1944 *- Iris (2ᵉ série). Typographie. Dessin & gravure:*
Georges Hourriez. (f 100)

22 sept   *21 sept f 100)*   *30 sept*

649 **80c vert**	**0,2**	**0,1**	**0,2**	**3**
a - anneau-lune	20	15	10	
b - impression défectueuse	4	3		
c - impression double (oscillée)	3	2		
d - impression sur raccord	100	60		
e - piquage à cheval	30	18		
f - pli accordéon	65	39		
g - "S" final de "Postes" absent	10	6		
h - signature absente	3	2		
650 **1f bleu**	**0,2**	**0,1**	**0,1**	**3**
a - avec bord publicitaire "Neyrac"	150	100		
b - dentelé tenant à non dentelé	210	140		
c - impression défectueuse	4	2		

d - impression double (oscillée)	3	2	
e - impression recto-verso	20	12	
f - impression sur raccord	100	60	
g - papier filigrané Japon sur bdf	50	35	
h - piquage à cheval	30	18	
i - pli accordéon	65	39	
j - signature absente	3	2	

651 **1f 20 violet**	**0,2**	**0,1**	**0,1**	**2**
a - "0" de "1f 20" absent	13	8	6	
b - "20" de "1f 20" absent (surencrage)	110	66	44	
c - anneau-lune	25	15	10	
d - dentelé 1 ou 3 côtés	100	60		
e - impression incomplète	130	78		
f - impression recto-verso	20	12		
g - impression sur raccord	100	60		
h - légende partielle (surencrage)	3	2		
i - piquage à cheval	30	18		
j - pli accordéon	70	42	28	
k - signature absente	2	1		

5 sept   *6 nov*   *4 oct*

652 **1f 50 brun-rouge**	**0,2**	**0,1**	**0,1**	**2**
a - "0" ou "5" de "1f 50" absent	45	27	18	
b - "1" de "1f 50" absent	50	30	20	
c - "50" de "1f 50" absent (surencrage)	110	66	44	
d - anneau-lune	30	18		
e - avec bord publicitaire "Neyrac"	150	90		
f - couleur chocolat	1	0,6		
g - dentelé 1 ou 3 côtés	55	33		
h - dentelé tenant à non dentelé	200	120		
i - impression incomplète	75	45		
j - impression sur raccord	100	60		
k - Iris emputé (surencrage)	14	9		
l - légende absente (surencrage)	22	13		
m - légende partielle (surencrage)	8	5		
n - papier filigrané Japon sur bdf	100	48		
o - piquage à cheval	25	15		
p - pli accordéon	70	42		
q - signature absente	5	3		

653 **2f brun**	**0,2**	**0,1**	**0,1**	**2**
a - anneau-lune	25	15	10	
b - dentelé tenant à non dentelé	200	120		
c - impression défectueuse	14	9		
d - impression double (oscillée)	3	2		
e - impression sur raccord	100	60		
f - légende partielle (surencrage)	5	3		
g - papier filigrané Japon sur bdf	100	48		
h - piquage à cheval	30	18		
i - pli accordéon	70	42	15	

654 **2f 40 rose carminé**	**0,2**	**0,1**	**0,2**	**4**
a - anneau-lune	25	15	10	
b - impresssion double (oscillée)	4	3		
c - impression recto-verso	23	14		
d - impression recto et verso	325	195	75	
non dentelé	650	400		
e - impression sur raccord	100	60		
non dentelé	140	84		
f - légende partielle (surencrage)	5	3		
g - pli accordéon	75	45	30	

1er novembre		*18 octobre*			
655 3f orange	**0,2**	**0,1**	**0,2**	**3**	
a - anneau-lune	20	12	8		
b - impression sur raccord	100	60			
c - légende partielle (surencrage)	6	4			
d - papier filigrané Japon sur bdf	20	10			
e - piquage à cheval	35	20			
f - pli accordéon	70	42	28		
656 4f bleu	**0,2**	**0,1**	**0,2**	**3**	
a - anneau-lune	25	15	10		
b - impression défectueuse	3	2			
c - impression sur raccord	100	60			
d - piquage à cheval	35	21			
e - pli accordéon	70	42	28		

Série 649 à 656 (8 timbres)	**1,6**	**0,8**	**1,2**
non dentelé	115	85	
EPL / EPC		250	525

1944 - *Mercure. Typographie. Dessin & gravure: Georges Hourriez. (f 100) 27 novembre*

657 10c outremer	**0,2**	**0,1**	**0,1**	**4**
non dentelé (tirage 100)	300	200		
a - impression sur raccord	100	60		
b - piquage à cheval	28	17		
c - pli accordéon	60	40	20	
d - surcharge très déplacée	10	6	4	
658 30c rouge	**0,2**	**0,1**	**0,1**	**4**
non dentelé (tirage 100)	300	200		
a - "c" de "30c" absent	12	7	4	
b - impression sur raccord	100	60		
c - surcharge recto-verso	13	8	5	
d - surcharge très déplacée	10	6	4	

Double surcharge: 1 seule feuille connue (100 exemplaires), coin daté du 13-11-44.

659 40c violet	**0,2**	**0,1**	**0,1**	**4**
a - dentelé 1 ou 3 côtés	70	42		
b - dentelé tenant à non dentelé	200	120		
c - impression sur raccord	100	60		
d - piquage à cheval	30	18		
e - surcharge doublée	1 650			
f - surcharge à cheval	7	4	3	
g - surcharge recto-verso	12	7	4	
h - surcharge très déplacée	10	6	4	
660 50c turquoise	**0,2**	**0,1**	**0,1**	**4**
a - anneau-lune	20	12	8	
b - "c" de "50c" absent	12	8	5	
c - "c" fermé (50°)	7	4	3	
d - impression sur raccord	100	60		
e - légende absente (surencrage)	9	5	3	
f - piquage à cheval	30	20		
g - pli accordéon	70	42	28	
h - surcharge à cheval	6	4	2	
i - surcharge recto-verso	12	7	4	
j - surcharge très déplacée	10	6	4	
k - surchargé tenant à non surchargé	315	250		

Série 657 à 660 (4 timbres)	**0,8**	**0,4**	**0,4**

1944 - *800ème anniv. de la basilique de Saint-Denis. Taille-douce. Dessin & gravure: Gabriel-Antoine Barlangue. 20 nov (f50*

Portrait du Maréchal Bugeaud, duc d'Isly (1784-1849). Taille-douce. Dessin & gravure: Albert Decaris. 20 nov (f 50)

T 2 400 000		*T 2 400 000*			
661 2f 40 Saint-Denis	**0,4**	**0,1**	**0,4**	**6**	
non dentelé	60	45			
EPA / EPL	140	60			
a - impression (très) défectueuse	75	45			
b - impression sur raccord	165	100			
662 4f Bugeaud	**0,2**	**0,1**	**0,2**	**4**	
non dentelé	60	45			
EPA / EPL	140	60			
a - "France" et chiffre blanc	22	13	8		
b - impression sur raccord	250	150			
c - pli accordéon	130	85			

1944 - *1ère série des cathédrales. Taille-douce. 20 novembre.*
T 1 275 000 séries (f 25)

D: J. Dufoux. G: C. P. Dufresne   *Dessin & gravure: Charles Mazelin*

663 50c+1f 50 Angoulême	**0,8**	**0,5**	**0,8**	**5**
a - dentelé tenant à non dentelé	265	160		
b - pli accordéon	100	60		

664 80c+2f 20 Chartres	**0,8**	**0,5**	**0,8**	**6**
a - pli accordéon	100	60		

Dessin: Lucas. Gravure: R. Cottet   *Dessin & gravure: Charles Mazelin*

665 1f 20+2f 80 Amiens	**0,8**	**0,5**	**0,8**	**4**

666 1f 50+3f 50 Beauvais	**0,8**	**0,5**	**0,8**	**4**
a - piquage à cheval	85	51		

Dessin & gravure: René Cottet

667 I 4f+6f Albi, type I	**0,8**	**0,5**	**0,8**	**5**
a - pli accordéon	100	60		

667 II 4f+6f Albi, type II	**2**	**1,5**	**1,2**	**6**
a - types I & II se tenant	30	18		

Le type I est empâté et foncé, le type II (regravé), est plus clair

Série 663 à 667 (5 timbres)	**4**	**2,5**	**4**	
non dentelé	475	365		
EPA /EPL/EPC	1 150	500	650	
EPC en noir grand format			2 250	

1944 - *Journée du timbre. Armoirie de Renouard de Villayer créateur de la petite poste. 9 dec (f 50). Taille-douce. D: R. Louis. G: H. Cortot.*

T 1 350 000

668 1f 50+3f 50 Renouard de Villayer	**0,2**	**0,1**	**0,2**	**2**
non dentelé	70	50		
EPA / EPL	140	60		
a - impression défectueuse	45	27		
b - impression sur raccord	165	100		
c - pli accordéon	130	78		

Année 1944

599 á 668 (70 timbres)	**97**	**57**	**85**

1945 - *Allégorie de la Libération. 17 janvier (f 50) Taille-douce. Dessin & gravure: Pierre Gandon.*

T 7 600 000

669 4f Libération	**0,4**	**0,3**	**0,4**	**3**
non dentelé	90	60		
EPA non adoptée format horizontal	750			
EPA / EPL	150	85		
a - impression sur raccord	165	100		
b - piquage à cheval	55	33		
c - timbre beaucoup plus grand >1cm	210	126		

20 janvier - 3 février 45: attaque puis reddition de la poche de Colmar

1945 - *Chaînes brisées et Cérès de Mazelin. Typographie. Dessin & gravure: A. Rivaud & M. Cortot (chaînes), C. Mazelin & M. Cortot (Cérès). (f100)*

19 févr   *19 févr*   *1er févr*   *1er févr*   *19 févr*   *2 juil*

670 10c noir	0,2	0,1	0,1	4
a - anneau-lune	15	19	6	
b - "c" fermé (10°)	4	3		
c - dentelé 1 ou 3 côtés	50	30		
d - dentelé tenant à non dentelé	185	105		
e - impression sur raccord	100	60		
f - piquage à cheval	30	18		
g - pli accordéon	60	36	24	

671 30c vert	0,2	0,1	0,1	4
a - "c" fermé (30°)	4	3		
b - dentelé 1 ou 3 côtés	50	30		
c - dentelé tenant à non dentelé	185	105		
d - impression sur raccord	100	60		
e - piquage à cheval	30	18		
f - piquage double	65	39		
g - pli accordéon	65	39		

672 40c rose	0,2	0,1	0,1	4
a - impression sur raccord	100	60		
b - piquage à cheval	30	18		

5 févr   *9 févr*   *26 févr*

673 50c bleu	0,2	0,1	0,1	4
a - anneau-lune	15	9	6	
b - dentelé 1 ou 3 côtés	55	33		
c - dentelé tenant à non dentelé	185	110		
d - impression sur raccord	100	60		
e - papier carton	1			
f - piquage à cheval	25	15		

674 60c outremer	0,2	0,1	0,1	4
a - "6" de "60c" absent	37	23	15	
b - anneau-lune	30	18	12	
c - "c" fermé (60°)	10	6		
d - dentelé 1 ou 3 côtés	55	33		
e - dentelé tenant à non dentelé	185	110		
f - impression sur raccord	100	60		
g - légende partielle (surencrage)	7	4		
h - piquage à cheval	30	18		
i - piquage double	40	24		
j - pli accordéon	75	45	30	

675 80c vert	0,2	0,1	0,1	4
a - anneau-lune	20	12	8	
b - dentelé 1 ou 3 côtés	50	30		
c - impression sur raccord	100	60		
d - piquage à cheval	25	15		
e - pli accordéon	75	45	30	

676 1f rose	0,2	0,1	0,1	4
a - "1" de "1f" absent	50	30	20	
b - anneau-lune	20	12	8	
c - impression recto-verso	35	21		
d - impression sur raccord	100	60		
e - papier carton	2			
f - piquage à cheval	25	15		
g - piquage double	55	33		
h - pli accordéon	75	45		

677 1f 20 brun-noir	0,2	0,1	0,1	4
a - anneau-lune	25	15	10	
b - dentelé 1 ou 3 côtés	50	30		
c - dentelé tenant à non dentelé	200	120		
d - impression recto-verso	25	15		
e - impression sur raccord	100	60		
f - papier carton	2			
g - piquage à cheval	30	18		
h - piquage double	60	36		
i - pli accordéon	75	50		

678 1f 30 bleu	🗗 1947	0,3	0,1	0,1	

679 1f 50 lilas		0,2	0,1	0,1	2
■ sur 🗐	1ᵉʳ janv 47 ➟ 2 janv 47				475
■ sur 🗐	1ᵉʳ janv 47 ➟ 2 janv 47				475
a - "5" de "1f 50" absent	50	35	30		
b - anneau-lune	20	12	8		
c - dentelé 1 ou 3 côtés	45	30			
d - impression défectueuse	6	4			
e - impression recto-verso	22	13			
f - impression sur raccord	100	60			
g - piquage à cheval	40	24			
h - piquage double	55	33			
i - pli accordéon	75	45			

680 2f vert	🗗 1946	0,2	0,1	0,1	
681 2f 50 brun	🗗 1946	0,2	0,1	0,1	

Série Chaînes et Cérès 1945-47

Série 670 à 681 (12 timbres)	2,5	1,2	1,2
non dentelé sauf 1f 30 & 2f	150	115	
EPL / EPC (chaînes)		160	425
EPL (Cérès)		320	
EPC 60c, 80c, 1f 20, 1f 30, 1f50			450
EPC 2f, 2f 50 (1946)			375

1945 - 2ᵉᵐᵉ série Arc de Triomphe. Lithographie offset. Dessin: W. A. Roach. Gravure: C. A. Brooks, A.W. Christensen, T. Vail et J. S. Edmondson. 12 février. (f 100)

702 30c orange 0,2 0,1 0,1 2
a - dentelé 3 côtés b. def. 45 27
b - impression double (timbre) 85 51
c - impression double (valeur) 105 63
d - piquage à cheval 50 30

703 40c gris 0,2 0,1 0,1 2
a - dentelé 3 côtés b. def. 45 27
b - impression double (timbre) 90 54
c - impression double (valeur) 105 63
d - piquage à cheval 50 30

704 50c jaune-olive 0,2 0,1 0,1 2
a - dentelé 3 côtés b. def. 45 27
b - impression double (timbre) 85 51
c - impression double (valeur) 105 63
d - paire sans dentelure de séparation 90 54
e - piquage à cheval 50 30

705 60c violet 0,2 0,1 0,1 2
a - dentelé 3 côtés b. def. 45 27
b - piquage à cheval 50 30
c - piquage double 80 48

706 80c vert 0,2 0,1 0,1 2
a - dentelé 3 côtés b. def. 45 27
b - impression double (timbre) 105 63
c - piquage à cheval 50 30

707 1f 20 brun 0,2 0,1 0,1 2
a - dentelé 3 côtés b. def. 45 27
b - impression double (timbre) 85 50
c - impression double (valeur) 105 63

708 1f 50 rouge 0,2 0,1 0,1 2
a - dentelé 3 côtés b. def. 45 27
b - impression double (timbre) 85 50
c - impression double (valeur) 105 63
d - impression double (oscillée)
(valeur) 5 3
e - piquage à cheval 50 30
f - piquage oblique par pliage 200 120

709 2f jaune 0,2 0,1 0,1 2
a - dentelé 3 côtés b. def. 55 33
b - impression double (timbre) 100 60
c - piquage à cheval 55 33

710 2f 40 rose carminé 0,2 0,1 0,1 6
■ sur 🖼❸ ↪ 🐖 12 fév 45 ➛ 12 mai 45 600
■ sur ▭❷ ↪ 🐖 12 fév 45 ➛ 12 mai 45 600
■ sur 🖼 ↪ 🐖 12 fév 45 ➛ 12 mai 45 600
■ sur 🖼 ↪ Canada 12 fév 45 ➛ 12 mai 45 675
■ sur 🖼📮 ↪ 🐖 12 fév 45 ➛ 12 mai 45 725
a - dentelé 3 côtés b. def. 45 27
b - impression défectueuse 7 4
c - impression double (timbre) 85 50
d - impression double (valeur) 130 78
e - piquage à cheval 55 33

711 3f lilas 0,2 0,1 0,1 4
a - dentelé 3 côtés b. def. 45 27
b - impression double (timbre) 110 66
c - impression double (chiffres) 10 6
d - piquage à cheval 55 33

Série 702 à 711 (10 timbres) 2 1 1

1944-45 - Marianne de Dulac. Taille-douce. Dessin & gravure: Edmond Dulac. (f 200) 17 mai sauf précision

9 juill   *7 avr*   *17 mars*

682 10c bleu 0,2 0,1 0,1 4
a - piquage double 80 48

683 30c bistre 0,2 0,1 0,1 4
a - impression recto-verso 40 24
b - pli accordéon 85 50

684 40c bleu-noir 0,2 0,1 0,1 4
a - piquage à cheval 60 30
b - piquage double 80 48
c - pli accordéon 85 50

685 50c vermillon 0,2 0,1 0,1 4
- a - encoche dans le cou 20 12
- b - impression défectueuse 3 2
- c - piquage double 90 55
- d - piquage oblique par pliage 235 140

686 60c bleu-gris 0,2 0,1 0,1 4
- a - couleur gris-jaune au lieu de bleu-gris 25 15
- b - pli accordéon 85 50

687 70c brun-lilas 0,2 0,1 0,1 4
- a - pli accordéon 85 50

688 80c vert foncé 0,2 0,1 0,1 4
- a - impression défectueuse 4 3

689 1f lilas 0,2 0,1 0,1 2
- a - impression défectueuse 5 4

690 1f 20 noir 0,2 0,1 0,1 4
- a - boucle du "R" brisée ⊞ 194 18 11
- b - impression défectueuse 6 4
- c - impression incomplète 275 165
- d - pli accordéon 85 50

T 250 000 000 (f 200)   *T 37 700 000 (f 200)*

691 1f 50 rose 0,2 0,1 0,1 2
- a - impression (très) défectueuse 10 6
- b - piquage à cheval 30 18
- c - piquage double 70 42
- d - pli accordéon 85 50

692 2f brun 0,2 0,1 0,1 2
- a - gris au lieu de brun (200 connus) 300 200
- b - impression défectueuse 5 3
- c - impression sur la gomme 265 160
- d - papier épais 2
- e - piquage double 70 42
- f - pli accordéon 85 50

693 2f 40 rouge 0,2 0,1 0,1 5
- ▪ sur 🖼❸ ↻ 🐾 17 mars 45 ↠ 31 janv 46 325
- ▪ sur 🖼❷ ↻ 🐾 17 mars 45 ↠ 31 janv 46 325
- ▪ sur 🖼 ↻ 🐾 17 mars 45 ↠ 31 janv 46 325
- ▪ sur 🖼 ↻ Canada 17 mars 45 ↠ 31 janv 46 335
- ▪ sur 🖼🎖 ↻ 🐾 17 mars 45 ↠ 31 janv 46 365
- a - impression défectueuse 6 3
- b - papier épais 2
- c - piquage à cheval 65 39
- d - piquage double 80 48
- e - piquage oblique par pliage 290 174
- f - pli accordéon 85 50

694 3f vert-olive 0,2 0,1 0,1 3
- a - impression défectueuse 9 5
- b - impression recto-verso 40 24
- c - piquage oblique par pliage 300 180

695 4f outremer 0,2 0,1 0,1 4
- a - dentelé 3 côtés b. def. 90 54
- b - impression défectueuse 6 3
- c - piquage à cheval 55 33
- d - pli accordéon 110 66

Date d'émission: 17 mars 1945   *Date d'émission: 17 mars 1945*
T 12 700 000 (f 200)   *T 25 000 000 (f 200)*

696 4f 50 gris foncé 0,2 0,1 0,2 4
- a - dentelé tenant à non dentelé 725 460
- b - impression (très) défectueuse 10 6
- c - impression recto-verso 45 30
- d - piquage à cheval 130 78
- e - pli accordéon 200 120

697 5f orange 0,2 0,1 0,2 5
- a - impression défectueuse 10 6
- b - impression incomplète 275 160
- c - signature incomplète (" LAC") 6 4

698 10f vert clair 0,2 0,1 0,2 8
- a - papier verdâtre 3 2 1

699 15f lie-de-vin   0,3   0,1   0,3   13
a - impression recto-verso   45   30

T 5 200 000   T 5 500 000

700 20f brun-orange   1,5   1,2   1,5   13
a - couleur bistre-orange foncé   3   2
b - impression défectueuse   10   6
c - papier mince   3   2
d - signature incomplète   6   4

701 50f violet foncé   3,8   2,1   3,2   22
a - couleur bleu-violet   6   4
b - papier mince   7   4

Série 682 à 701 (20 timbres)   9   5   7
non dentelé   15 000 11 000

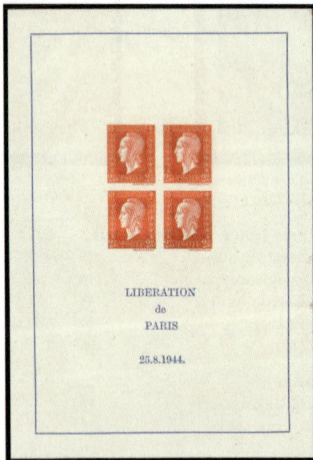

Bloc "Libération de Paris - 25.8.1944".

BF4 Bloc Dulac   9 200 6 000
a - inscr. s 2 lignes, ss cadre (2ex connus)   78 500

TIRAGES SPÉCIAUX

Il s'agit du 1ᵉʳ essai refusé par de Gaulle, imprimé en héliogravure chez Harrison & Sons, il comporte la légende "R . FRANCE . F" en haut. T 5 000 séries.

701A Non émis 25c vert   265   150
701B Non émis 1f rouge   265   150
701C Non émis 2f 50 bleu   265   150
non dentelé   825   500

2ᵉᵐᵉ essai refusé par de Gaulle (absence de la croix de Lorraine), imprimé en hélio. chez Harrison & Sons, il comporte la légende "R F" en haut. T 10 000 séries.

701D Non émis 25c vert   45   28
701E Non émis 1f rouge   45   28
701F Non émis 2f 50 bleu   45   28
Série 701A à F (6 timbres)   930   534

Série non dentelée, dans les trois couleurs des deux séries précédentes, mais avec valeur faciale unique de 25c, imprimée à Londres. Il pourrait s'agir des premiers essais préparatoires.

701H Non émis 25c vert   1 850 1 250
701 I Non émis 25c rouge   1 850 1 250
701J Non émis 25c bleu   1 850 1 250

Tirage de Paris: sans inscription, réalisé en 15 couleurs différentes du 7 mai au 9 août 1948, gravé par C. Mazelin. Il s'agirait d'essais visant à prouver que l'Atelier du Timbre pouvait faire aussi bien que les Anglais. 3 feuilles de chaque valeur auraient été conservées, soit 150 séries.

701K Non émis de Paris, chaque	75	45
Série des 15 couleurs différentes	**1 125**	**675**

Série avec cartouche sans valeur faciale. Existe dentelé ou non dentelé pour toutes les valeurs de la série Dulac (couleurs du 10c au 50f). T inconnu (timbres dépareillés). Il n'est connu à ce jour qu'une série complète (1 série dentelée et 1 non dentelée).

701L
Série des 20 couleurs différentes dentelés ou nd   75 000

701M 100f Trésor central	**1 400**	**925**
bande de quatre		4 850

Timbres d'épargne. Ces timbres étaient destinés aux petits épargnants afin de leur permettre d'acheter des emprunts. Instituée par un décret du 9 juillet 1945, l'opération pris fin avec le décret du 9 avril 1946 devant le manque de succès. Les timbres furent remboursés au public et retirés des guichets le 29 avril 1946. Héliogravure. Dessin: Edmond Dulac.

701N Phénix	**200**	**130**
701O Phénix, surchargé	**425**	**260**

1945 - Marianne de Gandon. Typo (1ère série). Dess: Pierre Gandon. Grav: Henri Cortot. (f 100)

15 février   26 février

712 1f 50 rose carminé	**0,2**	**0,1**	**0,1**	**5**
non dentelé	25	18		
a - anneau-lune	30	18	12	
b - "f" de "1f 50" absent	28	17	11	
c - impression défectueuse	4	3		
d - impression incomplète	135	80		
e - impression sur raccord	130	78		
f - piquage à cheval	40	24		
g - pli accordéon	125	75		
h - "Postes" absent (surencrage)	50	30		

713 2f vert	**0,2**	**0,1**	**0,1**	**1**
non dentelé	25	18	40	275
a - anneau-lune	30	18	12	
b - cadre dédoublé	20	12		
c - dentelé 1 ou 3 côtés	110	66		
d - dentelé tenant à non dentelé	325	195		
e - "f" de "2f" absent	26	16	10	
f - impression défectueuse	4	3		
g - impression incomplète	185	110		
h - impression sur raccord	130	78		
i - papier chamois	2			
j - piquage à cheval	30	18		
k - piquage double	40	24		
l - pli accordéon	100	60		
m - "Postes" absent (surencrage)	25	15	10	
n - "RF" et "2" plus gros	15	9	6	
o - "RF" ou "2" plus gros	9	6	4	
p - "S" final de "Postes" absent	11	7	4	
q - "S" retouché	210	140		
r - épaule colorée	2			

2 juillet   7 avril

714 2f 40 vermillon	**0,4**	**0,3**	**0,4**	**5**
non dentelé	25	18		
a - anneau-lune	30	18	12	
b - "f" de "2f 40" absent	28	17	12	
c - impression défectueuse	6	4		
d - impression sur raccord	130	78		
e - légende partielle (surencrage)	6	4		
f - piquage à cheval	45	27		
g - pli accordéon	125	75		
h - signature "Gandon" absente	12	7	4	

715 3f sépia

715 3f sépia	**0,2**	**0,1**	**0,1**	**1**
non dentelé	25	18		
a - anneau-lune	30	18	12	
b - dentelé 1 ou 3 côtés	80	48		
c - "f" de "3f" absent	23	14	10	
d - impression incomplète	80	48		
e - impression sur raccord	130	78		
f - légende partielle (surencrage)	6	4		
g - "P" ou 2ᵐᵉ "S" de "Postes" absent	16	10	6	
h - piquage à cheval	30	18		
i - pli accordéon	100	60		
j - "Postes" absent (surencrage)	40	24	16	

716 3f rose 🖂 1946	**0,2**	**0,1**	**0,1**	
716A 3f vert 🖂 1947	**2**	**0,9**	**0,3**	
716B 3f 50 brun 🖂 1947	**0,8**	**0,4**	**0,4**	

14 juin *7 avril*

717 4f bleu

717 4f bleu	**0,2**	**0,1**	**0,1**	**3**
non dentelé	25	18		
a - "4" plus gros	6	4		
b - anneau-lune	25	15	10	
c - "f" de "4f" absent	40	24	16	
d - impression défectueuse	4	2		
e - impression sur raccord	130	78		
f - légende partielle (surencrage)	6	4		
g - lèvre supérieure fendue	6	4		
h - piquage à cheval	35	21		
i - pli accordéon	100	60		
j - "RF" maigre	5	3		

718 4f violet 🖂 1946	**0,2**	**0,1**	**0,1**
718A 4f 50 bleu 🖂 1947	**0,2**	**0,1**	**0,1**

719 5f vert foncé

719 5f vert foncé	**0,2**	**0,1**	**0,1**	**2**
non dentelé	25	18		
a - "5" plus gros	6	4		
b - anneau-lune	40	24	18	
c - dentelé 1 ou 3 côtés	160	96		
d - impression défectueuse	3	2		
e - impression sur raccord	130	78		
f - légende partielle (surencrage)	5	3		
g - papier carton	2			
h - piquage à cheval	45	27		
i - pli accordéon	100	60		
j - "RF" plus gros	8	5		
k - signature "Gandon" absente	15	9	6	

719A 5f rose 🖂 1947	**0,2**	**0,1**	**0,1**
719B 5f bleu 🖂 1947	**0,2**	**0,1**	**0,1**

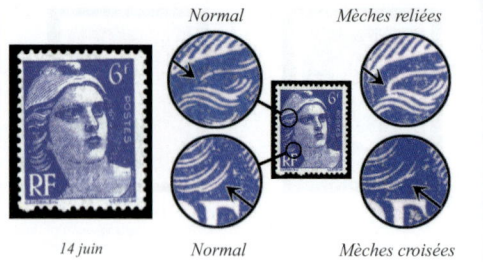

Normal *Mèches reliées*

14 juin *Normal* *Mèches croisées*

720 6f outremer

720 6f outremer	**0,3**	**0,2**	**0,1**	**2**
non dentelé	25	18		
a - anneau-lune	30	18	12	
b - cadre dédoublé	14	9		
c - "f" de "6f" absent	40	24	16	
d - impression défectueuse	5	3		
e - impression recto-verso	40	24		
f - impression sur raccord	130	78		
g - légende partielle (surencrage)	7	4		
h - mèches croisées tenant à normal	45	27	18	50
non dentelé	300	210		
i - mèches reliées tenant à normal	45	27	18	50
non dentelé	300	210		
j - piquage à cheval	45	30		
k - pli accordéon	110	70		
l - "RF" maigre	8	5	3	
m - signature "Gandon" absente	20	10	6	

721 6f rouge 🖂 1946	**2,2**	**1,4**	**1,2**
721A 6f rose 🖂 1947	**0,2**	**0,1**	**0,1**

14 juin *14 juin*

722 10f orange

722 10f orange	**0,6**	**0,6**	**0,4**	**5**
non dentelé	25	18		
a - couleur orange très pâle	2			
b - "f" allongé	14	9	6	12
c - impression sur raccord	130	78		
d - piquage à cheval	65	40		
e - point entre "10" et "f"	12	7	4	8
f - boucle d'oreille tenant à normal	60	28	14	

723 10f bleu 🖂 1946	**1,5**	**1,2**	**1**

724 15f lilas-rose

724 15f lilas-rose	**4**	**2,4**	**2,1**	**20**
non dentelé	25	15		
a - anneau-lune	40	24	16	
b - dentelé 1 ou 3 côtés	200	120		
c - dentelé tenant à non dentelé	650	390		
d - impression défectueuse	6	4		
e - piquage à cheval	60	36		
f - pli accordéon	150	90		

SÉRIE MARIANNE DE GANDON 1945-47

Série 712 à 724 (19 timbres)   14   8,5   7

EPL	855	
EPL en noir, chaque	400	
EPL en noir, faciales non émises (5f 50, 16f), chaque	550	
EPC 1f 50, 2f, 2f 40, 3f, 4f, 5f, 6f, 10f, 15f	650	
EPC 3f, 4f, 6f, 10f (1946)	500	
EPC 3f, 5f, 6f (1947)	525	
EPC 3f 50, 4f 50, 5f (1947)	500	

Série Marianne de Gandon gravée 1945-46

725 4f bleu		1945	0,2	0,1	0,1
726 10f bleu		1946	1,5	1	0,8
727 15f lilas-rose		1946	9	5	2,2
728 20f vert		1946	1,3	0,9	0,8
729 25f vermillon		1946	9	5	2,1
Série 725 à 729 (5 timbres)			21	12	6
non dentelé			150	100	
EPA/ EPL / EPC		1 900	275	750	

1945 - Marianne de Gandon gravée (2ème série). Taille-douce.
Dessin et gravure: Pierre Gandon.

14 mai. T 6 000 000 (f 50)   *14 mai. T 5 200 000 (f 50)*

730 20f vert   1,3   0,8   1,2   27

non dentelé	165	125	
a - dentelé 3 côtés	185	110	
b - dentelé tenant à non dentelé	575	350	
c - impression défectueuse	37	22	
d - impression sur raccord	165	100	
e - légende blanche	17	10	6
f - piquage à cheval	120	72	
g - piquage double	200	120	
h - pli accordéon	160	95	
faux d'Italie	275	165	

731 25f violet   1,5   0,9   1,5   28

non dentelé		165	125	
■ s ⊞ E.F.M. barres noires	14 mai 45 ▸▸ 31 déc 45		85	1 000
■ s ⊞ E.F.M. cach US Army	14 mai 45 ▸▸ 31 déc 45		85	1 000
■ s ⊞ E.F.M. gd cachet noir	14 mai 45 ▸▸ 31 déc 45		85	1 000
■ s ⊞ E.F.M. double ovale	14 mai 45 ▸▸ 31 déc 45		90	1 100
a - dentelé 3 côtés		250	150	
b - dentelé tenant à non dentelé		575	345	
c - impression défectueuse		37	22	
d - impression sur raccord		165	100	
e - légende blanche		22	13	9
f - piquage à cheval		120	72	
g - pli accordéon		160	95	
faux d'Italie		275	165	

12 mars. T 3 000 000 (f 25)   *7 avril. T 2 000 000 (f 25)*

732 50f brun-rouge   2   1,3   2   16

non dentelé (tirage 275)	750	450	
a - dentelé 3 côtés	265	160	
b - impression (très) défectueuse	35	21	
c - impression recto-verso	60	36	
d - légende blanche	22	13	9
e - piquage à cheval	160	96	
f - piquage double	235	141	
g - pli accordéon	185	103	
faux d'Italie	300	180	

733 100f rose carminé   13,2   8   7,3   40

non dentelé (tirage 275)	750	550	
a - à la bretelle tenant à normal	175	100	60
b - rose	20	12	
c - impression (très) défectueuse	100	70	
d - légende blanche	50	35	30
faux d'Italie	325	245	

Série 730 à 733 (4 timbres)   18   11   12

EPA/ EPL / EPC	1 650	325	550

1945 *- Armoiries de Metz (libérée le 20 novembre 1944) et Strasbourg . Taille-douce. 5 mars (f 100)*

T 5 000 000
D: R. Louis. Grav: P. Munier

T 5 000 000
D: R. Louis. Grav: J. Piel

734 2f 40 Metz	0,2	0,1	0,2	1
a - impression sur raccord	130	78		
b - pli accordéon	66	40		

735 4f Strasbourg	0,2	0,1	0,2	1
a - couleur noir au lieu de brun-noir	45	27		
b - impression recto-verso	30	18		
c - impression sur raccord	130	78		
d - piquage à cheval	60	36		
paire, non dentelé	100	75		
paire, EPA / EPL	275	125		

7 mai 1945: capitulation du Reich signée à Reims (le 8 mai à Berlin), et reddition des dernières poches à partir du 8.

1945 *- Aidez les tuberculeux. Typo. Dess: G.-A. Barlangue. Grav: H. Cortot. 16 mai (f 100)*

Victimes P.T.T. de la guerre. Taille-douce. Dessin & gravure: Raoul Serres. 16 mai (f 50)

T 5 000 000 (f   50)

736 2fP1f Tuberculeux	0,2	0,1	0,1	1
non dentelé	27	20		
EPL		55		
a - impression dépouillée	65	39		
b - impression incomplète	210	126		
c - impression sur raccord	130	78		
d - piquage à cheval	55	33		
e - pli accordéon	70	42		
f - anneau lune	70			

737 4fP6f Victimes P.T.T.	0,3	0,1	0,3	5
non dentelé	60	40		
EPA / EPL	140	60		
a - impression (très) défectueuse	60	36		
b - pli accordéon	70	42		

1945 *- 100ème ann. de la naissance de l'actrice Sarah Bernhardt. Taille-dce. D&G: P. Gandon (signé par C. Mazelin). 16 mai (f 50)*

Libération de l'Alsace et de la Lorraine.Taille-douce. Dessin: Paul-Pierre Lemagny. Gravure: Raoul Serres. 16 mai (f 50)

T 4 500 000

T 5 000 000

738 4f+1f Sarah Bernhardt	0,4	0,2	0,4	5
non dentelé	100	75		
EPA / EPL	200	85		
a - couleur noir au lieu de brun	100	60		
b - piquage à cheval	80	48		

739 4f Libération	0,3	0,2	0,3	4
non dentelé	70	55		
EPA / EPL	175	85		
a - impression sur raccord	165	100		
b - piquage à cheval	140	84		
c - pli accordéon	150	90		

1945 *- Croisade de l'air pur. Taille-dce. D&G: A. Ouvré. 9 juillet (f50)*

La France d'outre-mer. Taille-douce. D&G: Jules Piel. 17 septembre (f 50)

T 3 500 000

T 4 250 000

740 4f+2f Croisade de l'air pur	0,3	0,1	0,3	4
non dentelé	60	40		
EPA / EPL	150	65		
a - impression recto-verso	50	30		
b - impression sur raccord	165	100		
c - pli accordéon	110	66		

741 2f France d'outre-mer	0,2	0,1	0,2	2
non dentelé	50	35		
EPA / EPL	150	65		
a - impression sur raccord	165	100		
b - papier avec fils de soie	125	75		
c - pli accordéon	110	70		

1945 - *Commémoration de la destruction d'Oradour-surGlane. Taille-dce. D&G: R. Serres. 13 oct (f 50)*

Journée du timbre: Louis XI (1423-1483)Taille-douce. Dess & grav: Raoul Serres. 13 oct (f 50)

T 4 500 000	*T 3 500 000*	

742 4f+2f Oradour-sur-Glane	**0,3**	**0,1**	**0,3**	**4**
non dentelé	55	40		
EPA / EPL	150	65		
a - piquage à cheval	70	42		
b - pli accordéon	110	66		

743 2f+3f Louis XI	**0,5**	**0,4**	**0,5**	**2**
non dentelé	70	50		
EPA / EPL	150	70		
a - dentelé 3 côtés	250	150		
b - impression recto-verso	70	42		
c - impression sur raccord	165	100		
d - piquage double	150	90		

1945 - *Villes martyres.Taillz-douce. 5 novembre 1945. T 3 220 000 séries (f 50).*

Dessin & gravure: G.-A. Barlangue

744 1f 50+1f 50 Dunkerque	**0,5**	**0,3**	**0,5**	**3**
a - dentelé 3 côtés	170	100		
b - dentelé tenant à non dentelé	375	225		
c - piquage à cheval	60	36		
d - pli accordéon	80	48		

Dessin & gravure: Charles Mazelin

745 2f+2f Rouen	**0,5**	**0,3**	**0,5**	**3**
a - piquage à cheval	60	36		
b - pli accordéon	80	48		

Dessin & gravure: Jules Piel

746 2f 40+2f 60 Caen	**0,5**	**0,4**	**0,5**	**6**
a - dentelé 3 côtés	170	100		
b - piquage à cheval	60	36		
c - piquage double	110	66		
d - pli accordéon	85	50		

Dessin & gravure: Pierre Munier

747 4f+4f Saint-Malo	**0,5**	**0,4**	**0,5**	**6**
a - impression (très) défectueuse	60	36		
b - piquage à cheval	60	36		
c - pli accordéon	80	48		
Série 744 à 747 (4 timbres)	**2**	**1,5**	**2**	
non dentelé	275	200		
EPA/ EPL / EPC	550	250	475	

Année 1945

669 á 747 (85 timbres)	**72**	**42**	**40**
BF4 (1 bloc)	**9 200**	**6 000**	

(non compris les tirages spéciaux de la Marianne de Dulac).

1946 - *Lutte contre la syphilis: Alfred Fournier (1832-1914). Taille-dce. Dess: P. P. Lemagny. Grav: C. P. Dufresne. 4 fév (f 50)*

Lutte contre le cancer: Henri Becquerel (18521908).Taille-douce. Dess & grav: Pierre Munier.a 4 fév (f 50)

T 2 200 000	*T 2 200 000 (f 50)*

748 2f+3f Fournier	0,4	0,2	0,3	4
non dentelé	70	55		
EPA / EPL / EPC brun & bleu foncé	150	75	750	
EPC double en noir			750	
a - dentelé 3 côtés	170	100		
b - impression (très) défectueuse	80	48		
c - impression sur raccord	165	100		
d - piquage double	110	66		
e - pli accordéon	100	60		

749 2fP3f Becquerel	0,4	0,2	0,3	4
non dentelé	70	55		
EPA / EPL	150	75		
a - dentelé 3 côtés	170	100		
b - impression sur raccord	165	100		
c - piquage à cheval	85	50		
d - pli accordéon	100	60		

1946 - *Aidez les tuberculeux. Typographie. Dessin: G.-A. Barlangue. Gravure: H. Cortot. 21 février (f 100)*

Chapelle des Invalides à Paris. Taille-douce. Dess & grav: Gabriel-Antoine Barlangue. 11 mars (f 50)

T 12 000 000

T 3 000 000

750 3f s 2f+1f Tuberculeux	0,2	0,1	0,2	1
EPL	50			
a - impression sur raccord	130	78		
b - surcharge à cheval	30	18		
c - surch très déplacée (au milieu)	40	24		
d - surcharge recto-verso	17	10		
e - surchargé tenant à non surchargé	1 250	740		

751 4f+6f Les Invalides	0,4	0,3	0,4	5
non dentelé	50	35		
EPA / EPL	150	70		
a - pli accordéon	100	60		

1946 - *Cérès de Mazelin. Typographie. Dessin: Charles Mazelin. Gravure: M. Cortot. (f 100)*

12 août

21 février

680 2f vert	0,2	0,1	0,1	2
a - anneau-lune	20	12	8	
b - impression défectueuse	3	2		
c - impression sur raccord	100	60		
d - papier carton	3	2		
e - piquage à cheval	25	15		
f - pli accordéon	75	45		

681 2f 50 brun	0,2	0,1	0,1	2
a - "0" ou "5" de "2f 50" absent	40	25	16	
b - "2" de "2f 50" absent	50	30	20	
c - dentelé 1 ou 3 côtés	45	27		
d - "f" de "2f 50" absent	40	25	16	
e - impression défectueuse	7	4		
f - impression sur raccord	100	60		
g - piquage à cheval	25	15		
h - pli accordéon	75	45		
paire, EPL / EPC		80	375	

1946 - *Marianne de Gandon (3ème série). (f 100) Typo. Dessin: Pierre Gandon. Gravure: Henri Cortot.*

20 mars | *12 août*

716 3f rose	0,2	0,1	0,1	1
non dentelé	25	18		
a - anneau-lune	30	18	12	
b - couleur rose très pâle	2	1		
c - "ES" de "Postes" absent	10	6	5	
d - impression défectueuse	3	2		
e - impression incomplète	110	66		
f - impression sur raccord	130	78		
g - légende partielle (surencrage)	6	4		
h - piquage à cheval	30	18		
i - pli accordéon	80	48	32	
j - "RF" ou "3" plus gros	7	5		
k - signature "Gandon" absente	12	7	5	

718 4f violet		0,2	0,1	0,1	2
▨ sur ⚓	1er janv 47 ↔ 2 janv 47				425
▨ sur 📖	1er janv 47 ↔ 2 janv 47				435
a - anneau-lune		30	18	12	
b - couleur lilas pâle		0,2	0,1		
c - "f" de "4f" absent		40	24	16	
d - impression défectueuse		3	2		
e - impression sur raccord		130	78		
f - légende partielle (surencrage)		7	4	2,5	
g - lèvre supérieure fendue		7	4	2,5	
h - piquage à cheval		35	25		
i - pli accordéon		100	60		

11 avril | *11 février*

721 6f rouge	2,2	1,4	1,2	2	
non dentelé	25	18			
a - anneau-lune	25	15	10		
b - impression sur raccord	130	78			
c - mèches croisées tenant à normal	45	27	18	50	
d - mèches reliées tenant à normal	45	27	18	50	
e - pli accordéon	100	65			

723 10f bleu		1,5	1,2	1	2
non dentelé		25	18		
■ sur 📧❹	1ᵉʳ janv 47 ➤ 2 janv 47				600
■ sur ✉❹	1ᵉʳ janv 47 ➤ 2 janv 47				600
■ sur 📧❸	1ᵉʳ janv 47 ➤ 2 janv 47				575
a - anneau-lune		35	21	14	
b - dentelé 3 côtés		160	95		
c - "f" allongé		14	9	6	10
d - "f" de "10f" absent		40	24	16	
e - impression défectueuse		6	4	3	
f - impression sur raccord		130	78		
g - légende partielle (surencrage)		8	5	3	
h - piquage à cheval		55	33		
i - pli accordéon		110	66		
j - point entre "10" et "f"		10	6	4	9
série, EPL / EPC			180	500	

1945-46 - *Marianne de Gandon gravée (4ᵉᵐᵉ série). Taille-douce. Dessin et gravure: Pierre Gandon. (f 100)*

15 février   *15 mars*

725 4f bleu		0,2	0,1	0,1	2
■ sur 📧	1ᵉʳ janv 47 ➤ 2 janv 47				525
■ sur 📄	1ᵉʳ janv 47 ➤ 2 janv 47				535
a - impression (très) défectueuse		17	10		
b - impression recto-verso		35	21		
c - impression sur raccord		130	78		
d - piquage à cheval		45	27		
e - pli accordéon		120	72		

726 10f bleu		1,5	1	0,8	3
■ sur 📧❹	1ᵉʳ janv 47 ➤ 2 janv 47				600
■ sur ✉❹	1ᵉʳ janv 47 ➤ 2 janv 47				600
■ sur 📧❸	1ᵉʳ janv 47 ➤ 2 janv 47				550
a - dentelé 1 ou 3 côtés		180	110		
b - impression (très) défectueuse		11	7		
c - impression recto-verso		35	21		
d - impression sur raccord		130	78		
e - paire avec décalage de dentelure		25	15		
f - piquage à cheval		45	27		
g - pli accordéon		120	72		

19 mai

727 15f lilas-rose		9	5	2,2	7
■ sur 📧❹	1ᵉʳ janv 47 ➤ 2 janv 47				600
■ sur 📧®	1ᵉʳ janv 47 ➤ 2 janv 47				525
■ sur ▢	1ᵉʳ janv 47 ➤ 2 janv 47				575
a - dentelé tenant à non dentelé		650	425		
b - impression (très) défectueuse		26	17		
c - pli accordéon		170	115		

4 mars   *15 mars*

728 20f vert		1,3	0,9	0,8	6
■ sur 📧↩	1ᵉʳ janv 47 ➤ 2 janv 47				600
■ sur 📧❸®	1ᵉʳ janv 47 ➤ 2 janv 47				600
a - dentelé 3 côtés		200	120		
b - dentelé tenant à non dentelé		550	350		
c - impression (très) défectueuse		16	10		
d - impression recto-verso		50	30		
e - impression sur raccord		130	78		
f - paire avec décalage de dentelure		25	15		
g - piquage à cheval		45	27		
h - pli accordéon		120	72		

729 25f vermillon		9	5	2,1	11
■ sur 📧❹®	1ᵉʳ janv 47 ➤ 2 janv 47				625
■ sur ✈	15 mars 46 ➤ 3 mai 47				600
a - impression (très) défectueuse		30	18		
b - paire avec décalage de dentelure		70	42		
c - piquage à cheval		70	42		
d - pli accordéon		130	78		

Série 725 à 729 (5 timbres)		21	12	6
non dentelé		150	100	
EPA / EPL / EPC		1 900	275	750

1946 - *Oeuvres de la Marine. Croiseur "Georges-Leygues" et cuirassé "Lorraine". Taille-dce. Dess & grav: Ch. Mazelin. 11 mai (f 25) T 2 500 000*

752 2fP3f Oeuvres de la Marine		1,1	0,5	0,9	7
non dentelé (tirage 300)		170	115		
EPA / EPL		285	160		
a - impression sur raccord		165	100		
b - papier mince		2	1		
c - pli accordéon		85	50		
d - très dépouillé		25			

1946 - Pour le musée postal.
Taille-dce. D&G: H.Cheffer.
25 mai (f 25)

Journée du timbre. G. Fouquet
de la Varane. Taille-douce.
Dess & grav: Raoul Serres.
29 juin (f 25)

Iris, messagère des dieux. 27 mai.

T 3 000 000	*T 3 000 000*			

753 2fP3f Musée postal	**0,5**	**0,4**	**0,5**	**5**
non dentelé(tirage 300) / Es.Multi	185	135		275
EPA non adoptée 2f 40 P 2f 60	475			
EPA / EPL	375	175		
EPL petit format		275		
EPL papier bleu		325		
EPL avec remarque		365		
EPC avec musée postal de 1939				1 650
a - papier mince	2	1		
b - pli accordéon	80	48		

754 3fP2f Fouquet de la Varane	**0,6**	**0,3**	**0,5**	**3**
non dentelé (tirage 300)	130	85		
EPA / EPL	275	165		
a - dentelé 3 côtés	180	110		
b - papier mince	3	2		
c - piquage à cheval	140	84		
d - pli accordéon	85	50		

✈17 50f Iris	**0,8**	**0,5**	**0,3**	**2**
■ sur ⌖	1ᵉʳ mai 48 ↦ 30 nov 48			600
a - chiffres ou "poste aérienne" blancs	55	33	15	
b - dentelé 3 côtés	180	98		
c - dentelé tenant à non dentelé	325	195		
d - impression dépouillée (sans faciale)	1 000	600		
e - impression recto-verso	125	75		
f - impression sur raccord	200	120		
g - papier carton	25	15		
h - piquage à cheval	100	60		
i - pli accordéon	150	90		

Egine enlevée par Jupiter métamorphosé en aigle. 20 janvier.

✈18 100f Egine enlevée par Jupiter	**8,5**	**4,5**	**1,4**	**3**
a - "poste aérienne" en blanc	55	33	11	
b - couleur bleu-noir	12	7		4
c - dentelé tenant à non dentelé	950	570		
ca - impression en miroir sur le bdf	800	480		
d - impression sur raccord	200	120		
e - piquage à cheval	110	66		

Apollon conduisant le char du soleil. 27 mai

1946-47 ✈ *- Série mythologique. (f 25)*
Taille-douce. Dessin & gravure: Pierre Gandon.

Centaure. 1ᵉʳ juillet

✈16 40f Centaure	**0,7**	**0,5**	**0,3**	**2**
a - avion larguant des bombes	60	36		
b - chiffres et "RF" blancs	22	13	9	
c - dentelé 3 côtés	290	175		
d - impression (très) défectueuse	45	27		
e - impression sur raccord	200	120		
f - moteur en flamme	80	48	32	
g - piquage à cheval	100	60		
h - piquage double	130	78		
i - pli accordéon	140	84		

✈19 200f Apollon sur le char du soleil	**7**	**3,5**	**2**	**4**
a - "poste aérienne" en blanc	25	15	10	
b - couleur rouge-brun papier mince	12	8		6
c - couleur rouge-sang papier carton	60	36	24	22
d - impression sur raccord	300	190		
e - piquage à cheval	185	110		
f - pli accordéon	185	110	74	

Série ✈16 à 19 (4 timbres)	**17**	**9**	**4**	
non dentelé	625	475		
EPA/ EPL / EPC	1 900	900	2 000	

1946 *- Blasons des provinces françaises (3ème série). (f 100). Typographie. Dessin: Robert Louis. Gravure: Henri Cortot (Corse, Nice), Georges Hourriez (Alsace, Lorraine).*

26 juin 1946

755 10c Corse	**0,2**	**0,1**	**0,1**	**3**
a - anneau-lune	20	12	8	
b - avec bord publicitaire "Provins"	120	72		
c - "c" de "10c" absent	10	6	4	
d - "Corse" absent (surencrage)	40	24	16	
e - couleur noire absente	400	240		
f - couleurs très décalées	50	30		
g - impression défectueuse	3	2		
h - impression sur raccord	130	78		
i - légende partielle (surencrage)	5	3		
j - piquage à cheval	35	21		
k - pli accordéon	85	50	20	

756 30c Alsace	**0,2**	**0,1**	**0,1**	**3**
a - couleur rouge absente	365	220		
b - couleurs très décalées	50	30	20	
c - impression incomplète	120	72		
d - impression sur raccord	130	78		
e - légende partielle (surencrage)	8	5		
f - piquage à cheval	35	21		
g - piquage double	80	48		
h - pli accordéon	85	51	34	

5 juillet   *26 juin*

757 50c Lorraine	**0,2**	**0,1**	**0,1**	**2**
a - "0" ou "5" de "50c" absent	40	24	16	
b - "c" de "50c" absent	20	12	8	
c - impression défectueuse	3	2		
d - légende partielle (surencrage)	6	4		
e - "R" de "RF" absent	35	21	14	

758 60c Comté de Nice	**0,2**	**0,1**	**0,1**	**2**
a - anneau-lune	25	15	10	
b - "c" de "60c" absent	12	7	5	
c - couleurs très décalées	70	42		
d - impression double du rouge	650	390		
e - impression sur raccord	130	78		
f - légende partielle (surencrage)	6	4		
g - piquage à cheval	50	30	20	
h - pli accordéon	85	50	22	
i - plume au vent àn	5			

Série 755 à 758 (4 timbres)	**0,8**	**0,4**	**0,4**	
non dentelé	80	55		
EPL / EPC		175	300	
EPL de décomposition, chaque		350		

1946 *- Touristiques. Taille-douce. (f 50) Vézelay. 20 juillet 1946*

Dessin & gravure: René Cottet.

759 5f Vézelay	**0,2**	**0,1**	**0,1**	**2**
▪ sur 🖼️ ❸	1er janv 47 ↦ 2 janv 47			550
▪ sur ▫ ❸	1er janv 47 ↦ 2 janv 47			550
a - impression recto-verso	75	50		
b - impression sur raccord	165	100		
c - piquage à cheval	70	42		

Palais du Luxembourg. Timbre repris en 1948. 29 juillet

Dessin & gravure: A. Decaris.

760 10f Palais du Luxembourg	**0,2**	**0,1**	**0,1**	**3**
non dentelé (25 ex connus)	1 500	1 000		
▪ sur 🖼️ ❹	1er janv 47 ↦ 2 janv 47			575
▪ sur ▫ ❹	1er janv 47 ↦ 2 janv 47			575
▪ sur ▭ ❸	1er janv 47 ↦ 2 janv 47			550
a - dentelé 3 côtés	225	140		
b - dentelé tenant à non dentelé	1 900	1 140		
c - impression (très) défectueuse	45	27		
d - impression sur raccord	165	100		
e - pli accordéon	85	50		
paire, EPA / EPL	350	140		

1946 *- Conférence de la paix à Paris. Taille-douce. Dessin & gravure: Pierre Gandon (3f), Albert Decaris (10f). 29 juillet (f 50)*

761 3f Conférence de Paris	**0,2**	**0,1**	**0,1**	**2**
▪ sur 🖼️ ❷	1er janv 47 ↦ 2 janv 47			475
▪ sur ▫ ❷❷	1er janv 47 ↦ 2 janv 47			475
▪ sur ▭ ⑤	1er janv 47 ↦ 2 janv 47			450
a - dentelé 3 côtés	170	102		
b - impression (très) défectueuse	90	54		
c - impression recto-verso	70	42		
d - impression sur raccord	160	96		
e - piquage à cheval	60	36		
f - pli accordéon	85	50		

762 10f Conférence de Paris	0,2	0,1	0,1	2
◾ sur 🖼️❹	1ᵉʳ janv 47 ⇢ 2 janv 47			600
◾ sur ✉❹	1ᵉʳ janv 47 ⇢ 2 janv 47			600
◾ sur 🖼️❸	1ᵉʳ janv 47 ⇢ 2 janv 47			550
a - impression dépouillée	170	102		
b - impression sur raccord	165	100		
c - piquage à cheval	60	36		
d - pli accordéon	90	54		
paire, non dentelé	150	100		
paire, EPA / EPL / EPC	325	150	275	
paire, ✉❷ Paris	29 juil 46			7

1946 - *Touristiques. Taille-douce. 21 octobre (f 50)*

D&G: Charles Mazelin.

763 15f Roc-Amadour	4,5	2,5	0,8	3
non dentelé	1 000	700		
◾ sur 🖼️❹	1ᵉʳ janv 47 ⇢ 2 janv 47			575
◾ sur 🖼️Ⓡ	1ᵉʳ janv 47 ⇢ 2 janv 47			525
◾ sur 📧	1ᵉʳ janv 47 ⇢ 2 janv 47			550
a - impression sur raccord	165	100		
b - piquage à cheval	120	72		
c - pli accordéon	130	78		
d - "RF" blanc	15	9		

Pointe du Raz.

Dessin & gravure: Henry Cheffer.

764 20f Pointe du Raz	1,3	1	0,1	2
non dentelé	1 500	1 100		
◾ sur 🖼️❻	1ᵉʳ janv 47 ⇢ 2 janv 47			575
◾ sur 🖼️❸Ⓡ	1ᵉʳ janv 47 ⇢ 2 janv 47			575
a - chiffres et légende blancs	22	13		
b - dentelé 3 côtés	200	120		
c - impression recto-verso	100	60		
d - impression sur raccord	180	110		
e - piquage à cheval	70	42		
f - pli accordéon	110	66		
paire, EPA / EPL	350	140		

IVᵉᵐᵉ République (13 octobre 1946)

1946 - *Personnages célèbres du XVᵉᵐᵉ siècle. Taille-douce. 28 octobre. T 2 250 000 séries (f 25).*

D&G: Albert Decaris.   *D: P. Gandon. G: J. Piel*

765 2f+4f Villon (poëte)	1,6	1	1,5	5
a - dentelé 3 côtés	160	96		
b - impression sur raccord	165	100		

766 3f+1f Fouquet (peintre)	1,6	1	1,5	4
non dentelé (25 ex connus)	900	635		
◾ sur 🖼️	1ᵉʳ janv 47 ⇢ 2 janv 47			475
◾ sur ✉	1ᵉʳ janv 47 ⇢ 2 janv 47			475
◾ sur 🖼️⑤	1ᵉʳ janv 47 ⇢ 2 janv 47			450
a - bonnet à pointe tenant à normal	50	30	20	70
b - hameçon sur le bonnet tenant à normal	35	20		
c - impression sur raccord	165	100		
d - piquage à cheval	70	42		
e - Frelié au cadre	35	20		
f - papier mince	10	5		

D&G: G.-A. Barlangue.   *D&G: Albert Decaris.*

767 4fP3f Ph. de Commynes

	1,8	1,2	1,8	5
◾ sur 🖼️	1ᵉʳ janv 47 ⇢ 2 janv 47			525
◾ sur 📖	1ᵉʳ janv 47 ⇢ 2 janv 47			535
a - impression sur raccord	165	100		
b - piquage à cheval	70	42		
c - pli accordéon	110	66		
d - papier mince	22	12		

768 5fP4f Jeanne d'Arc	2,5	1,2	2	6
◾ sur 🖼️❸	1ᵉʳ janv 47 ⇢ 2 janv 47			550
◾ sur ✉❸	1ᵉʳ janv 47 ⇢ 2 janv 47			550
◾ sur 🖼️	1ᵉʳ janv 47 ⇢ 2 janv 47			500
a - impression sur raccord	210	140		
b - pli accordéon	110	66		

D&G: Achille Ouvré.   *D: P.-P. Lemagny. G: C. P. Dufresne.*

769 6fP5f Jean de Gerson	**2,5**	**1,2**	**2**	**7**
770 10fP6f Charles VII	**2,5**	**1,4**	**2,2**	**7**
■ sur 🖼 ❹	1ᵉʳ janv 47 ⇟ 2 janv 47		600	
■ sur ✉ ❹	1ᵉʳ janv 47 ⇟ 2 janv 47		600	
■ sur 🗺 ❸	1ᵉʳ janv 47 ⇟ 2 janv 47		550	
a - papier mince	22	11		
b - pli accordéon	110	66		
Série 765 à 770 (6 timbres)	**12,5**	**7**	**11**	
Ess.Uni/Ess.Multi		360	540	
EPA/ EPL / EPC	950	235	550	

1946 *- Conférence de l'U.N.E.S.C.O. (f 50)*
Taille-douce. Dessin & gravure: Albert Decaris. 19 novembre

T 5 000 000

771 10f U.N.E.S.C.O.	**0,3**	**0,2**	**0,2**	**2**
EPA / EPL	400	185		
■ sur 🖼 ❹	1ᵉʳ janv 47 ⇟ 2 janv 47		600	
■ sur ✉ ❹	1ᵉʳ janv 47 ⇟ 2 janv 47		600	
■ sur 🗺 ❸	1ᵉʳ janv 47 ⇟ 2 janv 47		550	
a - piquage double	90	54		
b - pli accordéon	120	72		
c - UNESCO blanc	12			

Année 1946

748 á 771 (24 timbres)	**23,5**	**13,5**	**16**
B✈ 16 à 19 (4 timbres)	**17**	**9**	**4**

1947 *- Marianne de Gandon. (f 100) 1ᵉʳ janvier Typo.*
Dessin: Pierre Gandon. Gravure: Henri Cortot.

Timbre non émis, avec surcharge "-10%", destinée à prendre en compte la baisse de tarif du 2 janvier 1947. Mais on a préféré vendre le timbre au guichet directement à 4f 50 sans lui avoir apposé de surcharge. Deux feuilles auraient été surchargées dont une avec coin daté du 26 décembre 1946.

719A 5f rose	**0,2**	**0,1**	**0,1**	**5**
EPL				
■ sur 🖼 ❸	1ᵉʳ janv 47 ⇟ 2 janv 47		575	
■ sur ✉ ❸	1ᵉʳ janv 47 ⇟ 2 janv 47		557	
■ sur 🗺	1ᵉʳ janv 47 ⇟ 2 janv 47		500	
a - "5" plus gros	7	4		
b - anneau-lune	26	17	11	
c - dentelé tenant à non dent. (10 connus)	2 650	1 650		
d - impression défectueuse	6	4		
e - impression sur raccord	130	78		
f - légende partielle (surencrage)	5	3		
g - papier carton	2	1		
h - pli accordéon	100	60		
i - "S" final de "Postes" absent	20	12	8	
719AA 5f rose sch. "-10%"	**1 350**			

1947 *- 2ᵉᵐᵉ série des cathédrales. Taille-douce. 6 janvier.*
T 1 600 000 séries (f 50).

D&G: Pierre Munier.   *D&G: Charles Mazelin.*

772 1f+1f St-Sernin de Toulouse	**1,1**	**0,8**	**1**	**6**
■ sur 👁 ↻ 🐾	6 janv 47 ⇟ 23 ao✕t 47		350	
773 3f+2f Notre-Dame du Port	**3**	**1,8**	**3**	**8**
a - impression sur raccord	165	100		

Dessin & gravure: G.-A. Barlangue

774 4fP3f St-Front de Périgueux	1,5	1,2	1,5	6

D&G: Albert Decaris   *D&G: Jules Piel*

775 6f+4f St-Julien du Mans	1,5	1,1	1,5	7
776 10f+6f Notre-Dame de Paris	2,9	2,1	3	8
a - piquage à cheval	140	84		

Série 772 à 776 (5 timbres)	10	7	10	
EPA/ EPL / EPC	800	235	500	
EPC en noir grand format			2 250	

1947 - Marianne de Gandon. (f 100) 23 janvier Typographie.
Dessin: Pierre Gandon. Gravure: Henri Cortot.

718A 4f 50 bleu	0,2	0,1	0,1	1
non dentelé	475	350		
EPL	45			
a - "4f 50" plus gros	30	20		
b - "5" de "4f 50" absent	50	30		
c - anneau-lune	30	18	12	
d - dentelé 3 côtés	170	115		
e - dentelé tenant à non dentelé	750	525		
f - "f" de "4f 50" absent	30	18	12	
g - impression défectueuse	4	3		
h - impression sur raccord	130	78		
i - impression recto-verso	25	15	10	
j - légende partielle (surencrage)	5	3		
k - lettres manquantes à "Postes"	17	10	6	
l - piquage à cheval	40	27		
m - pli accordéon	80	48	32	
n - "Postes" absent (surencrage)	45	27	18	
o - "RF" maigre	14	8	5	
p - signature "Gandon" absente	20	12	8	

1947 - Touristiques. Taille-douce. (f 50) Cannes.
D&G: Pierre Gandon

777 6f Cannes, la Croisette	1,4	0,8	0,5	2
a - impression incomplète	140	84		
b - impression sur raccord	165	100		
c - pli accordéon	130	78		

Nancy: place Stanislas. repris en 1948. 10 février

Dessin & gravure: Raoul Serres.

778 25f Nancy	4	2	0,3	2
EPA non adoptée "grandes grilles"	550			
▓ sur ✉	10 fév 47 ►► 30 avr 48			600
a - dentelé 3 côtés	180	108		
b - impression (très) défectueuse	125	78		
c - impression recto-verso	80	48		
d - impression sur raccord	165	100		
e - piquage à cheval	80	48		
f - pli accordéon	130	78		
paire, EPA / EPL	350	130		
g - piquage décalé t à n	40			
EPC avec touristiques de 1946			550	

1947 - Journée du timbre 1947. Louvois . Taille-dce. Dess &
grav: R. Serres. 15 mars (f 25)

T 2 200 000

779 4f 50P5f 50 Louvois	1,4	0,7	1,3	4
EPA / EPL	140	60		
a - papier mince	12	7		
b - pli accordéon	110	66		

1947 - Marianne de Gandon.Typo. Dessin: Pierre Gandon
Gravure: Henri Cortot.Cérès de Mazelin.Typographie. Dessin
Charles Mazelin. Gravure: M. Cortot. 8 avril (f 100)

T 3 500 000. Dessin & gravure: René Cottet

678 1f 30 bleu	**0,3**	**0,1**	**0,1**	**4**
EPL		40		
a - impression (très) défectueuse	9	5		
b - impression sur raccord	130	78		

716B 3f 50 brun-rouge	**0,8**	**0,4**	**0,4**	**4**
EPL		45		
a - anneau-lune	30	18	12	
b - couleur chocolat foncé	2	1		
c - impression défectueuse	3	2		
d - impression sur raccord	165	100		
e - papier carton	5	3		
f - piquage à cheval	35	21		
g - pli accordéon	120	72		

1947 *- 12ème congrès de l'Union Postale Universelle.*
Vues de Paris. 7 mai. Taille-douce.

T 2 500 000. Dessin & gravure: Achille Ouvré

780 3f 50 Le Louvre	**0,4**	**0,2**	**0,4**	**2**
a - dentelé 3 côtés	1 250	750		

T 4 600 000. Dessin & gravure: Jules Piel

781 4f 50 La Conciergerie	**0,4**	**0,2**	**0,4**	**2**
a - pli accordéon	110	66		

T 2 400 000. Dessin & gravure: Henry Cheffer

782 6f La Cité	**1,1**	**0,6**	**1,1**	**3**
a - couleur du fond rose	50	30		
b - impression sur raccord	165	100		
c - pli accordéon	110	66		

783 10f Place de la Concorde	**1,1**	**0,5**	**1,1**	**3**
EPA sans faciale, légende "France"	2 000			
a - impression sur raccord	165	100		
b - pli accordéon	110	66		
c - bleu	3			

Série 780 à 783 (4 timbres)	**3**	**1,5**	**3**	
non dentelé (tirage 200)	400	285		
EPA/ EPL / EPC petit format	900	425	575	
EPC avec ✈n° 20			2.850	

1946 (✈) *- 12ème congres de l'U.P.U.*

T 525 000. Dess & grav: Pierre Gandon

✈**20 500f Ponts de Paris**	**60**	**38**	**62**	**125**
non dentelé (t. 200)	800	575		
feuille de 10	750			
EPA / EPL	1 400	600		
EPL petit format		700		
✉❷ Paris		7 mai 47		300

1947 *- 100ème ann. de la naissance de l'explorateur Auguste Pavie. Taille-dce. Dess & grav: Achille Ouvré. 30 mai (f 50)*

Effigie de l'écrivain François Fénelon. Taille-douce. Dess & grav: Charles Mazelin. 12 juillet (f 50)

T 2 000 000   *T 2 000 000*

784 4f 50 Pavie	0,4	0,1	0,2	4
EPA / EPL	135	55		
a - piquage à cheval	85	51		
b - pli accordéon	120	72		

785 4f 50 Fénelon	0,4	0,1	0,2	4
EPA / EPL	135	55		
a - pli accordéon	120	72		

1947 - *Marianne de Gandon (5ème série). (f 100)*
Typographie. Dessin: Pierre Gandon. Gravure: Henri Cortot.

25 juillet   15 juillet

716A 3f vert	2	0,9	0,3	1
a - anneau-lune	25	15	10	
b - impression défectueuse	10	6		
c - impression sur raccord	130	78		
d - légende partielle (surencrage)	6	4		
e - piquage à cheval	35	21		
f - pli accordéon	100	60		
g - "RF" ou "3" plus gros	10	6	4	
h - "T" de "Postes" absent	20	12	8	

719B 5f bleu	0,2	0,1	0,1	1
non dentelé (tirage 100)	475	350		
a - anneau-lune	45	27	18	
b - dentelé tenant à non dentelé	650	390		
c - impression incomplète	120	72		
d - impression sur raccord	130	78		
e - légende partielle (surencrage)	6	4		
f - piquage à cheval	35	21		
g - pli accordéon	85	50	34	
h - "RF" plus gros	8	5	3	
i - signature "Gandon" absente	25	15	10	

12 juillet

(A gauche: normal)

Mèches reliées (|44, 94)

Mèches reliées retouchée la
ligne rouge est prolongée
au bout du bonnet

Mèches croisées
(|15, 65)

721A 6f rose	0,2	0,1	0,1	1
non dentelé	475	350		
a - "6" plus gros	8	5	3	
b - anneau-lune	25	15	10	
c - couleur rose très pâle	7	4		
d - dentelé 3 côtés	150	90		
e - dentelé tenant à non dentelé	775	465		

f - "f" de "6f" absent	40	24	16	
g - impression (très) défectueuse	20	12		
h - impression incomplète	80	48		
i - impression recto-verso	60	36		
j - impression sur raccord	130	78		
k - légende partielle (surencrage)	6	4		
l - lettres manquantes à "Postes"	7	4		
m - mèches croisées tenant à normal	45	27	18	50
n - mèches reliées tenant à normal	45	27	18	50
o - mèches reliées, retouchée	80	60	35	85
tenant à normal	100	70	40	95
p - piquage à cheval	35	21		
q - pli accordéon	80	50	20	
r - signature "Gandon" absente	20	12	8	
s - les deux signatures absentes	20	12		
série, EPL		135		
EPC 3f, 5f, 6f			525	
EPC 3f 50, 4f 50, 5f			500	

1947 - *5ème anniversaire du débarquement britannique à Saint-Nazaire. Taille-dce. D: Gustave Joly. G: C. Mazelin. 2 août (f 50)*

Jamboree 1947. Emblème scout. Taille-douce. Dessin & gravure: Jules Piel. 2 août (f 50)

T 1 800 000   T 2 900 000

786 6f+4f Saint-Nazaire	0,6	0,3	0,5	3
EPA / EPL	135	55		
a - pli accordéon	120	72		

787 5f Jamboree	0,4	0,2	0,3	3
EPA / EPL	1 250	400		
a - pli accordéon	120	72		

1947 - *Voie de la liberté. Taille-dce. Dess: C. Mazelin. Grav: C. P. Dufresne. 10 sept (f 50)*

Congrès anti-vénérien. Alfred Fournier. Taille-douce. Dess: P.-P. Lemagny. Grav: C. P. Dufresne. 2 oct (f 50)

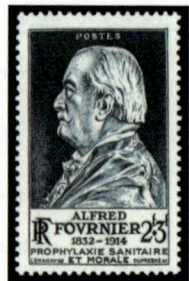

T 1 900 000   T 1 900 000

788 6f+4f Voie de la liberté	1	0,7	0,9	4
EPA / EPL	135	55		
a - anneau sur la flamme tenant à normal	50	30	20	118
b - légende du bas absente	325	195		
c - pli accordéon	120	72		

789 2f+3f A. Fournier 0,4 0,2 0,3 4
EPA / EPL / EPC brun & bleu foncé 125 45 750
a - piquage à cheval 70 42
b - pli accordéon 120 72

1947 - *Résistance. Taille-dce. D: Paul-Pierre Lemagny. G: Charles Paul Dufresne. 10 nov (f 50)*

Cérès de Mazelin surchargée. Typo. Dess: Charles Mazelin. Grav: M. Cortot. 14 novembre (f 100)

T 2 500 000

T 18 000 000

790 5f Résistance 0,6 0,3 0,5 3
EPA / EPL 150 70
EPC double en bleu et rouge 750
EPC double en noir 800
a - dentelé 3 côtés 170 102
b - pli accordéon 120 72
c - tenant à impression inversée sur bdf 285 245

791 1f sur 1f 30 Cérès 0,2 0,1 0,1 3
EPL / EPC avec le 1f 30 non sch 60 475
a - impression défectueuse 3 2
b - impression sur raccord 130 78
c - piquage à cheval 55 33
d - surcharge incomplète, sans "f" 170 102
e - surcharge recto-verso 5 3 2
f - surcharge très déplacée 6 4 3

1947 - *Touristiques. Taille-douce. (f 50) 18 déc Abbaye de Conques (Aveyron). Timbre repris en 1948.*

Dessin & gravure: Pierre Gandon

792 15f Abbaye de Conques 4,5 2,5 0,9 4
EPA / EPL 165 60
a - impression sur raccord 165 100
b - piquage à cheval 70 42
c - pli accordéon 130 78

1948 ✈ - *Héros de l'aviation française. 19 janvier (f 25) Taille-douce. Dessin & gravure: Pierre Gandon.*

T 970 000

✈**21 50f+30f A. de St-Exupéry** 3,5 2 3 8
▪ sur ✆ 1ᵉʳ mai 48 ➤ 5 juin 48 600
a - impression sur raccord 200 120
b - pli accordéon 170 102

T 970 000

✈**22 100f+70f Jean Dagnaux** 4,5 2,5 3,5 10
a - impression sur raccord 200 120
paire, non dentelé (t. 250) 275 200
paire, EPA / EPL / EPC 850 425 750

1948 ✈ - *50ᵉᵐᵉ anniversaire du vol de l'avion de Clément Ader en 1897. Taille-douce. Dessin & gravure: Pierre Gandon. 23 février (f 25)*

T 1 500 000

✈**23 40f+10f Avion de C. Ader** 2 1 1,5 8
non dentelé(t. 250) 150 100
EPA / EPL / EPC St-Ex & Dagneaux 400 200 800
a - "France" hachuré tenant à normal 30 20 10
b - pli accordéon 160 96

Année 1947
772 á 792 (21 timbres) 28 17 22
✈20 (1 timbre) 62 38 65

1948 - Entraide française.
Louis Braille (1809-1852).
Taille-douce. Dess & grav:
Raoul Serres. (f 50) 19 jan

Journée du timbre: Arago
(1802-1892), directeur g^{al} des
postes. Taille-douce. D&G:
Raoul Serres. (f 50) 19 jan

Tirage 2 100 000

793 6f+4f Braille	**0,4**	**0,1**	**0,2**	**4**
EPA / EPL / Ess.Un /Ess.Multi	150	70	70	100
a - pli accordéon	120	72		
794 6f+4f Arago	**0,6**	**0,3**	**0,5**	**4**
EPA / EPL	150	75		
a - pli accordéon	120	72		

1948 - Personnages célèbres de la Révolution de 1848.
Taille-douce. 5 avril. T 2 000 000 séries. (f 50).

Alphonse de Lamartine (poète)
(1790-1869)

A.-A. Ledru-Rollin (ministre en 1848)
(1807-1874)

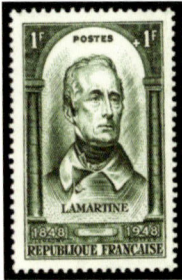

D: P.-P. Lemagny. G: R. Cottet.

D: P. Gandon. G: C. Mazelin.

795 1f+1f Lamartine	**1,5**	**1**	**1,5**	**6**
a - pli accordéon	130	78		
796 3f+2f Ledru-Rollin	**1,5**	**1**	**1,5**	**6**
a - pli accordéon	130	78		

Louis Blanc (membre du Gouvern-
ement provisoire) (1811-1882)

A. M. Albert (commune de 1848)
(1815-1895)

D&G: Charles Mazelin.

D&G: Henry Cheffer.

797 4f+3f Louis Blanc	**1,5**	**1**	**1,5**
a - pli accordéon	130	78	
798 5f+4f Albert	**3,5**	**2**	**3,5**
a - pli accordéon	130	78	

Pierre Joseph Proudhon (théoricien
socialiste) (1809-1865)

Louis-Auguste Blanqui (Révolution
de 1848) (1805-1881)

D&G : Jules Piel.

D&G : Achille Ouvré.

799 6f+5f Proudhon	**3**	**1,5**	**3**
a - pli accordéon	130	78	
800 10f+6f Blanqui	**3**	**1,5**	**3**
a - pli accordéon	130	78	

Armand Barbès (gouvernement
insurrectionnel de 1848) (1809-1870)

Monseigneur Denis-Auguste Affre
(archevêque) (1793-1848)

D&G : Raoul Serres.

D: P.-P. Lemagny. G: E. Feltesse.

801 15f+7f Barbès (t. 500)	**3,5**	**2**	**3,5**
a - pli accordéon	130	78	
802 20f+8f Msg. AFFRE	**3,5**	**2**	**3,5**
a - pli accordéon	130	78	

Série 795 à 802 (8 timbres)   **21**   **12**   **21**

non dentelé (tirage 500) / Ess.Uni	275	200		480
EPA/ EPL/ EPC	900	325	650	

1948 - *Marianne de Gandon (6ᵉᵐᵉ série). 10 mai (f 100)*
Typographie. Dessin: Pierre Gandon. Gravure: Henri Cortot.

806 3f rose-lilas   **0,2**   **0,1**   **0,1**   **4**

a - anneau-lune	25	15	10
b - "f" de "3f" absent	22	13	8
c - impression défectueuse	5	3	
d - impression sur raccord	130	78	
e - légende partielle (surencrage)	8	5	4
f - piquage à cheval	45	27	
g - pli accordéon	75	45	

807 4f vert-bleu   **0,2**   **0,1**   **0,1**   **3**

a - anneau-lune	25	15	10
b - "f" de "4f" absent	23	13	8
c - impression sur raccord	130	78	
d - légende partielle (surencrage)	5	3	
e - lèvre supérieure fendue	5	3	
f - pli accordéon	75	45	

811 10f lilas   **0,2**   **0,1**   **0,1**   **1**

a - anneau-lune	25	15	10
b - "f" de "10f" absent	30	18	12
c - impression sur raccord	130	78	
d - piquage à cheval	50	30	
e - pli accordéon	75	45	
série, EPL / EPLC		150	750

1948 - *Touristiques. Taille-douce.*

D&G : Albert Decaris

803 12f Palais du Luxembourg   **3,3**   **1,8**   **0,6**   **2**

EPA / EPL

a - impression sur raccord	165	100
b - pli accordéon	110	66

804 15f Luxembourg   🐚 p 692   **0,8**   **0,5**   **0,6**

Abbaye de Conques (Aveyron). Reprise du timbre de 1947.
10 mai (f 50)

D&G: Pierre Gandon

805 18f Abbaye de Conques   **4,5**   **3**   **0,5**   **3**

EPA / EPL / EPC av Lux 12f, Conques 15f	150	60	475
a - impression sur raccord (10 connus)	750	450	
b - pli accordéon	120	72	
c - pluie sur le paysage	15		

Série Marianne de Gandon 1948-49

806 3f rose-lilas	🐚 1948	**0,2**	**0,1**	**0,1**
807 4f vert-bleu	🐚 1948	**0,2**	**0,1**	**0,1**
808 4f orange	🐚 1948	**3,3**	**2,6**	**1,4**
809 5f vert clair	🐚 1948	**0,8**	**0,5**	**0,2**
810 8f turquoise	🐚 1948	**0,4**	**0,1**	**0,1**
811 10f lilas	🐚 1948	**0,2**	**0,1**	**0,1**
812 12f outremer	🐚 1949	**3,3**	**2,5**	**0,1**
813 15f rouge	🐚 1949	**1,1**	**0,5**	**0,1**

Série 806 à 813 (8 timbres)   **10**   **6,5**   **2,2**

EPL / EPC 3f, 4f, 10f	400	750

1948 - *1ᵉʳ congrès international du B.C.G. 18 juin 1948*
bactériologiste Calmette (1863-1933). Taille-dce. D&G:
H. Cheffer.

T 1 800 000 (f 50)

814 6f+4f Calmette   **1,1**   **0,5**   **0,8**   **4**

EPA / EPL

1948 - *1ᵉʳ anni de la mort du général Leclerc.*
Taille-douce. D&G: R. Serres. 3 juillet (f 50)

T 8 100 000

815 6f Général Leclerc   **0,4**   **0,2**   **0,3**   **1**

non dentelé (tirage 500)	55	40
EPA / EPL	140	60

a - impr dble dont 1 inversée (3 connus)		8 750		
b - impression sur la gomme	235	140		
c - impression sur raccord	165	100		
d - impression recto-verso	250	150		
e - piquage à cheval	60	36		
f - pli accordéon	110	66		

1948 *- Chateaubriand (1768-1848), écrivain, vue du château de Combourg. Taille-douce. D: P.-P. Lemagny. G: G.-A. Barlangue*

3 juillet. T 2 400 000 (f 50)

816 18f Chateaubriand	**0,4**	**0,2**	**0,3**	**4**
non dentelé (tirage 500)	50	35		
EPA / EPL	115	55		
a - pli accordéon	110	66		

1948 *- Barrage de Génissiat, dans l'Ain. Taille-douce. D&G: Gabriel-Antoine Barlangue. 21 sept (f 50)*

T 2 000 000

817 12f Barrage de Génissiat	**1,1**	**0,4**	**1**	**3**
non dentelé (tirage 500)	50	35		
EPA / EPL	135	55		
a - impression sur raccord	165	100		

1948 *- 3ème assemblée gale des Nations-Unies . Taille-douce. Dessin & gravure: Albert Decaris (12f), Albert Decaris & Jules Piel (18f). 21 septembre (f 50)*

T 3 000 000

818 12f Palais de Chaillot	**0,5**	**0,3**	**0,4**	**3**

T 3 500 000

819 18f Palais de Chaillot	**0,5**	**0,3**	**0,4**	**3**
a -C barré à France		30		
paire, non dentelé (tirage 500)	350	250		
paire, EPA / EPL / EPAC	700	350	500	
paire, ✉❷ Chaillot (bᵐᵉ temporaire)	21 sept 48			25

1948 *- Marianne de Gandon (7ème série). (f 100)*
Typo. Dessin: Pierre Gandon. Gravure: Henri Cortot.

15 décembre   *15 décembre*

808 4f orange	**3,3**	**2,6**	**1,4**	**8**
a - anneau-lune	30	20	12	
b - couleur moutarde foncé	6	4		
c - impression défectueuse	7	4		
d - impression sur raccord	130	78		
e - légende partielle (surencrage)	8	5		
f - pli accordéon	90	55		

809 5f vert clair	**0,8**	**0,5**	**0,2**	**1**
a - anneau-lune	25	16	8	
b - couleur vert très pâle	3	2		
c - impression défectueuse	3	2		
d - impression sur raccord	130	78		
e - piquage à cheval	30	18		
f - pli accordéon	75	45		

4 octobre

810 8f turquoise	**0,4**	**0,1**	**0,1**	**1**
a - "8" plus gros	8	5	3	
b - anneau-lune	25	15	10	
c - impression sur raccord	130	78		
d - piquage à cheval	50	30		
e - pli accordéon	75	45		
f - signature "Gandon" absente	20	12	8	
g - les deux signatures absentes	15	10	6	
série, EPL		150		

1948 *- Paul Langevin.*   *Jean Perrin. Taille-douce.*
Taille-dce. D&G: C.Mazelin.   *Dess & grav: P. Gandon.*
17 nov (f 50)   *17 nov (f 50)*

T 2 900 000   *T 2 900 000*

820 5f Paul Langevin	**0,7**	**0,2**	**0,1**	

a - impression sur raccord	130	78		
821 8f Jean Perrin	**0,7**	**0,2**	**0,1**	**2**
a - impression sur raccord	130	78		
b - pli accordéon	90	54		
paire, non dentelé (tirage 500)	55	40		
paire, EPA / EPL / EPC	225	100	200	

Timbre non-émis: couleur vert-jaune au lieu de vert-bleu

821A Jean Perrin: non émis	**675**	**475**

1948 - *Touristiques.Taille-douce. (f 50)*

10 décembre. T 8 000 000. D&G: Albert Decaris

804 15f Palais du Luxembourg	**0,8**	**0,5**	**0,5**	**4**
EPA / EPL	150	60		
a - impression recto-verso	35	21		
b - impression sur raccord	165	100		

9 décembre. T 8 000 000. D&G: Raoul Serres.

822 25f Nancy	**13,5**	**7,5**	**1,2**	**4**
EPA / EPL	150	60		
a - impression sur raccord	165	100		
b - piquage à cheval	185	110		
c - pli accordéon	140	84		

Année 1948

793 á 822 (30 timbres)	**59**	**34**	**30**
✈ 21 à 23 (3 timbres)	**10**	**5,5**	**8**

1949 - *Marianne de Gandon (8ème série). (f 100) Typo.*
Dessin: Pierre Gandon. Gravure: Henri Cortot.

17 jan   *27 jan*

827 =5f sur 6f rose	**0,2**	**0,1**	**0,1**	**1**
EPL		75		
a - impression double	450	270		
b - mèches croisées tenant à normal	30	18	12	
c - mèches reliées, non retouché tenant à normal	270	180	120	
d - mèches reliées, retouché tenant à normal	30	18	12	
e - sch barres omises (pliage) (5 connus)	1 600	960		
f - surcharge à cheval	30	18	12	
g - surcharge doublée	750	450		
h - surcharge recto-verso	9	5,5		
812 12f outremer	**3,3**	**2,5**	**0,1**	**2**
non dentelé	50	35		
EPL		50		
EPL en noir		375		
a - "12" plus gros	11	7	5	
b - anneau-lune	25	15	10	
c - "f" de "12f" absent	45	27	18	
d - impression sur raccord	130	78		
e - légende partielle (surencrage)	8	5		
f - "P" de "Postes" absent	15	9	6	
g - papier carton	6	4		
h - piquage à cheval	50	30		
i - pli accordéon	75	45		
j - "RF" plus gros	11	7	4	

       Type I

       Type II

       mèches supplémen taires

10 janvier

813 I 15f rouge, t. I	**1,1**	**0,5**	**0,1**	**1**
non dentelé	35	25		
EPL		50		
EPL en noir		375		
a - "15" plus gros	8	5		
b - anneau-lune	20	12	8	
c - dentelé 3 côtés	150	90		
d - "f" de "15f" absent	33	22	15	
e - impression incomplète	120	72		
f - impression recto-verso	45	27		
g - impression sur raccord	130	78		
h - légende partielle (surencrage)	6	4		
i - "P" ou "T" de "Postes" absent	12	7	4	
j - piquage à cheval	45	27		
k - pli accordéon	70	42		
l - "RF" plus gros	10	6	4	
m - signature "Gandon" absente	20	12		
n - les deux signatures absentes	10	6	4	
813 II 15f rouge, type II	**22**	**13**	**6**	**8**
faux de Marseille	66	43		

1949 - *Série des métiers. Surtaxe au profit de la CroixRouge (qui remplace l'entraide française). Taille-douce. Emission: 14 fév. T 1 600 000 séries (f 50).*

D&G: Albert Decaris

D&G: Henry Cheffer

823 3f+1f Agriculteur	**0,9**	**0,6**	**1**	**15**
a - pli accordéon	110	66		
824 5f+3f Pêcheur	**1**	**0,6**	**0,9**	**13**
a - double galon tenant à normal	60	36	24	

D&G: Albert Decaris

D&G: Pierre Gandon

825 8f+4f Mineur	**1**	**0,6**	**0,9**	**12**
826 10f+6f Métallurgiste	**1,1**	**0,6**	**1**	**11**
a - pli accordéon	110	66		
Série 823 à 826 (4 timbres)	**4**	**2,4**	**3,8**	
non dentelé (t. 500)	140	85		
EPA / EPL /EPC	500	225	400	
827 Gandon =5f s 6f rose 🐚 1949	**0,1**	**0,1**	**0,1**	

1949 - *Journée du timbre. Choiseul Taille-dce. D&G: R. Serres. 26 mars (f 25)*

Expéditions polaires françaises. Taille-douce. Dessin & gravure: Pierre Gandon. 2 mai (f 50)

T 1 800 000

T 3 400 000

828 15f+5f Choiseul	**1,1**	**0,6**	**1**	**4**
non dentelé (tirage 275)	110	75		
EPA / EPL	200	90		
a - pli accordéon	130	78		

829 15f Expéditions polaires	**0,4**	**0,1**	**0,3**	**2**
a - legende blanche	10			
non dentelé	110	75		
EPA / EPAL	400	175		

1949 ✈ - *Vues stylisées des villes de France. (f 25) Taille-douce. Dessin & gravure: Albert Decaris.*

27 avril. T 85 000 000

✈**24 100f Lille**	**1,5**	**1**	**0,5**	**5**
a - couleur: noir au lieu de brun	50	30		
b - impression sur raccord	200	120		
c - piquage à cheval	130	78		
d - pli accordéon	190	115		

23 juin. T 8 200 000

✈**25 200f Bordeaux**	**15,5**	**8**	**1**	**10**
a - papier carton	70	42	28	
b - piquage à cheval	200	120		

23 juin. T 3 200 000

✈**26 300f Lyon**	**20**	**12**	**12**	**20**

1er juillet. T 2 800 000

✈**27 500f Marseille**	**73**	**39**	**6,5**	**11**
Série ✈24 à 27 (4 timbres)	**110**	**60**	**20**	
non dentelé (t. 450)	550	425		
série, EPA / EPL /EPC	1 350	600	1 150	

1949 - *Centenaire du timbre (CITEX): Cérès de Barre et Marianne de Gandon. Taille-douce (feuilles de 10 bandes). 9 mai.*

T 2 500 000 bandes

830 Cérès, 15f rouge	**4**	**2**	**4**	**15**
831 Cérès, 25f bleu	**4**	**2**	**4**	**15**
832 Marianne, 15f rouge	**4**	**2**	**4**	**15**
833 Marianne, 25f bleu	**4**	**2**	**4**	**15**
833A Bande du centenaire	**18**	**10**	**16**	
a - dentelure inversée (tirage 200)	2 750	2 000		
série, EPA / EPL / EPC	1 350	600	850	
EPC petit format			900	

1949 - *Blasons des provinces françaises (4ème série). 11 mai. Typographie. Dessin: R. Louis. Gravure: J. Piel (Bourgogne), H. Cortot (Guyenne, Auvergne), G.Hourriez (Savoie). (f 100)*

834 10c Bourgogne	**0,2**	**0,1**	**0,1**	**2**
a - avec bord publicitaire "Provins"	70	42		
b - couleur jaune absente	550	330		
c - couleurs très décalées	40	24		
d - piquage à cheval	35	21		
e - pli accordéon	70	42		
835 50c Guyenne	**0,2**	**0,1**	**0,1**	**2**
a - anneau-lune	20	12	8	
b - couleurs très décalées	40	24	16	
c - impression défectueuse	3			
d - pli accordéon	70	42		

14 mai

836 1f Savoie	**0,5**	**0,2**	**0,2**	**1**
a - anneau-lune	25	15	10	
b - couleurs très décalées	40	24	16	
c - impression défectueuse	3			
d - impression sur raccord	130	78		
e - pli accordéon	70	42		
837 2f Auvergne	**0,5**	**0,2**	**0,2**	**3**
a - anneau-lune	25	15	10	
b - couleurs très décalées	40	24	16	
c - impression défectueuse	3			
d - impression sur raccord	130	78		
e - pli accordéon	70	42		
838 4f Anjou	**0,4**	**0,2**	**0,2**	**3**
a - couleurs très décalées	40	24	16	
b - dentelé tenant à non dentelé	475	285		
c - impression défectueuse	5	3	2	
d - impression sur raccord	130	78		
e - piquage à cheval	55	33		
f - pli accordéon	70	42		
Série 834 à 838 (5 timbres)	**1,8**	**0,8**	**0,8**	
non dentelé	75	50		
EPL /EPC		200	350	
EPL de décomposition, chaque		400		

1949 - *600ème anniversaire du rattachement du Dauphiné à la France (1349). Taille-dce. Dess: A. Spitz. Grav: C. Mazelin. 14 mai (f 50)*

T 2 500 000

839 12f Rattachement du Dauphiné	**0,4**	**0,2**	**0,2**	**2**
non dentelé	40	27		
EPA / EPL	140	65		

1949 - *Amitié franco-américaine. 14 mai (f 25) Taille-douce. Dessin: Subes. Gravure: Pierre Gandon.*

T 2 600 000

840 25f Amitié franco-américaine (t. 275)	**0,6**	**0,3**	**0,5**	**2**
non dentelé (tirage 275)/ Ess.Uni / Ess.Multi	115	80	125	185
EPA / EPL	235	115		

a - couleur bleu unicolore	1 300	780	
b - couleurs très décalées	50	30	20
c - pli accordéon	120	72	

Essai d'impression en typographie, non émis. T 100

840A France-Amér., typographié   **675**   **475**

non dentelé	875	600
EPL de décomposition		1 000
a - violet au lieu de bleu clair (tir: 25)	950	615

1949 - *CITEX. Bloc émis pour le centenaire du timbre français. Taille-douce (blocs de 10). Dessin: Jacques-Jean Barre. Gravure: Pierre Gandon. 1ᵉʳ juin.*

Vendus: 725 000 blocs

841 10f vermillon Cérès   **72**   **35**   **52**   **75**

non dentelé (tirage 200) / Ess.Uni	2150	1650	900
EPA / EPL / EPC avec série du centenaire	800	400	1 600
EPL petit format		650	
a - bande horiz. de 3 avec marge sup.	230	160	220
b - couleur noire au lieu de rouge	2 500	1 750	
c - tbre et légende très décalés à gauche	750	450	

BF5 Bloc CITEX   **930**   **600**   **600**

non dentelé	22 500	17 500

1949 - *Touristiques. Taille-douce. (f 50) Saint-Bertrand-de-Comminges.*

20 juillet. T 132 000 000. D&G: Pierre Gandon

841A 20f St-Bertrand de Comminges   **0,3**   **0,1**   **0,1**   **1**

a - impression dépouillée	70	42
b - impression sur raccord	165	100
c - pli accordéon	110	66

Abbaye de Saint-Wandrille (timbre repris en 1951).

18 mai. T 133 000 000. D&G: Henry Cheffer

842 25f Abbaye St-Wandrille   **0,4**   **0,2**   **0,2**   **1**

a - bleu clair au lieu de outremer	185	110
b - dentelé 3 côtés	170	112
c - impression sur raccord	165	100
d - piquage à cheval	75	45
e - pli accordéon	135	88

Vallée de la Meuse (Ardennes).

23 juin. T 74 000 000. D&G: René Cottet

842A 40f Vallée de la Meuse   **16,5**   **9**   **0,3**   **1**

a - impression sur raccord	165	100
b - piquage à cheval	110	66
c - pli accordéon	135	80

Le mont Gerbier-de-Jonc (Vivarais).

3 juin. T 127 000 000. D&G: Pierre Munier

843 50f Mont Gerbier-de-Jonc   **2,8**   **1,7**   **0,2**   **1**

a - couleur noir au lieu de brun-violet	45	27	18	45
b - dentelé 3 côtés	170	102	
c - impression sur raccord	135	80	
d - piquage à cheval	60	36	
e - pli accordéon	100	60	

Série 841A à 843 (4 timbres)   20   11   0,8

  non dentelé   150   110

  EPA / EPL/ EPC   450   215   450

1949 - *Congrès International de Télégraphie et de Téléphonie. Taille-douce. 13 juin. (f 50)*

Claude Chappe (ingénieur) (1763-1805)

F. Arago (physicien & astronome) & A. M. Ampère (physicien)

T 2 900 000. D&G: Achille Ouvré

T 3 390 000. D&G: René Cottet

844 10f Chappe   1   0,6   0,9   3

845 15f Arago et Ampère   1   0,6   0,9   2

Emile Baudot (ingénieur) (1845-1903)

T 2 900 000. D&G: Achille Ouvré

T 3 390 000. D&G: René Cottet

846 25f Baudot   2,5   1,8   2,5   3

  a - impression sur raccord   165   100

846A Baudot, non émis   4 350   3 000   3 000   4 250

  EPA / EPL   6 500   1 400

Général Ferrié (spécialiste de la télégraphie sans fil) (1868-1932)

T 2 585 000 (f 50). D&G : Pierre Munier

847 50f Général Ferrié   5   2,6   3,5   6

Série 844 à 847 (4 timbres)   9,5   5,6   8

  non dentelé   275   200

  EPA / EPL /EPC avec ✈n°28   650   275   1 000

  EPC petit format   750

  série, ✉❷ Paris - Congrès   13 juin 49   300

1949 (✈) - *CITT, pont Alexandre III, à Paris*
T 1 600 000 (f 25) D&G: P. Gandon

✈28 100f Pont Alexandre III   7   5   7   15

  non dentelé (t. 275)   325   235

  EPA / EPL   800   375

1949 - *250ème anniv. de la mort de Jean Racine. Taille-dce. Dess: André Spitz. Grav: Achille Ouvré. 4 juillet (f 50)*

50ème anniv. de l'assemblée des présidents de chambres de commerce. Taille-dce. Dess: André Spitz. Grav: Pierre Munier. 18 oct (f 50)

T 2 800 000

T 2 800 000

848 12f Jean Racine   0,4   0,2   0,3   2

  non dentelé   35   25

  EPA / EPL   140   65

849 15f Chambres de commerce   0,2   0,2   0,3   2

  non dentelé   35   25

  EPA / EPL   135   55

  a - pli accordéon   100   60

1949 - *75ème ann. de l'U. P. U. Taille-douce. Dessin: André Spitz. Gravure: René Cottet. 7 novembre. (f 50)*

T 2 000 000

850 5f vert U.P.U. 0,3 0,2 0,3 2
a - impression sur raccord 210 140
b - pli accordéon 160 96

T 3 000 000

851 15f rouge U.P.U. 0,4 0,2 0,3 2
a - impression sur raccord 165 100
b - piquage à cheval 100 60

T 2 000 000

852 25f bleu U.P.U. 1,3 1,1 1,2 3
a - piquage à cheval 100 60
b - pli accordéon 135 80
série, non dentelé 800 600
série, EPA / EPL / EPC 1 900 900 1 650

852A Non émis, 25f carmin 1 750 1 200

852B Non émis, 25f outremer 1 600 1 100

1949 - *Personnages célèbres du XVIIIᵉᵐᵉ siècle. Taille-douce. 14 novembre. T 1 400 000 séries (f 25).*

Montesquieu (écrivain) (1689-1755)   *Voltaire (écrivain) (1694-1778)*

D: P.-P. Lemagny. G: C. P. Dufresne.   *D&G: Charles Mazelin.*

853 5fP1f Montesquieu 3,5 2 4 9

854 8fP2f Voltaire 3,5 2 4 8

Antoine Watteau (peintre) (1684-1721), d'ap. François Boucher   *Buffon (naturaliste) (1707-1788)*

D&G: Henry Cheffer.   *D&G: G.-A. Barlangue.*

855 10f+3f Watteau 4 2,5 5 10
856 12f+4f Buffon 5 2,5 6 10

Dupleix (administrateur) (1697-1763), d'ap. Sergent   *Turgot (économiste) (1727-1781)*

D&G: Raoul Serres.   *D: Ducreux. G: A. Ouvré.*

857 15f+5f Dupleix 5 3 6,5 10
858 25f+10f Turgot 6 4 6,5 13
Série 853 à 858 (6 timbres) 27 16 32
non dentelé (tirage 300) 385 285
EPA/ EPL/ EPC 800 350 700

1949 - *Série des saisons. Taille-douce. D&G: J. Piel. 19 déc. T 1 300 000 séries (f 25).*

859 5f+1f Printemps 2 1,2 1,5 4
a - papier carton 8 5

860 8f+2f Eté 2,5 1,5 2,5 4
a - jaune unicolore (brun absent) 265 160
b - papier carton 10 6
c - pli accordéon 135 85
d - ombre courte tenant à normal 11 6

861 12fP3f Automne   2,5   2   2,5   5

862 15fP4f Hiver   4,5   2,3   4   7
   a -A la buche   60

Série 859 à 862 (4 timbres)   11,5   7   10,5
   non dentelé (tirage 300) / Ess.Uni   385   285   720
   EPA/ EPL/ EPC   800   350   600
   EPC en noir grand format   1 650

Année 1949
823 à 862 (42 timbres)   164   89 129
Bande 833A (1 bande)   18   10   16
BF5 (1 Bloc)   930   600 600
✈ **24 à 28 (5 timbres)**   117   65   27

1950 ✈ - *Vues stylisées des villes de France. Taille-douce. D&G: A. Decaris, et J. Combet pour le cadre du timbre "Paris". 16 janvier (f 10)*

T 1 140 000

✈ **29** 1000f Paris   170   100   32   80
   non dent. (t. 200) / Ess.Uni/Ess.
   Multi   825   625   1 400
   EPA / EPL   2 250   900
   EPL en brun   1 250
   EPL papier bleu   1 350
   feuille de 10   2 000
   ■ s carte abonnement ⏚   16 janv 50 ↠ 10 avr 54   400

Essai non adopté du timbre "1000f Paris", gravé par Albert Decaris. Existe en plusieurs couleurs.

✈ **29A** 1000f Paris: non adopté   **400   285**
   EPA   850

1950 - *Journée du timbre. Taille-douce. Dessin & gravure: Albert Decaris. 11 mars (f 25)*

Raymond Poincaré (1860-1934).Taille-douce. Dessin & gravure: Pierre Gandon. 27 mai (f 50)

T 1 300 000   *T 3 800 000*

863 12f+3f Facteur rural   4   2,4   3,5   6
   non dentelé (tirage 300)   125   85
   EPA / EPL   200   100
   a - pli accordéon   135   80

864 15f Poincaré   0,4   0,1   0,2   2
   non dentelé   40   30
   EPA/ EPL   135   55

1950- *Charles Péguy Vue de la cathédrale de Chartres. Taille-dce. Dessin & gravure: Pierre Gandon. 12 juin (f 50)*

François Rabelais D'après Léonard Gastien. Taille-dce. Dess & grav: A. Decaris. 26 juin (f 50)

T 3 000 000   *T 2 800 000*

865 12f Péguy   0,4   0,1   0,2   2
   non dentelé / ⊠ ◇   40   30   75
   EPA / EPL   135   55
   a - noir au lieu de brun-noir   185   120

866 12f Rabelais	0,8	0,3	0,6	2
non dentelé	40	30		
EPA / EPL	135	55		
a - impression très défectueuse	110	66		
b - impression sur raccord	165	100		

1950 - *Personnages célèbres de la Révolution de 1789. Taille-douce. 10 juillet. T 1 200 000 séries (f 25).*

A.-M. de Chénier (poète) (1762-1794), d'ap. J.-B. Suvée

Jacques-Louis David (peintre) (1748-1825) (autoportrait)

D&G: G.-A. Barlangue

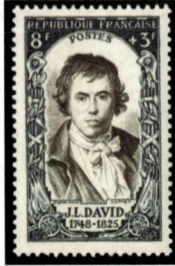

D&G: René Cottet

867 5f+2f Chenier	13	7	12	20
a - pli accordéon	120	72		

Lazare Carnot (député en 1791)

Georges-Jacques Danton

D&G: Henry Cheffer

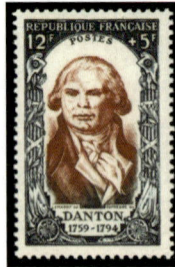

D: Lemagny. G: Dufresne.

869 10f+4f Carnot	14	7,5	13	20
a - pli accordéon	120	72		

870 12f+5f Danton	15	7,8	13	20
a - pli accordéon	120	72		

Maximilien de Robespierre (comité de salut public de 1793) (1758-1794)

Lazare Hoche (général) (1768-1797), d'ap. E. Thorigny

D&G: Charles Mazelin

D&G: Achille Ouvré

871 15f+6f Robespierre	18	8	15	25
a - pli accordéon	120	72		

872 20f+10f Hoche	18	8	15	25
a - pli accordéon	120	72		

Série 867 à 872 (6 timbres)	90	45	80	
non dentelé (tirage 300)/ Ess.Multi	385	285		900
EPA/ EPL/ EPC	800	350	700	
EPC en noir grand format			1 650	
série, ✉❷ Paris		10 juil 50		875

1950 - *Château de Châteaudun. 27 novembre (f 50) Taille-douce. Dessin & gravure: Pierre Gandon.*

T 2 900 000

873 8f Château de Chateaudun	0,7	0,3	0,5	2
non dentelé / Ess.Uni/Ess.Multi	40	30	60	90
EPA / EPL	135	55		
a - couleur bistre absente	340	214		
b - papier carton	11	7		

1950 - *Marquise de Sévigné. Taille-douce. Dess. & grav: A. Ouvré. 27 novembre (f 50)*

Mme Récamier .Taille-douce. Dessin: P.-P. Lemagny. Gravure: C. Mazelin. ✝ 21 d´´cembre (f 50)

T 3 000 000

T 3 000 000

874 15f Madame de Sévigné	0,6	0,3	0,5	2
875 12f Madame Récamier	0,6	0,3	0,5	2
a - bleu-vert au lieu de vert	65	40		
b - ½ cercle sur "1849"	75	45		
c - impression sur raccord	165	100		
paire, non dentelé	90	60		
paire, EPA / EPL / EPC	265	115	250	

1950 - *Croix-Rouge.*
Taille-douce. D&G: Jules Piel. 22 écembre (f 25)

Portrait de Brongniart enfant,
par Houdon

L'amour, par Falconnet

876 8f+2f Alex Brongniart	**2,5**	**1,7**	**2,2**	**7**
877 15f+3f L'amour	**3**	**1,8**	**2,5**	**7**
a - croix brune au lieu de rouge	90	54		
✉❷ Paris - Musée Postal	22 déc 50	325		

Année 1950

863 à 877 (15 timbres)	**103**	**52**	**90**
✈ **29 (1 timbre)**	**170**	**100**	**32**

1951 - *Palais de Fontainebleau: Cour des adieux. Taille-douce. Dessin & gravure: Albert Decaris. 22 janvier (f 50)*

T 2 600 000

878 12f Palais de Fontainebleau	**1**	**0,6**	**0,8**	**3**
non dentelé	55	40		
EPA non adoptée "château de face"	500			
EPA / EPL / EPC avec Chateaudun	150	60	250	
a - pli accordéon	110	66		

1951 - *Journée du timbre.*
Tri postal dans un wagon-poste. Taille-douce. Dessin & gravure: Albert Decaris.
10 mars (f 25)

Jules Ferry Taille-douce.
Dessin & gravure: René Cottet. 19 mars (f 25)

T 1 600 000   *T 3 000 000*

879 12f+3f Tri postal	**4**	**3**	**4**	**7**
non dentelé (tirage 300)	100	75		
EPA / EPL	200	100		
a - gris-bleu au lieu de gris-violet	120	72		
b - pli accordéon	160	96		
880 15f Jules Ferry	**0,5**	**0,3**	**0,5**	**2**
non dentelé (tirage 300)	60	45		
EPA / EPL	135	60		
✉❷ Saint-Dié	17 mars 51			200
a - piquage à cheval	70	42		

1951 - *Industrie textile.*
Taille-dce. D&G: Albert Decaris. 9 avril (f 50)

Jean-Baptiste de la Salle
Taille-dce. D&G: Pierre Gandon. 20 avril (f 50)

T 2 800 000   *T 3 000 000*

881 25f Industrie textile	**1**	**0,6**	**0,6**	**4**
non dentelé	50	35		
EPA / EPL	115	45		
882 15f J.-B. de la Salle	**0,6**	**0,3**	**0,5**	**2**
non dentelé	55	40		
EPA / EPL	135	55		
a - noir au lieu de brun-lilas	135	80		
b - impression sur raccord	165	100		

1951 - *Marianne de Gandon (9ème série). (f 100) Typographie.*
Dessin: Pierre Gandon. Gravure: Henri Cortot.

2 mai   *2 mai*   *2 mai*

883 5f violet	**0,4**	**0,1**	**0,1**	**2**
a - "5" plus gros	7	4		
b - anneau-lune	30	18	12	
c - impression (très) défectueuse	5	3		
d - impression sur raccord	130	78		
e - légende partielle (surencrage)	4	3		
f - lettres manquantes à "Postes"	13	8	5	
g - piquage à cheval	40	24		
h - pli accordéon	110	66		
i - "RF" plus gros	9	6	4	
j - signature "Gandon" absente	20	12	8	
884 6f vert	**6,5**	**3,5**	**0,6**	**2**
a - anneau-lune	30	18	12	
b - "E" de "Postes" absent	14	9	6	
c - impression défectueuse	135	80		
d - impression sur raccord	130	78		
e - mèches croisées tenant à normal	160	96	62	
ea -idem non dentelés	220	120	40	
f - mèches reliées, retouché tenant à normal	160	96	62	
fa - idem non dentelés	220	120	40	
g - piquage à cheval	45	30		
h - pli accordéon	130	78		
i - "RF" maigre	11	7	4	
j - signature "Gandon" absente	35	21	14	

885 12f orange | 0,9 | 0,3 | 0,1 | 1
- a - "12" plus gros — 7 | 4
- b - anneau-lune — 25 | 15 | 10
- c - "f" de "12f" absent — 30 | 20 | 13
- d - impression défectueuse — 6 | 4
- e - impression sur raccord — 130 | 78
- f - piquage à cheval — 40 | 24
- g - piquage double — 85 | 51
- h - pli accordéon — 125 | 75
- i - signature "Gandon" absente — 20 | 12 | 8

1er mai (↷20, ◇) — *1er mai*

Type 1 — *Type I & II*

T. II & III: mèches supplémentaires — *T. III (◇): signature décalée à droite du cadre, dentelure verticale massicotée*

886 I 15f outremer, type I | 0,2 | 0,1 | 0,1 | 1
- a - "15" plus gros — 7 | 4
- b - anneau-lune — 25 | 15 | 10
- c - dentelé 1 ou 3 côtés — 120 | 72
- d - dentelé tenant à non dentelé — 285 | 170
- e - "f" de "15f" absent — 25 | 15 | 10
- f - impression défectueuse — 4 | 3
- g - impression incomplète — 100 | 60
- h - impression recto-verso — 55 | 33
- i - impression sur raccord — 130 | 78
- j - lettres manquantes à "Postes" — 11 | 7 | 4
- k - piquage à cheval — 65 | 39
- l - piquage double — 130 | 78
- m - pli accordéon — 135 | 80 | 54
- n - "RF" plus gros — 7 | 5
- o - signature "Gandon" absente — 13 | 8 | 5
- faux pour tromper la poste — 800 | 550 | 220

886 II 15f outremer, t. II | 10 | 6 | 2 | 4
- a - impression sur raccord — 575 | 345

886 III 15f outremer, t. III | 55 | 35 | 12 | 250

887 18f rose carminé | 20 | 10 | 1,6 | 6
- a - anneau-lune — 60 | 40 | 26
- b - "f" de "18f" absent — 110 | 66 | 44
- d - impression sur raccord — 200 | 120
- e - paire avec décalage de dentelure — 90 | 54
- f - pli accordéon — 160 | 96
- g - T et E de Postes reliées — 45 | 30

Série 883 à 887 (5 timbres) | 28 | 14 | 2,5
- non dentelé — 125 | 85
- EPL/ EPC — 225 | 400
- EPL en noir, chaque — 350

1951 - Abbaye Saint-Wandrille. Taille-douce. Dessin & gravure: Henry Cheffer. 1er mai (f 50)

T 6 000 000

888 30f Abbaye St-Wandrille | 5,5 | 3,8 | 4,5 | 8
- non dentelé — 50 | 35
- EPA / EPL — 135 | 55
- a - pli accordéon — 130 | 78

1951 - 50ème anniversaire de la création des troupes coloniales. Taille-douce. Dessin: Robert Louis. Gravure: Pierre Munier. 15 mai (f 50)

T 2 850 000

889 15f Troupes coloniales | 0,8 | 0,3 | 0,4 | 2
- non dentelé — 55 | 40
- EPA / EPL — 135 | 55
- a - bleu ciel au lieu de bleu — 200 | 130

1951 - 100ème ann. de la naissance du compositeur Vincent d'Indy. Taille-douce. Dessin & gravure: Albert Decaris. 15 mars (f 50)

T 2 850 000

890 25f Vincent d'Indy | 2 | 1,5 | 2 | 5
- non dentelé — 75 | 55
- EPA / EPL — 200 | 85

1951 *- Personnages célèbres du XIXème siècle.*
Taille-douce. 4 juin. Tir: 1 400 000 séries (f 25).

Alfred de Musset (1810-1857)
(écrivain), d'après Landelle

Eugène Delacroix(1799-1863)
(peintre) (autoportrait)

D: Lemagny. G: Dufresne	*D&G: Henry Cheffer*			
891 5f+1f Musset	7	4	6	12
a - pli accordéon	100	65		
892 8f+2f Delacroix	10	4	7	12
a - pli accordéon	100	65		
b - papier carton	40			

Louis-J. Gay-Lussac (1778-1850)
(physicien et chimiste)

Robert Surcouf (1773-1827)
(corsaire et armateur) d'ap. Alaux

D&G: Pierre Munier	*D&G: Charles Mazelin*			
893 10f+3f Gay-Lussac	9	4	7	12
a - pli accordéon	100	65		
894 12f+4f Surcouf	9	5	7	12
a - pli accordéon	100	65		
b - papier carton	40			

Charles-M. Talleyrand

Napoléon Ier

D&G: Achille Ouvré	*D&G: Albert Decaris*			
895 15f+5f Talleyrand	9	5	8	14
a - pli accordéon	100	65		
896 30f+10f Napoléon Ier	16	8	13	20
a - pli accordéon	135	90		
b - papier carton	40			

Série 891 à 896 (6 timbres)	**60**	**30**	**48**	
non dentelé (t. 325) / Ess.Multi	325	250		600
EPA/ EPL/ EPC	800	325	700	
série, ✉❷		12 juin 51		650

1951 *- Médecine vétérinaire. Docteurs Nocard, Bouley & Chauveau. Ecole vétérinaire de Lyon. 11 juin (f 50)*
Taille-douce. Dessin & gravure: Raoul Serres.

T 2 500 000

897 12f Médecine vétérinaire	**0,5**	**0,3**	**0,5**	**2**
non dentelé	60	45		
EPA / EPL	135	55		

1951 *- Médecine militaire. Docteurs Picqué, Roussin & Villemin. Taille-douce. Dessin & gravure: Charles Mazelin.*
18 juin (f 50)

T 3 000 000

898 15f Médecine militaire	**0,7**	**0,3**	**0,5**	**2**
non dentelé	65	50		
EPA / EPL	140	60		

1951 *- Blasons des provinces françaises (5ème série).*
Typo. D&G: Robert Louis & Jules Piel (Artois, Béarn),
Georges Hourriez (Limousin), Roger Fenneteaux (Touraine),
André Frères (Franche-Comté). 25 juin (f 100)

T 45 000 000	*T 44 600 000*			
899 10c Artois	**0,2**	**0,1**	**0,1**	**2**
a - couleurs très décalées	40	28	14	
b - impression défectueuse	3	2	2	
c - pli accordéon	70	45		

900 50c Limousin | 0,2 | 0,1 | 0,1 | 2

a - anneau-lune	20	13	8
b - impression défectueuse	3	2	2
c - impression incomplète	150	100	
d - impression sur raccord	130	78	
e - "Postes" absent	350	250	
f - valeur faciale "50c" absente	525	375	

901 1f Béarn | 0,2 | 0,1 | 0,1 | 1

a - couleurs très décalées	40	28	14
b - impression défectueuse	3	2	
c - impression sur raccord	130	78	
d - piquage à cheval	40	27	
e - piquage double	85	50	
f - pli accordéon	75	45	

902 2f Touraine | 0,8 | 0,3 | 0,3 | 1

a - anneau-lune	17	12	7
b - couleur jaune absente	300	200	
c - couleurs très décalées	40	28	15
d - impression défectueuse	4	3	
e - impression sur raccord	130	78	
f - pli accordéon	70	40	

903 3f Franche-Comté | 0,6 | 0,4 | 0,4 | 1

EPA du non émis, faciale à 4f	265		
a - anneau-lune	25	17	9
b - couleurs très décalées	40	30	15
c - impression défectueuse	4	3	
d - impression sur raccord	130	78	
e - pli accordéon	70	40	

Série 899 à 903 (5 timbres) | 2 | 1 | 1

non dentelé	90	75	
EPL/ EPC		135	250
EPL de décomposition, chaque		350	

1951 - *Saint-Nicolas. Musée de l'imagerie française à Epinal. Taille-douce. Dessin: Paul-Pierre Lemagny. Gravure: Jean Pheulpin. 25 juin (f 25)*

T 3 260 000

904 15f Saint-Nicolas | 1,3 | 0,6 | 1 | 3

non dentelé (t. 325) / Ess.Multi	115	80	150
EPA / EPL	225	100	
a - pli accordéon	130	85	
b - chappe bleu-noir au lieu de rouge	40	27	

1951 - *Vue d'Arbois, dans le Jura. Taille-douce. Dessin & gravure: Pierre Gandon. 25 juin (f 50)*

T 69 600 000

905 30f Arbois | 1 | 0,6 | 0,2 | 1

non dentelé	55	40	
EPA / EPL	150	60	
a - impression sur raccord	165	100	
b - piquage à cheval	70	40	
c - pli accordéon	110	70	

1951 - *Bimillénaire de Paris. Taille-douce. D&G: R. Louis & J. Piel. 9 juillet (f 25)*   *Maurice Noguès Taille-douce. D&G: Pierre Gandon. 15 octobre (f 25)*

T 3 600 000   *T 2 930 000*

906 15f Bimillénaire de Paris | 0,6 | 0,3 | 0,4 | 2

non dentelé (t. 350) / Ess.Multi	110	75	120
EPA / EPL	225	100	
a - pli accordéon	110	70	

907 12f Noguès | 0,9 | 0,5 | 0,8 | 3

non dentelé (t. 350)	115	80	
EPA / EPL	225	100	
a - impression sur raccord	165	100	
b - papier carton	25	15	
c - pli accordéon	110	70	

1951 - *Poètes symbolistes et évocation de leurs oeuvres. Taille-douce. 29 octobre. T 2 300 000 séries (f 50). Charles Baudelaire (1821-1867), "Les fleurs du mal"*

T 2 000 000 de paires

D: P.-P. Lemagny. G: J. Pheulpin

908 8f Baudelaire | 0,8 | 0,3 | 0,6 | 3

a - impression recto-verso	60	40	

Paul Verlaine (1844-1896), "L'après-midi d'un faune", d'ap. E. Carrère

D: P.-P. Lemagny. G: C. P. Dufresne

| 909 12f Verlaine | 0,8 | 0,6 | 0,8 | 3 |

Arthur Rimbaud (1854-1891), "Le bateau ivre", d'ap. Fantin-Latour

D: P.-P. Lemagny. G: G.-A. Barlangue

910 15f Rimbaud	0,8	0,6	0,8	3
série, non dentelé	140	100		
série, EPA / EPL / EPC	325	175	400	

1951 - *Assemblée générale des Nations-Unies à Paris.*
Taille-douce. Dessin & gravure: Albert Decaris. 6 novembre. T 3
000 000 de paires (f 25).

| 911 18f Nation-Unies | 1,2 | 0,6 | 0,8 | 3 |
| a - papier carton | 28 | 15 | | |

912 30f Nation-Unies	2	1,5	2,1	4
a - impression sur raccord	165	100		
b - papier carton	28	15		
c - pli accordéon	160	105		
paire, non dentelé(t. 350)	400	300		
paire, EPA / EPL / EPC	850	425	650	

1951 - *Château du Clos de Vougeot (400ème anniversaire).*
Taille-douce. D&G: Pierre Gandon. (f 25) 19 nov

T 3 000 000

913 30f Clos de Vougeot	7	4	2,4	5
non dentelé / Ess.Multi	110	80		150
EPA / EPL	200	90		
a - couleur brun-jaune au lieu de brun	27	16	9	35
b - impression sur raccord	165	100		

1951 - *Croix-Rouge. 17 décembre (f 25)*
Taille-douce. Dessin & gravure: Jules Piel.

Enfant royal en prière. D'après le   *Portrait de Nicole Ricard. D'après*
Maître de Moulins.   *Quentin de La Tour.*

T 2 000 000 de paires

914 12f+3f Enfant royal en prière	4	2,3	4	7
915 15f+5f Portrait de Nicole Ricard	4,5	2,7	4,5	7
paire, non dentelé (tirage 350) / Ess. Multi	300	225		400
paire, EPA / EPL / EPC	700	300	500	

1951 - *Touristiques. Taille-douce.*

Observatoire du pic du Midi de   *Abbaye aux hommes à Caen.*
Bigorre (alt: 2 860m). 24 déc (f 50)   *24 déc (f 50)*

D&G: Raoul Serres.   D&G: G.-A. Barlangue.

916 40f Pic du Midi de Bigorre	6	3,5	0,2	2
non dentelé	110	80		
EPA / EPL	200	90		
a - impression sur raccord	165	100		
b - pli accordéon	90	55		

917 50f Abbaye aux hommes

917 50f Abbaye aux hommes	**5,5**	**3**	**0,2**	**2**
non dentelé	50	35		
EPA / EPL	150	65		
a - impression sur raccord	165	100		
b - piquage à cheval	80	50		
c - pli accordéon	100	65		

1951 - Georges Clemenceau, 33ème anniv. de l'armistice. Taille-douce. Dessin & gravure: Albert Decaris. 12 nov (f 50)

T 3 500 000

918 15f Clemenceau	**0,5**	**0,3**	**0,5**	**2**
non dentelé	40	30		
EPA / EPL	135	55		
a - impression recto-verso	50	30		
b - pli accordéon	100	65		
c - 1341 pour 1841		12		

Année 1950
878 à 918 (41 timbres)   143   77   84

1952 - Journée du timbre. Malle-poste estafette de 1844 sur la ligne Paris-Strasbourg. Taille-douce. Dessin & gravure: Henry Cheffer. 8 mars (f 25)

T 1 600 000

919 12fP3f Malle-poste	**4,5**	**3**	**4**	**9**
non dentelé (t. 350)	110	80		
EPA / EPL	200	95		
a - impression sur raccord	165	100		
b - pli accordéon	160	105		
c - "Républtque" t à normal	90	48	50	

1952 - Maréchal de Lattre de Tassigny. Taille-douce. Dessin: Raoul Serres. Gravure: Raoul Serres (portrait), Albert Decaris. 10 mai (f 50)

Porte de France, à Vaucouleurs. Taille-douce. Dessin & gravure: Gabriel-Antoine Barlangue. 12 mai (f 25)

T 5 100 000   *T 2 800 000*

920 15f Maréchal de Lattre	**1**	**0,5**	**0,6**	**2**
non dentelé	55	40		
EPA / EPL	135	55		
a - impression sur raccord	165	100		
921 12f Vaucouleurs	**1,3**	**0,7**	**1**	**3**
non dentelé (t. 325)	100	75		
EPA / EPL	200	90		

1952 - Commémoratif de la bataille de Narvik (1940). Taille-douce. D&G: Henry Cheffer. 29 mai (f 25)

T 2 500 000

922 30f Narvik	**3,5**	**2**	**2,5**	**5**
non dentelé (tirage 325)	115	80		
EPA / EPL	200	95		

Timbre non émis

922A Narvik, non émis	**1 150**	**800**

1952 *- Strasbourg, siège du conseil de l'Europe.*
Taille-douce. D&G: Albert Decaris. 3 juin (f 25)

T 2 150 000

923 30f Conseil de l'Europe	**8,5**	**4,5**	**6**	**11**
non dentelé (tirage 325)	750	600		
EPA / EPL	1 400	650		

1952 *- Châteaux de la Loire: Chambord (premier spectacle "son et lumière"). Taille-douce. D&G: Pierre Gandon. 31 mai (f 50)*

T 66 700 000

924 20f Château de Chambord	**0,5**	**0,2**	**0,2**	**1**
non dentelé	55	40		
EPA / EPL / EPC avec Arbois, Midi, Caen	150	60	300	
a - impression sur raccord	165	100		
b - piquage à cheval	70	42		
c - pli accordéon	85	51		
d - violet noir	1,5			

1952 *- 10ᵉᵐᵉ anniversaire de la bataille de Bir-Hakeim (du 27 mai au 11 juin 1942 en Libye). Taille-douce. Dessin & gravure: Henry Cheffer. 16 juin (f 25)*

1400ᵉᵐᵉ anniversaire de la fondation de l'abbaye Sainte Croix de Poitiers. Taille-douce. Dessin & gravure: Raoul Serres. 16 juin (f25)

T 2 000 000   T 4 500 000

925 30f Bir-Hakeim	**4**	**2,5**	**2,3**	**5**
a - papier épais	30	20	7	
non dentelé (tirage 325)	110	80		
EPA / EPL / EPC avec Narvik	185	90	275	

926 15f Abbaye Sᵗᵉ Croix de Poitiers	**0,5**	**0,3**	**0,5**	**2**
a -corde sectionnée	7			
non dentelé	55	40		
EPA / EPL	150	60		

1952 *- 100ᵉᵐᵉ anniv. de la médaille militaire. émission conjointe avec l'Algérie. Taille-douce. D&G: Raoul Serres. 7 juillet (f 25)*

Viaduc de Garabit (Cantal), constuit en 1882 par Alexandre-Gustave Eiffel. Taille-douce. D&G: Pierre Munier. 7 juillet (f 50)

T 4 500 000   T 4 000 000

927 15f Médaille militaire	**0,6**	**0,3**	**0,5**	**2**
non dentelé / Ess.Uni/Ess.Multi	135	90	110	165
EPA / EPL	185	90		

928 15f Viaduc de Garabit	**0,6**	**0,3**	**0,6**	**2**
non dentelé	60	45		
EPA / EPL/ EPC avec Vaucouleur	175	75	275	
a - impression sur raccord	165	100		

1952 *- 500ᵉᵐᵉ anniversaire de la naissance de Léonard de Vinci (1452-1519). Vue du château d'Amboise et de Florence. Taille-douce. D&G: Albert Decaris. 10 juillet (f 25)*

T 2 250 000

929 30f Léonard de Vinci	**9,5**	**5**	**7**	**12**
non dentelé (tirage 325)	200	140		
EPA / EPL	375	185		
✉❷ Congrès d'Amboise		9 juil 52		750
a - pli accordéon	160	105		

1952 *- Personnages célèbres du XIXᵉᵐᵉ siècle. Surtaxe au profit de la Croix-rouge. Taille-douce. Emission: 20 octobre. Tir: 1 200 000 séries (f 25).*

Gustave Flaubert (écrivain)   Edouard Manet (peintre)

D: P.-P. Lemagny. G: C. P. Dufresne   D: P.-P. Lemagny. G: Dufresne

930 8f+2f Flaubert 9 4 7,5 12
a - papier carton 30 20 7

931 12f+3f Manet 9 4 7,5 12
a - papier carton 30 18 12

Camille Saint-Saëns (compositeur)   *Henri Poincaré (mathématicien)*

D: P.-P. Lemagny. G: C. Mazelin   *Dessin & gravure: Jean Pheulpin*

932 15f+4f Saint-Saëns 9 4 7,5 12
a - papier carton 30 18 12

933 18f+5f Poincaré 10 5 8,5 14
a - papier carton 40 24 16

Georges Eugène Haussmann   *Adolphe Thiers (président*
(Prefet de Paris)   *de la République en 1871)*

Dessin & gravure: René Cottet   *Dessin & gravure: Pierre Gandon*

934 20f+6f Haussmann 11 6 9 14
a - papier carton 40 24 16

935 30f+7f Thiers 12 6 9 15
a - papier carton 40 24 16

Série 930 à 935 (6 timbres) 60 27 49
non dentelé (tirage 350) 300 225
EPA/ EPL/ EPC 800 325 600

1952 - Dr René Laënnec (1781-1826), inventeur du stéthoscope. Taille-douce. D&G: Charles Mazelin. 8 novembre (f 25)

T 2 800 000

936 12f Laënnec 0,8 0,3 0,6 3
non dentelé (tirage 350) 110 80
EPA / EPL 185 85
a - papier carton 11 8
b - pli accordéon 130 85

1952 - Croix-Rouge: Bassin de Diane à Versailles (XVIIème s.). Taille-douce. D&G: Jules Piel. 15 décembre. Retrait: 30 mai 1953. (f 25) T 1 600 000 paires P 100 000 carnets

937 12f+3f Bassin de Diane 5,5 3,3 5,5 10
a - papier carton 25 15

938 15f+5f Bassin de Diane 5,5 3,3 5,5 10
a - avec bande publicitaire (🢒) 25 15
b - papier carton 25
paire, non dentelé (tirage 350) 300 225
paire, EPA / EPL / EPC 550 275 500

1952 - Entrée du château de Versailles, d'après un tableau de Maurice Utrillo. (1er timbre représentant l'oeuvre d'un artiste encore vivant).Taille-douce. Dessin: Maurice Utrillo. Gravure: Henry Cheffer. 12 décembre. Tirage: 2 600 000 (f 25)

939 18f Versailles | 3 | 1,6 | 2 | 4
non dentelé (tirage 350) / Ess.Uni/
Ess.Multi | 110 | 80 | 110 | 165
EPA / EPL | 225 | 100
✉❷ Versailles (cachet hexagonal) | 20 déc 52 | | | 750
a - papier épais | 6

Année 1952
919 à 939 (21 timbres) | **109** | **57** | **87**

1953 - *Journée du timbre.*
Le Comte d'Argenson
(surintendant général des
postes) (1743-1757). Taille-
douce. Dessin & gravure:
Raoul Serres. 14 mars. (f 25)
T 1 600 000.

Métiers d'art: haute couture.
Vue de la place Vendôme à
Paris. Taille-douce. Dessin:
Pierre Gandon. Gravure:
Jules Piel. ♛ 24 avril. (f 50)

940 12f+3f Comte d'Argenson | 3,5 | 2 | 3 | 6
non dentelé (tirage 375) | 110 | 80
EPA / EPL / EPC jrnée du TP 1945
à 1953 | 185 | 85 | 1 000

941 30f Haute couture | 1 | 0,6 | 0,4 | 3
a - impression sur raccord | 165
non dentelé / Ess.Uni/Ess.Multi | 55 | 40 | 45 | 90
EPA / EPL | 140 | 60

1953 - *Mal. Philippe de Hautecloque, dit "Leclerc", élevé*
au rang de maréchal à titre posthume. Reprise du timbre 1948.
Taille-douce. D&G: Raoul Serres. 15 juin (f 50)

T 2 500 000

942 8f Maréchal Leclerc | 1 | 0,6 | 0,8 | 3
non dentelé | 55 | 40
EPA / EPL / EPC avec 6f Leclerc de 1948 | 140 | 60 | 275
a - dentelé 3 côtés bdf | 160 | 105

1953 - *Théâtre français. Taille-douce. (f 50)*

29 mai. D&G: Henri Cheffer   8 juin. D&G: Robert Cami

943 6f Gargantua | 0,3 | 0,1 | 0,2 | 1
a - couleur rouge unicolore | 250 | 150
b - impression sur raccord | 165 | 100
c - pli accordéon | 110 | 70
d - mollet creusé tenant à normal | 7

944 18f Hernani | 0,6 | 0,2 | 0,2 | 1
a - pli accordéon | 110 | 70
paire, non dentelé /Ess.Uni/Ess.
Multi | 100 | 75 | 75 | 180
paire, EPA / EPL | 225 | 110

1953 - *Personnages célèbres du XIIᵉᵐᵉ au XIXᵉᵐᵉ siècle. Taille-*
douce. 10 juillet. T 1 300 000 séries (f 25).

St Bernard (initiateur de la 2ᵉᵐᵉ   Olivier de Serres (agronome)
croisade à Vézelay en 1146)   (1539-1610)

D&G: Jean Pheulpin   D&G: Raoul Serres

945 8f+2f Saint Bernard | 8 | 4 | 7 | 12
946 12f+3f Olivier de Serres | 8 | 4 | 7 | 12

Jean-Philippe Rameau (compositeur)   Gaspard Monge (mathématicien)
(1683-1764)   (1746-1818)

D&G: Pierre Munier   D: A. Spitz. G: R. Cottet

947 15f+4f Rameau | 12 | 6 | 10 | 14
948 18f+5f Monge | 13 | 7 | 12 | 17

Jules Michelet (historien)
(1798-1874)

H. Lyautey (ministre de la guerre
en 1916) (1854-1934)

D&G: Ch Mazelin

D&G: André Spitz et G. Barlangue

949 20f+6f Michelet	13	7	12	17
950 30f+7f Lyautey	13	7	12	17
Série 945 à 950 (6 timbres)	**66**	**35**	**60**	
non dentelé (t. 400)	250	185		
EPA/ EPL/ EPC	800	325	550	

Type I

Type II (non émis)

950A Mᵃˡ Lyautey, t. II, non émis 2 850 2 100

1953 - *Blasons des provinces françaises (6ᵉᵐᵉ série).*
Typographie. Dessin: Robert Louis. Gravure: A. Frères
(Picardie, Poitou), J. Piel (Champagne, Dauphiné).
23 juillet. (f 100)

951 50c Picardie	**0,2**	**0,1**	**0,1**	**2**
a - couleur jaune absente	300	200		
b - couleur rouge absente	300	200		
c - couleurs très décalées	40	27	15	
d - impression défectueuse	3	2		
e - impression sur raccord	130	78		
f - pli accordéon	75	50		
952 1f Poitou	**0,2**	**0,1**	**0,1**	**2**
a - couleurs très décalées	40	27	15	
b - dentelé 3 côtés	85	55		
c - impression défectueuse	4	3		
d - impression sur raccord	130	78		
e - légende "Postes" incomplète	30	20	10	
f - paire avec décalage de dentelure	20	13		
g - papier rosâtre	3	2		
h - piquage à cheval	35	25		
i - pli accordéon	80	50		

953 2f Champagne	**0,4**	**0,2**	**0,3**	**2**
a - anneau-lune	25	18	10	
b - couleurs très décalées	40	27	15	
c - impression défectueuse	3	2		
d - impression sur raccord	130	78		
e - piquage à cheval	35	25		
f - pli accordéon	75	50		
954 3f Dauphiné	**0,6**	**0,4**	**0,3**	**2**
a - couleurs très décalées	40	27	15	
b - impression défectueuse	6	4		
c - impression sur raccord	130	78		
d - piquage à cheval	35	25		
e - pli accordéon	90	60		
Série 951 à 954 (4 timbres)	**1,4**	**0,8**	**0,8**	
non dentelé	90	65		
EPL/ EPC		160	300	
EPL de décomposition, chaque		350		

1953 - *50ᵉᵐᵉ anniversaire du Tour de France.*
Cyclistes de 1903 et de 1953. Taille-douce. Dessin & gravure:
Albert Decaris. 27 juillet. (f 50)

T 3 000 000

955 12f Tour de France	**2,3**	**1,5**	**1,5**	**4**
non dentelé / Ess.Uni/Ess.Multi	65	50	50	90
EPA / EPL	190	85		
a - impression sur raccord	165	100		
b - pli accordéon	135	80		

1953 - *Théâtre français. Taille-douce.*

Célimène (Le misanthrope, de
Molière). 21 sept. (f 50)

Figaro, de Beaumarchais. 21 sept.
(f 50)

D: Robert Cami. G: René Cottet.

D: A. Spitz. G: H. Cheffer

956 8f Célimène	**0,3**	**0,1**	**0,2**	**1**
a - dentelé 3 côtés	150	100		
b - impression sur raccord	165	100		
c - piquage à cheval	70	45		
d - pli accordéon	110	70		
957 12f Figaro	**0,3**	**0,1**	**0,2**	**1**
a - impression sur raccord	165	100		
b - pli accordéon	110	70		
c - brun violet unicolore	1 000			
paire, non dentelé / Ess.Uni/Ess.Multi	100	75	75	180
paire, EPA / EPL/ EPC avec 6f & 18f	225	110	300	

1953 - *Blasons des provinces françaises (7ème série).*
Dessin: Robert Louis. Gravure: R. Fennetaux (Gascogne),
J. Miermont (Berri). 29 septembre. (f 100)

958 70c Gascogne	**0,2**	**0,1**	**0,1**		**2**
a - couleur jaune absente	300	200			
b - couleurs très décalées	40	27	15		
c - impression défectueuse	3	2			
d - impression double (oscillée)	6	4			
e - impression sur raccord	130	78			
f - lion sans queue	6	4			
g - pli accordéon	85	50			
959 80c Berri	**0,2**	**0,1**	**0,1**		**2**
a - couleurs très décalées	40	27	15		
b - impression défectueuse	6	4			
c - piquage à cheval	55	35			
d - pli accordéon	85	50			
paire, non dentelé	45	35			
paire, EPL / EPC	80	150			
EPL de décomposition, chaque	350				

1953 - *Jeux Olympiques d'Helsinski de 1952.*
Taille-douce. 30 novembre. (f 50)

D: André Jacquemin. G: Paul Dufresne

960 20f Natation	**2,5**	**1,5**	**0,1**		**2**
a - impression sur raccord	165	100			

D: A Jacquemin. G: R Serres

961 25f Athlétisme	**14**	**7,5**	**0,3**		**2**
a - couleur bistre absente	300	200			
b - pli accordéon	130	85			

D: A Jacquemin. G: Ch Mazelin

962 30f Escrime	**2,5**	**1,5**	**0,1**		**2**
a - impression sur raccord	165	100			
b - papier carton	17	12			
c - pli accordéon	85	50			

D: A Jacquemin. G: J Piel

963 40f Canoë	**15**	**6,5**	**0,3**		**2**
a - impression sur raccord	165	100			
b - piquage à cheval	110	70			
c - pli accordéon	110	70			

D: A Jacquemin. G: P Munier

964 50f Aviron	**8**	**4**	**0,2**		**2**
a - impression sur raccord	165	100			
b - piquage à cheval	80	50			
c - pli accordéon	110	70			
d - impression très défectueuse	30				

T 6 600 000. D: A Jacquemin. G: R Cottet

965 75f Hippisme	**40**	**21**	**15**	**25**	
Série 960 à 965 (6 timbres)	**86**	**42**	**16**		
non dentelé / Ess.Uni/Ess.Multi	375	285	425	1 200	
EPA/ EPL/ EPC	1 000	450	900		

1953 - *Croix-Rouge.*
Taille-douce. D&G: J Piel. 14 décembre. (f 25) et (4+4)

Mme Vigée-Lebrun et sa fille.   Le retour du baptême. Détail d'un
Tableau de Mme Vigée-Lebrun.   tableau de Louis Le Nain.

T 1 500 000 paires . 127 000 carnets

966 12f+3f Mᵐᵉ Vigée-Lebrun	10	5	8	13
a - croix brune au lieu de rouge	65	40		

967 15f+5f Le retour du baptême	13	7	10	14
a - croix en bleu-noir au lieu de rouge	65	40		
paire, non dentelé (tirage 400)	325	250		
paire, EPA / EPL / EPC	700	325	500	
paire, ✉❷ Le Havre	12 déc 53			30

Année 1953
940 à 967 (28 timbres) 188 93 102

1954 ✈ - Prototypes. Taille-douce. 18 janvier.

Dassault "Mystère IV".

(f 50). D: P Langellé. G: Ch-P Dufresne

✈30 100f Mystère IV	3	2	0,2	3
a - impression sur raccord	200	120		
b - piquage à cheval	200	135		
c - pli accordéon	200	135		

Nord-Aviation "Noratlas". Timbre repris en 1960.

(f 25). D: P Langellé. G: J Piel.

✈31 200f Noratlas	12	6	0,3	3
a - impression sur raccord	200	120		
b - piquage à cheval	200	135		
c - pli accordéon	200	135		

Fouga "Magister".

(f 25). D: P Langellé. G: P Gandon

✈32 500f Fouga Magister	230	100	14	20

Breguet "Provence" (vue d'Alger).

(f 25) D: P. Langellé. G: R. Serres.

✈33 1000f Provence	130	62	18,5	30
a - piquage à cheval	400	285		

Série ✈30 à 33 (4 timbres)	375	170	33	
non dentelé / Ess.Uni/Ess.Multi	700	525	600	1 250
EPA/ EPL/ EPC	1 750	725	1 150	

✈30A EPA non émis 100f Simoun	475
✈32A EPA non émis 500f Armagnac	475

1954 - Marianne de Gandon surchargée.Typo. 15 janvier (f 100)

Journée du timbre.Antoine-Marie Chamans, comte de Lavalette, directeur général des Postes sous le 1ᵉʳ Empire. Taille-douce. D&G: J Piel. ♟ 20 mars (f 25)

T 1 500 000

968 =15f sur 18f rose	0,5	0,2	0,2	1
EPL		50		
a - anneau-lune	30	20	11	
b - impression défectueuse	5	3		
c - impression sur raccord	130	78		
d - surcharge barres omises	185	120		
e - surcharge à cheval	37	25		
f - surcharge doublée	575	400		
g - surcharge recto-verso	7	5	3	
h - surchargé tenant à non surchargé	365	235		
i - surcharge très déplacée	8	6	3	

969 12f+3f Lavalette	5	3	4	7
non dentelé / Ess.Uni/Ess.Multi	115	80	80	150
EPA / EPL	200	100		

1954 - *Métiers d'art: productions de luxe. Vues de Paris. Taille-douce. 10 mai. (f 50)*

Vue de la cour des Gobelins   *Vue de l'Institut de France*

D: P. Gandon. G: C. Mazelin   *D&G: Pierre Gandon*

970 25f Tapisserie	**12,5**	**7,5**	**0,6**	**2**
a - couleurs très décalées	65	40		
b - impression sur raccord	165	100		
c - pli accordéon	135	85		

971 30f Edition et reliure	**1,5**	**1**	**0,2**	**2**
a - couleurs très décalées	70	45		
b - impression sur raccord	165	100		
c - piquage à cheval	85	50		
d - pli accordéon	135	85		

Vue du Louvre

Dessin & gravure: Pierre Gandon

972 40f Porcelaine et cristaux	**4,5**	**2,7**	**0,2**	**2**
a - chiffres blancs	30			
b - unicolore	60			
a - piquage à cheval	80	50		

Vue de la Madeleine   *1er projet non émis, libellé "Bijoux et articles de Paris"*

D: P. Gandon. G: J. Piel

973 50f Joaillerie et orfèvrerie	**1,5**	**0,8**	**0,2**	**2**
a - à la main noire (bistre absent)	400	265		
b - couleur verte au lieu de bleu	610	450		
c - couleurs très décalées	80	50		
d - impression (très) défectueuse	95	60		
e - impression dépouillée, bistre absent	900	650		
f - impression sur raccord	165	100		
g - piquage à cheval	85	50		
h - pli accordéon	120	75		

973A ⊠ Joaillerie, 1er projet	**850**	**575**		

Vue de l'Opéra

D: P. Gandon. G: C. Mazelin

974 75f Fleurs et parfums	**15**	**8**	**1,8**	**4**
EPA non adoptée à 20f	300			
a - couleurs très décalées	135	85		
b - piquage à cheval	85			

Série 970 à 974 (5 timbres)	**35**	**20**	**3**	
non dentelé / Ess.Uni/Ess.Multi	200	140	300	900
EPA/ EPL/ EPC avec Hte-couture	600	275	500	

1954 - *50ème anniversaire de la foire de Paris. Emis à l'occasion du premier salon int^{al} de la Philatélie, porte de Versailles. Taille-douce. Dessin & gravure: Albert Decaris. 24 mai. (f 50)*

T 3 800 000

975 15f Foire de Paris	**0,4**	**0,1**	**0,2**	**2**
non dentelé / Ess.Uni/Ess.Multi	40	30	30	60
EPA / EPL	135	55		
a - impression sur raccord	165	100		
b - piquage double	110	70		
c - pli accordéon	110	70		

1954 - *Touristiques. Taille-douce. 14 juin (f 50) Lourdes. Timbre repris en 1958.*

Dessin & gravure: René Cottet

976 6f Lourdes   0,4   0,1   0,3   1
a - piquage à cheval   65   40

Vallée de la Seine aux Andelys et Château-Gaillard. 8 juin

Dessin & gravure: Albert Decaris

977 8f Vallée de la Seine   0,4   0,1   0,1   1
a - berges inondées   26   16   11
b - impression sur raccord   165   100

Royan. 5 juillet.   *Quimper. 14 juin.*

D: André Spitz. G: Jules Piel   *D&G: Henry Cheffer*

978 10f Royan   0,3   0,1   0,1   1
a - couleur bleue absente   800   525
b - couleur verte au lieu de bleue (mer) 850 550
c - couleurs décalées   6   4   3
d - dentelé tenant à non dentelé 285   170
e - impression dépouillée, effacée 400 275
f - impression sur raccord   165   100
g - piquage à cheval   110   70
h - pli accordéon   120   75

979 12f Quimper   0,4   0,1   0,1   1
a - couleur violet unicolore   160   110   65
b - impression sur raccord   165   100
c - piquage à cheval   85   50
d - pli accordéon   210   140

Châteaux de la Loire: Cheverny. 21 juin
(construit par Hurault et Boyer en 1630).

Dessin & gravure: Jean Pheulpin

980 18f Chateau de Cheverny 3,5   2,5   0,7   3
a - dentelé tenant à non dentelé 450   315
b - piquage à cheval   135   85

Ajaccio (Corse). 5 juillet.

G: Pierre Munier

981 20f Ajaccio   3   1,6   0,2   1
a - couleurs très décalées   20   12   9
b - impression (très) défectueuse 100   65
c - impression sur raccord   165   100
d - papier carton   16   11
e - piquage à cheval   160   110
f - pli accordéon   120   75

Série 976 à 981 (6 timbres)   8   4   2
non dentelé / Ess.Uni/Ess.Multi 200   150   180   360
EPA/ EPL/ EPC   600   275   500

Timbres non émis

Les Andelys: couleur noire au lieu de verte (T 25) et couleurs inversées

977A Andelys: couleur noire   3 250   2 350
977B Andelys: couleurs inversées 5 000   4 000
non dentelé   3 250

Ajaccio: non émis violet ou bleu unicolore avec légendes modifiées

981A Essai de Couleur
Ajaccio, 1ᵉʳ projet   150   100
EPA   450

1954 - *Maréchal de Lattre de Tassigny et 10ᵉᵐᵉ ann de la libération. Reprise du timbre de 1952. Taille-douce. Dessin: Raoul Serres. Gravure: Raoul Serres (portrait), Albert Decaris (paysage du fond). (f 50) 8 juin*

T 3 100 000

982 12f Maréchal de Lattre	2	1,2	1	3
non dentelé / Ess.Uni/Ess.Multi	40	30	30	75
EPA / EPL	135	55		
a - impression sur raccord	165	100		

1954 - *Débarquements alliés: en Afrique du Nord (8 novembre 1942), Normandie (6 juin 1944), et Provence (15 ao×t 1944). Taille-douce. D&G: R Serres. 8 juin (f 50)*

T 5 200 000

983 15f Débarquements	2,3	1,2	1,2	3
non dentelé / Ess.Uni/Ess.Multi	60	45	45	85
EPA / EPL	135	60		
a - couleurs décalées	40	27		
b - impression très défectueuse	175	120		
c - papier carton	12	7		
d - pli accordéon	110	70		

1954 - *Maréchal Leclerc,10ᵉᵐᵉ anniv. de la Libération. Reprise du timbre de 1948. Taille-douce. Dessin & gravure: Raoul Serres. 14 juin (f 50)*

T 3 100 000

984 12f Maréchal Leclerc	3	1,5	2	4
non dentelé / Ess.Uni/Ess.Multi	40	30	30	75
EPA / EPL / EPC av de Lattre, débarquements	135	55	250	
a - piquage à cheval	100	65		

1954 - *1300ᵉᵐᵉ anniv. de l'abbaye de Jumièges. Taille-douce. D&G: R Cottet. 14 juin. (f 50)*

Centre international d'études romanes à Tournus. Taille-douce. D&G: A Decaris. 21 juin (f 50)

T 3 000 000   *T 2 500 000*

985 12f Jumièges	2	1	1	3
non dentelé / Ess.Uni/Ess.Multi	35	25	30	75
EPA / EPL	135	55		
a - pli accordéon	160	105		

986 30f Tournus	5,5	3	4	9
non dentelé / Ess.Uni/Ess.Multi	35	25	30	75
EPA / EPL	135	55		
a - pli accordéon	130	85		
b - croix cassée	16			

1954 - *300ᵉᵐᵉ anniv. du rattachement de Stenay à la France. Taille-douce. D: André Spitz. G: Jean Pheulpin. 18 juin (f 50)*

T 3 800 000

987 15f Rattachement de Stenay	0,9	0,5	0,4	2
non dentelé / Ess.Uni/Ess.Multi	35	25	30	75
EPA / EPL	135	55		
a - fond teinté (sépia)	110	70		
b - impression sur raccord	165	100		

1954 - *Entrée du château de Versailles, d'après un tableau de Maurice Utrillo. Reprise du timbre de 1952. Taille-douce. D: Maurice Utrillo. G: Henry Cheffer. 12 juillet. (f 25)*

T 2 500 000

988 18f Versailles	10	6	6	10
non dentelé / Ess.Uni/Ess.Multi	100	75	75	160
EPA/ EPL / EPC avec Versailles de 1952	100	90	250	
a - papier carton	25	16		

1954 - *Personnages célèbres.*

Surtaxe au profit de la Croix-Rouge. Taille-douce. Emission: 12 juill 1954. Tir: 1 050 000 séries (f 25).

Louis IX, dit Saint-Louis (roi de France en 1226)

J.-B. Bossuet (écrivain)

D: P.-P. Lemagny. G: C. P. Dufresne   D: R. Camy. G: C. P. Dufresne

989 12f+4f Saint-Louis	24	13	22	30
990 15f+5f Bossuet	28	13	22	30

M.-F Sadi Carnot (président de la République en 1887) (1837-1894)

Antoine Bourdelle (sculpteur) (1861-1929)

D&G: Raoul Serres   D&G: Henry Cheffer

991 18f+6f Sadi Carnot	28	13	22	30
992 20f+7f Bourdelle	35	17	28	35

Dr Emile Roux (bactériologiste) (1853-1933)

Paul Valéry (écrivain) (1871-1945)

D&G: Pierre Munier   D&G: Jean Pheulpin

993 25f+8f Roux	35	17	28	35
994 30f+10f Valéry	35	17	28	35
Série 989 à 994 (6 timbres)	**185**	**90**	**150**	
non dentelé	300	225		
EPA/ EPL/ EPC	800	375	700	

1954 - *Château de Villandry, en Touraine. 19 juillet (f 50)*

Taille-douce. Dessin & gravure: Robert Camy.

Vendus: 1 000 000

995 18f Château de Villandry	**5,5**	**3**	**4**	8
non dentelé / ⊠⬦ / ⊠☺	40	30	30	7½
EPA / EPL	150	60		
a - pli accordéon	130	85		

Château de Villandry: couleurs unicolores, bleu, vert, ou brun. Dentelé ou non.

995A Villandry, bleu, vert, brun chaque	**550**	**300**

1954 - *150ème anniversaire de l'école militaire de Saint-Cyr, fondée par Napoléon Ier. Taille-douce. Dessin & gravure: Charles Mazelin. 2 ao×t. (f 50)*

T 3 400 000

996 15f Saint-Cyr	**1,3**	**0,8**	**1,3**	2
non dentelé / ⊠⬦ / ⊠☺	60	45	45	8
EPA/ EPL	150	80		

1954 - *150ème anniv. de la distribution de la Légion d'honneur par Napoléon Ier au camp de Boulogne. Taille-douce. Dess: M. Lalau. Grav: H. Cheffer. 16 août (f 50)*

Le système métrique. 10ème conférence internationale des poids et mesures à Paris. Taille-douce. Dessin & gravure: Albert Decaris. 5 oct (f 50)

T 3 000 000   *T 1 800 000*

997 12f Légion d'honneur	1,6	1,2	1	3
non dentelé / Ess.Uni/Ess.Multi	80	55	55	115
EPA / EPL	150	80		
a - papier carton	6	4	3	

998 30f Système métrique	5,5	3	4	7
non dentelé / Ess.Uni/Ess.Multi	55	40	40	85
EPA / EPL	140	65		

1954 - Blasons des provinces françaises (8ième série).
Typographie. Dessin: Robert Louis. Gravure: André Frères
(Maine, Navarre), Roger Fenneteaux (Nivernais), Jean
Miermont (Bourbonnais), Gilbert Aufschneider (Angoumois),
Jules Piel (Aunis, Saintonge). (f 100)

8 novembre　　　　　8 novembre

999 50c Maine	0,2	0,1	0,1	1
a - couleurs très décalées	40	27	15	
b - impression défectueuse	6	4		
c - impression sur raccord	130	78		
d - pli accordéon	70	45		

1000 70c Navarre	0,2	0,1	0,1	1
a - couleur jaune absente	300	200		
b - couleurs très décalées	40	27	15	
c - impression défectueuse	6	4		
d - impression sur raccord	130	78		
e - piquage à cheval	45	30		
f - pli accordéon	75	50		

8 nov　　　8 nov　　　15 nov

1001 80c Nivernais	0,2	0,1	0,2	1
a - couleurs très décalées	40	27	15	
b - impression défectueuse	9	6		
c - impression sur raccord	130	78		
d - piquage à cheval	45	30		
e - pli accordéon	75	50		

1002 1f Bourbonnais	0,2	0,1	0,2	1
a - couleurs très décalées	35	25	14	
b - impression défectueuse	6	4		
c - impression sur raccord	130	78		
d - piquage à cheval	35	25		

1003 2f Ango×mois	0,3	0,1	0,2	1
a - couleurs très décalées	35	25	13	
b - impression défectueuse	6	4		
c - impression sur raccord	130	78		
d - piquage à cheval	30	20		
e - pli accordéon	65	40		

15 novembre　　　　　15 novembre

1004 3f Aunis	0,2	0,1	0,1	1
a - anneau-lune	18	12	8	
b - couleurs très décalées	35	25	13	
c - impression défectueuse	6	4	2	
d - impression sur raccord	130	78		
e - l'oiseau a perdu sa couronne	4	3	2	
f - piquage à cheval	30	20		
g - pli accordéon	60	40		

1005 5f Saintonge	0,2	0,1	0,1	1
a - anneau-lune	16	10	6	
b - couleurs très décalées	30	20	13	
c - impression défectueuse	5	3	2	
d - impression incomplète	120	75		

Série 999 à 1005 (7 timbres)	1,5	0,7	1	
non dentelé	90	70		
EPL/ EPC	750	250	400	
EPL de décomposition, chaque		350		

1954 - Croix-Rouge. (f 25) (↺4+4)
Taille-douce. Dessin & gravure: Jules Piel.

Maternité. Tableau de Eugène　　　Jeune fille aux colombes.
Carrière: L'enfant malade.　　　Tableau de Jean-Baptiste Greuze.

T 1 350 000 paires + 135 000 carnets

1006 12f+3f Maternité	13	6	12	18
a - pli accordéon	285	185		

1007 15f+5f Jeune fille aux colombes	14	8	13	18
paire, non dentelé / Ess. Multi	300	225		450
paire, EPA/ EPL / EPC	750	375	500	

Année 1955			
968 à 1007 (40 timbres)	299	155	230
✈ 30 à 33 (4 timbres)	400	175	33

1955 *- Saint-Simon Taille-douce. Dess & grav: A. Decaris. 7 février (f 50)*

50ème anniversaire du Rotary International. Taille-douce. Dessin & gravure: Raoul Serres. 24 février (f 50)

T 2 500 000   T 2 500 000

1008 12f Saint-Simon	0,6	0,4	0,4	2
non dentelé / Ess.Uni/Ess.Multi	40	30	30	75
EPA / EPL	135	50		

1009 30f Rotary	2,7	1,5	0,4	4
non dentelé / Ess.Uni/Ess.Multi	185	130	130	350
EPA / EPL	525	325		
a - bleu unicolore (Algérie non surch)	3 750	2 750		
b - couleurs très décalées	60	40		
c - pli accordéon	110	70		

1955 *- Marianne de Muller. Typographie. Dessin: Louis Muller. Gravure: Jules Piel.*

11 juillet. T 6 450 000 (✐)   *7 juillet. T 19 000 000 (f↻10)*

1009A 6f rouge-orange (✐)	2,6	1,5	1,8	5
non dentelé	350	260		
a - anneau-lune	40	24	16	
b - avec amorce de roulette	30	20		
c - impression recto-verso	45	30		

1010 12f vert-jaune	3,2	2	1,5	2
non dentelé	350	260		
a - bloc de 10 (issu de carnet)	55	40		
non dentelé	3 700	2 600		
b - signature "Piel" absente	7	5	4	

22 février. (f 100, ↻10, ↻20, ✐)

1011 15f rose	0,2	0,1	0,1	1
non dentelé	45	35		
a - "1" ou "15" absent (surencrage)	155	110		
b - anneau-lune	25	15	10	
c - dentelé 1 ou 3 côtés	70	45		
d - "f" de "15f" absent	23	15	4	

e - impression (très) défectueuse	5	4	
f - impression incomplète	110	65	
g - impression recto-verso	15	10	5
h - impression sur raccord	165	100	
i - lettres manquantes à "Postes"	11	7	3
j - paire avec décalage de dentelure	22	16	
k - papier carton	2	1	1
l - piquage à cheval	40	25	
m - pli accordéon	70	45	20
n - signatures absentes	2	1	1

1011A 18f vert	📬 1958	0,2	0,1	0,1
1011B 20f bleu	📬 1957	0,4	0,1	0,1
1011C 25f rouge	📬 1959	1,4	0,7	0,1

Série Muller 1955-59

Série 1009A à 1011C (6 tbres)	8	4,5	3,5
EPL/ EPC 6f, 12f, 15f, 18f		600	500

1955 *- Série des inventeurs (1er série). Taille-douce. 7 mars. Vendues: 1 000 000 de séries (f 50).*

Philippe Le Bon (1767-1804), inventeur du gaz d'éclairage.

Dess & grav: Claude Hertenberger

1012 5f Le Bon	0,9	0,5	0,8	3
a - impression sur raccord	165	100		

Barthélémy Thimonnier (1793-1857), inventeur de la machine à coudre.

Dessin & gravure: René Cottet

1013 10f Thimonnier	0,9	0,6	0,8	3

Nicolas Appert (1749-1841), inventeur de la conserve alimentaire.

Dessin & gravure: Henry Cheffer

1014 12f Appert	1,2	0,5	0,9	3
a - pli accordéon	110	70		

Sainte-Claire Deville (1818-1881), inventeur de l'aluminium.

Dessin & gravure: Albert Decaris

015 18f Sainte-Claire Deville	**3**	**1,5**	**2**	**4**
a - couleur gris unicolore	210	140		

Pierre Martin (1824-1915), élaboration de l'acier sur sole.

Dessin & gravure: Pierre Gandon

016 25f Martin	**3,5**	**1,7**	**2**	**4**

Comte de Chardonnet (1839-1924), soie artificielle (la rayonne).

Dessin & gravure: Charles Mazelin

017 30f Comte de Chardonnet	**3,5**	**1,7**	**2**	**4**
Série 1012 à 1017 (6 timbres)	**13**	**6,5**	**8,5**	
non dentelé / Ess.Uni/Ess.Multi				
EPA/	200	130	180	450
EPL/ EPC	700	250	450	

1955 - *Journée du timbre:Départ d'un ballon monté pendant e siège de Paris. Taille-douce. Dessin & gravure: Raoul Serres. 9 mars (f 50)*

T 1 500 000

018 12f+3f Poste par ballon monté	**5**	**3**	**4**	**7**
non dentelé / Ess.Uni/Ess.Multi	75	55	55	125
EPA / EPL	150	80		
a - couleur brune absente (ballon)	320	200		

1955 - *Limoges (cathédrale et pont St-Etienne). Taille-douce. Dessin: André Spitz. Gravure: Charles-Paul Dufresne. 28 mars (f 50)*

T 2 540 000

1019 12f Limoges	**1,6**	**1**	**1,4**	**4**
non dentelé / Ess.Uni/Ess.Multi	35	25	30	75
EPA / EPL	150	60		

1955 - *Métiers d'art: la ganterie. Vue de la place de la Concorde. Taille-douce. Dessin & gravure: Pierre Gandon. 28 mars (f 50)*

200ème ann de la naissance de Jean-Pierre Claris de Florian (1755-1794). Tailledce. D: Maurice Lalau. G: Claude Hertenberger. 4 avril (f 50) Tirage 2 540 000

1020 25f La ganterie	**1**	**0,3**	**0,2**	**2**
non dentelé / Ess.Uni/Ess.Multi	40	30	30	75
EPA / EPL	135	50		
a - dentelé 3 côtés b de f	160	105		
b - impression dépouillée	210	140		
c - impression sur raccord	165	100		
d - piquage à cheval	85	50		
e - pli accordéon	110	70		
1021 12f Florian	**0,8**	**0,6**	**0,6**	**2**
non dentelé / Ess.Uni/Ess.Multi	40	30	30	75
EPA / EPL	135	50		
a - impression sur raccord	200	135		

1955 - *En hommage à la télévision. Vue de la Tour Eiffel et des toits de Paris. Taille-douce. Dessin & gravure: Albert Decaris. 18 avril (f 50)*

T 3 500 000

1022 15f Télévision	**1**	**0,6**	**0,9**	**2**
non dentelé /Ess.Uni/Ess.Multi	55	40	40	85
EPA / EPL	135	55		

1955 *- 10ème ann. de la libération des camps de concentration Taille-douce. D&G: Albert Decaris. 25 avril (f 50)*

T 2 500 000

1023 12f Camps de déportation	1	0,6	0,9	3
non dentelé / Ess.Uni/Ess.Multi	50	35	35	75
EPA / EPL	135	55		

1955 *- Electrification de la ligne ValenciennesThionville (Nord). Taille-douce. Dessin & gravure: Albert Decaris. 12 mai (f 50)*

500ème anniv. du Jacquemart de Moulins. Taille-douce. Dessin & gravure: René Cottet. 31 mai (f 50)

T 2 500 000

T 2 600 000

1024 12f Valenciennes-Thionville	2,2	1,5	1,4	3
non dentelé / Ess.Uni/Ess.Multi	35	27	45	115
EPA / EPL	115	45		

1025 12f Jacquemart de Moulins	1,8	1	1,3	3
non dentelé / Ess.Uni/Ess.Multi	35	25	30	75
EPA / EPL	150	60		
a - dentelé 3 côtés b de f	135	85		
b - papier carton	14	9		
c - pli accordéon	130	80		

1955 *- 50ème anniversaire de la mort du romancier Jules Verne (1828-1905). Taille-douce. Dessin & gravure: Jean Pheulpin. 4 juin (f 50)*

T 2 200 000

1026 30f Jules Verne	8	4	5	9
non dentelé / Ess.Uni/Ess.Multi	65	45	45	135
EPA / EPL	300	135		

1955 ✈ *- Aviatrice Maryse Bastié (1898-1952). Taille-douce. D&G: Pierre Gandon 6 juin (f 50)*

T 1 500 000

✈34 50f Maryse Bastié	7	4	5	8
non dentelé / Ess.Uni/Ess.Multi	150	90	90	185
EPA / EPL	300	175		
a - piquage à cheval	160	105		

1955 *- Personnages célèbres du XIIème au XXème siècle. Taille-douce*

Philippe II Auguste (roi de France en 1180)

François de Malherbe (poète)

D: L. Muller. G: P. Munier

D: A. Spitz. G: C. P. Dufresne

1027 12f+5f Philippe-Auguste	18	10	17	25
1028 15f+6f Malherbe	18	10	17	25

Mal Sébastien de Vauban (commissaire gal des fortifications sous Louis XIV), d'ap Rigaud

Comte de Vergennes (ministre des affaires étrangères en 1774)

D: A. Spitz. G: C. Hertenberger

D: P-P. Lemagny. G: C. Mazelin

1029 18f+7f Vauban	18	10	17	25
1030 25f+8f Vergennes	26	12	23	30

Marquis de Laplace (physicien)   *Pierre-Auguste Renoir (peintre)*

D: P.-P. Lemagny. G: R. Cottet   *D&G: Henry Cheffer*

1031 30f+9f Laplace	**35**	**13**	**26**	**35**
1032 50f+15f Renoir	**35**	**15**	**30**	**40**
Série 1027 à 1032 (6 timbres)	**150**	**70**	**130**	
non dentelé	325	250		
EPA / EPL/ EPC	800	375	700	

1955 - Cinéma français: 1895-1955. Les frères Lumière: Auguste (1862-1954) et Louis (1864-1948). Taille-douce. Dessin: Louis Muller. Gravure: Pierre Munier. 14 juin (f 50)

T 2 200 000

1033 30f Frères Lumière	**7**	**3,5**	**4,5**	**9**
non dentelé / Ess.Uni/Ess.Multi	55	40	40	85
EPA / EPL	135	55		
a - impression recto-verso	65	40		
b - impression sur raccord	165	100		

1955 - Jacques Coeur .Taille-douce. Dessin: Michel Ciry. Gravure: Jean Pheulpin. 20 juin (f 50)

T 2 500 000

1034 12f Jacques Coeur	**2,5**	**1,5**	**1,6**	**3**
non dentelé /Ess.Uni/Ess.Multi	40	30	30	75
EPA / EPL	135	50		

1955 - 100 ans d'amitié franco-canadienne. Taille-douce. Dessin & gravure: Albert Decaris. 11 juillet (f 50)

T 2 200 000

1035 30f France Canada	**5**	**3**	**4,3**	**7**
non dentelé /Ess.Uni/Ess.Multi	50	35	35	75
EPA / EPL	140	65		
a - couleur bleu-vert au lieu de bleu	200	140		

1955 - Touristiques. Taille-douce. 17 octobre (f 50)

Région bordelaise. Timbre repris en 1957.

Dessin & gravure: Jean Pheulpin

1036 6f Région bordelaise	**0,3**	**0,1**	**0,2**	**1**
a - impression incomplète	120	75		
b - impression sur raccord	165	100		
c - pli accordéon	135	85		

Marseille: le Vieux-Port et Notre-Dame-de-la-Garde. 17 octobre

Dessin & gravure: Henry Cheffer

1037 8f Marseille	**0,6**	**0,1**	**0,2**	**1**
a - impression incomplète	120	75		
b - impression sur raccord	165	100		
c - piquage à cheval	85	50		
d - pli accordéon	110	70		

Nice. 17 octobre

Dess: A. Spitz. Grav: P. Munier.

1038 10f Nice	**0,3**	**0,1**	**0,2**	**1**
a - couleur bleu clair unicolore	170	110		
b - dentelé 3 côtés b de f	200	135		
c - impression sur raccord	165	100		
ca - impr blanche (moitié inférieure)	450	300		
d - piquage à cheval	85	50		
e - piquage double	210	140		

f - pli accordéon   135   85

Le pont Valentré (Cahors). Timbre repris en 1957. 17 octobre

Dess & grav: Charles Mazelin

1039 12f Pont Valentré	0,3	0,1	0,2	1
a - dentelé 3 côtés b de f	200	135		
b - légende supérieure absente	275	180		
c - impression défectueuse (effacée)	250	170		
d - impression sur raccord	165	100		
e - piquage à cheval	85	50		
f - pli accordéon	160	105		

Uzerche (Corrèze). 17 octobre

Dessin & gravure: Robert Cami

1040 18f Uzerche	0,8	0,4	0,2	1
a - couleur vert-gris unicolore	450	275		
b - impression dépouillée	110	70		

Le Mont Pelé (Martinique). 2 novembre

D: Paul-Pierre Lemagny. G: Charles-Paul Dufresne

1041 20f Martinique	3,2	2,2	0,2	1
a - couleur violet unicolore	340	250		
b - impression sur raccord	165	100		

Brouage (Charente Maritime): les remparts. 17 octobre

D&G: Albert Decaris

1042 25f Brouage	1	0,5	0,2	1
a - dentelé 3 côtés b de f	160	105		
b - impression sur raccord	165	100		
c - piquage à cheval	85	50		
d - pli accordéon	135	85		
Série 1036 à 1042 (7 timbres)	**6,5**	**3,5**	**1,3**	
non dentelé / Ess.Uni/Ess.Multi	185	135	210	420
EPA / EPL/ EPC	1 000	375	500	

1955 - *Gérard de Nerval. Taille-douce. Dessin & gravure: Pierre Munier. 14 novembre (f 50)*

T 2 500 000

1043 12f Gérard de Nerval	0,5	0,3	0,3	
non dentelé / Ess.Uni/Ess.Multi	35	25	30	
EPA / EPL	135	55		

1955 - *Blasons des provinces françaises (9ième série). 21 nov. Typographie. Dessin: Robert Louis. Gravure: R. Fenneteaux (Comté de Foix), A. Frères (Marche), G. Aufschneider (Roussillon), J. Miermont (Comtat Venaissin). (f 100)*

1044 50c Comté de Foix	0,2	0,1	0,1
a - anneau-lune	25	16	10
b - couleur jaune absente	250	170	
c - couleurs très décalées	35	25	15
d - impression défectueuse	5	3	
e - impression sur raccord	130	78	
f - pli accordéon	85	50	
1045 70c Marche	**0,2**	**0,1**	**0,1**
a - couleurs très décalées	35	25	15
b - impression défectueuse	5	3	
c - impression sur raccord	130	78	
d - pli accordéon	85	50	

1046 80c Roussillon	0,2	0,1	0,1
a - couleurs jaune et rouge absentes	300	200	
b - couleurs très décalées	40	27	15
c - impression défectueuse	5	3	
d - impression sur raccord	130	78	
1047 1f Comtat Venaissin	**0,2**	**0,1**	**0,1**
a - anneau-lune	17	12	7
b - couleur jaune absente	265	190	
c - impression défectueuse	3	2	
d - impression sur raccord	130	78	
e - piquage à cheval	40	27	
f - pli accordéon	70	50	
Série 1044 à 1047 (4 timbres)	**0,8**	**0,4**	**0,4**
non dentelé	60	45	
EPL/ EPC		135	275
EPL de décomposition, chaque		350	

1955 - Croix-Rouge. *(f 50) et ✍ 10 timbres Taille-douce. Dessin & gravure: Jules Piel. 19 décembre*

L'enfant à la cage. De J.-B. Pigalle.   *L'enfant à l'oie (statue grecque)*

T 1 500 000 paires + 150 000 carnets

1048 12f+3f L'enfant à la cage	**8,5**	**5**	**7**	**12**
a - légende supérieure absente	325	165		
1049 15f+5f L'enfant à l'oie	**7**	**4**	**6,5**	**8**
a - croix noire au lieu de rouge	325	195		
b - paire verticale de carnet	50			
paire, non dentelé	225	150		
paire, EPA / EPL / EPC	550	250	425	

Année 1955

1008 à 1049 (46 timbres)	**234**	**120**	**184**
✈ **34 (1 timbre)**	**7**	**4**	**5**

1956 - *Mémorial national de la déportation. Taille-douce. D: Paul-Pierre Lemagny. G: Charles-Paul Dufresne. 16 janvier (f 50)*

Beffroi de Douai (Nord). Taille-douce. D&G: René Cottet. 13 février (f 50)

T 2 600 000   T 3 000 000

1050 15f Déportation	**0,6**	**0,4**	**0,5**	**2**
non dentelé / Ess.Uni/Ess.Multi	50	35	35	75
EPA / EPL	140	60		
1051 15f Beffroi de Douai	**0,5**	**0,4**	**0,5**	**2**
non dentelé / Ess.Uni/Ess.Multi	35	25	30	60
EPA / EPL	140	60		

1956 - *Colonel Driant Taille-douce. D&G: Albert Decaris. 22 février (f 50)*

40ᵉᵐᵉ anniv. de la bataille de Verdun .Taille-douce. D&G: Albert Decaris. 5 mars (f 50)

T 3 100 000   T 2 350 000

1052 15f Colonel Driant	**0,4**	**0,2**	**0,3**	**2**
1053 30f Verdun	**2**	**1,2**	**1,8**	**4**
a - impression sur raccord	165	100		
paire, non dentelé / Ess.Uni/Ess.Multi	70	55	60	120
paire, EPA / EPL/ EPC	200	90	200	

1956 - *Journée du timbre: François de Tassis. Taille-douce. Dessin & gravure: Jean Pheulpin. 17 mars (f 50)*

T 1 400 000

1054 12f+3f François de Tassis	**3**	**1,5**	**3**	**5**
non dentelé / Ess.Uni/Ess.Multi	60	45	45	90
EPA / EPL	140	65		
a - couleurs décalées	40	25		

1956 - *Série des savants et inventeurs (2ᵉᵐᵉ série). Taille-douce. 9 avril. T 2 300 000 séries (f 50). D&G: R Cami*

Jean-Henri Fabre (1825-1915), entomologiste.

1055 12f Jean-Fabre	**1**	**0,4**	**0,5**	**2**
a - Aile gauche cigale emputée tàn	16			

Charles Tellier (1828-1913), industrie du froid. D&G: C Hertenberger

1056 15f Tellier	**1**	**0,4**	**0,5**	**2**

Camille Flammarion (1842-1925), astronomie populaire. D&G: R Serres

1057 18f Flammarion	1,8	1	1,3	4

Paul Sabatier (1854-1941), catalyse. D&G: P Gandon

1058 30f Sabatier	4,7	2,2	2,7	5
Série 1055 à 1058 (4 timbres)	**8,5**	**4**	**5**	
non dentelé / Ess.Uni/Ess.Multi	150	115	120	360
EPA / EPL/ EPC	450	215	325	

1956 - Versailles - Le Grand Trianon (oeuvre de Hardouin-Mansart). Taille-douce. D&G: Pierre Munier. 16 avril (f5)

T 2 800 000

1059 12f Grand Trianon	1,5	1	1	3
non dentelé / Ess.Uni/Ess.Multi	35	25	30	75
EPA / EPL	140	60		
a - couleur brun-violet au lieu de vert	135	90	75	
b - couleur verte absente	285	190		

1956 - Amitié France - Amérique latine. Taille-douce. D: Clément Serveau. G: Jules Piel. 23 avril (f 50)

T 2 000 000

1060 30f France-Amérique latine	2,2	1,5	1,8	4
non dentelé / Ess.Uni/Ess.Multi	50	35	35	75
EPA / EPL	135	55		
a - dentelé 3 côtés	325	210		

1956 - Jumelage Reims-Florence. Taille-douce. D: P.P. Lemagny. G: C.-P. Dufresne. 7 mai (f 50)

Ordre souverain de Malte. Taille-douce. Dessin & gravure: Raoul Serres. 14 mai (f 50)

	T 2 550 000		T 2 450 000	

1061 12f Reims-Florence	0,8	0,4	0,6	2
non dentelé / Ess.Uni/Ess.Multi	55	40	40	11?
EPA / EPL	140	60		

1062 12f Ordre de Malte	0,5	0,3	0,4	2
non dentelé / Ess.Uni/Ess.Multi	50	35	35	11?
EPA / EPL	135	55		
a - centre brun au lieu de rouge	250	185		

1956 - St-Yves de Tréguier. Taille-dce. D&G: C. Mazelin. 22 mai (f 50)

Franchet d'Esperey. Taille-douce. D&G: Albert Decaris. 28 mai (f 50)

	T 3 000 000		T 2 200 000	

1063 15f St-Yves de Tréguier	0,4	0,2	0,3	2
non dentelé / Ess.Uni/Ess.Multi	40	30	30	7?
EPA / EPL	135	55		

1064 30f Franchet d'Esperey	3	1,5	1,9	4
non dentelé / Ess.Uni/Ess.Multi	40	30	30	7?
EPA / EPL	135	55		

1956 - *Montceau-les-Mines. Taille-douce. Dess: A. Spitz.*
Grav: P. Munier. 4 juin (f 50)

T 2 700 000

1065 12f Montceau-les-Mines	**0,5**	**0,4**	**0,5**	**2**
non dentelé / ⊠⌀ / ⊠⊛	35	25	30	60
EPA / EPL	140	60		

1956 - *Personnages célèbres du XVᵉᵐᵉ au XXᵉᵐᵉ siècle.*
Taille-douce. 11 juin. T 1 050 000 séries (f 50).

Guillaume Budé (humaniste)

Jean Goujon
(architecte et sculpteur)

D: P.-P. Lemagny. G: C. P. Dufresne   *D: L. Muller. G: C. P. Dufresne*

1066 12f+3f Budé	**5,5**	**4**	**6**	**12**
a - impr presque totalement blanche	475	300		
1067 12f+3f Goujon	**5,5**	**4**	**6**	**12**

Samuel de Champlain   *J. B. S. Chardin (peintre)*
(explorateur) (1567-1635)   *(1699-1779)*

D&Ge: Albert Decaris   *D: P.-P. Lemagny. G: C. Hertenberger*

1068 12f+3f Champlain	**7**	**4**	**6**	**12**
1069 15f+5f Chardin	**9**	**6**	**9**	**15**

Maurice Barrès (écrivain)   *Maurice Ravel (compositeur)*

D: A. Spitz. G: J. Pheulpin   *D: M. Ciry. G: R. Cottet*

1070 15f+5f Barrès	**9**	**6**	**9**	**15**
1071 15f+5f Ravel	**12**	**6**	**10**	**15**
Série 1066 à 1071 (6 timbres)	**48**	**30**	**46**	
non dentelé	275	200		
EPA / EPL / EPC	800	275	500	

1956 - *Sports. Taille-douce. 9 juillet. (f 50)*

D: R. Serres. G: C. P. Dufresne   *D&G: Raoul Serres*

1072 30f Basket-ball	**1,5**	**1**	**0,2**	**1**
a - impression recto-verso	75	50		
b - impression sur raccord	165	100		
c - piquage à cheval	110	65		
d - ballon dégonflé	100			
1073 40f pelote basque	**5,5**	**3**	**0,2**	**1**
a - couleur brun-lilas unicolore	200	130		
b - impression sur raccord	160	105		
c - piquage à cheval	100	65		
d - pli accordéon	135	85		

D: R. Serres. G: J. Piel   *D&G: Pierre Gandon*

1074 50f Rugby	**2**	**1**	**0,2**	**1**
a - couleur violet unicolore	600	450		
b - impression incomplète	170	115		
c - impression sur raccord	165	100		
d - piquage à cheval	85	50		
e - pli accordéon	130	85		

1075 75f **Alpinisme**	12	7	2,4	4
Série 1072 à 1075 (4 timbres)	21	12	3	
non dentelé / Ess.Uni/Ess.Multi	200	150	250	360
EPA / EPL/ EPC	550	275	500	

1956 - *Europa . Typographie (15f), et taille-douce (30f).*
D: Daniel Gonzagues. G: Jules Piel. 15 sept (f 50)

T 43 500 000   T 13 300 000

1076 15f **Europa**	1	0,6	0,2	1
non dentelé / Ess.Uni/Ess.Multi	250	185	300	450
EPA non adoptée fond ligné	700			
EPL		375		
EPL de décomposition		2 000		
a - dentelé tenant à non dentelé	2 350	1 450		
b - impression sur raccord	165	100		
c - teinte de fond quasiment absente	285	190		
d - bulle sur 15F	16			
1077 30f **Europa**	6	3,3	1	3
non dentelé / Ess.Uni/Ess.Multi	350	265	450	750
EPA / EPL / EPC	750	375	1350	
a - pli accordéon	210	140		

1956 - *Grandes réalisations techniques (1ère série).*
Taille-douce. Emission: 8 octobre 1956. T 2 200 000 séries (f 50).

Ecluse et usine de Donzère-Mondragon. D&G: R Cami

1078 12f **Donzère-Mondragon**	1,5	1	1,2	3

Téléphérique de l'Aiguille   *Port de Strasbourg.*
du Midi. D&G:René Cottet   *D&G: Pierre Gandon*

1079 18f **Aiguille du midi**	3	2	2	4
1080 30f **Port de Strasbourg**	13	8	6	10
série, non dentelé / Ess.Uni/Ess.Multi	115	80	135	225
série,EPA / EPL / série,EPC	350	160	300	

1956 - *Antoine-Augustin Parmentier (1737-1803).*
Pharmacien militaire et créateur de la chimie alimentaire.
Taille-douce. D&G: Henry Cheffer. ♟ *29 octobre (f 50)*

T 2 600 000

1081 12f **Parmentier**	0,9	0,5	0,6	3
non dentelé / Ess.Uni/Ess.Multi	40	30	30	60
EPA / EPL	135	55		

1956 - *Personnages célèbres étrangers ayant participé à la*
vie française. Taille-douce. 12 novembre. Vendus: <1 000 000
séries (f 50).

Pétrarque (poète et humaniste italien)   *J. B. Lulli (compositeur italien)*

D: L. Muller. G: J. Pheulpin   *D&G: Charles Mazelin*

1082 8f **Pétrarque**	0,8	0,4	0,6	2
a - impression sur raccord	165	100		
1083 12f **Lulli**	0,8	0,4	0,6	2

Jean-Jacques Rousseau   *Benjamin Franklin (philosophe,*
(philosophe suisse)   *physicien et homme d'état américain)*

D: M. Ciry. G: R. Cottet   *D&G: Albert Decaris*

1084 15f **Rousseau**	1,2	0,6	0,6	2
a - pli accordéon	110	66		
1085 18f **Franklin**	2,5	1,7	2	4
a - dentelé 3 côtés	160	96		

F. Chopin (compositeur polonais)   *V. Van Gogh (peintre néerlandais) (autoportrait)*

D&G: Henry Cheffer   *D: M. Lalau. G: C. P. Dufresne*

1086 20f Chopin	3,2	2	2,2	4
Série 1082 à 1087 (6 timbres)	**15**	**8**	**9**	
non dentelé	200	150		
EPA / EPL/ EPC	700	250	400	

1956 - Pierre de Coubertin (1863-1937) rénovateur des JO.
Taille-douce. D&G: Raoul Serres. 26 novembre (f 50)

T 2 500 000

1088 30f Pierre de Coubertin	2	1,1	1,2	4
non dentelé / Ess.Uni/Ess.Multi	235	175	175	450
EPA / EPL	500	250		

1956 - Croix-Rouge. 10 decembre (r 50) (♺4+4)
Taille-douce. Dessin & gravure: Jules Piel.

Jeune paysan. Tableau de Louis Le Nain.   *Gilles. Tableau de Antoine Watteau.*

T 1 600 000 paires + 156 000 carnets

1089 12f+3f Jeune paysan	3	1,5	3	5
1090 15f+5f Gilles	3,5	1,7	3	5
paire, non dentelé	215	165		
paire, EPA / EPL / EPC	500	215	400	
paire, ✉❷ Epinal		8 déc 56		10

Année 1956
1050 à 1090 (41 timbres)   140   83   92

1957 - Colombophilie. Pigeon voyageur Bleu-Sion-Lamotte.
Taille-douce. Dessin & gravure: Pierre Gandon.

14 janvier 1957 T 4 550 000 (f 50)

1091 15f Colombophilie	0,5	0,2	0,2	2
non dentelé / Ess.Uni/Ess.Multi	50	35	45	85
EPA / EPL	140	65		
a - impression sur raccord	165	100		

1957 ✈ - Prototypes. Taille-douce.
Dessin & gravure: Pierre Gandon. Timbre repris en 1960.

✈35 300f MS 760 Paris	✈ 1959	7	4	3

28 janvier 1957 T (f 50)

✈36 500f Caravelle	28	17	4	7
non dentelé / Ess.Uni/Ess.Multi	175	135	135	275
EPA / EPL	500	225		
a - impression dépouillée, faciale absente	2 500	1 850		
b - impression sur raccord	200	120		
c - piquage à cheval	340	235		
✈37 1000f Alouette	✈ 1958	60	35	25

1957 - Victor Schoelcher   *Journée du timbre: felouque*
Taille-douce. Dessin &   *des environs de 1750 . Taille-*
gravure: Jean Pheulpin.   *dce. Dess & grav: A. Decaris*

18 février 1957   *16 mars 1957*
T 2 640 000 (f 50)   *T 1 900 000 (f 50)*

1092 18f Schoelcher	0,6	0,4	0,6	2
non dentelé	35	25		
EPA non adoptée format horizontal	500			
EPA / EPL	135	50		
a - impression effacée, à sec	375	250		

1093 12f+3f **Service mar**ᵗᵐᵉ **postal**   **2,2**   **1,3**   **1,8**   **4**
non dentelé / Ess.Uni/Ess.Multi   50   35   45   85
EPA / EPL   140   60

1957 - Manufacture nationale de Sèvres. 25 mars (f 50)
Oeuvre de Falconnet: "La Baigneuse" et pièces de porcelaine.
Taille-dce. Dessin & gravure: Pierre Munier.

T 2 600 000

1094 30f **Manufacture n de Sèvres**   **0,8**   **0,5**   **0,6**   **2**
non dentelé / Ess.Uni/Ess.Multi   40   30   45   85
EPA / EPL   135   55
a - sevres sans accent tenant à normal   7

1957 - Série des savants et inventeurs (3ᵉᵐᵉ série).
Taille-douce. 15 avril. T 2 500 000 séries (f 50).

Gaston Planté (1834-1889), inventeur de l'accumulateur au plomb.

Dessin: M. Ciry. Gravure: C. Mazelin

1095 8f **Planté**   **0,4**   **0,2**   **0,3**   **2**

Antoine Béclère (1856-1939), fondateur de la radiologie française.

Dessin & gravure: Henry Cheffer

1096 12f **Béclère**   **0,5**   **0,2**   **0,3**   **2**

Octave Terrillon (1844-1896), créateur de l'asepsie.

Dessin & gravure: C. Hertenberger

1097 18f **Terrillon**   **1,3**   **0,8**   **1,2**   **3**
a - rose pâle   10

Etienne Oehmichen (1884-1955), inventeur de l'hélicoptère.

Dess & grav: Jean Pheulpin

1098 30f **Oehmichen**   **2,8**   **1,3**   **2,2**   **4**

Série 1095 à 1098 (4 timbres)   **5**   **2,5**   **4**
non dentelé / Ess.Uni/Ess.Multi   140   100   200   350
EPA / EPL/ EPC   450   175   325

1957 - Château d'Uzès (Gard).Taille-douce. Dessin &
gravure: Raoul Serres. 29 avril (f 50)

T 3 000 000

1099 12f **Château d'Uzès**   **0,4**   **0,2**   **0,4**   **2**
non dentelé / Ess.Uni/Ess.Multi   35   25   45   85
EPA / EPL   140   84
a - couleur bistre absente   140   84
b - couleur bleu-ardoise unicolore   250   150
c - légende "Uzès" absente   75   45
d - impression sur raccord   165   100
e - coq au clocher   50

1957 - Héros de la Résistance (1ᵉʳ série).
Taille-douce. 20 mai.Vendus: 1 250 000 séries (f 50).

D&G: René Cottet   *D&G: Albert Decaris*

1100 8f **Jean Moulin**   **1,2**   **0,6**   **0,5**   2
1101 10f **H. d'Estienne d'Orves**   **1,2**   **0,6**   **0,5**   2
a - impression très dépouillée   38

Dessin: Paul-Pierre Lemagny. Gravure: Pierre Munier

102 12f Robert Keller 1,3 0,6 0,5 2

D: A. Spitz. G: H. Cheffer *D&G: Robert Cami*

103 18f Pierre Brossolette 1,8 1,2 1,5 4

104 20f Jean-Baptiste Lebas 2 1 1,5 4
a - pli accordéon 90 54

Série 1100 à 1104 (5 timbres) 7,5 4 4,5
non dentelé / Ess.Uni/Ess.Multi 150 110 225 400
EPA / EPL / EPC 550 215 400

1957 - Le Quesnoy (Nord). Remparts et porte fortifiée de Fauroeulx. Taille-douce. D&G: Jean Pheulpin. 5 juin (f 50)

105 8f Le Quesnoy 0,2 0,1 0,1 1
non dentelé / Ess.Uni/Ess.Multi 35 25 45 85
EPA / EPL 100 40
a - noir au lieu de vert foncé 340 204

1106 15f Le Quesnoy 1957 0,2 0,1 0,1

1957 - 150ème anniversaire de la Cour des Comptes. Taille-douce. D: Clément Serveau. G: Jules Piel. 3 juin (f 50)

T 2 800 000

1107 12f Cour des comptes 0,2 0,1 0,1 1
non dentelé / Ess.Uni/Ess.Multi 30 20 30 60
EPA / EPL 130 50

1957 - Personnages célèbres du XIIIème au XIXème siècle. Taille-douce. 17 juin. T 1 100 000 séries (f 50).

D: M. Lalau. G: R. Cami *D: L. Muller. G: R. Serres*

1108 12f+3f Joinville 2,5 1,5 2 4

1109 12f+3f Palissy 2,5 1,5 2 4

D: Paul-Pierre Lemagny. *D&G: Charles Mazelin*

1110 15f+5f Q. de la Tour 4 1,8 3 5

1111 15f+5f Lamennais 3,6 1,8 3 5

D&G: P.-P. Lemagny

D&G: René Cottet

1112 18f+7f Georges Sand	**4,2**	**2,2**	**4**	**7**
1113 18f+7f Guesde	**4,2**	**2,2**	**4**	**7**
Série 1108 à 1113 (6 timbres)	**20**	**11**	**18**	
non dentelé / Ess.Uni/Ess.Multi	200	135	180	360
EPA / EPL/ EPC	650	225	400	

1957 - *Les travaux publics de France. (f 50) 22 juin*
Composition évoquant le barrage d'Anchicaya et le viaduc de
l'autoroute Caracas - La Gueira (Vénézuéla). Taille-douce.
Dessin: Clément Serveau. Gravure: Jules Piel.

T 2 300 000

1114 30f Travaux publics	**2**	**1,2**	**1,3**	**4**
non dentelé / Ess.Uni/Ess.Multi	35	25	30	60
EPA / EPL	125	40		
a - piquage à cheval	175	105		

1957 - *Marianne de Muller. Typographie.*
D: Louis Muller. G: Jules Piel. 22 juin (f 100 ⭕20, ✎)

Type I

Type II
2ème barre du "F"
plus longue, boucle
inférieure du "2"
plus épaisse

1011B I 20f bleu, type I	**0,4**	**0,1**	**0,1**	**1**
non dentelé / Ess.Uni	50	35	60	
EPL / EPC 6f, 12f, 15f		75	500	
a - "20" absent (surencrage)	180	125		
b - anneau-lune	30	18	12	
c - dentelé 3 côtés	100	60		
d - dentelé tenant à non dentelé	280	168		
e - "f" de "20f" absent	20	12	8	
f - impression (très) défectueuse	6	4		
g - impression incomplète	85	50		
h - impression recto-verso	12	7	4	
i - impression sur raccord	130	78		
j - légende partielle (surencrage)	10	6		
k - piquage à cheval	70	42		
l - pli accordéon	85	50	34	

m - "Postes" absent (surencrage)	40	24		
n - signatures absentes	4	2		
o - timbre non imprimé	210	136		
1011B II 20f bleu, type II	**20**	**13**	**6,5**	**10**

1957 - *Moissonneuse. Typographie. Dessin: Louis Muller.*
Gravure: Jules Piel. 3 juillet (f 100)

1115 6f brun-rouge	**0,2**	**0,1**	**0,1**	
a - impression défectueuse	5	3		
b - impression sur raccord	130	78		
c - légende partielle (surencrage)	10	7	3	
d - piquage à cheval	50	30		
e - signature absente	4	3	2	
1115A 10f vert	📬 1959	**0,5**	**0,3**	**0,1**
1116 12f lilas-rose	**0,2**	**0,1**	**0,1**	
a - impression défectueuse	4	3		
b - impression sur raccord	130	78		
c - pli accordéon	75	50		
d - signature absente	4	2	2	
paire 6f & 12f, non dentelé	60	40		
paire 6f & 12f, EPL / EPC		90	250	

Timbres non émis

Timbres non émis. Faciale: 15f, non dentelé sans gomme.
Existe en plusieurs couleurs (sept couleurs répertoriées).

1116A 15f non émis, chaque	**175**

1957 - *Port de Brest. Vue du plus grand pont d'Europe*
(à l'époque). Taille-douce. D&G: Henry Cheffer. 8 juillet (f 50)

T 2 500 000

1117 12f Port de Brest	**1,2**	**0,6**	**1**	
non dentelé / Ess.Uni/Ess.Multi	35	25	30	6
EPA / EPL	140	60		
a - piquage à cheval	160	105		

1957 *- Touristiques. Taille-douce. 19 juillet (f 50)*

D&G: Jean Pheulpin   *D&G: Jean Pheulpin*

1106 15f Le Quesnoy	0,2	0,1	0,1	1
non dentelé / Ess.Uni/Ess.Multi	30	20	30	60
EPA / EPL	100	40		
a - couleur verte et légende absentes	250	180		
b - feuillage brun au lieu de vert	70	45		
c - pont blanc	350	230		
d - dentelé 3 côtés	150	100		
e - impression sur raccord	165	100		
f - piquage à cheval	65	40		
g - pli accordéon	110	70		
h - butte grise	58			

1118 35f Région bordelaise	3,8	2,7	1,2	3

Dessin & gravure: Charles Mazelin

1119 70f Pont Valentré	22	11	2,1	5
a - piquage à cheval	160	105		
série, non dentelé / Ess.Uni/Ess.Multi	125	85	100	185
série,EPA / EPL / EPC	280	120	300	

1957 *- Léo Lagrange*   *Auguste Comte.Taille-douce.*
Taille-douce. Dessin &   *Dessin & gravure:*
gravure: Albert Decaris.   *Charles Mazelin.*
2 septemb e (f 50)   *16 septembre (f 5)*

T 2 200 000   *T 3 000 000*

1120 18f Léo Lagrange	0,5	0,3	0,5	3
non dentelé / Ess.Uni/Ess.Multi	60	45	60	120
EPA / EPL	140	60		
a - impression (très) défectueuse	130	85		

1121 35f Auguste Comte	0,4	0,2	0,3	3
non dentelé / Ess.Uni/Ess.Multi	40	30	30	60
EPA / EPL	135	55		
a - piquage à cheval	130	85		

1957 *- Europa (8 pays participants).*
Taille-douce. D&G: Albert Decaris. 16 sept (f 50)

1122 20f Europa	0,6	0,5	0,4	2
EPL en noir sans faciale		300		
a - bleu au lieu de vert	250	165		
b - impr incomplète, faciale à "0f"	500	350		
c - impression sur raccord	165	100		

1123 35f Europa	1,1	1,2	1	3
paire, non dentelé Ess.Uni/Ess.Multi	300	240	420	850
paire, EPA / EPL / EPC	850	400	650	

1957 *- Bimillénaire de Lyon. Théâtre romain de Fourvière.*
Taille-douce. D: André Spitz. G: Charles Mazelin. 7 oct (f 50)

T 4 400 000

1124 20f Bimillénaire de Lyon	0,4	0,2	0,3	2
non dentelé / Ess.Uni/Ess.Multi	40	30	30	60
EPA / EPL	140	60		
a - impression incomplète	150	100		

1957 *- Touristiques. Taille-douce. 21 oct (f 50)*

Dessin & gravure: Raoul Serres

1125 8f Rivière Sens	0,2	0,1	0,1	2
EPA légende erronée "Rivière Seno"	350			
a - montagne verte	225	150		
b - impression sur raccord	165	100		
c - papier carton	7	5	4	
d - piquage à cheval	65	40		
e - mer blanche	7			

Dessin & gravure: Pierre Munier

1126 10f Palais de l'Elysée   **0,2   0,1   0,1   2**
a - légendes et faciale absentes   515   335
b - impression sur raccord   165   100
c - piquage à cheval   70   45
d - pli accordéon   100   65

D&G: Charles Mazelin   D&G: Robert Cami.

1127 18f Beynac-Cazenac   **0,2   0,1   0,1   2**
a - impression incomplète   185   120
b - impression sur raccord   165   100
c - piquage à cheval   85   50

1128 25f Château de Valençay   **0,8   0,4   0,1   2**
a - impression sur raccord   315   200
b - papier épais   3
c - impression très pâle   10

D: A. Spitz. G: R. Cottet ♈   D: A. Spitz. G: R. Serres

1129 35f Cathédrale de Rouen   **0,2   0,1   0,1   2**
a - dentelé tenant à non dentelé   475   325
b - impression sur raccord   165   100
c - piquage à cheval   70   45
d - pli accordéon   185   120

1130 50f St-Rémy: Les antiques   **0,5   0,1   0,1   3**
a - arche verte   100   65
b - chiffres blancs   55   33
c - couleur brun unicolore   750   450
d - couleur verte absente   235   135
e - impression incomplète (tiers inf.) 425   255
f - impression sur raccord   165   100
g - piquage à cheval   65   39
h - pli accordéon   110   70
i - branche cassée   8

Evian les bains. D&G: J Pheulpin.

T 110 000 000

1131 65f Evian-les-Bains   **0,8   0,3   0,4   4**
a - légende supérieure absente   100   65
b - pli accordéon   160   105
c - impression très dépouillée   16

Série 1125 à 1131 (7 timbres)   **3   1,2   1**
non dentelé / Ess.Uni/Ess.Multi   275   200   210   420
EPA/ EPL/ EPC av 15f Le Quesnoy   980   275   400

1957 - Personnages célèbres. Taille-douce. 12 novembre.
T 2 700 000 séries (f 50).

D&G: Jules Piel   D: M. Lalau. G: C. Mazelin

1132 8f Copernic   **0,9   0,5   0,4   2**
1133 10f Michel-Ange   **0,9   0,5   0,6   2**

D&G: Albert Decaris   D&G: Claude Hertenberger

1134 12f Cervantès   **0,9   0,5   0,6   2**
a - papier carton   7   5   4

1135 15f Rembrandt   **1,1   0,7   0,8   2**

D: M. Lalau. G: P. Munier

| 1136 18f Newton | 1,5 | 0,9 | 1,1 | 4 |

D: A. Spitz. G: R. Serres

D: Lemagny. G: Hertenberger

| 1137 25f Mozart | 1,7 | 1,2 | 1,3 | 4 |
| a - piquage à cheval | 100 | 60 | | |

| 1138 35f Goethe | 2 | 1,2 | 1,5 | 4 |

Série 1132 à 1138 (7 timbres)	9	5,5	6,5	
non dentelé / Ess.Uni	225	175	315	
EPA / EPL/ EPC	750	275	500	

1957 - 100ième anniversaire de la mort du chimiste Louis-Jacques Thénard (1777-1857). Taille-douce. Dessin & gravure: Pierre Gandon. 2 d´´cembre (f 50)

T 3 000 000

1139 15f L.-J. Thénard	0,4	0,2	0,4	4
non dentelé / Ess.Uni/Ess.Multi	30	20	30	
EPA / EPL	135	55		

1957 - Croix-Rouge.Eaux-fortes de Jacques Callot .Taille-douce. D&G: Raoul Serres. 9 décembre (f 50) (↺4+4)

L'Aveugle et le mendiant.   La mendiante et la borgnesse.

T 1 350 000 paires +180 000 carnets

| 1140 15f+7f L'aveugle et le mendiant | 4,5 | 2,3 | 4 | 7 |

1141 20f+8f La mendiante et la borgnesse	6	3,2	5	8
paire, non dentelé / Ess.Uni	175	120	120	
paire, EPA / EPL / EPC	450	225	335	

Année 1957

| 1091 à 1141 (52 timbres) | 95 | 51 | 56 |
| ✈ 36 (1 timbre) | 28 | 17 | 4 |

1958 ✈ - Prototypes. Taille-douce.Dessin & gravure: Pierre Gandon. 17 juin (f 25)

✈37 1000f Alouette	60	34	23	40
non dentelé / Ess.Uni/Ess.Multi	250	180	180	300
EPA / EPL	600	275		

1958 - Grands médecins français. Taille-douce. 27 janvier. Vendus: >1 000 000 séries (f 50).

D: A. Spitz. G: P. Munier   *D: A. Spitz. G: J. Pheulpin*

1142 8f Pinel	0,9	0,5	0,6	2
1143 12f Widal	0,9	0,5	0,6	2
a - impression dépouillée	13			

D: A. Spitz. G: C. Mazelin

D: A. Spitz. G: R. Cottet

1144(1167) 15f Nicolle	1,4	0,6	0,7	2
1145(1168) 35f Leriche	1,8	0,9	1,1	4
Série 1142 à 1145 (4 timbres)	**5**	**2,5**	**3**	
non dentelé / Ess.Uni/Ess.Multi	150	100	120	240
EPA / EPL/ EPC	450	175	325	

1958 - Grands savants français. Taille-douce. 17 février. T 2 400 000 séries (f 50).

D&G: Albert Decaris

D&G: Albert Decaris

1146 8f Lagrange	0,9	0,4	0,5	2
a - couleur bleue absente				
1147 12f Le Verrier	1	0,5	0,5	2
a - brun-noir mordoré	185	115	60	
b - pli accordéon	150	100		

D&G: René Cottet

D&G: Jacques Combet

1148 15f Foucault	1,8	1,1	0,8	3
1149 35f Berthollet	2,3	1,5	1,2	4

Série 1146 à 1149 (4 timbres)	**6**	**3,5**	**3**	
non dentelé / Ess.Uni/Ess.Multi	150	100	120	240
EPA / EPL/ EPC	450	175	325	

1958 - Lourdes. Taille-douce. D&G: René Cottet. 27 février (f 50)

1150 20f Lourdes	0,4	0,1	0,1	1
non dentelé / Ess.Uni/Ess.Multi	35	25	40	75
EPA / EPL	135	55		
a - impression sur raccord	165	100		
b - pli accordéon	110	66		

1958 - Journée du timbre. Taille-douce. Dessin & gravure: Pierre Gandon. 17 mars (f 50)

T 1 900 000

1151 15f+5f Distribution postale	1,6	1	1,4	4
non dentelé / Ess.Uni/Ess.Multi	55	40	45	85
EPA / EPL	140	60		
a -toits bruns	6			
b -arbres de droite verts	8			

1958 - Villes reconstruites suite aux bombardements de la 2nde guerre mondiale. Taille-douce. 31 mars. . T 2 700 000 séries (f 50).

D&G: Jacques Combet

D&G: Jacques Combet

1152 12f Le Havre	0,7	0,3	0,5	3
a -1 de 12 F blanc	23			
1153 15f Maubeuge	0,8	0,3	0,5	3
a - couleur lilas absente	90	54		

D: J. Combet. G: P. Munier   *D: J. Combet. G: C. Mazelin*

1154 18f Saint-Dié	**1,2**	**0,5**	**0,9**	**3**
1155 25f Sète	**1,6**	**0,5**	**0,9**	**3**
a - couleur verte absente	90	54		
Série 1152 à 1155 (4 timbres)	**4**	**2,2**	**3**	
non dentelé / Ess.Uni/Ess.Multi	150	100	120	240
EPA / EPL/ EPC	480	180	325	

1958 - *Exposition de Bruxelles. Taille-douce. Dessin: Clément Serveau. Gravure: Jules Piel (14 avril (f 50)*

T 3 600 000

1156 35f Expo de Bruxelles	**0,2**	**0,1**	**0,2**	**3**
non dentelé / Ess.Uni/Ess.Multi	60	45	45	85
EPA / EPL	135	55		
a - piquage à cheval	190	114		

1958 - *Héros de la Résistance (2ème série).Taille-douce. 21 avril. T 2 450 000 séries (f 50).*

D&G: Albert Decaris   *D: A. Decaris. G: J. Pheulpin*

1157 8f Jean Cavaillès	**0,9**	**0,3**	**0,6**	**2**
1158 12f Fred Scamaroni	**0,9**	**0,3**	**0,6**	**2**
a - postes sans S	30			
b - encoche au béret	8			

D&G: Albert Decaris   *D: A. Decaris. G: J. Pheulpin*

1159 15f Simone Michel-Lévy	**2,4**	**1,2**	**1,2**	**3**
a - pli accordéon	110	70		
1160) 20f Jacques Bingen	**1,8**	**1,2**	**1,1**	**3**
a - impression sur raccord	165	100		
Série 1157 à 1160 (4 timbres)	**6**	**3**	**3,5**	
non dentelé / Ess.Uni/Ess.Multi	150	100	120	240
EPA / EPL/ EPC	450	175	325	

1958 - *Jeux traditionnels. Taille-douce. 28 avril. T 2 350 000 séries (f 50). D&G: Raoul Serres.*

1161 12f Jeu de boules	**1**	**0,6**	**1**	**3**

1162 15f Joutes nautiques	**1,3**	**0,6**	**1**	**3**
a - "F" de "Française" doublé t à				
normal	250	150	100	
idem non dentelé	2 400	1 440		

1163 18f Tir à l'arc	**2,3**	**1,3**	**1,2**	**4**
a - Arc cassé au niveau de la main	16			
1164 25f Lutte bretonne	**3,4**	**2**	**2,3**	**5**
Série 1161 à 1164 (4 timbres)	**8**	**4,5**	**5,5**	
non dentelé / Ess.Uni/Ess.Multi	160	110	180	360
EPA /EPL/ EPC	450	185	325	

1958 - *Cathédrale de Senlis. 19 mai (f 50)*
Taille-douce. Dessin: André Spitz. Gravure: Charles Mazelin.

T 2 800 000

1165 15f Cathédrale de Senlis	0,4	0,1	0,1	2
non dentelé / Ess.Uni/Ess.Multi	35	25	30	60
EPA / EPL	140	60		

1958 - *Marianne de Muller. Typographie. 22 mai (f 100)*
Dessin: Louis Muller. Gravure: Jules Piel.

Type I

Type II
tête du "1"
plus épaisse

1011A I 18f vert, type I	1,2	0,7	0,8	3
a - anneau-lune	25	15	10	
b - impression défectueuse	4	2		
c - impression sur raccord	130	78		
d - papier carton	4			
1011A II 18f vert, type II	0,2	0,1	0,1	1
non dentelé / Ess.Uni/Ess.Multi	50	35	60	
EPL		75		
a - anneau-lune	20	12	8	
b - impression défectueuse	3	2		
c - impression incomplète	120	72		
d - impression recto-verso	25	15		
e - impression sur raccord	130	78		

1958 - *Personnages célèbres. Taille-ouce. 9 juin.*
T 1 250 000 séries (f 50).

Joachim du Bellay   Jean Bart (corsaire   Denis Diderot (écrivain et
(poète)   et chef d'escadre)   philosophe)

D&G: C.   D: M. Lalau. G: J.   D&G: Charles
Hertenberger   Combet   Mazelin

1166 12f+4f J. du Bellay	1,9	1,2	1,8	4
a - dentelé 1 ou 3 côtés	250	150		
1167 12f+4f Jean Bart	1,9	1,2	1,8	4
1168 15f+5f Diderot	2	1,3	1,8	5

Gustave Courbet   J.B. Carpeaux   Toulouse-Lautrec
(peintre)(autoportrait)   (sculpteur)   (peintre)

D: P-P Lemagny.   D&G: Pierre Munier   D: M. Ciry.
G: J. Pheulpin   G: R. Cottet

1169 15f+5f Courbet	2,2	1,5	2	5
1170 20f+8f Carpeaux	2,2	1,4	2	4
1171 35f+15f Toulouse-Lautrec	2,8	1,5	2,6	5
Série 1166 à 1171 (6 timbres)	13	8	12	
non dentelé / Ess.Uni/Ess.Multi	185	125	180	
EPA / EPL/ EPC	650	225	325	

1958 - *Tapisserie de la reine Mathilde, à Bayeux.*
Taille-douce. D&G: R Cami. (f 50) 23 juin

T 2 900 000

1172 15f Tapisserie de Bayeux	0,4	0,2	0,2	2
non dentelé / Ess.Uni/Ess.Multi	50	35	35	75
EPA / EPL	135	55		
a - teinte de fond absente (blanc)	120	70		
b - sol effacé	13			

1958 - *Europa Taille-douce. Dessin: André Van der Vossen.*
Gravure: Pierre Gandon. 13 septembre. (f 50)

1173 20f Europa	0,4	0,1	0,2	1
non dentelé / Ess.Uni	100	75	120	
a - impression recto-verso	55	30		
b - impression sur raccord	165	100		
c - pli accordéon	135	85		
1174 35f Europa	1,2	0,5	0,7	2
non dentelé	100	75		
a - impression recto-verso	75	45		
paire, EPA / EPL / EPC	550	250	450	

Vème *République*

1958 - *Château de Foix (Ariège).13 octobre (f 5)*
Taille-douce. D&G: Robert Cami.

T 3 300 000

1175 15f Château de Foix	**0,4**	**0,2**	**0,3**	**3**
non dentelé / Ess.Uni/Ess.Multi	35	25	30	115
EPA / EPL	130	50		
a - couleurs très décalées	55	33	22	
b - impression dépouillée	16			

1958 - *Jumelage Paris-Rome. Taille-douce. D&G:*
Albert Decaris. 13 octobre (f 50)

T 3 300 000

1176 35f Jumelage Paris-Rome	**0,4**	**0,2**	**0,2**	**3**
non dentelé / Ess.Uni/Ess.Multi	40	30	30	115
EPA / EPL	150	65	50	
a - chiffres blancs	45			
b - rose pâle	25			

1958 - *Siège permanent de l'U.N.E.S.C.O. à Paris.*
Taille-douce. D&G: Claude Hertenberger. 3 novembre (f 50)

T 5 350 000

1177 20f U.N.E.S.C.O.	**0,2**	**0,1**	**0,1**	**2**

T 4 400 000

1178 35f U.N.E.S.C.O.	**0,2**	**0,1**	**0,2**	**4**
paire, non dentelé / Ess.Uni/Ess.				
Multi	175	120	80	250
paire, EPA / EPL / EPC	350	175	300	

1958 - *40ème anniv. de l'armistice du 11 novembre 1918.*
Taille-douce. D&G: Pierre Gandon. 3 novembre (f 50)

T 4 000 000

1179 15f Armistice	**0,5**	**0,2**	**0,3**	**3**
non dentelé / Ess.Uni/Ess.Multi	35	25	30	60
EPA / EPL	130	50		
a - couleur bleu unicolore	140	84		
b - impression sur raccord	165	100		

1958 - *Blasons des villes de France (3ème série). 17 nov*
Typographie. Dessin: Robert Louis. Gravure: Roger Fennetaux
(Marseille), Jean Miermont (Lyon), Gilbert Aufschneider (Toulouse,
Lille), André Frères (Bordeaux, Nantes), André Barre (Nice). (f 100)

1180 50c Marseille	**0,2**	**0,1**	**0,1**	**1**
a - couleurs très décalées	60	36	24	
b - impression sur raccord	130	78		
c - pli accordéon	100	60		

1181 70c Lyon	**0,1**	**0,1**	**0,1**	**1**
a - couleurs très décalées	40	24	16	
b - impression sur raccord	150	90		
c - piquage à cheval	50	30		
d - pli accordéon	100	60		

1182 80c Toulouse	**0,2**	**0,1**	**0,1**	**1**
a - anneau-lune	40	24	16	
b - couleur jaune absente	250	150		
c - couleurs à cheval	300	180		
d - couleurs très décalées	45	27		
e - piquage à cheval	60	36		

1183 1f Bordeaux	**0,2**	**0,1**	**0,1**	**1**
a - couleurs très décalées	25	15	10	
b - impression sur raccord	130	78		
c - lion sans queue	6	4	3	

1184 2f Nice	**0,2**	**0,1**	**0,1**	**1**
a - couleur rouge absente	275	165	40	
b - couleur rouge très déplacé	25	15	10	
c - couleurs à cheval	160	96	64	
d - impression très défectueuse	15	10		

1185 3f Nantes	0,2	0,1	0,1	1
a - couleur noire absente	800	480		
b - couleurs très décalées	40	24		
c - impression très défectueuse	11	7		
d - impression sur raccord	130	78		
e - gros 3 F t à normal	15			
1186 5f Lille	**0,2**	**0,1**	**0,1**	**1**
a - anneau-lune	30	20	6	
b - impression défectueuse	4	3		
c - impression incomplète	130	80		
d - impression sur raccord	130	78		
e - piquage à cheval	50	30		
f - pli accordéon	100	60		
Série 1180 à 1186 (7 timbres)	**1,4**	**0,7**	**0,7**	
non dentelé	140	100		
EPL / EPC			225	350
EPL de décomposition, chaque		400		

1958 - Croix-Rouge. (f 50) et (↻4+4)
Taille-douce. D&G: Jules Piel. 8 décembre Saint-Vincent de Paul, aumônier J. H. Dunant, fondateur de la Croix-Rouge

T 1 700 000 paires + 200 000 carnets

1187 15f+7f St-Vincent de Paul	1,3	0,6	1,3	4
1188 20f+8f J. H. Dunant	**1,3**	**0,6**	**1,4**	**4**
a - impression sur raccord	165	100		
paire, non dentelé / ⊠↻ / ⊠✿	160	110	110	200
paire, EPA / EPL / EPC	450	225	325	

Année 1958			
1142 à 1188 (47 timbres)	52	29	39
✈37 (1 timbre)	60	34	23

1959 - Moissonneuse et Marianne de Muller. Typographie.
Dessin: Louis Muller. Gravure: Jules Piel. 12 janvier (f 100)

1115A 10f vert	0,5	0,3	0,1	1
non dentelé / Ess.Uni	30	20	30	
EPL		45		
a - anneau-lune	30	18	12	
b - impression défectueuse	5			
c - impression sur raccord	130	78		
d - papier carton	2			
e - piquage à cheval	45	27		
f - "Postes" absent (surencrage)	45	30	18	
g - "STES" de "Postes" absent	16	10	6	

Type I (f 100 et ↻20, impression plus forte, dentelure normale)
Type II (↻8, impression moins appuyée, dentelure massicotée sur 1 des 2 côtés verticaux)

5 janvier

T 1 040 000 000. (f 100, ↻8, ↻20, ✎)

1011C I 25f rouge, type I	1,4	0,7	0,1	1
non dentelé	50	35		
EPL		75		
a - anneau-lune	30	18	12	
b - impression défectueuse	5			
c - impression incomplète	120	72	48	
d - impression sur raccord	130	78		
e - légende partielle (surencrage)	10	6		
f - papier carton	6			
g - piquage à cheval	85	50	34	
h - pli accordéon	85	50	34	
1011C II 25f rouge, t. II	**4**	**2,2**	**1**	**3**

1959 - *Floralies parisiennes. Taille-douce. Dessin & gravure: Pierre Gandon. 9 jamvoer (f 50)*

Palmes académiques Taille-douce. Dessin & gravure: Albert Decaris. 26 janvier (f 50)

T 6 400 000

T 3 300 000

1189 15f Floralies parisiennes	0,5	0,2	0,4	2
non dentelé / Ess.Uni/Ess.Multi	50	35	35	75
EPA / EPL	150	60		
a - arc de triomphe bleu-violet	750	450		
b - feuillage bleu au lieu de vert	175	105		
c - impression sur raccord	165	96		
d -chiffres blancs	5			

1190 20f Palmes académiques	0,2	0,1	0,2	2
non dentelé / Ess.Uni/Ess.Multi	30	20	30	60
EPA / EPL	135	55		
a - impression défectueuse	15			

1959 - *Charles de Foucauld . Taille-douce. Dessin & gravure: Charles Mazelin. ♟ 2 février (f 50)*

T 3 000 000

1191 50f Charles de Foucauld	0,5	0,3	0,4	3
non dentelé / Ess.Uni/Ess.Multi	50	35	35	60
EPA / EPL	150	60		
a - chiffres blancs	12			

1959 - *Touristiques. Taille-douce. 10 février. (f 50).*

1192 30f Palais de l'Elysée	2,6	1,4	0,2	2
a - impression sur raccord	165	100		
b - papier carton	7	4		
c - République française «blanc»	25			
d - papier verdâtre	20			

Dessin & gravure: Jean Pheulpin

1193 85f Evian-les-Bains	4	2,2	0,4	3
a - impression sur raccord	165	100		
b - impression très dépouillée	30			

Dessin & gravure: Raoul Serres

1194 100f Rivière Sens		34	17	0,4	2
▣ sur 🐚	10 fév 59 ⇥ 18 fév 61				600
a - impression sur raccord		165	100		
b - papier carton		65	39		
c - piquage à cheval				30	
d - impression très dépouillée		60			
e - lettres absentes		40			
série, non dentelé / Ess.Uni/Ess.Multi		165	115	115	200
série, EPA / EPL		350	180		

1959 ✈ - *Prototypes. Taille-douce. 16 février (f 50)*
Dessin & gravure: Pierre Gandon. Timbre repris en 1960.

✈35 300f MS 760 Paris	7	4	3	6
non dentelé / Ess.Uni/Ess.Multi	75	55	55	100
EPA / EPL	225	100		
a - couleur bleu-vert unicolore	27	16		
b - piquage à cheval	235	141		
c - pli accordéon	160	96		

1959 - *Blason d'Alger.*
Typographie. D: Robert Louis.
G: André Barre.
9 mars (f 100)

Journée du timbre. Taille-douce. Dessin & gravure:
Pierre Gandon. ♆ *23 mars (f 50)*

T 96 500 000

T 2 500 000

1195 15f Alger	**0,2**	**0,1**	**0,1**	**1**
non dentelé	20	15		
EPL		60		
EPL de décomposition		400		
a - couleurs très décalées	25	15	10	
b - impression défectueuse	3	2		
c - impression sur raccord	130	78		
d - piquage à cheval	50	30		
e - pli accordéon	100	60		
f - chenille	20			
1196 20f Service aéropostal de nuit	**0,6**	**0,4**	**0,5**	**2**
non dentelé / ⊠Ess.Uni/Ess.Multi	85	60	60	125
EPA / EPL	165	85		
a - avion brun sépia	10			

1959 - *175ᵉᵐᵉ anniversaire de l'Ecole des Mines à Paris.*
Taille-douce. D&G: Jacques Combet. 13 avril (f 50)

T 3 000 000

1197 20f Ecole des Mines	**0,2**	**0,1**	**0,2**	**2**
non dentelé / Ess.Uni/Ess.Multi	35	25	30	60
EPA / EPL	130	50		
a - impression lourde	5			

1959 - *Héros de la Résistance (3ᵉᵐᵉ série).*
Taille-douce. 27 avril. T 3 000 000 séries. (f 50).

D&G: Raoul Serres

D: R. Serres. G: J. Pheulpin

1198 15f Cinq martyrs	**0,4**	**0,2**	**0,2**	**2**
a - pli accordéon	130	80		
b - impression très dépouillée	15			
1199 15f Yvonne Le Roux	**0,4**	**0,2**	**0,4**	**2**

D: R. Serres. G: R. Camy

1200 20f Médéric-Védy	**0,4**	**0,2**	**0,3**	**2**
a - impression très dépouillée	15			

D: R. Serres. G: C. Mazelin

D: R. Serres. G: P. Munier

1201 20f Louis Martin-Bret	**0,6**	**0,2**	**0,4**	**2**
a - impression sur raccord	165	100		
b - chiffres blancs	20			
1202 30f Gaston Moutardier	**0,7**	**0,4**	**0,6**	**3**
Série 1198 à 1202 (5 timbres)	**2,5**	**1,2**	**2**	
non dentelé / Ess.Uni/Ess.Multi	150	100	120	240
EPA / EPL/ EPC	550	225	350	

1959 - *Grandes réalisations techniques (2ᵉᵐᵉ série). (f 50)*
Taille-douce. 25 mai. Tirage 4 100 100 series.

Barrage de Foum el Gherza
Dess: J. Combet. Grav: P. Munier.

Centre atomique de Marcoule.
Dess & grav: Jacques Combet.

1203 15f Foum el Gherza	**0,4**	**0,2**	**0,2**	**2**
1204 20f Marcoule	**0,5**	**0,3**	**0,5**	**2**
a - impression sur raccord	165	100		
b - pli accordéon	110	66		

Hassi-Messaoud (Sahara).
Dess: J. Combet.
Grav: C. Durrens.

Palais du C.N.I.T.
(Paris, La Défense).
Dess & grav: J. Combet.

1205 30f Hassi-Messaoud	**0,5**	**0,2**	**0,5**	**3**
1206 50f Palais du C.N.I.T.	**0,9**	**0,6**	**0,6**	**3**
a - impression sur raccord	165	100		
b - République «blanc»	20			
Série 1203 à 1206 (4 timbres)	**2,2**	**1,2**	**1,8**	
non dentelé / Ess.Uni/Ess.Multi	150	110	165	300
EPA / EPL/ EPC	500	170	300	

1959 - Personnages célèbres. Taille-douce. 15 juin.
T 1 500 000 séries (f 50).

Geoffroi de La Villehardouin (IVème croisade et prise de Constantinople)

Dess: A. Decaris. Grav: R. Cottet.

1207 15f+5f de La Villehardouin	**1,3**	**0,8**	**1,3**	**4**

A. Le Nôtre (architecte et dessinateur de jardins. Vue du parc de Versailles)

D: A. Decaris. G: C. Hertenberger.

1208 15f+5f Le Nôtre	**1,3**	**0,8**	**1,3**	**4**

Jean d'Alembert (mathématicien)

Dess: A. Decaris. Grav: C. Mazelin

1209 20f+10f d'Alembert	**1,2**	**0,8**	**1,2**	**4**

David d'Angers (sculpteur. Vue de sa statue et du château du roi René)

Dessin & gravure: Albert Decaris

1210 20f+10f David d'Angers	**1,4**	**0,9**	**1,4**	**4**

Xavier Bichat (fondateur de la médecine moderne)

Dess: A. Decaris. Grav: P. Munier

1211 30f+10f Bichat	**1,3**	**0,9**	**1,3**	**4**

F.-A. Bartholdi (sculpteur. Vue du Lion de Belfort et de la statue de la Liberté)

Dess: A. Decaris. Grav: J. Pheulpin

1212 30f+10f Bartholdi	**1,6**	**0,9**	**1,6**	**4**
Série 1207 à 1212 (6 timbres)	**8**	**5**	**8**	
non dentelé / Ess.Uni/Ess.Multi	215	150	180	360
EPA /EPL/ EPC	650	175	300	

1959 - Hommage aux pilotes d'essais Taille-douce. Dessin & gravure: Pierre Munier. 15 juin (f 50)

T 4 400 000

1213 20f Goujon et Rozanoff	**0,5**	**0,2**	**0,5**	**2**
non dentelé / Ess.Uni/Ess.Multi	70	50	50	125
EPA / EPL	160	75		
a - impression sur raccord	165	100		
b - pli accordéon	130	78		
c - oreille cassée	12			
d - visages bleus	7			

1959 - *Marceline Desbordes-Valmore. Taille-douce. Dessin & gravure: Pierre Gandon. 22 juin (f 50)*

T 4 200 000

1214 30f M. Desbordes-Valmore	0,2	0,2	0,2	3
non dentelé / Ess.Uni/Ess.Multi	40	30	35	60
EPA / EPL	130	50		

1959 - *Inauguration du pont de Tancarville. D&G: J. Combet. 3 août (f 50)*

Marianne à la nef. Typographie. D: André Regagnon. G: Jules Piel. 24 juillet (f 100)

T 5 000 000   *T 715 000 000*

1215 30f Pont de Tancarville	0,4	0,2	0,4	3
non dentelé / Ess.Uni/Ess.Multi	45	35	35	60
EPA / EPL	140	60		
a - inscriptions en bleu clair	60	36	24	75
b - pli accordéon	110	66		

1216 25f Marianne à la nef	0,4	0,1	0,1	1
non dentelé	30	20		
EPL		50		
a - anneau-lune	25	15	10	
b - couleurs à cheval	60	40		
c - couleurs très décalées	35	21	14	
d - impression défectueuse	6	4		
e - impression incomplète	200	120		
f - impression sur raccord	130	78		
g - piquage à cheval	45	27		
h - pli accordéon	100	60		
i - soleil noir	40	24	16	

1959 - *Jean Jaurès (député socialiste en 1893), assassiné le 31 juillet 1914. Taille-douce. Dessin & gravure: Albert Decaris. 14 septembere (f 50)*

T 4 600 000   *Non émis: 1er projet proposé par A. Decaris, mais refusé. Se présente avec annulation hexagonale des rebuts*

1217 50f Jaurès	0,4	0,2	0,3	3
non dentelé	35	25		
EPA / EPL	135	80		
a - piquage double	130	78		

1217A Jaurès, non émis sg	**RRR**			
a - sans la paraoblitération	50 000			

1959 - *Europa (8 pays participants). 19 sept (f 50) Taille-douce. Dessin: Walter Brudi. Gravure: André Frères.*

1218 25f Europa	0,4	0,3	0,2	2
non dentelé / Ess.Uni/Ess.Multi	115	75	90	
a - impression défectueuse: centre blanc	45	27		

1219 50f Europa	1,6	0,8	1,1	3
non dentelé	115	70		
a - impression défectueuse	27	16		
b - impression recto-verso	100	60		
c - piquage à cheval	250	150		
d - pli accordéon	160	96		
paire, EPA / EPL / EPC	500	265	500	

1959 - *Les donneurs de sang Taille-douce. Dessin & gravure: Albert Decaris. 19 octobre (f 50)*

T 4 900 000

1220 20f Donneurs de sang	0,2	0,1	0,2	2
non dentelé / Ess.Uni/Ess.Multi	55	40	40	85
EPA / EPL	135	55		
a - bras et mains ensanglantés	130			

1959 - *Paix des Pyrénées . Taille-douce. Dessin: Clément Serveau. Gravure: Claude Durrens (20f), Jules Piel (30f et 50f). 16 novembre (f 50)*

Blason d'Avesnes-sur-Helpe et tour de la collégiale Saint-Nicolas

T 4 700 000

1221 20f Avesnes-sur-Helpe   0,4   0,1   0,2   2

Blason du Roussillon et le Castillet.

T 5 000 000

1222 30f Perpignan   0,4   0,2   0,3   3

1222A ⊠ Perpignan, 1ᵉʳ projet   900   600
EPA   550

26 octobre. T 4 700 000 (f 50)

1223 50f Traité des Pyrénées   0,5   0,2   0,4   3
série, non dentelé / Ess.Uni/Ess.Multi   110   75   90   180
série, EPA / EPL   350   140
a - manche noire   12

1959 *- Vaincre la poliomyélite. Taille-douce. D: André Spitz. G: Robert Cami. 2 nov (f 50)*

100ᵉᵐᵉ anniv. de la naissance du philosophe H. Bergson (prix Nobel en 1927). Taille-douce. D&G: Raoul Serres. 9 nov (f 50)

T 4 500 000   *T 4 600 000*

1224 20f Poliomyélite   0,2   0,1   0,2   2
non dentelé / Ess.Uni/Ess.Multi   50   35   35   60
EPA / EPL   130   50

1225 50f Henri Bergson   0,4   0,2   0,3   3
non dentelé / Ess.Uni/Ess.Multi   35   25   30   60
EPA / EPL   130   50
a - impression sur raccord   165   105
b - papier carton   6   4
c - chiffres blancs   10

1959 *- Croix-Rouge. (f 50) (✂4+4)*
Taille-douce. Dessin & gravure: Jules Piel. 7 décembre

Abbé Charles-Michel de l'Epée.   *Valentin Haüy (aveugles).*

T 1 700 000 paires + 132 000 carnets

1226 20f+10f C.-M. de l'Epée   2,2   1,3   2   4
a - sans accent sur le 1ᵉʳ E de Épée tàn   12

1227 25f+10f Valentin Haüy   2,6   1,5   2,5   5
a - pli accordéon   160   96
paire, non dentelé / Ess.Uni/Ess.
Multi   150   115   100   200
paire, EPA / EPL / EPC   350   175   300

1959 *- O.T.A.N., 10ᵉᵐᵉ anniversaire. Grand palais de la Porte Dauphine. Taille-douce. D & G: Charles Mazelin. 14 dec (f 50).*

Marianne à la nef. Surtaxe au profit des victimes de la catastrophe de Fréjus,. Typo. D: André Regagnon. G: Jules Piel. 15 dec (f 100).

T 4 300 000   *T 12 400 000*

1228 50f O.T.A.N.   0,5   0,3   0,4   3
non dentelé / Ess.Uni/Ess.Multi   110   75   75   175
EPA / EPL   275   135
a - impression sur raccord   165   100
b - impression très défectueuse   60
c - chiffres blancs   110

1229 +5f s 25f Sinistrés de Fréjus   0,2   0,1   0,1   1
non dentelé   35   25
EPL   60
a - surcharge "+5f" seule et renversée   4 000   2 850
b - surcharge "Fréjus" seule   1 800   1 250
c - surcharge recto-verso   55   35
d - surcharge renversée   3 500   2 650
e - surchargé tenant à non surchargé   2 250   1 750
f - surcharge à sec   350   250
g - surcharge déplacée   10
h - couleurs décalées   13

Année 1959
1189 à 1229 (41 timbres)   67   36   24
✈35 (1 timbre)   7   4   3

Etude spécialisée des timbres dits « d'usage courant »

de la Marianne de Cheffer à 2016

Partie réalisée avec la collaboration des membres du

CERCLE DES AMIS DE MARIANNE

Association loi 1901

spécialisée dans l'étude des timbres d'usage courant

http://amisdemarianne.blogspot.fr/

Membre de la
Fédération Française des Associations Philatéliques
et du
Groupement des Associations Philatéliques Spécialisées

Principe de classification des timbres dits « d'usage courant ».

Nous vous proposons une classification innovante de l'intégralité des aspects apparus lors de l'impression de ces séries.

Le timbre-poste est un produit industriel. A ce titre, il est constitué de différents composants industriels : papier, gomme, encre de couleur, encre phosphorescente, type de gravure, dentelure, etc. **La variation d'un seul de ces composants de façon volontaire** de la part de l'Imprimerie, que la raison en soit technique, administrative ou financière, **génère un nouvel aspect du timbre.**

Si cette variation est accidentelle, donc tout à fait involontaire, **ce n'est pas un nouvel aspect qui est généré, mais une variété.**

Clé de la classification des timbres d'usage courant :

Lettre/N° du timbre/-n° de l'aspect :

La lettre initiale correspond à la forme de conditionnement (F= Feuille, R= Roulette, C= Carnet)
Le n° du timbre correspond au numéro Spink/Maury
Le chiffre suivant le tiret correspond au numéro de rang de l'aspect. Ces aspects sont ordonnés suivant   l'ordre suivant (presse/gomme/type d'encre phosphorescente).

Lorsqu'une information nous est inconnue, la donnée est remplacée par un x ou plusieurs xxxx
Les variétés ont été attribuées dans les aspects auxquelles elles appartiennent.

Exemple :

F1970-1 doit être lu comme étant le 1er aspect des timbres de feuilles du 0,80 vert Sabine de Gandon.

Ainsi le lecteur pourra aisément connaître combien d'aspect chaque timbres émis possèdent. Dans le cas du 0,80 Sabine de Gandon vert, il existe pour les timbres de feuillesE: 3 aspects différents, pour les timbres de roulette : 1 aspect et pour les timbres de carnet : 2 aspects. Ce qui fait en tout pour posséder l'intégralité des aspects de ce timbre 6 aspects à trouver.

Nous espérons que cette nouvelle approche vous procure beaucoup de plaisir dans vos recherches.

Note: concernant les variétés dites « phosphorescentes » sont décrites et cotées suivant les principes retenus suivant :

1- **Les variétés «(de phosphore(» n'existent pas.** En effet, il n'y a jamais eu de phosphore sur les timbres, mais des pigments phosphorescents à base de sulfure de zinc activé au cuivre associé à des pigments pour colorer. **Le terme correct à employer est donc «(variété phosphorescente » ou « variété pho ».**

2- Les variétés phosphorescentes se répartissent en deux catégories : les **timbres sans barre phosphorescente** et les **timbres avec anomalie phosphorescente**.

3- Doivent être considérés comme timbres sans barre phosphorescente les **timbres entièrement vierges de toute trace phosphorescente, aussi infime soit elle, sur toute leur surface**. Ce sont ces timbres qui constituent le cœur de la collection et que les catalogues cotent sous l'appellation « sans pho » ou celles (impropres) « sans phosphore » et « sans bande de phosphore ».

4- Doivent être considérés comme timbres avec anomalie phosphorescente les timbres sur lesquels **on note une présence phosphorescente, mais répartie de manière anormale**. Par exemple : maculations, barres à cheval ou brisées ou encore traces phosphorescentes à des endroits autres que ceux normalement occupé par les barres. Ces timbres constituent des variétés moins importantes, mais dignes d'être collectionnées.

5- Doivent, en revanche, être considérés comme **ordinaires** les timbres avec points phosphorescents (même légers) à l'emplacement normal des barres, ainsi que les timbres rémanents (timbres aux barres phosphorescentes faiblement encrées, mais apparaissant sous une lampe U.V. à forte puissance).

Ces principes ont été établis et rédigés par MM. Christian CALVES, Olivier GERVAIS, Alain JACQUART, et Dominique SELLIER

CLASSIFICATION DES BARRES PHOSPHORESCENTES

Surimpression typographique

	Type A	Type B	Type C	Type D	Type E23	Type E22-E24
Cylindre	Non aimanté	Non aimanté	Non aimanté	Non aimanté		Aimanté
Cliché	Métallique (bronze tourné en relief et fraisés pour couper les bandes)	Métallique recouvert d'une matière plastique	Caoutchouc ou matière plastique	Métallique (laiton usiné puis chromé)		Plaque métallique recouverte d'une matière plastique polymère
Encre	Visqueuse et épaisse	Fluide (diluée à l'alcool)	Visqueuse et épaisse	Visqueuse et épaisse		Visqueuse et épaisse
Séchage	Naturel	Séchage artificiel (I.R.)	Séchage artificiel (U.V.)	Séchage artificiel (I.R.)	Séchage artificiel (U.V.)	Séchage artificiel (U.V.)

Impression en Offset (Type F)

L'impression des barres phosphorescentes est effectuée avec un cliché Offset utilisant une encre grasse qui sèche naturellement.

Impression en Héliogravure (Type H)

L'impression des barres phosphorescentes est effectuée avec un cliché Hélio. L'encre utilisée est une encre à l'eau séchant à l'air et est imprimée en même temps que les autres couleurs et non sur-imprimée comme pour les impressions typographiques.

Types de barres phosphorescentes sous lampe U.V.

Type A	Type B	Type C	Type D	Type D couché	Type E	Type F	Type H

Les types E22, E23 et E24 sont regroupés sous la désignation générique type E car ils ne diffèrent que par la taille

1535 0,25 bleu (1535)
1ère émission du 4/11/1967
Impression taille-douce traditionnelle par molette

Feuille de 100 timbres
F1535-1 TD6   **1**
a piquage à cheval (paire)   55x2

Roulette
R1535-1gomme tropicale   **4**
avec n° rouge au verso   80

1536 0,30 lilas (1536)
2ème émission du 11/01/1969
Impression taille-douce traditionnelle par molette

Feuille de 100 timbres
F1536-1 TD6   **0.5**
a piquage à cheval (paire)   55x2
b pli accordéon   85
F1536-2 TD3   **1**
a marge guillochée   3

Roulette
R1536-1 gomme tropicale   **2**
avec n° rouge au verso   16

Timbre issu de carnet
C1536-1 Carnet de 10   **2**
C1536-2 Carnet de 20   **2**

Carnets complets
Carnets de 10 timbres
C381-1   Caisse d'Epargne sans trait - sans n° conf.   **250**
a piquage à cheval couverture et timbres   1000
C382-1   Caisse d'Epargne avec trait - conf. 1   **50**
C382-2   Caisse d'Epargne avec trait - conf. 2   **50**
C382-3   Caisse d'Epargne avec trait - conf. 3   **20**
C382-4   Caisse d'Epargne avec trait - conf. 7   **30**
C382-x   Caisse d'Epargne avec trait - conf. ?
a piquage à cheval
b impression à sec   300

Carnets de 20 timbres
C383A-1 Caisse d'Epargne sans trait - sans n° conf.   **350**
C383-1   Caisse d'Epargne avec trait - conf. 4   **25**
C383-2   Caisse d'Epargne avec trait - conf. 5   **25**
C383-3   Caisse d'Epargne avec trait - conf. 6   **25**
C383-x   Caisse d'Epargne avec trait - conf. ?
a impression à sec   425

1536A 0,30 vert (1536A)
2ème émission du 11/01/1969
Impression taille-douce traditionnelle par molette

Feuille de 100 timbres
F1536A-1 TD6   **1**
F1536A-2 TD3   **2**
a marge guillochée   3
F1536A-x
a impression sur raccord   130
b piquage à cheval (paire)   50x2
c pli accordéon   80

Roulette
R1536A-1 gomme tropicale   **2**
a avec n° rouge au verso   6b
avec 2 n°   15

Timbre issu de carnet
C1536A-1 Carnet de 20   2

Carnets complets
Carnets de 20 timbres
C384-1 Caisse d'Epargne avec trait - conf. 5   15
C384-2 Caisse d'Epargne avec trait - conf. 6   15
a impression effacée à sec   600

1536B 0,40 carmin (1536B)
2ème émission du 11/01/1969
Impression taille-douce traditionnelle par molette

Feuille de 100 timbres
F1536B-1 TD6   sans Pho   0.4
a dentelé tenant à non dentelé   135
b impression effacée à sec   85
c impression sur raccord   130
d piquage à cheval (paire)   55x2
e pli accordéon   80
f impression recto-verso   25
g totalement maculé rouge   100
F1536B-2 TD3   sans Pho   1
F1536B-3 TD6 (1970)   Pho A   6

Roulette
R1536B-1 gomme tropicale   sans Pho   2
a avec n° rouge au verso   20

Timbre issu de carnet
C1536B-1 carnet 10   sans Pho   1
C1536B-2 carnet 20   sans Pho   1

Carnets complets
Carnets de 10 timbres
C385-1 Caisse d'Epargne avec trait - conf. 1   sans Pho   10
a conf "I" (chiffre romain) au lieu de "1"(chiffre arabe)   350
C385-2 Caisse d'Epargne avec trait - conf. 2   sans Pho   10
C385-3 Caisse d'Epargne avec trait - conf. 3   sans Pho   30
a conf "3" tête ronde au lieu de 3 à tête plate   100
C385-4 Caisse d'Epargne avec trait - conf. 7   sans Pho   20
C385-5 Caisse d'Epargne avec trait - conf. 8   sans Pho   200
C385-x Caisse d'Epargne avec trait - conf. ?
a impression à sec   300
b piquage à cheval (timbres)   400
Carnets de 20 timbres
C386-1 Caisse d'Epargne avec trait - conf. 4   sans Pho   20
a pointe de l'épi sous le 7ème point au lieu du 8ème   300
C386-2 Caisse d'Epargne avec trait - conf. 5   sans Pho   30
C386-3 Caisse d'Epargne avec trait - conf. 6   sans Pho   20
C383-x Caisse d'Epargne avec trait - conf. ?
a impression à sec, effacés   600

gravé (avec signature)
typographié (sans signature)

1611 0,30 vert (1611)
3e émission de juillet 1969
Impression en typographie rotative

Feuille de 100 timbres
F1611-1 TD6   sans Pho   0.1
a anneau de lune   35
b impression effacée et à sec   55
c impression recto-verso   35
d impression sur raccord   130
e piquage à cheval (paire)   50x2
f pli accordéon   70

F1611-2 TD6 (1970)   Pho A   0.2
a 1 barre Pho tenant à sans Pho   1000
b impression sur raccord   100
c pli accordéon   70

MARIANNE DE BEQUET
1663 0,45 bleu (1663)
1ère émission de 1971
Impression typographique rotative

* 8 février 1971

Feuille de 100 timbres

F1663-1 TD6	gomme brillante	sans Pho	**0.5**
a impression sur raccord			130
b légende tronquée sans "F"			165
c piquage à cheval (paire)			55x2
d pli accordéon			80
e POSTES brouillé effacé			60

1664 0.50 rouge (1664)
1ère émission de 1971
Impression taille-douce traditionnelle par molette

* 02/01/1971

Feuille de 100 timbres

F1664-1 TD6	gomme brillante	sans Pho	**0.3**
a piquage à cheval (paire)			27x2
b impression à sec tàn			50
c impression défectueuse			50
d impression recto-verso			25
e impression sur raccord			""
f pli accordéon			70
F1664-2 TD6	gomme brillante	Pho A	**1**
a à cheval 50/50 (paire)			10x2
F1664-3 TD6	gomme brillante	Pho D	**0.5**
a Pho à cheval 80/20 (paire)			6x2
F1664-4 TD6	gomme brillante	Pho B	**3**
a Pho à cheval 70/30 (paire)			30x2
b impression effacée à sec			60
c impression sur raccord			""
d piquage à cheval (paire)			27x2
F1664-5 TD6	gomme tropicale	sans Pho	**3**
F1664-6 TD6	gomme tropicale	Pho B	**5**
F1664-7 TD3	gomme brillante	sans Pho	
a marge guillochée			15
b TD3 isolé avec accumulation de couleur et de bavures à gauche			100

Roulettes

R1664-1 gomme tropicale		sans Pho	**2**
a avec n° rouge au dos			28
b piquage à cheval (paire)			""
c piquage à cheval et décalé horizontalement			""
R1664-2 gomme tropicale		Pho B	**3**
a avec n° rouge au dos			32
Timbre issu de carnet			
C1664-1 Carnet de 10	gomme brillante	sans Pho	**2**
C1664-2 Carnet de 10	gomme brillante	Pho B	**2**
C1664-3 Carnet de 20	gomme brillante	sans Pho	**2**
C1664-4 Carnet de 20	gomme brillante	Pho A	**35**
C1664-5 Carnet de 20	gomme brillante	Pho B	**2**

Carnets complets
Carnet de 10 timbres

C387-1 Caisse d'Epargne postale - conf. 1	gomme brillante	sans Pho	150
C387-2 Caisse d'Epargne postale - conf. 2	gomme brillante	sans Pho	150
C387-3 Caisse d'Epargne postale - conf. 3	gomme brillante	sans Pho	25
a impression défectueuse			300
C387-4 Caisse d'Epargne postale - conf. 4	gomme brillante	sans Pho	20
a impression défectueuse			300
C387-5 Caisse d'Epargne postale - conf. 5	gomme brillante	sans Pho	20
C387-6 Caisse d'Epargne postale - conf. 7	gomme brillante	sans Pho	150
C387-7 Caisse d'Epargne postale - conf. 8	gomme brillante	sans Pho	180

Carnet de 20 timbres

C388-1 Caisse d'Epargne postale - conf. 6	gomme brillante	sans Pho	50
a impression défectueuse			650
C388-2 Caisse d'Epargne postale - conf. 7	gomme brillante	sans Pho	70
C388-3 Caisse d'Epargne postale - conf. 8	gomme brillante	sans Pho	32
a impression défectueuse			650

Carnet de 10 timbres

C389-1 Code postal sans tiret -conf. 3	gomme brillante	sans Pho	23
C389-2 Code postal sans tiret -conf. 4	gomme brillante	sans Pho	30
C389-3 Code postal sans tiret -conf. 5	gomme brillante	sans Pho	30
C389-4 Code postal sans tiret -conf. 7	gomme brillante	sans Pho	200
a impression défectueuse			300
C391-1 Code postal sans tiret - sans n° conf.	gomme brillante	Pho B	180
C391-2 Code postal sans tiret - conf. 3	gomme brillante	Pho B	25
C391-3 Code postal sans tiret - conf. 4	gomme brillante	Pho B	20
C391-4 Code postal sans tiret - conf. 5	gomme brillante	Pho B	25
C391-5 Code postal sans tiret - conf. 7	gomme brillante	Pho B	13
a impression défectueuse			300
C391-x Code postal sans tiret - conf. ?	gomme brillante	Pho B	
a Pho à cheval (décalage horizontal)			200
C389A-1 Code postal avec tiret - conf. 1	gomme brillante	sans Pho	160
C389A-2 Code postal avec tiret - conf. 2	gomme brillante	sans Pho	160
C391A-1 Code postal avec tiret - sans n° conf.	gomme brillante	Pho B	70
C391A-2 Code postal avec tiret - conf. 1	gomme brillante	Pho B	70
a impression défectueuse			300
C391A-3 Code postal avec tiret - conf. 2	gomme brillante	Pho B	50

Carnet de 20 timbres

C390 Code postal sans tiret - conf. 6	gomme brillante	sans Pho	23
a impression défectueuse			650
C390-1 Code postal sans tiret - conf. 8			23
C390B Code postal sans tiret - conf. 8	gomme brillante	Pho A	700
a Pho à cheval 50/50 sur le feuillet supérieur			"
b Pho à cheval (décalage vertical horizontal) sur le feuillet supérieur			"
C390A-1 Code postal sans tiret - sans n° conf.	gomme brillante	Pho B	170
C390A-2 Code postal sans tiret - conf. 6	gomme brillante	Pho B	700
C390A-3 Code postal sans tiret - conf. 8	gomme brillante	Pho B	50
a impression défectueuse			650
C392 Code postal avec tiret - conf. 8	gomme brillante	sans Pho	200
C392A Code postal avec tiret - conf. 6	gomme brillante	Pho B	90

1807 0.60 vert (1814)
2ème émission de 1974
Impression en typographie

* 07/10/1974

Feuille de 100 timbres

F1807-1 Typo	gomme brillante	Pho A	**0.8**
a timbre partiellement effacé			
b impression à sec tân			50
c impression à sec			85
d Pho à cheval (paire)			15x2
e impression recto-verso			25
f impression sur raccord			130
g piquage à cheval (paire)			45x2
h pli accordéon			70
i visage absent			50
j sans Pho tân			100
F1807A-1 Typo	gomme brillante	sans Pho	**4**
a piquage à cheval			65
b visage absent			50

1808 0.60 vert (1815)
2ème émission de 1974
Impression en taille-douce traditionnelle par molette

* 07/10/1974

Timbre issu de carnet

C1808-1 Carnet de 20 timbres	gomme brillante	Pho B	**6**
C1808-2 Carnet de 20 timbres	gomme brillante	sans Pho	**30**

Carnets complets
Carnet de 20 timbres

C393-1 Code postal sans tiret -sans n° conf.	gomme brillante	Pho B	**200**
a timbres imprimés à sec			700
b sans Pho tân			300
C393-2 Code postal sans tiret -conf. 6	gomme brillante	Pho B	**100**
a Pho à cheval			40
C394-1 Code postal sans tiret -conf. 6	gomme brillante	sans Pho	**400**

Roulettes

R1808-3 gomme tropicale		Pho B	**9**
a avec n° rouge au dos			35
b sans Pho			"""

1809 0.80 rouge (1816)
2ème émission de 1974
Impression taille-douce traditionnelle par molette

* **07/10/1974**

Feuille de 100 timbres

F1809-1 TD6	gomme brillante	Pho D	**0.8**
a piquage à cheval (paire)			15x2
F1809-2 TD6	gomme brillante	sans Pho	**20**
F1809-3 TD6	gomme brillante	Pho B	**2**
a Pho à cheval (décalage horizontal) (paire)			25x2
F1809-4 TD6	gomme tropicale	Pho D	**7**
F1809-5 TD6	gomme tropicale	sans Pho	**8**
F1809-6 TD6	gomme tropicale	Pho B	**7**
a sans Pho tân			65
b Pho à cheval (paire)			6x2
c impression effacée partiellement			65
d impression à sec			90
e impression recto-verso			25
f impression sur raccord			130
g piquage à cheval (paire)			45x2
h pli accordéon			60
F1809-7 RGR - couleur rouge franc	gomme brillante	Pho C	**RR**
F1809-8 RGR - rouge clair	gomme brillante	Pho C	**2**

a sans Pho (2è tir. RGR) (connu sur lettre)

Roulettes

R1809-1	gomme tropicale	Pho B	2
a avec n° rouge au verso			4(
b sans Pho			8
c impression recto-verso et sans Pho			5(
d avec n° rouge doublé au verso			65

Timbres issus de carnets

C1809-1 Carnet de 5 ou 10	gomme brillante	Pho B	1.2
C1809-2 Carnet de 20	gomme brillante	sans Pho	1.2
C1809-3 Carnet de 10	gomme tropicale	Pho B	10
C1809-4 Carnet de 20	gomme tropicale	sans Pho	10

Carnets complets

Carnet de 5 timbres

C395-1 Code Postal - sans n° conf.	gomme brillante	Pho B	100
C395-2 Code Postal - conf. 2	gomme brillante	Pho B	10
a piquage à cheval			32(

Carnet de 10 timbres

C396-1 Code Postal - sans n° conf.	gomme brillante	Pho B	80
C396-2 Code Postal - conf. 3	gomme brillante	Pho B	20
a sans Pho tàn			40(
C396-3 Code Postal - conf. 4	gomme brillante	Pho B	15
a sans Pho			20(
C396-4 Code Postal - conf. 5	gomme brillante	Pho B	15
C396-5 Code Postal - conf. 7	gomme brillante	Pho B	80
C398-1 Code Postal - conf. 4	gomme tropicale	sans Pho	60

Carnet de 20 timbres

C397-1 Code Postal - conf. 6	gomme brillante	Pho B	25
C397-2 Code Postal - conf. 8	gomme brillante	Pho B	20
C399-1 Code Postal - conf. 6	gomme tropicale	sans Pho	100
C399-? Code Postal - conf. ?	gomme brillante	Pho B	
a sans Pho (14 à 16 ex.) tàn			30(
b impression à sec tàn			42(

1892 0.80 vert (1893)
3ème émission de 1976

Impression en taille-douce traditionnelle par molette

* 02/08/1976

Timbres issus de carnet

C1893-1 Carnet de 20 timbres	gomme brillante	Pho B	8
C1893-2 Carnet de 20 timbres	gomme tropicale	Pho B	8

Carnets complets
Carnet de 20 timbres

C400-1 Code postal sans tiret -sans n° conf.	gomme brillante	Pho B	150
C400-2 Code postal sans tiret -conf. 6	gomme brillante	Pho B	40
a timbres imprimés à sec en partie			80(
b 8 timbres sans Pho			2500
c 10 timbres sans Pho			3200
d 12 timbres sans Pho			3850
e 16 timbres sans Pho			5000
f Pho à cheval			10(
C400-3 Code postal sans tiret -conf. 8	gomme brillante	Pho B	80
C400a-1 Code postal sans tiret -conf. 6	gomme tropicale	Pho B	50

Roulettes

R1892-1	gomme tropicale	Pho B	1
a avec n° rouge au dos			4

1891 0.80 vert (1891)
3ème émission de 1976
Impression en typographie

* 02/08/1976

Feuille de 100 timbres

F1891-1 Typo	**gomme brillante**	**Pho A**	**0.6**
a "E" de République barre centrale plus longue			3
b "E" de Française avec crochet			3
c boucle du bonnet ébréchée			3
d entaille à l'arrière du bonnet			3
e barre Pho à cheval (paire)			5x2
f piquage à cheval			
35			
g sans barre Pho tàn - papier neutre aux UV			160
h partiel			40
i sans Pho - papier avec azurant tir. antispéculatif 13 et 14/9/77 presse 3			2
F1891-2 Typo	**gomme brillante**	**sans Pho**	**4**
F1891-3 Typo	**gomme brillante**	**Pho A**	**2**

1893 1,00 rouge (1892)
3ème émission de 1976
Impression taille-douce traditionnelle par molette

* 02/08/1976

Feuille de 100 timbres

F1893-1 TD6	**gomme brillante**	**Pho D**	**0.7**
F1893-2 TD6	**gomme brillante**	**Pho B**	**0.7**
a piquage à cheval (paire)			35x2
b sans Pho tàn verticalement (tir 08.06.76)			150
c sans Pho (tir 06.04.77 sur TD6-4)			40
d sans Pho tàn (tir 08.11.77 sur TD6-1)			""
F1893-3 TD6 - tir. Antispéculatif	**gomme brillante**	**sans Pho**	**3**
26 et 27/9/1977 sur TD6-2			
F1893-4 TD6	**gomme tropicale**	**Pho D**	**4**
F1893-5 TD6	**gomme tropicale**	**Pho B**	**2**
a pli accordéon 200			
F1893-6 RGR	**gomme brillante**	**Pho C**	**0.6**
a dentelé tenant à non dentelé			115
b Pho à cheval 70/30 (paire)			2x2
c barres Pho tenant à normal (décalage horizontal)			30

Roulettes

R1893-1 Roulettes 12 dents	**gomme tropicale**	**Pho B**	**1**
a avec n° rouge au verso			5
R1893-2 Roulettes 13 dents	**gomme tropicale**	**Pho B**	**1**
a avec n° rouge au verso			5

Timbres issus de carnets

C1893-1 Carnet de 5 ou 10	**gomme brillante**	**Pho B**	**2**
C1893-2 Carnet de 20	**gomme brillante**	**Pho B**	**2**
C1893-3 Carnet de 5 ou 10	**gomme tropicale**	**Pho B**	**4**
C1893-4 Carnet de 20	**gomme tropicale**	**Pho B**	**4**

Carnets complets
Carnet de 5 timbres

C401-1 Code Postal - sans n° conf.	**gomme brillante**	**Pho B**	**12**
C401a-1 Code Postal - sans n° conf.	**gomme tropicale**	**Pho B**	**35**

Carnet de 10 timbres

C402-1 Code Postal - sans n° conf.	**gomme brillante**	**Pho B**	**65**
C402-2 Code Postal - conf. 3	**gomme brillante**	**Pho B**	**12**
C402-3 Code Postal - conf. 4	**gomme brillante**	**Pho B**	**12**
C402-4 Code Postal - conf. 5	**gomme brillante**	**Pho B**	**12**
a sans Pho			810
C402-5 Code Postal - conf. 7	**gomme brillante**	**Pho B**	**30**

a timbres non imprimés			190
c sans Pho (x9) tenant à normal (x1)			800
C402a-1 Code Postal - sans n° conf.	**gomme tropicale**	**Pho B**	**180**
C402a-2 Code Postal - conf. 4	**gomme tropicale**	**Pho B**	**35**

Carnet de 20 timbres

C403-1 Code Postal - conf. 6	**gomme brillante**	**Pho B**	**100**
C403-2 Code Postal - conf. 8	**gomme brillante**	**Pho B**	**20**
a 6 timbres partiellement à sec			110
b sans Pho			350
C403a-1 Code Postal - conf. 6	**gomme tropicale**	**Pho B**	**45**

SABINE DE GANDON
1970 : 0.80 vert (1970)
1ère émission de 1977
Impression en taille-douce rotative

* 19/12/1977   1 barre Pho à droite

Feuille de 100 timbres

F1970-1 TD6	gomme brillante	Pho D	1
a sans Pho			80
b 2 demi Pho			30
c barre Pho à gauche (oblitéré)			""
F1970-2 TD6	gomme tropicale	Pho D	6
a sans Pho			10
F1970-3 TD6	gomme tropicale	sans Pho	9

Roulette de 1000 timbres

R1970-1ND vertical	gomme tropicale	Pho B	1.5
a avec n° rouge au verso			4
b avec 2 1/2 barres Pho			5
c avec 2 1/2 barres Pho et n° rouge			15

Timbre issu de carnet

C1970-1 Carnet de 20	gomme brillante	Pho B	2
C1970-2 Carnet de 20	gomme tropicale	Pho B	6

Carnets complets
Carnet de 20 timbres

C404-1 Code postal - conf. 6	gomme brillante	Pho B	40
C404a-1Code postal - conf. 6	gomme tropicale	Pho B	50

1972-I : 1,00 rouge type 1 (1972I)
1ère émission de 1977
Impression en taille-douce rotative

* 19/12/1977   2 barres Pho

Feuille de 100 timbres

F1972-I-1 TD6	gomme brillante	Pho D	3
a sans Pho			80
b 1 barre Pho à droite			6
c 2 barres Pho à droite			6
d 1 barre à droite tenant à 2 barres à droite			25
F1972-I-2 TD6	gomme brillante	Pho B	3
F1972-I-3 TD6	gomme tropicale	Pho B	8
F1972-I-4 TD6	gomme semi-mate	Pho B	8

Timbre issu de carnet

C1972-I-1 Carnet de 5 ou 10	gomme brillante	Pho B	1
C1972-I-2 Carnet de 5 ou 10	gomme tropicale	Pho B	15
C1972-I-4 Carnet de 20	gomme brillante	Pho B	1
C1972-I-5 Carnet de 20	gomme tropicale	Pho B	""

Carnets complets
Carnet de 5 timbres

C405-I-1 Code postal - sans n° conf.	gomme brillante	Pho B	15
C405-I-2 Code postal - sans n° conf.	gomme tropicale	Pho B	40

Carnet de 10 timbres

C406-I-1 Code postal - conf. 3	gomme brillante	Pho B	35
C406-I-2 Code postal - conf. 4	gomme brillante	Pho B	20
C406-I-3 Code postal - conf. 5	gomme brillante	Pho B	30
C406-I-4 Code postal - conf. 6	gomme brillante	Pho B	70
C406-I-5 Code postal - conf. 7	gomme brillante	Pho B	20
C406-I-6 Code postal - conf. 7	gomme tropicale	Pho B	""

Le 1f Sabine existe en deux types:

Type I: pas de point dans le cou.

Type II: point dans le cou (le 1f olive de 1979 est toujours au type II).

Carnet de 20 timbres

C407-I-1 Code postal - conf. 6	gomme brillante	Pho B	60
C407-I-2 Code postal - conf. 8	gomme brillante	Pho B	40
C407-I-3 Code postal - conf. 8	gomme tropicale	Pho B	" "

1972 : 1,00 rouge type 2 (1972II)
1ère émission de 1977
Impression en taille-douce rotative

* 19/12/1977   2 barres Pho

Feuille de 100 timbres

F1972-II-1 RGR-1	gomme brillante	Pho C	1
a 1 barre Pho à gauche			3
b 2 demi barres Pho			3
c 1 barre tenant 2 demi barres			15
d Impression défectueuse			5
e Papier vergé			8
f Pho à cheval 70/30 (paire)			9x2
g Non dentelé accidentel			" "

Le 1f Sabine existe en deux types :

Type I : pas de point dans le cou.

Type II : point dans le cou (le 1f olive de 1979 est toujours au type II).

F1972-II-2 TD6	gomme brillante	Pho D	3
F1972-II-3 TD6	gomme tropicale	Pho D	8
F1972-II-4 TD6	gomme tropicale	sans Pho	8

Roulettes

R1972-II-1 ND vertical	gomme tropicale	Pho B	4
a avec n° rouge au verso	gomme tropicale	Pho B	12
b 1 barre Pho à gauche			5
c 2 barres Pho à gauche			6
d 1 barre Pho à gauche avec n° rouge			6
e 2 barres Pho à gauche avec n° rouge			12

Timbre issu de carnet

C1972-II-1 Carnet de 5 ou 10	gomme brillante	Pho B	3
C1972-II-2 Carnet de 5 ou 10	gomme tropicale	Pho B	8
C1972-II-3 Carnet de 20	gomme brillante	Pho B	3
C1972-II-4 Carnet de 20	gomme tropicale	Pho B	8

Carnets complets
Carnet de 5 timbres

C405-II-1 Code postal - sans n° conf.	gomme brillante	Pho B	15
C405-II-2 Code postal - sans n° conf.	gomme tropicale	Pho B	40

Carnet de 10 timbres

C406-II-1 Code postal - conf. 3	gomme brillante	Pho B	25
C406-II-2 Code postal - conf. 5	gomme brillante	Pho B	65
C406-II-3 Code postal - conf. 6	gomme brillante	Pho B	65
C406-II-4 Code postal - conf. 7	gomme brillante	Pho B	70
C406-II-5 Code postal - conf. 6	gomme tropicale	Pho B	65

Carnet de 20 timbres

C407-II-1 Code postal - conf. 8	gomme brillante	Pho B	50
C407-II-2 Code postal - conf. 8	gomme tropicale	Pho B	130

1962 : 0.01 gris foncé (1962)
2ème émission d'avril 1978
Impression en taille-douce rotative

* 2/04/1978   Sans barre Pho

Feuille de 100 timbres

F1962-1 TD3	gomme brillante	sans Pho	0.1
F1962-2 TD3	gomme tropicale	sans Pho	0.2
F1962-3 TD3 gomme semi-mate		sans Pho	5

1963 : 0.02 bleu (1963)
2ème émission d'avril 1978
Impression en taille-douce rotative

* 2/04/1978   Sans barre Pho

Feuille de 100 timbres

F1963-1 TD3	gomme brillante	sans Pho	0.1
F1963-2 TD3	gomme tropicale	sans Pho	0.2

1964 : 0.05 vert-noir (1964)
2ème émission d'avril 1978
Impression en taille-douce rotative

* 2/04/1978   Sans barre Pho

Feuille de 100 timbres

F1964-1 TD3	gomme brillante	sans Pho	0.1
F1964-2 TD3	gomme tropicale	sans Pho	0.2

1965 : 0.10 rouge-brun (1965)
2ème émission d'avril 1978
Impression en taille-douce rotative

* 2/04/1978   1 barre Pho à droite

Feuille de 100 timbres

F1965-1 TD6	gomme brillante	Pho B	0.1
a Sans Pho (TD6-6)			9
b Sans Pho tan			130
c 2 demi barres			5
d Demi barre Pho à gauche			5
F1965-2 TD6	gomme brillante	Pho D	0.1
a Sans Pho (TD6-2)			9
b Barre sur le nez			30
F1965-3 TD6	gomme tropicale	Pho B	0.4
F1965-4 TD6	gomme tropicale	Pho D	0.4
F1965-5 TD6	gomme semi-mate	Pho D	6
F1965-6 RGR-1	gomme brillante	Pho C	0.2
F1965-x xx			x
a Papier vergé			8

1966 : 0.15 vert-bleu (1966)
2ème émission d'avril 1978
Impression en taille-douce rotative

* 2/04/1978   1 barre Pho à droite

Feuille de 100 timbres

F1966-1 TD6	gomme brillante	Pho D	0.5
a Deux barres Pho (tirage du 08/03/78 sur TD6-3)			230
b Sans barre Pho			14
c 2 demi barres Pho			25
d Demi-barre Pho à gauche			25
F1966-2 TD6	gomme brillante	Pho B	6
F1966-3 TD6	gomme tropicale	Pho D	3
F1966-4 TD6	gomme semi-mate	Pho D	8

1967 : 0.20 émeraude (1967)
2ème émission d'avril 1978
Impression en taille-douce rotative

* 2/04/1978   1 barre Pho à droite

Feuille de 100 timbres

F1967-1 TD6	gomme brillante	Pho D	0.1
a Sans Pho (TD6-1)			27
b Sans Pho tàn			50
c Pho à cheval 50/50 (paire)			10x2
d Papier vergé			8
e Pho D à gauche en paire			2x25
F1967-2 TD6	gomme brillante	Pho B	0.5
a Sans Pho (TD6-7)			27
b Sans Pho tàn			50
F1967-3 TD6	gomme brillante	Pho B à gauche	0.5
a Sans Pho tenant à 1 barre Pho à gauche			60
F1967-4 TD6	gomme tropicale	Pho D	1
F1967-5 RGR-1	gomme brillante	Pho C	0.1

1968 : 0.30 orange (1968)
2ème émission d'avril 1978
Impression en taille-douce rotative

* 2/04/1978   1 barre Pho à droite

Feuille de 100 timbres

F1968-1 TD6	gomme brillante	Pho D	0.1
a Sans Pho (TD6-2)			16
b Pho à cheval 50/50 (paire)			5x2
F1968-2 TD6	gomme brillante	Pho B	0.3
F1968-3 TD6	gomme tropicale	Pho D	3
F1968-4 TD6	gomme tropicale	Pho B	5
F1968-5 TD6	gomme hollandaise	Pho B	10
F1968-6 TD3	gomme brillante	Pho Dc	2
a Sans Pho (TD3-4)			16
b Sans Pho tàn (TD3-4)			50

1969 : 0.50 violet (1969)
2ème émission d'avril 1978
Impression en taille-douce rotative

* 2/04/1978   1 barre Pho à droite

Feuille de 100 timbres

F1969-1 TD6	gomme brillante	Pho D	0.1
a Pho à cheval 70/30 (paire)			5x2
F1969-2 TD6	gomme brillante	Pho B	0.1
a Sans Pho (TD6-4)			10
F1969-3 TD6	gomme tropicale	Pho D	3
F1969-4 TD6	gomme hollandaise	Pho D	15
F1969-5 TD6	gomme hollandaise	Pho B	10

1975 : 1.40 bleu (1975)
2ème émission d'avril 1978
Impression en taille-douce rotative

* 2/04/1978   2 barres Pho

Feuille de 100 timbres

F1975-1 TD6	gomme brillante	Pho D	4
a Sans Pho (tirage spécial)			60
F1975-2 TD6	gomme brillante	Pho B	2
F1975-3 TD6	gomme tropicale	Pho D	6
F1975-4 TD6 gomme semi-mate		Pho D	20

1977 : 2.00 vert-jaune (1977)
2ème émission d'avril 1978
Impression en taille-douce rotative

* 2/04/1978   2 barres Pho

Feuille de 100 timbres

F1977-1 TD6	gomme brillante	Pho D	1
a Sans Pho			20
b Sans Pho tàn			50
c 1 barre Pho à gauche			20
d 2 barres Pho à gauche			9
e 2 barres Pho à gauche tà 1 barre à gauche			40
F1977-2 TD6	gomme brillante	Pho B	2
a 1 barre Pho à droite (sur lettre)			""
F1977-3 TD6	gomme tropicale	Pho D	2.5

1979 : 3.00 brun (1979)
2ème émission d'avril 1978
Impression en taille-douce rotative

* 2/04/1978   2 barres Pho

Feuille de 100 timbres

F1979-1 TD6	gomme brillante	Pho B	2
a Sans Pho			45
b Sans Pho tàn			125
c 1 barre Pho à droite			29
d 2 barres Pho à droite			12
e 2 barres à droite tenant 1 barre à droite			60
F1979-2 TD6	gomme brillante	Pho D	1
a 1 barre Pho à droite			29
b 2 barres Pho à droite			12
c 2 barres à droite tenant 1 barre à droite			60
d œil gauche blanc			
F1979-3 TD6	gomme tropicale	Pho B	5
F1979-4 TD6	gomme tropicale	Pho D	4
F1979-5 TD6	gomme semi-mate	Pho B	30

1971 : 0.80 jaune-olive (1971)
3ème émission de juin 1978
Impression en taille-douce rotative

*5/06/1978   1 barre Pho à droite

Feuille de 100 timbres

F1971-1 TD3	gomme brillante	Pho Dc	0.5
F1971-2 TD3	gomme topicale	Pho Dc	3
F1971-3 TD6	gomme brillante	Pho B	0.5
a Sans Pho			11
b Sans Pho tàn			30
c 2 demi-barre Pho			5
F1971-4 TD6	gomme brillante	Pho D	2
F1971-x xxx			
a Piquage à cheval (connu oblitéré)			""

1976 : 1.70 bleu clair (1976)
3ème émission de juin 1978

Impression en taille-douce rotative

*5/06/1978   2 barres Pho

Feuille de 100 timbres

F1976-1 TD6	gomme brillante	Pho B	1
a Pho à cheval 30/70 (paire)			12x2
F1976-2 TD6	gomme brillante	Pho D	1
a Sans Pho			45
F1976-3 TD6	gomme tropicale	Pho B	3
a Sans Pho			60
b Sans Pho tàn			120

1978 : 2,10 rose carminé (1978)
3ème émission de juin 1978

Impression en taille-douce rotative

*5/06/1978   2 barres Pho

Feuille de 100 timbres

F1978-1 TD6	gomme brillante	Pho B	1
F1978-2 TD6	gomme brillante	Pho D	1
a Sans Pho			45
b Sans Pho tàn (décalage vertical)			250
F1978-3 TD6	gomme tropicale	Pho B	3

1973-I : 1,00 vert type 1 (1973)
3ème émission de juin 1978

Impression en taille-douce rotative

*5/06/1978   1 barre Pho à droite

Timbre issu de carnet

C1973-I-1 Carnet de 20	gomme brillante	Pho B	3
C1973-I-2 Carnet de 20	gomme tropicale	Pho B	5

Carnets complets
Carnet de 20 timbres

C408-I-1 Code postal - conf. 8	gomme brillante	Pho B	40
C408-I-2 Code postal - conf. 8	gomme tropicale	Pho B	50

1973-II : 1,00 vert type 2 (1973)
3ème émission de juin 1978

Impression en taille-douce rotative

*5/06/1978   1 barre Pho à droite

Feuille de 100 timbres

F1973-II-1 TD6	gomme brillante	Pho D	0.7
a Sans Pho			11
b Sans Pho tàn			30
c Pho sur l'œil			12
d Essuyage défectueux		50	
F1973-II-2 TD6	gomme brillante	Pho B	1.1
a Impression à sec relief			100
b Impression à sec relief tàn			120
F1973-II-3 TD6	gomme tropicale	Pho D	2
F1973-II-4 TD6	gomme semi-mate	Pho D	20
F1973-II-5 TD3	gomme brillante	Pho Dc	3
a Essuyage défectueux			80
F1973-II-6 RGR-1	gomme brillante	Pho C	1.5
a Sans Pho			11
b Blind Zahn			5

Le 1f Sabine existe en deux types:

Type I: pas de point dans le cou.
Type II: point dans le cou (le 1f olive de 1979 est toujours au type II).

Roulettes

R1973-II-1 ND vertical	gomme tropicale	Pho B	5
a avec n° rouge au verso			10

Timbre issu de carnet

C1973-II-1 Carnet de 20	gomme brillante	Pho B	1.5

Carnets complets
Carnet de 20 timbres

C408-II-1 Code postal - conf. 8	gomme brillante	Pho B	20
a Double date 6.12 et 13.10.78			50
b 6.16.10.78 et muet			70
C408-II-2 Code postal - conf. 6	gomme brillante	Pho B	50
a Double date 6.12 et 13.10.78			100
b Erreur date 10.11 pour 11.10.78			70
c Papier vergé			80

1974 : 1,20 rouge (1974)
3ème émission de juin 1978
Impression en taille-douce rotative

*5/06/1978   2 barres Pho

Feuille de 100 timbres

F1974-1 TD6	gomme brillante	Pho D	0.7
a 1 barre à gauche			5
b 2 barres à gauche			3
c 1 barre à gauche tà 2 barres à gauche			11
F1974-2 TD6	gomme brillante	Pho B	0.7
F1974-3 TD6	gomme tropicale	Pho D	2
F1974-4 TD6	gomme tropicale	Pho B	2
F1974-5 RGR-1	gomme brillante	Pho C	0.5
a 1 barre droite à cheval 80/20			15
b 2 barres à droite à cheval 80/20			5
c 1 barre droite tà 2 barres à cheval 80/20			20
d Pho à cheval 50/50 (paire)			7x2
e Blind Zahn			5
f Non dentelé accidentel			","
F1974-x			
a Sans Pho (sur lettre ou fragment)			400

Roulettes

R1974-1ND vertical	gomme tropicale	Pho B	2
a avec n° rouge au verso			5
b Pho à cheval 50/50 (paire)			10x2

Timbre issu de carnet

C1974-1 Carnet de 5 ou 10	gomme brillante	Pho B	0.5
C1974-2 Carnet de 5 ou 10	gomme tropicale	Pho B	3.5
a 1 barre à gauche			","
b 2 barres à gauche			","
c 1 barre à gauche tenant à 2 barres à gauche			","
C1974-3 Carnet de 20	gomme brillante	Pho B	0.5
a Piquage à cheval horizontal (paire)			100x2
C1974-4 Carnet de 20	gomme tropicale	Pho B	3.5

Carnets complets
Carnet de 5 timbres

C410-1 Code postal - sans n° conf.	gomme brillante	Pho B	7
C410-2 Code postal - sans n° conf.	gomme tropicale	Pho B	12

Carnet de 10 timbres 72x26

C411-1 Code postal - sans n° conf.	gomme brillante	Pho B	160
C411-2 Code postal - conf. 3	gomme brillante	Pho B	25
C411-3 Code postal - conf. 4	gomme brillante	Pho B	10
C411-4 Code postal - conf. 5	gomme brillante	Pho B	10
C411-5 Code postal - conf. 6	gomme brillante	Pho B	25
C411-6 Code postal - conf. 7	gomme brillante	Pho B	25
a Impression à sec			""
C411-7 Code postal - conf. 9	gomme brillante	Pho B	15
a Sans Pho (x7) tàn (4-6/4/79)			800
C411-8 Code postal - conf. 4	gomme tropicale	Pho B	60
C411-9 Code postal - conf. 5	gomme tropicale	Pho B	60

Carnet de 10 timbres 78x26

C412-1 Code postal - conf. 3	gomme brillante	Pho B	40

Carnet de 20 timbres

C413-1 Code postal - sans n° conf.	gomme brillante	Pho B	30
C413-2 Code postal - conf. 8	gomme brillante	Pho B	20
C413-x Code postal	gomme brillante	Pho B	
a absence complète de Pho			""
b absence partielle de Pho			""
C413-3 Code postal - conf. 8	gomme tropicale	Pho B	40

2061 : 0,70 bleu-violet (2056)
4ème émission d'octobre 1979

Impression en taille-douce rotative

*1er/10/1979   1 barre Pho à droite

Feuille de 100 timbres

F2061-1 TD6	gomme brillante	Pho D	0.4
a Sans Pho			400
F2061-2 TD6	gomme tropicale	Pho D	5
F2061-3 TD6	gomme hollandaise	Pho D	12

2062-II : 1,00 sépia type 2 (2057)
4ème émission d'octobre 1979

Impression en taille-douce rotative

*1er/10/1979   1 barre Pho à droite

Feuille de 100 timbres

F2062-II-1 TD6	gomme brillante	Pho B	0.5
a Sans Pho (papier Lum ou Mat)			16
b Sans Pho tenant à normal (papier Lum)			55
c 1 barre à gauche (papier Lum)			7
d Sans Pho 1 barre à gauche (papier Lum)			70
e 2 demi-barres Pho			15
f Impression défectueuse			10
g Papier vergé (papier Mat)			8
F2062-II-21 TD6	gomme brillante	Pho D	0.5
a Sans Pho papier Mat			20
F2062-II-31 TD6	gomme tropicale	Pho B	1.2
F2062-II-41 TD6	gomme tropicale	Pho D	5
F2062-II-51 TD6	gomme hollandaise	Pho B	35

2065 : 1,60 prune (2060)
4ème émission d'octobre 1979
Impression en taille-douce rotative

*1er/10/1979   2 barres Pho

Feuille de 100 timbres

F2065-1 TD6	gomme brillante	Pho D	1.2
a 1 barre Pho à gauche			40
b 2 barres à gauche			20
c 1 barre Pho à gauche tà 2 barres à gauche			50
F2065-2 TD6	gomme brillante	Pho B	1.2
a Sans Pho (papier Mat)			400
F2065-3 TD6	gomme tropicale	Pho D	5
F2065-4 TD6	gomme hollandaise	Pho D12	
a Sans Pho (papier Lum)			200

2066 : 1,80 sienne (2061)
4ème émission d'octobre 1979
Impression en taille-douce rotative

*1er/10/1979   2 barres Pho

Feuille de 100 timbres

F2066-1 TD6	gomme brillante	Pho D	1
a Sans Pho (papier Mat)			100
b Sans Pho tà 1 barre à droite (papier Mat)			135
c 1 barre à droite (papier Mat)			22
F2066-2 TD6	gomme brillante	Pho B	1
F2066-3 TD6	gomme tropicale	Pho D	6
F2066-4 TD6	gomme tropicale	Pho B	5

2063 : 1,10 vert (2058)
3ème émission de juin 1978
Impression en taille-douce rotative

*5/06/1978   1 barre Pho à droite

Feuille de 100 timbres

F2063-1 TD6	gomme brillante	Pho D	0.6
a Sans Pho (papier Lum)			15
b Sans Pho (papier Mat)			15
c Sans Pho tàn (papier Mat)			60
d 1 barre à gauche (papier Mat)			5
e Sans Pho tà 1 barre à gauche (papier Mat)			235
f Pho à cheval 30/70 (paire)			2x8
F2063-2 TD6	gomme brillante	Pho B	1
F2063-3 TD6	gomme tropicale	Pho B	2.5
F2063-4 TD6	gomme hollandaise	Pho D	10
F2063-5 TD6	gomme hollandaise	Pho B	12
F2063-6 RGR-1	gomme brillante	Pho C	0.6
a Pho à cheval 30/70 (paire)			7x2

Roulettes

R2063-1ND vertical	gomme tropicale	Pho B	1.5
a avec n° rouge au verso			4
b n° rouge doublé			15
c paire 2 n° rouges			30

Timbre issu de carnet

C2063-1 Carnet de 20	gomme brillante	Pho B	1.2
C2063-2 Carnet de 20	gomme tropicale	Pho B	5

Carnets complets
Carnet de 20 timbres

C409-1 Code postal - sans n° conf.	gomme brillante	Pho B	20
C409-2 Code postal - conf. 8	gomme brillante	Pho B	20
a avec "1" à "tête tâchée"			35
C409-3 Code postal - sans n° conf.	gomme tropicale	Pho B	55

2064 : 1,30 rouge (2059)
3ème émission de juin 1978
Impression en taille-douce rotative

*5/06/1978   2 barres Pho

Feuille de 100 timbres

F2064-1 RGR-1	gomme brillante	Pho C	1
a Blind Zahn			5
b 2 demi-barres + 1 barre			30
c rouge grenat (connu sur lettre)			""
d Pho à cheval 40/60 (paire)			10x2
F2064-2 TD6	gomme brillante	Pho B	3
a Papier vergé			10
F2064-3 TD6	gomme brillante	Pho D	5
F2064-4 TD6 gomme semi-mate		Pho D	10
a Sans Pho			""
F2064-5 TD6	gomme tropicale	Pho D	3.5

Roulettes

R2064-1ND vertical	gomme tropicale	Pho B	1.5
a avec n° rouge au verso			4
b n° rouge doublé			15
c paire 2 n° rouges			30
d 2 barres à droite			10

Timbre issu de carnet

C2064-1 Carnet de 5 ou 10	gomme brillante	Pho B	1
C2064-2 Carnet de 5 ou 10	gomme tropicale	Pho B	4
C2064-3 Carnet de 20	gomme brillante	Pho B	1
C2064-4 Carnet de 20	gomme tropicale	Pho B	4

Carnets complets
Carnet de 5 timbres

C416-1 Code postal - sans n° conf.	gomme brillante	Pho B	7
C416-2 Code postal - sans n° conf.	gomme tropicale	Pho B	22

Carnet de 10 timbres de 72x26

C417-1 Code postal - conf. n° 3	gomme brillante	Pho B	12
a Sans Pho tà 1 barre à droite			630
C417-2 Code postal - conf. n° 4	gomme brillante	Pho B	20
C417-3 Code postal - conf. n° 5	gomme brillante	Pho B	30
C417-4 Code postal - conf. n° 6	gomme brillante	Pho B	25
C417-5 Code postal - conf. n° 7	gomme brillante	Pho B	20
a Sans Pho			500
C417-7 Code postal - conf. n° 4	gomme tropicale	Pho B	60
C417-8 Code postal - conf. n° 6	gomme tropicale	Pho B	80
a Sans Pho			650
C417-9 Code postal - conf. n° 7	gomme tropicale	Pho B	20

Carnet de 10 timbres de 78x26

C418-1 Code postal - conf. n° 9	gomme brillante	Pho B	15

Carnet de 20 timbres

C419-1 Code postal - conf. n° 8	gomme brillante	Pho B	20
C419-2 Code postal - conf. n° 8	gomme tropicale	Pho B	65

2106 : 1,20 vert (2101)
5ème émission d' août 1980
Impression en taille-douce rotative

*1er/08/1980   1 barre Pho à droite

Feuille de 100 timbres

F2106-1 TD6	gomme brillante	Pho B	0.6
a Sans Pho (papier Mat)			10
b Sans Pho tàn (papier Mat)			100
c 1 barre Pho sur le nez			45
d 2 demi barres			8
e Pho à cheval 30/70 (paire)			4x2
F2106-2 TD6	gomme brillante	Pho D	1.2
a Sans Pho (papier Mat)			10
b Sans Pho tàn (décalage vertical) (papier Mat)			150
c Pho à cheval 30/70 (papier Mat) (paire)			4x2
d Pho à cheval 30/70 tà saut de phospho (papier Mat)			40
F2106-3 TD6	gomme tropicale	Pho B	5
F2106-4 TD6	gomme tropicale	Pho D	5
F2106-5 RGR-1	gomme brillante	Pho C	0.8
a Sans Pho tà 1 barre gauche (papier mat)			100
b 1 barre Pho à gauche			15
c Blind Zahn			5
d Pho à cheval 30/70 (paire)			4x2

Roulettes

R2106-1ND vertical	gomme tropicale	Pho B		1
a avec n° rouge au verso				4
b avec n° rouge doublé au verso				8
c Paire de 2 numéros rouges				27
d Sans Pho			30	
e Sans Pho avec numéro rouge				55
f 2 demi barres				25
g 1 barre à gauche				""

Timbre issu de carnet

C2106-1 Carnet de 20	gomme brillante	Pho B	2
C2106-2 Carnet de 20	gomme tropicale	Pho B	10

Carnets complets
Carnet de 20 timbres

C414-1 Code postal - conf. 8	gomme brillante	Pho B	15
C414-2 Code postal - conf. 8	gomme tropicale	Pho B	50
C414-3 Code postal nouveau logo - conf. 8	gomme brillante	Pho B	150
C414-4 Philexfrance 82 - conf. 8	gomme brillante	Pho B	40

2107 : 1,40 rouge (2102)
5ème émission d' août 1980
Impression en taille-douce rotative

*1er/08/1980   2 barres Pho

Feuille de 100 timbres

F2107-1 TD6	gomme brillante	Pho D	1.2
a 1 barre tà 2 barres			25
b 1 barre au centre			15
c Double moletage case 70 cyl. B			""
F2107-2 TD6	gomme brillante	Pho B	1.2
a Sans Pho (papier Mat)			28
F2107-3 TD6 gommetropicale		Pho D	3
F2107-4 TD6 gommetropicale		Pho B	2
a Sans Pho (papier Mat)			22
F2107-5 RGR-1	gomme brillante	Pho C	0.8
a Sans Pho (papier Mat)			28
b Pho x 3			15
c Pho à cheval 30/70 (paire)			13x2
d Blind Zahn			5

Roulettes

R2107-1ND vertical	gomme tropicale	Pho B	**1**
a avec n° rouge au verso			2
b n° rouge doublé			8
c paire 2 n° rouges			27

Timbre issu de carnet

C2107-1 Carnet de 5 ou 10	gomme brillante	Pho B	**1**
C2107-2 Carnet de 5 ou 10	gomme tropicale	Pho B	**2.5**
C2107-3 Carnet de 20	gomme brillante	Pho B	**1**
C2107-4 Carnet de 20	gomme tropicale	Pho B	**2.5**

Carnets complets
Carnet de 5 timbres

C420-1 Code postal - sans n° conf.	gomme brillante	Pho B	**15**
C420-2 Code postal - sans n° conf.	gomme tropicale	Pho B	**24**
C421-1 Philexfrance 82 - sans n° conf.	gomme brillante	Pho B	**30**
C421-2 Philexfrance 82 - sans n° conf.	gomme tropicale	Pho B	**15**
a retirage du 24/12/80			40

Carnet de 10 timbres de 72x26

C422-1 Code postal - conf. n° 3	gomme brillante	Pho B	**80**
C422-2 Code postal - conf. n° 4	gomme brillante	Pho B	**12**
C422-3 Code postal - conf. n° 5	gomme brillante	Pho B	**80**
C422-4 Code postal - conf. n° 6	gomme brillante	Pho B	**15**
C422-5 Code postal - conf. n° 7	gomme brillante	Pho B	**15**
C422-6 Code postal - conf. n° 4	gomme tropicale	Pho B	**21**
a Sans Pho partiel sur TD6-4 (papier Lum)			""

Carnet de 10 timbres de 78x26

C423-1 Code postal - conf. n° 9	gomme brillante	Pho B	**13**
a Sans Pho - 9 sur 10 (papier Lum)			260
b Sans Pho - 3 sur 10 (papier Lum)			140

Carnet de 10 timbres de 72x26

C424-1 Philexfrance 82 - sans n° conf.	gomme brillante	Pho B	**100**
C424-2 Philexfrance 82 - conf. n° 3	gomme brillante	Pho B	**60**
C424-3 Philexfrance 82 - conf. n° 4	gomme brillante	Pho B	**30**
C424-4 Philexfrance 82 - conf. n° 5	gomme brillante	Pho B	**8**
C424-5 Philexfrance 82 - conf. n° 6	gomme brillante	Pho B	**8**
C424-6 Philexfrance 82 - conf. n° 7	gomme brillante	Pho B	**8**
C424-7 Philexfrance 82 - conf. n° 6	gomme tropicale	Pho B	**10**

Carnet de 10 timbres de 78x26

C425-1 Philexfrance 82 - conf. n° 9	gomme brillante	Pho B	**10**

Carnet de 20 timbres

C426-1 Code postal - conf. n° 8	gomme brillante	Pho B	**20**
C426-2 Code postal - conf. n° 8	gomme tropicale	Pho B	**32**
C426-3 Philexfrance 82 - conf. n° 8	gomme brillante	Pho B	**15**

2123 : 0,40 brun foncé (2118)
6ème émission de janvier 1981
Impression en taille-douce rotative

*12/01/1981   1 barre Pho à droite

Feuille de 100 timbres

F2123-1 TD6	gomme brillante	Pho D	**1**
F2123-2 TD6	gomme brillante	Pho B	**0.2**
a 1 barre Pho à gauche			5
b Sans Pho			9
c Sans Pho tà 1 Pho gauche (papier Mat)			11
d Sans Pho tàn (papier Mat)			11
e Variété "à l'œil gauche blanc"			5
f 2 demi barres Pho			8
F2123-3 TD6	gomme tropicale	Pho D	**1**

2124 : 0,60 brun clair (2119)
6ème émission de janvier 1981
Impression en taille-douce rotative

*12/01/1981	1 barre Pho à droite

Feuille de 100 timbres

F2124-1 TD6	gomme brillante	Pho D	0.3
a Sans Pho			65
b Sans Pho tàn			85
c 1 barre Pho à gauche			6
d Sans Pho tà 1 barre Pho à gauche			100
e 2 demi barres Pho			8
F2124-2 TD6	gomme tropicale	Pho D	2

2125 : 0,90 mauve (2120)
6ème émission de janvier 1981
Impression en taille-douce rotative

*12/01/1981	1 barre Pho à droite

Feuille de 100 timbres

F2125-1 TD6	gomme brillante	Pho D	0.5
a Sans Pho			135
b Sans Pho tàn			350
c Variété "à l'œil gauche blanc"			5
F2125-2 TD6	gomme tropicale	Pho D	1

2126 : 3,50 vert-olive (2121)
6ème émission de janvier 1981
Impression en taille-douce rotative

*12/01/1981	2 barres Pho

Feuille de 100 timbres

F2126-1 TD6	gomme brillante	Pho D	1.6
a 1 barre Pho à gauche			36
b 2 barres Pho à gauche			13
c 1 barre à gauche tà 2 barres à gauche			65
F2126-2 TD6	gomme tropicale	Pho D	1.6
a Impression sur raccord			""

2127 : 4,00 carmin (2122)
6ème émission de janvier 1981
Impression en taille-douce rotative

*12/01/1981   2 barres Pho

Feuille de 100 timbres

F2127-1 TD6	gomme brillante	Pho D	1.8
a 1 barre Pho à gauche (papier Mat)			30
b 2 barres Pho à gauche (papier Mat)			13
c 1 barre Pho à gauche tà 2 barres (papier Mat)			55
d Barres à cheval par décalage horizontal (paire)			25x2
F2127-2 TD6	gomme tropicale	Pho D	2
a Sans Pho (papier Lum)			70
b 1 barre Pho à droite (papier Lum)			30
c 2 barres Pho à droite (papier Lum)			13
d 1 barre Pho à droite tà 2 barres (papier Lum)			55

2128 : 5,00 bleu (2123)
6ème émission de janvier 1981
Impression en taille-douce rotative

*12/01/1981   2 barres Pho

Feuille de 100 timbres

F2128-1 TD6	gomme brillante	Pho B	2.5
a Sans Pho			2500
F2128-2 TD6	gomme tropicale	Pho	

2159 : 1,40 vert RF (2154)
7ème émission de septembre 1981
Impression en taille-douce rotative

*01/09/1981   1 barre Pho à droite

Feuille de 100 timbres

F2159-1 TD6	gomme brillante	Pho D	0.8
a 1 barre Pho à gauche (connu oblitéré)			
b Impression à sec			
F2159-2 TD6	gomme brillante	Pho B	0.8
F2159-3 TD6	gomme tropicale	Pho D	2.5
F2159-4 RGR-1	gomme brillante	Pho C	0.8
a 1 barre Pho sur l'oreille à cheval 80/20 (papier Mat) (paire)			15x2
F2159-x			
a Sans Pho (connu oblitéré)			700

Roulettes

R2159-1ND vertical	gomme tropicale	Pho B	1
a avec n° rouge au verso			4
b avec n° rouge doublé au verso			8
c 1 barre Pho à droite et 1 demi barre à gauche de cyl. Mixte (papier Lum)			20
d 1 barre Pho à droite et 1 demi barre à gauche de cyl. Mixte (papier Lum) avec n° rouge			
			40

Timbre issu de carnet

C2159-1 Carnet de 20	gomme brillante	Pho B	2
C2159-2 Carnet de 20	gomme tropicale	Pho B	5

Carnets complets
Carnet de 20 timbres

C428-1 Philexfrance 82 - conf. 8	gomme brillante	Pho B	20
C428-2 Philexfrance 82 - conf. 8	gomme tropicale	Pho B	30

2160 : 1,60 rouge RF (2155)
7ème émission de septembre 1981
Impression en taille-douce rotative

*1er/09/1981   2 barres Pho

Feuille de 100 timbres

F2160-1 TD6	gomme brillante	Pho B	0.8
a Sans Pho (papier Mat)			""
F2160-2 TD6	gomme brillante	Pho D	2.5
F2160-3 TD6	gomme tropicale	Pho B	2.5
F2160-4 RGR-1	gomme brillante	Pho C	0.8
a 2 barres à droite (connu obl.)			""

Roulettes

R2160-1 ND vertical	gomme tropicale	Pho B	1
a avec n° rouge au verso			4
b avec n° rouge doublé au verso			8

Timbre issu de carnet

C2160-1 Carnet de 5 ou 10	gomme brillante	Pho B	1
C2160-2 Carnet de 5 ou 10	gomme tropicale	Pho B	2.5
C2160-3 Carnet de 20	gomme brillante	Pho B	1
C2160-4 Carnet de 20	gomme tropicale	Pho B	2.5

Carnets complets
Carnet de 5 timbres

C429-1 Philexfrance 82 - Sans n° conf.	gomme brillante	Pho B	12
C429-2 Philexfrance 82 - Sans n° conf.	gomme tropicale	Pho B	15

Carnet de 10 timbres de 72x26

C430-1 Philexfrance 82 - Sans n° conf.	gomme brillante	Pho B	110
C430-2 Philexfrance 82 - conf. n° 3	gomme brillante	Pho B	30
C430-3 Philexfrance 82 - conf. n° 4	gomme brillante	Pho B	10
C430-4 Philexfrance 82 - conf. n° 5	gomme brillante	Pho B	50
C430-5 Philexfrance 82 - conf. n° 6	gomme brillante	Pho B	35
C430-6 Philexfrance 82 - conf. n° 7	gomme brillante	Pho B	10
C430-7 Philexfrance 82 - conf. n° 6	gomme tropicale	Pho B	14

Carnet de 10 timbres de 78x26

C431-1 Philexfrance 82 - conf. n° 9	gomme brillante	Pho B	10

Carnet de 20 timbres

C432-1 Philexfrance 82 - Sans n° conf.	gomme brillante	Pho B	80
C432-2 Philexfrance 82 - conf. n° 8	gomme brillante	Pho B	14
C432-3 Philexfrance 82 - Sans n° conf.	gomme tropicale	Pho B	120
C432-4 Philexfrance 82 - conf. n° 8	gomme tropicale	Pho B	14

2161 : 2,30 bleu RF (2156)
7ème émission de septembre 1981
Impression en taille-douce rotative

*1er/09/1981   2 barres Pho

Feuille de 100 timbres

F2161-1 TD6	gomme brillante	Pho B	2.3
a Sans Pho (papier Mat)			20
F2161-2 TD6	gomme tropicale	Pho B	6

LIBERTE DE GANDON
2183 : 0,05 vert-noir (2178)
1ère émission de janvier 1982
Impression en taille-douce rotative

*4/01/1982   Sans Pho

Feuille de 100 timbres

F2183-1 TD6	gomme brillante	Sans Pho	0.1
a Impression défectueuse			50
b Impression défectueuse tàn			250
c gomme satinée			4

2184 : 0,10 rouge-brun (2179)
1ère émission de janvier 1982
Impression en taille-douce rotative

*4/01/1982   1 barre Pho à droite

Feuille de 100 timbres

F2184-1 RGR-1	gomme brillante	Pho C	0.1
a 1 barre à gauche sur le nez			16
b Sans Pho tà 1 barre à gauche (tir. 04.02.83)			250
c Sans Pho tàn (tir. 18.07.87)			80
d Non dentelé accidentel de Melun (tir. 05.07.84)			100
F2184-2 RGR-1 Chalky paper	gomme brillante	Pho C	140
F2184-3 TD6	gomme brillante	Pho B	5
a Sans Pho (tir. 30.11.81)			15
F2184-4 TD6	gomme brillante	Pho D	10
a Pho sur l'oreille			5
F2184-x			
a gomme satinée			2

Timbre issu de carnet

C2184-1TD6 : paire avec 0,40	gomme brillante	Pho B	6

Carnet à composition variable :
4x2,20f - 4x0,10f - 2x0,40f

C472-1 Pointillés de 18mm	gomme brillante	Pho B	11
C472-2 Pointillés de 19mm	gomme brillante	Pho B	19

2185 : 0,15 rose (2180)
1ère émission de janvier 1982
Impression en taille-douce rotative

*4/01/1982   1 barre Pho à droite

Feuille de 100 timbres

F2185-1 TD6	gomme brillante	Pho B	0.3
F2185-2 TD6	gomme brillante	Pho D	0.3
F2185-x			
a Sans Pho			2000

2186 : 0,20 vert-émeraude (2181)

1ère émission de janvier 1982
Impression en taille-douce rotative
*4/01/1982   1 barre Pho à droite

Feuille de 100 timbres

F2186-1 TD6	gomme brillante	Pho B	1
a Sans Pho (Papier Lum)			""
F2186-2 TD6	gomme brillante	Pho D	8
F2186-3 RGR-1	gomme brillante	Pho C	0.1
a Sans Pho (Papier Mat)			50
b Sans Pho (Papier Lum)			200
c Sans Pho tà 1 barre à gauche (papier Lum)			250
d 1 barre à gauche (papier Lum)			13
e Cœur blanc			80
f Pho à cheval 80x20 (paire)			5x2
F2186-x			
a gomme satinée			2
b Impression défectueuse			50
c Impression à sec tàn			90
d visage maculé			""

2187 : 0,30 orange (2182)

1ère émission de janvier 1982
Impression en taille-douce rotative

*4/01/1982   1 barre Pho à droite

Feuille de 100 timbres

F2187-1 TD6	gomme brillante	Pho B	0.1
a Sans Pho			200
b Sans Pho tàn			420
c Signature absente case 100 (tir. 22.03.83)			200
d Pho à cheval 80x20 (paire)			5x2
e Bonnet maculé (défaut d'essuyage)			""
F2187-2 TD6	gomme brillante	Pho D	0.1
a Piquage à cheval (paire)			200x2
F2187-3 TD6 Papier Whiley	gomme brillante	Pho D	5
a Pli accordéon			200
F2187-4 TD6 Chalky paper	gomme brillante	Pho D	110
F2187-x			
a gomme satinée			2

2188 : 0,40 brun (2183)

1ère émission de janvier 1982
Impression en taille-douce rotative

*4/01/1982   1 barre Pho à droite

Feuille de 100 timbres

F2188-1 TD6	gomme brillante	Pho B	0.4
a Piquage à cheval (tir. 09.03.84) (paire)			450x2
a Sans Pho (papier Lum)			90
b Sans Pho tàn (papier Lum)			120
F2188-2 TD6	gomme brillante	Pho D	0.2
a Sans Pho (papier Mat)			85
b Sans Pho tà 1 barre à gauche (papier Mat)			100
c 1 barre à gauche (papier Mat)			6
F2188-3 TD6 Chalky paper	gomme brillante	Pho D	7
F2188-x			
a gomme satinée			4

Timbre issu de carnet

C2188-1 TD6 : paire avec 0,10	gomme brillante	Pho B	6

Carnet à composition variable :
4x2,20f - 4x0,10f - 2x0,40f

C472-1 Pointillés de 18mm	gomme brillante	Pho B	11
C472-2 Pointillés de 19mm	gomme brillante	Pho B	19

2189 : 0,50 violet (2184)

1ère émission de janvier 1982
Impression en taille-douce rotative

*4/01/1982   1 barre Pho à droite

Feuille de 100 timbres

F2189-1 TD6	gomme brillante	Pho B	**0.2**
a Sans Pho			16C
b Pho à cheval 70x30 (paire)			10x2
c Retouche case 33			10C
à illustrer			
F2189-3 TD6 Chalky paper	gomme brillante	Pho B	**10**
a Sans Pho (tir.23.03.89)			80C
Mentionner uniquement si illustration des 2			
présentations			
b Sans Pho tàn (tir.23.03.89)			120C
c Retouche case 33			12C
F2189-2 TD6	gomme brillante	Pho D	**0.1**
a Impression défctueuse (tir. 18.04.83)			5C
b Bonnet maculé			25
c Retouche case 33			15C
F2189-x			
a gomme satinée			2
b Bulle de chrome			15
c Sans Pho avec Chalky paper (essai)			5C

2190 : 1,00 olive foncé (2185)

1ère émission de janvier 1982
Impression en taille-douce rotative

*4/01/1982   1 barre Pho à droite

Feuille de 100 timbres

F2190-1 TD6	gomme brillante	Pho B	**0.2**
a Sans Pho (papier Mat)			15
b Sans Pho tàn (papier Mat) (tir. 01.02.88 sur			8C
TD6-4)			
c Piquage à cheval horizontal (paire)			15C
d Piquage à cheval horizontal et vertical (paire)			"
e Impression sur raccord			"
f POSTES à sec (10e rangée)			
g Pli accordéon			"
F2190-2 TD6 Chalky paper	gomme brillante	Pho B	**10**
F2190-3 TD6	gomme brillante	Pho D	**0.1**
a Sans Pho (papier Mat) (TD6-2)			15
b Bonnée maculé (tir. 02.09.85 sur TD6-8)			4C
F2190-x			
a gomme satinée			5
b Sans pho avec gomme satinée (papier Lum)			3C

2193 : 2,00 vert-jaune (2188)

1ère émission de janvier 1982
Impression en taille-douce rotative

*4/01/1982   2 barres Pho

Feuille de 100 timbres

F2193-1 TD6	gomme brillante	Pho D	**2**
a 1 barre à gauche			8C
b 2 barres à gauche			65
c 1 barre à gauche tà 2 barres à gauche			15C

1 barre Pho à droite

F2193-2 TD6	gomme brillante	Pho B	**2**
F2193-3 TD6	gomme brillante	Pho D	**10**
a Sans Pho			17C
b Sans Pho tàn (paire verticale)			20C
c POSTE non encrée (tir. 28.09.82 sur TD6-1)			175
F2193-4 TD6 - Papier vergé	gomme brillante		**100**

2194 : 2,30 bleu (2189)
1ère émission de janvier 1982
Impression en taille-douce rotative

*4/01/1982   2 barres Pho

Feuille de 100 timbres

F2194-1 TD6		gomme brillante	Pho D	**5**
a	Sans Pho			40
b	1 barre à gauche			30
c	2 barres à gauche			15
d	1 barre à gauche tà 2 barres à gauche			60
e	gomme satinée			5

2195 : 5,00 bleu-vert foncé (2190)
1ère émission de janvier 1982
Impression en taille-douce rotative

*4/01/1982   2 barres Pho

Feuille de 100 timbres

F2195-1 TD6		gomme brillante	Pho B	**4**
a	Sans Pho (Gomme brillante)			12
b	Sans Pho tà 1 barre à droite (Gomme brillante)			35
c	Bobst non encré (CdF droit de 4 timbres)			170
24e				
F2195-2 TD6		gomme brillante	Pho D	**2.5**
a	gomme satinée			8
b	1 barre à gauche			25
c	2 barres à gauche			12
d	1 barre à gauche tà 2 barres à gauche			50
e	Pho à cheval 80/20 (paire)			5x2
f	Sans Pho (Gomme satinée)			17
g	Sans Pho tà 1 barre à droite (Gomme satinée)			80
h	Bobst non encré (CdF droit de 4 timbres)			150
i	Bobst encrée (CdF droit de 4 timbres) 22e-23e partiel			120
j	Impression défectueuse (tir. 08.06.88 sur TD6-6)			80
F2195-x				
a	gomme satinée			8

2191 : 1,40 vert (2186)
1ère émission de janvier 1982
Impression en taille-douce rotative

*4/01/1982   1 barre Pho à droite

Feuille de 100 timbres

F2191-1 TD6		gomme brillante	Pho D	**1.5**
F2191-2 TD6		gomme brillante	Pho B	**1.5**
F2191-3 RGR-1		gomme brillante	Pho C	**5**
F2191-x				
a	gomme satinée			12
b	Sans Pho			""

Roulettes

R2191-1 ND vertical		gomme satinée	Pho B	**2**
a	avec n° rouge au verso			8

Timbre issu de carnet

C2191-1 Carnet de 20		gomme brillante	Pho B	**1.5**
a	gomme satinée			5

Carnets complets
Carnet de 20 timbres

C428-1 Philexfrance 82 - conf. 8		gomme brillante	Pho B	**15**
a	gomme satinée			130

2192 : 1,60 rouge (2187)
1ère émission de janvier 1982
Impression en taille-douce rotative

*4/01/1982   2 barres Pho

Feuille de 100 timbres

F2192-1 TD6	gomme brillante	Pho B	2
a gomme satinée (TD6-7)			4
b Pho à cheval (paire)			10x2
F2192-2 TD6	gomme brillante	Pho D	2
F2192-3 RGR-1	gomme brillante	Pho C	1
a 1 barre Pho à gauche à cheval (80/20)			100
b 2 barre Pho à gauche à cheval (80/20)			70
c 1 barre Pho à gauche tà 2 barres à gauche à cheval (80/20)			180
d Sans Pho			...
F2192-x x x x			
a gomme satinée			4

Roulettes

R2192-1 ND vertical	gomme satinée	Pho B	2
a avec n° rouge au verso			8

Timbre issu de carnet

C2192-1 Carnet de 5 ou 10	gomme brillante	Pho B	2
a gomme satinée			4
C2192-3 Carnet de 20	gomme brillante	Pho B	2
a gomme satinée			4

Carnets complets
Carnet de 5 timbres

C434-1 Philexfrance 82 - Sans n° conf.	gomme brillante	Pho B	7

Carnet de 10 timbres de 72x26

C435-1 Philexfrance 82 - conf. n° 3	gomme brillante	Pho B	60
C435-2 Philexfrance 82 - conf. n° 4	gomme brillante	Pho B	20
a gomme satinée			25
C435-3 Philexfrance 82 - conf. n° 5	gomme brillante	Pho B	12
C435-4 Philexfrance 82 - conf. n° 6	gomme brillante	Pho B	12
C435-5 Philexfrance 82 - conf. n° 7	gomme brillante	Pho B	30

Carnet de 10 timbres de 78x26

C436-1 Philexfrance 82 - conf. n° 9	gomme brillante	Pho B	15

Carnet de 20 timbres

C437-1 Philexfrance 82 - conf. n° 8	gomme brillante	Pho B	20
a gomme satinée			80

2218 : 1,60 vert (2219)
2ème émission de juin 1982
Impression en taille-douce rotative

*1/06/1982   1 barre Pho à droite

Feuille de 100 timbres

F2218-1 TD6	gomme brillante	Pho D	2.5
F2218-2 TD6	gomme brillante	Pho B	2.5
F2218-3 RGR-1	gomme brillante	Pho C	1.5
a Sans Pho (Papier Lum)			230
b Sans Pho tà 1 barre à gauche (Papier Lum)			350
c 1 barre à gauche (Papier Lum)			1
d Non dentelé de Gap			50
e Non dentelé de Paris avec Pho à cheval			50
f Piquage à cheval horizontal et vertical (paire)			125x2
F2218-x x x x			
a gomme satinée			4
b Impression défectueuse			125
c Sans Pho (essai) (Papier Mat)			50

Roulettes

R2218-1 ND vertical	gomme satinée	Pho B	1
a avec n° rouge au verso			3
b Piquage à cheval			85
c Piquage à cheval avec n° rouge au dos			185
e 1 barre Pho à gauche (inversion cylindre d'impression)			16
f 1 barre Pho à gauche avec n° rouge (inversion cylindre d'impression)			32

Timbre issu de carnet

C2218-1 Carnet de 20	gomme brillante	Pho B	0.5
a gomme satinée			4

Carnets complets

Carnet de 20 timbres

C438-1   Philexfrance 82 - conf. 8 avec "3" de 32F tête roude

	gomme brillante	Pho B	15
a gomme satinée			45

C438-2   Philexfrance 82 - conf. 8 avec "3" de 32F tête plate

	gomme brillante	Pho B	105

2219 : 1,80 rouge (2120)
2ème émission de juin 1982
Impression en taille-douce rotative

*1/06/1982   2 barres Pho

Feuille de 100 timbres

F2219-1 TD6	gomme brillante	Pho B	2
F2219-2 TD6	gomme brillante	Pho D	2
a Sans Pho (tir. 06.05.82)			""
b Impression défectuesue (tir. 12.11.82 sur TD6-1)			125
c Impression sur raccord (tir. 18.11.82 sur TD6-1)			""
F2219-3 RGR-1	gomme brillante	Pho C	1
a Non dentelé de Nantes avec Pho à cheval			80x2
b Pho à cheval (paire)			10x2
c Sans Pho avec fil de soie (tir. 04.01.83)			400
F2219-x x x x			
a gomme satinée			4
b Piquage à cheval horizontal			
c Piquage à cheval vertical			125x2
d Sans Pho avec surencrage partie supérieure (essai)			50

Roulettes

R2219-1 ND vertical	gomme satinée	Pho B	1
a avec n° rouge au verso			3
b 2 barres à gauche			18
b 2 barres à gauche avec n° rouge au verso			32

Timbre issu de carnet

C2219-1 Carnet de 5 ou 10	gomme brillante	Pho B	2
a gomme satinée		Pho B	4
b Sans Pho (connu sur lettre)			""
C2219-3 Carnet de 20	gomme brillante	Pho B	2
a gomme satinée		Pho B	4

Carnets complets
Carnet de 5 timbres

C440-1 Philexfrance 82 - Sans n° conf.	gomme brillante	Pho B	6
a gomme satinée			8

Carnet de 10 timbres de 72x26

C441-1 Philexfrance 82 - conf. n° 5	gomme brillante	Pho B	90
C441-2 Philexfrance 82 - conf. n° 6	gomme brillante	Pho B	50
C441-3 Philexfrance 82 - conf. n° 7	gomme brillante	Pho B	120

Carnet de 10 timbres de 78x26 CNIT

C442-1 CNIT - conf. 9	gomme brillante		10
C442-2 CNIT - conf. 9 - série 11 couleurs	gomme brillante		110

Carnet de 10 timbres de 78x26

C443-1 Philexfrance 82 - conf. n° 9	gomme brillante	Pho B	1'

Carnet de 10 timbres de 72x26

C444-1 Code Postal - conf. 3	gomme brillante	Pho B	5(
C444-2 Code Postal - conf. 4	gomme brillante	Pho B	3(
C444-3 Code Postal - conf. 5	gomme brillante	Pho B	2(
C444-4 Code Postal - conf. 6	gomme brillante	Pho B	1
a gomme satinée			11(
C444-5 Code Postal - conf. 7	gomme brillante	Pho B	1

Carnet de 20 timbres

C446-1 Philexfrance 82 - conf. n° 8	gomme brillante	Pho B	6(
a gomme satinée			6(

Carnet de 10 timbres de 78x26

C445-1 Code Postal - conf. n° 9	gomme brillante	Pho B	1(

Carnet de 20 timbres

C447-1 Code Postal - conf. n° 8	gomme brillante	Pho B	2(
a gomme satinée			9(

2220 : 2,60 bleu (2121)
2ème émission de juin 1982
Impression en taille-douce rotative

*1/06/1982   2 barres Pho

Feuille de 100 timbres

F2220-1 TD6	gomme brillante	Pho D	3
a gomme satinée			1

2244 : 0,60 brun-rose (2239)
3ème émission de novembre 1982
Impression en taille-douce rotative

*3/11/1982   1 barre Pho à droite

Feuille de 100 timbres

F2244-1 TD6	gomme brillante	Pho B	0.!
a Pho à cheval 80/20 (paire)			5x2
b Saut de Pho tà Pho à cheval (décalage vertical)			6(
F2244-2 TD6	gomme brillante	Pho D	0.4
a Sans Pho (gomme satinée)			9(
b Sans Pho tàn (gomme satinée)			12(
F2244-x xxx			
a gomme satinée			2

2245 : 0,70 bleu-violet (2240)
3ème émission de novembre 1982
Impression en taille-douce rotative

*3/11/1982   1 barre Pho à droite

Feuille de 100 timbres

F2245-1 TD6	gomme brillante	Pho B	0.4
a Sans Pho (Papier Mat)			4
b Sans Pho (Papier Lum)			5(
c 1 Barre à gauche (Papier Lum)			1(
d Sans Pho tà 1 Barre à gauche (Papier Lum)			7(
F2245-2 TD6	gomme brillante	Pho D	0.3
F2245-3 TD6 - Papier Whiley	gomme brillante	Pho D	3
F2245-x xxx			
a Re-entry tàn			2(
b Non dentelé accidentellement sans Pho (papier Mat)			25(

2246 : 0,80 brun-olive (2241)
3ème émission de novembre 1982
Impression en taille-douce rotative

*3/11/1982   1 barre Pho à droite

Feuille de 100 timbres

F2246-1 TD6	gomme brillante	Pho B	0.6
a Sans Pho			55
b Sans Pho tàn			60
c Très décentré horizontalement			25
d 1 barre à gauche (inversion cylindre d'impresion)			5
e Bonnet maculé			25
F2246-2 TD6	gomme brillante	Pho D	0.5

2247 : 0,90 violet (2242)
3ème émission de novembre 1982
Impression en taille-douce rotative

*3/11/1982   1 barre Pho à droite

Feuille de 100 timbres

F2247-1 TD6	gomme brillante	Pho B	0.5
a Sans Pho			225
b Sans Pho tàn			250
c Piquage à cheval (paire)			150x2
F2247-2 TD6	gomme brillante	Pho D	0.5
a Bonnet maculé			100
F2247-x xxx			
a gomme satinée			2
b Impression dépouillée			150
c Pho à cheval (60/40) (paire)			20x2

2248 : 3,00 brun-violet (2243)
3ème émission de novembre 1982
Impression en taille-douce rotative

*3/11/1982   2 barres Pho

Feuille de 100 timbres

F2248-1 TD6	gomme brillante	Pho B	4
a Piquage à cheval (paire)			65x2
F2248-2 TD6 - Papier Whiley	gomme brillante	Pho B	3.5
F2248-3 TD6	gomme brillante	Pho D	1.5
a Piquage à cheval horizontal (paire)			100x2
b Sans Pho (tir. 22.11.82 sur TD6-3)			50
F2248-3 TD6 - Papier vergé	gomme brillante	Pho D	6
a Sans Pho (tir. 09.07.86 sur TD6-8)			5
F2248-x xxx			
a gomme satinée			5
b Impression défectueuse			100
c Bonnet maculé			30

2249 : 4,00 rouge-carmin (2244)
3ème émission de novembre 1982
Impression en taille-douce rotative

*3/11/1982   2 barres Pho

Feuille de 100 timbres

F2249-1 TD6	gomme brillante	Pho B	3
a Piquage à cheval (paire)			190x2
F2249-2 TD6	gomme brillante	Pho D	3
a Sans Pho			280
F2249-x x x x			
a gomme satinée			5

2276 : 2,00 rouge (2274)
4ème émission de juin 1983
Impression en taille-douce rotative

*1/06/1983   2 barres Pho

Feuille de 100 timbres

F2276-1 TD6	gomme brillante	Pho B	
a Sans Pho			120
b Pho à cheval (70/30) (paire)			13x
F2276-2 TD6	gomme brillante	Pho D	
a Impression défectueuse (tir. 13.06.83 sut TD6-2)			7
b 1 barre à centre à cheval 80/20			5
c 2 barres au centre à cheval 80/20			2
d 1 barre à centre tà 2 barres au centre à cheval 80/20			7
F2276-3 RGR-1	gomme brillante	Pho C	
a Piquage à cheval avec barre à cheval (paire)			200x
b Pho à cheval 70/30 (paire)			13x
c Impression défectueuse (tir. 03.08.83)			7
F2276-x x x x			
a Piquage à cheval horizontal (paire)			"

Roulettes

R2276-1 ND vertical	gomme satinée	Pho B	
a avec n° rouge au verso			2
b 1 barre à gauche			2
c 1 barre à gauche avec n° rouge au verso			1
c 2 barres à gauche			
d 2 barres à gauche avec n° rouge au verso			1

Timbre issu de carnet

C2276-1 Carnet de 5 ou 10	gomme brillante	Pho B	
a gomme satinée			
b Sans Pho (connu sur carte postale)			"
C2276- 2 Carnet de 20	gomme brillante	Pho B	
a gomme satinée			

Carnets complets
Carnet de 5 timbres

C448-1 Code Postal - Sans n° conf.	gomme brillante	Pho B	2
a gomme satinée			1
b date dans marge de gauche			5

Carnet de 10 timbres de 72x26

C449-1 Code Postal - conf. 3	gomme brillante	Pho B	11
C449-2 Code Postal - conf. 4	gomme brillante	Pho B	3
C449-3 Code Postal - conf. 5	gomme brillante	Pho B	2
a gomme satinée			1
C449-4 Code Postal - conf. 6	gomme brillante	Pho B	1
a gomme satinée			1
C449-5 Code Postal - conf. 7	gomme brillante	Pho B	1
a gomme satinée			6

Carnet de 10 timbres de 78x26

C450-1 Code Postal - conf. 9	gomme brillante	Pho B	15

Carnet de 20 timbres

C451-1 Code Postal - conf. 8	gomme brillante	Pho B	2
a gomme satinée			6

2277 : 2,80 bleu (2275)
4ème émission de juin 1983
Impression en taille-douce rotative

*1/06/1983   2 barres Pho

Feuille de 100 timbres

F2277-1 TD6	gomme brillante	Pho B	3
a Pho à cheval (80/20) (paire)			17x2
F2277-2 TD6	gomme brillante	Pho D	3
F2277-x x x x			
a gomme satinée			7

2278 : 10,00 violet (2276)
4ème émission de juin 1983
Impression en taille-douce rotative

*1/06/1983   2 barres Pho

Feuille de 100 timbres

F2278-1 TD6	gomme brillante	Pho B	5
a Sans Pho (tir. 23.09.87)			55
b Non dentelé officiel sans Pho (tir. 06.05.83)			1000
F2278-2 TD6	gomme brillante	Pho D	4
a Sans Pho (tir. 15.03.88)			55
b Piquage à cheval horizontal (paire)			150x2
c Pho à cheval 80/20 (paire)			8x2
F2278-3 TD6 Chalky paper	gomme brillante	Pho D	25
F2278-x x x x			
a gomme satinée			20

2327 : 1,70 vert (2318)
5ème émission de juillet 1984
Impression en taille-douce rotative

*1/07/1984   1 barre Pho à droite

Feuille de 100 timbres

F2327-1 TD6	gomme brillante	Pho D	1.5
a Sans Pho			250
F2327-2 TD6	gomme brillante	Pho B	1.5
a Piquage à cheval (paire)			100x2
F2327-3 RGR-1	gomme brillante	Pho C	1.5
a Pho à cheval 70/30 (paire)			5x2

Roulettes

R2327-1 ND vertical	gomme satinée	Pho B	1.5
a avec n° rouge au verso			4
R2327-2 ND vertical	gomme brillante	Pho B	8
a avec n° rouge au verso			22

Timbre issu de carnet

C2327-1 Carnet de 20	gomme brillante	Pho B	2
a gomme satinée			5

Carnets complets
Carnet de 20 timbres

C452-1 Philexfrance 82 - conf. 8	gomme brillante	Pho B	20
a gomme satinée			125

2328 : 2,10 rouge (2319)
5ème émission de juillet 1984
Impression en taille-douce rotative

*1/07/1984   2 barres Pho

Feuille de 100 timbres

F2328-1 TD6	gomme brillante	Pho D	
a Sans Pho			3(
b Sans Pho tà 1 barre à droite			8(
c 1 barre à droite			
F2328-2 TD6	gomme brillante	Pho B	8
a Pho à cheval 80/20 (paire)			25x2
b Piquage à cheval (paire)			100x2
c Impression défectueuse			10(
F2328-3 RGR-1	gomme brillante	Pho C	
a 1 barre à gauche			3(
b 2 barres à gauche			1!
c 1 barre à gauche tà 2 barres à gauche			6(
d 1 barre à droite			2:
e 2 barres à droite			1(
f 1 barre à droite tà 2 barres à droite			5(
g Anneau lune			6(

Roulettes

R2328-1 ND vertical	gomme satinée	Pho B	1.!
a avec n° rouge au verso			(
R2328-2 ND vertical	gomme brillante	Pho B	1(
a avec n° rouge au verso			5(

Timbre issu de carnet

C2331-1 Carnet de 10	gomme brillante	Pho B	
a gomme satinée			
C2331-2 Carnet de 20	gomme brillante	Pho B	
a gomme satinée			

Carnets complets

Carnet de 10 timbres 72x26	couverture rouge		
C453-1 Code Postal - conf. 4	gomme brillante	Pho B	6!
a gomme satinée			13(
C453-2 Code Postal - conf. 5	gomme brillante	Pho B	4!
a gomme satinée			4!
b Sans Pho tà 1 barre			25(
C453-3 Code Postal - conf. 6	gomme brillante	Pho B	1!
a gomme satinée			3(
C453-4 Code Postal - conf. 7	gomme brillante	Pho B	1!
a gomme satinée			2:
C453-5 Code Postal - conf. 8	gomme brillante	Pho B	20(
	couverture rouge		
Carnet de 10 timbres 78x26			
C454-1 Code Postal - conf. 9	gomme brillante	Pho B	1;
a gomme satinée			7(
b Sans Pho tà 1 barre			7(
	couverture bleue		
Carnet de 10 timbres 72x26			
C455-1 Code Postal - Sans n° conf.	gomme brillante	Pho B	1(
	couverture rouge		
Carnet de 20 timbres			
C456-1 Code Postal - conf. 8	gomme brillante	Pho B	2:
a gomme satinée			6!

2329 : 3,00 bleu (2320)
5ème émission de juillet 1984
Impression en taille-douce rotative

*1/07/1984   2 barres Pho

Feuille de 100 timbres

F2329-1 TD6	gomme brillante	Pho D	2
F2329-2 TD6	gomme brillante	Pho B	!
F2329-x x x x			
a gomme satinée			1!

2381 : 1,80 vert (2375)
6ème émission d'août 1985
Impression en taille-douce rotative

*1/08/1985   1 barre Pho à droite

Feuille de 100 timbres

F2381-1 TD6	gomme brillante	Pho D	1
F2381-2 TD6	gomme brillante	Pho B	5
a Sans Pho			13
F2381-3 RGR-1	gomme brillante	Pho C	1
a Barre Pho à cheval 80/20 (paire)			8x2
b Décalage horizontal Pho (papier Mat) (paire)			8x2
c Décalage horizontal Pho (papier Lum) (paire)			8x2
F2381-4 RGR-1 - Papier vergé	gomme brillante	Pho C	100
F2381-x			
a Non dentelé accidentel sans Pho (paire)			""

Roulettes

R2381-1 ND vertical gomme satinée		Pho B	1
a avec n° rouge au verso (type a)			2
b avec n° rouge au verso (type b)			4
c Barre Pho à cheval 70/30			15
d Barre Pho à cheval 70/30 avec n° rouge au verso			30
R2381-2 ND vertical (1988)	gomme brillante	Pho B	90
a gomme brillante jaunâtre avec n° rouge au verso (type b)			200

Timbre issu de carnet

C2381-1 Carnet de 10	gomme brillante	Pho B	1
a gomme satinée			4

Carnets complets
Carnet de 10 timbres

C457-1 Code Postal - conf. 6	gomme brillante	Pho B	20
a gomme satinée			45

2382I : 2,20 rouge type 1 (2376)
6ème émission d'août 1985
Impression en taille-douce rotative

*1/08/1985   2 barres Pho

Feuille de 100 timbres

F2382-I-1 TD6	gomme brillante	Pho D	2
a 2 barres Pho à droite et à cheval (20/80)			""
(connu sur lettre)			
F2382-I-2 TD6 - papier couché	gomme brillante	Pho D	80
F2382-I-3 TD6	gomme brillante	Pho B	3
a Sans Pho			5
b Barres Pho à cheval 80/20 (paire)			4x2
c 2 barres pho à gauche			45
d 2 barres centrées (tir. 24/10/85)			70
e 1 barre centrée (tir. 24/10/85)			100
f 1 barre centrée tenant à 2 barres centrées (tir. 24/10/85)			200
F2382-I-4 RGR-1	gomme brillante	Pho C	1
a bande horizontale de 6 timbres avec n° de presse (3e tir. monobloc)			40
b Piquage à cheval vertical (paire)			200x2
c Piquage à cheval horizontal (paire)			200x2
d Sans Pho			5
e Sans Pho tà 1 barre à droite			6
f Re-enrty tàn			15
g Re-enrty tàn sans Pho			50
h 1 barre Pho à gauche			25
i 2 barres Pho à gauche			10
j 1 barre Pho à gauche tà 2 barres Pho à gauche			50
k carmin rouge			3
l Impression défectueuse (tir. 27.05.87)			150
m Impression à sec (tir. 27.05.87)			300
F2382-I-5 RGR-1 - papier couché	gomme brillante	Pho C	50
(tir. 23.02.87)			

Type I (barre du grand 2 plus fine, queue du petit 2 en courbe) *Type II (barre épaisse, queue du petit 2 en angle)*

Paire issue de carnet (1987)

A partir de mars 1986, les roulettes sont numérotées tous les 5 timbres, mais avec des numéros de typographies différentes.

Type a

Type b

Roulettes de 1000 timbres et 500 timbres

R2382-I-1 ND vertical	**gomme satinée**	**Pho B**	1
a avec n° rouge au verso type a			4
b avec n° rouge au verso type b n° < 495	a : petit n°		
c Sans Pho			5
b : gros n°			
d Sans Pho avec n° rouge au verso type a			20
e Sans Pho avec n° rouge au verso type b	n° < 495		7
f Pho à cheval (70/30)			1
g Pho à cheval (70/30) avec n° rouge au verso au type b n° < 495			2
i Deux barres à droite			3
j Une barre à droite			6
k Deux barres à droite avec n° rouge au verso			4
l Une barre à droite avec n° rouge au verso			8
R2382-I-2 ND vertical (1988)	**gomme brillante jaunâtre**	**Pho B**	2
a gomme brillante jaunâtre avec n° rouge au verso type b n° < 495			
b Sans Pho			2
c Sans Pho avec n° rouge au verso type b	n° < 495		6
d Pho à cheval (70/30)			1
e Pho à cheval (70/30) avec n° rouge au verso au type b n° < 495			2

Timbre issu de carnet

C2382- 1 Carnet de 10 fermé plié ou collé	**gomme brillante**	**Pho B**	1
a gomme satinée			
b 2,20f tà 0,40f de carnet mixte			4.
C2382-2 Carnet ouvert de 10 timbres (timbres dentelés 3 côtés) Pho D			1

Carnets complets
Carnet de 10 timbres 72x26

C458-1 Code Postal - Sans n° conf.-couv. Bleue			
	gomme brillante	**Pho B**	130
a gomme satinée			1
C459-1 Code Postal - conf. 4 - couv. Rouge	**gomme brillante**	**Pho B**	3
C459-2 Code Postal - conf. 5 - couv. Rouge	**gomme brillante**	**Pho B**	3
C459-3 Code Postal - conf. 6 - couv. Rouge	**gomme brillante**	**Pho B**	2
a gomme satinée			3
b sans numéro de confectionneuse (n°6)			250
c massicotage à cheval tp bande supérieure			250
C459-4 Code Postal - conf. 7 - couv. Rouge	**gomme brillante**	**Pho B**	1
a gomme satinée			3
C459-6 Code Postal - conf. 8 - couv. Rouge	**gomme brillante**	**Pho B**	120
C459-x Code Postal - conf. x - couv. Rouge	**gomme brillante**		
a Impression défectueuse			115
b Sans Pho tà 1 barre			14

Carnet de 10 timbres 72x26 couverture Bleue

C461-1 Pour offrir-Tarif 1/8/87 - conf. 6 - couv. Bleue			
	gomme brillante	**Pho B**	2
a Impression ondulée des inscriptions de la couverture			250
b Impression défectueuse			14
c sans numéro de confectionneuse (n°6)			30
C461-2 Pour offrir-Tarif 1/8/87 - conf. 7 - couv. Bleue			
	gomme brillante	**Pho B**	4
C461-3 Pour offrir-Tarif 1/8/87 - conf. 8 - couv. Bleue			
	gomme brillante	**Pho B**	35
B C461-x xx			
a Découpe à cheval des timbres			26
C462-1 Pour offrir-Tarif 1/8/87 - conf. 8 - couv. Bleue- "D"			
	gomme brillante	**Pho B**	4
C466-1 Réservation gratuite-Tarif 1/8/87 - conf. 6 - couv. Bleue			
	gomme brillante	**Pho B**	3
C466-2 Réservation gratuite-Tarif 1/8/87 - conf. 7 - couv. Bleue			
	gomme brillante	**Pho B**	5
C466-x xx			
a Sans Pho			17
b oiseau en piqué			30
? conf. non connue (repris sur Dallay)			
C467-1 Réservation gratuite-Tarif 1/8/87 - conf. 8 - couv. Bleue- "D"			
	gomme brillante	**Pho B**	4
a oiseau en piqué			30
b Sans Pho			25

Carnet de 10 timbres 78x26

C460-1 Code Postal -conf. 9 - couv. Rouge	gomme brillante	Pho B	**12**
a Sans Pho			560
b Impression défectueuse			650
c Carnet double date (ex: 5-8-85)			165
C463-1Pour offrir-Tarif 1/8/87 - conf. 9 - couv. Bleue la pochette trimestrielle			**18**
a Pho à cheval 80/20			20
b Sans Pho			175
c Découpe à cheval des timbres			130
C464-1 Pour offrir-Tarif 1/8/87 - conf. 9 - couv. Bleue la pochette			
semestrielle2376-C4a			
a 3 cavaliers latéraux			80
b 4 cavaliers latéraux			15
c Sans Pho			175
d sans n° de confectionneuse			250
C465-1 Réservation gratuite-Tarif 1/8/87-conf. 9-Faites musique			
	gomme brillante	Pho B	**14**
a Impression défectueuse			350
b Timbres non imprimés (bandes pho seules)			500
c Couleur rouge très décalée vers le haut			25
C468-1 Réservation gratuite-Tarif 1/8/87-conf. 9			
	gomme brillante	Pho B	**14**
a Sans "s" à dehors			35
2376-C11			
b Sans Pho			180
2376-C11a			
c Impression défectueuse			500
2376-C11b			
C469-1 Philexfrance 87 avec 11 dates différentes			
	gomme brillante	Pho B	**15**
a sans n° de confectionneuse sur couverture du 17-7-89			20
Série des 11 carnets	gomme brillante	Pho B	155

Carnet ouvert de 10 timbres (timbres dentelés 3 côtés)

C470-1 Code Postal 3 chiffres étroits - Texte rouge sur blanc			
	gomme brillante	Pho B	**15**
a 2 chiffres étroits			25
b 3 chiffres larges			20
c n° d'odre supérieur à 100			130
d 1 barre Pho à gauche tà 2 barres pho à gauche			780
e Sans Pho (7 exemplaires)			1 600
f paire de carnet avec erreur de date 12-7-86 au lieu			150
de 12-5-86			
C471-1 Tarif 1/8/87 3 chiffres étroits - Texte bleu sur jaune			
	gomme brillante	Pho B	**14**
a 3 chiffres larges			22
b Rangée supérieure non imprimée (5 ex connus) +			6 000
1 au détail			
c Impression défectueuse			500
d Piquage à cheval >3mm			375
e n° d'odre supérieur à 100			300
f impression sur raccord			6 000
g impression doublée du numéro de série			1 500
h papier vergé horizontalement			300
i timbre plus grand avec double valeur (absence de dentelure horizontale) et décalage de découpe			""
(tir. 4.14.4.88)			

C471-2 Tarif 1/8/87 3 chiffres étroits - Texte bleu sur jaune - papier couché

(2 carnets connus + 2 au détail)	gomme brillante	Pho B	**6 000**

Carnet à composition variable : 4x2,20f - 4x0,10f - 2x0,40f

C472-1 Pointillés de 18mm	gomme brillante	Pho B	**11**
C472-2 Pointillés de 19mm	gomme brillante	Pho B	**19**

2382II : 2,20 rouge type 2 (2376)
6ème émission d'août 1985
Impression en taille-douce rotative

*1/08/1985   2 barres Pho

Feuille de 100 timbres

F2382-II-1 TD6	gomme brillante	Pho D	3
a Sans Pho			6
F2382-II-2 TD6 - Papier couché	gomme blanche	Pho D	100
F2382-II-2 TD6	gomme brillante	Pho B	3
F2382-II-3 RGR	gomme brillante	Pho C	3
a Pho à cheval 70/30 (paire)			13x2

2383 : 3,20 bleu (2377)
6ème émission d'août 1985
Impression en taille-douce rotative

*1/08/1985   2 barres Pho

Feuille de 100 timbres

F2383-1 TD6	gomme brillante	Pho D	5
a 1 barre Pho à droite			80
b 2 barres Pho à droite			55
c 1 barre Pho à droite tà 2 barres Pho à droite			150
d Non dentelé officiel sans Pho			350
e Non dentelé officiel sans Pho tàn			500
F2383-2 TD6	gomme brillante	Pho B	3
F2383-3 x x x			
a gomme satinée			15

2429 : "A" vert (2423)
7ème émission de 1986
Impression en taille-douce rotative

*1/09/1986   1 barre Pho à droite

Feuille de 100 timbres

F2429-1 RGR	gomme brillante	Pho C	1
a Sans Pho			5
b Sans Pho tàn			20
c Piquage à cheval (paire)			100x2
d Pli accordéon (tir. 25.08.86)			
F2429-2 RGR - papier vergé	gomme brillante	Pho C	100

2431 : 3,40 bleu (2425)
7ème émission de 1986
Impression en taille-douce rotative

*1/09/1986   2 barres Pho

Feuille de 100 timbres

F2429-1 TD6	gomme brillante	Pho D	3.5
a gomme satinée			16
F2429-2 TD6 - papier Whiley	gomme satinée	Pho D	20
F2429-3 TD6 - papier vergé	gomme brillante	Pho D	5

2430 : 1,90 vert (2424)
7ème émission de 1986
Impression en taille-douce rotative

*15/09/1986   1 barre Pho à droite

Feuille de 100 timbres

F2430-1 RGR-1	gomme brillante	Pho C	2
a Sans Pho			22
b Sans Pho tàn			60
c gomme satinée			14
F2430-2 RGR-1 - papier vergé	gomme brillante	Pho C	
4Roulettes1 barre Pho à droite			
R2430-1 ND vertical	gomme mate	Pho B	2
a avec n° rouge au verso			5
b Sans Pho			85
c Sans Pho avec n° rouge			130
d 1 barre Pho à gauche (inversion cylindre d'impression)			1
e 1 barre Pho à gauche avec n° rouge au verso (inversion cylindre d'impression)			3

Timbre issu de carnet
C2430-1 Carnet de 10   gomme brillante   Pho B   4

Carnets complets
Carnet de 20 timbres
C473-1   Code Postal - conf. 8   gomme brillante   Pho B   42

2487 : "B" vert (2483)
8ème émission de 1987
Impression en taille-douce rotative

*1/08/1987   1 barre Pho à droite

Feuille de 100 timbres
F2487-1 RGR   gomme brillante   Pho C   1
a   gomme satinée   8
b   Sans Pho   33
c   Piquage à cheval (connu sur lettre)   ""
d   Impression dépouillée (tir. 25.05.87)   150
e   Griffre et plumet dans le bonnet   15

2488 : 2,00 vert (2484)
8ème émission de 1987
Impression en taille-douce rotative

*15/10/1987   1 barre Pho à droite

Feuille de 100 timbres
F2488-1 RGR   gomme brillante   Pho C   1
a   Sans Pho   55
b   Sans Pho tàn   80

Roulettes
R2488-1 ND vertical   gomme satinée   Pho B   1
a   avec n° rouge au verso   2
b   gomme brillante jaunâtre   2
c   gomme brillante jaunâtre avec n° rouge au verso   4
d   Sans Pho   22
e   Sans Pho avec n° rouge   30
f   Piquage à cheval (paire)

2489 : 3,60 bleu (2485)
8ème émission de 1987
Impression en taille-douce rotative

*1/08/1987   2 barres Pho

Feuille de 100 timbres
F2489-1 TD6   gomme brillante   Pho D   4
a   Décalage vertical de 0,5 mm cases 90 et 100 tàn   10
F2489-2 TD6 - Chalky paper   gomme brillante   Pho D   17
a   Décalage vertical de 0,5 mm cases 90 et 100 tàn   30
F2489-3 TD6   gomme brillante   Pho B   5
a   Décalage vertical de 0,5 mm cases 90 et 100 tàn   10

2490 : 3,70 rose (2486)
8ème émission de 1987
Impression en taille-douce rotative

*16/11/1987   2 barres Pho

Feuille de 100 timbres
F2489-1 TD6   gomme brillante   Pho D   4
a   Impression défectueuse   30
F2489-2 TD6   gomme brillante   Pho B   2
a   1 barre Pho à droite (erreur cylindre d'impression)   5
b   Sans Pho   160
c   Sans Pho tàn   185
d   Sans Pho tà 1 barre à droite tàn   185
e   1 barre Pho à droite (décalage de la dentelure)   5
f   2 barres Pho à droite (décalage de la dentelure)   20
g   1 barre Pho à droite tà 2 barres Pho à droite   100
F2489-x x x   x
a   Piquage à cheval (paire)   ""

2615 : "C" vert (2615)
9ème émission de 1990
Impression en taille-douce rotative

*2/01/1990　　　　　1 barre Pho à droite

Feuille de 100 timbres

F2615-1 RGR		gomme brillante	Pho C	1.5
a	Sans Pho			"
b	Sans Pho tàn			"
c	Grand format tàn			15

2616 : "C" rouge (2616)
9ème émission de 1990
Impression en taille-douce rotative

*2/01/1990　　　　　1 barre Pho à droite

Feuille de 100 timbres

F2616-1 RGR		gomme brillante	Pho C	
a	gomme satinée			11
b	Pho à cheval 70/30 (paire)			7x2
c	Impression défectueuse			160
d	Sans Pho (4 ex. connus)			"

MARIANNE DE BRIAT
2622 : 2,10 vert (2622)
1ère émission de 1989
Impression en taille-douce rotative

* 31/12/1989　　　　　1 barre Pho à droite

Feuille de 100 timbres

F2922-1 TD6		gomme brillante	Pho B	0.9
a	Sans Pho (tir. 25.01.91)			1500
b	Barres Pho à cheval (50/50) avec 1 barre à gauche			" "
c	demi barre Pho dans marge droite			8
d	deux demi barres Pho			5
F2622-2 TD6			Pho D	1.1
F2622-3 RGR (vert foncé)			Pho C	1.5
a	Blind-Zähn (la paire)			5

Roulette de 1000 timbres

R2628-1 ND vertical		gomme brillante	Pho B	1.2
a	avec n° rouge au verso			2
b	Pho à cheval 80/20 (paire)			3x2
c	Pho à cheval 80/20 avec n° rouge au verso (paire)			5x2
d	1 barre Pho à gauche (connu sur lettre)			" "

2623 : 2,30 rouge (2614)
1ère émission de 1989
Impression en taille-douce rotative

* 31/12/1989　　　　　2 barres Pho

Feuille de 100 timbres

F2922-1 TD6		gomme brillante	Pho B	1
a	Pho à cheval (paire)			6x2
F2622-2 TD6			Pho D	1.5
F2622-3 RGR			Pho C	0.8
a	Pho à cheval 60/40 (paire)			15x2
b	Sans Pho			22
c	Gomme satinée			5
d	1 barre Pho tàn			16
e	Sans Pho tà 1 barre Pho tàn			30

Roulette de 1000 timbres

R2629-1 ND vertical		gomme brillante	Pho B	1.5
a	avec n° rouge au verso			2
b	Pho à cheval 80/20 (paire)			5x2
c	Pho à cheval 80/20 avec n° au dos (paire)			10x2

Timbre issu de carnet

C2623-1 Carnet fermé de 10	gomme brillante	Pho B	1
C2623-2 Carnet ouvert de 10, dent. 3 côtés		Pho B	1.8
a Papier bleuté aux UV			10
C2623-3 Carnet ouvert de 10	autoadhésif	Pho C	2
a Papier avec azurant			35

Carnets complets
Carnet de 10 timbres

C475-1 Tarif Janvier 1990- conf. 6	gomme brillante	Pho B	25
a Texte couverture bleu-vert et non noir			38
b Massicotage à cheval			285
C475-2 Tarif Janvier 1990- conf. 7	gomme brillante	Pho B	560
C474-1 Tarif Janvier 1990- conf. 8 et lettre "D"			
	gomme brillante	Pho B	25
a Avec gomme brillante			90
b Texte couverture bleu-vert et non noir			38
C476-1 Tarif Janvier 1990- conf. 9 de 78x26	gomme brillante	Pho B	15
C477-1 Pub Schweppes- conf. 9 de 78x26	gomme brillante	Pho B	12
C479-1 XVIè J.O. d'hiver - conf. 6 de 72x26	gomme brillante	Pho B	680
C479-2 XVIè J.O. d'hiver - conf. 7 de 72x26	gomme brillante	Pho B	550
C479-3 XVIè J.O. d'hiver - conf. 8 de 72x26	gomme brillante	Pho B	680
C478-1 XVIè J.O. d'hiver - conf. 8 de 72x26 lettre D			
	gomme brillante	Pho B	420
C478-2 XVIè J.O. d'hiver - conf. 6 de 72x26 lettre D			
	gomme brillante	Pho B	100
a Couverture à cheval		Pho B	1500
C480-1 XVIè J.O. d'hiver - conf. 9 de 78x26	gomme brillante	Pho B	20
a Erreur de date 1,5,90 au lieu de 2,5,90			100
C481-1 XVIè J.O. d'hiver - conf. 9 de 78x26 lettre D			
	gomme brillante	Pho B	12
C482-1 XVIè J.O. d'hiver - Faites de la musique			
	gomme brillante	Pho B	12
C483-1 XVIè J.O. d'hiver - C'est dans un an - conf. 9,2			
	gomme brillante	Pho B	12
a Sans n° conf.			55
C484-1 La Poste avec le train Mozart - 78x26			
	gomme brillante	Pho B	12
a Sans point après Blois			40
C484-2 La Poste Figeac avec 10 timbres de RGR-1			
	gomme brillante	Pho B	550
C485-1 Carnet ouvert avec 10 TP detelés 3 côtés			
	gomme brillante	Pho B	24
a n° série supérieur à 100			125
C486-1 Autoadhésif ND Réservez vos TP de collection			
	gomme brillante	Pho C	14
C487-1 Autoadhésif ND XVIè JO d'hiver	gomme brillante	Pho C	14
a Erreur de date 20.12.99 au lieu de 20.12.90			130

Carnet mixte de 10 timbres (2,30 rouge - 0,10 sépia - 0,20 émeraude)

C488-1 XVIè JO d'hiver (4x2,30+4x0,10+2x0,20)			
	gomme brillante	Pho B	20

2617 : 0,10 sépia (2617)

2ème émission de 1990Impression défectueuse : à sec ou presqeu à sec

Impression en taille-douce rotativeImpression dépouillée : petite ano d'impression

* 26/03/1990 1 barre Pho à droite

Feuille de 100 timbres

F2617-1 RGR	gomme brillante	Pho C	0.1
a sans pho			2
b sans Pho tenant à normal			25
c gomme mate			2
d impression dépouillée			12
e paire avec interpanneau sans guillochi			0.5
F2617-2 RGR	gomme brillante	Pho E23	3.5
a gomme mate			5
b Paire avec interpanneau avec guillochi			8

Timbre issu de carnet

C2617-1 Carnet mixte fermé de 10	gomme mate	Pho B	1

2618 : 0,20 émeraude (2618)

2ème émission de 1990

Impression en taille-douce rotative

* 26/03/1990 1 barre Pho à droite

Feuille de 100 timbres

F2618-1 RGR	gomme brillante	Pho C	0.1
a sans pho			15
b sans Pho tenant à normal			80
c Paire avec interpanneau sans guillochi			0.5
d Paire avec interpanneau avec guillochi			1.2
e Paire avec blind-zahn			3
f impresion dégradée			20
g impression dépouillée			15
h pli accordéon			35
F2618-2 RGR	gomme brillante	Pho E23	3
d Paire avec interpanneau avec guillochi			6

Timbre issu de carnet

C2618-1 Carnet mixte fermé de 10	gomme mate	Pho B	1

2619 : 0,50 violet (2619)

2ème émission de 1990

Impression en taille-douce rotative

* 26/03/1990 1 barre Pho à droite

Feuille de 100 timbres

F2619-1 TD6	gomme brillante	Pho B	0.1
a demi barre Pho dans marge droite			10
b deux demi barres Pho			3
c impression sur raccord			500
d impression dépouillée			25
F2619-2 TD6	gomme brillante	Pho D	0.5
a sans pho			15
b sans Pho tenant à 1 barre Pho à gauche			25
c 1 barre Pho à gauche			4
d demi barre Pho dans marge droite			10
e deux demi barres Pho			3
f timbre entièrement phosphorescent			25
g impression dégradée			75
F2619-3 TD6	gomme brillante	Pho E23	5
a tâche blanche			25

2624 : 3,20 bleu (2623)
2ème émission de 1990
Impression en taille-douce rotative

* 26/03/1990   2 barres Pho

Feuille de 100 timbres

F2624-1 TD6	gomme brillante	Pho B	**2**
a non dentelé officiel sans barre Pho			650
F2624-2 TD6	gomme brillante	Pho D	**1.5**
a sans Pho (tous les timbres sont rémanents)			

6 Mettre impérativement la mention "rémanent" ou supprimer la ligne

2625 : 3,80 rose (2624)
2ème émission de 1990
Impression en taille-douce rotative

* 26/03/1990   2 barres Pho

Feuille de 100 timbres

F2624-1 TD6	gomme brillante	Pho B	**2**
a sans Pho			18
b sans Pho tenant à normal ou 1 barre Pho			50
F2624-2 TD6	gomme brillante	Pho D	**1.8**

2620 : 1,00 orange (2620)
2ème émission de 1990
Impression en taille-douce rotative

* 21/05/1990   1 barre Pho à droite

Feuille de 100 timbres

F2620-1 TD6	gomme brillante	Pho B	**1**
a sans Pho tenant à normal			25
b demi barre Pho dans marge droite			7
c deux demi barres Pho			3
d Pho à cheval 80/20 (paire)			3x2
e gomme mate			3
f impression dépouillée			15
F2620-2 TD6	gomme brillante	Pho D	**0.5**
a sans Pho			15
b Pli accordéon			110
c demi barre Pho dans marge droite			7
d deux demi barres Pho			3
e piquage à cheval (paire)			90x2
f piquage à cheval avec impression incomplète (HdF) (paire)			250
F2620-3 TD6	gomme brillante	Pho E23	**1.2**

Timbre issu de carnet

C2620-1 Carnet mixte fermé de 10	autoadhésif	Pho B	**1**
C2620-2 Carnet mixte fermé de 10	autoadhésif	Pho E23	**5**

Carnets complets
Carnet mixte de 10 timbres

C511-1 Carnet fermé : TVPx6 et 1,00x2	autoadhésif TD6-7	Pho B	**18**
a sans impression avec barre Pho			600
b sans impression avec barre Pho daté du 12.06.96			1000
C511-2 Carnet fermé : TVPx6 et 1,00x2	autoadhésif TD6-4	Pho E23	**30**

2621 : 2,00 vert-jaune (2621)
2ème émission de 1990
Impression en taille-douce rotative

* 21/05/1990   1 barre Pho à droite

Feuille de 100 timbres

F2621-1 TD6	gomme brillante	Pho B	**1**
a impression dépouillée (tir. 07/06/90)			8
F2621-2 TD6	gomme brillante	Pho D	**2**
a nuance émeraude			20
F2621-x TD6	gomme brillante		
a sans Pho (2 exemplaires connus sur fragment)			""

2626 : 5,00 bleu-vert (2625)
2ème émission de 1990
Impression en taille-douce rotative

* 21/05/1990   2 barres Pho

Feuille de 100 timbres

F2626-1 TD6	gomme brillante	Pho B	2
F2626-2 TD6	gomme brillante	Pho D	2
a barre Pho brisée			7
b impression dégradée			30
	gomme brillante	Pho E23	
F2626-3 TD6			8

2627 :10,00 violet (2626)
2ème émission de 1990
Impression en taille-douce rotative

* 21/05/1990   2 barres Pho

Feuille de 100 timbres

F2627-1 TD6	gomme brillante	Pho B	4
a défaut d'essuyage			50
F2627-2 TD6	gomme brillante	Pho D	4.5
F2627-3 TD6	gomme brillante	Pho E23	10
a une barre Pho à droite			60
b deux barres Pho à droite			25
c une barre Pho à droite tenant à deux barres Pho à droite			95
F2627-x TD6	gomme brillante		
a sans Pho (exemplaires connus sur fragment)			""

2710 : D vert (2,20) (2711)
3ème émission de 1991
Impression en taille-douce rotative

* 19/08/1991   1 barre Pho à droite

Feuille de 100 timbres

F2710-1 RGR	gomme brillante	Pho C	1.5
a pli accordéon			50

2712 : D rouge (2,50) (2712)
3ème émission de 1991
Impression en taille-douce rotative

* 19/08/1991   1 barre Pho à droite

Feuille de 100 timbres

F2710-1 RGR	gomme brillante	Pho C	1.5
a Pho à cheval 70/30 (paire)			4x2

Timbre issu de carnet

C2710-1 Carnet ouvert de 10	autoadhésif	Pho C	1.5
C2710-2 Carnet ouvert de 10	gomme brillante	Pho B	10
(réimpression)			

Carnets complets
Carnets ouvert de 10

C489 Changement de tarif (lettre D)	autoadhésif	Pho C	12
a impression dépouillée			30

Carnets privés
CA489A   Carnet Corbert (1er tirage local)

	gomme brillante	Pho B	350
a Pho à cheval 70/30			350
CA489B Carnet Corbert (réimpression)	gomme brillante	Pho C	150

2711 : 2.20 vert (2714)
3ème émission de 1991
Impression en taille-douce rotative

* xx/09/1991   2 barres Pho

Feuille de 100 timbres
F2711-1 TD6	gomme brillante	Pho B	5
a sans Pho tenant à normal			85
b non dentelé accidentel (gomme strillée)			80
F2711-2 RGR	gomme brillante	Pho C	1.5
a sans Pho			22

Roulette de 1000 timbres
R2711-1 ND vertical	gomme brillante	Pho B	1.2
a avec n° rouge au verso			2
b sans Pho			900
c sans Pho avec n° rouge au verso			1500

2713 : 2.50 rouge (2715)
3ème émission de 1991
Impression en taille-douce rotative

* xx/09/1991   2 barres Pho

Feuille de 100 timbres
F2713-1 RGR	gomme brillante	Pho C	1.5
a sans Pho			20
b sans Pho tenant à normal			40
c 1 barre Pho à droite			8
d pli accordéon			70

Timbre issu de carnet
C2713-1 Carnet fermé de 10	gomme brillante	Pho B	1.8
C2713-2 Carnet ouvert de 10	autoadhésif	Pho C	1
C2713-3 Carnet fermé de 10	autoadhésif	Pho B	5

Carnets complets
Carnets fermés de 8
C490 Alberville logo rouge (lettre D)	gomme brillante	Pho B	12
C490A Tarif du 19 août 1991 surch. Mulhouse avec griffe "MULHOUSE			
PRINCIPAL 68-224"	gomme brillante	Pho B	""

Carnets fermés de 10
C491 Alberville logo rouge (lettre G)	gomme brillante	Pho B	12
C492 Alberville logo bleu (lettre D) conf. 6	gomme brillante	Pho B	35
a impression dégradée (case 5)			100
C492a Alberville logo bleu (lettre D) conf. 8			
	gomme brillante	Pho B	20
C493 Alberville logo rouge (lettre G) conf. 7			
	gomme brillante	Pho B	16
C493a Alberville logo rouge (lettre G) conf. 6			
	gomme brillante	Pho B	660
C493-A Loisir, culture, passion (lettre G)	gomme brillante	Pho B	x
a sans "g" de "100g" (couverture)			42
b "TARIF" non imprimé (couverture)			54
c "TIMBRES" ondulé (couverture)			40
d oiseau bleu plongeant et "TARIF" fracturé (couverture)			50
C494 M&M'S	gomme brillante	Pho B	12
a "R" de copyright sans arrondi (couverture)			48
C497 Médiamétrie	autoadhésif	Pho B	50

Carnets ouverts de 10

C495 Tarif du 19 août 1991	autoadhésif	Pho C	15
a timbres fluo et couverture terne			24
b timbres et couverture fluo			30
c erreur de date 18/6/91 au lieu de 92			55
d erreur de date 26/6/91 au lieu de 92			55
e barres Pho à cheval (70/30)			50
f barres Pho à cheval (50/50)			60
g impression sur raccord			""
h sans pré-découpe			""
i pli accordéon			450
j découpe en L des carnets (paire)			""
k impression défectueuse			50
l absence d'impression suite interposition accidentelle d'un timbre			550

C495A Tarif du 19 août 1991 surch. Mulhouse avec griffe "MULHOUSE PRINCIPAL 68-224"

	autoadhésif	Pho C	550
a surch. Mulhouse avec griffe "MULHOUSE PRINCIPAL 466-224"			""
C496 Tarif du 10 août 1992	autoadhésif	Pho C	12
a sans pré-découpe			145

Roulette de 1000 timbres

R2713-1 ND vertical		Pho B	1.5
a avec n° rouge au verso			2
b sans Pho			1250
c sans Pho avec n° rouge au verso			1600
d piquage à cheval			90
e piquage à cheval avec n° rouge au verso			120
f impression à sec et à cheval			100
g impression à sec et à cheval avec n° rouge au verso			150
h gomme brillante			5
i gomme brillante avec n° rouge au verso			8

2714 : 3,40 bleu (2716)
3ème émission de 1991
Impression en taille-douce rotative

* xx/09/1991   2 barres Pho

Feuille de 100 timbres

F2714-1 TD6	gomme brillante	Pho B	1.5
F2714-2 TD6	gomme brillante	Pho D	1.5

2715 : 4,00 rose (2717)
3ème émission de 1991
Impression en taille-douce rotative

* xx/09/1991   2 barres Pho

Feuille de 100 timbres

F2715-1 TD6	gomme brillante	Pho B	2.5
a sans Pho (tir. 7/11/91)			70
b 1 barre Pho à droite (tir. 7/11/91)			30
c sans Pho tenant à 1 barre Pho (tir. 7/11/91)			100
f pli accordéon			80
g impresion défectueuse (tir. 06/12/91)			80
F2715-2 TD6	gomme brillante	Pho D	8
a sans Pho (tir. 26/08/91)			70
b 1 barre Pho à droite (tir. 26/08/91)			30
c sans Pho tenant à 1 barre Pho (tir. 26/08/91)			100
d re-entry			35
e re-entry sans Pho			130

2768 : 4,20 rose (2770)
4ème émission de 1992
Impression en taille-douce rotative

* xx/09/1992   2 barres Pho

Feuille de 100 timbres

F2768-1 TD6	gomme brillante	Pho B	2
a non dentelé accidentel (tir. 25/8/92)			50
b non dentelé partiel (tir. 25/8/92)			80
c normal tenant à dentelé partiel tenant à non dentelé			300
d sans Pho (tir. 30/9/92)			80
e 1 barre Pho à gauche (tir. 30/9/92)			40
f sans Pho tenant à 1 barre Pho à gauche tenant à normal (tir. 30/9/92)			120
g une barre Pho à droite			40
h deux barres Pho à droite			25
i une barre Pho à droite tenant à deux barres Pho à droite			90
j dentelure de 1,1mm (tir. 20/08 au 02/09/92 et 03 au 20/10/92)			8
k impression défectueuse (tir. 18/02/93)			8

2788 : 2.20 vert clair (2790)
5ème émission de 1992
Impression en taille-douce rotative

* 08/02/1993   1 barre Pho à droite

Feuille de 100 timbres

F2788-1 RGR	gomme brillante	Pho C	1
a sans Pho (tir. 28/12/92)			25
b sans Pho tàn (tir. 28/12/92)			35

2796-I : TVP rouge type I (2806)
6ème émission de 1993
Impression en taille-douce rotative

* 10/04/1993   2 barres Pho

Feuille de 100 timbres

F2796-I-1 RGR	gomme brillante	Pho C	1.5
a sans Pho			10
b sans Pho tenant à 1 barre Pho			30
c 1 barre Pho à droite (sans Pho à gauche)			10
d barres Pho à cheval 60/40 (paire)			5x2
e barres Pho à cheval 60/40 avec saut de Pho (bande verticale de 3 timbres)			60
f une barre Pho à droite			20
g deux barres Pho à droite			10
h une barre Pho à droite tenant à deux barres Pho à droite			40
i impression sur raccord (tir. 04.07.96)			""
j paire avec blind-zahn			6
k paire avec interpanneau sans guillochi nuance carmin			4
l paire avec interpanneau sans guillochi nuance rouge			25
m paire avec interpanneau avec guillochi nuance rouge			7
n pli accordéon			75
o impression dépouillée			35
p HdF avec texte "CE TIMBRE / PERMET / L'ENVOI / D'UNE / LETTRE / / DE 20G. / POUR LA / FRANCE / ET LES / DOM.TOM."			18
q HdF avec texte "Valable / pour une / lettre / de 20G / FRANCE // DOM-TOM / CEE / Autriche / Liechtenstein / Suisse", nuance carmin			20
r HdF avec texte "Valable / pour une / lettre / de 20G / FRANCE // DOM-TOM / CEE / Autriche / Liechtenstein / Suisse", nuance rouge			200
s HdF avec texte "CE TIMBRE / PERMET L'ENVOI /D'UNE LETTRE / DE 20G POUR / LA FRANCE / / Y COMPRIS LES /DOM TOM ET LES / DESTINATIONS / DE LA ZONE 1 / EXPORT"			20

F2796-I-2 RGR	gomme brillante	Pho E23	3.5
a sans Pho			20
b HdF avec texte "CE TIMBRE / PERMET L'ENVOI /D'UNE LETTRE / DE 20G POUR / LA FRANCE / / Y COMPRIS LES /DOM TOM ET LES / DESTINATIONS / DE LA ZONE 1 / EXPORT"			35
c paire avec interpanneau avec guillochi nuance rouge			7

Roulette de 1000 timbres

R2796-I-1 ND vertical	**gomme brillante**	**Pho B**	**1.5**
a avec n° rouge au verso			2.5
b sans Pho (connu sur lettre)			".."
c barres Pho à cheval 70/30 (paire)			5x2
d deux barres Pho à gauche			12
e une barre Pho à gauche			20
f deux barres Pho à gauche avec n° rouge au verso			17
g une barre Pho à gauche avec n° rouge au verso			40
h impression dépouillée			35
R2796-I-2 ND vertical	**gomme brillante**	**Pho E22**	**25**
a avec n° rouge au verso			30

Timbre issu de carnet

C2796-I-1 Carnet fermé de 10	**gomme brillante**	**Pho B**	**2**
C2796-I-3 Carnet ouvert de 10 pré-découpe droite (SAGEM)			
	autoadhésif	**Pho B**	**4.5**
C2796-I-3 Carnet ouvert de 10 pré-découpe ondulée (SAGEM)			
	autoadhésif	**Pho B**	**3.5**
C2796-I-4 Carnet de 10 pré-découpe ondulée	**autoadhésif**	**Pho C**	**2**
C2796-I-5 Carnet de 10 pré-découpe ondulée	**autoadhésif**	**Pho E23**	**5**

Carnets complets
Carnets fermés de 10

C498 10 timbres à validité permanente conf.6	**gomme brillante**	**Pho B**	**20**
a date sur marge de gauche (tir. 8 au 10/09/93)			30
b papier sécurisé (tir. 13/12/93)			40
c date sur marge de droite précédé du chiffre 7 (tir. 10/12/93 au 13/12/93)			
d Mot "TIMBRES" ondulés au recto (tir. 10/09/93)			25

Carnets fermés de 8 conf. 9

C501 Carnet mixte ND (TVP+0.70) couv. Jaune			
	STERNER autoadh.	**Pho B**	**30**
a papier azzurant sous UV (tir. 08/07/93)			180
b décalage vertical de l'entaille			150
c carnet avec date à gauche			37
d carnet avec date à droite			45
e impression sur raccord			".."
C502 Carnet mixte ND (TVP+0.70) blocs inversés			
	STERNER autoadh.	**Pho B**	**25**
C503 Carnet mixte Ond (TVP+0.70)	**STERNER autoadh.**	**Pho B**	**22**
C504 Carnet mixte Ond (TVP+0.70)	**STERNER autoadh.**	**Pho B**	**22**
a papier azzurant sous UV (tir. 08/07/93)			40
b erreur de presse TD6-5 au lieu de TD6-7 (tir. 18.01.93)			90
C509 Carnet mixte Ond (TVP+0.70) - Gros caractères et couv. Blanche			
	STERNER autoadh.	**Pho B**	**22**
a barres Pho extra larges			50
C510 Carnet mixte Ond (TVP+0.70) - Petits caractères et couv. Blanche			
	STERNER autoadh.	**Pho B**	**22**
a papier azzurant sous UV (tir. 05 au 08/01/96)			200
C511 Carnet mixte Ond (TVP+1.00)	**STERNER autoadh.**	**Pho B**	**18**
a sans impression avec barres Pho (tir. 12.06.96)			600
C511A Carnet mixte Ond (TVP+1.00) 23/09/96 au 06/03/97			
	STERNER autoadh.	**Pho E23**	**30**

Carnets ouverts de 10

C499 Tarif France DOM-TOM (à droite) SAGEM			
	autoadh.	**Pho C**	**40**
C500 Tarif France DOM-TOM (à gauche)	**autoadhésif**	**Pho C**	**20**
a sans pré-découpe			".."
b impression sur raccord			".."
c impression défectueuse			".."
C505 Tarif France Suisse (plier ici) sans pont	**autoadhésif**	**Pho C**	**20**
a pré-découpe à cheval			".."
b impression sur raccord			".."
C506 Tarif France Suisse (plier ici) avec pont	**autoadhésif**	**Pho C**	**20**
a papier luminescent			100
b "GR 2" au lieu de "RGR 2"			30
c sans Pho			100
d barres pho à cheval			35
e impression sur raccord			".."
C507 Tarif France Vatican (à gauche) avec pont			
	autoadhésif	**Pho C**	**20**
a papier luminescent			50
b impression sur raccord			".."

C508 Tarif France Vatican (à gauche) avec pont et pointillé

	SAGEM autoadh.		**20**
a erreur de date 24/19/83 au lieu de 24/10/94			120
b barres pho à cheval (70/30)			50
c sans Pho (x2) tenant à normal (tir. 20/10/94)			75
d sans Pho (x6) tenant à normal (tir. 20/10/94)			200

C512-1 Essayez l'enveloppe   **autoadhésif**   **Pho C**
timbrée (à gauche)   **20**

a pré-découpe inversée (3/01/96)	50
b impression sur raccord	" "
c impression défectueuse	" "
d mauvaise découpe du carnet suite à pliage accidentel	" "

C512-2 Essayez l'enveloppe timbrée (à gauche)

	autoadhésif	**Pho E23**	**50**
a erreur de date 22/02/97 au lieu de 27/02/97			100
b sans pré-découpe (27/11/96)			" "
d sans pré-découpe (31/01/97)			" "
c sans Pho tàn			60
d impression sur raccord			" "

C513 Tarif France Vatican (à gauche) avec pont et pointillé

	SAGEM autoadh.	**Pho C**	**65**

C514 Essayez l'enveloppe timbrée (à gauche) SAGEM autoadh.   **Pho C**   **20**

C515 Essayez l'enveloppe pré-timbrée (à droite)

	SAGEM autoadh.	**Pho C**	**35**
a erreur de date 91/12/96 au lieu de 11/12/96			120
b sans Pho (x4) tàn			60

2816 : 2.40 vert (2820)
6ème émission de 1993
Impression en taille-douce rotative

* 07/1993   1 barre Pho à droite

Feuille de 100 timbres

F2816-1 RGR	**Pho C**	**1.3**
a sans Pho		20
b sans Pho tenant à normal (tir. 31/01/94)		60
c paire avec interpanneau sans guillochi		3
d paire avec interpanneau avec guillochi		5
e impression dépouillée		15
f paire avec Blind-Zahn		5
F2816-2 RGR	**Pho E23**	**8**
a paire avec interpanneau avec guillochi		20

Roulette de 1000 timbres

R2816-1 ND vertical	**Pho B**	**1.5**
a avec n° rouge au verso		2.5
b demi barre Pho à droite		8
c deux demi barres Pho		5

2817 : 3.50 vert-jaune (2821)
6ème émission de 1993
Impression en taille-douce rotative

* 07/1993   2 barres Pho

Feuille de 100 timbres

F2817-1 TD6	**Pho B x2**	**1.7**
F2817-2 TD6	**Pho B x1**	**3.5**
F2817-3 TD6	**Pho E23 x1**	**5**
a sans Pho (tir. 08/01/96)		1000

2818 : 4.40 bleu (2822)
6ème émission de 1993
Impression en taille-douce rotative

* 08/1993   2 barres Pho

Feuille de 100 timbres

F2818-1 TD6	**Pho B**	**2**
a 1 barre Pho à droite tenant à normal		30
F2818-2 TD6	**Pho D**	**3**
a sans Pho		250

2889 : 2.00 bleu (2906)
7ème émission de 1994
Impression en taille-douce rotative

* 07/1994   2 barres Pho

Feuille de 100 timbres

F2889-1 TD6	gomme brillante	Pho D	3
F2889-2 TD6	gomme brillante	Pho E23	1

2979 : 2.70 vert (3005)
8ème émission de 1996
Impression en taille-douce rotative

* 18/03/1996   1 barre Pho à droite

Feuille de 100 timbres

F2979-1 RGR	gomme brillante	Pho E23	1.4
a sans Pho			10
b sans Pho tenant à normal			30
c non dentelé accidentel (tir. 21/03/97)			50
d non dentelé partiel			125

Roulette de 1000 timbres

R2979-1ND vertical	gomme brillante	Pho B	1.6
a avec n° rouge au verso			2
b deux 1/2 barres Pho			4
c deux 1/2 barres Pho avec n° rouge au verso			9
R2979-2ND vertical	gomme brillante	Pho E22	10
a avec n° rouge au verso			15

2980 : 3.80 bleu (3006)
8ème émission de 1996
Impression en taille-douce rotative

* 18/03/1996   1 barre Pho à droite

Feuille de 100 timbres

F2980-1 TD6	gomme brillante	Pho E23	2
a sans Pho			""

2981 : 4.50 rose (3007)
8ème émission de 1996
Impression en taille-douce rotative

* 18/03/1996   1 barre Pho à droite

Feuille de 100 timbres

F2981-1 TD6	gomme brillante	Pho E23	2
a sans Pho (tir. 02/04/96)			70
c 1 barre Pho à droite (tir. 02/04/96)			20
d 1 barre Pho à gauche (tir. 02/04/96)			20
e sans Pho tenant à normal ou à 1 barre Pho (tir. 02/04/96)			90
f encre fluorescente (tir. du 4/02/97 au 07/02/97)			10
g sans Pho avec encre fluorescente (tir. 04/02/97)			60
h piquage à cheval horizontal (paire)			50x2
i piquage à cheval vertical (paire)			50x2
F2981-2 TD6	gomme brillante	Pho B	10
F2981-3 TD6	gomme brillante	Pho D	10

2796-II : TVP rouge type II (2806)
8ème émission de 1996
Impression en taille-douce rotative

* 18/03/1996   2 barres Pho

Timbre issu de carnet

C2796-II-1 Carnet ouvert de 20 pré-découpe ondulée (DAB)			
	autoadhésif	Pho B	6

Carnets ouverts de 20

C516 Essayez l'enveloppe pré-timbrée (DAB)	autoadhésif	Pho B	150

2816 : 2.40 vert (2820)
6ème émission de 1993
Impression en taille-douce rotative

* 07/19931 barre Pho à droite

Feuille de 100 timbres

F2816-1 RGR		Pho C	1.3
a sans Pho			20
b sans Pho tenant à normal (tir. 31/01/94)			60
c paire avec interpanneau sans guillochi			3
d paire avec interpanneau avec guillochi			5
e impression dépouillée			15
f paire avec Blind-Zahn			5
F2816-2 RGR		Pho E23	8
a paire avec interpanneau avec guillochi			20

Roulette de 1000 timbres

R2816-1 ND vertical		Pho B	1.5
a avec n° rouge au verso			2.5
b demi barre Pho à droite			8
c deux demi barres Pho			5

2817 : 3.50 vert-jaune (2821)
6ème émission de 1993
Impression en taille-douce rotative

* 07/19932 barres Pho

Feuille de 100 timbres

F2817-1 TD6		Pho B x2	1.7
F2817-2 TD6		Pho B x1	3.5
F2817-3 TD6		Pho E23 x1	5
a sans Pho (tir. 08/01/96)			1000

2818 : 4.40 bleu (2822)
6ème émission de 1993
Impression en taille-douce rotative

* 08/19932 barres Pho

Feuille de 100 timbres

F2818-1 TD6		Pho B	2
a 1 barre Pho à droite tenant à normal			30
F2818-2 TD6		Pho D	3
a sans Pho			250

2889 : 2.00 bleu (2906)
7ème émission de 1994
Impression en taille-douce rotative

* 07/19942 barres Pho

Feuille de 100 timbres

F2889-1 TD6	gomme brillante	Pho D	3
F2889-2 TD6	gomme brillante	Pho E23	1

3075-I : 2.70 vert type I (3091)
1ère émission de 1997
Impression en taille-douce rotative

* 15/07/1997   1 barre Pho à droite

Feuille de 100 timbres

F3075-I-1 RGR	gomme brillante	Pho E23	1
a Sans Pho			5
b Sans Pho tenant à normal			15
c Non dentelé accidentel (tir. 19.11.98)			150
d piquage à cheval horizontal (paire)			50x2
e Défaut d'impression			140
f Non dentelé accidentel tenant à normal			""
g Non dentelé accidentel et impression sur raccord			""
h Impression sur raccord (tir. 01.02.99)			""

3075-II : 2.70 vert type II (3091b)
1ère émission de 1997
Impression en taille-douce rotative

* 15/07/1997　　　　1 barre Pho à droite

Feuille de 100 timbres
F3075-II-1 TD6 et RGR　　　　gomme brillante　　　Pho E23　　15

3085-I : 2.70 vert type I (3100)
1ère émission de 1997
Impression en taille-douce rotative

* 15/07/1997　　　　1 barre Pho à droite

Roulette de 1000 timbres
R3085-I-1 ND vertical　　　　gomme brillante　　　Pho E22　　2
a avec n° rouge au verso　　　　　　　　　　　　　　　　　　3
b Sans Pho　　　　　　　　　　　　　　　　　　　　　115
c Sans Pho avec n° rouge au verso　　　　　　　　　　　　200
d piquage à cheval vertical　　　　　　　　　　　　　　120
e piquage à cheval vertical avec n° rouge au verso　　　　　275
f une barre Pho à gauche (décalage horizontal de la découpe)　　35
g Deux 1/2 barres Pho　　　　　　　　　　　　　　　　4
h Deux 1/2 barres Pho avec n° rouge　　　　　　　　　　　6

3076-I : TVP rouge type I (3083)
1ère émission de 1997
Impression en taille-douce rotative

* 15/07/1997　　　　2 barres Pho

Feuille de 100 timbres
F3076-I-1 RGR　　　　gomme brillante　　　Pho E23　　1
a Sans Pho　　　　　　　　　　　　　　　　　　　15
b Sans Pho tenant à normal　　　　　　　　　　　　　25
c Non dentelé accidentel (tir. 20.04.01)　　　　　　　　150
d Piquage horizontal (paire)　　　　　　　　　　　　40x2
e Non dentelé accidentel tenant à normal (tir. 25.05.01)　　　""
f Impression sur raccord (tir. 13.10.97)　　　　　　　　""

3086-I : TVP rouge type I (3084)
1ère émission de 1997
Impression en taille-douce rotative

* 15/07/1997　　　　2 barres Pho

Roulette de 500 timbres
R3086-I-1 ND vertical　　　　gomme brillante　　　Pho E22　　2
a avec n° rouge au verso　　　　　　　　　　　　　　3.5
b Sans Pho　　　　　　　　　　　　　　　　　　　500
c Sans Pho avec n° rouge au verso　　　　　　　　　　1000
d Impression à sec　　　　　　　　　　　　　　　　100
e Impression maculée　　　　　　　　　　　　　　　80

3088-I : TVP rouge type I (3085)
1ère émission de 1997
Impression en taille-douce rotative

* 15/07/1997　　　　2 barres Pho

Timbre issu de carnet
C3088-I-1 Carnet de 10 - Guichet　　　autoadhésif　　　Pho E23　　1
C3088-I-2 Carnet de 20 - DAB　　　　autoadhésif　　　Pho E22　　1
C3088-I-3 Carnet - Comp. variable (TVP rouge + 1.00 orange)
　　　　　　　　　　　　　　autoadhésif　　　Pho E22　　1
C3088-I-4 Carnet - Comp. variable (TVP rouge + 1.00 orange)
　　　　　　　　　　　　　　autoadhésif　　　Pho E23　　10

Carnets complets
C517-I Essayez l'enveloppe timbrée. à gauche
　　　　　　　　　　　　　　autoadhésif　　　Pho E23　　20
a Sans pré-découpe　　　　　　　　　　　　　　　　""
b Impression sur raccord　　　　　　　　　　　　　　""

C518-I Essayez l'enveloppe pré-timbrée. à droite (DAB)

	autoadhésif	Pho E22	**30**
a Erreur de date 06.09.97 au lieu de 16.09.97			70
b Pré-découpe à cheval (décalage vertical)			1050

C519-I Les timbres à validité... précités (TVP rouge + 1.00 orange)

	autoadhésif	Pho E22	**20**
a Les timbres à validité... précités (TVP rouge + 1.00 orange)		Pho E23	100
b Erreur de date 54.02.98 au lieu de 25.02.98		Pho E22	105

C520-I Un plaisir qui se communique (TVP rouge + 1.00 orange)

	autoadhésif	Pho E22	**20**

C522-I Un plaisir qui se communique. à gauche

	autoadhésif	Pho E23	**20**
a Barres Pho à cheval (80/20)			90
b Pré-découpe à cheval (décalage horizontal) (tir. 14.06.00)			360
c Sans pré-découpe (tir. 14.09.99)			400
d Sans Pho (8 timbres) tàn (tir. 15.10.99)			1500
e Sans Pho (tir. 25.05.98)			1500

C523-I Philexfrance 99 le mondial du timbre autoadhésif   Pho E23   **20**

a Pré-découpe à cheval (décalage horizontal) (tir. 08.12.98)			700
b Sans pré-découpe (tir. 15.10.98)			400

C526-I Un plaisir qui se communique (DAB) autoadhésif   Pho E22   **40**

a Barres Pho à cheval (80/20)			50
b Pré-découpe à cheval (décalage vertical)			980

C527-I Un siècle d'émotions   autoadhésif   Pho E23   **20**

a Barres Pho à cheval (80/20)			50
b Sans pré-découpe partielle			250
c Impression sur raccord			""

C528-I Un siècle de communication   autoadhésif   Pho E23   **20**

a Sans pré-découpe partielle (tir. 27.04.01)			250

3086-II : TVP rouge type II (3083)
1ère émission de 1997
Impression en taille-douce rotative

* 15/07/1997   2 barres Pho

Roulette de 500 timbres
R3086-II-1 ND vertical   gomme brillante   Pho E22   **5**

a avec n° rouge au verso			**15**
b Sans Pho			160
c Sans Pho avec n° rouge au verso			280
d Piquage à cheval			110
e Piquage à cheval avec n° rouge au verso			265
f Barre Pho à cheval 50/50			15
g Barre Pho à cheval 50/50 avec n° rouge au verso			30
h Impression à sec			50
i Piquage à cheal tenant à impressionà sec			""

3088-II : TVP rouge type II (3085)
1ère émission de 1997
Impression en taille-douce rotative

* 15/07/1997   2 barres Pho

Timbre issu de carnet

C3088-II-1 Carnet de 10 - Guichet	autoadhésif	Pho E23	**5**
C3088-II-2 Carnet de 10 - SAGEM	autoadhésif	Pho E22	**1.5**
C3088-II-3 Carnet de 20 - DAB	autoadhésif	Pho E22	**5**

C3088-II-4 Carnet - Comp. variable (TVP rouge + 1.00 orange)

	autoadhésif	Pho E22	**5**

Carnets complets
C520-II Un plaisir qui se communique (TVP rouge + 1.00 orange)

	autoadhésif	Pho E22	**20**

C521-II Essayez l'enveloppe pré-timbrée. à droite

	autoadhésif	Pho E23	**20**
a Sans Pho (tir. 02.09.97)			600

C522-II Un plaisir qui se communique. à gauche

	autoadhésif	Pho E23	**50**

C525-II Un plaisir qui se communique. à droite (SAGEM)

	autoadhésif	Pho E22	**20**
a Sans Pho (tir. 06.07.01)			50
b Barres Pho à cheval (50/50)			120

C526-II Un plaisir qui se communique (DAB)

	autoadhésif	Pho E22	**65**
a Pré-découpe à cheval (décalage vertical)			1200

C528-II Un siècle de communication   autoadhésif   Pho E23   4(
a sans Pho   75
b Barres Pho à cheval (80/20)   100
Cxxx-II xx   autoadhésif   Pho E23
a Sans pré-découpe (un exemplaire connu sur lettre)   ""

3078-I : 3.80 bleu type I (3093)
1ère émission de 1997
Impression en taille-douce rotative

* 15/07/1997   2 barres Pho

Feuille de 100 timbres
F3078-I-1 TD6   gomme brillante   Pho E23   2
a Sans Pho (un exemplaire connu sur lettre)   ""
b Piquage à cheval vertical (paire) (tir. 22.05.87)   50x2

3070-I : 0.10 bistre-noir type I (3086)
2ème émission de 1997
Impression en taille-douce rotative

* 15/09/1997   1 barre Pho à droite

Feuille de 100 timbres
F3070-I-1 RGR   gomme brillante   Pho E23   0,2
a Sans Pho   15
b Sans Pho tenant à normal   35
c Piquage à cheval horizontal (paire)   30x2
d Pli accordéon   ""

3070-II : 0.10 bistre-noir type II (3086)
2ème émission de 1997
Impression en taille-douce rotative

* 15/09/1997   1 barre Pho à droite

Feuille de 100 timbres
F3070-II-1 TD6   gomme brillante   Pho E23   2

3071-I : 0.20 émeraude type I (3087)
2ème émission de 1997
Impression en taille-douce rotative

* 15/09/1997   1 barre Pho à droite

Feuille de 100 timbres
F3071-I-1 RGR   gomme brillante   Pho E23   2
a piquage à cheval horizontal (paire)   90x2
b Pli accordéon   ""

3071-II : 0.20 émeraude type II (3087)
2ème émission de 1997
Impression en taille-douce rotative

* 15/09/1997   1 barre Pho à droite

Feuille de 100 timbres
F3071-II-1 TD6   gomme brillante   Pho E23   0,5

3072-I : 0.50 violet-rouge type I (3088)
2ème émission de 1997
Impression en taille-douce rotative

* 15/09/1997   1 barre Pho à droite

Feuille de 100 timbres
F3072-I-1 D6   gomme brillante   Pho E23   3
a Sans Pho   72(
b Sans Pho tenant à normal   80(
c Piquage à cheval horizontal (paire)   120x2
d Intégralement Pho   100

3072-II : 0.50 violet-rouge type II (3088)
2ème émission de 1997
Impression en taille-douce rotative

* 15/09/1997   1 barre Pho à droite

Feuille de 100 timbres
F3072-II-1 TD6   gomme brillante   Pho E23   0,5
a Sans Pho tenant à normal   600
b Impression à sec (tir. 04.10.00)   120
c Impression dégradée (tir. 04.10.00)   70
d 1/2 barre Pho sur la dentelure   2
e Deux 1/2 barres Pho sur la dentelure   1
f 1/2 barre Pho tenant à deux 1/2 barres Pho   4

3073-I : 1.00 orange type I (3089)
2ème émission de 1997
Impression en taille-douce rotative - Gravure traditionnelle

* 15/09/1997   1 barre Pho à droite

Feuille de 100 timbres
F3073-I-1 TD6   gomme brillante   Pho E23   0,5
a Barre Pho à gauche (Inversion du manchon)   Pho E23   10
                                                    à gauche
b Sans Pho   900
c Sans Pho tenant à normal   1350
d piquage à cheval horizontal (paire) (tir. 15.07.97)   90x2
e Pho à cheval paire)   10x2
f Orange pâle   5
g Papier fil de soie (tir. Sept. 98)   5
h Barre Pho horizontale en bas du timbre (tir. 29.09.99)   15
F3073-I-2 TD6-7   gomme brillante   Pho E22   15
a Poussière encre Pho autour des barres (tir. 24.06.98)   18
b Impression à sec et avec Pho E22 en paire vert. tàn (tir. 24.06.98) 450

3087-I : 1.00 orange type I (3101)
2ème émission de 1997
Impression en taille-douce rotative - Gravure traditionnelle

* 15/09/1997   1 barre Pho à droite

Timbre issu de carnet mixte
C3087-I-1 TD6-7   autoadhésif   Pho E22   4
C3087-I-2 TD6-4 (1er tirage)   autoadhésif   Pho E23   25

Carnets complets
C519-I Les timbres à validité… précités (TVP rouge + 1.00 orange)
                                  autoadhésif   Pho E22   20
a Les timbres à validité… précités (TVP rouge + 1.00 orange)   Pho E23 100
b Erreur de date 54.02.98 au lieu de 25.02.98   Pho E22 105

3073-II : 1.00 orange type II (3089)
2ème émission de 1997
Impression en taille-douce rotative - Gravure électromécanique (GEM)

* 15/09/1997   1 barre Pho à droite

Feuille de 100 timbres
F3073-II-1 TD6   gomme brillante   Pho E23   5
a "LA IOSTE" cases 99 et 100 (tir. 11.10.01)   15

3087-II : 1.00 orange type II (3101)
2ème émission de 1997
Impression en taille-douce rotative - Gravure électromécanique (GEM)

* 15/09/1997   1 barre Pho à droite

Timbre issu de carnet mixte
C3087-II-1 TD6-7   **Adhésif**   Pho E22   18
a Barre phospho à cheval 80/20 (paire)   12x2
Carnets complets
C520-II Un plaisir qui se communique (TVP rouge + 1.00 orange)
     autoadhésif   Pho E22   20

3074-I : 2.00 bleu type I (3090)
2ème émission de 1997
Impression en taille-douce rotative

* 15/09/1997   2 barres Pho

Feuille de 100 timbres
F3074-I-1 TD6   gomme brillante   Pho E23   0,7
a Sans Pho   500
b Sans Pho tenant à normal   600
c Intégralement Pho   150

3077-I : 3.50 vert-jaune type I (3092)
2ème émission de 1997
Impression en taille-douce rotative

* 15/09/1997   2 barres Pho

Feuille de 100 timbres
F3077-I-1 TD6   gomme brillante   Pho E23 x 1   5
     gauche
a 1/2 barre Pho sur la dentelure (tir. 26.01.00)   8
b Deux 1/2 barres Pho sur la dentelure (tir. 26.01.00)   7
c 1/2 barre Pho tenant à deux 1/2 barres Pho   17
F3077-I-2 TD6   gomme brillante   Pho E23 x 2   2
a Piquage à cheval vertical (paire)   110x2
b Barres Pho très larges (tir. 23.11.98)   5
F3077-I-3 TD6   gomme brillante   Pho E23 x 1   4
     droite

3079-I : 4.20 orange foncé type I (3094)
2ème émission de 1997
Impression en taille-douce rotative

* 15/09/1997   2 barres Pho

Feuille de 100 timbres
F3079-I-1   TD6   gomme brillante   Pho E23 x 2 15
a Piquage à cheval vertical (paire)   30x2

3079-II : 4.20 orange foncé type II (3094)
2ème émission de 1997
Impression en taille-douce rotative

* 15/09/1997   1 barre Pho à droite

Feuille de 100 timbres
F3079-II-1 TD6   gomme brillante   Pho E23 x2   2
F3079-II-2 TD6   gomme brillante   Pho E23 x 1 10
     à droite

3080-I : 4.40 bleu type I (3095)
2ème émission de 1997
Impression en taille-douce rotative

* 15/09/1997   2 barres Pho

Feuille de 100 timbres
F3080-I-1 TD6   gomme brillante   Pho E23   2
a Sans Pho   1300
b Piquage à cheval vertical (paire)   100x2

3081-I : 4.50 rose type I (3096)
2ème émission de 1997
Impression en taille-douce rotative

* 15/09/1997　　　　2 barres Pho

Feuille de 100 timbres			
F3081-I-1 TD6	**gomme brillante**	**Pho E23**	**2**
a Sans Pho			5
b Sans Pho tenant à normal (tir. 15.03.99 sur TD6-5)			100
c Piquage à cheval vertical (paire)			115x2
d Barres Pho à cheval 50/50 (Paire)			9x2
e Barres Pho à cheval 50/50 tenant à saut de Pho			35

3081-II : 4.50 rose type II (3096)
2ème émission de 1997
Impression en taille-douce rotative

* 15/09/1997　　　　2 barres Pho

Feuille de 100 timbres			
F3081-II-1 TD6	**gomme brillante**	**Pho E23**	**7**
a Barre brisée (cases 99 et 100)			20

3082-I : 5.00 bleu-vert type I (3097)
2ème émission de 1997

Impression en taille-douce rotative

* 15/09/1997　　　　2 barres Pho

Feuille de 100 timbres			
F3082-I-1 TD6	**gomme brillante**	**Pho E23**	**2,3**
a Sans Pho			1300
b Barres Pho à cheval 50/50 (Paire)			12x2

3082-II : 5.00 bleu-vert type II (3097)
2ème émission de 1997
Impression en taille-douce rotative

* 15/09/1997　　　　2 barres Pho

Feuille de 100 timbres			
F3082-II-1 TD6	**gomme brillante**	**Pho E23**	**10**

3083-I : 6.70 vert foncé type I (3098)
2ème émission de 1997
Impression en taille-douce rotative

* 15/09/1997　　　　2 barres Pho

Feuille de 100 timbres			
F3083-I-1 TD6	**gomme brillante**	**Pho E23**	**5**

3083-II : 6.70 vert foncé type II (3098)
2ème émission de 1997
Impression en taille-douce rotative

* 15/09/1997　　　　2 barres Pho

Feuille de 100 timbres			
F3083-II-1 TD6	**gomme brillante**	**Pho E23**	**7**
a Piquage à cheval vertical (paire)			135x2

3084-I : 10.00 violet type I (3099)
2ème émission de 1997
Impression en taille-douce rotative

* 15/09/1997   2 barres Pho

Feuille de 100 timbres

F3084-I-1 TD6	**gomme brillante**	**Pho E23**	**5**
a Sans Pho (connnu sur lettre)			
b Piquage à cheval vertical (paire)			115x2
c Barre brisée (cases 99 et 100)			20
d impression à sec avec piquage à cheval			200

3084-II : 10.00 violet type II (3099)
2ème émission de 1997
Impression en taille-douce rotative

* 15/09/1997   2 barres Pho

Feuille de 100 timbres

F3084-II-1 TD6	**gomme brillante**	**Pho E23**	**15**
a Barre brisée (cases 99 et 100)			30

Bloc-feuillet Couleurs de Marianne (type II) (BF41 et BF 42)

BF3417A	**gomme brillante**	**sans Pho**	**9**
Valeurs de la monnaie - Dentelé 12 3/4			
BF3418A	**gomme brillante**	**sans Pho**	**15**
Valeurs de la lettre - Dentelé 12 3/4			

MARIANNE DE LUQUET
3396 : TVP rouge (3417)
3ème émission de 2001
Impression en taille-douce rotative

* 20/08/2001   2 barres Pho

Feuille de 100 timbres

F3396-1 TD6 et RGR	gomme brillante	Pho E23	2
a sans barre Pho (RGR)			20
b sans barre Pho tenant à 1 barre tà normal (RGR)			22
c barres brisées (cases 1 ou 2)			4
F3396-2 TD6-7	gomme brillante	Pho E22	10

Roulette de 1000 timbres

R3396-1 ND vertical	gomme brillante	Pho E22	2
a avec n° rouge au verso			4
b avec n° noir au verso			2
c Piquage à cheval			40
d Piquage à cheval avec n° rouge			100
e impression à sec			180
f impression à sec avec n° rouge			300
g 2 barres à droite avec n° noir au verso			15
h 2 barres à gauche avec n° noir au verso			15
i barre brisée à gauche avec n° noir au verso			10
j sans Pho avec n° noir			130

3398-I : TVP rouge type I (3419)
3ème émission de 2001
Impression en taille-douce rotative

Timbre issu de carnet

C3398-I-1 Carnet de 10 - Guichet	autoadhésif	Pho E23	1
C3398-I-2 Carnet de 10 - SAGEM	autoadhésif	Pho E22	1
C3398-I-3 Carnet de 20 - DAB	autoadhésif	Pho E22	1

Type I (2003)   Type II (2001)

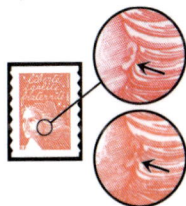

Type I: contour de l'oreille continu (issu du carnet Roty).

Type II (l'oreille cassée): contour de l'oreille discontinu et présence d'un trait parasite dans le lobe.

Carnets complets

CA529 Un siècle de sciences	autoadhésif	Pho E23	20
a sans Pho tenant à 1 barre			100
b barres Pho à cheval (80/20)			48
c Intégralement Pho (2 timbres)			150
CA530 La Poste vous facilite l'Euro	autoadhésif	Pho E23	20
a barres Pho à cheval (80/20)			55
b pré-découpe à cheval (décalage horizontal)			360
CA531a Un plaisir qui se communique. à droite (SAGEM)			
	autoadhésif	Pho E22	20
a sans Pho tenant à 1 barre			80
b barres Pho à cheval (70/30)			90
CA531bUn plaisir qui se communique. à droite et sans point (SAGEM)			
	autoadhésif	Pho E22	45
a sans Pho			40
CA532a Un plaisir qui se communique. à gauche. type I (DAB)			
	autoadhésif	Pho E22	40
CA532bUn plaisir qui se communique. à gauche. type II (DAB)			
	autoadhésif	Pho E22	70
CA533 Un siècle de transport	autoadhésif	Pho E23	20
a barres Pho à cheval (70/30)			120
CA534 La boutique du timbre	autoadhésif	Pho E23	20
a sans Pho			200
CA535 Un siecle de vie quotidienne	autoadhésif	Pho E23	20
a sans Pho (papier mat)			150
b sans Pho (papier sécurisé avec fil de soie) (tir. 01.08.02)			500
c sans pré-découpe			900
CA536 Lucky Luke	autoadhésif	Pho E23	20
a Daté 31.03.02 ou 01.04.02 au lieu 2003			100
b sans Pho tenant à 1 barre (tir. 29.04.03)			110
CA537 La France à vivre 2003	autoadhésif	Pho E23	20
a sans Pho tenant à 1 barre (tir. 22.07.03)			170
b 1 barre tenant à 2 barres (décalage horizontal)			300
CA538 La France à voir 2003	autoadhésif	Pho E23	20
a sans Pho (tir. 08.07.03)			125
CA539 Un plaisir qui se communique. papier blanc (DAB)			
	autoadhésif	Pho E22	35
CA541 Dessinez la nouvelle Marianne	autoadhésif	Pho E23	20

CA542 Un plaisir qui se communique. support blanc (SAGEM)			
	autoadhésif	**Pho E22**	2(
CA543 La France à vivre 2004	autoadhésif	**Pho E23**	2(
CA544 Le Salon du timbre	autoadhésif	**Pho E23**	2(
a sans Pho (tir. 03.05.04)			10(
CA545 La boutique web du timbre	autoadhésif	**Pho E23**	2(
a sans Pho tenant à 1 barre (tir. 21.07.04)			10(
b sans pré-découpe			""
c pré-découpe à cheval (décalage horizontal)			50(
CA546 La France à voir 2004	autoadhésif	**Pho E23**	2!
a sans Pho (tir. 18.08.04)			35(
CA547 Les 60 ans de la Marianne d'Alger (TVP rouge + 0.50 Alger)			
	autoadhésif	**Pho E23**	2(

3421 : 0.01€ jaune (3443)
4ème émission de 2002
Impression en taille-douce rotative

* 02/01/2002　　　　　1 barre Pho à droite

Feuille de 100 timbres

F3421-1 TD6	gomme brillante	**Pho E23**	0.1

3422 : 0.02€ bistre-noir (3444)
4ème émission de 2002
Impression en taille-douce rotative

* 02/01/2002　　　　　1 barre Pho à droite

Feuille de 100 timbres

F3422-1 TD6	gomme brillante	**Pho E23**	0.1
a 2 barres Pho (tir. 04.07.03)		Pho E23 x 2	5
b Trait blanc vertical			6(
c Sans Pho tenant à normal			58(
d piquage à cheval vertical (paire)			15x2

3423 : 0.05€ vert-émeraude (3445)
4ème émission de 2002
Impression en taille-douce rotative

* 02/01/2002　　　　　1 barre Pho à droite

Feuille de 100 timbres

3423-1 TD6	gomme brillante	**Pho E23**	0.2
a piquage à cheval vertical (paire)			15x2
3423-2 TD6-1 et 7	gomme brillante	**Pho E22**	9(
a Barre Pho à cheval 70/30 (paire)			17x2

3424 : 0.10€ violet-rouge (3446)
4ème émission de 2002
Impression en taille-douce rotative

* 02/01/2002　　　　　1 barre Pho à droite

Feuille de 100 timbres

F3424-1 TD6	gomme brillante	**Pho E23**	0.3
a Sans Pho tenant à normal			125(
b Sans Pho (paire)			200(
c Barre Pho à cheval 50/50 (paire)			15x2
d Barre Pho à cheval 50/50 tà saut de Pho			5(
F3424-2 TD6-1	gomme brillante	**Pho E22**	12

3425 : 0.20€ orange (3447)
4ème émission de 2002
Impression en taille-douce rotative

* 02/01/2002　　　　　1 barre Pho à droite

Feuille de 100 timbres

F3425-1 TD6	gomme brillante	**Pho E23**	0.6
a papier luminescent			5

3426 : 0.41€ vert (3448)
4ème émission de 2002
Impression en taille-douce rotative

* 02/01/2002   1 barre Pho à droite

Feuille de 100 timbres			
F3426-1 RGR	gomme brillante	Pho E23	1.5
a sans barre Pho (paire)			50
b sans Pho tenant à normal			85
c Erreur de date 1-.04.02 c/ 12.04.02			

3427 : 0.41€ vert (3458)
4ème émission de 2002
Impression en taille-douce rotative

Roulette de 1000 timbres			
R3437-1 ND vertical	gomme brillante	Pho E22	5
a avec n° rouge au verso			8
b avec n° noir au verso			2

3428 : 0.50€ bleu-nuit (3449)
4ème émission de 2002
Impression en taille-douce rotative

* 02/01/2002   2 barres Pho

Feuille de 100 timbres			
F3428-1 TD6	gomme brillante	Pho E23	1.5
a Piquage à cheval horizontal (paire)			50x2
b sans Pho (paire)			50
c 1 barre phosprescente			20
d Sans Pho tà 1 barre à gauche tenant à normal			110
e barre brisée (cases 1, 2, 99 ou 100)			3.5
f barre brisée avec inscription (cases 1 ou 2)			4

3429 : 0.53€ vert-jaune (3450)
4ème émission de 2002
Impression en taille-douce rotative

* 02/01/2002   1 barre Pho à droite

Feuille de 100 timbres			
F3429-1 TD6	gomme brillante	Pho E23	1.6

3430 : 0.58€ bleu (3451)
4ème émission de 2002
Impression en taille-douce rotative

* 02/01/2002   2 barres Pho

Feuille de 100 timbres			
F3430-1 TD6	gomme brillante	Pho E23	1.8
b barre brisée (cases 1, 2, 99 ou 100)			4
c barre brisée avec inscription (cases 1 ou 2)			5
d barres Pho à cheval 80/20 (paire)			10x2
e piquage à cheval vertical			15x2

3431 : 0.64€ orange foncé (3452)
4ème émission de 2002
Impression en taille-douce rotative

* 02/01/2002   1 barre Pho à droite

Feuille de 100 timbres			
F3431-1 TD6	gomme brillante	Pho E23	1.9

3432 : 0.67€ bleu outremer (3453)
4ème émission de 2002
Impression en taille-douce rotative

* 02/01/2002   2 barres Pho

Feuille de 100 timbres

F3432-1 TD6	gomme brillante	Pho E23	2
a Piquage à cheval horizontal (paire)			80x2
b Intégralement Pho			150
c barre brisée (cases 99 ou 100)			5
d barre brisée avec inscription (cases 1 ou 2)			6

3433 : 0.69€ rose (3454)
4ème émission de 2002
Impression en taille-douce rotative

* 02/01/2002   2 barres Pho

Feuille de 100 timbres

F3433-1 TD6	gomme brillante	Pho E23	2.2
a Intégralement Pho			150
b barre brisée (cases 1, 2, 99 ou 100)			5
c barre brisée avec inscription (cases 1 ou 2)			6

3434 : 1.00€ bleu-vert (3455)
4ème émission de 2002
Impression en taille-douce rotative

* 02/01/2002   2 barres Pho

Feuille de 100 timbres

F3434-1 TD6	gomme brillante	Pho E23	3
a barre brisée (cases 1, 2, 99 ou 100)			6

3435 : 1.02€ vert foncé (3456)
4ème émission de 2002
Impression en taille-douce rotative

* 02/01/2002   2 barres Pho

Feuille de 100 timbres

F3435-1 TD6	gomme brillante	Pho E23	3.1
a barre brisée (cases 1, 2, 99 ou 100)			6
b piquage à cheval vertical (paire)			15x2

3436 : 2.00€ violet (3457)
4ème émission de 2002
Impression en taille-douce rotative

* 02/01/2002   2 barres Pho

Feuille de 100 timbres

F3436-1 TD6	gomme brillante	Pho E23	6
a Pho à cheval 80/20 (paire)			20x2
b barre brisée (cases 1, 2, 99 ou 100)			7
F3436-2 TD6-1	gomme brillante	Pho E22	20
a sans Pho tàn			1500

3427 : TVP vert (3535A)
5ème émission de 2002
Impression en taille-douce rotative

* 5/12/2002   1 barre Pho à droite

Feuille de 100 timbres

F3427-1 TD6 et RGR	gomme brillante	Pho E23	2.4
a sans Pho (paire)			20
F3427-2 TD6-7	gomme brillante	Pho E22	10
a piquage à cheval vertical (paire)			15x2

Roulette de 1000 timbres

R3427-1 ND vertical n° noir au verso	gomme brillante	Pho E22	3

3552 : 0.58€ olive (3570)
6ème émission de 2003
Impression en taille-douce rotative

* 2/6/20032 barres Pho

Feuille de 100 timbres

F3552-1 TD6-5		gomme brillante	Pho E23	1.8

3553 : 0.70€ vert-olive (3571)
6ème émission de 2003
Impression en taille-douce rotative

* 2/6/20031 barre Pho à droite

Feuille de 100 timbres

F3553-1 TD6-5		gomme brillante	Pho E23	2.1
a sans pho (un exemplaire connu sur lettre)				""
F3553-2 TD6-7		gomme brillante	Pho E22	8

3554 : 0.75€ bleu-ciel (3572)
6ème émission de 2003
Impression en taille-douce rotative

* 2/6/20032 barres Pho

Feuille de 100 timbres

F3554-1 TD6-5		gomme brillante	Pho E23	2.3
a Piquage horizontal				50x2
b sans Pho tà 1 barre tàn (papier mat)				130
c sans Pho tà 1 barre tàn (papier luminescent)				130
d Intégralement Pho				150
F3554-2 TD6-7		gomme brillante	Pho E22	8

3555 : 0.90€ bleu foncé (3573)
6ème émission de 2003
Impression en taille-douce rotative

* 2/6/20032 barres Pho

Feuille de 100 timbres

F3555-1 TD6-5		gomme brillante	Pho E23	2.7

3556 : 1.11€ lilas (3574)
6ème émission de 2003
Impression en taille-douce rotative

* 2/6/20032 barres Pho

Feuille de 100 timbres

F3556-1 TD6-5		gomme brillante	Pho E23	3.3
F3556-2 TD6-7		gomme brillante	Pho E22	12

3557 : 1.90€ brun-prune (3575)
6ème émission de 2003
Impression en taille-douce rotative

* 2/6/20032 barres Pho

Feuille de 100 timbres

F3557-1 TD6-5		gomme brillante	Pho E23	5.8
a Intégralement Pho				150
b Pli accordéon				""

3398-II: TVP rouge type II (3417)
7ème émission de 2003
Impression en taille-douce rotative

* 10/11/2003   2 barres Pho

Timbre issu de carnet
C3398-II-1 Carnet Semeuse de Roty   autoadhésif   Pho E23

Carnets complets
CA540 Les 100 ans de la Semeuse de
Roty (TVP rouge + 0.50 Roty)   autoadhésif   Pho E23   3
a sans Pho tenant à normal (un carnet connu)

Type I (2003)   *Type II (2001)*

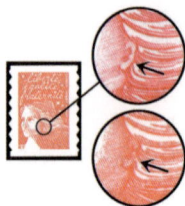

*Type I: contour de l'oreille continu
(issu du carnet Roty).*

*Type II (l'oreille cassée): contour de
l'oreille discontinu et présence d'un
trait parasite dans le lobe.*

BLOC PHILATELIQUE

xxxx : Bloc Couleurs de Marianne (BF44, BF45 et BF46)
BF3441A Valeurs de la lettre - Dentelé 12 3/4 gomme brillante   sans Pho   1
BF3442A Valeurs de la monnaie - Dentelé 12 3/4
                      gomme brillante   sans Pho   1
BF3623A Valeurs de la lettre - Dentelé 12 3/4 gomme brillante   sans Pho   2

TIMBRES PERSONNALISES

P3396 : TVP rouge avec personnalisation
P3396-1 Bloc de 15 timbres (logo privé) dentelé 12 3/4
                            gomme mate (2003)   Pho E22   12
P3396-2 Bloc de 15 timbres (logo Cérès) dentelé 12 3/4
                            gomme mate (2003)   Pho E22   7
P3396-3 Bloc de 15 timbres (logo TPP) dentelé 12 3/4

P3396-4 Bloc de 15 timbres (logo privé) dentelé 12 3/4
                            gomme brillante   Pho E22   11
P3396-5 Bloc de 15 timbres (logo Cérès) dentelé 12 3/4
                            gomme brillante   Pho E22   6
P3396-6 Bloc de 15 timbres (logo TPP) dentelé 12 3/4
                            gomme brillante   Pho E22   6

xxxx : Bloc Les valeurs de Marianne
Bloc de 15 timbres (logo privé)   gomme brillante   Pho F   6
Bloc de 15 timbres (logo Cérès)   gomme brillante   Pho F   4
Bloc de 15 timbres (logo TPP)   gomme brillante   Pho F   4

P3398-I : TVP rouge autoadhésif avec personnalisation
P3398-I-1 Petit logo privé de feuille de 50 timbre
                            autoadhésif   Pho E22
P3398-I-2 Grand logo privé de feuille de 30 timbres
                            autoadhésif   Pho E22
P3398-I-3 Roulette avec petit logo privé   autoadhésif   Pho E22
P3398-I-4 Roulette avec grand logo privé   autoadhésif   Pho E22

P3555 : 0.75€ bleu-ciel autoadhésif avec personnalisation
P3455-1 Grand logo privé de feuille de 30 timbres
                            autoadhésif   Pho E22   1

P3556 : 1.11€ lilas autoadhésif avec personnalisation

P3556-1 Grand logo privé de feuille de 30 timbres

autoadhésif	Pho E22	14

P3556A : 1.11€ brun-prune autoadhésif avec personnalisation

P3556A-1 Grand logo privé de feuille de 30 timbres

autoadhésif	Pho E22	""

P3556A-2 Grand logo Cérès de feuille de 30 timbres

autoadhésif	Pho E22	11

P3557 : 1.90€ brun-prune autoadhésif avec personnalisation

P3557-1 Grand logo privé de feuille de 30 timbres

autoadhésif	Pho E22	""

MARIANNE DE LAMOUCHE
3713 : 0.01 jaune ITVF (3731)
1ère émission de 2005
Impression en taille-douce rotative

* 8/01/2005   1 barre Pho à droite

Feuille de 100 timbres

F3713-1 TD6-1	gomme brillante	Pho E22	
F3713-2 TD6-5	gomme brillante	Pho E23	0.
a sans Pho			9
b sans pho tenant à normal (tir. 13/06/06)			15
F3713-3 TD215	gomme brillante	Pho E22	1.
a demi Pho tà 2 demi Pho 10/10/06			1
b Non dentelé (tir. 11/10/06) (paire)			50x
c Non dentelé tenant à dentelé (tir. 11/10/06)			15
d Non dentelé avec impression défectueuse (tir. 19/1/06) (paire)			50x
e sans pho tenant à normal (tir. 26/01/06) (décalage vertical)			20
f sans pho (tir. 02/08/06)			3
g barre Pho à cheval (paire)			5x
h barre Pho à cheval tà saut de Pho			5
i sans Pho tenant à 1 barre à gauche (tir. 07/08/06)			15
j une barre à gauche			
k piquage à cheval vertical (paire)			1
l une 1/2 barre Pho dans la dentelure			
m deux 1/2 barres dans la dentelure			

3714 : 0.10 violet-rouge ITVF (3732)
1ère émission de 2005
Impression en taille-douce rotative

* 8/01/2005   1 barre Pho à droite

Feuille de 100 timbres

F3714-1 TD6-1	gomme brillante	Pho E22	
a encre luminescente			1
b sans Pho (tir. 22/08/05)			15
c sans Pho tenant à normal			18
F3714-2 TD6-5	gomme brillante	Pho E23	0.
a une 1/2 barre Pho dans la dentelure			1
b deux 1/2 barres Pho dans la dentelure			
c une 1/2 barre Pho tà deux 1/2 barres Pho			1
d piquage à cheval (paire)			75x
e pli accordéon (connu sur lettre)			"
F3714-3 TD215 mauve	gomme brillante	Pho E22	
a 2 demi Pho (tir. 17/01/06)			
b Demi Pho tà 2 demi Pho (tir. 17/01/06)			1
c sans Pho tenant à normal (décalage vertical) et piquage à cheval sortie Périgueux			40
d piquage à cheval (paire) sortie Périgueux			125x
e Non dentelé sans Pho sortie Périgueux			5
f Non dentelé sortie Périgueux			5
h non dentelé tàn à partiellement dentelé			"
i pli accordéon			"

Feuillet de 10 "Timbres Plus"

Ft 3714-1 Club des collectionneurs de La Poste			
	gomme brillante	sans Pho	2

3715 : TVP vert ITVF (3733)
1ère émission de 2005
Impression en taille-douce rotative

* 8/01/2005   1 barre Pho à droite

Feuille de 100 timbres

F3715-1 TD6-1 et TD6-7	gomme brillante	Pho E22	10
F3715-2 TD6-5	gomme brillante	Pho E23	10
a papier chalky			30
F3715-3 TD215	gomme brillante	Pho E22	1.6
a sans Pho			30
b sans Pho tà Pho à gauche 16/6/05			95
c sans Pho tà Pho à gauche à cheval 16/6/06			110
d Pho à gauche 16/6/05			11
e 2 demi Pho 16/6/05			5
f ND avec Pho 26/7/06			35
g ND tenant à normal avec Pho (23/03/06)			""
h sans Pho tà 1 barre à gauche (hor. ou vert.) 23/8/05			150
i "T" sans Pho tà 1 barre à gauche (hor. et vert.) 23/8/05			500
j barre Pho sur le nez			8
k Pho à cheval (paire)			5x2
l barre Pho tà saut de Pho			50
m sans Pho tenant à Pho à cheval (décalage vertical) (tir. 21/07/06)			200
n piquage à cheval vertical (tir. 22/03/06) (paire)			50x2
o impression sur raccord			
p Pho à gauche et à cheval 16/06/05 (paire)			25x2
q une 1/2 barre Pho sur la dentelure			10
r deux 1/2 barre Pho sur la dentelure			5
s une 1/2 barres Pho tà deux 1/2 barres Pho			15
j berre Pho sur le nez et à cheval			15
k piquage à cheval vertical et horizontal (paire)			75x2

Roulette de 1000 timbres

R3715-1 ND vertical avec n° noir	gomme brillante	Pho E22	4
a 1 barre à gauche			5
b piquage à cheval (paire)			50x2
c Pho à cheval 70x30 (paire)			10x2

3716 II : TVP rouge ITVF type II (gravure numérique) (3734)
1ère émission de 2005
Impression en taille-douce rotative

* 8/01/2005   1 barre Pho à droite

Feuille de 100 timbres

F3716-II-1 TD6-7	gomme brillante	Pho E22	10
F3716-II-2 TD6-5	gomme brillante	Pho E23	10
F3716-II-3 TD215	gomme brillante	Pho E22	1.9
a sans Pho papier neutre 19/11/04			50
b sans Pho 13/12/05			10
c Pho à cheval 80/20 (paire)			9x2
d 1 barre Pho à droite			50
e 2 barres Pho à droite			15
f 1 barre Pho à droite tenant à 2 barres Pho à droite			90
g 2 barres Pho à gauche (tir. 26/09/05)			15
h 2 barres Pho à gauche avec saut de Pho (tir. 26/09/05)			50
i 2 barres Pho au centre (tir. 26/09/05)			20
j Non dentelé tenant à normal (22/09/05)			""
k Non dentelé avec Pho à cheval – sortie Périgueux			50
l piquage à cheval horizontal (tir. 16/01/06) avec 1 barre Pho à droite			100
m piquage à cheval horizontal (tir. 16/01/06) avec 2 barre Pho à droite			50
n piquage à cheval horizontal (tir. 16/01/06) avec 1 barre Pho tà 2 barres à droite			180

Roulette de 1000 timbres

R3716-II-1 ND vertical avec n° noir   gomme brillante   Pho E22

a	Pho à cheval 80/20 (paire)	9x
b	2 barres Pho à droite	2
c	2 barres Pho à gauche	10
d	sans Pho	10
e	sans Pho tenant à normal	13
f	piquage à cheval (paire)	50x
g	piquage à cheval avec une barre Pho à gauche (paire)	70x
h	piquage à cheval avec deux barres Pho à gauche (paire)	100x
i	impression défectueuse	
j	impression sur raccord	

Timbre issu de carnet

C3716-II-1 Carnet de 10 - Guichet	autoadhésif	Pho E23	1.
C3716-II-2 Carnet de 10 - SAGEM	autoadhésif	Pho E22	2.
C3716-II-3 Carnet de 20 - DAB	autoadhésif	Pho E22	1.

Carnets complets

C548 Paris 2012	autoadhésif	Pho E23	2
a sans pho			8
b sans Pho tenant à 1 barre tenant à normal			11
C549 La boutique web du timbre (SAGEM)	autoadhésif	Pho E22	2
C550 La boutique web du timbre (DAB)	autoadhésif	Pho E22	4
C551 La France à vivre 2005	autoadhésif	Pho E23	2
a Impression couverture défectueuse (06/04/05)			7
C552 Jules Verne	autoadhésif	Pho E23	2
C553 La France à voir 2005	autoadhésif	Pho E23	2
a sans Pho tenant à 1 barre tenant à normal			14
C555 Réservation "Timbres Plus"	autoadhésif	Pho E23	2
a sans pho			10
C556 Nouveau logo de La Poste	autoadhésif	Pho E23	2
a sans pho			15
C557 La France à vivre 2006	autoadhésif	Pho E23	2
C558 Salon du timbre	autoadhésif	Pho E23	2
C559 Opéras de Mozart	autoadhésif	Pho E23	2

Timbres personnalisés

P3716-II-1 Bloc de 15 timbres (logo privé) dentelé 12 3/4			
	gomme brillante	Pho E22	7
P3716-II-2 Bloc de 15 timbres (logo privé)	autoadhésif	Pho E22	54
P3716-II-3 Petit logo privé de feuille de 50 timbre			
	autoadhésif	Pho E22	
P3716-II-4 Grand logo privé de feuille de 30 timbres			
	autoadhésif	Pho E22	

3726 I : TVP rouge ITVF autoadhésif type I (gravure taille douce traditionnelle) (3744)

Emission du 11/11/2005
Impression en taille-douce rotative2 barres Pho

Timbre issu de carnet

C3716-I-1 Carnet de 10 mixte avec 5 TVP type I
    autoadhésif   Pho E23

Carnet complet

C554 60e anniversaire de la Marianne de Dulac
    autoadhésif   Pho E23   3

3717 : 0.58 jaune-olive ITVF (3735)

1ère émission de 2005
Impression en taille-douce rotative

* 8/01/2005   1 barre Pho à droite

Feuille de 100 timbres

F3717-1 TD6-1	gomme brillante	Pho E22	
a piquage à cheval (tir. 25/10/04) (paire)			50x

3718 : 0.70 vert-olive ITVF (3736)
1ère émission de 2005
Impression en taille-douce rotative

* 8/01/2005   1 barre Pho à droite

Feuille de 100 timbres

F3718-1 TD6-1	gomme brillante	Pho E22	2.5

3719 : 0.75 bleu-ciel ITVF (3737)
1ère émission de 2005
Impression en taille-douce rotative

* 8/01/2005   2 barres Pho

Feuille de 100 timbres

F3719-1 TD6-5	gomme brillante	Pho E23	2
a sans Pho			200
b sans Pho tenant à normal			250

3720 : 0.90 bleu foncé ITVF (3738)
1ère émission de 2005
Impression en taille-douce rotative

* 8/01/2005   2 barres Pho

Feuille de 100 timbres

F3720-1 TD6-5	gomme brillante	Pho E23	3

3721 : 1.00 orange ITVF (3739)
1ère émission de 2005
Impression en taille-douce rotative

* 8/01/2005   1 barre Pho à droite

Feuille de 100 timbres

F3721-1 TD6-1	gomme brillante	Pho E22	8
F3721-2 TD6-5	gomme brillante	Pho E23	4
a Sans Pho			150
b Sans Pho tenant à normal			180
c pli accordéon			""
F3721-3 TD215	gomme brillante	Pho E22	10
a Piquage à cheval (tir. 10/03/06) (paire)			50x2
b Pho à cheval tenant à saut de Pho			100
c Non dentelé sans Pho – sortie Périgueux			50

3722 : 1.11 lilas ITVF (3740)
1ère émission de 2005
Impression en taille-douce rotative

* 8/01/2005   2 barres Pho

Feuille de 100 timbres

F3722-1 TD6-1	gomme brillante	Pho E22	5

3723 : 1.90 brun-prune ITVF (3741)
1ère émission de 2005
Impression en taille-douce rotative

* 8/01/2005   2 barres Pho

Feuille de 100 timbres

F3723-1 TD6-5	gomme brillante	Pho E23	7

3740 : 0.05 brun foncé ITVF (3754)
2ème émission de 2005
Impression en taille-douce rotative

* 1/03/2005   1 barre Pho à droite

Feuille de 100 timbres

F3740-1 TD6-5	gomme brillante	Pho E23	0.
a piquage à cheval (tir.16/02/05) (paire)			5x
F3740-2 TD215	gomme brillante	Pho E22	
a Non dentelé sans Pho			5
Sortie Périgueux			
b Sans Pho			1
c Sans Pho tenant 1 barre à gauche (tir. 08/02/06)			1C
d Une barre Pho à gauche			
e Barre Pho à cheval (paire)			5x
f Non dentelé tenant à normal			'
g une 1/2 barre Pho à droite (tir. 10/05/02)			
h une 1/2 barre Pho) droite tà deux 1/2 barres Pho			1

3741 : 0.55 bleu ITVF (3755)
2ème émission de 2005
Impression en taille-douce rotative

* 1/03/2005   2 barres Pho

Feuille de 100 timbres

F3741-1 TD6-1 et TD6-7	gomme brillante	Pho E22	1.
F3741-2 TD6-5	gomme brillante	Pho E23	

Roulette de 1000 timbres

R3741-1 ND vertical avec n° noir	gomme brillante	Pho E22	

3742 : 0.64 vert-olive ITVF (3756)
2ème émission de 2005
Impression en taille-douce rotative

* 1/03/2005   1 barre Pho à droite

Feuille de 100 timbres

F3742-1 TD6-5	gomme brillante	Pho E23	
F3742-2 TD6-1 (tir. du 11/01 au 21/01/05)	gomme brillante	Pho E23	
a Pho à cheval 80/20 (tir.12/01/05) (paire)			5x
F3742-3 TD6-1 (tir. du 29/04 au 04/05/05)	gomme brillante	Pho E22	
F3742-4 TD215	gomme brillante	Pho E22	1
a Pho à gauche (tir. 01/06/05)			2
b sans Pho (tir. 01/06/05)			13
c sans Pho tà Pho à gauche (tir. 01/06/05)			2C
d Pho à cheval 80/20 (paire)			5x
e piquage à cheval (paire)			50x
f timbre maculé			5

3743 : 0.82 lilas-brun clair ITVF (3757)
2ème émission de 2005
Impression en taille-douce rotative

* 1/03/2005   2 barres Pho

Feuille de 100 timbres

F3743-1 TD6-5	gomme brillante	Pho E23	
F3743-2 TD215	gomme brillante	Pho E22	
a Pho à cheval 50/50 (paire)			15x
b Pho à cheval 50/50 tenant à saut de Pho			1C
c une barre Pho à gauche (tir. 28/02/05)			5
d deux barres Pho à gauche (tir. 28/02/05)			1
e une barre Pho à gauche tà deux barres Pho à gauche			9
f Non dentelé – sortie Périgueux			5
g piquage à cheval (paire)			50x

Timbres personnalisés
P3743-1 Grand logo privé de feuille de 30 timbres

	autoadhésif	Pho E22	1

3744 : 1.22 lilas ITVF (3758)
2ème émission de 2005
Impression en taille-douce rotative

* 1/03/2005   2 barres Pho

Feuille de 100 timbres

F3744-1 TD6-7	gomme brillante	Pho E22	3
F3744-2 TD6-5	gomme brillante	Pho E23	3
F3744-3 TD6-5 (tir. du 17/01 au 03/02/05)	gomme brillante	Pho E22	3
F3744-4 TD215	gomme brillante	Pho E22	3

Timbres personnalisés
P3744-1 Grand logo privé de feuille de 30 timbres

	autoadhésif	Pho E22	14

3745 : 1.98 brun foncé ITVF (3759)
2ème émission de 2005
Impression en taille-douce rotative

* 1/03/2005   2 barres Pho

Feuille de 100 timbres

F3745-1 TD6-1 (tir. 24.01 au 03.02.05)	gomme brillante	Pho E23	6
a sans Pho 31/1/05			80
F3745-2 TD6-1 (tir. 26 et 27.04.05)	gomme brillante	Pho E22	12
F3745-3 TD6-5	gomme brillante	Pho E23	6
F3745-4 TD215	gomme brillante	Pho E22	14
a Barres Pho à cheval 70/30 (paire)			10x2

3954 : 0.01 jaune Phil@poste (3731)
3ème émission de 2006
Impression en taille-douce rotative

* 2/10/2006   1 barre Pho à droite

Feuille de 100 timbres

F3954-1 TD6-5	gomme brillante	Pho E23	0.1
a sans Pho			1(
F3954-2 TD215	gomme brillante	Pho E22	0.2
a sans Pho			3(
b sans Pho tenant à une barre à gauche			4(
c une barre à gauche			5
d non dentelé – sortie Périgueux			5(

3955 : 0.05 brun foncé Phil@poste (3754)
3ème émission de 2006
Impression en taille-douce rotative

* 2/10/2006   1 barre Pho à droite

Feuille de 100 timbres

F3955-1 TD6-1	gomme brillante	Pho E22	8
F3955-2 TD6-5	gomme brillante	Pho E23	0.2
F3955-3 TD215	gomme brillante	Pho E22	8

3956 : 0.10 gris Phil@poste (3965)
3ème émission de 2006
Impression en taille-douce rotative

* 2/10/2006   1 barre Pho à droite

Feuille de 100 timbres

F3956-1 TD6-5	gomme brillante	Pho E23	5
F3956-2 TD215	gomme brillante	Pho E22	0.3
a Non dentelé sans Pho – sortie Périgueux			5(
b une 1/2 barre Pho sur la dentelure			1(
c deux 1/2 barres Pho surla dentelure			5
d une 1/2 barre Pho tà deux 1/2 barres Pho			15
e non dentelé tà non dentelé partiel			""

3957 : TVP vert Phil@poste (3733)
3ème émission de 2006
Impression en taille-douce rotative

* 2/10/2006   1 barre Pho à droite

Feuille de 100 timbres

F3957-1 TD6-5	gomme brillante	Pho E23	2.5
F3957-2 TD6-7 (tirage de service)	gomme brillante	Pho E22	3(
F3957-3 TD215	gomme brillante	Pho E22	1.(
a Pho sur cocarde ou sur l'œil			15
b 2 demi Pho			1(
c sans Pho			4*
d sans Pho tenant à une barre Pho à gauche			45
e une barre Pho à gauche			5
f sans Pho tenant à une barre Pho à cheval (22/03/07) (décalage vertical)			30(
g Pho à cheval (paire)			5x2
h ND sans Pho – sortie Périgueux			5(
i ND avec Pho tenant à normal (16/03/07)			""

Roulette de 1000 timbres

R3957-1 ND vertical avec n° noir	gomme brillante	Pho E22	2
a sans Pho			3(
b piquage à cheval (paire)			50x2

3958 : TVP rouge Phil@poste (3724)
3ème émission de 2006
Impression en taille-douce rotative

* 2/10/2006   2 barres Pho

Feuille de 100 timbres

F3958-1 TD6-5	gomme brillante	Pho E23	1.9
F3958-2 TD6-7 (tirage de service)	gomme brillante	Pho E22	3(

Roulette de 1000 timbres

R3958-1 ND vertical avec n° noir	**gomme brillante**	**Pho E22**	**2**
a une barre Pho à gauche			50
b deux barres Pho à gauche			20
c sans Pho			30
d piquage à cheval (paire)			50x2
e deux barres Pho à droite (connu sur lettre)			''''
f impression sur raccord			''''
g sans n° au verso			10
h décalage horizontal du massicotage			15

Timbre issu de carnet

C3958-1 Carnet de 10 - Guichet	**autoadhésif**	**Pho E23**	**1**
a sans pré-découpe (un exemplaire connu sur lettre)			''''
C3958-2 Carnet de 10 - SAGEM	**autoadhésif**	**Pho E22**	**1**
C3958-3 Carnet de 20 - DAB	**autoadhésif**	**Pho E22**	**1**

Carnets complets

C560 La boutique web du timbre (DAB)	**autoadhésif**	**Pho E22**	**40**
C561 La boutique web du timbre	**autoadhésif**	**Pho E23**	**20**
a impression dégradée (tir.07/08/06)			80
C562 La France à voir 2006	**autoadhésif**	**Pho E23**	**20**
C563 60e anniversaire de la Marianne de Gandon			
	autoadhésif	**Pho E23**	**18**
C564 La boutique web du timbre (SAGEM)	**autoadhésif**	**Pho E22**	**20**
a impression maculée (sans oeil et oiseau) (tir.09/11/07)			80
C565 Ecocarnet	**autoadhésif**	**Pho E23**	**20**
a Pré-découpe à cheval (décalage vertical)			150
C566 France à voir 2007	**autoadhésif**	**Pho E23**	**20**
C567 Guy Moquet	**autoadhésif**	**Pho E23**	**20**
C568 France à vivre 2007	**autoadhésif**	**Pho E23**	**20**
C569 Réservation timbre +	**autoadhésif**	**Pho E23**	**20**
C570 60e anniversaire de la Marianne de Cheffer			
	autoadhésif	**Pho E23**	**18**
C572 France à voir 2008	**autoadhésif**	**Pho E23**	**20**
C573 Les mots de la rencontre	**autoadhésif**	**Pho E23**	**20**
C574 Salon du timbre	**autoadhésif**	**Pho E23**	**20**

Timbres personnalisés

P3958-1 Bloc de 15 timbres (logo privé)	**autoadhésif**	**Pho E22**	**180**
P3958-2 Bloc de 10 timbres (logo privé)	**autoadhésif**	**Pho E22**	**130**

3959 : 0.60 bleu Phil@poste (3966)
3ème émission de 2006
Impression en taille-douce rotative

* 2/10/2006   2 barres Pho

Feuille de 100 timbres

F3959-1 TD6-5	**gomme brillante**	**Pho E23**	**1.8**
a papier neutre aux UV			3.5
b barres Pho brisées			5

Roulette de 1000 timbres

R3959-1 ND vertical avec n° noir	**gomme brillante**	**Pho E22**	**1.8**
a piquage à cheval (paire)			50x2
b paire non découpées avec n° noir au verso – sortie Périgueux			100

Timbres personnalisés

P3959-1 Bloc de 15 timbres (logo privé)	**autoadhésif**	**Pho E22**	**195**
P3959-2 Bloc de 10 timbres (logo privé)	**autoadhésif**	**Pho E22**	**160**

3960 : 0.70 vert-olive Phil@poste (3967)
3ème émission de 2006
Impression en taille-douce rotative

* 2/10/2006   1 barre Pho à droite

Feuille de 100 timbres

F3960-1 TD215	gomme brillante	Pho E22	2.**▮**
a sans Pho			5**(**
b sans Pho tenant à une barre à gauche (tir. 09/10/06)			16**(**
c une barre Pho à gauche			1**2**
d sans Pho tenant à normal (tir. 20/09/06) (décalage vertical)			25**(**
e Non dentelé			5**(**
f piquage à cheval (paire) (tir. 18/12/06)			50x**2**
g piquage à cheval (tir.18/12/05)			50x**2**
h deux 1/2 barres Pho			**8**
i une 1/2 barre Pho tà deux 1/2 barres Pho			1**5**
j barre Pho à cheval (60/40)			2**(**
k piquage extrême			1**(**

3961: 0.85 violet Phil@poste (3968)
3ème émission de 2006
Impression en taille-douce rotative

* 2/10/2006   1 barre Pho à droite

Feuille de 100 timbres

F3961-1 TD6-5	gomme brillante	Pho E23	2.**▮**
a Barre Pho à cheval 90/10 (tir. 01/12/06) (paire)			8x**2**
b impression défectueuse			4**(**
c sans impression tà impression partielle (feuille n°7114479 du 05/10/06)			"

3962 : 0.86 lilas-brun clair Phil@poste (3969)
3ème émission de 2006
Impression en taille-douce rotative

* 2/10/2006   2 barres Pho

Feuille de 100 timbres

F3962-1 TD215	gomme brillante	Pho E22	2.**▮**
a papier couché (TD6-5)			2**▮**
b une barre Pho à droite			4**(**
c deux barres Pho à droite			1**▮**
d une barre Pho à droite à cheval tà deux barres Pho à droite			8**(**
e sans Pho			1**▮**
f sans Pho tà 1 barre tenant à normal			4**(**
g ND avec Pho tenant à normal			"
h piquage à cheval horizontal (tir. 10/11/06) (paire)			80x**2**
i barres Pho à cheval (paire)			10x**2**
j impression très défectueuse			4**(**

Timbres personnalisés

P3959-1 Bloc de 15 timbres (logo privé)	autoadhésif	Pho E22	19**▮**
P3959-2 Bloc de 10 timbres (logo privé)	autoadhésif	Pho E22	16**(**

3963 : 1.00 orange Phil@poste (3739)
3ème émission de 2006
Impression en taille-douce rotative

* 2/10/2006   2 barres Pho

Feuille de 100 timbres

F3963-1 TD6-5	gomme brillante	Pho E23	**▮**
a papier couché			2**▮**
F3963-2 TD6-7 (tirage de service)	gomme brillante	Pho E22	3**(**

3964 : 1.15 bleu clair Phil@poste (3970)
3ème émission de 2006
Impression en taille-douce rotative

* 2/10/2006   2 barres Pho

Feuille de 100 timbres
F3964-1 TD6-5   gomme brillante   Pho E23   4

3965 : 1.30 fuchsia Phil@poste (3971)
3ème émission de 2006
Impression en taille-douce rotative

* 2/10/2006   2 barres Pho

Feuille de 100 timbres
F3965-1 TD6-5   gomme brillante   Pho E23   4
a une barre Pho à droite à cheval (80/20)   60
b deux barres Pho à droite (80/20)   30
c une barre Pho à droite à cheval (80/20) tà deux barres Pho à droite   100
d sans Pho   500
e sans Pho tà une barre   550
f barre Pho brisées (cases 99 et 100)   7

3966 : 2.11 brun foncé Phil@poste (3972)
3ème émission de 2006
Impression en taille-douce rotative

* 2/10/2006   2 barres Pho

Feuille de 100 timbres
F3965-1 TD215   gomme brillante   Pho E22   6.3
a sans Pho – sortie Périgueux   20
b sans Pho tenant à normal (tir. 28/09/06) (décalage vertical)   500
c Non dentelé   50

3967 : 5,00 en argent Phil@poste (3925)
3ème émission de 2006

* 2/10/2006   sans Pho
F3967-1   adhésif   sans Pho   15

Adh 129F: 0.55 bleu Phil@poste autoadhésif
3ème émission de 2006
P Adh 129F-1 Bloc de 15 timbres (logo privé)
                                 autoadhésif   Pho E22   525
PAdh 129F-2 Bloc de 10 timbres (logo privé)
                                 autoadhésif   Pho E22   600

Adh 129L: 0.82 lilas-brun clair Phil@poste autoadhésif
3ème émission de 2006
PAdh 129L-1 Bloc de 15 timbres (logo privé)
                                 autoadhésif   Pho E22   225
PAdh 129L-2 Bloc de 10 timbres (logo privé)
                                 autoadhésif   Pho E22   160

4133 : TVP bleu Phil@poste (4153)
4ème émission de 2008
Impression en taille-douce rotative

* 1/03/2008   2 barres Pho

Feuille de 100 timbres

F4133-1 TD6-5	gomme brillante	Pho E23	3
a sans Pho (connu sur lettre)			
b barre Pho brisées (cases 99 et 100)			7

Roulette de 1000 timbres

R4133-1 ND vertical avec n° noir	gomme brillante	Pho E22	3
a sans Pho			30
b piquage à cheval (paire)			50x2
c piquage à cheval avec impression dégradée (bande de 3) – sortie Périgueux			30x3
d absence de massicotae (paire) – sortie Périgueux			70

Timbre issu de carnet (type I)

C4133-1 Carnet de 10 - Guichet	autoadhésif	Pho E23	3

Carnets complets

C571-1 Postexport	autoadhésif	Pho E23	25
C571-2 Postexport avec n° de liasse	autoadhésif	Pho E23	40

4134 : 0.72 vert-olive Phil@poste (4154)
4ème émission de 2008
Impression en taille-douce rotative

* 2/01/2008   1 barre Pho à droite

Feuille de 100 timbres

F4134-1 TD6-5	gomme brillante	Pho E23	3.5
a papier chalky			10

4135 : 0.88 lilas-brun clair Phil@poste (4155)
4ème émission de 2008
Impression en taille-douce rotative

* 2/01/2008   2 barres Pho

Feuille de 100 timbres

F4135-1 TD215	gomme brillante	Pho E22	3.5
a piquage à cheval (tir. 15/01/08)			50x2
b Non dentelé sans Pho de feuille non datée – sortie Périgueux			50
c sans Pho			30
d sans Pho tà une barre tenant à normal			40
e sans Pho tenant à barres Pho à cheval (16/01/08) (décalage vertical)			400
f barres Pho à cheval (paire)			5x2
g piquage à cheval avec barres Pho à ccheval (tir. 03/04/08) – sortie Périgueux			50x2
h impression défectueuse			40

4136 : 1.25 bleu clair Phil@poste (4156)
4ème émission de 2008
Impression en taille-douce rotative

* 2/01/2008   2 barres Pho

Feuille de 100 timbres

F4136-1 TD6-5	gomme brillante	Pho E23	5

4137 : 1.33 lilas Phil@poste (4157)
4ème émission de 2008
Impression en taille-douce rotative

* 2/01/2008   2 barres Pho

Feuille de 100 timbres

F4137-1 TD6-5	gomme brillante	Pho E22	5
a papier chalky			10
b barre Pho brisées (cases 99 et 100)			7
F4137-2 TD6-1 Papier neutre aux UV	gomme brillante	Pho E23	5

4138: 2.18 brun foncé Phil@poste (4158)
4ème émission de 2008
Impression en taille-douce rotative

* 2/01/2008   2 barres Pho

Feuille de 100 timbres

F4138-1 TD215	gomme brillante	Pho E22	8
a sans Pho			400
b sans Pho tenant à normal (21/01/08) (décalage vertical)			500
c barres Pho à cheval (paire)			30x2
d blind-Zahn dans marge supérieure			10

TIMBRES PERSONNALISES

Bloc valeurs de Marianne Phil@poste avec personnalisation (2006)

Bloc de 15 timbres (logo privé)	autoadhésif	Pho E22	300
Bloc de 15 timbres (logo privé) dentelé 12 3/4			
	gomme brillante	Pho E22	135
Bloc de 15 timbres (logo Cérès) dentelé 12 3/4			
	gomme brillante	Pho E22	70
Bloc de 15 timbres (logo TPP) dentelé 12 3/4			
	gomme brillante	Pho E22	70

Bloc valeurs de Marianne Phil@poste avec personnalisation (2007)

Bloc de 15 timbres (logo privé)	autoadhésif	Pho E22	300
Bloc de 15 timbres (logo Cérès) dentelé 12 3/4			
	gomme brillante	Pho E22	60
Bloc de 15 timbres (logo TPP) dentelé 12 3/4			
	gomme brillante	Pho E22	60

AUTRES

3828 : 0,53€ Marianne de Dulac ITVF (3841)
Timbre issu de carnet

3828-1 Marianne de Dulac	autoadhésif	Pho E23	3.5

3975 : 0,54€ Marianne de Gandon Phil@poste (3977)
Timbre issu de carnet

3975-1 Marianne de Gandon	autoadhésif	Pho E23	4

4108 : 0,54€ Marianne de Cheffer Phil@poste (4109)
Timbre issu de carnet

4108-1 Marianne de Cheffer	autoadhésif	Pho E23	3.5

MARIANNE DE BEAUJARD
4183 : 0.01 jaune (4226)
1ère émission de 2008
Impression en taille-douce rotative

* 1/07/2008   1 barre Pho à droite

Feuille de 100 timbres

F4183-1 TD205 - GEM	**gomme brillante**	**Pho E23**	**0.2**
a sans Pho tàn (décalage vertical) (tir. 02/07/09)			400
b Pho à cheval (décalage variable) (tir. 02/07/09 et 06/07/09) (paire)			5x2
c non dentelé			""
d non dentelé tenant à normal			""
F4183-2 TD207 - GEM	**autoadhésif**	**Pho E22**	**1**
F4183-3 TD207 - GEM	**autoadhésif**	**Pho Ec**	**2**
a interruption de barre Pho		Pho Eci	5
b Pré-découpe à cheval (décalage horizontal) (paire)			30x2

4184 : 0.05 marron foncé (4727)
1ère émission de 2008
Impression en taille-douce rotative

* 1/07/2008   1 barre Pho à droite

Feuille de 100 timbres

F4184-1 TD205 - GEM	**gomme brillante**	**Pho E23**	**0.2**
a sans Pho (tir. 20/04/2011)			45
b sans Pho tàn (tir. 20/04/2011)			60
c Pho à cheval (paire)			5x2
d piquage à cheval (paire)			50x2
e pli accordéon			40
F4184-2 TD207 - GEM	**autoadhésif**	**Pho E22**	**1**
a Piquage à cheval (tir. 03/07/2008) (décalage horizontal) (paire)			50x2
F4184-3 TD207 - GEM	**autoadhésif**	**Pho Ec**	**2**
a interruption de barre Pho		Pho Eci	5
b Pré-découpe à cheval (décalage horizontal) (paire)			30x2
c Pré-découpe à cheval (décalage vertical) (paire)			15x2

4185 : 0.10 gris (4228)
1ère émission de 2008
Impression en taille-douce rotative

* 1/07/2008   1 barre Pho à droite

Feuille de 100 timbres

F4185-1 TD205 - GEM	**gomme brillante**	**Pho E23**	**0.3**
a sans Pho (environ 35 timbres et 3 timbres sur lettre)			""
F4185-2 TD215 - GGE	**gomme brillante**	**Pho E22**	**0.3**
a sans Pho (tir. 18/07/08 et 02/02/2009)			25
b sans Pho tàn (tir. 18/07/08 et 02/09/2009) (paire verticale)			35
c Pho à cheval variable verticalement (tir. 24/04/2008, 22/08/08 et 2 et 3/9/09)			8
d sans Pho tàn barre Pho à cheval (tir. 18/07/08) (décalage vertical)			200
e pho à cheval horizontalement sur dentelure (2 demi-bandes)			3
f encre plus claire tenant à normal			15
F4185-3 TD207 - GEM	**autoadhésif**	**Pho E22**	**1**
a sans prédécoupe et barres pho à cheval			100

4186 : TVP vert (4229)
1ère émission de 2008
Impression en taille-douce rotative

* 1/07/2008   1 barre Pho à droite

Feuille de 100 timbres

F4186-1 TD205 - GEM	**gomme brillante**	**Pho E23**	**2**
F4186-2 TD215 - GGE	**gomme brillante**	**Pho E22**	**1.7**
a sans Pho (multiples tirages en 2008 et 2009)			12
sans Pho (tir. 25/2/08(décalage et/ou piquage horiz) ou 12/06/2008 (dv) ou 11/07/2008(dv)			
ou 07/08/2008(vidage encrier) ou 18/08/2009(dv) ou 17/11/2009(piquage h))			
b sans Pho tà 1 Pho à gauche (tir. 25/2/08) nappe B			70
c Pho à gauche (tir. 25/2/08)			8
c Coin de feuille "LA LETTRE" (BdF complet)			15
d Non dentelé (tir. 26/02/08)			100
e Non dentelé tàn (tir. 26/02/08)			""
f Non dentelé tenant à dentelé partiel tenant à normal			""
g Non dentelé sans Pho			30
h sans Pho tàn barre Pho à cheval (tir. 18/07/08 et 06/01/2010) (décalage vertical)			150
i sans Pho tà 1 Pho à gauche avec décalage horizontal du piquage (tir. 17/11/09)			200
j Pho à cheval (paire)			5x2
k piquage à cheval (paire) (tir. 25/02/2008)			100x2
F4186-3 TD207 - GEM	**autoadhésif**	**Pho E22**	**2.5**
c Pré-découpe à cheval (décalage vertical) (paire)			40x2

Roulette de 500 timbres

R4186-1 ND vertical	**gomme brillante**	**Pho E22**	**2**
a piquage à cheval (paire)			80x2
b avec numéro à cheval sur 2 timbres (la paire)			5x2
c sans numéro au dos			75
d paire avec n°500 tenant à n°001			""
R4186-2 ND vertical	**gomme brillante**	**Pho Ec**	**2**
a interruption de barre Pho tous les 11 timbres		Pho Eci	4
b piquage à cheval (décalage horizontal) avec 1 barre Pho à gauche			100
c piquage à cheval (décalage vertical)			40x2
d piquage en croix (décalage vertical et horizontal			120
e paire horizontale de roulette			80

Roulette de 300 timbres

R4186-3 ND vertical	**autoadhésif**	**Pho Ec**	**3.5**
a interruption de barre Pho tous les 11 timbres		Pho Eci	8
b sans numéro au dos		Pho Ec	12

4187 : TVP rouge (4230)
1ère émission de 2008
Impression en taille-douce rotative

* 1/07/2008   2 barres Pho

Feuille de 100 timbres

F4187-1 TD205 - GEM	**gomme brillante**	**Pho E23**	**1.9**
a sans Pho (tir. 27/06/08)			150
F4187-2 TD215 - GGE	**gomme brillante**	**Pho E22**	**5**
a Pho à cheval variable			10
b sans Pho (tir. 19/11/09)			100
c Piquage à cheval vertical (paire) (tir. 19/11/2009)			2x100
F4187-3 TD207 - GEM	**autoadhésif**	**Pho E22**	**1.9**
a sans pré-découpe tenant à normal (tir. 17/5/2010) (paire verticale)			10
b piquage à cheval (paire)			30x2
c paire avec BP brisées - cases 82/83 (tir. 03/08/09)			20x2

Timbre issu de carnet

C4187-1 Carnet de 12 - Guichet	**autoadhésif**	**Pho E23**	**1.5**
avec barre pho continue (Carnet 150 ans timbre fiscal)		**Pho Ec**	**2.5**
prédécoupe à cheval horizontalement		**Pho E23**	**12**
prédécoupe à cheval verticalement		**Pho E23**	**8**
C4187-2 Carnet de 10 - SAGEM	**autoadhésif**	**Pho E22**	**5**
C4187-3 Carnet de 10 - SAGEM	**autoadhésif**	**Pho Ec**	**1.8**
a avec interruption de barre pho		**Pho Eci**	**5**
C4187-4 Carnet de 20 - DAB	**autoadhésif**	**Pho E22**	**3.5**
C4187-5 Carnet de 20 - DAB	**autoadhésif**	**Pho Ec**	**2**
a interruption de barres Pho/ haut ou bas de carnet			4.5
b prédécoupe à cheval verticalement		**Pho Ec**	""

Carnets complets

CA575 Carnet mixte Les valeurs de l'Europe autoadhésif		Pho E23	18
a Barres Pho dégradées jusqu'à la rupture en milieu de timbre			25
b prédécoupe à cheval verticalement			100
CA578 La France à vivre	autoadhésif	Pho E23	20
CA581 La France à vivre (SAGEM)	autoadhésif	Pho Ec	20
a avec interruption de la bande Pho		Pho Eci	30
b Barres Pho discontinues - 1er tirage		Pho E22	60
c Barres Pho discontinues - carnet daté du 12/08/08			200
(2e tirage, jour du changement de manchon)			
CA580 Montimbramoi (SAGEM)	autoadhésif	Pho E22	18
CA582 La France à vivre (DAB)	autoadhésif	Pho E22	40
Les droits de l'homme	autoadhésif	Pho E23	20
a avec BP dégradées jusqu'à la rupture en milieu de timbre			25
CA583 Montimbramoi (DAB)	autoadhésif	Pho E22	35
a Montimbramoi (DAB) avec BP continue	autoadhésif	Pho Ec	45
CA584 Montimbramoi	autoadhésif	Pho E23	20
CA585 Régions de France	autoadhésif	Pho E23	20
a pré-découpe à cheval (décalage horizontal)			100
b pré-découpe à cheval (décalage vertical)			20
CA586 Réservations	autoadhésif	Pho E23	20
CA587 La Boutique du courrier pour les Pros 2009			
	autoadhésif	Pho E23	20
CA588 La Boutique web du timbre 2009	autoadhésif	Pho E23	20
CA589 Le livre des timbres 2009	autoadhésif	Pho E23	20
a daté avec couverture sans impression			800
CA590 La Boutique web du timbre 2010	autoadhésif	Pho E23	20
CA591 La Boutique web du timbre (DAB)	autoadhésif	Pho Ec	30
a pré-découpe à cheval (décalage vertical)			"
b avec date ou numéro ou RE			80
c avec pointe sortant du 4e timbre dans la marge haute (1 carnet sur 6)			50
CA592 La Boutique web du timbre (SAGEM) autoadhésif Pho Ec			18
carnet de réglage daté, sans impression,		Pho Ec	120
avec prédécoupe et bandes Pho			
a pré-découpe à cheval (décalage vertical)			200
CA592 La Boutique web du timbre (SAGEM)			
	autoadhésif	Pho E22	60
CA593 La Boutique du courrier pour les Pros 2010			
	autoadhésif	Pho E23	20
CA594 Parc Floral	autoadhésif	Pho E23	20
CA595 Abonnements	autoadhésif	Pho E23	20
CA596 Collections de carnets commémoratifs - Art roman			
	autoadhésif	Pho E23	20
CA597 Collections de carets Marianne	autoadhésif	Pho E23	20
CA598 Le livre des timbres 2010	autoadhésif	Pho E23	20
CA599 Carnet mixte 150 ans du timbre fiscal			18
	autoadhésif	Pho Ec	
a sans le trait supérieur des timbres Marianne			120
CA600 Le carré d'encre	autoadhésif	Pho E23	20
CA601 Réservation des timbres d'Andorre			
	autoadhésif	Pho E23	20
CA602 Montimbramoi 2011 (SAGEM)	autoadhésif	Pho Ec	18
CA603 Montimbramoi 2011 (DAB)	autoadhésif	Pho Ec	40
a Pho à cheval (interruption sur la 5e rangée de timbres)			
		Pho Eci	"
CA604 Terres Australes	autoadhésif	Pho E23	20
a Paire avec kraft de couverture très clair / très foncé			2x30
CA605 France-Belgique	autoadhésif	Pho E23	20
a impression sur raccord			"

Roulette de 500 timbres

R4187-1 ND vertical et dentelé 13 horizontalement			
	gomme brillante	Pho E22	2
R4187-2 ND vertical et dentelé 13 horizontalement			
	gomme brillante	Pho Ec	2
a interruption de barre Pho tous les 11 timbres		Pho Eci	4
b Pho x 3 et impression décalée à droite			12
c sans Pho			15
d piquage à cheval (paire verticale)			30x2
e paire horizontale de roulette			80
f impression très dépouillée			60
g Non dentelé		Pho Ec	150

Roulette de 300 timbres
R4187-3 ND vertical et dentelé ondulé horizontalement

	autoadhésif	Pho Ec	3
a interruption de barre Pho tous les 11 timbres		Pho Eci	6

4188 : TVP bleu (4231)
1ère émission de 2008
Impression en taille-douce rotative

* 1/07/2008   2 barres Pho

Feuille de 100 timbres

F4188-1 TD205 - GEM	gomme brillante	Pho E23	3
a 1 seule barre Pho à droite			20
b sans Pho (tir. 17/04/08)			15
c Pho à cheval (paire verticale)			2x8
d sans Pho tàn barre Pho à cheval (tir. 17/04/08) (décalage vertical)			150
e paire avec BP brisées - cases 99/100 (tir. 28/03/08)			20x2
F4188-2 TD205 - GEM	gomme brillante	Pho E23+F	50
F4188-3 TD207 - GEM	autoadhésif	Pho E22	4

Timbre issu de carnet

C4188-1 Carnet de 12 - Guichet	autoadhésif	Pho E23	3

Carnets complets
CA576 Carnet mixte Les valeurs de l'Europe

	autoadhésif	Pho E23	35
a Barres Pho dégradées jusqu'à la rupture en milieu de timbre			45
CA579 Postexport 2008	autoadhésif	Pho E23	30

Roulette de 500 timbres

R4188-1 ND vertical	gomme brillante	Pho E22	3
R4188-2 ND vertical	gomme brillante	Pho Ec	2.5
a interruption de barre Pho tous les 11 timbres		Pho Eci	5
b piquage à cheval (paire verticale)			30x2
c pli accordéon			80
R4188-3 ND vertical	autoadhésif	Pho Ec	5
a interruption de barre Pho tous les 11 timbres		Pho Eci	8
b 3 bandes Pho type Ec			8
c 3 bandes Pho type Eci			10

4189 : 0.72 vert-olive (4232)
1ère émission de 2008
Impression en taille-douce rotative

* 1/07/2008   1 barre Pho à droite

Feuille de 100 timbres

F4189-1 TD205 - GEM	gomme brillante	Pho E23	2.5
F4189-2 TD207 - GEM	autoadhésif	Pho E22	5

4190 : 0.85 violet (4233)
1ère émission de 2008
Impression en taille-douce rotative

* 1/07/2008   2 barres Pho

Feuille de 100 timbres

F4190-1 TD205 - GEM	gomme brillante	Pho E23	6
F4190-2 TD201 - GEM	gomme brillante	Pho E22	2.8
F4190-3 TD207 - GEM	autoadhésif	Pho E22	6

4191 : 0.88 vieux-rose (4294)
1ère émission de 2008
Impression en taille-douce rotative

* 1/07/2008   2 barres Pho

Feuille de 100 timbres

F4191-1 TD205 - GEM	gomme brillante	Pho E23	x
connu SPM seulement (900 feuilles)			
=> donc supprimer car pas France			
Métropolitaine			
F4191-2 TD215 - GGE	gomme brillante	Pho E22	2.8
a Pho à cheval variable (paire)			8x2
b sans Pho tàn barre Pho à cheval (tir. 27/05/08) (décalage vertical)			60
c sans Pho			40
F4191-3 TD207 - GEM	autoadhésif	Pho E22	5

4192 : 1.00 orange (4235)
1ère émission de 2008
Impression en taille-douce rotative

* 1/07/2008   2 barres Pho

Feuille de 100 timbres

F4192-1 TD201 et TD202 - GEM	gomme brillante	Pho E22	3.8
F4192-2 TD205 - GEM	gomme brillante	Pho E23	3
F4192-3 TD215 - GGE	gomme brillante	Pho E22	6
F4192-4 TD207 - GEM	autoadhésif	Pho E22	3
a Pré-découpe à cheval (décalage horizontal) (paire)			50x2
b Pré-découpe à cheval (décalage vertical) (paire)			50x2

4193 : 1.25 bleu pâle (4236)
1ère émission de 2008
Impression en taille-douce rotative

* 1/07/2008   2 barres Pho

Feuille de 100 timbres

F4193-1 TD205 - GEM	gomme brillante	Pho E23	5
F4193-2 TD207 - GEM	autoadhésif	Pho E22	15

4194 : 1.33 fuschia (4237)
1ère émission de 2008
Impression en taille-douce rotative

* 1/07/2008   2 barres Pho

Feuille de 100 timbres

F4194-1 TD201 - GEM	gomme brillante	Pho E22	4.5
F4194-3 TD207 - GEM	autoadhésif	Pho E22	7

4195 : 2.18 brun-prune (4238)
1ère émission de 2005
Impression en taille-douce rotative

* 8/01/2005   2 barres Pho

Feuille de 100 timbres

F4195-1 TD215 - GGE	gomme brillante	Pho E22	7
a sans Pho (tir. 22/4/08)			50
b sans Pho tàn (tir. 22/4/08)			60
F4195-2 TD207 - GEM	autoadhésif	Pho E22	10

4258 : 0.73 vert-olive (4342)
2ème émission de 2009
Impression en taille-douce rotative

* 2/03/2009   2 barres Pho

Feuille de 100 timbres

F4258-1 TD205	gomme brillante	Pho E23	2.5
F4258-2 TD207	autoadhésif	Pho E22	4
F4258-3 TD207	autoadhésif	Pho Ec	4
a interruption de barre Pho		Pho Eci	10

4259 : 0.90 vieux-rose (4243)
2ème émission de 2009
Impression en taille-douce rotative

* 2/03/2009   2 barres Pho

Feuille de 100 timbres

F4259-1 TD205	gomme brillante	Pho E23	2.5
F4259-2 TD215	gomme brillante	Pho E22	3
a Pho à cheval (paire verticale)			6x2
b sans Pho			150
c sans Pho tàn (décalage vertical)			200
d papier neutre aux UV (tir. 26/02/09)			5
e 1 barre Pho à gauche			25
f 2 barres Pho à gauche			15
g 1 barre Pho à gauche tenant à 2 barres Pho à gauche (tir. 11/02/10)			40
F4259-3 TD207	autoadhésif	Pho E22	8
F4259-4 TD207	autoadhésif	Pho Ec	8
a interruption de barre Pho		Pho Eci	18

4260 : 1.30 bleu pâle (4344)
2ème émission de 2009
Impression en taille-douce rotative

* 2/03/2009   2 barres Pho

Feuille de 100 timbres

F4260-1 TD205	gomme brillante	Pho E23	
4F4260-2 TD207		Pho Ec	6
a interruption de bande Pho		Pho Eci	18

4261 : 1.35 fuschia (4345)
2ème émission de 2009
Impression en taille-douce rotative

* 2/03/2009   2 barres Pho

Feuille de 100 timbres

F4261-1 TD205	gomme brillante	Pho E23	4
F4261-2 TD207	autoadhésif	Pho E22	5.5
F4261-3 TD207	autoadhésif	Pho Ec	5.5
a interruption de bande Pho		Pho Eci	18

4262 : 2.22 brun-prune (4346)
2ème émission de 2009
Impression en taille-douce rotative

* 2/03/2009   2 barres Pho

Feuille de 100 timbres

F4262-1 TD205	gomme brillante	Pho E23	15
F4262-2 TD215	gomme brillante	Pho E22	7
a essuyage défectueux trait vert. 21/4/08 2009 ?			12
b Pho à cheval (paire)			8x2
c Pho à cheval tenant à saut de Pho			20
F4262-3 TD207	autoadhésif	Pho E22	10
F4262-4 TD207	autoadhésif	Pho Ec	20
a interruption de bande Pho		Pho Eci	30

4408 : 0.75 vert-olive (4478)
3ème émission de 2010
Impression en taille-douce rotative

* 12/06/2010   2 barres Pho

Feuille de 100 timbres

F4408-1 TD205	gomme brillante	Pho E23	2.5
F4408-2 TD207	autoadhésif	Pho E22	4

4409 : 0.87 violet (4474)
3ème émission de 2010
Impression en taille-douce rotative

* 12/06/2010   2 barres Pho

Feuille de 100 timbres

F4409-1 TD205	gomme brillante	Pho E23	3
a Bandes pho très courtes			10
F4409-2 TD207	autoadhésif	Pho E22	6

4410 : 0.95 vieux-rose (4475)
3ème émission de 2010
Impression en taille-douce rotative

* 12/06/2010   2 barres Pho

Feuille de 100 timbres

F4410-1 TD205	gomme brillante	Pho E23	5
F4410-2 TD215	gomme brillante	Pho E22	3
a sans Pho (tir. 19/05/10)			50
b sans Pho tà 1 barre Pho (tir. 19/05/10)			60
c Pho à cheval (paire)			8x2
d Pho à cheval tenant à saut de Pho			20
F4410-3 TD207	autoadhésif	Pho Ec	6
a interruption de barre Pho		Pho Eci	15

4411 : 1.35 bleu pâle (4476)
3ème émission de 2010
Impression en taille-douce rotative

* 12/06/2010   2 barres Pho

Feuille de 100 timbres

F4411-1 TD205	gomme brillante	Pho E23	4.5
a essuyage défectueux trait vert. Blanc (21/4/2010)			40
F4411-2 TD207	autoadhésif	Pho Ec	10
a interruption de barre Pho		Pho Eci	16

4412 : 1.40 fuschia (4477)
3ème émission de 2010
Impression en taille-douce rotative

* 12/06/2010   2 barres Pho

Feuille de 100 timbres

F4412-1 TD205	gomme brillante	Pho E23	4.5
F4412-2 TD207	autoadhésif	Pho Ec	9
a interruption de barre Pho		Pho Eci	16
F4412-3 TD207	autoadhésif	Pho E22	10

4413 : 2.30 brun-prune (4478)
3ème émission de 2010
Impression en taille-douce rotative

* 12/06/2010   2 barres Pho

Feuille de 100 timbres

F4413-1 TD215	gomme brillante	Pho E22	7
a sans Pho			45
b sans Pho tà 1 barre Pho (décalage vertical et horizontal)			""'
c sans Pho tà 2 barres Pho à gauche (décalage vertical et horizontal)			""'
d 2 barres pho à droite (décalage horizontal)			50
e 1 barre Pho tà 2 barres Pho (décalage horizontal)			150
f 1 barre Pho à cheval tà 2 barres Pho à cheval (paire horizontale)			100x2
g Pho à cheval (paire)			8x2
h Pho à cheval tenant à saut de Pho			20
i Pli accordéon			80
F4413-2 TD207	autoadhésif	Pho Ec	13
a interruption de barre Pho		Pho Eci	25

4500 : Ecopli 20g gris (4565)
4e émission de 2011
Impression en taille-douce rotative

* 1/07/2011   1 barre Pho à droite

Feuille de 100 timbres

F4500-1 TD205	gomme brillante	Pho E23	5
F4500-3 TD205	gomme brillante	sans Pho	2
F4500-2 TD207	autoadhésif	Pho E22	6
F4500-4 TD207	autoadhésif	sans Pho	4
a encre beaucoup plus claire (tir. 14/12/12)			6

4501 : Lettre Prioritaire 20g rouge (4566)
4e émission de 2011
Impression en taille-douce rotative

* 1/07/2011   2 barres Pho

Feuille de 100 timbres

F4501-1 TD205	gomme brillante	Pho E23	1.9
F4501-2 TD215	gomme brillante	Pho E22	1.9
a encre rouge-carmin (tir. 07/06/11)			5
b Deux barres pho à gauche (décalage horizontal)			15
F4501-3 TD207	autoadhésif	Pho E22	2.5

Timbre issu de carnet

C4501-1 Carnet de 10 - Guichet	autoadhésif	Pho E23	1.5
C4501-2 Carnet de 10 - SAGEM	autoadhésif	Pho E22	1.5
a interruption de la bande pho continue			3
C4501-3 Carnet de 20 - DAB	autoadhésif	Pho Ec	1.5
a interruption de barres Pho, haut ou bas de carnet			3

Carnets complets

CA606 Art gravé sur Velin d'Arches	autoadhésif	Pho E23	16
CA607 Choisissez le timbre vert	autoadhésif	Pho E23	16
CA608 Le livre des timbres de l'année 2011	autoadhésif	Pho E23	16
a encre de couverture claire			25
b couverture réactive aux UV			20
CA609 Le Portail du timbre	autoadhésif	Pho E23	16
a couverture réactive aux UV			20
CA610 La francophonie	autoadhésif	Pho E23	16
a couverture réactive aux UV			20
CA611 Réversation St Pierre et Miquelon	autoadhésif	Pho E23	16
a Barres Pho continues + décalque Barres Pho sur couverture (encre pho trop liquide)			80
CA612 Salon de Vincennes	autoadhésif	Pho E23	16
CA613 Mon timbraMoi (SAGEM)	autoadhésif	Pho Ec	16
a interruption de la barre pho continue			35
CA614 Mon timbraMoi (DAB)	autoadhésif	Pho Ec	30
CA615 Mon timbraMoi	autoadhésif	Pho E23	16
CA616 La Boutique web du timbre	autoadhésif	Pho E23	16
CA617 Recevez les timbres de la Polynésie	autoadhésif	Pho E23	16
a avec "3" gras dans le code barres (1 carnet sur 11)			50

CA618 Le livre des timbres de l'année 2012autoadhésif		Pho E23	1(
CA618A Sauter du Coq à l'âne	autoadhésif	Pho E23	22
CA618B Découvrez les enveloppes PAP	autoadhésif	Pho E23	1(

Roulette de 500 timbres

| R4501-1 ND vertical | gomme brillante | Pho Ec | 2.5 |
| a interruption de barre Pho tous les 11 timbres | | Pho Eci | 4 |

Roulette de 300 timbres

| R4501-2 ND vertical | autoadhésif | Pho Ec | 2.5 |
| a interruption de barre Pho tous les 11 timbres | | Pho Eci | 4 |

4504 : Lettre Prioritaire 50g vieux-rose (4569)
4e émission de 2011
Impression en taille-douce rotative

* 1/07/2011   2 barres Pho

Feuille de 100 timbres

F4504-1 TD205	gomme brillante	Pho E23	3.3
a sans pho			10(
b sans pho tenant à normal ou rémanant			15(
F4504-2 TD202	gomme brillante	Pho E22	8
F4504-3 TD207	autoadhésif	Pho E22	4

4505 : Lettre Prioritaire 100g fuschia (4570)
4e émission de 2011
Impression en taille-douce rotative

* 1/07/2011   2 barres Pho

Feuille de 100 timbres

F4505-1 TD202	gomme brillante	Pho E22	7
a pho légèrement à cheval (1mm) (paire)			10x2
F4505-2 TD205	gomme brillante	Pho E23	4.6
F4505-3 TD207	autoadhésif	Pho E22	5

4506 : Lettre Prioritaire 250g brun-prune (4571)
4e émission de 2011
Impression en taille-douce rotative

* 1/07/2011   2 barres Pho

Feuille de 100 timbres

F4506-1 TD205	gomme brillante	Pho E23	7
F4506-2 TD207	gomme brillante	Pho E22	9
a Barres Pho à cheval verticalement (paire)			20x2
F4506-3 TD207	autoadhésif	Pho E22	8

4502 : Europe 20g bleu (4567)
4e émission de 2011
Impression en taille-douce rotative

* 1/07/2011   2 barres Pho

Feuille de 100 timbres

F4502-1 TD205	gomme brillante	Pho E23	2.5
a sans Pho			60(
F4502-2 TD207	gomme brillante	Pho E22	3.5
F4502-3 TD207	autoadhésif	Pho E22	3

Timbre issu de carnet

| C4502-1 Carnet de 12 - Guichet | autoadhésif | Pho E23 | 2.5 |

Carnets complets

CA619 Postexport 2012-"12 TP"	autoadhésif	Pho E23	32
CA620 Postexport 2013 "carnet 12 TP" sans logo FSC			
	autoadhésif	Pho E23	50
a papier plus blanc, bleu plus foncé, encre couverture plus claire (tir. 13/06/13)			100
CA621 Postexport 2013 "carnet 12 TP" avec logo FSC			
	autoadhésif	Pho E23	32

Roulette de 500 timbres

R4502-1 ND vertical	gomme brillante	Pho E22	2.5
ND vertical	gomme brillante	Pho Ec	4
a interruption de banade Pho tous les 11 timbres		Pho Eci	6

Roulette de 300 timbres

R4502-2 ND vertical	autoadhésif	Pho Ec	3
a interruption de banade Pho tous les 11 timbres		Pho Eci	4.5

4503 : Monde 20g violet (4568)
4e émission de 2011
Impression en taille-douce rotative

* 1/07/2011   2 barres Pho

Feuille de 100 timbres

F4503-1 TD205	gomme brillante	Pho E23	2.6
a Barres Pho décalées à cheval verticalement			20
F4503-2 TD207	autoadhésif	Pho E22	3
a prédécoupe à cheval			25

4525 : Lettre Verte 20g vert-bleu (4593)
5ème émission de 2011
Impression en taille-douce rotative

* 1/10/2011   1 barre Pho à droite

Feuille de 100 timbres

F4525-1 TD205	gomme brillante	Pho E23	1.7
F4525-2 TD215	gomme brillante	Pho E22	4
a piquage à cheval vertical (tir. 02/08/11) - Barre Pho alignée sur l'impression			40
b piquage à cheval vertical (tir. 02/08/11) - Barre Pho alignée sur le piquage			60
c Pho à gauche et piquage décalé à droite (tir. 02/08/11)			30
d piquage en croix (vertical + horizontal) avec Barre Pho à gauche			150
e sans Pho tà 1 barre Pho à gauche avec piquage à cheval vertical et horizontal			350
F4525-3 TD207	autoadhésif	Pho E22	2.5

Timbre issu de carnet

C4525-1 Carnet de 12 - Guichet	autoadhésif	Pho Ec	1.5
C4525-2 Carnet de 10 - SAGEM	autoadhésif	Pho Ec	1.5
a interruption de barre Pho		Pho Eci	4
C4525-3 Carnet de 20 - DAB	autoadhésif	Pho Ec	1.5
a interruption de barres Pho, haut ou bas de carnet			3

Carnets complets

CA622 Le timbre vert 2012	autoadhésif	Pho Ec	18
tache en forme de boomerang sur la couverture			30
couverture réactive aux UV			25
CA623 Le timbre vert 2012 (SAGEM)	autoadhésif	Pho Ec	19
couverture réactive aux UV			25
CA624 Le timbre vert 2012 (DAB)	autoadhésif	Pho Ec	38
couverture réactive aux UV			75

Roulette de 500 timbres

R4525- 1 ND vertical	gomme brillante	Pho Ec	1.7
a interruption de barre Pho tous les 11 timbres		Pho Eci	4.5
b piquage à cheval vertical (paire)			50x2
c découpe à cheval horizontal			70
d paire horizontale			100
R4525-2 ND vertical	gomme brillante	Pho 22	10

Roulette de 300 timbres

R4525-3 ND vertical	autoadhésif	Pho Ec	2.5
a interruption de barre Pho tous les 11 timbres		Pho Eci	5
b sans numéro au dos			

4526 : Lettre Verte 50g vert-jaune (4594)
5ème émission de 2011
Impression en taille-douce rotative

* 1/10/2011   1 barre Pho à droite

Feuille de 100 timbres

F4526-1 TD205	gomme brillante	Pho E23	2.8
a piquage à cheval (décalage horizontal) (paire)			50x2
F4526-2 TD207	autoadhésif	Pho E22	3

4527 : Lettre Verte 100g vert émeraude (4595)
5ème émission de 2011
Impression en taille-douce rotative

* 1/10/2011   1 barre Pho à droite

Feuille de 100 timbres

F4527-1 TD205	gomme brillante	Pho E23	4.5
a piquage à cheval vertical et horizontal			"""
F4527-2 TD207	autoadhésif	Pho E22	6

4528 : Lettre Verte 250g vert foncé (4596)
5ème émission de 2011
Impression en taille-douce rotative

* 1/10/2011   1 barre Pho à droite

Feuille de 100 timbres

F4528-1 TD202	gomme brillante	Pho E22	7
F4528-2 TD205	gomme brillante	Pho E23	6.5
F4528-3 TD207	autoadhésif	Pho E22	7.5

BF4493A : Bloc Marianne et l'Europe (F4614)
Bloc de 7 timbres avec valeur permanente

	gomme brillante	Pho F	25
a avec teintes très vives			80
b non dentelé			200
c non dentelé et impression du fond en sépia			300
d non dentelé, fond sépia, avec Europe20g en sépia, impression à sec			
LP20g et Ecopli20g, sans impression des autres valeurs			"""

BF 4325 : Bloc Les couleurs de Marianne (F4409)

BF4325A Bloc de 13 valeurs	gomme brillante	Pho H	40
a avec TVP bleu-gris au lieu de bleu			100

BF 4605 à 4619 : Bloc Les Etoiles d'Or

Coffret de 15 valeurs	gomme brillante	Pho E22	520

4605 à 4619 : timbres avec étoiles d'or

série de 15 timbres	gomme brillante		130
série en paires	gomme brillante		300
série en blocs de 4	gomme brillante		700

CA576 : Carnet La Poste célèbre les visages de la Cinquième République

CA576 Carnet de 12 Marianne	autoadhésif	Pho H	40

BF 4764 A et B : La Ve République au fil du timbre

Bloc vertical de 12 Marianne	gomme brillante	Pho E22	
(issu d'un carnet de 14)			25
Bloc horizontal de 12 Marianne	gomme brillante	Pho E22	26

ADH BC 858B : carnet La Ve République au fil du timbre

Carnet adhésif de 14 Marianne	autoadhésif	Pho E22	30

4383 à 4396 : Feuilles 40e anniversaire
du 1er timbre émis à Périgueux

Paire Cheffer+Beaujard+logos Taille Douce	gomme brillante	15
Paire Cheffer+Beaujard+logos Typographie	gomme brillante	15
paire avec tête-bêche		50
paire non dentelée		100
paire non dentelée avec tête-bêche		250
Paire Cheffer+Beaujard+logos Sérigraphie	gomme brillante	15
Bloc 8 timbres Cheffer+Beaujard+logos héliogravure		
	gomme brillante	80

BF 4632 : Premier anniversaire de la gamme courrier rapide

Bloc Lp20g + Lv20g +Lettre en ligne	gomme brillante	Pho E22	6

Personnalisé 82 : Bloc personnalisé Cérès de 2008

Bloc de 15 timbres (2xTVP vert et 2xTVP rouge) avec personnalisation

Cérès impression Offset	gomme brillante	Pho F	60

Protégeons l'eau

4356 TVP Fête du Timbre 2010,
avec vignette attenante

	gomme brillante	Pho E22	1.7

Protégeons la Terre

4458 TVP Fête du Timbre 2011, avec vignette attenante

                                      gomme brillante   Pho E22   1.7

Le feu

4634 TVP Fête du Timbre 2012, avec vignette attenante

                                        gomme brillante   Pho E22   1.7

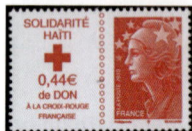

Solidarité Haïti

4352 Timbre TVP avec vignette attenante +0,44 de don

                                        gomme brillante   Pho E22   3

ADH 391 Timbre TVP avec vignette attenante +0,44 de don

                                            autoadhésif   Pho E22   4

La Lettre verte a 3 ans

BF4867A Bloc Céres+Semeuse+Beaujard+Ciappa

                                            Pho E22   9

BF4867B Feuillet Beaujard + Ciappa (issu du carnet de 14 timbres)
avec défauts d'essuyage

                                        Pho E225a   80

MARIANNE DE CIAPPA ET KAWENA
4705 : 0.01 jaune (4763)
1ère émission de 2013
Impression en taille-douce rotative

* 15/07/2013   1 barre Pho à droite

Feuille de 100 timbres

F4705-1 TD201	gomme brillante	Pho E22	0.5
F4705-2 TD205	gomme brillante	Pho E23	0.1
a sans Pho			'''
F4705-3 TD207	autoadhésif	Pho E22	0.2

4706 : 0.05 brun (4763)
1ère émission de 2013
Impression en taille-douce rotative

* 15/07/2013   1 barre Pho à droite

Feuille de 100 timbres

F4706-1 TD201 et TD202	gomme brillante	Pho E22	0.1
F4706-2 TD205	gomme brillante	Pho E23	0.1
F4706-3 TD207	autoadhésif	Pho E22	0.3

4707 : 0.10 brun clair (4764)
1ère émission de 2013
Impression en taille-douce rotative
* 15/07/2013   1 barre Pho à droite

Feuille de 100 timbres

F4707-1 TD205	gomme brillante	Pho E23	0.3
a sans Pho (un exempalire connu sur fragment)			'''
F4707-2 TD207	autoadhésif	Pho E22	0.3

4708 : 1.00 orange (4765)
1ère émission de 2013
Impression en taille-douce rotative

* 15/07/2013   2 barres Pho

Feuille de 100 timbres

F4707-1 TD205	gomme brillante	Pho E23	2.8
F4707-2 TD207	autoadhésif	Pho E22	3

4709 : 20g Ecopli 20g gris (4766)
1ère émission de 2013
Impression en taille-douce rotative

* 15/07/2013   sans Pho

Feuille de 100 timbres

F4707-1 TD205	gomme brillante	sans Pho	1.7
F4707-2 TD207	autoadhésif	sans Pho	2.8

4710 : Lettre prioritaire 20g rouge (4767)
1ère émission de 2013
Impression en taille-douce rotative

* 15/07/2013   2 barres Pho

Feuille de 100 timbres

F4710-1 TD202 et TD205	gomme brillante	Pho E23	2
F4710-2 TD207	autoadhésif	Pho E22	2.5

Roulette de 1000 timbres

R4710-1 ND vertical	gomme brillante	Pho Ec	2.2
a interruption de barres Pho			4.4
b 2 barres à gauche			40
c piquage à cheval (paire)			50x2
R4710-2 ND vertical	autoadhésif	Pho Ec	2.5
a interruption de barres Pho			5

Timbre issu de carnet

C4710-1 Carnet de 12 - Guichet	autoadhésif	Pho E23	1.8
C4710-2 Carnet de 10 - SAGEM	autoadhésif	Pho E22	R
C4710-3 Carnet de 10 - SAGEM	autoadhésif	Pho Ec	2
C4710-4 Carnet de 20 - DAB	autoadhésif	Pho Ec	1.8
a interruption de barres Pho haut ou bas			4

Carnets

CA625 Le premier timbre 3D	autoadhésif	Pho Ec	24
CA626 Le portail du timbre	autoadhésif	Pho Ec	24
CA627 Le livre de l'année 2013	autoadhésif	Pho Ec	24
a Prédécoupe décalée à droite			600
CA628 Le Carré d'Encre 2013	autoadhésif	Pho Ec	24
CA629 La Francophonie 2014	autoadhésif	Pho Ec	24
CA630 Le premier timbre 3D SAGEM	autoadhésif	Pho Ec	24
CA630FLe premier timbre 3D SAGEM	autoadhésif	Pho E22	R
CA630A Les beaux timbres	autoadhésif	Pho Ec	24
CA630BMonTimbraMoi DAB	autoadhésif	Pho Ec	40
CA630C MonTimbraMoi SAGEM	autoadhésif	Pho Ec	22
a Erreur de date 57/10/14 au lieu de 27/10/14			60
b Date à droite			30
c Barres Pho sur dos couverture et carré Pho sur marge de droite			30
CA630D Personnalisant vos timbres avec photos 2014			
	autoadhésif	Pho Ec	22
CA630EGrand jeu timbres à gratter 2014	autoadhésif	Pho Ec	22
CA630FMonTimbraMoi Guichet	autoadhésif	Pho Ec	25
CA630G La boutique Web	autoadhésif	Pho Ec	22
CA631 La boutique du timbre 2013	autoadhésif	Pho Ec	22
CA632 Le premier timbre 3D DAB 2013	autoadhésif	Pho Ec	40
a 1 barre à droite tenant à 2 barres à droite			350
CA632A Francophonie 2015	autoadhésif	Pho Ec	22
CA632BLa Poste Aérienne	autoadhésif	Pho Ec	22
CA632C Les beaux timbres	autoadhésif	Pho Ec	22
CA632D Le livre des timbres 2015	autoadhésif	Pho Ec	22
CA632EProgramme philatélique d'Andorre DAB			
	autoadhésif	Pho Ec	40

4711 : Europe 20g bleu (4768)
1ère émission de 2013
Impression en taille-douce rotative

* 15/07/2013   2 barres Pho

Feuille de 100 timbres

F4711-1 TD202 et TD205	gomme brillante	Pho E23	2.3
a sans Pho (tir. 08.07.14 sur TD205)			""
b sans Pho tàn (tir. 18.03.14 sur TD205)			""
F4711-2 TD207	autoadhésif	Pho E22	2.8

Roulette de 1000 timbres

R4711-1 ND vertical	gomme brillante	Pho Ec	2.3
a interruption de barres Pho			5
b 2 barres à gauche et piquage à cheval vertical (paire)			60x2
R4711-2 ND vertical	autoadhésif	Pho Ec	2.8
a interruption de barres Pho			6

Timbre issu de carnet

C4711-1 Carnet de 12 - Guichet	autoadhésif	Pho E23	3

Carnets

CA633 Postexport	autoadhésif	Pho Ec	29

4712 : Monde 20g violet (4769)
1ère émission de 2013
Impression en taille-douce rotative

* 15/07/2013   2 barres Pho

Feuille de 100 timbres

F4712-1 TD202 et TD205	gomme brillante	Pho E23	2.7
F4712-2 TD207	autoadhésif	Pho E22	3

4713 : Lettre prioritaire 50g vieux-rose (4771)
1ère émission de 2013
Impression en taille-douce rotative

* 15/07/2013   2 barres Pho

Feuille de 100 timbres

F4713-1 TD201 et TD202	gomme brillante	Pho E22	2.7
F4713-2 TD205 et TD202	gomme brillante	Pho E23	2.7
F4713-3 TD207	autoadhésif	Pho E22	3.2

4714 : Lettre prioritaire 100g lilas (4772)
1ère émission de 2013
Impression en taille-douce rotative

* 15/07/2013   2 barres Pho

Feuille de 100 timbres

F4714-1 TD202	gomme brillante	Pho E22	10
F4714-2 TD205	gomme brillante	Pho E23	4.3
F4714-3 TD207	autoadhésif	Pho E22	5

4715 : Lettre prioritaire 250g brun (4773)
1ère émission de 2013
Impression en taille-douce rotative

* 15/07/2013   2 barres Pho

Feuille de 100 timbres

F4715-1 TD202	gomme brillante	Pho E23	12
F4715-2 TD205	gomme brillante	Pho E22	7
a Piquage à cheval (paire)			15x2
F4715-3 TD207	autoadhésif	Pho E22	7.5

4716 : Lettre verte 20g vert (4774)
1ère émission de 2013
Impression en taille-douce rotative

* 15/07/2013   1 barre Pho à droite

Feuille de 100 timbres

F4716-1 TD205 et TD202	gomme brillante	Pho E23	1.7
F4716-2 TD207	autoadhésif	Pho E22	1.8

Roulette de 1000 timbres

R4716-1 ND vertical	gomme brillante	Pho Ec	1.7
a interruption de barres Pho			4
b piquage à cheval (paire)			50x2
R4716-2 ND vertical	autoadhésif	Pho Ec	1.8
a interruption de barres Pho			4.5

Timbre issu de carnet

C4716-1 Carnet de 12 - Guichet	autoadhésif	Pho Ec	1.7
C4716-2 Carnet de 10 - SAGEM	autoadhésif	Pho Ec	2
C4716-3 Carnet de 20 - DAB	autoadhésif	Pho Ec	1.7
CA4716-x Carnet autoadhésif			
a sans Pho (un exemplaire connu sur fragment)			""

Carnets

CA634 Le timbre vert 2013	21
CA635 Le timbre vert SAGEM 2013	19
CA636 PAP prestige 2014	21
CA637 Salon Planète-timbres 2014	21
CA638 Les beaux timbres en ligne	21
CA639 Choisissez le timbre vert 2014	21
CA640 Nouvel ane chinois - la chèvre 2014	21
CA641 Les timbres de l'année - L'album 2014	21
CA642 Découvrez la collection jeunesse	21
CA643 Découvrez les PAP festifs	21
CA644 Envie de savoir plus sur un timbre ?	21
CA645 www.laposte.fr	21
CA646 Timbres des TAAF SAGEM	21
CA647 Je collectionne, je m'abonne	21
CA648 ID Timbre	21
CA649 Année du singe	21

4717 : Lettre verte 50g vert-jaune (4775)
1ère émission de 2013
Impression en taille-douce rotative

* 15/07/2013   1 barre Pho à droite

Feuille de 100 timbres

F4717-1 TD201 et TD202	gomme brillante	Pho E22	6
F4717-2 TD205	gomme brillante	Pho E23	2.5
F4717-3 TD207	autoadhésif	Pho E22	2.8
F4717-x TD20x	gomme brillante		
a sans Pho (un exemplaire connu sur lettre)			"."

4718 : Lettre verte 100g vert foncé (4776)
* 15/07/2013
Impression en taille-douce rotative

* 1/09/2013   1 barre Pho à droite

Feuille de 100 timbres

F4718-1 TD201	gomme brillante	Pho E22	8
F4718-2 TD205	gomme brillante	Pho E23	3.5
F4718-3 TD207	autoadhésif	Pho E22	4.5

4719 : Lettre verte 250g vert noir (4777)
1ère émission de 2013
Impression en taille-douce rotative

* 15/07/2013   1 barre Pho à droite

Feuille de 100 timbres

F4718-2 TD205	gomme brillante	Pho E23	6
F4718-3 TD207	autoadhésif	Pho E22	7

4930 : Europe 20g bleu Datamatrix (4975)
2ème émission de 2015
Impression en taille-douce rotative

* 1/09/2015   2 barres Pho

Feuille de 100 timbres

F4930-1 TD201 et TD205	gomme brillante	Pho E24	2,3
F4930-2 TD207	autoadhésif	Pho E24	2,8

Timbre issu de carnet

C4930-1 Carnet de 6 - Guichet	autoadhésif	Pho Ec	3
a avec interruption de Pho			4

Carnets

CA649 Pour vos envois à l'international	autoadhésif	Pho E24	27
a avec interruption de Pho			30

4931 : Monde 20g violet Datamatrix (4976)
2ème émission de 2015
Impression en taille-douce rotative

* 1/09/2015   2 barres Pho

Feuille de 100 timbres

F4931-1 TD205	gomme brillante	Pho E24	2,7
F4931-2 TD207	autoadhésif	Pho E24	3

4970 : Lettre prioritaire rouge (5016)
3ème émission de 2016 sans grammage
Impression en taille-douce rotative

* 1/01/2016   2 barres Pho

Feuille de 100 timbres

F4970-1 TD205	gomme brillante	Pho E23
F4970-2 TD207	autoadhésif	Pho E22 2,

Roulette de 1000 timbres

R4970-1 ND vertical	gomme brillante	Pho Ec	2,
a interruption de barres Pho		Pho Eci	4,
R4970-2 ND vertical	autoadhésif	Pho Ec	2,
a interruption de barres Pho		Pho Eci	

Timbre issu de carnet

C4970-1 Carnet de 12 - Guichet	autoadhésif	Pho E23	1,
C4970-3 Carnet de 10 - SAGEM	autoadhésif	Pho Ec	1,
a interruption de barres Pho		Pho Eci	
C4970-5 Carnet de 20 - DAB	autoadhésif	Pho Ec	1,
a interruption de barres Pho		Pho Eci	

Carnets

C650 Nouveau tarif 2016	autoadhésif	Pho E23	2
C651 Paris Philex 2016	autoadhésif	Pho E23	2
C652 Nouveau tarif 2016 SAGEM	autoadhésif	Pho Ec	2
a interruption de barres Pho			4
C653 Nouveau tarif 2016 DAB	autoadhésif	Pho Ec	4
a interruption de barres Pho			4

4971 : Lettre verte vert (5015)
3ème émission de 2016
Impression en taille-douce rotative

* 1/01/2016   1 barre Pho à droite

Feuille de 100 timbres

F4971-1 TD205	gomme brillante	Pho E23	1,
F4971-2 TD207	autoadhésif	Pho E22	1,

Roulette de 1000 timbres

R4971-1 ND vertical	gomme brillante	Pho Ec	1,
a interruption de barres Pho		Pho Eci	
R4971-2 ND vertical	autoadhésif	Pho Ec	1,
a interruption de barres Pho		Pho Eci	4,

Timbre issu de carnet

C4971-1 Carnet de 12 - Guichet	autoadhésif	Pho Ec	1,
a interruption de barres Pho		Pho Eci	3,
C4971-3 Carnet de 10 - SAGEM	autoadhésif	Pho Ec	1.
a interruption de barres Pho		Pho Eci	
b barre Pho à gauche		Pho Ec	
c barre Pho à gauche		Pho Eci	2

Carnets

C654 Nouveau tarif 2016 Guichet	autoadhésif	Pho Ec	2
a interruption de barres Pho		Pho Eci	4
C655 Nouveau tarif 2016 SAGEM	autoadhésif	Pho Ec	2
a interruption de barres Pho		Pho Eci	4
b barre Pho à gauche		Pho Ec	6
c barre Pho à gauche		Pho Eci	10

4972 : Europe bleu Datamatrix (5019)
3ème émission de 2016
Impression en taille-douce rotative

* 1/01/2016   2 barres Pho

Feuille de 100 timbres			
F4972-1 TD205	gomme brillante	Pho E24	2,3
F4972-2 TD207	autoadhésif	Pho E24	2,8

Timbre issu de carnet			
C4972-1 Carnet de 6 - Guichet	autoadhésif	Pho Ec	3
a interruption de barres Pho		Pho Eci	5

Carnets			
C656 Pour vos envois à l'international	autoadhésif	Pho Ec	27
a interruption de barres Pho		Pho Eci	35

4973 : Monde violet Datamatrix (5020)
3ème émission de 2016
Impression en taille-douce rotative

* 1/01/2016   2 barres Pho

Feuille de 100 timbres			
F4973-1 TD205	gomme brillante	Pho E24	2,7
F4973-2 TD207	autoadhésif	Pho E24	3

4974 : Ecopli gris (5014)
3ème émission de 2016
Impression en taille-douce rotative

* 1/01/2016   sans Pho

Feuille de 100 timbres			
F4974-1 TD205	gomme brillante	sans Pho	1,7
F4974-2 TD207	autoadhésif	sans Pho	2,8

POSTE AERIENNE
récapitulatif

Ces timbres sont normalement intégrés dans la partie timbres-poste. On y trouvera tous les détails des fiches techniques, variétés, cotes sur lettre, épreuves, etc.

1920 ✈ *- Précurseur "Guynemer".*

	✩✩	✩	⊙
✈ Précurseur Guynemer	35	20	20
centrage **parfait**	49	28	28
✈ Précurseur Guynemer sch	50	30	30
centrage **parfait**	70	42	42

1927 ✈ *- Merson surchargés*

✈ 1 Merson 2f surchargé	550	275	275
centrage **parfait**	1 100	550	550
✈ 2 Merson 5f surchargé	550	275	275
centrage **parfait**	1 100	550	550

1928 ✈ *- Marcelin Berthelot et Pasteur, surchargés =10f afin de payer la surtaxe du transport par hydravion catapulté depuis le paquebot "Ile de France".*

✈ 3 Berthelot "Ile de France"	4 300	3 000	2 250
centrage **parfait**	5 100	3 600	2 700
✈ 4 Pasteur "Ile de France"	17500*	13 200	11 000
centrage **parfait**	21 000	15 840	13 200

*Prix atteint chez Roumet (544ème VSO) €8 938.

✈ 4A Aéro-poste "Ile de France"	200
non dentelé	125

1930-31 ✈ *- Avion survolant le port de Marseille.*

✈ 5 1f 50 carmin	48	25	
✈ 6b 1f 50 outremer	145	65	2
centrage **parfait**	160	72	2

✈ 5A EIPA 30, carmin	5 500	3 750	5 00
centrage **parfait**	6 000	4 150	5 50
✈ 6A EIPA 30, outremer	865	565	46
centrage **parfait**	975	625	52

✈ 6 1f 50 bleu	48	23	3

1934 ✈ *- 25ème anniv. de la 1ère traversée de la Manche en avion par Louis Blériot le 25 juillet 1909.*

✈ 7 2f 25 Monoplan de Blériot	48	24	

1936 ✈ *- Avion survolant Paris.*

✈ 8 85c vert foncé	10	3	2,5
✈ 9 1f 50 bleu	23	12	6

✈10 2f 25 violet   40   23   8

✈11 2f 50 rose carminé   52   32   9

✈12 3f outremer   45   30   2,5

✈13 3f 50 brun-jaune   130   80   27

Série ✈8 à 13 (6 timbres)   300   180   55

✈14 50f vert clair   2 200   1 000   400
        centrage **parfait**   2 420   1 100   440

1936 ✈ - *Avion survolant Paris, burelé.*

✈15 50f burelé   1700   800   385
        centrage **parfait**   1870   880   425

✈15A ⊠ 100f burelé, non émis   12 000

1946-47 ✈ - *Série mythologique.*

✈16 40f Centaure   0,7   0,5   0,3

✈17 50f Iris   0,8   0,5   0,3

✈18 100f Egine enlevée par Jupiter   8,5   4,5   1,4

✈19 200f Apollon sur le char du soleil   7   3,5   2

Série ✈16 à 19 (4 timbres)   17   9   4

1947 ✈ - *12ème congrès de l'Union Postale Universelle.*

✈20 500f Ponts de Paris   62   38   62

1948 ✈ - *Héros de l'aviation française.*

✈21 50f+30f A. de St-Exupéry   3,5   2   3

✈22 100f+70f Jean Dagnaux   4,5   2,5   3,5

1948 ✈ - *50ème ann. du vol de l'avion de Clément Ader.*

✈23 40f+10f Avion de C. Ader .... 2 ..... 1 1,5

1949 ✈ - *Vues stylisées des villes de France.*

✈24 100f Lille .... 1,5 .... 1 0,5
✈25 200f Bordeaux .... 15.5 .... 8 1

✈26 300f Lyon .... 20 .... 12 12
✈27 500f Marseille .... 73 .... 39 6,5
Série ✈24 à 27 (4 timbres) .... 110 .... 60 20

1949 ✈ - *Congrès International de Télégraphie et de Téléphonie.*

✈28 100f Pont Alexandre III .... 7,5 .... 5 7

1950 ✈ - *Vues stylisées des villes de France.*

✈29 1000f Paris .... 175 .... 100 .... 3.

1954 ✈ - *Prototypes.*

✈30 100f Mystère IV .... 3 ..... 2 .... 0,.
✈31 200f Noratlas .... 12 ..... 6 .... 0,.

✈32 500f Fouga Magister .... 230 .... 100 .... 1.
✈33 1000f Provence .... 130 .... 62 .... 18,.
Série ✈30 à 33 (4 timbres) ...... 375 .... 170 .... 3.

1955 ✈ - *Aviatrice Maryse Bastié (1898-1952).*

✈34 50f Maryse Bastié 7 4

1957-59 ✈ - *Prototypes.*

✈35 300f MS 760 Paris 7 4

⊁36 500f Caravelle   28   17   4
⊁37 1000f Alouette   60   34   23

960 ✈ - *Prototypes (reprise des anciennes valeurs avec faciales en nouveaux francs).*

	☆☆	⊙
⊁38 2,00 Noratlas	1,5	0,2
⊁39 3,00 MS 760 Paris	1,5	0,2

⊁40 5,00 Caravelle   3   0,9
⊁41 10,00 Alouette   14   2,7
Série ⊁38 à 41 (4 timbres)   20   4

965 ✈ - *Dassault "Mystère 20".*

⊁42 2,00 Mystère 20   1   0,2

969 ✈ - *1ᵉʳ vol du Concorde.*

⊁43 1,00 1ᵉʳ vol du Concorde   1   0,5
⊁43A 0,95 1ᵉʳ vol du Concorde, non émis   26 500

1970 ✈ - *Aviateurs célèbres.*

⊁44 20,00 J. Mermoz & A. de St-Exupéry   10   0,7
d - paire avec pont (issue des f 10)   40
e - paire horizontale (issue des f 25)   35

1971 ✈ - *100ᵉᵐᵉ ann. de la poste par ballons montés.*   **1971** ✈ - *Aviateurs célèbres.*

⊁45 0,95 Ballons montés   1   0,7
⊁46 5,00 D. Daurat & R. Vanier   2,3   0,2

1972 ✈ - *Aviateurs célèbres.*

⊁47 10,00 H. Boucher & M. Hilsz   4,5   0,5

1973 ✈ - *Aviateurs célèbres. Taille-douce (f 25).*

⊁48 15,00 Guillaumet & Codos   7   1

1976 ✈ - *Mise en service du Concorde sur la ligne Paris - Rio de Janeiro.*

⊁49 1,70 Concorde Paris - Rio   1   0,5

1977 ✈ - *50ème anniversaire de la traversée de l'Atlantique Nord par Charles Lindbergh (1902-1974) en 1927 et de la disparition de Nungesser et Coli cette même année.*

✈ **50** 1,90 Lindbergh, Nungesser et Coli   1   0,5

1978 ✈ - *50ème anniv de la 1ère liaison postale par avion entre Villacoublay et Pauillac.*

✈ **51** 1,50 Liaison Villacoublay-Pauillac   0,8   0,5

1979 ✈ - *Salon international de l'Aéronautique et de l'espace.*

✈ **52** 1,70 Salon aéronautique   1   0,8

1980 ✈ - *1ère traversée Paris New York sans escale par Costes & Bellonte en 1930.*

1981 ✈ - *Salon intᵉˡ de l'Aéronautique et de l'espace.*

✈ **53** 2,50 Paris-New York   1,2   0,4
✈ **54** 2,00 Mirage 2000   1,5   0,5

1981 ✈ - *Costes et Le Brix, 1ère traversée de l'Atlantique Sud sans escale.*

✈ **55** 10,00 Costes et Le Brix   4,5   0,5

1982 ✈ - *Hydravion Laté 300 "Croix du Sud".*

✈ **56** 1,60 Hydravion "Croix du Sud"   1   0,5

1984 ✈ - *Aviation civile de l'entre-deux guerres.*

✈ **57** 15,00 Farman F 60 "Goliath"   7   1
a - papier couché, impression fine (1987)   9   2

1985 ✈ - *Aviation civile de l'entre-deux guerres.*

✈ **58** 20,00 Hydravion CAMS 53   9   1
a - impression partiellement détruite t. à normal   350
b - papier couché, impression fine (1987)   12   2

1986 ✈ - *Aviation civile de l'entre-deux guerres.*

✈59 30,00 **Wibault 283** — 14 2
- papier couché, impression fine (1992) — 18 4

1987 ✈ - *Aviation civile de l'entre-deux guerres.*

✈60 50,00 **Dewoitine 338** — 23 6

1997 ✈ - *Bréguet XIV.*

✈61 20,00 **Bréguet XIV (dt 13x12½)** — 8 2
a - dentelé 13x13½ de feuille de 40 — 40 7
b - dentelé 13x13½ de feuille de 10 — 12 4
c - le feuillet de 10 — 120

1998 ✈ - *Potez 25.*

✈62 30,00 **Potez 25** — 13 3
a - dentelé 13x13½ au lieu de 13x12½ — 17 5
b - le feuillet de 10 — 170

1999 ✈ - *Airbus A300-B4 de l'Aéropostale.*

✈63 15,00 **Airbus A300-B4** — 7 2
a - dentelé 13x13½ au lieu de 13x12½ — 20 4
b - le feuillet de 10 — 200

2000 ✈ - *Couzinet 70.*

✈64 50,00 **Couzinet 70** — 23 8
a - dentelé 13x13½ au lieu de 13x12½ — 30 10
b - le feuillet de 10 — 300

2002 ✈ - *1er vol de l'Airbus A300, le 28 octobre 1972.*

✈65 3,00€ **Airbus A300** — 9 2
a - avec bdf du feuillet de 10 — 12 3
b - le feuillet de 10 — 120

2003 ✈ - *Jacqueline Auriol (1917-2000).*

✈66 4,00€ **Jacqueline Auriol** — 12 3
a - avec bdf du feuillet de 10 — 15 4
b - le feuillet de 10 — 150

2004 ✈ - *Marie Marvingt (1875-1963).*

✈67 5,00€ **Marie Marvingt** — 15 180
a - avec bdf du feuillet de 10 — 18 4
b - le feuillet de 10 — 4

2005 ✈ - *Adrienne Bolland (1895-1975).*

68 2,00€ Adrienne Bolland   **6**   **2**
a - avec bdf du feuillet de 10   7,5   2
b - le feuillet de 10   75

2006 ✈ - *Airbus A 380.*

69 3,00€ Airbus A 380   **9**   120   3
a - avec bdf du feuillet de 10   12   **2**
b - le feuillet de 10 bdf   120

2007 ✈ - *100ième anniversaire de l'hélicoptère.*

70 3,00€ Hélicoptère EC130   **9**   **2**
a - avec bdf du feuillet de 10   12   3
b - le feuillet de 10   120

2008 ✈ - *Patrouille de France.*

71 3,00€ Patrouille de France   **9**   **2**
a - avec bdf du feuillet de 10   12   3
b - le feuillet de 10   120

2009 ✈ - *Traversée de la Manche.*

72 2,00€ Bleriot   **6**   **2**
a - avec bdf du feuillet de 10   8   2
b - le feuillet de 10   80

2010 ✈ - *Premier vol en hydravion.*

73 3,00€ Fabre   **9**   **2**
a - avec bdf du feuillet de 10   12   2
b - le feuillet de 10 bdf   120

2011 ✈ - *Centenaire de la première liaison aéropostale - H. Péquet.*

74 2,00€ Henri Péquet   **6**   **2**
a - avec bdf du feuillet de 10   8   2
b - le feuillet de 10   80

2012 ✈ - *Première liaison postale Nancy-Lunéville.*

75 3,00 € 1ère liaison postale Nancy Lunéville   **9**   **2**
a - avec bdf du feuillet de 10   12   3
b - le feuillet de 10   120

2013 ✈ - *Centenaire saut en parachute.*

76 2,55 € Adolphe Pégoud   **7,5**   **2**
a - avec bdf du feuillet de 10   9   2,5
b - le feuillet de 10   90

2013 ✈ - *Première traversée de la Méditerranée.*

FRANCE 3,40 €

POSTE AÉRIENNE

1ᵉʳ TRAVERSÉE MÉDITERRANÉE 1913 ROLAND GARROS

✈ **77 3,4 € Roland Garros**	**10,5**	**2**	
a - avec bdf du feuillet de 10	13	3	
b - le feuillet de 10	130		

2014 ✈ - *Caroline Aigle (1874-2007) pilote militaire.*

Caroline Aigle 1974-2007

POSTE AÉRIENNE

FRANCE 3,55 €

✈ **78 3,55 € Caroline Aigle et Mirage 2000.5**	**10**	**2**	
a - avec bdf du feuillet de 10	13	2	
b - le feuillet de 10	130		

2015 ✈ - *Gaston Caudron (1882-1915)*
mixte Offset/Taille-douce – 15 juin (f40)

FRANCE 4,10 €

Poste aérienne 2015

Gaston Caudron 1882 - 1915

✈ **79** (PA79) Portrait devant biplan		**12**	**4**	**6**
a - le feuillet de 10		**123**		

2016 ✈ - *Edouard Nieuport 1876-1911 mixte offset/*
Taille douce
10 juin – Bloc feuillet de 10 timbres avec marges illustrées

FRANCE EDOUARD NIEUPORT (1875-1911) 4,80 €

✈ **80**	4,80 € Edouard Nieuport	**12**	**4,8**	**7**
	le bloc feuillet de 10 timbres	**130**		

BLOCS SPÉCIAUX

La faiblesse des tirages fait que la présence éventuelle d'une charnière importe peu.

Note: Ne pas confondre ces blocs avec les épreuves de luxe (toujours non dentelées), dont la présentation est très proche.

☆☆

BF 1 Fragonard et musée postal (tirage:12)		3 700
BF 2 Alfred Fournier (tirage:14)		1 400
BF 3 Armoiries 1946 (Corse, ...) (tirage: 13)		1 350
BF 4 Conférence de Paris (tirage: 1 000)		650
BF 5 Célébrités 1946 (Charles VII) (tirage:13)		1 800
BF 6 Série cathédrales de 1947 (tirage:13)		1 800

BF 7 Congrès de l'U. P. U. (tirage:20)		1 800
non dentelé (tirage: 200)		1 350
BF 8 Célébrités 1948 (Affre) (tirage: 14)		1 800
BF 9 Touristiques 1947-48 (Conques, ...) (tirage: 14)		1 350
BF 10 Nations-Unies (Palais de Chaillot) (tirage:400)		650
BF 11 Paul Langevin et Jean Perrin (tirage: 14)		1 500
BF 12 Série des métiers de 1949 (tirage: 14)		1 500
BF 13 100ème anniversaire du timbre (tirage: 15)		4 200
BF 14 Armoiries 1949 (Bourgogne, ...) (tirage: 15)		1 350
BF 15 Touristiques 1949 (Comminges, ...) (tir: 15)		1 350
BF 16 Congrès du C.I.T.T. (tirage: 15)		1 800
BF 17 75ème anniversaire de l'U.P.U. (tirage: 16)		2 600
BF 18 Célébrités 1949 (Turgot) (tirage: 15)		1 500
BF 19 Fontaine de Bouchardon (saisons) (tirage: 15)		1 500
BF 20 Célébrités 1950 (Hoche) (tirage: 16)		1 500

BF 21 Mme de Sévigné et Mme Recamier (tirage: 16)		1 50
BF 22 Croix-Rouge (Brongniart, l'amour) (tir: 16)		2 00
BF 23 Touristiques 1950-51 (Châteaudun, ...) (tir: 16)		1 35
BF 24 Célébrités 1951 (Napoléon) (tirage: 16)		1 55
BF 25 Armoiries 1951 (Artois, ...) (tirage: 16)		1 35
BF 26 Poètes symbolistes (tirage: 16)		1 75
BF 27 Nations-Unies (tirage: 20)		1 75
BF 28 Croix-Rouge 1951 (enfant royal, ...) (tir: 17)		1 85
BF 29 Touristiques 1951-52 (Arbois, ...) (tirage: 17)		1 35
BF 30 Narvik et Bir-Hakeim (tirage: 17)		1 35
BF 31 Vaucouleur et Viaduc de Garabit (tirage: 17)		1 50
BF 32 Célébrités 1952 (Thiers) (tirage: 17)		1 50
BF 33 Croix-Rouge 1952 (bassin de Diane) (tir: 18)		1 80
BF 34 Leclerc (général et maréchal) (tirage: 18)		1 50
BF 35 Célébrités 1953 (Lyautey) (tirage: 18)		1 50
BF 36 Armoiries 1953 (Picardie, ...) (tirage: 18)		1 35
BF 37 Théâtre français (tirage: 18)		1 30
BF 38 Armoiries 1953 (Gascogne et Berry) (tir: 18)		1 30
BF 39A & B Jeux Olympiques (2 blocs) (tirage: 18)		2 60
BF 40 Croix-Rouge 1953 (Vigée -Le Brun, ...) (tir: 18)		2 25
BF 41A & B Productions de luxe (2 blocs) (tir: 18)		2 20
BF 42A & B Touristiques 1954 (Lourdes, ...) (2 bl) (tir: 19)		2 10
BF 43 Libération, Leclerc, De Lattre (tirage: 19)		1 50
BF 44 Versailles (par Utrillo) (tirage: 19)		1 30

BF 45 Célébrités 1954 (Valery) (tirage: 19)		1 50
BF 46 Armoiries 1954 (Maine, ...) (tirage: 19)		1 30
BF 47 Croix-Rouge 1954 (Maternité, ...) (tirage: 20)		1 80
BF 48 Marianne de Muller (tirage: 22)		1 65
BF 49A & B Inventeurs 1955 (Le Bon, ...) (2 blocs) (tirage: 20)		1 80
BF 50 Célébrités 1955 (Renoir) (tirage: 21)		1 50
BF 51A & B Touristiques 1955 (Rég. bordelaise) (2 blocs) (tirage: 21)		1 80
BF 52 Armoiries 1955 (Comté de Foix, ...) (tir: 21)		1 30
BF 53 Croix-Rouge 1955 (enfant à la cage, ...) (tir: 22)		1 30

BF 54 Colonel Driant, Verdun (tirage: 22)   1 200
BF 55 Inventeurs 1956 (Fabre, …) (tirage: 22)   1 300
BF 56 Célébrités 1956 (Ravel) (tirage: 22)   1 500
BF 57 Sports (tirage: 22)   1 800
BF 58 Europa 1956 (tirage: 22)   6 200
BF 59 Réalisations techniques (tirage: 22)   1 300
BF 60 Personnages étrangers (Van Gogh) (tir: 22)   1 600

Poste aérienne

BF 61 Croix-Rouge 1956 (jeune paysan, …) (tir: 22)   1 750
BF 62 Inventeurs 1957 (Planté, …) (tirage: 22)   1 050
BF 63 Héros de la résistance (Moulin, …) (tirage: 22)   1 300
BF 64A & B Célébrités 1957 (J. Guesde) (2 blocs) (tirage: 22)   1 500
BF 65 Moissonneuse (tirage: 22)   1 300
BF 66A à D Touristiques 1957 (Le Quesnoy, …) (4 blocs) (tir: 22)   3 000
BF 67 Europa 1957 (tirage: 22)   2 400
BF 68A & B Pers. étrangers (Goethe) (2 blocs) (tirage: 22)   2 000
BF 69 Croix-Rouge 1957 (Oeuvres de Callot) (tir: 22)   1 500
BF 70 Médecins (tirage: 22)   1 350
BF 71 Savants (tirage: 22)   1 350
BF 72 Villes reconstruites (tirage: 22)   1 300
BF 73 Héros de la résistance (Cavaillès, …) (tir: 22)   1 300
BF 74 Jeux traditionnels (tirage: 21)   1 500
BF 75 Célébrités 1958 (Toulouse-Lautrec) (tir: 21)   1 350
BF 76 Europa 1958 (tirage: 35)   2 000
   non dentelé (tirage: 20)   2 700
BF 77 U.N.E.S.C.O. (tirage: 20)   1 600
BF 78 Armoiries 1958 (Marseille, …) (tirage: 20)   1 350
BF 79 Croix-Rouge 1958 (St V. de Paul, …) (tir: 20)   1 600
BF 80 Héros de la résistance (5 martyrs, …) (tir: 20)   1 300
BF 81 Réalisations techniques (tirage: 20)   1 150
BF 82 Célébrités 1959 (Bartholdi) (tirage: 20)   1 300
BF 83 Europa 1959 (tirage: 20)   1 700
BF 84 Croix-Rouge 1959 (Ch. M. de l'Epée, …) (tir: 20)   1 600
BF 85 Télécommunications spatiales (1962) (tir: 400)   800
BF 86 U.I.T. (1965) (tirage: 300)   1 050
BF 87 Lancement du satellite D1 (1965) (tirage: 400)   1 050
BF 88 Marianne de Cheffer (1967) (tirage: 300)   1 350
BF 89 Comptes courants postaux (1968) (tirage: 300)   800

BF 1 Série mythologique (tirage:13)   2 250
BF 2 Congrès de l'U.P.U. (tirage:20)   2 500
   non dentelé (tirage: 200)   1 250
BF 3 Saint-Exupéry, Dagnaux (tirage: 15)   2 000
BF 4 Saint-Exupéry, Dagnaux, Ader (tirage: 15)   2 000
BF 5 Villes stylisées (tirage:15)   2 150
BF 6 Pont Alexandre III (C.I.T.T.) (tirage:14)   2 150

BF 7 Prototypes (tirage:18)   2 550
BF 8 Caravelle (tirage: 20)   2 150

Timbres de Service

BF 1 Conseil de l'Europe (tirage: 20)   2 000

BANDES PUBLICITAIRES ET PAIRES VERTICALES

*Les paires verticales et les doubles publicités sont toujours données dans l'ordre **haut - bas**.*

Les cotes sont réparties en 4 colonnes:
1ère colonne: neuf ** sans charnière
2ème colonne: neuf * avec charnière légère
3ème colonne: oblitéré (période d'afft)
4ème colonne: oblitéré sur ✉ (période d'afft)
(afft cpsée: tbre le plus cher sur ✉ + autres tbres oblitérés)
Blocs de 10 de carnet = somme des bandes de 5 ou
paire verticale x5,5

Paire verticale avec bords blancs — *bande publicitaire (bande supérieure)* — *avec double publicité*

pli accordéon — *dt ten à nd, p' Vouvray + Sanglier* — *pub dent ten à nd, Ricklès + Barbès* — *impression dépouillée*

Bdes de 5: *Pubs pouvant poser un problème d'identification.*

"Olibet (texte)" (21a)
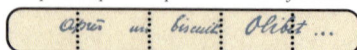

"Olibet (texte)" (21a)
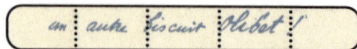

"M. Digeaux" (30Aa, 31Ca, 127Ba)

"Rolland" (38a)

"Urodonal" (52a, 68a)

"Gyraldose" (51a, 61a)
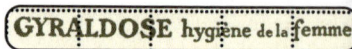

"Phénix" (99a, 123a)

"Phénix" (99a, 123a)

"Provins" (bde sup 101a)

"Provins" (bde inf 101a)

"Quinzaine Phil" (102b,c)

"Quinzaine Phil" (102b,c)

"Poste (CCP)" (129a ↦ 251a)

"Champigneules" (bde sup 146a)

"Champigneules" (bde inf 146a)

"Gallia" (151a)

"Phila Gallia" (155a)

"Phila Gallia" (155a)
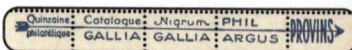

"Poste" (—)

"Poste" (—)

"Poste" (—)
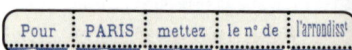

"Provins" (285a)

"Ch. Thierry" (293a)

Blanc
5c vert au type IB
(paire verticale avec bords blancs)

	☆☆	☆	◉	▣
▢ **1 Paire vert**ale **avec bords blancs**	110	80	60	135

Semeuse lignée
15c vert au type V, papier GC
(paire verticale avec bords blancs)

▢ **2 Paire vert**ale **av bords blancs (GC)**	**80**	**40**	**30**	**85**
a - paire verticale, papier blanchâtre	140	90		
non dentelé	1 500	900		
b - paire verticale, papier X	1 000	600		
c - piquage à cheval, papier GC	350	230		

Semeuse chiffres maigres
10c rouge au type III
(paire verticale avec bords blancs)

▢ **3 Paire vert**ale **avec bords blancs**	**80**	**40**	**30**	**85**
a - tbre très contrasté (semeuse blanche)	95	50	40	

Semeuse camée
5c vert, type I
(paire verticale avec bords blancs)

▢ **4 Paire vert**ale **avec bords blancs**	**42**	**25**	**18**	**45**

Type IIA (paire verticale avec bords blancs)

▢ **5 Paire vert**ale **avec bords blancs**	**20**	**12**	**12**	**35**
non dentelé	325	215		
a - paire verticale, papier GC blanc	40	30	22	
b - paire verticale, papier GC chamois	35	22	17	
c - paire verticale, papier X	700	490		
d - paire verticale, impr incomplète	350	230		
e - piquage à cheval (papier GC)	185	120		

Semeuse camée
10c rouge, type IC (chiffres gras)
(paire verticale avec bords blancs)

▢ **6 Paire vert**ale **avec bords blancs**	**70**	**38**	**25**	**75**
non dentelé	700	500		
a - paire verticale, papier GC	425	300		
b - paire verticale, papier X	1 000	580		
c - types IC & IA se tenant, paire vert**ale**	200	125		
d - types IC & IA se tenant, p' vert**ale** GC	1 250	800		
e - types IC & IA se tenant, p' vert**ale** X	2 500	1 850		

Type II (bande horizontale de 3 av bords blancs)

▢ **7 Bande de 3 avec bords blancs**	**320**	**190**	**175**	
a - bande de trois, papier X	400	240		
b - bloc de 6 de carnet	650	455	425	
c - bloc de 6 de carnet, papier X	800	560		

Semeuse camée
25c bleu, type IB
(paire verticale avec bords blancs)

▢ **8 Paire vert**ale **avec bords blancs**	**725**	**475**

*Type II (paire vert**ale** avec bords blancs et bandes publicitaires)*

▢ **9 Paire vert**ale**, bords blancs** (60mm)	**125**	**75**	**45**	**110**
non dentelé	375	245		
a - hauteur de 72mm au lieu de 60mm	160	95	60	140
b - piquage oblique par pliage (60mm)	600	420	375	1 100

▢ **10 Publicité "Amourette"**	**230**	**140**	**45**	**185**
a - bande de cinq avec texte complet	1 150	875		

▢ **11 "Annales"**	**120**	**70**	**20**	**90**
a - bande de cinq avec texte complet	660	480		
b - ‖ Annales + Olibet	265	160	80	
c - ‖ Annales + Rozan	285	185	95	
d - impr recto-verso ‖ Annales + Rozan	1 150	775		

▢ **12 "Bernot"**	**400**	**240**	**125**	**300**
a - bande de cinq avec texte complet	2 200	1 600		
b - ‖ Bernot + Jif	1 100	660	325	
c - ‖ Bernot + Koto	1 100	660	325	

▢ **13 "Bisquit"**	**47**	**29**	**10**	**30**
a - bande de cinq avec texte complet	250	200		
b - ‖ Bisquit + Bisquit	95	60	50	

▢ **14 "Eco"**	**210**	**125**	**40**	**185**
a - bande de cinq avec texte complet	1 150	775		
b - ‖ Eco + Olibet (texte)	480	320	215	
c - piquage à cheval	900	635		

▢ **15 "Evian (Source Cachat)"**	**35**	**20**	**7**	**18**
non dentelé	175	145		
a - bande de cinq avec texte complet	200	150		
b - ‖ Evian + Evian	70	43	35	
c - piquage à cheval (en croix)	300	195		
d - piquage triple	375	245		
e - dentelé tenant à non dentelé verticalement	700			

▢ **16 "Grey Poupon"**	**95**	**55**	**18**	**80**
a - bande de cinq avec texte complet	530	410		
b - ‖ Grey Poupon + Amourette	350	235	175	
c - ‖ Grey Poupon + Vichy	225	145	75	

☐ **17 "Guyot"**   **150**   **95**   **30**   **100**
a - bande de cinq avec texte complet   750   550
b - ‖ Guyot + Jif   325   220   125

☐ **18 "Jif"**   **150**   **100**   **30**   **120**
a - bande de cinq avec texte complet   825   625

☐ **19 "Koto"**   **500**   **330**   **150**   **385**
a - bande de cinq avec texte complet   2 800   2 150

☐ **20 "Louvre"**   **260**   **175**   **70**   **235**
a - bande de cinq avec texte complet   1 425   1 075
b - ‖ Louvre + Louvre   550   370   210

☐ **21 "Olibet (texte)"**   **220**   **130**   **35**   **190**
a - bande de cinq avec texte complet   1 200   850

☐ **22 "Olibet (biscuits)"**   **95**   **55**   **17**   **75**
a - bande de cinq avec texte complet   530   410
b - pli accordéon   375   245

☐ **23 "Rozan"**   **130**   **80**   **22**   **100**
a - bande de cinq avec texte complet   720   505
b - impression recto-verso   575   410

☐ **24 "Secours"**   **65**   **39**   **10**   **27**
a - bande de cinq avec texte complet   360   260
b - ‖ Secours + Secours   140   85   35
c - dentelé 1 ou 3 côtés   500   375
d - piquage oblique par pliage   325   220

☐ **25 "Soulac (Bénédictins)"**   **120**   **70**   **25**   **90**
a - bande de cinq avec texte complet   660   450
b - ‖ Soulac + Olibet (biscuits)   230   150   75

☐ **26 "Vichy (Source agréable)"**   **100**   **60**   **15**   **80**
a - bande de cinq avec texte complet   550   425
b - ‖ Vichy + Olibet (biscuits)   230   150   75
c - double pub Vichy + Grey Poupon   385   270

Type IV *(paire verticale avec bords blancs)*

☐ **27 Paire vert**ᵃˡᵉ **avec bords blancs**   **425**   **270**
a - paire verticale, papier GC   725   455

Semeuse Croix-Rouge
10c + 5c rouge
(paire verticale avec bords blancs)

☐ **28 Paire vert**ᵃˡᵉ **avec bords blancs**   **240**   **150**

Semeuse camée, 5c orange
Type IIA
(paire verticale avec bords blancs)

☐ **29 Paire vert**ᵃˡᵉ **avec bords blancs**   **9,5**   **6,5**   **4,5**   **11**
a - dentelé tenant à non dentelé   1 000   725

Semeuse camée, 10c vert
Type IC *(chiffres gras)*
(paire verticale avec bords blancs et pub privée)

☐ **30 Paire vert**ᵃˡᵉ**, bords blancs** (60mm)   **26**   **16**   **13**   **30**
a - types IC & IA se tenant, paire vertᵃˡᵉ   90   55
b - hauteur de 72mm au lieu de 60mm   27   16   13   30
c - types IC & IA se tenant, 72mm   90   55

☐ **30A "Maurice Digeaux"** (pub privée)   **335**   **220**   **220**
a - bande de cinq avec texte complet   1 900   1 450
b - ‖ Maurice Digeaux x2   725   465

Pasteur
10c vert
(paire verticale avec bords blancs et pubs privées)

☐ **31 Paire vert**ᵃˡᵉ **avec bords blancs**   **8**   **5**   **4**   **10**

☐ **31A "Aiglon"** (publicité privée)   **235**   **155**   **170**
a - bande de cinq avec texte complet   1 300   900
b - ‖ Aiglon + Aiglon   525   330   380

☐ **31B "Cycles Chantecler"** (pub privée)   **260**   **170**
a - bande de cinq avec texte complet   1 350   950
b - ‖ Chantecler x2   560   365

☐ **31C "Maurice Digeaux"** (pub privée)   **235**   **155**   **170**
a - bande de cinq avec texte complet   1 300   950
b - ‖ Maurice Digeaux x2   525   355

☐ **31D "Villes du Doubs"** (pub privée)   **125**   **80**   **90**
a - bande de cinq avec texte complet   625   475
b - ‖ Villes du Doubs x2   250   190

☐ **31E "Villes de Normandie"** (privée)   **125**   **80**   **90**
a - bande de cinq avec texte complet   625   475
b - ‖ Villes de Normandie x2   250   190

Semeuse camée, 30c rose
Type IIB
(bandes publicitaires)

☐ **32 "Aequitas"**   **16**   **11**   **9,5**   **24**
a - bande de cinq avec texte complet   80   65
b - ‖ Aequitas + Oxymenthol   33   22   20

☐ **33 "Evian (Source Cachat)"**   **12**   **7,5**   **5,5**   **12**
a - bande de cinq avec texte complet   60   40
b - ‖ Evian + Evian   25   16   13

34 "Grey Poupon" | 13 | 8,5 | 8 | 23
a - bande de cinq avec texte complet | 65 | 50
b - ‖ Grey Poupon + Pivolo | 27 | 18 | 17

35 "Oxymenthol" | 16 | 11 | 9,5 | 24
a - bande de cinq avec texte complet | 90 | 65

36 "Pivolo" | 13 | 9 | 9 | 23
a - bande de cinq avec texte complet | 70 | 55
b - double pub Pivolo + Grey Poupon | 80 | 50

37 "Secours" | 11 | 7 | 5,5 | 12
a - bande de cinq avec texte complet | 55 | 40
b - ‖ Secours + Secours | 22 | 15 | 13
c - double pub Secours + Secours | 80 | 50

Semeuse camée, 15c brun
Type I
(bandes publicitaires et publicités privées)

38 "Rolland" (tirage: 240 000) | 25 | 17 | 16 | 40
a - bande de cinq avec texte complet | 125 | 95
b - ‖ Rolland + Rolland | 55 | 37 | 37

39 "Virgile Chareyre" (tir: 43 200) | 25 | 17 | 15 | 35
a - bande de cinq avec texte complet | 125 | 95
b - ‖ Virgile Chareyre x2 | 50 | 33 | 35
c - double pub Virgile Chareyre x2 | 125 | 80

39A "Le Philopode" (pub privée) | 250 | 175 | 185

Semeuse camée, 30c bleu
Type IIB
(bandes publicitaires)

40 "Aequitas" | 23 | 15 | 11 | 28
a - bande de cinq avec texte complet | 115 | 90
b - ‖ Aequitas + Oxymenthol | 47 | 32 | 25
c - piqu oblique ‖ Aequitas + Oxymenthol | 275 | 175

41 "Evian (Source Cachat)" | 15 | 10 | 5 | 14
a - bande de cinq avec texte complet | 75 | 55
b - ‖ Evian + Evian | 30 | 20 | 14
c - double pub Evian + Evian | 200 | 135
d - piquage à cheval | 185 | 125

42 "Florent" | 13 | 8,5 | 5 | 13
a - bande de cinq avec texte complet | 65 | 50
b - piquage à cheval | 185 | 120

43 "Gibbs" | 10 | 6,5 | 2,5 | 8
a - bande de cinq avec texte complet | 55 | 40
b - ‖ Gibbs + Gibbs | 20 | 13 | 9

44 "Grey Poupon" | 22 | 15 | 11 | 27
a - bande de cinq avec texte complet | 115 | 90
b - ‖ Grey Poupon + Pivolo | 45 | 32 | 25

45 "Menier" | 15 | 9 | 5 | 13
a - bande de cinq avec texte complet | 75 | 54
b - ‖ Meunier + Florent | 30 | 20 | 13

46 "Oxymenthol" | 23 | 15 | 11 | 27
a - bande de cinq avec texte complet | 115 | 90

47 "Pivolo" | 22 | 15 | 11 | 27
a - bande de cinq avec texte complet | 110 | 90
b - double pub Pivolo + Grey Poupon | 200 | 135

48 "Secours" | 12 | 7,5 | 3,5 | 9
a - bande de cinq avec texte complet | 55 | 42
b - ‖ Secours + Secours | 25 | 16 | 13
c - double pub Secours + Secours | 200 | 135

Semeuse camée, 40c brun
Type I
(bandes publicitaires)

49 "Grey Poupon" | 18 | 13 | 8 | 18
a - bande de cinq avec texte complet | 100 | 80
b - ‖ Grey Poupon + Guyot | 38 | 26 | 22

50 "Guyot" | 18 | 13 | 8 | 18
a - bande de cinq avec texte complet | 100 | 80
b - double pub Guyot + Grey Poupon | 190 | 125

51 "Gyraldose" | 18 | 13 | 8
a - bande de cinq avec texte complet | 100 | 80
b - double pub Gyraldose + Urodonal | 190 | 125 | 18

52 "Urodonal" | 18 | 13 | 8 | 18
a - bande de cinq avec texte complet | 100 | 80
b - ‖ Urodonal + Gyraldose | 38 | 26 | 22

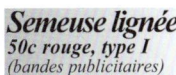

Semeuse lignée
50c rouge, type I
(bandes publicitaires)

53 "Cheval vert" | 36 | 23 | 19 | 38
a - bande de cinq avec texte complet | 195 | 145
b - ‖ Cheval vert + Cheval vert | 73 | 49 | 42

54 "Coq" | 10 | 7 | 4 | 14
a - bande de cinq avec texte complet | 50 | 39
b - ‖ Coq + Coq | 21 | 14 | 7

55 "Delft" | 31 | 20 | 15 | 35
a - bande de cinq avec texte complet | 165 | 135
b - ‖ Delft + Lesieur | 60 | 40 | 37

□ 56 "Evian (Source Cachat)" 8 5 2,5 12
non dentelé 300 185 300
a - bande de cinq avec texte complet 44 31
b - ‖ Evian + Evian 18 12 6
c - double pub Evian + Evian 100 65
d - dentelé tenant à nd, ‖ Evian x2 900 600

□ 57 "Gibbs" 12 8 4 13
a - bande de cinq avec texte complet 66 50
b - ‖ Gibbs + Gibbs 26 17 9

□ 58 "Goa" 27 17 8,5 25
a - bande de cinq avec texte complet 135 105
b - ‖ Goa + R et C 56 34 20

□ 59 "Grey Poupon" 20 14 6,5 21
a - bande de cinq avec texte complet 110 85
b - ‖ Grey Poupon + Guyot 165 110 85
c - ‖ Grey Poupon + Secours 36 24 16

□ 60 "Guyot" 120 80 52 125
a - bande de cinq avec texte complet 660 500

□ 61 "Gyraldose" 19 14 6,5 18
a - bande de cinq avec texte complet 105 85

□ 62 "Lesieur" (pub inférieure) 27 18 15 35
a - "Lesieur": pub supérieure 50 35 25 45
b - bde de 5 (pub inf) av texte complet 150 125
c - bde de 5 (pub sup) av texte complet 270 215
d - ‖ Lesieur + Lesieur 90 60 40
e - double pub Lesieur + Delft 135 90

□ 63 "R et C" 27 17 8,5 25
a - bande de cinq avec texte complet 135 105

□ 64 "Radium" 38 24 15 35
a - bande de cinq avec texte complet 205 165
b - ‖ Radium + Lesieur 75 35 27

□ 65 "Sanglier" 30 19 7 23
a - bande de cinq avec texte complet 165 130

□ 66 "Sans rivale" 21 14 7 23
a - bande de cinq avec texte complet 120 95

□ 67 "Secours" (pub inférieure) 14 9,5 4 18
a - "Secours": pub supérieure 15 10 5 21
b - bde de 5 (pub inf) av texte complet 75 54
c - bde de 5 (pub sup) av texte complet 85 62
d - ‖ Secours + Secours 30 21 11

□ 68 "Urodonal" 19 14 6,5 19
a - bande de cinq avec texte complet 105 85
b - ‖ Urodonal + Gyraldose 40 29 20
c - piquage oblique par pliage 185 125

□ 69 "Vittel" 365 250 125 315
a - bande de cinq avec texte complet 2 000 1 450
b - ‖ Vittel + Secours 475 345 190

□ 70 "Vouvray" 20 15 6,5 20
a - bande de cinq avec texte complet 110 90
b - ‖ Vouvray + Sanglier 55 39 20
c - ‖ Vouvray + Sans rivale 45 31 20
d - dt tenant à nd, ‖ Vouvray + Sanglier 900 600

Type IIA
(bandes publicitaires)

□ 71 "Benjamin" 7 4,5 2,5 12
a - bande de cinq avec texte complet 39 27
b - ‖ Benjamin + Benjamin 14 10 7
c - ‖ Benjamin + Grey Poupon 25 18 11
d - impression dépouillée 235 150
e - impression sur raccord 250 170
f - piquage à cheval 115 75
g - pli accordéon 375 280

□ 72 "Blecao" 80 55 30 70
a - bande de cinq avec texte complet 465 350
b - ‖ Blecao + Benjamin 100 74 35

□ 73 "Blédine" 375 265 120 275
a - bande de cinq avec texte complet 2 050 1 600
b - ‖ Blédine + Benjamin 500 350 180

□ 74 "Grey Poupon" 17 11 5,5 17
a - bande de cinq avec texte complet 85 65
b - ‖ Grey Poupon + Redoute 33 22 13

□ 75 "Mazda" 19 13 7 17
a - bande de cinq avec texte complet 95 75
b - ‖ Mazda + Benjamin 28 20 10
c - ‖ Mazda + Redoute 35 25 12

□ 76 "Moet" 17 11,5 5 13
a - bande de cinq avec texte complet 85 65
b - ‖ Moet + Benjamin 26 17 9
c - ‖ Moet + Redoute 32 21 11

□ 77 "Pupier" 23 16 8,5 23
a - bande de cinq avec texte complet 125 100
b - ‖ Pupier + Benjamin 34 23 14

□ 78 "Redoute" (pub inférieure) 13 8,5 4 13
a - "Redoute": pub supérieure 30 20 12 30
b - bde de 5 (pub inf) av texte complet 65 47
c - bde de 5 (pub sup) av texte complet 165 130
d - ‖ Redoute + Benjamin 47 33 20

□ 79 "Vichy" 17 10,5 5 14
a - bande de cinq avec texte complet 105 75
b - ‖ Vichy + Benjamin 25 18 9
c - impression dépouillée 235 155

Type IIB
(bandes publicitaires)

80 "Annales" — 23 14 8 24
- a - bande de cinq avec texte complet — 130 100

81 "Bussang" (tirage: 50 000) — 18 12 6,5 23
- a - bande de cinq avec texte complet — 100 80
- b - ‖ Bussang + Bussang — 39 25 18
- c - timbre au type IV (feuillet gauche) — 65 47
- d - paire vert^te IV + IV (feuillet gauche) — 130 100

82 "Calvet" — 13 8 5 17
- a - bande de cinq avec texte complet — 65 44
- b - double pub Calvet + D. U. — 90 60

83 "Coq" — 7 4,5 2,5 10
- a - bande de cinq avec texte complet — 39 27
- b - ‖ Coq + Coq — 15 10 6
- c - ‖ Coq + Falières — 26 17 10
- d - ‖ Coq + Mireille — 26 17 11

84 "D. U." — 7 4,5 2,5 10
- non dentelé — 325 220 225
- a - bande de cinq avec texte complet — 39 27
- non dentelé — 1 950 1 500
- b - ‖ D. U. + Calvet — 21 14 9
- c - ‖ D. U. + D. U. — 15 10 6
- d - ‖ D. U. + Kwatta — 22 15 11
- e - double pub D. U. + D. U. — 85 57
- f - dentelé tenant à nd, ‖ D. U. + D. U. — 550 360
- g - impression dépouillée — 235 150
- h - impression recto-verso — 90 65
- i - impr recto-verso, ‖ D.U. + D. U. — 195 130

85 "Falières" — 16 10 5 17
- a - bande de cinq avec texte complet — 85 63
- b - ‖ Falières + Annales — 42 27 17
- c - ‖ Falières + Grey Poupon — 32 21 12
- d - double pub Falières + Coq — 100 65

86 "Florent" — 8 5,5 3 11
- a - bande de cinq avec texte complet — 44 33
- b - ‖ Florent + Mireille — 21 15 13
- c - ‖ Florent + Q^aine philatélique — 22 16 12
- d - ‖ Florent + Vache qui rit — 21 15 13
- e - double pub Florent + Touring club — 90 60
- f - impress. à sec t. à normal dans paire verticale — 700

87 "Gitanes" — 15 9,5 5 16
- a - bande de cinq avec texte complet — 80 60
- b - ‖ Gitanes + Redoute — 23 16 11

88 "Grey Poupon" (pub supérieure) — 10 6,5 3 14
- a - "Grey Poupon": pub inférieure — 13 8,5 4 16
- b - bde de 5 (pub sup) av texte complet — 55 40
- c - bde de 5 (pub inf) av texte complet — 70 51
- d - ‖ Grey Poupon + Calvet — 24 17 11
- e - ‖ Grey Poupon + Phenix — 19 13 8

89 "Guilhon" — 28 19 12 27
- a - bande de cinq avec texte complet — 170 135
- b - ‖ Guilhon + Phenix — 38 26 18

90 "Guyot" (pub supérieure) — 11 7 4 15
- a - "Guyot": pub inférieure — 14 9 5 17
- b - bde de 5 (pub sup) av texte complet — 60 44
- c - bde de 5 (pub inf) av texte complet — 76 55
- d - ‖ Guyot + Sphere — 21 14 10

91 "Jaffelin" — 11 7 4 16
- a - bande de cinq avec texte complet — 60 42

92 "Kwatta" — 15 10 6 18
- a - bande de cinq avec texte complet — 75 60
- b - ‖ Kwatta + D. U. — 90 60

93 "Laine Saint Epin" — 14 9 5 17
- a - bande de cinq avec texte complet — 75 53

94 "Madon" — 11 7,5 5 15
- a - bande de cinq avec texte complet — 60 42
- b - ‖ Madon + Osram — 23 16 13

95 "Mireille" — 13 9 6 18
- a - bande de cinq avec texte complet — 70 55
- b - double pub Mireille + Coq — 100 65

96 "Moet" — 10 7 4 16
- non dentelé — 375 255
- a - bande de cinq avec texte complet — 60 41
- non dentelé — 1 950 1 500
- b - ‖ Moet + Guyot — 24 16 11
- c - ‖ Moet + Sphere — 21 14 11
- non dentelé — 800 535

97 "Montpeyroux" (tirage: 20 000) — 16 11 7 24
- a - bande de cinq avec texte complet — 90 75
- b - ‖ Montpeyroux x2 — 36 23 18

98 "Osram" (pub inférieure) — 11 7,5 5 16
- a - "Osram": pub supérieure — 25 17 10 30
- b - bde de 5 (pub inf) av texte complet — 60 42
- c - bde de 5 (pub sup) av texte complet — 125 95
- d - ‖ Osram + Redoute — 40 28 20

99 "Phenix" — 8 5,5 3 14
- a - bande de cinq avec texte complet — 44 32
- b - ‖ Phenix + Phenix — 18 12 8
- c - ‖ Phenix + Redoute — 18 12 8
- d - impression recto-verso — 55 33
- e - impr recto-verso ‖ Phenix + Phenix — 120 80
- f - impr recto-verso ‖ Phenix + Redoute — 175 115

100 "Plombières" — 12 8 5 16
- a - bande de cinq avec texte complet — 60 42
- b - ‖ Plombières + Jaffelin — 23 15 12

101 "Provins" (tirage: 10 000) — 18 12 6 22
- sur carte maximum — 325
- a - bande de cinq avec texte complet — 95 75
- b - ‖ Provins + Provins — 37 26 17

102 "Quinz^e phil^ue (Gallia Suarnet)" (inf) — 9 6,5 4 13
- a - "Q^aine philatélique": pub supérieure — 14 9 6 17
- b - bde de 5 (pub inf) av texte complet — 50 39
- c - bde de 5 (pub sup) av texte complet — 75 60
- d - ‖ Quinzaine philatélique x2 — 25 18 13
- e - dble pub Q^aine philatélique + Florent — 90 60

103 "Redoute" — 8 5,5 3 12
- a - bande de cinq avec texte complet — 44 33
- b - ‖ Redoute + Phenix — 20 13 10
- c - ‖ Redoute + Sphere — 30 21 12
- d - impression recto-verso — 75 49
- e - impr recto-verso ‖ Redoute + Phenix — 175 120

104 "Sanglier" — 12 8 5 16
- a - bande de cinq avec texte complet — 60 42
- b - ‖ Sanglier + Jaffelin — 23 15 12

105 "Shyb" — 9 — 6,5 — 3 — 12
- a - bande de cinq avec texte complet — 50 — 38
- b - ‖ Shyb + Shyb — 18 — 12 — 8

106 "Sphere" — 10 — 6,5 — 4 — 14
- non dentelé — 375 — 250
- a - bande de cinq avec texte complet — 55 — 40
- b - ‖ Sphere + Redoute — 30 — 20 — 12
- c - ‖ Sphere + Sphere — 25 — 17 — 12
- d - large pli accordéon, bloc de 4 — 1 200

107 "Toile d'avion" — 7 — 4,5 — 2,5 — 10
- a - bande de cinq avec texte complet — 39 — 28
- b - ‖ Toile d'avion + Laine St Epin — 21 — 15 — 9
- c - ‖ Toile d'avion x2 — 15 — 10 — 5
- d - double pub Toile d'avion x2 — 60 — 38

108 "Touring Club" — 12 — 8 — 6 — 16
- a - bande de cinq avec texte complet — 70 — 55
- b - ‖ Touring Club + Florent — 23 — 16 — 11
- c - "Arme" avec un seul "e" (case 5) — 60 — 42

109 "Vache qui rit" — 14 — 10 — 6 — 19
- a - bande de cinq avec texte complet — 75 — 60

110 "Virgile Chareyre" (tir: 84 000) — 14 — 9 — 6 — 21
- a - bande de cinq avec texte complet — 80 — 65
- b - ‖ Virgile Chareyre x2 — 35 — 22 — 15

Type IV
(paire vert^ales et bdes pubs)

111 Paire vert^ale avec bords blancs — 18 — 13 — 8 — 22
- a - impression incomplète des timbres — 225 — 155
- b - impression sur raccord — 350 — 230

112 "Benjamin" — 12 — 8 — 3 — 11
- non dentelé — 350 — 235
- a - bande de cinq avec texte complet — 70 — 50
- b - tenant à tbre au type IIA (isolé case 14) — 250 — 170 — 70
- c - timbre au type IIB (isolé case 11) — 300 — 205 — 80
- d - double pub Benjamin + Blédine — 90 — 60
- e - double pub Benjamin + Mazda — 90 — 60

113 "Blédine" — 16 — 11,5 — 5 — 16
- a - bande de cinq avec texte complet — 80 — 60
- b - ‖ Blédine + Benjamin — 28 — 20 — 12
- c - ‖ Blédine + Benjamin t. IIB — 600 — 395

114 "Calvet" — 17 — 12 — 7 — 25
- a - bande de cinq avec texte complet — 100 — 80

115 "D. U." — 10 — 6,5 — 3 — 9
- a - bande de cinq avec texte complet — 55 — 42
- b - ‖ D. U. + D. U. — 21 — 14 — 8
- c - dentelé tenant à nd, ‖ D. U. + D. U. — 500 — 350

116 "Gitanes" — 75 — 52 — 32 — 70
- a - bande de cinq avec texte complet — 425 — 325
- b - ‖ Gitanes + Redoute — 95 — 65 — 40

117 "Grey Poupon" — 13 — 9,5 — 6 — 16
- a - bande de cinq avec texte complet — 70 — 55
- b - ‖ Grey Poupon + Calvet — 48 — 35 — 25
- c - ‖ Grey Poupon + Phenix — 24 — 17 — 12

118 "Guilhon" — 23 — 13 — 8 — 26
- a - bande de cinq avec texte complet — 120 — 85
- b - ‖ Guilhon + Redoute — 39 — 27 — 18

119 "Guyot" — 32 — 22 — 15 — 35
- a - bande de cinq avec texte complet — 160 — 125

120 "Mazda" — 14 — 8,5 — 3 — 10
- a - bande de cinq avec texte complet — 70 — 51
- b - ‖ Mazda + Benjamin — 28 — 19 — 10

121 "Moet" — 15 — 9 — 4,5 — 15
- a - bande de cinq avec texte complet — 80 — 56
- b - ‖ Moet + Guyot — 48 — 33 — 25
- c - ‖ Moet + Sphere — 30 — 20 — 10

122 "Osram" (pub inférieure) — 25 — 17 — 9 — 24
- a - "Osram": pub supérieure — 29 — 20 — 12 — 30
- b - bde de 5 (pub inf) av texte complet — 140 — 110
- c - bde de 5 (pub sup) av texte complet — 155 — 120
- d - ‖ Osram + Redoute — 42 — 28 — 19

123 "Phenix" — 11 — 7 — 3,5 — 12
- a - bande de cinq avec texte complet — 55 — 40
- b - ‖ Phenix + Calvet — 32 — 23 — 17
- c - ‖ Phenix + Osram — 38 — 27 — 19
- d - ‖ Phenix + Redoute — 40 — 27 — 19

124 "Redoute" — 11 — 7 — 3 — 10
- non dentelé — 325 — 220
- a - bande de cinq avec texte complet — 65 — 49
- b - tenant à tbre au type IIA (isolé case 1) — 225 — 155 — 70
- c - ‖ Redoute + Benjamin — 47 — 31 — 19
- d - ‖ Redoute + Benjamin t. IIA — 430 — 290
- e - ‖ Redoute t. IIA + Benjamin — 430 — 290
- f - ‖ Redoute + Sphere — 27 — 18 — 9
- g - double pub Redoute + Osram — 85 — 60
- h - double pub Redoute + Phenix — 85 — 60

125 "Rema" — 20 — 14 — 8 — 25
- a - bande de cinq avec texte complet — 100 — 80
- b - timbre au type IIA (isolé case 1) — 300 — 190 — 90
- c - ‖ Rema + Calvet — 39 — 29 — 18
- d - ‖ Rema t. IIA + Calvet — 600 — 410

126 "Shyb" — 11 — 7 — 3 — 11
- a - bande de cinq avec texte complet — 55 — 42
- b - ‖ Shyb + Shyb — 23 — 15 — 9
- c - pli accordéon — 375 — 250

127 "Sphere" — 11 — 7 — 3 — 11
- a - bande de cinq avec texte complet — 55 — 42
- b - ‖ Sphere + Sphere — 22 — 14 — 9
- c - impression recto-verso — 80 — 55
- d - variété de piquage, paire verticale — 600

127A "Cycles Chantecler" (pub privée) — 210 — 140 — 135
- a - bande de cinq avec texte complet — 1 150 — 900
- b - ‖ Chantecler x2 — 475 — 315

127B "Maurice Digeaux" (privée) — 185 — 125 — 125
- a - bande de cinq avec texte complet — 1 000 — 775
- b - ‖ Maurice Digeaux x2 — 435 — 285 — 285

127C "Le Philopode" (pub privée) — 170 — 115 — 125

Semeuse camée, 20c rose
Type VI
(bandes publicitaires)

☐ 128 "Byrrh"	3	2	1,5	13
a - bande de cinq avec texte complet	16	13		
b - ‖ Byrrh + Poste	6,5	4,5	4	

☐ 129 "Poste" (C. C. P.)	3	2	1,5	13
a - bande de cinq avec texte complet	16	13		

☐ 130 "Poste" (Poste aérienne)	3	2	1,5	13
a - bande de cinq avec texte complet	16	13		
b - ‖ Poste aérienne + Byrrh	6,5	4,5	4	

Semeuse camée, 40c rouge
Type I
(bandes publicitaires)

☐ 131 "Evian (Source Cachat)"	8	5,5	3,5	10
a - bande de cinq avec texte complet	50	38		
b - ‖ Evian + Evian	20	13	9	
c - double pub Evian + Evian	125	85		
d - piquage oblique par pliage	275	185		

☐ 132 "Gibbs"	8	5,5	3,5	10
a - bande de cinq avec texte complet	50	38		
b - ‖ Gibbs + Gibbs	19	13	9	
c - piquage à cheval	90	60		

☐ 133 "Grey Poupon"	18	13	7	17
a - bande de cinq avec texte complet	100	80		
b - ‖ Grey Poupon + Secours	28	19	14	

☐ 134 "Lesieur"	12	8	5	13
a - bande de cinq avec texte complet	70	55		
b - ‖ Lesieur + Lesieur	27	19	15	
c - double pub Lesieur + Lesieur	65	45	55	125
d - timbre avec "c" de "40c" absent	175	115		

☐ 135 "Secours"	10	6,5	4	10
a - bande de cinq avec texte complet	55	41		
b - double pub Secours + Grey Poupon	115	75		
c - double pub Secours + Vittel	115	75		

☐ 136 "Vittel"	18	13	7	17
a - bande de cinq avec texte complet	100	80		
b - ‖ Vittel + Secours	28	19	14	
c - impression incomplète (tbre + pub)	900	610		

Semeuse chiffres maigres
10c vert
(bandes publicitaires)

☐ 137 "Minéraline" (tir: 200 000)	775	375	625	950
a - bande de cinq avec texte complet	3 875	3 000		
b - ‖ Minéraline + Minéraline	1 550	760		
c - "R" brisé: "RÉPUBLIQUE" (case 5)	950	450	925	

☐ 138 "Phéna" (tirage: 128 000)	67	42	65	165
a - bande de cinq avec texte complet	335	240		
b - ‖ Phéna + Phéna	135	90		
c - "R" brisé: "RÉPUBLIQUE" (case 5)	80	55	90	

Semeuse surchargée
Type IIB
(bandes publicitaires)

☐ 139 "Florent"	335	225	165	
a - double pub Florent + Menier	1 000	625	375	

☐ 140 "Gibbs"	8	5	3	10
a - bande de cinq avec texte complet	45	34		
b - double pub Gibbs + Gibbs	35	21	11	38
c - surcharge "5" fermé	120	80		
d - surcharge bares seules	875	625	585	
e - surcharge à cheval	75	50	40	
f - surch à cheval, dble pub Gibbs x2	110	75		
g - surcharge recto-verso	16	11	7	
h - surchargé tenant à non surchargé	2 200	1 450		
i - valeur sur valeur avec barres	250	160		
j - valeur sur valeur sans les barres	875	600	600	

☐ 141 "Menier"	335	225	165	
a - surcharge à cheval	375	250	180	

☐ 142 "Secours"	315	210	150	
a - double pub Secours + Secours	1 000	625	375	
b - surcharge à cheval	350	235	165	

Semeuse camée, 25c jne
(bord de feuille publicitaire privé)

☐ 142A "Le Philopode" (pub privée)	220	165

Jeanne d'Arc
Type I
(bandes publicitaires)

☐ 143 "Annales"	15	10,5	6	17
a - bande de cinq avec texte complet	80	60		
b - double pub Annales + Falières	100	70		

☐ 144 "Bénédictins"	6,5	4,5	2,5	6
a - bande de cinq avec texte complet	37	27		
b - ‖ Bénédictins + Florent	14	10	7	
c - ‖ Bénédictins + Vin	13	9	7	
d - piqu obl par pliage ‖ Bénédictins + Vin	650	435		

☐ 145 "Bussang" (tirage: 100 000)	13	9,5	4,5	15
a - bande de cinq avec texte complet	70	52		
b - ‖ Bussang + Bussang	28	21	17	

146 "Champigneules" (tir: 100 000)

	13	9,5	4,5	15
a - bande de cinq avec texte complet	70	52		
b - ‖ Champigneulles x2	28	22	17	

147 "Coq"

	7	4,5	2	6
a - bande de cinq avec texte complet	35	25		
b - ‖ Coq + Falières	15	10	7	
c - ‖ Coq + Mireille	15	10	7	

148 "Falières"

	6,5	4	2	5
a - bande de cinq avec texte complet	35	25		
b - ‖ Falières + Annales	22	14	13	
c - ‖ Falières + Florent	14	9	6	
d - ‖ Falières + Vache qui rit	13	8,5	7	
e - double pub Falières + Coq	75	55		

149 "Floravène" (tirage: 100 000)

	14	10	6	16
a - bande de cinq avec texte complet	80	65		
b - ‖ Floravène + Floravène	31	22	20	

150 "Florent"

	7	4,5	2	5
a - bande de cinq avec texte complet	35	25		
b - double pub Florent + Falières	50	35		
c - double pub Florent + Touring club	50	35		
d - impression recto-verso	65	45		

151 "Gallia (Quinz⁺ phil.)" (tir: 20 000)

	20	13	8	23
a - bande de cinq avec texte complet	110	85		
b - ‖ Gallia + Gallia	46	31	22	

152 "Le Havre" (tirage: 40 000)

	11	7,5	3,5	13
a - bande de cinq avec texte complet	55	42		
b - ‖ Le Havre + Le Havre	22	15	9	40

153 "Lux Radio" (tirage: 60 000)

	11	7,5	3,5	15
a - bande de cinq avec texte complet	55	40		
b - ‖ Lux Radio + Lux Radio	23	15	10	

154 "Mireille"

	8	5,5	3	7
a - bande de cinq avec texte complet	43	38		
b - double pub Mireille + Coq	70	45		

155 "Phila Gallia" (tirage: 20 000)

	20	13	7	20
a - bande de cinq avec texte complet	100	80		
b - ‖ Phila Gallia + Phila Gallia	43	29	20	

156 "Shyb"

	10	6,5	3,5	13
non dentelé	325	220		
a - bande de cinq avec texte complet	55	40		
b - ‖ Shyb + Shyb	22	14	12	
c - double pub Shyb + Shyb	100	70		

Normal   *"Armé" avec un seul "e"*

157 "Touring club"

	7	4,5	3	7
a - bande de cinq avec texte complet	40	27		
b - ‖ Touring club + Florent	15	10	7	
c - "Arme" avec un seul "e" (case 10)	52	34		

158 "Vache qui rit"

	6,5	4,5	3,5	8
a - bande de cinq avec texte complet	38	27		

159 "Vin"

	6	4	3	6
a - bande de cinq avec texte complet	35	25		

Type II (bandes publicitaires)

160 "Falières"

	10	6,5	4,5	16
a - bande de cinq avec texte complet	55	40		

161 "Provins"

	10	6,5	4,5	16
non dentelé	325	235		
a - bande de cinq avec texte complet	55	40		
non dentelé	1 950	1 500		

162 "Shyb"

	8	5,5	3,5	14
non dentelé	385	280		
a - bande de cinq avec texte complet	40	30		
b - ‖ Shyb + Shyb	16	11	8	

163 "Vals"

	8	5,5	4,5	15
non dentelé	325	235		
a - bande de cinq avec texte complet	45	35		
non dentelé	1 950	1 500		
b - ‖ Vals + Falières	18	12	10	
c - ‖ Vals + Provins	18	12	10	
non dentelé	700	475		
d - piquage à cheval	235	155		

Femme Fachi
Type II
(bandes publicitaires)

164 "Benjamin"

	8	4,5	2	6
non dentelé	275	180	150	
a - bande de cinq avec texte complet	44	33		
non dentelé	1 650	1 300		
b - tbre au type I (isolé case 14 ou 19)	200	120	60	
c - ‖ Benjamin + Benjamin	20	13	8	
non dentelé	600	400	315	
d - ‖ Benjamin + Benjamin t. I	325	225		
e - double pub Benjamin + Benjamin	100	65		
f - dble pub Benjamin + Grey Poupon	100	65		
g - double pub Benjamin + Lacroix	100	65		
h - double pub Benjamin + Mazda	100	65		
i - dt tenant à nd, ‖ Benjamin x2	325	235		
j - impression dépouillée	200	135		
k - impression sur raccord	215	145		
l - piquage à cheval, ‖ Benjamin x2	250	170		

165 "Blédine"

	385	300	125	300
a - bande de cinq avec texte complet	2 130	1 650		
b - timbre au type I (isolé case 4)	800	580		
c - ‖ Blédine + Benjamin	475	355	190	
d - ‖ Blédine t. I + Benjamin	1 000	700		

166 "D. U." — 14 10 5 15
a - bande de cinq avec texte complet — 70 55
b - timbre au type I (isolé case 14) — 190 125 70
c - || D. U. + D. U. — 30 21 13
d - || D. U. + D. U. t. I — 325 220
e - double pub D. U. + D. U. — 110 75

167 "Grey Poupon" — 16 11 6 16
non dentelé — 275 180
a - bande de cinq avec texte complet — 80 60
b - || Grey Poupon + Benjamin — 43 29 20
c - || Grey Poupon + Redoute — 50 34 22

168 "Lacroix (Mir)" — 18 11,5 5 15
a - bande de cinq avec texte complet — 95 75
b - || Lacroix + Benjamin — 27 18 8

169 "Mazda" — 22 14 7 20
a - bande de cinq avec texte complet — 110 90
b - || Mazda + Benjamin — 45 30 20

170 "Moet" — 18 13 7 20
non dentelé — 300 200
a - bande de cinq avec texte complet — 95 80
non dentelé — 1 800 1 450
b - || Moet + Sphere — 34 24 15
non dentelé — 650 430
c - impression dépouillée — 100 65
d - impr dépouillée || Moet + Sphere — 210 145

171 "Redoute" — 16 10 5 15
non dentelé — 285 190
a - bande de cinq avec texte complet — 85 70
non dentelé — 1 700 1 400
b - timbre au type I (isolé case 19) — 230 155
c - || Redoute + Sphere — 33 22 15
non dentelé — 625 420
d - double pub Redoute + Grey Poupon — 110 75
e - impression dépouillée — 100 65
f - impr dépouillé || Redoute + Sphere — 210 145
g - pub dentelée ten à timbre non dent. — 250 170
h - maculage tiers inférieur, paire — 450
   verticale

172 "Ripolin" — 42 26 18 40
a - bande de cinq avec texte complet — 235 195
b - || Ripolin + Benjamin — 50 34 25
c - dt ten à nd, || Ripolin + Benjamin — 350 250

173 "Sphere" — 16 10 5 16
non dentelé — 285 190
a - bande de cinq avec texte complet — 85 70
b - || Sphere + Redoute — 37 25 15
c - || Sphere + Redoute t. I — 250 170
d - double pub Sphere + Moet — 100 65
e - double pub Sphere + Redoute — 100 65
f - impression dépouillée — 90 60

174 "Arc en ciel" — 13 8 4 14
non dentelé — 250 150
a - bande de cinq avec texte complet — 75 55
non dentelé — 1 300 975
b - || Arc en ciel + Parizot — 27 18 12
non dentelé — 490 330
c - impression dépouillée — 110 75

175 "Art vivant" — 5 3 1,7 4,5
non dentelé — 200 125
a - bande de cinq avec texte complet — 28 21
non dentelé — 1 200 900
b - || Art vivant + Barbès — 38 26 14
non dentelé — 475 340
c - || Art vivant + Benjamin — 12 7 4
non dentelé — 410 250
d - || Art vivant + Mazda — 24 17 10
e - || Art vivant + Poisson de Dieppe — 55 37 22
f - double pub Art vivant + Redoute — 75 50
g - dt ten à nd, || Art vivant + Benjamin — 1 350 850
h - impression dépouillée — 110 70
i - maculage — 200

176 "Barbès" — 25 16 7 15
non dentelé — 250 180
a - bande de cinq avec texte complet — 140 110
non dentelé — 1 500 1 150

177 "Benjamin" — 5 3 1,7 4,5
non dentelé — 200 125
a - bande de cinq avec texte complet — 28 21
non dentelé — 1 200 900
b - || Benjamin + Art vivant — 12 7 4
non dentelé — 410 260
c - || Benjamin + Benjamin — 17 10 4
d - || Benjamin + Blédine — 30 21 10
e - double pub Benjamin + Bon sel — 175 120
f - double pub Benjamin + Fer à cheval — 335 225
g - double pub Benjamin + Hahn — 75 50
h - double pub Benjamin + Prud'homme — 95 65
i - impression dépouillée — 110 70

178 "Blecao" — 15 10 5 15
a - bande de cinq avec texte complet — 75 60

179 "Blédine" (pub inférieure) — 16 10,5 5 15
a - "Blédine": pub supérieure — 31 19 8 25
b - bde de 5 (pub inf) av texte complet — 85 65
c - bde de 5 (pub sup) av texte complet — 180 135
d - || Blédine + Benjamin — 38 27 16
e - double pub Blédine + Benjamin — 90 60
f - impression dépouillée — 110 75

180 "Bon sel" — 35 23 11 30
a - bande de cinq avec texte complet — 175 130
b - || Bon sel + Benjamin — 55 36 22
c - impr dépouillé || Bon sel + Benjamin — 350 245

181 "Fer à cheval" — 21 15 9 22
non dentelé — 275 200
a - bande de cinq avec texte complet — 115 90
non dentelé — 1 650 1 300
b - || Fer à cheval + Benjamin — 27 19 15
non dentelé — 500 340
c - variété d'essuyage, paire verticale — 300

182 "Hahn" — 12 6,5 3 11
non dentelé — 200 135
a - bande de cinq avec texte complet — 66 44
non dentelé — 1 200 925
b - || Hahn + Art vivant — 33 23 16
c - || Hahn + Benjamin — 22 15 7
d - || Hahn + Nuptia — 35 23 17
non dentelé — 500 340

Paix
50c rouge, type I
(bandes publicitaires)

183 "La Perle (Grebel)"	31	19	11	30
non dentelé	550	385		
a - bande de cinq avec texte complet	165	130		

184 "Ledun"	28	18	7	19
non dentelé	265	1802		
a - bande de cinq avec texte complet	155	125		
non dentelé	1 600	1 250		

185 "Mazda"	8	5,5	2,5	7
non dentelé	250	170		
a - bande de cinq avec texte complet	44	36		
non dentelé	1 500	1 150		
b - ‖ Mazda + Art vivant	38	27	16	
c - ‖ Mazda + Blecao	48	32	20	
d - ‖ Mazda + La Perle	39	28	18	
non dentelé	850	600		
e - ‖ Mazda + Ledun	38	25	14	
non dentelé	570	400		
f - ‖ Mazda + Pougues	42	28	18	
g - double pub Mazda + Art vivant	90	60		
h - dt tenant à nd, ‖ Mazda + La Perle	1 350	875		
i - piquage à cheval, ‖ Mazda + La Perle	700	500		

186 "Moet"	21	14	9	20
non dentelé	225	150	160	
a - bande de cinq avec texte complet	120	95		
non dentelé	1 350	1 025		
b - ‖ Moet + Benjamin	27	19	15	
non dentelé	450	280		
c - impression dépouillée	165	105		
d - impr dépouillée ‖ Moet + Benjamin	310	210		

187 "Monléon"	35	22	12	32
a - bande de cinq avec texte complet	175	140		
b - ‖ Monléon + Monléon	75	50	33	

188 "Nelombo"	40	25	14	40
a - bande de cinq avec texte complet	210	170		
b - ‖ Nelombo + Bon sel	75	50	33	
c - impr dépouillé ‖ Nelombo + Bon sel	450	305		
non dentelé	585	400		

189 "Nuptia"	23	14	7	20
non dentelé	275	190		
a - bande de cinq avec texte complet	115	90		
non dentelé	1 650	1 300		

190 "Parizot"	11	7	3	9
non dentelé	200	135		
a - bande de cinq avec texte complet	65	47		
b - ‖ Parizot + Art vivant	25	17	11	
c - double pub Parizot + Arc en ciel	95	65		
d - impression dépouillée	110	70		
e - impr dépouillée ‖ Parizot + Art vivant	240	165		

191 "Poisson de Dieppe"	45	28	15	42
a - bande de cinq avec texte complet	250	195		
b - dble pub Poisson de Dieppe + Art vivant	175	115		

192 "Pougues"	33	21	10	27
a - bande de cinq avec texte complet	190	150		

193 "Prud'homme"	23	14	7	20
a - bande de cinq avec texte complet	130	105		
b - ‖ Prud'homme + Benjamin	33	22	11	
c - dt ten à nd ‖ Prud'homme + Benjamin	1 750	1 150		

194 "Redoute"	8	5	1,5	6
non dentelé	190	120		
a - bande de cinq avec texte complet	44	33		
non dentelé	1 150	875		
b - ‖ Redoute + Art vivant	18	12	5	
non dentelé	400	245		
c - impression à sec partielle, paire verticale	400			

195 "Rema"	34	21	13	32
a - bande de cinq avec texte complet	190	150		
b - ‖ Rema + Art vivant	42	30	19	

196 "Ricqlès"	14	8,5	5	14
a - bande de cinq avec texte complet	80	56		
b - ‖ Ricqlès + Barbès	48	29	20	
c - ‖ Ricqlès + Blecao	35	23	16	
d - ‖ Ricqlès + Blédine	40	27	18	
e - impression dépouillée	110	70		
f - impr dépouillée ‖ Ricqlès + Blédine	245	165		
g - nd ten à pub dent ‖ Ricqlès + Barbès	325	225		

197 "Ricqlès Veramint"	18	11	6	16
a - bande de cinq avec texte complet	100	80		
b - ‖ Ricqlès Veramint + Blecao	38	27	16	
c - ‖ Ricqlès Veramint + Blédine	36	25	16	

Type IIA
(bandes publicitaires)

198 "Art vivant"	8	5,5	2,5	7
non dentelé	200	135	65	
a - bande de cinq avec texte complet	44	32		
non dentelé	1 200	925		
b - ‖ Art vivant + Art vivant	20	13	9	
non dentelé	440	290	135	
c - p^le hor^le Art vivant + Art vivant t. I (c 19)	200	145		
d - ‖ Art vivant + Benjamin	30	20	15	
e - ‖ Art vivant + Calvados	35	23	16	
f - double pub Art vivant + Bernard	90	60		
g - double pub Art vivant + Blédine	90	60		
h - double pub Art vivant + Fauroy	90	60		

199 "Barbès"	30	18	9	27
a - bande de cinq avec texte complet	170	130		
b - ‖ Barbès + Blédine	42	29	19	

200 "Benjamin"	10	6,5	4	11
non dentelé	250	170		
a - bande de cinq avec texte complet	55	41		
non dentelé	1 500	1 150		

201 "Bernard"	10	7	4	11
non dentelé	250	170		
a - bande de cinq avec texte complet	55	41		
non dentelé	1 500	1 150		
b - timbre au type I (isolé case 1 ou 5)	185	115		
c - ‖ Bernard + Art vivant	25	14	11	
non dentelé	475	325	225	
d - ‖ Bernard t. I + Art vivant	210	140		
e - ‖ Bernard + D. U.	28	18	13	
f - piqu. à cheval ‖ Bernard + Art vivant	675	450	250	

202 "Blecao"	20	13	6,5	19
a - bande de cinq avec texte complet	110	85		

203 "Blédine" — 9 — 6,5 — 4 — 11
- non dentelé — 235 — 150
- a - bande de cinq avec texte complet — 50 — 38
- b - || Blédine + Art vivant — 28 — 16 — 11
- c - || Blédine + Art vivant t. I — 210 — 125
- d - || Blédine + Conord — 47 — 28 — 20
- e - || Blédine + Conord t. I — 325 — 180
- f - impression dépouillée — 175 — 115
- g - nd ten à pub dent || Blédine + Art vivant — 375 — 240

204 "Calvados" — 23 — 16 — 10 — 25
- a - bande de cinq avec texte complet — 130 — 105

205 "Conord" — 14 — 9,5 — 6 — 16
- a - bande de cinq avec texte complet — 75 — 55
- b - timbre au type I (isolé case 20) — 285 — 180
- c - double pub Conord + Gondolo — 120 — 80

206 "Courtois" — 13 — 8 — 4,5 — 13
- non dentelé — 235 — 155
- a - bande de cinq avec texte complet — 80 — 58
- non dentelé — 1 400 — 1 050
- b - || Courtois + Benjamin — 25 — 18 — 13
- non dentelé — 485 — 330

207 "D. U." (pub inférieure) — 10 — 6,5 — 4 — 9,5
- a - "D. U.": pub supérieure — 16 — 11 — 6,5 — 16
- b - bde de 5 (pub inf) av texte complet — 60 — 45
- c - bde de 5 (pub sup) av texte complet — 85 — 68
- d - || D. U. + D. U. — 29 — 20 — 15
- e - double pub D. U. + D. U. — 120 — 80

208 "Fauroy" (pub supérieure) — 18 — 11,5 — 6 — 18
- a - "Fauroy": pub inférieure — 21 — 14 — 7 — 20
- b - bde de 5 (pub sup) av texte complet — 100 — 75
- c - bde de 5 (pub inf) av texte complet — 120 — 95
- d - || Fauroy + Art vivant — 32 — 21 — 13
- e - piquage à cheval — 250

209 "Fer à cheval" — 21 — 14 — 10 — 22
- non dentelé — 300 — 200
- a - bande de cinq avec texte complet — 120 — 95
- non dentelé — 1 800 — 1 450
- b - || Fer à cheval + Moet — 35 — 23 — 19
- non dentelé — 550 — 380 — 160
- c - impr dépouillée || Fer à cheval + Moet — 325 — 220

210 "Gitane" — 35 — 23 — 13 — 30
- a - bande de cinq avec texte complet — 200 — 160
- b - || Gitane + Moet — 56 — 39 — 25

211 "Gondolo" — 17 — 10,5 — 6,5 — 17
- a - bande de cinq avec texte complet — 85 — 65
- b - || Gondolo + Conord — 31 — 22 — 16

212 "Hahn" — 10 — 6,5 — 3 — 8,5
- non dentelé — 250 — 165
- a - bande de cinq avec texte complet — 55 — 40
- non dentelé — 1 500 — 1 125
- b - || Hahn + Art vivant — 22 — 15 — 10
- non dentelé — 475 — 300
- c - || Hahn + Tetra — 30 — 20 — 16

213 "Hercule" — 45 — 28 — 15 — 35
- a - bande de cinq avec texte complet — 250 — 200
- b - || Hercule + Art vivant — 60 — 40 — 25

214 "Mazda" — 9 — 6,5 — 4 — 11
- non dentelé — 235 — 155
- a - bande de cinq avec texte complet — 50 — 38
- non dentelé — 1 400 — 1 075
- b - || Mazda + Benjamin — 28 — 18 — 15
- c - || Mazda + Blédine — 23 — 15 — 11
- non dentelé — 485 — 325
- d - denterlure partielle || Mazda + Blédine — 375 — 240

215 "Moet" — 11 — 7 — 4 — 12
- non dentelé — 225 — 150
- a - bande de cinq avec texte complet — 61 — 45
- b - || Moet + Blédine — 56 — 38 — 25
- c - || Moet + D. U. — 28 — 19 — 13
- d - impression ultra dépouillée — 175 — 115
- e - impression sur raccord — 650

216 "Pommade FM" — 21 — 14 — 6,5 — 19
- a - bande de cinq avec texte complet — 120 — 90
- b - || Pommade FM + Blecao — 45 — 31 — 18

217 "Ricqlès" — 12 — 8 — 4 — 12
- a - bande de cinq avec texte complet — 66 — 48
- b - || Ricqlès + Art vivant — 38 — 25 — 16
- c - || Ricqlès + Blédine — 27 — 18 — 12
- d - || Ricqlès + Fauroy — 38 — 25 — 17

218 "Ripolin" — 21 — 15 — 10 — 22
- a - bande de cinq avec texte complet — 120 — 95
- b - || Ripolin + Art vivant — 32 — 21 — 16

219 "Risban" — 16 — 10 — 6 — 15
- a - bande de cinq avec texte complet — 90 — 67
- b - || Risban + D. U. — 28 — 19 — 14

220 "Tetra" — 18 — 12 — 7 — 18
- a - bande de cinq avec texte complet — 100 — 80
- b - || Tetra + Art vivant — 45 — 30 — 18

221 "Valisère" — 12 — 8,5 — 6 — 14
- a - bande de cinq avec texte complet — 70 — 53
- b - || Valisère + Valisère — 31 — 21 — 16
- c - piquage à cheval — 325 — 215 — 90
- d - piquage à cheval || Valisère + Valisère — 700 — 450 — 200
- e - impr sur raccord || Valisère + Valisère — 800 — 500

Type III
(bandes publicitaires)

222 "Barbès" — 20 — 13 — 7 — 17
- a - bande de cinq avec texte complet — 110 — 90
- b - || Barbès + Blédine — 65 — 46 — 24
- c - || Barbès + Moet — 40 — 29 — 19

223 "Blédine" — 7 — 4,5 — 1,7 — 4,5
- a - bande de cinq avec texte complet — 39 — 28
- b - || Blédine + Blédine — 17 — 10,5 — 4,5
- c - double pub Blédine + Hahn — 90 — 60
- d - double pub Blédine + Tetra — 90 — 60

224 "Byrrh" — 8 — 5 — 2,5 — 6
- a - bande de cinq avec texte complet — 44 — 32
- b - || Byrrh + C. C. P. — 19 — 13 — 9
- c - || Byrrh + Tetra — 23 — 15 — 11

225 "C. C. P." — 10 — 6 — 3,5 — 9
- a - bande de cinq avec texte complet — 55 — 40

❑ **226 "Fer à cheval"**	**24**	**16**	**10**	**25**
a - bande de cinq avec texte complet	135	100		
b - ‖ Fer à cheval + Byrrh	32	22	16	
❑ **227 "Hahn"**	**6**	**4**	**1,7**	**5**
a - bande de cinq avec texte complet	33	24		
b - ‖ Hahn + Blédine	13	8	5	

❑ **228 "Moet"**	**18**	**12,5**	**7**	**17**
a - bande de cinq avec texte complet	100	80		
b - ‖ Moet + Moet	50	34	25	
❑ **229 "Poste aérienne"**	**8,5**	**5,5**	**3**	**9**
a - bande de cinq avec texte complet	52	37		
b - ‖ Poste aérienne + Byrrh	19	13	10	
❑ **230 "Tetra"** (pub supérieure)	**7**	**4,5**	**2**	**6**
a - "Tetra": pub inférieure	11	7,5	4	10
b - bde de 5 (pub sup) av texte complet	39	30		
c - bde de 5 (pub inf) av texte complet	61	46		
d - ‖ Tetra + Blédine	15	10	7	

Type IV
(bandes publicitaires)

❑ **231 "Blédine"**	**37**	**24**	**6,5**	**15**
a - bande de cinq avec texte complet	185	145		
b - ‖ Blédine + Blédine	135	90	40	
c - ‖ Blédine + Hahn	75	50	23	
❑ **232 "Fer à cheval"** (pub supérieure)	**38**	**24**	**6,5**	**15**
a - "Fer à cheval": pub inférieure	43	28	7	17
b - bde de 5 (pub sup) av texte complet	185	145		
c - bde de 5 (pub inf) av texte complet	215	170		
d - ‖ Fer à cheval + Blédine	75	50	23	
❑ **233 "Gitane"**	**37**	**24**	**6,5**	**15**
a - bande de cinq avec texte complet	185	145		
b - ‖ Gitane + Moet	75	50	23	
❑ **234 "Hahn"** (pub supérieure)	**36**	**24**	**6**	**15**
a - "Hahn": pub inférieure	38	25	7	17
b - bde de 5 (pub sup) av texte complet	180	140		
c - bde de 5 (pub inf) av texte complet	190	150		
d - ‖ Hahn + Blédine	90	64	28	
e - ‖ Hahn + Fer à cheval	80	55	25	
f - ‖ Hahn + Moet	80	54	22	

❑ **235 "Jil"**	**45**	**31**	**9,5**	**20**
a - bande de cinq avec texte complet	250	195		
b - ‖ Jil + Jil	90	99	35	
❑ **236 "Moet"**	**37**	**24**	**6,5**	**15**
a - bande de cinq avec texte complet	185	145		
b - ‖ Moet + Blédine	75	50	22	
c - ‖ Moet + Ricqlès	75	50	22	
❑ **237 "Ricqlès"**	**37**	**24**	**6,5**	**15**
a - bande de cinq avec texte complet	185	145		
b - ‖ Ricqlès + Blédine	80	54	22	
c - ‖ Ricqlès + Fer à cheval	90	66	33	
d - ‖ Ricqlès + Moet	75	50	22	
❑ **238 "Valisère"**	**42**	**27**	**6**	**17**
a - bande de cinq avec texte complet	210	170		
b - ‖ Valisère + Valisère	85	55	25	

Expo 1937, Galanis
(carnets non émis, seules les feuilles ont été préparées, mais les carnets n'ont pas été confectionnés)
(référencé aussi à la rubrique carnets au n° 225A)

❑ **239A "Blédine"**	**25 000**	
a - double pub Blédine + Blédine	27 500	

Semeuse camée, 30c br-rge
Type III
(bandes publicitaires)

❑ **240 "Byrrh"**	**2,5**	**1,5**	**1,2**	**3**
a - bande de cinq avec texte complet	14	11		
b - ‖ Byrhh + C. C. P.	5,5	3,5	3	
c - double pub Byrrh + Poste aérienne	80	55		
❑ **241 "C. C. P."**	**3**	**2**	**1,7**	**4**
a - bande de cinq avec texte complet	15	12		
b - double pub C. C. P. + Byrrh	80	55		
❑ **242 "Poste aérienne"**	**3**	**2**	**1,7**	**4**
a - bande de cinq avec texte complet	15	12		
b - ‖ Poste aérienne + Byrrh	5,5	3,5	3	

Paix, 65c bleu
Type II
(bandes publicitaires)

❑ **243 "Byrrh"**	**7**	**4,5**	**2**	**8,5**
a - bande de cinq avec texte complet	37	29		
b - ‖ Byrrh + C. C. P.	14	9	6	
c - ‖ Byrrh + Poste aérienne	14	9	6	
d - ‖ Byrrh + Tetra	21	15	11	
e - double pub Byrrh + Hahn	95	65		
f - double pub Byrrh + Poste aérienne	90	60		
g - impression dépouillée	200	135		
h - impr dépouillée ‖ Byrrh + C.C.P.	425	295		
i - impression sur raccord	260	180		
❑ **244 "C. C. P."**	**6**	**3,5**	**1,7**	**7**
a - bande de cinq avec texte complet	33	26		
b - double pub C. C. P. + Byrrh	90	60		
c - impression dépouillée	200	130		
❑ **245 "Fer à cheval"**	**12**	**8**	**5**	**13**
a - bande de cinq avec texte complet	60	42		
b - ‖ Fer à cheval + Byrrh	21	14	9	

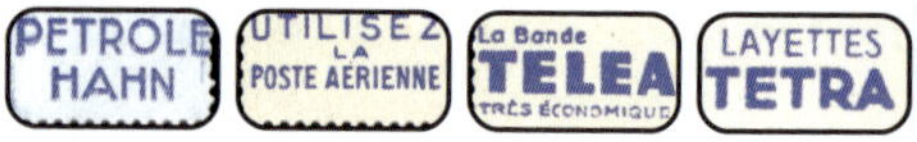

❑ **246 "Hahn"**	**7**	**4,5**	**2**	**8,5**
a - bande de cinq avec texte complet	39	29		
b - ‖ Hahn + Byrrh	16	10	6	
❑ **247 "Poste aérienne"**	**7**	**4,5**	**2**	**8,5**
a - bande de cinq avec texte complet	39	29		
b - ‖ Poste aérienne + Byrrh	15	9	6	
c - impression sur raccord	260	175		

❑ 248 "Téléa"	**27**	**17**	**9**	**22**
a - bande de cinq avec texte complet	150	115		
b - ‖ Téléa + Byrrh	40	27	16	
c - impression dépouillée	200	130		
d - impr dépouillée ‖ Téléa + Byrrh	425	280		

❑ 249 "Tetra"	**13**	**9**	**6**	**15**
a - bande de cinq avec texte complet	70	51		

Paix, 90c bleu
Type I
(bandes publicitaires)

❑ 250 "Byrrh"	**6**	**3,5**	**1,7**	**8,5**
non dentelé	800	515		
a - bande de cinq avec texte complet	33	25		
b - ‖ Byrrh + C. C. P.	13	9	5	
c - double pub Byrrh + Hahn	75	50		

❑ 251 "C. C. P."	**7**	**4,5**	**2**	**8,5**
non dentelé	800	515		
a - bande de cinq avec texte complet	39	28		
b - double pub C. C. P. + Byrrh	75	50		

❑ 252 "Fer à cheval"	**14**	**10**	**7**	**18**
a - bande de cinq avec texte complet	75	60		
b - ‖ Fer à cheval + Byrrh	20	13	12	

❑ 253 "Hahn"	**7**	**4**	**2**	**8,5**
a - bande de cinq avec texte complet	39	27		
b - ‖ Hahn + Byrrh	13	9	5	

Iris, 1f rouge
(carnets non émis, seules les feuilles ont été préparées, mais les carnets n'ont pas été confectionnés)

❑ 254 Paire vert^{ale} avec bords blancs	**9**	**6**	**4**	**12**

Pétain, 1f 50 brun
(paire verticale avec bords barrés et bande pub)
(sur les timbres avec bords barrés, le 20ème timbre comporte de 1 à 8 points blancs dans les barres)

❑ 255 Paire vert^{ale} avec bords barrés	**8**	**5,5**	**5**	**11**
non dentelé	250	170		

❑ 256 "Secours national"	**2**	**1,5**	**0,7**	**3,5**
non dentelé	160	120		
a - bande de cinq avec texte complet	10	6,5		
non dentelé	900	700		
b - ‖ Secours n^{al} + Secours n^{al}	4	2,5	2,5	
non dentelé	280	190		
c - double pub Secours n^{al} + Secours n^{al}	60	40		

Marianne de Gandon
15f rouge, type II
(bandes publicitaires)

❑ 257 "Hahn"	**23**	**15**	**8**	**17**
a - bande de cinq avec texte complet	115	85		
b - ‖ Hahn + Poste	46	30	22	
c - ‖ Hahn + Seccotine	47	31	22	

❑ 258 "Poste"	**23**	**15**	**8**	**17**
non dentelé	585	420		
a - bande de cinq avec texte complet	115	85		
b - ‖ Poste + Poste	46	30	22	

❑ 259 "Seccotine"	**24**	**16**	**8,5**	**18**
a - bande de cinq avec texte complet	120	90		

Marianne de Gandon
15f bleu, type I
(bandes publicitaires)

❑ 260 "Bic"	**8**	**5**	**2,5**	**7,5**
a - bande de cinq avec texte complet	40	30		
b - ‖ Bic + Bic	18	12	8	
c - impression sur raccord	315	210		
d - impression sur raccord ‖ Bic + Bic	650	430		

❑ 261 "Excel"	**7,5**	**4,5**	**2,5**	**7,5**
a - bande de cinq avec texte complet	50	38		
b - ‖ Excel + Excel	18	12	8	
c - impression sur raccord	315	210		
d - impression sur raccord ‖ Excel x2	650	430		

barres hautes

barres centrées

❑ 262 "Hahn" (barres hautes)	**26**	**16**	**11**	**25**
a - bande de cinq avec texte complet	130	100		
b - ‖ Hahn x2 (barres hautes)	55	38	27	
c - "Hahn": barres centrées	37	25	15	
d - ‖ Hahn x2 (barres centrées)	85	57	35	
e - "Hahn": 1er H b. centrée, 2ème H b. haute	28	19	12	
f - ‖ Hahn x2 (barre centrée + haute)	60	43	30	

❑ 263 "Kangourou"	**115**	**70**	**37**	**85**
a - bande de cinq avec texte complet	575	450		
b - ‖ Kangourou + Poste	200	135	90	

❑ 264 "Poste"	**18**	**12**	**8**	**18**
a - bande de cinq avec texte complet	90	75		
b - ‖ Poste + Bic	67	40	32	
c - ‖ Poste + Poste	140	90	80	

❑ 265 "Provins"	**18**	**12**	**8**	**18**
a - bande de cinq avec texte complet	90	70		
b - ‖ Provins + Poste	37	25	20	

❑ 266 "Seccotine"	**55**	**38**	**26**	**55**
a - bande de cinq avec texte complet	275	235		
b - ‖ Seccotine + Bic	67	47	32	

Type II (bandes publicitaires)

❑ **267 "Bic"**	**12**	**8**	**4**	**13**
a - bande de cinq avec texte complet	60	45		
b - ‖ Bic + Bic	25	17	14	
❑ **268 "Excel"**	**16**	**11**	**8**	**19**
a - bande de cinq avec texte complet	90	70		
b - ‖ Excel + Excel	35	24	25	
❑ **269 "Hahn"**	**15**	**10,5**	**7**	**17**
a - bande de cinq avec texte complet	80	65		
b - ‖ Hahn + Hahn	33	23	19	

❑ **270 "Kangourou"**	**27**	**18**	**12**	**30**
a - bande de cinq avec texte complet	140	110		
b - ‖ Kangourou + Poste	43	30	25	
❑ **271 "Pernot"**	**11**	**7**	**4**	**14**
a - bande de cinq avec texte complet	55	40		
b - ‖ Pernot + Pernot	23	15	14	
❑ **272 "Poste"**	**15**	**10**	**7**	**17**
a - bande de cinq avec texte complet	80	60		
b - ‖ Poste + Bic	31	21	16	
c - ‖ Poste + Poste	35	23	16	
❑ **273 "Seccotine"**	**20**	**13**	**9**	**26**
a - bande de cinq avec texte complet	110	85		
b - ‖ Seccotine + Bic	32	21	17	

Marianne de Muller
15f rouge
(bandes publicitaires)

❑ **274 "A G Vie"**	**4,5**	**3**	**1,7**	**5,5**
a - bande de cinq avec texte complet	23	19		
b - ‖ A G Vie + A G Vie	9,5	6,5	5	
❑ **275 "Avia"**	**6**	**7**	**2,5**	**7**
a - bande de cinq avec texte complet	30	25		
b - ‖ Avia + Poste	11	8	6	
❑ **276 "Bic"**	**3**	**1,6**	**1,2**	**4,5**
non dentelé	325	245		
a - bande de cinq avec texte complet	17	13		
b - ‖ Bic + Bic	6	4	3	
c - double pub Bic + Bic	60	41		
d - impression défectueuse	35	27		
e - impression sur raccord	160	110		
f - impression sur raccord ‖ Bic + Bic	350	250		
❑ **277 "Excel"**	**3**	**1,6**	**1,2**	**4,5**
a - bande de cinq avec texte complet	17	13		
b - ‖ Excel + Exce	6	4	3	
c - impression sur raccord	350			
d - variété d'essuyage	170			

❑ **278 "Grammont"**	**5**	**3,5**	**2**	**5,5**
a - bande de cinq avec texte complet	25	20		
b - ‖ Grammont + Grammont	12	8	6	
c - ‖ Grammont + Provins	11	7	6	

❑ **279 "Hahn"** (barres centrées)	**4**	**2,5**	**1,7**	**4,5**
a - bande de cinq avec texte complet	22	17		
b - "Hahn": barres hautes	70	47	22	
c - ‖ Hahn + Hahn	9	6	5	
d - barres hautes dans la ‖ Hahn x2	85	54	32	
❑ **280 "Jif (X-Pen Waterman)"**	**13**	**8,5**	**5**	**12**
a - bande de cinq avec texte complet	80	60		
b - ‖ Jif + Jif	27	18	14	
❑ **281 "Liebig"**	**5,5**	**3,5**	**2**	**6**
a - bande de cinq avec texte complet	28	22		
b - ‖ Liebig + Liebig	12	8	6	
c - double pub Liebig + Liebig	60	42		
d - impression sur raccord	160	110		
e - impression sur raccord ‖ Liebig x2	350	250		

❑ **282 "Lincoln"**	**6**	**4**	**2**	**6**
a - bande de cinq avec texte complet	30	24		
b - ‖ Lincoln + Lincoln	13	9	6	
❑ **283 "Poste"**	**5**	**3,5**	**1,7**	**5,5**
a - bande de cinq avec texte complet	25	20		
b - ‖ Poste + Poste	11	7,5	5	
c - ‖ Poste + Provins	14	9,5	6	
❑ **284 "Primagaz"**	**5,5**	**3**	**2,5**	**6**
a - bande de cinq avec texte complet	30	20		
b - ‖ Primagaz + Whip	11	7,5	6,5	
❑ **285 "Provins"**	**6**	**3,5**	**2**	**6**
a - bande de cinq avec texte complet	30	20		
b - ‖ Bord barré + Provins	55	37		

❑ **286 "Rolla"**	**6**	**3,5**	**2,5**	**6**
a - bande de cinq avec texte complet	30	20		
b - ‖ Rolla + Poste	11	7,5	6,5	
❑ **287 "Satam"**	**5**	**3,5**	**1,7**	**4,5**
a - bande de cinq avec texte complet	25	19		
b - ‖ Satam + Grammont	10	7	5	

"A" fermé  *"A" ouvert*

❑ **288 "Slavia"** ("A" fermé)	**5,5**	**3,5**	**2**	**6**
a - bande de cinq avec texte complet	31	24		
b - "A" de "Slavia" ouvert	12	8	6	
c - ‖ Slavia x2 (fermé + fermé)	12	8	6	
d - ‖ Slavia x2 (ouvert + ouvert)	25	17	12	
e - ‖ Slavia x2 (ouvert + fermé)	30	22	17	
❑ **289 "Whip"**	**5,5**	**3,5**	**2**	**6**
a - bande de cinq avec texte complet	30	22		

Marianne de Muller
20f bleu, type I
(bandes publicitaires)

290 "A G Vie"

290 "A G Vie"	3,5	2	1,5	4,5
a - bande de cinq avec texte complet	20	15		
b - ‖ A G Vie + A G Vie	7	4,5	4	
c - double pub A G Vie + A G Vie	80	55		
d - impression défectueuse	13	8		
e - impression sur raccord	185	125		
f - impr s raccord ‖ A G Vie + A G Vie	430	295		

291 "Akylon"

291 "Akylon"	8	5,5	3,5	8
a - bande de cinq avec texte complet	43	33		
b - ‖ Akylon + Akylon	17	11	9	

292 "Calberson"

292 "Calberson"	6	4	3	7
a - bande de cinq avec texte complet	32	25		
b - ‖ Calberson + Calberson	13	8,5	7,5	

de l'immortel fabuliste — COMPTOIR MODERNE ÉLECTRICITÉ — Moulins à café chantants "ELAUL" — Papeteries ELCO

293 "Château Thierry"

293 "Château Thierry"	6	4	3,5	8
a - bande de cinq avec texte complet	35	25		

294 "Coir Mod. Elec."

294 "Coir Mod. Elec."	8	5	3,5	8
a - bande de cinq avec texte complet	40	30		
b - ‖ Coir Mod. Elec. + Satam	12	8	7	

295 "Elaul"

295 "Elaul"	5	3,5	2,2	6
a - bande de cinq avec texte complet	25	20		
b - ‖ Elaul + Elaul	10	6,5	6,5	
c - ‖ Elaul + Thiaude	21	14	11	

296 "Elco"

296 "Elco"	38	25	16	45
a - bande de cinq avec texte complet	190	150		
b - ‖ Elco + Elco	80	50	42	

MARGARINE EXCEL — FRIMATIC — TÉLÉVISION GRAMMONT — 1/10 qui gagne

297 "Excel"

297 "Excel"	4	2,5	1,5	4,5
non dentelé	350	250		
a - bande de cinq avec texte complet	20	16		
non dentelé	2 000	1 600		
b - ‖ Excel + Excel	8	5,5	4	
non dentelé	750	550		
c - pli accordéon ‖ Excel + Excel			80	
d - variété d'impression	90			

298 "Frimatic"

298 "Frimatic"	5	3,5	2	6
a - bande de cinq avec texte complet	25	20		
b - "I" de "Frimatic" brisé (case 4) (pub sup)	30	21	13	
c - "I" brisé (case 14) (pub inférieure)	80	52	32	
d - ‖ Frimatic brisé	10	6,5	6	
e - ‖ Frimatic brisé + Frimatic	45	30	22	
f - ‖ Frimatic + Frimatic brisé	125	85	55	
g - ‖ Frimatic + Hahn	30	20	14	
h - ‖ Frimatic brisé + Hahn	100	65	43	

299 "Grammont"

299 "Grammont"	3,5	2	1,5	4,5
non dentelé	350	275		
a - impression sur raccord	400			
b - bande de cinq avec texte complet	20	16		
non dentelé	2 000	1 600		
c - ‖ Grammont + Château-Thierry	10	6,5	6,5	
d - ‖ Grammont + Grammont	7	4,5	4	
non dentelé	775	575		
e - ‖ Grammont + Provins	13	8,5	7	
f - ‖ Grammont + Rolla	10	6,5	5	
g - ‖ Grammont + Satam	8	5	4,5	
h - variété d'impression	90			
i - ‖ Grammont + Thiaude	10	6,5	6	

300 "Gueules cassées"

300 "Gueules cassées"	6	4	3	7
a - bande de cinq avec texte complet	32	24		
b - ‖ Gueules cassées + A G Vie	15	11	11	

PETROLE HAHN — PRIMAGAZ BUTANE PROPANE — PROVINS — ROLLA FILM-PHOTO

301 "Hahn"

301 "Hahn"	4,5	3	2	6
a - bande de cinq avec texte complet	25	20		
b - ‖ Hahn + Hahn	9	6	6	
c - double pub Hahn + Frimatic	80	55		

302 "Primagaz"

302 "Primagaz"	6,5	4,5	3,5	8
a - bande de cinq avec texte complet	37	27		
b - ‖ Primagaz + Gueules cassées	13	8,5	7,5	

303 "Provins"

303 "Provins"	9	6,5	4,5	11
a - bande de cinq avec texte complet	45	35		

304 "Rolla"

304 "Rolla"	5	3,5	3	8
a - bande de cinq avec texte complet	25	20		
b - ‖ Rolla + Frimatic	10	7	7	
c - ‖ Rolla + Grammont	11	7,5	6	

Réfrigérateurs — La Slavia — TIMBRES-POSTE H. THIAUDE ACHAT-VENTE

305 "Satam"

305 "Satam"	4	2,5	1,5	4,5
a - bande de cinq avec texte complet	20	16		
b - ‖ Satam + Grammont	11	7,5	6	
c - ‖ Satam + Satam	17	11	8	

306 "Slavia" ("A" fermé)

306 "Slavia" ("A" fermé)	9	5,5	3,5	8,5
a - bande de cinq avec texte complet	50	39		
b - ‖ Slavia + Slavia (fermé + fermé)	19	13	9	
c - "A" de "Slavia" ouvert	9	6	3,5	8,5
d - ‖ Slavia x2 (ouvert + ouvert)	20	13	9	
e - ‖ Slavia x2 (ouvert + fermé)	18	12	11	

307 "Thiaude"

307 "Thiaude"	6	4	3,5	8,5
a - bande de cinq avec texte complet	35	25		

Type II (bandes publicitaires)

A.G. VIE 87, RUE RICHELIEU — Papeteries ELCO — TÉLÉVISION GRAMMONT

308 "A G Vie"

308 "A G Vie"	21	15	9	25
a - bande de cinq avec texte complet	105	80		
b - ‖ A G Vie + A G Vie	42	30	24	

309 "Elco"

309 "Elco"	22	16	10	27
a - bande de cinq avec texte complet	110	85		
b - ‖ Elco + Elco	45	32	27	

310 "Grammont"

310 "Grammont"	21	15	9	25
a - bande de cinq avec texte complet	105	80		
b - ‖ Grammont + Grammont	45	32	27	
c - ‖ Grammont + Rolla	42	30	25	

ROLLA FILM-PHOTO — Réfrigérateurs

311 "Provins"

311 "Provins"	21	15	9	25
a - bande de cinq avec texte complet	110	80		
b - ‖ Provins + Grammont	42	30	25	

312 "Rolla"

312 "Rolla"	21	15	9	25
a - bande de cinq avec texte complet	105	80		

313 "Satam"

313 "Satam"	21	15	9	25
a - bande de cinq avec texte complet	105	80		
b - ‖ Satam + Satam	42	30	25	

Marianne de Muller
25f rouge, type I
(paire verticale avec bords barrés)

314 Paire vert^ale avec bords barrés	6	4	3	7

Marianne à la nef
Type I
(paire verticale avec bords barrés)

☐ **315** Paire vert^ale avec bords barrés 12 8,5 7 14

Marianne de Decaris
Type I
(paire verticale avec bords barrés et bande pub)

☐ **316** Paire vert^ale avec bords barrés 5,5 4 3 8
  non dentelé 1 000 850
  a - double bord (4 barres au lieu de 2) 40 28
  b - couleur carmin absente 500 390
  c - couleur grise absente 525 395
  d - coul. grise absente, piquage à cheval 600 440
  e - impression sur raccord 300 230
  f - piquage à cheval 475 395 425

☐ **316A** Bande verticale de 4 avec bords blancs, issu de carnet de 8 non confectionné 225 170

☐ **317** "Philatec" 6 4 1,7 5
  a - bande de cinq avec texte complet 30 23
  b - ‖ Philatec + Philatec 12 9 6

Armoirie de Paris
(paire verticale avec bords barrés)

☐ **318** Paire vert^ale avec bords barrés 10 5 3 8
  a - impression recto-verso 50 35
  b - couleur rouge absente sur un timbre 525 395

Cours d'instruction

Semeuse camée
5c vert, type IIA
surcharge violette à la main de carnet
(paire verticale avec bords blancs)

☐ ♢ **319** Paire vert^ale av bords blancs 300 240

Semeuse camée
10c rouge, type IC *(chiffres gras)*
surcharge violette à la main de carnet
(paire verticale avec bords blancs)

☐ ♢ **320** Paire vert^ale av bords blancs 500 375
  a - types IC & IA se tenant, paire vert^ale 700 500

Semeuse camée
10c vert, type IC *(chiffres gras)*
surcharge ANNULE en noir
(paire verticale avec bords blancs)

☐ ♢ **321** Paire vert^ale av bords blancs 210 175
  a - types IC & IA se tenant, paire vert^ale 350 245
  b - surcharge violette, paire vert^ale 210 175

Semeuse camée
25c bleu, type II
surcharge ANNULE en noir
(paire verticale avec bords blancs)

☐ ♢ **322** Paire vert^ale av bords blancs 360 280

Semeuse camée
30c bleu, type II
surcharge SPECIMEN en noir
(bandes publicitaires)

☐ ♢ **323** "Florent" 120 100 95
  a - bande de cinq avec texte complet 620 525

☐ ♢ **324** "Menier" 120 100 95
  a - bande de cinq avec texte complet 620 525
  b - ‖ Menier + Florent 220 210

☐ ♢ **325** "Secours" 105 95 90
  a - bande de cinq avec texte complet 620 500
  b - ‖ Secours + Secours 220 210

Pasteur
10c vert
surcharge SPECIMEN en noir
(paire verticale avec bords blancs

☐ ♢ **326** Paire vert^ale av bords blancs 600 465
  a - surcharge multiple 3 500 2 750

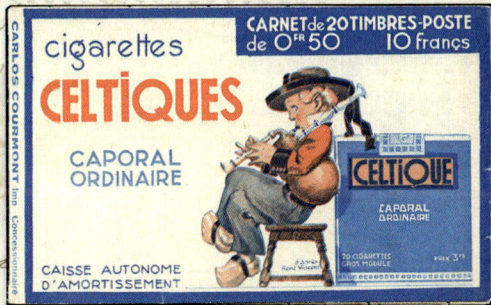

CARNETS

Format:

- *1906 à 1922: format 110x60.*

- *1923 à 1965: format 115x72 avec pub sur les marges des timbres. Séries:*

- *1922 à 1937: concessionnaire Carlos Courmont, séries 1 à 414.*

- *1937 à 1944: Delrieu, séries 2 à 67 avec quelques variantes.*

- *1950 à 1965: impression par la Poste, numéro de série avec année de fabrication (2-55, 8-57, etc.).*

Blanc
5c vert au type IB (type spécifique de ces carnets) (carnets de 40 timbres)

Cette surcharge pouvait être soit écrite à la main par le receveur, soit appliquée à l'aide d'un cachet (en noir ou en violet).

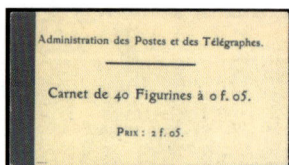

Couverture de 1906

1 Couverture: prix: 2f 05 (19 novembre 1906)   ☆☆   1 800

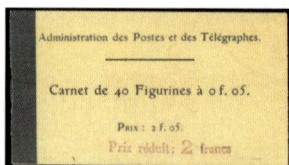

Couverture surchargée en 1910

2 Couverture: "prix réduit 2 francs" (1er mai 1910)   2 000

P20 Carnet privé (8 t.), pub. "Aiglon" (porte-timbre)   3 500

Semeuse chiffres maigres
10c rouge au type III
(carnets de 20 timbres)

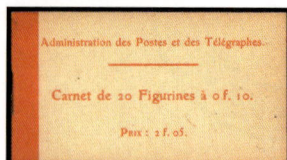

3 Couverture: prix: 2f 05 (1er décembre 1906)   60
a - timbres très contrastés (semeuse blanche)   75

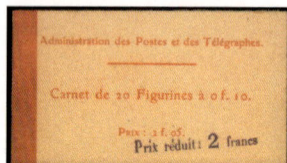

4 Couverture: "prix réduit 2 francs" (1er mai 1910)   70
a - timbres très contrastés (semeuse blanche)   80
P22 Carnet privé (6 t.), "Belle jardinière" (porte-timbre)   4 90

P26 Carnet privé (6 t.) "Manchon-Hella" (porte-timbre)   3 60
P28 Carnet privé (6 t.) ""Mignon" (porte-timbre)   3 80

Semeuse chiffres maigres
10c vert
(carnets de 10 timbres)

5 Minéraline 2 fois (1926) (avec les 8 pages de pub.suppl.)   7 800
a - "R" brisé: "PÉPUBLIQUE" (case 5)   8 200

6 Phéna-Phéna (1927)   675
a - "R" brisé: "PÉPUBLIQUE" (case 5)   725

Semeuse camée
5c vert, type I (carnets de 40 timbres)

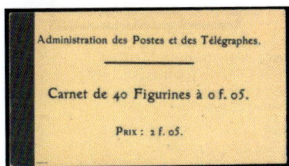

> Administration des Postes et des Télégraphes.
>
> ---
>
> Carnet de 40 Figurines à o f. o5.
>
> Prix : 2 f. o5.

7 Couverture: prix: 2f 05 (1907)   850

> Administration des Postes et des Télégraphes.
>
> ---
>
> Carnet de 40 Figurines à o f. o5.
>
> Prix : 2 f. o5.
> Prix réduit: 2 francs

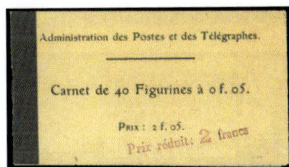

8 Couverture: "prix réduit 2 francs" (1ᵉʳ mai 1910)   1 200

Type IIA
(carnets de 40 timbres)

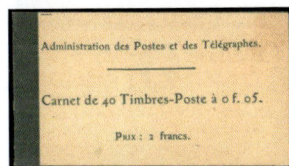

> Administration des Postes et des Télégraphes.
>
> ---
>
> Carnet de 40 Timbres-Poste à o f. o5.
>
> Prix : 2 francs.

Couverture modifiée (prix: 2 francs) (1910)

9 Couverture modifiée: 2 francs (1910)   370
a - couverture papier épais et brouillé de couleur foncé   390

10 Avec timbres surchargés "ANNULE" en violet   6 500
a - carnet de 20 t. au linde 4 o t.   3 000

Note: les carnets surchargés "ANNULE" étaient destinés aux cours d'instruction.

11 Couv papier mince, timbres GC chamois   500
a - timbres papier GC blanc (1916)   750

12 Texte sur les 4 pages (taxe du 12/8/19) (1919)   370

13 Texte sur les 4 p. (taxe) (timbres GC chamois)   950

14 Couv modifiée: 2 francs (timbres papier X)   15 000
a - couverture papier épais et brouillé de couleur foncé   15 000

> Carnet de 40 Timbres-Poste à o f. o5
>
> Prix : 2 francs.
>
> Écrivez lisiblement les adresses de vos envois.
>
> Recommandation essentielle :
> Pour Paris, indiquez le numéro de l'arrondissement

15 Texte sur les 4 pages (loi du 29/3/20) (1921)   370

15-A 1/2 feuille de 3 carnets n°9, nd   35 000

15-B paire de deux carnets dentelés n°9 se tenant   37 000

> CARNET
> de Timbres-Vignettes
>
> BUSSANG = SANG BU
>
> ANÉMIE   CHLOROSE
> LYMPHATISME   NEURASTHÉNIE
> DYSPEPSIE   FATIGUE
>
> EAU MINÉRALE
>
> BUSSANG
> ULTRA
> RADIO ACTIVE

P23 - A Carnet privé (8 t.) "Bussang (porte-timbre)   3 750

P23 Carnet privé (16 t.) "Bussang (porte-timbre)   5 000

P23B Carnet privé Aigton (16 t.)   3 500

Semeuse camée, 5c orange
Type IIA
(carnets de 40 timbres)

> Carnet de 40 Timbres-Poste à o f. o5
>
> Prix : 2 francs.
>
> Recommandation essentielle :
> Pour Paris, indiquez le numéro de l'arrondissement

16 Texte sur les 4 pages (loi du 29/3/20) (1921)   275

> CARNET
> DE 40 TIMBRES-POSTE A 0ᶠ.05
> POLICE PRIVÉE
> L. GUILLAUME, DIRECTEUR, EX-INSPECTEUR DE LA SÛRETÉ
> 56bis, Rue de la Chaussée d'Antin — PARIS (IX°)

17 Couv avec publicité (110x60) (1922) (série 5)   155

18 Couv avec publicité (110x60) (1922) (série 11)   150
a - pli accordéon sur la couverture (série 11)   1 000

19 sch "Toulouse cours pratiques" (cours d'instruction) (s 11).   4 000

⚠ *Surch "Toulouse cours pratiques": expertise indispensable.*

Semeuse camée
10c rouge, type IC *(chiffres gras)*
(carnets de 20 timbres)

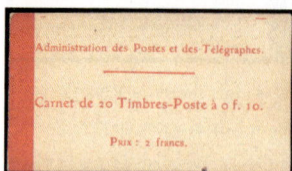

20 Couverture modifiée: 2 francs (1910) **600**
a - avec un timbre isolé au type IA (case 13) 630
b - papier X (papier très blanc) 16 000
c - papier X, avec isolé au type IA (case 13) 17 000

21 Avec timbres sch "ANNULE" en violet (1911) **4 500**
a - avec un timbre isolé au type IA (case 13) 4 700

22 Couverture modifiée, timbres GC chamois **4 000**
a - papier GC, avec isolé au type IA (case 13) 4 200

22-A 1/2 feuille de 3 carnets n°20 & 20a, nd **40 000**

22-B paire de 2 carnets dent 20 & 20a se tenant **42 000**

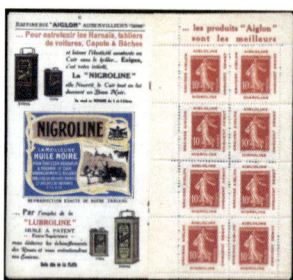

P21 Carnet privé (8 t.), "Aiglon" (porte-timbre) **1 600**

P22-A Carnet privé (6 t.), "Belle jardinière" (porte-timbre) **4 800**

P26-A Carnet privé (6 t.) "Manchon-Hella" (porte-timbre) **3 500**
P27 Carnet privé (6 t.) "Menthe-Pastille" (porte-timbre) **4 000**
P28-B Carnet privé (6 t) "Mignon" (porte-timbre) **3 800**
P28-C Carnet privé (6 t) "Tisane du Laboureur" (porte-timbre) **12 000**

Type II
(carnets de 30 timbres, en 5 blocs de 6)

23 Couverture rose, papier X (1918) **3 200**
a - feuille de 144 timbres (carnets non confectionnés) 16 500
b - papier X et papier normal (feuilles mélangées) (1918) 2 900
c - papier normal gomme lisse (1918) 2 900

Semeuse camée, 10c vert
Type IC *(chiffres gras)*
(carnets de 20 timbres)

24 Couv avec publicité (110x60) (1922) (sér SSB, 26) **390**
a - avec un timbre isolé au type IA (case 13) 420

25 Couv avec publicité (115x72) (1923) (série 28, 44) **370**
a - avec un timbre isolé au type IA (case 13) 400
b - couverture "Pasteur à l'écran" (tirage de luxe) (série 28) 1 100

P1 Carnet privé, pub. "Maurice Digeaux" **10 000**

26 Avec tbres surch "ANNULE" en noir (série 28) **2 200**
a - avec un timbre isolé au type IA (case 13) 2 300

Semeuse camée, 15c brun
Type I
(carnets de 10 et 20 timbres)

27 Virgile Chareyre 2 fois (1928) (carnet de 10) (tir: 4 320)   **200**
a - piquage à cheval (timbres avec double publicité)   600

P30 2 blocs de 10 vignettes PVC valeur sur la couv barrée et
cachet "sans valeur d'affranchissement" sur le 2ᵉᵐᵉ feuillet   **1 500**

P30-A Idem, valeur sur la couv non barrée et absence du
cachet. Texte pub sur 11 lignes au verso du 1ᵉʳ feuillet   **650**

28 Rolland 4 fois (1929) (carnet de 20) (tirage: 12 000)   **410**

P17 Carnet privé (4 tbres), pub. " Le Philopode" (tir: 109)   **1 500**

Semeuse camée, 20c rose
Type VI
(carnets de 20 timbres) (1937)

29 Poste-Byrrh-Byrrh-Poste (série 9)   **60**
a - couverture sur fond chamois au lieu de blanc   1 500

Semeuse camée
25c bleu, type IB
(carnets de 20 timbres)

30 Texte sur les 4 pages (loi du 29/3/20) (1921)   **6 800**

Type II sans bde pub
(carnets de 20 timbres)

*On ne connaît
que quelques
exemplaires
de ce carnet
(dont 3 carnets
entamés)*

31 Texte sur les 4 pages (loi du 29/3/20) (fin 1921)   **23 000**
a - carnet entamé   7 500

32 Couverture avec publicité (format 110x60)   **3 200**
(1922) (série SA 1 à 4, 6 à 10, 12 à 25, 27)
a - recto-verso intégral des timbres   7 000
b - piquage oblique par pliage (timbres)   6 500

33 Couverture avec pub (115x72) (1923) (s 29 à 42)   **3 400**

**P31 Carnet virtuel de présentation des publicités de C.
Courmont avec n° de série 23 ne correspondant pas au n° officiel   1 800**

34 Avec timbres sch "ANNULE" (1923) (série 38)   **2 300**

Timbres avec bandes publicitaires *(25c bleu type II)*

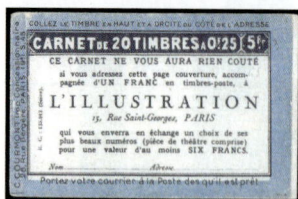

35 Annales-Annales-Rozan-Rozan (série 45)　　**3 900**

36 Annales-Grey Poupon-Olibet-Vichy　　**3 300**
(série 68, 70 à 72, 74, 77, 78)

37 Bernot-Bernot-Koto-Jif (série 76)　　**18 000**

38 Bisquit 4 fois (série 75, 78, 79, 81, 82)　　**1 000**

39 Eco-Eco-Olibet-Olibet (série 45, 46)　　**5 700**

40 Evian-Evian-Evian-Evian　　**780**
(s 43, 47, 48, 51, 54, 56, 58, 62, 63, 67, 75, 77, 79, 81 à 89, 89B)

41 Louvre 4 fois (carnet de 20) (série 73)　　**6 200**

Ce carnet (de 10 timbres) a été réalisé par la poste pour les Magasins du Louvre en 1925, qui les ont directement distribués à 3 000 concierges.

42 Louvre-Louvre (carnet de 10) (série 73)　　**32 000**
a - carnet entamé　　13 500

43 Secours-Grey Poupon-Secours-Amourette　　**3 600**
(série 79 à 82)

44 Secours-Guyot-Secours-Jif (s 75 à 77, 80 à 82)　　**3 400**

45 Secours-Secours-Secours-Secours　　**3 400**
(série 50, 55 à 57, 61, 65, 66, 68)

46 Soulac-Grey Poupon-Olibet-Vichy   **3 400**
(série 64, 65, 68, 69)

47 Vichy-Secours-Olibet-Secours (s 55, 57, 59 à 61)   **3 400**

Type IV
(carnets de 20 timbres) (juin 1920)

48 Texte sur les 4 pages (taxe du 29/3/20) (1920)   **4 800**
a - bleu clair   5 000
b - papier GC   8 500
d - impression incomplète par pliage (timbres)   14 000

48c Avec timbres surchargés "ANNULE"   **15 000**

Semeuse camée, 30c rose
Type IIB
(carnets de 20 timbres) (juillet 1925)

49 Evian 4 fois (sér 88 surch, 89 surch, 90)   **260**
a - découpe du carnet en diagonale   1 300

50 Secours-Aequitas-Secours-Oxymenthol   **260**
(série 88 surchargé, 89 surchargé, 90)

51 Secours-Grey Poupon-Secours-Pivolo   **260**
(série 88 surchargé, 89 surchargé, 90)
a - piquage à cheval (timbres avec double publicité)   1 200

Note: les couvertures surchargées proviennent des carnets du 25c bleu.

Semeuse camée, 30c bleu
Type IIB
(carnets de 20 timbres) (décembre 1925)

52 Evian 4 fois (série 88 surch, 89 surch, 90 à 92, 94, 95)   **330**
a - pli accordéon sur 3 timbres (couv "Guyot", série 89 surch)   900

53 Gibbs 4 fois (série 97, 99, 101, 102, Lilor)   **210**
a - cachet d'annulation de l'agence comptable (s 101, 102)   1 000
b - sch "Toulouse cours pratiques" (cours d'instruction) (série 102)   7 000

54 Secours-Aequitas-Secours-Oxymenthol   **350**
(série 88 surch, 89 surch, 90, 91, 95, 96)

55 Secours-Grey poupon-Secours-Pivolo   **350**
(série 88 surch, 89 surch, 90, 91, 95, 96)
A - couverture "Lilor" (série 91)   450

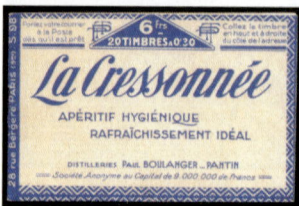

56 Secours-Menier-Secours-Florent   **250**
(série 97 à 101, Lilor)
a - avec cachet d'annulation de l'agence comptable (s 101)   1 200

57 Avec timbres surchargés "SPECIMEN" (série 98)   **2 100**

Semeuse surchargée
Type IIB
(carnets non émis, seules les feuilles ont été préparées, mais les carnets n'ont pas été confectionnés)

58 Gibbs-Gibbs-Gibbs-Gibbs (bloc de 20)   **250**
a - surcharge déplacée   550
b - feuille de 120 timbres (carnets non confectionnés)   1 600

59 Secours-Menier-Secours-Florent (bloc de 20)   **4 600**
a - feuille de 120 timbres (carnets non confectionnés)   30 000

Semeuse camée, 25c jaune
carnets privés

P24 Carnet privé (12t.), "Lafleur" (porte-timbre)   **4 300**

P18 Carnet privé (4 tbres), "Le Philopode" (tir: 662)   **460**

Semeuse camée, 30c br-rge
Type III
(carnets de 20 timbres) (1938)

60 Poste aérienne-Byrrh-Byrrh-C.C.P. (série 21)   **48**
a - piquage à cheval (timbres avec double publicité)   320

Semeuse camée, 40c brun
Type I
(carnets de 20 timbres) (1926)

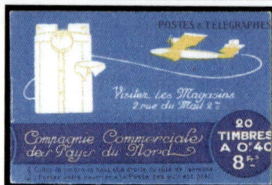

61 Grey Poupon-Urodonal-Guyot-Gyraldose (s 103, 104)   **275**
a - cachet d'annulation de l'agence comptable (sér 103, 104)   1 200
b - surchargé "Toulouse cours pratiques" (série 104)   6 500
c - série SLA (tirage de luxe)   2 300
d - piquage à cheval (timbres avec double publicité)   1 300

Semeuse camée, 40c rouge
Type I
(carnets de 20 timbres) (1926)

62 Evian-Evian-Evian-Evian (série 108 à 110)   **220**
a - cachet d'annulation de l'agence comptable (série 108)   1 200
b - feuille de 120 timbres (carnets non confectionnés)   5 500
c - série SLA (tirage de luxe)   2 300

63 Gibbs-Gibbs-Gibbs-Gibbs (série 104 à 107)   **220**
a - cachet d'annulation de l'agence comptable (sér 105, 106)   1 200

64 Grey Poupon-Vittel-Secours-Secours (s 107 à 110)   **220**
a - feuille de 120 timbres (carnets non confectionnés)   5 500

65 Lesieur 4 fois (série 107, 109)   **250**
a - cachet d'annulation de l'agence comptable (s 107, 109)   **1 200**
b - couverture avec tête de Mercure   **1 800**
c - feuille de 120 timbres (carnets non confectionnés)   **2 700**

Couverture avec tête de Mercure (agence comptable) (1927)

Semeuse Croix-Rouge
(carnets de 20 timbres) (1926)

66 Croix-Rouge 1914 (Semeuse surtaxée)   **2 400**

Semeuse lignée
10c rose, carnets privés
(carnets de 6 timbres)

P25 Carnet privé, "Manchon-Hella" (porte-timbre)   **3 700**

P28 Carnet privé, "Mignon" (porte-timbre)   **3 900**

Semeuse lignée
15c vert au type V, papier GC
(carnets de 20 et 40 timbres)

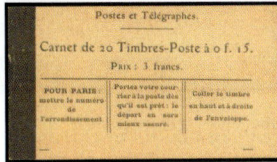

67 Texte sur la 1ère de couverture (1917, GC)   **975**

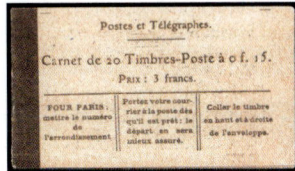

68 Texte sur les 4 pages (loi du 30/12/16) (1918, GC)   **750**
69 Texte sur les 4 p. (loi) (timbres papier blanc)   **1 500**
a - papier X (papier très blanc)   **15 000**
b - timbre isolé au type IV case 1 (papier normal)   **2 500**

70 Texte sur les 4 pages (taxe du 12/8/19) (1919, GC)   **900**
71 Texte sur les 4 p. (taxe) (timbres papier blanc)   **1 100**

Carnet de 40 timbres

72 Couverture avec bandes sur le bord (1919, GC)   **6 800**

Semeuse lignée
50c rouge, type I
(carnets de 20 timbres)
(juillet 1925)

73 Cheval vert 4 fois (série 120 à 123)   **840**
a - cachet d'annulation de l'agence comptable (série 123)   **1 800**

74 Coq 4 fois (séries 143, 144 (Hérault), 145 (Belfort), 146 à 149,   **270**
Le Mans II, Rouen I, Versailles II, Vichy II)
a - cachet d'annulation de l'agence comptable   **1 200**
(1928) (série 144, 145E, 146, 147)

75 Evian 4 fois (série 108 sch, 110 sch, 111 à 115, 130 **270**
à 142, Dijon I, Le Mans I, Lourdes, Reims I, Versailles I, SVY)
a - cachet d'annulation de l'agence comptable (sér 114, 137) 1 200
b - couverture avec tête de Mercure 1 800
c - piquage à cheval (timbres avec double publicité) 1 250
d - sans "f" dans "10f" sur la couverture (série 108S) 2 700

76 Evian-Delft-Evian-Lesieur (série 126 à 129) **480**
a - piquage à cheval (timbres avec double publicité) 1 350

77 Evian-Gibbs Savon-Evian-Savon Gibbs **400**
(série 128 à 133, 137, Carcassonne, Le Mans I, Reims I)
a - cachet d'annulation de l'agence comptable (sér 130, 131) 1 200
b - couverture avec tête de Mercure (bleue ou brune) 1 800

78 Evian-Savon Gibbs-Evian-Gibbs Savon **400**
(série 128 à 133, Carcassonne, Le Mans I, Reims I, Versailles I)
a - cachet d'annulation de l'agence comptable (sér 130, 131) 1 200
b - couverture avec tête de Mercure (bleue) 1 800

79 Evian-Goa-Evian-R et C (série 126 à 129, Reims I) **400**
a - cachet d'annulation de l'agence comptable (sér 127, 128) 1 200
b - couverture avec tête de Mercure (brune) 1 800

80 Evian-Grey Poupon-Evian-Secours **380**
(série 139, 141 à 143)
a - avec cachet d'annulation de l'agence comptable (s 143) 1 200

81 Evian-Radium-Evian-Lesieur (série 126 à 129) **630**
a - cachet d'annulation de l'agence comptable (s 126, 128, 129N) 1 800
b - couverture avec tête de Mercure (bleue ou brune) 2 300

82 Evian-Vouvray-Evian-Sanglier (série 120 à 124) **500**
a - avec cachet d'annulation de l'agence comptable (s 120) 1 300
b - couverture avec tête de Mercure (bleue ou brune) 2 200

83 Evian-Vouvray-Evian-Sans rivale (s 119 à 123) **450**

84 Gibbs-Gibbs-Gibbs-Gibbs **450**
(série 120 à 126, Dijon I, Le Mans I, Versailles I, SVY, Toile d'avion)
a - cachet d'ann. de l'agence comptable (s SVY, Toile d'avion) 1 200
b - couverture avec tête de Mercure (bleue ou brune) 2 200

85 Grey Poupon-Urodonal-Guyot-Gyraldose (s 115 à 118) **2500**

86 Grey Poupon-Vittel-Secours-Secours (s 110 sch, 111)　　　**4 000**
a - cachet d'annulation de l'agence comptable (sér 110 sch)　　5 800
b - couverture avec tête de Mercure (bleue)　　　　　　　　　6 200

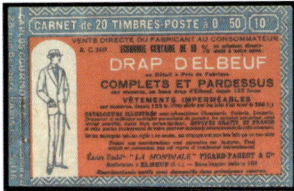

87 Lesieur 4 fois (série 111, 114, 115, 118)　　　　　　　　**1 350**
a - cachet d'annulation de l'agence comptable (sér 111, 118)　2 800
b - couverture avec tête de Mercure (bleue)　　　　　　　　　2 700
c - impression des timbres des 2 côtés par pliage　　　　　　　6 250

88 Secours-Urodonal-Secours-Gyraldose　　　　　　　　　**430**
　　　　　　　　　　　　　　　　　　　(série 111, 113 à 119)
a - cachet d'annulation de l'agence comptable (série 117)　　　1 200
b - couverture avec tête de Mercure (bleue ou brune)　　　　　1 800
c - piquage à cheval (série 114RP)　　　　　　　　　　　　　1 600
A - couverture "Jacques Deroche" (série 114O)　　　　　　　　470

Cachet d'anulation de l'agence comptable (3 modèles de cachets)

Type IIB
(carnets de 20 timbres)

89 Montpeyroux 2 fois (carnet de 10) (feuillet gauche
perforé) (tirage: 2 000)　　　　　　　　　　　　　　　　**2 200**
a - feuillet gauche non perforé　　　　　　　　　　　　　　180'

90 Provins-Provins (carnet de 10 timbres) (tirage: 1 000)　　**140**

91 Virgile Chareyre 2 fois (carnet de 10) (tir: 8 400)　　　**120**

92 Bussang 4 fois (série Nancy) (tirage: 2 500)　　　　　　**340**
a - timbre du feuillet gauche au type IV, feuillet droit type IIB　1 100

93 Coq 4 fois　　　　　(série 157 à 160, 165 (Orléans), 166　　**200**
　　　　　　　　　　　　(Allier), Clermont Ferrand, Lille, Marseille)

94 Coq-Coq-Falières-Mireille　　　　　　　　　　　　　　**290**
　　　　　　　　　(série 172, 173, 174 (Paris), 175, 180, Vichy II)
a - piquage à cheval (timbres avec double publicité)　　　　　1 100

95 D.U-D.U-D.U-D.U
(série 189, 192 à 194, 197 à 200, 212, 217, 218, 221, Toile d'avion) ... 210
a - avec cachet d'annulation de l'agence comptable (s 192) ... 1 200
b - piquage à cheval (timbres avec double publicité) ... 900

96 D.U-D.U-Calvet-Kwatta
(série 189, 192 à 194, 197 à 200, Toile d'avion) ... 260
a - feuillet gauche au type IV, feuillet droit type IIB
(série 192 à 194, 197, Toile d'avion) ... 2 000
b - cach annulation de l'agence comptable feuillet gauche t. IV
(série 193RP, Toile d'avion) ... 3 000
c - piquage à cheval (timbres avec double publicité) ... 1 000

97 Falières-Shyb-Annales-Shyb ... 350
(série 172, 173, 174 (Paris), 180, Vichy II)

98 Falières-Shyb-Grey Poupon-Shyb ... 350
(série 172, 173, 174 (Paris), Vichy II)

99 Florent-Florent-Vache qui rit-Mireille ... 240
(série 154 à 156, 157 (Hérault), Histoire de la chemise, le Mans II)

100 Gitanes-Grey Poupon-Redoute-Phenix ... 230
(série 183, 185 à 189, 192)
a - cachet d'annulation de l'agence comptable (s 186 à 189) ... 1 200
b - sans pub en haut, grandes marges en bas (série 186) ... 900
c - impression des deux côtés par pliage ... 5 000
d - découpe en biais et deux timbres amputés ... 4 000

101 Grey Poupon-Moet-Calvet-Guyot ... 33
(série 205 (Saumur), 206, 207, 212 (Paris), Toile d'avion)
a - cachet de l'agence compatable, aninulation (s 206) ... 1 500

102 Grey Poupon-Shyb-Phenix-Shyb (s 174, 175, 177, 180) ... 350
a - cachet d'annulation de l'agence comptable 11-9-29 s177 ... 1 200

103 Guilhon-Shyb-Phenix-Shyb (s 174, 175, 177, 180) ... 320
a - cachet d'annulation de l'agence comptable (s 175, 180) ... 1 200

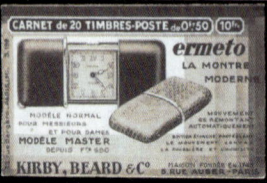

104 Guyot-Moet-Sphere-Sphere ... 250
(série 198, 199, 202, 205 (Chartres), 206, 207, 212, Toile d'avion)

105 Madon-Redoute-Osram-Phenix (sér 181, 183, 185, ... 280
Beauvais, Gironde, Haut-Rhin, Lille, Loire Inférieure, Lyon)
a - avec cachet d'annulation de l'agence comptable (s 185SA) ... 1 000
A - couverture "Huile Calve" (série Loire Inférieure) ... 250

106 Phenix-Osram-Redoute-Redoute (s 180, 181, 185) ... 340
a - avec cachet d'annulation de l'agence comptable (série 181) ... 1 100

107 Phenix 4 fois (série Nogent-en-Bassigny) (tir: 2 000)   **170**
a - impression recto-verso (sur 10 timbres)   600

108 Plombières-Sanglier-Jaffelin-Jaffelin   **270**
(série 147 à 149, 151, Versailles II, Vichy II)

a - cachet d'annulation de l'agence comptable (s 148, 149, 151RP)   1 200

109 Quinzaine philatélique 4 fois (s Provins) (tir: 2 000)   **250**

110 Redoute-Sphere-Sphere-Redoute   **450**
(série 212 (Paris), 217, 218, 221)
a - cachet d'annulation de l'agence comptable (série 217)   1 300

111 Redoute-Phenix-Phenix-Redoute (s 186 à 189, 192)   **280**
a - impression recto-verso (timbres)   5 000
b - feuillet des timbres jamais agrafé   1 100

112 Sphere 4 fois (série 198, 199, 202, 205, Toile d'avion)   **350**

113 Toile d'avion 4 fois (avec échantillons) (s 149 à 155, 157, **190**
chemise, Toile d'avion, Clermont Ferrand, Lille I, Lyon I, Rouen I)
a - cachet d'annulation de l'agence comptable (s 154, 155)   1 200
b - piquage à cheval (timbres avec double publicité)   820
A - couverture "TSF" (série 153 Orléans)   275

114 Toile d'avion 2 fois-Laine St Epin 2 fois   **270**
(série 149 à 152, Clermont Ferrand, Lyon I)

115 Touring club-Florent-Florent-Quinz. phil.   **250**
(série 157 à 160, histoire de la chemise)
a - "Arme" avec un seul "e" (case 5) (s 157 à 160, chemise)   360
b - avec cachet d'annulation de l'agence comptable (s 160)   1 200
c - variété de découpe: carnet géant (s160)   1 000
d - double pub presque total   1 500
e - recto-verso partiel   1 000

Type IIA
(carnets de 20 timbres)

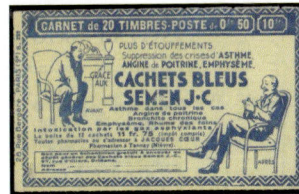

116 Benjamin-Moet-Grey Poupon-Benjamin   **380**
(série 257 (Limoges), 259, 261 à 263, Vosges)
a - avec cachet d'annulation de l'agence comptable (s 254)   1 200
A - couverture "Cachets bleus Semen" (série 259)   335

117 Blecao-Mazda-Benjamin-Benjamin (s 236, 238 à 242)   **850**
a - raccord et erreur de piquage   5 000
A - couverture "Porcelaines Letourneur" (série 240)   750

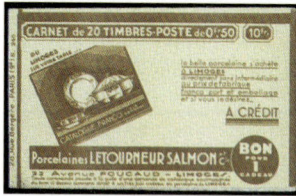

117-A Blédine-Mazda-Benjamin-Benjamin (s 240) 4 400

118 Grey Poupon-Mazda-Redoute-Benjamin 370
(série 238, 239, 241 à 245)

119 Moet-Benjamin-Benjamin-Benjamin 350
(série 246, 249 à 256, 258)

a - avec cachet d'annulation de l'agence comptable (s 252) 1 400
b - timbres dentelé tenant à non dentelés 4 300

120 Moet-Vichy-Redoute-Benjamin (s 251 à 258, 260) 370
a - avec cachet d'annulation de l'agence comptable (s 253) 1 400

121 Pupier-Moet-Benjamin-Benjamin 330
(série 245, 257 à 262, Lyon)

a - avec cachet d'annulation de l'agence comptable (s 257) 1 400
b - impression entièrement maculée 1 300

122 Redoute-Mazda-Benjamin-Benjamin (sér 243 à 248) 550

123 Vichy-Mazda-Benjamin-Redoute (s 244 à 252, 256) 370
a - avec cachet d'annulation de l'agence comptable (s 248) 1 400

Type IV sans bde pub
(carnets de 20)

124 Texte sur la 1ère et 4ème de couv (1929) 185
a - avec cachet d'annulation de l'agence comptable (5 déc 28) 3 000

124-A Texte modifié, couv avec dos rouge 20 000

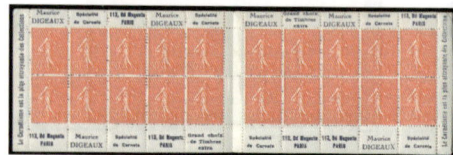

P2 Carnet privé, "Maurice Digeaux" (couv avec texte) 4 300

125 Couverture avec publicité (série 161, 167 à 169) 175
a - série "168" sans le "1" 500

P9 Carnet privé (10 t.), pub. "Cycles Chantecler"   **3 000**

P10 Carnet privé (20 t.), pub. "Cycles Chantecler"   **5 000**

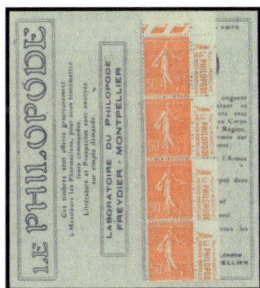

P19 Carnet privé (4 t.), "Le Philopode" (tir: 2 073)   **400**

P3 Carnet privé, "Maurice Digeaux" (s 161, 167 à 169)   **4 300**

Avec bandes publicitaires (carnets de 20)

126 Blédine-Mazda-Benjamin-Benjamin   **330**
(série 228 (Rhône), 233, 234, 236 à 240)
a - avec un timbre isolé au type IIB (case 11) (sér 234, 236)   2 100
b - piquage à cheval (timbres avec double publicité)   1 100
c - impression dépouillée (timbres)   1 300

127 D.U 4 fois (série 190, 191, 195, 196)   **230**
a - avec cachet d'annulation de l'agence comptable (s 195)   1 200
b - plusieurs timbres maculés de rouge (s 196)   1 000

128 Gitanes-Grey Poupon-Redoute-Phenix (s 182, 184)   **720**
a - avec cachet d'annulation de l'agence comptable   1 500

129 Grey Poupon-Moet-Calvet-Guyot (s 203, 204)   **520**
a - double pub en haut   1 000

130 Grey Poupon-Shyb-Phenix-Shyb (s 167 à 169, 176, 178)   **250**
a - avec cachet d'annulation de l'agence comptable (s 176)   1 200

131 Phenix-D.U-Calvet-D.U (série 182, 184, 190, 191)   **270**
a - cachet d'annulation de l'agence comptable (s 190, 191)   1 200

132 Phenix-Osram-Redoute-Redoute (s 176, 178, 179)   **450**
a - cachet d'annulation de l'agence comptable (s 178, 179)   1 300
b - piquage à cheval (timbres avec double publicité)   1 100

133 Phenix-Shyb-Osram-Shyb (s 178, 179, 182, 184)   **350**
a - cachet d'annulation de l'agence comptable (s 182, 184)   1 100
b - 16 timbres: impression dépouillée à défectueuse   2 400

134 Redoute-Mazda-Benjamin-Benjamin (s 242 à 246)   **600**
a - avec timbres au type IIA (case 1 & 14) (s 245)   1 500

135 Redoute-Moet-Sphere-Sphere (s 208 à 211, 213 à 216)   **350**

136 Rema-Guilhon-Calvet-Redoute   **430**
(série 203, 204, 208 à 211, 213, 215)
a - avec un timbre isolé au type IIA (case 1) (série 203)   2 000
b - pont central perforé (timbres au type 203, 204)   1 500
c - pont central perforé et isolé type IIA (case 1) (série 203)   4 000
d - avec cachet d'annulation de l'agence comptable (s 213)   1 500
e - numéro à cheval sur deux carnets (paire royale)   2 100

137 Sphere 4 fois (s 182, 184, 195, 196, 201, 203, 204)   **250**
a - impression incomplète des 10 tbres sup ten. à normaux   1 600
b - impression défectueuse allant à timbres non imprimés   2 000

Pasteur
10c vert
(carnets de 20 timbres)

138 Couv avec pub (115x72) (1923) (sér 44, 49, 93) **75**

P13 Carnet privé (10 t.), pub. "Aiglon" **3 000**

P14 Carnet privé (20 t.), pub. "Aiglon" **5 500**

P11 Carnet privé (10 t.), pub. "Cycles Chantecler" **3 000**

P12 Carnet privé (20 t.), pub. "Cycles Chantecler" **3 000**

P6 Carnet privé, pub. "Maurice Digeaux" **5 100**

P4 Carnet privé, pub. Villes du Doubs **1 300**

P5 Carnet privé, pub. Villes de Normandie **1 300**

139 Pasteur à l'écran (tirage de luxe) (série 28) **850**

140 Avec tbres sch "SPECIMEN" en noir (1925) (s 93) **6 000**

Sourire de Reims
Caisse d'amortissement
(carnets de 8 timbres) (16 mars 1930)
(couverture héliogravée)

141 Carnet Sourire de Reims **1 360**

Jeanne d'Arc
Type I
(carnets de 20 timbres)

142 Bussang 4 fois (série Nancy) (tirage: 5 000)   **300**

143 Champigneulles 4 fois (série Nancy) (tirage: 5 000)   **270**

144 Coq-Coq-Falières-Mireille   (série 162 à 166, 171   **180**
à 173, Histoire de la chemise, Dijon, Gironde, Ht Rhin, Le Mans II, Lille,
Loire inf, Marseille, Vichy II)

a - piquage à cheval (timbres avec double publicité)   900
b - cachet de l'agence compatable annulation (s 162)   1 400

145 Falières-Bénédictins-Florent-Florent (s 162 à 166, 171,   **190**
chemise, Doubs, Le Havre, le Mans II, Rouen I, Strasbourg, Vichy II)

a - impression recto-verso (sur 10 timbres)   1 000
b - annulé de l'agence comptable du 23-6-29 (s171)   1 500

146 Falières-Bénédictins-Vache qui rit-Vin (s 162 à 166,   **130**
171, chemise, Dijon, Doubs, Le Havre, Le Mans II, Rouen I, Strasbourg)

a - "R" de "RF" brisé (case 5) (1 carnet sur 6)   220

147 Falières-Shyb-Annales-Shyb (s 171 à 173, histoire de   **250**
la chemise, Gironde, Haut Rhin, Le Mans II, Lille, Loire inf, Marseille)

a - piquage à cheval (timbres avec double publicité)   1 000

148 Falières-Touring club-Florent-Florent (s 162 à 166, 171,   **190**
172, chemise, Dijon, Doubs, Le Havre, le Mans II, Rouen I, Strasbourg, Vichy II)

a - avec cachet d'annulation de l'agence comptable   1 400
b - "Arme" avec un seul "e" (case 10)   210
c - impression recto-verso (sur 9 timbres)   850
d - piquage à cheval (timbres avec double publicité)   700

149 Floravène 4 fois (série Bordeaux) (tirage: 5 000)   **280**

150 Gallia 4 fois (série Provins III) (tirage: 1 000)   **450**

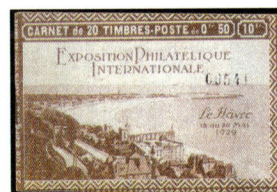

151 Le Havre 4 fois (série Le Havre) (tirage: 2 000)   **175**

151a Tbres & couv sch "SPECIMEN" en violet   **3 200**

152 Lux Radio 4 fois (série Lourdes) (tirage: 3 000)   **270**

153 Phila Gallia 4 fois (Série Provins II) (tirage: 1 000)   **450**

Type II *(carnets de 20 timbres)*

154 Vals-Shyb-Falières-Shyb (série 167 à 169)   **180**

155 Vals-Shyb-Provins-Shyb (série 167 à 169)   **175**
    7 000
a - non dentelé
b - série "168" sans le "1"   **650**

Femme Fachi
Type II
(carnets de 20 timbres)

⚠ *Un carnet sur deux présente, cq8, un timbre ressemblant au type I sans en être vraiment un (plus-value de 10%).*

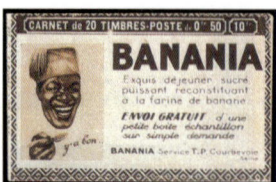

156 Benjamin 4 fois   **370**
(série 208 à 211, 213 à 215, 219, 220, 222 à 226, 228, 229)
a - avec un timbre isolé au type I (case 14) (s 208, 220, 223)   1 700
b - piquage à cheval (timbres avec double publicité)   1 300

157 Benjamin-Mazda-Benjamin-Benjamin (s 233 à 235)   **350**

158 Blédine-Mazda-Benjamin-Benjamin (s 233, 234)   **5 000**
a - avec un timbre isolé au type I (case 4)   6 500
b - cachet de l'agence compatable annulation (s 233)   11 000

159 D.U-D.U-D.U-D.U (série 208 à 211, 213 à 216)   **370**
a - avec un timbre isolé au type I (case 14) (série 211, 213)   1 600
b - isolé au type I, piquage à cheval (double pub)   2 000
c - double pub partielle   450
d - impression absente (s 215)   2 500
e - piquage à cheval (timbres avec double publicité)   700
f - pli accordéon sur la couverture ("Mercier", s 209)   1 350

160 Grey Poupon-Benjamin-Redoute-Benjamin   **420**
(série 219, 220, 222 à 225)
a - avec un tbre isolé au t. I (case 19) (s 219, 220, 222 à 225)   1 600
b - recto-verso des timbres et des pubs   1 500
c - piquage à cheval (timbres avec double publicité)   1 800
d - couverture à cheval avec 2 n° de séries 222 & 223   1 000

161 Lacroix-Grey Poupon-Benjamin-Benjamin   **380**
(série 224 à 227, 229)
a - avec cachet d'annulation de l'agence comptable   1 400
b - piquage à cheval (timbres avec double publicité)   1 000

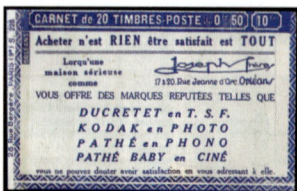

162 Lacroix-Mazda-Benjamin-Benjamin   **380**
(série 228 (Orléans), 230 à 232, 234, 235)
a - piquage à cheval (timbres avec double publicité)   1 000
b - cachet de l'agence compatable, annulation (s 230)   1 500

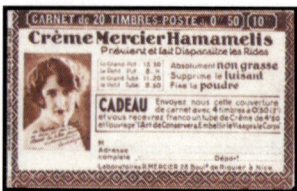

163 Redoute-Moet-Sphere-Sphere (s 208 à 211, 213 à 216)   **380**
a - piquage à cheval (tbres avec dble pub) ("Larousse", s 214)   1 000
b - non dentelé   4 300
c - impression ultra-dépouillée des timbres   1 600

164 Redoute-Sphere-Sphere-Redoute   480
(série 209 à 211, 213 à 216, 219, 220)
a - avec un timbre isolé au type I (case 19) (série 215, 216)   1 900

165 Ripolin-Benjamin-Benjamin-Benjamin   370
(série 227, 229 à 232)
a - tbres de la rangée du haut dent. tenant à rangée du bas nd   3 300

Paix
50c rouge, type I
(carnets de 20 timbres)

166 Arc en ciel-Art vivant-Parizot-Benjamin   330
(série 274 à 277, 279, 280, 281 (Nord))
a - non dentelé   5 700
b - impression partielle des timbres (feuillet gauche)   1 500

167 Arc en ciel-Prud'homme-Parizot-Benjamin   330
(série 274 à 277, 279, 280, 281 (Nord))
a - piquage à cheval (timbres avec double publicité)   850

168 Art vivant-Benjamin-Benjamin-Art vivant   240
(série 266 (Lyon), 269 (Nord), 270 à 273, Paris)
a - non dentelé (série 270, 272)   6 000
b - impression dépouillée des timbres   1 500
c - timbres maculés   1 300
d - série "271" sans le "1"   1 200

169 Art vivant-Bon sel-Poisson de Dieppe-Benjamin   620
(série 268, 269, Paris)
a - avec cachet d'annulation de l'agence comptable (s 268)   1 500
b - piquage à cheval (timbres avec double publicité)   1 600

170 Art vivant-Mazda-Barbès-Ledun (s 296 à 302)   520
b - cachet de l'agence compatable, annulation (s 296 et s 300)   1 400

171 Benjamin-Art vivant-Blédine-Mazda (s 300 à 304)   380
a - piquage à cheval (timbres avec double publicité)   900

172 Blédine-Mazda-Benjamin-Art vivant   500
(série 293, 294, 296 à 300)
a - date et n° à cheval sur deux carnets (298-A & B)   5 000

173 Fer à cheval-Redoute-Benjamin-Art vivant   270
(série 285 (Paris), 287 à 295)
a - double pub en haut et rangée de timbres précédants   3 300

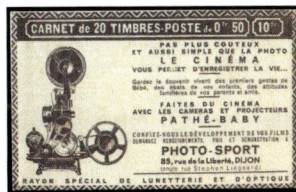

174 Moet-Benjamin-Benjamin-Benjamin (s 264 à 268)   270
a - non dentelé   5 600
b - impression dépouillée des timbres avec pli accordéon   2 000
c - timbres imprimés à sec, effacés   1 500

175 Monléon-Nelombo-Monléon-Bon sel (s 271, 272)   800
a - avec cachet d'annulation de l'agence comptable (s 272)   1 800
b - série "271" sans le "1"   1 300

176 Parizot-Art vivant-Art vivant-Benjamin   270
(série 264, 267, 268, 269 (Nord Est), 270, Paris)
a - avec cachet d'annulation de l'agence comptable (s 264)   1 200
c - timbres imprimés à sec, effacés   2 100
d - impr partielle des timbres (un tiers du carnet) (sér Paris)   2 800
e - publicités à cheval   450

177 Redoute-Art vivant-Art vivant-Benjamin (s 273 à 278)   350
a - avec cachet d'annulation de l'agence comptable (s 278)   1 100
b - timbres imprimés à sec, effacés   1 900

178 Redoute-Hahn-Art vivant-Benjamin
(série 266, 280, 281 (Nord), 282 à 284, 285 (Ouest Sud), 286 à 291, 293) — 270
a - piquage à cheval (timbres avec double publicité) — 900
b - cachet de l'agence compatable annulation (s 280) — 1 200

179 Rema-Art vivant-Art vivant-Benjamin (s 274 à 278) — 300
a - avec cachet d'annulation de l'agence comptable — 1 200

180 Ricqlès-Hahn-Blecao-Art vivant (s 292, 293, 295) — 2 500

181 Ricqlès-Hahn-Blecao-Nuptia (s 287 à 291, 293 à 295) — 430
a - cach. d'annulation de l'agence comptable 8-6-33 s289 — 1 500

Il existe deux versions de cette couverture: avec les noms des modèles de chapeaux (ci-dessus) ou sans les noms (ci-contre). La version avec noms est plus rare.

182 Ricqlès-Mazda-Barbès-Blecao (s 296, 298 à 302) — 640
a - dentelés 1 côté tenant à nd — 5 500
b - cachet d'annulation de l'agence comptable (s 297) — 1 800

183 Ricqlès-Mazda-Blédine-Pougues (s 285, 292 à 298) — 530

184 Ricqlès Veramint-Hahn-Blecao-Art viv. (s 287 à 295) — 460
a - impression dépouillée des timbres — 1 350

185 Ricqlès Veramint-Hahn-Blecao-Nuptia (s 290 à 295) — 1 000

186 Ricqlès Veramint-Mazda-Blédine-La Perle — 430
(série 285 (Paris), 290, 292 à 298)
a - cachet de l'agence compatable, annulation (s 293 et s 295) — 1 500

Type IIA
(carnets de 20 timbres)

187 Art vivant 4 fois (série 354 à 359) — 420

Il existe là aussi deux versions: la petite fille qui accompagne sa mère porte un manteau blanc (1ère version). Sur la 2ème version, le manteau de la petite fille est rouge (ci-contre).

188 Art vivant-Hahn-Art vivant-Art vivant — 270
(série 338 à 344, 346 à 351, 353 à 356, Lille)
a - avec cachet d'annulation de l'agence comptable (s 343) — 1 200
b - impression sur raccord, piquage double, et dentelure partielle — 4 400

189 Art viv.-Mazda-Benjamin-Benjamin (s 299, 304 à 310) — 400

190 Bernard-Art vivant-Art vivant-Calvados — 390
(série 318, 320, 321 (Rennes, Sud Ouest), 322 à 329)
A - couverture "Bernard Moteurs" (série 326) — 425
b - cachet d'annulation de l'agence comptable (s 325) — 1 500

191 Bernard-Blédine-Art vivant-Art vivant — 360
(série 320, 321, 324 à 334)
a - avec timbre isolé au type I (case1 ou 5 ou 19)
b - non dentelé — 1 500
c - piquage à cheval (timbres avec double publicité) — 5 500
d - cachet d'annulation de l'agence comptable (s 325) — 1 100

192 Bernard-Fauroy-Art vivant-Art vivant (série 318 à 320, 322 à 325) — **330**
a - avec timbre isolé au type I (case 1 (s 318 à 320) ou 5) — 1 500
b - piquage à cheval (timbres avec double publicité) — 1 150

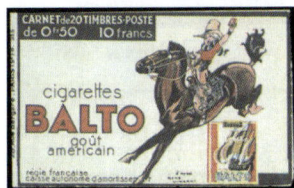

193 Bernard-Risban-D.U-D.U (s 306 à 317, 319, 320) — **350**
a - avec cachet d'annulation de l'agence comptable (s 310) — 1 400

194 Courtois-Mazda-Benjamin-Blédine (s 306 à 314, 316) — **300**
a - impression très défectueuse des timbres — 1 400
b - cachet d'annulation de l'agence comptable (s 309 et s 310) — 1 400

195 D.U-Gondolo-D.U-Conord (série 315 à 320) — **340**
a - avec cachet d'annulation de l'agence comptable (s 316) — 1 400
b - piquage à cheval (timbres avec double publicité) — 1 300

196 Barbès-Mazda-Blédine-Benjamin (série 299, 300 (Paris), 304 à 308) — **430**

197 Moet-Gitane-Blédine-Moet (série 367 à 372) — **820**

198 Ricqlès-Blédine-Art viv.-Art viv. (s 328 à 333, 335) — **570**

199 Ricqlès-Blédine-Art vivant-Conord (s 328 à 333, 335) — **570**
a - avec timbre isolé au type I (case 20) (série 328 à 333) — 1 400
b - impression dépouillée des timbres — 1 650
c - cachet d'annulation de l'agence comptable 26-7-34 (s 328) — 1 650

200 Ricqlès-Fer à cheval-Blédine-Moet (série 358 à 364, 366, 367) — **390**
a - couverture à cheval s361 tenant s 362 — 1 600

201 Ricqlès-Gitane-Blédine-Moet (série 367 à 372) — **800**

202 Ricqlès-Hahn-Fauroy-Art vivant (s 346 à 348) — **830**

203 Ricqlès-Hercule-Fauroy-Art viv. (s 331 à 333, 336 à 338) — **630**
a - cachet d'annulation de l'agence comptable (s 330) — 1 800

204 Ricqlès-Moet-Blédine-D.U (série 356 à 363, Lyon)   **400**

205 Ricqlès-Pommade FM-Fauroy-Blecao   **550**
(série 331 à 333, 336 à 338)
a - cachet d'annulation de l'agence comptable 7-9-34 (s 330)   1 700

206 Ripolin-Hahn-Art vivant-Tetra   **430**
(série 339 à 344, 346 à 348, Lyon)
a - cachet d'annulation de l'agence comptable 12-12-34 (s 338)   1 350

207 Tetra-Hahn-Art vivant-Art vivant (s 346 à 351, 353)   **550**
a - avec cachet d'annulation de l'agence comptable (s 347)   1 500

208 Valisère 4 fois (série 343, 345, 365, 368, 370)   **330**
a - piquage à cheval formant piquage incomplet (tbres et pubs)   3 500

Piquage à cheval formant un piquage incomplet
(sur les timbres et les publicités de la rangée du haut)

Type III
(carnets de 20 timbres)

209 Blédine 4 fois (série 396, 398, 400, 401, 404, 405)   **350**

210 Blédine-Hahn-Blédine-Blédine (s 393 à 395, 397 à 399)   **360**

211 Fer à cheval-Byrrh-Byrrh-Tetra (série 2)   **300**
a - avec cachet d'annulation de l'agence comptable   1 350

212 Barbès-Hahn-Blédine-Blédine (série 406 à 408)   **530**

213 Barbès-Hahn-Moet-Blédine (s 387 à 392, 395 à 397, 399)   **400**

214 Moet-Hahn-Moet-Blédine (sér 387 à 392, 395 à 397)   **430**

215 Poste aérienne-Byrrh gin-Byrrh zeste-C.C.P.   **200**
(série 2 (5-7), (8-9))

216 Poste aérienne-Byrrh pour-Byrrh pour-C.C.P.   **1 100**
(série 5-7, 8-9)

217 Poste aérienne-Byrrh-Byrrh-Tetra (série 4 (5-7))   **270**

218 Tetra-Hahn-Blédine-Blédine (série 401 à 414)   **210**
a - piquage à cheval (timbres avec double publicité)   **1 500**

*Carnet avec piquage à cheval (le décalage fait que les timbres de la
rangée supérieure sont avec double publicité)*

Type IV
(carnets de 20 timbres)

219 Blédine-Hahn-Blédine-Blédine (s 393 à 397, 399)   **1 450**

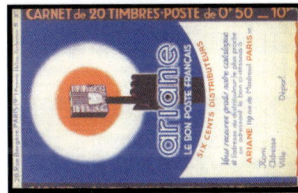

220 Moet-Blédine-Ricqlès-Hahn (série 377 à 380, 382)   **670**

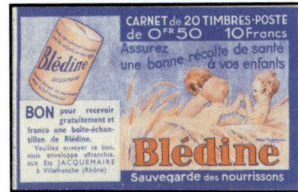

221 Moet-Fer à cheval-Blédine-Blédine (s 373 à 378)   **670**

222 Moet-Gitane-Blédine-Moet (série 368 à 378)   **670**

223 Moet-Hahn-Blédine-Moet (série 386 à 391, 393)   **700**
a - avec cachet d'annulation de l'agence comptable (s 389)   **2 200**

224 Ricqlès-Gitane-Blédine-Moet (s 367, 369 à 372) — 970

225 Ricqlès-Hahn-Blédine-Moet (série 386 à 393) — 880

226 Ricqlès-Hahn-Moet-Blédine (série 383 à 385) — 980
a - cachet d'annulation de l'agence comptable 5-5-36 (s 385) — 1 800

227 Ricqlès-Hahn-Moet-Fer à cheval (s 383 à 388) — 730
a - avec cachet d'annulation de l'agence comptable — 1 800

228 Ricqlès-Jil-Fer à cheval-Jil (s 379, 380, 382 à 384) — 850

229 Valisère-Valisère-Valisère-Valisère (série 381) — 780

Paix, 65c bleu
Type II
(carnets de 20 timbres)

Note: dans cette émission (Paix 65c bleu), les couvertures de carnets comportent parfois deux numéros de série supeposés, comme le montre l'exemple ci-contre (série 13/1, carnet n°239)

230 Fer à cheval-Byrrh gin-Byrrh zeste-Poste aérienne — 290
(série 27 à 29, 33 à 36)

231 Fer à cheval-Byrrh vin-Byrrh vin-Tetra (s 27 à 32) — 260

232 Fer à cheval-Byrrh velouté-Byrrh fameux-Tetra — 290
(série 14, 16/21, 18, 19, 20/21)
a - cachet d'annulation de l'agence comptable (s 14) — 1 200

233 Hahn-Byrrh vin-Byrrh vin-C.C.P. — 260
(série 28 à 30, 32, 36 à 40, 46)
a - piquage à cheval (timbres avec double publicité) — 1 200
b - cachet d'annulation de l'agence comptable (s 37) — 1 300

234 Hahn-Byrrh gin-Byrrh zeste-C.C.P. — 250
(série 25, 30 à 32, 34, 37 à 42, 46)

235 Hahn-Byrrh vin-Byrrh vin-Poste aérienne — 300
(série 25, 27 à 32, 34, 37 à 42, 46)
a - impression sur raccord (timbres) — 4 300

236 Hahn-Byrrh virilise-Byrrh stimule-Poste aérienne — 260
(série 26 à 29, 33 à 38, 41, 42)

237 Hahn-Byrrh gin-Byrrh zeste-Tetra — 280
(série 22, 23/21, 24, 26)
a - piquage à cheval (timbres avec double publicité) — 1 200

238 Poste aérienne-Byrrh pour-Byrrh pour-C.C.P. — 220
(série 5-7, 12, 13/1, 15/1, 17/1)

239 Poste aérienne-Byrrh virilise-Byrrh stimule-C.C.P. — 230
(série 17/1, 19, 20/21, 22, 23/21, 24, 26)
a - piquage à cheval (timbres avec double publicité) — 1 200

240 Poste aérienne-Byrrh velouté-Byrrh fameux-C.C.P.   **260**
(série 13/1, 14, 15/1, 16/21, 17/1, 18, 19, 20/21)

241 Téléa-Byrrh velouté-Byrrh fameux-C.C.P.   **380**
(série 12, 13/1, 14, 15/1, 16/21, 17/1)
a - impr. ultra dépouillée avec cachet de l'Atelier des TP   4 700

Impression ultra-dépouillée des timbres avec les cachets "Atelier des Timbres-Poste - Carnets" (couverture "Gueules Cassées" s 13/1)

242 Téléa-Byrrh gin-Byrrh zeste-C.C.P.   **400**
(série 25, 26, 30, 32)

Paix, 90c bleu
Type I
(carnets de 20 timbres)

243 Fer à cheval-Byrrh-Byrrh-C.C.P. (s 43 à 45, 48 à 54)   **200**

244 Hahn-Byrrh vin-Byrrh vin-C.C.P.   **200**
(série 43 à 45, 47, 48, 50, 55 à 62)
a - piquage à cheval (timbres avec double publicité)   900

245 Hahn-Byrrh virilise-Byrrh stimule-C.C.P. (s 51 à 61)   **200**
a - 9c au lieu de 90c par surencrage (case 3) (Gueules cassées)   2 000

246 Hahn-Byrrh velouté-Byrrh fameux-C.C.P.   **200**
(série 45, 47 à 54, 58)
a - 9c au lieu de 90c par surencrage (case 3) sg   2 000
b - couverture à cheval s361 tenant s 362   1 200

Expo 1937, Galanis
(carnets non émis, seules les feuilles ont été préparées, mais les carnets n'ont pas été confectionnés)
(référencé aussi à la rubrique bdes pub au n° 239A)

246-A Timbre à l'unité avec bande publicitaire   **25 000**

Vignette infanterie
(vignette de franchise militaire) (14 avril 1940)

Ce carnet a été émis à l'initiative d'Anatole de Monzie, président de l'Entraide des Artistes. Il existe avec oblitération spéciale des P.T.T. du 14 avril 1940. Le timbre "infanterie" a été dessiné par le peintre André Dunoyer de Ségonzac.

246-B Carnet infanterie   **160**
a - paire de 2 carnets se tenant   600
b - feuille pour carnet (carnet non confectionné)   1 150

Iris, 1f rouge
(carnets non émis, seules les feuilles ont été préparées, mais les carnets n'ont pas été confectionnés)

247 Timbres avec bords blancs (février 1940) (bloc de 20)   **110**

248 Feuille de 80 timbres (carnets non confectionnés)   **460**

Pétain, 1f 50 brun
(carnets de 20 timbres)
(sur les timbres avec bords barrés, le 20ème timbre comporte de 1 à 8 points blancs dans les barres)

249 Timbres avec bords barrés (1942) (série 63)   **120**

251 Hahn-Poste-Poste-Poste (série 1)   **380**
non dentelé   16 000

252 Hahn-Poste-Poste-Poste (série 2)   **420**

253 Hahn-Poste-Seccotine-Poste (série 3)   **380**

Séries
Arc de Triomphe

(carnets de séries complètes: 1 feuille de 10 pour chaque valeur)

Ces carnets, émis à l'initiative des Américains, étaient destinés à de hautes personnalités politiques, qui en ont utilisé la quasitotalité. Ils comprennent une feuille de 10 timbres de chaque valeur d'une série, chaque feuille étant surchargée "SPÉCIMEN" en violet à cheval sur les timbres (sur un isolé, seuls des morceaux de lettres apparaissent en haut ou en bas).

Sur les 36 carnets de la 1ère série, seul 2 carnets entamés ont été retrouvés (l'un contenant 6 feuilles, l'autre ne comprenant plus que 2 feuilles) ainsi que deux carnets entiers. Deux carnets complets sur les 36 de la 2ème série ont été retrouvés à ce jour.

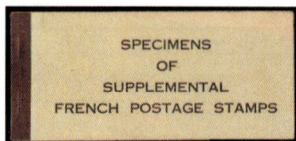

E19 1ère série Arc de Triomphe (28 avril 1944)   **33 000**
a - carnet entamé   20 000

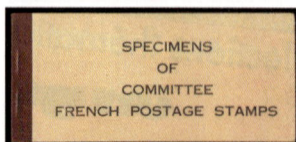

E20 2ème série Arc de Triomphe (12 septembre 1944)   **28 000**
a - timbre à l'unité avec morceau de lettre "Spécimen"   750

Marianne de Gandon
15f rouge, type II
(carnets de 20 timbres)

Type II (carnets de 20 timbres)

254 Bic-Bic-Bic-Bic (série 5)   **250**
a - couverture blanche   250

255 Bic-Hahn-Bic-Hahn (série 8)   **260**

256 Excel-Bic-Excel-Bic (série 10)   **260**
a - signature incomplète "Cortot-sc" case 15   500
b - signature incomplète "Gandon-del" case 11   550

257 Hahn-Bic-Hahn-Bic (série 4)   **250**

258 Kangourou-Bic-Poste-Bic (série 6)   **300**

259 Pernot-Pernot-Pernot-Pernot (couv. INF 1)   **240**
a - carnet daté du 15-11-5 (erreur de date)   450

260 Pernot-Pernot-Pernot-Pernot (couv Loterie N^ale)   **240**

261 Poste-Bic-Poste-Bic (série 6)   **1 600**

261-A Poste-Bic-Poste-Bic (série 7)   **260**
a - impression sur raccord (timbres)   5 000

262 Seccotine-Poste-Bic-Bic (série sans n°)   **270**

Marianne de Gandon
15f bleu, type I
(carnets de 20 timbres)

265 Excel-Bic-Excel-Bic (série 9)   **170**

266 Excel-Bic-Excel-Bic (série 10)   **720**

267 Excel-Bic-Excel-Bic (série 11)   **170**
a - impression sur raccord (timbres)   6 000

276 Poste-Bic-Poste-Bic (série 7)   **1 300**

268 Excel-Bic-Excel-Bic (série 14)   **170**

269 Excel-Bic-Excel-Bic (série 15)   **190**

270 Excel-Bic-Excel-Bic (série 16)   **170**

271 Hahn-Bic-Hahn-Bic (série 4)   **850**

barres hautes   barres centrées

272 Hahn-Bic-Hahn-Bic (s 13) ("E" et "H": barres hautes)   **700**

273 "E" de "Pétrole" et "H" de "Hahn": barres centrées   **1 500**

274 1er "H" de "Hahn": barre centrée, 2ème "H": barre haute   **640**

275 Kangourou-Bic-Poste-Bic (série 6)   **1 600**

276 Poste-Bic-Poste-Bic (série 7)   **1 600**

277 Provins-Bic-Poste-Bic (série 12)   **230**

P7 Carnet privé, pub. "Provins" (tbres) (s 12)   **830**

P15 Carnet privé (10t.), "Provins" (tbres & couv)   **870**

278 Seccotine-Poste-Bic-Bic (série sans n°)   **750**

Marianne de Muller
12f vert
(feuillets de 10 timbres) (7 juillet 1955)

279 Avec mains pliant le feuillet (gomme jaunâtre)   **50**
a - gomme jaune papier non fluo   85
b - non dentelé   3 700

280 Avec mains pliant le feuillet (gomme blanche)   **125**

281 Avec dessin de voyageurs (gomme blanche)   **85**
a - gomme jaunâtre   200
b - gomme très déplacée (à cheval sur timbres et feuillet)   250

281-A Mains, support de droite imprimé en noir   **12 000**

281-B Mains, support de droite blanc + feuillet rge   **12 000**

281-C Mains, support de droite blanc + feuillet vert   **12 000**

Marianne de Muller
15f rouge
(carnets de 20 timbres)

282 A G Vie-Satam-A G Vie-Grammont (s 5-57)   **100**

283 Excel-Bic-Excel-Bic (série 3-56)   **100**

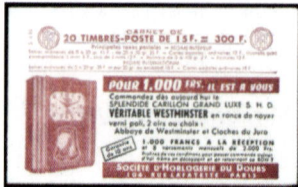

286 **Excel-Bic-Excel-Bic** (série 8-55)   105

287 **Excel-Bic-Excel-Bic** (série 16-55)   105

288 **Excel-Bic-Excel-Bic** (série 2-56)   110

289 **Excel-Grammont-Excel-Grammont** (s 4-57)   100

290 **Excel-Hahn-Excel-Hahn** (contre la chute) (s 1-57)   430

291 **Excel-Hahn-Excel-Hahn** (contre les pellicules) (s 1-57)   130

292 **Excel-Lincoln-Excel-Lincoln** (série 14-56)   100

293 **Excel-Lincoln-Excel-Lincoln** (série 3-57)   100

294 **Excel-Satam-Excel-Grammont** (série 2-57)   100

295 **Grammont-Bic-Grammont-Bic** (série 7-55)   100

296 **Hahn-Bic-Hahn-Bic** (série 5-56)   200

297 **"E" de "Pétrole" et "H" de "Hahn": barres hautes** (1ᵉʳ pub)   520

298 **Hahn-Bic-Hahn-Bic** (série 4-55)   100

299 **Hahn-Bic-Hahn-Bic** (série 1-56)   110

"A" fermé   *"A" ouvert*

300 **Hahn-Slavia-Hahn-Slavia** "A" de "Slavia" ouvert (cases 6 à 10, 19) (série 13-56)   540

301 **Hahn-Slavia-Hahn-Slavia** "A" de "Slavia" ouvert (cases 9, 19) (série 13-56)   360

302 **Hahn-Slavia-Hahn-Slavia** "A" de "Slavia" ouvert (cases 6 à 10, 16 à 20) (série 13-56)   560

303 **Jif-Slavia-Jif-Slavia** "A" ouvert (cases 6 à 10, 16 à 20) (série 12-56)   320

304 **Jif-Slavia-Jif-Slavia** "A" ouvert (cases 6 à 10, 19) (série 12-56)   630

305 **Jif-Slavia-Jif-Slavia** "A" ouvert (cases 9, 19) (série 12-56)   630

306 **Jif-Slavia-Jif-Slavia** "A" ouvert (cases 9, 16 à 20) (série 12-56)   770

307 **Liebig-Bic-Liebig-Bic** (série 3-55)   100
   a - feuille inf du laurier de droite cassée (case 2)   170

308 **Liebig-Bic-Liebig-Bic** (série 5-55)   100
   a - feuille inf du laurier de droite cassée (case 2)   170
   b - piquage à cheval (timbres avec double publicité)   800
   c - impression sur raccord (timbres)   3 850
   d - pli accordéon (timbres)   730

309 **Liebig-Bic-Liebig-Bic** (série 6-55)   100
   a - feuille inf du laurier de droite cassée (case 2)   170

310 **Poste-Bic-Provins-Bic** (série 6-56)   110

P8 Crt privé, pub. "Provins" (tbres) (s 6-56)   800

P16 Carnet privé (10t.), "Provins" (tbres & couv)   850
   a - feuillet Bic à l'envers au lieu de Provins   3 600
   b - Ballon à l'envers   1 700

311 **Poste-Poste-Poste-Poste** (série 10-56)   115

312 **Poste-Poste-Poste-Poste** (série 11-56)   115

313 **Primagaz-Grammont-Whip-Provins** (s 8-56)   110

314 **Rolla-Avia-Poste-Poste** (série 9-56)   110

315 **Slavia-A G Vie-Slavia-A G Vie** "A" ouvert (cases 1 à 5, 11 à 15) (série 6-57)   530

316 **Slavia-A G Vie-Slavia-A G Vie** "A" ouvert (cases 1 à 5, 14) (série 6-57)   230

317 Slavia-A G Vie-Slavia-A G Vie "A" ouvert (cases 4, 14) (série 6-57)   **480**

318 Slavia-Slavia-Slavia-Slavia (série 7-56)   **150**

Marianne de Muller
20f bleu, type I
(carnets de 20 timbres)

319 A G Vie-Grammont-A G Vie-Grammont (s 12-57)   **100**

320 A G Vie-Grammont-A G Vie-Provins (s 5-58)   **100**

321 A G Vie-Grammont-A G Vie-Satam (s 15-57)   **100**

322 Akylon-Grammont-Akylon-Grammont (s 12-58)   **110**

323 Calberson-Grammont-Calberson-Satam (s 16-57)   **100**

324 Cⁱᵉ Mod. Elect.-Grammont-Satam-Satam (s 11-57)   **100**
a - impression recto-verso partielle (quelques timbres)   285

325 Elaul-Grammont-Elaul-Thiaude (série 1-58)   **100**

326 Elco-Grammont-Elco-Grammont (s 13-57)   **550**

327 Excel-A G Vie-Excel-A G Vie (série 14-58)   **100**
a - impression recto-verso (timbres)   500
b - pli accordéon (timbres)   750

328 Excel-Grammont-Excel-Grammont (série 3-58)   **100**

329 Excel-Grammont-Excel-Grammont (série 4-58)   **100**

330 Excel-Grammont-Excel-Grammont (série 15-58)   **100**
a - tbres de la rangée du haut dent. tenant à rangée du bas nd   8 200

331 Frimatic-A G Vie-Hahn-A G Vie (série 10-58)   **190**
a - piquage à cheval (timbres avec double publicité)   1 000

332 "I" de "Frimatic" brisé (case 4)   **450**

333 Frimatic-Grammont-Frimatic-Rolla (s 8-58)   **110**

334 Frimatic-Grammont-Frimatic-Thiaude (série 16-58)   **140**

335 "I" de "Frimatic" brisé (case 4)   **235**

336 "I" de "Frimatic" brisé (case 14)   **680**

337 Gueules cassées-Grammont-A G Vie-Grammont   **110**
(série 11-58)

338 Hahn-Grammont-Hahn-Satam (série 6-58)   **110**

339 Hahn-Primagaz-Hahn-Gueules cassées (s 13-58)   **110**

340 Hahn-Satam-Hahn (pellicules)-Satam (s 14-57)   **140**

341 Hahn-Satam-Hahn (contre la chute)-Satam (s 14-57)   **430**

342 Rolla-Grammont-Frimatic-Château Thierry   **100**
(série 7-58)
a - impression recto-verso (timbres)   475

343 Rolla-Satam-Grammont-Grammont (s 7-57)   **105**

359 Satam-A G Vie-Satam-A G Vie (série 9-57)   340

Type II (carnet de 8 timbres)

360 Couv "Evitez l'attente aux guichets..." (s 1-59)   65
a - mèche dans le cou à la perle (case 6 ou 7)   100
b - piquage à cheval (timbres)   400
c - carnet sans inscription   600
d - couverture à cheval   550

Carnet Muller avec sch bleue ou violette "ANNULE", chaque   750

348 Slavia-Grammont-Slavia-Grammont (cases 1 à 5, 14) (série 10-57)   360

349 Slavia-Grammont-Slavia-Grammont (cases 4, 14) (série 10-57)   360

350 Slavia-Grammont-Slavia-Grammont (cases 4, 11 à 15) (série 10-57)   460

351 Slavia 4 fois (cases 1 à 5, 9, 14, 16 à 20) (série 9-58)   630

352 Slavia 4 fois (cases 4, 6 à 10, 14, 19) (série 9-58)   440

353 Slavia 4 fois (cases 1 à 10, 14, 16 à 20) (série 9-58)   530

354 Slavia 4 fois (cases 1 à 5, 9, 11 à 20) (série 9-58)   670

355 Slavia 4 fois (cases 1 à 5, 9, 14, 19) (série 9-58)   600

356 Slavia 4 fois (cases 4, 9, 11 à 20) (série 9-58)   640

Marianne de Muller
25f rouge, type I
(carnets de 20 timbres)

Type II (carnets de 20 timbres)

357 Elco-Grammont-Elco-Grammont (s 13-57)   390

361 Timbres avec bords barrés (s 1-59 à 14-59)   80
a - les 10 timbres du bas maculés   2 500

Marianne à la nef
Type II (carnet de 8 timbres)

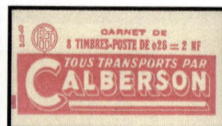

358 Provins-Grammont-Grammont-Rolla (s 8-57)   340
a - impression recto-verso décalée   1 000

362 Couv "Evitez l'attente aux guichets..." (s 1-60)   85

363 Couverture avec pub Calberson (série 2-60)   90

Marianne de Decaris
Type II *(carnet de 8 timbres)*

365 Couv avec pub Calberson, sigle PTT
(série 3 à 5-60, 1-61, 2-61) **50**

366 Couv avec pub Calberson, logo oiseau
(s 3 à 5-61, 2-62 et 4-62) **50**
a - texte modifié "toutes personnes par Calberson" *(s 5-62)* 52

367 Couverture avec publicité A. G. Vie *(s 1 à 4-63)* **55**
a - numéro de série sur 6mm au lieu de 8mm *(partie de s 4-63)* 84

367-A Couverture Frimatic *(série 1, 3-62)* **52**

Type I
(carnets de 20 timbres)

368 Couverture avec sigle PTT *(s 9 à 15-60, 1 à 10-61)* **100**
a - impression recto-verso (timbres d'un feuillet de 10) 300
b - marge inférieure dentelé tenant à timbres non dentelé 5 500
c - impression sur raccord *(s 3-61)* 5 000
d - timbres quasiment non imprimés, relief seul *(série 12-60)* 6 000

369 Oiseau stylisé (prix 5NF) *(sér 11 à 22-61, 1 à 24-62)* **100**

370 Oiseau stylisé (prix 5F) *(s 1 à 25-63, 2-64, 5-64, 10 à 24-64)* **90**
non dentelé 6 000
a - annulation bleue du dépôt central des rebuts 1 700
b - couleur carmin absente (visage seul) *(série 12-60)* 6 000
c - couleur grise absente (visage absent) 5 500
d - impression ultra dépouillée 6 000
e - impression sur raccord 5 000
f - piquage à cheval (timbres avec 4 barres au lieu de 2) 400
g - surcharge violette "ANNULE" 1 050
h - tirage de 1964 (gomme anisée) *(série 4-64)* 180
i - visage déplacé 285

371 Couverture Philatec *(série 1-64, 3-64, 9-64)* **100**

372 Oiseau (prix 5F), timbres avec pub Philatec *(s 6 à 8-64)* **100**
a - annulation aux barres noires des rebuts 1 700
b - couleur carmin absente (visage seul) 7 000

Armoiries de Paris
(carnet de 20 timbres)

373 Couverture avec publicité *(série 1 à 10-65)* **120**
a - impression recto-verso (timbres) 500
b - surcharge noire "ANNULE" 1 300

Coq de Decaris, 25c
(carnets de 8 timbres)

374 Couv av pub en diagonale (prix: 2 NF) (s 101-62)   **250**
  a - numéro de série absent   500

375 Couv avec publicité (prix: 2 F) (s 101 à 103-63)   **45**
  a - couverture bristol glacé   80

376 Couv Philatec (logo) (5 au 21 juin) (s 101-64)   **115**

376a Couv Philatec (logo) (sans date) (s 102-64)   **50**
  b - piquage à cheval (timbres)   200

377 Couverture Epargne postale   **155**

378 Couverture Philatec (dessin), chaque   **45**

378A Série des 7 couleurs différentes   **350**

Coq de Decaris, 30c
(carnets de 10 et 20 timbres)

379 Couverture Epargne postale (carnet de 10)   **22**
  a - piquage à cheval (timbres)   420

380 Couverture Epargne postale (carnet de 20)   **40**

Retrouvez les timbres émis en carnet
des Mariannes après 1970, dans la partie
spécialisée des timbres d'usage courant

ESSAIS DE CARNETS

Essai pour le carnet n°1 (1904)

E1 Mouchon sch "Spécimen" en violet à la main, 6 feuillets
de 10 timbres nd sg dans une couv carton (3 coul. difftes)   **RR**

Essai pour le carnet n°23
Vignette avec chiffres de couleur sur blanc. Feuillets de 6
sur papier X dans couverture carton bulle avec 3 lignes de
recommandations postales sur la première page. Recommandations
des intercalaires militaires ou civiles (1912-1916).

E2 60t. à 5c vert inscriptions vertes sur bulle (militaires)	3 000
E3 60t. à 5c vert inscriptions vertes sur bulle (civiles)	3 000
E4 30t. à 10c rouge inscriptions rouges sur bulle (militaires)	4 000
E5 30t. à 10c rouge inscriptions rouges sur bulle (civiles)	4 000
E6 12t. à 24c bleu inscriptions bleues sur bulle (militaires)	4 000
E7 12t. à 5c vert + 24t. à 10c rge inscr bordeaux s bulle (milit')	4 000

Idem précédent avec couverture carton en couleur et
inscriptions en noir. Les recommandations postales de la
première page sont imprimées sur 4 lignes.

E8 60t. à 5c vert couverture verte (civiles)	4 000
E9 30t. à 10c rouge couverture rouge (civiles)	4 000
E10 12t. à 25c bleu couverture bleue (militaires)	4 000
E11 12t. à 5c vert + 24t. à 10c rge couv jaune (militaires)	4 000

Idem précédent avec couverture surchargée SPECIMEN en
violet à la main. Indice à l'angle inférieur gauche. La dernière
page de couverture et les intercalaires portent la mention
"Partie réservée à la publicité".

E12 60t. à 5c vert indice A1	4 000
E12a 60t. à 5c vert indice A1 sans surcharge SPECIMEN	6 000
E13 30t. à 10c rouge indice B1	4 000
E14 12t. à 25c bleu indice C1	4 000
E15 12t. à 5c vert et 24t. à 10c rouge indice D1	4 000

Couverture identique au carnet n°23 surchargée SPECIMEN en
violet à la main.

E16 30t. à 10c rouge	4 250

Essai pour le carnet n°32 (1922)

E17 4 petits feuillets publicitaires polychrome sans nom
de firme (les cirages, les confitures, les grands magasins
de nouveautés, les parfums de luxe, la Côte d'Azur,
l'ameublement, le chocolat au lait, l'orfèvrerie) sont collés
dans une couverture bleue "Les automobiles" de série SSA et
filigranée: papeterie de RENAGE (Isère).   **3 500**

E17A Couverture et intérieur identique au n° E17, mais sont
agrafés en plus 20 vignettes bleues et dentelées   **5 000**

E17B Couverture de carnet: "voiture Vinot Deguingand
et Delonnay Belleville", sans n° de série en polychrome et
bordure noire   **2 300**

Essai pour le carnet n°124 et n°125 (1928)

E18 20 vignettes avec encadrement vert-gris, à l'intérieur de
la couverture du carnet n°124, mais de couleur noire   **10 000**

E18A 20 vignettes blanches sans impression à l'intérieur de
la couverture du carnet n°125 (s 161, 167 à 169)   **3 000**

Essai pour un carnet non émis (1944-1945)

E19 1ère série "Arc de Triomphe" (n° 620 à 629). Feuillets de
10 timbres (de chaque valeur) surch "SPECIMEN" en violet,
coubverture beige et dos rouge (2ex connus entiers, 2ex entamés)   **33 000**
a - carnet entamé   20 000

E20 2ème série "Arc de Triomphe" (n° 702 à 711). Feuillets de
10 timbres (de chaque valeur) surch "SPECIMEN" en violet,
coubverture beige et dos rouge (2ex connus entiers)   **28 000**
a - timbre à l'unité avec morceau de lettre "SPECIMEN"   750

E21 Carnet de 12 timbres à 6 cents (TP avion USA) sch RF   **2 750**

CARNETS CROIX-ROUGE

1 Croix-Rouge 1914 (Semeuse surtaxée)   **2 400**

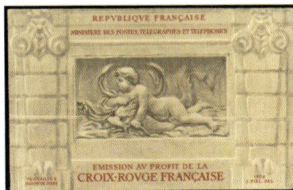

2 Croix-Rouge 1952 (bassin de Diane) (tirage: 100 000)   **500**

3 Croix-Rouge 1953 (tableaux) (tirage: 127 000)   **170**
a - grosses bombes   760
4 Croix-Rouge 1954 (tableaux) (tirage: 135 000)   **160**
5 Croix-Rouge 1955 (sculptures) (tirage: 150 000)   **450**

6 Croix-Rouge 1956 (tableaux) (tirage: 156 000)   **80**
7 Croix-Rouge 1957 (eaux-fortes de J. Callot) (tir: 180 000)   **80**
8 Croix-Rouge 1958 (personnages) (tirage: 200 000)   **35**

9 Croix-Rouge 1959 (personnages) (tirage: 132 000)   **45**
10 Croix-Rouge 1960 (église St-Martin) (tirage: 110 000)   **55**

11 Croix-Rouge 1961 (gravures de Rouault) (tir: 242 000)   42

12 Croix-Rouge 1962 (oeuvres de Fragonard) (tir: 242 600)   42
a - 2ème tirage (couleurs brun-gris et gris)   1 050
b - couleurs brun-gris et gris clair   2 000
c - défaut d'essuyage sur 2 timbres de droite (2ème tirage)   2 500

13 Croix-Rouge 1963 (oeuvres d'art) (tirage: 300 000)   15

14 Croix-Rouge 1964 (personnages) (tirage: 345 000)   8

15 Croix-Rouge 1965 (oeuvres de Renoir) (tirage: 524 000)   7

16 Croix-Rouge 1966 (ambulancière...) (tirage: 538 000)   7

17 Croix-Rouge 1967 (ivoires) (tirage: 525 000)   7

18 Croix-Rouge 1968 (oeuvres de Mignard) (tir: 554 000)   7

19 Croix-Rouge 1969 (oeuvres de Mignard) (tir: 550 000)   7

20 Croix-Rouge 1970 (chapelle de Dissay) (tir: 613 000)   18
a - inscriptions "Croix-Rouge" sur 27mm au lieu de 32mm   105

21 Croix-Rouge 1971 (oeuvres de Greuze) (tir: 640 000)   9

22 Croix-Rouge 1972 (personnages) (tirage: 617 000)   9

23 Croix-Rouge 1973 (sépulchre de Tonnerre) (tir: 616 000)   9

24 Croix-Rouge 1974 (les saisons) (tirage: 500 000)   8

25 Croix-Rouge 1975 (les saisons) (tirage: 600 000)   8

26 Croix-Rouge 1976 (église de Brou) (tirage:)   8

27 Croix-Rouge 1977 (santons de Provence) (tir:)   8

28 Croix-Rouge 1978 (fables de La Fontaine) (tir: 550 000)   8

29 Croix-Rouge 1979 (église Jeanne d'Arc) (tir: 550 000)   8

30 Croix-Rouge 1980 (cathédrale d'Amiens) (tir: 550 000)   8

31 Croix-Rouge 1981 (vitraux de F. Léger) (tir: 550 000)   8
a - date "1981" absente   750

32 Croix-Rouge 1982 (Jules Verne) (tirage: 500 000)   12

33 Croix-Rouge 1983 (sculptures) (tirage: 450 000)   12

34 Croix-Rouge 1984 (La corbeille rose) (tirage: 500 000)   11

35 Croix-Rouge 1985 (Ange musicien) (tirage: 600 000)   10

43 Croix-Rouge 1993 (Saint-Nicolas) (vendus: 900 000) **13**
non dentelé   400

44 Croix-Rouge 1994 (tapisserie d'Arras) (vendus: 914 000) **13**
non dentelé   400

45 Croix-Rouge 1995 (tapisserie de Saumur) (vendus: 828 000) **13**
non dentelé   400

46 Croix-Rouge 1996 (boule de noël)   **16**
a - couleur bleu foncé (inscriptions) absente (couverture)   750

47 Croix-Rouge 1997 (ours peluche) (vendus: 832 000)   **16**

48 Croix-Rouge 1998 (lutin) (vendus: 790 000)   **16**

49 Croix-Rouge 1999 (Etoile) (vendus: 756 500)   **16**

50 Croix-Rouge 2000 (avion en bois) (vendus: 660 000)   **16**

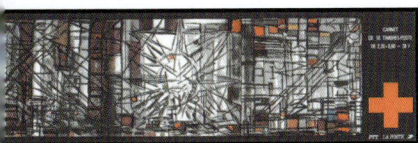

6 Croix-Rouge 1986 (Vieira da Silva) (vendus: 637 000) **10**

7 Croix-Rouge 1987 (La fuite en Egypte) (vendus: 728 000) **10**
a - couleurs très décalées (timbres)   350

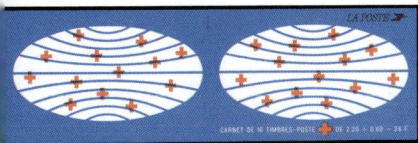

8 Croix-Rouge 1988 (125ème anniversaire) (vendus: 806 600) **10**

9 Croix-Rouge 1989 (soierie de Lyon) (vendus: 935 000) **10**

40 Croix-Rouge 1990 (faïence de Quimper) (vendus: 942 400) **11**

41 Croix-Rouge 1991 (F. Narni: Toulon) (vendus: 957 000) **12**

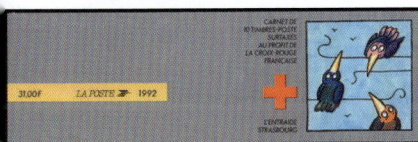

42 Croix-Rouge 1992 (L'entraide) (vendus: 880 000) **12**

51 Croix-Rouge 2001 (Père noël) (vendus: 770 000) 16

52 Croix-Rouge 2002 (G B Salvia) (vendus: 673 850) 16

53 Croix-Rouge 2003 (P. Mignard) (vendus: 719 500) 18

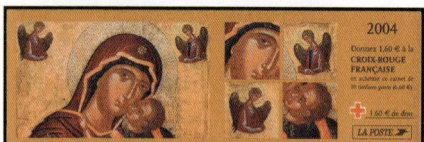

54 Croix-Rouge 2004 (La Vierge à l'enfant) (vdus: 709 600) 18

55 Croix-Rouge 2005 (La Vierge à l'enfant) 19

56 Croix-Rouge 2006 (Dessin d'enfants) 24

57 Croix-Rouge 2007 (Dessin d'enfants) 24

58 Croix-Rouge 2008 (Dessin d'enfants) 24

COINS DATÉS

Date répétée nettement   *Chiffres de la date non*
plusieurs fois: +10%   *alignés: +25%*

Coin daté de roulette, avec date à gauche

1ᵉʳᵉ col: coin daté neuf** sans charnière
2ᵉᵐᵉ col: coin daté neuf*, charnière légère
oblitérés: même cote que la 2ᵉᵐᵉ colonne coin daté sur
▤: cote 1ᵉʳᵉ colonne +50%
Notes: La cote avec charnière est donnée lorsque deux timbres sur les quatres sont pourvus de charnière. Lorsqu'un seul des timbre est avec charnière, on prend la moyenne des cote avec et sans charnière.

Timbres-poste

1900

Blanc type II.

1c ardoise (107 II)	☆☆	☆		☆☆	☆
			1929	8	5,5
1926	50	34	1930	8	5,5
1927	8	5,5	1931	8	5,5
1928	8	5,5	1932	95	62
2c br-lilas (108 II)					
1924	15	10	1928	10	7
1925	80	55	1930	10	7
1926	10	7	1931	15	10
3c orange (108 II)					
1930	35	23	1932	45	30
5c vert (III IIA)					
1925	45	30	1931	30	20
1926	30	20	1932	35	23
1927	30	20			
1928	30	20	**5c vert (III IIB)**		
1929	30	20	(date à gche) 1925	1 100	770

1907

Semeuse camée de la 1ᵉʳᵉ série.

			1925	60	40
20c lilas-br (139 III)					
1923	55	36	**20c lilas-br (139 IV)**		
1924	55	36	(date à gche) 1925	825	550
25c bleu (140 IIIB)					
1924	50	34	1926	30	20
1925	100	68	1927	30	20
35c violet (142 II)					
1926	650	435			

1919

Blanc surchargé

½c sur 1c (157 II)					
1926	15	10	1930	36	24
1927	7	4,5	1931	36	24
1928	7	4,5	1932	54	36

1920-22

Semeuse (2ème série).

10c vert (159 IB)

1922	16	10	1926	10	7	
			1927	10	7	
			1928	10	7	
10c vert (159 III)			1929	10	7	
1923	10	7	*10c vert (159 IV)*			
1924	210	140	(date à gche) 1925	825	550	
1925	30	20	(date à gche) 1926	825	550	

1923-26

Pasteur.

13.10.26 29.9.26

10c vert (170)

1923	9	6

1924	140	95
erreur de date: 1925	310	205

15c vert (171)

1924	21	14

1925	27	18

20c vert (172)

1926	30	20

30c vert (174)

1926	11	7,5
1927	10	7
1928	10	7

1929	10	7
1930	10	7
1931	10	7

45c rouge (175)

1924	25	17
erreur de date: 1934	620	420

50c bleu (176 II)

(date à gche) 1924	7 000	4 600

75c bleu (177)

(date à gche) 1924	6 000	4 000

90c rouge (178)

1926	130	87

1f bleu (179)

1925	270	180

(date à gche) 1925	1 100	735
1926	300	200

1f 25 bleu (180)

1926	300	200

1f 50 bleu (181)

1926	130	70
1927	120	80

1928	120	80
1929	120	80
1932	120	80

1924-25

Semeuse (3ème série).

30c rose (191 IIA)

1925	45	30

65c rose (201)

1924	33	22

60c violet (200)

1924	80	54
1925	90	60

85c rouge (204)

1924	150	100

1925-26

Semeuse (4ème série).

15c brun (189 I)

1925	11	7,5
1926	7	4,5
1927	5	3,5
1928	6,5	4,5
1929	5	3,5
1930	5	3,5
1931	6	4,5
piquage à cheval	420	280
1932	6	4,5
1933	5	3,5

1934	5	3,5
1935	5	3,5
1936	5	3,5

15c brun (189 II)

1935	11	6,5
1936	11	6,5
1937	7	4,5
1938	8	5,5

30c bleu (192 IIA)

1925	42	28
1926	42	28

30c bleu (192 IIC)

(date à gche) 1926	6 000	4 000

40c br-olive (193 II)

1926	40	26

50c vert (198 IIA)

1926	85	57

80c rouge (203)

1925	360	240

1f 05 rouge (195)

1925	120	80

1926

Semeuse (5ème série).

20c rose (190 III)

1926	4,5	3
1927	4,5	3
1928	4,5	3
1929	4,5	3
1930	4,5	3
1931	7,5	5
1932	4,5	3
1933	4,5	3
1934	4,5	3

1935	4,5	3
1936	4,5	3

20c rose (190 V)

1935	7,5	5
1936	7,5	5
1937	7,5	5
1938	7,5	5

40c vermill. (194 II)

1926	30	20

1f bleu (205)

1926	95	68
1927	90	60
1928	90	60
1929	95	68

1930	90	68
1931	90	68
1932	115	77

1f 40 rose (196)

1926	285	175

1926-27

Surchargés de 1926-27.

22.3.26 18.3.26

25c s 30c (217 IIA)
Tirage: 260 000

1925	165	110

1926	7	4,5
val s val ss barres ten		
à l s val av barres	1 900	1 270

25c sur 35c (218)
Tirage: 290 000

1926	9	6

50c sur 80c (220)
Tirage: 90 000

1925	21	14

50c sur 85c (221)
Tirage: 220 000
1924 | 40 | 27

50c sur 60c (223)
Tirage: 200 000
1924 | 30 | 20

50c sur 65c (224)
Tirage: 550 000
1924 | 15 | 10

90c sur 1f 05 (227)
Tirage: 60 000
1925 | 40 | 26

Semeuse (6ème série).

25c jne (235 IIIB)
1927 | 4,5 | 3
1928 | 4 | 2,5
1929 | 4 | 2,5
1930 | 4,5 | 3
1931 | 4 | 2,5

40c violet (236)
1927 | 30 | 20

45c violet (197)
1926 | 70 | 47
1927 | 70 | 47
1928 | 70 | 47

50c rouge (199 IIA)
1926 | 23 | 16
1927 | 14 | 9,5
1928 | 14 | 9,5

1926 | 90 | 60
1928 | 115 | 76

75c lilas (202 I)
1926 | 70 | 45
1927 | 70 | 45
1928 | 70 | 45
1929 | 70 | 45

1f 10 rose (238)
1927 | 150 | 100

1927

M. Berthelot (243)
1927 | 22 | 15
1928 | 22 | 15
1929 | 22 | 15

Caisse d'amortissement 1927.

40c + 10c (246)
Vendus: 4 885
1927 | 60 | 40

1f 50 + 50c (248)
Vendus: 3 744
1927 | 225 | 150

1928

Caisse d'amortissement 1928.

40c + 10c (249)
Vendus: 2 875
1928 | 200 | 134

50c sur 1f 25 (222)
Tirage: 150 000
1926 | 40 | 30

1925 | 21 | 14

50c sur 1f 05 (225)
Tirage: 340 000
1925 | 19 | 13
val s val ss barres ten
à val s val av barres | 1 350 | 900

1f 10 sur 1f 40 (228)
Tirage: 80 000
1926 | 20 | 13,5

1933 | 3,5 | 2,5
1934 | 4,5 | 3
1935 | 3,5 | 2,5
1936 | 3,5 | 2,5
1937 | 3,5 | 2,5
1938 | 3,5 | 2,5

1928 | 30 | 20

1929 | 70 | 47
1931 | 80 | 54
1932 | 80 | 54

1929 | 14 | 9,5
1930 | 14 | 9,5
1931 | 14 | 9,5
1932 | 14 | 9,5

1929 | 100 | 65
1931 | 100 | 65

1930 | 75 | 50
1931 | 75 | 50

75c lilas (202 II)
1932 | 6 500 | 4 350

1928 | 160 | 105
1930 | 175 | 115

50c + 25c (247)
Vendus: 4 492
1927 | 80 | 54

50c + 25c (250)
Vendus: 2 607
1928 | 350 | 235

1f 50 + 50c (251)
Vendus: 2 236
1928 | 600 | 400

Semeuse (7ème série).

40c bleu (237)
1928 | 16 | 10,5
1929 | 19 | 13
1930 | 16 | 10,5
1931 | 19 | 13
1932 | 16 | 10,5

2f vert (248)
1930 | 160 | 106
| 195 | 125

1929

11. 6. 29   15. . 29

Blanc 10c (233)
1929 | 45 | 30
1930 | 55 | 37
1931 | 45 | 30

Jeanne d'Arc (257)
1929 | 20 | 13

Caisse d'amortissement 1929.

40c + 10c (253)
Vendus: 2 111
1929 | 250 | 165

50c + 25c (254)
Vendus: 1 981
1929 | 400 | 270

1f 50 + 50c (255)
Vendus: 1 660
1929 | 800 | 535

1929-31

Touristiques de 1929-31. (258 à 262)

Arc de Triomphe
Tirage: 240 000
1930 | 500 | 335
1931 | 500 | 335
erreur: 34-3-1931 | 1 070 | 650
1933 | 500 | 335
1934 | 540 | 360
err: 14, 16, 17-3-34 | 710 | 500

Cath de Reims (I)
Tirage: 360 000
1930 | 700 | 470
erreur: 32-3-1930 | 1 360 | 900

Cath de Reims (II)
1930 | 1 400 | 935

Cath de Reims (III)
1930 | 4 000 | 2 670

Cath de Reims (IV)
1931 | 700 | 470
1932 | 700 | 470

Mont St-Michel (I)

erreur de date: 1928	500	335
1929	**250**	**165**
1930	**250**	**165**
erreur: 1-9-1930	460	305

Mont St-Michel (II)

1930	**230**	**155**
1931	**225**	**150**
erreur: 0-2-1931	560	375

err: dim 15-3-31	560	375
1932	**225**	**150**
1933	**230**	**160**
1934	**230**	**160**
1935	**225**	**150**
1936	**225**	**150**
1937	**225**	**150**

La Rochelle (I)

1929	**900**	**600**
date à droite	1 150	800
erreur: 22-4-1929	1 600	1 070

La Rochelle (II)

1930	**1 400**	**935**
1931	**1 550**	**1 035**

La Rochelle (III)

1931	**860**	**470**
1932	**880**	**475**
1935	**850**	**470**
1936	**850**	**470**
erreur: dim 17-5-36	1 400	800
1937	**850**	**470**
1938	**880**	**470**

Pont du Gard (IIB)

1931	**3 200**	**2 200**
err: 26, 27-11-31	4 000	3 000

1936	**3 150**	**2 080**
1937	**3 150**	**2 080**
err: 16, 18-9-37	3 750	2 500

1930

Congrès du B.I.T.

Semeuse (264)
Tirage: 6 000

1930	**35**	**25**

Sourire (256)
Vendus: 10 278

1931	**825**	**525**

Pasteur (265)
Tirage: 5 000

1929	**240**	**160**

Caisse d'amortissement 1930.

40c + 10c (266)
Vendus: 2 099

1930	**450**	**300**

50c + 25c (267)
Vendus: 1 914

1930	**650**	**435**

1f 50 + 50c (268)
Vendus: 1 635

1930	**1 100**	**735**

Avion survolant Marseille.

1f 50 carmin (→5)
Tirage: 160 000

erreur de date: 1928	350	235
1929	**240**	**160**
1930	**240**	**160**
err: dim 23-2-30	350	235
erreur de date: 1931	350	235

1f 50 outremer (→6b)
Tirage: 40 000

1930	**725**	**485**
outremer vif, 1930	3 900	2 600

1f 50 bleu (→6)
Tirage: 1 480 000

1930	**240**	**160**
1931	**240**	**160**
1932	**240**	**160**

EIPA carmin (→5A)

1929	**27 500**	**18 350**

EIPA outr. (→6A)
Tirage: 1 200

1930	**4 325**	**2 900**

Louis Blériot (→7)
Tirage: 320 000

1934	**300**	**200**

1931

Exposition coloniale 1931.

15c noir (270)

1930 date absente	**13**	**8,5**
(impr à sec): 8-12-1930	200	134
1931	**13**	**8,5**

40c sépia (271)

1930	**28**	**18,5**
1931	**28**	**18,5**

50c rouge (272 I)

1930	**8**	**5,5**
1931	**9**	**6**
erreur de date: 1932	60	40

50c rouge (272 II)

1930	**9**	**6**
1931	**10**	**6,5**
erreur: 31-2-31	60	40

1f 50 bleu (273)

1930	**150**	**100**
1931	**150**	**100**

Provinces (269)
Vendus: 5 191

1931	**1 900**	**1 266**

Caisse d'amortissement 1931.

40c + 10c (275)
Vendus: 1 413

1930	**680**	**453**

50c + 25c (276)
Vendus: 1 264

1930	**1 500**	**1 000**

1f 50 + 50c (277)
Vendus: 1 098

1930	**1 300**	**867**

1932

Semeuse camée (8ᵉᵐᵉ série).

1c bistre-ol. (277C)

1933	**2**	**1**	**1935**	**2**	**1**
1934	**3**	**2**	**1936**	**3**	**2**

1c bistre-br. (277D)

			1937	**3**	**2**
1936	**3**	**2**	**1938**	**4**	**2,5**

2c vert (278)

1932	**2**	**1**	**1936**	**2**	**1**
1933	**2**	**1**	**1937**	**2**	**1**
1934	**3**	**2**	**1938**	**3**	**2**
1935	**2**	**1**	erreur de date: 1943	42	28

3c rouge (278A)

1933	**2**	**1**			
1934	**3**	**2**			
1935	**2**	**1**			
1936	**2**	**1**			
1937	**2**	**1**			

5c rose (278B)

1934	**3,5**	**2,5**
1935	**3,5**	**2,5**
1936	**3,5**	**2,5**
1937	**5,5**	**3,5**
1938	**5,5**	**3,5**

10c bleu (279 III)

1932	**16**	**10,5**	**1937**	**16**	**10,5**
1933	**16**	**10,5**	**1938**	**16**	**10,5**
1934	**16**	**10,5**			

10c bleu (279 IV)

1935	**16**	**10,5**	(date à gche) 1933	150	100
1936	**16**	**10,5**	(date à gche) 1934	150	100

½c bistre-ol. (279A)

1933	**5**	**3,5**	**1935**	**4,5**	**3**
1934	**4,5**	**3**	**1936**	**6**	**4**

½c bistre-br. (279B)

1937	**12**	**8**

Paix (1ère série).

30c vert (280)

1932	13	8,5	1935	13	8,5
1933	13	8,5	1936	13	8,5
1934	22	14,5	1937	13	8,5

40c lilas (281 I)

1932	3	2	1935	3	2
1933	3	2	1936	3	2
1934	3	2	1937	3	2

45c bistre (282)

1933	22	14,5	1935	24	16
1934	27	18	1936	22	14,5
			1937	22	14,5

50c rouge (283 I)

50c rouge (283 III)

1932	2	1			
1933	2	1	1935	2,5	1,5
1934	2	1	1936	2,5	1,5
1935	2	1	1937	2,5	1,5

65c violet-br (284)

1933	7	4,5	1936	5,5	3,5
1935	5,5	3,5	1937	5,5	3,5

75c olive (284A)

1932	2,5	1,5	1936	2,5	1,5
1933	5,5	3,5	1937	2,5	1,5
1934	2,5	1,5	1938	2,5	1,5
1935	2,5	1,5	1939	2,5	1,5

90c rouge (285)

1932	380	255	1933	415	277

1f orange (286 II)

1f orange (286 I)

			1935	40	27
1933	40	27	1936	40	27
1934	40	27	1937	40	27

1f 25 olive (287)

1932	1 200	800

1f 50 bleu (288)

1932	3	2	1935	3	2
1933	3	2	1936	4	2,5
1934	4	2,5	1937	4	2,5
			1938	9	6

1f 75 rose (289)

1932	110	74	1935	110	74
1934	100	67	1936	115	75
			1937	110	74

1933

Commémoratifs.

Puy-en-Velay (290)

			1935	60	40
1933	38	26	1936	38	26
1934	38	26	papier jne 28-1-36	135	90
			1937	38	26

A. Briand (291)

Tirage: 23 000

1933	220	147	1934	230	154

P. Doumer (292)

Tirage: 68 250

1933	470	254

V. Hugo (293)

Tirage: >69 400

			1934	70	45
1933	70	47	1935	80	54

1934

Commémoratifs.

Colombe (294)

Tirage: 60 000

Jacquard (295)

Tirage: 415 000

1934	630	420	1934	38	26
			erreur: 3-2-1934	150	100

Cartier 75c (296)

Tir: 100 000 paires

Cartier 1f 50 (297)

			1934 (I)	980	653
1934	580	386	1934 (II)	1 300	870
err: dim 21-10-34	850	566			

Paix surch (298)

Tirage: 100 000

1932	50	33,5

1935

Commémoratifs.

Normandie (299)

Normandie (300)

(bleu fcé) 1935	170	114	(bleu clair) 1936	980	653
erreur de date: 1936	350	233			

Rivière bret. (301)

Tirage: 400 000

St-Trophime (302)

Tirage: 160 000

1934	430	286	1935	460	306
1935	430	286			

Delessert (303)

Tirage: 200 000

Richelieu (305)

Tirage: 200 000

1935	305	203	1935	470	217

V. Hugo (304)

J. Callot (306)

Tirage: 80 000

1935	55	37			
1936	80	53	1934	120	80
1937	55	37	1935	120	80
err: 9, 10-12-1937	125	83			

Chômeurs intellectuels 1935.

Mansarde (307)

Art et pensée (308)

1935	27	18	1935	680	454
1936	27	18			

1936

Avion survolant Paris.

85c vert (✈8)
Tirage: 96 000

(vert clair) **1935**	135	108
1936	45	36
1937	45	36

1f 50 bleu (✈9)
Tirage: 200 000

1935	115	93

2f 25 violet (✈10)
Tirage: 44 000

1935	200	160
1937	200	160

2f 50 rouge (✈11)
Tirage: 56 000

1935	250	200
1936	250	200

3f outremer (✈12)
Tirage: 120 000

1935	225	190

3f 50 brun (✈13)
Tirage: 40 000

1935	650	520

50f vert (✈14)
Tirage: 4 720

1935	11 000	5 500
(vert foncé) **1935**	12 500	6 500

50f burelé (✈15)
Tirage: 8 400

1936	8 700	5 800

Commémoratifs.

Réfugiés (309)

1936	130	94
erreur de date: 1926	350	233

Ampère (310)

1936	230	154

Moulin Daudet (311)
Tirage: 120 000

1936	30	20
err: dim 7-6-1936	165	110
1937	30	20
1938	30	20

Enfants chôm. (312)
Tirage: 240 000

1936	45	30

Pilâtre (313)
Tirage: 162 000

1936	230	154

R. de Lisle (314)
Tirage: 320 000

1936	33	22
erreur: dim 28-6-36	150	100
erreur: 39-6-36	150	100

Marseillaise (315)
Tirage: 300 000

1936	70	

Vimy 75c (316)
Tirage: 140 000

1936	165	110

Vimy 1f 50 (317)
Tirage: 100 000

1936	200	160

Jaurès 40c (318)
Tirage: 300 000

1936	33	22
erreur: 32-7-36	135	90

Jaurès 1f 50 (319)
Tirage: 160 000

1936	210	140

Atlant. 1f 50 (320)
Tirage: 160 000

1936	220	145

Atlantique 10f (321)
Tirage: 20 000

1936	3 800	2 530

Exposition internationale Paris 1937.

20c lilas (322)

1936	5,5	3,6

30c vert-bleu (323)

1936	23	14,5

40c outremer (324)

1936	30	13

50c orange (325)

1936	135	9

90c rose (326)

1936	155	103

1f 50 outremer (327)

1936	420	280

Pour la paix (328)
Tirage: 120 000

1936	200	134

Art surchargé (329)

1936	33	22

Chômeurs intellectuels 1936.

J. Callot (330)
Tirage: 64 000

1936	25	17
err: dim 19-12-36	150	100
erreur de date: 1937	250	166

L.-H. Berlioz (331)
Tirage: 64 000

1936	28	19

V. Hugo (332)
Tirage: 64 000

1936	47	31,5

L. Pasteur (333)
Tirage: 52 000

1936	250	166

1937

Commémoratifs.

Chamonix (334)
Tirage: 80 000

1936	80	54
1937	100	65
err: dim 4-4-37	300	200

P. Corneille (335)
Tirage: 120 000

1937	22	15

Expo Paris 37 (336)
Tirage: 160 000

1937	24	16
erreur: 13-4-37	150	100

Mermoz 30c (337)
Tirage: 180 000

1937	5,5	3,5

Mermoz 3f (338)
Tirage: 115 000

1937	80	54
1938	95	62
violet-gris 14-1-38	2 150	1 435

Loco 30c (339)
Tirage: 60 000

1937	9	6

Loco 1f 50 (340)
Tirage: 48 000

1937	90	60
erreur: dim 30-5-37	250	166

Descartes (341)
Tirage: 88 000

(...sur..) **1937**	19	12,5

Descartes (342)
Tirage: 100 000

(...de...) **1937**	70	47

Chômeurs intellectuels 1937.

A. France (343)
Tirage: 60 000
1937 | 30 | 20 |

A. Rodin (344)
Tirage: 60 000
1937 | 90 | 60 |

Commémoratifs.

PTT 20c+10c (345)
Tirage: 60 000
1937 | 18 | 12 |

PTT 40c+10c (346)
Tirage: 60 000
1937 | 18 | 12 |

PTT 50c+10c (347)
Tirage: 60 000
1937 | 18 | 12 |

Réfugiés (352)
Vendus: 31 500
1937 | 45 | 30 |

Pierre Loti (353)
Vendus: 20 000
1937 | 45 | 30 |

Samoth. 30c (354)
Tir: 3 000 paires
1937 | 1 200 | 800 |
erreur de date: 1942 | 1 750 | 1 165 |

Samoth. 55c (355)
1937 | 1 200 | 800 |

Syphilis (356)
Tirage: 80 000
1937 | 35 | 23 |
1938 | 45 | 30 |

Etats-Unis (357)
Tirage: 212 000
1937 | 27 | 18 |
1938 | 40 | 27 |

Iseran (358)
Tirage: 600 000
1937 | 23 | 15 |
1938 | 23 | 15 |

Paix surchargé et semeuse.

Paix sch (359 IIB)
1935 | 4 | 2,5 |
1937 | 4 | 2,5 |
1938 | 4 | 2,5 |

Paix surch (359 I)
1934 | 12 | 8 |

Semeuse 30c (360)
1937 | 5 | 3,5 |
1938 | 6,5 | 4 |

Semeuse 35c (361)
1937 | 7,5 | 5 |
1938 | 8,5 | 5,5 |

Semeuse 50c (362)
1938 | 14 | 9,5 |
erreur de date: 1939 | 150 | 100 |

Paix (2ème série).

55c violet (363)
1937 | 7 | 4,5 |
1938 | 9 | 6 |

60c bistre (364)
1937 | 2,5 | 1,5 |
1938 | 3 | 2 |

65c outremer (365 I)
erreur: 1936 | 100 | 67 |
1937 | 4 | 2,5 |
erreur: 32-11-1937 | 120 | 80 |
1938 | 4 | 2,5 |
erreur: 1939 | 90 | 60 |

80c orange (366)
1938 | 2 | 1 |
1939 | 2 | 1 |
1940 | 6 | 4 |

90c vert (367)
1938 | 2 | 1 |

90c outremer (368 I)
1938 | 8,5 | 5,5 |
1939 | 8,5 | 5,5 |

1f lilas (369)
1937 | 35 | 24 |
1938 | 35 | 24 |
1939 | 35 | 24 |

1f 25 rouge (370)
Tirage: 340 000
1939 | 27 | 17 |

1f 40 lilas (371)
Tirage: 162 500
1939 | 70 | 47 |

1938

Cérès modifiée.

2f rose (373)
Tirage: 1 200 000
1f 75 bleu (372)
1939 | 2 | 1 |
1940 | 2 | 1 |
1938 | 7 | 4,5 |
erreur de date: 1941 | 50 | 35 |

2f 25 outremer (374)
Tirage: 605 000
1939 | 100 | 67 |

2f 50 vert (375)
Tirage: 715 000
1939 | 17 | 11,5 |

2f 50 outremer (375A)
Tirage: 320 000
1940 | 6 | 4 |
1941 | 6 | 4 |

3f lilas-rose (376)
Tirage: 880 000
1939 | 7 | 4,5 |
1940 | 7 | 4,5 |
1941 | 7 | 4,5 |

Commémoratifs.

Charcot 65c (377)
Tirage: 80 000
1938 | 17 | 11 |

Charcot 90c (377A)
Tirage: 48 000
1939 | 170 | 110 |

Gambetta (378)
Tirage: 90 000
1938 | 3 | 2 |

Versailles (379)
Tirage: 21 600
1938 | 220 | 153 |

Chômeurs intellectuels 1938.

A. France (380)
Tirage: 60 000
1938 | 17 | 11 |

J. Callot (381)
Tirage: 60 000
1938 | 22 | 15 |

L.-H. Berlioz (382)
Tirage: 56 000
1938 | 70 | 47 |

V. Hugo (383)
Tirage: 56 000
1938 | 75 | 50 |

A. Rodin (384)
Tirage: 50 000
1938 | 50 | 34 |
1939 | 50 | 34 |
chiffres petits et
déformés 3-1-39 | 100 | 67 |

L. Pasteur (385)
Tirage: 50 000
1938 | 220 | 153 |

Commémoratifs.

Infanterie 55c (386)
Vdus: 22 400 paires
1938 | 50 | 34 |

Infanterie 65c (387)
1938 | 50 | 34 |

Touristiques de 1938.

Champenoise (388)
Tirage: 70 000
1938 | 50 | 34 |

Orange (389)
Tirage: 200 000
1938 | 8 | 5,4 |

Mineurs (390)
Tir: 10 000 (non sch)
1938 | 70 | 45 |
err: dim 16-10-38 | 160 | 100 |

Avignon (391)
Tirage: 160 000
1938 | 170 | 115 |

Carcassonne (392)
T: 940 000 (non sch)
1938 | 8 | 5,5 |
err: jr férié 15-8-38 | 135 | 82 |
1939 | 8 | 5,5 |
1940 | 10 | 6,5 |

Vincennes (393)
T: 290 400 (non sch)
1938 | 25 | 17 |
1939 | 25 | 17 |

Saint-Malo (394)

Tir: 4 000 (non sch)

1938	500	340
err: dim 18-9-38	850	565
1939	500	340
1940	500	340

Commémoratifs.

Santé (395)
Vendus: 20 000

1938	130	87

Football (396)
Tirage: 70 000

1938	170	115

C. Ader (398)
Tir: 5 600 (non sch)

1938	1 000	670
1939	1 000	670
1940	1 100	670

La Fontaine (397)
Tirage: 120 000

1938	7	4,5

Reims (399)
Vendus: 26 400

1938	100	67

Souverains (400)
Tirage: 80 000

1938	7	4,5

Rapatriés (401)
Vendus: 28 800

1938	50	34

P. & M. Curie (402)
Vendus: 33 200

1938	130	87

Armistice (403)
Vendus: 40 000

1938	30	20
erreur: 28-10-1938	150	100

Mercure (1ère série).

1c olive (404)
Tirage: 414 000

1938	1,5	1
1939	1,5	1
1941	1,5	1

2c vert (405)
Tirage: 510 000

1938	1,5	1
1939	1,5	1

5c rose (406)
Tirage: 2 160 000

1938	1,5	1
1939	1,5	1
1940	1,5	1

10c bleu (407)
Tirage: 4 500 000

1938	1,5	1
1939	1,5	1
1940	1,5	1
1942	1,5	1

15c orange (408)
Tirage: 1 180 000

1938	1,5	1

15c brun (409)
Tirage: 613 000

1938	7	4,5

20c lilas (410)
Tirage: 2 000 000

erreur de date: 1937	50	35
1938	1,5	1
1939	1,5	1
1941	1,5	1

25c vert (411)
Tirage: 2 400 000

1938	1,5	1
1939	1,5	1
1940	2	1

30c rouge (412)
Tirage: 4 850 000

1939	1,5	1
1940	1,5	1
1941	1,5	1
1942	1,5	1

40c violet (413)
Tirage: 4 000 000

1939	1,5	1
1940	1,5	1
1941	1,5	1
1942	1,5	1

45c vert (414)
Tirage: 565 000

1939	5	3,5

50c bleu (414A)
Tirage: 927 000

1939	25	17

50c vert (414B)
Tirage: 700 000

1940	5	3,5
1941	5	3,5

60c rouge (415)
Tirage: 606 000

1939	2	1

70c lilas (416)
Tirage: 320 000

1938	2	1
1939	2	1
1940	2	1

75c brun (416A)
Tirage: 880 000

1939	50	17

Commémoratifs.

Etudiants (417)
Vendus: 26 400

1938	110	74

Radio (418)
Vendus: 30 000

1938	110	74

1939

Commémoratifs.

Syphillis (419)
Tirage: 60 000

1939	25	17

Léon Trulin (420)
Vendus: 29 600

1939	110	74

P. Cézanne (421)
Tirage: 66 000

1939	55	37

Croix-Rge (422)
Vendus: 28 000

1939	80	53

Génie (423)
Vendus: 28 800

1939	80	53

PTT (424)
Vendus: 26 800

1939	230	254

Clemenceau (425)
Tirage: 72 000

1939	5,5	3,5

New-York (426)
Vendus: 40 000

1939	100	67

Niepce (427)
Vendus: 40 000

1939	90	60
erreur: 7-4-1938	175	115

Enfants (428)
Tirage: 44 000

1938	35	23
1939	20	13,5

Tour Eiffel (429)
Vendus: 32 000

1939	90	60

Liège (430)
Vendus: 24 000

1939	175	116

Iris (1ère série).

80c brun (431)
Tirage: 160 000

1939	1,5	1
1940	1,5	1

1f vert (432)
Tir: 10 000 (sch)

1939	8	5,5
1940	8	5,5

1f rouge (433)
Tirage: 4 840 000

1939	3	2
1940	3	2
1941	3	2
date en haut de crnt	27	18

1f30 outremer (434)
Tirage: 117 000

1937	2	1
1938	2	1
1939	2	1

1f 50 orange (435)
Tirage: 211 000

1940	2	1
1941	3	2

Chômeurs intellectuels 1939.

Chavanne (436)
Vdus: 30 800 séries

1939	11	7,5

C. Debussy (437)

1939	55	37

H. de Balzac (438)

1939	45	30

C. Bernard (439)

1939	160	106

Commémoratifs.

- 547 -   Coins datés

Natalité 70c (440)
Vdus: 24 000 paires

| 1939 | 39 | 26 |

Natalité 90c (441)

| 1939 | 50 | 34 |

G. de Tours (442)
Tirage: 73 000

| 1939 | 5,5 | 3,5 |

Strasbourg (443)
Vendus: 84 000

| 1939 | 9 | 6 |

Révolution (444)
Tirage: 80 000

| 1939 | 21 | 14 |

Verdun (445)
Tirage: 78 000

| 1939 | 7 | 4,5 |

Musée postal (446)
Vendus: 40 000

| 1939 | 22 | 14,5 |

Marins (447)
Vendus: 29 200

| 1939 | 170 | 115 |

Languedoc (448)
Tirage: 82 000

| 1939 | 3,5 | 2,5 |

Pau (449)
Tirage: 80 000

| 1939 | 8 | 5,5 |

Lyon (450) Tirage:
80 000

| 1939 | 7 | 4,5 |

1940

Commémoratifs.

Soldats (451)
Tirage: 72 000

| 1940 | 26 | 17,5 |

Marsouin (452)
Tirage: 84 000

| 1940 | 26 | 17,5 |

Outre-mer (453)
Vendus: 36 800

| 1940 | 18 | 12 |
| coin daté sans date | 60 | 40 |

Joffre (454)
Vdus: 32 000 séries

| 1940 | 55 | 37 |
| pap. épais: 16-5-40 | 85 | 56 |

Foch (455)

| 1940 | 50 | 34 |

Gallieni (456)

| 1940 | 50 | 34 |

Labour (457)

| 1940 | 100 | 67 |

New-York (458)
Vendus: 40 000

| 1940 | 175 | 116 |

Sauvé 80c (459)
Vendus: 38 400

| 1940 | 65 | 43 |

Blessés 1f (460)
Vendus: 27 600

| 1940 | 75 | 50 |

Guynemer (461)
Vendus: 37 600

| 1940 | 100 | 67 |

| 1941 | 100 | 67 |

Chômeurs intellectuels 1940.

C. Debussy (462)
Tirage: 65 400

| 1940 | 60 | 40 |

H. de Balzac (463)
Tirage: 64 400

| 1940 | 60 | 40 |

C. Bernard (464)
Tirage: 64 280

| 1940 | 60 | 40 |
| papier épais: 28, 29, 30-4-40 | 90 | 60 |

Commémoratifs.

Victimes (465)
Vendus: 41 600

| 1940 | 8 | 5,5 |

Moissons (466)
Tirage: 50 000

| 1940 | 21 | 14 |

Semailles (467)
Tirage: 50 600

| 1940 | 21 | 14 |

Vendanges (468)
Tirage: 49 200

| 1940 | 23 | 15 |

Elevage (469)
Tirage: 50 000

| 1940 | 30 | 20 |

1941

Commémoratifs.

M^{al} Pétain 40c (470)
Tirage: 40 000

| 1940 | 3 | 2 |

M^{al} Pétain 80c (471)
Tirage: 40 000

| 1940 | 3,5 | 2,5 |

M^{al} Pétain 1f (472)
Tirage: 80 000

| 1940 | 1,5 | 1 |
| err: 2-2-40, 4-2-40 | 17 | 12 |

M^{al} Pétain 2f 50 (473)
Tirage: 40 000

| 1940 | 10 | 6,5 |

Prisonniers (474)
Tirage: 46 760

| 1941 | 11 | 7,5 |

Prisonniers (475)
Tirage: 46 680

| 1941 | 11 | 7,5 |

Surchargés de 1940-41.

30c sur 35c (476)
Tirage: 132 000

| 1938 | 1,5 | 1 |

50c sur 75c (477)
Tirage: 128 000

| 1939 | 1,5 | 1 |

50c sur 55c (478)
Tirage: 2 550 000

| 1937 | 16 | 11 |
| 1938 | 1,5 | 1 |

50c sur 65c (479)
Tirage: 920 000

| 1938 | 1,5 | 1 |

50c sur 75c (480)
Tirage: 200 000

1934	8	5,5
1935	1,5	1
1938	2,5	1,5

50c sur 80c (481)
Tirage: 80 000

1938	16	11
1939	1,5	1
1940	120	80

50c sur 90c (482)
Tirage: 1 700 000

| 1938 | 2 | 1,5 |
| 1939 | 1,5 | 1 |

1f sur 1f 25 (483)
Tirage: 110 000

| 1939 | 2 | 1,5 |

1f sur 1f 40 (484)
Tirage: 77 000

1939	3	2
1 tbre barres omises	850	575
double surcharge	9 900	

1f sur 1f 50 (485)
Tirage: 125 000

1934	16	11
1935	8,5	5,5
1936	18	12
1938	9	6

1f sur 1f 75 (486)
Tirage: 220 000

1938	2	1

1f sur 2f 25 (487)
Tirage: 100 000

1939	2	1

1f sur 2f 50 (488)
Tirage: 30 000

1939	8	5,5

Mineurs (489)
Tirage: 290 000

1938	3	2

Carcassonne (490)
Tirage: 60 000

1939	8	5,5
1940	3	2

Vincennes (491)
Tirage: 19 600

1938	15	10
1939	15	10

Saint-Malo (492)
Tirage: 56 000

1939	12	8
1940	12	8

Ader (493)
Tirage: 17 200

1940	425	285
papier mince	500	350

Pétain surch (494)
Tirage: 40 000

1941	1,5	1

Commémoratifs.

F. Mistral (495)
Tirage: 60 000

1941	2	1

Cancer (496)
Tirage: 49 200

1940	10	6,5
1941	12	8

Secours 1f (497)
Tirage: 46 400

1941	16	11

Secours 2f 50 (498)
Tirage: 49 000

1941	60	40

Il est connu une feuille du "Secours National: entraide d'hiver 2f 50+7f 50" (n°506) sans date ni numéro.

Touristiques de 1941.

Beaune (499)
Tir: 10 600 000

1940	3	2
1941	3	2
pap. épais: 18-12-41	35	24
erreur: 19-12-1942	150	100

Angers (500)
Tirage: 760 000

1940	5	3,5
1941	5	3,5

Aigues-Mortes (501)
Tirage: 285 600

1941	8	5,5
err: dim 30-3-1941	150	100

1942	8	5,5
1943	15	10
gris pâle: 8-1-43	60	40

Paquebot (502)
Tirage: 67 000

1939	2,5	1,5

Pétain.

20c lilas (505)
Tirage: 54 000

1941	1,5	1

30c rouge (506)
Tirage: 380 000

1941	1,5	1

40c bleu (507)
Tirage: 143 500

1941	1,5	1

50c vert (508)
Tirage: 930 000

erreur de date: 1940	60	40
1941	1,5	1
1942	1,5	1

60c violet (509)
Tirage: 1 100 000

1941	1,5	1
1942	1,5	1
1944	13	8,5

70c bleu (510)
Tirage: 233 400

1941	1,5	1
1942	3	2

70c orange (511)
Tirage: 725 000

1941	1,5	1

80c brun (512)
Tirage: 357 000

1941	1,5	1
1942	1,5	1

80c vert (513)
Tirage: 614 000

1941	1,5	1

1f rouge (514)
Tirage: 9 640 000

1941	1,5	1
1942	1,5	1
1944	9	6

1f 20 brun (515)
Tirage: 2 385 000

1942	1,5	1
1943	1,5	1
1944	4	2,5

1f 50 rose (516)
Tirage: 2 650 000

1941	1,5	1
1942	1,5	1

1f 50 brun (517)
Tir: 38 500 000

1942	1,5	1
1943	1,5	1
1944	2	1

2f vert (518)
Tirage: 2 264 000

1941	1,5	1
1942	1,5	1
1943	1,5	1
1944	2	1

2f 40 rouge (519)
Tirage: 337 000

1942	1,5	1

2f 50 bleu (520)
Tirage: 162 400

1941	7	4,5

3f orange (521)
Tirage: 1 970 000

1941	1,5	1
1942	1,5	1
1943	1,5	1
1944	2	1

4f typo (521A)
Tirage: 2 000 000

1942	1,5	1
1943	1,5	1
1944	3	2

4f 50 typo (521B)
Tirage: 545 000

1942	7	4.5
1943	7	4.5
1944	15	10

4f gravé (522)
Tirage: 300 000

1942	2	1
1943	2,5	1,5

4f 50 gravé (523)
Tirage: 290 000

1942	2	1

5f vert-bleu (524)
Tirage: 95 000

1942	2	1
err: dim 27-9-42	90	60

50f noir (525)
Tirage: 54 000

1942	30	20
erreur: 18-7-1942	150	100
1943	45	30

1942

Beaune (539)
Tirage: 400 000

1942	5	3,5
pap. carton: 17-2-42	60	40

Mercure (2ème série).

10c bleu (546)
T: 1 963 000 (n sch)

1942	1,5	1
1943	1,5	1
1944	1,5	1
1945	2	1

30c rouge (547)
T: 190 000 (non sch)

1942	1,5	1
1943	1,5	1
1944	1,5	1
1945	2	1

40c violet (548)
T: 634 000 (non sch)

1942	1,5	1
1943	1,5	1
1944	1,5	1

50c "répub" (538)
Tirage: 1 260 000

1942	1,5	1

Pétain surch (552)
Vendus: 50 000

1942	1,5	1

50c "poste" (549)
T: 4 600 000 (n sch)

1942	1,5	1
1943	1,5	1
1944	1,5	1
1945	5	3,5

Arras (567)
Tirage: 348 000

erreur: 11-10-1942	80	50
1942	1,5	1
1943	2,5	1,5

1943

Armoiries 1943.

Lyonnais (572)
Tirage: 395 000

1942	2,5	1,5
1943	4,5	3

Bretagne (573)
Tirage: 453 500

1943	3	2

Provence (574)
Tirage: 122 000

1943	12	8

Ile de France (575)
Tirage: 106 000

1943	10	6,5

Lac Lérié (582)
Vendus: <40 000

1943	6	4

1944

Armoiries 1944.

Flandre (602)
Tirage: 354 000

1944	1,5	1

Languedoc (603)
Tirage: 290 000

1944	1,5	1

Orléannais (604)
Tirage: 135 000

1944	5	3,5

Normandie (605)
Tirage: 91 500

1944	7,5	5

Chenonceaux (610)
Tirage: 50 000

(15f) 1944	4,5	3

Chenonceaux (611)
Tirage: 74 800

(25f) 1944	5	3,5

Coq et Marianne d'Alger.

Coq 10c (630)
Tirage: 30 100

1944	1,5	1

Coq 30c (631)
Tirage: 20 100

1944	3,5	2,5

Coq 40c (632)
Tirage: 30 100

1944	1,5	1

Coq 50c (633)
Tirage: 30 100

1944	1,5	1

Marianne 60c (634)
Tirage: 20 350

1944	1,5	1

Marianne 70c (635)
Tirage: 30 600

1944	1,5	1

Marianne 80c (636)
Tirage: 15 400

1944	12	8

Marianne 1f (637)
Tirage: 30 500

1944	1,5	1

Marianne 1f 20 (638)
Tirage: 20 500

1944	1,5	1

Marianne 1f 50 (639)
Tirage: 102 000

1944	1,5	1

Coq 2f (640)
Tirage: 20 150

1944	1,5	1

Marianne 2f 40 (641)
Tirage: 10 400

1944	18	12

Marianne 3f (642)
Tirage: 20 300

1944	2	1,5

Marianne 4f (643)
Tirage: 20 400

1944	2	1,5

Marianne 4f 50 (644)
Tirage: 30 500

1944	2	1,5

Marianne 5f (645)
Tirage: 10 100

1944	42	26

Coq 10f (646)
Tirage: 10 090

1944	42	26

Coq 15f (647)
Tirage: 10 070

1944	42	26

Coq 20f (648)
Tirage: 10 080

1944	42	26

Iris (2ème série).

80c vert (649)
Tirage: 1 080 000

1944	1,5	1

1f bleu (650)
Tirage: 980 000

1944	1,5	1
1945	2,5	1,5

1f 20 violet (651)
Tirage: 739 000

1944	1,5	1
1945	1,5	1

1f 50 br-rge (652)
Tirage: 5 240 000

1944	1,5	1
1945	1,5	1

2f brun (653)
Tirage: 910 000

1944	1,5	1
1945	1,5	1

2f 40 rose (654)
Tirage: 108 000

1944	1,5	1

3f orange (655)
Tirage: 340 000

1944	1,5	1
1945	3	2

4f bleu (656)
Tirage: 435 000

1944	1,5	1
1945	8	5,5

Mercure "RF".

10c bleu (657)
Tirage: 297 000

1942	3	2
1943	8	5,5
1944	1,5	1

30c rouge (658)
Tirage: 360 000

1942	1,5	1
1943	1,5	1

40c violet (659)
Tirage: 136 000

1944	1,5	1

50c bleu (660)
Tirage: 439 000

1943	8	5,5
1944	1,5	1

1945

Chaînes brisées et Cérès de Mazelin.

10c noir (670)
Tirage: 1 160 000

1945	1,5	1
1946	1,5	1

30c vert (671)
Tirage: 680 000

1945	1,5	1
1946	1,5	1

40c rose (672)
Tirage: 217 000

1944	4	2,5
1945	1,5	1

50c bleu (673)
Tirage: 2 350 000

1945	1,5	1
1946	1,5	1

60c bleu (674)
Tirage: 197 000

1945	1,5	1
1946	1,5	1

80c vert (675)
Tirage: 886 000

1945	1,5	1

1f rose (676)
Tirage: 7 620 000

1945	1,5	1
1946	1,5	1
1947	1,5	1
1948	1,5	1

1f 20 brun (677)
Tirage: 134 000

1945	2	1

1f 50 lilas (679)
Tirage: 5 770 000

1945	1,5	1
1946	1,5	1
1947	1,5	1

Marianne de Dulac: tirage de Paris.

Série de 15 couleurs différentes, soit 15 coins datés, tous de 1948. La cote est donnée pour un seul coin daté, elle est identique pour chacun des 15 coins datés. On connaîtrait 3 séries en coins datés.

Tirage de Paris:

1948	1 500	1 000

Marianne de Gandon (1ème série).

1f 50 rose (712)
Tirage: 169 000

1944	42	28
1945	1,5	1

2f vert (713)
Tir: 14 140 000

1945	1,5	1

2f 40 rouge (714)
Tirage: 42 000

1945	2,5	1,5

3f sépia (715)
Tirage: 3 060 000

1945	1,5	1
1946	1,5	1

4f bleu (717)
Tirage: 600 000

1945	1,5	1

5f vert (719)
Tirage: 295 000

1945	1,5	1
1946	1,5	1

6f outremer (720)
Tirage: 300 000

1945	2,5	1,5

10f orange (722)
Tirage: 200 000

1945	3,5	2,5
1946	4,5	3

15f lilas (724)
Tirage: 110 000

1945	24	16

Marianne de Gandon gravée (2ème série).

20f vert (730)
Tirage: 120 000

1945	9	6
1946	8	5,5

25f violet (731)
Tirage: 104 000

1945	8,5	5,5
1946	11	7

50f brun (732)
Tirage: 120 000

1945	10	7

100f rouge (733)
Tirage: 80 000

1945	75	50

Tuberculeux (736)
Tirage: 380 000

1945	1,5	1

1946

Tuberc. sch (750)
Tirage: 120 000

1945	1,5	1

Cérès de Mazelin.

2f vert (680)
Tirage: 3 800 000

1946	1,5	1
1947	1,5	1
1948	1,5	1
1949	6	4

2f 50 brun (681)
Tirage: 2 110 000

1946	1,5	1
1947	1,5	1

Marianne de Gandon (3ème série).

3f rose (716)
Tir: 17 800 000

1946	1,5	1

4f violet (718)
Tirage: 1 050 000

1946	1,5	1
1947	1,5	1
1948	15	10

6f rouge (721)
Tirage: 270 000

1946	12	8

10f bleu (723)
Tirage: 280 000

1946	8,5	5,5

Marianne de Gandon gravée (4ème série)..

4f bleu (725)
Tirage: 60 000

1944	5	3
1945	1,5	1

10f bleu (726)
Tirage: 277 000

1946	8,5	5,5

15f lilas (727)
Tirage: 178 000

1946	48	32

20f vert (728)
Tirage: 323 000

1946	7,5	5
erreur: 11-3-1948	400	260

25f rouge (729)
Tirage: 160 000

1946	48	32

Mythologie.

Centaure (➜16)
Tirage: 2 080 000

1946	5	3,5
1947	6	4,5
1948	5	3,5
1949	5	3,5

Iris (➜17)
Tirage: 2 720 000

1946	5	3,5
1947	5	3,5
1948	5	3,5
1949	5	3,5

Egine (➜18)
Tirage: 800 000

1946	40	25
1947	50	35
1948	48	30
1949	48	30

Apollon (➜19)
Tirage: 306 000

1946	33	20
1948	3	20
pap. épais: 10-2-48	300	180
1949	50	35

Armoiries 1946.

Corse (755)
Tirage: 720 000

1946	1,5	1
1947	1,5	1
1948	1,5	1

Alsace (756)
Tirage: 1 300 000

1946	1,5	1
1947	1,5	1
1948	2,5	1,5

Lorraine (757)
Tirage: 2 440 000

1946	1,5	1
1947	1,5	1
1948	3,5	2,5

Cté de Nice (758)
Tirage: 650 000

1946	1,5	1
1947	1,5	1
1948	1,5	1

Touristiques 1946.

Vézelay (759)
Tirage: 680 000

1946	1,5	1
1947	2	1

Luxembourg (760)
Tirage: 2 480 000

1946	1,5	1
1947	1,5	1
1948	2	1

Roc-Amadour (763)
Tirage: 920 000

1946	24	16
1947	24	16

Pointe du Raz (764)
Tirage: 3 700 000

1946	8	5,5
erreur: 6-8-1946	150	100
1947	8	5,5
1948	8	5,5
1949	15	10

1947

Marianne de Gandon (5ème série).

5f rose (719A)
Tirage: 1 500 000

1946	1,5	1
1947	1,5	1

3f vert (716A)
Tirage: 1 772 000

1947	11	7
1948	12	8

3f 50 brun (716B)
Tirage: 595 000

1947	4,5	3

4f 50 bleu (718A)
Tirage: 8 900 000

1947	1,5	1

5f bleu (719B)
Tirage: 4 480 000

1947	1,5	1
1948	1,5	1

6f rose (721A)
Tirage: 270 000

1947	1,5	1
1948	1,5	1

Touristiques 1947.

Cannes (777)
Tirage: 320 000

1947	8	5,5

Conques (792)
Tirage: 454 000

1947	24	16
1948	24	16

Nancy (778)
Tirage: 1 720 000

1947	24	16
1948	24	16

Cérès de Mazelin.

1f 30 bleu (678)
Tirage: 639 000

1947	2	1,5

Cérès surch (791)
Tirage: 180 000

1947	1,5	1

1948

Touristiques 1948.

Luxembourg (803)
Tirage: 500 000

1948	17	11

Luxembourg (804)
Tirage: 160 000

1948	5,5	3,5

Conques (805)
Tirage: 880 000

1948	24	16

Nancy (822)
Tirage: 160 000

1948	75	50
1949	95	65

Marianne de Gandon (6ème série).

3f rose (806)
Tirage: 1 880 000

1948	1,5	1

4f vert-bleu (807)
Tirage: 2 560 000

1948	1,5	1

4f orange (808)
Tirage: 270 000

1948	18	12
1949	25	16

5f vert (809)
Tirage: 7 780 000

1948	5	3,5
1949	5	3,5
1950	5	3,5
1951	5	3,5

8f turquoise (810)

1948	2,5	1,5
1949	2,5	1,5
1950	2,5	1,5
1951	2,5	1,5
1952	3	2
1953	4	2,5

10f lilas (811)

1948	1,5	1 1
1950	1,5	1 1
1951	1,5	1
1952	1,5	1,5
1953	1,5	1
1954	2,5	1,5

1949

Marianne de Gandon (7ème série).

Marianne sch (827)
Tirage: 320 000

1948	1,5	1

12f outremer (812)
Tirage: 3 910 000

1949	18	12
1950	18	12
1951	18	12

15f rouge (813 I)
Tir: 35 000 000

1949	6	4
1950	6	4
1951	8	5,5

Villes stylisées.

Lille (✈24)
Tirage: 3 400 000

1949	7,5	5
1950	7,5	5
1951	7,5	5
1952	7,5	5
1953	7,5	5

Bordeaux (✈25)
Tirage: 328 000

1949	76	50
1950	76	50
1951	76	50
1952	76	50
1953	76	50

Lyon (✈26)
Tirage: 128 000

1949	100	60

Marseille (✈27)
Tirage: 112 000

1949	365	235
1953	425	300

Paris (→29)
Tirage: 114 000

1949	900	700	1952	900	700
1951	1 000	750	1953	900	700

Armoiries 1949.

Bourgogne (834)
Tirage: 1 450 000

1949	1,5	1
1950	1,5	1
1951	1,5	1

Guyenne (835)
Tirage: 590 000

1949	1,5	1
1950	1,5	1
1951	1,5	1

Savoie (836)
Tirage: 940 000

1949	4	2,5
1950	5,5	4
1951	6	4

Auvergne (837)
Tirage: 640 000

1949	4,5	3
1950	6,5	4,5
1951	9	6

Anjou (838)
Tirage: 360 000

1949	3	2

Touristiques 1949.

Comminge(841A)
Tirage: 2 640 000

1949	2	1
1950	2	1
1951	2	1
1952	3	2

St-Wandrille (842)
Tirage: 2 660 000

1949	2,5	1,5
1950	2,5	1,5
1951	2,5	1,5

Meuse (842A)
Tirage: 1 480 000

1949	90	60
1950	90	60
1951	90	60

Gerbier (843)
Tirage: 2 540 000

1949	15	10
1950	15	10
1951	15	10

1951

Touristiques 1951.

St-Wandrille (888)
Tirage: 120 000

1951	33	22

Arbois (905)
Tirage: 1 392 000

1951	6	4
1952	7	4,5
1953	9	6

Bigorre (916)
Tirage: 1 160 000

1951	35	24
1952	35	24
1953	35	24
erreur: 3 -1-1953 ("1" de "31" absent)	90	60

Caen (917)
Tirage: 2 260 000

1951	30	20
1952	30	20
1953	30	20

Marianne de Gandon (8ème série).

5f violet (883)

1951	3	2,5
1952	3,5	2,5
1953	3,5	2,5
1954	3,5	2

6f vert (884)
Tirage: 670 000

1951	35	25
1952	35	25
1953	60	40

12f orange (885)
Tirage: 4 900 000

1951	6	4
1952	6	4
1953	6	4

15f outremer (886 I)
Tirage: 645 000

1951	1,5	1
1952	1,5	1
1953	1,5	1
1954	1,5	1
1955	1,5	1

15f bleu (886 III)

(date à gche) 1954	8 500	5 700

18f rose (887)
Tirage: 700 000

1951	110	74

Armoiries 1951.

Artois (899)
Tirage: 450 000

1951	1,5	1

Limousin (900)
Tirage: 446 000

1951	1,5	1
1953	20	13

Béarn (901)
Tirage: 870 000

1951	2	1
1952	2	1
1953	3,5	2,5

Touraine (902)
Tirage: 1 030 000

1951	5	3,5
1952	5	3,5
1953	5	3,5

Franche-Comté (903)
Tirage: 600 000

1951	4,5	3

1952

Chambord (924)
Tirage: 1 334 000

1952	3	2	1953	3	2

1953

Couture (941)
Tirage: 600 000

1953	6,5	4,5

Théâtre français.

Gargantua (943)
Tirage: 732 000

1953	2,5	1,5
1954	3,5	2,5

Célimène (956)
Tirage: 846 000

1953	2,5	1,5
1954	3,5	2,5

Figaro (957)
Tirage: 1 680 000

1953	2	1,5
1954	2,5	1,5

Hernani (944)
Tirage: 406 000

1953	3,5	2,5

Armoiries 1953.

Picardie (951)
Tirage: 227 000

1953	1,5	1

Gascogne (958)
Tirage: 106 000

1953	1,5	1

Berri (959) Tirage: 103 000

1953	1,5	1

Poitou (952)
Tirage: 535 000

1953	1,5	1
1954	1,5	1

Champagne (953)
Tirage: 730 000

1953	2,5	1,5
1954	2,5	1,5

Dauphiné (954)
Tirage: 390 000

1953	3,5	2,5
1954	3,5	2,5

Sports: Jeux Olympiques d'Helsinki.

Natation (960)
Tirage: 532 000

1953	15	10
1954	18	12

Athlétisme (961)
Tirage: 280 000

1953	80	54
1954	85	56

Escrime (962)
Tirage: 336 000

1953	14	9,5
1954	16,5	11

Canoë (963)
Tirage: 342 000

1953	80	54
1954	85	56

Aviron (964)
Tirage: 424 000

1953	40	27
1954	46	30

Hippisme (965)
Tirage: 132 000

1953	200	134
1954	220	146

1954

Prototypes.

Mystère IV (→30)

1953	17	11,5
1954	17	11,5
1955	17	11,5
1956	17	11,5
1957	17	11,5
1958	17	11,5

Noratlas (→31)

1953	63	42
1954	63	42
1955	63	42
1956	63	42
1957	63	42
1958	63	42
1959	75	50

Fouga Mag. (→32)

1953	1 150	765
1954	1 150	765
1955	1 200	800

Provence (→33)

1953	650	434
1954	650	434

Marianne sch (968)
Tirage: 218 000

1951	3	2

Productions de luxe.

Tapisserie (970)
Tirage: 620 000

1954	70	47

Reliure (971)
Tirage: 1 800 000

1954	8	5,4
1955	9	6
1956	11	7,4

Porcelaine (972)
Tirage: 1 266 000

1954	24	16
1955	29	19
1956	29	19

Joaillerie (973)
Tirage: 2 680 000

1954	8	5,4
1955	9	6
1956	10	6,5

Fleurs (974)
Tirage: 400 000

1954	75	50
1955	80	54
1956	98	65

Touristiques 1954.

Lourdes (976)
Tirage: 976 000

1954	2,5	1,5
1955	2,5	1,5

Andelys (977)
Tirage: 2 332 000

1954	2,5	1,5
1955	2,5	1,5

Royan (978)
Tirage: 2 200 000

1954	2,5	1,5
1955	3	2

Quimper (979)
Tirage: 3 900 000

erreur: 30-9-1953	66	44
1954	2,5	1,5
1955	2,5	1,5

Cheverny (980)
Tirage: 470 000

1954	16	5,5
1955	19	12,5

Ajaccio (981)
Tirage: 1 226 000

1954	16	10,5
1955	17	11

Armoiries 1954.

Maine (999)
Tirage: 166 000

1954	1,5	1
1955	2	1

Navarre (1000)
Tirage: 95 000

1954	1,5	1
1955	2	1

Nivernais (1001)
Tirage: 53 000

1954	1,5	1
1955	2	1

Bourbonnais (1002)
Tirage: 400 000

1954	1,5	1
1955	2	1

Angoûmois (1003)
Tirage: 2 730 000

1954	1,5	1
1955	1,5	1
1956	1,5	1
1957	1,5	1
1958	1,5	1

Aunis (1004)
Tirage: 1 310 000

1954	1,5	1
1955	1,5	1
1956	1,5	1
1957	1,5	1
1958	1,5	1

Saintonge (1005)
Tir: 11 050 000

1954	1,5	1
1955	1,5	1
1956	1,5	1
1957	1,5	1
1958	1,5	1

1955

Marianne de Muller.

15f rose (1011)

1955	1,5	1
1956	1,5	1
1957	1,5	1

18f vert (1011A)
Tirage: 1 130 000

type (I) 1958	7	4,5
type (II) 1958	2	1

20f bleu (1011B I)

1957	2,5	1,5
1958	2,5	1,5
1959	2,5	1,5
erreur de date: 1962	135	90

25f rge (1011C I)

1959	8	5,5

Ganterie (1020)
Tirage: 630 000

1955	5,5	3,5

Frères Lumière (1033)

1955	300	200

Touristiques 1955.

Bordelais (1036)
Tirage: 1 066 000

1955	2	1
1956	2,5	1,5
1957	3	2

Marseille (1037)
Tirage: 2 300 000

1955	3	2
1956	3	2
1957	15	10

Nice (1038)
Tirage: 3 400 000

1955	2	1
1956	2	1
1957	2	1

Cahors (1039)
Tirage: 7 300 000

1955	2	1
1956	2	1
1957	2	1

Uzerche (1040)
Tirage: 1 200 000

1955	5	3,5
1956	5	3,5
1957	7	4,5

Martinique (1041)
Tirage: 1 500 000

1955	18	12
1956	18	12
1957	25	16,5

Brouage (1042)
Tirage: 2 300 000

1955	6	4
erreur: dim 5-5-57	155	105
1956	6	4
1957	13	9,5

Armoiries 1955.

Cté de Foix (1044) Tirage: 350 000

1955	1,5	1
1956	1,5	1
1957	1,5	1
1958	2	1

Marche (1045) Tirage: 260 000

1955	1,5	1
1956	1,5	1
1957	1,5	1
1958	2	1

Roussillon (1046) Tirage: 82 400

1955	1,5	1
1956	1,5	1
1957	2	1
1958	2	1

Cté Vénaissin (1047) Tirage: 1 020 000

1955	1,5	1
1956	1,5	1
1957	1,5	1
1958	2	1

France-Amér (1060)

erreur: 17-4-1956	280	185

1956

Sports.

Basket (1072) Tirage: 1 070 000

1956	8	5,5
1957	8	5,5

Pelote (1073) Tirage: 710 000

1956	30	20
1957	30	20

Rugby (1074) Tirage: 2 020 000

1956	11	7,5
1957	11	7,5

Alpinisme (1075) Tirage: 272 000

1956	60	40
1957	60	40

1957

Prototypes.

MS 760 (→35)

1959	36	24

Caravelle (→36)

1957	150	100
1958	150	100
1959	150	100

Alouette (→37)

1957	330	220
1958	330	220
1959	330	220

Moissonneuse.

6f brun-rge (1115) Tirage: 3 910 000

1957	1,5	1
1958	1,5	1

10f vert (1115A) Tirage: 3 040 000

1959	3	2
1961	100	67
1962	75	50

12f lilas (1116) Tirage: 1 490 000

1957	1,5	1
1958	1,5	1

Touristiques 1957.

Guadeloupe (1125) Tirage: 1 280 000

1957	1,5	1
1958	1	1
erreur: 32-1-1958	140	90

Le Quesnoy (1105)

1957	1,5	1
1958	1,5	1

Le Quesnoy (1106) Tirage: 4 880 000

1957	1,5	1
1958	1,5	1

Elysée (1126) Tirage: 1 360 000

1957	1,5	1
1958	1,5	1
1959	10	7

Beynac (1127) Tirage: 1 860 000

1957	2	1,5
1958	15	10

Valençay (1128) Tirage: 1 106 000

1957	4,5	3
1958	4,5	3
1959	9	6

Bordelais (1118) Tirage: 288 000

1957	20	13,5

Rouen (1129) Tirage: 2 440 000

1957	2	1
1958	2	1
1959	3	2

Saint-Rémy (1130) Tirage: 3 820 000

1957	3	2
1958	3	2
1959	4	2,5

Evian (1131) Tirage: 2 200 000

1957	4,5	3
1958	5	4,5

Cahors (1119) Tirage: 192 000

1957	110	74

1958

Armoiries 1958.

Marseille (1180) Tirage: 118 000

1958	1,5	1

Lyon (1181) Tirage: 140 000

1958	1,5	1

Toulouse (1182) Tirage: 82 000

1958	1,5	1

Bordeaux (1183) Tirage: 925 000

1958	1,5	1

Nice (1184) Tirage: 420 000

1958	1,5	1

Nantes (1185) Tirage: 355 000

1958	1,5	1

Lille (1186) Tirage: 4 730 000

1958	1,5	1
1959	1,5	1

1959

Touristiques 1959.

Elysée (1192) Tirage: 1 340 000

1959	14	4,5

Evian (1193) Tirage: 930 000

1959	18	12

Guadeloupe (1194) Tirage: 1 200 000

1959	180	120
1962	260	175

Alger (1195) Tirage: 965 000

1959	1,5	1

Marianne (1216) Tirage: 7 150 000

1959	2	1
1961	70	46
1962	70	46

Fréjus (1229) Tirage: 124 000

1959	1,5	1

1960

> **A partir de 1960 (100 anciens Francs = 1 NF):**
> **1ère colonne: neuf ** sans charnière ou oblitéré**

Nouveaux francs 1960.

Lille (1230) Tir: 1 430 000

1959	25
1960	25

Oran (1230A) Tir: 2 555 000

1960	1,5
1961	1,5
1962	1,5

Moisson. (1231) Tir: 8 900 000

1959	2,5
1960	2,5
1961	2,5
1962	2,5

Alger (1232) Tir: 1 430 000

1959	4,5
1960	4,5
1961	4,5
1962	5,5

Semeuse 20c (1233 I)

Marianne (1234 I) Tir: 3 900 000

Semeuse (1234A) Tir: 140 000

1959	2	1962	2	1959	12	1961	10
1960	2	1963	2	1960	12		
1961	2	1964	2,5				

Prototypes, nouveaux francs.

Noratlas (→38)

1959	8	1961	8	1963	8	1964	8
1960	8	1962	8	outremer	20	outremer	20
						1965	8

MS 760 (→39)

1959	8	1964	8	1968	8	1972	8
1961	8	1965	8	CD ss date	500	1973	8
1962	8	1966	8	1969	8	err: 21-1-73	150
1963	8	1967	8	1970	8	1974	25
				1971	8		

Quelques feuilles de coins datés sans date (absence d'impression) ont été trouvés dans un lot daté du 2-5-68

Caravelle (→40)

1959	15	1962	15	1965	15	1968	15
1960	15	1963	15	1966	15	1969	15
1961	15	1964	15	1967	15	CD ss date	40

Alouette (→41)

1959	70	1962	70	1965	70	1970	110
1960	70	1963	70	1967	70		
1961	70	1964	70	1968	70		

Touristiques 1960.

Laon (1235)		Fougère (1236)		Kerrata (1237)		Tlemcen (1238)	
Tir: 654 000		Tir: 746 000		Tir: 1 270 000		Tir: 1 740 000	
1959	2	1959	12	1959	4	1959	7,5
1960	2	1960	12	1960	4	1960	7,5
		1961	12	1961	4,5	1961	20

Sioule (1239)		Chaumont (1240)		Cialos (1241)	
Tir: 780 000		Tir: 1 108 000		Tir: 1 740 000	
1959	7	1959	12	1959	16
1960	7	1960	12	1960	16
1961	12	err: 12-9-60	150	1961	16
err: 22-4-63	150	1961	12		

Marianne de Decaris (1263 I)

1960	1,5	1962	1,5	1964	2	1965	50
1961	1,5	1963	1,5	err: 30-2-64	130		

1961

Marianne de Cocteau t. I (1282 I)   Type II

1961	1,5	1963	1,5	1965	1,5	1966	20
1962	1,5	1964	1,5				

Touristiques 1961.

St-Paul (1311)		Arcachon (1312)		Sully (1313)		Cognac (1314)	
Tir: 440 000		Tir: 1 260 000		Tir: 2 460 000		Tir: 1 860 000	
1961	1,5	1961	1,5	1961	1,5	1961	5
1962	1,5	1962	1,5	1962	1,5	1962	5
		1963	1,5	1963	2	1963	10
				1964			

Dinan (1315)		Calais (1316)		Dunkerque (1317)		Médéa (1318)	
Tir: 1 180 000		Tir: 880 000		Tir: 460 000		Tir: 940 000	
1961	2	1961	2,5	1962	5	1961	23
1962	2	1962	2,5			1962	23
1963	2	1963	2,5				
1964	3,5						

1962

Le Touquet (1355) Tir: 3 808 000

1962	3	1963	3	1964	3	1965	3
gomme mentholée	12						

Coq de Decaris, 25c (1331)				Coq de Decaris, 30c (1331A)			
1962 jaune d'or	2 / 5 500	1964	2	1963	4	1966	4
1963	2	1965	3,5	1964	4	1967	6,5
				1965	4		

Armoiries 1962.

Niort (1351A)		Guéret (1351B)		Amiens (1352)	
1963	1	1963	1	1962	1
1964	1	1964	1	1963	1
1974	1	1976	1	1964	1
1975	1			1965	1
1977	1				

Troyes (1353)				3 bdes pho (1353b)			
1962	1	1968	1	1974	1	1970	3
1963	1	1969	1	1975	1	1971	1,5
1964	1	1970	1	1976	1	1973	1
1965	1	1971	1	1977	1	1974	1
1966	1	1972	1	1978	1	1976	1
1967	1						

Nevers (1354)

1962	1	1969	1	1972	1	1976	1
1963	1	1970	1	1973	1	1977	1
1964	1	1971	1	1975	1		

Agen (1353A)		La Réunion (1354)		Agen (1354A)		Paris (1354B)	
1963	1	1963	1	1963	1,5	1966	2
1964	1	1964	1	1964	1,5	1967	2
1965	1	1965	1	1965	1,5	1968	4
1966	1						

1963

Marivaux (1372)

err: 1963 | 150

Touristiques 1963-64.

Amboise (1390)		C. d'Azur (1391)		St-Flour (1392)		Provins (1392A)	
1963	2	1963	2	1963	3	1964	2
1964	2	1964	2	1964	3	1965	2
1965	3	1965	3	1965	3	err: 1-6-65	120
						1966	2
						1967	2

Erreur 1-6-65: la date se trouve sur le guilloché (28mm de haut).

Vittel (1393)		Moissac (1394)		Ronchamp (1394A)	
1963	8	1963	4	1964	4,5
1964	13	1965	6		

1964

Philatec (1422)

err: 1964 | 4 800 |

Croix-Rouge 20c (1433)   _Croix-Rouge 25c (1434)_

err: 1964 | 180 | err: 1964 | 180 |

1965

Touristiques 1965.

Ronchamp (1435)		_Moustier (1436)_		_Aix (1437)_		_Tarn (1438)_	
1964	1,5	1965	2	1965	4	1965	7
1965	1,5	1966	2	1966	4	1966	12
1966	1,5	1967	2	1967	4		
1967	1,5						

Vendée (1439)		_Carnac (1440)_		_Joux (1441)_	
1965	30	1965	6	1964	7
		1966	6	1965	7
		1967	8		

Prototypes, nouveaux francs.

Mystère 20 (✈42)

1965	4	1967	4	1969	4	1971	6
1966	4	1968	4	1970	4	1972	6
err 26-11-66	150						

1966

Armoiries 1966.

Auch (1468 I)		_St-Lô (1510 I)_		_St-Lô (1510 II)_		_St-Lô (1510 III)_	
1966	1	1966	1,5	1973	1,5	1978	5
1967	1	err 26-11-66	140	ss bde pho	2	ss bde pho	
1968	1	1967	1,5	1974	1,5	16-5-1978	210
1969	5	1968	1,5	ss bde pho	2		
1970	1	1970	,5	1975	1,5		
1971	1	1971	1,5	1976	1,5		
1972	1	3 bdes pho	5	1977	1,5		
1973	1	1972	1,5	1978	1,5		
1974	1						
1975	1						
1976	1						
1977	1						

Erreur 26-11-66: le tirage avait en fait commencé le 28-11-66.

Mont de Marsan (1469)

1966	3	1967	3

Touristiques 1966.

St-Quentin (1499)		_Vire (1500)_		_St-Germain(1501)_		_La Baule (1502)_	
1967	2	1967	3	1967	2	1967	8
1968	2	1969	4	1968	2		
1969	2			1969	2		
1970	2						

Boulogne (1503)		_Rodez (1504)_		_Morlaix (1505)_		_Val (1506)_ Tir: 129 000	
1967	8	1967	4	1967	6	1966	11
		1968	4			1967	11
		1969	4			1968	15
		1970	4				

1967

Marianne de Cheffer (gravés).

25c bleu (1535)		_30c lilas (1536)_		_30c vert (1536A)_		_40c rouge (1536B)_	
1967	2	1967	1,5	1968	2	1968	3
		1968	1,5	1969	2	1969	3
				1975	2	1970	3
						2 bdes pho	20

1968

Grenoble: patinage (1546)

err: 1967 | 190 |

1969

Touristiques 1969.

Brou (1582)		_Vouglans (1583)_		_Chantilly (1584)_		_Trinité (1585)_	
1969	1,5	1969	3	1969	4,5	1969	4,5
		1970	3	1970	15		

Marianne de Cheffer (typographié).

Cheffer 30c vert typo (1611)				_1 bande phosph (1611b)_			
1969	1,5	1974	1,5	1970	4	1973	1,5
1970	1,5	1975	1,5	1971	1,5	1974	1,5
1971	1,5	1976	2,5	1972	1,5	1975	1,5
1972	1,5	1977	2,5				
1973	1,5						

1970

Touristiques 1970.

Martinique (1644)   *Chancelade (1645)*   *Gosier (1646)*   *H^{te}-Provence (1647)*

1970	2	1970	6	1970	6	1970	8
1971	2			1971	6		
				1972	6		

Aviateurs célèbres.

Daurat, Vanier (→46)

1976	12	1977	12	1979	12	1981	15
err: 15-8-76	140	1978	12	1980	15	GT	225

Boucher, Hilz (→47)

1972	25	1974	25	1977	25	1980	25
G.T.	250	1975	25	1978	25	1981	25
		1976	25	1979	25	err: 15-8-81	200

Guillaumet, Codos (→48)

1972	60	1979	35	1981	35	1983	60
1973	35	1980	35	1982	35	1984	35
				GT	250		

Mermoz, Saint-Exupéry (→44)

1970	60	1979	50	1982	50	G.T.	300
1976	50	1980	50	1983	50	1984	50
1978	50	1981	50	err: 15-3-83	300	G.T.	300

Le CD de 1970 provient de feuille de 25, les autres de feuille de 10

1971

Marianne de Béquet (1ère série).

45c bleu (1663)   *50c rouge (1664)*   *3 bandes phosphorescentes (1664a)*

1971	2	1970	2	1970	4	1974	2
1972	2	1971	2	1971	3	1975	2
1973	2	date à		1972	3	1976	2
1974	2	gche TD3	900	1973	3	1977	2
1977	3	1972	2				
		1973	2				
		1974	2				

Touristiques 1971.

Riom (1685)   *Dôle (1686)*   *Riquewihr (1687)*   *Sedan (1688)*

1971	2	1971	3,5	1971	3,5	1971	4
13-6-1971	15	1972	3,5	1972	3,5	1973	5,5
1972	2	1973	13	1973	3,5		
1973	4						

    Le dimanche 13-6-71 est une date pendant laquelle les ouvriers ont travaillé pour sortir le timbre à temps (le 19 juin).
Gorges de l'Ardèche (1689)

1971	4,5	1974	4,5

Caméléon (1692) Tir: 168 000

1971	4

1972

Code postal 30c vert (1719)   *Code postal 50c rouge (1720)*

1972	1,5	1972	2

Touristiques 1972.

Sologne (1725)   *Charlieu (1712)*   *Bazoche (1726)*   *Narbonne (1713)*

1972	3	1972	3	1972	5,5	1972	8
1973	5	1973	3	1973	5,5	1973	8
		1974	3	1974	5,5		

1973

Touristiques 1973.

                          Gien (1758)
Doubs (1764)   *Dijon (1757)*   *Tir: 400 000*

1973	2	1973	2,5	1973	3
1974	2	1974	2	1974	3

Clos-Lucé t. I : TD3 (1759 I)   *Clos-Lucé t. II : TD6 (1759 II)*

1973	3,5	1976	3	1974	6
1975	3			1976	5

1974

Touristiques 1974.

Salers (1800)   *Rouen (1821)*   *Lot (1803)*

1974	2	1975	3	1974	2,5
				1976	6

St-Pol (1822)   *Rochech. (1825)*   *St-Nicolas (1810)*   *St-Florent (1792)*

1974	5	1974	3,5	1974	5	1974	6,5
1975	3	1975	3,5	1975	5	1975	6,5
1976	5	1976	3,5	1976	5		

Marianne de Béquet (2ème série).

60c vert typographié (1807)   *sans bande phosphorescente*

1974	3	1976	3	1974	13
1975	3			1975	13

80c rouge (1809)   *gomme mate*   *sans bde pho GT*   *ss bde pho G B*

1974	4	1975	10	1974	40	1974	60
1975	3,5						
(B6) 1975	5						
1976	3,5						
(B6) 1976	5						

1976

Touristiques 1976.

Bonaguil (1871)   *Lodève (1902)*   *Biarritz (1903)*

1976	2,5	1976	2,5	1976	3,5
				1977	3,5

Thiers (1904)   *Ussel (1872)*   *Malmaison (1873)*

1976	4	1976	4	1976	6,5
1977	4	1977	4	1977	8
1978	4	1978	4		

Marianne de Béquet (3ème série).

80c vert (1891)   *gomme mate*   *sans bande pho*

1976	3	1976	10	1977	10
1977	3	1977	10		

1f rouge (1893)   *gomme mate*   *sans bande pho*

1976	3	1976	10	1977	10
1977	3	1977	11		

1977

Roger Excoffon (1960)

err: 1978 | 250

Touristiques 1977.

Prémontrés (1948)	St-Amand (1949)	Dorat (1944)
1977 — 3	1977 — 3,5	1977 — 3,5

Fontenay (1937)	Bayeux (1945)	Vitré (1950)
1977 — 4 ; 1978 — 4	1977 — 4,5	1977 — 5,5 ; 1978 — 5,5

1978

Sabine de Gandon (1ère série).

1c gris (1962)	1c gomme mate	2c bleu (1963)	2c gomme mate
1978 — 1 ; 1979 — 1 ; 1980 — 1 ; 1981 — 1	1978 — 1	1978 — 1 ; 1979 — 1	1978 — 1

5c vert (1964)	5c gomme mate	10c brun (1965)	10c gomme mate
1978 — 1 ; 1979 — 1 ; 1980 — 1	1978 — 1 ; 1979 — 1 ; 1980 — 1	1978 — 1 ; 1979 — 1 ; 1980 — 1 ; 1981 — 1	1978 — 1 ; 1979 — 1 ; 1980 — 1

15c vert-bl (1966)	15c gomme mate	20c vert (1967)	20c gomme mate
1978 — 2 ; 1979 — 2 ; 1980 — 2 ; 2 bdes phos — 1150	1978 — 2 ; 1979 — 2 ; 1980 — 2	1978 — 1 ; 1979 — 1 ; bde pho à gauche — 2,5 ; 1980 — 1 ; 1981 — 1	1978 — 1,5 ; 1979 — 1,5 ; 1980 — 1,5

30c orange (1968)	30c gomme mate	50c violet (1969)	50c gomme mate
1978 — 1 ; date à gche TD3 — 25 ; 1979 — 1 ; 1980 — 1 ; 1981 — 1	1978 — 1,5 ; 1979 — 1,5	1978 — 1,5 ; 1979 — 1,5 ; 1980 — 1,5 ; 1981 — 1,5	1979 — 1,5 ; 1980 — 1,5 ; 1981 — 1,5

80c vert (1970)	80c gomme mate	ss bde pho, g m	80c olive (1971)
1977 — 7	1978 — 20	1977 — 11	1978 — 3 ; date à gche TD3 — 15 ; 1979 — 3 ; 1980 — 3 ; 1981 — 3

80c olive g m	1f rouge (1972)	1f gomme mate	ss bde pho. g m
1978 — 3,5	1977 — 4 ; 1978 — 15	1977 — 30 ; 1978 — 30	1977 — 32

1f vert (1973)	1f gomme mate	1f 20 rge (1974)	1f 20 gomme mate
1978 — 3,5 ; date à gche TD3 — 150 ; 1980 — 3,5	1978 — 5 ; 1979 — 5	1978 — 3 ; 1979 — 3	1978 — 7,5 ; 1979 — 7,5

1f 40 bleu (1975)	1f 40 gomme mate	1f 70 bleu (1976)	1f 70 gomme mate
1978 — 5 ; 1979 — 5	1979 — 13	1978 — 4 ; 1979 — 4 ; 1980 — 4	1978 — 6,5 ; 1980 — 6,5

2f vert (1977)	2f gomme mate	2f 10 rose (1978)	2f 10 gomme mate
1978 — 4,5 ; 1979 — 4,5 ; 1980 — 4,5 ; 1981 — 4,5	1978 — 6 ; 1979 — 6	1978 — 4 ; 1979 — 4 ; 1980 — 8	1978 — 6,5

3f brun (1979)		3f gomme mate
1978 — 6,5 ; 1979 — 6,5	1980 — 6,5 ; 1981 — 6,5	1978 — 7,5 ; 1980 — 7,5

Touristiques 1978.

Verdon (2000)	St-Saturnin(2002)	Bec-Hellouin (2003)	Esquelbeck (2004)
1977 — 1,5	1978 — 2,5	1978 — 2,5	1978 — 2,5

Abbatiale Aubazine (2005)		Abbaye de Fontevraud (2006)
1977 — 5	1978 — 3	1978 — 4

1979

Touristiques 1979.

Maison-Laffite (2069)		Abbayes normandes (2045)	
1979 — 1,5	1980 — 3	1979 — 2,5	1980 — 12

Auray (2046)	Steenvoorde(2047)	Niaux (2049)	Majorque (2050)
1979 — 2,5 ; 1980 — 12	1979 — 3	1978 — 3,5 ; 1979 — 3,5 ; 1980 — 5	1979 — 4 ; gomme tropicale — 150

Sabine de Gandon (2ème série).

70c bleu (2061)	70c gomme mate	1f olive (2062)	1f gomme mate
1979 — 2 ; 1980 — 4	1979 — 2,5	1979 — 2 ; 1980 — 2 ; 1981 — 2	1979 — 3 ; 1980 — 3

1f 10 vert (2063)	1f 10 gomme mate	1f 30 rge (2064)	1f 30 gomme mate
1979 — 2,5 ; 1980 — 2,5	1979 — 10	1979 — 3 ; 1979 — 3	1978 — 12,5 ; 1979 — 12,5

1f 60 violet (2065)	1f 60 gomme mate	1f 80 ocre (2066)	1f 80 gomme mate
1978 — 4 ; 1979 — 4	1979 — 7,5	1979 — 4,5	1979 — 5

1980

Touristiques 1980.

Cordes (2086)	Maintenon (2087)	Rambouillet (2120)	Montauban (2088)
1979 — 3,5 ; 1980 — 3,5	1980 — 4,5	1980 — 5 ; 1981 — 7	1979 — 5,5 ; 1980 — 5,5

Solesmes (2110)		Cathédrale du Puy (2089)
1980 — 6	1981 — 6	1980 — 7,5

Sabine de Gandon (3ème série).

1f 20 vert (2106)	1f 20 gomme mate	1f 40 rge (2107)	1f 40 gomme mate
1980 — 3 ; 1981 — 3	1980 — 3,5	1980 — 3,5 ; 1981 — 3,5	1980 — 4 ; 1981 — 4

1981

Sabine de Gandon (4ème série).

40c brun (2123)	40c gomme mate	60c brun (2124)	60c gomme mate
1980 — 1,5	1980 — 2	1980 — 1,5	1980 — 3

St-Jean (2137)   **Mⁿ Carrée (2138)**   **Vaucelles (2166)**   **Ste-Anne (2139)**

1981	3	1980	3,5	1981	4	1981	4,5

Louviers (2167)   **Sully (2140)**   **St-Emilion(2168)**   **Crest (2169)**

1981	4,5	1981	5	1981	4,5	1981	6
				1982	4,5	1982	6

Sabine de Gandon (5ème série). (2203 à 2205)

1f 40 vert (2159)   **1f 40 gomme mate**   **1f 60 rge (2160)**   **1f 60 gomme mate**

1981	3	1981	4,5	1981	3,5	1981	4

2f 30 bleu (2161)   **2f 30 gomme mate**

1981	6	1981	16

Coste et Le Brix (→55)

1981	18	1982	18	1983	18
err: 7-10-81	130				

1982

Liberté de Gandon (1ère série).

5c vert (2183)   **10c brun (2184)**   **15c rose (2185)**   **20c vert (2186)**

1981	1,5	1981	1	1981	2	1981	1
1982	1,5	1982	1	1982	2	1982	1
1983	1,5	1983	1	1984	2	1983	1
1984	1,5	1984	1			1984	1
1985	1,5	1985	1			1985	1
1986	1,5	1986	1			1986	1
		1987	1			1987	1
		1988	1			1988	1
		(B6) 1989	1,5			(B6) 1989	1,5
		(B6) 1990	1,5			(B6) 1990	1,5

30c orange (2187)   **40c brun (2188)**   **50c violet (2189)**   **60c brun (2244)**

1981	1	1981	1,5	1981	1,5	1982	1,5
1982	1	1982	1,5	1982	1,5	1983	1,5
1983	1	1983	1,5	1983	1,5	1984	1,5
1984	1	1984	1,5	1984	1,5	1985	1,5
1985	1	1985	1,5	1985	1,5	1987	1,5
1986	1	1986	1,5	1986	1,5	1988	1,5
1987	1	1987	1,5	1987	1,5	1989	1,5
1988	1	1988	1,5	1988	1,5	1990	1,5
1989	1	1989	1,5	1989	1,5		
				1990	1,5		

70c bleu (2245)   **80c olive (2246)**   **90c violet (2247)**   **1f olive (2190)**

70c bleu (2245)		80c olive (2246)		90c violet (2247)		1f olive (2190)	
1982	2	1982	2	1982	2	1981	2
1983	2	1983	2	1983	2	1982	2
1984	2	1985	2	1984	2	1983	2
1985	2	1987	2	1986	2	1984	2
1986	2	1988	2	1987	2	1985	2
1987	2					1986	2
1988	2					1987	2
1989	2					1988	2
						1989	2
						1990	2

1f 40 vert (2191)   **1f 60 rge (2192)**   **1f 60 vert (2218)**   **1f 80 rge (2219)**

1981	3	1981	3,5	1982	3,5	1982	4
1982	3	1982	3,5	1983	3,5	1983	4
				1984	3,5		

2f vert (2193)   **2f 1 bande pho**   **2f 30 bleu (2194)**   **2f 60 bleu (2220)**

1981	4	1984	8	1981	10	1982	5
1982	4	1986	68				

3f brun (2248)   **4f carmin (2249)**   **5f bleu (2195)**

1982	5,5	1982	7,5	1981	9,5	1986	9,5
1983	5,5	1983	7,5	1982	9,5	1987	9,5
1985	5,5	1984	7,5	1983	9,5	1988	9,5
1986	5,5	1985	7,5	1984	9,5	1989	9,5
1987	5,5	1988	7,5	1985	9,5	1990	9,5
1988	5,5						
1989	5,5						

Touristiques 1982.

Saint-Pierre et Miquelon (2198)
Tirage: 240 000

1981	4	1982	4

Aix (2215)   **Ripaille (2236)**   **Pau (2216)**   **Collonges (2217)**
Tir: 160 000   Tir: 200 000   Tir: 160 000   Tir: 160 000

1982	4	1982	5,5	1982	5,5	1982	5,5

1983

Liberté de Gandon (2ème série).

2f rouge (2276)   **2f 80 bleu (2277)**   **10f violet (2278)**

1983	4	1983	6	1982	19	1987	19
1984	4			1984	19	1988	19
				1985	19	1989	19
				1986	19	1990	19

1984

Légion étrangère (2316)

err: 1984	8

Farman (→57)   **papier couché**

1984	28	1987	36	1991	36	1996	36
1985	28	1988	36	1992	36	1997	36
1986	28	1989	36	1994	36		
		1990	36	1995	36		

Liberté de Gandon (3ème série).

1f 70 vert (2327)   **2f 10 rge (2328)**   **3f bleu (2329)**

1984	3,5	1984	4	1984	5,5
1985	3,5	1985	4	1985	5,5

1985

CAMS 53 (↗58) *papier couché*

1984	36	1987	48	1991	48	1995	48
1985	36	1988	48	1992	48	1996	48
1986	36	1989	48	1993	48	1997	48
		1990	48	1994			

Liberté de Gandon (4ème série).

1f 80 vert (2381)   *2f 20 rge (2382 I)*   *t. II (2382 II)*   *3f 20 bleu (2383)*

1f 80 vert		2f 20 rge		t. II		3f 20 bleu	
1985	4	1985	4	1985	20	1985	12
(B6) 1985	6	(B6) 1985	6	(B6) 1985	25		
(B6) 1986	6	1986	4	1986	12		
		(B6) 1986	6	(B6) 1986	25		
		(B6) 1987	6	1987	12		
		(B6) 1988	6	1989	12		
		1989	4				
		(B6) 1989	6				

1986

Liberté de Gandon (5ème série).

A vert (2429)   *1f 90 vert (2430)*   *3f 40 bleu (2431)*

A vert		1f 90 vert		3f 40 bleu	
(B6) 1986	6	(B6) 1986	12	1986	7
		(B6) 1987	12	1987	18

Wibault 283 (↗59)   *papier couché*

1985	56	1986	56	1992	72	1995	80

1987

Liberté de Gandon (6ème série).

B vert (2487)   *2f vert (2488)*   *3f 60 bleu (2489)*

B vert		2f vert		3f 60 bleu	
(B6) 1987	6	(B6) 1987	6	1987	7
		(B6) 1988	6	1989	7
		(B6) 1989	6		

3f 70 rose (2490)   *1 bande pho*

1987	7	1988	78	1989	7	1988	24

1988

Liberté surchargée (2533)

1988	4,5

1990

Liberté de Gandon (7ème série).

C vert (2615)   *C rouge (2616)*

C vert		C rouge	
(B6) 1989	6	(B6) 1989	7

Marianne de Briat (1ère série).

Les coins datés issus de presses RGR se collectionnent en bloc de 6 (ci-contre).
Les coins datés issus de presses TD6 se collectionnent en blocs de 4.

10c sépia (2617) — 20c vert (2618) — 50c violet (2619) — 1f orange (2620)

10c sépia		20c vert		50c violet		1f orange	
(B6) 1990	1	(B6) 1990	1	1990	1,5	1990	2
(B6) 1991	1	(B6) 1991	1	11-06-90	625	1991	2
(B6) 1992	1	(B6) 1992	1	1991	1,5	1992	2
(B6) 1993	1	(B6) 1993	1	1992	1,5	1993	2
(B6) 1994	1	(B6) 1994	1	1993	1,5	1994	2
(B6) 1996	1	(B6) 1995	1	1994	1,5	1995	2
		(B6) 1996	1	1995	1,5	1996	2
		(B6) 1997	1	1996	1,5	1997	2
				1997	1,5		

Le tirage du 11-06-90 (Briat 50c violet) est un tirage d'une seule journée. On ne connaîtrait qu'une dizaine de coins datés avec cette date.

2f vert (2621)   *2f 10 vert (2622)*   *2f 30 rge (2623)*   *3f 20 bleu (2624)*

2f vert		2f 10 vert		2f 30 rge		3f 20 bleu	
1990	4	1989	4	1989	4,5	1990	7
1991	4	(B6) 1989	6	(B6) 1989	7		
1992	4	1990	4	1990	4,5		
		(B6) 1990	6	(B6) 1990	7		
		1991	4	1991	4,5		
				(B6) 1991	7		

3f 80 rose (2625)   *5f bleu (2626)*   *10f violet (2627)*

3f 80 rose		5f bleu		10f violet	
1990	8	1990	10	1990	19
1991	8	1991	10	1991	19
		1992	10	1992	19
		1993	10	1993	19
		1994	10	1994	19
		1995	10	1995	19
		1996	10	1996	19
		1997	10	1997	19

1991

Marianne de Briat (2ème série).

D vert (2710)   *2f 20 vert (2711)*   *D rouge (2712)*   *2f 50 rge (2713)*

D vert		2f 20 vert		D rouge		2f 50 rge	
(B6) 1991	6	(B6) 1991	6	(B6) 1990	8	(B6) 1991	8
(B6) 1992	6	(B6) 1992	6	(B6) 1991	8	(B6) 1992	8
						(B6) 1993	8

3f 40 bleu (2714)   *4f rose (2715)*

3f 40 bleu		4f rose	
1991	7	1991	8
1992	7	1992	8

1992

Marianne de Briat 4f 20 rose (2768)

1992	8	1993	8	1994	8

200ème anniversaire de la République.

Martial Raysse (2771)   *J.-C. Blais (2773)*

Martial Raysse		J.-C. Blais	
(B6) 1992	10	(B6) 1992	10

1993

Marianne de Briat (3ème série).

2f 20 vert (2788)   *2f 40 vert (2816)*   *TVP rge (2796)*

2f 20 vert		2f 40 vert		TVP rge	
(B6) 1992	6	1993	7	(B6) 1993	8
(B6) 1993	6	1994	7	(B6) 1994	8
		1995	7	(B6) 1995	8
				(B6) 1996	8
				(B6) 1997	8

3f 50 vert (2817)   *c 3f 50, 1 bde pho*   *4f 40 bleu (2818)*

3f 50 vert		c 3f 50, 1 bde pho		4f 40 bleu	
1993	7	1993	14	1993	8
		1995	14	1994	
		1997	14	1995	

1994

Marianne de Briat 2f bleu (2889)

1994	4,5	1995	4,5	1996	4,5	1997	4,5

1995

Régions.

*Bretagne (2943)	Vosges (2944)	Auvergne (2945)	Camargue (2946)*

(B6) 1995	7	(B6) 1995	7	(B6) 1995	8	(B6) 1995	8

1996

Marianne de Briat (5ème série).

*2f 70 vert (2979)	3f 80 bleu (2980)	4f 50 rose (2981)*

(B6) 1996	7,5	1996	8,5	1996	10
(B6) 1997	7,5			1997	10

1997

*Meilleurs voeux (3109)	Plessis-Bourré (3067)*

1997	20	err: 1997	10

Marianne de Luquet "La Poste".

Les coins datés issus de presses RGR se collectionnent en bloc de 6 (ci-contre).
Les coins datés issus de presses TD6 se collectionnent en blocs de 4.

*10c sépia (3070 I)	10c type II	20c vert (3071I)	20c type II*

(B6) 1997	1	2000	18	(B6) 1997	1	1998	7
(B6) 1998	1			(B6) 1999	1	1999	7

*50c violet (3072I)	50c type II	1f orange (3073I)	1f type II*

1997	1,5	1998	7	1997	1,5	2000	22,5
1998	1,5	1999	7	1998	1,5	2001	22,5
		2000	7	1999	1,5		
		2001	7	bde pho à gauche	28		
				2000	2		

*2f bleu (3074)	2f 70 vert (3075 I)	2f 70 type II	TVP rge (3076)*

1997	4,5	(B6) 1997	7,5	1999	35	(B6) 1997	12
1998	4,5	(B6) 1998	7,5	(B6) 2001	40	(B6) 1998	12
1999	5	(B6) 1999	7,5			(B6) 1999	12
2000	6	err: 10-3-99	130			(B6) 2000	12
		(B6) 2000	8			err: 06-7-17	130
		(B6) 2001	9			(B6) 2001	12
		err: 6-1-01	130				

*3f 50 vert (3077)	3f 80 bleu (3078)	4f 20 or= (3079 I)*

1997	7,5	2000	7,5	1997	8,5	1997	9,5
1998	7,5	2 bdes pho	25	1998	8,5		
1999	7,5	2001	7,5	1999	9		
2 bdes pho	25						

*4f 20 type II	4f 40 bleu (3080)	4f 50 rose (3081 I)	4f 50 type II*

1997	40	1997	10	1997	10	1999	35
1998	40	1998	10	1998	10	2000	35
2000	42	2000	12	err: 22-9-0	130	2001	35
				1999	10		
				2000	10		
				2001	11		

*5f bleu (3082 I)	5f type II	6f 70 vert (3083 I)	6f 70 type II*

1997	11,5	2000	50	1997	17,5	1998	50
1998	11,5					1999	50
1999	11,5					2000	50
						2001	50

*10f violet (3084 I)	10f type II	Potez 25 (→ 62)*

1997	24	2000	24	2001	60	1998	65
1998	24	err 13-10-01	200				
1999	24	2001	25				

1999

*Conseil de l'Europe (3215)	A 300 B4 (→ 63)*

err: 1999	20	1999	35

2000

Couzinet 70 (→ 64)

1999	115

2001

Marianne de Luquet "RF" TVP rouge (3396)

(B6) 2001	12	(B6) 2002	13	(B6) 2003	13	2004	13
() TD6) 01	13			() TD6) 03	13		

2002

Marianne de Luquet "RF" (1ère série).

*0,01€ jaune (3421)	0,02€ brun (3422)	0,05€ vert (3423)	0,10€ lilas (3424)*

2001	1,5	2001	1,5	2001	1,5	2001	2
2002	1	2002	1	2002	1	2002	1,5
2003	1	2003	1	2003	1	2003	1,5
		2004	1,5	2004	2	2004	1,5

*0,20€ or= (3425)	0,41€ vert (3426)	TVP vert (3427)	0,50€ bleu (3428)*

2001	4	(B6) 2001	8	(B6) 2002	12	2001	10
2002	3	(B6) 2002	8	(B6) 2003	12	2002	7,5
2003	3	err 1-2-02	20	() TD6)	12		
2004	3	err 1-4-02	20	2004	12		

*0,53€ vert (3429)	0,58€ bleu (3430)	0,64€ or= (3431)	0,67€ bleu (3432)*

2001	10	2001	11	2001	12	2001	13
2002	8	2002	9	2002	9,5	2002	10

*0,69€ rose (3433)	1,00€ bleu (3434)	1,02€ vert (3435)	2,00€ violet (3436)*

2001	14	2001	18	2001	18	2001	35
2002	11	2002	15	2002	16	2002	30
2003	16	2003	15	2003	16	2003	30
		2004	16			2004	30

Airbus A 300 (→ 65)

2002	45	2005	45

2003

Marianne de Luquet "RF" (2ème série).

0,58e jaune (3552) *0,70e vert (3553)* *0,75e bleu (3554)*

| 2003 | 9 | 2003 | 10,5 | 2003 | 11,5 |
| 2004 | 65 | 2004 | 11 | 2004 | 11,5 |

0,90e bleu(3555) *1,11e rose (3556)* *1,90e brun (557)*

2003	13,5	2003	17	2003	29
		err: 1-8-93	150	2004	30
		2004	18		

L'erreur de date "1-8-93" a été trouvée sur les feuilles numérotées de 6 669 970 à 6 666 700, soit environ 1 700 feuilles connues à ce jour.

Le 12ème (et dernier) tirage du TVP rouge (du 19 au 23-04 2004) a été réalisé avec la virole du TVP vert. Les inscriptions du haut de feuille correspondent donc à celle du TVP vert, tout en étant imprimées en rouge.

⚠ Les cotes sont données pour des coins datés de dates courantes, mais au sein d'une même année, il existe certaines dates très recherchées (la lecture d'ouvrages spécialisés est recommandée).

A. Shah Massoud (3576) *J. Auriol (→66)*

| err: 2003 | 12 | 2003 | 60 |

2004

Marianne: lutte antivirale (3672) *S. Dali (3659)* *M. Marvingt (→68)*

| 2004 | 9 | en 01-2-04 | 80 | err: 2004 | | 2004 | 75 |

2005

Avec la Marianne de Lamouche est inauguré la gravure numérique par insolation de plaques polymères, ce qui a pour conséquence l'utilisation de nouvelles presses TD215 et TD205 et une nouvelle présentation des coins datés.

Les tirages en presse TD205 nécessitent une rangée verticale de 4 timbres pour voir apparaître la date en entier, c'est pourquoi nous retenons une présentation en bloc de 8 pour les tirages en gravure numérique (les tirages en presses TD6 conservent une présentation habituelle en bloc de 4).

Marianne de Lamouche (1ère série).

0,01€ jaune TD6-1 (3713 I) *0,01€ jaune TD6-5 (3713 I)* *0,01€ jaune TD215 (3713 II)* *0,10€ violet TD6-5 (3714 I)*

2004	4	2004	2	(B8) 2006	10	2004	2
		2005	1,5			2005	2
		2006	3,5				

2003

0,10€ violet TD6-1 (3714 I) *0,10€ violet TD215 (3714 II)* *0,10€ violet TD205 (3714 I)* *TVP vert TD6-1 (3715 I)*

| 2005 | 9 | (B8) 2005 | 105 | (B8) 2005 | 5 | 2005 | 8 |
| | | (B8) 2006 | 105 | | | | |

TVP vert TD6-5 (3715 I) *TVP vert TD6-7 (3715 I)* *TVP vert TD215 (3715 II)* *TVP rouge TD6-5 (3716 I)*

2005	8	2005	8	(B8) 2004	24	2005	15
				(B8) 2005	24		
				(B8) 2006	24		

TVP rouge TD215 (3716 II) *TVP rouge TD207 (3716 II)* *0,58€ jne-olive TD6-1 (3717)* *0,70€ olive TD6-1 (3718)*

(B8) 2004	24	(B8) 2005	24	2004	9	2004	10,5
(B8) 2005	24						
(B8) 2006	24						

0,75€ bleu ciel TD6-5 (3719 I) *0,75€ bleu ciel TD205 (3719 I)* *0,90€ bleu nuit TD6-5 (3720)* *1,00€ orange TD6-1 (3721 I)*

| 2004 | 12 | (B8) 2006 | 20 | 2004 | 13,5 | 2004 | 15 |
| 2005 | 12 | | | | | | |

1,00€ orange TD6-5 (3721 I) *1,00€ orange TD205 (3721 I)* *1,00€ orange TD215 (3721 II)* *1,11€ lilas TD6-1 (3722)*

| 2005 | 16 | (B8) 2005 | 24 | (B8) 2006 | 80 | 2004 | 17 |

1,90€ prune TD6-5 (3723)

| 2004 | 28 |
| 2005 | 28 |

Marianne: solidarité Asie (3727) *A. Bolland (→68)*

| 2005 | 12 | 2005 | 30 |

Marianne de Lamouche (2ème série).

0,05€ brun-noir TD6-5 (3740 I) *0,05€ brun-noir TD215 (3740 II)* *0,05€ brun-noir TD205 (3740 I)* *0,55€ bleu foncé TD6-7 (3741)*

| 2005 | 1,5 | (B8) 2005 | 48 | (B8) 2005 | 2 | 2005 | 8,5 |
| | | (B8) 2006 | 48 | | | | |

0,55€ bleu foncé TD6-1 (3741) *0,55€ bleu foncé TD6-5 (3741)* *0,64€ olive TD6-1 (3742 I)* *0,64€ olive TD6-5 (3742 I)*

| 2005 | 8,5 | 2005 | 8,5 | 2005 | 10 | 2005 | 10 |
| | | | | | | 2006 | 13 |

0,64€ olive TD215 (3742 II) *0,64€ olive TD205 (3742 I)* *0,82€ lilas-brun TD6-5 (3743 I)* *0,82€ lilas-brun TD215 (3743 I)*

| (B8) 2005 | 96 | (B8) 2005 | 16 | 2005 | 20 | (B8) 2005 | 40 |
| | | (B8) 2006 | 16 | | | (B8) 2006 | 40 |

0,82€ lilas-brun TD205 (3743 I) *1,22€ lilas TD6-5 (3744 I)* *1,22€ lilas TD6-7 (3744 I)* *1,22€ lilas TD205 (3744 I)*

| (B8) 2005 | 32 | 2005 | 30 | 2005 | 30 | (B8) 2006 | 24 |
| | | 2006 | 30 | | | | |

1,98€ prune TD6-1 (3745 I) *1,98€ prune TD6-5 (3745 I)* *1,98€ prune TD215 (3745 II)*

| 2005 | 31 | 2005 | 31 | (B8) 2005 | 112 |

2006

Airbus A 380 (→69)

| 2006 | 45 |

Marianne de Lamouche Phil@poste (3ème série).

0,01€ jaune TD215 (3954)	0,01€ jaune TD205 (3954)	0,05€ brun-noir TD205 (3955)	0,05€ brun-noir TD215 (3955
(B8) 2006 ⎢ 2	(B8) 2007 ⎢ 2	(B8) 2006 ⎢ 3	(B8) 2007 ⎢ 2
	(B8) 2008 ⎢ 3	(B8) 2007 ⎢ 2	

0,05€ brun-noir TD201 (3955)	0,10€ gris foncé TD215 (3956)	0,10€ gris foncé TD205 (3956)	TVP vert TD207 (3957)
(B8) 2008 ⎢ 3	(B8) 2006 ⎢ 4	(B8) 2007 ⎢ 3	(B8) 2006 ⎢ 13
	(B8) 2008 ⎢ 3		

TVP vert TD215 (3957)	TVP vert TD205 (3957)	TVP rouge TD207 (3958)	TVP rouge TD205 (3958)
(B8) 2007 ⎢ 13	(B8) 2007 ⎢ 13	(B8) 2006 ⎢ 16	(B8) 2007 ⎢ 16
(B8) 2008 ⎢ 13			

0,60€ bleu TD205 (3959)	0,70€ jne-olive TD215 (3960)	0,85€ violet TD205 (3961)	0,86€ brun-lilas TD215 (3962)
(B8) 2006 ⎢ 15	(B8) 2006 ⎢ 17	(B8) 2006 ⎢ 22	(B8) 2006 ⎢ 22
(B8) 2007 ⎢ 15	(B8) 2007 ⎢ 17	(B8) 2007 ⎢ 22	(B8) 2007 ⎢ 22

1,00€ orange TD207 (3963)	1,00€ orange TD205 (3963)	1,00€ orange TD215 (3963)	1,15€ bleu ciel TD205 (3964)
(B8) 2006 ⎢ 26	(B8) 2007 ⎢ 26	(B8) 2007 ⎢ 26	(B8) 2006 ⎢ 29

1,30€ rose TD205 (3965)	2,11€ brun TD215 (3966)
(B8) 2006 ⎢ 32	(B8) 2006 ⎢ 52
(B8) 2007 ⎢ 32	(B8) 2007 ⎢ 52

2007

Hélicoptère (✈70)	S. Prudhomme (4087)
2007 ⎢ 45	2007 ⎢ 20

2008

Marianne de Lamouche Phil@poste (4ème série).

TVP bleu TD205 (4133)	0,72€ vert-olive TD205 (4134)	0,88€ rose TD215 (4135)
(B8) 2008 ⎢ 19	(B8) 2008 ⎢ 18	(B8) 2008 ⎢ 22

1,25€ bleu ciel TD205 (4136)	1,33€ fuchsia TD205 (4137)	2,18€ rge-brun TD215 (4138)
(B8) 2008 ⎢ 34	(B8) 2008 ⎢ 32	(B8) 2008 ⎢ 53

Marianne de Beaujard (1ère série).

0,01€ jaune TD205 (4183)	0,05€ brun-noir TD205 (4184)	0,10€ gris foncé TD215 (4185)	TVP vert TD215 (4186)
(B8) 2008 ⎢ 2	(B8) 2008 ⎢ 2	(B8) 2008 ⎢ 3	(B8) 2008 ⎢ 14

TVP rouge TD205 (4187)	TVP bleu TD205 (4188)	0,72€ vert-olive TD205 (4189)	0,85€ violet TD201 (4190)
(B8) 2008 ⎢ 15	(B8) 2008 ⎢ 26	(B8) 2008 ⎢ 18	(B8) 2008 ⎢ 23

0,88€ rose TD215 (4191)	1,00€ orange TD201 (4192)	1,25€ bleu ciel TD205 (4193)	1,33€ fuchsia TD201 (4194)
(B8) 2008 ⎢ 23	(B8) 2008 ⎢ 24	(B8) 2008 ⎢ 36	(B8) 2008 ⎢ 34

2,18€ rge-brun TD215 (4195)
(B8) 2008 ⎢ 53

Timbres adhésifs

Marianne de Beaujard, adhésif (TD 207).

0,01€ jaune (209)	0,05€ brun-noir (210)	0,10€ gris foncé (211)	TVP vert (212)
(B8) 2008 ⎢ 10	(B8) 2008 ⎢ 10	(B8) 2008 ⎢ 10	(B8) 2008 ⎢ 22

TVP rouge (213)	TVP bleu (214)	0,72€ vert-olive (215)	0,85€ violet (216)
(B8) 2008 ⎢ 22	(B8) 2008 ⎢ 34	(B8) 2008 ⎢ 30	(B8) 2008 ⎢ 46

0,88€ rose (217)	1,00€ orange (218)	1,25€ bleu ciel (219)	1,33€ fuchsia (220)
(B8) 2008 ⎢ 38	(B8) 2008 ⎢ 34	(B8) 2008 ⎢ 110	(B8) 2008 ⎢ 54

2,18€ rge-brun (221)
(B8) 2008 ⎢ 82

> **Pour les coins datés à partir de 2008, multiplier la cote d'un timbre par le nombre de timbres composant le bloc coin daté et rajouter un timbre.**

Cours d'instruction

Semeuse surchargée "ANNULE".

20c br-lilas (40)
1923 ⎢ 225 ⎢ 160

"SPECIMEN".
Blanc "Spécimen".

2c Blanc (63)	5c Blanc (65)
1925 ⎢ 700 ⎢ 515	1925 ⎢ 600 ⎢ 475

Semeuse lignée "Spécimen".

60c lignée (70)	80c lignée (71)
1925 ⎢ 400 ⎢ 275	1925 ⎢ 550 ⎢ 385

Semeuse camée "Spécimen".

10c camée (72)	15c camée (73)
1925 ⎢ 250 ⎢ 185	
1926 ⎢ 250 ⎢ 185	1925 ⎢ 350 ⎢ 250

20c camée (74)	25c camée (75)
1925 ⎢ 350 ⎢ 250	1925 ⎢ 300 ⎢ 225

30c camée (76 IIA)	1f 05 camée (79)
1925 ⎢ 225 ⎢ 165	1925 ⎢ 375 ⎢ 265

Pasteur "Spécimen".

45c Pasteur (81)			1f Pasteur (83)		
1924	425	300	1925	425	300

Préoblitérés "Spécimen".

5c Blanc préo (84)			10c camée préo (85)		
1925	3 500	2 750	1925	3 150	2 350

15c camée préo (86)			20c camée préo (87)		
1925	3 150	2 350	1924	3 150	2 350

45c Pasteur préo (90)		
1924	3 150	2 350

Franchise militaire

50c lignée (6)					
1928	115	85	1931	90	65

50c Paix (7 I)			50c Paix (7 III)		
1933	70	55	1935	45	30
1934	55	40	1936	45	30
1935	50	35	1937	55	40

65c Paix (8)		
erreur de date: 1936	140	90
1937	6,5	4,5
erreur: 32-11-37	140	90
1938	6,5	4,5

90c Paix FM (9)		
1939	7	5

90c Paix F (10)			Emblème vert (11)		
1939	23	18	1946	13	8

Emblème rouge (12)

1946	4	1951	4	1956	4	1961	4,5
1947	4	1952	4	1957	4,5	1962	4
1948	4,5	1953	4	1958	4,5	1963	4
1949	4,5	1954	4,5	1959	4,5	1964	7
1950	4,5	1955	4	1960	4,5		

Drapeau (13)

1964	2,5	1968	2,5	1970	5
1967	2,5	1969	2,5	1971	5

Timbres de Guerre

Dunkerque - Coudekerque

50c Paix (9 I)			50c Paix (9 III)		
1934 (I)	3 000	2 150	1937 (III)	3 000	2 150

L.V.F.

Cavaliers (6)			Artillerie (7)		
1942	25	20	1942	25	25

Salut au drapeau (8)			Char d'assault (9)		
1942	25	20	1942	25	25

Guetteur (10)		
1942	25	20

Jérusalem.

Affaires étr (3)		
1936	2 800	1 870

Gandon (4 I)			Gandon (4 II)		
1948	1 600	1 070	1948	1 500	1 000

Préoblitérés

Semeuse de 1922 et Blanc de 1924.

20c brun (42 III)

1923	920	612			
1924	840	560	1925	840	560

4c brun (47 II)

(date à gche) 1924 | 4 200 | 2 800 |

Pasteur de 1924-32.

15c vert (48)

| 1924 | 340 | 230 | 1925 | 440 | 295 |

30c vert (49)   *45c rouge (50)*

| 1932 | 340 | 230 | 1924 | 250 | 170 |

Blanc et semeuse de 1925-26.

28.5.25

1926	70	50

5c vert (52 IIA)

1925	75	50	*5c vert (52 IIB)*		
sch fine (52 IIAd)	600	400	(date à gche) 1925	1 200	800

10c vert (53 III)

1925	70	47	1927	8	5,5
sch fine (53 IIIe)	450	300	1928	8	5,5
1926	15	10	1929	8	5,5

15c brun (54 I)

1925	25	17	1934	8	5,5
surch fine (54 Ia)	600	400	1935	8	5,5
1926	8	5,5	1936	8	5,5
1927	8	5,5			
1928	8	5,5	*15c brun (54 II)*		
1930	8	5,5	1935	8	5,5
1931	8	5,5	1936	30	5,5
1932	8	5,5	1937	8	5,5
1933	8	5,5	1938	8	5,5

30c bleu (56)

| 1925 | 2 250 | 1 600 |

Blanc et semeuse de 1926.

7½c lilas (57)   *40c vermillon (58)*

| 1926 | 9 | 6 | 1926 | 230 | 152 |

55c sur 60c (59)

| 1925 | 1 800 | 1 200 |

Semeuse de 1926.

25c bleu (60)

1924	400	265			
1926	170	115	1927	170	115

65c rose (61)

| 1924 | 85 | 55 |

Blanc et semeuse de 1927-29.

24.12.29   -3.2.30

10c violet (62)

1929	16	11	1931	16	11
1930	16	11	1932	50	34

25c jaune (63 IIIB)

1927	37	27	1934	25	17
1928	25	17	1935	37	25
1929	25	17	1936	25	17
1930	25	17	1937	37	25
1931	25	17	1938	25	17
1932	25	17	*25c jaune (63 IIIC)*		
1933	37	25	(date à gche) 1931	700	470

45c violet (64)

			1929	82	55
1927	100	66	1930	100	66
1928	82	55	1931	82	55

65c olive (65)

			1929	190	125
1927	190	125	1930	195	130
1928	230	155	1932	195	130

Semeuse de 1932.

10c bleu (66 III)

1932	8	5,5	1935	8	5,5
1933	8	5,5	1936	8	5,5
1934	8	5,5	1937	38	25

20c rose (67 III)   *20c rose (67 V)*

1932	130	85	1935	100	66
1933	130	85	1936	100	66
1935	140	93	1937	100	66

Paix de 1933.

-9.?.33

30c vert (68A)

| 1933 | 44 000 | 29 000 |

45c bistre (69)

1932	240	160	*65c brun (70)*		
1934	275	183	1933	650	435
1935	252	170	1935	600	400
1936	252	170	1936	600	400

Semeuse de 1937-39.

30c vert (68A)   *35c vert (72)*

			1937	85	57
1938	14	9,5	1938	95	63

Paix de 1937-39.

40c lilas (73)

1934	80	55
1935	80	55
1937	110	75

60c bistre (74)

1937	80	55
1938	80	55

80c sur 1f (75)

1937	11	7,5

80c orange (76)

1938	850	565

1f rose (77)

1938	125	85

1f 40 lilas (78)

1939	130	85

Mercure de 1938-41.

20c lilas (79)

1938	6	4
1939	6	4
1940	6	4
1941	7	4,5

30c rouge (80)

1941	27	18

40c "Répub" (81)

1939	12	8
1940	12	8
1942	15	11

60c rouge (82)

1940	270	180

Mercure de 1942-43.

40c "Postes" (83)

1943	6	4
1944	6	4

50c turquoise (84)

1942	6	4

Pétain de 1942.

70c orange (85)

1942	12	8

1f 20 brun (86)

1942	17	12

2f vert (87)

1942	33	22

Cérès et Marianne de 1945.

60c outremer (88)

1945	3	2

80c vert (89)

1945	4	2,5

1f 20 brun (90)

1945	5	3,5

2f vert (91)

1945	3	2

Cérès et Marianne de 1946.

90c vert foncé (92)

1946	4,5	3

1f rouge (93)

1946	3	2
1947	3	2

2f vert (94)

1946	5	3,5

3f rose (95)

1946	3	2

Cérès et Marianne de 1947.

2f 50 brun (96)

1947	6	4

4f violet (97)

1947	3	2

Cérès et Marianne de 1947.

1f 50 lilas (98)

1947	4	2,5
1948	4,5	3

4f émeraude (99)

1948	3	2

6f rose (100)

1947	8	55
1948	35	25

Marianne de Gandon de 1948.

2f 50 brun (101)

1948	14	9,5

10f lilas (102)

1948	4	2,5

Marianne de Gandon de 1949.

4f orange (103)

1949	7	4,5

15f rouge (104)

1949	5	3

Armoiries et Marianne de 1949-51.

Anjou (105)

1949	2,5	1,5
sch fine (108b) 1949	300	200
1950	2,5	2
1951	2,5	1,5
1952	3	2
1953	3	2

8f turquoise (106)

1949	6	4
1950	6	4
1951	6	4
1952	7	4,5
1953	7	4,5

12f outremer (107)

1949	8	5,5
1950	8	5,5
1951	10	6,5

12f orange (108)

1951	45	30
1952	45	30
1953	45	30

Moisonneuse et Coq de Poulain de 1954.

Moisonn. 4f (109)

1954	2,5
1955	2,5
1956	2,5
1957	2,5

Moisonn. 8f (110)

1954	36
1955	40
1956	36
1957	40

12f rouge (111)

1954	25
1955	25
1956	25
1957	27

24f vert-bleu (112)

1954	125
1955	145
1956	145
1957	145

Coq de Poulain de 1957.

5f brun (113)

1957	2,5
1958	3,5

10f bleu (114)

1957	12
1958	15

15f lilas (115)

1957	16
1958	20

30f orange (116)

1957	55
1958	75

45f vert (117)

1957	200

Coq de Poulain de 1959.

8f violet (118)

1959	3

20f vert (119)

1959	12

40f rouge (120)

1959	25

55f vert-ine (121)

1959	120

Coq de Poulain, nouveaux francs de 1960.

8c violet (122)

1959	5
1960	5
1961	5
1962	7
1963	7
1964	11

20c vert (123)

1959	16
1960	19
1961	19
1962	19
1963	26

40c rouge (124)

1959	60
1960	70
1961	70
1962	70
1963	70
1964	95

55c vert (125)

1959	180
1961	220
1962	220
1963	220

Monnaies gauloises, légende "République".

10c vert (126)	15c orange (127)	25c lilas (128)	50c bleu (129)
1963 1,5	1966 1	1963 1,5	1963 3,5
1964 1,5	1967 1	1964 1,5	1964 3,5
1965 1,5	1968 1	1966 1,5	1966 3,5
1966 1,5		1967 1,5	1967 3,5
1,5		1968 3,2	1968 6

22c bleu (130)	35c carmin (131)	70c bleu (132)	
1969 2	1969 5,5	1969 25	
1970 2	1970 12		

26c violet (133)	30c bistre (134)	45c vert (135)	90c rouge (136)
1971 2	1971 2	1971 7	1971 9
	1974 5		1972 11

42c orange (137)	48c bleu (138)	70c rose (139)	1f 35 vert (140)
1975 5	1975 6	1975 10	1975 14

Monnaies gauloises, légende "France".

50c vert (141)	60c violet (142)	90c orange (143)	1f 60 lilas (144)
1975 6	1975 7,5	1975 9	1975 16

52c rose (145)	62c lilas (146)	95c bistre (147)	1f 70 bleu (148)
1976 2	1976 5	1976 5,5	1976 15

Signes du Zodiaque.

Poissons (149)	Taureau (150)	Scorpion (151)	Verseau (152)
1976 3	1977 3	1976 6,5	1976 13
1977 4			1977 28

Cancer (153)	Bélier (154)	Capricorne (155)	Vierge (156)
1977 4	1978 6,5	1978 10	1978 12
1978 4			

Sagittaire (157)	Balance (158)	Lion (159)	Gémeaux (160)
1978 2	1978 3	1978 5	1978 7,5

Champignons.

Oronge (161)	Trompette (162)	Pleurote (163)	Clavaire (164)
1978 3	1978 3	1978 5	1978 7,5
1979 2,5	1979 2,5	1979 5	1979 7,5

Monuments.

La Rochelle (165)	Chartres (166)	Bourges (167)	Amiens (168)
1979 2	1979 2	1979 3,5	1979 5,5

Angers (169)	Kerjean (170)	Pierrefond (171)	Tarascon (172)
1980 2	1980 2,5	1980 3,5	1980 6

Ajaccio (173)	Besançon (174)	Coucy (175)	Ft-de-Gaune (176)
1981 2	1981 2,5	1981 4	1981 7

Tanley (177)	Salses (178)	Montlhéry (179)	If (180)
1982 2,5	1981 3	1982 4,5	1982 7,5
	1982 3		

Saisons.

Printemps (181)	Eté (182)	Automne (183)	Hiver (184)
1983 2,5	1983 3	1982 5	1983 8
		1983 5	

Cartes à jouer.

Coeur (185)	Pique (186)	Carreau (187)	Trèfle (188)
1984 3	1984 3,5	1984 5,5	1984 8,5

Mois de l'année.

Janvier (189)	Février (190)	Mars (191)	Avril (192)
1985 3,5	1985 4	1985 6,5	1985 9,5

Mai (193)	Juin (194)	Juillet (195)	Août (196)
1986 3,5	1986 4	1986 6	1986 10

Septembre (197)	Octobre (198)	Novembre (199)	Décembre (200)
1987 3,5	1987 4	1987 6,5	1987 9,5

Quatre éléments.

Air (201)	Eau (202)	Feu (203)	Terre (204)
1988 3,5	1988 4	1988 6,5	1988 11

Instruments de musique.

1f 39 Harpe (205)	1f 79 Piano (206)	2f 90 Trompette (207 et 207A)	4f 84 Violon (208)
1989 3,5	1989 4,5	1989 7	1989 11
		dentelé 13 (de 1990) 2 550	

1f 46 Accordéon (209)	1f 89 Biniou (210)	3f 06 Tambourin (211)	5f 10 Vielle (212)
1990 3,5	1990 4,5	1990 7	1990 12

1f 93 Harpe (213)	2f 39 Piano (214)	2f 74 Violon (215)	
1990 4,5	1990 5,5	1990 6,5	

1f 60 Guitare (216 et 216 A)	1f 98 Accordéon (217 et 217A)	2f 08 Saxophone (218 et 218A)	2f 46 Biniou (219 et 219A)
1991 370	1991 10	1991 6	1991 6.5
dentelé 12 15	1992 30	dentelé 12 50	dentelé 12 35
	dentelé 12 1500	6	

2f 98 Banjo (220)	3f 08 Tambourin (221 et 221A)	3f 14 Vielle (222 et 222A)	3f 19 Harpe (223 et 223A)
1991 7,5	1991 35	1991 10	1991 35
	dentelé 12 35	dentelé 12 150	dentelé 12 15
	1992 35		dt 12 1992 15
	dentelé 12 35		

5f 28	et 224A)	(225 et 225A)	(226 et 226A)
Xylophone (224)	5f 30 Piano	5f 32 Violon	
1991 15	1991 15	1991 15	
dentelé 12 50	dentelé 12 310	dentelé 12 50	

1f 73 Guitare (227)	2f 25 Saxophone (228)	3f 51 Banjo (229)	5f 40 Xylophone (230)
1992 4	1992 5	1992 10	1992 13

1f 82 Trompette (231)	2f 34 Tambourin (232)	3f 86 Vielle (233)	5f 93 Xylophone (234)
1993 4	1993 5	1993 9	1993 14

Feuilles d'arbre.

Chêne (235)	Platane (236)	Marronnier (237)	Houx (238)
1994 4,5	1994 6	1994 10	1994 15

Frêne (239)	Hêtre (240)	Noyer (241)	Orme (242)
1996 4,5	1996 5	1996 11	1996 15

Fleurs sauvages.

Liseron (243)	Coquelicot (244)	Violette (245)	Bouton d'or (246)
1998 4,5	1998 5	1998 11	1998 15

Orchidées et fleurs.

Orchis insularis (247)	Ophrys fuciflora (248)	Platanthera (249)	Dactylorhysa (250)
2002 5	2002 6,5	2003 5	2003 7
		2005 5	2006 7

Orchis insularis (251)	Orchis insularis (252)	Platanthera (253)	Dactylorhysa (254)
2004 8	2005 13	2007 6	2007 8

Orchis insularis (255)	Ancolie (256)	Tulipe (257)	Paquerette (258)
2007 8	2008 7	2008 7	2008 8

Primevère (259)	Tournesol (260) Tirage: 5 000	Magnolia (261) Tirage: 5 000	
2008 8	2008 5	2008 5	

Timbres de service

Série francisque.

10c orange (1)		30c outremer (2)	
1942 400 285		1942 400 285	
40c lilas (3)		50c bleu-vert (4)	
1942 600 350		1942 600 350	
70c noir (5)		1f rose (6)	
1942 4 900 2 750		1942 2 575 1 400	
1f 20 bleu (7)		1f 50 brun-rge (8)	
1942 1 325 800		1942 550 350	
2f vert (9)		3f orange (10)	
1942 250 190		1942 600 365	

4f 50 olive (11)	5f violet (12)
1942 1 500 850	1942 100 55
10f bleu (13)	15f vert (14)
1942 550 375	1942 200 250
20f lilas-rose (15)	
1942 200 250	
Rouen (17)	
1957 5	1958 5

Série drapeau.

8f drapeau (18)	20f drapeau (19)
1958 1	1958 1
35f drapeau (20)	
1958 2,5	
25f drapeau (21)	50f drapeau (22)
1959 3	1959 11

Série Orient - Occident.

20c (23)	25c (24)	50c (25)
1961 2	1961 2	1961 6

Drapeau nouveaux francs légende "République".

20c (26)	25c (27)	50c (28)
1962 5	1962 9	1962 13
1963 5	1963 9	1963 13
25c (29)	30c (30)	60c (31)
1963 5	1963 2,5	1963 8
1965 5	1965 2,5	1965 8
40c (37)	50c (38)	70c (39)
1969 5	1971 10	1969 15

Droits de l'homme légende "République".

30c (40)	40c (41)	50c (42)	70c (43)
1969 2	1969 3	1971 5	1969 10

Droits de l'homme légende "France".

60c (44)	80c (45)	1f 20 (46)
1975 4	1975 6	1975 20

Drapeau légende "France".

60c (47)	80c (48)	1f (49)	1f 20 (50)
1975 4	1975 5	1971 5	1976 20

Symbole.

80c (51)	1f (52)	1f 40 (53)
1976 4	1976 2	1976 8

Bâtiment du conseil.

80c (54)	1f (55)	1f 40 (56)
1976	4	1976	2	1976	8

Symbole.

	1f 20 (57)	1f 70 (58)
	1978	3	1978	4

Bâtiment du conseil.

	1f 20 (59)	1f 70 (60)
	1978	3	1978	4

Sites classés.

Maison (61)	Moanjodaro (62)	Sans-Souci (63)
1980	3	1980	3,5	1980	5

Bâtiment du conseil.

	1f 40 (64)	2f (65)
	1980	3,5	1980	5

Bâtiment du conseil.

1f 40 (66)	1f 60 (67)	2f 30 (68)
1981	3,5	1981	3,5	1981	5,5

Sites classés.

Fès (69)	Sukhotaï (70)	Saint-Elme (71)
1981	3,5	1981	3,5	1981	5,5

Hué (72)	Sâo Miguel (73)	
1982	4,5	1982	6	

Bâtiment du conseil.

	1f 80 (74)	2f 60 (75)
	1982	4,5	1982	6

Sites classés.

	Chinguetti (76)	Istambul (77)
	1983	4	1983	6,5

Bâtiment du conseil.

	2f (78)	2f 80 (79)
	1983	5	1983	6,5

Sites classés.

Lalibela (80)	Sanna (81)	Kotor (82)
1984	4	1984	5	1984	7

Bâtiment du conseil.

1f 70 (83)	2f 10 (84)	3f (85)
1984	4	1984	5	1984	7

Une jeunesse, un avenir.

1f 80 (86)	2f 20 (87)	3f 20 (88)
1985	4,5	1985	5	1985	8

Sites classés.

Carthage (89)	La Havane (90)	Anuradhapura (91)
1985	4,5	1985	5	1985	8

Tikal (92)	Bagerhat (93)	
1986	4,5	1986	8	

Nota; Cotes des coins datés après 2001 = 5 timbres

Conseil de l'Europe.

1f 90 vert (94)	2f 20 rouge (95)	3f 40 bleu (96)
1986	4,5	1986	5	1986	8

2f vert (97)	3f 60 bleu (98)	
1987	6	1987	9	

Sites classés.

	Acropole (99)	Philae (100)
	1987	6	1987	9

Conseil de l'Europe.

	2f 20 (101)	3f 60 (102)
	1987	6	1987	9

Sites classés.

	Lima (103)	Shibâm (104)
	1990	6	1990	8

Conseil de l'Europe.

19.04.90

2f 30 (105)	3f 20 (106)	2f 50 (107)	3f 40 (108)
1990	6	1990	8	1991	6	1991	8

Sites classés.

Bagdaon (109)	Hérat (110)	Angkor (111)	Tassili (112)
1991	6	1991	8	1993	7,5	1993	10

Conseil de l'Europe.

	2f 80 (113)	3f 70 (114)
	1993	8	1993	10

Sites classés.

	Uluru (115)	Los Glaciares (116)
	1996	9	1996	11

Conseil de l'Europe.

	3f (117)	3f 80 (118)
	1996	9	1996	11

Sites classés.

	Pompei (119)	I. de Pâques (120)
	1998	9	1999	11

Conseil de l'Europe.

	Delphe (121)	Niké (122)
	1999	9	1999	1

Sites classés.

	Guizèh (123)	Komodo (124)
	2001	14	2001	16

Conseil de l'Europe.

	3f (125)	3f 80 (126)
	2001	14	2001	16

Conseil de l'Europe.

0,50€ (127)

2003	14

0,75€ (128)

2003	16

Sites classés.

Laponie (129)

2003	14

St-Petersbourg (130)

2003	16

Conseil de l'Europe.

0,55€ (131)

2005	14

0,75€ (132)

2005	16

Sites classés.

Pologne (133)

2005	14

Jprdanie (134)

2005	16

Sites classés.

Tigre (135)

2006	15

Laos (136)

2006	18

Conseil de l'Europe.

0,60€ (137)

2007	15

0,85€ (138)

2007	18

Sites classés.

Ksar (139)

2007	15

Koala (140)

2007	18

Sites classés.

Gorille (141)
Tirage: 15 000

2008	15

Pérou (142)
Tirage: 15 000

2008	18

Conseil de l'Europe.

0,60€ (143)

2009	15

0,70€ (144)

2009	18

Sites classés.

Ours pôlaire (145)

2009	15

??? (146)

2009	18

Conseil de l'Europe.

0,75€ (147)

2010	15

0,87€ (148)

2010	18

Timbres-taxe

Duval.

5c bleu (28 II)

1934	5	3,5
1935	5	3,5
1936	5	3,5
1937	5	3,5
1938	7,5	5

10c brun (29 II)

1934	6,5	4
1936	5	3,5
1938	5	3,5
1940	5	3,5
1942	5	3,5

30c rouge (33 II)

1934	6	4
1935	6	4
1936	6	4
1937	5	3
1938	5	3
1939	5	3
1940	5	3
1942	5	3

50c lilas-br (37 II)

1934	7	4,5
1935	6	4
1936	6	4
1937	6	4
1938	6	4
1939	6	4
1940	6	4
1942	6	4

60c vert (38 II)

1935	12	8
1936	13	8,5
1937	10	6,5
1938	10	6,5
1939	10	6,5

1f lilas s blanc (40A)

1935	15	10
1936	15	10
1937	15	10
1938	15	10
1939	15	10
1940	15	10
1941	22	14
1942	15	10

2f violet (42II)

1934	12	7
1935	10	6
1937	10	6
1940	10	6
1942	10	6

3f lilas (42A)

1926	10	6
1936	28	19
1937	10	6
1938	10	6
1939	10	6
1940	10	6
1942	10	6

Recouvrement "Taxe à percevoir".

1c olive (55)

1927	13	9
1928	40	27

10c rose (56)

1930	27,5	18
1931	27,5	18

30c bistre (57)

1926	70	47
1928	60	40
1929	60	40

60c rouge (58)

1926	75	50
1927	70	47
1928	70	47
1930	70	47
1931	70	47

1f lilas (59)

1926	175	115

1f bleu-vert (60)

1931	225	150
1932	225	150
1933	225	150
1934	225	150
1935	225	150

2f bleu (61)

1927	1 250	700

2f sépia (62)

1931	1 750	1 225

Recouvrement "Taxe à percevoir" surchargés.

1f sur 60c (63)

1931	410	275

1f 20 sur 2f (64)

1927	725	485

5f sur 1f (65)

1926	990	660

Radiodiffusion.

Bleu (65A)

1935	750	500

Rouge (65B)

1936	400	270

Vert (65C)

1937	200	135

Duval 5f (66)

1940	18	12	1942	20	13,5

Gerbes de blé "chiffre-taxe".

10c sépia (67)

1943	1
1945	1

30c lilas (68)

1943	1

50c vert (69)

1943	1
1944	1
1945	1
1946	1

1f bleu (70)

1943	1
1945	1
1946	1

1f 50 rouge (71)

1943	1,5
1944	2
1945	3

2f bleu (72)

1943	1,5
1945	2
1946	2

3f rouge (73)

1943	3
1944	3
1945	3

4f violet (74)

1945	32

5f rose (75)

1943	2,5

10f orange (76)

1945	18

20f olive (77)

1946	66

Gerbes de blé "chiffre-taxe".

10c sépia (78)

1947	6

30c lilas (79)

1947	6

50c vert (80)

1947	125

1f bleu (81)

1947	1,5
1948	1,5
1949	1,5
1950	1,5
1951	1,5
1952	1,5
1953	3
1955	1,5
1956	3
1957	3
1958	3,5

2f bleu (82)

1946	1,5
1947	1,5
1948	1,5
1951	1,5
1952	1,5
1953	1,5
1954	1,5
1955	1,5
1956	1,5
1958	3,5

3f rouge (83)

1946	2,5
1947	2,5
1948	2,5
1950	1,5
1951	1,5
1954	2,5

4f bleu (84)

1946	1,5
1947	2
1948	2
1952	2
1953	2,5

5f rose (85)

1947	1,5
1948	1,5
1949	1,5
1950	2,5
1951	1,5
1952	1,5
1953	1,5
1954	1,5
1955	1,5
1956	1,5
1957	1,5
1958	2
1959	16

10f orange (86)

1947	1,5
1948	1,5
1949	1,5
1950	1,5
1951	1,5
1952	1,5
1953	1,5
1954	1,5
1955	1,5
1956	1,5
1957	1,5
1958	1,5
1959	1,5
1961	18

20f olive (87)

1947	9
1949	9
1950	9
1951	9
1952	9
1953	9
1954	9
1955	9
1956	9
1957	9
1958	9
1959	9

50f vert (88)

1950	165
1951	165
1952	165
1953	165
1954	165
1955	165
1956	165
1957	165
1959	165
1961	200

100f vert (89)

1953	475
1954	475
1955	475

1956	475
1957	475

Gerbes de blé nouveaux francs.

5c rose (90)

1959	18
1960	18
1961	18
1962	19
1963	19
1964	22

10c orange (91)

1959	27
1960	27
1961	27
1962	27
1963	27

20c olive (92)

1959	25
1960	25
1961	25
1962	25
1963	25
1964	25

50c vert (93)

1960	70
1961	90
1962	70
1963	70
1964	70

1f vert (94)

1960	300	1962	300	1964	300
1961	300	1963	375		

Fleurs des champs.

Centaurée (95)   *Gentiane (96)*

Centaurée			Gentiane			
1964	1	1976	1	1965	1	1975	1
1965	1	1979	1	1966	1	1976	1
1966	1			1967	1	1978	1
1968	1			1969	1	1979	1
1970	1			1970	1	1980	1
1971	1			1971	1	1981	1

Coquelicot (97)   *Pervenche (98)*

Coquelicot		Pervenche					
1964	1	1971	1	1976	1	1981	1
		1974	1	1978	1		
		1975	1	1979	1		

Myosotis (99)   *Ancolie (100)*   *Trèfle (101)*   *Soldanelle (102)*

Myosotis		Ancolie		Trèfle		Soldanelle	
1964	1	1971	2	1964	1,5	1964	4,5
1966	1	1974	1,5	1965	1,5	1965	4,5
1967	1	1975	1,5	1966	3	1966	4,5
1968	1	1976	1,5	1967	1,5	1967	4,5
1969	1	1977	1,5	1968	1,5	1968	4,5
1970	1	1978	1,5	1969	1,5	1969	4,5
1971	1	1979	1,5	1971	1,5	1970	4,5
1972	1,5	1980	1,5	1973	1,5	1971	4,5
1974	1	1981	1,5	1974	1,5	1973	4,5
1975	1			1975	1,5	1974	4,5
1976	1			1976	1,5	1975	4,5
1977	1			1977	1,5	1976	4,5
1978	1			1978	1,5	1978	4,5
1979	1			1979	1,5	1979	4,5
1980	1			1980	1,5	1980	4,5
1981	1					1981	4,5

Insectes. *(105 à 114)*

10c (103)   *20c (104)*   *30c (105)*   *40c (106)*

10c		20c		30c		40c	
1981	1	1981	1	1982	1,5	1982	1,5
1982	1	1982	1	1983	1,5	1983	1,5
1984	1	1983	1	1985	1,5	1985	1,5
1986	1			1987	1,5	1986	1,5

50c (107)   *1f (108)*   *2f (109)*   *3f (110)*

50c		1f		2f		3f	
1981	1,5	1981	3	1981	5	1982	8
1982	1,5	1983	3	1986	5	1983	8
1983	1,5	1984	3			1984	8
1985	1,5	1985	3			1985	8
1987	1,5	1986	3			1987	13
		1987	4				

4f (111)   *5f (112)*

4f				5f	
1981	10	1984	10	1982	12
1982	10	1985	10	1983	12
1983	10			1987	15

COLIS POSTAUX

1892 *- (tarif du 1ᵉʳ juillet)*

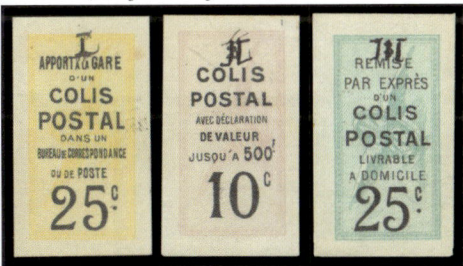

L'on a également eu recours à d'autres imprimeurs privés, dont les résultats étaient nettement moins bon en qualité, d'où les différences de dentelure et d'impression. Lithographie (feuilles de 250). Ces premiers timbres existent avec surcharge "Spécimen" encadrée: 50 exemplaires connus.

1881 *- Avis de réception d'un colis postal.*

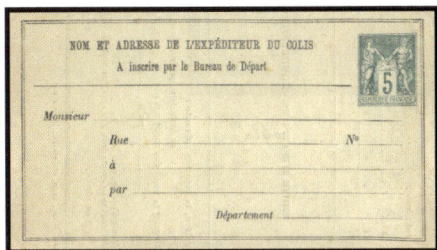

*Avis de réception sous forme d'entier postal 5c Sage
(imprimé par Chaix, 20 rue Bergère - Paris)*

*surcharge "Spécimen"
encadrée*

dentelé 13½
dentelé 11
dentelé 10 (taille réelle)

	☆	□
Avis de réception: entier postal 5c Sage	**300**	**300**
surchargé "Spécimen"	600	

*Formule avec timbre mobile
envoyée en 1888
(existe avec divers imprimeurs)*

*Formule en franchise militaire
envoyée en 1917*

Formule avec timbre mobile (5c Sage)	**60**
Formule en franchise militaire	**40**

1ᵉʳᵉ émission: impression fine, dentelé 13½

Emission: juillet 1892

I - Apport à la gare.   **II** - Valeur déclarée.   **III** - Livraison par exprès.

Timbres-poste	☆☆	☆	□	✉
1 25c Apport à la gare dt. 13½	**2 000**	**1 000**	**350**	
▣ couleur non adoptée nd			450	
▣ en noir non dentelé			450	
▣ en noir sur feuillet		600		
a - dentelé 1 ou 3 côtés	2 500	1 500		
b - surcharge "Spécimen" encadrée	2 200	1 250		
c - surcharge "Spécimen" doublée	2 650	1 750		
2 10c Valeur déclarée dt. 13½	**2 150**	**1 250**	**325**	**1 350**
▣ non adopté à 25c en noir nd			650	
▣ en noir sur feuillet		600		
a - piquage à cheval	2 400	1 450	475	1 500
b - surcharge "Spécimen" encadrée	2 400	1 600		
3(7) 25c Livraison par exprès dt. 13½	**150**	**70**	**40**	**275**
non dentelé (▣)			325	
▣ en noir non dentelé			300	
▣ en noir sur feuillet		550		
a - impression recto-verso	165	90		
b - paire sans dentelure de séparation	600	415		
c - surcharge "Spécimen" encadrée	1 000	600		
d - timbre plus grand	185	100		

Non dentelés et essais nd	nd☆☆	nd☆	▣🖌	▣⚙
Epreuves	□	▣	▣	
25c jaune Roue ailée (I)		**3 250**		
10c rose pâle Roue ailée (II)		**3 250**		
25c bleu-vert Roue ailée (III)		**3 250**		

II - Valeur déclarée. Emission: 1916 (dent 10x13½); 1920 (non dent.).

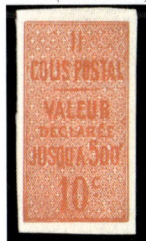

4 10c Valeur déclarée dt. 10x13½	**2 100**	**1 100**	**400**

5 10c Valeur déclarée non dentelé   **40**   **26**   **20**   **200**
a - cadre encoché à gauche   60   35   35

2ème émission: impression grossière, dentelés 11

Emission: 1916 (10c rouge); 1917 (25c brun); 1918 (25c vert).
I - Apport à la gare.   *II - Valeur déclarée.*   *III - Livraison par exprès.*

6a recto   *6a verso*

6 25c Apport à la gare dt. 11   **55**   **35**   **28**   **200**
a - impression recto et verso tête-bêche   800   475
b - surcharge "Spécimen" encadrée   850   500

7 10c Valeur déclarée dt. 11   **50**   **35**   **17**   **185**
a - couleur rose foncé   60   40   20   200
b - cadre encoché à gauche   135   80
c - surcharge "Spécimen" encadrée   850   500

8 25c Livraison par exprès dt. 11   **85**   **55**   **28**   **200**
a - surcharge "Spécimen" encadrée   850   500

  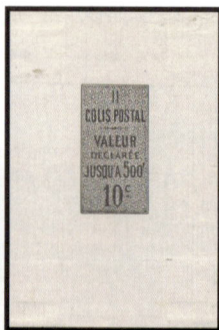

essai non dentelé (existe en plusieurs couleurs)   *essai non adopté avec faciale à 25c*   *épreuve en noir sur feuillet*

1901 - *Timbres non émis (mai 1901). Typographie.*

9A 5c gris-noir Réseau d'Etat   **5**   **3,5**
☒ nd sur papier carton jaunâtre   150
▣ du poinçon définitif en noir   550
▣ du poinçon définitif sans faciale   550
▣ couleur non adoptée s feuillet   400
a - surchargé "Epreuve"   85   50
b - surchargé "Spécimen"   225   150

9B 10c vert Réseau d'Etat   **6**   **3,5**
☒ nd sur papier carton jaunâtre   150
▣ du poinçon définitif en noir   550
▣ du poinçon définitif sans faciale   550
▣ couleur non adoptée s feuillet   400
a - surchargé "Epreuve"   85   50
b - surchargé "Spécimen"   225   150

9C 20c rose Réseau d'Etat   **35**   **24**
non dentelé   300   185
☒ nd sur papier carton jaunâtre   150
▣ du poinçon définitif en noir   550
▣ du poinçon définitif sans faciale   550
▣ couleur non adoptée s feuillet   400
a - surchargé "Epreuve"   85   50
b - surchargé "Spécimen"   225   150

9D 50c bleu Réseau d'Etat   **14**   **8,5**
non dentelé   350   215
☒ nd sur papier carton jaunâtre   150
▣ préparatoire grand format (lilas)   950
▣ du poinçon définitif en noir   550
▣ du poinçon définitif sans faciale   550
▣ couleur non adoptée s feuillet   400
a - surchargé "Epreuve"   85   50
b - surchargé "Spécimen"   225   150

9E 1f brun Réseau d'Etat 15 9,5

nd sur papier carton jaunâtre		150
du poinçon définitif en noir		550
du poinçon définitif sans faciale		550
couleur non adoptée s feuillet		375
a - surchargé "Epreuve"	85	50
b - surchargé "Spécimen"	225	150

9F 2f rouge-brun Réseau d'Etat 70 46

non dentelé	275	175
nd sur papier carton jaunâtre		150
2f au verso d'un 50c s carton		400
du poinçon définitif en noir		550
du poinçon définitif sans faciale		550
couleur non adoptée s feuillet		400
a - dentelé 1 ou 3 côtés	200	115
b - surchargé "Epreuve"	85	50
c - surchargé "Spécimen"	225	150

Série 9A à F (6 timbres) 145 95

surchargé "Epreuve"	510	300
surchargé "Spécimen"	1 350	900
en noir sans faciale du poinçon préparatoire sur papier Chine		2 000
3 valeurs (10c, 50c, 2f)		1 850
des 6 poinçons		3 250

Surchargé "Epreuve" *Surchargé "Spécimen"*

essai non dentelé sur papier carton jaunâtre

Epreuve préparatoire du 50c (sans les chiffres de la valeur faciale) .

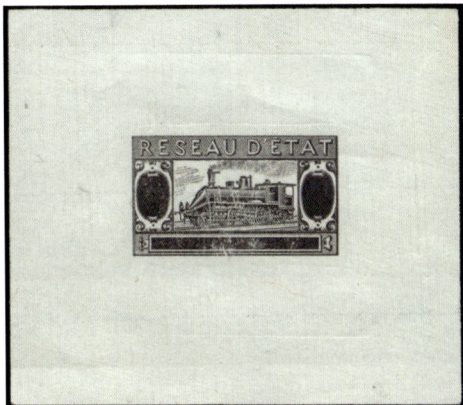

Epreuve sur papier Chine avec un autre poinçon préparatoire

Epreuve en noir du poinçon définitif avec les valeurs faciales

poinçon préparatoire *poinçon définitif*

Epreuve sans valeur faciale

Epreuve collective trois valeurs (semble n'exister qu'avec les 10c, 50c, et 2f). Existe en différentes couleurs

Epreuve collective des six poinçons

bloc de quatre avec timbre en haut à droite non imprimé

12 5c noir Majoration	7,5	4	3	65
⊠ dans la couleur adoptée			350	
⊠ dans la couleur du 15c			400	
a -) avec timbre non imprimé	225	150		

13 15c lilas-brun Majoration	16,5	11	5	65
⊠ collectif 5c et 15c			950	
a - dentelé 14 (piquage privé)				300
b - impression incomplète par pliage	300	200		

13A 40c Majoration non émis		500	
Série 10 à 13 (4 timbres)	29	18	10

1918 - *(tarif du 1ᵉʳ octobre)*

Typographie (feuilles de 250).
Impression grasse (gros trèfle sous le "N"). Dentelés.

10 5c noir Majoration	2,5	1,5	1	65
a - impression recto-verso	65	45		
b - piquage à cheval	45	25	25	

11 15c lilas-brun Majoration	2,5	1,5	1	65
⊠ dentelé en bleu			450	
⊠ dentelé en orange			450	
a - timbre plus grand	35	22		

11A 40c Majoration non émis   500

Impr. grasse (gros trèfle sous le "N"). Non dentelés.

1918-20 - *(tarif du 1ᵉʳ oct. 18 et du 23 fév. 20)*

Timbres de majoration destinés à assurer la transition vers le nouveau tarif (mise à jour des anciens bulletins en attendant les nouveaux).

Timbres de mise à jour.

Impression fine (petit trèfle sous le "O"). Dentelés.

14 5c noir Majoration	325	160	55	400

15 35c rouge Majoration — 6 | 4,5 | 3 | 55
a - impression recto-verso — 50 | 32
b - papier jaunâtre — 7 | 5 | 3 | 45

16 50c bleu Majoration — 8,5 | 5,5 | 2 | 65
a - impression recto-verso — 75 | 52
b - pli accordéon — 185 | 120

17 1f jaune Majoration — 8,5 | 5 | 2 | 85

Série 14 à 17 (4 timbres) — 348 | 175 | 62

Impression fine (petit trèfle sous le "O"). Non dentelés

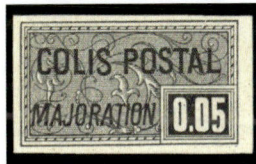

18 5c noir Majoration — 315 | 155 | 55 | 400
tirage spécial en noir (sg) — 265
⊠ sur papier teinté — 300
a - impression sur la gomme — 650
b - impression recto-verso — 335 | 200

19 15c lilas Majoration — 60 | 35 | 20 | 125
tirage spécial en noir (sg) — 265
⊠ sur papier teinté — 300
a - dentelé 14 (piquage de St-Etienne) — 250

20 35c rouge Majoration — 8 | 4 | 3 | 55
tirage spécial en noir (sg) — 265
⊠ sur papier teinté — 300
a - impression incomplète par pliage — 300 | 200
b - impression recto-verso — 55 | 37
c - impr recto et verso, sg (mise en train) — 135

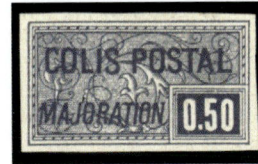

21 50c bleu Majoration — 47 | 29 | 17 | 115
tirage spécial en noir (sg) — 265
⊠ sur papier teinté — 300
a - dentelé 14 (piquage de St-Etienne) — 250
b - impression incomplète par pliage — 350 | 235
c - impression recto-verso — 125 | 85

22 1f jaune Majoration — 35 | 22 | 15 | 115
tirage spécial en noir (sg) — 265
⊠ sur papier teinté — 300

Série 18 à 22 (5 timbres) — 465 | 245 | 110

Un tirage spécial en noir sans gomme a été réalisé pour chacune des 5 valeurs de la série (25 ex. connus de chaque, sachant qu'un nombre non négligeable de séries complètes a été dispersé).

Série noire: 5 valeurs — 1 850

Timbres de prestation. *Lithographie (feuilles de 100).*
I - Apport à la gare.

23 30c Apport à la gare   67   46   20   200
    non dentelé   375   250
    ☒ couleur ou noir non dentelé   285
    ▣ en noir ⟩ sur feuillet   1 300

Ne pas confondre le non dentelé avec l'essai sans gomme (aussi non dent.)

24 60c Apport à la gare   85   58   36   250
    non dentelé   350   235
    ☒ couleur ou noir non dentelé   285
    ▣ en noir ⟩ sur feuillet   1 300

II - Valeur déclarée.   *III - Livraison par exprès.*

25 15c Valeur déclarée   28   19   13   100
    ☒ couleur ou noir non dentelé   285
    ▣ en noir ⟩ sur feuillet   1 300
    a - 10c †½ en complément avec un 10c   1 400
    b - paire sans dentelure de séparation   500   325

26 30c Livraison par exprès   70   47   26   200
    non dentelé   425   300
    ☒ couleur ou noir non dentelé   285
    ▣ en noir ⟩ sur feuillet   1 300
    ⊠ en noir n°23 ⟩ + n°26 ⟩   2 350

27 60c Livraison par exprès   150   90   60   400
    ☒ couleur ou noir non dentelé   285
    ▣ en noir ⟩ sur feuillet   1 300
    ⊠ en noir n°24 ⟩ + n°27 ⟩   2 350

Série 23 à 27 (5 timbres)   400   260   155

Epreuve en noir: bloc de quatre sur feuillet

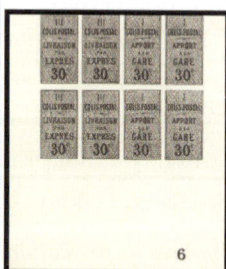

Epreuve collective en noir en deux blocs de quatre: un bloc "livraison par exprès" (III) + un bloc "apport à la gare" (I)

1924 - (tarif du 24 février)

I - Apport à la gare.

28A   60c Apport à la gare non émis   **11 000**

28B   80c Apport à la gare non émis   **11 000**

28C   90c Apport à la gare non émis   **11 000**

***Ibis** - Apport à la gare d'un colis déposé dans un bureau de ville de Paris.*   *II - Valeur déclarée.*

28D   10c Bureau de Paris non émis   **11 000**

28E   15c Val. déclarée non émis   **11 000**

III - Livraison par exprès.

28F   60c Livr. exprès non émis   **11 000**

28G   80c Livr. exprès non émis   **11 000**

28H   90c Livr. exprès non émis   **11 000**

IV - Intérêt à la livraison

Le projet d'origine présentait deux versions: l'une avec timbres sans fond de sûreté (type I), l'autre avec fond de sûreté (type II). C'est cette dernière version qui sera retenue pour les timbres émis ultérieurement.

Epreuve collective en noir des neuf valeurs (y compris le timbre à 50c au tarif IV émis ultérieurement). Ce modèle d'épreuve collective sera repris lors d'émissions ultérieures.

28 I 90c Apport à la gare non émis 2250 1400

1926 - *(tarifs des 25 janvier et 1ᵉʳ mai 1926)*

Timbres de mise à jour. *Série émise en deux fois*
(pour les deux tarifs).

29 =20c s 2f Majoration	**3,3**	**2,3**	**1,3**	**60**
a - sch très déplacée (valeur non barrée)	25	15		

30 =30c s 2f Majoration	**3,3**	**2,3**	**1,3**	**60**
a - surcharge barres seules	350	265		

31 =40c s 3f Majoration	**3,3**	**2,3**	**1,3**	**60**

32 =45c s 3f Majoration	**3,3**	**2,3**	**1,3**	**60**
a - point derrière "0f" absent	35	23	23	

33 =95c s 1f Majoration	**15**	**9**	**5,6**	**90**
non dentelé	200	110		

34 =1f 35 s 3f Majoration	**17**	**11,6**	**6,5**	**90**
non dentelé	325	200		

35 =1f 45 s 5c Majoration   3,3   2,3   1,3   60
a - impression recto-verso (timbre)   75   50

36 =1f 75 s 2f Majoration   17   11,6   6,5   90
a - piquage à cheval   65   40

37 =1f 85 s 10c Majoration   3,3   2,3   1,3   60
a - surcharge recto-verso   65   40

38 =1f 95 s 15c Majoration   4,3   3   2,1   60
non dentelé   235   140

39 =2f 35 s 25c Majoration   3,3   2,3   1,3   60
non dentelé   235   140
a - surcharge recto-verso   40   27

40 =2f 90 s 35c Majoration   4,3   3   2,1   60
non dentelé   265   165
a - point avant et après le "f"   275   175
b - timbre plus grand   25   17

41 =3f 30 s 50c Majoration   4,3   3   2,1   60
non dentelé   200   110
a - surcharge doublée   550   375

Série 29 à 41 (13 timbres)   85   44   30

"Majoration", non surchargés. Typographie (feuilles de 250).

42 10c orange Majoration   4,5   2,5   1,5   60

43 25c vert Majoration   4,5   2,5   1,5   60

44 2f bleu Majoration   50   30   18   185

45 3f violet Majoration   221   130   84   475

Série 42 à 45 (4 timbres)   285   165   105
non dentelé   500   350

Timbres de prestation. *Typographie (feuilles de 200).*

I - Apport à la gare.   *II - Valeur déclarée*   *III - Livraison par exprès*

46 =1f s 60c Apport à la gare	29	16,5	13	100
non dentelé	385	235		
a - surcharge recto-verso	70	45		
47 =50c s 15c Valeur déclarée	6	3,5	2	60
non dentelé	365	225		
a - piquage à cheval			40	250
48 =1f s 60c Livraison exprès	29	16,5	13	100
non dentelé	425	285		

IV - Intérêt à la livraison. Prévu pour tarif du 24 février 1924

Impression huileuse sur papier jaunâtre   *Paire sans dentelure de séparation*

Normal, tenant à pont interpanneau   *Tenant à pont sans dentelure de séparation (existe aussi avec pont vertical, sous le timbre) (Ne pas confondre avec: timbre plus grand)*

49(72) 50c Intérêt à la livraison	6	3,5	2	60
non dentelé	425	285	250	
a - dentelé 1 ou 3 côtés	100	65		
b - impression huileuse sur papier jaunâtre	10	6		
c - paire sans dentelure de séparation	285	185		
d - ten. à pont sans dentelure de séparation	100	65		

Série 46 à 49 (4 timbres)   70   40   30

I - Apport à la gare (tarif du 25 janvier 1926).

50 1f Apport à la gare	36	21	16	100
au noir de fumée, nd			275	
lithographique grand format		575		
51 1f 50 Apport à la gare	38	24	14	100
au noir de fumée, nd			185	
lithographique grand format		575		
52 1f 65 Apport à la gare	28	18	15	100
au noir de fumée, nd			185	
lithographique grand format		575		

Ibis - Apport à la gare d'un colis déposé dans un bureau de ville de Paris (tarif du 25 janvier 1926). Timbre modifié en 1932 (t. II) puis en 1938 (t. III).

Les trois types du 15c

53 15c Bureau de Paris, t. I	13	9	3,5	85
non dentelé	350	235		
au noir de fumée, nd			275	
lithographique grand format		575		
a - paire sans dentelure de séparation	325	200		

II - Valeur déclarée (tarif du 25 janvier 1926).

54 50c Val déclarée, sans le 1	1 500	900	900	
non dentelé	2 250	1 500		
au noir de fumée, nd			350	
lithographique grand format		575		
55 50c Valeur déclarée (1)	8,5	5,5	2,5	65
non dentelé	350	240		
a - surcharge (chiffre "1") doublée	550	385		
56 =1f 50 s 50c Val déclarée (3)	14,5	8,5	6	70
non dentelé	500	350		

57 =2f s 50c Val déclarée (4)	17	10	4,5	75
a - piquage à cheval	60	40		

58 =2f 50 s 50c Val déclarée (5)	32	18	10	100

III - Livraison par exprès (tarif du 25 janvier 1926).

59 =55c s 15c Val. décl. (1)	14	8	5	70
non dentelé			265	

60 =55c s 50c Val. décl. (1)	14	8	5	70

Série 55 à 60 (6 timbres)	**100**	**58**	**35**	

61 1f Livraison par exprès	285	150	90	
⊠ au noir de fumée, nd			325	
⊡ lithographique grand format			575	

62 1f 50 Livraison par exprès	38	20	18	100
⊠ au noir de fumée, nd			185	
⊡ lithographique grand format			575	

63 1f 65 Livraison par exprès	38	20	18	100
⊠ au noir de fumée, nd			185	
⊡ lithographique grand format			575	

IV - Intérêt à la livraison (tarif du 25 janvier 1926).
(même système que pour les valeurs déclarées).

63 A 50c Intérêt à la livraison (1)	14			
non dentelé	800			

64 50c Intérêt à la livraison (1)	12	8	5	75
non dentelé	350	235		
⊠ au noir de fumée ss le "1", nd			275	
⊡ litho grand format sans le "1"		575		
a - impression incomplète	300	200		

65 =1f 50 s 50c Intérêt à la livr. (3)	14	9	6	75
non dentelé	350	235		

66 =2f s 50c Intérêt à la livr. (4)	19	12	8	115

67 =2f 50 s 50c Intérêt à la livr. (5)	20	12	8	125
non dentelé	400	265		
a - surcharge incomplète par pliage	475	315		

Série 64 à 67 (4 timbres)	**65**	**41**	**27**	
⊞ des petits formats sans sch			2 250	

Essais non dentelé au noir de fumée

Epreuve lithographique avant réduction photographique au quart pour obtenir le format réel

Epreuve collective des petits formats sans surcharge

Feuille "Spécimen" du tarif du 25 janvier 1926   **3 000**
Timbre à l'unité sch "Spécimen" (sg), chaque: 125

Feuille "Spécimen" du tarif du 1er mai 1926   **1 600**
Timbre à l'unité sch "Spécimen" (sg), chaque: 125

1926 - (tarif du 16 août)

Timbres de prestation. *Valeurs précédentes surch.*
I - Apport à la gare.

68 =1f 30 s 1f Apport à la gare	**36**	**21**	**15**	**115**
69 =1f 90 s 1f 50 Apport à la gare	**36**	**21**	**15**	**115**
70 =2f 10 s 1f 65 Apport à la gare	**36**	**21**	**15**	**115**

II - Valeur déclarée.

71 =65c s 50c Valeur décl.	**5**	**3**	**3**	**50**
a - dentelé 1 ou 3 côtés	275	190		
b - dentelé 2 côtés	275	190		
c - dentelé tenant à non dentelé	550	325		
d - impression recto-verso (timbre)	90	60		
e - piquage à cheval	45	30		
f - surcharge (très) déplacée	27	18		
g - surcharge recto-verso	80	50		

72(61) =65c s 50c Val. décl. (1)	**32**	**18**	**10**	**65**
a - "1" brisé (haut du "1" absent)	80	50		

III - Livraison par exprès.

73(67) =1f 30 s 1f Livraison exprès	**35**	**20**	**15**	**115**
74(70) =1f 90 s 1f 50 Livraison exprès	**35**	**20**	**15**	**115**
75(71) =2f 10 s 1f 65 Livraison exprès	**60**	**36**	**17**	**115**
Série 68 à 75 (8 timbres)	**275**	**160**	**105**	

Feuille "Spécimen" du tarif du 16 août 1926   **1 250**
Timbre à l'unité sch "Spécimen" (sg), chaque: 150

1928 - (tarif du 1er mars)

Série provisoire. *Valeurs précédentes surchargées "A".*
I - Apport à la gare. Tirage: 100 000 séries.

76 "A" s 1f (A = 1f 45)	**30**	**20**	**17**	**115**
non dentelé	400	275	275	
a - 2ème jambage du "A" brisé	120	75	75	
b - surcharge à cheval	250	180		
c - ten. à pont sans dentelure de séparation	135	80		
77 "A" s 1f 50 (A = 2f 15)	**30**	**20**	**16**	**115**
a - 2ème jambage du "A" brisé	120	75	75	
78 "A" s 1f 65 (A = 2f 35)	**30**	**20**	**16**	**115**
a - 2ème jambage du "A" brisé	120	75	75	

II - Valeur déclarée. Tirage: 200 000.

79 "A" s 50c (A = 75c)	**10**	**7**	**5**	**60**
non dentelé	375	240	240	
a - 2ème jambage du "A" brisé	75	45		
b - surcharge renversée	450	300		

III - Livraison par exprès. Tirage: 100 000 chaque.

80 "A" s 1f (A = 1f 45) | 33 | 21 | 17 | 135
a - 2ème jambage du "A" brisé | 135 | 85 | |

81 "A" s 1f 50 (A = 2f 15) | 33 | 21 | 17 | 135
a - 2ème jambage du "A" brisé | 135 | 85 | |

82 "A" s 1f 65 (A = 2f 35) | 34 | 21 | 17 | 135
a - 2ème jambage du "A" brisé | 135 | 85 | |

Série 76 à 82 (7 timbres) | 200 | 130 | 105 |

Série surchargée.

I - Apport à la gare. (Le 1f 45 sur 60c à été imprimé en attendant le 1f 45 sur 1f qui lui n'est paru qu'en décembre 1929).

83 =1f 45 s 60c Apport à la gare | 12 | 8,5 | 8 | 80

84 =1f 45 s 1f Apport à la gare | 84 | 49 | 40 | 185

85 =2f 15 s 1f 50 Apport à la gare | 125 | 76 | 52 | 275

I - Apport à la gare.   *II - Valeur déclarée.*

86 =2f 35 s 1f 65 Apport à la gare | 125 | 76 | 52 | 250

"F" normal

"F" plus petit

"F" plus bas (|7)

Point plus bas (|22)

Les numéros de case concernent chaque panneau de 25 (8 panneaux par feuilles)

---

87 =75c s 50c Valeur déclarée | 4 | 2,5 | 2 | 50
non dentelé | 350 | 250 | |
a - "S" sans boucle | 20 | 12 | |
b - "F" plus petit | 55 | 35 | 12 |
c - "F" plus bas | 60 | 40 | 12 |
d - cadre gauche endommagé | 20 | 13 | |
e - impr incomplète par pliage (timbre) | 275 | 175 | |
f - impression recto-verso (timbre) | 42 | 27 | |
g - paire sans dentelure de séparation | 200 | 120 | |
h - piquage à cheval | 55 | 35 | 12 |
i - point après le "F" plus bas | 60 | 40 | |
j - point plus bas, ten. à pont ss la dentelure | 200 | 125 | |
k - surcharge recto-verso | 50 | 30 | |

III - Livraison par exprès.

88 =1f 45 s 1f Livraison exprès | 125 | 76 | 52 | 275

89 =2f 15 s 1f 50 Livraison exprès | 125 | 76 | 52 | 275

90 =2f 35 s 1f 65 Livraison exprès | 125 | 76 | 52 | 275
a - fond de sûreté absent (vert unicolore) | 350 | 235 | |

normal   *fond uni*

Série 83 à 90 (8 timbres) | 725 | 440 | 310 |

Feuille "Spécimen" du tarif du 1er mars 1928 | 2 250
Timbre à l'unité sch "Spécimen" (sg), chaque: | 210

Série définitive. *Typographie.*

I - Apport à la gare.

91 1f 45 Apport à la gare | 125 | 65 | 30 | 175

92 2f 35 Apport à la gare | 2350 | 1700 | |

Ibis - Apport à la gare d'un colis déposé dans un bureau de ville de Paris.   *II - Valeur déclarée.*

93 15c Bureau de Paris t. II   14 9,5 5 100
a - brun fcé s crème au lieu de brun s jne 20 13 7

94 75c Valeur déclarée   27 22 4 45
non dentelé   225
a - pli accordéon   125
b - ten. à pont sans dentelure de séparation 70

III - Livraison par exprès.

95 1f 45 Livraison par exprès 800 550 350
a - surcharge "Spécimen" encadrée (sg) 725

1934 - (tarif du 1ᵉʳ septembre)

V - Colis postal encombrant. Septembre 1934

96 2f Colis encombrant 85 55 25 175
a - surchargé "90028" 100 350

1936

I - Apport à la gare. Non émis.

97A "B" s 1f brun s jaune 160 115

97B "B" s 1f 50 brun s jne 160 115

97C "B" s 1f 65 brun s jne 160 115

II - Valeur déclarée. Non émis.

97D "B" s 50c rouge 160 110

III - Livraison par exprès. Non émis.

97E "B" s 1f vert 165 115

97F "B" s 1f 50 vert 165 115

97G "B" s 1f 65 vert 165 115

Série 97A à G (7 timbres) 1 150 800

1937: création de la SNCF
(Deux timbres-poste ont été émis en 1937 pour le 13ᵉᵐᵉ congrès international des chemins de fer)

1937 - (tarif du 12 juillet)

Timbres provisoires:
Ancienne série définitive surchargée "C".
I - Apport à la gare.

98 "C" s 1f 45 (C = 1f 85) 12 8 8 100

99 "C" s 2f 15 (C = 2f 75) 45 31 23 200

100 "C" s 2f 35 (C = 3f 05) 45 31 23 200
a - surcharge recto-verso 85 55

II - Valeur déclarée.   *III - Livraison par exprès.*

101 "C" s 75c (C = 95c) | 30 | 21 | 20 | 150
non dentelé | 400 | 275
a - couleur très pâle, presque absente | 55 | 30
b - impression écrasée du rouge | 45 | 30
c - impression recto-verso (timbre) | 90 | 60
d - piquage à cheval | 75 | 50
e - surcharge à cheval | 135 | 90
f - surcharge doublée | 250 | 160
g - surcharge renversée | 235 | 150
h - surchargé tenant à non surchargé | 575 | 400

102 "C" s 1f 45 (C = 1f 85) | 31 | 21 | 20
a - piquage à cheval | 75 | 50
b - timbre plus grand | 65 | 40 | 175

III - Livraison par exprès.   *V - Colis postal encombrant.*

103 "C" s 2f 15 (C = 2f 75) | 100 | 52 | 37 | 250
non dentelé | 425 | 275
a - dentelé 1 ou 3 côtés | 315 | 175
b - impression double | 425 | 265
c - ten. à pont sans dentelure de séparation | 300 | 175

104 "C" s 2f 35 (C = 3f 05) | 31 | 21 | 15 | 175
a - impression double | 400 | 250

105 "C" s 2f (C = 2f 60) | 70 | 47 | 42 | 300
a - dentelé 1 ou 3 côtés | 215 | 140
b - surcharge à cheval | 160 | 110
c - ten. à pont sans dentelure de séparation | 215 | 140

Anciennes valeurs surchargées à nouveau surchargées "C".
I - Apport à la gare.   *III - Livraison par exprès.*

106 "C" s =2f 15 1f 50 (C=2f 75) | 70 | 47 | 37 | 235

107 "C" s =2f 15 1f 50 (C=2f 75) | 31 | 21 | 20 | 175
a - impression écrasée du vert | 60 | 40
b - piquage à cheval | 115 | 75
c - ten. à pont sans dentelure de séparation | 165 | 100

108 "C" s =2f 35 1f 65 (C=3f 05) | 450 | 300 | 130

Série 98 à 108 (11 timbres) | 915 | 600 | 375

Série surchargée: (à partir de l'ancienne série définitive) I - Apport à la gare.

109 =1f 85 s 1f 45 Apport à la gare | 35 | 18 | 15 | 90
a - valeur sur valeur avec barres | 225 | 135
b - valeur sur valeur sans les bares | 350 | 225

110 =2f 75 s 2f 15 Apport à la gare | 55 | 33 | 22 | 185
111 =3f 05 s 2f 35 Apport à la gare | 110 | 66 | 32 | 200

II - Valeur déclarée.   *III - Livraison par exprès.*

112 =95c s 75c Valeur déclarée | 80 | 52 | 30 | 185
a - surcharge à cheval | 250 | 155
b - valeur sur valeur avec barres | 375 | 235
c - valeur sur valeur sans les bares | 525 | 390

113 =1f 85 s 1f 45 Livr. exprès | 150 | 85 | 55 | 300

III - Livraison par exprès.   *V - Colis postal encombrant.*

114 =2f75 s 2f 15 Livr. exprès | 150 | 85 | 55 | 300
115 =3f 05 s 2f 35 Livr. exprès | 150 | 85 | 55 | 300
116 =2f 60 s 2f Colis encomb | 30 | 21 | 21 | 150

Série 109 à 116 (8 timbres) | 760 | 445 | 285

1938 - (tarif du 1er janvier)

Timbres provisoires:
Ancienne série définitive surchargée "D".
I - Apport à la gare.

117 "D" s 1f 45 (D = 2f 30) | 5,5 | 3,5 | 3 | 75
118 "D" s 2f 15 (D = 3f 45) | 75 | 50 | 41 | 200
119 "D" s 2f 35 (D = 3f 85) | 5,5 | 3,5 | 3 | 75

II - Valeur déclarée.   *III - Livraison par exprès.*

120 "D" s 75c (D = 1f 15) 6,5 4,5 4 65
a - surchargé tenant à non surchargé 450 275

121 "D" s 1f 45 (D = 2f 30) 7,5 5 4 70

III - Livraison par exprès. *V - Colis postal encombrant.*

122 "D" s 2f 15 (D = 3f 45) 32 22 20 140

123 "D" s 2f 35 (D = 3f 85) 18 13 12,5 100

124 "D" s 2f (D = 3f 25) 5 3,5 2,5 100
a - impression recto-verso (timbre) 120 75
b - paire sans dentelure de séparation 275 175

Série 117 à 124 (8 timbres) 155 105 90

I - Apport à la gare.

125 "D" s =2f 15 s 1f 50 (D=3f 45) 5 3 3 75
a - surcharge "D" à cheval 175 115

126 "D" s =2f 35 s 1f 65 (D=3f 85) 950 700 565

III - Livraison par exprès.

127 "D" s =2f 15 s 1f 50 (D=3f 45) 600 450 385
a - impression écrasée du vert 750 525
b - surcharge "D" à cheval 1 000 600

128 "D" s =2f 35 s 1f 65 (D=3f 85) 1 300 825 875

Série 125 à 128 (4 timbres) 2 855 1 978 1 828

I - Apport à la gare.

129 "D" s =1f 85 s 1f 45 (D=2f 30) 5 3,5 3 65

130 "D" s =2f 75 s 2f 15 (D=3f 45) 7 4 3 65

131 "D" s =3f 05 s 2f 35 (D=3f 85) 12 8 7,5 70
a - surcharge "=3f 05" à cheval 350 250
b - sch "=3f 05" val s valeur ss les barres 400 275
c - surcharge "D" à cheval 175 115

II - Valeur déclarée. *III - Livraison par exprès.*

132 "D" s =95c s 75c (D = 1f 15) 4,5 3,5 3,5 55
a - surcharge "=0f 95" à cheval 210 135
b - surcharge "D" à cheval 175 115
c - surcharges "D" et "=0f 95" à cheval 300 200

133 "D" s =1f 85 s 1f 45 (D=2f 30) 10 7 5 70

III - Livraison par exprès. *V - Colis postal encombrant.*

134 "D" s =2f 75 s 2f 15 (D=3f 45) 70 45 60 200

135 "D" s =3f 05 s 2f 35 (D=3f 85) 70 45 60 200
a - surcharges "D" et "=3f 05" à cheval 400 250

136 "D" s =2f 60 s 2f (D = 3f 25) 6,5 4 3 100
a - piquage à cheval 75 50

Série 129 à 136 (8 timbres) 185 110 125

III - Livraison par exprès.

137 10kg=2f 30 s 2f 15 100 75 75 375
a - impression recto-verso (timbre) 375 250

138 10kg=2f 30 s 2f 35 100 75 75 375

139 10kg=2f 30 s =2f75 s 2f 15 230 155 120 475

140 10kg=2f 30 s =3f 05 s 2f 35 230 155 120 475

Série 137 à 140 (4 timbres) 660 460 390

Série surchargée

I - Apport à la gare.

141 =2f 30 s 1f 45 Apport à la gare	6,5	4,5	3,5	65
a - surcharge recto-verso	25	16		

"4" fermé   *normal*

142 =3f 45 s 2f 15 Apport à la gare	6,5	4,5	3,5	65
a - "4" fermé	115	75		
143 =3f 85 s 2f 35 Apport à la gare	6,5	4,5	3,5	65

II - Valeur déclarée.   *III - Livraison par exprès.*

144 =1f 15c s 75c Val. déclarée	3	2	2	55
a - impression écrasée du rouge	13	8		
b - surcharge recto-verso	25	16		
145 =2f 30 s 1f 45 Livr. exprès	6,5	4,5	3,5	70

III - Livraison par exprès.   *V - Colis postal encombrant.*

146 =3f 45 s 2f 15 Livr. exprès	6,5	4,5	3,5	70
147 =3f 85 s 2f 35 Livr. exprès	6,5	4,5	3,5	70
148 =3f 25 s 2f Colis encomb	3	2	2	85
a - dentelé 1 ou 3 côtés	110	65		
b - ten. à pont sans dentelure de séparation	110	65		
Série 141 à 148 (8 timbres)	**45**	**31**	**25**	

Série définitive *(seul le timbre "Valeur déclarée" a été émis).*

I - Apport à la gare.   *II - Valeur déclarée.*

149A 3f 45 Apport à la gare	275	160
149B 3f 85 Apport à la gare	275	160

Ibis - Apport à la gare d'un colis déposé dans un bureau de ville de Paris.

150 15c Bureau de Paris t. III	365	265
non dentelé	400	300
151 1f 15 Valeur déclarée	2,5	1	1	50
non dentelé	250	160		
non dentelé, couleur noire	600	400		

Le non dentelé noir provient d'une épreuve, de même que les non dentelés rouges perforés.

Le non dentelé rouge non perforé provient d'un essai.

1938 - (tarif du 1er juillet)

Les cotes sont donnés en seuls sur bulletin.
Utilisation en multiple: +50%.
Utilisation mixte avec timbre fiscal: +40%.

Usage: augmentation du droit de timbre (avis d'encaissement ou bulletin pour colis <5kgs)

152 10c gris-noir Majoration	32	21	20	450
non dentelé	50	32		

Non émis pour cause de couleur non conforme

152A 10c lilas-rose Majoration   **180**   **110**
      non dentelé   160   100

Non émis pour cause d'interprétation divergente des arrondis

152B 15c bleu Majoration   **180**   **110**
      non dentelé   160   100

Usg: augmentation du droit de timbre (bulletins pour colis >5kgs)

153 20c lilas-brun Majoration   **32**   **21**   **20**   **500**
      non dentelé   75   50
      a - dentelé 1 ou 3 côtés   325   215

Usg: Transition vers le tarif du 23 février 1920: majoration complémentaire

154 20c Majoration percé en ligne   **17**   **13**   **12**   **450**

Des impressions inversées ont été réalisées sur des timbres non dentelés, deux dans les couleurs adoptées, deux dans des couleurs voisines, mais non adoptées. Tirage: 25 de chaque. Couleurs adoptées

154A   10c gris noir impr. inversée   1 850   1 350
154B   20c lilas-brun impr. inversée   1 850   1 350

Couleurs non adoptées
154C   10c gris clair impr. inversée   1 850   1 350
154D   20c lilas-rose impr. inversée   1 850   1 350

Timbres de prestation:

Seuls les timbres déjà vus en vente ou signalés par des sources digne de foi ont été référencés. Ils sont tous rarissimes. Les tirages donnés sont des estimations du nombre d'exemplaires en circulation.
I - Apport à la gare.

Tirage: 50   :

155A   "E" s =2f 30 s 1f 45   1 350   850
155B   "E" s =3f 45 s 2f 15   1 600   1 100
155C   "E" s =3f 85 s 2f 35   1 600   1 100

II - Valeur déclarée. (tirage entre 100 et 200)

155D   "E" s =1f 15 s 75c   575   365

III - Livraison par exprès.   *V - Colis postal encombrant.*

Tir: sans doute <10   *Tir: sans doute <10*   *Tirage: 50*
(3 exemplaires   *(2 exemplaires*
recensés à ce jour)   *recensés à ce jour)*

155E   "E" s =3f 45 s 2f 15   5 000   3 500
155F   "E" s =3f 85 s 2f 35   5 000   3 500
155G   "E" s =3f 25 sur 2f   1 350   850

Feuille "Spécimen" des "E" *(à ce jour: seules 2*   **18 500**
feuilles ont été recensées. Il n'a pas été vu de timbre isolé)

1939 - *(tarif du 1er avril)*

Série définitive

I - Domicile.

156	2f 40 Domicile	5	3	2,8	45
157	3f 50 Domicile	5	3	2,8	45
158	3f 80 Domicile	5	3	2,8	45
	non dentelé	235	150		

II - Valeur déclarée.   *III - Remboursement.*

159	1f Valeur déclarée	5	3	2,8	45
160	5f Valeur déclarée	5	3	2,8	45
161	2f 50 Remboursement	5	3	2,8	45

III - Remboursement.   *IV - Intérêt à la livraison.*   *V - Colis encombrant.*

162	7f 50 Remboursement	5	3	2,8	45
163	1f Intérêt à la livraison	16	11	7,9	65
164(173)	3f 20 Colis encombrant	19	13	9	75

Série 156 à 164 (9 timbres)	**70**	**45**	**36,5**	

Feuille "Spécimen" du tarif du 1er avril 1939	1 350
Timbre à l'unité sch "Spécimen" (sg), chaque:	125

⚠ *Des timbres surchargés "Oberkommando der Wehrmacht" avec surcharges ne correspondant à aucun tarif apparaissent de temps en temps sur le marché philatélique. Il s'agit vraisemblablement de fabrications fantaisistes. Mais selon d'autres sources, il pourrait s'agir d'une initiative prise durant l'été 1942 par les autorités collaborationnistes en vue de l'envoi -officiel- de combattants sur le front de l'Est.*

1941 - *(tarif du 1er avril)*

Ces timbres sont tout aussi rarissimes, on estime leur tirage à 50 exemplaires en moyenne.

Timbres de mise à jour *(majoration). Non émis.*

165A	10c gris-vert Majoration	300	220
165B	30c bleu Majoration	450	290
165C	50c brun Majoration	450	290

165D	1f bl-violet Majoration	300	220
165E	2f orange Majoration	300	220
	▣ de décomposition des faciales		1 150
165F	5f rouge Majoration	300	220
	a - piquage à cheval	650	425

Série 165A à F (6 timbres)	**2 100**	**1 460**
non dentelé	2 100	1 460

Timbres de prestation: *provisoires surchargés "E".*
Non émis. (L'erreur =E sur 75c rouge ne s'est pas retrouvée sur le marché philatélique). Tirage: environ 50.

I - Domicile.

166A	"E" sur 2f 40	1 350	800
166B	"E" sur 3f 50	1 350	800
166C	"E" sur 3f 80	1 350	800

V - Colis postal encombrant.   *Erreur.*

166D	"E" sur 3f 20	1 350	800

1941 - *(tarif du 28 juillet)*

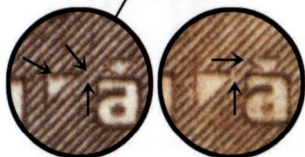

Type I: apostrophe large de 3 hachures blanches. Il y a 2 hachures entre l'apostrophe et le "à". Les lignes de gravure à l'intérieur de l'apostrophe peuvent être plus ou moins marquées ou n'être pas apparantes.

Type II: apostrophe plus large (4 hachures blanches), une seule hachure entre l'apostrophe et le "à". L'accent sur le "à" a été retravaillé et présente une pointe intacte caractéristique du type II (à la verticale du début du "à").

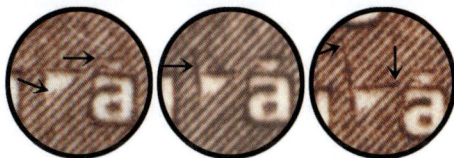

Type IIIA: trait de gravure dans le bas de l'apostrophe, pointe de l'accent détériorée.

Type IIIB: comme le IIIA, mais avec un trait de gravure vertical sur le haut de l'apostrophe.

Type IIIC: comme le IIIB, mais avec trait vertical plus haut et sommet du triangle plus large.

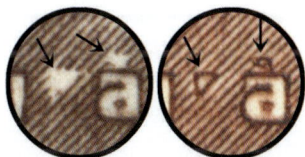

Type IV: les contours ont disparu.

Type V: apostrophe et accent plus petits (avec lignes de gravure dans l'accent). Bien qu'apparu plus tardivement, il s'agit du type originel des épreuves.

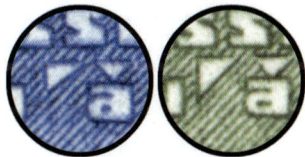

Les valeurs en bleu et en vert semblent être à type unique.

Taille-douce (feuilles de 50 pour les grands formats, feuilles de 100 pour les petits formats).

Série de transition *(Les 5 petits formats n'ont pas été émis).*

I - Domicile. Taille-douce. Gravure: Pierre Gandon.

167 (=2f 70) brun Domicile (I)	11	6,5	5,5	50
non dentelé	160	110		
⊡ sur feuillet (type V)		500		
a - papier jaunâtre	13	8	7	55
168 (=3f 90) bleu Domicile	11	6,5	5,5	50
non dentelé	325	215		
⊡ sur feuillet		500		
⊡ en noir sur feuillet		550		
⊡ sans légende (cadre évidé)		550		
⊡ sans légende papier filigrané		550		
⊡ sans légende en noir		600		

I - Domicile.   *II - Valeur déclarée. Gravure: Pierre Gandon*

169 (=4f 20) vert Domicile	11	6,5	5,5	50
non dentelé	175	125		
⊡ sur feuillet		500		
169A (=1f) brun Val. déclarée	110	80		
non dentelé	220	150		
⊡ sur feuillet		500		

II - Valeur déclarée. III - Remboursement. Viaduc de Garabit. G: P. Gandon.

169B (=5f) rge Val. déclarée	110	80
non dentelé	220	150
⊡ sur feuillet		500
⊡ de décomposition des échelons		850
⊡ de décomposition en bleu-noir		850
169C (=2f 50) bleu Remb.	110	80
⊡ sur feuillet		500
⊡ s feuillet bleu clair ou turquoise		500
⊡ en noir sur feuillet		550
⊡ sans légende (cadre évidé)		600
169D (=7f 50) vert Remb.	485	350
⊡ sur feuillet		475
⊡ sur feuillet papier teinté		475

IV - Intérêt à la livraison.   *V - Colis postal encombrant.*
Viaduc de Fontpédrouse. Gravure: A. Ouvré.   *Gravure: Achille Ouvré.*

169E (=1f) **Intérêt à la livraison**	**215**	**145**		
non dentelé	300	210		
⊡ sur feuillet		500		
⊡ sur papier filigrané		500		
⊡ en noir sur feuillet		550		
170 (=3f 50) **Colis encombrant**	**17**	**12,5**	**11,5**	**200**
non dentelé	285	185		
⊡ sur feuillet		500		
⊡ en noir sur feuillet		550		
Série 167 à 169, 170 (4 timbres)	**50**	**32**	**28**	
Série 169A à E (5 timbres)	**1 030**	**735**		
Feuille "Spécimen" du tarif du 28 juillet 1941		1 150		
Timbre à l'unité sch "Spécimen" (sg), chaque:		125		

Carnet S.N.C.F. du 1ᵉʳ juillet 1941   **2 500**

Série définitive

Chiffres fins   *Chiffres épais*
                     (taille réelle)

171 I 2f 70 Domicile t. I	**13**	**8**	**6,5**	**35**
a - chiffres épais	35	22		
b - papier jaunâtre	16	10	8	40
171 II 2f 70 Domicile t. II	**30**	**20**	**18**	**60**
a - papier jaunâtre	30	20	18	60
b - signatures quasiment absentes	50	35		
171 IIIA 2f 70 Domicile t. IIIA	**14**	**9**	**7,5**	**35**
a - papier jaunâtre	17	11	9	45
172 3f 90 Domicile	**13**	**8**	**6,5**	**35**
a - papier jaunâtre	16	10	8	40

173 4f 20 Domicile	**13**	**8**	**6,5**	**40**
174 1f Valeur déclarée	**5**	**3,2**	**1,5**	**25**
a - chiffres "00" non imprimés	215	150		
b - papier jaunâtre	6	4	2	25

175 5f Valeur déclarée	**2,5**	**1,6**	**2**	**30**

Double impression de la valeur dont une renversée (dans le coin inférieur opposé)

176 2f 50 Remboursement	**2,5**	**1,6**	**2**	**35**
a - dble impr. de la valeur dont 1 renversée	200	135		
b - impression recto-verso (valeur)	90	60		
c - papier jaunâtre	3	2	2,5	35
177 7f 50 Remboursement	**7**	**4,5**	**4**	**50**
non dentelé	575	400		
a - faciale à 7f 58 (trait parasite)	20	12		
b - papier jaunâtre	9	6	5	50

178 1f Intérêt à la livraison	**2**	**1,1**	**1**	**50**
179 3f 50 Colis encombrant	**62**	**44**	**20**	**200**
Série 171 à 179 (9 timbres)	**120**	**80**	**50**	

179A 2f 70 Domicile non émis	**2 500**	**1 750**	

Non émis. Il pourrait s'agir d'une erreur de valeur.

1942
- Réimpression des 5 petits formats. On a décidé d'abandonner l'impression en deux fois pour l'impression en une fois. Les chiffres de la valeur ont été regravés et sont plus gras. Le timbre "Intérêt à la livraison" de 1f, regravé entièrement, n'a finalement pas été émis.

L'impression s'est d'abord faite sur papier sans filigrane (février 1942), puis une fois le modèle définitif adopté (7 août 1942), sur papier filigrané.

Sans filigrane *(sf), chiffres gras (février 1942)*

180sf 1f Valeur déclarée	**2,5**	**1,7**	**1,5**	**30**
a - impression incomplète (>50%)	675	475		
b - papier jaunâtre	3	2	2	30
181sf 5f Valeur déclarée	**8**	**5,5**	**6,5**	**30**
a - papier jaunâtre	10	7	8	35

182sf 2f 50 Remboursement	**2,5**	**1,7**	**1,5**	**30**
a - papier jaunâtre	3	2	2	30
183sf 7f 50 Remboursement	**13**	**8,1**	**8,5**	**60**
non dentelé	190	120		
a - papier jaunâtre	16	10	10	65
183A 1f Intérêt à la livr. non émis	**125**	**80**		
Série 180sf à 183sf (4 timbres)	**26**	**17**	**18**	

Avec filigrane *(af), chiffres gras (août 1942)*
Il existe des feuilles non dentelées, filigranées et gommées, mais dont le recto n'a pas reçu l'impression des timbres.

183B Filigrane seul	**185**	**115**	
180af 1f Valeur déclarée	**12**	**8**	**8**
181af 5f Valeur déclarée	**23**	**17**	**17**
182af 2f 50 Remboursement	**15**	**10**	**13**
183af 7f 50 Remboursement	**25**	**18**	**25**
Série 180af à 183af (4 timbres)	**75**	**53**	**63**

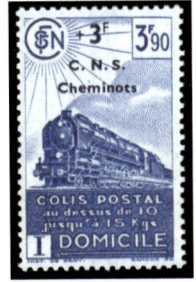

1942
- Série de 1941 surchargée "P 3f C.N.S. cheminots".

184 +3f s 2f 70 Domicile (IIIA)	**21**	**16**
185 +3f s 3f 90 Domicile	**21**	**16**

186 +3f s 4f 20 Domicile	**22**	**16**
187 +3f s 1f Valeur déclarée	**22**	**16**
a - point après "N" absent	265	185

188 +3f s 5f Valeur déclarée	**22**	**16**
a - point après "N" absent	265	185
189 +3f s 2f 50 Remboursement	**22**	**16**
a - point après "N" absent	265	185
190 +3f s 7f 50 Remboursement	**22**	**16**
a - point après "N" absent	265	185

191 +3f s 1f Intérêt à la livraison	**24**	**16**
a - impression huileuse sur papier jaunâtre	45	30
b - point après "N" absent	265	185
192 +3f s 3f 50 Colis encombrant	**24**	**17**
Série 184 à 192 (9 timbres)	**200**	**144**

1943 - *(tarif du 1er février)*

Le système habituel est mis en place (provisoires, surchargés, puis série définitive) Les tarifs II, III et IV ne variant pas, seuls les timbres grand format sont concernés.

Série provisoire. *Sans valeur dans le cartouche surch.*

193 I (F = 3f) Domicile t. I	5	3,5	3,5	25
193 II (F = 3f) Domicile t. II	25	15	15	55
193 IIIA (F = 3f) Domicile t. IIIA	6	4	4	25
193 IIIB (F = 3f) Domicile t. IIIB	8	5,5	5,5	30
a - types IIIA & IIIB se tenant	45	30		
193 IIIC (F = 3f) Domicile t. IIIC	30	20	20	60
194 (F = 4f 30) Domicile	5	3,5	3,5	25

195 (F = 4f 70) Domicile	5	3,5	3,5	30
196 (F = 3f 90) Colis encombrant	13	8,5	8,5	150
Série 193 à 196 (4 timbres)	28	19	19	

Série surchargée. *(à partir de l'ancienne série définitive).*

197 II =3f s 2f 70 Domicile t. II	25	17	17	50
a - papier jaunâtre	25	17	17	50

197 IIIA =3f s 2f 70 Domicile IIIA	8,5	6	5	25
a - papier jaunâtre	10	7	6	27
b - surcharge à cheval	75	50		
c - surcharge recto-verso	32	23		
d - surchargé tenant à non surchargé	750	500		
e - surcharge très déplacée	65	45		
f - surcharge très déplacée et recto-verso	130	80		

198 =4f 3 s 3f 90 Domicile	5,5	3	3,5	25
a - papier jaunâtre	7	4	4,5	25
b - surcharge à cheval	75	50		
c - surcharge recto-verso	60	40		
d - surchargé tenant à non surchargé	750	500		
e - surcharge très déplacée	65	45		

199 =4f 7 s 4f 20 Domicile	6	4	3,5	30
a - papier jaunâtre	8	5	4,5	30
b - surcharge barres seules (décalage)	700	485		
c - surcharge à cheval	85	55		
d - surchargé tenant à non surchargé	750	500		
e - surcharge très déplacée	75	50		

200 =3f 9 s 3f 50 Colis encombrant	6	4	4	115
a - surchargé tenant à non surchargé	850	550		
b - surcharge très déplacée	85	55		

Série 197 à 200 (4 timbres)	26	17	16	

Surcharge à cheval   Surcharge très déplacée

Un "Domicile" vert sans valeur dans le cartouche a aussi été surchargé, vraisemblablement par erreur.

199A =4f 7 Domicile (erreur)	2 100	1 450

Série définitive. Sans valeur dans le cartouche surch.
Sans filigrane

201sf I 3f Domicile t. I	15	10	10	40

201sf II 3f Domicile t. II	30	20	20	55
a - papier jaunâtre	30	20	20	55

201sf IV 3f Domicile t. IV	6,5	4,5	5	25
a - papier jaunâtre	8,5	5,5	6	30
b - surcharge déplacée (sortant du cadre)	50	30		
c - surcharge doublée (valeur faciale)	900	600		
d - surcharge hors cartouche	100	65		
e - surcharge recto-verso	70	40		
f - surchargé tenant à non surchargé	1 500	1 000		

201sf V 3f Domicile t. V	7,5	5	5,5	30
a - papier jaunâtre	8,5	6	6	30
b - signatures quasiment absentes	22	15		

202sf 4f 3 Domicile	15,5	12	7	35
a - surcharge déplacée (sortant du cadre)	60	35		
b - surcharge hors cartouche	100	65		

203sf 4f 7 Domicile	18	13,5	3	45
a - surcharge déplacée (sortant du cadre)	60	35		
b - surcharge hors cartouche	125	80		

204sf 3f 9 Colis encombrant	130	85	70	250

Série 201sf à 204sf (4 timbres)	170	115	85	

Avec filigrane

201af 3f Domicile (t IV)	25	15	13

202af 4f 3 Domicile	40	25	16

203af 4f 7 Domicile	40	25	16

204af 3f 9 Colis encombrant	25	15	15
a - surcharge déplacée (sortant du cadre)	80	50	

Série 201af à 204af (4 timbres)	130	80	60

Un "Domicile" brun avec valeur en rouge a été imprimé, mais est resté non émis.

201A 3f Domicile, non émis (t. V)	2 100	1 250
a - surcharge doublée (valeur faciale)	2 750	1 800

1944 - (tarif du 1ᵉʳ janvier)

Taille-dce (f 100). Grav: P. Gandon. Tir: 200 000. Avec filigrane.

205 20f Remboursement	8	6	8
non dentelé, sans filigrane	550	375	

1944 - (1ᵉʳ juillet) série "Electrification".
Taille-douce (feuilles de 50). Tirage: 2 575 000 séries.

Avec filigrane
II - Valeur déclarée. Barrage de Marèges. Gravure: Raoul Serres.

206af 1f Valeur déclarée	11	8	8
⊡		625	
⊡ en bleu		825	
a - papier jaunâtre	13	9	9

207af 5f Valeur déclarée	11	8	8
⊡		625	
⊡ en bleu		825	
a - impression défectueuse de la faciale	15	10	10

III - Remboursement. Caténaires. Dessin: R. Bernard. Gravure: Raoul Serres.

208af 2f 50 Remboursement   11   8   8   100
▣ en bleu   625
                   825

209af 7f 50 Remboursement   11   8   8   125
▣ en bleu   625
                   825

III - Non émis.   IV - Intérêt à la livr. Ligne à haute tension. Grav: R. Serres.

209A 20f Remboursement non émis   2 100   1 400
▣   1 800
                        2 400

210af 1f Intérêt à la livraison   11   8   8
▣ en bleu   625
                   825

Série 206af à 210af (5 timbres)   55   40   40

Sans filigrane
Il s'agit en fait d'un tirage réalisé sur un papier légèrement différent qui comporte des traces confuses de filigrane.

206sf 1f Valeur déclarée   600   375

207sf 5f Valeur déclarée   600   375

208sf 2f 50 Remboursement   500   325
a - tenant à timbre avec filigrane   1 000   650

209sf 7f 50 Remboursement   600   375

210sf 1f Intérêt à la livraison   600   375

Série 206sf à 210sf (5 timbres)   2   500   1 625

Carnet S.N.C.F. du 15 juin 1944   2 500

1945 - *(tarif du 15 janvier)*

On a repris la même recette (provisoires, surchargés, définitifs), sauf que la série définitive a été réalisée avec de nouveaux sujets.

Série provisoire. *Sans valeur dans le cartouche surch "G".*
Sans filigrane

211sf (G = 5f) Domicile (V)   8,5   6,5   7
a - surcharge recto-verso   30   20

212sf (G = 7f 20) Domicile   8,5   6,5   7

213sf (G = 7f 80) Domicile   8,5   6,5   7
a - lignes verticales (impr défectueuse)   15   10   10

214sf (G = 6f 60) Colis encombrant   10,5   7,5   8

Série 211sf à 214sf (4 timbres)	36	27	29

211af (G = 5f) (V) Domicile	28	20	20
212af (G = 7f 20) Domicile	22	15	15
213af (G = 7f 80) Domicile	22	15	15

Série surchargée. *(à partir de la série définitive de 1941)*
Avec filigrane

215af IV =5f s 3f Domicile t. IV

	10,5	7,5	7,5
a - papier jaunâtre	12	8,5	8,5
b - signatures quasiment absentes	25	17	
c - surcharge défectueuse	13	9	9

215af V =5f s 3f t. V Domicile	13,5	9,5	9,5
216af =7f 2 s 4f 3 Domicile	10,5	7,5	7,5

217af =7f 8 s 4f 7 Domicile	10,5	7,5	7,5
218af =6f 6 s 3f 9 Colis encombr.	13,5	9	9
Série 215af à 218af (4 timbres)	45	31,5	31,5

Sans filigrane

215sf IV =5f s 3f t. IV Domicile	90	55
215af V =5f s 3f t. V Domicile	90	55
216sf =7f 2 s 4f 3 Domicile	90	55
217sf =7f 8 s 4f 7 Domicile	90	55
218sf =6f 6 s 3f 9 Colis encombr.	90	55
Série 215sf à 218sf (4 timbres)	340	220

Série définitive. *Nouveaux sujets.*
Avec filigrane

219af(230) 5f Domicile	27	19	19
▣ sans la valeur		825	
220af(231) 7f 2 Domicile	26	18	18
▣ sans la valeur état 1		950	
▣ sans la valeur état 2		825	

Etat 1: cartouche des échelons évidé

Etat 2: avec cartouche des échelons

221af(232) 7f 8 Domicile	26	18	18
▣ sans la valeur		825	
a - sans valeur dans le cartouche	1 250	800	
222af(233) 6f 6 Colis encombrant	11	8	8
▣ sans la valeur état 1		950	
▣ sans la valeur état 2		825	

Etat 1: signature "Del. Sc. H. Cheffer"

Etat 2: signature "Sc. H. Cheffer" (définitif)

Note: les épreuves sans valeur dans le cartouche proviennent d'un carnet d'étude (non encore vu dans les ventes).

Série 219af à 222af (4 timbres)	90	63	63

Sans filigrane

219sf 5f Domicile	13	8
a - sans valeur ds le cartouche, non dent.	800	525
220sf 7f 2 Domicile	50	32
221sf 7f 8 Domicile	33	22

1945 - *(octobre - novembre)*
Timbres de mise à jour

223A Colis 1er échelon	650	425
223B Colis 2ème échelon	650	425
223C Colis 3ème échelon	650	425

223D Colis 4ème éch., zone 1	650	425
223E Colis 4ème éch., zone 2	650	425
223F Colis 4ème éch., zone 3	650	425

223G Colis 5ème éch., zone 1	650	425
223H Colis 5ème éch., zone 2	650	425
223I Colis 5ème éch., zone 3	650	425

223J Avis d'encaissement	750	525
Série 223A à J (10 timbres)	6 600	4 350

Timbres de prestation: *provisoires non émis.*

224A Domicile, lie-de-vin	1 350	800
224B Domicile, bleu	1 350	800

224C Domicile, vert	1 350	800
224D Colis encombrant	1 350	800
Série 224A à D (4 timbres)	5 400	3 200

PETITS COLIS

Pour la période 1919 à 1959:
1ère colonne: neuf ** sans charnière
2ème colonne: neuf * avec charnière légère
3ème colonne: oblitéré
4ème colonne: oblitéré sur bulletin
(affranchissements composé: timbre le plus cher sur bulletin + autres timbres oblitérés)

1935 - (tarif du 1er novembre).

Il s'agit de la création du service des "Petits colis", différent de celui des colis postaux. Ces timbres, qui ne pouvaient être légalement vendus au public (loi des 11-12 juillet 1885), servaient à l'affranchissement des colis de 0 à 50 kgs. Lors du projet "vignettes artistiques", la S.N.C.F. a essayé de faire modifier cette loi, l'échec de cette tentative ayant conduit à l'abandon du projet malgré l'état d'avancement des maquettes.

Cette 1ère série a été réalisée en trois tirages sur papier filigrané (mêmes cotes).

Le 1er tirage (septembre 1935) comprend un numéro d'ordre (en noir) suivi d'une lettre. Le filigrane est composé de chiffres "6".

2ème tirage (avril 1937), la lettre du numéro d'ordre disparaît, le filigrane est composé de chiffres "9".

3ème tirage (février 1938), pas de lettre, filigrane avec chiffres "6" reliés entre eux.

Tous ces tirages portent la légende "Grands réseaux de chemins de fer français".

Le 30f n'est connu qu'à quelques centaines d'exemplaires, avec ou sans numéro d'ordre, donc issus du 1er tirage et du 2ème ou 3ème tirage.

		☆☆	☆	▢	▣
1	1f Grands réseaux	20	15	15	125
2	2f Grands réseaux	20	15	15	125
3	3f Grands réseaux	20	15	15	125

4	4f Grands réseaux	20	15	15	125
5	5f Grands réseaux	20	15	15	125
6	6f Grands réseaux	35	25	25	150

7	7f Grands réseaux	35	25	25	150
8	8f Grands réseaux	35	25	25	150
9	9f Grands réseaux	35	25	25	150

10	10f Grands réseaux	55	35	30	115
11	20f Grands réseaux	55	35	30	125

12	30f Grands réseaux	1 050	700	250	1 200
13	40f Grands réseaux	80	50	45	200

14	50f Grands réseaux	80	50	45	300
15	60f Grands réseaux	80	50	45	300
16	70f Grands réseaux	85	55	45	300

17	80f Grands réseaux	85	55	45	300

18	90f Grands réseaux	200	120	80	425
19	100f Grands réseaux	240	150	125	450
	Série 1 à 19 (19 timbres)	2 250	1 475	915	

Non émis.

19A   5f Gds réseaux, non émis   2 000   1 350

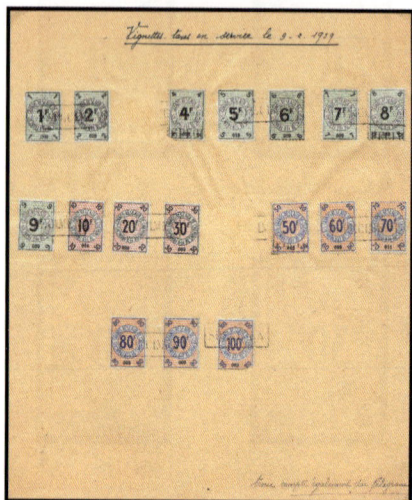

Feuille "Spécimen" de la série (1ᵉʳ, 2ᵉᵐᵉ, ou 3ᵉᵐᵉ tir.)   2 600
Timbre à l'unité sch "Spécimen" (sg), chaque: 125

1939 - (août).

20	1f Société Nationale	35	25	25
21	2f Société Nationale	35	25	25
	⊠ dans la couleur adoptée, nd			200
	⊠ en couleur non adoptée, nd			200
22	3f Société Nationale	35	25	25

23	4f Société Nationale	35	25	25
24	5f Société Nationale	35	25	25
25	6f Société Nationale	60	40	40

26	7f Société Nationale	60	40	40
27	8f Société Nationale	60	40	40
28	9f Société Nationale	75	50	50

29	10f Société Nationale	110	65	65
	a - paire "Spécimen"	425	275	
30	20f Société Nationale	110	65	90
31	30f Société Nationale	1 350	950	450
	Série 20 à 31 (12 timbres)	2 000	1 375	900
	⊡ de décomposition		1 300	

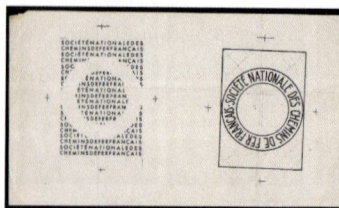

*Epreuve de
décomposition
de la légende
et du fond de
sûreté*

Feuille "Spécimen" de la série d'août 1939   2 250
Timbre à l'unité sch "Spécimen" (sg), chaque: 165

1944 - *(tarif du 1er janvier)*

Avec filigrane (2ème tirage).

Lithographie (feuilles de 100 en deux panneaux de 50). Dessin: Henry Cheffer. Imprimés par Delrieu.

Paire "Spécimen" des cours d'instruction (surcharge encadrée ou non). Ces timbres existent oblitérés sur bulletin. Les cotes en neuf sont données pour des paires (un isolé vaut -60%). Par contre, les cotes en oblitéré sont données pour des timbres à l'unité (isolé).

Essais de couleur du 1f et du 2f

Essais lithographiés de Delrieu des 1f, 2f, 3f au format des timbres gravés.

Existent en jaune ou en gris-lilas et se présentent normalement en épreuve collective avec ces deux couleurs (dont un certain nombre ont été découpées).

32af 1f Locomotive à vapeur	**10**	**5**	**1,5**	**50**
⊠ couleur non adoptée nd sg			55	
⊠ litho Delrieu jne ou gris-lilas			425	
a - paire "Spécimen"	15	10	7	40
33af 2f Locomotive à vapeur	**15**	**7**	**2**	**50**
⊠ couleur non adoptée nd sg			190	
⊠ litho Delrieu jne ou gris-lilas			425	
a - paire "Spécimen"	17	11	7	40
b - pli accordéon			100	

Taille-douce. Dessin: Henry Cheffer. Gravés par l'Institut de Gravure

34af 5f outremer Loco. à vapeur	**42**	**32**	**2**	**50**
⊠ couleur non adoptée nd sg			150	
⊡ sans la valeur			575	
bon à tirer de l'Institut de Gravure			1 750	
tirage sur bristol à l'unité			425	

Les six couleurs de l'essai du 5f (nd sg)

35af 10f rouge Loco. à vapeur	**27**	**16**	**2**	**45**
bon à tirer de l'Institut de Gravure			1 750	
tirage sur bristol à l'unité			425	
a - paire "Spécimen"	235	160		

36af 20f vert Loco. à vapeur	**21**	**14**	**2**	**50**
⊠ couleur non adoptée nd sg		200		
bon à tirer de l'Institut de Gravure			1 750	
tirage sur bristol à l'unité			425	
a - paire "Spécimen"	235	160		
37af 50f orange Loco. à vapeur	**35**	**25**	**2**	**50**
bon à tirer de l'Institut de Gravure			1 750	
tirage sur bristol à l'unité			425	
a - paire "Spécimen"	235	160		
38af 100f noir Loco. à vapeur	**70**	**46**	**2**	**50**
bon à tirer de l'Institut de Gravure			1 750	
tirage sur bristol à l'unité			425	
a - paire "Spécimen"	235	160		
Série 32af à 38af (7 timbres)	**220**	**145**	**13,5**	

Sans filigrane (1er tirage).

Ce tirage comporte un bas de feuille numéroté:

32sf 1f Locomotive à vapeur	**20**	**13**	**6,5**
33sf 2f Locomotive à vapeur	**25**	**17**	**6,5**
34sf 5f outremer Loco. à vapeur	**85**	**55**	**6,5**
35sf 10f rouge Loco. à vapeur	**50**	**35**	**6,5**
36sf 20f vert Loco. à vapeur	**40**	**25**	**6,5**
non dentelé	400	250	
37sf 50f orange Loco. à vapeur	**75**	**50**	**6,5**
38sf 100f noir Loco. à vapeur	**130**	**90**	**7**
Série 32sf à 38sf (7 timbres)	**425**	**285**	**46**

Timbres non émis, non dentelés (vert clair: quelques pièces connues).

1944-45 - *(à partir de ce moment, tous les timbres*

"Locomotive à vapeur" sont avec filigrane. Le 4f gris-noir a été émis en juin 1945, les autres valeurs en juillet 1944.

39 3f Locomotive à vapeur	**15**	**8**	**2**	**50**
⊠ litho Delrieu jne ou gris-lilas		425		
⊞ des essais Delrieu			4 000	
a - paire "Spécimen"	25	14	7	55
40 4f Locomotive à vapeur	**20**	**13**	**3**	**60**
a - paire "Spécimen"	30	17	8	55
41 7f violet Loco. à vapeur	**135**	**85**	**3,5**	**65**
a - paire "Spécimen"	235	160		

42 8f Locomotive à vapeur   40   24   3   50
a - paire "Spécimen"   30   18   9   55

43 9f bleu-vert Loco. à vapeur   65   40   5,5   85
▣ en bleu: bon à tirer daté   1 350
a - paire "Spécimen"   235   160

44 30f violet Loco. à vapeur   165   110   2   50
▣ en bleu: bon à tirer daté   1 350
a - paire "Spécimen"   235   160

Série 39 à 44 (6 timbres)   440   280   19

1er janvier 1946: les timbres "petits colis"
deviennent timbres "tous colis"

1946
- Emissions: avril 1946: 40f; août 1946: 70f, 80f, 90f; et octobre 1946: 6f, 60f, 200f.

45 6f Locomotive à vapeur   31   21   2   50
a - paire "Spécimen"   28   16   7   40
b - rose-gris au lieu de lilas-rose (1958)   36   22   3,5   55
c - rose vif au lieu de lilas-rose (1959)   42   27   5   60

46 40f Locomotive à vapeur   47   32   2   50
a - paire "Spécimen"   25   14   7   50

47 60f Locomotive à vapeur   50   35   2   45
a - paire "Spécimen"   50   30   10   50
b - rose-gris au lieu de lilas-rose (1958)   55   35   4   50

48 70f violet Loco. à vapeur   350   235   35   175

49 80f Locomotive à vapeur   47   32   3   50
a - paire "Spécimen"   50   30   15   55

50 90f bleu-vert Loco. à vapeur   300   185   33   275

51 200f Locomotive à vapeur   65   40   3   50
a - paire "Spécimen"   600   400   130   225
b - vert-jaune au lieu de vert-olive (1948)   85   50   10   70

Série 45 à 51 (7 timbres)   880   580   80

1947 - *(juillet).*
Anciennes valeurs avec couleurs modifiées.

52 5f bleu Loco. à vapeur   40   25   2,5   50
▣   725
a - paire "Spécimen"   22   15   8   40
b - bleu-vert (tirage de 1949)   50   35   3   60

53 7f mauve clair Loco. à vapeur   530   340   22   160
▣: bon à tirer daté   1 750
a - paire "Spécimen"   35   22   11   50

54 9f turquoise Loco. à vapeur   380   250   20   160
a - paire "Spécimen"   125   80   35   80
b - bleu clair au lieu de turquoise (1953)   375   250   20   160
c - gris-vert au lieu de turquoise (1959)   385   260   30   185

55 30f gris Loco. à vapeur   135   90   2,5   50
a - paire "Spécimen"   25   14   7   50
b - gris-violet au lieu de gris   150   95   3   50
c - gris-olive au lieu de gris   150   95   3   50

56 70f mauve clair Loco. à vapeur   350   235   9   95
a - paire "Spécimen"   50   30   11   60
b - gris clair au lieu de mauve clair (1959)   385   260   17   110

57 90f bleu clair Loco. à vapeur   265   175   3   60
a - paire "Spécimen"   70   45   20   70
b - turquoise au lieu de bleu clair   265   175   3   60

58 100f jaune Loco. à vapeur   650   465   3   60
a - paire "Spécimen"   235   160

Série 52 à 58 (7 timbres)   2 350   1 580   62

1948
- (500f: émis en mars: 1 000f: émis en octobre).

59 500f Locomotive à vapeur | **160** | **105** | **3** | **65**
a - paire "Spécimen" | 120 | 75 | 40 | 85

60 1000f Locomotive à vapeur | **570** | **390** | **20** | **150**
◻ sans la valeur | 1 350
a - paire "Spécimen" | 175 | 115 | 50 | 135

Epreuve sans la valeur

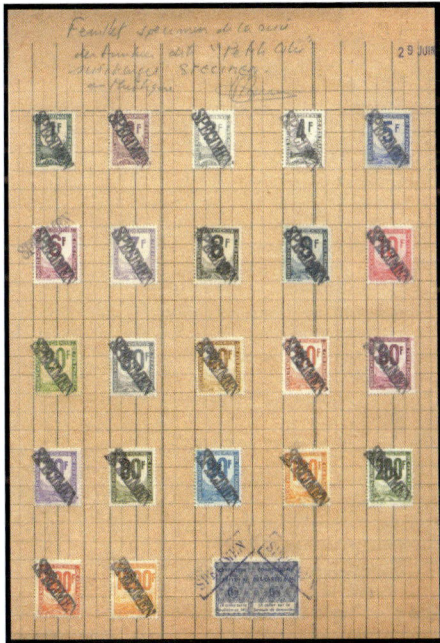

1951-52 - *Anciennes valeurs avec couleurs modifiées.*

61 10f vert Loco. à vapeur | **110** | **70** | **10** | **85**
a - paire "Spécimen" | 125 | 80 | 40 | 90

62 20f violet Loco. à vapeur | **110** | **70** | **18** | **150**
a - paire "Spécimen" | 125 | 80 | 40 | 90

63 50f bleu Loco. à vapeur | **135** | **85** | **12** | **100**
a - paire "Spécimen" | 170 | 110 | 50 | 135

64 100f rouge Loco. à vapeur | **35** | **25** | **2** | **45**
a - paire "Spécimen" | 70 | 50 | 25 | 55

Série 61 à 64 (4 timbres) | **390** | **250** | **42**

Séries 32 à 64 (33 timbres) | **5 000** | **3 325** | **240**

A partir de 1960:
1ère colonne: neuf ** sans charnière
2ème colonne: oblitéré
3ème colonne: oblitéré sur bulletin
(affranchissements composé: timbre le plus cher sur bulletin + autres timbres oblitérés)

1960 - *(1er janvier).*
Avec filigrane

	☆☆	⊙	⊡
65af 0,05 Locomotive électrique	**25**	**2,5**	**60**
⊡ en noir		475	
a - surchargé "Spécimen"	12	20	90
66 0,10 Locomotive électrique	**25**	**10**	**100**
⊡ en noir		475	
a - surchargé "Spécimen"	12	25	120
67af 0,20 Locomotive électrique	**20**	**4,5**	**65**
⊡ en noir		475	
⊡ en lilas ou en vert		500	
a - surchargé "Spécimen"	12	20	90

Feuille "Spécimen" avec les faciales de 1f à 1000f | 1 750
Timbre à l'unité sch "Spécimen" (sg), chaque: | 70

68af 0,30 Locomotive électrique	**20**	**4,5**	**65**
⊡ en noir		475	
a - surchargé "Spécimen"	12	20	90
69af 0,40 Locomotive électrique	**20**	**9**	**100**
⊡ en noir		475	
a - surchargé "Spécimen"	12	25	120
70 0,50 Locomotive électrique	**20**	**5**	**75**
⊡ en noir		475	
a - surchargé "Spécimen"	12	20	100

71 0,60 Locomotive électrique	**20**	**5**	**75**
⊡ en noir		475	
a - surchargé "Spécimen"	12	20	100
72af 0,70 Locomotive électrique	**20**	**5**	**75**
⊡ en noir		475	
a - surchargé "Spécimen"	12	20	100
73af(39) 0,80 Locomotive électrique	**25**	**5**	**75**
⊡ en noir		475	
a - surchargé "Spécimen"	12	20	100

74af 0,90 Locomotive électrique	**25**	**5**	**75**
⊡ en noir		475	
a - surchargé "Spécimen"	15	22	100
75af 1,00 Locomotive électrique	**30**	**2,5**	**50**
⊡ en noir		475	
a - surchargé "Spécimen"	15	21	90
76af 2,00 Locomotive électrique	**30**	**2,5**	**50**
⊡ en noir		475	
a - surchargé "Spécimen"	15	21	90

77af 3,00 Locomotive électrique	**30**	**2,5**	**50**
⊡ en noir		475	
a - surchargé "Spécimen"	15	22	90

78af 4,00 Locomotive électrique	**30**	**2,5**	**50**
⊡ en noir		475	
a - surchargé "Spécimen"	15	22	90
79af 5,00 Locomotive électrique	**30**	**2,5**	**50**
⊡ en noir		475	
a - surchargé "Spécimen"	15	22	90

80af 10,00 Locomotive électrique	**45**	**3**	**65**
⊡ en noir		475	
a - surchargé "Spécimen"	22	40	140
81af 20,00 Locomotive électrique	**60**	**19**	**200**
⊡ en noir		475	
a - surchargé "Spécimen"	30	45	250
Série 65af à 81af (17 timbres)	**475**	**90**	
⊡ en noir sans la valeur		500	

*surchargés "Spécimen" pour les cours d'instruction
(surcharge horizontale, verticale, à cheval, renversée, etc.
aucune incidence sur la cote). Existent sur bulletin.*

Série 65 à 81 "Spécimen" (17 tbres)	**250**	**400**
65sf 0,05 Locomotive électrique	**40**	**7,5**
a - surchargé "Spécimen"	20	45
67sf 0,20 Locomotive électrique	**385**	**65**
a - surchargé "Spécimen"	165	200
68sf 0,30 Locomotive électrique	**280**	**65**
a - surchargé "Spécimen"	100	150
69sf 0,40 Locomotive électrique	**200**	**35**
a - surchargé "Spécimen"	85	135
72sf 0,70 Locomotive électrique	**40**	**7,5**
a - surchargé "Spécimen"	20	45
73sf 0,80 Locomotive électrique	**40**	**7,5**
a - surchargé "Spécimen"	20	45
74sf 0,90 Locomotive électrique	**40**	**7,5**
a - surchargé "Spécimen"	20	45
75sf 1,00 Locomotive électrique	**35**	**4,5**
a - surchargé "Spécimen"	20	45
76sf 2,00 Locomotive électrique	**35**	**4,5**
a - surchargé "Spécimen"	20	45
77sf 3,00 Locomotive électrique	**35**	**4,5**
a - surchargé "Spécimen"	20	45
78sf 4,00 Locomotive électrique	**35**	**4,5**
a - surchargé "Spécimen"	20	45
79sf 5,00 Locomotive électrique	**35**	**4,5**
a - surchargé "Spécimen"	20	45
80sf 10,00 Locomotive électrique	**45**	**7,5**
a - surchargé "Spécimen"	30	65
81sf 20,00 Locomotive électrique	**55**	**25**
a - surchargé "Spécimen"	40	110
Série 65sf à 81sf (14 timbres)	**1 300**	**250**
surchargé "Spécimen"	600	1 065

COLIS POSTAUX DE PARIS POUR PARIS

Période 1878, les cotes sont réparties en 2 colonnes:
1ère colonne: neuf sans gomme
2ème colonne: oblitéré

1878 - Timbres de la "Compagnie des Transports parisiens par omnibus", ne sont connus qu'à l'état défectueux, sauf le n°2. Dessin: Dujardin. Gravure: G. Duval.

1	25c noir		325	300
2	50c bleu	1 180	325	300

3	75c vert	450	400
4	1f rouge	500	425

A partir de 1886, les cotes sont réparties en 3 colonnes:
1ère col: bulletin complet (3 volets ou plus)
2ème col: timbre + récépissé ou récépissé + talon
3ème col: timbre seul ou récépissé seul
(certains timbres ont été émis sous forme de carnet. Cote d'un carnet complet: somme des timbres + 40%)
Note: l'état ou l'absence de gomme n'a aucune incidence sur la cote

1886 - Emission de la "Compagnie des Messagers Nationaux" avec roue de vélocipède.
Acheminement normal

avec nom de l'imprimeur   sans nom de l'imprimeur

1	25c noir	425	265	175
	a - sans nom de l'imprimeur	425	265	175
	b - surchargé "Annulé" au verso	465	285	175

Timbre de correspondance
(avec cachet humide de papier timbré à 10c)

1A	25c noir sch "Correspondance des Colis Posataux de Paris - Taxe totale 50c"	550	300	190
	a - surchargé "Annulé" au verso	575	325	190

Timbre pour envois contre remboursement

1B	25c noir surch "REMB 20"	1 000	665	285
	a - surchargé "Annulé" au verso	1 100	685	285

1890 - Caducée sur deux triangles superposés. Emission provisoire de la "Compagnie des Colis postaux de Paris pour Paris". Existe en deux types, provenant de deux tirages distincts.

Type I: cercle encoché (sur le timbre et sur le récépissé)   Type II: cercle intact

2 I	25c noir, type I	275	85	55
	a - "e" de "des" absent (récépissé)	300	100	60
	b - surchargé "Annulé" au verso	300	100	55

Normal   "e" de "des" absent

2 II	25c noir, type II	275	85	55
2A	25c noir sch "5 Kg" (1892)	400	185	110

1891 - Grandes armoiries de la ville de Paris. timbres avec fond burelé.
Acheminement normal

3	25c noir sur burelage bistre	75	32	7
	a - surchargé "Annulé" au verso	80	35	7
3A	25c noir s bistre sch "5 Kg"	475	210	95

3B	25c surch "messager"	160	80	40
	a - surchargé "Annulé" au verso	175	85	40

Timbres pour envois contre remboursement

4 60c noir sur burelage bleu   **75**   **32**   **7**
a - surchargé "Annulé" au verso   80   35   7

4A 60c noir s bleu sch "REMB"   **135**   **75**   **35**

4B 60c noir s bleu sch "REMB 20"   **160**   **80**   **40**

5 85c noir sur burelage vert   **75**   **35**   **7**
a - surchargé "Annulé" au verso   85   40   7

Timbre pour envois en valeur déclarée

3C 25c noir s bistre sch "VD 35"   **575**   **250**   **110**

1891 - *Grandes armoiries de la ville de Paris.*
Timbres avec fond burelé se présentent en deux volets formant tête-bêche (sans gomme).
Acheminement normal

6 25c noir sur burelage bistre   **20**   **7**
a - piquage à cheval   100   35

Timbres pour envois contre remboursement

7 60c noir sur burelage bleu   **20**   **7**

8 85c noir sur burelage vert   **20**   **7**

1892 - *Grandes armoiries de la ville de Paris.*
Timbre sans fond burelé.
Acheminement normal

9 25c noir sur blanc   **65**   **27**   **11**
a - oblitéré (points bleus ou c à d)   100   45   16
b - surchargé "Annulé" au verso   70   30   11

9A 25c noir s blanc sch "5 Kg"   **800**   **350**   **100**

9B 25c surchargé "messager"   **150**   **75**   **35**
a - surchargé "Annulé" au verso   160   80   35

Timbre pour envois en valeur déclarée

9C 25c noir s blanc sch "VD 35"   **700**   **300**   **100**

Timbres pour colis expédiés en banlieue ou par chemin de fer.
Deux types de légende existent: "Correspondance banlieue" et "chemin de fer - Xkg gare ou domicile". Existent dentelés, non dentelés, ou dentelés 1 ou 3 côtés (mêmes cotes).

10 50c correspondance banlieue   **22**
11 85c correspondance banlieue   **45**
12 1f 05 correspondance banlieue   **50**
13 1f 10 correspondance banlieue   **45**
14 1f 30 correspondance banlieue   **50**

15 85c correspondance chemin de fer   **13**
16 1f 05 correspondance chemin de fer   **20**
17 1f 10 correspondance chemin de fer   **13**
18 1f 30 correspondance chemin de fer   **20**

1894: nouvelle adresse et nouvelle légende sur les timbres: 23, rue du Louvre

1894 - *Grandes armoiries de la ville de Paris, 23 rue du Louvre (aspect proche du timbre de 1892 n°6). Tbre d'acheminement. Légende: "300 agences d'expédition dans les bureaux de tabac".*

19	25c noir sur burelage vert	190	90	50
a - pub "Brasserie E. Simard" au verso		225	120	55
b - publicité "Dr Saumur" au verso		225	120	55
c - pub "M. Dugardin (portrait)" au verso		235	145	60
d - publicité "N^velle Grenade" au verso		225	120	55
e - publicité "Picotin" au verso		215	110	55
f - publicité "Picotin", surch "Annulé"		235	145	60
g - publicité "Tip Top" au verso		225	120	55

1894 - *Calèche à cheval dans un ovale. Imprimé par G. Richard - Paris. Gravure: Laissus. Timbre d'acheminement. Légende: "400 B^eaux de tabac dépositaires".*

20	25c noir sur bistre	285	130	60
a - publicité "Elixir Dubourg" au verso		315	150	60
non dentelé		450	215	110
b - surchargé "Annulé" au verso		350	175	65

1895 - *Petites armoiries de la ville de Paris dans un ovale. Imprimé par G. Richard - Paris. Gravure: Laissus. Légende: "400 B^eaux de tabac dépositaires".*
Acheminement normal

21	25c noir sur bistre	325	140	55
a - pub "Absinthe Terminus" au verso		365	165	65
b - pub "Absinthe Terminus", sch "Annulé"		385	175	70
c - publicité "La petite revue" au verso		365	165	65
d - surchargé "Annulé" au verso		385	185	65

Envoi en nombre (abonnement)
Armoiries de la ville de Paris dans un ovale, présentation proche du timbre précédent, mais en deux volets uniquement. Imprimé par G. Richard - Paris.

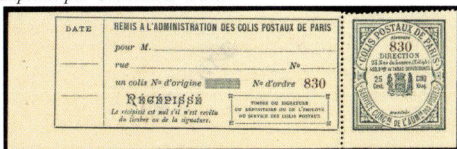

22	25c vert-bleu sur bistre	325	55
a - surchargé "Annulé" au verso		350	55

Timbre pour envois en valeur déclarée

21A	25c noir s bistre sch "VD 35"	800	350	100

1897-98 - *Armoiries de la ville de Paris dans un ovale et enveloppe dans un ovale. Légende: "450 B^eaux de tabac dépositaires".*

Acheminement normal
Le 25c est au motif "armoiries de la ville de Paris dans un ovale", mais les deux 40c sont au motif "enveloppe dans un ovale".

23	25c noir s bistre (armoiries)	235	105	30

24	40c noir s gris (enveloppe)	70	35	15
a - surchargé "Annulé" au verso		80	40	15

25	40c noir s bleu (enveloppe)	70	35	15
a - surchargé "Annulé" au verso		80	40	15

25A	40c sch "10 kg - 0,35"	210	90	50

Envoi en nombre (abonnement)
Armoiries de la ville de Paris dans un ovale (couronne à 4 créneaux, légende: "450 B^eaux de tabac dépositaires"), deux volets.

26 25c vert

	200	35
a - surchargé "Annulé" au verso	225	40
b - surchargé "Spécimen"	225	45
c - surchargé "Spécimen" doublé	250	50

Timbre pour envois en valeur déclarée

24A 40c noir s gris sch "VD 1"   150   60   27

24B 40c noir s gris sch "VD 10"

	150	55	27
a - surchargé "Annulé" au verso	165	65	27

25B 40c noir s bleu sch "VD 10"   200   90   50

Timbre pour colis non postaux

Timbre dont le but semble avoir été de payer le transport d'un colis dont le poids dépassait la limite autorisée (10kg jusqu'en 1926, puis 20kg).

27 Colis non postaux noir s bleu   100   60   30

1901-03 - *Armoiries de la ville de Paris dans un ovale et enveloppe dans un ovale. Légende: "600 B^{eaux} de tabac dépositaires".*

Acheminement normal

L'ancienne légende du récépissé "Adm^{on} des colis postaux de Paris" est remplacée par "Colis postaux de Paris pour Paris".

28 25c noir (armoiries)

	210	100	30
non dentelé	210	100	35

29 40c noir s bleu (enveloppe)   70   35   15

Envoi en nombre (abonnement)

Armoiries de la ville de Paris dans un ovale (25c), et enveloppe dans un ovale (40c), se composent de deux volets uniquement. Légende: "600 B^{eaux} de tabac dépositaires".

Le 25c existe en deux types: couronne 4 créneaux (typr I), ou couronne à 5 créneaux (type II).

| Type I: couronne à 4 créneaux | | Type II: couronne à 5 créneaux |

30 I 25c vert t. I (armoiries)

	250	45
a - surchargé "Annulé" au verso	275	50

30 II 25c vert t. II (armoiries)

	250	45
a - surchargé PC en violet	275	55

31 40c bleu (enveloppe)

	45	16
a - surchargé 2 lignes de pointillés violets	70	27

Timbre pour envois contre remboursement

32 20c noir sur rose

	120	45	30
a - surchargé 2 lignes de pointillés violets	200	65	40

Timbre pour envois en valeur déclarée

33 Récépissé suppl VD 10c noir s or^{ge}

	140	50	35
a - surchargé "10"	210	70	50

1906 - *Présentation des légendes dans une arche, destiné à remplacer l'encien visuel avec les armoiries. Texte en noir, 3 volets.*
Acheminement normal
34 25c jaune (5kg) (arche)   45   22   12

Colis réclame: tarif spécial (toujours sans récépissé)
Bloc de quatre: unité x5

35 15c noir   200
    a - surchargé 2 lignes de pointillés violets   315

36 20c noir   200

37 35c noir   200

1917 - *Présentation des légendes dans une arche et enveloppe dans un ovale. Texte noir.*
Acheminement normal
38 30c s 25c jaune (5kg) (arche)   200   90   13

39 30c jaune (5kg) (arche)   110   55   17
    a - surcharge "1" gras   210   90   40

40 45c s 40c bleu (enveloppe)   65   30   17
    a - surcharge "45c" encadrée   70   35   17

Timbre pour colis en correspondance
Présentation semblable aux timbres "arche" précédents, mais avec légende du bas (récépissé du milieu) modifiée, et tarification se composant d'une valeur de base suivie le plus souvent du signe "P" et d'une espace pour rajouter manuellement la valeur complémentaire (les timbres "Franco" et "Port dû" à 30c faisant exception).

41 30c+ rose "Franco" (arche)   200   120   25

42 30c brun "Port dû" (arche)   150   90   14
    a - sans nom de l'imprimeur   150   95   17
    b - piquage double à gauche   185   110

1919 - *Présentation des légendes dans une arche et enveloppe dans un ovale.*
Acheminement normal
43 40c jaune (5kg) (arche)   210   110   35

44 65c s 45c s 40c bleu (enveloppe)   65   30   17
    a - surcharge "2" gras   135   55   27
    b - surcharge "45c" encadrée   70   35   17

Timbre pour colis en correspondance (chemins de fer)
Présentation des légendes dans une arche (3 volets).

45 40c sur 30c+ rose "Franco"   170   95   25

46 40c+ rose "Franco"   110   60   17

47 40c s 30c brun "Port dû"   150   95   16

48 40c+ brun "Franco ds Paris"   65   40   16

Colis réclame
Timbre à taxe réduite pour colis réclame (feuilles de 70).

49 25c jaune   16

50 25c violet   **14**
a - rose   17

51 50c vert   **16**

Timbre pour envois contre remboursement

52 Récépissé suppl (50c - 1f) noir s rose   **125**   **45**   **30**

1919 - *Présentation des légendes dans une arche (texte noir, 3 volets).*

Timbre pour colis en correspondance (chemins de fer)
53 50c s 40c+ rose "Franco"   **70**   **40**   **15**

54 50c s 40c+ brun "Franco ds Paris"   **65**   **35**   **15**

1920 - *Présentation des légendes dans une arche et enveloppe dans un ovale.*

Acheminement normal
55 60c s 40c jne (5kg) (arche)   **200**   **95**   **35**

56 60c jne (5kg) (arche) (ss nom imprimeur)   **40**   **25**   **11**

57 60c orange (5kg) (arche) (Fortin)   **40**   **25**   **11**

58 1f s 65c s 45c s 40c bleu (enveloppe)   **90**   **50**   **15**
a - surcharge "2" gras   185   80   40

---

59 1f s 40c noir s bleu (enveloppe)   **170**   **95**   **15**

60 1f noir s bleu (enveloppe)   **130**   **65**   **25**

61 1f bleu (10kg) (arche)   **50**   **27**   **12**

Timbre pour colis en correspondance (chemins de fer)
Présentation des légendes dans une arche (3 volets).
62 60c+ brun-orange   **220**   **125**   **20**

63 1f+ violet   **235**   **135**   **30**

Timbre pour colis en correspondance (messageries)
Légende "Colis postaux de Paris"

64 60c+ brun sur paille   **185**   **115**   **50**

65 1f+ brun sur vert   **185**   **115**   **50**

Légende "Messageries - G. V. - P. V." (grande vitesse - petite vitesse)

66 1f+ brun sur rouge   **140**   **90**   **50**

Timbre pour colis en correspondance (banlieue)
Reçu avec légende "Messageries Paris - Banlieue", 33 boulevard Bourdon, Paris

67 60c rose   **200**   **90**   **35**

68 1f rose   **225**   **100**   **40**

Envoi en nombre (abonnement)

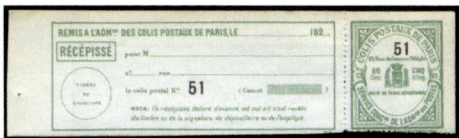

69 60c vert clair (armoiries) 90 27
a - surchargé 2 lignes de pointillés violets 125 40
b - surcharge pointillés doublée (4 lignes) 200 60

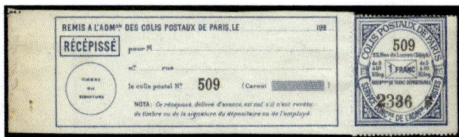

70 1f bleu foncé (enveloppe) 50 20
a - surchargé 2 lignes de pointillés violets 80 32

Timbre pour envois contre remboursement
Nouvelles formules de remboursement.
Nouveaux bulletins de remboursement grand format
(279x144mm) prenant en compte le port pour l'acheminement
normal P la taxe pour un remboursement d'un montant <500f,
se composant de 5 volets au total (cote 1ère colonne: bulletin
entier; cotes 2ème colonne: bulletin entamé).

71 1f 10 noir s rge (grande formule) 425 150

72 1f 50 noir s rose (grande formule) 400 135

73 25c noir sur bistre 10

Timbre pour envois en valeur déclarée

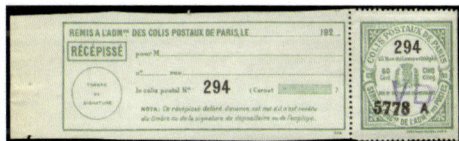

69A 60c vert clair sch "VD" 150 40

1921 - Présentation des légendes dans une arche (texte noir,
3 volets).
Timbre pour colis en correspondance (chemins de fer)

74 70c sur 60c+ brun-orange 160 95 20

75 70c+ brun-orange 160 95 20

76 1f 20 sur 1f+ violet 300 160 30

Timbre pour envois contre remboursement
    Bulletin pour un remboursement de 1000f (220x138mm)

77 Bulletin de remboursement à 10c 210 100

1924 - Présentation des légendes dans une arche et
enveloppe dans un ovale.
Acheminement normal

78 1f s 60c jne (5kg) (arche) 40 25 11
a - surchargé 2 lignes de pointillés violets 60 40 18

79 1f s 60c orange (5kg) (arche) 40 25 11
a - surcharge "2" gras 85 50 20

80 1f 80 s 60c jne (5kg) (arche) 40 25 11
a - surchargé 2 lignes de pointillés violets 60 40 18

81 1f 80 s 65c s 45c s 40c bleu (env) 100 55 16

82 1f 80 s 1f bleu (enveloppe) 100 55 22

83 1f 80 s 1f bleu (10kg) (arche) 50 27 11

84 1f 80 bleu (10kg) (arche) 50 27 11

Timbre pour colis en correspondance (chemins de fer)
Présentation des légendes dans une arche (3 volets).

85 1f sur 60c+ brun-orange 185 85 20

86 1f 80 sur 1f+ violet 210 100 30

Timbre pour colis en correspondance (messageries)
Légende "Colis postaux de Paris"

87 1f sur 60c+ brun sur paille 160 100 50

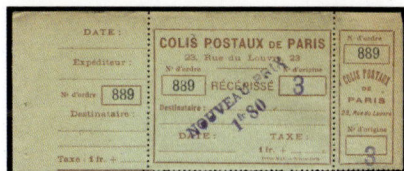

88 1f 80 sur 1f+ brun s vert 165 100 50

Légende "Messageries - G. V. - P. V."

89 1f 80 sur 1f+ brun s rouge   150   90   50

Envoi en nombre (abonnement)

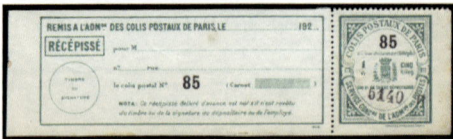

90 1f vert clair (armoiries)   85   27
a - surchargé 2 lignes de pointillés violets   125   40
b - surchargé "Spécimen" en noir   160   27

91 1f 80 bleu fcé (enveloppe)   55   22
a - surchargé 2 lignes de pointillés rouges   85   32
b - surchargé 2 lignes de pointillés violets   85   32

Colis réclame

92 1f rouge   12

Timbre pour envois contre remboursement
bulletins grand format (279x144mm) prenant en compte le port
pour l'acheminement normal P la taxe pour un remboursement
d'un montant <500f, 5 volets (cote 1ère colonne: bulletin entier;
cotes 2ème colonne: bulletin entamé).

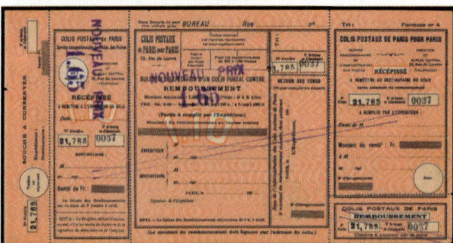

93 1f 65 s 1f 10 orange (gde formule)   425   125
a - surchargé 2 lignes de pointillés violets   450   135

94 1f 65 orange (grande formule)   500   175

95 2f 55 lilas (grande formule)   260   95

Timbre pour envois en valeur déclarée

91A 1f 80 bleu fcé sch VD   80   30

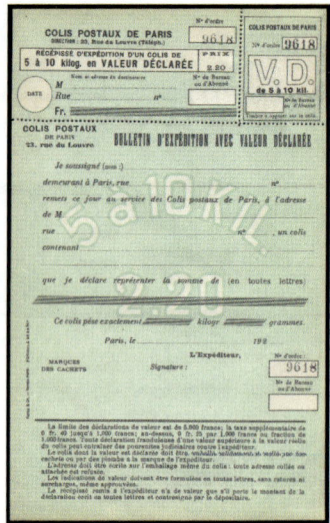

96 VD 2f 20 noir sur vert   200   90   65

1926 - Présentation des légendes dans une arche.

Timbre pour colis en correspondance (chemins de fer)

97 2f 90 s 70c+ orge sch 10 à 20 Kg   60   40   17

98 2f 90+ gris   50   30   13

1926 - Présentation des légendes dans une arche et
enveloppe dans un ovale.
Acheminement normal

99 1f 25 s 1f s 60c jaune (arche)   55   40   11

100	1f 25 jaune (5kg) (arche)	40	25	11
101	2f 10 s 1f 80 s 65c s 45c s 40c (env)	120	45	18
102	2f 10 s 1f 80 bleu (10kg) (arche)	55	30	13
103	3f 50 s 1f 80 bleu (10kg) (arche)	55	30	13
104	3f 50 vert (20kg) (arche)	60	32	18

Timbre pour colis en correspondance (chemins de fer)
Présentation des légendes dans une arche (3 volets).

105	1f 25 s 40c+ rose "Franco"	65	37	17
106	1f 25 s 50c s 40c+ br "Franco Paris"	60	32	15

Timbre pour colis en correspondance (messageries)
Légende "Colis postaux de Paris"

107	1f 25 s 60c+ brun s chamois	150	90	50
108	1f 25+ brun sur chamois	150	90	50
109	2f 10 s 1f 80 s 1f+ br s vert	185	110	50
110	2f 10+ rouge sur bleu	135	80	50

111	3f 50 s 1f 80 s 1f+ br s vert (2 lignes)	185	110	65
	a - surcharge doublée	300	185	115
112	3f 50+ brun sur vert	165	100	50

Légende "Messageries - G. V. - P. V."

113	1f 25 s 1f+ brun sur rouge	150	90	50
114	1f 25+ brun sur rouge	150	90	50

Envoi en nombre (abonnement)
Le 1f 25 porte la nouvelle adresse "96, rue Amelot".

115	1f 25 orange (armoiries)	32	13
	a - surchargé 2 lignes de pointillés rouges	37	16
	b - surchargé 2 lignes de pointillés violets	32	13
	c - surchargé "PC" en violet	37	16

116	3f 50 vert clair (armoiries)	85	27
	a - surchargé 2 lignes de pointillés violets	110	35

Envoi en nombre en correspondance pour la banlieue

117	Brun sur blanc (Fortin)	35	15
	a - sans nom de l'imprimeur	40	16
	b - surchargé 2 lignes de pointillés violets	45	17
118	Violet sur blanc (Fortin)	35	15
119	Violet s gris-bleu (Fortin)	65	40

120	Violet sur jaune (Fortin)	45	20

121	Violet sur rose (Fortin)	40	18

Colis réclame devenus officiels

122	Noir sur blanc (Fortin)		
	n° colis petits chiffres, n° carnet gos chiffres	40	18
	a - sans nom de l'imprimeur	45	20
	b - surchargé 2 lignes de pointillés violets	50	22

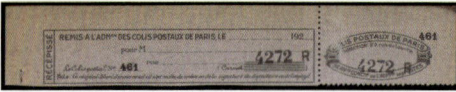

123 Noir sur violet
n° colis petits chiffres, n° carnet gos chiffres   85   45

124 Rouge sur blanc (Fortin)
n° colis petits chiffres, n° carnet gos chiffres   80   40

Timbre pour envois contre remboursement

bulletins grand format (279x144mm)

125	2f 50 s 1f 10 orange (grande formule)	425	115
126	2f 50 s 1f 75 orange (grande formule)	460	165
127	3f 35 s 1f 50 violet (grande formule)	425	115
128	3f 35 s 2f 55 lilas (grande formule)	350	100

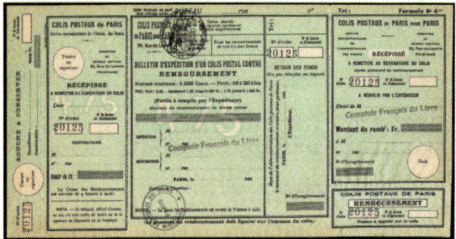

129 4f 75 vert (grande formule)   375   125

115A	1f 25 orange surch VD		40	18
130	VD 2f 50 sur 2f 20	125	70	45
131	VD 3f 90 noir sur vert	275	145	85

1926: nouvelle adresse et nouvelle légende sur les timbres: 96, rue Amelot

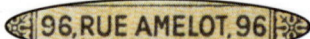

1927 - *Présentation des légendes dans une arche (texte noir, 3 volets).*
Timbre pour colis en correspondance (chemins de fer)
Présentation des légendes dans une arche (3 volets).

132	1f 40+ orange	60	35	13
133	1f 40+ rose	90	55	20

Timbre pour colis en correspondance (messageries)
Légende "Colis postaux de Paris"

134	1f 40+ brun s chamois	150	85	50

Légende "Messageries - G. V. - P. V."

135	1f 40 s 1f 25+ brun s rouge	225	130	50

1930 - *Enveloppe dans un ovale.*

Envoi en nombre (abonnement)

136	1kg - 1f 30 s 1f 80 bleu	80	50	13

Timbre pour envois en valeur déclarée

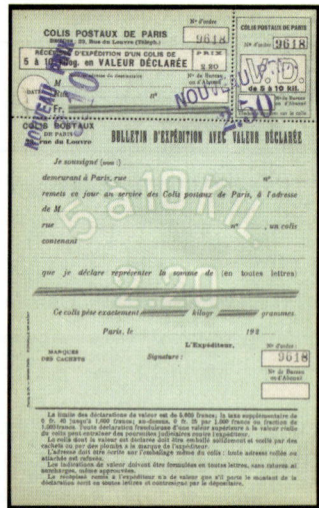

137	VD 3f 10 s 2f 50 s 2f 20	250	135	75

Timbre pour envois contre remboursement
bulletins grand format (279x144mm) cotes 2ème colonne: bulletin entamé).

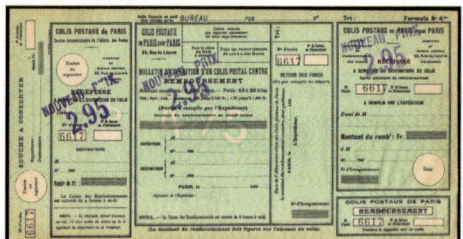

138	2f 95 s 4f 75 vert (gde formule)	450	150
139	3f 65 s 2f 55 lilas (gde formule)	375	115

1930 - *Présentation des légendes dans une arche.*

Acheminement normal

140	2f jaune (5kg)	60	40	14

140A	2f jne sch "0gr à 10kg"	60	40	14

141	2f 90 bleu ciel (10kg)	65	40	14
141A	2f 90 bleu fcé (ss nom d'imprimeur)	65	40	14

142	4f 80 vert (20kg)	75	50	14

Imprimé par Lecram Servant ("livraison**s**" au pluriel)   Sans nom d'imprimeur ("livraison" au singulier)

142A	4f 80 vert fcé (ss nom d'imprimeur)	75	50	14

Timbre pour colis en correspondance (chemins de fer)

Présentation des légendes dans une arche (3 volets). Le 2f+ violet existe imprimé soit par Fortin, soit par Lecram Servant.

143	2f s 40c+ rose "Franco"	55	35	15
144	2f s 50c s 40c+ br "Franco Paris"	50	30	13
145	2f s 40c+ br "Franco ds Paris"	50	30	13
146	2f s 1f 25 s 1f 40+ orange	50	35	13
147	2f s 1f 25 s 1f 40+ rose	75	55	20

148	2f+ violet	70	40	13

Timbre pour colis en correspondance (messageries)

Légende "Colis postaux de Paris"

149	2f s 2f 10 rouge sur bleu	140	80	50
150	2f s 3f 50 br s vert sch "5kg"	180	100	50

Envoi en nombre (abonnement)

Armoiries de la ville de Paris et enveloppe dans un ovale

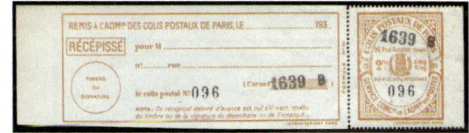

151	2f jaune-orᵍᵉ clair (Lecram Servant)	27	13
	a - surchargé "1/10"	60	20
	b - surchargé "PC" en noir	35	15

152	2f jaune-orange (Fortin)	27	13

153	2f 90 bleu clair (Lecram Servant)	22	13

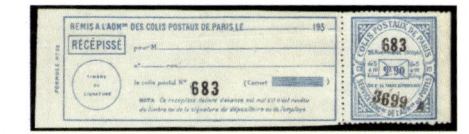

154	2f 90 bleu foncé (Fortin)	27	16

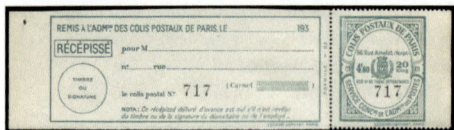

155 4f 80 vert-bleu (Lecram Servant)   60   22

156 4f 80 vert   55   17

Envoi en nombre en correspondance pour la banlieue

157 Brun sur blanc (Lecram Servant)   24   11
a - imprimé par Fortin   24   11

158 Brun sur rose   32   15

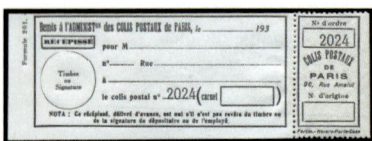

159 Noir sur blanc (Fortin)   27   13

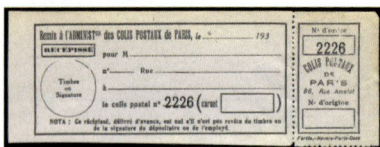

160 Noir sur gris-bleu (Fortin)   35   17

161 Noir sur rose (Fortin)   25   11

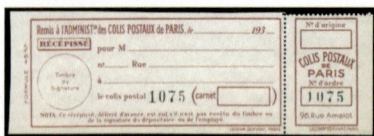

162 Rouge sur blanc (Lecram Servant)   35   17

163 Rouge sur gris-bleu (Fortin)   27   13

164 Rouge sur rose   27   13

165 Violet sur blanc   25   11
a - surchargé "PC" en noir   45   18

166 Violet sur gris-bleu   27   13

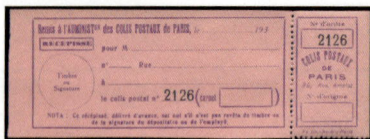

167 Violet sur rose (Fortin)   40   18

Colis réclame. Le n° 168 date vraisemblablement de 1927.

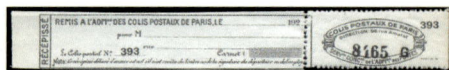

168 Noir sur blanc (Fortin)
n° colis petits chiffres, n° carnet gos chiffres 16   8
a - surchargé 2 lignes de pointillés violets   22   10

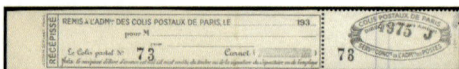

169 Noir s blanc (Lecram Servant)
n° colis gros chiffres, n° carnet gos chiffres   22   10
a - surchargé 2 lignes de pointillés violets   27   12

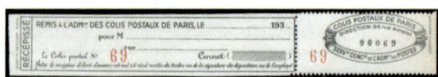

170 Noir s blanc (Lecram Servant)
n° colis gros chiffres rouge, n° carnet petits chiffres   30   15

171 Noir sur blanc (Lecram Servant)
n° colis gros chiffres rouge, pas de n° de carnet   27   12

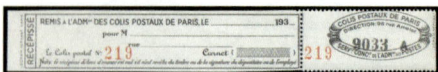

172 Noir sur blanc (Lecram Servant)
n° colis gros chiffres rouge, n° carnet gos chiffres 22   10
a - surchargé 2 lignes de pointillés violets   27   12

Timbre pour envois contre remboursement

bulletins grand format (279x144mm) 5 volets (cote 1ère colonne: bulletin entier; cotes 2ème colonne: bulletin entamé).

173 5kg, 3f 50 s 4f 75 vert (gde formule)   400   125
a - surcharge en noir au lieu de violet   425   150

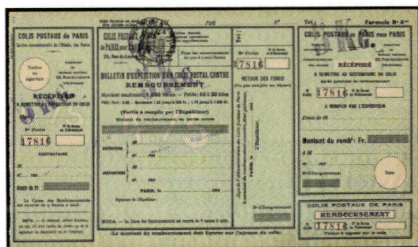

173A 5kg s 4f 75 vert (gde formule)   400   125

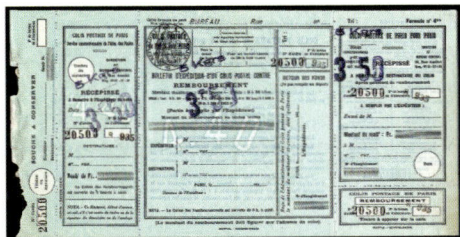

174 5kg, 3f 50 s 4f 40 vert (gde formule)   375   115

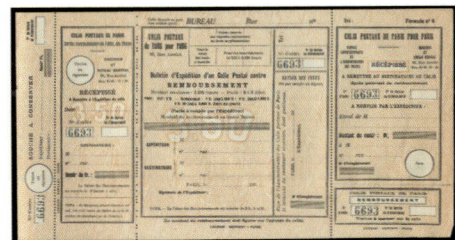

175 3f 50 orange (grande formule)   400   125
a - avec complément en tbres fiscaux DA (oblitérés)   425   150

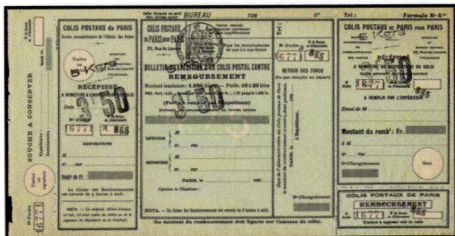

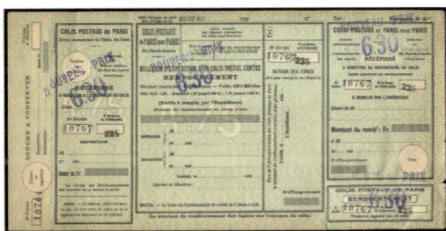

176 4f 40 s 2f 55 lilas (gde formule)   325   95
a - surcharge en bleu au lieu de violet   350   115
b - surcharge en noir au lieu de violet   325   100

177 4f 40 s 3f 35 s 2f 55 lilas (gde formule)   325   95
a - surchargé 2 lignes de pointillés violets   350   110

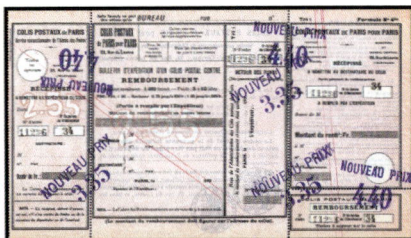

178 4f 40 vert-bleu (grande formule)   400   125
a - avec complément en tbres fiscaux DA (oblitérés)   425   150

179 6f 30 s 4f 75 vert (gde formule)   425   150
a - surcharge en noir   450   165

Timbre pour envois en valeur déclarée

151A 2f jaune-or^{ge} clair sch VD   45   17

180 VD 2f 75 sur 2f 20   450   235   140

181 VD 5kg, 2f 75 sur 3f 90   325   160   110

182 VD 3f 65 sur 2f 20   400   215   130

183 VD 5f 55 sur 2f 20   450   240   140

1935-36 - *Présentation des légendes dans une arche.*
Acheminement normal

184	3f50 s 4f 80 vert (20kg)	80	50	13
185	4f sur 4f 80 vert (20kg)	60	35	13

Timbre pour colis en correspondance (chemins de fer)

Présentation des légendes dans une arche (3 volets). Le 2f+ violet existe imprimé soit par Fortin, soit par Lecram Servant.

186	1f sur 2f+ violet	55	40	13

187	1f 25 s 1f s 2f+ violet	55	40	13

188	1f 25 sur 2f+ violet	55	40	13
189	2f sur 1f sur 2f+ violet	55	40	13

190	2f s 1f 25 s 2f+ violet	55	40	13

191	2f s 1f 25 s 1f s 2f+ violet	55	40	13

1937 - *Présentation des légendes dans une arche.*
Un 5f sur 4f 80 vert devrait normalement exister, mais il semble n'être connu qu'avec la surcharge à 6f 25 du tarif suivant.

Acheminement normal

192	2f 75 s 2f jaune (5kg)	55	35	13
193	4f sur 2f 90 bleu (10kg)	60	40	13

Timbre pour envois contre remboursement

Bulletin pour un remboursement de 2000f (220x138mm) 2 volets

(formule n°4) (le bulletin porte au verso des instructions concernant le tarif "2f 75 - 4f - 5f").

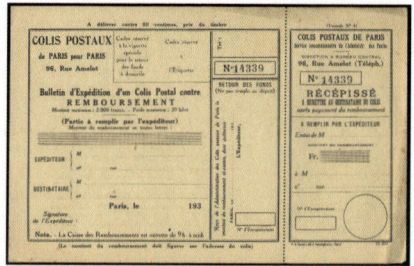

194	Bull. de remboursement à 50c	210	100	

1938 - *Présentation des légendes dans une arche et enveloppe dans un ovale.*
Acheminement normal

195	3f 45 s 2f 75 s 2f jne (5kg)	60	35	13
196	3f 45 sur 2f jaune (5kg)	110	60	13

197	5f sur 2f 90 bleu (10kg)	70	45	13
198	6f 25 s 4f s 2f 90 bleu (10kg)	60	40	13
199	6f 25 s 4f 80 vert (20kg)	55	35	14
200	6f 25 s 4f s 3f 50 s 4f 80 vert	55	35	14
201	6f 25 s 5f s 4f s 3f 50 s 4f 80 vert	55	35	14

202	6f 25 s 5f s 4f s 4f 80 vert	55	35	14
	a - surcharge "6f 25" doublée	100	55	

202A	6f 25 s 5f s 4f s 4f 80 vert	55	35	14

Le 202A est sans nom d'imprimeur (voir 140 et 140A)

203	6f 25 s 5f s 4f 80 vert	60	40	14

Envoi en nombre (abonnement)
Armoiries de la ville de Paris et enveloppe dans un ovale

204	3f 45 s 2f orange (armoiries)		50	18
	a - surchargé "JN" en rouge		70	20
205	5f sur 2f 90 bleu (enveloppe)		45	20
206	5f sur 1f 25 bistre		110	17
207	6f 25 s 5f s 1f 25 bistre		110	17

Timbre pour envois en valeur déclarée

208	VD 5f 65 sur 2f 20	450	235	135

COURS D'INSTRUCTION

La 1ère surcharge "ANNULÉ" fut apposée en 1911 sur des exemplaires de chaque timbre qui avaient alors cours à l'époque. Cette surcharge a été apposée une 2ème fois en 1923, toujours sur tous les timbres qui étaient en cours à l'époque, sachant que les timbres en cours en 1911 l'étaient encore en 1923. La surcharge de 1923 a en général été posée plus haut que celle de 1911. Des carnets ont aussi été surchargés en 1911 à l'encre violette, à l'aide d'un tampon posé à la main. Des entiers ont aussi été surchargés.

Une 2ème surcharge "SPÉCIMEN" fut apposée en 1925 (sur tous les timbres en cours à l'époque) en remplacement de la surcharge "ANNULÉ".

⚠️ *De nombreuses surcharges "SPÉCIMEN" de typographie et de couleurs variées ont été utilisées aussi bien pendant la période classique (Napoléon, Sage) que semi-moderne (Merson, orphelins, chômeurs intellectuels). ces surcharges ne concernent pas les cours d'instruction (voir rubrique "Spécimen"). Leurs origines étant souvent mal connues, il est préférable de demander conseil à un expert avant leur acquisition.*

A partir de 1926, les P.T.T. ont utilisé des timbres fictifs, ou simili-timbres en remplacement des "SPÉCIMEN".

```
1ère colonne: neuf ** sans charnière
2ème colonne: neuf * avec charnière légère
3ème colonne: oblitéré ou préos sans gomme
4ème colonne: oblitéré sur ✉ des cours pratiques
(afft cpsé: tbre le plus cher sur ✉ + autres tbres oblitérés)
```

surchargés "ANNULÉ"

1911 *- Blanc. Surcharge à environ 8½mm du bas du timbre. Nuances des timbres différentes du tirage de 1923.*

	☆☆	☆	⬜	✉
1 1c gris (type IB)	40	28	28	100
a - surcharge triplée	400	275		
2 2c brun-lilas (type IB)	25	15	15	60
3 3c orange (type IB)	30	22	20	135

1911 *- Merson. Surchargé "Annulé" une seule fois.*
Très bon centrage: +60%.

| **4 40c rouge et bleu** | 1 500 | 1 000 | 1 000 |

| **5 45c vert et bleu** | 1 650 | 1 100 | 1 100 |

| **6 50c brun et gris** | 1 650 | 1 100 | 1 100 |

| **7 1f lie-de-vin et olive** | 1 650 | 1 100 | 1 100 |

| **8 2f violet et jaune** | 3 500 | 2 350 | 2 600 |

| **9 5f bleu et chamois** | 1 800 | 1 200 | 1 250 |
| **Série 4 à 9 (6 tbres)** | 11 750 | 7 850 | 8 150 |

1911 - *Semeuse lignée 15c vert-olive type IV. Surcharge à environ 8½mm du bas du timbre.*
Très bon centrage: +50%.

10 15c vert-olive (t. IV)	25	15	16	80

1911 - *Semeuse camée. Surcharge à environ 8½mm du bas du timbre.* **Très bon centrage: +30%.**

Surch à la main (carnet)

11 5c vert (type I)	75	50	55	215
a - sch violette à la main de carnet (IIA)	150	120		
b - surch violette de carnet doublée	450	300		

12 10c rouge (type IA)	85	55	60	225
a - surcharge violette de carnet (IC)	225	180		
13 20c brun-lilas (type I)	25	18	18	65
14 25c bleu fcé (type IA)	25	17	17	65

15 30c orange	75	55	60	215
16 35c violet (type I)	45	35	35	165
Série 11 à 16 (6 timbres)	330	230	245	

1911 - *Timbres-taxe Duval. Surcharge à environ 8½mm du bas du timbre.* **Très bon centrage: +30%.**

17 1c noir	50	35	35	100
18 5c bleu (type I)	50	35	35	100
19 10c brun (type I)	50	35	35	100

20 20c olive	50	35	35	100
21 50c lilas (type I)	50	35	35	100
22 2f orange	600	400	450	
Série 17 à 22 (6 timbres)	850	575	625	

1911 - *Timbres-taxe recouvrement. Surcharge à environ 8½mm du bas du timbre.* **Très bon centrage: +30%.**

23 1c olive	50	35	35	175
24 10c violet	50	35	35	175

25 30c bistre	50	35	35	175
26 50c rouge	800	525	575	
Série 23 à 26 (4 timbres)	950	630	680	

1912-23 - *Emissions provisoires de Bordeaux.*

Provisoire de 1912: le centre de Bordeaux a utilisé des enveloppes avec timbres esquissés à la plume et oblitération bleue de 1912 "Bordeaux - cours pratiques".

Provisoire de Bordeaux 1912   **625**

Provisoire de 1923: le centre de Bordeaux a également utilisé des bords de feuilles en 1923, sans doute en attendant la nouvelle série "ANNULÉ".

Provisoire de Bordeaux 1923   **525**

1923 - *Blanc. Surcharge à environ 11mm du bas du timbre.*
Nuances des timbres différentes du tirage de 1911.

27 1c ardoise (t. IA ou IB)	**25**	**17**	**17**	**70**
a - surcharge à cheval	100	65		
b - types IA et IB en paire vert avec pont	850	600		
28 2c br-lilas fcé (IA ou IB)	**25**	**17**	**17**	**70**
29 3c rouge-orange (t. IB)	**25**	**16**	**16**	**80**
a - surcharge à cheval	100	65		
b - surcharge (très) déplacée	35	27		
c - surcharge doublée	275	185		
d - surcharge triplée	425	285		
e - sch. "Z" ds un cercle (3ex connus)			9 000	4 500

Lorsque le décalage de la surcharge est tel qu'une rangée verticale de timbres se retrouve sans surcharge, ceux-ci reçoivent un "Z" dans un cercle, à l'encre violette, appliqué au moyen d'un tampon. Ces timbres "Z" sont rarissimes.

Surchargés de Caen sur 3c rouge-orange: existent avec faciales de 5c, 10c, 30c, 50c, 60c, 1f, et 2f. Ces surcharges étaient destinées a transformer ces timbres en timbres-taxe.

29A 3c sch CH-T 5c	525	365
29B 3c sch CH-T 10c	525	365
29C 3c sch CH-T 30c	525	365
29D 3c sch CH-T 50c	525	365
29E 3c sch CH-T 60c	525	365
29F 3c sch CH-T 1f	525	365
29G 3c sch CH-T 2f	525	365

1923 - *Merson. Surchargé "Annulé" deux fois.* **Très bon centrage: +50% (pour le 5f: +70%).**

30 40c rouge et bleu	**7**	**45**	**45**	**165**
a - un "ANNULÉ" plus haut que l'autre	165	90		

La surcharge avec un "ANNULÉ" plus haut que l'autre (surcharge non alignée) se situe à la | 28 de chaque feuille.

31 45c vert et bleu	**140**	**70**	**70**	**200**
	250	140		

Surcharge à cheval

32 60c violet et bleu	**25**	**15**	**15**	**70**
a - un "ANNULÉ" plus haut que l'autre	50	30		
b - "ANNULÉ" plus haut, sch doublée	850	600		
c - surcharge à cheval	90	60		
d - surcharge doublée	400	285		
e - surcharge recto-verso	35	20		
f - surcharge triplée, dont 1 à cheval	475	325		

33 1f lie-de-vin et olive   135   65   70   200
a - un "ANNULÉ" plus haut que l'autre   250   140

34 2f orange et vert   200   90   100   250
a - un "ANNULÉ" plus haut que l'autre   300   175

35 5f bleu et chamois   500   375   400
a - surcharge doublée   800   525
b - un "ANNULÉ" plus haut que l'autre   800   525
c - "ANNULÉ" plus haut, sch doublée   11 500

Série 30 à 35 (6 timbres)   1 075   660   700

1923 - *Semeuse lignée. Surcharge à environ 11mm du bas du timbre.* **Très bon centrage: +50%.**

36 15c vert-gris (t. IV)   25   15   16   70

37 50c bleu   110   60   60   150
a - surcharge à cheval   125
b - sch. "Z" ds un cercle (3ex connus)   9 000   4 500

1923 - *Semeuse camée. Surcharge à environ 11mm du bas du timbre.* **Très bon centrage: +20%.**

38 5c orange (type I)   10   7   7   50

39 10c vert (type IA) 10 50   15   10   10   50
   100   70

40 20c brun-lilas (t. III)   25   15   15   60
   60   40
   225   160
   450   300

41 IA 25c bleu, t. IA   15   8   8   50
41 II 25c bleu, type II   215   150   165
42 30c rouge   20   15   15   60
a - surcharge à cheval   60   40
b - sch. "Z" ds un cercle (10ex connus)   2 750   1 300
43 35c violet foncé (t. I)   35   25   25   85
Série 38 à 43 (6 timbres)   120   80   80

1923 - *Préoblitérés: série des 6 valeurs de septembre 1922 surchargés "Annulé".* **Très bon centrage: +50%.**
(troisième colonne = sans gomme)

44 5c orange (type I) 150   165   110   50   400
45 15c vert-ol Semeuse lignée (IV)   150   100   45   350
a - piquage oblique par pliage   600   375

46 20c lilas-brun (t. I)   165   110   50   400
47 30c rouge   250   150   70   400
48 35c violet (type I)   250   150   70   400

49 45c vert et bleu Merson   570   380   175
a - un "ANNULÉ" plus haut que l'autre   1 150   700

Série 44 à 49 (6 timbres)   1 550   1 000   460

1923 - *Timbres-taxe Duval. Surcharge à environ 11mm du bas du timbre.* **Très bon centrage: +30%.**

50 1c noir	50	35	35	100
a - surcharge à cheval	115	75		
51 5c bleu (type I)	50	35	35	100
52 10c brun (type I)	50	35	35	100

53 20c olive	50	35	35	100
54 25c rose	50	35	35	100

55 30c rouge (type I)	50	35	35	100
56 50c lilas (type I)	50	35	35	100
57 1f brun sur paille	100	65	65	275
Série 50 à 57 (8 timbres)	450	310	310	

1923 - *Timbres-taxe recouvrement. Surcharge à environ 11mm du bas du timbre.* **Très bon centrage: +30%.**

58 1c olive (papier GC)	50	35	35	175
59 10c violet	50	35	35	175
60 30c bistre	50	35	35	175

surchargés "SPÉCIMEN"

La variété "É" sans accent existe sur tous les timbres (sauf les Merson): aux Y 3 et 67 (feuilles de 150), et aux Y 17 et 53 (feuilles de 100).

1925 - *Blanc.*

61 ½c sur 1c ardoise (IB)	940	670	780	
a - "E" de "SPÉCIMEN" sans accent	1 800	1 200	1 400	
62 1c ardoise (type IB)	65	45	55	185
a - "E" de "SPÉCIMEN" sans accent	165	110	135	

63 2c brun-lilas (type II)	65	45	55	185
a - "E" de "SPÉCIMEN" sans accent	165	110	135	
64 3c orange (type IB)	65	45	55	185
a - "E" de "SPÉCIMEN" sans accent	165	110	135	
65 5c vert (type IIA)	65	45	55	185
a - "E" de "SPÉCIMEN" sans accent	165	110	135	
Série 61 à 65 (5 timbres)	1 200	850	1 000	

1925 - *Merson.*

Très bon centrage: +50% (pour le 5f: +70%).

66 2f orange et vert	235	150	160
a - centre très déplacé	600	400	

67 3f violet et bleu	250	175	185

68 5f bleu et chamois   415   215   250

1925 - *Semeuse lignée.* **Très bon centrage: +30%.**

69 50c vert-olive (type I)   45   30   30   125
   a - "E" de "SPÉCIMEN" sans accent   110   70   70
   b - surcharge à cheval   125   80

70 60c violet   45   30   30   125
   a - "E" de "SPÉCIMEN" sans accent   110   70   70
   b - impression sur raccord   450   275

71 80c rouge   75   50   50   185
   a - "E" de "SPÉCIMEN" sans accent   185   125   125
   b - impression sur raccord   450   275
   c - pli accordéon   400   250

1925 - *Semeuse camée.* **Très bon centrage: +20%.**

72 10c vert (type III)   25   15   15   80
   a - "E" de "SPÉCIMEN" sans accent   60   40   40

73 15c brun-lilas (type I)   35   25   25   100
   a - "E" de "SPÉCIMEN" sans accent   85   60   60

74 20c lilas-brun (type III)   35   25   25   100
   a - "E" de "SPÉCIMEN" sans accent   85   60   60
   b - surcharge doublée   400   285   185

75 25c bleu (type IIIB)   35   25   25   90
   a - "E" de "SPÉCIMEN" sans accent   85   60   60

76 IIA 30c bleu, t. II   20   15   15   70
   a - "E" de "SPÉCIMEN" sans accent   50   35   35
   b - surcharge à cheval   110   65

76 IIB 30c bleu, t. IIB   115   70   70   200
   a - "E" de "SPÉCIMEN" sans accent   250   175   17

77 35c violet (type I)   60   40   40   150
   a - "E" de "SPÉCIMEN" sans accent   150   90   90

78 40c brun-olive (type I)   25   15   15   80
   a - "E" de "SPÉCIMEN" sans accent   60   40   40

79 1f 05 vermillon   40   30   30   125
   a - "E" de "SPÉCIMEN" sans accent   100   70   70

Série 72 à 79 (8 timbres)   275   190   190

1925 - *Pasteur.*
Très bon centrage: +25% (pour le 10c vert: +50%).

80 10c vert   290   225   300
   a - "E" de "SPÉCIMEN" sans accent   800   500   650
   b - surcharge doublée   500   350
   c - surcharge multiple   1 200   800

81 45c rouge   45   30   35   165
   a - "E" de "SPÉCIMEN" sans accent   110   65   80
   b - surcharge triplée dont une à cheval   550   400

82 75c bleu   45   30   35   165
   a - "E" de "SPÉCIMEN" sans accent   110   65   80

83 1f bleu   45   30   35   165
   a - "E" de "SPÉCIMEN" sans accent   110   65   80

Série 80 à 83 (4 timbres)   460   315   405

1925 - *Préoblitérés. Très bon centrage: +30%*
(troisième colonne = sans gomme)

○84 5c vert Blanc (t. IIA) | 525 | 350 | 175
a - "E" de "Spécimen" sans accent | 1 250 | 850 | 425
b - surcharge "E" avec crochet | 1 100 | 800 | 400
c - surcharge petit "T" surélevé | 1 100 | 800 | 400

○85 10c vert Semeuse (III) | 425 | 300 | 125
a - "E" de "Spécimen" sans accent | 1 000 | 750 | 300
b - surcharge "E" avec crochet | 1 000 | 750 | 300
c - surcharge petit "T" surélevé | 1 000 | 750 | 300

○86 15c br-lilas Semeuse (I) (fine) | 425 | 300 | 125
a - "E" de "Spécimen" sans accent | 1 000 | 750 | 300

○87 20c lilas-br Semeuse (III) | 425 | 300 | 125
a - "E" de "Spécimen" sans accent | 1 000 | 750 | 300

○88 30c rose Semeuse (t. I) | 425 | 300 | 125
a - "E" de "Spécimen" sans accent | 1 000 | 750 | 300

○89 35c violet Semeuse (I) | 425 | 300 | 125
a - "E" de "Spécimen" sans accent | 1 000 | 750 | 300

○90 45c rouge Pasteur | 425 | 300 | 125
a - "E" de "Spécimen" sans accent | 1 000 | 750 | 300

○91 50c bleu Pasteur | 425 | 300 | 125
a - "E" de "Spécimen" sans accent | 1 000 | 750 | 300

Série 84 à 91 (8 timbres) | 3 500 | 2 450 | 1 050

1925 - *Timbres-taxe Duval.* **Très bon centrage: +30%.**

92 5c bleu (type I) | 40 | 20 | 25 | 110
a - "E" de "Spécimen" sans accent | 100 | 60 | 70

93 10c brun (type I) | 50 | 30 | 35 | 150
a - "E" de "Spécimen" sans accent | 115 | 70 | 80

94 20c olive | 50 | 30 | 35 | 135
a - "E" de "Spécimen" sans accent | 115 | 70 | 80
b - surcharge à cheval | 135 | 85

95 30c rouge (type I) | 50 | 30 | 35 | 135
a - "E" de "Spécimen" sans accent | 115 | 70 | 80

96 40c rose | 50 | 30 | 35 | 135
a - "E" de "Spécimen" sans accent | 115 | 70 | 80

97 50c lilas (type I) | 60 | 40 | 45 | 215
a - "E" de "Spécimen" sans accent | 150 | 100 | 115

98 1f brun s paille | 50 | 30 | 35 | 165
a - "E" de "Spécimen" sans accent | 115 | 70 | 80

Série 92 à 98 (7 timbres) | 350 | 210 | 245

1925 - *Timbres-taxe recouvrement.*
Très bon centrage: +25%.

99 1c olive | 100 | 65 | 65 | 215
a - "E" de "Spécimen" sans accent | 225 | 160 | 160

100 10c violet | 100 | 65 | 65 | 215
a - "E" de "Spécimen" sans accent | 225 | 160 | 160

101 30c bistre | 100 | 65 | 65 | 215
a - "E" de "Spécimen" sans accent | 225 | 160 | 160

102 60c rouge | 100 | 65 | 65 | 215
a - "E" de "Spécimen" sans accent | 225 | 160 | 160

Série 99 à 102 (4 timbres) | 400 | 260 | 260

Bandes pour journaux

1911 - Blanc. Surcharge "Annulé" à la main.

	☆	⊙
1 Blanc 1c gris (date: 035)	**85**	**85**
a - surcharge renversée	185	
2 Blanc 2c brun-lilas (dates: 125, 128, 243)	**85**	**85**

1923 - Blanc et Semeuse surchargés "Annulé".

3 Blanc 1c gris (date: 331)	**75**	**75**
4 Blanc 2c brun-lilas (date: 334)	**75**	**75**

5 Semeuse 5c orange (date: 245)	**75**	**75**

1925 - Blanc surchargé "Spécimen".

6 Blanc 1c gris (date: 604)	**65**	**65**

7 Blanc 2c brun-lilas (date: 548)	**65**	**65**

8 Blanc 5c vert (date: 530)	**85**	**85**

Cartes-lettres
Un modèle de carte-lettre est illustré aux pneumatiques (n°4).

1911 - Semeuse. Surcharge "Annulé" à la main.

1 Semeuse 10c rouge (date: 124)	**45**	**45**

1923 - Semeuse surchargé "Annulé".

2 IIIA Semeuse 25c bleu t. IIIA (date: 328) (8mm d'écart entre le timbre et "Carte-lettre")	**45**	**45**
2 IV Semeuse 25c bleu t. IV (9mm d'écart entre le timbre et "Carte-lettre")	**45**	**45**

1925 - Semeuse surchargé "Spécimen".

3 IIIA Semeuse 25c bleu IIIA (dates: 452, 502) (8mm d'écart entre le timbre et "Carte-lettre")	**40**	**40**
3 IV Semeuse 25c bleu t. IV (dates: 449, 452) (9mm d'écart entre le timbre et "Carte-lettre")	**40**	**40**

Cartes postales

1911 - Semeuse. Surcharge "Annulé" à la main.

1 Semeuse 10c rouge (date: 108)	**50**	**50**
2 10c rouge avec réponse payée	**70**	**70**

1923- Semeuse et Pasteur surchargés "Annulé".

3 Semeuse 20c brun-lilas (date: 316)	**50**	**50**

4 20c brun-lilas avec réponse payée	**85**	**85**

5 Semeuse 30c rouge (date: 129)   **60**   **60**
6 Pasteur 30c rge avec rép payée (date: 324)   **135**   **135**

1925 - Semeuse et Pasteur surchargés "Spécimen".
7 20c brun-lilas avec réponse payée   **135**   **135**

8 Semeuse 30c rouge (date: 128)   **60**   **60**

9 Pasteur 20c vert (date: 543)   **50**   **50**
10 Pasteur 60c rge av réponse payée   **325**   **325**

Enveloppes 1911

1911 - Semeuse. Surcharge "Annulé" à la main.
1 Semeuse 5c vert (107x70, daté)   **50**   **50**
2 Semeuse 10c rge s vert-gris (123x96)   **50**   **50**
   a - sans date   60   60
3 Semeuse 10c rouge s blanc (123x96)   **50**   **50**
4 10c rge s blanc, sans note pr l'expéd. (123x96)   **50**   **50**
   a - sans date   60   60
5 Semeuse 10c rge s vert-gris (147x112)   **50**   **50**

6 Semeuse 10c rouge s blanc (147x112)   **50**   **50**
7 10c rge s blanc, sans note pr l'expéd. (147x112)   **50**   **50**
8 Semeuse 10c rouge s crème (147x112)   **50**   **50**

1923 - Semeuse surchargé "Annulé".
9 Semeuse 5c vert (107x70, dates: 116, 401)   **60**   **60**
10 Semeuse 25c bleu (t. IV) (147x112)   **70**   **70**

1925 - Semeuse surchargé "Spécimen".
11 Semeuse 5c vert (107x70) (date: 145)   **55**   **55**
12 Semeuse 25c bleu (147x112)   **50**   **50**

Pneumatiques

1911 - Semeuse. Surcharge "Annulé".
1 Semeuse 30c violet carte-lettre   **115**   **115**
2 Semeuse 30c violet carte-lettre, rép payée   **325**   **325**
3 Semeuse 30c violet enveloppe   **165**   **165**

1925 - Semeuse et Chaplain surchargés "Spécimen".

4 Semeuse 30c violet carte-lettre, rép payée   **500**   **500**
5 Chaplain 1f violet carte-lettre (date: 546)   **165**   **165**

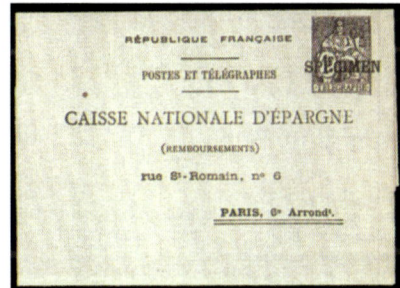

6 Chaplain 1f violet enveloppe   **165**   **165**

FRANCHISE MILITAIRE

1ère colonne: neuf ** sans charnière
2ème colonne: neuf *, charnière légère (avant 60)
3ème colonne: oblitéré
4ème colonne: oblitéré seul sur

Mouchon. Très bon centrage: +80%.

"F" brisé

	1	2	3	4
1 15c orange (juin 1901)	235	80	8	25
non dentelé	350	200		
a - chiffre "1" touchant le cadre	325	200	80	
b - "F" de la surcharge brisé	325	200	80	
c - surcharge renversée	485	300	150	
sur bristol, dentelure figurée		350		
2 15c vermillon (avril 1903)	320	95	7	20
a - queue du "5" touchant le cadre	350	210	70	
b - "F" de la surcharge brisé	350	210	70	
c - surcharge à cheval ("M. F.")	350	210	70	
d - surcharge renversée	500	300		
sur bristol, dentelure figurée		350		

Semeuse. Très bon centrage: +50% (10c lignée & 15c lignée: +70%).

	1	2	3	4
3 15c vert (t. IV) (juil 1904)	210	72	7	20
non dentelé	265	185		
a - "F" de la surcharge brisé	250	150	75	
b - "M" de la surcharge brisé	250	150	75	
c - point après le "M" absent	250	150	75	
d - surcharge à cheval ("M. F.")	250	150	75	
e - surcharge recto-verso	185	110	10	
sur bristol, dentelure figurée		350		
4 10c rose (t. III) (juil 1906)	130	42	10	22
non dentelé	300	215		
a - "F" de la surcharge brisé	200	120	60	
b - point après le "M" absent	200	120	60	
c - surcharge à cheval ("M. F.")	300	180	90	
d - surcharge doublée	350	210	80	
e - surcharge incomplète par pliage	900	540		
f - surcharge recto-verso	115	69		
sur bristol, dentelure figurée		350		

	1	2	3	4
5 10c rge (t. IA) (août 1907)	5	2	1	6
non dentelé	175	115		
a - "F" de la surcharge brisé	30	18	9	
b - point après le "M" absent	30	18	9	
c - surcharge à cheval ("M. F.")	60	36	18	
d - surcharge recto-verso	8	4	2	
e - surcharge renversée	180	110	55	
sur bristol, dentelure figurée		350		
6 50c rge (t. IIA) (juil 1929)	21	6	1	6
a - "F" ou "M" seul	120	72		
b - "M" rapproché	40	24	12	
c - point après le "M" absent	70	28	14	
d - point suppl. avant le "F"	70	28	14	
e - surcharge à cheval ("M. F.")	75	45	22	
f - surcharge recto-verso	14	8,5	4	
g - pli accordéon	165	81		
Série 3 à 6 (4 timbres)	377	130	19	

Paix.

	1	2	3	4
7 I 50c rouge, t. I (juin 1933)	18	3,5	0,7	5
a - impression sur raccord	175	110		
b - point après le "M" absent	90	54	27	
c - surcharge recto-verso	40	24		
d - surcharge renversée	300	180	90	
7 III 50c rge, t. III (1935)	18	3,5	0,7	5
a - point après le "F" absent	90	54	27	
8 65c outremer (I) (nov. 1937)	0,8	0,4	0,4	4
a - impression sur raccord	175	110		
b - point après le "M" absent	65	39	19	
c - surcharge à cheval ("M. F.")	75	45		
d - surcharge recto-verso	10	6		

	1	2	3	4
9 90c outremer "F.M." (I) (1939)	1	0,5	0,5	18
a - point après le "M" absent	65	39	19	
b - surcharge recto-verso	8	5	2,5	
10 90c outremer "F" (I) (1939)	3,2	1,6	2,4	12
a - point supplémentaire après le "F"	65	39	19	
Série 7 à 10 (4 timbres)	22	6	4	

Infanterie. (ce timbre est dû à une initiative privée, voir carnets)

	1	2	3	4
10A Diptyque Infanterie	15	8	8	115

Emblème. *Dessin: Robert Louis. Gravure: Georges Hourriez.*

☐ **11 Sans faciale, vert** (6 juin 1946)	**1,7**	**1,2**	**1,2**	**30**
non dentelé	36	25		
☐ **12 Sans faciale, rouge** (1ᵉʳ oct 46)	**0,4**	**0,2**	**0,2**	**3**
b - pli accordéon	–	165	100	
c - rouge carminé	0,6			
paire, ▣		100		

Drapeau. *Dessin: Robert Louis. Gravure: Gilbert Aufschneider.*

☐ **13 Drapeau** (21 juillet 1964)	**0,4**	**0,2**	**2**
non dentelé	25		
▣		55	
b - couleurs très décalées	20		
c - impression recto-verso	22		
d - piquage à cheval	40		
e - pli accordéon	50		

Timbres pour colis en franchise

1ᵉʳᵉ colonne: neuf ** sans charnière
2ᵉᵐᵉ col: partie inférieure obl sur fragment de colis

Avec mention "loi du 24 mai 1951" en bas à droite

MINISTÈRE DES POSTES, TÉLÉGRAPHES & TÉLÉPHONES

Texte sur 3 lignes

Texte sur 5 lignes

☐ **14A Ministère des P, T & T** (3 lignes)	**215**	**550**
tête-bêche	450	
☐ **14B Ministère des P, T & T** (5 lignes)	**85**	**375**
tête-bêche	200	
a - impression sur raccord, paire tête-bêche	180	

MINISTÈRE DES POSTES & TÉLÉCOMMUNICATIONS

Texte réparti sur 6 lignes, existe avec ou sans mention complémentaire "de plus, ils ne sont pas acheminés par la poste aérienne" (4ᵉᵐᵉ ligne)

☐ **14C Ministère des P & T** (sans la mention)	**150**	**435**
tête-bêche	325	
☐ **14D Ministère des P & T** (texte complet)	**85**	**375**
tête-bêche	180	

Avec mention "Art. D75 et D76" en bas à droite (étiquette à coller sur le paquet)

☐ **15 Ministère des P & T**	**20**	**125**
tête-bêche	45	

Franchise postale par avion.

Franchise postale par avion

Existe avec mention "par avion - pacifique"

☐ **16A Franchise par avion**	**1 000**
tête-bêche	2 200
a - couleur rouge absente	12 000
☐ **16B Franchise par avion-pacifique**	**3 300**
tête-bêche	7 260

TIMBRES DE GRÈVE

1ère colonne: neuf ** sans charnière
2ème colonne: oblitéré (période d'afft)
3ème colonne: oblitéré sur ✉ (période d'afft)
(afft composé: timbre le plus cher sur ✉ uniquement)

1909 - *Grève d'Amiens. A partir du 13 mai 1909*

	☆☆	☉	✉
1 10c Grève d'Amiens	30	27	225
non dentelé	1 300		
tête-bêche	125	125	
a - "c" de "10c" absent	75	75	
b - teinte de fond absente	120		
tête-bêche	900		
c - teinte absente, "c" absent	325		

1953 - *Grève d'Orléans. Timbres émis le 11 août 1953*

2 Orléans, 10f bleu	250	215	375
a - dentelé 1 ou 3 côtés	900		
2A +5f s 10f bleu	950		
3 Orléans, 10f jaune	425	285	475

Grève de Saumur Vignettes mprimées se tenant. Existent percées en ligne, non dentelé, ou dans d'autres couleurs (mêmes cotes).

4 Saumur, 5f noir s jaune	20
a - piquage à cheval	30
5 Saumur, 12f noir s jaune	20
a - piquage à cheval	30
6 Saumur, 15f noir s jaune	20
a - piquage à cheval	30

1968 - *Grève de Tarbes.*

7 Tarbes 0,50 Mar[al] Foch	125	150	225
8 Tarbes 1,00 Ste-Bernadette	125	150	225

Grève d'Epinal.

9 Epinal 0,20 noir s jaune	135	165	225

Grève de Libourne.

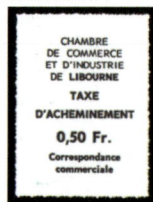

10 Libourne 0,50 noir s blanc	37	50	85
11 Libourne 1,00 rouge s blanc	37	50	85

Grève de St-Dié   St-Dizier   Roanne

12 Saint-Dié 0,10 bleu s blanc	37	50	125
tête-bêche	80	120	
13 St-Dizier 0,10 noir s jaune	45		
14 Roanne 0,30 noir s jaune	75	100	125
tête-bêche	225	125	

Grève de Corse-continent. Vignette imprimée après la fin de la grève dans des conditions plus qu'obscures... Percé en ligne ou nd: mêmes cotes

15 Corse-continent 0,50   30

Grève de Paris. Transports privés de voyageurs.

16 Paris-Invalides   **100**
   (sans faciale, noir et vert s blanc)
   a - noir sur bleu   100
   b - noir sur rose, papier pelure (sg)   60
      tête-bêche   125
   c - noir sur vert   100

17 Paris-Invalides 0,20   **185**
Grève du Bas-Rhin et du Val-de-Loire. Imprimés sur papier de différentes couleurs (mêmes cotes). Dentelé ou non dentelé: mêmes cotes.

18 Bas-Rhin 0,30   30
18A Bas-Rhin 0,30   30
      tête-bêche   75
   a - surchargé "Juin 1968"   35

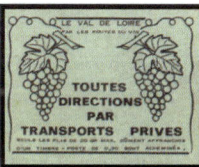

19 Val-de-Loire 0,15   **40**
20 Val-de-Loire, transports privés   **40**
      tête-bêche   100
   a - sch "Atlantique vers Paris Invalides" 50
      tête-bêche   120

21 Val-de-Loire, étranger   **20**
21A Val-de-Loire, sch 0,20   **25**

1971 - *A partir de janvier 1971,*

22 Angleterre - France   15   15   25

23 Courrier français   20   20   30

Tirage: 704 séries.
Une partie du stock restant a été surchargé "C S" (mêmes cotes).

24 Jersey, 2,40 rge s jaune   150   100   200
   afft mixte avec timbre de Jersey   250
25 Jersey, 2,40 vert s violet 180   120   200
   afft mixte avec timbre de Jersey   250

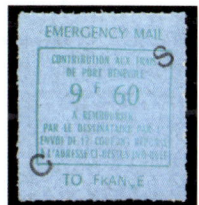

25A Jersey, 2,40 vert s bleu pâle
(erreur) (tirage: 96)   **650**
26 Jersey, 9,60 vert s bleu pâle 220   200   350
   a - fond bleu foncé   220   200   350

1974 - *En novembre 1974*

27 Royan 1,00 noir s blanc   40   65   100
28 Royan 1,00 noir sur rose   85

29 Ste-Foy 1,00 noir s blanc	40	65	90
29A surch "Service gratuit"	40	65	90
30 Ste-Foy 1,00 noir s rose	130	165	

31 Bergerac 1,00 bleu s blanc	100
32 Bergerac 1,00 bleu s rose	170

33 Périgueux, 1,00 brun s blanc	100

34 Lyon, 1,00 lilas-rose	60	80	150
35 Lyon, 2,00 vert	55	85	135

Courrier à destination de l'étranger: Paris - Jersey

Tirage: 1 100 séries.

36 Jersey, 5,00 violet s rge	90	90	300
a - impression double	200		
37 Jersey, 5,00 noir s vert	90	90	350
non dentelé	120		
a - impression double	120		
37A 5,00 rose sch "Jersey -Paris"	100		

38 Jersey, 10f s 5,00 violet s jne	140	130	350
38A surchargé "Jersey-Paris"	150		
38B Jersey, 10f s 5,00 violet s or^{gr}	120	120	300
a - surchargé "10f" absente	140		

1988

Grève de Reims. Dentelé ou non dentelé (mêmes cotes).

39 Reims, papier blanc	16	27	40
40 Reims, papier bleu	16	27	40

41 Lyon, 2,00 vert et violet	17
42 Lyon, 3,00 vert et bleu	17
43 Lyon, 4,00 carmin et violet	17

44 Marseille, 2,00 bleu et bleu	17
45 Marseille, 3,00 br-rge et bleu	17

46 Marseille, 4,00 rge-or^{ge} et bl   17

47 Ajaccio, 2,00 vert et bleu   20
48 Ajaccio, 2,20 rge et bleu   20

49 Bastia, 2,00 br-rge et vert   20
50 Bastia, 2,20 brun-rge   20

1989 - Grève d'Ajaccio.

51 Ajaccio, rouge et gris   20

1993 - Grève de Paris.

52 Paris, service auto   20

1995 - Grève de Corse.

Tirage: 820.

53 2,80 Grève de Corse 1995   125   55   100
    afft mixte avec timbre italien   140

1997 - Grève de Corse.
En décembre 1995
Tirage: 500 en feuilles de 6 numérotées.

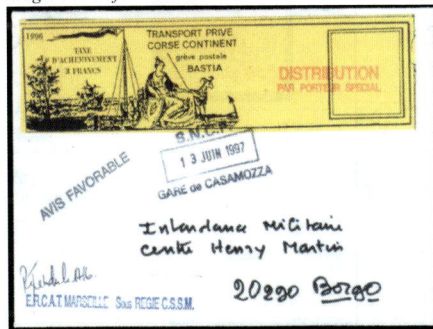

Courrier intérieur de l'île transporté par porteur spécial

Courrier transporté vers l'Italie via Corsica Ferries avec timbre italien

54 3,00 Grève de Corse 1997   140
    afft mixte avec timbre français   140
    afft mixte avec timbre italien   185

1ÈRE GUERRE MONDIALE
1914-1918

> 1ère colonne: neuf ** sans charnière
> 2ème colonne: neuf * avec charnière légère
> 3ème colonne: oblitéré (période d'afft)
> 4ème colonne: oblitéré sur 🖃 (période d'afft)
> **(afft cpsé: tbre le plus cher sur 🖃 + autres tbres oblitérés)**

1914 - Timbres émis par la chambre de commerce de Valenciennes, suite à l'interruption du service postal, consécutive à l'invasion allemande. Ce timbre, émis en accord avec les autorités allemandes, était destiné à du courrier acheminé par tramway. Il a été tiré à 8000 exemplaires, dont 3000 vendus, et les 5000 restants détruits sous contrôle allemand.

Date d'émission: 8 septembre 1914	Vendus: 3 000
Date de retrait: 30 octobre 1914	

	☆☆	☆	🖃	🖃
1 10c rouge Valenciennes	875	515	540	750
non dentelé	2 650	1 850	2 650	3 850
a - piquage double (quelques ex connus)	3 500	2 350		

1915 - Timbres non émis.

Les surcharges existent encadrées ou non (mêmes cotes).

2A Blanc 1c gris (t. I)	475	260
a - couleur ardoise	500	285
2B Blanc 2c brun-lilas (t. I)	475	285
2C Blanc 3c orange (t. I)	475	250
a - couleur rouge-orange	650	400
b - papier GC	700	400
2D Semeuse 5c vert	500	260
2E Semeuse 10c rouge	475	260
2F Semeuse 15c vert-olive	575	325
2G Semeuse 20c brun-lilas	450	250
2H Semeuse 25c bleu	450	250
2I Semeuse sch Croix-Rouge	650	400
2J Semeuse Croix-Rouge	650	400

1916 - Timbres patriotiques. Non émis.

Surcharges noires, bleues ou carmins = mêmes cotes.

3A Semeuse 25c bleu	800	500

Surcharge caractères bâton

3B Merson 50c brun et gris	13 500		*Seule pièce connue*
a - surcharge en noir (1ex connu)	13 500		

3C Merson 1f lie-de-vin et olive	13 500		*Seule pièce connue*
a - surcharge en noir (1ex connu)	13 500		

Surcharge caractères déliés, surtaxe sous le libellé

3D Merson 50c brun et gris	13 500	*Seule pièce connue*

Surcharge caractères déliés, surtaxe à droite du libellé

3E Merson 1f lie-de-vin et olive	13 500	*Seule pièce connue*

3F Merson 50c brun et gris   13 500

Seule pièce connue

3G Merson 1f lie-de-vin et olive   13 500

1916

Surcharges noires, bleues ou carmins = mêmes cotes.

4A Blanc 2c + 3c	750	475
4B Semeuse 5c + 5c	750	475
4C Semeuse 15c + 10c	750	475
4D Semeuse 25c + 15c	800	500
4E Semeuse 35c + 25c	800	500

4F Merson 50c + 50c	2 500	1 750
4G Merson 1f + 1f	2 500	1 750

4H Merson 5f + 5f   3 000 2 000

1916

5A Blanc 2c + 3c	700	475
5B Semeuse 15c + 10c	775	500
5C Merson 50c + 50c	2 500	1 750

5D Merson 1f + 1f   2 500 1 750

5E Merson 5f + 5f   3 000 2 000

Surcharge "Orphelins P. T. T." sans la mention "Guerre 14-16"

Seule pièce connue

5F Merson 50c brun et gris   13 500

Seule pièce connue

5G Merson 1f lie-de-vin et olive   13 500

Postes du Monténégro

1916 -

1 Semeuse 5c vert	30	20
a - surcharge doublée	150	100
b - surcharge renversée	150	100
tenant à normal	225	150
2 Semeuse 10c rouge	30	20
a - surcharge doublée	150	100
b - surcharge renversée	150	100
3 Semeuse 15c vert	625	425

4 Semeuse 20c brun-lila   625   425

5 Semeuse 25c bleu   50   30
   a - surcharge doublée   150   110
   b - surcharge renversée   150   110

6 Semeuse 30c orange   55   35

7 Semeuse 35c violet   55   35
   a - surcharge doublée   200   135
   b - surcharge renversée   200   135

8 Merson 40c rouge et bleu   80   50
   a - surcharge doublée   225   150
   b - surcharge renversée   225   150
   c - surchargé tenant à non surchargé   2 000   1 250

9 Merson 45c vert et bleu   175   115

10 Merson 50c brun et gris   375   185
   a - surcharge doublée   450   250
   b - surcharge renversée   450   250

11 Merson 1f lie-de-vin et olive   300   160
   a - surcharge doublée   400   225
   b - surcharge renversée   400   225

Série 1 à 11 (11 timbres)   2 400   1 500

Timbres de retour

1 Le destinataire n'a pu être atteint   15   10

2 Retour à l'envoyeur   15   10

3 Retour à l'envoyeur, le destinataire...   35   25

Postes serbes à Corfou

1916

Trois timbres de Grèce auraient aussi été employés (très rares).

1ère colonne: oblitéré détaché ou sur fragment
2ème colonne: oblitéré sur ✉ (période d'afft)
(afft composé: timbre le plus cher sur ✉ uniquement)

1 Semeuse 5c vert   35   250
   a - papier GC   40   250

2 Semeuse 10c rouge   40   265

3 Semeuse 15c vert   50   250

4 Semeuse 20c brun-lilas   55   350

5 Semeuse 25c bleu   60   425

6 Semeuse 30c orange   65   500

7 Semeuse 35c violet   65   425

8 Merson 40c rouge et bleu	65	400
a - papier GC	85	425
9 Merson 45 vert et bleu	80	550
10 Merson 50c brun et gris	85	400
a - papier GC	115	425
11 Merson 1f lie-de-vin et olive	125	600
Série 1 à 11 (11 timbres)	725	

Occupation allemande:
Postes d'étapes

1916-17

1 3Pf surchargé 3 cent.	3,5	1,5	1,5	120
2 5Pf surchargé 5 cent.	3,5	1,5	1,5	120
3 7½Pf surchargé 8 cent.	4,5	2,5	2,5	130

| 4 10Pf surchargé 10 cent. | 4,5 | 2,5 | 2,5 | 120 |
| 5 15Pf surchargé 15 cent. | 3,5 | 1,5 | 1,5 | 125 |

6 20Pf surchargé 25 cent.	3,5	1,5	1,5	125
a - couleur bleu outremer	6,5	2,5	2,5	200
7 30Pf surchargé 40 cent.	8	3,5	3,5	225

8 40Pf surchargé 50 cent.	9	3,5	3,5	300
9 60Pf surchargé 75 cent.	45	15	15	750
10 80Pf surchargé 1f.	45	15	15	750

| 11 1Mk surchargé 1f. 25 cent. | 185 | 58 | 58 |

| 12 2Mk surchargé 2f. 50 cent. | 185 | 59 | 59 |
| Série 1 à 12 (12 timbres) | 500 | 165 | 165 |

2ÈME GUERRE MONDIALE
1939-1945

Dunkerque-Coudekerque

30 bureaux ont pu bénéficier de la reprise du courrier:

Arneke	Esquelbecq	Pitgam
Bailleul	Ghyvelde	Rexpoëde
Bergues	Grand-Fort-Philippe	Rosendaël
Bollezeele	Gravelines	Saint-Pierre-Bouck
Bourbourg	Hazebrouk	Saint-Pol-sur-Mer
Bray-Dunes	Herzeele	Steenworde
Caëstre	Hondschoote	Tetghem
Cassel	Loon-Plage	Watten
Couderkerque	Malo-les-Bains	Wormhout
Dunkerque	Petite-Synthe	Zeggers-Cappel

Dunkerque:
"i" de "Gebiet"
aligné avec le 1er
jambage du "n"
de "frankreich"

Coudekerque:
"i" et "n"
décalés

Dunkerque *Cachet intact: plus-value de 100%*

1 Mercure 25c vert(tirage: 800)	**400**	**250**	**350**	**800**

2 Mercure 40c violet(tirage: 300)	**3 150**	**2 100**	**3 250**	**3 750**

3 Mercure 50c bleu fcé(tir: 2 500)	**175**	**125**	**160**	**250**

4 I Paix 50c rge t. I (tirage: 10 000)	**175**	**125**	**160**	**250**
a - surcharge doublée	400	200		
4 III Paix 50c rouge type III	**175**	**125**	**160**	**250**
5 Iris 1f rouge (tirage: 3 000)	**375**	**250**	**355**	**750**
6 Iris 1f vert (tirage: 1 200)	**415**	**275**	**350**	**750**

Coudekerque

7 Mercure 25c vert	**650**	**450**	**650**	**1 250**

8 Mercure 40c violet	**725**	**525**	**750**	**1 200**

9 Mercure 50c bleu fcé (tir: 1 500)	**300**	**200**	**300**	**500**

10 I Paix 50c rge t. I (tirage: 400)	**1 350**	**900**	**1 350**	**1 850**
10 III Paix 50c rouge type III	**1 350**	**900**	**1 350**	**1 850**
11 Iris 1f vert	**650**	**450**	**650**	**1 100**

Surcharges manuscrites

Le bureau de Cassel a été périodiquement en manque de timbres surchargés. Le receveur a donc fait surcharger les timbres manuellement par ses six employés, dont il a conservé les spécimens d'écriture reproduits ci-dessous.

Les plis avec surcharges manuscrites de Cassel sont en général datés du 5 juillet 1940 ou du 10 août. Ils se collectionnent sur lettre ou éventuellement sur fragment avec cachet complet (environ 500 lettres connues).

Le bureau de Bergues, ainsi que celui de Wormhout aurait utilisé lui aussi le même procédé.

Cote minimale d'un manuscrit de Cassel   425 2 150

Combinaisons

Combinaison de plusieurs timbres (deux ou plus) pour former un affranchissement à 80c ou 1f (sur lettre), ou entiers surchargés.

Avec griffe de Dunkerque (cotes minimales)

Affranchissement à 80c	**425**
Affranchissement à 1f	**350**

Avec griffe de Coudekerque (cotes minimales)

Affranchissement à 80c	**650**
Affranchissement à 1f	**550**

Autres paires et commémoratifs surchargés

Iris 1f 50 surchargé de Coudekerque

Dunkerque

12 Mercure 5c rose (tirage: 300)	800	550	600	800
13 Mercure 10c bleu (tirage: 300)	800	550	600	800
14 Mercure 15c vermillon	800	550	600	800
15 Mercure 15c brun (tirage: 300)	800	550	600	800
16 Mercure 20c lilas (tirage: 300)	800	550	600	800
17 Semeuse 30c bun-rge (tir: 300)	800	550	600	800
18 Mercure 30c rouge (tirage: 300)	800	550	600	800
19 Mercure 45c vert (tirage: 300)	800	550	600	800
20 Paix 80c orange	1 000	675	750	1 000
21 Paix 1f 40 lilas	1 000	675	750	1 000
22 Paix 1f 50 bleu (tirage: 250)	1 000	675	750	1 000
23 Cérès 2f rose-rouge	1 000	675	750	1 000
24 Cérès 2f 50 vert (tirage: 250)	1 000	675	750	1 000
25 Cérès 3f lilas-rose (tirage: 250)	1 000	675	750	1 000

Coudekerque

26 Mercure 1c olive	650	450	650
27 Mercure 2c vert	650	450	650
28 Mercure 5c rose	650	450	650
29 Mercure 10c bleu	650	450	650
30 Mercure 15c vermillon	650	450	650
31 Mercure 15c brun	650	450	650
32 Semeuse 20c lilas	650	450	650
33 Mercure 20c lilas	650	450	650
34 Mercure 30c rouge	650	450	650
35 Mercure 40c violet	650	450	650
36 Mercure 45c vert	650	450	650
37 Paix 60c bistre	650	450	650
38 Mercure 60c rouge-orange	650	450	650
39 Mercure 70c lilas-rose	650	450	650
40 Paix 75c olive	650	450	650
41 Mercure 75c brun-rouge	650	450	650
42 Paix 80c orange	650	450	650
43 Paix 90c outremer	650	450	650
44 Paix 1f 25 rose-rouge	650	450	650
45 Iris 1f 30 bleu	650	450	650
46 Paix 1f 40 lilas	650	450	650
47 Paix 1f 50 bleu	650	450	650
48 Iris 1f 50 orange	650	450	650
49 Cérès 2f rose-rouge	650	450	650
50 Cérès 2f 25 outremer	650	450	650
51 Cérès 2f 50 vert	650	450	650
52 Cérès 3f lilas-rose	650	450	650

Commémoratifs surchargés de Coudekerque

53 P. Puvis de Chavanne 40c + 10c	800	550	800
54 Musée postal 40c + 60c	800	550	800
55 Fantassin 40c + 60c	800	550	800
56 C. Debussy 70c + 10c	800	550	800
57 Natalité 70c + 80c	800	550	800
58 Maréchal Joffre 80c + 45c	800	550	800
59 H. de Balzac 90c + 10c	800	550	800
60 Lutte contre la syphilis 90c + 30c	800	550	800
61 Croix-Rouge 90c + 35c	800	550	800
62 Enfants des chômeurs 90c + 35c	800	550	800
63 Natalité 90c + 60c	800	550	800
64 France d'outre-mer 1f + 25c	800	550	800
65 Marsouin 1f + 50c	800	550	800
66 Maréchal Foch 1f + 50c	800	550	800
67 Général Galliéni 1f 50 + 50c	800	550	800
68 C. Bernard 2f 25 + 25c	800	550	800
69 Femme au labour 2f 50 + 50c	800	550	800
70 Carcassone 5f	2 500	1 850	2 500
71 Vincennes 10f	2 500	1 850	2 500
72 Saint-Malo	2 500	1 850	2 500
73 Clément Ader	3 500	2 500	3 500

Affts de fortune

Afft de fortune sur 🖃 timbrée au tarif (cote min)	**65**
Mention: PP, affranchi en numéraire, port payé, taxe perçue, etc. sur 🖃 non timbrée (cote min)	**45**
Mention: non affranchi faute de timbre (cote min)	**35**

Occupation allemande:
Alsace-Lorraine

Elsass

Série "Hindenburg" surchargée "Elsass".
Émisssion: 15 août 1940. Retrait: 31 décembre 1941.

1 3Pf bistre-brun	1	0,5	0,5	5
2 4Pf ardoise foncé	1	0,5	0,5	5
3 5Pf vert	1	0,5	0,5	4
4 6Pf vert foncé	1	0,5	0,5	3,5
a - surcharge renversée	1 350	900	1 150	3 250
5 8Pf rouge-orange	1	0,5	0,5	5
a - surcharge renversée	1 350	900	1 150	3 250
6 10Pf brun foncé	1	0,6	0,6	6
7 12Pf rouge	1,2	0,7	0,7	4,5
8 15Pf lilas	1,3	0,7	0,7	10

9 20Pf bleu	2	0,8	0,8	14
10 25Pf outremer	2	0,8	0,8	14
11 30Pf brun-olive	2	0,8	0,8	15

Usg: lettre 3ème éch (rayon éloigné)   *Usg: recomm 3ème éch rayon local*
lettres 2ème éch pr l'étranger   *taxe d'éxpédition*

12 40Pf rose	3,5	1,1	1,1	20
13 50Pf vert et noir	9,5	4	4	35

14 60Pf lilas-rouge et noir	9,5	4	4	35
15 80Pf bleu et noir	24	9	9	65
16 100Pf jaune et noir	23	9	9	75
Série 1 à 16 (16 timbres)	83	34	34	

Lothringen

Série "Hindenburg" surchargée "Lothringen".
Émission: 21 août 1940. Retrait: 31 décembre 1941.

1 3Pf bistre-brun	1,3	0,7	0,7	6
2 4Pf ardoise foncé	1,3	0,7	0,7	6
3 5Pf vert	1,3	0,7	0,7	5

4 6Pf vert foncé	1,3	0,7	0,7	4,5
5 8Pf rouge-orange	1,3	0,7	0,7	
a - surcharge à cheval	200	125		6
6 10Pf brun foncé	1,8	0,9	0,9	7,5
a - surcharge à cheval	90	65		

7 12Pf rouge	1,8	0,9	0,9	4,5
8 15Pf lilas	1,8	0,9	0,9	12

9 20Pf bleu	2	1,1	1,1	15
10 25Pf outremer	2	1,1	1,1	15

11 30Pf brun-olive	2,6	1,1	1,1	17
12 40Pf rose	3	1,5	1,5	22
13 50Pf vert et noir	7,5	3,5	3,5	35

14 60Pf lilas-rouge et noir	8	3,5	3,5	35
15 80Pf bleu et noir	25	9	9	75
16 100Pf jaune et noir	25	9	9	80
Série 1 à 16 (16 timbres)	87	36	36	

Afft mixte avec tbre français (lettre simple)	55
Afft mixte avec tbre français (recommandé)	165
Afft mixte avec tbre allemand (lettre simple)	35
Afft mixte avec tbre allemand (recommandé)	105

"Légion des Volontaires Français"

Les cachets de franchise apposés sur les plis comportaient un numéro de secteur postal. La liste ci-dessous donne les secteurs où étaient affectés les unités de volontaires français.

00100	03865A	06376	31206	41592
00290	03925	09187	34748K	44129i
01196	04358	14309	35411	44856
02732	05492	19440	38178	46795
02951	05780	20919	39630	

1ère colonne: neuf ** sans charnière
2ème colonne: neuf * avec charnière légère
3ème colonne: oblitéré (période d'afft)
4ème colonne: oblitéré sur ✉ (période d'afft)
(afft composé: timbre le plus cher sur ✉ uniquement)

1941 - *Bloc-feuillet "ours". Émission: 24 octobre 1941.*
Vendus: 30 000 blocs. Typo. Dess: Vinay. Grav: G.-L. Degorce.

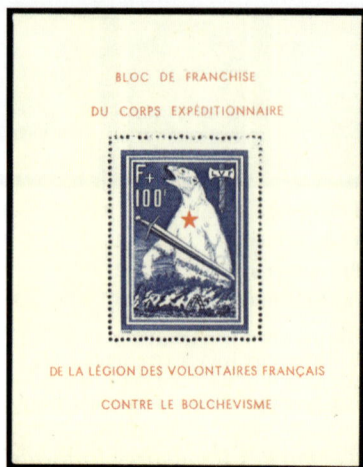

1 Bloc "ours"	630	340	600	2 100
non dentelé (tirage: 100)	1 350	800		
⊡			1 650	
a - piquage à cheval	800	500		
b - texte décalé (non dentelé)	950	600		
c - surcharge multiple du texte	1 150	725		

1941 - *Courrier officiel par avion et courrier spécial par avion. Taille-douce (feuilles de 25). Émission: décembre 1941. Vendus: 141 000 paires. Dessin: Bonhontal. Gravure: P. Gandon ("F"). Dessin: Vinay. Gravure: G.-L. Degorce ("FP10").*

2 "F" vert et rouge	20	10	50	700
non dentelé	175	115		
⊡			525	
a - légende absente	225	150		
b - légende absente et piquage à cheval	600	400		
c - légende très déplacée	135	75		

3 "F P 10" carmin et bleu	20	10	50	700
non dentelé	175	115		
⊡		525		
a - légende absente	225	150		
non dentelé	325	210		
b - légende doublée	200	135		
c - légende très déplacée	135	75		

Epreuve de luxe sans inscriptions du "Courrier spécial"

1942 - *Courrier officiel par avion et courrier spécial par avion surchargés "Front de l'est - Ostfront". Taille-dce (feuilles de 25). Émission: 15 janvier 1942. Vendus: 137 000 paires.*

4 "F" vert et rouge	22	12	60	775
a - surcharge à cheval	135	85		
b - surcharge incomplète	235	150		
c - surcharge multiple	400	250		
d - surcharge recto-verso	110	75		
e - surcharge renversée	300	200		
f - surchargé tenant à non surchargé	475	325		
g - surcharge très déplacée	110	75		

4A surcharge rouge, non émis   1 600 1 000

5 "F + 10" carmin et bleu	**22**	**12**	**60**	**775**
a - surcharge à cheval	125	85		
b - surcharge incomplète	235	150		
c - surcharge multiple	400	250		
d - surcharge recto-verso	110	75		
e - surcharge renversée	300	200		
f - surchargé tenant à non surchargé	475	325		
g - surcharge très déplacée	110	75		

1942 - Série "Borodino".
Émission: 30 avril 1942. Vendus: 450 000 séries. Héliogravure.

6 Cavaliers	**4**	**2**	**13**	**300**
a - tenant à bord de feuille avec sigle	6	3	14	350

7 Artillerie	**4**	**2**	**13**	**300**
a - tenant à bord de feuille avec sigle	6	3	14	350
8 Salut au drapeau	**4**	**2**	**13**	**300**
a - tenant à bord de feuille avec sigle	6	3	14	350

9 Char d'assault	**4**	**2**	**13**	**300**
a - tenant à bord de feuille avec sigle	6	3	14	350
10 Guetteur	**4**	**2**	**13**	**300**
⊠ nd, couleur différente (sg)			200	
⊠ ten à bdf avec sigle (nd sg)			200	
⊠ ss inscr, coul diffte (nd sg)			200	
⊠ ss inscr ten à bdf (nd sg)			300	
a - tenant à bord de feuille avec sigle	6	3	14	350
Série 6 à 10 (5 timbres)	**20**	**10**	**65**	**400**
tenant à bord de feuille avec sigle	30	14	85	450

Faux de la Résistance

Deux faux sont ici répertoriés: ils ont réellement été imprimés par la résistance et ont vraiment servi sur du courrier clandestin ayant voyagé.

1943 - *Le faux de Gaulle a été gravé par Robert Thirin et imprimé (en feuillet de 9) par Georges Fonat et Georgette Houde, du réseau "Combat", en 1943 à Nice*

1 Faux de Gaulle	**45**	**30**	**55**	**300**
non dentelé	85	65	115	775

1944

Tampon de l'Atelier des Faux

Timbre original

Faux de la Résistance
Tirage: 2 712 800 (clair P foncé)
921 600 (brun-noir)
460 800 (brun-rouge)
960 (non dentelé)
964 (dentelé 2 côtés)
72 (dentelé 1 côté)
50 000 (feuillets souvenir)

2 Faux de la Résistance (sg)	**5**	**15**	**235**
non dentelé (sans gomme)	55		
a - brun foncé (sg)	7	18	285
b - brun-noir (sg)	14	40	500
c - brun-rouge (sg)	18		
d - dentelé 1 côté (sg)	125		
e - dentelé 2 côtés (sg)	55		
f - feuillet-souvenir (sg)	35		

Faux de l'Intelligence Service

1 Mercure 25c vert	**22**	**15**
2 Mercure 30c orange	**22**	**15**

3 Iris 1f 50 orange	**22**	**15**
4 Pétain 30c rouge	**22**	**15**

5 Pétain 50c vert	**22**	**15**
6 Pétain 70c orange	**55**	**36**
7 Pétain 1f rouge	**22**	**15**
8 Pétain 1f 20 brun	**30**	**20**

9 Pétain 1f 50 rose	**1 080**	**705**
10 Pétain 1f 50 brun	**22**	**15**
11 Pétain 2f vert	**96**	**64**
Série 1 à 11 (11 timbres)	**1 415**	**930**

Emissions du C.F.L.N.

Détail des livraisons (18 octobre 1943):

Corse	10 000	Madagascar	25 000
AEF	15 000	Maroc	40 000
AOF	25 000	Martinique	15 000
Algérie	90 000	N^elle-Calédonie	1 000
Cameroun	10 000	N^elles-Hébrides	500
Côte des Somalis	1 000	Océanie	2 000
Guadeloupe	15 000	Réunion	2 000
Guyane	5 000	St-Pierre & M^on	500
Inde	1 500	Syrie	10 000
Liban	10 000	Tunisie	20 000

1943 - *Pour l'aide aux combattants.*

Lithographie (f25). D: A. Bodiniet & G: Charles Hervé.
Emission: sans doute 26 octobre 1943. Retrait: prévu au
31 janvier 1944, repoussé au 31 mars 1944. Tirage:
300 000 séries, porté à 400 000 le 18 décembre 1943.

1	0f 50 + 4f 50 vert-émeraude	1,5	1	2	70

2	1f 50 + 8f 50 rose	1,5	1	2	80

3	3f + 12f bleu	1,5	1	2	70

4	5f + 15f gris-brun	1,5	1	2	70

5	9f + 41f lilas	3,5	2	4	70
Série 1 à 5 (5 timbres)		10	6	12	

1943 - *Pour l'aide aux résistants.*

Imprimé à Alger par E. Imbert (feuilles de 10). Dessin: sans
doute René Rostagny (dit Gaston RY). Emission: sans doute entre
le 16 et le 26 novembre 1943. Retrait: prévu au 31 janvier 1944,
puis repoussé au 31 mars 1944. Tirage: 100 000 dont
20 000 fautés.

Détail des livraisons (3 novembre 1943):

Corse	4 000	Madagascar	8 000
AEF	5 000	Maroc	15 000
AOF	8 000	Martinique	5 000
Algérie	30 000	N^elle-Calédonie	500
Cameroun	3 000	N^elles-Hébrides	300
Côte des Somalis	300	Océanie	600
Guadeloupe	5 000	Réunion	600
Guyane	2 000	St-Pierre & M^on	200
Inde	500	Syrie	3 000
Liban	3 000	Tunisie	6 000

6	1f 50 + 98f 50	60	45	45	150
	non dentelé		300		
	a - sans le logo	36	27	27	110

1944 - *Oeuvres de solidarité française.* Litho (f 25). Imprimé à Alger par Heintz. Gravure: Charles Hervé. Emission: 12 mai 1944. Tirage: 500 000.

1944 ✈ - *Entraide de l'aviation.* Litho (f 25). D: M. Patton. G: C. Hervé. Emission: septembre 1944. Tirage: 1 000 000.

7	10f + 40f bleu	6	5	5	90
	non dentelé	20	16		
✈1	10f + 40f gris	8	6	6	110
	non dentelé	30	22		
	a - piquage à cheval	275	185		

1945-46 - *Timbres-taxe.*

Taxe 1	10c bleu	1	0,5	25
Taxe 2	15c vert-jaune	1	0,5	25
Taxe 3	25c jaune -orange	1	0,5	25

Taxe 4	50c vert	1,5	1	25
Taxe 5	60c brun-rouge	1,5	1	25
Taxe 6	1f lie-de-vin	1,5	1	25

Taxe 7	2f rouge	1,5	1	25
Taxe 8	4f gris	6	4	30
Taxe 9	5f outremer	6	4	30

Taxe 10	10f violet	30	24	75
Taxe 11	20f brun	5	4	30
Taxe 12	50f vert	10	8	40
Série 1 à 12 (12 timbres)		66	49,5	380

Cote minimale d'une lettre avec timbre-taxe   125

Base navale italienne de Bordeaux

Cote minimale d'une lettre envoyée de la base navale
italienne affranchie avec des timbres italiens:
(d'octobre 1940 jusqu'au début 1943)   **375**

1943 - *Surchargés: 1ᵉʳᵉ série. Tirage: 200 séries.*

1 Auguste, 10c sépia	1 600 1 000 1 600 3 000
2 César, 20c rouge	1 600 1 000 1 600 3 000
3 Victor-Emmanuel, 25c vert	1 600 1 000 1 600 3 000
4 Victor-Emmanuel, 30c sépia	1 600 1 000 1 600 3 000
5 Victor-Emmanuel, 50c violet	1 600 1 000 1 600 3 000

1943 - *Surchargés: 2ᵉᵐᵉ série. Emission: 1ᵉʳ novembre 1943.*

"Fascista" sans "t"

Normal   *"Répubblicana" avec un seul "b"*

Les timbres "Victor-Emmanuel" (25c, 30c, et 50c) existent
tenant à vignette de propagande sans dentelure de séparation
(quatre modèles différents) (très rares).

Artillerie

Aviation

Marine

Milice

Tirage: 50 000	*Tirage: 50*	*Tirage: 12 000*	

6 Auguste, 10c sépia	**15**	**10**	**15**	**300**
a - "Fascista" sans "t"	135	90	135	1 150
b - "Repubblicana" avec un seul "b"	165	110		
c - surcharge doublée (tirage: 60)	275	185		
d - surch doublée dont 1 renversée (tir: 40)	600	400		
e - surcharge renversée (tirage: 200)	225	140		
f - surchargé ten. à non surchargé (tir: 40)	600	400		

7 Italia, 15c vert	**22 500**	**15 000**	**13 500**	

8 César, 20c rouge	**60**	**40**	**100**	**900**
a - "Fascista" sans "t"	550	375	675	
b - "Repubblicana" avec un seul "b"	600	400		
c - surch doublée dont 1 renversée (tir: 20)	1 350	800		
d - surcharge renversée (tirage: 200)	500	350		
e - surchargé ten. à non surchargé (tir: 40)	1 100	700		

Tirage: 9 000	*Tirage: 32 000*	*Tirage: 50 000*	

9 Victor-Emmanuel, 25c vert	**215**	**125**	**250**	**2 000**
a - "Fascista" sans "t"	800	550	875	
b - "Repubblicana" avec un seul "b"	1 500	850		
c - surch doublée dont 1 renversée (tir: 20)	1 500	850		
d - surcharge renversée (tirage: 200)	750	450		
e - surchargé ten. à non surchargé (tir: 40)	1 350	800		

9A Avec vignette "Artillerie"	**2 250**	**1 500**	**1 850**	**2 750**
9B Avec vignette "Aviation"	**2 750**	**1 900**	**2 350**	**3 500**
9C Avec vignette "Marine"	**2 750**	**1 900**	**2 350**	**3 500**
a - surch doublée dont 1 renversée	5 250	3 150		
9D Avec vignette "Milice"	**2 250**	**1 500**	**1 850**	**2 750**

10 Victor-Emmanuel, 30c sépia	**21**	**11**	**27**	**575**
a - "Fascista" sans "t"	550	400	625	
b - "Repubblicana" avec un seul "b"	475	325		
c - surcharge doublée (tirage: 60)	750	575		
d - surcharge renversée (tirage: 200)	475	350		
e - surchargé ten. à non surchargé (tir: 40)	1 350	800		

10A Avec vignette "Artillerie"	**2 250**	**1 500**	**1 850**	**2 750**
10B Avec vignette "Aviation"	**4 250**	**2 650**	**3 400**	
a - surch doublée dont 1 renversée	6 750	4 500		
10C Avec vignette "Marine"	**2 250**	**1 500**	**1 850**	**2 750**
10D Avec vignette "Milice"	**2 250**	**1 500**	**1 850**	**2 750**

11 Victor-Emmanuel, 50c violet	**60**	**35**	**60**	**625**
a - "Fascista" sans "t"	850	625	800	
b - "Republicana" avec un seul "b"	425	300		
c - surcharge renversée (tirage: 200)	650	500		
d - surchargé ten. à non surchargé (tir: 40)	1 350	800		

11A Avec vignette "Artillerie"	**2 750**	**1 900**	**2 350**	**3 500**
11B Avec vignette "Aviation"	**2 250**	**1 500**	**1 850**	**2 750**
11C Avec vignette "Marine"	**2 250**	**1 500**	**1 850**	**2 750**
a - surch doublée dont 1 renversée	4 750	2 850		
11D Avec vignette "Milice"	**2 250**	**1 500**	**1 850**	**2 750**

1944 - *Surchargés: 3ème série. Émission: février 1944.*

"Républica" avec un seul "b"

Tirage: 200	*Tirage: 1 500*	*Tirage: 360*

12 Louve, 5c sépia	**10 000**	**6 250**	**7 500**
a - "Républica" avec un seul "b"	10 000	6 250	

13 Auguste, 10c sépia	**325**	**7 500**	**300**	**2 650**
a - "Républica" avec un seul "b"	500	350		

14 Italia, 15c vert	**1 600**	**1 050**	**1 500**	**15 000**
a - "Républica" avec un seul "b"	2 750	2 000		
b - surcharge recto-verso	2 150	1 400		

Tirage: 18 800	*Tirage: 12 200*	*Tirage: 23 400*

15 Victor-Emmanuel, 25c vert	**27**	**16**	**30**	**325**
a - "Républica" avec un seul "b"	325	215		
b - surcharge très décalée	235	150		
c - surcharge recto-verso	80	50		

16 Victor-Emmanuel, 30c sépia	**38**	**22**	**40**	**425**
a - "Républica" avec un seul "b"	350	230		
b - surcharge recto-verso	125	70		

17 Victor-Emmanuel, 50c violet	**22**	**12**	**22**	**300**
a - "Républica" avec un seul "b"	325	215		
b - surcharge à cheval	485	315		
c - surcharge doublée dont 1 renversée	300	200		
d - surcharge recto-verso	75	50		
e - surcharge recto et verso	650	435		
f - surcharge très décalée	235	150		

Poste aéronavale militaire
Courrier aéro-naval français ⇄ Etats-Unis

Cote minimale d'une lettre ou entier envoyé par un marin francais pour les U.S.A. et centralisée à Casablanca
(entre novembre 1943 et avant le 16 juin 1944):   750

6 cents aérien des États-unis avec griffe "RF"

Des entiers des États-Unis ont été utilisés dans les mêmes conditions.

De même, d'autres timbres à 6 cents ou des paires de timbres à 3 cents ont été utilisés.

1ère colonne: neuf ** sans charnière
2ème colonne: neuf * avec charnière légère
3ème colonne: oblitéré (période d'afft)
4ème colonne: oblitéré sur 🖃 (période d'afft)
(période d'affranchissement: du 8 mai 1944 à août 1945)

Lettres avec double censure française et américaine:
plus-value de 40%.

Utilisation en multiple ou avec timbre supplémentaire:
plus-value de 50%.

⚠ *De nombreuses fausses surcharges ou de fausses lettres existent, l'expertise est indispensable. Attention aux neufs.*

1 Alger I	140	100	140	625
a - sur entier postal 6 cents orange	200			875
b - sur tbre autre que le 6 cents rge				1 100
2 Alger II	160	110	160	625
a - sur entier postal 6 cents orange	225			875
b - sur tbre autre que le 6 cents rge				1 100
3 Bizerte I	140	100	170	650
a - sur entier postal 6 cents orange	200			900
b - sur tbre autre que le 6 cents rge				1 200
4 Bizerte II	110	110	170	650
a - sur entier postal 6 cents orange	150			900
b - sur tbre autre que le 6 cents rge				1 200
5 Bizerte III	110	70	135	600
a - sur entier postal 6 cents orange	150			800
b - sur tbre autre que le 6 cents rge				1 000
6 Bizerte IV	165	125	230	675
a - sur entier postal 6 cents orange	225			950
b - sur tbre autre que le 6 cents rge				1 350
7 Bône	185	135	265	775
a - sur entier postal 6 cents orange	250			1 050
b - sur tbre autre que le 6 cents rge				1 500
8 Casablanca I	150	110	150	600
a - sur entier postal 6 cents orange	210			800
b - sur tbre autre que le 6 cents rge				1 000
9 Casablanca II	115	80	135	600
a - sur entier postal 6 cents orange	160			800
b - sur tbre autre que le 6 cents rge				1 000

10 Casablanca III   110   70   125   600
   a - sur entier postal 6 cents orange   150   800
   b - sur tbre autre que le 6 cents rge   1 000

11 Cotonou I   150   115   165   650
   a - sur entier postal 6 cents orange   210   900
   b - sur tbre autre que le 6 cents rge   1 200

12 Cotonou II   185   135   215   675
   a - sur entier postal 6 cents orange   250   950
   b - sur tbre autre que le 6 cents rge   1 350

13 Dakar I   200   140   215   650
   a - sur entier postal 6 cents orange   280   900
   b - sur tbre autre que le 6 cents rge   1 200

15 Marseille   325   215   325   250
   a - sur entier postal 6 cents orange   450   1 250   1 750
16 Oran   160   115   175   600
   a - sur entier postal 6 cents orange   225   800
   b - sur tbre autre que le 6 cents rge   1 000
17 Toulon   165   125   185   625
   a - sur entier postal 6 cents orange   225   875
   b - sur tbre autre que le   1 100

Cote min d'une lettre ✈ de militaire français aux USA envoyée aux colonies ou en France libérée (avec timbre US)   **500**

Emissions de Libération

Ici, seules les émissions les plus couramment collectionnées sont détaillées timbre par timbre. Pour les autres émissions, étant donné leur nombre, seules les villes les plus importantes sont citées avec la cote de la série complète. (Pour plus de détail, on peut se référer aux ouvrages spécialisés qui existent déjà).

> 1ère colonne: neuf ** sans charnière
> 2ème colonne: neuf * avec charnière légère
> 3ème colonne: oblitéré (période d'afft)
> 4ème colonne: oblitéré sur ▭ (période d'afft)

Aigurande *(Indre)*

Émis le 17 août 1944 par le Comité local de Libération, ces timbres existent sur lettres ayant voyagé. Tirage: entre 400 (2f 40) et 2 500 (1f). Surcharges renversées ou doubles: + 100%.

1 Pétain 60c violet	30	24	27	50
2 Pétain 70c orange	30	24	27	50
3 Pétain 80c vert	30	24	27	50
4 Pétain 1f rouge	30	24	27	50
5 Pétain 1f 20 brun	55	44	45	85
6 Pétain 1f 50 brun	65	52	40	50
7 Pétain 2f vert	30	23	27	50
8 Pétain 2f 40 rouge	100	80	90	130
9 Pétain 3f orange	50	40	45	70
10 Pétain 4f bleu (typo.)	75	60	65	85
11 Pétain 4f 50 vert (typo.)	75	60	65	85
Série complète	570	455	485	

Série de 6 timbres	425	335	375
Série de 10 timbres non émis	1575	1250	

Bordeaux *(Gironde) (type I)*

Les timbres sont mis en vente le 2 sept. 1944 sur ordre de la direction générale. L'ordre est annulé le 4, mais le 1f 50 sera remis en vente le 7. Le lendemain les Iris nouveaux sont livrés. Existent sur lettres ayant voyagé. Surcharges doubles ou renversées: cotes x 100.

1 Pétain 60c violet (tir: 3 600)	85	62	75	100
2 Pétain 70c orange (tir: 37 000)	4	3	4	5
3 Pétain 80c vert (tir: 9 600)	8	6,5	5	7
4 Pétain 1f rouge (tir: 89 200)	3	2,5	2	4
5 Pétain 1f 20 brun (tir: 79 250)	3	2,5	2	4
6 Pétain 1f 50 brun (tir: 288 000)	2	1,5	1	3
7 Pétain 2f vert (tir: 56 650)	3	2,5	2	4
8 Pétain 2f 40 rouge (tir: 16 000)	8	7	4	5
9 Pétain 3f orange (tir: 105 500)	2	1,5	2	4
10 Pétain 4f (typo.) (tir: 28 450)	4	3	4	5
11 Pétain 4f 50 (typo.) (tir: 42 450)	4	3	4	5
Série complète	125	95	105	

12 Taxe 30c (tir: 950)	110	85	160
13 Taxe 50c (tir: 4 000)	6	5	10
14 Taxe 1f (tir: 3 300)	6	5	10
15 Taxe 1f 50 (tir: 3 050)	6	5	10
16 Taxe 2f (tir: 1 450)	19	14	25
17 Taxe 3f (tir: 3 000)	8	6	15
18 Taxe 5f (tir: 1 450)	20	15	25
Série complète	175	135	255

Bordeaux *(type II)*

1 Pétain 60c violet (tir: 2 160)	110	90	115	140
2 Pétain 70c orange (tir: 22 200)	5	3	4	7
3 Pétain 80c vert (tir: 5 750)	13	8,5	10	15
4 Pétain 1f rouge (tir: 53 250)	4	2,5	3	5
5 Pétain 1f 20 brun (tir: 47 500)	4	2,5	3	5
6 Pétain 1f 50 brun (tir: 172 000)	2,5	1,5	2	4
7 Pétain 2f vert (tir: 34 000)	5	3	4	6
8 Pétain 2f 40 rouge (tir: 9 600)	9	6,5	8	12
9 Pétain 3f orange (tir: 63 300)	2,5	1,5	2	3
10 Pétain 4f (typo.) (tir: 17 000)	5	3	4,5	6
11 Pétain 4f 50 (typo.) (tir: 25 500)	5	3	4,5	6
Série complète	165	125	160	

12 Taxe 30c (tir: 570)	170	130	250
13 Taxe 50c (tir: 2 400)	9	6,5	15
14 Taxe 1f (tir: 2 000)	9	6,5	15
15 Taxe 1f 50 (tir: 1 800)	9	7	15
16 Taxe 2f (tir: 870)	23	15	25
17 Taxe 3f (tir: 1 800)	15	10	20
18 Taxe 5f (tir: 870)	25	20	35
Série complète	260	195	375

Bordeaux (type III)

1 Pétain 60c violet (tir: 1 440)	210	165	185	225
2 Pétain 70c orange (tir: 14 800)	5	3	4	6
3 Pétain 80c vert (tir: 3 800)	22	17	19	25
4 Pétain 1f rouge (tir: 35 700)	5	3	4	6
5 Pétain 1f 20 brun (tir: 37 500)	5	3	4	6
6 Pétain 1f 50 brun (tir: 115 000)	2	1,5	2	3
7 Pétain 2f vert (tir: 22 600)	5	3	4	6
8 Pétain 2f 40 rouge (tir: 6 400)	12	9	10	17
9 Pétain 3f orange (tir: 42 000)	4	2,5	3	5
10 Pétain 4f (typo.) (tir: 11 400)	5	4	5	10
11 Pétain 4f 50 (typo.) (tir: 17 000)	5	4	5	8
Série complète	280	215	245	

12 Taxe 30c (tir: 380)	325	275	485
13 Taxe 50c (tir: 1 600)	13	10	17
14 Taxe 1f (tir: 1 320)	13	10	17
15 Taxe 1f 50 (tir: 1 220)	13	10	17
16 Taxe 2f (tir: 580)	25	20	35
17 Taxe 3f (tir: 1 200)	20	16	29
18 Taxe 5f (tir: 580)	31	24	45
Série complète	440	365	645

Châlons-sur-Marne (Marne)
Le 1f 50 Pétain a été émis le 23 août à 40 000 ex. Les autres valeurs sont non émises.

Pétain 1f 50 brun	50	40	45	100
Série non émise, 5 timbres	485	385		

Chambéry (Savoie)
Émis le 7 septembre 1944, avec une surtaxe au profit des F.F.I., 14 timbres ont été surchargés (tirage: 120 séries complètes), plus le 15f Chenonceau (par complaisance, tirage: 15). Certains timbres existent sur lettres.

1 Pétain 1f 50 brun-rouge	20	20	20	135
2 Pétain 5f vert-bleu	25	20	25	135
3 Blason du Languedoc	25	20	25	135
4 Blason de l'Orléannais	25	20	25	135
5 Blason de Normandie	25	20	25	135
6 Célébrité 1944: Molière	180	145		350
7 Hardouin-Mansart	180	145		350
8 Blaise Pascal	180	145		350
9 Le Grand Condé	180	145		350
10 Colbert	180	145		350
11 Louis XIV	180	145		350
12 Centenaire du Paris-Orléans	180	145		350
13 Claude Chappe		800		350
14 Paysage du Dauphiné	110	85	100	145
15 Chenonceau, 15f	1 850	1 500		2 000
Série 1 à 14 (14 timbres)	2 490	2 000		

Chatellerault (Vienne)
Émis le 7 septembre, après l'entrée des F.F.I. le 5, ainsi que 19 non émis. Les timbres ont servi sur courrier ayant voyagé. Tirage variable (les usagers ont pu surcharger euxmême leurs timbres).

1 Pétain 60c violet	75	60	65	175
2 Pétain 70c orange	25	20	20	145
3 Pétain 80c vert	25	20	20	145
4 Pétain 1f rouge	25	20	20	145
5 Pétain 1f 20 brun	25	20	20	145
6 Pétain 1f 50 brun	35	25	25	145
7 Pétain 2f vert	35	25	35	145
8 Pétain 2f 40 rouge	150	130	130	275
9 Pétain 3f orange	25	20	20	145
10 Pétain 4f bleu (typo.)	25	20	20	145
11 Pétain 4f 50 vert (typo.)	25	20	20	145
12 Pétain 4f bleu (gravé)	250	200	210	625
13 Pétain 4f 50 vert (gravé)	250	200	210	625
14 Pétain 5f vert-bleu	280	200	235	625
15 Pétain 50f noir	1 250	1 020	1 000	1 450
Série complète	2 500	2 000	2 040	

Cherbourg (Manche)
L'émission a été autorisée le 20 juillet par le sous-préfet, ainsi que 2 non émis. Existent sur lettres ayant voyagé. Tirage variable: de 50 à 1500 exemplaires. Variétés: cotes x 3.

1 Pétain 60c violet	10	7	9	20
2 Pétain 70c orange	10	7	9	20
3 Pétain 80c vert	12	9	11	20
4 Pétain 1f rouge	10	7	9	20
5 Pétain 1f 20 brun	30	20	25	45
6 Pétain 1f 50 brun	30	20	25	45
7 Pétain 2f vert	25	17	20	40
8 Pétain 2f 40 rouge	34	25	30	65
9 Pétain 3f orange	12	9	12	40
10 Pétain 4f bleu (typo.)	12	9	12	40
11 Pétain 4f 50 vert (typo.)	15	10	13	40
12 Pétain 4f bleu (gravé)	120	85	110	145
13 Pétain 4f 50 vert (gravé)	150	100	125	165
14 Pétain 5f vert-bleu	100	65	90	125
15 Pétain 50f noir	950	620	850	1 100
Série 1 à 15	1 520	1 010	1 350	
16 Buste du maréchal Pétain	550	450	475	
17 Corporation paysanne	400	420	375	
18 Chartre du travail	400	420	375	

Décazeville *(Aveyron)*

Émis le 26 août 1944. La surcharge existe en deux types (même cote), certains ont servi sur du courrier ayant voyagé. Tirage variable: entre 8 et 2 300 ex. Surch dbles: x2, surch. renversées: x3.

1 Mercure 10c bleu	525	385
2 Pétain 60c violet	225	165
3 Pétain 70c orange	225	165
4 Pétain 1f rouge	225	165
5 Pétain 1f 20 brun	215	150
6 Pétain 1f 50 brun	135	100
7 Pétain 2f vert	210	150
8 Pétain 3f orange	210	150
9 Pétain 4f bleu (typo.)	215	150
10 Pétain 4f 50 vert (typo.)	215	150
Série 1 à 10	2 400	1 730
11 Mercure 40c violet	1 400	750
12 Pétain 80c vert	750	575

Loches *(Indre-et-Loire)* (émission reconnue)

Émis le 8 septembre 1944, ces timbres existent sur lettres ayant voyagé. Tirages variables: entre 20 et 2 520 exemplaires. 2 entiers ont également été surchargés. Variétés: P100%.

1 Mercure 10c bleu	45	35	40	80
2 Mercure 30c rouge	45	35	40	80
3 Mercure 40c violet	130	110	120	140
4 Mercure 50c bleu	100	80	90	180
5 Pétain 30c rouge	45	35	40	80
6 Pétain 40c bleu	60	50	55	100
7 Pétain 50c vert	60	50	55	100
8 Pétain 60c violet	45	35	40	80
9 Pétain 70c orange	45	35	40	80
10 Pétain 70c bleu	130	110	120	140
11 Pétain 80c vert	50	40	45	80
12 Pétain 80c brun	150	120	140	325
13 Pétain 1f rouge	45	35	40	80
14 Pétain 1f 20 brun	45	35	40	80
15 Pétain 1f 50 rose	130	110	120	140
16 Pétain 1f 50 brun	200	160	180	250
17 Pétain 2f vert	60	50	55	80
18 Pétain 2f 40 rouge	60	50	55	80
19 Pétain 2f 50 bleu	100	80	90	150
20 Pétain 3f orange	50	40	45	80
21 Pétain 4f bleu (typo.)	50	40	45	80
22 Pétain 4f 50 vert (typo.)	50	40	45	80
23 Pétain 4f bleu (gravé)	85	70	80	110
24 Pétain 4f 50 vert (gravé)	85	70	80	125
25 Pétain 5f vert-bleu	100	80	90	165
26 Pétain 50f noir	875	700	800	1 200
27 Maréchal Pétain 80c vert	85	70	80	215
28 Claude Chappe	175	145	160	320
29 Centenaire du Paris-Orléans	350	260	285	700
Série complète	3 450	2 765	3 225	

Lyon *(Rhône)*

Émis le 2 septembre 1944 sur ordre du commissariat général de la République, ces timbres ont servi jusqu'au 31 octobre sur tout le territoire libéré. Tirage: 240 000 séries.

1 Mercure 10c bleu	1,5	1	1	10
2 Mercure 30c rouge	1,5	1	1	10
3 Mercure 40c violet	1,5	1	1	10
4 Mercure 50c bleu	1,5	1	1	10
5 Pétain 60c violet	1,5	1	1	10
6 Pétain 70c orange	1,5	1	1	10
7 Pétain 80c vert	1,5	1	1	10
8 Pétain 1f rouge	1,5	1	1	10
9 Pétain 1f 20 brun	1,5	1	1	10
10 Pétain 1f 50 brun	1,5	1	1	15
11 Pétain 2f vert	1,5	1	1	15
12 Pétain 2f 40 rouge	29	16	16	50
13 Pétain 3f orange	1,5	1	1	10
14 Pétain 4f bleu (typo.)	1,5	1	1	10
15 Pétain 4f 50 vert (typo.)	1,5	1	1	10
Série 1 à 15	50	30	30	200
16 Blason du Languedoc	280	225		
17 Blason de l'Orléannais	300	225		
18 Blason de Normandie	320	265		

Niort *(Deux-Sèvres)*

Série réalisée sur ordre de la direction départementale des postes le 11 septembre 1944. Deux types de surcharge ont été utilisés (mêmes cotes).

1 Mercure 10c bleu	300	235	265	550
2 Mercure 30c rouge	300	235	265	550
3 Mercure 40c violet	300	235	265	550
4 Mercure 50c bleu	300	235	265	550
5 Pétain 60c violet	20	15	18	30
6 Pétain 70c orange	20	15	18	30
7 Pétain 80c vert	20	15	18	30
8 Pétain 1f rouge	20	15	18	30
9 Pétain 1f 20 brun	20	15	18	40
10 Pétain 1f 50 brun	20	15	18	40
11 Pétain 2f vert	20	15	18	40
12 Pétain 2f 40 rouge	115	75	85	140
13 Pétain 3f orange	45	30	35	55
14 Pétain 4f bleu (typo.)	30	20	24	50
15 Pétain 4f 50 vert (typo.)	45	30	35	55
Série 1 à 15	1 575	1 200	1 365	
16 Pétain 4f 50 vert (gravé)	1 350	1 100	1 150	1 350
17 Pétain 5f vert-bleu	1 350	1 100	1 150	1 500
18 Buste du maréchal Pétain	3 750	2 900	3 250	6 250

Poitiers *(Vienne) (type I)*

Les timbres ont été surchargés entre le 7 et le 12 septembre sur ordre de la direction régionale. La surcharge au type I (7 sept.) n'a été utilisée que sur le 1f 50 Pétain. A servi sur lettre. Tirage: 4 100.

Pétain 1f 50 brun	60	50	45	400

Poitiers *(type II)*

Émission: 7 septembre. Ont servi sur lettre.
Tirage variable: entre 40 et 5 000 exemplaires.
Variétés: +50%, sur ▭: +100%.

1 Pétain 60c violet	55	35	55	200
2 Pétain 70c orange	60	40	60	200
3 Pétain 80c vert	85	60	85	200
4 Pétain 1f rouge	50	35	50	200
5 Pétain 1f 20 brun	45	35	45	200
6 Pétain 1f 50 brun	45	35	45	200
7 Pétain 2f vert	45	35	45	200
8 Pétain 2f 40 rouge	50	40	50	200
9 Pétain 3f orange	70	50	70	245
10 Pétain 4f bleu (typo.)	90	65	100	275
11 Pétain 4f 50 vert (typo.)	90	65	100	275
Série 1 à 11	685	495	705	
12 Pétain 50f noir	1 350	1 000	1 350	2 550
13 Pétain 20c lilas	900	700		
14 Pétain 30c rouge	900	700		
15 Pétain 70c bleu	900	700		
16 Pétain 1f 50 rose	900	700		
17 Pétain 5f vert-bleu	900	700		

Poitiers *(type III)*

Émission: 8 septembre. Tirage variable:
de 40 à 500 exemplaires. 6 non émis.
Variétés: +100%.
sur ▭: cotes x 3.

1 Pétain 60c violet	135	100
2 Pétain 70c orange	175	125
3 Pétain 80c vert	135	100
4 Pétain 1f rouge	120	85
5 Pétain 1f 20 brun	120	85
6 Pétain 1f 50 brun	525	425
7 Pétain 2f vert	2 250	1 750
8 Pétain 2f 40 rouge	2 250	1 750
9 Pétain 3f orange	215	160
10 Pétain 4f bleu (typo.)	230	170
11 Pétain 4f 50 vert (typo.)	2 750	2 250
12 Pétain 50f noir	2 850	2 250
Série complète	11 750	9 250

Poitiers *(type IV)*

Émission: 11 et 12 septembre. Ont servi sur
lettres. Tirage variable: de quelques exemplaires
à 25 000 exemplaires. 4 non émis. Surcharges
renversées: +50%, double surcharge: x3.

1 Pétain 60c violet	13	10	17	70
2 Pétain 70c orange	18	14	20	85
3 Pétain 80c vert	14	12	20	70
4 Pétain 1f rouge	7	5	13	70
5 Pétain 1f 20 brun	7	5	13	70
6 Pétain 1f 50 brun	7	5	13	50
7 Pétain 2f vert	14	12	20	70
8 Pétain 2f 40 rouge	21	16	25	100
9 Pétain 3f orange	9	6,5	12	70
10 Pétain 4f bleu (typo.)	9	6,5	13	100
11 Pétain 4f 50 vert (typo.)	11	8	14	150
Série 1 à 11	130	100	180	
12 Pétain 50f noir	1 450	1 150		

Pons *(Charente-Maritime) (type I)*

Émission: 20 septembre 1944, à la demande
des F.F.I., sous la responsabilité du receveur.
Ont servi sur courrier. Tirage variable: de
quelques uns à 13 100 exemplaires. Surcharges
renversées: +100%.

1 Pétain 60c violet	15	10	11	16
2 Pétain 70c orange	15	10	11	16
3 Pétain 80c vert	15	10	11	16
4 Pétain 1f rouge	10	8	9	12
5 Pétain 1f 20 brun	15	10	11	16
6 Pétain 1f 50 brun	15	10	11	16
7 Pétain 2f vert	15	10	11	16
8 Pétain 2f 40 rouge	70	50	50	70
9 Pétain 3f orange	15	12	13	18
10 Pétain 4f bleu (typo.)	15	12	13	18
11 Pétain 4f 50 vert (typo.)	15	12	14	18
12 Pétain 4f 50 vert (gravé)	110	86	90	125
Série complète	325	240	255	

Pons *(type II)*

1 Pétain 60c violet	16	12	13	17
2 Pétain 70c orange	16	12	13	17
3 Pétain 80c vert	55	40	45	55
4 Pétain 1f rouge	9	6	7	10
5 Pétain 1f 20 brun	21	16	17	22
6 Pétain 1f 50 brun	14	10	11	15
7 Pétain 2f vert	16	12	13	17
8 Pétain 2f 40 rouge	375	315	325	385
9 Pétain 3f orange	20	16	17	22
10 Pétain 4f bleu (typo.)	23	17	19	23
11 Pétain 4f 50 vert (typo.)	35	28	30	35
12 Pétain 4f 50 vert (gravé)	425	350	365	450
Série complète	1 025	835	875	
types I et II se tenant	1 650	1 350		

Tours-Gare *(Indre-et-Loire)*

Surchargés le 2 septembre sur ordre de la
direction départementale. Les tirages n'ont pas
été communiqués. Existent sur lettres ayant
voyagé. Variétés: +100%.

1 Pétain 60c violet	45	35	55	425
2 Pétain 70c orange	60	45	70	425
3 Pétain 80c vert	60	45	70	425
4 Pétain 1f rouge	60	45	70	425
5 Pétain 1f 20 brun	60	45	70	425
6 Pétain 1f 50 brun	70	50	85	425
7 Pétain 2f vert	70	50	85	525
8 Pétain 2f 40 rouge	490	350	450	675
9 Pétain 3f orange	60	45	75	425
10 Pétain 4f bleu (typo.)	250	185	285	425
11 Pétain 4f 50 vert (typo.)	250	185	285	425
12 Pétain 4f bleu (gravé)	800	600	750	1 275
13 Pétain 4f 50 vert (gravé)	225	185	250	700
14 Pétain 5f vert-bleu	225	185	250	850
15 Pétain 50f noir	1 200	950	1 300	2 250
Série complète	3 925	3 000	4 150	

Poches de l'Atlantique

Poche de La Rochelle

La quasi-totalité du stock fut détruit peu avant la reddition (8 mai 1945).

Vignette "Festung La Rochelle" de Noël 1944   3 000

Poche de Lorient

1 **Mercure 10c outremer** (tir: 650)	500	315	285	800
2 **Mercure 30c rouge** (tir: 600)	650	435	400	1 300
3 **Mercure 40c violet** (tir: 180)	1 250	750	675	1 750
4 **Mercure 50c turquoise** (tir: 1 800)	350	265	225	725
5 **Pétain 60c violet** (tir: 105)	2 000	1 300	1 200	3 500
6 **Pétain 70c orange** (tir: 300)	800	565	525	1 600
7 **Pétain 80c vert** (tir: 300)	800	565	525	1 600
8 **Pétain 1f rouge** (tir: 150)	1 500	900	850	2 250
9 **Pétain 1f 20 brun** (tir: 180)	1 500	900	850	2 250
10 **Pétain 1f 50 brun** (tir: 1 800)	350	225	200	600
11 **Pétain 2f vert** (tir: 200)	1 400	825	750	2 100
12 **Pétain 4f (typo.)** (tir: 200)	1 350	800	750	2 100
13 **Pétain 4f 50 (typo.)** (tir: 100)	3 500	2 100	1 900	3 850
14 **Pétain 4f 50 (gravé)** (tir: 70)	4 000	2 500	2 250	4 250
15 **Pétain 5f vert-bleu**	3 750	2 500	2 250	3 850
16 **Beffroi d'Arras 10f** (1 connu)				32 500
17 **Blason de Flandre** (tir: 75)	4 000	2 800	2 650	4 600
18 **Buste du mal Pétain** (tir: 20)	4 250*	2 900	2 650	4 750
19 **Célébrité 1944: Molière** (tir: 15)	4 250	2 900	2 650	4 750
20 **Hardouin-Mansart** (tir: 15)	4 250	2 900	2 650	4 750
21 **Blaise Pascal** (tir: 15)	4 250	2 900	2 650	4 750
22 **Le Grand Condé** (tir: 15)	4 250	2 900	2 650	4 750
23 **Colbert** (tir: 15)	4 250	2 900	2 650	4 750
24 **Louis XIV** (tir: 15)	4 250	2 900	2 650	4 750
25 **Arc de Triomphe 4f** (tir: 25)	4 500	3 100	2 800	5 500
26 **Arc de Triomphe 5f** (tir: 35)	4 500	3 100	2 800	5 500
27 **Arc de Triomphe 10f** (tir: 4)	16 000			

* Prix atteint chez Roumet en Janvier 2017: 8 431

Poche de Saint-Nazaire

Cote minimale d'un entier avec griffe "Taxe perçue"   165

Cote minimale d'un entier "Taxe perçue"   60

1945 *- Timbres de la chambre de commerce de Saint-Nazaire (émiis sans gomme). Lithographie. Dessin & gravure: Émile Guillaume.*

Date d'émission: 9 avril 1945 *Usage: complément du 1f 50 Pétain*
Date de retrait: 8 mai 1975 *Vendus: 19 000*

1 50c vert	**190**	**190**	**315**
non dentelé	1 250		
tête-bêche	725		

Date d'émission: 9 avril 1945 *Usage: lettres simples*
Date de retrait: 8 mai 1975 *Vendus: 16 000*

2 2f brun	**190**	**190**	**315**
non dentelé	1 250		
▣ de destruction	3 750		
▣ de destruction (croix sur la voile)	1 000		
paire, ▣	1 800		
tête-bêche	725		
feuille de 10 nd dont 1 tête-bêche	12 000		

GUERRE ISRAELO-ARABE DE 1948:
POSTE CONSULAIRE
FRANÇAISE DE JÉRUSALEM

1948 - Emissions consulaires. Première émission sur timbres "Affaires étrangères - Gratis".

Surcharge apposée par l'imprimerie "Azriel Printing Works" à Jérusalem en deux panneaux de 25 sur des feuilles de 50 timbres, les 25 timbres du haut portant la surcharge à 10f, les 25 du bas portant la surcharge à 6f.

Il existe un essai de surcharge renversé et sans la barre.

Date d'émission: 5 mai 1948	Tirage: 150
Retrait: épuisement vers le 15 mai 48	

Date d'émission: 5 mai 1948	Tirage: 150
Retrait: épuisement vers le 15 mai 48	

2 10 Frs consulaire poste aér	4 500	3 850	4 500
a - ‖ avec le 6f (tirage: 30)	8 750	6 500	

Un reliquat de feuille du 6f Marianne de gandon a été utilisé tel quel (sans surcharge) les 5, 12, et 13 mai 1948 (entre 15 et 20 ▣ connues).

1948 - Deuxième émission sur timbre "Affaires étrangères

- Agence consulaire".

Surcharge apposée par l'imprimerie "Azriel Printing Works" à Jérusalem par panneau de 25 sur des feuilles de 50 timbres (ou sur des demi-feuilles de 25).

Date d'émission: 16 mai 1948	Tirage: 2 000
Date de retrait: fin juin 1948	

3 20 millièmes consulaire	325	275	300	850
sur ▣ oblitérée du 12 mai 1948				3 000
sur ▣ oblitérée du 15 mai 1948				1 500

1948 - Troisième émission sur Marianne de Gandon.

Surcharge apposée par l'imprimerie "Azriel Printing Works" à Jérusalem par panneau de 50 sur des feuilles de 100 timbres (en deux panneaux de 50).

La surcharge présente deux types:

Type I: 1,5mm entre le "0" et le "m"

Type II: 1mm entre le "0" et le "m"

Le type I se présente sur les 25 surcharges du haut du panneau de 50 surcharges (‖ 1 à 25) et le type II sur les 25 surcharges du bas (‖ 26 à 50). Ces types ont été découvert tardivement, ce qui fait qu'une bonne partie des paires verticales avec types I & II se tenant ont été détachées.

⚠ *Du fait de leur disposition, les types I et II ont été inversés par rapport à la numérotation Dallay.*

Dans un panneau de 50 surcharges (apposé une fois à gauche et une fois à droite sur les feuilles de 100), on trouve
- ‖ 1: surcharge "20 millièmes" décalée à gauche (type I)
- ‖ 21: surcharge "20 millièmes" décalée à droite (type I)
- ‖ 26: "S" de "JERUSALEM" brisé (type II)
sans oublier les variétés "mèches croisées" à la ‖ 15 et "mèches reliées" à la ‖ 44 (elles aussi répétées sur les deux panneaux de timbres).

Un bloc de quatre des ‖ 21, 22, 26, 27 comporte un "20 millièmes décalé à droite", un type I, un "S de JERUSALEM brisé" et un type II.

On connaît une feuille de 100 dont le panneau de gauche comporte une surcharge fortement décalée à gauche (à cheval) et le panneau de droite une surcharge légèrement décalée en biais à droite (une partie des timbres avec surcharge à cheval). De ces timbres issus de ces deux panneaux, chaque variété de case n'existe donc qu'à un seul exemplaire.

Surcharge décalée à droite

Date d'émission: 20 juin 1948	100 S de JERUSALEM brisé
Date de retrait: 31 janvier 1949	100 mèches reliées
Tirage: 5 000	
dont: 2 200 types I	
100 sch décalée à gauche	
100 sch décalée à droite	
100 mèches croisées	
2 300 types II	

4 I 20m sur 6f Marianne, t. I	220	165	140	540
a - types I & II se tenant	550	425		
b - mèches croisées	525	400		
c - surcharge à cheval (gauche) (tir: 25)	775	575		
d - surcharge à cheval (droite) (tir: 10)	1 100	800		
e - sch "20 millièmes" décalée à gauche	600	450		
f - sch "20 millièmes" décalée à droite	600	450		

4 II 20m s 6f Marianne, t. II	220	165	140	540
a - mèches reliées	525	400		
b - surcharge à cheval (gauche) (tir: 25)	800	600		
c - surcharge à cheval (droite) (tir: 25)	800	600		
d - sch "s" de "JERUSALEM" brisé	525	400		

MILLÉSIMES

1ère col: paire millésimée neuve** sans charnière
2ème col: paire millésimée neuve*, charnière légère
oblitérés: même cote que la 2ème colonne
Paire millésimée sur ▢ : cote 1ère colonne +50%

Notes: Les plus-values pour très bon centrage sont données pour les deux timbres très bien centrés. Lorsque seulement l'un des deux timbres est très bien centré, on divise ce pourcentage par deux.

Pour la qualité neuf**, on peut admettre une petite charnière sur le pont interpanneaux dans la mesure où celle-ci ne touche pas les timbres.

La cote d'un millésime en bloc de quatre avec bord de feuille ou interpanneaux vaut deux fois celle de la paire millésimée.

Variété "sans millésime"
(se présente toujours au minimum en bloc de 4 avec bord de feuille supérieur)

Timbres-Poste

Sage. *Très bon centrage: +60%.*

5c vert, type II (n° 75)

	☆☆	☆		☆☆	☆
sans millésime	380	235			
1 (1891)	600	400	5 (1895)	180	125
2 (1892)	275	200	6 (1896)	180	125
3 (1893)	300	225	7 (1897)	150	110
4 (1894)	250	185	8 (1898)	130	85

30c brun-jne, type II (n° 80)

sans millésime	800	585			
1 (1891)	1 200	850	6 (1896)	475	350
2 (1892)	725	525	7 (1897)	475	350
3 (1893)	600	425	8 (1898)	450	325
4 (1894)	525	400	9 (1899)	450	325
5 (1895)	500	375	0 (1900)	440	315

1f olive clair (n° 82)

sans millésime	1 300	1 000			
1 (1891)	2 250	1 600	6 (1896)	700	535
2 (1892)	1 300	900	7 (1897)	650	515
3 (1893)	1 100	800	8 (1898)	635	500
4 (1894)	750	575	9 (1899)	615	475
5 (1895)	750	575	0 (1900)	615	475

1c noir s azuré, type II (n° 83)

sans millésime	175	125			
1 (1891)	300	225	6 (1896)	40	27
2 (1892)	175	115	7 (1897)	30	20
3 (1893)	115	85	8 (1898)	25	18
4 (1894)	60	40	8 renversé	85	60
5 (1895)	60	40	9 (1899)	25	18
			0 (1900)	25	18

2c brun-rouge, tpe II (n° 85)

sans millésime	175	125			
1 (1891)	200	150	6 (1896)	50	35
2 (1892)	150	100	7 (1897)	50	35
3 (1893)	70	45	8 (1898)	45	30
4 (1894)	70	45	9 (1899)	45	30
5 (1895)	60	40	0 (1900)	40	25

3c gris, type II (n° 87)

sans millésime	150	100			
1 (1891)	200	150	6 (1896)	45	30
2 (1892)	70	50	7 (1897)	35	25
3 (1893)	60	40	8 (1898)	35	25
4 (1894)	65	45	9 (1899)	30	20
5 (1895)	60	40	0 (1900)	30	20

4c brun-lilas, type II (n° 88)

sans millésime	175	125			
1 (1891)	225	165	6 (1896)	50	35
2 (1892)	85	60	7 (1897)	60	40
3 (1893)	70	50	8 (1898)	40	25
4 (1894)	70	50	9 (1899)	45	30
5 (1895)	60	40	0 (1900)	40	25

10c noir sur lilas, type II (n° 89)

sans millésime	400	275			
1 (1891)	625	450	5 (1895)	275	185
2 (1892)	400	265	6 (1896)	240	165
3 (1893)	350	250	7 (1897)	215	150
4 (1894)	300	200	8 (1898)	190	135
			9 (1899)	190	135

40c rouge-orange, type II (n° 94)

sans millésime	1 300	850			
1 (1891)	2 000	1 300	6 (1896)	600	425
2 (1892)	950	675	7 (1897)	575	400
3 (1893)	875	625	8 (1898)	515	375
4 (1894)	725	525	9 (1899)	515	375
5 (1895)	725	525	0 (1900)	515	375

5f violet sur lilas, type II (n° 95)

sans millésime	4 850	3 650			
1 (1891)	5 350	4 150	4 (1894)	2 750	2 000
2 (1892)	2 600	1 850	8 (1898)	2 600	1 850
			9 (1899)	2 400	1 750

20c brique sur vert, type II (n° 96)

sans millésime	475	325			
1 (1891)	675	475	6 (1896)	275	200
2 (1892)	385	275	7 (1897)	215	160
3 (1893)	385	275	8 (1898)	215	160
4 (1894)	325	240	9 (1899)	210	150
5 (1895)	300	215	0 (1900)	210	150

25c noir sur rose, type II (n° 97)

sans millésime	850	600			
1 (1891)	1 100	750	6 (1896)	475	325
2 (1892)	525	375	7 (1897)	440	300
3 (1893)	525	375	8 (1898)	440	300
4 (1894)	525	375	9 (1899)	415	285
5 (1895)	525	375	0 (1900)	415	285

50c rose, type II (n° 98)

sans millésime	2 000	1 400			
1 (1891)	2 500	1 800	5 (1895)	1 300	850
2 (1892)	1 600	1 100	6 (1896)	1 000	750
3 (1893)	2 150	1 600	7 (1897)	900	700
4 (1894)	1 250	825	8 (1898)	950	735
			9 (1899)	900	700

75c violet s orange, type II (n° 99)

sans millésime	2 600	1 850			
1 (1891)	2 500	1 800	4 (1894)	1 000	750
2 (1892)	1 200	775	5 (1895)	900	700
3 (1893)	1 200	775	6 (1896)	1 300	850

15c bleu, type II, papier quadrillé (n° 101)

sans millésime	475	325			
1 (1891)	70	50	6 (1896)	85	60
2 (1892)	65	45	7 (1897)	80	55
3 (1893)	325	225	non dentelé	700	500
4 (1894)	235	155	8 (1898)	70	50
5 (1895)	325	225	9 (1899)	80	55
			0 (1900)	70	50

5c vert-jaune, type III (retouche Chazal) (n° 102)

8 (1898)	160	110	0 (1900)	80	55
9 (1899)	95	65	piquage à cheval	400	275

10c noir sur lilas, type III (retouche Chazal) (n° 103)

8 (1898)	150	100			
t. I & II se tenant, B6	750	500	0 (1900)	130	80
9 (1899)	160	110	dent. ten. à non dent.	1 400	950

50c rose, type III (retouche Chazal) (n° 104)

0 (1900)	1 100	775

*2f bistre
s azuré,
type III
(retouche
Chazal)
(n° 105)*

0 (1900)	650	450

*5c vert-
jaune,
type II
(n° 106)*

8 (1898)	125	80	9 (1899)	110	75
8 renversé	300	200	t. III & II se ten, B6	750	500

Blanc

*1c gris
type IA
(107 IA)*

*Type IA
le trait blanc
qui souligne
"française"
s'amenuise sous
le "s" et le "e"*

*Type IB
le trait blanc
reste d'épaisseur
égale*

0 (1900)	15	11	6 (1916)	30	20
piquage à cheval	575	400	papier X	285	185
1 (1901)	19	13	(GC) 7 (1917)	35	25
3 (1913)	385	260	⊞ manchette GC	85	60
4 (1914)	24	17	(GC) 8 (1918)	35	25
5 (1915)	1 300	875	⊞ manchette GC	85	60
			(GC) 9 (1919)	60	35
			⊞ manchette GC	160	100

*1c gris
type IB
(107 IB)*

sans millésime	375	250			
1 (1901)	12	8	0 (1910)	17	12
2 (1902)	12	8	1 (1911)	15	11
3 (1903)	12	8	2 (1912)	23	16
4 (1904)	21	15	3 (1913)	19	13
5 (1905)	21	15	4 (1914)	19	13
non dentelé	365	250	6 (1916)	30	20
6 (1906)	17	12	(GC) 6 (1916)	45	30
7 (1907)	23	16	⊞ manchette GC	140	90
9 (1909)	35	26	papier X	285	185

Millésime de 1901, 1902, 1903: timbres gris ou gris foncé.
Millésime de 1911, 1912, 1913: timbres gris pâle.
Millésime de 1904: papier épais et rugueux
Millésime de 1914: papier mince et lisse
Millésime de 1906: papier épais et rugueux
*Millésime de 1916 (non GC): papier mince et lisse ou papier
avec trame en losange*

*1c ardoise
type IA
(107A
IA)*

(GC) 9 (1919)	21	15	1 (1921)	14	10
⊞ manchette GC	65	45	2 (1922)	17	12
(GC) 0 (1920)	45	30	impr recto-verso	300	200
⊞ manchette GC	110	75	3 (1923)	13	9

*1c ardoise
type IB
(107A
IB)*

(GC) 9 (1919)	21	15	2 (1922)	17	12
⊞ manchette GC	65	45	3 (1923)	13	9
(GC) 0 (1920)	40	28	4 (1924)	12	8
⊞ manchette GC	110	75	5 (1925)	12	8
			6 (1926)	30	20

*2c br-lilas
type IA
(108 IA)*

0 (1900)	19	13			
non dentelé	575	400	(GC) 0 (1920)	50	35
1 (1901)	13	9	⊞ manchette GC	140	90
2 (1902)	12	8	2 (1922)	19	13
non dentelé	575	400	3 (1923)	19	13

Mill. de 1902: brun-lilas ou brun-lilas fcé, papier épais et rugueux
*Millésime de 1922: brun-lilas foncé ou brun-lilas vif, papier
mince et lisse ou papier avec trame en losange*

*2c br-lilas
type IB
(108 IB)*

sans millésime	485	325	1 (1911)	12	8
3 (1903)	12	8	2 (1912)	19	13
4 (1904)	12	8	3 (1913)	19	13
non dentelé	450	300	4 (1914)	12	8
impr recto-verso	225	150	(GC) 7 (1917)	40	27
5 (1905)	12	8	⊞ manchette GC	110	75
6 (1906)	15	10	piquage à cheval	750	525
7 (1907)	17	12	(GC) 9 (1919)	67	47
impr recto-verso	315	225	⊞ manchette GC	165	110
8 (1908)	12	8	(GC) 0 (1920)	45	30
8 renversé	75	50	⊞ manchette GC	135	85
9 (1909)	12	8	1 (1921)	14	10
0 (1910)	12	8	2 (1922)	19	13
			3 (1923)	19	13

Mill. de 1903: brun-lilas ou brun-lilas vif, papier épais et rugueux
Mill. de 1913: lilas-rose ou lilas-rose vif, papier mince et lisse
*Millésime de 1923: lilas-rose vif ou lilas-rose pâle, papier
mince et lisse ou papier avec trame en losange*
Millésime de 1904: papier épais et rugueux
Millésime de 1914: papier mince et lisse
Millésime de 1911: lilas-rose pâle, papier mince et lisse
Millésime de 1921: brun-lilas foncé, papier mince et lisse ou

papier avec trame en losange
Millésime de 1912: lilas-rose, papier mince et lisse
Millésime de 1922: brun-lilas foncé, papier mince et lisse ou
papier avec trame en losange

3c orange
type IA
(109 IA)

Type IA
3 encoché,
boucle du
"c" épaisse et
droite

Type IB
3 régulier,
boucle du
"c" fine et
courbe

sans millésime	500	350	7 (1907)	180	120
0 (1900)	14	10	non dentelé	450	325
non dentelé	450	325	8 (1908)	25	17
6 (1906)	180	120	non dentelé	450	325

3c orange
type IB
(109 IB)

7 (1907)	235	165	6 (1916)	12	8
8 (1908)	19	13	(GC) 7 (1917)	15	10
9 (1909)	13	9	⊞ manchette GC	55	30
0 (1910)	13	9	(GC) 9 (1919)	15	10
1 (1911)	13	9	⊞ manchette GC	55	30
2 (1912)	12	8	0 (1920)	14	10
non dentelé	250	175	1 (1921)	14	10
5 (1915)	12	8	3 (1923)	14	10

Millésime de 1910: timbres orange
Millésime de 1920: timbres rouge-orange vif
Millésime de 1911: orange, papier mince et lisse
Millésime de 1921: orange jaunâtre ou orange vif, papier avec
trame en losange

4c brun
(110)

			4 (1904)	30	20
			non dentelé	450	325
sans millésime	515	385	5 (1905)	70	45
0 (1900)	42	30	6 (1906)	70	45
1 (1901)	40	28	7 (1907)	70	45
2 (1902)	50	35	4 (1924)	30	20
3 (1903)	35	23			

Millésime de 1904: brun ou brun pâle, papier épais et rugueux
Millésime de 1924: brun-jaune pâle papier mince et lisse ou
papier avec trame en losange

5c vert-
jaune
type IA
(111 IA)

sans millésime	485	350			
0 (1900)	25	18			
1 (1901)	24	17	2 (1902)	30	20
impr. recto-verso	300	215	impr. recto-verso	225	150

5c vert
type IA
(111A IA)

			6 (1906)	40	28
2 (1902)	45	30	7 (1907)	45	30

5c vert-
bleu
type IA
(111B IA)

3 (1903)	30	20			
non dentelé	450	325	5 (1905)	30	20
4 (1904)	30	20	6 (1906)	30	20
non dentelé	450	325	impr. s papier jne	15 000	

Mouchon type I. *Très bon centrage: +120%.*

(n° 112)

0 (1900)	275	130
chiffres déplacés	635	300
chiffres recto-verso	635	300

(n° 113)

0 (1900)	525	260

(n° 114)

0 (1900)	875	425
non dentelé	2 500	1 350
impr. recto-verso	1 150	575

(n° 115)

0 (1900)	650	435
chiffres déplacés	1 150	625

Mouchon type II. *Très bon centrage: +120%.*

(n° 116)

0 (1900)	275	135	1 (1901)	250	115

(n° 117)

			1 (1901)	85	40
			non dentelé	1 100	650
			impr. recto-verso	335	165
sans millésime	750	500	2 (1902)	85	40
0 (1900)	85	40	ten à piquage dble	550	350

(n° 118)

0 (1900)	925	460	1 (1901)	1 000	525

Mouchon retouché. *Très bon centrage: +120%.*

(n° 124)

2 (1902)	325	135	1 (1901)	325	135
impr. recto-verso	500	325			

(n° 125)

2 (1902)	100	50	3 (1903)	110	55
piquage dble ou triple	575	325			

(n° 126)

2 (1902)	775	350

(n° 127)

2 (1902)	775	350	3 (1903)	925	475

(n° 128)

2 (1902)	1 750	875

Semeuse lignée. *Très bon centrage: +100%.*

10c rose
type I
(129 I)

3 (1903)	51	33
piquage double	500	350

10c rose
type II
(129 II)

4 (1904)	300	200

10c rose
type III
(129 III)

4 (1904)	51	33	6 (1906)	60	40
5 (1905)	56	36	impr. recto-verso	185	125
			rose foncé	100	65
impr. recto-verso	215	135	r fcé recto-verso	235	150

15c vert
type I
(130 I)

3 (1903)	30	20	4 (1904)	45	30
non dentelé	250	175	5 (1905)	33	23
impr. recto-verso	225	150	6 (1906)	36	26
piquage double	525	350			

15c vert type II (130 II)

3 (1903)	100	70	4 (1904)	135	95

15c vert type III (130 III)

4 (1904)	180	120

15c vert type IV (130 IV)

sans millésime (GC)	700	475	8 (1918)	225	150
4 (1904)	60	40	B6 de roulette	2 500	1 800
impr. recto-verso	165	110	(GC) 8 (1918)	37	25
5 (1905)	25	17	non dentelé	500	325
piquage à cheval	700	500	⊞ manchette GC	110	70
6 (1906)	35	22	(GC) 9 (1919)	40	27
non dentelé	500	325	⊞ manchette GC	130	80
dentelé ten. à nd	1 100	700	impr. recto-verso	225	150
6 (1916)	40	28	piquage à cheval	400	275
(GC) 6 (1916)	60	40	0 (1920)	36	24
⊞ manchette GC	160	100	1 (1921)	28	18
(GC) 7 (1917)	37	25	2 (1922)	28	18
⊞ manchette GC	110	70	3 (1923)	28	18
B6 de roulette	2 500	1 800	4 (1924)	28	18
papier X	280	170			
piquage à cheval	375	265			

Millésime de 1904: vert-gris, papier épais et rugueux
Millésime de 1924: vert-olive papier mince et lisse ou papier avec trame en losange
Millésime de 1906: vert ou vert foncé, papier épais et rugueux
Mill. de 1916 (non GC): vert fcé ou vert-jaune, papier mince et lisse
Millésime de 1918 (non GC): papier mince et lisse, blanc, de bonne qualité, issu des feuilles pour roulette

(n° 131)

3 (1903)	500	285	5 (1905)	550	315
impr. recto-verso	900	550	6 (1906)	515	290
4 (1904)	575	325	couleur chocolat	725	425

(n° 132)

3 (1903)	535	300	5 (1905)	600	335
impr. recto-verso	1 250	850	dentelé ten. à nd	5 500	4 000
4 (1904)	575	325	6 (1906)	575	325
non dentelé	750	500	couleur bleu-noir	1 600	1 100
impr. recto-verso	1 250	850	impr. recto-verso	1 600	1 100

(n° 133)

3 (1903)	1 250	625	5 (1905)	1 300	675
non dentelé	3 500	2 250	6 (1906)	1 450	750
4 (1904)	1 300	675	couleur très foncé	1 850	1 200

Semeuse camée, avec sol. *Très bon centrage: +40%.*

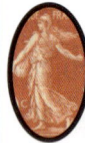

10c rouge type I (134 I)

sans millésime	160	100

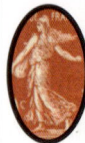

10c rouge type II (134 II)

sans millésime	315	225	6 (1906)	20	14

Semeuse camée, chiffres maigres. *Très bon centrage: +40%.*

Pour reconnaître avec certitude une semeuse chiffres maigres d'une semeuse chiffres gras, il suffit de regarder les trois points signalés par les flèches: ils n'existent que sur les semeuses maigres.

10c rouge type I (135 I)

6 (1906)	65	40

10c rouge type IIA (135 IIA)

6 (1906)	130	75
piquage double	625	400
7 (1907)	180	115

35c violet type I (136 I)

6 (1906)	1 600	950

35c violet type II (136 II)

6 (1906)	1 100	600

Semeuse camée, chiffres gras. Très bon centrage: +30%.

5c vert type I (137 I)

sans millésime	315	190	4 (1914)	15	11
bloc de 12 de roulette	5 250	4 000	B6 de roulette	1 100	800
7 (1907)	12	8	6 (1916)	14	10
non dentelé	150	100	(GC) 6 (1916)	23	15
impr. recto-verso	90	65	⊞ manchette GC	65	40
8 (1908)	12	8	(GC) 7 (1917)	25	17
8 renversé	45	28	⊞ manchette GC	80	50
impr. recto-verso	90	65	piquage à cheval	185	130
9 (1909)	12	8	(GC) 8 (1918)	32	22
0 (1910)	15	11	⊞ manchette GC	90	60
B6 de roulette	1 100	800	piquage à cheval	275	185
1 (1911)	14	10	(GC) 9 (1919)	32	22
2 (1912)	14	10	⊞ manchette GC	85	55
3 (1913)	14	10	(GC) 0 (1920)	25	18
B6 de roulette	1 100	800	0 (1920)	250	140
			⊞ manchette GC	450	300
			1 (1921)	30	20

Millésime de 1910: vert, vert-bleu, vert foncé
Millésime de 1920 (non GC): vert-jaune
Millésime de 1911: vert ou vert foncé
Millésime de 1921: vert-bleu pâle

10c rouge type IA (138 IA)

sans millésime	435	300	2 (1912)	14	10
B12 de roulette	10 000	7 500	non dentelé	300	210
7 (1907)	14	10	B6 de roulette	550	400
non dentelé	160	110	3 (1913)	13	9
couleur rge sang	250	185	dentelé ten. à nd	350	250
couleur rge écarlate	1 100	750	4 (1914)	15	11
impr. recto-verso	110	70	B6 de roulette	550	400
8 (1908)	13	9	dentelé ten. à nd	275	215
B6 de roulette	550	400	5 (1915)	14	10
impr. recto-verso	110	70	B6 de roulette	550	400
9 (1909)	13	9	piquage à cheval	265	185
0 (1910)	14	10	6 (1916)	14	10
B6 de roulette	550	400	(GC) 6 (1916)	265	150
piquage à cheval	250	175	⊞ manchette GC	525	350
1 (1911)	14	10	0 (1920)	21	15
non dentelé	200	140	1 (1921)	17	12

Mill. de 1910, 1911: rouge, rouge terne, papier mince et lisse
Mill. de 1920, 1921: rouge pâle, rouge, rouge foncé, papier avec trame en losange

20c lilas-brun type I (139 I)

7 (1907)	30	20	(GC) 7 (1917)	45	30
non dentelé	300	200	⊞ manchette GC	185	90
8 (1908)	30	20	(GC) 8 (1918)	45	30
non dentelé	300	200	non dentelé	300	200
9 (1909)	30	20	⊞ manchette GC	185	90
non dentelé	300	200	(GC) 9 (1919)	45	30
0 (1910)	30	20	⊞ manchette GC	185	90
2 (1912)	35	22	(GC) 0 (1920)	60	40
3 (1913)	35	22	⊞ manchette GC	200	100
4 (1914)	35	22	1 (1921)	30	20
6 (1916)	35	22			

25c bleu (clair ou fcé: mêmes cotes) type IA (140 IA)

sans millésime	500	350			
7 (1907)	17	12			
couleur bleu-noir	120	75	6 (1916)	22	16
8 (1908)	18	13	impr. recto-verso	115	80
9 (1909)	25	17	papier X	75	50
impr. recto-verso	190	135	(GC) 7 (1917)	40	27
0 (1910)	17	12	⊞ manchette GC	160	110
impr. recto et verso	2 350	1 500	(GC) 8 (1918)	45	30
non dentelé	190	135	⊞ manchette GC	170	115
1 (1911)	25	17	piquage double	325	225
dentelé ten. à nd	500	365	(GC) 9 (1919)	60	45
impr. recto-verso	175	120	⊞ manchette GC	200	135
impr. sur raccord	500	350	0 (1920)	18	13
2 (1912)	25	17	(GC) 0 (1920)	70	50
non dentelé	190	135	⊞ manchette GC	225	165
piquage à cheval	265	185	dentelé ten. à nd	400	275
3 (1913)	32	21	1 (1921)	18	13
4 (1914)	25	17	2 (1922)	18	13
5 (1915)	65	45	3 (1923)	18	13
papier X	125	70			

Mill. de 1910: papier mince et lisse ou papier blanc épais
Millésime de 1920: papier avec trame en losange

Mill. de 1911, 1912, 1913: bleu foncé, papier mince et lisse
Mill. de 1921, 1922, 1923 (IA): bleu ou bleu pâle, papier lisse
et mince ou papier avec trame en losange
Millésime de 1923 (type IIIA): bleu pâle, papier lisse et mince
ou papier avec trame en losange
Millésime de 1914 (type IA): bleu foncé
Millésime de 1924 (type IIIA): bleu pâle

25c bleu
type IIIA
(140 IIIA)

3 (1923) | 120 | 80 | 4 (1924) | 105 | 70

(n° 141)

7 (1907)	95	55			
non dentelé	375	215	(GC) 6 (1916)	135	90
8 (1908)	95	55	⊞ manchette GC	325	200
9 (1909)	95	55	(GC) 7 (1917)	130	85
0 (1910)	110	65	⊞ manchette GC	290	185
1 (1911)	135	80	(GC) 8 (1918)	130	85
2 (1912)	110	65	⊞ manchette GC	290	185
3 (1913)	125	75	(GC) 9 (1919)	130	85
4 (1914)	125	75	⊞ manchette GC	290	185
5 (1915)	125	75	0 (1920)	100	65
6 (1916)	135	80	(GC) 0 (1920)	175	115
papier X	300	135	⊞ manchette GC	340	235

Millésime de 1910: papier lisse et mince
Mill de 1920: papier lisse et épais ou papier avec trame en losange

35c violet
type I
(142 I)

7 (1907)	55	35			
8 (1908)	65	40	5 (1915)	65	40
non dentelé	600	425	6 (1916)	65	40
impr. recto-verso	125	75	(GC) 8 (1918)	85	55
0 (1910)	65	40	non dentelé	600	425
non dentelé	600	425	⊞ manchette GC	225	150
1 (1911)	65	40	(GC) 9 (1919)	85	55
dentelé ten. à nd	800	550	⊞ manchette GC	250	160
2 (1912)	70	45	0 (1920)	60	35
non dentelé	600	425	1 (1921)	60	35
3 (1913)	70	45	2 (1922)	60	35
4 (1914)	85	55	4 (1924)	65	40

Millésime de 1910: violet ou violet pâle, papier lisse et mince
Millésime de 1920: violet ou violet foncé, papier avec trame
verticale ou papier avec trame en losange
Millésime de 1911: violet pâle, papier lisse et mince
Millésime de 1921: violet, papier lisse et mince ou papier avec
trame en losange
Millésime de 1912: violet pâle, papier lisse et mince
Millésime de 1922: violet ou violet foncé, papier lisse et mince
ou papier avec trame en losange
Millésime de 1914: violet pâle, papier lisse et mince
Millésime de 1924: violet pâle, violet ou violet foncé, papier
lisse et mince ou papier avec trame en losange

(n° 146)

4 (1914) | 35 | 25

(n° 147)

5 (1915) | 325 | 210
4 (1914) | 265 | 160 | 6 (1916) | 515 | 360

Orphelins. *Très bon centrage: +30%.*

(n° 148)

7 (1917) | 35 | 25

(n° 149)

9 (1919) | 160 | 85

(n° 150)

7 (1917) | 265 | 135

(n° 151)

7 (1917) | 615 | 385 | 0 (1920) | 675 | 450

Blanc surchargé

1c ardoise
surchargé
type IA
(157 IA)

(GC) 9 (1919)	10	6
⊞ manchette GC	70	45
surcharge renversée	8 500	6 000

(GC) 0 (1920)	100	70
⊞ manchette GC	235	165
2 (1922)	11	7

1c ardoise surchargé type IB (157 IB)

(GC) 9 (1919)	14	10
⊞ manchette GC	65	45
(GC) 0 (1920)	150	100
⊞ manchette GC	350	215

4 (1924)	11	7
5 (1925)	15	11
6 (1926)	19	14

Semeuse. *Très bon centrage: +30%.*

5c orange type I (158 I)

sans millésime	285	185
1 (1921)	12	8
2 (1922)	12	8

3 (1923)	18	13
4 (1924)	22	16

10c vert type IA (159 IA)

1 (1921)	14	10
non dentelé	600	425

2 (1922)	12	8
3 (1923)	30	20

(n° 160)

1 (1921)	50	32
piquage à cheval	200	135

(n° 161)

1 (1921)	235	135
impr. recto-verso	550	400

Orphelins surchargés. *Très bon centrage: +30%.*

(n° 162)

7 (1917)	12	7
2 (1922)	14	10

(n° 163)

9 (1919)	17	12
2 (1922)	16	11

(n° 164)

7 (1917)	18	12

(n° 165)

7 (1917)	90	60
0 (1920)	21	15
2 (1922)	20	14

Pasteur. *Très bon centrage: +30%.*

(n° 173)

3 (1923)	10	7

(n° 176)

3 (1923)	45	30
impr. recto-verso	265	175
papier carton	135	90
4 (1924)	150	110

(n° 177)

4 (1924)	32	21
dentelé ten. à nd	6 500	5 000

Semeuse. *Très bon centrage: +30%.*

30c rose type I (191 I)

| 4 (1924) | 12 | 8 | | 5 (1925) | 80 | 50 |

Ronsard

(n° 209)

| 4 (1924) | 19 | 13 |

Semeuse. *Très bon centrage: +30%.*

40c olive type I (193 I)

| 5 (1925) | 23 | 16 | | 6 (1926) | 14 | 10 |
| | | | piquage à cheval | 265 | 175 |

50c olive type I (198 I)

| 5 (1925) | 65 | 45 |
| dentelé ten. à nd | 800 | 575 |

Surchargé

(n° 219)

| 4 (1924) | 35 | 25 |

Orphelins. *Très bon centrage: +30%.*

(n° 229)

| 7 (1927) | 18 | 12 |

Cours d'instruction

Annulé: Blanc de 1911 *(surch basse).*

(type IB) (1)

| 1 (1911) | 175 | 125 |

(type IB) (2)

| 0 (1910) | 100 | 65 |

(type IB) (3)

| 1 (1911) | 110 | 70 |
| surcharge triplée | 1 600 | 1 150 |

Annulé: Semeuse lignée de 1911 *(surch basse).*

Très bon centrage: +50%.

(10)

| 6 (1906) | 110 | 70 |

Annulé: Semeuse camée de 1911 *(surch basse).*

Très bon centrage: +20%.

(11)

| 0 (1910) | 275 | 185 |

(12)

| 1 (1911) | 285 | 200 |

(13)

0 (1910) 85 60

(14)

1 (1911) 80 55

(15)

1 (1911) 265 185

(16)

1 (1911) 135 85

Annulé: Timbre-taxe Duval de 1911 *(surch basse).*

Très bon centrage: +30%.

(▽ 17)

7 (1907) 150 100

(▽ 18)

1 (1911) 150 100

(▽ 19)

1 (1911) 150 100

(▽ 20)

1 (1911) 150 100

(▽ 21)

6 (1906) 150 100

(▽ 22)

sans millésime 2 850 1 750

Annulé: Taxe recouvrement de 1911 *(surch basse).*

Très bon centrage: +30%.

(▽ 23)

8 (1908) 200 130

(▽ 24)

0 (1910) 200 130

(▽ 25)

0 (1910) ▢ 200 ▢ 130

(▽ 26)

9 (1909) ▢ 2 650 ▢ 1 500

Annulé: Blanc de 1923 *(surch haute).*

1c ardoise type IA (27 IA)

2 (1922) ▢ 80 ▢ 55

1c ardoise type IB (27 IB)

2 (1922) ▢ 80 ▢ 55   3 (1923) ▢ 80 ▢ 55

(IA ou IB) (28)

3 (1923) ▢ 80 ▢ 55

(type IB) (29)

1 (1921) ▢ 85 ▢ 60   3 (1923) ▢ 85 ▢ 60

Annulé: Semeuse lignée de 1923 *(surch haute).*

Très bon centrage: +50%.

(36)

3 (1923) ▢ 85 ▢ 60

(37)

1 (1921) ▢ 215 ▢ 140

Annulé: Semeuse camée de 1923 *(surch haute).*
Très bon centrage: +20%.

(38)

2 (1922) ▢ 45 ▢ 30   3 (1923) ▢ 40 ▢ 27

(39)

2 (1922) ▢ 55 ▢ 35

(type IA) (41 IA)

3 (1923) ▢ 35 ▢ 25

(42)

1 (1921) ▢ 65 ▢ 45

(43)

2 (1922) ▢ 75 ▢ 50

Annulé: Préoblitéré. *Très bon centrage: +30%.*

(⌒44)

3 (1923) | 575 | 365

(⌒46)

2 (1922) | 575 | 365

(⌒47)

1 (1921) | 600 | 375

(⌒48)

1 (1921) | 615 | 385

(⌒49)

2 (1922) | 575 | 365

Annulé: Timbre-taxe Duval de 1923 (surch haute).
Très bon centrage: +30%.

(▽ 50)

7 (1907) | 150 | 100
impr. recto-verso | 400 | 275

(▽ 51)

2 (1922) | 150 | 100

(▽ 52)

2 (1922) | 150 | 100

(▽ 53)

1 (1921) | 150 | 100

(▽ 54)

3 (1923) | 150 | 100

(▽ 55)

2 (1922) | 150 | 100

(▽ 56)

2 (1922) | 150 | 100

(▽ 57)

0 (1920) | 300 | 200

Annulé: Taxe recouvrement de 1923 (surch haute).
Très bon centrage: +30%.

(▽ 58)

(GC) 8 (1918) | 200 | 130
⊞ manchette GC | 425 | 275

(▽ 59)

3 (1923) | 200 | 130

(▽ 60)

3 (1923) | 200 | 130

Spécimen: Blanc

(61)

4 (1924) | 2 750 | 2 000

(62)

5 (1925) | 225 | 150

(64)

3 (1923) | 225 | 150

Spécimen: Semeuse lignée. *Très bon centrage: +30%.*

(69)

5 (1925) | 175 | 120

Spécimen: Semeuse camée. *Très bon centrage: +20%.*

(77)

4 (1924) | 225 | 150

(78)

5 (1925) | 100 | 70

Spécimen: Pasteur. *Très bon centrage: +30%.*

(82)

4 (1924) | 165 | 110

Spécimen: Préoblitéré. *Très bon centrage: +30%.*

(∩ 88)

4 (1924) | 1 650 | 1 150

(∩ 89)

4 (1924) | 1 650 | 1 150

(∩ 91)

4 (1924) | 1 650 | 1 150

Spécimen: Timbre-taxe Duval. *Très bon centrage: +30%.*

(▽ 92)

4 (1924) | 120 | 75

(▽ 93)

4 (1924) | 165 | 110 |

(▽ 94)

4 (1924) | 165 | 110 |

(▽ 95)

4 (1924) | 165 | 110 |

(▽ 96)

5 (1925) | 165 | 110 |

(▽ 97)

4 (1924) | 240 | 160 |

(▽ 98)

0 (1920) | 165 | 110 |

Spécimen: *Taxe recouvrement.* *Très bon centrage: +30%.*

(▽ 99)

8 (1908) | 325 | 225 |

(▽ 100)

5 (1925) | 275 | 175 |

(▽ 101)

5 (1925) | 275 | 175 |

(▽ 102)

5 (1925) | 275 | 175 |

Franchise militaire

Mouchon. *Très bon centrage: +70%.*

(☐ 1)

1 (1901) | 515 | 250 |

| 2 (1902) | 650 | 350 |
| surch renversée | 1 750 | 1 150 |

(☐ 2)

3 (1903) | 600 | 275 |

Semeuse. *Très bon centrage: +50%.*

(☐ 3)

4 (1904) | 425 | 200 | 5 (1905) | 450 | 215 |

(☐ 4)

5 (1905)	300	135
non dentelé		650

6 (1906)	275	125

(□ 5)

7 (1907)	14	10
8 (1908)	19	13
0 (1910)	15	11
1 (1911)	21	14
2 (1912)	21	14
non dentelé	375	225

3 (1913)	21	14
4 (1914)	26	17
5 (1915)	21	14
6 (1916)	23	15

Préoblitérés

Sage 3c gris (⌒14)

3 (1893)	3 250

Poste Paris 1920. *Très bon centrage: +30%.*

(⌒25)

(GC) 9 (1919)	2 500	1 600
⊞ manchette GC	5 250	3 600

0 (1920)	2 750	1 800

(⌒26)

(GC) 9 (1919)	2 250	1 300
⊞ manchette GC	4 250	3 000

0 (1920)	2 250	1 300

Poste Paris 1921. *Très bon centrage: +30%.*

(⌒27)

6 (1916)	2 250	1 300
(GC) 7 (1917)	2 500	1 500
⊞ manchette GC	3 750	2 500

1 (1921)	2 250	1 300

(⌒28)

1 (1921)	4 350	3 000

(⌒29)

0 (1920)	4 000	2 650

1 (1921)	4 250	2 750

(⌒30)

0 (1920)	3 500	2 150

Poste France 1921. *Très bon centrage: +30%.*

(⌒31)

1 (1921)	1 500	900

(⌒32)

1 (1921)	9 000	5 500

Poste Paris 1922. *Très bon centrage: +30%.*

(⌒34)

1 (1921)	1 150	750

2 (1922)	1 250	800

(⌒36)

1 (1921)	4 650	3 000

Poste France 1922. *Très bon centrage: +30%.*

(⌒37)

2 (1922) | 1 000   700 |

(◠38)

8 (1918) | 4 650 3 000 | **(GC) 9 (1919)** | 4 250 2 850 |

Semeuse. Très bon centrage: +30%.

(◠40)

1 (1921)	315	175	**3 (1923)**	285 160
2 (1922)	285	160	surcharge à cheval	650 425
			4 (1924)	285 160

(◠41)

1 (1921)	18	10	**3 (1923)**	18 10
2 (1922)	27	15	**4 (1924)**	18 10

(◠42)

1 (1921) | 600   360 |

(◠43)

1 (1921) | 950   550 |

(◠44)

2 (1922) | 650   390 | **4 (1924)** | 600   360 |

Blanc. Très bon centrage: +30%.

(◠46)

1 (1921) | 225   130 | **3 (1923)** | 86   48 |

(type I)
(◠47 I)

4 (1924) | 25   13 |
surcharge à cheval 275   175

5 (1925) | 225   130 |

Pasteur. Très bon centrage: +30%.

(◠51)

3 (1923) | 760   485 |
surcharge à cheval 1 480   950

4 (1924) | 1 050   675 |

Semeuse. Très bon centrage: +30%.

(◠55)

4 (1924) | 220   140 |

Timbres-taxe

Duval. Très bon centrage: +50%.

(▽ 10)

sans millésime	325	200			
8 (1898)	20	13	**3 (1903)**	20	13
9 (1899)	22	14	**4 (1904)**	20	13
0 (1900)	22	14	**5 (1905)**	20	13
1 (1901)	20	13	**6 (1906)**	22	15
2 (1902)	20	13	**7 (1907)**	20	13

(▽ 14)

sans millésime | 1 500   850 | **2 (1892)** | 600   400 |

(▽ 15)

| sans millésime | 1 300 | 750 | 2 (1892) | 575 | 385 |

(▽ 16)

| | | | 1 (1891) | 500 | 350 |
| sans millésime | 1 150 | 700 | 2 (1892) | 415 | 285 |

(▽ 18)

| | | | 1 (1891) | 1 400 | 950 |
| sans millésime | 2 250 | 1 550 | 2 (1892) | 1 150 | 825 |

(▽ 20)

| | | | 1 (1891) | 3 350 | 2 500 |
| sans millésime | 5 000 | 3 750 | 2 (1892) | 3 150 | 2 400 |

(▽ 25)

| | | | 1 (1891) | 3 650 | 2 500 |
| sans millésime | 6 250 | 4 500 | 2 (1892) | 3 500 | 2 400 |

Duval. *Très bon centrage: +30%.*

(▽ 28)

3 (1893)	15	10
4 (1894)	15	10
5 (1895)	14	9
6 (1896)	14	9
7 (1897)	11	7
8 (1898)	11	7
9 (1899)	11	7
0 (1900)	11	7
1 (1901)	11	7
2 (1902)	11	7
3 (1903)	11	7
4 (1904)	11	7
5 (1905)	11	7
6 (1906)	11	7
7 (1907)	11	7
8 (1908)	11	7
9 (1909)	11	7
1 (1911)	11	7

3 (1913)	11	7
4 (1914)	11	7
(GC) 7 (1917)	20	13
⊞ manchette GC	39	25
(GC) 8 (1918)	20	13
⊞ manchette GC	39	25
9 (1899)	11	7
0 (1920)	11	7
1 (1921)	11	7
2 (1922)	11	7
4 (1924)	11	7
6 (1926)	11	7
7 (1927)	11	7
8 (1928)	11	7
9 (1929)	11	7
0 (1930)	11	7
2 (1932)	11	7
1 (1933)	11	7

Mill. de 1893: bleu pâle, papier jaunâtre lisse et mince (transparent)
Mill. de 1903: bleu ou bleu terne, papier jaunâtre mat et rugueux
Mill. de 1913: bleu pâle, papier lisse blanchâtre ou grisâtre
Mill. de 1933: bleu très pâle, papier très blanc et épais (trame régulière)
Mill. de 1894: bleu pâle, papier jaunâtre lisse et mince (transparent)
Mill. de 1904: bleu ou bleu terne, papier jaunâtre mat et rugueux
Mill. de 1914: bleu pâle, papier lisse blanchâtre ou grisâtre
Mill. de 1924: bleu pâle ou bleu vif, papier très blanc et épais (trame régulière)
Mill. de 1895: bleu pâle, papier jaunâtre lisse et mince (transparent)
Mill. de 1905: bleu ou bleu terne, papier jaunâtre mat et rugueux
Mill. de 1896: bleu, papier jaunâtre lisse et mince (transparent)
Mill. de 1906: bleu terne ou bleu laiteux, papier jaunâtre mat et rugueux
Mill. de 1926: bleu pâle, papier très blanc et épais (trame régulière)
Mill. de 1897: bleu, papier jaunâtre mat et rugueux
Mill. de 1907: bleu vif, papier jaunâtre mat et rugueux
Mill. de 1927: bleu pâle, papier très blanc et épais (trame régulière)
Mill. de 1898: bleu, papier jaunâtre mat et rugueux
Mill. de 1908: bleu pâle, papier blanc épais de très bonne qualité
Mill. de 1928: bleu vif, papier très blanc et épais (trame régulière)
Mill. de 1899: bleu ou bleu pâle, papier jaunâtre mat et rugueux
Mill. de 1909: bleu pâle ou bleu laiteux, papier blanc épais de très bonne qualité
Mill. de 1929: bleu, papier lisse blanchâtre ou grisâtre
Mill. de 1900: bleu foncé, papier jaunâtre mat et rugueux
Mill. de 1920: bleu pâle avec papier très blanc et épais (trame régulière) ou bleu avec papier mat blanc et mince (transparent) (trame régulière)
Mill. de 1930: bleu très pâle, papier très blanc et épais (trame régulière)
Mill. de 1901: bleu foncé, papier jaunâtre mat et rugueux
Mill. de 1911: bleu pâle, papier lisse blanchâtre ou grisâtre
Mill. de 1921: bleu vif, papier très blanc et épais (trame régulière)
Mill. de 1902: bleu terne, papier jaunâtre mat et rugueux
Mill. de 1922: bleu terne ou bleu pâle, papier mat blanc et mince (transparent) (trame régulière)
Mill. de 1932: bleu très pâle, papier très blanc et épais (trame régulière)

(▽ 29)

3 (1893)	13	8	4 (1914)	11	7
4 (1894)	13	8	5 (1915)	11	7
5 (1895)	13	8	(GC) 7 (1917)	20	12
6 (1896)	13	8	⊞ manchette GC	39	25
7 (1897)	13	8	(GC) 8 (1918)	25	15
8 (1898)	11	7	⊞ manchette GC	45	27
9 (1899)	11	7	9 (1919)	11	7
0 (1900)	11	7	0 (1920)	11	7
1 (1901)	11	7	dentelé ten. à nd	900	540
2 (1902)	11	7	1 (1921)	11	7
3 (1903)	11	7	2 (1922)	11	7
5 (1905)	11	7	4 (1924)	11	7
6 (1906)	11	7	6 (1926)	11	7
7 (1907)	11	7	7 (1927)	11	7
8 (1908)	11	7	8 (1928)	11	7
9 (1909)	11	7	9 (1929)	11	7
1 (1911)	11	7	0 (1930)	11	7
2 (1912)	11	7	1 (1931)	11	7
3 (1913)	11	7	3 (1933)	11	7

Mill. de 1893: brun ou brun pâle, papier jaunâtre lisse et mince (transparent)
Mill. de 1903: brun jaunâtre, papier jaunâtre mat et rugueux
Mill. de 1913: brun-rouge ou brun jaunâtre avec papier lisse blanchâtre ou grisâtre, ou brun jaunâtre avec papier blanc épais de très bonne qualité
Mill. de 1933: br-rge, papier très blanc et épais (trame régulière)
Mill. de 1894: brun fcé, papier jaunâtre lisse et mince (transparent)
Mill. de 1914: brun-rouge, papier lisse blanchâtre ou grisâtre
Mill. de 1924: br-rge, papier très blanc et épais (trame régulière)
Mill. de 1895: brun pâle, papier jaunâtre lisse et mince (transparent)
Mill. de 1905: brun jaunâtre, papier jaunâtre mat et rugueux
Mill. de 1896: brun pâle, papier jaunâtre lisse et mince (transparent)
Mill. de 1906: brun-rouge pâle ou brun-rouge, papier jaunâtre mat et rugueux
Mill. de 1926: br-rge pâle, papier très blanc et épais (trame régulière)
Mill. de 1897: brun jaunâtre ou brun foncé, papier jaunâtre mat et rugueux
Mill. de 1907: brun-rouge pâle ou brun-rouge, papier jaunâtre mat et rugueux
Mill. de 1927: brun-rouge pâle ou brun-rouge, papier très blanc et épais (trame régulière) ou papier mat blanc et mince (transparent) (trame régulière)
Mill. de 1898: brun jaunâtre ou brun jaunâtre foncé, papier jaunâtre mat et rugueux
Mill. de 1908: brun-rouge, papier lisse blanchâtre ou grisâtre
Mill. de 1928: brun-rouge pâle ou brun-rouge foncé, papier très blanc et épais (trame régulière) ou papier mat blanc et mince (transparent) (trame régulière)
Mill. de 1899: brun ou brun foncé, papier jaunâtre mat et rugueux
Mill. de 1909: brun-rouge, papier lisse blanchâtre ou grisâtre
Mill. de 1919: brun, papier lisse blanchâtre ou grisâtre
Mill. de 1929: brun-rouge pâle ou brun-rouge foncé, papier lisse blanchâtre ou grisâtre ou papier très blanc et épais (trame régulière)
Mill. de 1900: brun ou brun foncé, papier jaunâtre mat et rugueux
Mill. de 1920: brun-rge avec papier très blanc et épais (trame régulière) ou brun-jne clair avec papier lisse blanchâtre ou grisâtre
Mill. de 1930: brun-rouge foncé, papier très blanc et épais (trame régulière)
Mill. de 1901: brun foncé, papier jaunâtre mat et rugueux
Mill. de 1911: brun-rouge pâle ou brun-rouge, papier lisse blanchâtre ou grisâtre
Mill. de 1921: br-rge, papier très blanc et épais (trame régulière)
Mill. de 1931: brun-rouge foncé, papier très blanc et épais (trame régulière)
Mill. de 1902: brun pâle ou brun, papier jaunâtre mat et rugueux
Mill. de 1912: brun-rouge, papier lisse blanchâtre ou grisâtre
Mill. de 1922: brun-rouge, papier mat blanc et mince (transparent) (trame régulière)
Mill. de 1932: br-rge, papier très blanc et épais (trame régulière)

(▽ 30)

3 (1893)	205	123	1 (1901)	180	110
6 (1896)	205	123	2 (1902)	180	110
7 (1897)	205	123	3 (1903)	205	123
8 (1898)	180	110	4 (1904)	205	123
9 (1899)	180	110	5 (1905)	230	140
0 (1900)	180	110	(GC) 7 (1917)	230	140
			⊞ manchette GC	415	265

Millésime de 1893: papier jaunâtre lisse et mince (transparent)
Millésime de 1903: papier jaunâtre mat et rugueux

(▽ 31)

sans millésime	150	90			
6 (1906)	58	35	(GC) 8 (1918)	70	42
7 (1907)	58	35	⊞ manchette GC	125	73
8 (1908)	58	35	0 (1920)	58	35
9 (1909)	58	35	1 (1921)	58	35
1 (1911)	58	35	2 (1922)	58	35
2 (1912)	58	35	3 (1923)	58	35
3 (1913)	58	35	4 (1924)	58	35
5 (1915)	58	35	6 (1926)	58	35

Millésime de 1906: olive foncé, papier jaunâtre mat et rugueux
Millésime de 1926: olive ou olive foncé, papier lisse blanchâtre ou grisâtre ou papier très blanc et épais (trame régulière)
Millésime de 1911: olive, papier lisse blanchâtre ou grisâtre
Millésime de 1921: olive pâle ou olive, papier très blanc et épais (trame régulière)
Millésime de 1912: olive pâle, papier lisse blanchâtre ou grisâtre
Millésime de 1922: olive ou olive jaunâtre, papier mat blanc et mince (transparent) (trame régulière)
Millésime de 1913: olive très pâle ou olive, papier lisse blanchâtre ou grisâtre
Millésime de 1923: olive, papier mat blanc et mince (transparent) (trame régulière)

(▽ 32)

3 (1923)	40	24

(▽ 33)

3 (1893)	9	6			
4 (1894)	9	6			
6 (1896)	9	6	(GC) 9 (1919)	20	12
7 (1897)	9	6	⊞ manchette GC	40	24
dentelé ten. à nd	550	375	1 (1921)	9	6
8 (1898)	9	6	2 (1922)	9	6
9 (1899)	9	6	3 (1923)	9	6
0 (1900)	9	6	4 (1924)	9	6
1 (1901)	9	6	6 (1926)	9	6
2 (1902)	9	6	7 (1927)	9	6
3 (1903)	9	6	8 (1928)	9	6
4 (1904)	9	6	9 (1929)	9	6
5 (1905)	9	6	0 (1930)	9	6
(GC) 7 (1917)	20	12	1 (1931)	9	6
⊞ manchette GC	40	24	2 (1932)	9	6

Mill. de 1893: rouge, papier jaunâtre lisse et mince (transparent)
Mill. de 1903: rouge pâle, papier jaunâtre mat et rugueux
Mill. de 1923: rouge ou rouge vif, papier très blanc et épais

(trame régulière) ou papier mat blanc et mince (transparent)
(trame régulière)
Mill. de 1894: rouge, papier jaunâtre lisse et mince (transparent)
Mill. de 1904: rouge ou rge pâle, papier jaunâtre mat et rugueux
Mill. de 1924: rouge ou rouge vif foncé, papier très blanc et
épais (trame régulière)
Mill. de 1896: rouge, papier jaunâtre lisse et mince (transparent)
Mill. de 1926: rouge ou rouge vif foncé, papier très blanc
et épais (trame régulière) ou papier mat blanc et mince
(transparent) (trame régulière)
Mill. de 1897, 1898, 1899: rouge, papier jaunâtre mat et rugueux
Mill. de 1927, 1928, 1929: rge ou rouge vif foncé, papier très
blanc et épais (trame régulière) ou papier mat blanc et mince
(transparent) (trame régulière)
Mill. de 1900: rouge, papier jaunâtre mat et rugueux
Mill. de 1930: rouge, papier très blanc et épais (trame régulière)
Mill. de 1901: rouge, papier jaunâtre mat et rugueux
Mill. de 1921: rouge, papier lisse blanchâtre ou grisâtre
Mill. de 1931: rouge, papier très blanc et épais (trame régulière)
Mill. de 1902: rouge pâle, papier jaunâtre mat et rugueux
Mill. de 1922: rouge, papier très blanc et épais (trame régulière)
ou papier mat blanc et mince (transparent) (trame régulière)
Mill. de 1932: rge fcé, papier très blanc et épais (trame
régulière)

Mill. de 1894: lilas, papier jaunâtre lisse et mince (transparent)
Mill. de 1904: lilas-brun, papier jaunâtre mat et rugueux
Mill. de 1924: violet-brun fcé, papier très blanc et épais (trame
régulière)
Mill. de 1896: lilas, papier jaunâtre lisse et mince (transparent)
Mill. de 1906: lilas-brun, papier jaunâtre mat et rugueux
Mill. de 1926: violet-br, papier très blanc et épais (trame
régulière)
Mill. de 1897: violet, papier jaunâtre mat et rugueux
Mill. de 1927: pourpre, papier très blanc et épais (trame
régulière)
Mill. de 1898: violet, papier jaunâtre mat et rugueux
Mill. de 1928: pourpre ou lilas-brun foncé, papier très blanc et
épais (trame régulière)
Mill. de 1900: violet, papier jaunâtre mat et rugueux
Mill. de 1930: violet-brun foncé, papier très blanc et épais
(trame régulière)
Mill. de 1901: lilas, papier jaunâtre mat et rugueux
Mill. de 1931: violet-brun foncé, papier très blanc et épais
(trame régulière)
Mill. de 1902: lilas-brun, papier jaunâtre mat et rugueux
Mill. de 1922: violet-br, papier très blanc et épais (trame régulière)
ou papier mat blanc et mince (transparent) (trame régulière)
Mill. de 1932: violet-br fcé, papier très blanc et épais (trame
régulière)
Mill. de 1903: lilas-brun pâle, papier jaunâtre mat et rugueux
Mill. de 1923: violet-br, papier très blanc et épais (trame régulière)
ou papier mat blanc et mince (transparent) (trame régulière)
Mill. de 1933: violet-br fcé, papier très blanc et épais (trame
régulière)

(▽ 34)

4 (1894) | 3 350 | 2 010

(▽ 35)

5 (1925) | 88 | 53

(▽ 36)

4 (1924) | 80 | 48

(▽ 37)

4 (1894)	13	8			
5 (1895)	13	8	0 (1920)	9	6
6 (1896)	9	6	(GC) 0 (1920)	53	32
7 (1897)	9	6	⊞ manchette GC	80	48
8 (1898)	9	6	2 (1922)	9	6
9 (1899)	9	6	3 (1923)	9	6
0 (1900)	9	6	4 (1924)	9	6
1 (1901)	9	6	6 (1926)	9	6
2 (1902)	9	6	7 (1927)	9	6
3 (1903)	9	6	8 (1928)	9	6
4 (1904)	9	6	0 (1930)	9	6
6 (1906)	9	6	1 (1931)	9	6
(GC) 8 (1918)	40	24	2 (1932)	9	6
⊞ manchette GC	70	42	3 (1933)	9	6

(▽ 38)

			9 (1929)	11	7
5 (1925)	11	7	1 (1931)	11	7
8 (1928)	11	7	2 (1932)	11	7

(▽ 39)

6 (1896) | 3 250 | 1 900

(▽ 40)

			9 (1929)	80	48
0 (1920)	80	48	0 (1930)	80	48
6 (1926)	120	72	1 (1931)	80	48
7 (1927)	80	48	3 (1933)	80	48
8 (1928)	80	48	4 (1934)	80	48

Millésime de 1920: brun sur jaune vif, papier avec trame régulière
Millésime de 1930: brun s paille pâle, papier sans trame apparente

(▽ 41)

sans millésime | 2 950 | 1 715 |

(▽ 42)

| | 0 (1930) | 12 | 7 |
| 6 (1926) | 12 | 7 | 2 (1932) | 12 | 7 |

Recouvrement. *Très bon centrage: +30%.*

(▽ 43)

| | (GC) 8 (1918) | 21 | 13 |
| 8 (1908) | 14 | 8 | ⊞ manchette GC | 35 | 21 |

(▽ 44)

			(GC) 7 (1917)	30	18
			⊞ manchette GC	50	80
8 (1908)	20	12	0 (1920)	18	11
9 (1909)	18	11	2 (1922)	18	11
0 (1910)	18	11	3 (1923)	18	11
1 (1911)	18	11	5 (1925)	18	11
2 (1912)	18	11	6 (1926)	18	11
6 (1916)	18	11			

Mill. de 1910: violet ou violet pâle, papier lisse blanchâtre
Mill. de 1920: violet, papier mat blanc et mince (transparent)
Millésime de 1912: violet pâle
Millésime de 1922: violet foncé vif
Mill. de 1916: violet ou violet foncé sur jaunâtre, papier lisse
blanchâtre ou grisâtre
Mill. de 1926: violet, papier très blanc et épais (trame régulière)

(▽ 45)

| **(GC) 9 (1919)** | **375** | **225** | | |
| ⊞ manchette GC | 600 | 360 | 0 (1920) | 315 | 190 |

(▽ 46)

			3 (1923)	120	72
			4 (1924)	120	72
9 (1909)	120	72	5 (1925)	120	72
0 (1910)	120	72	6 (1926)	120	72
2 (1912)	120	72			

(▽ 47)

| 9 (1909) | 2 040 | 1 200 | 0 (1910) | 2 040 | 1 200 |

(▽ 48)

| 5 (1925) | 30 | 18 |

(▽ 49)

| 9 (1909) | 190 | 115 | 0 (1910) | 185 | 110 | 2 (1912) | 190 | 115 |

(▽ 50)

| 9 (1909) | 85 | 51 | 0 (1910) | 85 | 51 |

(▽ 51)

| 5 (1925) | 27 | 16 | 6 (1926) | 27 | 16 |

(▽ 52)

| (GC) 8 (1918) | 65 | 39 |
| ⊞ manchette GC | 130 | 78 |

(▽ 53)

| 5 (1925) | 140 | 84 |

(▽ 54)

| 5 (1925) | 140 | 84 |

PRÉOBLITÉRÉS

On connait ainsi des Napoléon 1c dentelés qui ont servis de précurseurs, connu cachet du 31 décembre1866, et avec oblitération d'Auxerre le 5 janvier 1867.

Précurseur: Napoléon empire dentelé 1c   **7 000**
(expertise indispensable)

Des Napoléon laurés sont connus pour le 1c , le premier étant préoblitéré du 5 mai 1870 sur imprimé électoral.

Précurseur: Lauré 1c vert-olive   **4 650**
(expertise indispensable)

Des Bordeaux 2c brun ont aussi servi préoblitérés sur journaux. On connaît un affranchissement d'Issoudun du 5 février 1871 et un affranchissement de Périgueux de juin 1871.

Précurseur: Bordeaux 2c brun-rouge   **6 500**
(expertise indispensable)

De même, des Napoléon laurés à 20c furent utilisés par l'Agence Havas, pendant la Commune de Paris. L'Agence Havas, qui avait replié son personnel sur Versailles après l'insurrection parisienne, se devait de continuer le travail qu'elle avait réalisé pendant le siège de Paris : à savoir informer les quotidiens français et étrangers sur les évènements qui avaient lieu dans la Capitale.

Les dépêches Havas étaient envoyées vers les quotidiens de province à la dernière minute, (pour donner les informations les plus récentes). Ces dépêches sont envoyées sous enveloppe 22, 23, 25, 26, et 28 mai 1871.

Précurseur: préoblitérés Havas   **16 000**
(expertise indispensable)

5c IIIème République (expertise indispensable)   **4 000**

Cette expérience s'est déroulée sur deux périodes: janvier à mars 1893, et septembre à décembre 1893. Soit 6 mois et uniquement à Paris.

La première surcharge comporte 4 lignes, et la deuxième 5 lignes.

Très peu d'entreprises ont utilisé ces timbres, ce qui en font des pièces rarissimes sur document. Utilisateurs connus: "Au Bon Marché", "Comptoir National d'Escompte", "Cunliffe, Russel & Co", "L. Duchêne", "Grands Magasins du Louvre", "Jurisprudence Générale", "Koerting Frères", "La Semaine Médicale", "Société Générale"

> **1ère colonne: tbre de qualité moyenne (normale)**
> **Paires, bandes et blocs de quatre oblitérés:**
> ▢▢   :   unité x 3
> ▢▢▢   :   unité x 5
> ▢▢▢▢   :   unité x 7
> ▢▢   :   unité x 8
> ▢▢

Préoblitéré de 1893 sur document complet: plus-value   3 000

1893 - *Sage, préoblitérés, 1ère série. Utilisation de janvier à mars 1893. Surcharge sur 4 lignes. Le 75c violet sur orange n'existe qu'en surcharge horizontale (un seul exemplaire connu).*

9 fév. - 9 mars   15 février   31 janv. - 24 mars

⌒ **1(1) 2c brun-rouge (IIC)***   **3 750**
a - surcharge horizontale   4 250

Prix atteint chez Roumet (544ème VSO) €9 333.

⌒ **2(2) 4c lilas-brun**   **2 000**

⌒ **3(3) 5c vert (IIB)**   **2 000**
a - surcharge horizontale   2 250

28 janvier - 21 mars   28 janvier - 22 mars

⌒ **4(4) 10c noir sur lilas**   **2 650**
a - surcharge horizontale   3 000

⌒ **5(5) 15c bleu (IIC)**   **2 650**
a - surcharge horizontale   3 000

| 28 janv. - 22 mars | 31 janv. - 21 mars | 29 janv. - 22 mars |

⌒ **6(6) 20c brique sur vert**   **1 750**
a - surcharge horizontale   2 000

⌒ **7(7) 25c noir sur rose**   **3 250**
a - surcharge horizontale   3 750

⌒ **8(8) 30c brun**   **2 250**
a - surcharge horizontale   2 500

| 20 fév. - 22 fév. | 17 fév. - 9 mars | 22 février |

⌒ **9(9) 40c rouge-orange****   **7 000**

**Prix atteint chez Roumet (544ème VSO) €14 186.

⌒ **10(10) 50c rose**   **13 500**
a - surcharge horizontale   14 500

⌒ **11(10A) 75c violet sur orange**   **125 000**

__1893__ - Sage, préoblitérés, 2ème série. Utilisation de septembre à décembre 1893. Surcharge sur 5 lignes. Existe sans le numéro du jour (sans quantième). Il s'agit d'une variété volontaire qui permettait de porter la durée de validité du timbre (normalement limitée à quatre jours) à un mois. Le 75c violet sur orange n'existe qu'en surcharge horizontale (quatre exemplaires connu).

| 6 sept. - 30 nov. | 13 sept. - 8 nov. | 10 sept. - 15 nov. |

⌒ **12(11) 1c noir s azuré (IIB)**   **2 600**
a - surcharge horizontale   3 150

⌒ **13(12) 2c brun-rouge (IIC)**   **3 000**

⌒ **14(13) 3c gris**   **850**

| 10 septembre - 15 novembre | 8 septembre - 1er décembre |

⌒ **15(14) 4c lilas-brun**   **850**
sans quantième   900
a - surcharge horizontale   1 600
sans quantième   2 100

⌒ **16(15) 5c vert (IIB)**   **750**
sans quantième   775
a - quantième inversé   800
b - surcharge horizontale   800
sans quantième   2 000

| 8 sept. - 1er déc. | 8 sept. - 30 nov. |

⌒ **17(16) 10c noir sur lilas**   **1 400**
sans quantième   1 500
a - surcharge horizontale   1 700
sans quantième   2 100

⌒ **18(17) 15c bleu (IIC)**   **1 850**
sans quantième   2 150
a - surcharge horizontale   2 150

| 6 sept. - 28 déc. | 8 sept. - 27 nov. | 8 sept. - 1er déc. |

⌒ **19(18) 20c brique sur vert**   **1 650**
sans quantième   1 750
a - surcharge horizontale   1 650
sans quantième   2 000

⌒ **20(19) 25c noir sur rose**   **2 850**
sans quantième   3 250
a - surcharge horizontale   3 000

⌒ **21(20) 30c brun**   **2 100**
sans quantième   2 250
a - surcharge horizontale   2 250
sans quantième   2 850

| 8 sept. - 23 nov. | 2 oct. - 10 nov. | 3 octobre |

⌒ **22(21) 40c rouge-orange**   **5 500**
sans quantième   6 250
a - surcharge horizontale   5 500

∩ **23**(22) **50c rose*** **8 750**
a - surcharge horizontale 9 250

**Prix atteint chez Roumet (544ème VSO) €15 761.

∩ **24**(23) **75c violet sur orange** **35 000**
a - sans quantième surch verticale 45 000

Paires, bandes et blocs de quatre oblitérés:
☐☐ : unité x 3
☐☐☐ : unité x 5
☐☐☐☐ : unité x 7
☐☐ : unité x 8

1920 - Semeuse "Postes Paris 1920". Les chiffres de la série "Mariage" surchargée de Monaco (voir tome II) ont été utilisés par erreur à la | 21, et forment la variété "gros chiffres". **Très bon centrage: +40%.**

| 1ᵉʳ octobre | 1ᵉʳ octobre |

petits chiffres
gros chiffres (taille réelle)

	☆☆	☆	(☆)	✉
∩ **25**(24) **5c vert (type I)**	850	415	185	525
a - gros chiffres	21		2 500	
b - papier GC	900	425	195	550
∩ **26**(25) **15c vert (type IV)**	650	330	130	435
a - gros chiffres	21		2 500	
b - papier GC	700	350	150	450
c - "Postes" ou "1920" seul	2 150	1 500	900	
d - "P" de "Poste" décalé (ajouté à la main)		5 750	4 150	
e - surcharge à cheval	950	600	375	

1921 - Semeuse.
"Postes Paris". **Très bon centrage: +40%.**

| 1ᵉʳ janvier | juillet |

∩ **27**(26) **5c vert (type I)**	650	335	95	325
a - 1ᵉʳ "S" de "Postes" en forme de "8"	1 400	900	375	
b - gros chiffres	21		2 500	
c - gros chiffres, papier GC			2 700	
d - papier GC	650	340	120	350
∩ **28**(27) **5c orange (type I)**	1 600	800	235	500
a - 2ᵉᵐᵉ "S" de "Postes" en forme de "8"	2 350	1 350	600	

| 1ᵉʳ janvier 1921 | 1ᵉʳ janvier 1921 |

∩ **29**(28) **15c vert (type IV)**	1 400	725	190	600
a - gros chiffres		3 750	2 500	
b - pli accordéon			600	
c - "S" de "Postes" en forme de "8"	2 250	1 300	650	
∩ **30**(29) **30c orange**	1 100	525	90	250
a - gros chiffres	21		2 500	

"Postes France". **Très bon centrage: +40%.**

| 1ᵉʳ oct. | 1ᵉʳ oct. | 1ᵉʳ oct. |

∩ **31**(33) **5c orange (type I)**	465	230	90	250
∩ **32**(34) **15c vert (type IV)**	3 150	1 750	800	1 250
∩ **33**(35) **30c orange**	8 750	6 500		
a - 2ᵉᵐᵉ "S" de "Postes" renv (1ex connu)	20 000			

Non émis de l'U.P.U. La poste française s'étant rendu compte qu'elle avait oublié de remettre une feuille de l'émission "30c orange Poste France 1921" au bureau de l'UPU à Berne. Comme cette émission était épuisée, il a été décidé d'un retirage dans l'urgence.
Ce retirage a bien été effectué, mais sur une Semeuse 30c rouge. La feuille de 150 a été envoyée à l'UPU, qui en a conservé un tiers. Les deux tiers restant sont conservés au Musée de la Poste. Seule une paire millésimée a été détachée et est conservée entre des mains privées.
Tirage: 150

∩ **33A 30c rouge, non émis** **15 000**

1922 - Semeuse.
"Postes Paris". **Très bon centrage: +40%.**

| 1ᵉʳ janv. | 1ᵉʳ janv. | 1ᵉʳ janv. |

◠34(30) **5c orange (type I)**	**360**	**185**	**17**	**90**
a - "S" de "Postes" en forme de "8"	725	450	200	
◠35(31) **15c vert (type IV)**	**1 600**	**800**	**325**	**800**
◠36(32) **30c rouge**	**1 400**	**725**	**190**	**600**

"Postes France". Très bon centrage: +40%.

1er janv.	*1er janv.*	*1er janv.*

◠37(36) **5c orange (type I)**	**315**	**185**	**65**	**175**
a - papier GC	375	215	70	200
◠38(37) **15c vert (type IV)**	**1 400**	**715**	**385**	**650**
a - papier GC	1 650	800	415	700
◠39(38) **30c rouge**	**2 250**	**1 150**	**650**	**1 250**

En septembre 1922, un nouveau type de surcharge est adopté, qui sera appliqué suivant deux procédés d'impression:

La surcharge imprimée à plat (surcharge imprimée séparément) est fine et son encre a un aspect brillant.

La surcharge imprimée par rotative (impression simultanée du timbre et de la surcharge) est épaisse et son encre est terne.

surcharge fine

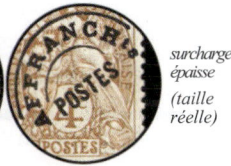

surcharge épaisse

(taille réelle)

"E" de "Postes" avec un crochet (◠4 et 54)

Petit "T" à "Postes" légèrement surélevé (◠48 et 98)
Note: la ◠98 se trouve dans le coin daté

normal

cercle extérieur brisé (que l'on peut trouver ◠90 dans le coin daté)

1922 - *Semeuse et Merson. Emission: septembre 1922.*
Très bon centrage: +60%.

◠40(50) **5c orange (t. I) (fine)**	**125**	**50**	**1,5**	**40**
a - papier mince (transparent)	130	60		
b - surcharge à cheval	275	160	60	
c - surcharge recto-verso	140	85		
◠41(45) **15c vert (t. IV) (fine)**	**5**	**3**	**1,5**	**55**
a - papier mince (transparent)	7	4	3	
b - pli accordéon	165	100		
c - surcharge à cheval	85	60	25	
d - surcharge recto-verso	12	9		

◠42 I(54) **20c brun, t. I (fine)**	**165**	**80**	**14**	**75**
a - surcharge à cheval	375	250		
◠42 III(54a) **20c brun, t. III (fine)**	**173**	**90**	**20**	**95**
a - papier mince (transparent) 1923	200	120		
b - surcharge à cheval	275	160	50	
◠43(58) **30c rouge (fine)**	**360**	**165**	**8**	**70**
a - pli accordéon	1 300	900		
b - surcharge à cheval	500	335	100	
c - surcharge recto-verso	375	225	90	
◠44(62) **35c violet (t. I) (fine)**	**235**	**95**	**14**	**95**
a - papier mince (transparent)	240	115		

◠45(44) **45c vert et bleu (fine)**	**120**	**60**	**44**	**200**
a - papier GC	150	75	50	225
Série ◠**40 à 45 (6 timbres)**	**1010**	**450**	**83**	

1923-24 - *Blanc.* **Très bon centrage: +30%.**

Timbres spécialement conçus pour le tarif "envoi en nombre", créé le 30 juin 1923. A noter que les timbres de roulette comportent la variété "gros point entre "F" et "R" (de "AFFRANCHⁱˢ")" aux ◠17 et 67.

juillet 1923	*mai 1924 (types I & II)*

◠46(39) **3c orange (t. IB) (fine)**	**26**	**12**	**3**	**45**
a - surcharge cercle extérieur brisé	45	27	8	
b - surcharge à cheval	140	85	35	
c - surcharge recto-verso	35	20	6	

⌒ **47 I(40) 4c br-jne, t. I (fine)**	**5**	**1,8**	**0,8**	**40**
a - point à côté du "4"	30	16	6	
b - surcharge cercle extérieur brisé	13	8	4	
c - surcharge à cheval	110	75		
d - surcharge incomplète	550	385		
e - surcharge recto-verso	11	7	4	
f - surcharge renversée		3 000	1 900	
g - tache sur la robe	30	16	6	
h - brun très foncé	8			
⌒ **47 II(40a) 4c brun-jaune, t. II**	**535**	**335**	**21**	**100**
a - surcharge cercle extérieur aplati	650	425		
b - surch point entre "F" et "R" (rlt)	1 500	950		

1924
32 - Pasteur. *Le 30c vert, émis plus tardivement, a été laissé dans la série afin de conserver les usages de la profession (c'est la Semeuse 30c rose -n°55- qui était utilisée).* **Très bon centrage: +30%.**

décembre 1924   *juillet 1932*

⌒ **48(65) 15c vert (fine)**	**68**	**34**	**7**	**65**
a - surcharge cercle extérieur brisé	90	50		
b - surcharge à cheval	200	125	50	
⌒ **49(66) 30c vert**	**64**	**32**	**7**	**65**
a - surcharge "E" avec crochet	280	150	45	
b - surcharge petit "T" surélevé	280	150	45	

août 1924   *juin 1924*

⌒ **50(67) 45c rouge (fine)**	**48**	**24**	**3**	**65**
a - impression défectueuse	80	50		
b - pli accordéon	185	125	55	
c - surcharge cercle extérieur brisé	70	45		
d - surcharge à cheval	185	125	45	
e - surcharge recto-verso	70	45	11	
f - point entre S et T surch.	80			
⌒ **51(68) 50c bleu (t. I) (fine)**	**285**	**150**	**29**	**120**
a - pli accordéon	550	350	90	
b - surcharge cercle extérieur brisé	385	240		
c - surcharge à cheval	600	365	100	
d - surcharge recto-verso	350	215	65	

Série ⌒ **48 à 51 (4 timbres)** | **465** | **240** | **46**

1925-26
Blanc et Semeuse. **Très bon centrage: +30%.**

oct. 1925 (IIA)
1925 (type IIB)   *août 1925 (III) (sch fine)*
fin 1925 (sch épaisse)
1926 (type IV de roulette)

⌒ **52 IIA(41) 5c vert, type IIA**	**14**	**5**	**1**	**35**
a - impression sur raccord	200	135		
b - surcharge "A" sans barre	18	11		
c - surcharge "E" avec crochet	52	26	10	
d - surcharge petit "T" surélevé	52	26	10	
e - surcharge recto-verso	20	13		
f - surcharge verte (tirage du 21 nov. 25)		3 000	1 900	
g - **surcharge fine** (octobre 1925)	120	70	5	50
h - surcharge fine, à cheval	325	215	75	
i - surcharge fine, recto-verso	175	110	22	
j - surcharge fine, renversée (1ex connu)			5 000	
k - surcharge fine, tenant à non surch		2 850	1 800	
l - timbre + petit t à normal	35			
⌒ **52 IIB(41a) 5c vert, type IIB**	**130**	**75**	**12**	**80**
a - surcharge cercle extérieur aplati	160	90		
b - surch point entre "F" et "R" (rlt)	475	285		
c - types IIA et IIB se tenant	525	325		
⌒ **53 III(51) 10c vert, t. III**	**1,5**	**1**	**0,5**	**20**
a - 1er "S" de "Postes" retouché	420	300	220	
b - anneau-lune	40	27		
c - impression défectueuse	10	6		
d - impression sur raccord	200	135		
e - papier mince (transparent)	2	1		
f - pli accordéon	140	85		
g - surcharge à cheval	70	40		
h - surcharge "A" sans barre	6	4	2	
i - surcharge "E" avec crochet	12	6	4	
j - surcharge petit "T" surélevé	12	6	4	
k - surchargé tenant à non surchargé		2 650	1 650	
l - **surcharge fine** (août 1925)	80	50	4	30
m - sans R de République	30			
n - semeuse blanche t à n	30			
⌒ **53 IV(51a) 10c vert, type IV**	**65**	**45**	**22**	**90**
a - surch point entre "F" et "R" (rlt) fine	350	215		

janv 1926 (I)   *janv 1925*   *oct. 1925*
déc 1925 (sch fine)
fin 1935 (type II)

⌒ **54 I(53) 15c brun, type I**	**1,5**	**1**	**0,5**	**25**
a - anneau-lune	35	20		
b - impression défectueuse	9	6		
c - signature "Mouchon" absente	17	11		
d - surcharge "A" sans barre	6	4	2	
e - surcharge "E" avec crochet	12	6	4	
f - surcharge petit "T" surélevé	12	6	4	
g - surch point entre "F" et "R" (rlt)	1 750	1 200		
h - **surcharge fine** (décembre 1925)	105	55	5	40
⌒ **54 II(53b) 15c brun, type II**	**1,5**	**1**	**0,5**	**25**
a - surcharge "A" sans barre	6	4	2	
b - surcharge "E" avec crochet	12	6	4	
c - surcharge petit "T" surélevé	12	6	4	
⌒ **55(59) 30c rose (t. I) (fine)**	**88**	**44**	**5**	**60**
a - surcharge recto-verso	100	55	20	
b - double surcharge				
c - double surcharge dont 1 à sec				
⌒ **56(60) 30c bleu (type IIA)**	**425**	**240**	**68**	**235**
a - "République française" absente	650	435	200	
b - surcharge "E" avec crochet	1 550	800	240	
c - surcharge petit "T" surélevé	1 550	800	240	

Série ⌒ **52 à 56 (5 timbres)** | **530** | **291** | **75**

1926
Blanc et Semeuse. **Très bon centrage: +30%.**

9 août 1926   *juin 1926*   *9 août 1926*

○ 57(42) 7½c lilas	1,5	0,7	0,5	335
a - impression défectueuse	7	5		
b - impression sur raccord	235	160		
c - surcharge cercle extérieur brisé	7	5	3	
d - surcharge "E" avec crochet	12	6	4	
e - surcharge petit "T" surélevé	12	6	4	

○ 58(64) 40c vermillon (t. II)	44	22	11	110
a - 1ᵉʳ "S" de "Postes" absent	90	55		
b - "4" de "40c" absent	225	150		
c - signature "Roty" absente	85	50		
d - surcharge cercle extérieur brisé	70	45		
e - surcharge "E" avec crochet	200	100	45	
f - surcharge petit "T" surélevé	200	100	45	

○ 59(47) =55c s 60c violet (fine)	340	155	65	200
a - surcharge "=55c" à cheval	650	400	175	
b - surcharge préo à cheval	650	400	175	

1926 - Semeuse. **Très bon centrage: +30%.**

nov 1926 (sch épaisse)   *septembre 1926*
juin 1926 (sch fine)

○ 60(56) 25c bleu (type IIIB)	33	10	1,5	60
a - anneau-lune	60	36		
b - impression défectueuse	35	17,5		
c - surcharge "A" sans barre	55	35		
d - surcharge "E" avec crochet	130	65	18	
e - surcharge petit "T" surélevé	130	65	18	
f - surcharge recto-verso	35	17,5		
g - **surcharge fine** (juin 1926)	63	40	5	75
h - surcharge fine, anneau-lune	160	100		
i - surcharge fine, à cheval	325	210		

○ 61(48) 65c rose (fine)	17	9	4	80
a - impression défectueuse	30	15		
b - papier mince (transparent)	20	10		
c - surcharge recto-verso	22	11		
d - O et S surcharge reliés	75			
e - E Postes surch allongé	75			
f - POSÉES surch.	75			

1927-29 - Blanc et Semeuse. **Très bon centrage: +30%.**

mai 1929   *sept. 1927 (IIIB)*
1931 (type IIIC)

○ 62(43) 10c violet	3	1,5	0,5	25
a - avec bord publicitaire "Aiglon"	215	150		
b - avec bord publicitaire "Janipoline"	200	135	75	
c - impression défectueuse	11	5,5		
d - impression sur raccord	235	140		
e - papier épais	12	6		
f - papier mince (transparent)	10	5		
g - pli accordéon	120	72	36	
h - surcharge "A" sans barre	12	6	3	
i - surcharge "E" avec crochet	20	10	3	
j - surcharge petit "T" surélevé	20	10	3	
k - surch point entre "F" et "R" (rlt)	600	400		
l - surcharge recto-verso	11	7		
m - timbre + petit t à n	15			

○ 63(57) 25c jne-br, t. IIIC	4	2,5	0,5	25
a - impression défectueuse	20	10		
b - surcharge "A" sans barre	15	7,5	4	
c - surcharge "E" avec crochet	24	12	4	
d - surcharge petit "T" surélevé	24	12	4	
e - sch "T" surélevé (pᵉ avec hdf)	750	500		

○ 63(57a) 25c jne-brun, t. IIIB	110	70	4	50
a - surch point entre "F" et "R" (rlt)	250	150		

février 1927   *février 1927*

○ 64(46) 45c violet	16	6	1,5	65
a - pli accordéon	135	80		
b - surcharge à cheval	150	85		
c - surcharge cercle extérieur brisé	22	11	5,5	
d - surcharge "A" sans barre	20	10	5	
e - surcharge "E" avec crochet	75	38	12	
f - surcharge petit "T" surélevé	75	38	12	
g - surcharge recto-verso	20	12		

○ 65(49) 65c olive	36	15	4,5	80
a - surcharge "E" avec crochet	140	70	35	
b - surcharge petit "T" surélevé	140	70	35	
c - surcharge recto-verso	40	25		

Série ○ 62 à 65 (4 timbres)	59	25	7	

1932 - Semeuse. **Très bon centrage: +30%.**

oct. 1932 (III)   *juillet 1932 (III)*
1932 (type IV)   *fin 1935 (type V)*

○ 66(52) 10c bleu, t. III	1,5	0,8	0,2	20
a - impression défectueuse	12	6		
b - impression sur raccord	100	60		
c - papier mince (transparent)	3	1,5	3,5	
d - signature "Roty" absente	15	7,5	4	
e - surcharge "A" sans barre	6	3		
f - surcharge cercle extérieur brisé	6	3		
g - surcharge "E" avec crochet	12	6	2	
h - surcharge petit "T" surélevé	12	6	2	
i - surcharge incomplète	65	40		

○ 66(52a) 10c bleu, type IV	85	65	25	90
a - surch point entre "F" et "R" (rlt)	275	180		

⌒ 67 III(55) 20c rose, t. III   **25**   **6**   **0,2**   **25**
a - impression défectueuse   28   14
b - surcharge "A" sans barre   30   15
c - surcharge "E" avec crochet   55   25   6
d - surcharge petit "T" surélevé   55   25   6
e - surcharge recto-verso   38   18

⌒ 67 V(55a) 20c rose, type V   **20**   **4**   **0,2**   **25**
a - surcharge "A" sans barre   30   15
b - surcharge "E" avec crochet   55   25
c - surcharge petit "T" surélevé   55   25   6
d - raccord   200   6

1933 - *Paix.* **Très bon centrage: +30%.**

Le 30c Paix était prévu en remplacement du 30c Pasteur, mais les échantillons 2ème échelon étant un tarif peu utilisé, il restait de grandes quantités de Pasteur. Le 30c Paix n'a pas été émis mais il y eut quelques fuites (attention aux faux, expertise indispensable).

Prévu en remplacement   *janv 1933*   *nov. 1933*

⌒ 68A(69) 30c vert, non émis   **8 500**   **5 800**
a - surcharge "E" avec crochet   17 500   11 500
b - surcharge petit "T" surélevé   17 500   11 500

⌒ 69(71) 45c bistre   **46**   **21**   **2**   **40**
a - papier mince (transparent)   45   25
b - surcharge en haut (1er tirage)   50   30   4   50
c - surcharge "E" avec crochet   190   95   28
d - surcharge petit "T" surélevé   190   95   28
e - surcharge recto-verso   50   30

⌒ 70(73) 65c violet-brun   **120**   **54**   **4**   **50**
a - surcharge en haut (1er tirage)   130   60   5   60
b - surcharge "E" avec crochet   380   190   60
c - surcharge petit "T" surélevé   380   190   60

1937-39 - *Semeuse.* **Très bon centrage: +40%.**

février 1939   *septembre 1937*

⌒ 71(61) 30c br-rge (t. IIA)   **2,5**   **1,5**   **1**   **40**
a - pli accordéon   775   500   225
b - surcharge "A" sans barre   9   4,5
c - surcharge "E" avec crochet   16   8   2,5
d - surcharge petit "T" surélevé   16   8   2,5

⌒ 72(63) 35c vert   **16**   **8**   **2,5**   **50**
a - surcharge "E" avec crochet   75   37   12
b - surcharge petit "T" surélevé   75   37   12

1937-39 - *Paix.* **Très bon centrage: +30%.**

déc. 1938   *janvier 1938*   *oct. 1937*

⌒ 73(70) 40c lilas (t. I) (fine)   **15**   **7**   **1,5**
a - surcharge à cheval   120   75
b - surcharge incomplète   350   225   **25**

⌒ 74(72) 60c bistre   **14**   **7**   **1,5**   **40**
a - papier mince (transparent)   18   10
b - surcharge "E" avec crochet   70   35   12
c - surcharge petit "T" surélevé   70   35   12
d - surcharge recto-verso   20   12   6

⌒ 75(74) =80c s 1f orange (II)   **2**   **1**   **0,5**   **60**
a - papier mince (transparent)   3   2
b - surch I & II se tenant   195   130
c - surcharge "= 80c" renversée   775   475
d - surcharge à cheval   150   100   40
e - surcharge "= 80c" doublée   550   350
f - surcharge "E" avec crochet   15   7,5   2,5
g - surcharge petit "T" surélevé   15   7,5   2,5
h - timbre + petit t à n   6

nov. 1938   *janvier 1939*   *février 1939*

⌒ 76(75) 80c orange   **165**   **80**   **45**   **120**
a - surcharge "E" avec crochet   540   265   90
b - surcharge petit "T" surélevé   540   270   90

⌒ 77(76) 1f rose   **20**   **10**   **2,5**   **55**
a - surcharge "E" avec crochet   100   45   15
b - surcharge petit "T" surélevé   100   50   15
c - surcharge recto-verso   30   17   8

⌒ 78(77) 1f 40 lilas   **21**   **10**   **5**   **75**
a - surcharge à cheval   125   80
b - surcharge "E" avec crochet   100   45   15
c - surcharge petit "T" surélevé   100   45   15

Série ⌒ 73 à 78 (6 timbres)   **237**   **115**   **56**

1938-41 - *Mercure. Typographie (f 100).*

novembre 1938 *octobre 1941*

◠ **79(78) 20c lilas**   **1**   **0,5**   **0,2**   **20**
- a - impression défectueuse   4   2
- b - pli accordéon   170   120   50
- c - surcharge à cheval   135   90   45
- d - surcharge "A" sans barre   6   3   1,5
- e - surcharge "E" avec crochet   15   10   5
- f - surcharge petit "T" surélevé   15   10   5
- g - point entre S et T surch.   20

◠ **80(79) 30c rouge (type I)**   **5**   **2**   **1,5**   **20**
- a - papier épais   7   4
- b - surcharge "E" avec crochet   25   15   7
- c - surcharge petit "T" surélevé   25   15   7
- d - point entre T et E surch.   20
- e - point entre S et T surch.   20

juillet 1939 *avril 1940*

◠ **81(80) 40c violet "République"**   **1**   **0,5**   **0,3**   **25**
- a - impression sur raccord   285   170   75
- b - piquage à cheval   120   72   36
- c - surcharge "A" sans barre   6   3   1,5
- d - surcharge "E" avec crochet   15   10   5
- e - surcharge petit "T" surélevé   15   10   5

◠ **82(83) 60c rouge-orange**   **50**   **25**   **22**   **100**
- a - surcharge "E" avec crochet   250   160   80
- b - surcharge petit "T" surélevé   250   160   80
- c - surcharge recto-verso   70   42

Série ◠ 79 à 82 (4 timbres)   **57**   **28**   **24**

1942-43 - *Mercure. Typographie (f 100).*

juillet 1943
1er mars 1942

◠ **83(81) 40c violet "Postes"**   **2**   **0,5**   **0,2**   **15**
- a - impression défectueuse   6   3
- b - impression sur raccord   285   175   75
- c - signatures absentes   10   5   3
- d - surcharge "A" sans barre   6   4   2
- e - surcharge "E" avec crochet   15   10   5
- f - surcharge petit "T" surélevé   15   10   5

◠ **84(82) 50c turquoise**   **1**   **0,5**   **0,3**   **15**
- a - avec bord publicitaire "Neyrac"   135   90
- b - impression défectueuse   7   3,5
- c - papier mince (transparent)   2   1   0,5
- d - pli accordéon   120   75   35
- e - surcharge "E" avec crochet   15   10   2
- f - surcharge petit "T" surélevé   15   10   2
- g - point entre T et E surch.   20

1942 - *Pétain. Typographie (f 100). 1er mars*

◠ **85(84) 70c orange**   **2**   **1,2**   **1**   **15**
- a - impression défectueuse   13   6,5
- b - surcharge "E" avec crochet   15   10   5
- c - surcharge petit "T" surélevé   15   10   5
- d - point entre T et E surch.   20
- e - point entre S et T de Postes   20
- f - c cédille t à n   20

◠ **86(85) 1f 20 brun**   **3**   **1,3**   **1**   **17**
- a - impression défectueuse   9   4,5
- b - pli accordéon   70   45
- c - surcharge "E" avec crochet   20   12   6
- d - surcharge petit "T" surélevé   20   12   6
- e - point entre S et T de Postes   20
- f - point entre T et E de Postes   20

◠ **87(86) 2f vert**   **6**   **3**   **2,5**   **22**
- a - surcharge "E" avec crochet   30   18   9
- b - surcharge petit "T" surélevé   30   18   9

Série ◠ 83 à 87 (5 timbres)   **14**   **6,5**   **5**

1945 - *Cérès de Mazelin et Marianne de Gandon. Typo (f 100).*
Le 1f 20 brun a d'abord été retiré des ventes le 1er janvier 1946, puis remis en circulation pour le tarif du 3 janvier 1947.

8 mars *23 mars*

◠ **88(87) 60c outremer**   **0,4**   **0,3**   **0,2**   **20**
- a - "6" de "60c" absent   32   20
- b - impression défectueuse   10   5
- c - surcharge "E" avec crochet   10   6   3
- d - surcharge petit "T" surélevé   10   6   3

◠ **89(88) 80c vert**   **0,7**   **0,3**   **0,2**   **20**
- a - impression défectueuse   4   2   3
- b - surcharge "E" avec crochet   10   6   3
- c - surcharge petit "T" surélevé   10   6
- d - surcharge "O" brisé en bas   25   15
- e - sans sign Mazelin   5

13 mars

26 mars

⌒90(91) **1f 20 brun** | 0,9 | 0,6 | 0,3 | 20
seul sur ✉ envois en nombre | | | | 35
a - papier épais | 4 | 2
b - surcharge "E" avec crochet | 15 | 9 | 4,5
c - surcharge petit "T" surélevé | 15 | 9 | 4,5
d - surcharge "O" brisé en bas | 25 | 15

⌒91(94) **2f vert** | 0,5 | 0,4 | 0,3 | 25
a - surcharge "E" avec crochet | 12 | 7 | 3,5
b - surcharge petit "T" surélevé | 12 | 7 | 3,5
c - surcharge «O» brisé en bas | 25 | 15

Série 88 à 91 (4 timbres) | **2,5** | **1,6** | **1**

1946 - *Cérès de Mazelin et Marianne de Gandon. Typo (f 100).*

6 avril

avril

⌒92(89) **90c vert foncé** | 0,6 | 0,4 | 0,2 | 20
non dentelé | 25 | 17
a - impression défectueuse | 6 | 3
b - surcharge "E" avec crochet | 12 | 7 | 3,5
c - surcharge petit "T" surélevé | 12 | 7 | 3,5

⌒93(90) **1f rose-rouge** | 0,4 | 0,3 | 0,2 | 20
a - impression défectueuse | 4 | 3 | 2
b - pli accordéon | 50 | 35
c - surcharge "A" sans barre | 4 | 2 | 1
d - surcharge "E" avec crochet | 10 | 6 | 3
e - surcharge petit "T" surélevé | 10 | 6 | 3

septembre

6 avril

⌒94(92) **2f vert-jaune** | 0,8 | 0,5 | 0,4 | 20
a - surcharge "E" avec crochet | 12 | 7 | 3,5
b - surcharge petit "T" surélevé | 12 | 7 | 3,5

⌒95(96) **3f rose** | 0,4 | 0,3 | 0,2 | 30
a - surcharge "E" avec crochet | 12 | 7 | 3,5
b - surcharge petit "T" surélevé | 12 | 7 | 3,5
c - surcharge "O" brisé en bas | 25 | 15

Série ⌒92 à 95 (4 timbres) | **2,2** | **1,5** | **0,6**

1947 - *Cérès de Mazelin et Marianne de Gandon. Typo (f 100).*

avril

avril

⌒96(93) **2f 50 brun** | 1,2 | 0,8 | 0,7 | 30
a - impression défectueuse | 7 | 3,5
b - piquage à cheval | 60 | 35
c - surcharge "E" avec crochet | 15 | 10 | 5
d - surcharge petit "T" surélevé | 15 | 10 | 5
e - surcharge "O" brisé en bas | 25 | 95

⌒97(97) **4f violet** | 0,5 | 0,4 | 0,2 | 25
a - impression défectueuse | 6 | 3
b - pli accordéon | 160 | 110 | 50
c - surcharge "A" sans barre | 6 | 4
d - surcharge "E" avec crochet | 12 | 7 | 3,5
e - surcharge petit "T" surélevé | 12 | 7 | 3,5

1947 - *Cérès et Marianne. Typographie (f 100).*

août 1947

10 nov. 1948

août 1947

⌒98(91A) **1f 50 lilas** | 0,5 | 0,3 | 0,2 | 20
a - impression défectueuse | 7 | 2,5
b - surcharge "A" sans barre | 5 | 2,5 | 2
c - surcharge "E" avec crochet | 12 | 7 | 3,5
d - surcharge petit "T" surélevé | 12 | 7 | 3,5
e - sans sign. Mazelin | 5

⌒99(98) **4f émeraude** | 0,4 | 0,3 | 0,2 |
a - impression défectueuse | 6 | 4 | 2
b - surcharge "A" sans barre | 6 | 4 | 2
c - surcharge "E" avec crochet | 10 | 5 | 2,5
d - surcharge petit "T" surélevé | 10 | 5 | 2,5

⌒100(100) **6f rose** | 1,5 | 0,9 | 0,7 | 20
a - mèches croisées | 100 | 55 | 30
tenant à normal | 115 | 70
b - mèches reliées | 100 | 55 | 30
tenant à normal | 115 | 70
c - surcharge "A" sans barre | 6 | 3 | 1,5
d - surcharge "E" avec crochet | 15 | 9 | 4,5
e - surcharge petit "T" surélevé | 15 | 9 | 4,5

1948 - *Marianne de Gandon. Typo (f 100).*

novembre

⌒ **101(95) 2f 50 brun**	**2,2**	**1,2**	**1**	**20**
▣		75		
a - impression défectueuse	8	4		
b - papier épais	6	3	1,5	
c - surcharge "E" avec crochet	15	9	4,5	
d - surcharge petit "T" surélevé	15	9	4,5	
e - surcharge "O" brisé en bas	40	24		
⌒ **102(102) 10f lilas**	**0,8**	**0,5**	**0,2**	**15**
a - impression défectueuse	6	3		
b - surcharge "E" avec crochet	10	5	1,7	
c - surcharge petit "T" surélevé	10	5	1,7	

1949 - *Marianne de Gandon. Typo (f 100).*

janvier   *février*

⌒ **103(99) 4f orange**	**1,1**	**0,6**	**0,4**	**20**
a - surcharge "E" avec crochet	8	4	1,5	
b - surcharge petit "T" surélevé	8	4	1,5	
c - surcharge "O" brisé en bas	25	15		
⌒ **104(104) 15f rouge**	**0,9**	**0,5**	**0,5**	**20**
a - papier carton	3	1,5		
b - piquage à cheval	80	48		
c - surcharge "E" avec crochet	15	9	4,5	
d - surcharge petit "T" surélevé	15	9	4,5	

1949-51 - *Marianne et armoiries d'Anjou. Typo (f 100).*

juin 1949   *juillet 1949*

⌒ **105(105) Blason d'Anjou** (sch épaisse)	**0,2**	**0,1**	**0,1**	**15**
a - couleur jaune très décalée	30	18		
b - partie droite du cadre dédoublée	30	18		
c - pli accordéon	80	48		
d - surcharge "A" sans barre	4	2	1	
e - surcharge "E" avec crochet	12	7	3,5	
f - surcharge petit "T" surélevé	12	7	3,5	
g - **surcharge fine** (1951)	60	30	15	90

⌒ **106(101) 8f turquoise**	**1**	**0,5**	**0,4**	**20**
a - papier épais	3	2		
b - pli accordéon	100	60		
c - signature "Gandon" absente	20	11	6	
d - surcharge "A" sans barre	6	3	1,5	
e - surcharge "E" avec crochet	15	9	4,5	
f - surcharge petit "T" surélevé	15	9	4,5	

juillet

⌒ **107(103) 12f outremer**	**1,5**	**1**	**0,5**	**20**
a - papier carton	3	1,5	1	
b - pli accordéon	100	60		
c - surcharge "E" avec crochet	12	6	1,7	
d - surcharge petit "T" surélevé	12	6	1,7	
⌒ **108(103A) 12f rge-orange**	**8,2**	**3,9**	**2**	**20**
a - papier carton	12	6	3	
b - signature "Gandon" absente	45	27	13	
c - surcharge "E" avec crochet	40	20	7	
d - surcharge petit "T" surélevé	40	20	7	
Série ⌒ **105 à 108 (4 timbres)**	**11**	**5,5**	**3**	

1954 - *Moissonneuse et coq. Typographie (f 100).*
Dess: L. Muller Grav: J. Piel (moissonneuse). Dess: P. Poulain.
Grav: A. Frères (coq). 2 février

⌒ **109(106) 4f bleu**	**0,3**	**0,2**	**0,1**	**7**
a - anneau-lune	12	7	3,5	
b - impression défectueuse	3	1,5	1	
c - piquage à cheval	45	27		
d - pli accordéon	70	42		
e - sans signature Muller	10	2,8		
⌒ **110(108) 8f rouge**	**7**	**2,5**	**1,5**	**8**
a - anneau-lune	35	21		
b - impression défectueuse	15	7,5		
c - papier mince (transparent)	8	4		
d - pli accordéon	80	48		
e - sans signature Muller	17			

⌒ **111(111) 12f rouge-rose**	**4,2**	**2,3**	**0,7**	
a - impression défectueuse	15	7,5	5	
b - pli accordéon	75	45	**10**	
⌒ **112(114) 24f vert-bleu**	**22,5**	**11**	**4,2**	**20**
a - impression défectueuse	40	20		
b - plumes courtes t. à n	52			
Série ⌒ **109 à 112 (4 timbres)**	**34**	**16**	**6,5**	
non dentelés	125	85		
▣		90		

1957 - Coq. Typographie (f 100).
Dess: P. Poulain. Grav: A. Frères. 5 août

⌒ **113**(107) **5f brun-olive**	**0,3**	**0,2**	**0,2**	**7**
a - papier épais	2	1	0,5	
b - piquage à cheval	80	48		
⌒ **114**(110) **10f bleu**	**2**	**1**	**0,3**	**8**
a - plumes courtes t à n	15			
b - anneau lune	50			

⌒ **115**(112) **15f lilas**	**1,7**	**1,3**	**0,7**	**10**
⌒ **116**(115) **30f orange**	**12**	**3,5**	**2,8**	**15**
a - piquage à cheval	85	51		
b - pli accordéon	85	51		
⌒ **117**(117) **45f vert**	**25**	**14**	**12**	**30**

Série ⌒ **113 à 117 (5 timbres)**	**41**	**20**	**16**	
non dentelés	150	100		
⊡		125		

1959 - Coq. Typographie (f 100).
Dess: P. Poulain. Grav: A. Frères. 2 mars .

⌒ **118**(109) **8f violet**	**0,5**	**0,3**	**0,1**	**8**
a - dentelé tenant à non dentelé	500	300		
b - piquage à cheval	75	45		
c - oeuf dans le bec	35			
⌒ **119**(113) **20f vert**	**2**	**1,2**	**0,7**	**10**
a - impression défectueuse	15	7,5	5	

⌒ **120**(116) **40f rouge-brun**	**4,5**	**3**	**2,2**	**15**
⌒ **121**(118) **55f vert-jaune**	**20**	**12**	**8**	**30**

Série ⌒ **118 à 121 (4 timbres)**	**27**	**16,5**	**11**	
non dentelés	125	85		
⊡		100		

1960 - Coq (nouveaux francs). Typographie (f 100).
Dess: P. Poulain. Grav: A. Frères. 25 janv

	☆☆	(☆)	⬚
⌒ **122**(119) **0,08 violet**	**0,5**	**0,1**	**6**
a - anneau-lune	20	6	
b - impression défectueuse	6	2	
c - papier épais	2	1	
d - piquage à cheval	50		
⌒ **123**(120) **0,20 vert**	**2,5**	**0,5**	**7**
a - impression défectueuse	10	3	
b - piquage à cheval	65		

⌒ **124**(121) **0,40 rouge-brun**	**10**	**2,4**	**10**
a - piquage à cheval	65		
⌒ **125**(122) **0,55 vert-jaune**	**32**	**15**	**40**

Série ⌒ **122 à 125 (4 timbres)**	**45**	**18**	
non dentelés	115		
⊡		125	

1964-66 - Monnaie gauloise. Légende "République française".
Typo (f 100). Dessin: Claude Durrens. Gravure: André Frères.
25 mai 1964 (sauf 15c: 17 octobre)

⌒ **126**(123) **0,10 vert et sienne**	**0,3**	**0,1**	**3**
⌒ **127**(124) **0,15 orange et sienne**	**0,2**	**0,1**	**3**
a - impression sur raccord	165		
b - surcharge brun clair	325		

⌒ **128**(126) **0,25 lilas et brun fcé**	**0,3**	**0,2**	**5**
⌒ **129**(128) **0,50 bleu et sienne**	**0,7**	**0,6**	**7**

Série ⌒ **126 à 129 (4 timbres)**	**1,5**	**1**	
non dentelés	55		
⊡		80	

1969 - Monnaie gauloise. Légende "République française". Typo (f 100). Dessin: Claude Durrens. Gravure: André Frères. 10 mars

⌒ 130(125) 0,22 turquoise et outremer	0,4	0,2	4
⌒ 131(127) 0,35 carmin et bleu	1,1	0,5	5
⌒ 132(129) 0,70 bleu et rouge	5	2,3	12
série, non dentelé	55		
série, ▣		65	
Série ⌒ 130 à 132 (4 timbres)	**65**	**3**	20
non dentelés	55		
▣		80	

1971 - Monnaie gauloise. Légende "République française". Typo (f 100). Dessin: Claude Durrens. Gravure: André Frères. 1ᵉʳ juillet

⌒ 133(127) 0,26 violet et brun fcé	0,4	0,2	3
⌒ 134(128) 0,30 bistre et brun	0,4	0,2	3

⌒ 135(132) 0,45 vert-bleu et brun	1,4	0,6	5
⌒ 136(133) 0,90 rouge et brun	1,8	1	12
Série ⌒ 133 à 136 (4 timbres)	**4**	**2**	
non dentelés	55		
▣		80	

1975 - Monnaie gauloise. Légende "France". Typo (f 100). Dessin: Claude Durrens. Gravure: André Frères. 16 février

⌒ 137(134) 0,42 orange et carmin	1	0,5	4
⌒ 138(135) 0,48 bleu et brun	1,2	0,8	5

⌒ 139(136) 0,70 rose et rouge fcé	2	1,2	8
⌒ 140(137) 1,35 vert et brun	2,8	1,5	11
Série ⌒ 137 à 140 (4 timbres)	**7**	**4**	
non dentelés	40		
▣		60	

1976 - Monnaie gauloise. Légende "France". Typo (f 100). Dessin: Claude Durrens. Gravure: André Frères. 1ᵉʳ janvier

⌒ 141(138) 0,50 vert-bl et sienne	1,2	0,6	7
⌒ 142(140) 0,60 violet et brun	1,5	1	8

⌒ 143(142) 0,90 orange et brun	1,8	1,4	12
⌒ 144(144) 1,60 lilas et brun	4	2,5	15
Série ⌒ 141 à 144 (4 timbres)	**8,5**	**5,5**	
non dentelés	40		
▣		60	

1976 - Monnaie gauloise. Légende "France". Typo (f 100). Dessin: Claude Durrens. Gravure: André Frères. 1ᵉʳ juillet

⌒ 145(139) 0,52 rose et brun	0,4	0,3	4
⌒ 146(141) 0,62 lilas et brun fcé	1	0,8	7

⌒ 147(143) 0,95 bistre et brun	1,1	0,9	9
147a - timbre + étroit t à n	12	1,5	12
⌒ 148(145) 1,70 bleu et brun	3		
Série ⌒ 145 à 148 (4 timbres)	**5,5**	**3,5**	
non dentelés	40		
▣		60	

1977 - Signes du Zodiaque. Taille-douce (f 100). Dessin et gravure: Georges Bétemps. 1ᵉʳ avril

⌒ 149(146) 0,54 Poisson	0,6	0,3	3,5
a - papier crème	3		3,5
⌒ 150(147) 0,68 Taureau	0,6	0,3	

Préoblitérés — - 688 -

○ **151**(148) 1,05 Scorpion   **1,3**   **0,7**   **5,5**
151a - fond lilas   15
○ **152**(149) 1,85 Verseau   **2,5**   **1,2**   **9**

Série ○ **149 à 152 (4 timbres)**   **5**   **2,5**
non dentelés   55
   70

1978 - Signes du Zodiaque.
Taille-douce (f 100). Dessin et gravure: Georges Bétemps. 17 janvier

○ **153**(150) 0,58 Cancer   **0,8**   **0,5**   **5**
153a - vert-jaune   3
○ **154**(151) 0,73 Bélier   **1,3**   **0,8**   **5,5**

○ **155**(152) 1,15 Capricorne   **2**   **1,4**   **8**
a - orange pâle   6
○ **156**(153) 2,00 Vierge   **2,4**   **1,8**   **10**

Série ○ **153 à 156 (4 timbres)**
non dentelés

1978 - Signes du Zodiaque.
Taille-douce (f 100). Dessin et gravure: Georges Bétemps. 1er juillet

○ **157**(154) 0,61 Sagittaire   **0,4**   **0,2**   **3**
○ **158**(155) 0,78 Balance   **0,6**   **0,3**   **3,5**

○ **159**(156) 1,25 Lion   **1**   **0,5**   **5,5**
○ **160**(157) 2,10 Gémeaux   **1,5**   **1**   **7**

Série ○ **157 à 160 (4 timbres)**   **3,5**   **2**
non dentelés   55
   70

1979 - Champignons.
Taille-douce (f 100). Dessin & gravure: Pierre Gandon. 13 janvier

○ **161**(158) 0,64 Oronge   **0,5**   **0,2**   **3**
○ **162**(159) 0,83 Trompette de la mort   **0,5**   **0,3**   **3**

○ **163**(160) 1,30 Pleurote de l'olivier   **1**   **0,5**   **4**
○ **164**(161) 2,25 Clavaire chou-fleur   **1,5**   **1**   **6**

Série ○ **161 à 164 (4 timbres)**   **3,5**   **2**
  135
   165

1979 - Monuments historiques.
Taille-douce (f 100). Dessin & gravure: Claude Durrens. 13 août

○ **165**(162) 0,68 Tour de La Rochelle   **0,4**   **0,2**   **2**
○ **166**(163) 0,88 Cathédrale de Chartres   **0,4**   **0,2**   **2**

○ **167**(164) 1,40 Cathédrale de Bourges   **0,7**   **0,5**   **3**
○ **168**(165) 2,35 Cathédrale d'Amiens   **1,1**   **0,6**   **5**

Série ○ **165 à 168 (4 timbres)**   **2,6**   **1,5**
  40
   70

1980 - Monuments historiques.
Taille-douce (f 100). Dessin & gravure: Claude Durrens. 21 janvier

○ **169**(166) 0,76 Château d'Angers   **0,4**   **0,2**   **2**
○ **170**(167) 0,99 Château de Kerjean   **0,5**   **0,2**   **2**

⌒171(168) 1,60 Château de Pierrefonds | 0,7 | 0,5 | 3
⌒172(169) 2,65 Château de Tarascon | 1,2 | 0,6 | 5

Série ⌒169 à 172 (4 timbres) | **2,8** | **1,5**
non dentelés | 45 |
▣ | | 75

1981 - Monuments historiques.
Taille-douce (f 100). Dessin & gravure: Claude Durrens. 12 janvier

⌒173(170) 0,88 Chapelle d'Ajaccio | 0,4 | 0,2 | 2
⌒174(171) 1,14 Horloge de Besançon | 0,5 | 0,3 | 2

⌒175(172) 1,84 Château de Coucy-le-Château | 0,8 | 0,5 | 3
⌒176(173) 3,05 Grotte de Font-de-Gaune | 1,4 | 0,8 | 5

Série ⌒173 à 176 (4 timbres) | **3,1** | **1,7**
non dentelés | 40 |
▣ | | 70

1982 - Monuments historiques.
Taille-douce (f 100). Dessin & gravure: Claude Durrens. 11 janvier

⌒177(174) 0,97 Château de Tanlay | 0,5 | 0,2 | 2
⌒178(175) 1,25 Fort de Salses | 0,6 | 0,2 | 2

⌒179(176) 2,03 Tour de Montlhéry | 0,9 | 0,5 | 3
⌒180(177) 3,36 Château d'If | 1,5 | 0,8 | 5

Série ⌒177 à 180 (4 timbres) | **3,5** | **1,7**
non dentelés | 40 |
▣ | | 70

1983 - Les quatre saisons. Dessin: Jean Picart Le Doux.
Gravure: Pierre Béquet. Taille-douce. (f 100). 17 janvier

⌒181(178) 1,05 Printemps | 0,5 | 0,2 | 2
⌒182(179) 1,35 Eté | 0,6 | 0,3 | 2

⌒183(180) 2,19 Automne | 1 | 0,8 | 3
⌒184(181) 3,63 Hiver | 1,6 | 1,2 | 5

Série ⌒181 à 184 (4 timbres) | **3,7** | **2,3**
non dentelés | 35 |
▣ | | 60

1984 - Cartes à jouer.
Dessin: Jean Picart Le Doux. Grav: Joseph Rajewicz. Taille-douce (f 100). 11 avril

⌒185(182) 1,14 Coeur | 0,5 | 0,2 | 2
⌒186(183) 1,47 Pique | 0,7 | 0,3 | 2

⌒187(184) 2,38 Carreau | 1,1 | 0,7 | 3
⌒188(185) 3,95 Trèfle | 1,7 | 1,3 | 5

Série ⌒185 à 188 (4 timbres) | **4** | **2,5**
non dentelés | 35 |
▣ | | 60

1985 - Les douze mois de l'année. Dessin: Jean Picart Le Doux.
Gravure: Pierre Forget. Taille-douce (f 100) 11 février

⌒189(186) 1,22 Janvier | 0,6 | 0,4 | 2
⌒190(187) 1,57 Février | 0,7 | 0,4 | 2

⌒191(188) 2,55 Mars | 1,3 | 0,9 | 3
⌒192(189) 4,23 Avril | 1,9 | 1,3 | 5

Série ⌒189 à 192 (4 timbres) | **4,5** | **3**
non dentelés | 40 |
▣ | | 80

1986 - Les douze mois de l'année.
Dessin: Jean Picart Le Doux. Gravure: Joseph Rajewicz. Taille-douce (f 100).
février

○ 193(190) **1,28 Mai** — 0,7 — 0,4 — 2
○ 194(191) **1,65 Juin** — 0,8 — 0,4 — 2

○ 195(192) **2,67 Juillet** — 1,3 — 1 — 3
○ 196(193) **4,44 Août** — 2,2 — 1,7 — 5

Série ○ **193 à 196 (4 timbres)** — 5 — 3,5
non dentelés — 40
▣ — 80

1987 - Les douze mois de l'année. Dessin: Jean Picart Le Doux.
Gravure : Cécile Guillame. Taille-douce (f 100). 16 février

○ 197(194) **1,31 Septembre** — 0,7 — 0,4 — 2
○ 198(195) **1,69 Octobre** — 0,8 — 0,4 — 2

○ 199(196) **2,74 Novembre** — 1,3 — 1 — 3
○ 200(197) **4,56 Décembre** — 2,2 — 1,7 — 5

Série ○ **197 à 200 (4 timbres)** — 5 — 3,5
non dentelés — 40
▣ — 80

1988 - Les quatre éléments.
Dessin: Jean Picart Le Doux. Grav: Cécile Guillame. Taille-douce (f 100).
1er fév

○ 201(198) **1,36 L'air** — 0,7 — 0,4 — 2
○ 202(199) **1,75 L'eau** — 0,8 — 0,4 — 2

○ 203(200) **2,83 Le feu** — 1,3 — 1 — 3
○ 204(201) **4,75 La terre** — 2,2 — 1,7 — 5

Série ○ **01 à 204 (4 timbres)** — 5 — 3,5
non dentelés — 35
▣ — 60

1989 - Instruments de musique (I). Offset (f 100).
Dessin: Charles Bridoux. 6 sept

○ 205(202) **1,39 Harpe** — 0,7 — 0,4 — 2
○ 206(203) **1,79 Piano** — 0,8 — 0,4 — 2
○ 207(204) **2,90 Trompette** — 1,3 — 1 — 4
○ 208(205) **4,84 Violon** — 2,2 — 1,7 — 7
a - piquage à cheval — 120 — 75
b - piquage double — 350

dentelé 12
dentelé 13 (taille réelle)

Série ○ **205 à 208 (4 timbres)** — 5 — 3,5
non dentelés — 45
▣ — 60

207A(204a) dentelé 13 au lieu de 12 — 460 — 100

1990 - Instruments de musique (II). Offset (f 100).
Dessin: Charles Bridoux. Emission: 2 juil .

○ 209(206) **1,46 Accordéon** — 0,7 — 0,4 — 2
○ 210(207) **1,89 Biniou** — 0,8 — 0,6 — 2,5
○ 211(208) **3,06 Tambourin** — 1,5 — 1,6 — 5,5
○ 212(209) **5,10 Vielle** — 2,5 — 2,4 — 7,5

Série ○ **209 à 212 (4 timbres)** — 5,5 — 5
non dentelés — 45
▣ — 60

1990 - Instruments de musique (III). Novembre Offset (f 100).
Dessin: Charles Bridoux.

○ 213(210) **1,93 Harpe** — 1 — 0,6 — 2,5
a - dentelé tenant à non dentelé — 950
○ 214(211) **2,39 Piano** — 1,1 — 0,8 — 3
a - dentelé tenant à non dentelé — 950
○ 215(212) **2,74 Violon** — 1,3 — 1,2 — 5
a - dentelé tenant à non dentelé — 900
non dentelés — 35 — 50

1992 - Instruments de musique (IV). Offset (f 100).
Dessin: Charles Bridoux. 31 janvier

⌒216(213) 1,60 **Guitare**	65	20	60
⌒217(214) 1,98 **Accordéon**	2	1,5	9
⌒218(215) 2,08 **Saxophone**	1,2	1	5
⌒219(216) 2,46 **Biniou**	1,3	1	5

⌒220(217) 2,98 **Banjo**	1,5	1,5	6
⌒221(218) 3,08 **Tambourin**	7	4	11
⌒222(219) 3,14 vert **Vielle**	2	1,5	6

⌒223(220) 3,19 **Harpe**	7	4	11
⌒224(221) 5,28 **Xylophone**	3	1,5	10
⌒225(222) 5,30 **Piano**	3	1,5	8
⌒226(223) 5,32 **Violon**	3	1,5	8
Série ⌒216 à 226 (11 timbres)	96	37	
non dentelés	175		
blocs-feuillet gommés non dentelé	700		
216A - dentelé 12 au lieu de 13	3	2	8
217A - dentelé 12 au lieu de 13	255	150	150
218A - dentelé 12 au lieu de 13	10	8	15
219A - dentelé 12 au lieu de 13	7	5	22
221A - dentelé 12 au lieu de 13	7	5	22
222A - dentelé 12 au lieu de 13	30	20	45
223A - dentelé 12 au lieu de 13	3	2	11
224A - dentelé 12 au lieu de 13	10	8	20
225A - dentelé 12 au lieu de 13	65	42	100

226A - dentelé 12 au lieu de 13	10	8	50
Série ⌒216A à 226A (10 timbres)	400	240	

1992 - Instruments de musique (V). Offset (f 100).
Dessin: Charles Bridoux. octobre

⌒227(224) 1,73 **Guitare**	0,8	0,2	2
⌒228(225) 2,25 **Saxophone**	1	0,5	3
⌒229(226) 3,51 **Banjo**	2	1	4
⌒230(227) 5,40 **Xylophone**	2,7	1,8	5
Série 227 à 230 (4 timbres)	6,5	3,5	
non dentelés	45		
blocs-feuillet gommés non dentelé	240		

1993 - Instruments de musique (VI). Offset (f 100). Dessin:
Charles Bridoux. Emission: août

⌒231(228) 1,82 gris **Trompette**	0,8	0,2	2
a - dentelé tenant à non dentelé	1 100		
b - piquage à cheval	250		
⌒232(229) 2,34 or^{ge} et brun **Tambourin**	1,2	0,6	3
⌒233(230) 3,86 rose **Vielle**	1,8	0,9	4
⌒234(231) 5,93 lilas **Xylophone**	2,7	1,8	5
Série ⌒231 à 234 (4 timbres)	6,5	3,5	
non dentelés	45		
blocs-feuillet gommés non dentelé	320		

1994 - Feuilles d'arbres (I). Offset (f 100). Dessin: Charles Bridoux.
1er sept

⌒235(232) 1,91 **Chêne**	0,9	0,2	2
⌒236(233) 2,46 **Platane**	1,2	0,6	3
⌒237(234) 4,24 **Marronnier**	1,9	0,9	4
⌒238(235) 6,51 **Houx**	3	1,8	5
a - piquage double	625		
Série ⌒235 à 238 (4 timbres)	7	3,5	
non dentelés	45		
blocs-feuillet gommés non dentelé	240		

1996 - *Feuilles d'arbres (II). Offset (f 100).*
Dessin: Charles Bridoux. 17 avril 1996.

⌒239(236) 1,87 **Frêne**	0,9	0,2	2
⌒240(237) 2,18 **Hêtre**	1	0,5	3
a - piquage à cheval		85	
⌒241(238) 4,66 **Noyer**	2,1	1	4
⌒242(239) 7,11 **Orme**	3	1,8	5
Série ⌒ **239 à 242 (4 timbres)**	7	3,5	
non dentelés	45		
blocs-feuillet gommés non dentelé	220		

1998 - *Fleurs sauvages. Offset (f 100).*
Dessin: Charles Bridoux. Septembre.

⌒243(240) 1,87 **Liseron**	0,9	0,2	1,5
a - piquage double	175		
b - coeur du liseron orange clair	30		
⌒244(241) 2,18 **Coquelicot**	1	0,5	2
⌒245(242) 4,66 **Violette**	2,1	1	2,5
⌒246(243) 7,11 **Bouton d'or**	3	1,8	4
Série ⌒ **243 à 246 (4 timbres)**	7	3,5	
blocs-feuillet gommés non dentelé	220		

2002 - *Orchidées.*
Offset (bande phosphorescente à gauche). Dessin et mise en page: Gilles Bosquet. 2 janvier (f 100)

⌒247(244) 0,29€ **Orchidée insulaire**	1	0,3	1,5
⌒248(245) 0,39€ **Orchidée bourdon**	1,5	0,4	2

2003 - *Orchidées.*
Offset (bande phosphorescente à gauche, f 100). Dessin et mise en page: Gilles Bosquet et Valérie Besser. 2 juin

⌒249(246) 0,30€ **Orchidée à fleurs vertes**	1	0,3	1,5
a - sans pho	30		
b - sans bande phosphorescente	40		
⌒250(247) 0,35€ **Orchidée de Savoie**	1,5	0,4	2

2004 - *Orchidées. Offset*
(bande phosph à gauche).
Dessin et mise en page:
Gilles Bosquet.1er septembre

2005 - *Orchidées. Offset*
(bande phosph à gauche).
Dessin et mise en page:
Gilles Bosquet.2 novembre

⌒251(248) 0,39€ **Orchidée insulaire**	1,5	0,7	2,5
⌒252(249) 0,42€ **Orchidée insulaire**	2,5	0,7	2,5

2007 - *Orchidées.*
Offset (bande phosphorescente à gauche, f 100). Dessin et mise en page: Gilles Bosquet et Valérie Besser. 2 juin

⌒253(250) 0,31€ **Orchidée à fleurs vertes**	1,5	0,5	2
⌒254(251) 0,36€ **Orchidée de Savoie**	1,5	0,6	2
⌒255(252) 0,43€ **Orchidée insulaire**	2,5	0,7	2,5

	Usg: destineo seuil 2 1ᵉʳ éch	Usg: destineo seuil 1 1ᵉʳ éch	Usg: destineo seuil 2 2ⁱᵐᵉ éch	Usg: destineo seuil 1 2ⁱᵐᵉ éch

⌒256 (253) 0,37€ **Ancolie**	1,3	0,6	2
a - gomme tropicale	6		
⌒257 (254) 0,38€ **Tulipe**	1,3	0,6	2
a - gomme tropicale	6		
⌒258 (255) 0,44€ **Paquerette**	1,7	0,7	2,5
⌒259 (256) 0,45€ **Primevère**	1,7	0,7	2,5

2008 - *Fleurs.*
Offset (bande phosphorescente à gauche).
Dessin et mise en page: Jean-Richard Lisiak. (f 100)

⌒260 (257) 0,31€ **Tournesol**	1,2	0,5	1,5
⌒261 (258) 0,33€ **Magnolia**	1,3	0,5	1,5

2011 - *Fleurs.*

Offset (bande phosphorescente à gauche, f 100). Dessin et mise en page: Jean-Richard Lisiak.

Usg: destineo seuil 2 1ᵉʳ éch	Usg: destineo seuil 1 1ᵉʳ éch	Usg: destineo seuil 2 2ᵉᵐᵉ éch	Usg: destineo seuil 1 2ᵉᵐᵉ éch
○262 **(259)** 35 g - S1 Tulipe	**1,3**	**0,6**	**2**
○263 **(260)** 35 g - S2 Ancolie	**1,3**	**0,6**	**2**
○264 **(261)** 50 g - S1 Pâquerette	**2**	**0,7**	**2,5**
○265 **(262)** 50 g - S2 Primevère	**2**	**0,7**	**2,5**

ROULETTES

Sauf précision, les cotes sont données pour des bandes verticales de 11 timbres ☆☆.

Blanc

〆1　**5c vert, type IIB**	**1 350**
a - bande horizontale de 6 timbres	690

Semeuse lignée

〆2　**15c vert, type IV, bande verticale de 6**	**1 750**
〆3　**15c vert, type VI, timbre à l'unité (neuf ☆)**	**7 000**
〆4　**50c bleu, bande verticale de 6**	**540**
〆5　**50c rouge, type III**	**440**

Semeuse camée

〆6　**5c vert, type I, bande verticale de 6**	**285**
〆7　**5c orange, type I, bande verticale de 6**	**315**
〆8　**5c orange, type IIB, bande verticale de 6**	**192**
〆9　**10c rouge, type IA, bande verticale de 6**	**140**
〆10　**10c vert, type IV**	**150**
a - bande horizontale de 6 timbres	325
〆11　**10c outremer, t. IV, bande horizontale de 6**	**140**
〆12　**15c brun-lilas, type I**	**800**
〆13　**20c brun-rouge, type IV**	**500**
a - bande horizontale de 6 timbres	285
〆14　**20c lilas-rose, type IV**	**380**
〆15　**25c bleu, t. I** (1 feuille de 150 connue au musée de la Poste) une bande de 11 avec mise en train découverte en déc 2006	**100 000**
〆16　**25c bleu, type IIIC**	**770**
〆17　**25c brun-jaune, type IIIC**	**990**
〆18　**30c bleu, type IIC**	**5 250**
a - bande horizontale de 6 timbres	2 850
〆19　**40c vermillon, type II**	**7 500**
〆20　**40c violet**	**550**
a - bande verticale de 11, 7 timbres non imprimés	1 500
〆21　**40c outremer**	**1 350**

Pasteur

〆22　**10c vert**	**480**
〆23　**15c vert**	**265**
〆24　**30c vert**	**525**
〆25　**50c bleu, type II, bande verticale de 6**	**3 400**
a - bande horizontale de 6 timbres	3 550
〆26　**75c bleu, bande verticale de 6**	**2 600**
a - bande horizontale de 6 timbres	2 600
〆27　**1f bleu**	**1 050**
a - bande horizontale de 6 timbres	700
〆28　**1f 50 bleu**	**900**

Paix

⌀ **29 30c vert** 550
⌀ **30 40c lilas, type II** 1 430
⌀ **31 50c rouge, type IIB, bande verticale de 3** 500
⌀ **32 65c outremer, type III** 700
⌀ **33 90c outremer, type II** 1 050

Mercure

⌀ **34 30c rouge, type II** 825
⌀ **35 70c lilas-rose, type II** 1 550

Marianne de Gandon

⌀ **36 15f bleu, type III** 550
  a - bande horizontale de 6 timbres 3 500

Marianne de Muller

⌀ **37 6f rouge-orange** 45
  non dentelé 4 000
  a - impression recto-verso 500
⌀ **38 15f rose** 45
  a - bande horizontale de 6 timbres 5 500
⌀ **39 20f bleu, type I** 260
⌀ **40 25f rouge** 260

Semeuse de Piel

⌀ **41 0,20 turquoise et rose, type II** 290

Marianne à la nef

⌀ **42 0,25 outremer et rouge, type I** 230

Marianne de Decaris

⌀ **43 0,25 gris et carmin** 80
  a - visage rose 400

Coq de Decaris

⌀ **44 0,25 Coq de Decaris (avec numéro rouge)** 87
  a - avec numéro vert 290
⌀ **45 0,30 Coq de Decaris** 23

Ronchamp

⌀ **46 0,40 Chapelle de Ronchamp (gomme jnâtre)** 9
  a - gomme tropicale mate blanche (2ème tirage) 12

Armoiries

⌀ **47 0,05 Armoirie d'Auch, type II** 4
⌀ **48 0,20 Armoirie de Saint-Lô** 22
  a - fleurs de lys noires et or 500
  b - fleurs de lys noires 3 000
⌀ **49 0,25 Armoirie de Mont-de-Marsan** 145

Retrouvez les timbres de roulette des Mariannes après 1970, dans la partie Spécialisée des timbres d'usage courant

Préoblitérés

⌀ ◯ **1 Blanc 4c brun-jaune, type II** 5 750
  a - bande horizontale de 6 timbres 3 500
  b - bande verticale de 6 timbres 3 650
⌀ ◯ **2 Blanc 5c vert, type IIB** 1 500
  a - bande horizontale de 6 timbres 825
⌀ ◯ **3 Blanc 10c violet** 2 100
⌀ ◯ **4 Semeuse 10c vert type IV** 650
⌀ ◯ **5 Semeuse 10c outremer type IV** 1 300
⌀ ◯ **6 Semeuse 15c brun-lilas type I** 5 500
⌀ ◯ **7 Semeuse 25c brun-jaune, type IIIC** 550
  bande horizontale de 6 timbres
⌀ ◯ **8 Mercure 20c lilas** 1 750

TIMBRES DE SERVICE

1ère colonne: neuf ** sans charnière
2ème colonne: neuf * avec charnière légère
3ème colonne: oblitéré (période d'afft)
4ème colonne: oblitéré sur ✉ (période d'afft)

1942 - *Série francisque.* **Très bon centrage: +70%.**

	Usage: complément	Usage: complément	Usage: complément

	☆☆	☆	◻	✉
⚒1(1) 10c orange	70	40		
⚒2(2) 30c outremer	70	40		
⚒3(3) 40c lilas	115	50		

Usage: complément   Usage: ◻❷   Usage: complément

⚒4(4) 50c bleu-vert	115	50
⚒5(5) 70c noir	980	425
⚒6(6) 1f rose	515	225

Usage: ✉, 🗎   Usage: ✉   Usage: ✉❷

⚒7(7) 1f 20 bleu	265	135
⚒8(8) 1f 50 brun-rouge	110	55
⚒9(9) 2f vert	50	25

Usage: ✉❸   Usage: ✉®   Usage: complément

⚒10(10) 3f orange	120	65

⚒11(11) 4f 50 olive	300	170
⚒12(12) 5f violet	20	10

Usage: complément   Usage: complément   Usage: complément

⚒13(13) 10f bleu	110	55
⚒14(14) 15f vert	40	30
⚒15(15) 20f lilas-rose	40	30
Série ⚒1 à 15 (15 timbres)	2 900	1 500

1946 - *Vignette du Ravitaillement Général, destinée à affranchir les cartes-questionnaire, normalement oblitérées par le bureau de poste de départ (f 100).*

⚒16(15A) Ravitaillement Général	10	6	2,5	7

1958 - *Conseil de l'Europe: cathédrale de Rouen surchargée. Taille-douce. 14 janvier (f 50)*

⚒17(16) 35f Cathédrale de Rouen	1	0,8	2,5	16
sur ✉ avec flamme du 14 janv 58				30
◻			500	
a - surcharge incomplète par pliage	1 350	900		

1958 - *Conseil de l'Europe: drapeau. (f 50)*
Taille-douce. Dessin & gravure: Albert Decaris. Emission: 11 oct

⚒18(17) 8f Drapeau	0,2	0,1	0,1	5
sur ✉ avec flamme du 11 oct 58				45
a - impression (très) défectueuse	25	17		

19(18) 20f Drapeau   0,3   0,1   0,1   **5**
sur ⊡ avec flamme du 12 oct 58   45

20(20) 35f Drapeau   0,5   0,2   0,2   **6**
sur ⊡ avec flamme du 13 oct 58   45
a - impression incomplète   235   160
série, non dentelé   275   185
série, ⊡ / ⊠   350   675

1959 - *Conseil de l'Europe: drapeau. (f 50)*
Taille-douce. Dessin & gravure: Albert Decaris. 29 mai

21(19) 25f Drapeau   0,8   0,4   0,4   **5**
sur ⊡ avec flamme du 29 mai 59   500

22(21) 50f Drapeau   1   0,7   1   **16**
sur ⊡ avec flamme du 29 mai 59   500
paire, non dentelé   175   125
paire, ⊡   250

1961 - *U.N.E.S.C.O.: Orient (tête de Bouddha), et Occident*
(Hermès de Praxitèle). Taille-douce. Dessin & gravure:
Claude Hertenberger. Emission: 21 janvier 1961. (f 50)

23(22) 0,20 Orient - Occident   0,4   0,2   **3**

24(23) 0,25 Orient - Occident   0,4   0,3   **3**

25(25) 0,50 Orient - Occident   1,2   1   **14**
série, non dentelé   190
série, ⊡ / ⊠   325   700

1963 - *Conseil de l'Europe: drapeau. Légende*
"République française" (soleil blanc). Taille-dce (f 50).
Dess & grav: Albert Decaris. Emission: 3 janvier

26(27) 0,20 Drapeau   1,2   0,9   **3**

27(28) 0,25 Drapeau   1,8   1,5   **3**

28(32) 0,50 Drapeau   2,5   2,1   **17**
série, non dentelé   165
série, ⊡ / ⊠   275   600

1965 - *Conseil de l'Europe: drapeau. Légende*
"République française" (soleil jaune). Taille-douce. Dess &
grav: Albert Decaris. Emission: 16 janvier. (f 50)

29(29) 0,25 Drapeau (soleil jaune)   1   0,7   **3,5**
a - couleur jne très décalée, piquage à cheval   210

30(30) 0,30 Drapeau   0,5   0,5   **3,5**
a - couleur jaune des étoiles absente   175
b - couleur jaune absente   550
c - couleur jaune très décalée   60

31(34) 0,60 Drapeau   1,5   1,3   **14**
a - couleur jaune très décalée   100
série, non dentelé   165
série, ⊡   275

1965 - *U.N.E.S.C.O.: Orient (tête de Bouddha), et Occident*
(Hermès de Praxitèle). Taille-douce. Dessin & gravure:
Claude Hertenberger. Emission: 23 janvier. (f 50)

Affranchissement mixte avec timbre français   **50**
Affranchissement avec moitié de 0,20   **1 000**

⚏32(24) 0,30 Orient - Occident   1,2   0,9   4,5

⚏33(26) 0,60 Orient - Occident   1,3   1,1   17
   paire, non dentelé   150
   paire, ▣   250

1966 - *U.N.E.S.C.O.: campagne d'alphabétisation. Taille-douce. Dessin & gravure: Jacques Combet. Emission: 19 déc . (f 50)*

⚏34(36) 0,25 Alphabétisation   0,4   0,3   3,5

⚏35(37) 0,30 Alphabétisation   0,6   0,5   3,5

⚏36(38) 0,60 Alphabétisation   1   0,9   11
   série, non dentelé   200
   série, ▣ / ▣   235   375

1969-71 - *Conseil de l'Europe: drapeau. Légende "République française" (soleil jaune). Taille-douce. Dessin & gravure: Albert Decaris. (f 50)*

22 mars   *20 février*

⚏37(31) 0,40 Drapeau   1   0,7   3,5
   a - couleur jaune très décalée   60

⚏38(33) 0,50 Drapeau   2   1,5   5

22 mars

⚏39(35) 0,70 Drapeau   3   2,8   17
   série, non dentelé   165
   série, ▣   275

1969-71 - *U.N.E.S.C.O.: Déclaration universelle des droits de l'Homme. Légende "République française". Taille-douce. Dessin & gravure: P. Béquet. 8 mars (f 50)*

⚏40(39) 0,30 Droits de l'Homme   0,4   0,3   3,5

⚏41(40) 0,40 Droits de l'Homme   0,6   0,5   3
   a - impression dépouillée   135

⚏42(41) 0,50 Droits de l'Homme   1   0,8   3

⚏43(42) 0,70 Droits de l'Homme   2   1,9   15

Série ⚏40 à 43 (4 timbres)   4   3,5
   non dentelé   215
   ▣ / ▣ 30c, 40c, 70c   235   325

1975 - *U.N.E.S.C.O.: Déclaration universelle des droits de l'Homme. Légende "France". Taille-douce. Dessin & gravure: Pierre Béquet. 15 novembre. (f 50)*

⚏44(43) 0,60 Droits de l'Homme   0,8   0,7   4,5

⚏45(44) 0,80 Droits de l'Homme   1,2   0,8   3,5

⚏46(45) 1,20 Droits de l'Homme   4   3   13
   série, non dentelé   150
   série, ▣ / ▣   175   250

1975-76 - Conseil de l'Europe: drapeau. Légende "France". Taille-douce. Dessin & gravure: Albert Decaris. Valeurs en nouveaux francs. 22 novembre (f 50)

⏚47(46) 0,60 Drapeau	0,8	0,7	4

⏚48(47) 0,80 Drapeau	1	0,8	3,5

⏚49(49) 1,00 Drapeau	2	1,7	9

⏚50(48) 1,20 Drapeau	4	3	18

Série ⏚47 à 50 (4 timbres)	7	7
non dentelé	200	
⊡		300

1976 - U.N.E.S.C.O.: Symbole. Taille-douce. Dessin: Rolf Ibach. Gravure: Claude Durrens. 23 octobre (f 50)

⏚51(50) 0,80 Symbole	0,8	0,7	3,5

⏚52(51) 1,00 Symbole	0,4	0,3	2

⏚53(52) 1,40 Symbole	1,5	1,2	10
série, non dentelé	115		
série, ⊡ / ⊞		165	215

1977 - Conseil de l'Europe: bâtiment du conseil (Strasbourg). Taille-douce. Dess: Arcnit - H. Bernard. Grav: Eugène Lacaque. 24 janvier. (f 50)

⏚54(53) 0,80 Bâtiment du conseil	0,8	0,7	3

⏚55(54) 1,00 Bâtiment du conseil	0,4	0,3	2

⏚56(55) 1,40 Bât. du conseil (gris)	1,5	1,2	11
série, non dentelé	115		
série, ⊡ / ⊞		165	215

1978 - U.N.E.S.C.O.: Symbole. Taille-douce. Dessin: Rolf Ibach. Gravure: Claude Durrens. 14 octobre. (f 50)

⏚57(56) 1,20 Symbole	0,6	0,5	2

⏚58(57) 1,70 Symbole	0,8	0,7	9
paire, non dentelé	85		
paire, ⊡ / ⊞		100	200

1978 - Conseil de l'Europe: bâtiment du conseil (Strasbourg). Taille-douce. Dess: Arcnit - H. Bernard. Grav: Eugène Lacaque. 16 octobre

⏚59(58) 1,20 Bâtiment du conseil	0,6	0,5	2

⏚60(59) 1,70 Bâtiment du conseil	0,8	0,7	9
paire, non dentelé	80		
paire, ⊡ / ⊞		100	275

1980 - U.N.E.S.C.O.: Patrimoine universel, sites classés. Taille-douce. Dessin: Le Noir. Gravure: Jean Pheulpin. 17 novembre.

⏚61(60) 1,20 Maison des esclaves (Sénégal)	0,6	0,5	2,5

⏚62(61) 1,40 Moenjodaro (Pakistan)	0,7	0,6	2

🏛**63**(62) **2,00** Palais de Sans-Souci (Haïti)   **1**   **0,8**   **9**
série, non dentelé   75
série, ▣ / ▨   150   215

1980 - *Conseil de l'Europe: bâtiment du conseil (Strasbourg).*
Taille-douce. Dess: Arcnit - H. Bernard. Grav: Eugène Lacaque.
Emission: 24 novembre. (f 50)

🏛**64**(63) **1,40** Bât. du conseil (olive)   **0,7**   **0,8**   **2**

🏛**65**(64) **2,00** Bâtiment du conseil   **1**   **1**   **9**
paire, non dentelé   75
paire, ▣   90

1981 - *Conseil de l'Europe: bâtiment du conseil (Strasbourg).*
Taille-douce. Dessin & gravure: Eugène Lacaque:
23 novembre. (f 50)

🏛**66**(65) **1,40** Bâtiment du conseil   **0,7**   **0,5**   **3**

🏛**67**(66) **1,60** Bâtiment du conseil   **0,7**   **0,5**   **2**

🏛**68**(67) **2,30** Bâtiment du conseil   **1,1**   **0,8**   **9**
série, non dentelé   100
série, ▣ / ▨   135   285

1981 - *U.N.E.S.C.O.: Patrimoine universel, sites classés.*
Taille-douce. Dessin: Le Noir. Gravure: Jean Pheulpin.
14 décembre. (f 50)

🏛**69**(68) **1,40** Fès (Maroc)   **0,7**   **0,5**   **3**

🏛**70**(69) **1,60** Sukhotaï (Thaïlande)   **0,7**   **0,5**   **2**

🏛**71**(70) **2,30** Fort Saint-Elme (Malte)   **1?&**   **0,8**   **9**
série, non dentelé   100
série, ▣ / ▨   135   225

1982 - *U.N.E.S.C.O.: Patrimoine universel, sites classés.*
Taille-douce. Dessin: Le Noir. Gravure: Jean Pheulpin.
25 octobre (f 50)

🏛**72**(71) **1,80** Hué (Viet Nam)   **0,9**   **0,7**   **2**

🏛**73**(72) **2,60** São Miguel (Brésil)   **1,2**   **0,9**   **9**
paire, non dentelé   65
paire, ▣ / ▨   90   200

1982 - *Conseil de l'Europe: bâtiment du conseil (Strasbourg).*
Taille-douce. D&G: Eugène Lacaque. 15 nov (f 50)

🏛**74**(73) **1,80** Bâtiment du conseil   **0,9**   **0,8**   **2**

🏛**75**(74) **2,60** Bâtiment du conseil   **1,2**   **1**   **9**
paire, non dentelé   65
paire, ▣   90

1983 - *U.N.E.S.C.O.: Patrimoine universel, sites classés.*
Taille-douce. D&G: René Quillivic. 10 octobre. (f 50)

▥ 76(75) 2,00 **Chinguetti (Mauritanie)**	1	0,5	2
▥ 77(76) 2,80 **Istambul (Turquie)**	**1,3**	**0,8**	**9**
paire, non dentelé	65		
paire, ▥ / ▥		90	200

1983 - *Conseil de l'Europe: bâtiment du conseil (Strasbourg).*
Taille-douce. D&G: Eugène Lacaque. 21 novembre (f 50)

▥ 78(77) 2,00 **Bâtiment du conseil**	1	0,8	2
▥ 79(78) 2,80 **Bâtiment du conseil**	**1,3**	**1**	**9**
paire, non dentelé	65		
paire, ▥		90	

1984 - *U.N.E.S.C.O.: Patrimoine universel, sites classés.*
Taille-douce. D & g: R. Quillivic. 22 octobre. (f 50)

▥ 80(79) 1,70 **Eglise de Lalibela (Ethiopie)**	0,8	0,5	3
▥ 81(80) 2,10 **Sanaa (Yemen)**	1	0,8	2

▥ 82(81) 3,00 **Sᵗᵉ-Marie-Kotor (Yougoslavie)**	**1,4**	**1,2**	**9**
série, non dentelé	100		
série, ▥ / ▥		135	225

1984 - *Conseil de l'Europe: bâtiment du conseil (Strasbourg).*
Taille-douce. Dessin & gravure: Eugène Lacaque.
12 novembre. (f 50)

▥ 83(82) 1,70 **Bâtiment du conseil**	0,8	0,7	3
▥ 84(83) 2,10 **Bâtiment du conseil**	1	0,8	2

▥ 85(84) 3,00 **Bâtiment du conseil**	**1,4**	**1,1**	**9**
série, non dentelé	90		
série, ▥		125	

1985 - *Conseil de l'Europe: "une jeunesse, un avenir".*
Tailledouce. Dessin: François Thouvenin. Gravure: Pierre Forget.
2 septembre . (f 50)

▥ 86(85) 1,80 **Une jeunesse, un avenir**	0,9	0,8	3
▥ 87(86) 2,20 **Une jeunesse, un avenir**	1	0,8	2

▥ 88(87) 3,20 **Une jeunesse, un avenir**	**1,5**	**1,3**	**9**
série, non dentelé	80		
série, ▥ / ▥		125	200

1985 - *U.N.E.S.C.O.: Patrimoine universel, sites classés.*
Taille-douce. Dessin & gravure: Raymond Coatantiec.
28 octobre. (f 50)

▥ 89(88) 1,80 **Théâtre de Carthage (Tunisie)**	0,9	0,8	3
▥ 90(89) 2,20 **Place de la Havane (Cuba)**	1	0,8	3

91(90) 3,20 **Anuradhapura (Sri-Lanka)**   **1,5**   **1,3**   **9**
série, non dentelé   100
série, ▣ / ▣   135   200

1986 - *U.N.E.S.C.O.: Patrimoine universel, sites classés.*
Taille-douce. Dessin & gravure: Raymond Coatantiec.
8 décembre. (f 50)

92(91) 1,90 **Temple de Tikal (Guatemala)**   **0,9**   **0,8**   **3**

93(92) 3,40 **Bagerhat (Bangladesh)**   **1,6**   **1,5**   **10**
paire, non dentelé   65
paire, ▣ / ▣   90   200

1986 - *Conseil de l'Europe: bâtiment du conseil (Strasbourg).*
Offset. Dessin: Charles Bridoux. 15 décembre. (f 50)

94(93) 1,90 **Bâtiment du conseil**   **0,9**   **0,8**   **3**

95(94) 2,20 **Bâtiment du conseil**   **1**   **0,8**   **2,5**
a - dentelé 1 ou 3 côtés   650

96(95) 3,40 **Bâtiment du conseil**   **1,6**   **1,3**   **9**
série, non dentelé   85
série, ▣ / ▣   110   215

1987 - *Conseil de l'Europe: bâtiment du conseil (Strasbourg).*
Offset. Dessin: Charles Bridoux. 10 octobre. (f 50)

97(96) 2,00 **Bâtiment du conseil**   **1,2**   **0,8**   **3**

98(97) 3,60 **Bâtiment du conseil**   **1,8**   **1,4**   **9**
paire, non dentelé   65
paire, ▣ / ▣   90   200

1987 - *U.N.E.S.C.O.: Patrimoine universel, sites classés.*
Taille-douce. Dessin & gravure: Raymond Coatantiec.
7 décembre. (f 50)

99(98) 2,00 **Acropole d'Athène (Grèce)**   **1,2**   **0,8**   **3**

100(99) 3,60 **Temple de Philae (Egypte)**   **1,8**   **1,5**   **10**
paire, non dentelé   65
paire, ▣ / ▣   90   200

1989 - *Conseil de l'Europe (40ème anniversaire): allégorie.*
Taille-douce et offset. Dessin & gravure: Eve Luquet.
6 février. (f 50)

101(100) 2,20 **Conseil de l'Europe**   **1,2**   **0,9**   **3**

102(101) 3,60 **Conseil de l'Europe**   **1,8**   **1,5**   **11**
a - chiffres blancs   60
paire, non dentelé   85
paire, ▣ / ▣   100   200

1990 - *U.N.E.S.C.O.: patrimoine universel, sites classés.*
Taille-douce. Dessin & gravure: Cécile Guillame. 9 avril (f 50)

103(102) 2,30 **San Fransisco de Lima (Pérou)**   **1,2**   **1**   **3**

104(103) 3,20 **Shibâm (Yemen)**   **1,5**   **1,3**   **9**
paire, non dentelé   65
paire, ▣ / ▣   90   225

1990 - *Conseil de l'Europe: carte de l'Europe. Offset.*
Dessin: Claude Andréotto. 28 mai (f 50)

105(104) 2,30 **Conseil de l'Europe**   **1,2**   **1**   **3**

106(105) 3,20 **Conseil de l'Europe**   **1,5**   **1,3**   **9**
a - pli accordéon   385
paire, non dentelé   65
paire, ▣ / ▣   90

1991 - *Conseil de l'Europe: carte de l'Europe. Offset.*
Dessin: Claude Andréotto. 25 novembre. (f 50)

107(106) 2,50 **Conseil de l'Europe** — 1,2 — 1 — 3

108(107) 3,40 **Conseil de l'Europe** — 1,5 — 1,3 — 9
☞ a - surchargé "ANNULÉ" (en paire) — 60
paire, non dentelé — 65
paire, ⊡ — 90

1991 - U.N.E.S.C.O.: Patrimoine universel, sites classés. Taille-douce. Dessin & gravure: Cécile Guillame. 25 novembre. (f 50)

109(108) 2,50 **Temple de Bagdaon (Népal)** — 1,2 — 1 — 3

110(109) 3,40 **Citadelle d'Hérat (Afghanistan)** — 1,5 — 1,3 — 9
paire, non dentelé — 65
paire, ⊡ / ⬛ — 90 — 300

1993 - U.N.E.S.C.O.: Patrimoine universel, sites classés. Offset. Mise en page: Jean-Paul Véret-Lemarinier. 25 octobre. (f 50)

111(110) 2,80 **Angkor (Cambodge)** — 1,5 — 1 — 3
a - dentelé 1 ou 3 côtés — 800
b - dentelé tenant à non dentelé — 1 750
c - piquage à cheval — 250

112(111) 3,70 **Tassili n' Ajjer (Algérie)** — 2 — 1,3 — 9
paire, non dentelé — 65
paire, blocs-feuillet gommés nd — 250
bloc-feuillet colectif gommés nd — 450

1994 - Conseil de l'Europe: oeuvre de Friedensreich Hundertwasser (36 têtes). Offset. 17 janvier. (f 50)

113(112) 2,80 **F. Hundertwasser** — 2 — 1 — 3

114(113) 3,70 **F. Hundertwasser** — 3 — 1,3 — 9
paire, non dentelé — 65
paire, blocs-feuillet gommés nd — 250
bloc-feuillet collectif gommés nd — 400

1996 - U.N.E.S.C.O.: Patrimoine universel, sites classés. Offset. Dessin: Odette Baillais. 3 juin. (f 50)

115(114) 3,00 **Parc nat^al Uluru (Australie)** — 2 — 1 — 3

116(115) 3,80 **Los Glaciares (Argentine)** — 3 — 1,3 — 9
paire, non dentelé — 65
paire, blocs-feuillet gommés nd — 250
bloc-feuillet colectif gommés nd — 400

1996 - Conseil de l'Europe: palais des Droits de l'Homme (Strasbourg). Offset. Dessin & mise en page: Alain Rouhier 3 juin. (f 50)

117(116) 3,00 **Palais des Droits de l'Homme** — 2 — 1 — 3

118(117) 3,80 **Palais des Droits de l'Homme** — 3 — 1,3 — 9
paire, non dentelé — 65
paire, blocs-feuillet gommés nd — 250
bloc-feuillet collectif gommés nd — 400

1998 - U.N.E.S.C.O.: Patrimoine universel, sites classés. Offset. Dessin & gravure: Odette Baillais. 26 octobre. (f 50)

119(118) 3,00 **Peinture murale de Pompéi** — 2 — 1 — 3

120(119) 3,80 **Statues de l'Ile de Pâques** — 3 — 1,3 — 9
paire, blocs-feuillet gommés nd — 250
bloc-feuillet collectif gommés nd — 400

1999 - Conseil de l'Europe: statues. Héliogravure. Dessin: Aurélie Barras. 20 septembre. *(f 50)*

🏛121(120) 3,00 **Aurige de Delphes**	2	1	3
🏛122(121) 3,80 **Niké (d'ap. Pétras Mazuras)**	3	1,3	9

A partir de 2001, les timbres sont imprimés avec deux bandes phosphorescentes.

2001 - U.N.E.S.C.O.: Patrimoine universel, sites classés. Offset. Dessin: Odette Baillais (Guizèh), Christophe Crochon (Komodo). 3 décembre. *(f 50)*

🏛123(124) 3,00 **Pyramides de Guizèh**	3	0,9	2,5
🏛124(125) 3,80 **Parc nat^{al} de Komodo**	3,5	1,3	6

2001 - Conseil de l'Europe: oeuvre de Tomi Ungerer: "I am black, I am white, I am black and white". Offset.: 3 décembre. *(f 50)*

🏛125(122) 3,00 **Tomi Ungerer**	3	0,9	2,5
🏛126(123) 3,80 **Tomi Ungerer**	3,5	1,3	6

2003 - Conseil de l'Europe: oeuvre de Tomi Ungerer: "Le marcheur sur les étoiles". Offset. 20 octobre. *(f 50)*

🏛127(126) 0,50€ **Tomi Ungerer**	3	0,9	2,5
🏛128(127) 0,75€ **Tomi Ungerer**	3,5	1,5	5,5

2003 - U.N.E.S.C.O.: Patrimoine universel, sites classés. Offset. 8 décembre. *(f 50)*

🏛129(128) 0,50€ **Laponie**	3	0,9	2,5
🏛130(129) 0,75€ **Eglise de la Résurrection**	3,5	1,5	5,5

2005 - Conseil de l'Europe. Offset. Dessin: Tomi Ungerer (0,55€), Rafal Olbinski (0,75€). 19 septembre. *(f 50)*

🏛131(130) 0,55€ **Conseil de l'Europe**	3	0,9	2,5
🏛132(131) 0,75€ **Conseil de l'Europe**	3,5	1,5	5,5

2005 - U.N.E.S.C.O.: Patrimoine universel, sites classés. Offset. 28 novembre. *(f 50)*

🏛133(132) 0,55€ **Pologne - Forêt de Bialowieza**	3	0,9	2,5
🏛134(133) 0,90€ **Jordanie - Pétra**	3,5	1,7	7

2006 - U.N.E.S.C.O.: Patrimoine universel, espèces protégées et sites classés. Offset. *(f 50)*

🏛135(134) 0,60€ **Tigre de Sibérie**	3	0,9	2,5
☞ a - sans bande phosphorescente	100		
🏛136(135) 0,85€ **Laos - Luang Prabang**	3,5	1,7	7

2007 - *Conseil de l'Europe.*
Offset. Dessin: Mariano Gonzalez Bertrand (0,60€),
Agence Novembre (0,85€). 25 juin (f 50)

🏛137(136)	0,60€	Conseil de l'Europe	3	1	2,5
🏛138(137)	0,85€	Conseil de l'Europe	3,5	1,7	5,5

2007 - *U.N.E.S.C.O.: Patrimoine universel, sites classés.*
Offset. 14 décembre. (f 50)

🏛139(138)	0,60€	Ksar D'Aït-Ben-Haddou	3	1	2,5
🏛140(139)	0,85€	Koala - Australie	3,5	1,7	5,5

2008 - *U.N.E.S.C.O.: Patrimoine universel, espèces*
protégées et sites classés. Offset. Mise en page: Jean-paul
Véret-Lemarinier, d'ap. photo Horizon Vison / Sunset
(gorille d'Afrique); Japack / Sunset (Machu Picchu).
4 décembre. (f50)

🏛141(140)	0,65€	Gorille d'Afrique	3	1	5
🏛142(141)	0,85€	Machu Picchu - Pérou	3,5	1,7	8

2009 - *Conseil de l'Europe. 60 ans. 50 ans de la cour*
européenne des droits de l'homme. Héliogravure. (f 50)

🏛143(142)	0,56€	Logo	3	1	5
🏛144(143)	0,70€	Batiment stylisé	3,5	1,7	8

2009 - *U.N.E.S.C.O.: Patrimoine universel,*
espèces protégées et sites classés. Offset. (f 50)

🏛145(144)	0,70€	Ours polaire	3	1	5
🏛146(145)	0,85€	Suzhou - Chine	3,5	1,7	8

2010 - *Conseil de l'Europe. Offset. (f 50)*

🏛147(146)	0,75€	Arbre	3	1	5
🏛148(147)	0,87€	Déclaration	3,5	1,7	8

Européenne des droits de l'homme

2010 - *U.N.E.S.C.O.: Patrimoine universel,*
espèces protégées et sites classés. Offset. (f 50)

🏛149(148)	0,75€	L'Alhambra Espagne	3	1	5
🏛150(149)	0,87€	L'Alpaga	3,5	1,7	8

2011 - *Conseil de l'Europe.. Offset.*

🏛 **151**(150) 0,89€ **Charte sociale**   3,5   1   5

2011 - *U.N.E.S.C.O. : Patrimoine universel, espèces protégées et sites classés. Offset. (f 50)*

🏛 **152**(151) 0,77€ Chameau de Bactriane   3   1   5

🏛 **153**(152) 0,89€ La Nouvelle Zélande   3,5   1,7   8

2012 - *Conseil de l'Europe.. Offset.. (f 50)*

🏛 **154**(153) 0,89€ **40ème anniversaire**   3,5   1,7   8
du Centre Européen de la Jeunesse

2012 - *U.N.E.S.C.O.: Patrimoine universel, espèces protégées et sites classés. Offset. (f 50)*

🏛 **155**(154) 0,77€ Stonehenge   3   1   5

🏛 **156**(155) 0,89€ Eléphants africains   3,5   1,7   8

2013 - *Conseil de l'Europe Education de la citoyenneté européenne. Offset. (f 50)*

🏛 **157**(156) 0,95€ Education de la   3,8   1,7   8
citoyenneté européenne

2013 - *U.N.E.S.C.O.: Patrimoine universel, espèces protégées et sites classés. Offset. (f 50)*

🏛 **158**(157) 0,58€ Grue du Japon   2,8   1   5

🏛 **159**(158) 0,95€ Sigiriya (Sri Lanka)   3,2   1,7   8

2014 - *Conseil de l'Europe*

🏛 **160** (159) 0,83€ 50 ans de'E.D.Q.M. Helio 3,5   1,7   8
🏛 **161** (160) 0,98€ Batiment l'Agora. Offset 3,8   1,7   8

2014 - *UNESCO Patrimoine universsel especes protégés et sites classes*

🏛 **162** (161) 0,83€ 50 Trulli d'Alberobello
(Italie)   5   1,7   8
🏛 **163** (162) 0,98€ Ara Hyacinthe   3,8   1,7   8

TIMBRES SPECIMEN

> 1ᵉʳᵉ colonne: neuf * avec charnière légère

Empire dentelé

			☆
1	1c vert-olive		425
	a - surcharge doublée		550
2	5c vert		350
3	10c bistre		300
4	20c bleu		300
	tête-bêche (case 90, 3ex connus)		11 500
	a - surcharge doublée dont une renversée		650
5	40c orange		350
6	80c rouge		350
	tête-bêche (case 150, 6ex connus)		16 000
	a - surcharge doublée		1 100

Empire lauré

7	1c vert-olive	850
8	2c rouge-brun	275
9	4c gris	275
10	10c bistre	1 600
11	20c bleu	2 000
12	30c brun	2 000
13	40c orange	2 000
14	80c rose	2 000
15	5f violet-gris	3 500
	a - surcharge bleue en petits caractères	3 750

Siège de Paris

16	10c bistre	2 750
17	20c bleu	4 500
18	40c orange	3 750

Emission de Bordeaux

19	4c gris	1 750
20	5c vert	1 850
21	10c bistre	2 000
22	20c bleu, type II	2 500
23	20c bleu, type III	2 500
24	30c brun	1 850
25	40c orange	1 850
26	80c rose	1 900

Cérès IIIᵉᵐᵉ République

27	1c vert-olive	525
28	2c rouge-brun	750
29	4c gris	650
30	5c vert	650
31	10c brun s rose (gros chiffres)	800
32	15c bistre (gros chiffres)	800
33	30c brun (gros chiffres)	800
34	80c rose (gros chiffres)	950
35	10c brun s rose (petits chiffres)	650
36	15c bistre (petits chiffres)	650
37 I	25c bleu, type I	750
37 III	25c bleu, type III	900

Sage

type I

38	1c vert	1 100
39	4c vert	850
40	10c vert	1 750
41	20c brun-lilas	1 250
42	30c brun	1 100
43	40c rouge-orange	900
44	75c carmin	1 250
45	1f bronze	1 100

type II

46	2c vert	900
47	5c vert	1 250
48	15c gris	900
49	25c outremer	1 350
50	25c bleu	1 350
51	30c brun-jaune	750
52	75c rose	900
53	1f olive clair	900

type II		
54	1c noir sur azuré	525
55	2c brun-rouge sur jaune	525
56	3c bistre-brun sur jaune	950
57	3c gris	650
58	4c brun-lilas	650
59	10c noir sur lilas	650
60	15c bleu	600
61	25c noir sur rouge	1 600
62	25c bistre sur jaune	425
63	35c violet-noir sur jaune	750
64	40c rouge-orange	525
65	5f violet sur lilas	1 600

type III		
66	20c brique sur vert	700
67	25c noir sur rose	700
68	50c rose	700

TIMBRES-TAXE

*Les timbres-taxe furent créés suite à un rapport de 1858.
Cependant, il a été découvert des vignettes, dont l'origine
remonte à l'ordonnance du 14 décembre 1825, qui étaient
destinées à frapper d'une double taxe les lettres des
administrations d'État qui contenaient (frauduleusement) une
correspondance privée.*

*Elles se présentent en trois parties: la partie haute porte la
mention "Paquet frappé de la double taxe", au milieu se trouve
la mention "Taxe à percevoir" avec un espace pour inscrire
le montant, et dans la partie basse se trouvent des indications
administratives.*

*Il est connu une vignette entière sur lettre du 1er octobre
1844, au départ de Paris, une vignette dont les deux parties du
haut ont été collées sur la lettre taxée, et une vignette dont seule
la partie du milieu a été collée sur lettre.*

Cote min (sur ⊡) d'un précurseur de 1844	11 500

*Une deuxième série, qui trouve son origine dans l'ordonnance
royale du 17 novembre 1844, fut émise le 12 février 1845. La
présentation en trois parties est calquée sur le même principe
que pour la série précédente, mais les mentions -modifiées-
sont disposées différemment. En haut: n° 163, 164 ou 164bis,
"Administration des postes", "Dépêche frappée de la double-
taxe...", au milieu: "Taxe à percevoir" à gauche et espace à
droite, et en bas: indications administratives. Plusieurs couleurs
existent en fonction des numéros de la partie du haut.*

*Cette seconde série servait aux lettres et paquets frappés de
la double-taxe, puis remis en circulation.*

Cote min (sur ⊡) d'un précurseur de 1845	10 500

1859-78 - *Timbres-taxe carrés, dessinés et gravés par
une personne dont le nom n'est pas parvenu jusqu'à nous.*

▽ **1**(1 I) *T. I (lithographié)*
(inscriptions fines)   ▽ **2**(1 II) *T. II (typographié)*
(inscriptions épaisses)

Dates d'émission: *28 février 1859 (type IIA)*
1er janvier 1859 (type I)   *février 1861 (type IIB)*

Type I   *Type IIA (extrémités
du"1" droite)*   *Type IIB (extrémités
du"1" arrondie)*

*Le type IIA provient de planches en métal typographique,
le type IIB provient de planches galvanoplastiques.*

		◎	⊡
10c noir lithographié type I			
◈petits chiffres des gros chiffres (**L6a-10**)		725	3 000
◎ de province (**D7P**)		320	900
◎ de province du 1er janvier 1859 (**D7ᵖ**)		800	3 500
◎ à cercle perlé (**D11**)		600	3 000
❶ dans un cercle (**Bp1**)		650	3 750
10c noir typographié type IIA			
◈ petits chiffres des gros chiffres (**L6a-10**)		115	800
◈ gros chiffres (**L7-11**)		450	3 000
◎ de province (**D7ᵖ**)		50	100
◎ à cercle perlé (**D11**)		90	450
❶ dans un cercle (**Bp1**)		110	600

10c noir typographié type IIB

❖ petits chiffres des gros chiffres (L6a-10)	50	575
❖ gros chiffres (L7-11)	300	2 850
◎ de province (D7ʳ)	20	40
◎ à cercle perlé (D11)	60	375
⑩ dans un cercle (Bp1)	60	500

▽ **3** *Type I (typographié)*
(accent sur le "à" presque
vertical, "p" de "percevoir" net)

1ᵉʳ janvier 1863 (type IA)

▽ **4** *T. II (lithographié)*
(accent sur le "à" presque
horizontal, "p" fin)

avril 1864 (type IB)
2 nov. 1870 à Bordeaux (II)

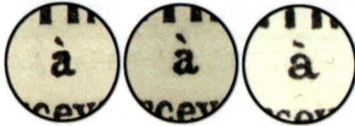

Type IA ("à" avec　*Type IB ("à" net et*　*Type II ("à" modifié)*
défaut en haut)　　*sans défaut)*

15c noir typographié type IA

❖ petits chiffres des gros chiffres (L6a-10)	190	1 250
❖ gros chiffres (L7-11)	80	625
◎ de province (D7ʳ)	25	55
◎ à cercle perlé (D13)	65	450
⑩ dans un cercle (Bp1)	65	450

15c noir typographié type IB

❖ petits chiffres des gros chiffres (L6a-10)	125	1 100
❖ gros chiffres (L7-11)	55	575
◎ de province (D7ʳ)	17	32
◎ à cercle perlé (D13)	45	450
⑩ dans un cercle (Bp1)	45	450

15c noir lithographié type II

petits chiffres des gros chiffres (L6a-10)	700	
gros chiffres (L7-11)	425	2 150
◎ de province (D7ʳ)	300	1 500
◎ à cercle perlé (D13)	450	2 850
⑩ dans un cercle (Bp1)	450	

Suite à l'augmentation de tarifs du 1ᵉʳ septembre 1871, des timbres à
15c ont été surchargés -sur initiative privée de receveurs- à la main.

Ils ont eu cours en majorité à Lyon. De même, un 15c a été
surchargé au tampon (une seule lettre connue, illustrée ci-dessus).

Ces timbres ainsi surchargés ne se collectionnent que sur
lettres avec oblitération de septembre 1871.

Type I
(volute
intact)

Type II
(volute
brisé)

▽ **5**

1ᵉʳ septembre 1871 (type I) mai 1873 (type II)

25c noir type I

❖ petits chiffres des gros chiffres (L6a-10)	235	2 000
❖ gros chiffres (L7-11)	200	2 500
◎ de province (D7ʳ)	85	180
◎ à cercle perlé (D11)	215	1 600
⑩ dans un cercle (Bp1)	235	2 250

25c noir type II

❖ petits chiffres des gros chiffres (L6a-10)	185	1 900
❖ gros chiffres (L7-11)	140	1 100
◎ de province (D7ʳ)	70	130
◎ à cercle perlé (D13)	140	1 350
⑩ dans un cercle (Bp1)	185	2 000

▽ **6**

1ᵉʳ juin 1878

30c noir

◎ de province (D7ʳ)	150	320
◎ à cercle perlé (D13)	600	4 250
⑩ dans un cercle (Bp1)	500	4 750

▽ **7**

30 septembre 1871

40c bleu

❖ gros chiffres (L7-11)	850	5 000
◎ de province (D7ʳ)	550	2 750
⑩ dans un cercle (Bp1)		9 000

▽ 8

1er septembre 1871

60c bistre

◈ petits chiffres des gros chiffres (**L6a-10**)	1 850	28 500
◈ gros chiffres (**L7-11**)	2 350	25 000
◎ de province (**D7ʳ**)	1 500	15 500

▽ 9

30 septembre 1871

60c bleu

◎ de province (**D7ʳ**)	165	1 700
ⓡ dans un cercle (**Bp1**)		37 500

1881-92 - *Duval: timbres-taxe. Typographie.*

▽ **10 1c noir**	**5**	**2**	**2**	**25**
centrage **parfait**	7,5	3	3	
▽ **11 2c noir**	**60**	**35**	**30**	**550**
centrage **parfait**	90	53	45	
▽ **12 3c noir**	**100**	**60**	**32**	**700**
centrage **parfait**	150	90	50	

▽ **13 4c noir**	**130**	**65**	**50**	**650**
centrage **parfait**	195	98	75	
▽ **14 5c noir**	**250**	**135**	**35**	**75**
centrage **parfait**	375	203	50	
▽ **15 10c noir**	**225**	**120**	**2**	**25**
centrage **parfait**	338	180	3	

▽ **16 15c noir**	**175**	**90**	**14**	**30**
centrage **parfait**	263	135	22	
▽ **17 20c noir**	**750**	**400**	**165**	**500**
centrage **parfait**	1125	600	275	
▽ **18 30c noir**	**450**	**225**	**2**	**30**
centrage **parfait**	675	338	3	

▽ **19 40c noir**	**275**	**150**	**75**	**180**
centrage **parfait**	413	2,25	110	
▽ **20 50c noir**	**1250**	**700**	**215**	**475**
centrage **parfait**	1875	1050	335	
▽ **21 60c noir**	**1250**	**700**	**65**	**325**
centrage **parfait**	1875	1050	100	

▽ **22 1f noir**	**1400**	**850**	**450**	**3500**
centrage **parfait**	2100	1275	700	
▽ **23 2f noir**	**2350**	**1500**	**1000**	**8500**
centrage **parfait**	3525	2250	1400	
▽ **24 5f noir**	**4750**	**3250**	**2000**	
centrage **parfait**	7125	4875	3000	

▽ **25 1f marron**	**800**	**500**	**110**	**1800**
centrage **parfait**	1200	750	165	
▽ **26 2f marron**	**350**	**200**	**165**	**8000**
centrage **parfait**	525	300	225	
▽ **27 5f marron**	**850**	**525**	**425**	
centrage **parfait**	1275	788	650	

1893-1935 - *Duval: timbres-taxe. Typographie*
(f 150 e de 100). **Très bon centrage: +30%.**

22 janvier 1894

24 décembre 1893

Type I (feuilles avec millésimes) hauteur de filet à filet: 21,5mm (hauteur des 15c, 20c, 25c, 40c, 45c, 1f rose et lilas-brun sur paille et 2f orange, toujours au type I

Type II (feuilles avec coins datés) hauteur de filet à filet: 22mm (hauteur du 1f lilas-brun sur blanc et du 3f lilas-rose, toujours au type II)

(taille réelle)

	☆☆	☆	◉	⊡
▽ **28 I 5c bleu, type I**	**0,6**	**0,2**	**0,4**	**1**
non dentelé (sans gomme)			80	
a - couleur bleu foncé	5	2	0,7	2
b - impression recto-verso	150	100		
c - papier GC	2,5	1	1,5	3
d - piquage à cheval	75	50	35	
sur bristol, dentelure figurée		350		
▽ **28 II 5c bleu, type II**	**0,6**	**0,2**	**0,2**	**1**
▽ **29 I 10c brun, type I**	**0,6**	**0,2**	**0,2**	**1**
a - dentelé 1 ou 3 côtés	165	100		
b - dentelé tenant à non dentelé	285	190		
c - impression recto-verso	150	100		
d - papier GC	2,5	1	1	2
e - piquage à cheval	80	50		
sur bristol, dentelure figurée		350		
f - impression sur raccord	900			
(avec sonnette)				
▽ **29 II 10c brun, type II**	**0,6**	**0,2**	**0,2**	**1**

février 1894   *juin 1906*   *30 sept. 1923*

▽ **30 15c vert-jaune (I)**	**80**	**40**	**1,5**	**4,5**
a - impression recto-verso	235	160		
b - papier GC	45	25	2	5
sur bristol, dentelure figurée	85	350		
▽ **31 20c vert-olive (I)**	**16,5**	**8**	**0,8**	**2,5**
non dentelé	135	85		
a - dentelé 1 ou 3 côtés	165	110		
b - papier GC	12	6	1	3
c - piquage à cheval	16,5	100	60	
▽ **32 25c rose (I)**	**14**	**8**	**4**	**9**
a - couleur rose foncé	16	9	6	10

février 1894   *juillet 1894*   *31 déc. 1925*

▽ **33 I 30c rouge, type I**	**0,5**	**0,2**	**0,2**	**1**
non dentelé (sans gomme)			125	
a - dentelé 1 ou 3 côtés	225	150	125	400
b - dentelé tenant à non dentelé	575	385		
c - impression recto-verso	150	100		
d - papier GC	3	1,5	1	3
e - piquage à cheval			100	
f - pli accordéon	265	175		
sur bristol, dentelure figurée		350		
▽ **33 II 30c rouge, type II**	**1**	**0,5**	**0,5**	**1**
▽ **34 30c orange (I) (erreur)**	**1 350**	**700**	**100**	
▽ **35 40c rose (I)**	**30**	**14**	**5**	**10**

15 juil. 1924   *mai 1895*   *31 déc. 1925*

▽ **36 45c vert (I)**	**26**	**11**	**5,5**	**11**
▽ **37 I 50c lilas-brun, t. I**	**1**	**0,5**	**0,5**	**2**
a - papier GC	8	4	4	8
sur bristol, dentelure figurée		350		
▽ **37 II 50c lilas-brun, t. II**	**1**	**0,5**	**0,5**	**2**
▽ **38 I 60c vert, type I**	**3**	**2**	**1**	**3**
a - couleur vert-noir	5	3	2	4
▽ **38 II 60c vert, type II**	**2**	**1,5**	**1**	**3**

Timbre non émis: 60c brun sur jaune. Ce timbre commençait à être livré dans les bureaux de poste au début de 1896, mais fut aussitôt retiré des guichets sans avoir été vendu au public, tout le stock ayant été par la suite incinéré. Il ne subsisterait plus aujourd'hui que 3 ou 4 exemplaires (dont 1 issu d'une réimpression réalisée pour l'exposition de 1900) rescapés des flammes, ainsi qu'un bloc de 4 surchargé "Spécimen" conservé au Musée de la Poste. Attention au 60c brun sur jaunâtre qui a été livré aux colonies, non dentelé. Il est d'une nuance plus claire que le timbre de France et il en existe des exemplaires faussement dentelés.

▽ **38A 60c brun s jne non émis**	**90 000**			
non émis brun sur jaune de 1896 sur bristol, dentelure figurée		500		

juin 1896   *1926*   *1935*

▽ 39 **1f rose sur paille (I)**	1400	700	480	700
sur bristol, dentelure figurée		475		

▽ 40 **1f lilas-brun s paille (I)**	30	10	0,5	2
a - couleur lilas-brun sur jaune vif	28	13	1	3
b - impression recto-verso	135	90		
c - piquage à cheval	180	120		

▽ 40A **1f lilas-br s blanc (II)**	2,5	1,5	0,5	2

juil. 1910   *31 mai 1926*   *décembre 1926*

▽ 41(39) **2f orange (I)**	620	320	80	185
▽ 42 I(40 I) **2f violet, type I**	2	1	1	5
▽ 42 II **2f violet, type II**	2	1	1	5
▽ 42A(41) **3f lilas-rose (II)**	2	1	1	6

1908-25 - Recouvrement. Légende "Valeurs impayées".

Typographie (f 150). **Très bon centrage: +30%.**

1ᵉʳ oct. 1908   *1ᵉʳ oct. 1908*   *décembre 1919*

▽ 43(42) **1c olive**	3	1,2	1,6	12
non dentelé	165	110		
a - papier GC	6	4	2	11
b - piquage oblique par pliage	450	325		
c - pli accordéon	200	130		

▽ 44(43) **10c violet**	4	1,3	0,4	7
non dentelé	165	110		
a - papier GC	6	4	2	11
b - piquage oblique par pliage	450	325		
c - pli accordéon	200	130		

▽ 45(44) **20c bistre**	105	48	1,5	11
a - impression recto-verso	235	150		
b - papier GC	85	42	2	12

juil. 1910   *31 mai 1926*   *décembre 1926*

1908-25 - Recouvrement. Légende "Valeurs impayées".

Typographie (f 150). **Très bon centrage: +30%.**

1ᵉʳ oct. 1908   *1ᵉʳ oct. 1908*   *décembre 1919*

nov. 1909   *nov. 1909*   *30 sept. 1925*

▽ 46 **30c bistre**	35	15	0,5	6
▽ 47 **50c rouge**	840	400	75	250
▽ 48 **60c rouge**	9	3,5	4,5	20

1917-26 - Recouvrement. Légende "Valeurs impayées".

Surchargés. Typo (f 150). **Très bon centrage: +30%.**

13 août 1917   *13 août 1917*   *juil. 1926*

▽ 49 **20c s 30c bistre**	80	25	4	16
a - surcharge à cheval	140	85		

normal   chiffres espacés (taille réelle)

▽ **50 40c s 50c rouge** | **32** | **13** | **4** | **16**
a - surch. "40c." sans point — 140 | 80 | 70
b - surcharge à cheval — 175 | 120
c - surcharge chiffres espacés — 180 | 120 | 100
d - surcharge doublée — 775 | 600

▽ **51 =50c s 10c violet** | **10** | **4** | **3** | **16**

oct. 1926   sept. 1926   sept. 1926

"6" normal   "6" large (taille réelle)

▽ **52 =60c s 1c olive** | **17** | **8** | **5**
a - surcharge "6" large — 190 | 125
b - surchauge "6" brisé — 75 | 50 | **20**

▽ **53 =1f s 60c rouge** | **46** | **22** | **13** | **40**

▽ **54 =2f s 60c rouge** | **48** | **23** | **13** | **40**

1927-31 - *Recouvrement. Légende "taxe à percevoir".*
Typographie (f 100) **Très bon centrage: +30%.**

nov. 1928   mars 1931   janvier 1927

▽ **55 1c olive** | **2,5** | **1,2** | **1** | **10**

▽ **56 10c rose** | **5,5** | **2,3** | **2** | **12**

▽ **57 30c bistre** | **13,5** | **6** | **0,5** | **7**
a - pli accordéon — 235 | 160
b - impression sur raccord — 325 | 210

janvier 1927   janvier 1927

▽ **58 60c rouge** | **15** | **5,5** | **0,5** | **6**

▽ **59 1f lilas** | **35** | **18** | **4** | **20**

juillet 1931   janvier 1927   juillet 1931

▽ **60 1f bleu-vert** | **45** | **21** | **1** | **9**

▽ **61 2f bleu** | **260** | **97** | **50** | **135**
a - impression sur raccord — 525 | 325

▽ **62 2f sépia** | **340** | **180** | **30** | **115**

1929-31 - *Recouvrement. Légende "taxe à percevoir".*
Surchargés. **Très bon centrage: +30%.**

juillet 1931   janvier 1927   juillet 1931

▽ **63 "UN FRANC" s 60c rge** | **85** | **36** | **3** | **16**

▽ **64 =1f 20 sur 2f bleu** | **145** | **52** | **14** | **50**
a - impression recto-verso — 200 | 125

▽ **65 =5f sur 1f lilas** | **198** | **80** | **18** | **60**

1935-37 - *Radiodiffusion.*
Taille-douce. Dessin & gravure: Achille Ouvré.

▽ **65A Radiodiffusion, bleu (1935)** | **150** | **80** | **45** | **350**

▽ **65B Radiodiffusion, rge (1936)** | **80** | **42** | **35** | **265**

▽ **65C** Radiodiffusion, vert (1937) **40** **23** **150** **500**
série, ▯ / ▣ 1 500 540

1941 - *Duval. Typographie (f 100). Mars.*

▽ **66** 5f rouge **3,5** **1,7** **2,7** **12**

1943-46 - *Gerbes de blé. Légende "France - chiffre taxe". 23 août 1943 sauf 4f (oct 1945), 10f (nov 1945), 20f (mai 1946). Typographie (f 100). Dessin: Pierre Gandon. Gravure: Henri Cortot.*

▽ **67** 10c sépia **0,1** **0,1** **0,1** **0,5**
a - impression sur raccord 100 65

▽ **68** 30c lilas-rose **0,1** **0,1** **0,1** **0,5**

▽ **69** 50c vert **0,1** **0,1** **0,1** **0,5**

▽ **70** 1f bleu-violet **0,1** **0,1** **0,1** **0,5**

▽ **71** 1f 50 rouge **0,2** **0,1** **0,1** **0,5**
a - impression sur raccord 120

▽ **72** 2f bleu-vert **0,2** **0,1** **0,1** **0,5**

▽ **73** 3f rouge-orange **0,4** **0,1** **0,1** **0,5**

▽ **74** 4f violet **6** **3,1** **2,8** **8**

▽ **75** 5f rose **0,5** **0,2** **0,1** **0,5**

▽ **76** 10f orange **3,3** **2** **0,9** **7**

▽ **77** 20f olive **11** **6,5** **3** **12**

Série ▽ **67 à 77 (11 timbres)** **22** **12,5** **7,5**
▣ 300
▣ 10c au 3f, 5f 550
papier jaune 650
▣ 4f, 10f, 20f 375

1946-55 - *Gerbes de blé. Légende "France - timbre taxe". Typo. (f 100). Dessin: Pierre Gandon. Gravure: Henri Cortot.*

▽ **78** 10c sépia **1** **0,5** **0,5** **2**

▽ **79** 30c lilas-rose **1** **0,5** **0,5** **2**

▽ **80** 50c vert **25** **10,5** **9** **25**

▽ **81** 1f bleu-violet **0,3** **0,2** **0,1** **0,5**

▽ **82** 2f bleu-vert **0,3** **0,2** **0,1** **0,5**

▽ **83** 3f rouge-orange **0,3** **0,2** **0,1** **0,5**

▽ **84** 4f violet **0,3** **0,2** **0,1** **0,5**

▽ **85** 5f rose **0,3** **0,2** **0,1** **0,5**
a - impression sur raccord 100

▽ **86** 10f orange **0,2** **0,2** **0,1** **0,5**
a - impression sur raccord 100

▽ **87** 20f olive	1,7	0,8	0,4 0,5
▽ **88** 50f vert foncé	25	13,5	1 6
▽ **89** 100f vert	85	48,5	8 25
Série ▽ 78 à 89 (12 timbres)	140	75 250	20
⊡ (10c au 20f)			400
⊠ 10c au 20f			
⊡ petit format 50f		60	
⊡ petit format 100f		100	

1960 - *Gerbes de blé. Légende "République Française - chiffre taxe". février 1960.*
Typo (f 100). Dessin: Pierre Gandon. Gravure: Henri Cortot.

	☆☆	⊙	⊡
▽ **90** 0,05 rose	3,5	0,5	1,5
▽ **91** 0,10 orange	5	0,3	0,5

▽ **92** 0,20 olive	4,5	0,2	0,5
a - gomme tropicale mate	10		
▽ **93** 0,50 vert foncé	13	1	4
▽ **94** 1,00 vert	54	2	8
Série ▽ 90 à 94 (5 timbres)	80	4	
⊡		150	

1964-71 - *Fleurs des champs. Typo (f 100). Dess: J. Combet.*

18 janv. 1965 — *18 janv. 1965* — *25 mai 1964*
Grav: André Frères — *Grav: G. Aufschneider* — *Grav: Jean Miermont*

▽ **95** 0,05 Centaure jacée	0,1	0,1	0,5
▽ **96** 0,10 Gentiane	0,1	0,1	0,5
a - gomme tropicale mate	2		

▽ **97** 0,15 Coquelicot	0,1	0,1	0,5
a - gomme tropicale mate	2		

15 mars 1971 — *25 mai 1964*
Gravure: Claude Jumelet — *Gravure: Jean Miermont*

▽ **98** 0,20 Pervenche	0,2	0,1	0,5
▽ **99** 0,30 Myosotis	0,1	0,1	0,5
a - couleur bleue absente	775		
b - gomme tropicale mate	2		

15 mars 1971 — *18 janv. 1965* — *18 janv. 1965*
Grav: Jean Miermont — *Grav: André Barre* — *Grav: Jean Miermont*

▽ **100** 0,40 Ancolie	0,2	0,1	0,5
▽ **101** 0,50 Trèfle	0,2	0,2	1
▽ **102** 1,00 Soldanelle des Alpes	0,5	0,2	1
Série ▽ 95 à 102 (8 timbres)	1,5	1	
non dentelé	100		
⊡		165	

1982-83 - *Insectes.*
Taille-douce (f 100). Dessin: Yvonne Schach-Duc.

4 janv. 1982 — *4 janv. 1982* — *3 janv. 1983*
Grav: Claude Haley — *Grav: Claude Haley* — *Grav: Claude Haley*

▽ **103** 0,10 Ampedus cinnabarinus	0,1	0,1	0,5
a - double frappe	30		
b - gomme tropicale	0,50		
▽ **104** 0,20 Dorcadion fuliginator	0,1	0,1	0,5
a - double frappe	30		
b - gomme tropicale	0,5		
▽ **105** 0,30 Leplura cordigera	0,2	0,1	0,5
a - gomme tropicale	1		

3 janvier 1983 *Gravure: Michel Monvoisin*			4 janvier 1982 *Gravure: Michel Monvoisin*	

▽ **106** 0,40 **Paedurus littoralis**   **0,2**   **0,1**   **0,5**
a - gomme tropicale   1

▽ **107** 0,50 **Pyrochroa coccinea**   **0,2**   **0,1**   **0,5**
a - double frappe   30
b - gomme tropicale   1,5

4 janvier 1982 *Gravure: Michel Monvoisin*	4 janvier 1982 *Gravure: Michel Monvoisin*

▽ **108** 1,00 **Scarites laevigatus**   **0,5**   **0,1**   **0,5**
a - double frappe   30
b - gomme tropicale   1,5

▽ **109** 2,00 **Trichius gallicus**   **0,9**   **0,3**   **1**
a - gomme tropicale   2,5

3 janv. 1983 *Grav: Claude Haley*	4 janv. 1982 *Grav: Claude Haley*	3 janv. 1983 *Grav: M. Monvoisin*

▽ **110** 3,00 **Adelia alpina**   **1,3**   **0,2**   **1**
a - gomme tropicale   2,5

▽ **111** 4,00 **Apoderus corily**   **1,8**   **0,2**   **2**
a - double frappe   30
b - gomme tropicale   3

▽ **112** 5,00 **Tricodes alvearius**   **2,3**   **0,2**   **3**
a - gomme tropicale   4,5

Série ▽ **103 à 112 (10 timbres)**   **7,5**   **1,5**
non dentelé   125
                                                           275
☐   18
La série en gomme tropicale

Timbres-taxe préoblitérés

┌───┐
Cotes: sur formulaire entier *(formulaire n° 1494)*
  Sur formulaire n° 819: **+20%.**
  Sur formulaire n° 1417: **+50%.**
└───┘

"T" dans un triangle ou "T" non encadré

Afft avec timbres-taxe Duval (cote min)   **25**

Afft avec tbres-taxe Recouvrement (cote min)   **100**

Afft avec timbres-taxe Gerbe (cote min)   **45**

Afft avec timbres-poste (cote min)   **80**

Triangle évidé

Afft avec timbres-taxe Duval (cote min)   **20**
cachet en rouge   110

Afft avec tbres-taxe Recouvrement (cote min)   **80**

Afft avec timbres-taxe Gerbe (cote min)   **35**

"R" dans un triangle

Afft avec timbres-taxe Duval (cote min)   **55**

Afft avec tbres-taxe Recouvrement (cote min)   **100**
avec Recouvrement 10c rose   150

Afft avec timbres-taxe Gerbe (cote min)   **55**

Afft avec timbres-poste (cote min)   **100**
avec 2f Rivière bretonne   120
avec 2f Moulin de Daudet   120
avec 5f Mont Saint-Michel   150
avec 5f Carcassonne   200
affranchissement composé (3f)   150
affranchissement composé (7f)   200

"A" ou "B" dans un triangle

Afft avec timbres-taxe Duval (cote min)   **30**

Afft avec tbres-taxe Recouvrement (cote min)   **85**
avec Recouvrement 10c rose   125

Afft avec timbres-taxe Gerbe (cote min)   **45**

Afft avec timbres-poste (cote min)   **80**
avec 2f Rivière bretonne   110
avec 2f Moulin de Daudet   110
avec 5f Mont Saint-Michel   135

Chiffres romains dans un cercle

Afft avec timbres-taxe Gerbe (cote min)   **50**
Afft avec timbres-poste (cote min)   **85**

Griffe "Recouvrement"

Afft avec tbres-taxe Recouvrement (cote min)   **130**
Afft avec timbres-poste (cote min)   **100**

Cachet à date

Afft avec tbres-taxe Recouvrement (cote min)   **175**

BLOCS DE LA C.N.E.P.

Ces blocs, édités par la Chambre syndicale des Négociants et Experts en Philatélie, n'ont pas de pouvoir d'affranchissement. Ils sont destinés à promouvoir les différentes manifestations philatéliques organisées par la C.N.E.P.

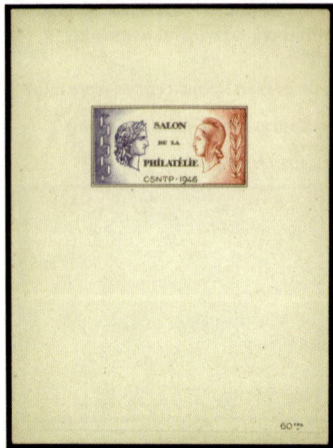

Bloc du C.S.N.T.P.	**220**	**150**	**75**
Précurseur - 1946			
a - Papier filigrané sans gommée	500		

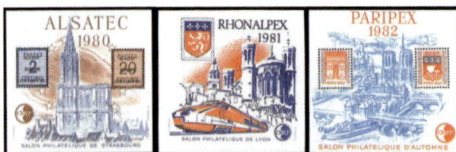

1 Alsatec 1980	**10**
a - non dentelé	90
Epreuve de luxe	100
2 Rhonalpex 1981	**10**
Epreuve de luxe	60
3 Paripex 1982 TI (avec 2 ponts)	**20**
a - non dentelé	60
Epreuve de luxe	70

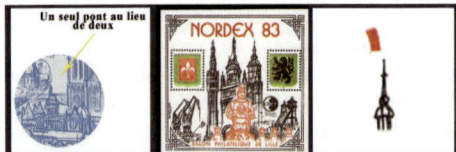

3A Paripex TII (avec un pont)	**20**
a - non dentelé	60
4 Nordex 1983 TI (clocher court)	**10**
a - non dentelé	60
Epreuve de luxe	70
4A Nordex 1983 TII (clocher long avec croix)	**10**
a - non dentelé	60

4B Nordex 1983 TIII (roue brisée)	**16**
5 Aviaphil 1984 TI	**45**
a - non dentelé	60
Epreuve de luxe	70
5A Aviaphil 1984 TII (barre large au toit)	**60**
a - non dentelé	60

6 Massilia 1985	**10**
a - non dentelé	35
Epreuve de luxe	60
7 Bretagne 1986	**10**
a - non dentelé	35
b - gilet jaune au lieu de bleu	12
Epreuve de luxe	60
8 Bourgogne 1987	**16**
a - non dentelé	35
Epreuve de luxe	45

9 Lorraine 1988 brun	**25**
a - non dentelé	35
Epreuve de luxe	40
9B Lie de vin	**28**
10 Lyonnais 1989	**15**
a - non dentelé	35
Epreuve de luxe	45
11 Lyonnais 1989, surchargé	**55**

12 Aquitaine 1990	**28**
a - non dentelé	35
Epreuve de luxe	45
13 Alsace 1991	**15**
a - non dentelé	45
Epreuve de luxe	60
14 Touraine 1992	**110**
a - non dentelé	125
Epreuve de luxe	125

15 Tours Année Olympique 1992 — **110**
a - non dentelé — 125
Epreuve de luxe — 125
16 Disney 1992 — **18**
a - non dentelé — 35
Epreuve de luxe — 40
17 Europhilex 1993 — **70**
a - non dentelé — 80
Epreuve de luxe — 80

18 Lugdunum 1994 — **30**
a - non dentelé — 35
Epreuve de luxe — 45
19 Champs-Élysées 1994 — **30**
a - non dentelé — 35
Epreuve de luxe — 50
20 Tolosa 1995 — **80**
a - non dentelé — 80
Epreuve de luxe — 80

21 Paris 1995 Hommage au Gal de Gaulle — **16**
a - non dentelé — 35
Epreuve de luxe — 40
22 Philaflandre 1996 — **16**
a - non dentelé — 35
Epreuve de luxe — 40
23 Paris 1996 — **18**
a - non dentelé — 35
Epreuve de luxe — 40

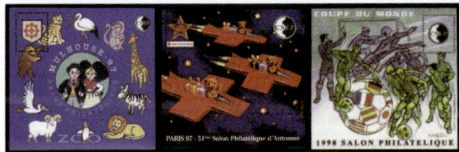

24 Mulhouse 1997 — **28**
a - non dentelé — 40
Epreuve de luxe — 45
25 Paris 1997 Nounours Croix Rouge — **50**
a - non dentelé — 50
Epreuve de luxe — 50
26 Coupe du monde 1998 — **13**
a - non dentelé — 30
Epreuve de luxe — 35

27 Coupe du monde 1998, surchargé — **40**
a - non dentelé — 45
Epreuve de luxe — 50
28 Salon d'automne 1998 — **13**
a - non dentelé — 30
Epreuve de luxe — 35
29 Europhilex 1999 — **13**
a - non dentelé — 30
Epreuve de luxe — 35

30 150ème anniversaire du 1er timbre de France — **13**
a - non dentelé — 30
Epreuve de luxe — 35
31 Paris - Lyon, an 2000 — **14**
a - non dentelé — 30
Epreuve de luxe — 35

32 Salon d'automne 2000 — **13**
a - non dentelé — 30
Epreuve de luxe — 35
33 Salon de Nancy 2001 — **13**
a - non dentelé — 30
Epreuve de luxe — 35
34 Hommage à Albert Decaris 2001 — **13**
a - non dentelé — 30
Epreuve de luxe — 35

BLOCS F.F.A.P.

Depuis 2007, la Fédération Française des Associations Philatéliques (FFAP) édite ces feuillets mis en vente auprès des 622 associations philatéliques fédérées lors de son congrès annuel.

La FFAP a pour finalité de fédérer les associations philatéliques, d'être le lien avec leurs partenaires et de gérer la philatélie associative.

58 Salon d'Angers 2011	**14**
a - non dentelé	30
Epreuve de luxe	35
59 TGV France Grande-Bretagne 2011	**14**
59A Bloc Jacqueline Caurat 2011	**40**
Tirage 5000	

60 Salon d'Epernay 2012	**15**
a- non dentelé	30
Epreuve de luxe	35
61 Salon de Vincennes 2012	**16**
Epreuve de luxe	45
62 Le Coq de Decaris 2012	**16**
Epreuve de luxe	45

63 Salon de Mâcon 2013	**16**
Epreuve de luxe	45
64 Gare du Nord 2013	**16**
Epreuve de luxe	45
65 Clermont Ferrand 2014	**16**
Epreuve de luxe	45

66 Paris Centenaire de la 1ère guerre mondiale	**16**
Epreuve de luxe	45
67 Depart de la Gare de l'Est 2014	**16**
Epreuve de luxe	45
68 François 1er 2015	**16**
Non dentelé	45
Epreuve de luxe	45
69 Gare Saint Lazare et engament	**16**
des canadiens dans la guerre 2015	
70 Saint Pierre et Miquelon - 30 ans de philatélie	**16**

1 Poitiers 2007	**19**
a - non dentelé	40
Epreuve de luxe	38
2 Paris 2008	**14**
a - non dentelé	40
Epreuve de luxe	35
3 Tarbes 2009	**14**
a - non dentelé	35
Epreuve de luxe	35

4 Paris 2010	**14**
a - non dentelé	35
Epreuve de luxe	35
5 Metz 2011	**14**
6 Orsay 2012	**14**

7 Amiens 2013	**16**
8 Poitiers 2014	**18**

9 Salon de Vincennes 2014	**16**
10 Salon de Mâcon 2015	**16**
11 Paris 2016	**16**
12 Toul 2016	**16**

BLOCS MARIGNY

Depuis 1990 les blocs sont édités en deux versions (dentelée ou non dentelée) de tirage égal.

1 Les 4 jours de Marigny 1988 8
feuillet de 9 75
2A De Gaulle 1990 Dentelé + non dentelé 75
2B De Gaulle 1990 Dentelé + non dentelé 75

3A Mozart, bleu 1991 Dentelé + non dentelé 25
4 Christophe Colomb 1992 Dent. + non dent. 35

5 Jazz 1993 Dentelé + non dentelé 50
6 50 ans de la Libération 1994 Dent + non dent 105
7 100 ans du cinéma 1995 Dent. + non dent. 60

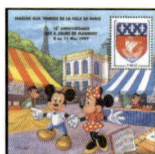

8 Lille 1996 Dentelé + non dentelé 185
9 Disney 1997 Dentelé + non dentelé 35

10 Coupe du monde 1998 D+ND 35
10A Coupe du monde Football 1998 D+ND RRR
11 150 ans du 1er timbre français 1999 D+ND 185

12A An 2000: L'eau Dentelé seulement 10
12B An 2000: Le feu Dentelé seulement 10
12C An 2000: La Terre Dentelé seulement 10
12D An 2000: L'air Dentelé seulement 10

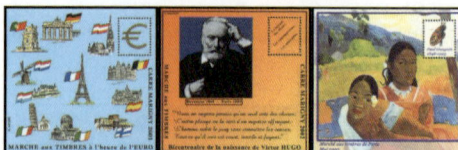

13 L'Euro 2001 Dentelé + non dentelé 22
14 Victor Hugo 2002 Dentelé + non dentelé 22
15 Paul Gauguin 2003 Dentelé + non dentelé 22

16 Sacre de Napoléon 2004 Dent. + non dent. 22
17 Jules Verne 2005 Dentelé + non dentelé 22
18 Evènements & anniversaires 2006 + non dentelé 22

19 Rugby 2007 Dentelé + non dentelé 100
20 Environnement 2008 Dentelé + non dent. 22
21 Louis Blériot 2009 Dentelé + non dentelé 22

22 Roger Calves 2010 dentelé + non dentelé 32

23 Patrimoine forestier 2011 dentelé + non dentelé 22

24 Paquebot France 2012 dentelé + non dentelé 32

TABLEAU RECAPITULATIF DES ANNEES COMPLETES

	n**	n*	obl
1930 263 à 268, (6t)	500	170	160
✈**5 et 6b** (2 timbres)	168	86	30,5
1931 269 à 277, (9t)	1 175	545	450
✈**6** (1 timbre)	48	23	3
1932 277C à 289, (19t)	349	144	16
1933 290 à 293, (4t)	153	60	14
1934 294 à 298, (5t)	435	150	25
✈**7** (1 timbre)	48	24	7
1935 299 à 308, (10t)	722	295	91
1936 309 à 333, (25t)	1 355	604	273
✈**8 à 15** (8 timbres)	4 200	1 980	840
1937 334 à 371, (38t)	1 010	495	402
Bloc BF3 (1 bloc)	900	450	400
1938 372 à 418, (52t)	720	356	300
1939 419 à 450, (32t)	316	155	144
1940 451 à 469, (19t)	193	91	115
1941 470 à 537, (70t)	161	93	108
1942 538 à 567, (30t)	93,5	48	78
Triptyque 566A	25	15	25
Bande 566B (1 bande)	50	30	50
1943 568 à 598, (31t)	148	91	147
Bandes 571A, 580A (2 bdes)	166	98	136
1944 599 à 668, (70t)	97	57	85
1945 669 à 747, (85t)	72	42	40
Bloc BF4 (1 bloc)	9 000	600	
1946 748 à 771, (24t)	23,5	13,5	16
✈**16 à 19** (4 timbres)	17	9	4
1947 772 à 792, (21t)	28	17	22
✈**20** (1 timbre)	62	38	65
1948 793 à 822, (30t)	59	34	30
✈**21 à 23** (3 timbres)	10	5,5	8
1949 823 à 862, (42t)	164	89	129
Bande 833A (1 bande)	18	10	16
Bloc BF5 (1 bloc)	930	600	600
✈**24 à 28** (5 timbres)	117	65	27
1950 863 à 877, (15t)	103	52	90
✈**29** (1 timbre)	170	100	32
1951 878 à 918, (41t)	143	77	84
1952 919 à 939, (21t)	109	57	87
1953 940 à 967, (28t)	188	93	102
1954 968 à 1007, (40t)	299	155	230
✈**30 à 33** (4 timbres)	400	175	33
1955 1008 à 1049, (46t)	234	120	184
✈**34** (1 timbre)	7	4	5
1956 1050 à 1090, (41t)	140	83	92
1957 1091 à 1141, (52t)	95	51	56
✈**36** (1 timbre)	28	17	4
1958 1142 à 1188, (47t)	52	29	39
✈**37** (1 timbre)	60	34	23
1959 1189 à 1229, (41t)	67	36	24
✈**35** (1 timbre)	7	4	3
1960 1230 à 1280, (53t)	70		43
✈**38 à 41** (4 timbres)	20		4
1961 1281 à 1324, (44t)	61		41
1962 1325 à 1367, (49t)	46		31
1963 1368 à 1403, (38t)	30		21
1964 1404 à 1434, (31t)	38		29
Bande 1417A (1 bande)	1,5		1
Bloc 1422A (1 bloc)	220		158

	n**	obl
1965 1435 à 1467, (33t)	19	10
Triptyque	0,5	0,5
✈**42** (1 timbre)	1	0,2
1966 1468 à 1510, (43t)	19,5	11
1967 1511 à 1541, (33t)	12	8
1968 1542 à 1581, (40t)	15	9,5
1969 1582 à 1620, (40t)	24,5	17
✈**43** (1 timbre)	1	0,5
1970 1621 à 1662, (42t)	23	16
✈**44** (1 timbre)	10	0,7
1971 1663 à 1701, (39t)	25	15
Bande (1 bande)	3	2,5
✈**45, 46** (2 timbres)	3,3	0,9
1972 1702 à 1736, (35t)	22	11,5
✈**47** (1 timbre)	4,5	0,5
1973 1737 à 1782, (46t)	29	20
✈**48** (1 timbre)	6,5	0,5
1974 1783 à 1819, (37t)	27	15,5
1975 1820 à 1862, (43t)	36,5	24
Blocs (1 bloc)	8	6
1976 1863 à 1913, (52t)	34	21
✈**49** (1 timbre)	1	0,5
1977 1914 à 1961, (48t)	41	23,5
✈**50** (1 timbre)	1	0,5
1978 1962 à 2030, (69t)	48,5	25,5
✈**51** (1 timbre)	0,8	0,5
1979 2031 à 2077, (47t)	37,5	21,5
✈**52** (1 timbre)	1	0,8
1980 2078 à 2122, (45t)	42	26
✈**54** (1 timbre)	1,2	0,4
1981 2123 à 2182, (60t)	57,5	29
Bandes (1 bande)	2,5	2
✈**54, 55** (2 timbres)	6,5	1
1982 2183 à 2256, (74t)	81	42
Bandes & paires (2 bandes)	15,5	13,5
Blocs (1 bloc)	10	9
✈**56** (1 timbre)	1	0,5
1983 2257 à 2303, (47t)	55	26
Bandes & paires (1 bande)	2,5	2
1984 2304 à 2352, (49t)	55	25,5
Bandes & paires (1 bande)	2,1	2
✈**57** (1 timbre)	7	1
1985 2353 à 2398, 46t)	64,5	30,5
Bandes & paires (1 bande)	7	6
Carnets (1 carnet)	20,5	18
✈**58** (1 timbre)	9	1
1986 2399 à 2457, (59t)	76	37
Blocs (1 bloc)	9	9
Carnets (2 carnets)	13	11
✈**59** (1 timbre)	14	2
1987 2458 à 2505, (48t)	62	26
Carnets (2 carnets)	14	12
✈**60** (1 timbre)	23	6
1988 2506 à 2562, (57t)	71	30
Bandes & paires (1 bande)	3,5	3
Carnets (3 carnets)	26	19
1989 2563 à 2614, (52t)	68	38,5
Bandes & paires (3 bandes)	13	9,5
Blocs (2 blocs)	14	13
Carnets (2 carnets)	14	12
1990 2615 à 2675, (61t)	75	29
Bandes & paires (2 bandes)	20	16
Blocs (1 bloc)	5	4
Carnets (2 carnets)	14,5	12
1991 2676 à 2734, (59t)	82	36
Blocs (1 bloc)	5	4
Carnets (2 carnets)	16	13,5

	n^{**}	obl
1992 2735 à 2782, (48t)	**71,5**	**30**
Bandes & paires (2 bandes)	8	4
Blocs (1 bloc)	14	10
Carnets (2 carnets)	16	13,5
1993 2783 à 2848, (66t)	**117**	**47**
Bandes & paires (5 bandes)	36	28
Blocs (1 bloc)	10	8
Carnets (3 carnets)	35	27
1994 2849 à 2909, (61t)	**115**	**53**
Bandes & paires (4 bandes)	26	20
Blocs (1 bloc)	10	9
Carnets (3 carnets)	35	27
1995 2910 à 2974, (65t)	**103**	**42**
Bandes & paires (2 bandes)	11	8
Blocs (2 blocs)	13	10
Carnets (2 carnets)	23	17
1996 2975 à 3029, (55t)	**94,5**	**36,5**
Bandes & paires (2 bandes)	11	18
Carnets (2 carnets)	23	8
1997 3030 à 3114, (85t)	**118**	**52**
Bandes & paires (3 bandes)	19	13,5
Blocs (1 bloc)	8,5	6
Carnets (3 carnets)	39	31
✦**61** (1 timbre)	8	2
1998 3115 à 3194, (80t)	**118,5**	**50,5**
Bandes & paires (3 bandes)	17	12
Blocs (5 blocs)	60	43
Carnets (4 carnets)	43	30
✦**62** (1 timbre)	13	3
1999 3195 à 3274, (80t)	**199**	**96**
Bandes & paires (2 bandes)	15	10,5
Blocs (5 blocs)	135	89
Carnets (4 carnets)	55	29
✦**63** (1 timbre)	7	2
2000 3275 à 3345, (71t)	**101**	**42,5**
Bandes & paires (4 bandes)	21	13,5
Blocs (8 blocs)	80	55
Carnets (3 carnets)	37	30
✦**64** (1 timbre)	23	8
2001 3346 à 3420, (75t)	**109**	**41,5**
Bandes & paires (3 bandes)	18	11
Blocs (8 blocs)	71	71
Carnets (3 carnets)	42	34
2002 3421 à 3519, (99t)	**142**	**53,5**
Bandes & paires (4 bandes)	21	11,5
Blocs (9 blocs)	111,5	84,5
Carnets (3 carnets)	42	34
✦**65** (1 timbre)	9	2
2003 3520 à 3613, (94t)	**159**	**77**
Bandes & paires (3 bandes)	13	8
Blocs (11 blocs)	110,5	97
Carnets (3 carnets)	54	37
✦**66** (1 timbre)	12	3
Bloc-souvenir (1 bloc)	110	110
Carnets de voyage (2 crts)	60	
2004 3614 à 3711, (98t)	**163,5**	**77,5**
Bandes & paires (3 bandes)	23,5	8,5
Blocs (11 blocs)	165	130
Carnets (5 carnets)	87	73
✦**67** (1 timbre)	15	4
Blocs-souvenir (2 blocs)	55	49
Carnets de voyage (2 crts)	60	

	n^{**}	obl
2005 3712 à 3845, (134t)	**270**	**109**
Bandes & paires (2 bandes)	13	8
Blocs (12 blocs)	143	117
Carnets (6 carnets)	123	85
✦**68** (1 timbre)	6	2
Blocs-souvenir (2 blocs)	160	147
Carnets de voyage (2 crts)	70	
2006 3846 à 3993, (141t)	**344**	**158**
Bandes & paires (3 bandes)	19	11
Blocs (12 blocs)	191	151
Carnets (5 carnets)	103	72
✦**69** (1 timbre)	9	2
Blocs-souvenir (10 blocs)	104	100
Carnets de voyage (2 crts)	70	
2007 3994 à 4125, (132t)	**350,5**	**186**
Bandes & paires (5 bandes)	24,5	12,5
Blocs (12 blocs)	145	112,5
Carnets (6 carnets)	115	72,5
✦**70** (1 timbre)	9	2
Blocs-souvenir (10 blocs)	144	128
Carnets de voyage (2 crts)	80	
2008 4126 à 4239, (113t)	**255,5**	**106,5**
Paires et bandes (2)	10,5	3
Blocs (14 blocs)	243,5	183,5
✦**71** (1 timbre)	9	2
Blocs-souvenir (10 blocs)	137	127
Carnets de voyage (2 crts)	80	
2009 4240 à 4347, (113t)	**247.5**	**88,5**
Paires et bandes (3)	22	15,5
Blocs (14 blocs)	188,5	154,5
✦**72** (1 timbre)	6	2
Blocs-souvenir (11 blocs)	121	110
2010 4348 à 4447, (100t)	**324**	**185**
Paires ou bandes (7)	124,5	122,5
Blocs (15 blocs)	175	144,5
✦**73** (1 timbre)	9	2
Blocs-souvenir (10 blocs)	117	107
2011 4448 à 4454, (46t)	**194**	**20**
Blocs (19 blocs)	198	128
✦**74** (1 timbre)	6	2
Blocs-souvenir (10 blocs)	116	90
2012 4555 à 4655, (101t)	**306,5**	**168**
Blocs (20 blocs)	237,5	171,5
✦**75**	9	2
Blocs-souvenir (10 blocs)	104	90
Blocs-Prestige (15 blocs)	550	550
Marianne et l'Europe		
2013 4556 à 4775, (118 t.)	**305**	**98**
Blocs (18 blocs)	234	149
✦**76,77** (2 t.)	18	4
Blocs-souvenir (14 blocs)	175	168
Bandes ou paires (5)	32,5	17
2014 4778 à 4876, (76 t.)	**205**	**92,5**
Blocs (17 blocs)	250	186
✦**78** (1t.)	11	2
Blocs-souvenir (17 blocs)	180	174
Bandes ou paires (4)	27	15,5
Carnet (1)	29	20
2015 4880 à 4969, (38 t.)	**109**	**37**
Blocs (10 blocs)	303	
✦**79** (1t.)	12	4
Blocs-souvenir (27 blocs)	542	
Bandes ou paires (4)	24	
Carnet (1)	28	
2016 4970 à 5077, (58 t.)	**157**	
Blocs (17 blocs)	295	
✦**1** (1t.)	12	
Blocs-souvenir (19 blocs)	360	
Bandes ou paires (1)	7	
Carnet (1)	28	

Tableau des abréviations

Abréviation	Signification
!	attention
%	pour cent
+, -	plus, moins
½, ¼, ¾	demi ou moitié, quart, trois quart
∅	diamètre
⊠, c	case
⊟, ⊞	paire verticale, bloc de quatre
□□, □□□	paire horizontale, bande de 3
⊿	coupé
⊙, obl	oblitéré
✐	oblitération à la plume
○	bloc dateur
◉, cach, c à d	cachet, cachet à date
⊙ ⊘ ⊡	cachet rond, ovale, rectangulaire
◠	cachet en demi-cercle
●, ●	cachet hexagonal, octogonal
≡	barres
	cachet linéaire, griffe
★, ét	étoile
⁜	grille
◈, los	losange
◉	cercle de points
▣, ▦	pointillés, roulette de points
⊕	cachet gros chiffre étranger
<, > chiffre	inférieur à, supérieur à
<, > date	avant le, après le
≥	à partir de et au dessus
≠, difft	autre que, différent
➔ date	jusqu'au
↗, ↖	ascendant(e), descendant(e)
↗ ↘	hausse, baisse
↺	local, rayon limitrophe
↷	bureau à bureau, rayon général
↪ pays	à destination de
↩ pays	en provenance de
↪ pays	en transit par, par la voie de
↔, ↕	distant de, espacé de
⚓	(par) bateau, navire
⚓, bât de cce	bâtiment de commerce
⚓, bât à vap	bâtiment à vapeur
⚓, paq	paquebot
⚓	voilier
✈, ✈	par avion, poste aérienne
✉(①), envel	enveloppe (1er jour)
▭	bande (d'imprimé ou de journal)
▭ (↪✉)	lettre (pour l'étranger)
▭	plis non urgents, écoplis
▯	frontière, tarif frontalier
▭	pli confié
▭, CP (⑤, 5m)	carte postale (5 mots)
▨	carte d'identité
▨	affiche
▨	imprimé
▭, échant, échantill	échantillon
◉	cécogramme
▤, env en nbre	envoi en nombre
▭, jrnx	journal
▥, JL	journal-lettre
▭	papier d'affaires, facture
⚱	colis postal, paquet-poste
▭, pneu	pneumatique
⚿	retrait ou remboursement CCP
⚑	poste restante
✕	par exprès
❶❷❸❹❺, etc.	1er échelon, 2ème éch, etc.
■ s ▭, s sur ▭, s s l	seul sur lettre
■■ sur ▭	paire sur lettre
■■ ■ sur ▭	afft composé sur lettre
BF, BS	bloc-feuillet, bloc spécial
✄, crnt, crt (✄30)	carnet (de 30 timbres)
↖	franchise militaire
⌂	cours d'instruction
⊘, préo	préoblitérés
▢	publicitimbres, bandes pub
⊘, rlt	roulette
▥, serv	service

Abréviation	Signification
▽, tx	taxe, timbre-taxe
⊠	télégramme, timbre-télégraphe
✆	timbre-téléphone
✐, TPP	timbre personnalisé
✳	occupation allemande
⚲	occupation française
▯, épr art, EA	épreuve d'artiste
▣, épr, EL	épreuve (de luxe)
⊠, épr coll (n)	épreuve collective (noire)
⊠, ess de clr	essai de couleur
⊠✧, ⊘	essai unicolore, multicolore
▨	image, illustration
✎, D, dess	dessin
✎, G, grav	gravure
▣, M en p, mise en p	mise en page
♈	élu plus beau timbre du monde
♈	grand prix Europa
♈	gd prix de l'Art philatélique français
☿	prix spécial
♀	prix citron
acc^el	accidentel
adh	adhésif
Afr, AFN	Afrique, Afrique du Nord
afft	affranchissement
ag	agence
allem, all^d	allemand
Als-Lor	Alsace-Lorraine
Amér	Amérique
ang, angl, angl^se, GB	anglais(e)
ann, anniv	anniversaire
AR	accusé réception
arr	arrivée
art	article
Autr, autr^ne	Autriche, autrichienne
av, avr	avril
bde, bdf	bande, bord de feuille
bicent	bicentenaire
bl	bleu
br	brun
brill	brillante
bull	bulletin
CD	coin daté
cath	cathédrale
cce, c^ce, c^ial	commerce, commercial
chgt	changement
c^ie	compagnie
compl	complémentaire
corr, corresp	correspondance
clr, coul	couleur
couv, 1ère de c	couverture, 1ère de couverture
cpsé	composé
d'ap.	d'après
dble	double
dent, dt	dentelé
dpt	département
déc	décembre
dép	départ
doc	document
dte	droite
éch, échel	échelon
éco	économique
égl	église
encomb	encombrant
env	environ
err	erreur
étr	étranger
ex	exemplaire
(ré)exp	(ré)expédition
f 25	feuilles de 25
fcé	foncé
fd	fond
fr, fra, fran, franç^se	français(e)
fév, févr	février
g	gramme
g^al	général
gche	gauche

Abréviation	Signification
h	heure
hélio	héliogravure
horiz, hor^ale, h^ale	horizontale
hte	haute
imp, impr	impression
inf	inférieur
inscr	inscription
int^al	international
jan, janv	janvier
jne	jaune
juil	juillet
Kg	kilogramme
LE❶❷❸	levée exceptionnelle 1er délai, etc
litho	lithographie
livr	livraison
loco	locomotive
lég	légende
M	million
m^al	maréchal
manch	manchette
m^me, m^elle	madame, mademoiselle
Mk	Mark
mill	millésime
mini	minimum
mm	millimètre
mn	minute
nat^al	national
NB	Nota bene
ND	Notre-Dame
nd	non dentelé
nov	novembre
n°	numéro
n^r	noir
oct	octobre
or^ge	orange
p	presse
pap	papier
pdt	président
Pf	pfennig
phil	philatélique
pho, phosph	phosphore(scent)
pr	pour
p^r	paire
pub	publicité
r	rue
®, rec, recom, recomm	recommandé
RR	recettes réunies
remb	remboursement
renv	renversée
rge	rouge
s	sur
s 93, sér 93	série 93 (rubrique carnets)
s.	siècle
sch, surch	surcharge, surchargé
sept.	septembre
sple	simple
ss	sans
St	Saint
sté	société
sup	supérieur
suppl	supplément(aire)
t, tir	tirage
t à n, ten à	tenant à normal, tenant à
t. I	type I
taille-dce, TD(3)	taille-douce (3 couleurs)
tbre, TP	timbre, timbre-poste
trche	tranche
trf, tar	tarif
tript	triptyque
typo	typographie
us, usg	usage
val, **VD**	valeur, valeur déclarée
v^et	violet
vert^ale, v^ale	verticale
z	zone

Catalogue de Timbres de France

121ᵉᵐᵉ Edition
2018

© Spink & Son Ltd, 2017
69 Southampton Row
London WC1B 4ET, UK

Printed and bound in Malta
by Gutenberg Press Ltd.

ISBN 978-1-907427-80-0

AVERTISSEMENT

Le présent ouvrage est un catalogue de cotations de timbres-poste, en aucun cas un guide de prix ou un indicateur des prix réellement pratiqués sur le marché philatélique, ceux-ci étant toujours la résultante d'un contrat synallagmatique entre l'acheteur et le vendeur.

Spink ne serait donc être tenu pour responsable de la différence entre la cote (ni de ses variations futures) et le prix affiché par le vendeur, ou le prix atteint en vente aux enchères publiques ou ventes sur offres.

VENTES SUR OFFRES
VENTES A PRIX NETS

(Catalogues adressés sur simple demande)

ROUMET

Maison fondée en 1896

17, rue Drouot - 75009 PARIS - Tél : 01 47 70 00 56 - Fax : 01 47 70 41 17

roumet@roumet.fr - www.roumet.com